GW01260319

NOVUM TESTAMENTUM ET ORBIS ANTIQUUS (NTOA)

Im Auftrag des Biblischen Instituts
der Universität Freiburg Schweiz
herausgegeben von Max Küchler
in Zusammenarbeit mit Gerd Theissen

Zur Autorin:

Petra von Gemünden, geb. 1957, studierte Ev. Theologie in Neuendettelsau, Heidelberg, Montpellier und Erlangen. Nach dem Vikariat in München-Nymphenburg 1989 Promotion im Fach Neues Testament in Heidelberg. 1989-1992 Pfarrerin z.A. in Coburg. Ab 1. 4. 92 wissenschaftliche Assistentin in Bethel bei Bielefeld.
Die vorliegende Arbeit ist ihre Promotionsschrift.

NTOA 18

Petra von Gemünden – Vegetationsmetaphorik
im Neuen Testament und seiner Umwelt

NOVUM TESTAMENTUM ET ORBIS ANTIQUUS   18

Petra von Gemünden

Vegetationsmetaphorik im Neuen Testament und seiner Umwelt

Eine Bildfelduntersuchung

UNIVERSITÄTSVERLAG FREIBURG SCHWEIZ
VANDENHOECK & RUPRECHT GÖTTINGEN
1993

Die Deutsche Bibliothek – CIP-Einheitsaufnahme

Gemünden, Petra von:
Vegetationsmetaphorik im Neuen Testament und seiner Umwelt: eine Bildfelduntersuchung/Petra von Gemünden. – Freiburg, Schweiz: Univ.-Verl.; Göttingen: Vandenhoeck und Ruprecht, 1993
  (Novum testamentum et orbis antiquus; 18)
  Zugl.: Heidelberg, Univ., Diss., 1989
  ISBN 3-7278-0741-5 (Univ.-Verl.)
  ISBN 3-525-53919-3 (Vandenhoeck u. Ruprecht)
NE: GT

Veröffentlicht mit Unterstützung des Hochschulrates
der Universität Freiburg Schweiz,
der Evangelisch-Lutherischen Kirche in Bayern,
der Evangelischen Kirche von Westfalen
und des Freundeskreises der Kirchlichen Hochschule Bethel

Die Druckvorlagen wurden von der Verfasserin
als reprofertige Dokumente zur Verfügung gestellt

© 1993 by Universitätsverlag Freiburg Schweiz
Paulusdruckerei Freiburg Schweiz
ISBN 3-7278-0741-5 (Universitätsverlag)
ISBN 3-525-53919-3 (Vandenhoeck und Ruprecht)

VORWORT

Die vorliegende Bildfeldanalyse von Vegetationsmetaphern im NT und seiner Umwelt wurde im SS 1989 von der theologischen Fakultät der Universität Heidelberg als Dissertation angenommen und für den Druck noch einmal überarbeitet. Die Literatur ab Frühjahr 1989 konnte nur noch punktuell eingearbeitet werden.

Dank eines Promotionsstipendiums nach dem Landesgraduiertenförderungsgesetz (LGFG) des Landes Baden-Württemberg und einer Beurlaubung durch die Bayrische Landeskirche konnte ich mich dieser Arbeit widmen.

Vielen möchte ich von ganzem Herzen danken: Zuerst meinem Doktorvater Herrn Prof. Dr. Gerd Theißen, der die Entstehung dieser Arbeit nicht nur angeregt, sondern die Arbeit auch mit fachlichem Rat, mit großer Geduld und mit viel persönlicher Anteilnahme engagiert, verständnisvoll und immer wieder motivierend begleitet hat. Ebenso möchte ich dem Korreferenten, Herrn Prof. Dr. Christoph Burchard, für seine stetige Bereitschaft mitzudenken, seine Kritik und seine freundliche Ermutigung sehr herzlich danken. Auch von Prof. Dr. Takashi Onuki habe ich viel gelernt und einige Anregungen erhalten. Mit der "Gnosis" hat er mich vertraut gemacht. Für seine Gesprächsbereitschaft und die freundschaftliche Begleitung auch durch seine Familie ein herzliches Dankeschön! Auch bei Herrn Prof. Dr. Andreas Lindemann, der die letzte Phase vor der Drucklegung miterlebt hat, möchte ich mich für seine technischen Hinweise, sein Verständnis und seine Aufmunterung herzlich bedanken!

Viel Zeit investiert und sehr geholfen haben mir Ivo Huber, Dr. Günter Baer und mein Bruder Dr. Detlef von Gemünden im Umgang mit dem Computer. Für die freundliche technische Unterstützung beim Ausdruck der Arbeit möchte ich Herrn Prof. Dr. Klaus Müller vom Lehrstuhl für Festkörperphysik der Universität Erlangen-Nürnberg ganz herzlich danken. Dr. Bettina von Kienle, Irene Mildenberger und Meike Göhlmann haben Passagen mit mir diskutiert und die Arbeit korrekturgelesen, über das Judentum habe ich von Dr. Dr. Catherine Hezser viel gelernt. Bei der Überarbeitung und Endredaktion hat mich Ralph Hochschild in vielfältiger Weise über eine lange Strecke unterstützt, für die Erstellung des Bibelstellenregisters sei Thomas Wabel, Hubert Meisinger, Frau Schmidt-Thomée und Dr. David Trobisch ganz herzlich gedankt. Für ihre Hilfsbereitschaft und Freundschaft und auch die vieler Ungenannter vielen Dank!

Den Herausgebern, Herrn Prof. Dr. M. Küchler und Herrn Prof. Dr. G. Theißen, danke ich für die Aufnahme in die Reihe "NTOA", der Evangelisch-Lutherischen Kirche in Bayern, der Evangelischen Kirche von Westfalen und dem Freundeskreis der Kirchlichen Hochschule Bethel danke ich für die Gewährung eines Druckkostenzuschusses. Den Arbeitern und Angestellten im Verlag und in der Druckerei sei herzlich Dank gesagt für ihre Mühe und Arbeit.

Das Buch ist den Freunden gewidmet, die in guten wie auch in weniger guten Zeiten zu mir gehalten haben.

Bielefeld, im Sommer 1993   Petra v. Gemünden

INHALTSVERZEICHNIS

Einleitung	1
A: Theoretische Überlegungen	4
1) Substitutionstheorie	4
2) Interaktionstheorie	6
2.1) Der syntagmatische Kontext	8
2.2) Der paradigmatische Kontext	9
2.3) Der pragmatische Kontext	11
3) Zusammenfassung	18
Exkurs: Zur Bildlichkeit der Sprache	19
4) Die Behandlung der Metapher in der jüngeren exegetischen Literatur (insbes.) zum Neuen Testament	36
5) Die Aufgabe	45

Altes Testament und Judentum der hellenistisch-römischen Zeit

B: Vegetationsmetaphern im Alten Testament	50
Einführung	50
1) Vegetationsmetaphern in den erzählenden Büchern	50
1.1) Die realisierten Metaphern im Bildfeld Baum - Frucht	50
1.2) Die realisierten Metaphern im Bildfeld Saat - Wachstum - Ernte	53
1.3) Die Realisation im literarischen und funktionalen Kontext	54
2) Vegetationsmetaphern in weisheitlich-dichterischen Büchern	55
2.1) Die realisierten Metaphern im Bildfeld Baum - Frucht	55
2.2) Die realisierten Metaphern im Bildfeld Saat - Wachstum - Ernte	59
2.3) Die Realisation im literarischen und funktionalen Kontext	63
3) Vegetationsmetaphern in prophetisch-apokalyptischen Büchern	66
3.1) Die realisierten Metaphern im Bildfeld Baum - Frucht	66
3.2) Die realisierten Metaphern im Bildfeld Saat - Wachstum - Ernte	78
3.3) Die Realisation im literarischen und funktionalen Kontext	84
4) Nicht eindeutig einem Bildfeld zuzuordnende Vegetationsmetaphern und Exmetaphern	86
5) Vergleich der Vegetationsmetaphern in den erzählenden, weisheitlich-dichterischen und prophetisch-apokalyptischen Texten	89
5.1) Vegetationsmetaphern im Bildfeld Baum - Frucht	89
5.2) Vegetationsmetaphern im Bildfeld Saat - Wachstum - Ernte	91
C: Vegetationsmetaphern in den Apokryphen und Pseudepigraphen	93
Einführung	93
1) Vegetationsmetaphern in Bibelerzählungen/-ergänzungen	94
1.1) Die realisierten Metaphern im Bildfeld Baum - Frucht	94
1.2) Die Realisation im literarischen und funktionalen Kontext	96
2) Vegetationsmetaphern in der Weisheit	97
2.1) Die realisierten Metaphern im Bildfeld Baum - Frucht	97
2.2) Die realisierten Metaphern im Bildfeld Saat - Wachstum - Ernte	101

VIII

2.3)	Die Realisation im literarischen und funktionalen Kontext	102
3)	Vegetationsmetaphern in der Apokalyptik	104
3.1)	Die realisierten Metaphern im Bildfeld Baum - Frucht	104
3.2)	Die realisierten Metaphern im Bildfeld Saat - Wachstum - Ernte	107
3.3)	Die Realisation im literarischen und funktionalen Kontext	110
	Exkurs: Metaphern in Psalmen	112
4)	Vegetationsmetaphern als Exmetaphern	112
5)	Vergleich der Vegetationsmetaphern in den erzählenden, weisheitlichen und apokalyptischen Texten	114
5.1)	Vegetationsmetaphern im Bildfeld Baum - Frucht	114
5.2)	Vegetationsmetaphern im Bildfeld Saat - Wachstum - Ernte	116
6)	Zwischenbemerkung: Vegetationsmetaphern in Qumran, bei Philo von Alexandrien und Josephus	118

Neues Testament und Apostolische Väter

D: Vegetationsmetaphern in den Evangelien		122
1)	Bildfeld Baum - Frucht	122
1.1)	Gerichtsbilder (I)	122
1.1.1)	Mt 3₇₋₁₀ par Lk 3₇₋₉	122
1.1.2)	Lk 13₆₋₉	130
	Exkurs I: Täufer- und Jesustradition im Vergleich	139
	Exkurs II: Lk 17₆	141
1.2)	Entsprechungsbilder (II) / ontisch	141
	Mt 7₁₆ff par, Mt 12₃₃	141
1.3)	Ankündigungsbild (III): Mk 13₂₈f	151
1.4)	Zugehörigkeits- (Integrations-)bilder (IV)	156
1.4.1)	Joh 15₁₋₈.₉f.(₁₆)	156
	Exkurs III: Vergleich der Joh 10 und 15 realisierten Bildkomplexe im Hinblick auf ihre Leistungsfähigkeit und Aussageintention	171
1.4.2)	Der Weinberg/ Mt 21₄₃	172
1.4.3)	Die Pflanzung: Mt 15₁₃	174
1.5)	*Überblick: Die realisierten Metaphernkomplexe im Bildfeld Baum - Frucht*	176
	Akzente bei den einzelnen Synoptikern	179
2)	Bildfeld Saat - Wachstum - Ernte	182
2.1)	Gerichts- (Trennungs-)bilder (I)	182
2.1.1)	Mt 3₁₂ par Lk 3₁₇	182
2.1.2)	(vgl. Lk 22₃₁f; Mt 11₇par)	185
2.2)	Wachstumsbilder (III)	186
2.2.1)	Mk 4₂₆₋₂₉	186
2.2.2)	Mk 4₃₀₋₃₂	195
	Exkurs IV: Mt 6₂₆.₂₈₋₃₀	202
2.3)	Auferstehungsbild (III´)	204
	Joh 12₂₄	204

2.4)	Differenzierungsbilder (mit primärem Bezug auf den Samen) (IV)	209
2.4.1)	Mk 4 3-8 par	209
2.4.2)	Mk 4 13-20	223
2.4.3)	Mt 13 24-30	234
2.4.4)	Mt 13 36-43	244
2.5)	Differenzierungsbild (in Bezug auf Personen) (IV´)	249
	Joh 4 35-38	249
2.6)	*Überblick: Die realisierten Metaphernkomplexe im Bildfeld Saat - Wachstum - Ernte*	256
2.6.1)	Akzente bei den einzelnen Synoptikern	258
2.6.2)	Gesamtüberblick: Metapherngebrauch im Johannesevangelium	263

E: Vegetationsmetaphern in der neutestamentlichen Briefliteratur 266

1)	Bildfeld Baum - Frucht	266
1.1)	Gerichtsbild (I)	266
	Jud 12	266
1.2)	Entsprechungsbilder (II)/ ontisch	268
1.2.1)	Jak 3 12	268
1.2.2)	I Kor 9 7	269
1.3)	Zugehörigkeits- (Integrations-)bilder (IV)	270
1.3.1)	Jak 1 21	270
1.3.2)	I Kor 3 5-9	272
1.3.3)	Rö 11 16-24	275
	Exkurs V: Vergleich der Zugehörigkeitsbilder Joh 15 und Rö 11	285
1.4)	*Überblick: Die realisierten Metaphernkomplexe im Bildfeld Baum - Frucht*	288
2)	Bildfeld Saat - Wachstum - Ernte	289
2.1)	Entsprechungsbilder (II) / dynamisch	289
2.1.1)	II Kor 9 6-10 (II)	289
2.1.2)	Gal 6 7-10 (II)	291
2.1.3)	I Kor 9 11	293
2.1.4)	Hebr 6 7f (II´)	293
2.2)	"Wachstums"bilder (III)	296
2.2.1)	Jak 5 7 (III)	296
2.3)	Auferstehungsbild (III´) I Kor 15 35-38.42-44	299
	Exkurs VI: Vergänglichkeitsbilder (V)	305
	Jak 1 10f	305
	I Petr 1 23f	307
	Jak 1 10f/ I Petr 1 23f im Vergleich	308
2.4)	*Überblick: Die realisierten Metaphernkomplexe im Bildfeld Saat - Wachstum - Ernte*	309
	Exkurs VII: Isolierter Metapherngebrauch	310
3)	Gesamtüberblick: Metaphern bei Paulus (unumstrittene Briefe)	310
4)	Gesamtüberblick: Metaphern in der sonstigen Briefliteratur	314

F) Apokalypse des Johannes
Bildfeld Baum - Frucht und Saat - Wachstum - Ernte 315
Exkurs VIII: Apokalypse und Täufertradition im Vergleich 316

G) Das Bildfeld Vegetation im Neuen Testament (Zusammenfassung) 318
1) Die realisierten Metaphern/Bildkomplexe und die angesprochenen Bildempfängerkomplexe 318
1.1) Bildfeld Baum - Frucht 318
1.2) Bildfeld Saat - Wachstum - Ernte 318
2) Die Realisation im literarischen und funktionalen Kontext 323
2.1) Die Realisation in Formen und im kompositionellen Gefüge 323
2.2) Die Funktion der Metaphern im Neuen Testament 326
3) Vergleich der beiden Teilbildfelder. Ihre Leistungsfähigkeit 328
4) Das Bildfeld "Vegetation" als Ausschnitt aus dem Paradigma der Metaphern 329

H) Vegetationsmetaphern bei den Apostolischen Vätern 340
1.1) Die realisierten Metaphern im Bildfeld Baum - Frucht 340
1.2) Die realisierten Metaphern im Bildfeld Saat - Wachstum - Ernte 346
1.3) Exmetaphern 347
2) Vergleich der Vegetationsmetaphern bei den apostolischen Vätern und im Neuen Testament 348
2.1) Vegetationsmetaphern im Bildfeld Baum - Frucht 348
2.2) Vegetationsmetpahern im Bildfeld Saat - Wachstum - Ernte 349

Stoa und Gnosis 350

Einführung 350

I: Vegetationsmetaphern in der überwiegend stoischen Popularphilosophie 351
Einführung 351
1.1) Die realisierten Metaphern im Bildfeld Baum - Frucht 355
1.2) Die realisierten Metaphern im Bildfeld Saat - Wachstum - Ernte 364
1.3) Exmetaphern 372
2) Die Realisation im funktionalen und situationalen Kontext 373

K: Vegetationsmetaphern in der Gnosis 376
Einführung 376
1.1) Die realisierten Metaphern im Bildfeld Baum - Frucht 377
1.2) Die realisierten Metaphern im Bildfeld Saat - Wachstum - Ernte 387
1.3) Exmetaphern 395
2) Die Realisation im funktionalen und situationalen Kontext 403

L: Vergleich der Vegetationsmetaphern in der überwiegend stoischen Popularphilosophie, im Neuen Testament und in gnostischen Texten 405
1) Vegetationsmetaphern im Bildfeld Baum - Frucht 405
2) Vegetationsmetaphern im Bildfeld Saat - Wachstum - Ernte 408

3)	Vegetationsmetaphern als Exmetaphern	410
4)	Metapher und Wirklichkeitsstruktur	410
5)	Funktion	411

M: Vergleich der Vegetationsmetaphern in Weisheit und Stoa einerseits, Apokalyptik und Gnosis andrerseits   411

O: Zusammenfassung und Schlußbetrachtungen   415

Literaturverzeichnis   422
Stellenregister   499
Sachregister   535

EINLEITUNG

Menschen leben in gedeuteten Welten: Sie leben und kommunizieren in Zeichensystemen. Welterfahrung, Weltdeutung und das Verhalten zu und in der Welt sind zeichenvermittelt.[1]
Das umfangreichste Zeichensystem ist die Sprache, in der die Metapher wegen ihrer komplexen Struktur und innovativen Kraft besondere Relevanz hat.[2]
Religionen sind gedeutete Welten, komplexe, evolutionäre Zeichensysteme,[3] die in Ritus, Kultus und Sprache die Welt auf eine transzendente Wirklichkeit hin interpretieren und das Leben als Antwortversuch auf diese gestalten wollen. In ihnen wird die erfahrene Welt zum "Gleichnis" für eine transzendente Realität.[4] Gerade in den Schriftreligionen ist die Sprache wichtig: Hier sind vornehmlich Texte Träger und Übermittler von traditionellen Zeichensystemen.
Ein wichtiges Konstituens jeglicher Sprache sind Metaphern,[5] die in unserer deutenden Wirklichkeitserfassung einen großen Stellenwert haben und verhaltenssteuernd wirken. Das gilt bes. für die religiöse Sprache: Da eine vorwiegend auf Emotionen beruhende Motivation treibende Kraft für die Erzeugung von Metaphern ist[6] und tief gehende religiöse Erfahrungen im allgemeinen in Metaphern ausgedrückt werden, ist es wohl kein Zufall, daß religiöse Sprache bes. reich an Metaphern ist.[7] Da die Meta-

---

1) S. nur Eco, U., Zeichen. Einführung in einen Begriff und seine Geschichte, Frankfurt a.M. 1977, bes. 185ff.
2) Da Metaphern, wie unten noch zu zeigen sein wird, die mit dem usuellen Sprachgebrauch gegebene Hörerwartung durch neue, ungewohnte Realisationen durchbrechen, eröffnen sie neue Möglichkeiten, die Welt zu sehen und zu deuten. Mit der semantischen Veränderung, die eine neue Metapher mit sich bringt, kann sich langfristig unsere Welterfassung und damit unser Weltverhalten ändern: "die Entscheidungen, die wir in der Gesellschaft durch unsere Sprache treffen, haben vielleicht einen Einfluß auf den Weg, den unser Gehirn in seiner weiteren Evolution einschlägt..."(MacCormac, Religiöse Metaphern, 168).
3) Vgl. Geertz, C., 44-95, Stolz, F., Grundzüge der Religionswissenschaft, Göttingen 1988, 101ff..
4) Zur Gleichnisfähigkeit der Welt vgl. Link, Chr., Die Welt als Gleichnis. Studien zum Problem der natürlichen Theologie, BEvTh, München 1982^2 (1976^1), 286-310.
5) Der Metaphernbegriff ist mit Weinrich sehr weit zu fassen: Er umfaßt "alle Arten des sprachlichen Bildes von der Alltagsmetapher bis zum poetischen Symbol" (Weinrich, FoL1 (1967) 5; ders., Texte, 318). Neben diesem weiten Metaphernbegriff bzgl. des Untersuchungsgegenstandes wird in der Arbeit noch ein engerer Metaphernbegriff verwandt, der im Gefolge der literaturwissenschaftlichen Unterscheidung von Symbol, Metapher, Mythos, Gleichnis, denotativem Zeichen, Chiffre, Allegorie, Allegorisierung und Allegorese (s. Exkurs 19ff) steht.
6) Zum kreativen Akt als einem Ablassen überschüssiger emotionaler Energie und der Verbindung von Emotionen mit Kognition vgl. MacCormack, Metaphern, 164.
7) S. MacCormack, Religiöse Metaphern, 164; in Bezug auf das AT: Brown, St. J.,

pher nicht nur einen Punkt, sondern für den/die Rezipienten ein kohärentes Stück Wirklichkeit erschließt, ist sie angemessen für Religion(en), da deren Charakteristikum ist, "Wirklichkeit im Zusammenhang und als Zusammenhang verständlich zu machen".[8] Insofern religiöse Metaphern einen Referenzpunkt haben, der nicht adäquat in immanenten Kategorien zu erfassen und auszudrücken ist, besteht eine enge Affinität zwischen religiöser und metaphorischer Sprache.[9] Sie besteht auch noch in anderer Hinsicht: Metaphern sprechen nicht nur den Verstand, sondern auch unser Gefühl und unseren Willen an und beeinflussen unser Verhalten.[10] Da Religionen nicht nur kognitiv-belehrend, sondern auch emotional-motivierend und verhaltensändernd wirken wollen,[11] kommt der Metapher gerade in der religiösen Sprache eine grundlegende Rolle zu, vereinigt sie doch alle drei Komponenten in sich: Sie vermittelt kognitive Inhalte, emotionale Konnotationen und appellative Gehalte. Die Beschäftigung mit der Metaphorik einer Religion kann also einen Zugang zu ihrem tieferen Verständnis eröffnen.[12]

Nun scheinen sich alle großen Religionen auf einige wenige "Wurzelmetaphern" zu stützen,[13] die das Lebens- und Weltdeutungssystem der jeweiligen Religion(sgemeinschaft) in spezifischer Weise profilieren und zentrale Aspekte der jeweiligen Religion zum Thema haben. Sie beleuchten mannigfaltigste Themenbereiche und sind in intensiv besetzten Bildfeldern entfaltet.

Blicken wir auf das NT, so ist m.E. das Bildfeld "Vegetation" eines von diesen:[14] Es ist bes. in den Gleichnissen breit entfaltet und deckt, wie wir sehen werden, wesentliche Aspekte der urchristlichen Lebens- und Welt-

Imagery in Literature, The Catholic World, 126 (1928) 433-439, 439.
8) Berger, Hermeneutik, 345.
9) Vgl. Track, J., Sprachkritische Untersuchungen zum christlichen Reden von Gott, FSÖTh 37, 251f; Berger, Hermeneutik, 352. Schon dort, wo Grenzerfahrungen thematisiert werden, wie z.B. in der Dichtung, werden ständig Metaphern gebraucht, vgl. Sallie McFague, Theologie, 177.
10) Vgl. nur Kos-Schaap, 258-262.
11) Auf die handlungssteuernde Funktion biblischer Metaphern hebt vor allem Kos-Schaap, 258ff, ab.
12) Zur Metaphernforschung als einem wichtigen Hilfsmittel, um Religion zu verstehen, vgl. Tracy, 238.
13) Vgl. dazu Tracy, bes. 218f. Der Begriff "Wurzelmetapher" geht nach MacCormac, Bedeutung, 94, auf Stephen Pepper (World Hypotheses, Berkeley 1942) zurück, der grundlegende Annahmen über die Natur und die menschliche Existenz der Welt 'Wurzelmetaphern' genannt hat. Vgl. ferner Nieraad, 103; Dalferth, Rede, 226.
14) Im Sprachgebrauch McFague's (Theology, 23-28), die gemäß ihrer Reichweite Metaphern, Modelle und Konzepte unterscheidet, wäre die Vegetationsmetaphorik als ein zentrales Modell der christlichen Religion zu kategorisieren.

deutung ab: Ethik, Eschatologie und Ekklesiologie.[15] Die Untersuchung des Bildfeldes kann folglich ein Hilfsmittel sein, das Urchristentum besser zu verstehen.
Nun thematisiert das Bildfeld "Vegetation" einen Bildspenderkomplex, der uns infolge der industriellen Revolution ferngerückt ist. Saat und Ernte, Wachsen und Vergehen von Pflanzen bilden anders als in der Antike und in vormodernen Gesellschaften kaum noch unseren Lebens- und Erfahrungshintergrund:[16] Dieser ist auf Garten und Balkon geschrumpft (wenn überhaupt...). Hinzu kommt, daß wir normalerweise weder mit den Vegetationsverhältnissen des östlichen Mittelmeerraumes noch mit der antiken Landwirtschaft näher vertraut sind, so daß uns viele Assoziationen der antiken Kommunikationsteilnehmer verschlossen sind.[17] Diese will die Arbeit durch Rekurs auf den Lebenszusammenhang erheben und bewußtmachen und so ein wenig helfen, die Metapher in ihrem pragmatischen Kontext samt ihren vielfältigen Ober- und Untertönen zu erfassen.[18] Soweit zum Thema. Methodisch möchte sich die Arbeit exemplarisch dem Phänomen der Metapher zuwenden und versuchen, die klassischen historisch-kritischen Methoden mit Ansätzen aus der Linguistik zu verbinden. Sie fühlt sich dabei der linguistischen Metaphorologie und hier vor allem der Bildfeldtheorie H. Weinrichs verpflichtet.[19] Dessen Ansatz will sie stärker noch als dieser in Richtung auf die Pragmalinguistik (Texttheorie) hin überschreiten und die Bedingungen, Intentionen und Wirkungen des Metapherngebrauchs reflektieren. Dieser Versuch bedeutet theoretisch und praktisch ein Stück Neuland. Ihm sind jedoch im Blick auf unsere Arbeit schon durch die Quellenlage enge Grenzen gesetzt, da es bei antikem Textmaterial nur fragmentarisch gelingt, die pragmatischen Komponenten der Kommunikation zu rekonstruieren. Gleichwohl vermag die Einbeziehung der Pragmatik zu einem besseren Verständnis der Metaphorik zu verhelfen. Eine Präzisierung der Aufgabenstellung

---

15) Vgl. S. 318ff. Die theologische Relevanz des Bildfelds "Vegetation" geht daraus hervor, daß den Wachstumsgleichnissen in der theologischen Diskussion um das Verständnis der βασιλεία-Botschaft Jesu, dem Ölbaumgleichnis im christlich-jüdischen Verhältnis und der Fruchtmetaphorik in der biblischen Ethik zentrale Bedeutung zukommt.
16) So schon Montefiore, Catalogue, 1893, 626.
17) Wie die Rede vom "Waldsterben" zeigt, haben wir dafür neue Assoziationen.
18) Das Bildfeld "Vegetation" ist ferner im Hinblick auf die Feldlehre interessant: Haben doch S. Wyler u.a. gegen die Feldlehre Jost Trier'scher Prägung eingewandt, daß sie besonders zur Erforschung des abstrakten Wortschatzes geeignet sei (s. Geckeler 161f). Mit der 'Wachstumsmetaphorik' wenden wir uns einem Bildfeld außerhalb des Intellektualfeldes zu und wollen damit Geckelers These (ders., 162) stützen, daß die Feldlehre hinsichtlich ihrer Anwendung keine Einschränkung auf bestimmte Zonen des Wortschatzes hinzunehmen braucht.
19) Vgl. die im Literaturverzeichnis unter H. Weinrich angeführten Titel.

und Methodik scheint mir erst nach einem Überblick über die Metapherntheorien und einer Sichtung verschiedener Metaphernuntersuchungen in der ntl. exegetischen Literatur sinnvoll zu sein. Daran schließt sich eine Untersuchung der Wachstumsmetaphorik im AT, in den Apokryphen- und Pseudepigraphen, im NT und bei den Apostolischen Vätern, in der stoisch geprägten Popularphilosophie und der Gnosis[20] an sowie eine synchrone und diachrone Aspekte berücksichtigende Zusammenfassung.

A: THEORETISCHE ÜBERLEGUNGEN

Im folgenden soll versucht werden, die Entwicklung der Metapherntheorie kurz zu skizzieren, um den der Arbeit zugrundeliegenden theoretischen Ansatz deutlich zu machen. Grundsätzlich lassen sich zwei Interpretationstraditionen unterscheiden:[21]
1) Die auf Aristoteles zurückgehende "Substitutionstheorie" der Rhetorik und
2) die sich seit Bréal entwickelnde "Interaktionstheorie" der Linguistik.

1) Die Substitutionstheorie: der wortsemantische Ansatz

Die Substitutionstheorie setzt die Vorstellung eines normativen lexikalischen Systems voraus, in dem jedes Wort seinen ihm eigenen Ort hat und aufgrund der Korrespondenz von Sprache und Sein einem Gegenstand referential-eindeutig zugeordnet ist. Auf dem Hintergrund dieses (ontologisch oder vorgängig in unserem Denken begründeten) topo-logischen Sprachmodells wird die Metapher als Einzelwort aufgefaßt, das von seinem ihm eigenen, "eigentlichen" auf einen ihm lexikalisch fremden, "uneigentlichen" Ort übertragen wird:[22] Aufgrund semantischer Ähnlichkeit

---

20) Die Gliederung ist chronologisch, wenn auch nicht streng: Überschneidungen ergeben sich z.B. bei den Apokryphen und Pseudepigraphen mit dem NT; die Belege aus der stoisch geprägten Popularphilosophie reichen in vorchristliche Zeit. Die Gegenüberstellung von Stoa und Gnosis ist inhaltlich (im Vergleich zweier konträrer Weltdeutungssysteme) begründet.
21) Der Übersichtlichkeit halber soll die Fülle der Metapherndefinitionen (vgl. nur Lieb; Shibles, Metaphor) hier auf diese zwei grundlegenden Interpretationstraditionen reduziert werden, s. Dalferth, Rede, 218f; Weinrich, HWP 5, 1179-1186.
22) Vgl. nur Aristoteles klassische Definition der Metapher (Poetik 1457b): "μεταφορὰ δέ ἐστιν ὀνόματος ἀλλοτρίου ἐπιφορὰ ἢ ἀπὸ τοῦ γένους ἐπὶ εἶδος ἢ ἀπὸ τοῦ εἴδους ἐπὶ τὸ γένος ἢ ἀπὸ τοῦ εἴδους ἐπὶ εἶδος ἢ κατὰ τὸ ἀνάλογον". Er unterscheidet in diesem Zusammenhang vier Metapherntypen - je nach der Richtung der Bedeutungsübertragung: 1) von der Gattung auf die Art, 2) von der Art auf die Gattung, 3) von der Art auf die Art, 4) "gemäß der Analogie". Auch Quintilian differenziert inst. VIII, 6,9ff die Metaphern aufgrund der Übertragungsrichtung aus: Er unterscheidet die Übertragung 1) von Belebtem auf Belebtes, 2) von Unbelebtem auf Unbelebtes, 3) von Belebtem auf Unbelebtes und - ob seiner "beseelenden Kraft" besonders wertvoll - von Unbelebtem auf Belebtes.

tritt ein Substituent (ein fremdes, "uneigentliches" Wort) an die Stelle des Substituts (des "eigentlichen" Wortes) und kann jederzeit auch wieder durch das verbum proprium restituiert werden.[23] Da die Metapher keinen semantischen Zugewinn bringt, kann sie ohne kognitiven Verlust übersetzt werden. Die Metapher hat a) eine katachrestische oder b) eine rein stilistische Funktion: Im ersten Fall dient sie "inopiae causa"[24] zur Füllung einer semantischen Lücke, erfüllt also eine kognitive Aufgabe.[25] In letzterem Fall kommt ihr vor allem die Funktion der ornatio und persuasio zu.[26] Dementsprechend handelt Aristoteles von der Metapher im Zusammenhang seiner Poetik (1475b) und Rhetorik (1406b-1407a). Damit grenzt er die "uneigentliche" metaphorische Redeweise auf persuasiv-rhetorische und poetische Texte ein,[27] während sich die Alltagssprache (so setzt er implizit voraus) einer "eigentlichen" Redeweise bedient, in der die Bedeutung eines jeden Wortes mit seiner Referenz zusammenfällt.
Das rhetorische Verständnis der Metapher als einer Wortübertragung aufgrund einer Analogierelation unabhängig vom Kontext ist, ausgehend von Aristoteles, sehr wirksam gewesen: Über Cicero, Quintilian und die Schulrhetorik wirkte es in verschiedenen Variationen bis ins 18./19. Jahrhundert hinein[28] und ist bis heute deutlich spürbar.[29] Dieses Metaphern-

---

23) In der nacharistotelischen Rhetorik wird die Metapher konsequent unter den Tropen verhandelt, für die ja der semantische Austausch charakteristisch ist (τρόποι = verba alia pro aliis) Damit wird die Metapher in den Kontext von Synekdoche, Metonymie, Antonomasie, etc. eingereiht, vgl. nur Quintilian, inst. VIII, 6.
24) Cic., De orat. II, 156; "quia necesse est", Quint., inst. VIII, 6,6; vgl. A. del Corro, The Use of Figurative Language, BiTr 42 (1991) 114-127, 116.
25) Strenggenommen verschwindet die Metapher aber so: Sobald sie an die Stelle des fehlenden verbum proprium tritt, rückt sie in den "eigentlichen" Sprachgebrauch ein. Von daher versteht Weinrich, Poetica 2 (1968) 108 die Katachrese als Ex-Metapher.
26) Vgl. Ricoeur, Stellung, 46; Stoffer-Heibel, 7-9.
27) Nieraad, 11. Beide können aus der emotionalen Kraft der Metapher Gewinn ziehen.
28) Vgl. Weinrich, HWP 5, 1179f; Dalferth, Rede, 218f; Neumann, Metapher, 188ff.
29) Vgl. bes. die bei Shibles, Metaphor, III 407, unter "substitution" aufgeführten Autoren; Ricoeur, Métaphore, c. 1f; Freud (s. Teichmann, G., Psychoanalyse und Sprache. Von Saussure zu Lacan, Studien zur Anthropologie 5, Würzburg 1983, 118); Bühlmann, Scherer, Stilfiguren, 64; Grapow, H., Ausdrücke, 4f; Stuiber*, RAC II, 342. Zur Exegese s. unten S. 36ff. - Die ontologische Fundierung der Metapher wird in neuester Zeit vertreten v. Vonessen, ZPhF 13 (1959) 397-418.
In anderem Gewand kehrt die wortsemantische Auffassung innerhalb des informationstheoretischen Code-Modells wieder (vgl. Kurz, Pelster, 33f), so bei M. Bense, Einführung in die informationstheoretische Ästhetik, Grundlegung und Anwendung in der Texttheorie, Hamburg 1969, 117, der die Auffassung vertritt, die Metapher stelle eine "»Übertragung« eines Wortes aus einem natürlichen (gewohnten, hochfrequenten) Zusammenhang in einen künstlichen (weniger gewohnten, weniger frequenten) Zusammenhang" dar.

verständnis impliziert eine Trennung in wörtlichen und bildhaften Wortgebrauch, welche die Metapher disqualifizieren mußte: Verstanden als deviantes, de-placiertes Einzelwort ohne eigenen informativen Wert wurde sie als uneindeutig, irreführend und überflüssig abgelehnt.[30] Angestrebt wurde eine Sprache, in der die Metaphern durch eindeutig auf einen bestimmten Referenten bezogene "eigentliche" Worte ersetzt sind.[31] Spätestens als die Substitutionstheorie ihre ontologische Basis - die Entsprechung von Sprache und Sein und den mit dem Wortinhalt koinzidierenden Gegenstandsbezug - verlor, wurde jedoch deutlich, daß sich ein Wort nicht referential-eindeutig auf einen Gegenstand bezieht, sondern ein Referenzpotential innehat, das erst in der kommunikativen Verwendung seine spezifische Bedeutung erhält und sich dort auch in seinem Bedeutungsradius verändern kann.[32] Da die "eigentliche", "wörtliche" Bedeutung eines Wortes nicht eindeutig festzumachen ist, weil kein Wort einen "eigentlichen" Ort hat, kann auch sein "uneigentlicher" Gebrauch nicht einfach festgestellt werden.[33] So kann die Metapher auch nicht befriedigend als von der lexikalischen Norm abweichendes Einzelwort, sondern nur als eine Größe erfaßt werden, die in ihrem syntagmatischen und pragmatischen Kontext ihre metaphorische Bedeutung gewinnt.[34] Damit ist schon der nächste Schritt in der Entwicklung der Metapherntheorie angezeigt:

2) Die Interaktionstheorie: der linguistische Ansatz
Seit Bréal, dem Begründer der linguistischen Semantik,[35] wird die Metapher nicht mehr als Redefigur innerhalb einer Tropenlehre mit ontologischer Begründung, sondern als linguistisch zu untersuchendes, (überwiegend) semantisches Kontextphänomen angesehen:[36] Betrachtet die Wortsemantik die einzelnen Metaphern isoliert als substituierte Einzelworte, so versucht die Linguistik, die Metapher im interaktionellen Rahmen ihres intralingualen und extralingualen Kontexts zu erfassen. Intralingual wird die Metapher im Anschluß an Saussures grundlegende semiotische

30) Vgl. Weinrich, HWP 5, 1180f.
31) Vgl. entsprechende Bestrebungen seit Beginn der neuzeitlichen Wissenschaft (Galilei, Bacon, etc.), insbesondere im logischen Empirismus und der analytischen Theorie (Russell, Wittgenstein, Carnap), vgl. Nieraad, 86-88+80 und Noppen, Religion, 19.
32) Vgl. Wittgenstein, Phil. Untersuchungen § 43: "The meaning of a word is its use in the language" (S. 20e) und § 23: "The *speaking* of language is part of an activity, or of a form of life" (S. 11e) sowie Kurz, Pelster, 36; Hesse, 130.
33) So etwas wie eine wörtliche Bedeutung läßt sich höchstens pragmatisch als relativ stabiler Wortgebrauch, nicht aber ontologisch-semantisch festhalten.
34) Plett, Textwissenschaft, 260; Kurz, Pelster, 36.
35) Bréal, M., Essai de sémantique, Paris, 1897, nach Weinrich HWP 5, 1184, Weinrich, Sprache, 317.
36) Vgl. Dalferth, Rede, 219, Weinrich, Sprache, 317.

Differenzierung einer syntagmatischen Achse von einer (später so genannten)[37] paradigmatischen Achse in zweifacher Weise bestimmt: Syntagmatisch wird die Metapher im Zusammenhang ihrer Nachbarn im textuellen Kontext auf der Ebene der "parole" gesehen, paradigmatisch auf der Ebene der "langue" (des virtuellen Sprachsystems). Zum einen wird versucht, die Metapher im Kontext ihrer syntagmatischen Beziehungen auf der Ebene der "parole" (1) zu erfassen, zum anderen im Kontext ihrer paradigmatischen Beziehungen auf der Ebene der "langue" (2). Der syntagmatische Kontext des engeren und weiteren Ko-textes und der paradigmatische Kontext des Bildfeldes stehen dabei in unauflöslicher Interdependenz:[38] Wird ein Wort aus seinen paradigmatischen Bezügen heraus syntagmatisch realisiert, so bringt es den Bedeutungsgehalt, der ihm aufgrund seiner Stellung im Paradigma zukommt, mit ins Syntagma ein, setzt sich aber gleichzeitig tendenziell im Vertextungsprozeß einer Veränderung (Erweiterung, Verengung, Verlagerung) seines Sinnpotentials aus, was wiederum auf das Paradigma zurückwirkt.[39] Eingebettet ist dieser intralinguale Kontext in einen extralingualen, pragmatischen Kontext (3), der wiederum in interaktionellen Bezügen zum syntagmatischen (1) und paradigmatischen (2) Kontext steht:

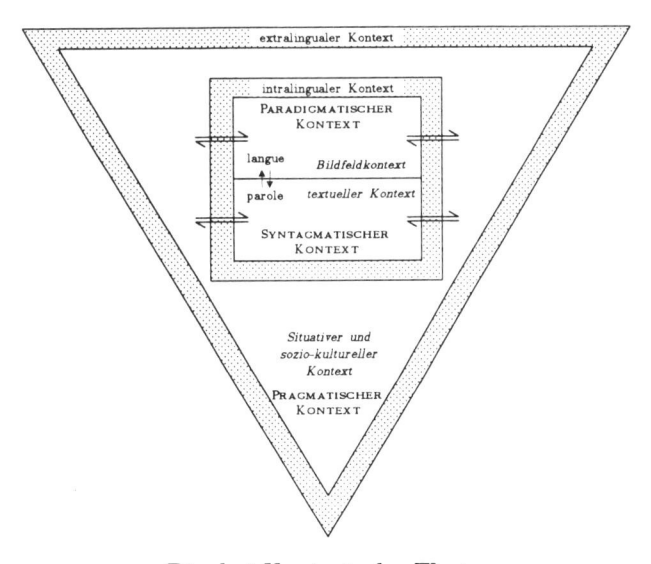

Die drei Kontexte des Wortes

37) Der Ausdruck stammt von Hjelmslev, vgl. Dalferth, 219.
38) Schon die Bedeutung eines Wortes ergibt sich aus dem Zusammenspiel seiner paradigmatischen Relationen und den Kollocationen mit den anderen Elementen "in a phrase, sentence or larger complex", vgl. Barr, J., Semantics and Biblical Theology - a Contribution to the Discussion, VT.S 22 (1972) 11-19, 15.
39) Vgl. Dalferth, Rede, 221f A 42, Ingendahl, 67. Die Interaktion macht deutlich,

2.1) Der syntagmatische Kontext

Die Schwierigkeiten, die Metapher in einer reinen Wortsemantik zu erfassen, nötigen dazu, diese zur Textsemantik hin zu überschreiten, wie H. Weinrich gezeigt hat.[40] Die Textsemantik beruht auf der Erkenntnis, daß ein Wort (oder besser: ein Lexem), das ja normalerweise mehr oder weniger polysem ist, durch den syntagmatischen Kontext monosemiert wird und erst so eine eindeutige textuelle Bedeutung bekommt:[41] Innerhalb von Texten geben sich die Wörter gegenseitig Kontext. Sie "determinieren einander, d.h. sie reduzieren sich gegenseitig in ihrem Bedeutungsumfang"[42].

Im Unterschied zu Normalwörtern können Metaphern unter keinen Umständen von ihren Kontextbedingungen abstrahiert werden, da eine Metapher erst auf der syntagmatischen Ebene realisiert wird: "Wort und Kontext machen zusammen die Metapher"[43]. "Wer... eine Metapher von jeglichem Kontext... zu entblößen versucht, zerstört... die Metapher. Eine Metapher ist folglich nie ein einfaches Wort, immer ein... Stück Text"[44].

Dabei ist die Metapher durch den Kontext in der Weise konstituiert, daß die tatsächliche Determination durch den Kontext die Determinationserwartung des Rezipienten enttäuscht, so daß ein "Überraschungseffekt und eine Spannung zwischen der ursprünglichen Wortbedeutung und der nun vom Kontext erzwungenen unerwarteten Meinung" entsteht.[45] Von

---

daß die Linguistik die Metapher nicht eindeutig-statisch, sondern kontextual-prozeßhaft in einem dialektischen Vorgehen von der parole zur langue und umgekehrt zu fassen sucht: "die Analyse der metaphorischen Kombination gibt uns Information über die Zeichen und diejenige des Zeichensystems welche über die Metapher" (Lüdi, 44).

40) Vgl. Weinrich, FoL 1 (1967) 3ff; ders., Sprache, 319, u.ö., ferner Lüdi, 42, Ricoeur, Erzählung, 240f. Der textsemantische Ansatz wurde schon ansatzweise von Saussure vertreten, vgl. Normand, 104.
41) Vgl. Dalferth, Rede, 221; Kallmeyer, I, 119f.
42) Weinrich, FoL 1 (1967) 4, vgl. ders., Sprache, 318.
43) Weinrich, FoL 1 (19677) 5, ders., Sprache, 319. Isolierte Elemente wie Lexeme können als solche keine Metaphern sein, s. Dalferth, 220.
44) Weinrich, Sprache, 319, vgl. Biehl, 36 A33.
45) Weinrich, Sprache, 320, ders., Lüge, 44ff. Beim Rezipienten wird also ein Sprachbewußtsein vorausgesetzt, das den relevanten usuellen Gebrauch beim Hören eines exzeptionellen metaphorischen Gebrauchs mithört. Das weist schon auf die extralingualen Konstitutiva im Metaphorisierungsprozeß. Letztere werden in Kallmeyers textsemantischem Ansatz kaum herausgearbeitet (Stoffer-Heibel, 72): Er faßt die Metapher als Verquickung zweier Isotopieebenen auf, von der die eine (die Projektionsebene) von bildspendenden, die andere (die Bildempfängerebene) von bildempfangenden Lexemen etabliert wird. Beide sind semantisch inkompatibel, da sie sich auf zwei verschiedene "Geschichten" beziehen, vgl. Kallmeyer, I, 166f, (dazu: Wolff, Sprachgebrauch, 86-90), sowie Rastier, F., Systematik der Iso-

daher kann Weinrich die Metapher "als ein Wort in einem konterdeterminierenden Kontext" definieren,[46] das diesen wiederum konterdeterminiert.[47] Besondere Beachtung verdient dabei die jeweilige Textsorte aufgrund der mit ihr gegebenen Determinationserwartung.[48]

2.2) Der paradigmatische Kontext

Nicht nur auf syntagmatischer, sondern auch auf paradigmatischer Ebene ist die isolierte Betrachtung der Metapher zu überschreiten, wie Saussures grundlegende Unterscheidung von "langue" und "parole" deutlich gemacht hat: Mit der "langue", dem überindividuellen Sprachsystem, kommt eine neue Dimension in den Blick: das Paradigma des Bildfeldes.[49] Wie Einzelworte in der Sprache keine isolierte Existenz haben, sondern in die paradigmatische Ordnung eines Wortfeldes gehören, so gehört auch die Einzelmetapher, wie H. Weinrich aufgezeigt hat, in den Zusammenhang eines "Bildfeldes".[50] H. Weinrich hat seine "Bildfeldtheorie" in Analogie zur Jost Trier'schen "Wortfeldtheorie" entwickelt,[51] die von der Erkenntnis ausgeht, daß kein Wort isoliert im Bewußtsein eines Sprechers oder Hörers existiert, sondern immer in Verbindung mit einer Reihe sinn-

---

topien, in: Kallmeyer, W., u.a. (Hg.), Lektürekolleg zur Textlinguistik, Bd. II: Reader, Frankfurt a.M., 1974, 166-178.

46) Weinrich, Sprache, 320, ders., Poetica 2 (1968) 100, 107, ders., FoL 1 (1967) 6.

47) Die Konterdetermination ist als gegenseitige aufzufassen: Das Wort wird durch den Kontext, der Kontext durch das Wort determiniert, vgl. Weinrich, Poetica 2 (1968) 112, ders., DVfL 37 (1963) 337. - Metapherndefinitionen, die auf den Kontext der Metapher rekurrieren, finden sich in jüngster Zeit häufig, vgl. Beardsley, M. C., Aesthetics, Problems in the Philosophy of Criticism, New York, usw. 1958, 142; Lüdi, 52ff; Stierle, b. Wessel, 56; Lieb, 30ff, 93ff.

48) Gibt es doch textsortenspezifische Metapherncodes als sekundären sprachlichen Code, vgl. Kallmeyer, I, 174.

49) Hat die Rhetorik die Metapher als Ersetzungsphänomen aufgrund paradigmatischer Ähnlichkeitsrelationen in einem (zumeist implizit vorausgesetzten) ontologisch fundierten Sprachsystem gesehen, so reflektiert die Linguistik erstmals ausführlich auf die "langue", die sie (im Unterschied zur rhetorischen Tradition) als ein konventionelles Zeichensystem begreift. Gleichwohl hat schon Aristoteles die Sprache als menschliche Setzung angesehen und reflektiert (Poetik 1457b) auf das (vereinbarte) Sprachsystem, das er jedoch anders als die Linguistik in Korrespondenz zur Ordnung der Dinge sieht (Kurz, Pelster, 11).

50) Vgl. Weinrich, Sprache 283. Weinrich hat den Begriff "Bildfeld" in begrifflich-sachlicher Nähe zu J. Triers "Wortfeld" und in terminologischer Anlehnung an P. Claudels "champ de figures" gebildet (s. Weinrich, Sprache, 283, Wessel, 68f, Lüdi, 323). Dem Weinrich'schen "Bildfeld" entspricht Lüdis "Bildbereich" (Lüdi, 324).

51) Vgl. Weinrich, Sprache, 283ff, ders., FoL 1 (1967) 11-13. J. Trier hat die Wortfeldtheorie erstmals in: Der deutsche Wortschatz im Sinnbezirk des Verstandes. Die Geschichte eines sprachlichen Feldes, I: Von den Anfängen bis zum Beginn des 13. Jahrhunderts, Heidelberg 1931, formuliert. Beachte bes. das Einleitungskapitel (wiederabgedruckt: Trier, J., Über Wort- und Begriffsfelder, in: Schmidt, L., (Hg.), Wortfeldforschung, 1973, 1-38, 1-26). Zur Wortfeldforschung vgl. daselbst, sowie Ullmann, Semantik, 141-158, Pausch, Metapher, 61.

verwandter Wörter steht, die sich zu (mehr oder weniger scharf umgrenzten) "Wortfeldern" gruppieren. Diese sind als synchrone Paradigmen vorzustellen und der "langue", also dem objektiven, strukturierten Sprachbesitz einer Gemeinschaft zuzuordnen. Hier gelten besondere semantische Gesetze, die besagen, daß ein Wort "im Wortfeld seiner Bedeutung nach von der Zahl und Lagerung aller anderen Wörter des Wortfeldes abhängig ist"[52]. Von daher erfährt das Einzelwort erst vom Ganzen her[53] seine inhaltliche begriffliche Bestimmtheit, so daß jede Änderung im Feld immer auch jedes Glied des Feldes betrifft.[54] Wird ein Wort aus dem Wortfeld syntagmatisch realisiert, so bleibt es in seiner Bedeutung abhängig von der Bedeutung, die ihm aufgrund seiner Stellung im Paradigma zukommt. Diese Bedeutung bringt es in das Syntagma mit ein.

Wie nun ein Wort, das realisiert wird, immer von einem im Sprachbewußtsein mitgesetzten Wortfeld getragen und von daher in seiner Bedeutung erfaßt wird, so wird auch eine "aktuell geprägte oder vernommene Metapher" von einem "in der sprachlichen und literarischen Tradition vorgegebenen Bildfeld getragen"[55] und von daher leicht verstanden.[56] Den Wortfeldern entsprechend, stellen Bildfelder den objektiven, überindividuellen und virtuellen Metaphernbesitz einer Sprach- und Kulturgemeinschaft dar, aus dem der individuelle Sprecher bestimmte Einzelmetaphern aktualisiert, die wiederum paradigmatisch auf ihr Feld verwiesen bleiben[57] und auf dieses zurückwirken. Diese Bildfelder sind zwar nicht an eine einzelne Sprache gebunden - sie sind übersetzbar; sie gehören jedoch zu bestimmten Kulturkreisen und existieren nicht abstrakt-universal.[58]

---

52) Weinrich, FoL 1 (1967) 11, vgl. ders., Sprache, 325; Friedrich, G., Semantik, 515, Berger, Exegese, 138.
53) So Trier, Bedeutungsforschung, 174, zit. b. Friedrich, G., Semantik, 515. Das "Ganze" betrifft jedoch nicht die ganze langue, sondern Subsysteme, vgl. Coseriu, zit. bei Geckeler, 118: "... il n'est pas exact de dire que toute la langue change ... En réalité, ce sont toujours des systèmes partiels qui changent et leur changement n'affecte pas d'une façon immédiate le reste de la langue".
54) Vgl. Weinrich, FoL 1 (1967) 12; Kandler, G., Die "Lücke" im sprachlichen Weltbild. Zur Synthese von "Psychologismus" und "Soziologismus", in: Sprache, Schlüssel zur Welt, FS L. Weisgerber, hg.v. H. Gipper, Düsseldorf 1959, 256-270, 258f.
55) Weinrich, Sprache, 326.
56) D.h. nicht, daß jede Metapher notwendigerweise in einem Bildfeld stehen muß, da ja grundsätzlich jedes Wort metaphorische Bedeutung annehmen kann. Jedoch hat eine isolierte Metapher normalerweise keinen Erfolg in der Sprachgemeinschaft, die die "integrierte Metapher" will (Weinrich, Sprache, 286, 327, vgl. Vonessen, 407).
57) Klauck, Allegorie, 141.
58) So betont Weinrich, Spache, 287, im Blick auf die abendländischen Sprachen: "Die konkreten Bildfelder sind wohl kaum jemals Allgemeinbesitz der Menschheit, aber auch nicht exklusiver Besitz der Einzelsprache (Muttersprache). Sie gehören zum sprachlichen Weltbild eines Kulturkreises... Das Abendland ist eine Bildfeld-

Im Unterschied zu den Wortfeldern ist für Bildfelder die wechselseitige Projektion eines bildspendenden und eines bildempfangenden Feldes konstitutiv,[59] da sich in der aktualen Metapher die Kopplung zweier sprachlicher Sinnbezirke[60] vollzieht: Die zwei Elemente, die in der realisierten Metapher zusammentreten, bringen im Bewußtsein des Sprechers bzw. Hörers ihre jeweiligen Feldnachbarn mit ein, so daß über der aktualisierten Metapher ein Bildfeld entsteht.[61]

2.3) Der pragmatische Kontext
Die sprachimmanente Erfassung der Metapher ist nun, wie in jüngster Zeit immer deutlicher geworden ist, in einem weiteren Schritt vom intralingualen auf den extralingualen Kontext hin auszuweiten,[62] da sowohl die Bildfelder (2.3.1.) als auch die syntagmatischen Realisierungen auf dem Niveau der parole (2.3.2.) in einen größeren Lebens- und Weltzusammen-

---

gemeinschaft"; vgl. Wessel, 9 0ff; 73f A 300. Das bedeutet, daß nur derjenige, dem das Bildfeld der jeweiligen Bildfeldgemeinschaft gegenwärtig ist, eine Metapher recht verstehen kann. Die Frage, ob sich kulturkreisübergreifende, evtl. sogar menschheitsübergreifende (Teil-)Bildfelder beobachten lassen, wie sie Weinrich, Sprache, 335, als Ausnahmeerscheinungen postuliert, ist im Auge zu behalten. Zum Problem vgl. Röhser, 21; Wessel, 91f.
59) Zur praktischen Durchführung dieses Ansatzes vgl. Weinrichs Untersuchung der Bildfelder "Wortmünze" (ders., Sprache, 276ff) und "Seelenlandschaft" (ders., FoL 1 (1967)4-14; ders., Sprache, 317-327). Die Frage nach der Struktur der bildspendenden und bildempfangenden Felder läßt Weinrich (Sprache, 283) offen; zur Kritik vgl. Lüdi, 324. Bildspendendes und bildempfangendes Feld dürfen nicht getrennt werden, wie Weinrich, Sprache, 285, am Beispiel der Seefahrtsmetaphern erhellt: Paulus verwendet sie bis auf I Tim 1:19 nicht, obwohl ihm dieser Lebensbereich vertraut war: Da er nicht vom Staat schreibt, benutzt er das Bildfeld des Staatsschiffs nicht. (Zur politischen Metapher des (Staats-)Schiffs vgl. nur Goldammer, 233f; Rahner, H., Antenna crucis I-IX, in: Symbole der Kirche. Die Ekklesiologie der Väter, Salzburg 1964, 237-564; Berthold, H., Die Metaphern und Allegorien vom Staatsschiff, Staatskörper und Staatsgebäude in der römischen Literatur der ausgehenden Republik und frühen Kaiserzeit, in: Antiquitas Graeco-Romana ac Tempora Nostra, Acta congressus internationalis habiti Brunae diebus 12-16 mensis Aprilis MCMLXVI, Prag 1968. Mit der Angleichung der kirchlichen Organisation an die des Staates - parallel zu soziologisch-politischen Verschiebungen und Änderungen des Selbstverständnisses - wird die Schiffsmetapher zunehmend als Metapher für die Kirche verwandt, vgl. Goldammer, 235f).
60) "Bildspendendes" und "bildempfangendes" Feld (Weinrich), "tenor" und "vehicle" (Richards), etc., vgl. Nieraad, 53f.
61) Weinrich, Poetica 2 (1968) 125.
62) Weinrich schließt FoL 1 (1967) 5, Sprache, 319, den Situationskontext ausdrücklich ein. Ihm schließt sich Lüdi, 51 A 109, an. Mit Nachdruck betonen Petöfi Poetics 7 (1973) 38 und Nieraad, 70, daß der determinierende Kontext nicht nur ein textueller (= Ko-Text) auf der Ebene der Textgrammatik/Semantik ist, sondern immer auch ein kon-textueller auf der Ebene der Textwelt-Semantik, der folglich pragmasemantisch anzugehen ist, vgl. auch Kubczak, Metapher 81 m. A 142.

hang eingebettet sind.[63]

2.3.1. Bildfelder gehören zur überindividuellen Bildwelt einer Gemeinschaft. Sie sind mitgeprägt von deren Wirklichkeit und Wirklichkeitsdeutung und wollen umgekehrt auch auf diese einwirken: Bestimmte (in unserem Fall besonders biologische und geographische) Fakten, historisch-soziologische Bedingungen, Deutungen und Wirkungen sind mit den Bildfeldern verbunden. Im Bereich religiöser (biblischer) Sprache erweisen sich die Bildfelder aus religiös-kultischen und rezeptionsbedingten Gründen[64] als relativ konstant. Gleichwohl ist ein Wandel von Bildfeldern zu verzeichnen, der in Verbindung zur Veränderung der Situation oder/ und der Interpretation der Gemeinschaft steht.[65] Der Gebrauch auf dem Niveau des Syntagma wirkt auf das Paradigma verändernd ein: Das Bildfeld kann ausdifferenziert werden, die Konzentration auf bestimmte Metaphern im Bildfeld kann sich verlagern, Bildspender- und Bildempfängerkomplexe können sich in ihrer Kombination verschieben und die Metapher in ihrem Sinngehalt ändern. Das Bildfeld ist eine lebendige Größe, in der Metaphern entstehen, verblassen und sterben. Letzteres ist im folgenden genauer zu betrachten, da der Aktualitätsgrad der Metapher in enger Verbindung zu ihrer Funktion steht.

Wird eine Metapher neu gebildet, so kommt der Bildfeldgemeinschaft hinsichtlich der Rezeption eine kritisch-selektierende Funktion zu: Nicht jeder neu geformte bildliche Ausdruck wird als Erweiterung des umgangssprachlichen Begriffsbestandes akzeptiert[66] und in den metaphorischen Code integriert. Die Übernahme einer Neuerung in den Code ist vielmehr davon abhängig, ob (a) die Metapher von einem vorgegebenen Bildfeld der Gemeinschaft getragen wird oder nicht[67] und ob (b) die Metapher der jeweiligen Kommunikationsgemeinschaft mit deren spezifischen Erkenntnisinteressen, deren Erfahrungen und deren Lebenspraxis plausibel er-

---

63) Das macht schon das Moment der Determinationserwartung deutlich, ergibt sie sich doch nicht nur aus dem textuellen Kontext, sondern auch aus dem Code der Kommunikationspartner und dem situationalen Kontext. Weinrich, Sprache, 170f, Dalferth, Rede, 212.
64) Klauck, Allegorie, 143; Berger, Exegese, 159, vgl. schon Lowth bei Montefiore, 626.
65) Röhser, 24. Veränderungen im Gebrauch der Metaphern indizieren Wandlungen des Welt- und Selbstverständnisses (Blumenberg, Licht, 433).
66) Pausch, Metapher, 1.
67) Weinrich, Sprache, 326. Die Einzelmetapher wird vom Bildfeld getragen und verleiht ihr Plausibilität in der Bildfeldgemeinschaft (Berger, Hermeneutik, 345). So können durch "Parallelverschiebung" innerhalb eines Bildfeldes neue Metaphern generiert werden, die von der Bildfeldgemeinschaft leicht decodiert und akzeptiert werden (Weinrich, Sprache, 326).

scheint,[68] was wiederum von der Urteilskraft, Evidenz, Prägnanz und Anschaulichkeit der Metapher für die Kommunikationsteilnehmer abhängt.[69] - Eine Metapher, die ins Repertoire einer Gemeinschaft aufgenommen worden ist, wird durch rekurrenten Gebrauch stabilisiert und konventionalisiert.[70] Beardsley unterscheidet dabei drei Stufen: [71] (1) Ist die Konterdetermination von Bildspender und Bildempfänger bei einer "neuen", "lebenden", "kreativen" Metapher bes. deutlich spürbar, so erfolgt (2) durch die sich verfestigende Zweierbeziehung von Bildspender und -empfänger langsam eine Integrierung der Bedeutungsmerkmale des Bildempfängers in den Bildspender, der schließlich (3) zur Identität von Bildspender und -empfänger im Bewußtsein des Rezipienten wird, der die Metapher als solche nicht mehr wahrnimmt. Die "kreative" ist zur "konventionellen" und schließlich zur "Exmetapher" verblaßt und als solche nur aufgrund diachronischer Betrachtung identifizierbar. Ihre bleibende Bedeutung liegt darin, daß sie durch die Realisierung zusammen mit kompatiblen Bildern jederzeit expandiert und damit remetaphorisiert werden kann.[72] Dabei korreliert die Stärke der Konterdetermination dem Intensitäts- und Aktualitätsgrad der Metaphern:[73] Eignet kreativen Metaphern ein hoher Aufmerksamkeitsgrad, so sinkt er im Prozeß der Lexikalisierung. Das Überraschungsmoment, das in der spannungsvollen Neuverkopplung zweier disparater Sinnbezirke liegt, verblaßt per usum:[74] Die hohe Komplexität der Metapher und ihr weites, schwer und nur zu postulierendes Bedeutungsspektrum werden durch festen Gebrauch reduziert, so daß die Metapher immer schneller und sicherer decodierbar wird. Mit ihrer Leistungsfähigkeit ändert sich auch die Funktion der Metapher. Während die kreative Metapher eine Neubeschreibung

---

68) Köller, Semiotik, 198. Die Metapher setzt also immer schon bestimmte Erfahrungen voraus, die sie, wenn sie geglückt ist, auf einen Nenner bringen und als sinnvoll erklären kann, vgl. Berger, Hermeneutik, 345.
69) Vgl. Wessel, 96; 104f; Blumenberg, H., Beobachtungen an Metaphern, in: ABG 15 (1971) 161-214, 200, 202, 213.
70) Kallmeyer, I, 176. Mit zunehmender Konventionalisierung wird die Metapher unabhängiger vom Kontext, vgl. Weinrich, H., Tempus. Besprochene und erzählte Welt. Sprache und Literatur 16, Stuttgart, u.a. 1971² (1964¹), 201.
71) Beardsley, M.C., The Metaphorical Twist, PPR 22 (1961/62) 293-307, 303.
72) Kallmeyer, I, 174f.
73) Weinrich hat ferner die - umstrittenene - These vertreten, daß die semantische Deviation bei einer geringeren Bildspanne (z.B. "Dreieck des Vierecks") gravierender empfunden wird als bei einer größeren (z.B. "Dreieck der Liebe"), vgl. Weinrich, FoL 1 (1967) 14, ders., Sprache, 298ff, 305ff und dazu Köller, 183; Plett, 257; Stoffer-Heibel, 69f.
74) Die diaphorischen (unähnlichen) Aspekte der Metapher treten zugunsten der epiphorischen (ähnlichen) zurück, s. MacCormac, Bedeutung, 85f.

von Wirklichkeit versucht, also eine innovativ-heuristische Funktion hat, präsentiert die konventionalisierte Metapher ein usuell stabilisiertes Interpretationsangebot, hat also stabilisierend-versichernde Funktion.[75] Vermitteln usuelle Metaphern das traditionelle Strukturierungsangebot einer Gruppe und wirken orientierend und normativ-verhaltenssteuernd, so versuchen lebendige Metaphern kreativ-experimentell eine kognitive Umstrukturierung der Denk- und Wahrnehmungsmuster und ermöglichen damit Verhaltensänderungen. Ist die Akzeptanz der usuellen Metapher in der Kommunikationsgemeinschaft via Konvention abgesichert, so steht die der neuen Metapher zunächst auf dem Spiel. Wird sie angenommen, so kann sie ob ihres höheren Intensitätsgrades kurzzeitig eine größere Wirkung erreichen als die traditionelle Metapher, die dafür aber über längere Zeiträume hinweg bestimmend ist.

Nun gibt es innerhalb des virtuellen Codes einer Bildfeldgemeinschaft auch Subsysteme, mehr oder weniger gruppenspezifische Metapherncodes.[76] Daraus ergibt sich neben dem Aktualitätsgrad von Metaphern das Problem ihrer Zugänglichkeit(sbreite). So können innerhalb einer Gruppe verwendete Metaphern für die Gruppenmitglieder ohne weiteres decodierbar sein, nicht aber für Außenstehende, die nicht an den Sprachspielen der Gruppe partizipieren und folglich nicht den metaphorischen Code dieser Gemeinschaft beherrschen.[77] Das kann zu Mißverständnissen bis hin zu Ausgrenzungen führen: Die Verwendung gleicher Bildspender in verschiedenen gesellschaftlichen Gruppen suggeriert zunächst einmal deren Verständlichkeit. Sind diese Bildspender jedoch unterschiedlich konnotiert, muß es zu Mißverständnissen kommen:[78] Trotz vorgeblicher Zugänglichkeit ist das Bild nicht problemlos interkommunikabel. Die Divergenz im Metaphernverständnis unterschiedlicher Gruppen kann so weit gehen, daß dem Metapherncode eine ausschließende Aufgabe gegenüber Außenstehenden zukommt,[79] während er als "Insidersprache" für Gruppenmitglieder eine solidaritätsstiftende, gruppenstabilisierende Funktion hat, die in Korrelation zum Grad der Isolation der Gruppe

---

75) Usuelle Metaphern bedeuten positiv Orientierung und Zuspruch. Negativ können sie aber auch, da sie das Denken in bestimmte Bahnen lenken und Erwartungen regulieren, unsere Wahrnehmung, unser Denken und Handeln festlegen, ja irreführen und Deutungs- und Handlungsalternativen verdecken (vgl. Demandt, 447; Seifert, W., Didaktik rhetorischer Figuren: Metapher als Unterrichtsgegenstand. In: O. Schober (Hg.), Sprachbetrachtung und Kommunikationsanalyse, Königstein i. Ts 1980, 129-138, 130).
76) Kallmeyer, I, 174, spricht in diesem Zusammenhang von "sekundären sprachlichen Kodes". Sie erlauben es, bestimmte Gruppen zu identifizieren, vgl. die Bildwelt der Mandäer.
77) Vgl. Köller, 202f.
78) Vgl. die Mißverständnisse im JohEv.
79) Vgl. die Allegorie als einen nur wenigen zugänglichen Geheimcode, Mk 4,11f.

steht.
Des weiteren ist die Partizipation am Bildfeld einer Gemeinschaft und das Bewußtsein für Metaphorizität je nach Schichtzugehörigkeit und Belesenheit/Bildung unterschiedlich intensiv ausgeprägt, so daß für den einen aufgrund seiner Kenntnis der Tradition (noch) als Metapher aufgefaßt werden kann, was für den anderen (schon) feststehender Begriff ist.[80] Konkrete Bildfelder sind also Eigentum bestimmter Gruppen und Schichten. Sie sind mitgeprägt von deren Wirklichkeit und Wirklichkeitsdeutung und wollen umgekehrt auch spezifisch auf diese einwirken. Von daher steht der geschichtliche Wandel von Bildfeldern in Verbindung zu Veränderungen der Situation oder/und der Interpretation einer Kommunikationsgemeinschaft.

2.3.2. Nicht nur die Bildfelder, sondern auch ihre punktuellen Realisationen auf dem Niveau der parole, die aktualen Metaphern, sind sowohl Ausdruck als auch Deutung eines Lebenszusammenhanges, auf den sie durch ihr Strukturierungsangebot wiederum (potentiell verändernd) einwirken. Auch der Text ist unter pragmatischen Gesichtspunkten zu erhellen, denn ein Text ist immer auch Text-in-der-Situation:[81] Erst in der speziellen kommunikativen Situation, die eingebettet ist in eine bestimmte Lebensform, wird festgelegt, "was mit der Bedeutung eines sprachlichen Ausdrucks gemeint ist" (Wittgenstein)[82]. Gilt das für jedes Wort, so erst recht für die Metapher, die ja durch die Konterdetermination erst als solche konstituiert wird. Von daher ist es nötig, die textimmanente/intralinguale Betrachtung der Metaphern auf den extralingualen/pragmatischen Kontext auszuweiten.[83]

---

80) Vgl. Weinrich, Sprache, 285. Die Grenzen zwischen metaphorischem und nicht-metaphorischem Gebrauch sind also fließend und abhängig vom Bewußtsein des/der Rezipienten. Zum Problem, s. von Allmen, 29; Björndalen, Untersuchungen, 47; Messelken, H., Sprachbilder, Praxis Deutsch 16 (1976) 8 (108) - 15 (115). In diesem Zusammenhang stellt sich für uns das Problem, inwieweit da, wo für unser metaphorisches Bewußtsein eine Spannung zwischen Bildspender- und Bildempfängerkomplex spürbar ist, eine solche Inkongruenz auch für das Bewußtsein des antiken Menschen angenommen werden kann, für den im Rahmen seines mythischen Denkens Bildern durchaus Realität zukommen kann. Zum Problem vgl. Röhser, 23, Köller, Semiotik, 222f.
81) Weinrich, Sprache, 337.
82) Wolff, G., 15f, vgl. Wittgenstein, Phil. Untersuchungen § 43 und § 23.
83) Das hat vor allem die Texttheorie, insbesondere Petöfi versucht. Petöfi greift Poetics 4 (1975) 290 Weinrichs Definition der Metapher als einem Wort in einem konterdeterminierten Kontext auf und variiert sie daselbst in seiner (Arbeits-)Definition: "Die Metapher ist ein interpretierbares 'Text-Stück in einem konterdeterminierenden Kontext'", wobei er neben dem sprachlichen Ko-text auch dezidiert den pragmatisch-situativen Kontext als konstitutive texttheoretische Komponente der Metapher betrachtet. Petöfi beschreibt den Kontext (S. 291) u.a. als Zuordnung von 'Welten' zu Texten.

Dieser setzt sich aus einem Komplex von Bedingungen, Intentionen und Wirkungen zusammen, vereinigt also kausale, intentionale und funktionale Momente in sich. So ist im Blick auf den Autor und den/die Adressaten a) der situative und soziokulturelle Kontext, b) die spezifische Interpretation desselben und c) die Wirkung der Interpretation zu betrachten.

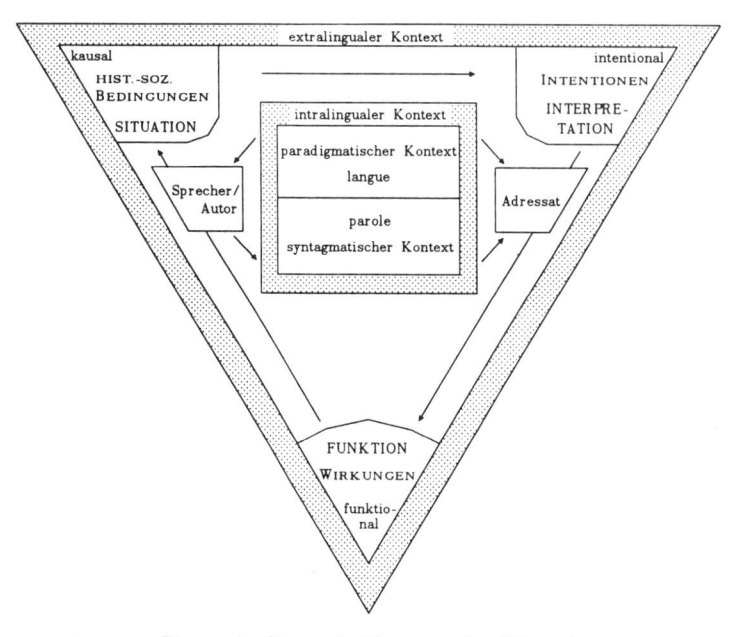

Der extralinguale Kontext der Metapher

a) der situative Kontext ist insbes. für die mündliche Rede von Relevanz, da hier die außersprachlichen Umstände und Bedingungen der Entstehungssituation zum Tragen kommen.[84] Der sozio-kulturelle (historische) Kontext meint die allgemeine Annahme über die Ordnungsstruktur der Wirklichkeit,[85] den allgemeinen Verständigungsrahmen, der das Wissen, akzeptierte Wertvorstellungen, kulturelle und lebenspraktische Erfahrungen, Sitten, Gebräuche, in unserem Fall besonders botanische und

---

84) Das wird bes. deutlich im Fall der sogenannten Metapher in absentia, die nur aus der Kenntnis der Situation heraus erkannt werden kann, vgl. das Beispiel U. Ecos (Einführung in die Semiotik, autorisierte deutsche Ausg. v. J. Trabant, München 1972, 136), das Klauck, Allegorie, 144 anführt: "Ob jemand auf dem Sterbebett sagt: "Ich gehe fort", oder ob er die gleiche Äußerung an der Haustür stehend beiläufig tut, macht einen beträchtlichen Unterschied". Vgl. auch Weinrich, Sprache, 337-341; Bjørndalen, 21 A 72, sowie differenziert: Kjärgaard, Metaphor and Parable. A Systematic Analysis of the Specific Structure and Cognitive Function of the Synoptic Similes and Parables qua Metaphors, AThD XX, Leiden 1986.
85) Kurz, Pelster, 51; Klauck, spricht (Allegorie, 145) vom 'epochalen Wirklichkeitsmodell'.

agropraktische Daten und das Denken und Handeln prägende (wertende) Bilder umfaßt.[86]
b) Die Eruierung des übergreifenden historisch-sozialen Lebenszusammenhangs ist weiter durch die Interpretation desselben zu ergänzen, da jede Situation verschieden gedeutet werden kann.[87] Hier gewinnt die Frage nach der Aussageintention des Autors Relevanz. Sie ist gerade bei Metaphern akut: Der Autor/Sprecher enttäuscht ja in der Metapher die Determinationserwartung des Hörers, indem er zwei Lexeme verbindet, die disparaten Bereichen unseres Wirklichkeitsmodells angehören und folglich für das Bewußtsein des Rezipienten inkompatibel und in ihrer Zusammenstellung neu sind.
c) Die ästhetische, affektive, kognitive und pragmatische Dimension der Metapher korrespondiert deren Wirkungen, die - wie die verschiedenen Dimensionen - kaum zu trennen, aber doch in den Einzelmetaphern unterschiedlich zu gewichten sind: So kann die Metapher die ästhetische Funktion der ornatio erfüllen, sie besitzt eine emotionale Appellqualität, die persuasiv nutzbar zu machen ist.[88] Ferner kann sie zu einem Träger von komplexen Informationen werden und Gedanken von hohem Abstraktionsgrad evident und anschaulich zum Ausdruck bringen.[89] Die ästhetische, bes. aber die affektive und kognitive Funktion der Metaphern fließen in der Pragmadimension auf das engste zusammen und evozieren die Appellqualitäten der Metapher. Indem Metaphern die Welt(wahrnehmung) nicht nur ästhetisch und affektiv, sondern auch kognitiv strukturieren (und immer wieder auch neu interpretieren), fungieren sie als Handlungsanweisung und motivationaler Faktor in der jeweiligen Situation.
Dabei ist die intentionale Abzweckung des Sprechers/Autors von der faktischen Wirkung zu unterscheiden: Der Instruktionsmodus der Metapher muß nicht mit ihrer realen kommunikativen Funktion übereinstimmen.

Die Pragmalinguistik (Texttheorie) reflektiert also auf die natürlich-historisch-sozialen Bedingungen, Intentionen und Wirkungen des extralingualen Kontexts. Dieser pragmatische Kontext wurde in gewisser, wenn auch nicht so reflektierter Weise schon immer berücksichtigt:

---

86) Vgl. Klauck, Allegorie, 145, Kurz, Pelster, 51; 55. Innerhalb der Text-Theorie ist bis jetzt jedoch noch keine Semantik der Weltstrukturen, genauer: eine Text-Welt-Semantik, wie sie vor allem Petöfi fordert und ansatzweise versucht, entwickelt worden, wenn das überhaupt realistisch möglich ist (vgl. Nieraad, 71ff).
87) Theißen, Wundergeschichten, 36.
88) Demandt, 447. Zur Verbindung von Metapher und Emotionalität vgl. Berger, Hermeneutik, 346-350.
89) Gerade auch da, wo für die intendierte Nuance keine treffende begriffliche Bezeichnung zur Verfügung steht, kann sie Erfahrungen und Phänomene dicht und pointierend artikulieren. Vgl. auch Petzold, P.H., Über Symbole und Sinnbilder der Bibel, EuA 42 (1966) 119-130, 122.

- Implizit in der rhetorischen Metapherntheorie, wenn Aristoteles das "Übertragungsbewußtsein" als ein entscheidendes Kriterium zum Verständnis eines sprachlichen Ausdrucks ansieht.[90] Ferner in der Reflexion auf die affektivpersuasive Wirkkraft der Metapher und ihrer Referenzfunktion auf die Wirklichkeit.
- In der linguistischen Metapherntheorie war die Pragmasemantik zunächst nicht ausdrücklich im Blick;[91] sie war aber über die Bildfeldgemeinschaft als den sozio-kulturellen Träger des Bildfeldes und über die Kategorie der Determinationserwartung[92] impliziert, bis sie in der Ausweitung der Textlinguistik auf die Texttheorie explizit reflektiert wurde.

3) Zusammenfassung

Wie wir gesehen haben, unterscheiden sich die beiden grundlegenden Metapherntheorien - die Substitutions- und die Interaktionstheorie - in erster Linie in der ontologischen Begründung der ersteren und der kontextuellen der letzteren: Nimmt die Substitutionstheorie (1) ihren Ausgangspunkt bei der Wirklichkeit, so die Interaktionstheorie (2) bei der Sprache (Linguistik), bei Geschichte und Gesellschaft (Texttheorie).
(1) In der Rhetorik wird die Metapher auf der Grundlage einer Referenzsemantik[93] als Theorie über die Wirklichkeit gefaßt, wobei im Rahmen eines Substitutionsdenkens vom Kontext der Metapher abgesehen und die Metapher isoliert als Wort betrachtet werden kann.
(2) In der Linguistik wird die Metapher im Rahmen einer relationalen Semantik[94] in expliziter Ablehnung des traditionellen analogia-entis-Denkens[95] zunächst als ein rein sprachimmanentes Phänomen aufgefaßt. Die Metapher wird syntagmatisch in Relation zu ihren Nachbarn im Text und paradigmatisch in Relation zu ihren Nachbarn im Bildfeld be-

---

90) Die pragmasemantische Funktion der Erwartungshaltung des Rezipienten bei der Metapher wird von Aristoteles ausdrücklich in der "Rhetorik", III, 11, 6+7 (1112a, 1112b) thematisiert, vgl. Kurz, Pelster, 15 A 7.
91) Die Beteiligung der Situation bei der Kommunikation war bei Saussure noch vernachlässigt, vgl. blanke, g.h., einführung in die semantische analyse, hueber hochschulreihe 15, München 1973^1, 139.
92) Hier wie in der Wirkung der Metapher werden bes. Überlegungen aus der Sprachpsychologie aufgenommen, vgl. Bühler sowie die Formulierung des metaphorischen Bewußtseins bei W. Wundt, Völkerpsychologie. Eine Untersuchung der Entwicklungsgesetze von Sprache, Mythus und Sitte, Bd. I/II: Die Sprache, 2. Teil, Leipzig 1900 (1904^2), 555; 559-561 und Stählin, W., Zur Psychologie und Statistik der Metaphern. Eine methodologische Untersuchung, Archiv für die gesamte Psychologie 31 (1914) 322.
93) Plett, 251.
94) Plett, 251.
95) Vgl. Weinrich, Poetica 2 (1968) 119.

stimmt.[96] *In jüngster Zeit hat die linguistische Metaphorologie eine Ausweitung hin zur Texttheorie erfahren, die die Bildfelder*[97] *und den Text in ihrer Einbettung in den weiteren außersprachlichen Kontext sieht. Damit stellt sie die Metaphern in den Raum von gesellschaftlicher Wirklichkeit und Geschichte, indem sie auf die pragmatischen Bedingungen, Intentionen und Wirkungen der Metaphern reflektiert.*[98]

Exkurs: Zur Bildlichkeit der Sprache

Symbol, Mythos, Zeichen, Chiffre und Allegorie sind Elemente eines umfassenden Zeichensystems. Im folgenden soll versucht werden, diese bildlichen Elemente im einzelnen genauer zu betrachten und in Abgrenzung zur Metapher (und ihrer narrativen Entfaltung: dem Gleichnis) zu kategorisieren.

1. Das Symbol
Aus der Fülle der Symbolverständnisse[1] kristallisieren sich drei grundlegende Auffassungen heraus:
1.1. Das Symbol als Erscheinung einer umfassenderen Realität (ontologisches Symbolverständnis).
1.2. Das Symbol als Hervorbringung des Menschen (psychologisches und soziologisches Symbolverständnis).
1.3. Das Symbol als Teil eines Zeichensystems (semiotisches Symbolverständnis).
1.1. Die Vorstellung des Symbols als einer Erscheinung ist auf dem Hintergrund eines ontologischen Verständnisses von Wirklichkeit zu sehen, demzufolge alles Seiende in die Ordungsstruktur der Welt eingebunden ist und von daher in vielfältigen horizontalen wie auch vertikalen Analogie- und Korrespondenzbeziehungen steht.[2] Von daher kann jeder Teil der

---

96) Ein Novum innerhalb der Metaphorologie stellt die reflektierte Einbeziehung der langue in die Bestimmung der Metapher dar. Sie ist auf Saussures grundlegende Unterscheidung von langue und parole zurückzuführen. Aufgrund Saussures bes. Betonung des Sprachsystems (s. Nieraad, 50f) liegt hier der Akzent bei einer synchronen (a-historisch verfahrenden) Erfassung der virtuellen Strukturen.
97) Die Reflexion auf Bildfelder fehlt jedoch bei Petöfi, Poetics 4 (1975) 289-310.
98) Von daher gewinnt sowohl die diachronische Betrachtung, die die Metaphern in ihrer geschichtlichen Herkunft und ihrem Wandel zu erfassen sucht, als auch die Frage nach der Funktion der Metapher im Zusammenspiel von Tradition und Innovation an Bedeutung.
1) Lüthi, Symboldebatte, 36f, vgl. Kurz, Metapher, 66. Im Unterschied zur Religionsphänomenologie, Theologie, Psychoanalyse, Lernpsychologie, Soziologie und Ethnologie herrscht in der Literaturwissenschaft eine große Zurückhaltung gegenüber dem Symbolbegriff. So wollen z.B. Weinrich, FoL 1 (1967) 5 und Kayser, Kunstwerk, 316 den Symbolbegriff vermeiden bzw. ganz fallenlassen, vgl. auch Kurz, Metapher, 65, Frenzel, 21.
2) Auf dem Hintergrund dieser ontologischen Vorentscheidung über die Ordnungs-

Realität, jeder materiell-empirische Sachverhalt transparent für einen unmateriell-geistigen Sinn(komplex) werden.[3] Er wird zum Symbol, indem er ein "Plus an Bedeutung" gewinnt.[4]
Das Symbol ist also zunächst einmal ein nichtlinguistisches Phänomen. Als Symbol erster Ordnung (= materielles Symbol) wird es dann im Medium der Sprache zum Symbol zweiter Ordnung, bleibt aber auch dort auf die Realität verwiesen.[5]

Das Symbol als Erscheinung einer umfassenderen Realität ist sowohl für die Ästhetik als auch für die Religionswissenschaft und Theologie bestimmend.

Für die ästhetische Reflexion der deutschen Klassik und - ihr nachfolgend - der deutschen Romantik wurde Goethes Symbolkonzeption[6] grundlegend. Goethe sieht Symbolik[7] überall dort, "wo das Besondere das Allgemeine repräsentiert .... als lebendig augenblickliche Offenbarung des Unerforschlichen"[8]. Im Hintergrund steht der Gedanke der Methexis, der Teilhabe des Endlichen am Unendlichen, der erlaubt, "daß das Gewöhnliche und Außerordentliche, das Mögliche und Unmögliche eins werden"[9].

In der Tradition dieses Symbolverständnisses stehen z. T. auch die religionswissenschaftlichen und theologischen Reflexionen.[10] Für sie ist

---

struktur der Wirklichkeit und der damit verbundenen Lehre von der analogia entis erklärt es sich, daß im Mittelalter - besonders unter scholastisch-thomistischem Einfluß - die Bildung von Metaphern zugunsten der Bildung von Symbolen deutlich zurücktritt (Köller, Semiotik, 239f).
3) Vgl. Nörenberg, analogia, 14.
4) Nörenberg, 14. Dabei partizipieren Symbole (zumindest nach Auffassung der Kommunikationsteilnehmer) essentiell am Symbolisierten.
5) Vgl. dazu Köller, 238f.
6) Goethes Symbolkonzeption wurde wahrscheinlich unter dem Einfluß der protestantischen Hermeneutik und Sakramentenlehre gebildet (Loof, Symbolbegriff, 195f) und ist beeinflußt von Herders Vorstellung des 'Natursymbols' (nach Herder ist die Natur Sinnbild göttlicher Offenbarung, vgl. Frenzel, 15). Nachhaltig hat sie auf die philosophische Ästhetik (Hegel, Schelling, Th. Vischer, u.a., vgl. Cassierer, Wesen, 175) gewirkt und findet in neuerer Zeit in Emrich (vgl. ders., Euphorion 47 (1953) 38-67) einen Vertreter.
7) Im Gegensatz zur Allegorie, die "zum Allgemeinen das Besondere sucht" (Goethe, 471, 751). Zum Auseinandertreten vom Symbol und Allegorie Ende des 18. Jahrhunders vgl. Gadamer, Wahrheit, 68-77.
8) Goethe, 471,752. Dem Symbol kommt neben der repräsentativen Bedeutung vor allem Anschaulichkeit und aufschließende Kraft zu, vgl. Kurz, Metapher, 69ff, ders., Hermeneutik, 12ff.
9) Goethe, Wilhelm Meisters Wanderjahre, 2. Buch, WA I, zit. Nörenberg, Analogia, 61.
10) Vgl. nur Eliade, Wiederkehr, bes. 12f; ders., Ewige Bilder, bes. 1-43; 189-225;

der Gedanke bestimmend, daß jeder Ausschnitt der endlichen Wirklichkeit Symbol für das "tout-autre" (Eliade),[11] das Sein-Selbst (Tillich)[12] sein und folglich als Offenbarungsmittler fungieren kann.[13] Für Tillich sind Selbstmächtigkeit und Uneigentlichkeit die beiden Hauptmerkmale des religiösen Symbols,[14] die als zwei Polaritäten in dialektischer Spannung zueinander stehen. Einerseits vermag das Symbol in seiner Selbstmächtigkeit (die darin begründet ist, daß das Sein-Selbst an allem Seienden partizipiert) positiv auf den transzendenten Seins-Grund zu verweisen,[15] ist also unentbehrlich. Andrerseits kann das Symbol als endliches Sein das Unbedingte, auf das es doch hinweisen soll, nicht zutreffend ausdrücken und muß sich ob seiner Uneigentlichkeit ständig selbst negieren und überflüssig machen.[16] Im Bedingten kann - hier liegt das Spezifikum des theologischen Symbolbegriffs - das Unbedingte nur gebrochen zur Erscheinung kommen.[17]

1.2. Als Produkt des Menschen wird das Symbol in der Psychologie und Soziologie aufgefaßt, wobei die Psychologie den intra-, die Soziologie den interpersonalen Aspekt akzentuiert.

1.2.1. In der Tiefenpsychologie werden Symbole als isomorphe, meist bildliche Manifestationen des Unbewußten gesehen.

Für S. Freud repräsentiert das Symbol verdrängte Triebwünsche und Objekte des Unbewußten, die angesichts anerzogener Norm- und Wertvorstellungen nicht akzeptabel sind. Sie müssen folglich verdrängt werden

---

Remarks, 86-107; ders., Traité, bes. 382-388; Otto, Das Heilige, 83; Tillich, Symbol; ders., Theologie Bd. I, 133f.277 u.ö.; Mehl, R., Théologie et symbole, RevSR 49 (1975) 3-6, 4, Daniélou, Essai, 127-141; Grelot, figures, 561-578.673-698.

11) Zit. Ricoeur, Parole, 143.
12) Tillich, Symbol, 8.10f, vgl. Kreitler, Symbolschöpfung, 23.
13) Tillich, Theologie Bd. I, 133f.
14) S. Nörenberg, Analogia, 87. Tillich (vgl. nur ders., Symbol, 4-6) nennt als Merkmale für das echte, repräsentative Symbol: 1) Symbole haben die Eigenschaft, über sich hinauszuweisen. 2) Das Symbol hat an der Wirklichkeit dessen, was es symbolisiert, teil. 3) Symbole können nicht erfunden werden. Sie werden durch soziale Anerkennung getragen und können folglich auch sterben. 4) Symbole haben wirklichkeitserschließende Macht und sind 5) in ihrer Wirkung ambivalent: Sie haben aufbauende, ordnende, aber auch zersetzende, zerstörerische Macht. Zur Unterscheidung des repräsentativen vom diskursiven Symbol (=Zeichen) s.u..
15) Tillich, Theologie, Bd. I, 278.
16) Nörenberg, analogia, 87.
17) Tillich, Wesen, 56, vgl. Nörenberg, 223.- Y. Spiegel, Glaube wie er leibt und lebt, Teil I-III, München 1984, nimmt mit seinen "Sinnbildern" Tillichs Symbolverständnis weitgehend auf, lehnt aber dessen Differenzierung von politischen und religiösen Symbolen, dessen Überordnung des unsichtbaren/abstrakten Symbols über das sichtbare Symbol und dessen Annahme einer Hierarchie von Symbolen mit einem Zentralsymbol zugunsten eines "Gerangels von verschiedenen Sinnbildern" ab (ders., Glaube, Bd. I, 125).

und können nur in der verhüllenden Form des Traumsymbols zum Ausdruck kommen.[18] Freud wertet das Symbol ab als Ausdruck von Verdrängung und Hilfe, die Verdrängung aufrechtzuerhalten:[19] Es ist besonders infantilem, primitivem und regrediertem Denken zuzuordnen.[20] Die reife Psyche ist für ihn die rationale Psyche. Folglich sind die Symbole in der Analyse zu übersetzen und ist eine symbolfreie Kommunikation (als Ausdruck psychischer Gesundheit) anzustreben.[21]

Für C.G. Jung ist das Symbol die eigentliche Sprache des Unbewußten, das Produkt der Seele, "deren Grundlage der unbewußte Archetypus ist".[22] Es ist selbst kein Archetypus (der Archetypus ist als metaphysische Konzeption dem Bewußtsein unzugänglich), sondern die individuelle Konkretion eines genetisch ererbten Archetypus.[23] Im Unterschied zu Freud dient das Symbol nicht nur der Maskierung, "sondern der Vereinigung von Bewußtem und Unbewußtem, dem Produktivität steigernden Fluß der Libido und der Manifestation phylogenetischer Erfahrungen".[24] Anders als für Freud, der das Symbol für übersetzbar hält wie ein Zeichen, ist für Jung das Symbol im Unterschied zum Zeichen nicht in rationale Begriffe übersetzbar:[25] Es ist vielmehr in einem "Weiter-mythologein" zu deuten.[26]

---

18) Scharfenberg, Kämpfer, 52, Kreitler, Symbolschöpfung, 29f. Daneben hat Freud das Symbol als stellvertretendes Zeichen für ein Trauma und als seelische Repräsentation eines physischen Prozesses verstehen können (s. Kreitler, Symbolschöpfung, 28f). Am berühmtesten ist Freuds Anwendung des Symbolbegriffs im Rahmen der Traumdeutung. Er sieht in den Traumvorstellungen denselben Bildervorrat, "der in den Mythen alter Kulturen und der Vorstellungswelt des Kindes vorhanden ist" (Frenzel, 19). Schon in der Romantik wurden Beziehungen zu Traumbildern hergestellt, so z.B. von G.H. Schubert "Die Symbolik des Traumes" (1861) und K.A. Scherner "Das Leben des Traumes"(1861), vgl. Frenzel, 18. - Dilthey sah eine Beziehung zwischen dichterischen Symbolen und Traum- und Wahnsinnsvorstellungen; für ihn lag "die kernhafte Idealität eines Kunstwerkes" in der "Symbolisierung eines ergreifenden inneren Zustandes durch Außenbilder" (Frenzel, 18).
19) Vgl. Theißen, Aspekte, 33, Scharfenberg, Kämpfer, 63.
20) Kreitler verweist in Symbol und Zeichen, 504, in diesem Zusammenhang auf O. Rank, T. Reik, W. Stekel, M. Klein.
21) Vgl. Scharfenberg, Kämpfer, 57.
22) Jung, Symbole der Wandlung. Analyse des Vorspiels zu einer Schizophrenie, GW 5, Olten, Freiburg i.Br. 1973, 295. Jung leitet die Archetypen aus mythischem Erleben ab und schlägt damit eine Brücke zur mythologischen Richtung der Symbolforschung. Vgl. auch seine Zusammenarbeit mit dem ungarischen Mythenforscher Kerényi (Jung, C.G., Kerényi, Einführung in das Wesen der Mythologie. Gotteskindmythos. Eleusinische Mysterien, Amsterdam/Leipzig 1941).
23) Kreitler, Symbolschöpfung, 31, Kreitler, Symbol und Zeichen, 504.
24) Kreitler, Symbol und Zeichen, 504.
25) Vgl. Jung, Psychologische Typen. Zürich 1950^8 (1921^1), 641-643; Kreitler, Symbolschöpfung, 31.
26) v. Franz, Wb der Symbolik, 284.

Inzwischen kam es innerhalb der klassischen Psychoanalyse zu einer noch grundlegenderen Umwertung des Symbolbegriffs: Hat die klassische Psychoanalyse ursprünglich einen symbolkritischen Ansatz verfolgt und das Symbol als Ausdruck von Verdrängtem zu eliminieren gesucht, so hat A. Lorenzer[27] einem positiven Symbolverständnis zum Durchbruch verholfen, das das Symbol als eine Sprache des Unbewußten auffaßt, mit dem unbewußte Inhalte gerade der Verdrängung entzogen und in die öffentliche Kommunikation eingebracht werden können. Nun heißt es nicht mehr: "Nur was verdrängt ist, bedarf der symbolischen Darstellung"[28], sondern: "Gerade der Verzicht auf den Umgang mit Symbolen schafft die Verdrängung..."[29]. Diese Umkehrung ist im Zusammenhang der Ausbildung einer neuen psychoanalytischen Ich-Theorie zu sehen, die das Ich als Zentrum der eigenen Person sieht. Für Lorenzer ist das Symbol nicht mehr Ausdruck des Unbewußten (des Es), das den Menschen gleichsam "überfällt"[30], sondern das Ergebnis einer Leistung des Ich, das als Zentrum der Symbolbildung Reize u.a. aus dem Unbewußten aufnimmt und zu Symbolen formt.[31] Als "Symbole" läßt Lorenzer nur noch bewußte Repräsentanzen gelten - unbewußte Repräsentanzen, die für Freud noch als Symbol galten, sind für ihn nicht-symbolische Strukturen, Klischees.[32] Klischees stammen zwar von symbolischen Repräsentanzen ab, sind jedoch im Verdrängungsvorgang aus der Kommunikation in Sprache und Handeln ausgeschlossen und gänzlich privatisiert.[33] Dabei haben sie ihre Wirksamkeit für das Verhalten des einzelnen nicht verloren: Als gefühlsmäßig eindeutig festgelegte Verhaltensmuster lösen sie auf einen - in der jeweiligen Biographie verankerten - Auslösereiz hin ein Verhalten nach dem Reiz-Reaktions-Schema aus. Anders das Symbol, das in seiner Bedeutung nicht privatisiert, sondern mehrdeutig ist und einer Person er-

---

27) Lorenzer, A., Symbol, 895-920, ders., Sprachzerstörung und Rekonstruktion. Vorarbeiten zu einer Metatheorie der Psychoanalyse, Frankfurt a.M., 1976² (1970¹), ders., Kritik des psychoanalytischen Symbolbegriffs, Frankfurt a. M., 1972² (1970). Lorenzer schließt sich damit an die positive Wertung des Symbols von Fr. Hacker an, s. Scharfenberg, Kämpfer, 62.
28) So Jones, Theorie, 592.
29) Scharfenberg, Symbol, 336.
30) Heumann, 35f.
31) Lorenzer, Symbol, 898f.
32) Diese terminologische Ausgrenzung war für Lorenzer insofern nötig, als sich unbewußte Repräsentanzen nicht in sein Symbolmodell einfügen lassen: Da nach psychoanalytischer Theorie 1) Symbole und Repräsentanzen gleichzusetzen sind, 2) Repräsentanzen als Elemente der Besetzungsvorgänge anzusehen sind, an denen sich Triebbesetzungen abspielen und ergo 3) Triebbesetzungen sich an Symbolen abspielen, hätte er unbewußte Repräsentanzen annehmen müssen, s. Lorenzer, Symbol, 900.
33) Lorenzer, Symbol, 901; 905.

laubt, sich frei mit der Welt in Beziehung zu setzen. Es bedarf keines "szenischen Arrangements" zur Auslösung, sondern kann unabhängig von der Realsituation evoziert werden.[34] Es erzwingt kein stereotypes Handeln im Sinne eines blinden Agierens - Reagierens, sondern ermöglicht "symbolvermitteltes (und darum reflexionsfähiges) Verhalten".[35]
Noch in anderer Richtung hat Lorenzer den Symbolbegriff durch terminologische Ausgrenzung präzisiert: Er unterscheidet vom Symbol nicht nur das Klischee, sondern auch das Zeichen. Durch "eine Perfektion der Denotation mit Verringerung der Konnotationsbreite"[36] kann jedes Symbol zu einem eindeutigen Zeichen werden, das sich im Unterschied zum Symbol durch eine one-to-one-Beziehung auf einen einzigen Sinn festlegen läßt. Es existiert isoliert und hat den Verweisungscharakter des Symbols verloren, wie es auch im Unterschied zu Symbol und Klischee seine "emotionale Bedeutung für das Subjekt eingebüßt hat".[37]
1.2.2. In der kognitiven Psychologie wird den Symbolen und Zeichen große Bedeutung hinsichtlich der Wahrnehmung, des Denkens und des Gedächtnisses beigemessen. Der Symbolbegriff wird zur Bezeichnung von "Repräsentation vermittels Konvention, Isomorphismen, expressiver Merkmale, Assoziationen usw."[38] gebraucht.[39] Das Symbolische wird als Stadium in der Entwicklung des Menschen gesehen. So unterscheidet J.S. Bruner - im Anschluß an K. Goldstein[40] - eine enaktive, ikonische und symbolische Phase. In der ersten handlungsmäßigen (enaktiven) Phase ist

---

34) Scharfenberg, Kämpfer, 66.
35) Lorenzer, Symbol, 895. Vgl. Ricoeur, Symbolik des Bösen, 396: "Das Symbol gibt zu denken".
36) Lorenzer, Symbol, 906.
37) Zur Unterscheidung Symbol - Klischee - Zeichen vgl. Scharfenberg, Symboldidaktik, 166-172, bes. 172.
38) Kreitler, Symbol und Zeichen, 505. J. Piaget unterscheidet in "La formation du symbole chez l'enfant, imitation, jeu et rêve, image et représentation, Actualités pédagogiques et psychologiques, Neuchâtel/Suisse 1972[5] (1968[1])" a) soziale Symbole, deren Bedeutung erlernt wird, und b) private Symbole, die deshalb verstanden werden, weil sie ein Teil des Designatums sind oder ihm ähneln (Kreitler, Symbol, 505). Piaget führt das Symbol auf das Vermögen des Individuums zurück, "ein Symbol zu konstruieren oder zu produzieren, um das, was das Individuum erkennt und was nicht präsent ist, zu repräsentieren" (Furth, Intelligenz, 369). Symbole setzen also für Piaget die konstruktive Tätigkeit des operationalen Denkens voraus und sind von ihm abhängig. Im Unterschied zum Signal bezeichnet das Symbol "das Ding-als-erkanntes". Dabei beschränkt Piaget des Symbol auf einen ichbeteiligten Signifikator, s. Furth, Intelligenz, bes. 369; 146-157.
39) Der Zeichenbegriff wird für "Repräsentanten mit denotativer konventionell festgelegter Bedeutung" (Kreitler, Symbol und Zeichen, 505) verwandt.
40) Goldstein unterscheidet konkretes, asymbolisches und abstraktes, symbolisches Denken, s. Kreitler, Symbol und Zeichen, 505.

die Repräsentation motorisch, in der zweiten bildhaften (ikonischen) Phase werden Objekte und Vorgänge als "geistige Vorgänge" oder wahrnehmungsmäßig repräsentiert und erst in der dritten symbolischen Phase sind echte Repräsentationen möglich.[41]

1.2.3. In der Soziologie wird das Symbol in seinem Gebrauch in der interpersonellen Interaktion betrachtet. Symbole sind gemäß der Theorie der sozialen Interaktion[42] Bedeutungsträger, die innerhalb von Subgruppen in der Interaktion geschaffen, gelernt, bestätigt und umgeformt werden. Symbole sind nicht nur akustische, sondern auch visuelle Reize, die für den Menschen eine erlernte Bedeutung und einen erlernten Wert besitzen.[43] Symbole existieren nicht an sich. Sie bezeichnen nicht ein Objekt, sondern die Bedeutung, die das Objekt für den Menschen in der Interaktion gewonnen hat. Gültig ist das Symbol nur kraft Übereinstimmung[44] – verliert es diese Bedeutung, so ist es kein Symbol mehr. Symbole sind also Konstrukte kultureller (Sub-)Gruppen; gleichwohl begegnen sie dem Menschen als objektive Gegebenheiten, was ihre legitimierende Macht begründet.[45]

1.3. Als Teil eines Zeichensystems wird das Symbol in der Linguistik und Semiotik aufgefaßt: Es ist ein arbiträres (Saussure)[46] oder konventionelles (Peirce, Jakobson)[47] Zeichen, das keinerlei Realbezug zu dem von ihm

---

41) S. Zimbardo, P.G., Psychologie, bearb. und hg.v. W.F. Angermeier, u.a., Anhang: Lern- und Arbeitshilfe von K. Westhoft, Berlin, usw. 1983⁴, 142. Zu Piaget, G.E. Müller und Schilder s. Kreitler, Symbolschöpfung, 40-42. Zum Symbol in der Gestaltpsychologie s. Kreitler, Symbolschöpfung, 43; ders., Symbol und Zeichen, 505.
42) Vgl. Rose 219-231, Scharfenberg, Kämpfer, 81-122.
43) Sind sie das Ergebnis von Interaktion, so sind sie zugleich "Bedingung der Möglichkeit von Interaktion", Scharfenberg, Kämpfer, 100f.
44) Rose, 221.
45) Vgl. Berger, P.L., Luckmann, Th., Die gesellschaftliche Konstruktion der Wirklichkeit. Eine Theorie der Wissenssoziologie, Frankfurt 1990 (1969¹, amerikanische Originalausgabe 1966), bes. 98-124, Eickelpasch, 89-98.
46) De Saussure unterscheidet in den "Grundfragen""arbiträre" (S. 79f) und "relativ motivierte" (S. 156-159) Zeichen. Bei arbiträren Zeichen ist die Zuordnung von Form und Inhalt zueinander arbiträr, es gibt also keine außersprachliche Bedingung der Zuordnung (Vermeer, Einführung, 44).
47) Vgl. Jakobson, R., A la recherche de l'essence du langage, Diog(F) 51 (1965), 22-38, Peirce, Collected Papers, Bd. II, Kap 2,2 und 2,3 (2.274- 2.308). Peirce untergliedert die Zeichen - je nach Beziehung zwischen signifant und signifié - in Ikon (= ein doppelt degeneriertes Zeichen: Die Bilder und Modelle behalten ihren Charakter auch unabhängig von (a) der Existenz ihrer Korrelate und (b) der menschlichen Interpreten, beispielsweise können Naturphänomene als Bilder/Modelle anderer (etwa komplizierterer) Naturphänomene stehen), Index (= ein einfach degeneriertes Zeichen; es behält seinen Zeichencharakter unabhängig von der aktuellen Existenz der Interpretanten und setzt eine faktische, dynamisch-physische Relation zu bestimmten Naturvorgängen voraus, vgl. den Rauch als Index für Feuer) und Symbol, vgl., Apel, K.-O., Der Denkweg von Charles S. Peirce. Eine

repräsentierten Sachverhalt hat.[48]

1.4. Eine Begriffstradition, die die verschiedenen Ansätze integrieren könnte, gibt es nicht.[49] Unser Verständnis des Symbols möchten wir im folgenden in einer Abgrenzung von unserem Metaphernverständnis profilieren:

1.4.1. Das Symbol ist ein Ausschnitt aus der Realität, sei es ein Gegenstand oder eine Handlung,[50] dem aufgrund semantischer Überdetermination eine Verweisfunktion zukommt: Ihm wächst ein "surplus de sens" (Ricoeur) zu.[51] Auch wenn das Symbol sekundär versprachlicht wird, bleibt der Bezug auf die Realität.[52]

Anders die Metapher: Bei ihr handelt es sich um eine reine Sprachfigur, die bei uns kein Gegenstands-, sondern ein Sprachbewußtsein evoziert.[53]

1.4.2. Das versprachlichte Symbol ist in sich semantisch kohärent: Es verweilt beim Bildspender, der nur durch die symbolische Intention des Autors und eine entsprechende Assoziation/Rezeption der Adressaten als Symbol wahrgenommen wird.[54] Anders die Metapher, die ja gerade durch einen semantischen Bruch konstituiert wird und aus der Spannung zum Kontext lebt und dadurch stärker noch als das Symbol auf den Kontext

Einführung in den amerikanischen Pragmatismus, Frankfurt a. M. 1970² (1967), 230f.

48) Köller, Semiotik, 308.

49) Einen besonders weiten Symbolbegriff vertritt E. Cassirer, der im Symbol eine Art aprioristischer Kategorie im Sinne Kants, wenn nicht sogar mehr sieht (s. Kreitler, Symbolschöpfung, 19). Der Mensch erfaßt die Wirklichkeit symbolisch - die symbolischen Formen (Sprache, Mythos, Erkennen und Kunst) stellen für ihn Grundfunktionen des menschlichen Bewußtseins dar (Cassirer, E., Symbolische Formen, Bd. I-III, ders., Wesen und Wirkung des Symbolbegriffs, Darmstadt 1956, 175) und bilden eine Welt von Zeichen und Bildern, die der Mensch geschaffen hat. Cassirer interessiert sich für die symbolische Transformation der Wirklichkeit, nicht aber für die Realität hinter den Symbolen, vgl. dazu Kreitler, Symbolschöpfung, 20.

50) Z.B. die Symbolhandlungen der Propheten, vgl. dazu Fohrer, G., Die symbolischen Handlungen der Propheten, AThANT 45, Zürich-Stuttgart 1958² (1953¹).

51) Ricoeur, Parole, 150.

52) "Le symbole réfère toujours l'élément langagier à autre chose". so Ricoeur, Parole, 143. Das Symbol hat also eine "dimension sémantique" (dass. 149) und "non sémantique" (dass. 151.154); während die Metapher der Welt des logos zuzuordnen ist, "...hésite [le symbole, Anm. d. Vf] sur la ligne de partage entre *bios* und *logos*", Ricoeur, dass., 153. - Das schlägt sich oft auch in der Syntax nieder: Symbole stehen in der Regel für ein Subjekt, während Metaphern häufig für eine Satzaussage stehen (Demandt, Metaphern, 5).

53) Von daher ist die Metapher im Unterschied zum Symbol in ein Wort-/Bildfeld eingebettet, das sie je und je evoziert, vgl. Ricoeur, Parole, 157.

54) Hier ist eine gewisse Nähe zur "Metapher in absentia" festzustellen.

verwiesen bleibt.[55]

1.4.3. In seinem Sinngehalt kann das Symbol durch den Kontext der story,[56] in dem ihm eine kulturell oder ideologisch relativ fest verankerte Verweisfunktion zukommt, verhältnismäßig leicht erfaßt werden, ist dieser doch aus dem jeweiligen Denksystem deduzierbar. Anders die Metapher, deren Sinngehalt gerade aus der der Determinationserwartung des Rezipienten zuwiderlaufenden Realisierung experimentell konstituiert oder besser: postuliert werden muß[57] und dabei eine Reflexionsleistung auf der Metaebene erfordert.[58]

1.4.4. Gemeinsam ist dem Symbol und der Metapher, daß sie über rekurrenten Gebrauch an Vieldeutigkeit und Kraft verlieren: Das Symbol kann zum Klischee herabsinken, die lebendige Metapher kann zur Exmetapher werden.

1.4.5. Übergänge zwischen Symbol und Metapher sind insofern möglich, als konventionalisierte Metaphern zu Symbolen,[59] Symbole zu Metaphern

---

55) Innerhalb eines Textzusammenhangs kommt von daher dem Symbol eine relativ größere Autonomie als der Metapher zu. So läßt sich ersteres auch leichter aus dem Erzählkontinuum herauslösen (Kurz, Metapher, 75).

56) Zum story-Begriff vgl. Ritschl, D., Jones, H. O., »Story« als Rohmaterial der Theologie, TEH 192, München 1976. Nach Köller, Semiotik, 239, muß der Sinngehalt des Symbols primär aus dem ontologischen oder ideologischen System abgeleitet werden. Dementsprechend betont Emrich, 51, daß dichterische Symbole "nur im bezug auf die Stelle, in der sie in einem dichterischen Werk stehen" (51) und in bezug auf den Autor und die geistesgeschichtliche Situation, in der er steht (55), sinnvoll gedeutet werden können.

57) Köller, Semiotik, 240. Der Tendenz nach kann von daher das Symbol als ein Verweis auf ein "Mehr an Sinn" (innerhalb eines Systems) verstanden werden, während die Metapher als ein Experimentieren mit Sinn (und damit das System versuchsweise überschreitend oder umstrukturierend) verstanden werden kann.

58) Das beinhaltet, daß die Metapher ein stärker reflektiertes Sprachbewußtsein voraussetzt als das Symbol.

59) Konkret-sinnliche Anschauungssphäre der Metapher und vor allem ihr rekurrenter Gebrauch lassen Metaphern zu Symbolen werden (die Symbolfähigkeit einer Metapher steigt in dem Maß, in dem das Bewußtsein für die semantische Inkompatibilität zwischen Bildspender- und Bildempfängerbereich schwindet, vgl. Wessel, 64, Wellek, Warren, Theorie, 326 A12, Konrad, 152). Die Beharrlichkeit und der rekurrente Gebrauch des Symbols stehen der konventionalisierten Metapher näher als der lebendigen (s. Wellek, Warren, Theorie, 201). Zum Phänomen vgl. die Metapher des Schiffbruchs und dazu: Blumenberg, H., Schiffbruch mit Zuschauer. Paradigma einer Daseinsmetapher, Frankfurt a.M. 1979, sowie die Technik, mittels rekurrenten Gebrauchs eines Bildes symbolische Deutungen zu provozieren (Kurz, Metapher, 76). Ob alle Symbole ursprünglich Metaphern waren, ist umstritten: Evtl. gibt es nicht nur Sinnübertragungen, sondern auch eine ursprüngliche Verbindung mehrerer Sinnelemente (von Weelwright "Diaphern" genannt), vgl. Theißen, Wundergeschichten, 37 A 49.

werden können.[60]

1.4.6. Beiden Formen eignet eine unterschiedliche Leistungsfähigkeit, die Ricoeur folgendermaßen zusammenfassend charakterisiert: "Il y a plus dans la métaphore que dans le symbole en ce sens qu'elle porte au langage la sémantique implicite du symbole. Ce qui, dans le symbole, reste confus... vient se clarifier dans la "tension" de l'énoncé métaphorique.
Mais il y a plus dans le symbole que dans la métaphore. La métaphore est seulement le procédé linguistique... Le symbole est lié. Le symbole a des racines. Le symbole plonge dans l'expérience ténébreuse de la Puissance".[61]

2. Der Mythos
Analog zum Symbol kann man auch Mythen
2.1. als Erscheinungen und Manifestationen einer außeralltäglichen Realität fassen.[62]
2.2. In der Psychologie kann man sie als unbewußten Ausdruck verdrängter Triebe und Wünsche (Freud)[63] bzw. als Objektivierung von Archetypen, die im kollektiven Unterbewußtsein verankert sind (Jung)[64], in der Soziologie (Durkheim) bzw. in der soziologisch beeinflußten Ethnologie (Malinowski) kann man sie als Wert- und Handlungsmodelle einer Gemeinschaft verstehen.[65] Darüberhinaus hat man die Mythen als praewissenschaftliche Erklärungsversuche natürlicher Phänomene charakterisiert.[66]
2.3. In der strukturalistischen Semiotik werden Mythen nach dem Modell der Sprache als eines Zeichensystems analysiert: So versucht Lévi-Strauss

---

60) Vgl. die Hülle des Mose, die zur Hülle des Herzens wechselt (II Kor 3 13.15).
61) Ricoeur, Parole, 161.
62) So vor allem im Idealismus (vgl. Nörenberg, 23f), in der Religionswissenschaft (vgl. Leeuw, G. van der, La religion dans son essence et ses manifestations. Phénoménologie de la religion, Trad.: J. Marty, Bibliothèque scientifique, Paris 1948, 404-407; Eliade, vgl. Hübner, 81f) und bei Tillich (vgl. Nörenberg, 23f, 98f). Analog zum Symbol betont Tillich (GW V, 190), daß der Mythos angesichts der Transzendenz des Göttlichen nur ein gebrochener sein kann.
63) Horstmann, HWP 6, 303, Freud, GW 15, 101. Der Mythos wird bei Freud als der ersten der drei Weltanschauungsstufen (animistisch-mythologisch, religiös, wissenschaftlich, vgl. Freud, GW 9, 96) und dem "Kinderseelenleben" zugehörig abgewertet (Horstmann, HWP 6, 303).
64) Jung versteht die Archetypen als "mythenbildende Strukturelemente", s. Horstmann, HWP 6, 304.
65) Sie dienen in erster Linie der Sanktionierung und Erhaltung der bestehenden Sozial- und Machtstruktur und wirken gesellschaftlich integrierend (vgl. Dalferth, Mythos, 274 (Lit.!), Eickelpasch, Mythos, 47-60), können aber auch utopisch-revolutionär wirksam sein (Eickelpasch, Mythos, bes. 46; 125).
66) Frazer, Bough, Vol. II, 168ff u.ö..

im Anschluß an die strukturale Linguistik Saussures durch Vergleich vieler Mythen (= parole) die paradigmatisch-metaphorische Struktur (= langue) des Mythos zu erheben. Der Sinn des Mythos liegt für ihn nicht in seinem Inhalt,[67] sondern in seiner Tiefenstruktur.[68] Diese ist nicht narrativ, sondern analogisch organisiert und zeichnet sich dadurch aus, daß hier reale Widersprüche symbolisch vermittelt werden: Der Mythos versucht, die Aporien menschlicher Existenz theoretisch zu bewältigen.[69]
2.4. Im Unterschied zum Symbol, das materiell-punktuell bleibt, läßt sich der Mythos als "Komplex von Symbolen" verstehen, die zu einer Einheit zusammengeschlossen sind.[70] Der Mythos stellt eine in sich kohärente Textwelt dar, die als Ausdruck von Wirklichkeit aufgefaßt wird: Im Bewußtsein der Kommunikationsteilnehmer eignet den Bildern Realität, auch wenn sie von Numinosem, von einer anderen transzendenten Welt handeln, die in Spannung zur Alltagswelt steht. Oder besser: Die mythischen Bilder bringen die "eigentliche, wahre" Realität zum Ausdruck, während die (Alltags-)Realität zu einem Sekundärphänomen wird.[71] Im Unterschied zum Symbol, das in eine story eingebettet ist, hat der Mythos selbst eine narrative Grundstruktur, ist also selbst story. Er erzählt eine Handlung,[72] die im Eliade'schen Sinn des "in illo tempore" zeitlos ist[73] und so Wirklichkeit orientierend strukturiert. Formuliert der Mythos das Interpretationssystem einer Lebensgemeinschaft, so verweist das Symbol punktuell auf bestimmte Aspekte in einem Verweiszusammenhang. Wichtiger noch als die jeweiligen Bilder des Mythos und seine spezifische

---

67) Anders die Versuche, den Mythos als Götter- oder Heroenerzählung inhaltlich zu bestimmen, vgl. Dalferth, Mythos, 274.
68) Sein Schüler R. Barthes charakterisiert den Mythos als "sekundäres semiologisches System", vgl. Horstmann, HWP 6, 310f; Schröer, Logos, 27f.
69) Horstmann, HWP 6, 304; Dalferth, Mythos, 275-278. Da eine solche Vermittlungsleistung auf der symbolisch-verbalen Ebene des Mythos im Grunde nicht erbracht werden kann, gewinnt hier das Ritual als nicht-kognitives Problemlösungsverfahren seine ihm spezifische Aufgabe, vgl. dazu Dalferth, Mythos, 281-287.
70) Tillich, Symbol, 3; vgl. Tillich, GW V, 188. Vgl. auch die Charakterisierung als "narrative Symbole" bei Hegel (Dalferth, Mythos, 274 A 8), als "erzählte Symbolik" (Schröer, Logos, 30), "historicisation d'un symbole" (Prigent, P., Le symbole dans le Nouveau Testament, RevSR 49 (1975) 101-115, 108) und Bachofens berühmtes Wort: "Der Mythos ist die Exegese des Symbols. Er enthält in einer Reihe äußerlich verbundener Handlungen, was jenes eigentlich in sich trägt" (zit. Looff, Symbolbegriff, 38).
71) Vgl. Platon und die Gnosis, sowie Eliade, Wiederkehr, 15f, für den archaischen Menschen.
72) So spricht F.Th. Vischer vom Mythus als dem "in Handlung auseinandergelegten Symbol", s. Looff, Symbolbegriff, 38.
73) Eliade, Traité, 366.

Handlung ist seine Struktur.[74] Zur Metapher ist der Mythos über das Symbol vermittelt: (Ex-) Metaphern können zu Symbolen werden und in ein mythisches System integriert werden.[75] Umgekehrt können auch aus Mythen Metaphern entstehen.[76]
Ob seiner narrativen Struktur ist dem Mythos das Gleichnis als eine entfaltete Metapher zur Seite zu stellen. Letzteres eliminiert jedoch nicht die Zeit, sondern hält den geschichtlichen Bezug fest.[77] Wie jener ist es ein kohärenter Text, aber im Unterschied zum Mythos konterdeterminiert, funktioniert also nicht auf mythischer, sondern auf der Metaebene.[78]

3. Das Zeichen

Der Zeichenbegriff kann synonym zum Symbolbegriff gebraucht werden. Häufiger noch wird die Bestimmung Urbans übernommen, wonach alle Symbole Zeichen, aber nicht alle Zeichen Symbole sind.[79] Wie die Symboldiskussion gezeigt hat,[80] erweist es sich als angebracht, das nicht-symbo-

---

74) Das wird bei der Behandlung gnostischer Mythen deutlich werden: Hier sind einzelne Bilder leicht gegeneinander austauschbar, die Handlung variabel und abhängig von der Stelle, die sie im Gesamt des Mythos einnimmt.
75) Wellek, Warren, 202. Beispiele für die Entstehung von Mythen aus verblaßten Metaphern bei Müller, F. Max, Die Wissenschaft der Sprache. Neue Bearbeitung der in den Jahren 1861 und 1863 am königlichen Institut zu London gehaltenen Vorlesungen. Vom Vf. autorisierte dt. Ausg. besorgt durch R. Fick und W. Wischmann, Bd. II, Leipzig 1893, 434-461.
76) S. Wessel, 86 A 350, vgl. Blumenberg, Metaphorologie, 84-87, RAC XIII, 913, Beispiele bei S.B. Frost, Old Testament Apocalyptic. Its Origins and Growth, London 1952, 33; zum ganzen: Konrad, 160. Durch den Wechsel des Bezugsrahmens, d.h. vom mythischen zum analogen Denken, können Bilder, die im mythischen Denken im Bewußtsein der Realität vorgetragen werden, im Rahmen analogischen Denkens als Metaphern aufgefaßt werden. Das gilt bes. für Metaphern, die auf Anthropomorphisierungen ("der Baum ächzt"), Kausalrelationen (die Schwalben bringen den Sommer) und Ersetzungen nach dem Prinzip pars pro toto beruhen. Inwieweit es schon für das mythische Denken Metaphern gegeben hat, ist schwer feststellbar (zum Problem vgl. Köller, 232f); es ist aber davon auszugehen, daß auch im mythisch strukturierten Bewußtsein ein Unterschied zwischen der Alltagsrealität und dem Numinosen gemacht wurde (vgl. Geertz, C., 86-90).
77) Dem läßt sich möglicherweise ein funktionaler Unterschied korrelieren: Wirken Mythen stärker evasiv-stabilisierend (Flucht in die Zeitlosigkeit!), so wirken Gleichnisse stärker innovativ, d.h. wahrnehmungs- und verhaltensändernd. Dort, wo im NT Ansätze zu einem Mythos ausgebaut werden, nehmen Metaphern ab; die integrative Funktion des Mythos (z.B. die Vorstellung des kosmischen Christus) gewinnt gegenüber der verhaltensändernden Funktion der Gleichnisse an Bedeutung.
78) Zu diesem Unterschied zwischen Metapher und Mythos vgl. Konrad, 154 und dazu Köller, 206.
79) Vgl. Looff, Symbolbegriff, 18.
80) Vgl. nur Tillich, der das repräsentative von den diskursiven Symbolen, die

lische, signifikative Zeichen aus dem Symbolbegriff auszugliedern. Sein Sinngehalt entspricht konventioneller Vereinbarung; es ist eindeutig, ihm fehlt sowohl die Verweisungsfunktion als auch die emotionale Besetzbarkeit der Symbole.[81] Es ist im Unterschied zum Symbol voll bewußt und wirkt rein explikativ bzw. abbreviativ. Natürlich gibt es Übergänge vom Zeichen zum Symbol und umgekehrt.[82]

4. Die Chiffre
Die Chiffre ist ein "Geheimzeichen". Haman versteht Natur und Geschichte, Schiller und Kant verstehen allein die Natur als Chiffren, die zu uns sprechen. Für Jaspers ist die Chiffre die Sprache der Transzendenz, alles kann bei ihm zur Chiffre werden. Wegen ihres schwebenden Charakters kann diese jedoch (im Unterschied zum Zeichen) nie eindeutig denotiert werden.[83]

5. Die Allegorie
Die Allegorie beruht auf dem Prinzip einer Verständigung auf zwei Sinnebenen. Sie besteht aus zwei sich überlagernden Diskursen,[84] als Text mit einer Bedeutung auf der Bild- und einer anderen auf der Bedeutungsebene:[85] Direkt sagt sie etwas anderes, als sie indirekt meint.[86] Auf der Bildebene präsentiert sich die Allegorie als eine zusammenhängende, satzübergreifende Folge von Metaphern.[87] Diese werden auf der Ebene der Syntax Punkt für Punkt von der Ebene der Bedeutung her ver-

bloße Zeichen (z.B. mathematische und logische Symbole) sind, unterscheidet (vgl. ders., Symbol, 3, u.ö. und die Unterscheidung von präsentativen und diskursiven Symbolen bei S. Langer, s. Heumann, 119f) und Lorenzer, der gefolgt von Scharfenberg (vgl. ders., Symboldidaktik) das (denotative) Zeichen aus dem Symbolbegriff ausgliedert.
81) Vgl. Scharfenberg, Symboldidaktik. Zudem muß das Zeichen, wie mathematische und chemische Zeichen zeigen, nicht notwendig linguistisch sein.
82) Lurker, Zeichen, 649, nennt als Beispiel die Zahlen, die rein quantitativ, aber auch als heilige Zahl, Unglückszahl o.ä. aufgefaßt werden können. Umgekehrt kann das signifikative Zeichen einer Fabrikfahne emotional aufgeladen zum Symbol werden.
83) Vgl. Sauer, H., Art. Chiffre, HWP 1, 1001.
84) Haug, 1. Tag, 4. Vgl. ihre Charakterisierung als "diversiloquium" (Kurz, Metapher, 30).
85) Kurz, Metapher, 30, 32. Vgl. Quintilians klassische Definition inst. VIII,6,44: "Ἀλληγορία ... aut aliud verbis aliud sensu ostendit...".
86) Sie ist also ein indirekter Sprechakt (Kurz, Hermeneutik, 14).
87) Vgl. die Allegorie-Definition Quintilians inst. IX, 2, 46: "ἀλληγορίαν facit continua μεταφορά", s. dazu Klauck, Allegorie, 41ff; vgl. Plett, Textwissenschaft, 265, 268 ("continuata translatio"), Chary, Symbol, 89, der daselbst auf Parallelen zum Midrasch verweist. Die Allegorie setzt das Bildfeld voraus, das sich in der Allegorie breit entfalten kann, s. Weinrich, Sprache, 283, 288; Lausberg 78, Nr. 230; Wessel, 71 m A 297

knüpft.[88] Dabei ergibt sich die Zuordnung der Bilder zu bestimmten Bedeutungen nicht aus der Sprache selbst, sondern gründet in einer Übereinkunft im metasprachlichen Bereich: Im sprachlichen Code einer Kommunikationsgemeinschaft wird dem Bild eine bestimmte Größe fest zugeordnet. Anhand dieses Codes sind beim En- und Decodierungsvorgang die Bedeutung durch das Bild bzw. das Bild durch die gemeinte Bedeutung zu substituieren. Da nur derjenige, der am Code der Gruppe partizipiert und mit dem Bezugspunkt (Sinn) der Allegorie vertraut ist, deren Bilder in ihrem Bedeutungsgehalt dechiffrieren kann, wirkt die Allegorie exklusiv: Außenstehende werden ausgeschlossen.[89]
Im Unterschied zur Metapher ist die Allegorie satzübergreifend, hat also grundsätzlich eine narrative Struktur.[90] Von fortgesponnenen Metaphern in einem Text ist sie dadurch zu unterscheiden, daß Metaphern "nur" Metaphernisotopien bilden, während die Allegorie auf der Bildebene aus einer geschlossenen Metaphernkette besteht[91], der die Bedeutungsebene parallel läuft.[92] Ihr Sinngehalt kann nur durch Substitution der einzelnen Metaphern mittels des Codes der Kommunikationsgemeinschaft rekonstruiert werden, während die Bedeutung der Metapher aus deren wörtlicher Bedeutung und dem Kontext zu erheben ist. Ist dabei die Bedeutung der Metapher mittels Strukturanalogie jeweils neu zu postulieren, so ist sie in der Allegorie von vornherein im sprachlichen Subsystem der Gruppe eindeutig-stabil festgelegt. Der kreativ-aufschließenden Zusammenschau hier steht ein nüchterner De- und Enkodierungsvorgang dort gegenüber. Dem entspricht, daß die Metaphern der Allegorie das emotionale Potential der Metapher verloren haben und vornehmlich den Verstand ansprechen. Bes. hinsichtlich der pragmatischen Bedeutung der Kommunika-

---

88) Es handelt sich dabei um Metaphern jeglicher Art, bes. aber um konventionalisierte Metaphern, s. Klauck, Allegorie, 354, vgl. 143. Quintilian unterscheidet genauer zwei Formen der Allegorie: die tota allegoria, die keine explizite Angabe des allegorischen sensus kennt und folglich ausschließlich auf der wörtlichen Ebene (dem sensus litteralis) verstanden werden kann, und die permixta allegoria, wo der sensus des allegorischen Diskurses explizit angegeben wird.
89) Schon die Etymologie (ἄλλος + ἀγορεύω: etwas anderes sagen, d.h. anders als öffentlich sprechen) weist darauf hin, s. Kurz, Hermeneutik, 17. Neben der exklusiven Funktion hat die Allegorie noch das Ziel, das Erzählte, das ja vom Hörer bereits gewußt wird, in seiner Tiefendimension deutlich zu machen und einen "Sinn zu vermitteln, der über reine Wirklichkeitserfahrung hinausreicht" (Kleinschmidt, Denkform, 392; vgl. Roloff, Neues Testament, 94).
90) Vgl. Clifford, zit. b. Kurz, Hermeneutik, 14 (A 18).
91) Vgl. Kurz, Hermeneutik, 15f.
92) Die Allegorie hat also eine Bedeutung auf der wörtlichen und eine Bedeutung auf der allegorischen Ebene, ist daher im Unterschied zu Metapher zweideutig (duplex sententia).

tion wird der Unterschied zwischen Allegorie und Metapher relevant: Bedürfen die verschlüsselten Bilder der Allegorie eines Codes und wirken somit exklusiv, so kommt den Metaphern/Gleichnissen eine Transparenz zu, die kommunikativ wirkt.
Abgrenzung der Allegorie von der Allegorisierung und der Allegorese:
Die Allegorisierung stellt eine nachträgliche Textbearbeitung dar, die den Text neu erzählt und dabei die allegorischen Elemente des Textes ausbaut bzw. solche Elemente (u.U. gegen die ursprüngliche Aussageabsicht) überhaupt erst identifiziert.[93] Während die Allegorisierung innerhalb des Bildfeldes der Metapher bleibt, ist die Allegorese eine hermeneutische Methode zur Auslegung von Texten, die die metaphorischen und mythischen Bilder in Begriffe umsetzt und dabei die Texte in einem anderen Sinn als dem buchstäblichen (ἄλλα ἀγορεύει) ausdeutet.
Nach dieser Sichtung des Sprachgebrauchs von Symbol, Mythos, Metapher, Gleichnis, Allegorie u.a. möchte ich im Vergleich der Grundformen unsere Abgrenzung deutlich machen und anhand eines Beispiels erläutern.
Innerhalb eines weiteren Zeichenbegriffs lassen sich zwei Grundkategorien unterscheiden: das Symbol und die Metapher. Beide lassen sich narrativ entfalten: das Symbol zum Mythos, die Metapher zum Gleichnis. Zwischen beiden steht die Allegorie, die sich auf der Bildebene sowohl aus Metaphern als auch aus Symbolen speist und wie Mythos und Gleichnis eine textuelle Struktur hat:[94]

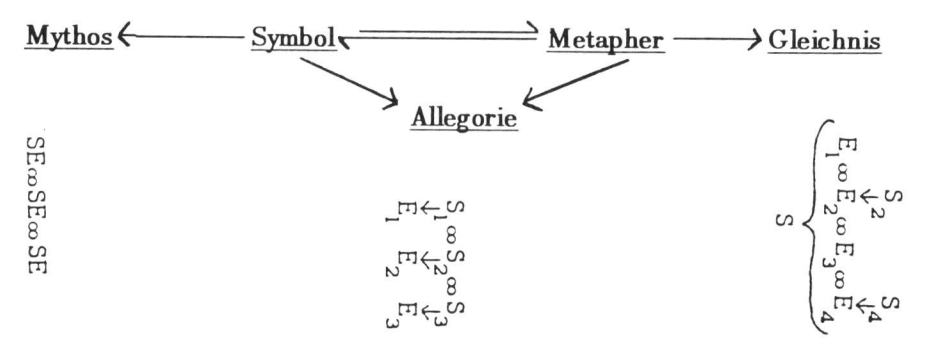

Mythos ← — **Symbol** ⇌ **Metapher** → **Gleichnis**
              ↘ **Allegorie** ↙

$SE \infty SE \infty SE$

$E_1 \leftarrow S_1 \infty S$
$E_2 \leftarrow S_2 \infty S$
$E_3 \leftarrow S_3$

$S \begin{cases} E_1 \infty S_2 \\ E_2 \infty S_3 \\ E_3 \infty S_4 \end{cases}$

Beispielsweise kann ein konkreter Baum über sich hinausweisen auf die

---

93) Jörns, ThLZ 108 (1983) 267.
94) Die folgende Skizze lehnt sich an den Darstellungsvorschlag von Weder, Gleichnisse, 70f, an. "S" bezeichnet die Sache (das Subjekt in der Metapher), "E" die bildlichen Einzelzüge.

Gottheit und das Leben, das sie schenkt:[95] Im Symbol wird ein Ausschnitt aus der Realität transparent auf anderes. In der Erzählung von dem Baum, den die Erdgöttin im hesperischen Göttergarten aufsprossen läßt und dessen goldene Äpfel ewige Jugend vermitteln,[96] ist der Baum ein Element im mythischen Zusammenhang. Dem 'Bild' eignet Realität. Wichtiger noch als das Bild ist die Struktur des Mythos: Die Spannung zwischen Jugend und Alter/ Leben und Tod wäre mythisch genauso über eine ewige Jugend schenkende Quelle zu lösen. Spricht Jud 12 von Menschen als unfruchtbaren Bäumen, so handelt es sich um eine Metapher.[97] Narrativ entfaltet ist das Bildfeld, dem das Bild "Baum" zugehört, im Gleichnis vom unfruchtbaren Feigenbaum (Lk 13,6-9): Als Ganzes ist es durch den Kontext konterdeterminiert. In der Erzählung vom Adler, der auf dem Libanon den Wipfel der Zeder abbricht und im Krämerland den Sprößling einpflanzt, der zum Weinstock wächst (Ez 17,3-8), präsentiert sich auf der Bildebene ein relativ inkohärentes Gebilde aus Symbolen und Metaphern.[98] Erst wenn die Bilder Punkt für Punkt durch die ihnen in einem Code fest zugeordnete Bedeutung substituiert werden,[99] ergibt sich ein sinnvolles Ganzes auf der Bedeutungsebene: Die Allegorie ist von der Bedeutungsebene her künstlich konstruiert.

Bleiben Symbol und Mythos in einem in sich kohärenten Verweisungs- bzw. Erzählungszusammenhang, so ist für die Metapher und das Gleichnis der Bruch auf der Isotopieebene konstitutiv. In der Allegorie ist die Bedeutungsebene in sich kohärent, die parallel zu einer (in sich inkohärenten) Bildebene läuft, die nur über einen vereinbarten Code in ihrem Sinngehalt zu rekonstruieren ist.

Wir haben es also mit drei Grundphänomenen, dem Symbol, der Metapher und der Allegorie zu tun, wobei der Allegorie eine Zwischenstellung zwi-

---

95) RAC II, 16; Hermsen, Lebensbaumsymbolik. Hier läßt sich das Spektrum der Möglichkeiten vom konkreten "heiligen" Baum zur Aschera, einem Bild, etc. bis zum sprachlichen Symbol beobachten.
96) Vgl. RAC II,17; erinnert sei auch an Daphne, die sich in einen Lorbeerbaum verwandelt (Ov., met. 1452ff), an den Lebensbaum in der Genesis u.ö..
97) Der Vergleich ist durch die Vergleichspartikel ὡς (vgl. Mk 8,24: βλέπω τοὺς ἀνθρώπους ὅτι ὡς δένδρα) weniger rational und energiegeladen als die Metapher, expliziert er doch, was die Metapher stillschweigend impliziert (s. Keel, Feinde, 71 A 149). Abgesehen vom höheren Aufmerksamkeitsgrad und der höheren emotionalen Potenz der Metapher sind Metapher und Vergleich semantisch gleich.
98) Der Adler ist z.B. Feldzeichen (Symbol) und Metapher in kriegerischem Zusammenhang, s. Lang, Aufstand, 33f; die Zeder will Hohes, Stolzes, Königliches zum Ausdruck bringen; der Weinstock ist konventionelle Metapher für Israel.
99) Garscha, Studien, 26-28.

schen Symbol und Metapher zukommt:

Aktiviertes Bedeutungssystem	Reflektiertes Bedeutungssystem
↙ Symbol	Metapher ↘
Mythos	Gleichnis
Vorgegebener Konsens über Konnotation und Assoziation aktiviert	Dissens zum usuell vorgegebenen metasprachlichen Code
Bild real – transp. *mehrdeutig / unübersetzbar* Bild verständlich in Verweisungszusammenhang	Bild trans. *multispektal / unübersetzbar* Bild verständlich durch Operation auf der Metaebene
affektiv	*affektiv + kognitiv*

vereinbartes Bedeutungsystem

Allegorie

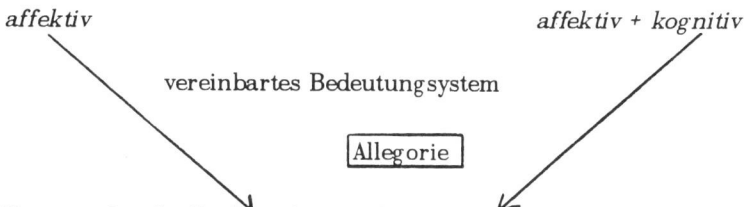

Konsens für die Eingeweihten aufgrund des metasprachlichen vereinbarten Codes	Dissens für die Außenstehenden, die nicht am Code partizipieren

Bild artifiziell

Bild verständlich nur mittels der eindeutigen
Zuordnung des Codes – eindeutig übersetzbar

kognitiv

Das Symbol arbeitet mit einem aktivierten, die Metapher mit einem metasprachlich reflektierten, die Allegorie mit einem metasprachlich vereinbarten Bedeutungssystem: Aktiviert das Symbol einen Konsens, d.h., setzt die im Verweisungszusammenhang vorhandenen Konnotationen frei, so steht die Metapher im Dissens zum usuellen Sprachgebrauch und damit der Determinationserwartung und muß in ihrem Sinngehalt mittels Reflexion auf der Metaebene postuliert werden. Anders als das Symbol und die Metapher, die beide verständlich sind, basiert die Allegorie auf einem metasprachlich vereinbarten Bedeutungssystem und formuliert einen

Konsens innerhalb von Eingeweihten, dem ein Dissens gegenüber Außenstehenden korreliert. Die Allegorie ist innen, nicht aber außen verständlich. Anders als bei der Allegorie, deren Sinngehalt mittels Substitution anhand des Codes eindeutig rekonstruierbar ist,[100] können Symbol und Metapher in ihrem Bedeutungsgehalt nicht eindeutig festgelegt werden: Im Unterschied zur Allegorie sind sie nicht eindeutig übersetzbar.[101] Das Symbol gibt im Verweisungszusammenhang zu denken,[102] die Metapher setzt durch die spannungsvolle Zusammenstellung zweier Sinnbezirke kreativ neuen Sinn frei. Das sei abschließend am Beispiel des Feuers verdeutlicht: Das Feuer kann Konnotationen von Krieg, Vernichtung und Gericht (Hos 8 14 u.ö.), von Reinigung und Läuterung (I Kor 3 13), von machtvoller göttlicher Präsenz und Erleuchtung (Gen 15 17.18; Feuersäule) freisetzen:[103] Ohne semantischen Bruch wird das Symbol transparent auf anderes. — Sind die Assoziationen konventionell vorgegeben, so widerspricht die Zusammenstellung von "Zunge" und "Feuer" Jak 3 6 zunächst einmal dem Sprachgebrauch: Der Sinn der Metapher ἡ γλῶσσα πῦρ ist durch metasprachliche Reflexion zu postulieren: Obwohl klein, kann die Zunge großen Schaden anrichten (vgl. Jak 3 5), man kann an ihre zerstörerische Gewalt und schwer zu zügelnde Vernichtung, Gericht und Strafe denken.[104] Dagegen ist die Denotation des "Feuersees" Apk 19 20 eindeutig: Er steht für den Apokalyptiker Johannes und seine Adressaten für die Gehenna.[105]

4) Die Behandlung der Metapher in der jüngeren exegetischen Literatur (insbesondere) zum Neuen Testament
Neutestamentliche Arbeiten über Metaphern bringen oft nur kurze theoretische Überlegungen, lassen sich aber mit den oben erarbeiteten Kategorien einordnen. So soll anhand einiger neutestamentlicher Beiträge ein Überblick über die Forschung im Bereich der (meist so genannten) "Bildersprache" versucht werden.

100) Von daher kann ein lebendiges (d.h. mehrdeutiges) Symbol zum eindeutigen Klischee und eine lebendige Metapher zur Exmetapher werden.
101) Die Bilder der Allegorie sind von daher stärker kognitiv, während die Metapher das kognitive mit dem affektiven Moment verbindet und das Symbol emotional verpflichtend wirkt.
102) Vgl. Ricoeur, Symbolik des Bösen, 396.
103) Zum Mythos erweitert wäre die Vorstellung vom Höllenfeuer oder die Erzählung von Prometheus, der den Menschen das Feuer bringt.
104) Die Erzählung von einem Mann, der Holzscheit um Holzscheit ins Feuer wirft bis er es nicht mehr kontrollieren kann und sich verbrennt, kann im Kontext einer Warnung vor Streitsucht und Sticheleien (Entfaltung von Sir 8 3) als Gleichnis fungieren.
105) S. Lang, F., Art. πῦρ. κτλ., ThWNT 6, 927-953, 946.

Als Beispiel für den Einfluß des rhetorischen Ansatzes[106] sei die Präsentation des Bildmaterials in W. Straub´s Buch "Die Bildersprache des Apostels Paulus", Tübingen 1937, angeführt. Nach Bultmanns Dissertation

[106] In der rhetorischen Metapherntradition stehen u.a.:
- Wilke, Chr., Die neutestamentliche Rhetorik, ... 1843, der die Metapher unter den tropischen Ausdrücken, mit Bezug auf Quintilian und Aristoteles (S. 57ff) verhandelt. Bemerkenswert ist sein Interesse für die Syntax, S. 59ff.
- Mader, Joh., Bildersprache der Bibel, PostB 8 (1896) 497-507.
- Bullinger, E.W., Figures of Speech used in the Bible: ...London, New York 1898 (= Michigan 1971).
- König, E., Stilistik, Rhetorik, Poetik in Bezug auf die biblische Litteratur, Leipzig 1900, der seiner Übersicht über die Metaphern Quintilians Typologie der Übertragung zugrunde legt (S. 95ff) und im Sinne der Wortsemantik nach Bildspendern ohne Berücksichtigung des Kontexts ordnet.
- Wünsche, A., Die Bildersprache des Alten Testaments. Ein Beitrag zur aesthetischen Würdigung des poetischen Schrifttums im Alten Testament, Leipzig 1906. Er versteht die Metaphern als rhetorische Figuren mit ornamentaler Funktion ("Bilderschmuck"), unterscheidet Bild und Vergleichung und schlägt hinsichtlich der "Durchführung des Bildes" eine Differenzierung nach folgenden Gesichtspunkten vor: 1) knapp/ausgemalt, 2) kann allein stehen/in Reihe, 3) originell/kopiert/naturgegeben. Weiter reflektiert er auf die Wirksamkeit auf den/die Hörer/Leser. Die S. 41-184 gebotenen Listen von gruppenweise geordneten und kurz erläuterten Bildern lassen die Stellung im Kontext unberücksichtigt.
- Zu Jülichers wortsemantischem Ansatz vgl. ders., Gleichnisreden, I, Tübingen 1910^1, 52 und dazu Steinhauser, 25, 438.
- Brown, S.J., The World of Imagery, Metaphor and Kindred Imagery, New York 1966 (1927^1), ders., Image and Truth, Studies in the Imagery of the Bible, Rome 1955, für den die Substitutionstheorie zentral ist (vgl. World, 2; Image, 11). Bei ihm findet sich aber auch schon der Satz: "Doch glaube ich..., daß sie (die Metapher, Anm. d. Vfs) einen Teil oder besser noch einen Aspekt der Wahrheit ausdrücken kann, der anders nicht ausgedrückt würde"(zit. b. Alonso-Schökel, 317).
- Heylen, V., Les métaphores et les métonymies dans les épîtres pauliniennes, EThL 12 (1935) 253-290. (Heylen kennt zwar den linguistischen Ansatz, er zitiert z.B. (S. 253 A1) Bréal, will ihn aber nicht anwenden).
- Hylmö, G., Gamla testamentets litteraturhistoria, Lund, 1938, 54 (non vidi). Er charakterisier nach Bjørndalen, 52 A 205, die Metapher als "ersättningsord", bei Bjørndalen, dass. auch weitere Verweise zur Substitution.
- Brunot, A., Le génie littéraire de St. Paul, Le Div 15, Paris 1955.
- Ohler, A., Gattungen im AT. Ein biblisches Arbeitsbuch, Bd. I, Düsseldorf 1972, 79.
- Müller, H.-P., Vergleich und Metapher im Hohenlied, OBO 56, Freiburg, Schweiz, Göttingen 1984, 2 m. A 16 (für Substitution i.w.S).
- Schweizer, H., Metaphorische Grammatik. Wege zur Integration von Grammatik und Textinterpretation in der Exegese, ATS 15, St. Ottilien 1981.
- ders., Biblische Texte verstehen. Arbeitsbuch zur Hermeneutik und Methodik der Bibelinterpretation, Stuttgart, usw. 1986, 95f ("Übertragener Sprachgebrauch").
- Vgl. ferner die Trennung "wörtlich" "übertragen" bzw. "figürlich" o.ä. in: Bauer, Wb zum NT; ThWNT; Wahl, Clavis, u.ö.

"Der Stil der paulinischen Predigt und die kynisch-stoische Diatribe", Göttingen 1910, ist es die erste größere zusammenfassende Darstellung der paulinischen Bilder. Straub geht - im Gefolge von Jülichers wortsemantischem Ansatz (vgl. S. 15 A 4) - vom Gedanken der Substitution aus (vgl. S. 102) und schreibt den Bildern einen ästhetischen und didaktischen Zweck (S. 151), eine "erläuternde" (S. 132), "verdeutlichende" (S. 17), "veranschaulichende" (S. 148) Funktion zu.[107] Nach theoretischen Überlegungen im I. Kapitel stellt Straub im II. Kapitel (S. 20ff) die einzelnen Bildspender nach Formen geordnet lexikalisch ohne Berücksichtigung des Kontextes vor.[108] Nach einem Kapitel über die Formkritik der Bildrede (Kap. III) und die Bilderstoffe (Kap. IV) folgt erst das Kapitel über die Sachhälfte (Kap. V) - untergliedert nach Apostel-, Gemeinde- und Lehrgleichnissen. Im Anschluß daran reflektiert Straub das Verhältnis von Bild- und Sachhälfte unter dem leitenden Gesichtspunkt "das Beweisverfahren". Im VII. Kapitel untersucht er "Die Stellung der Bildrede im Briefzusammenhang" und konstatiert die fehlende "Verklammerung mit dem Kontext" (S. 149). Der psychologische Gesichtspunkt wird im VIII. Kapitel angesprochen ("Die Persönlichkeit des Paulus im Licht seiner Bildersprache"), bevor Straub noch Schlüsse im Hinblick auf die Theologie des Paulus zieht (S. 159ff).
Straub erfaßt das Bildmaterial unter verschiedenen Aspekten in einer umfassenden, wohldurchdachten Gliederung, die aber auch die Schwierigkeiten des wortsemantischen Ansatzes widerspiegelt: So isoliert Straub infolge seiner analytischen Vorgehensweise die Bildspender von ihrem Kontext: Weder wird so die metaphorische Einheit von bildspendendem und bildempfangendem Feld deutlich,[109] noch kommt das Feld mit seinen die Metapher determinierenden Bezügen in den Blick. Die der metaphorischen Einheit von Bildspender und -empfänger zugrunde liegende semantische Spannung wird auf eine formale Argumentationsweise - ein Beweisverfahren[110] - reduziert; darüber hinaus werden die Metaphern weder in ihrer Bezogenheit auf den textuellen noch auf den extratextuellen

---

107) Der Hinweis auf eine Notwendigkeit der Metaphern fehlt auch im Hinblick auf religiöse Aussagen, vgl. 16 A 1.
108) Der Kontext kommt erst in Kap. VII ("Die Stellung der Bildrede im Briefzusammenhang") in den Blick.
109) Vgl. Wessel, 68 und Weinrich, Sprache, 284: "Es wäre eine unzulässige ... Abstraktion, das bildspendende Feld vom bildempfangenden Feld zu isolieren... Solange man nicht das bildspendende und das bildempfangende Feld *gleichzeitig* im Auge hat, ist von Metaphorik gar nicht die Rede".
110) S. 142, s. die Kritik von Allmens (S. 20) an Straub: "La métaphore n'a ... qu'une portée formelle et un examen des rapports entre l'image ... et son application ... se situe, non pas au niveau du sens, mais au niveau technique de l'argumentation".

Kontext näher diskutiert.[111] Das "Bild" hat eine durchaus eigenständige Funktion. Dieses "statische" Denken wird jedoch an einem Punkt innerhalb der praktischen Durchführung durchbrochen und zwar da, wo Straub das Bild des Leibes behandelt und Änderungen im Urchristentum sowohl hinsichtlich des Bildes (mit dem Begriff des Leibes wird der Kopf verbunden) als auch seiner Anwendung (Christus wird vom vis-à-vis des Leibes zu seinem Kopf)[112] konstatiert. Die Veränderungen in Bildgebrauch und Aussageintention machen die Untersuchung der Metaphern im Zusammenhang ihres Bildfeldes, die Reflexion auf die aktuelle Realisation aus den virtuellen Möglichkeiten des Bildfeldes, die gegenseitige Änderung von bildspendendem und bildempfangendem Feld und den notwendigen Einbezug des extralingualen Kontexts (hier insbes. der Gemeindesituation) deutlich. Die Bildfelder, an denen Paulus partizipiert, können aufgrund der von Straub gewählten Textbasis nicht herausgearbeitet werden. Ferner beschränkt sich Straub aus ökonomischen Gründen (S. 14, 117) auf die synchrone Betrachtung des paulinischen Bildmaterials, so daß Profil und spezifischer Sinngehalt der Metaphern nicht aus der Tradition bzw. deren Umprägung erhellt werden können.[113] Straub spricht diesen Umstand insofern an, als er konstatiert, daß "gerade in der Bildersprache die Tradition eine gewichtige Rolle spielt" und Paulus offensichtlich "in hohem Maße von traditionellem Bildergut abhängig ist" (S. 116). Straubs Sammlung und Ordnung der Bilder bleibt - trotz aller Grenzen - eine notwendige und unabdingbare Vorarbeit zur Metaphernforschung.
Die Linguistik brachte die begriffliche Unterscheidung von Synchronie und Diachronie mit sich. Legen wir diese beiden Betrachtungsweisen zugrunde, so fällt auf, daß sich (überwiegend) synchrone Schnitte fast nur bezüglich eines Autors oder eines Textes finden.[114] In der Exegese beherrscht(e) die diachrone Untersuchung einzelner Metaphern unter be-

---

111) Wenn auch gelegentlich entsprechende Anmerkungen nicht fehlen, s. z.B. S. 103.
112) Vgl. Straub, 163-168.
113) S. Demandt, 446, Schlier, H., Rez. zu Straubs Buch EvTh 5 (1938) 332. Mit Zurückhaltung zu betrachten ist die von Straub geübte psychologische Betrachtungsweise (direkte Rückschlüsse vom Bildgebrauch des Paulus auf dessen Persönlichkeit), s. Schlier, Rez. zu Straub, EvTh 5 (1938) 332, Wellek, Warren, 224 und Weinrich, Poetica, 120: "Ich glaube...nicht, daß man aus dem metaphorischen Sprechen einer Person unmittelbare Rückschlüsse auf deren geistige Struktur ziehen kann...". Rückschlüsse auf das "seelische Erleben" sucht auch H. Weinel, Die Bildersprache Jesu in ihrer Bedeutung für die Erforschung seines inneren Lebens: FG B. Stade, Gießen 1900, 49-97; 55; ders., Gleichnisse, 77-83; Zedda, VD 24, 144ff.
114) Vgl. Albani, J., Die Metaphern des Epheserbriefes, ZWTh 45, NF X (1902) 420-440; ders., Die Bildersprache der Pastoralbriefe, ZWTh 46, NF XI (1902) 40-

griffs- und traditionsgeschichtlichem, vor allem aber religionsgeschichtli-
58; ders., Die Parabel bei Paulus, ZWTh 46, NF XI (1903) 161-171; von Allmen, D.,
La famille de Dieu. La symbolique familiale dans le Paulinisme, OBO 41, Göttingen
1981 (er verfährt - unter ausdrücklichem Bezug auf die Linguistik 51 m.A. 119 -
überwiegend synchron, nur gelegentlich (vgl. die Frage nach vorpaulinischen Traditionen (S. 52)) diachron); Brunot, A., Le génie littéraire de Saint Paul, LeDiv 15,
Paris 1955; Bultmann, Der Stil der Paulinischen Predigt und die kynisch-stoische
Diatribe, FRLANT 13, Göttingen 1910; Cambier, J., Les images de l'Ancien Testament dans l'Apocalypse de Saint Jean, NRTh 77 (1955) 113-122; vgl. ders., "Les
images de l'Apocalypse", in: Cerfaux, L., Cambier, J., L'apocalypse de Saint Jean
lue aux chrétiens, LeDiv 17, Paris 1955, 207-218 (synchron, doch mit Reflexion auf
die Verwendung atl. Bilder); Doohan, L., Images of God in Luke-Acts, Milltown
Studies 13 (1984) 17-35, ders., Images of God in Matthew, Milltown Studies 16
(1985) 65-84; Eidem, E., Pauli Bildvärld, bidrag till belysande af apostelns omgif-
ning, uttryckssätt och skaplynne, I., Athletae et milites Christi, Lund 1913; Fung,
R.Y.K., Some Pauline Pictures of the Church, Evangelical Quarterly 53 (1981) 89-
107 (onomasiologisch); Gale, H.M., The Use of Analogy in the Letters of Paul, Philadelphia 1964 (berücksichtigt den Kontext); Heylen, E., Les métaphores et les
métonymies dans les épîtres pauliniennes, EThL 12 (1935) 253-290; Howson, J.S.,
The Metaphors of St. Paul, London 1883; Koulomzine, N., Images of the Church
in Saint Paul's Epistles, St. Vladimir's theological quarterly 14 (1970) 5-27; Langenberg, H., Die prophetische Bildersprache der Apokalypse, Metzingen/Württ. 1951/
52; Kjärgaard, M.S., Metaphern, Gleichnisse und "Ich bin"-Aussagen im Johannesevangelium, in: van Noppen, J.-P., Erinnern, um Neues zu sagen. Die Bedeutung der Metapher für die religiöse Sprache, Frankfurt a.M. 1988, 241-257; Lyall,
F., Slaves, Citizens, Sons, Legal Metaphors in the Epistles, Michigan, 1984; Malmede, H.H., Die Lichtsymbolik im Neuen Testament, Studies in oriental Religions
15, Wiesbaden 1986; Zedda, S., Similitudines Evangelii et similitudines S. Pauli,
VD, 24 (1944) 88-95; 112-119; 142-150 (im dritten Teil kommt der pragmatische
Kontext in den Blick). Zum gesamten NT (onomasiologisch): Minear, P.S., Bilder
der Gemeinde. Eine Studie über das Selbstverständnis der Gemeinde anhand von
96 Bildbegriffen des Neuen Testaments, Kassel 1964; (semasiologisch): Malmede,
H.H., Die Lichtsymbolik im Neuen Testament, Studies in oriental religions 15,
Wiesbaden 1986. Zur paulinischen Symbolik vgl. noch Theißen, G., Soteriologi-
sche Symbolik in den paulinischen Schriften. Ein strukturalistischer Beitrag,
KuD 20 (1974) 282-304.
Im AT: Bjørndalen, A.J., Untersuchungen zur allegorischen Rede der Propheten
Amos und Jesaja, BZAW 165, Berlin, usw. 1986; Buzy, D., Les Symboles de Za-
charie, RB 15 (1918) 136-191; Kaupel, H., Das Wasser in der Bildsprache der Propheten, BiKi (1949) 1-4, Keel, O., Deine Blicke sind Tauben. Zur Metaphorik des
Hohen Liedes* SBS 114/ 115, Stuttgart 1984; ders., Feinde und Gottesleugner. Studien zum Image der Widersacher in den Individualpsalmen, SBM 7, Stuttgart
1969, 71ff (onomasiologisch unter explizitem Rekurs auf Weinrichs Metapherndefinition S. 71 A 149); Nandrásky, K., Die Anschauungsweise und die Logik in der
metaphorischen Ausdrucksweise des Propheten Hosea, in: LingBibl 54 (1983) 61-
96; Nielsen, K., Das Bild des Gerichts in Jes I-XII, VT 29 (1979) 309-324 (bezieht
den Kontext in die Untersuchungen ein, betont den funktionalen Aspekt; ein Bezug auf Weinrich und seine Bildfeldanalyse fehlt jedoch); Mayer, R., Sünde und
Gericht in der Bildersprache der vorexilischen Prophetie, BZ N.F. 8 (1964) 22-
44 (onomasiologisch); ders., Zur Bildersprache der alttestamentlichen Propheten

chem Gesichtspunkt vor.[115] Als Beispiel für eine solche Arbeit kann Viel-

MThZ 1 (1950) 55-65; Seybold, K., Die Bildmotive in den Visionen des Propheten Sacharja VT.S 26 (1974) 92-110; ders., Die Verwendung der Bildmotive in der Prophetie Zefanjas, in: Weippert, H., u.a., Beiträge zur prophetischen Bildsprache in Israel und Ägypten, OBO 64, Freiburg (Schweiz), Göttingen 1985, 30-54; Ungewitter, O., Die landwirtschaftlichen Bilder und Metaphern in den poetischen Büchern des Alten Testamentes, in: Programm des Königlichen Friedrichs-Kollegiums Königsberg 1885, 1-43 (semasiologisch). - Das ganze AT sichten (überwiegend synchron) Brettler, M.Z., God is King. Understanding an Israelite Metaphor. Journal for the Study of the Old Testament, Suppl. Series 76, Sheffield 1989; Kessler, R., Das hebräische Schuldenwesen, Terminologie und Metaphorik, WuD 20 (1983) 181-195 (onomasiologisch); Schweiker, J.E., Das Gleichnis in den Büchern des Alten Testaments; Hempel, J., Das Bild in Bibel und Gottesdienst, Sammlung gemeinverständlicher Vorträge und Schriften aus dem Gebiet der Theologie und Religionsgeschichte 212, Tübingen 1957, 20-27; Wächter, L., Der Tod im Alten Testament, AzTh II/8, Stuttgart 1967, 56-97.98-102(102-106); allgemein: Engnell, I., The Figurative Language of the Old Testament, in: Willis, J.T. (Hg.), A rigid Scrutiny, Critical Essays on the Old Testament, Nashville 1969, 242-290. Zur Bibel vgl.: Werfer, A., Die Poesie der Bibel, Tübingen 1875, bes. 167ff; die Lichtsymbolik des AT und NT behandelt: Malatesta, E., Interiority and Covenant. A Study of εἶναι ἐν and μένειν ἐν In the First Letter of Saint John, AnBib 69, Rom 1978, 99-108; weiterführend: van Noppen, J.-P., "In" als theologische Metapher, in: ders., (Hg.), Erinnern, um Neues zu sagen. Die Bedeutung der Metapher für die religiöse Sprache, Frankfurt a.M., 1988, 200-217.
115) Vgl. Allison, D.C., The Living Water (John 4:10-14; 6:35c; 7:37-39), St. Vladimir's Theological Quarterly 30 (1986) 143-157; Batey, R.A., New Testament Nuptial Imagery, Leiden 1971; Benoit, P., L'Eglise Corps du Christ, Communio 11 (1969) 971-1028; Borig; Bonnard, P., Jésus-Christ édifiant son Eglise. Le concept d'édification dans le Nouveau Testament, CTh 21, Neuchâtel-Paris 1948; Bornkamm, G., Der Lohngedanke im NT, in ders., Studien zu Antike und Urchristentum, GAufs. II, BEvTh 28, München 1959, 69-92; Dubarle, A.M., L'origine dans l'Ancien Testament de la notion paulinienne du corps du Christ, in: SPCIC 1961, Vol. I, AnBib 17/18, Rom 1963, 231-240; Hilgert, E., The Ship and related Symbols in the New Testament, Assen 1962; Schroer, S., Der Geist, die Weisheit und die Taube. Feministisch-kritische Exegese eines neutestamentlichen Symbols auf dem Hintergrund seiner altorientalischen und hellenistisch-frühjüdischen Traditionsgeschichte, FZPhTh 33 (1986) 197-225; Hugedé, N., La métaphore du miroir dans les Epîtres de Saint Paul aux Corinthiens, BT(N), Neuchâtel, Paris 1957; Hamm, D., Sight to the blind: Vision as a Metaphor in Luke, Bib 67 (1986) 457-477; Jaubert, A., Symbolique de l'eau et connaissance de Dieu, in: CBFV 3 (1965) 455-463; Johnson, D.E., Fire in God's House: Imagery from Malachi 3 in Peter's Theology of Suffering (1 Pet 4:12-19), JETS 29 (1986) 285-294; Jost, W., ΠΟΙΜΗΝ, Das Bild vom Hirten in der biblischen Überlieferung... Giessen 1939; Koep, L., Das himmlische Buch in Antike und Christentum. Eine religionsgeschichtliche Untersuchung zur altchristlichen Bildersprache, Theoph. 8, Bonn 1952 (Reflexion auch auf die Pragmadimension (S. 68-72; 90-93; u.ö.); Nauck, W., Salt as a Metaphor in Instructions for Discipleship, StTh 6 (1952) 165-178; Pfitzner, V.C., Paul and the Agon Motif. Traditional Athletic Imagery in the Pauline Literature, NT.S 16, Leiden 1967; Riesenfeld, H., Le langage parabolique chez Paul... Louvain 1960, 47-59;

hauers kurz nach Straub erschienene Dissertation "Oikodome" gelten,[116] in der der Autor das Bild vom Bau untersucht. Vielhauer erhebt in einem ersten Teil den ntl. Bildgebrauch in seiner Vor- und Umwelt. Ausgehend vom Bildspender untersucht er - unter Berücksichtigung von Oppositionen und parallel verwendeten Bildern (s. S. 38, 54, u.ö.) - in Zuordnung zu verschiedenen Bildempfängerbereichen den Metapherngebrauch[117] von οἰκοδομεῖν und οἰκοδομή und ihrer Komposita. Durch die Beschränkung auf letztgenannte Begriffe lotet er jedoch die Möglichkeiten des Bildfeldes nicht weiter aus, in das οἰκοδομή eingebettet ist. Er notiert aber Schnittpunkte und Verwandtschaftsverhältnisse mit anderen Bildern. In einem zweiten Teil untersucht er im Rahmen einer exegetischen Analyse der entsprechenden Texte den Sprach- und Bildgebrauch innerhalb des engeren und weiteren Ko-(weniger des Kon-)Textes, wobei er über den religionsgeschichtlichen Vergleich das historische "Woher" und über die Beachtung formaler und inhaltlicher Änderungen bzw. eines

Vielhauer, Oikodome 1939; Nielsen, K., For et træ er der håb. Om traeet som metafor i Jes 1-39, Bibel og historie 8, Kopenhagen 1985 = engl.: There is Hope for a Tree. The Tree as Metaphor in Isaiah, Journal for the Study of the Old Testament, Suppl. Series 65, 1989. Zum AT: Aalen, S., Die Begriffe "Licht" und "Finsternis" im Alten Testament, im Spätjudentum und im Rabbinismus (SNVAO. HF 1951,1) Oslo 1951, 63ff; Bach, R., Bauen und Pflanzen ... FS G.v. Rad, Neukirchen 1961, 7-32; Botterweck, G.J., Hirt und Herde im Alten Testament und im Alten Orient, in: Die Kirche und ihre Ämter und Stände, FG J. Frings, hg.v. W. Corsten u.a., Köln 1960, 339-352; Dhorme, E., L'emploi métaphorique des noms de parties du corps en Hébreu et en akkadien, Paris 1963² (1923¹); Krieg, M., Todesbilder im Alten Testament, oder: "Wie die Alten den Tod gebildet", AThANT 73, Zürich 1988; Peters, N., Sache und Bild in den messianischen Weissagungen, ThQ 112 (1931) 451-489; Steinberg, J., Der Mensch in der Bildersprache des Alten Testamentes. Ein Beitrag zur Bedeutungs- und Stilgeschichte des Alten Testaments, I., Der Mensch als Einzelwesen, Bonn 1935; Zobel, J., Der bildliche Gebrauch der Verwandtschaftsnamen im Hebräischen mit Berücksichtigung der übrigen semitischen Sprachen, Halle (Saale) 1932. Zur Bibel: Haulotte, E., La symbolique du vêtement selon la Bible, Paris 1966; Winstanley, M.T., The Shepherd image in the Scriptures. A Paradigm for Christian Ministry, CleR 71 (1986) 197-206. Weiteres: Bultmann, R., Zur Geschichte der Licht-Symbolik im Altertum, in: ders., Exegetica. Aufsätze zu Erforschung des Neuen Testaments, ed. E. Dinkler, Tübingen 1967, 323-355; Grassi, J.A., Healing the Heart. The Transformational Power of Biblical Heart Imagery, New York, Mahwah 1986.

116) Vielhauer, Ph., Oikodome, Diss. 1939.

117) Vielhauer spricht von "bildlichem" Sprachgebrauch (S. 3) und bezieht auch den Vergleich in seine Arbeit ein. - Während Jülicher "Metapher" und "Vergleichung" noch deutlich geschieden hat (s. Jül. I, 52), fällt die Abgrenzung bei Bultmann (GST, 183) auf, wenn er im Gefolge der nacharistotelischen Rhetoriktradition (Quint. inst. VIII,6,8: "Metaphora brevior est similitudo") die Metapher als einen abgekürzten Vergleich sieht. In der heutigen Metaphorologie wird betont, daß der Vergleich semantisch von der Metapher nicht zu unterscheiden ist.

Vacats, das spezifisch Christliche aufzuspüren trachtet (S. 8) und in seiner Bedeutung innerhalb der Theologie des Neuen Testaments zu verorten sucht. Im III. Teil gibt er schließlich einen Ausblick auf die weitere Geschichte des Bildes in der urchristlichen Literatur.
Die Leistungsfähigkeit dieser von Vielhauer praktizierten diachronen Vorgehensweise besteht - wie oben angedeutet wurde - darin, daß die Metapherntradition, in die der ntl. Bildgebrauch eingebunden ist, deutlich wird. Die Bilder werden in ihrer Bedeutung und Verwendung von ihrer Geschichte her präzisiert, christliche Umprägungen können herausgearbeitet werden. Andrerseits werden aufgrund dieser diachronen Vorgehensweise die einzelnen Metaphern vom Sprachsystem isoliert, so daß nicht mehr faßbar wird, daß die Metapher eben nicht nur diachron in einem linearen Traditionsstrom steht, "sondern auch - synchron - in sprachinternen Zusammenhängen mit anderen Metaphern, die deskriptiv-systematisch dargestellt werden können".[118] Dieses Manko gleicht Vielhauer schon ansatzweise dadurch aus, daß er die Metapher auch im Gefüge von Oppositionen[119] und benachbarten Metaphern[120] behandelt.
Im Gegensatz zu Straub trennt Vielhauer nicht Bildspender und -empfänger, sondern sieht beide zusammen und untergliedert nach Bildempfängerbereichen.
Von daher kommt in der Darstellung die (spannungsvolle) interaktionelle Einheit von Bildspender und -empfänger zum Tragen.[121] Der II. und III. Teil machen deutlich, daß die Metapher nur durch eine gründliche Analyse in ihrem engeren und weiteren (insbes. textuellen) Kontext untersucht werden kann. In Vielhauers Arbeit werden also schon viele Momente der linguistischen Metapherntheorie (implizit) praktiziert.
Im Gefolge des wortsemanischen Ansatzes wurde in Metaphernuntersuchungen älteren Datums[122] der textuelle Kontext kaum einbezogen: Der für die Metapher konstitutive Bezug auf den konterdeterminierenden Kontext war nicht deutlich. Die Fruchtbarkeit einer kontextuellen Betrachtung der Metaphern erhellt Steinhausers Dissertation über die Doppelbildworte in den Evangelien (1981):
Steinhauser hat unter explizitem Rekurs auf Weinrichs Metaphorndefinition

---

118) Weinrich, Sprache, 279.
119) Z.B. "Bauen - Zerstören" (S. 6), "Pflanzen - Ausreißen" (S. 7). Das tut jetzt ausführlich Kitzberger, J., in einer Wortfeldanalyse: Bau der Gemeinde. Das paulinische Wortfeld οἰκοδομή/ (ἐπ)οικοδομεῖν, FzB 53, Würzburg 1986.
120) Z.B. "Bau und Pflanzung" (S. 37, 41), "Gewand" (S. 44).
121) Vgl. Wessel, 72ffA300.
122) Z.B. Brunot, Heylen. Zur Kritik vgl. Weiss, M., Methodologisches über die Behandlung der Metapher dargelegt an Am 1,2, ThZ 23 (1967)1-25, 3f.

"Doppelbildworte" (= Weinrichs Metaphern) auf der Ebene der Satz- und Textsemantik traditionskritisch mit dem Ergebnis untersucht, daß Metaphern mit ausgeprägter Determinationserwartung sich als stabil in der Tradition erweisen, wobei er eine ausgeprägte Determinationserwartung bei den als kognitiv-kohärent kategorisierten Metaphern feststellt. Umgekehrt ist ein weiter Bedeutungsumfang und damit eine geringe Determinationserwartung durch die emotiv-emotionalen Metaphern charakterisiert; sie ändern sich im Lauf der Tradierung, erweisen sich als labil und tendieren (S. 435) zur Allegorie.
War die syntagmatische Dimension der Metaphern in der Exegese nur sporadisch, so die paradigmatische Dimension der Metapher lange gar nicht im Blick: Die Bezogenheit der Einzelmetaphern auf das Bildfeld war nicht deutlich.[123] Dem entspricht, daß in der Exegese die diachrone Betrachtung der Metaphern lange Zeit vorherrschte, während die Linguistik mit ihrer Betonung der "langue" die synchrone Perspektive favorisierte, die es in unserem Fall erlaubt, die Möglichkeiten des Bildfeldes zu erheben. Erstmals wurde Weinrichs Bildfeldtheorie von Klauck in seiner Dissertation "Allegorie und Allegorese" (1978) aufgenommen: Er erhebt in sehr umfassender und gründlicher Weise das Bildfeld zu den untersuchten Texten, bleibt aber insofern tendenziell dem traditionellen Parallelensammeln verhaftet, als er nicht auf das Bildfeld als strukturierten Sprachbesitz einer Bildfeldgemeinschaft reflektiert.[124]
Die pragmatische Dimension der Metapher kam immer schon in der Frage nach den "Realien" und dem "Sitz im Leben" zum Tragen. Aspekte der Pragmadimension können sogar zum Ausgangspunkt von Metaphernuntersuchungen werden: So erheben Eger und Lyalls das antike Recht, um von dort her die paulinische Rechtsmetaphorik zu erhellen.[125]
Die geographische und historische Botanik, die Landeskunde und Archä-

---

123) Zwar kann die Zusammenstellung ähnlicher Bilder als Ansatzpunkt für die Bildfeldanalyse angesehen werden, jedoch war die Bezogenheit der Einzelworte/ -metaphern auf ein überindividuelles Sprachsystem nicht bewußt.
124) Nach Klauck beziehen sich im NT auch C. Hezser und G. Röhser auf Weinrichs Bildfeldtheorie. C. Hezser betrachtet in: Lohnmetaphorik und Arbeitswelt in Mt 20, 1-16. Das Gleichnis von den Arbeitern im Weinberg im Rahmen rabbinischer Lohngleichnisse, NTOA 15, Freiburg/Schweiz, Göttingen 1990 die Lohnmetaphorik von einem semasiologischen, G. Röhser in: Metaphorik und Personifikation der Sünde. Antike Sündenvorstellungen und paulinische Hamartia, WUNT II/ 25, Tübingen 1987 die Sündenmetaphorik von einem onomasiologischen Ansatz aus.
125) Eger, O., Rechtswörter und Rechtsbilder in den paulinischen Briefen, ZNW 18 (1917) 84-108; Lyalls, F., Slaves, Citizens, Sons: Legal Metaphors in the Epistles, Michigan 1984. Vgl. ferner: Young, N.H., *Paidagogos:* The Social Setting of a Pauline Metaphor, NT 29 (1987) 150-176; ders., The Figure of the Paidagogos in Art and Literature BA 53 (1990) 80-86. Bossman, D.M., Images of God in the Letters of Paul, Biblical theology bulletin, New York 18 (1988) 67-76.

ologie beziehen Fonck, Madsen, Furrer u.a. ein.[126] Neben den Realien beschäftigt sich Jost verstärkt auch mit der Ikonographie.[127] Um die Untersuchung des situativen und sozio-kulturellen Kontexts hat sich vor allem J. Jeremias verdient gemacht.[128]
Punktuell wurden also immer wieder verschiedene Aspekte des pragmatischen Kontexts herangezogen, um einzelne Metaphern zu erhellen. Die Einbindung auch des Bildfeldes in einen pragmatischen Kontext wurde nicht gesehen. Soweit ich sehe, wurde nicht versucht, Änderungen im Paradigma[129] mit kausalen oder/und intentionalen Verschiebungen im pragmatischen Umfeld zu korrelieren.

5) Die Aufgabe

Nach diesem einführenden Überblick sind Aufgabenstellung und Vorgehensweise zu präzisieren:
Die Arbeit will Impulse und Erfahrungen aus der Exegese aufnehmen und mit der linguistischen Metapherntheorie zu verbinden suchen. Dabei sollen die neutestamentlichen Vegetationsmetaphern in ihren syntagmatischen, paradigmatischen und pragmatischen Bezügen erfaßt und im Kontext der Umwelt profiliert werden.[130]
Die Vegetationsmetaphern der zu untersuchenden historischen Textkomplexe[131] sind zu sichten[132] und zu strukturieren. Dabei kristallisieren sich

126) S. Fonck, Senfkörnlein, Tollkorn und höhere Parabelkritik, ders., Parabeln; Madsen, Parabeln (bes. S. 175); Furrer, Bildersprache, 113-120; vgl. ferner: Jeremias, J., Palästinakundliches; Dalman, Acker, u.a. . Die Untersuchung der Realien mündet bei Reymond, L'eau, ...1958, jeweils in die Behandlung von Metaphern.
127) Jost, ΠΟΙΜΗΝ, vgl. auch Weippert, H., Amos: Seine Bilder und ihr Milieu, in: Weippert, H., u.a., Beiträge zur prophetischen Bildsprache in Israel und Assyrien, OBO 64, Freiburg (Schweiz), Göttingen 1985, 1-29. Den Zugang über die Ikonographie haben vor allem Keel, O., (vgl. ders., Bildsymbolik...1977²) und seine Schüler ausgebaut.
128) Vgl. Klauck, Allegorie, 145.
129) Selten: in der syntagmatischen Realisation auf dem Niveau der "parole" (s. Nielsen, trae).
130) Das NT steht ja einmal diachron in einer besonders vom AT über die zwischentestamentliche Literatur vermittelten Bildfeldtradition, synchron partizipiert es an den strukturellen Möglichkeiten des Bildfeldes in seinem antiken Kontext. Da die virtuellen Möglichkeiten des Bildfeldes nur über die Eruierung der realisierten Möglichkeiten in der "langue" zu erfassen sind, müssen also die Umweltliteratur des NT inklusive des AT und der zwischentestamentlichen Literatur auf Metaphern hin untersucht werden (vgl. Weinrich, Allegorie, 143).
131) Aus heuristischen Gründen wurde jeweils eine Grobstrukturierung der Textkomplexe versucht, zeigt der Metapherngebrauch in den einzelnen Überlieferungskomplexen doch ein unterschiedliches Profil.
132) Ob Bildgebrauch vorliegt oder nicht, ist aufgrund des Kontexts zu entscheiden.

zwei Teilbildfelder heraus: Das Bildfeld Baum - Frucht und das Bildfeld Saat - Wachstum - Ernte.[133] Da diese Teilbildfelder nicht nur verschiedene Bildspenderkomplexe, sondern z.T. auch eine unterschiedliche Ausprägung und Leistungsfähigkeit zeigen, werden sie getrennt behandelt. Hinzu kommen Metaphern, die nicht eindeutig einem von beiden Teilbildfeldern zuzuordnen sind bzw. als Exmetaphern kein Bildfeld mehr evozieren. Aufgrund der Bedeutung, die Exmetaphern im Hinblick auf ihre mögliche Remetaphorisierung zukommt, sind sie in die Untersuchung einzubeziehen.[134] Ausgehend von einer semasiologischen Betrachtungsweise schälen sich in den einzelnen Teilbereichen einige Bildkomplexe heraus, unter denen die Gemeinschafts- bzw. Zugehörigkeitsbilder, Entsprechungs-[135] und Entfaltungs- bzw. Wachstumsbilder, Gerichts- und Vergänglichkeitsbilder dominieren.
Ist hier vor allem die Interaktion zwischen Bildspender und Bildempfängerkomplex im Blick, so ist in einem weiteren Schritt nach den Formen, in denen sich das Bildmaterial niederschlägt[136] und der Funktion, die ihm im literarischen bzw. funktionalen Kontext zukommt, zu fragen.
Für die Funktion der Metaphern ist zum einen ihr Innovationsgrad relevant: Kreative Metaphern zielen als Neudeutung von Wirklichkeit auf kognitive Umstrukturierung und Änderung der Wirklichkeit, konventionelle Metaphern stabilisieren als Revocationen usueller Wirklichkeitsdeutung traditionelle Interpretationsmuster, bestärken und orientieren (auch) in der Krise.
Zum anderen haben sich im Lauf der Arbeit folgende drei Funktionen herauskristallisiert, die sich in der Praxis häufig überschneiden: die deskriptiv-veranschaulichende (1), die argumentative (2) und die appellative (3) Funktion. Sie repräsentieren drei Grundmöglichkeiten: die Beschreibung von Wirklichkeit (1), den Widerstreit von Wirklichkeiten (2) und die Änderung von Wirklichkeit(en) (3). Diesen drei Möglichkeiten sind schwerpunktmäßig die ästhetisch-affektive, die kognitive und die pragmatische Dimension zuzuordnen. Die deskriptive Funktion zielt primär auf das Auge und das Gefühl, die argumentative Funktion auf den Intellekt und die appellative Funktion auf den Willen:

---

133) Vgl. die Strukturgraphen der Gesamtzusammenfassung.
134) Wegen ihrer Stereotypie und fehlenden Konterdetermination werden sie nicht vollständig erfaßt, sondern nur exemplarisch behandelt.
135) Entsprechungsbilder können sowohl ontisch (der Qualität des Baumes entspricht die Qualität seiner Frucht) als auch dynamisch (der Saat entspricht die Ernte) sein.
136) Hier ist auf die oben S. 19ff getroffenen literaturwissenschaftlichen Unterscheidungen von Metapher, Symbol, Allegorie usw. zu verweisen; ferner wurden Vergleich, argumentative Bildrede, Fabel, Parabel und Gleichnis unterschieden. Symbole konnten, um den Umfang der Arbeit in überschaubarem Rahmen zu halten, nur z.T. berücksichtigt werden.

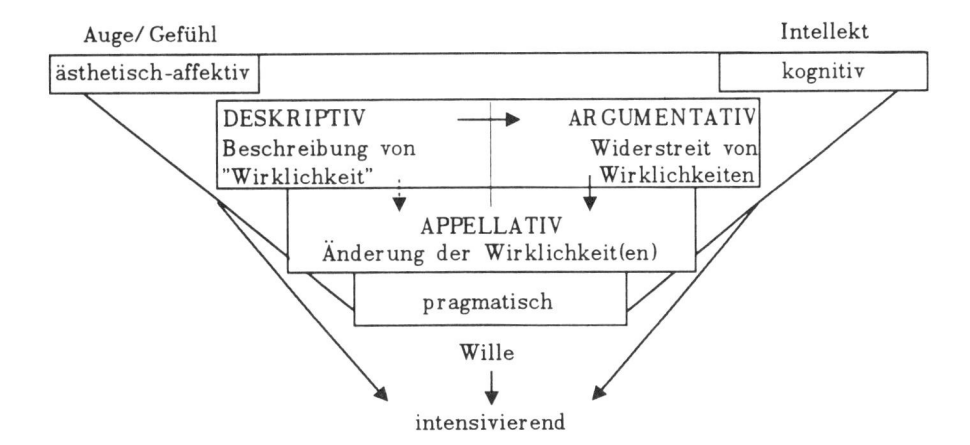

```
     Auge/ Gefühl                                    Intellekt
    ┌─────────────────┐                           ┌──────────┐
    │ ästhetisch-affektiv │                       │ kognitiv │
    └─────────────────┘                           └──────────┘
           \     ┌──────────────┬──────────────┐      /
            \    │ DESKRIPTIV   →  ARGUMENTATIV│     /
             \   │ Beschreibung von │ Widerstreit von│   /
              \  │ "Wirklichkeit"   │ Wirklichkeiten │  /
               \ └──────┬───────────┴──────┬────────┘ /
                \       ▼      APPELLATIV  ▼         /
                 \   Änderung der Wirklichkeit(en)  /
                  └──────────────────────────────┘
                         pragmatisch
                            Wille
                             ▼
                        intensivierend
```

(1) Die descriptio kann die vorgegebene Wirklichkeit stärker analog-konstatierend aufnehmen ("Nicht liest man Trauben von Dornbüschen... (denn) sie tragen nicht Frucht", EvThom L45) oder in gezielter Selektion interpretierend vor Augen stellen: Die Beschreibung des Wachstums einer Pflanze Mk 426-29 grenzt alle Wachstumshindernisse aus. Damit veranschaulicht sie eine angstfreie, zuversichtliche Wirklichkeitsdeutung. (2) Der argumentative Widerstreit von Wirklichkeitsdeutungen kann - implizit in deskriptiven Bildern ausgetragen werden: Das ungehinderte Wachstum der Saat Mk 426-29 kann als Antwort auf eine entmutigende Situation(sdeutung) aufgefaßt werden. Direkt greifbar wird er auf der Bildebene in der besprochenen Welt im Dialog konträrer Positionen Mt 1327-30; Lk 137-9. In die Argumentation eingebunden, können Metaphern diese eröffnen, stützen, tragen, zusammenfassen und verdichten bzw. mit dieser in der argumentativen Bildrede verflochten sein (vgl. Rö 1116b-24; I Kor 1535ff, hier dient die gegnerische Position als Kontrasthintergrund für die Entwicklung der Argumentation). In diesem Zusammenhang ist auf syntaktische Signale wie οὗτος, γάρ, διότι, ἄρα, u.ä. sowie auf rhetorische Fragen zu achten. (3) Die Änderung von Wirklichkeit(en) intendiert direkt (ποιήσατε οὖν καρπόν, Mt 38) oder indirekt (Lk 139) der appellative Bildgebrauch (Paränese).

In allen drei Dimensionen kommt den Metaphern zudem eine intensivierende Funktion zu. In Bezug auf Gruppen haben Metaphern eine soziale Funktion: Sie "bilden ein Netzwerk von Konventionen" (Berger, Hermeneutik, 350), wirken integrativ bzw. ausgrenzend. Angesichts der funktionalen Komplexität der Metaphern ist eine Funktionsbestimmung nur unter Vorbehalt möglich.[137]

Differenzierter noch als das im ersten und dritten Kapitel und bei den

---

137) Zum Problem vgl. Peil, D., Untersuchungen zur Staats- und Herrschaftsmetaphorik in literarischen Zeugnissen von der Antike bis zur Gegenwart, Münstersche Mittelalter-Schriften 50, München 1983, 882 A 14; 882-884.

apostolischen Vätern möglich ist, soll im neutestamentlichen Teil versucht werden, die realisierten Vegetationsmetaphern im interaktionellen Zusammenspiel ihrer syntagmatischen, paradigmatischen und pragmatischen Bezüge zu erfassen: Entsprechende Ansätze in der Exegese sind dahingehend fortzuführen, die Betrachtung des engeren und weiteren textuellen Kontexts mit einer Betrachtung des Bildfeldkontexts und des situativen und soziokulturellen (pragmatischen) Kontexts zu kombinieren.[138]

Der textuelle Kontext ist unter Zuhilfenahme strukturalistischer Kategorien, insbes. der Methode der Textpartitur, zu analysieren.[139] Letztere geht von der Textur des Textes aus und ermöglicht es, anhand formaler Kriterien den Aufbau und die Bewegung des Textes vermittels textsyntaktischer Spaltenschreibweise durchsichtig zu machen.[140] In der Reflexion auf das Spektrum der Bildfeldmöglichkeiten und die konkrete Selektion aus ihnen kommt der paradigmatische Kontext zum Tragen. Sowohl auf dem Hintergrund ihrer paradigmatischen Möglichkeiten und der metaphorischen Tradition als auch auf dem Hintergrund der vorgegebenen Wirklichkeit gewinnt die Metapher Profil: Hier überschneiden sich Bildgebrauch und Realien, paradigmatischer und pragmatischer Kontext. Die konkrete Selektion und Konterdetermination erhellt weiter die (ab-

---

138) Methodisch bedeutet das, daß der systematisch orientierte synchrone mit dem historisch orientierten diachronen Untersuchungsansatz verbunden werden soll, so daß beide mit ihrem spezifischen Erkenntniswert zum Tragen kommen können. (Beide Ansätze sind ja zur adäquaten Erfassung des metaphorischen Phänomens nötig, vgl. nur Köller 216, 219). Damit soll versucht werden, den a-historisch orientierten Ansatz der Linguistik mit dem später aufgekommenen pragmasemantischen Ansatz der Texttheorie (Pragmatik) zu verbinden.

139) Vgl. dazu Weinrich, H., Die Textpartitur als heuristische Methode, in: Dressler, W., (Hg.), Textlinguistik, WdF 427, Darmstadt 1978, 391-412; ders., Sprache, 391ff, sowie Güttgemanns, E., Narrative Analyse synoptischer Texte, in: Harnisch, W., Die neutestamentliche Gleichnisforschung im Horizont von Hermeneutik und Literaturwissenschaft, WdF 575, Darmstadt 1982, 179-223, bes. 203. In Anlehnung an Ellena, 51ff, bediene ich mich einer Spaltenschreibweise, die nach Trennern, Konnektoren, Partikeln/Verb(en)/Subjekt/Akkusativobjekt/Dativobjekt/lokale, temporale, modale Circumstanten unterscheidet.

140) Die Partitur ergibt einen flüssig zu lesenden und klar strukturierten Text, der es vermittels der textsyntaktischen Spalten erleichtert, Subjekt-, Tempus- und Moduswechsel, Wechsel und Wiederaufnahme von Orts- und Zeitbestimmungen, den Wechsel von erzählter und besprochener Welt, die Abfolge einzelner Redeeinheiten, Wiederholungen (Leitwort?!), Oppositionen, etc. zu erfassen und so die Struktur des Textes herauszuarbeiten, die insofern von besonderer Bedeutung ist, als die Formalstruktur Schlüsse auf den Inhalt zuläßt und ergo die Grundlage für die Interpretation des Textes darstellt.

gezweckte) Funktion der Metapher. Ferner ist der pragmatische Kontext in seinem komplexen Zusammenhang von kausalen und intentionalen Momenten zu erhellen: Im situativen und soziokulturellen Kontext des Sprechers/Autors und der Adressaten bietet der Sprecher/Autor angesichts der/einer Problemstellung ein Interpretationsmodell, in dem die Metaphern eine bestimmte Funktion erfüllen sollen.[141] Dabei ist im Auge zu behalten, daß das historische Geschehen, die mündliche Tradition und die Fixierung im jeweiligen literarischen Kontext mit Verschiebungen in der pragmatischen Dimension verknüpft sein kann. So sollen die Akzentuierungen des Bildfeldgebrauchs in ihrem jeweiligen literarischen und funktionalem Kontext berücksichtigt werden. Schließlich soll vorsichtig versucht werden, sowohl die Möglichkeiten als auch den Wandel des neutestamentlichen Bildfeldes "Vegetation" aufzuzeigen und letzteren mit interpretativen oder/und soziologischen Änderungen zu korrelieren.

---

141) Inwieweit die faktische Wirkung sich von der intendierten Wirkung abhebt, ist angesichts des Quellenmaterials schwer zu rekonstruieren.

ALTES TESTAMENT UND JUDENTUM
DER HELLENISTISCH-RÖMISCHEN ZEIT

B: VEGETATIONSMETAPHERN IM ALTEN TESTAMENT

Bei der Untersuchung des atl. Metapherngebrauchs soll nach dem Metapherngebrauch in den erzählenden (1), den weisheitlich-dichterischen (2) und den prophetisch-apokalyptischen (3) Büchern gefragt werden.[1] Reflektieren die erzählenden Bücher auf die Geschichte und versuchen, die Vergangenheit auf die gegenwärtige Situation hin transparent zu machen (s. ChronG; DtrG), so drücken die weisheitlich-dichterischen Bücher gegenwärtige bedrängende Erfahrungen und Fragen aus und versuchen diese zu bewältigen, während die prophetisch-apokalyptischen Bücher kritisch die Gegenwart mit ihren Defiziten sichten und die Zukunft der Adressaten thematisieren.

1) Vegetationsmetaphern in den erzählenden Büchern

1.1) Die realisierten Metaphern im Bildfeld Baum -Frucht
In den erzählenden Büchern sind Vegetationsmetaphern nur sehr spärlich realisiert. Gemeinschaftsbilder -Metaphern, die ein Volk darstellen, - treten hervor. Mit ihnen verknüpft sind der Gedanke des hoffnungsvollen Anfangs, der mit der Erwählung Israels gesetzt ist, das Fruchtbringen und das Gericht. Im Rahmen von Fabeln werden Pflanzenmetaphern für Herrschaftsverhältnisse transparent.
a) In späteren, poetisch geprägten Texten findet sich die Vorstellung, daß Gott sein Volk ins Land gepflanzt hat.[2] Abimelechs Söhne sind Gen 21 23 Sprossen (נין) und Gen 49 22 heißt es im Stammesspruch über Joseph: "Joseph ist ein junger Fruchtbaum an der Quelle; seine Zweige ranken sich über die Mauer".[3]

---

1) Das bedeutet keine Vorentscheidung über das Verhältnis von Apokalyptik und Weisheit im AT. Im folgenden werden die atl. Stellen- wenn nicht anders vermerkt - nach der Übersetzung der Jerusalemer Bibel (1968) zitiert.
2) Ex 15 17; II Sam 7 10 par I Chron 17 9. - Num 24 5f vergleicht Bileam das israelitische Volk mit ausgedehnten Bachtälern und mächtigen Baumpflanzungen und macht so die Fruchtbarkeit des Landes transparent auf das Volk und sein Geschick. Vgl. Gray, ICC 4, 362.
3) Symbolische Bedeutung gewinnt der Traum des Obermundschenks vom Weinstock Gen 40 9-11, den Joseph Gen 40 12f auf das Ergehen des Mundschenks deutet.

Dtn 32 32f werden die Völker einem Weinstock verglichen, der "von Sodoms Weinstock stammt" und (ihre Rebe) "von den Gefilden Gomorras". Die Trauben sind - der Natur dieses Weinstocks entsprechend -"giftige Trauben, bittere Beeren": der Schluß von der Natur dieses Weinstocks auf seine Frucht ist weisheitlich geprägt.[4]

b) Kriegerisch konnotiert ist das (Gerichts-)Bild der Ernte und der Nachlese: Jdc 20 45 erzählt, daß die Israeliten nach dem Sieg über die Benjaminiten den fliehenden Rest verfolgt und an ihm eine Nachlese (עלל) gehalten habe. Jdc 8 2 will Gideon mit der rhetorischen Frage: "Ist die Nachlese Ephraims nicht mehr als die Lese Abiesers?" auch noch nach dem Erfolg Abiesers Ephraim als überlegen hinstellen.

c) Im Kontext politischer Rede stehen die beiden einzigen Pflanzenfabeln des AT (II Reg 14 8-14; Jdc 9 8-15),[5] die - zumindest im jetzigen Kontext - das Verhältnis von Königen und ihren Reichen reflektieren. Sie rekurrieren auf Pflanzenmetaphern,[6] die in ihren spezifischen Konnotationen die diesen Fabeln zugrundeliegende Spannung evozieren.

So kontrastiert die Joasfabel II Reg 14 9, vgl. II Chr 25 18, die kleine, wertlose Distel und die hohe, wertvolle, "königliche" Zeder: dadurch wird eine Spannung aufgebaut, die für die Beschreibung der Situation (α) charakteristisch ist. Aus ihr erwächst (β) eine Aufforderung, die (γ) in einer negativen Lösung ihre Antwort findet:

(α) "Die Distel auf dem Libanon sandte zur Zeder auf dem Libanon und ließ sagen:
(β) Gib deine Tochter meinem Sohne zur Frau!
(γ) Aber das Wild auf dem Libanon lief über die Distel und zertrat sie."

Im Kontext ist die Fabel eine Antwort Joas auf die Herausforderung Amazjas, in der Joas sich mit der mächtigen Zeder, Amazja mit der Distel vergleicht. Er warnt Amazja vor der Überschätzung seiner Kräfte und appelliert an seine Verantwortlichkeit für Juda (V10). Im Kontext bleibt das Tier ungedeutet: Dort geschieht die Strafe durch die Zeder selbst. Da die Fabel von einem Eheantrag handelt, dürfte sie ursprünglich selbständig gewesen sein[7] und die Erfahrung spiegeln, daß eine Verbindung unterschiedlicher "Schichten" unmöglich ist.[8] Der Dornstrauch, der die Anpassung an die obere Schicht (die Zeder) sucht, zieht den kürzeren, wobei seine Stellung am Ende schlechter als zu Anfang ist: das Wild (= ?) macht seine Bestrebungen zunichte.

---

4) Vgl. Hentschke, ThWAT II, 66.
5) Eine Variante der Streitfabel syrAch 33 126 (Nau, 247, vgl. Smend, Alter, 77, sowie Aesop., ed. Halm, 123; 123b) ist Jes 10 15 zu finden. Sie konzentriert sich aber (diff. Ach.) so stark auf das Handwerkszeug, daß das Bild des Baumes fehlt.
6) Vgl. dazu genauer Richter, Ri, 284.
7) Vgl. Gunkel, Märchen, 16.
8) Richter, Untersuchungen, 297.

Auch die Jotamfabel Jdc 9 8-15 stellt zwei konträre Größen einander gegenüber: Den Ölbaum, den Feigenbaum und den Weinstock einerseits, die fruchtbringende Bäume repräsentieren, und den Dornstrauch andrerseits, der mit Nutzlosigkeit und Gericht konnotiert ist.[9] Die Fabel weist einen gleichmäßigen Aufbau auf: Auf die Einleitung V 8a folgen vier fast identisch aufgebaute Dialoge, die jeweils mit der Aufforderung der Bäume: "Sei König über uns!" eingeleitet werden. Die Fruchtbäume lehnen alle drei ob ihres Nutzens ab.[10] Der Dornstrauch aber - klimaktisch abgesetzt von VV 8b-13 - akzeptiert mit der Aufforderung: "Kommt, bergt euch in meinen Schatten!" und wendet dabei ironisch das Motiv des Schutz gebenden Weltenbaums (Königs).[11] Wollen sich die Bäume nicht in seinen spärlichen Schatten bergen (und sich evtl. von seinen Dornen stechen lassen), dann (so V15b) kann der nutzlose Dornbusch sogar den mächtigen Zedern gefährlich werden: können sie doch vom Feuer, das vom Dornbusch ausgeht, erfaßt werden.[12] Dieses Moment der Gefährlichkeit des Dornbuschs bestimmt den Kontext der Fabel, wo das Bild des Dornstrauchs auf Abimelech zielt und diesen desavouiert. Die inhaltliche und formale Betonung der Jotamfabel innerhalb des Richterbuches[13] legt es nahe, daß die Kritik am Königtum über diese enge "Anwendung" hinausgreift und als eine grundsätzlich antimonarchistische Stellungnahme zu verstehen ist.[14] Ob die Fabel ursprünglich selbständig war[15] oder ob sie bewußt für den vor-

9) Ölbaum, Weinstock und Feigenbaum wie auch der Dornstrauch als Kontrastfigur gehören zum geläufigen Inventar antiker Fabeln, vgl. die sorgfältige Zusammenstellung bei Crüsemann, Königtum, 25-27. Zum Dornbusch, der alles verzehrt, vgl. weiter Lukman 22 (Derenbourg, 30f; Nau, Ahikar, 122).
10) Ganz anders die jüngere armenische Variante der Fabel bei Macler, F., Fables Arméniennes, Journal Asiatique, 9. série, N.S. 19 (1902) 457-487, 467f Nr. 7 (vgl. Diels, Fabeln, 1002, Gressmann, Spruchweisheit, 26). Hier wird der Dattelbaum König. Den anderen Bäumen werden als Prinzen Ämter (Obermundschenk, Consul, etc.) zugewiesen; dem Dornstrauch das Amt des Oberhenkers. Auch Ach 165f (AOT^2, 461) läuft auf eine Abwertung des Dornstrauches hinaus. Diese altaramäische Fabel ähnelt der altassyrischen Fabel von der Dattelpalme und der Tamariske (Lambert, Wisdom Literature, 155-164; die Versionen b und c liegen auch in einer Übers. v. R.H. Pfeiffer in: ANET^2, 410f vor, Version b in einer Übers. v. E. Ebeling, in: AOT^2, 294f).
11) Zum König als Baum mit angenehmen Schatten vgl. Lang, Aufstand, 70 A 32 (Lit!).
12) Der Wechsel zur dritten Person V15b, das neue Bild der Zedern, der Bruch in Aufbau und Form legen es nahe, mit Crüsemann, Königtum, 19f, in V15b einen Zusatz zu sehen.
13) Vgl. Bartelmus, 102-105.
14) S. Bartelmus, 97f, 120; Crüsemann, Königtum, 22, 29f, 40; Zenger, Beispiel, 121; anders: Nielsen, E., Shechem, A Traditio-Historical Investigation, Copenhagen 1959^2 (1955^1), 149; Maly, E.H., The Jotham Fable - Anti-Monarchical? CBQ 22 (1960) 299-305, bes. 303.
15) So Richter, Untersuchungen, 250, Lagrange, Juges, 166. Dafür sprechen die Spannungen zum Kontext, zusammengestellt b. Zenger, Beispiel, 113 m. 110f; vgl. auch Gunkel, Märchen, 17-19.

liegenden Kontext formuliert wurde[16] muß offen bleiben: Leicht ist auch eine Aktualisierung aus dem Fabelrepertoire denkbar.[17]

Abgesehen von den Fabeln, die auf (potentielle) Herrscher reflektieren, bezeichnen die Metaphern ein Volk oder einen Stamm, wobei die positiven Metaphern des Pflanzens und des Sprossens auf Israel*, die negativen Bilder des schlechten Weinstocks und der Ernte/Nachlese auf andere bezogen sind.

1.2) Die realisierten Metaphern im Bildfeld Saat - Wachstum - Ernte

Gemeinschaftsbilder treten in den erzählenden Büchern ganz zurück;[18] im Gerichtszusammenhang steht I Reg 14 15[19] und evtl. schwingt im "zerstreuen" von Lev 26 33 ("Ich werde euch unter die Völker zerstreuen...") auch die Bedeutung von זרה worfeln mit.[20] Ein Vergänglichkeitsbild ist II Reg 19 26 = Jes 37 23 realisiert, wo die Menschen, die in den von Sanherib eroberten Städten wohnen, werden "wie das Gras (חציר) des Feldes und wie junges Grün (דשא), wie Gras auf den Dächern und Triften unter[21] dem Ostwind". Dtn 32 2 wird die Wirksamkeit des Wortes Regen und Tau verglichen: "Wie Regen riesele nieder meine Botschaft, wie Tau hernieder träufle mein Wort! Wie Regengüsse auf junges Grün (דשא), wie Regenschauer auf (welkes) Kraut (עשב)!"[22]

---

16) So Bartelmus, 97ff.
17) Zenger, Beispiel, 137.
18) Nur זרע ist hier als stehende Metapher für Nachkommenschaft zu nennen, vgl. Preuß, ThWAT II, 671-686.
19) Nach dem Gericht JHWHs wird Israel schwanken "wie das Rohr (קנה) im Wasser". JHWH, so heißt es weiter in einer Steigerung der Gerichtsbilder, "wird Israel ausreißen (נתש) aus diesem schönen Land...; er wird sie jenseits des Stromes zerstreuen (זרה)", vgl. II. Chron 7 20 (נתש), auf Völker übertragen: Dtn 29 27.
20) Zu Gerichtsbildern vgl. auch II Reg 9 32: der Leichnam Isebels soll wie Dünger (דמן) auf dem Felde sein. Dornen und Stacheln sind ein Bild für Feinde oder Teufelsmenschen, vgl. Num 33 55 ("es werden die [Kanaanäer], welche ihr [Israeliten] ... übrigläßt, zu Dornen (שך) in euren Augen und zu Stacheln (צנינים) in euren Seiten..."; II Sam 23 6 sind die Teufelsmenschen "wie Dornen der Wüste". Grausame Folterpraxis dürfte Jdc 8 7 spiegeln. (Zum Dornstrauch vgl. II Reg 14 9; II Chr 25 18).
21) Im Unterschied zu שדמה (=?) Jes 37 23 bietet II Reg 19 26 (שדפה = Getreidebrand ! Das Vergänglichkeitsbild wird also durch die Getreidekrankheit verschärft.
22) Vgl. Jes 55 10 und Fisch, H., The Analogy of Nature, a Note on the Structure of Old Testament Imagery JThS N.S. 6 (1955) 161-173, 165f. II Sam 23 4 symbolisiert junges Grün Leben und Fruchtbarkeit. Ferner ist an Metaphern zu notieren: Gen 13 10 erscheint Lot die Jordanaue "wie der Garten Jahwes"; Simson benutzt Ri 14 18 die zweideutige Metapher des Pflügens (חרש war als sexuelle Metapher in der Antike verbreitet, vgl. Lagrange, Juges, 238; Baudy, 49; 110 A 2). Ri 9 45 streut Abimelech Salz über die zerstörte Stadt, damit diese zur Wüste werde (vgl. dazu Dtn 29 22). Symbolische Bedeutung gewinnen die Garben der Brüder, die sich Gen 37

1.3) Die Realisation im literarischen und funktionalen Kontext

In den erzählenden Büchern finden sich selten Vergleiche. Es dominieren Metaphern ohne Vergleichspartikel. Sie sind abgesehen von den Fabeln II Reg 14 9 (= II Chron 25 18); Jdc 9 8-15 kaum narrativ entfaltet. Nur selten (Dtn 32 32) sind die Metaphern argumentativ gebraucht, zumeist dienen sie der Darstellung. Da ihr Innovationsgrad nicht sehr hoch ist (Tendenz zu Exmetaphern!), kommt ihnen eine eher stabilisierend-interpretierende Funktion zu.
Die Träume in der Josephserzählung (Gen 37, 40, 41) sind insofern von Interesse, als ihre symbolischen Bilder durch Josef gedeutet werden und sich die allegorische Auslegung aus der Traumdeutung entwickelt hat. Formal folgen Traumbericht und -deutung einem Strukturierungsschema, das ähnlich im Zusammenhang mit Visionen begegnet;[23] im Kontext bilden die Träume ein wichtiges Strukturierungselement der Josephserzählung.[24]
Die Fabeln II Reg 14 9; Jdc 9 8-15 argumentieren als autonome literarische Gebilde ganz auf der Bildebene und haben hier eine kognitive Umstrukturierung zum Ziel. Durch den jeweiligen literarischen Kontext erhalten sie eine aktualisierende politische Deutung.[25] Ob von der Gattung "Fabel" auf sozial untergeordnete Trägerkreise derselben rückzuschließen ist und dieser "als Waffe des Kleinen, Schwachen gegenüber dem Mächtigen"[26] eine sozialkritische Funktion zukommt, ist fraglich: Gattungsgeschichte[27] und die Überlieferung von Fabeln in weisheitlichem Kontext[28] lassen eher

---

in Josephs Traum vor seiner Garbe niederwerfen und die sieben schönen und fetten Ähren, die im Traum des Pharaos von sieben mageren und verdorrten Ähren verschlungen werden (Gen 4 16.23f; Deutung: 41 16f), in der Legende werden sie einmal zu Bäumen (vgl. Lang, Aufstand, 71 m. A 37).

23) Vgl. Klauck, Allegorie, 68, 70; Westermann, Vergleiche, 17.
24) Westermann, Vergleiche, 16.
25) Vgl. Schottroff, Weinberglied, 86.
26) So Meuli, K., Herkunft und Wesen der Fabel, Schweizerisches Archiv für Volkskunde 50 (1954) 65-88, 78. Zuerst hat Crusius die These vom "Aufstand der Fabel" vertreten, die von Spoerri, Th., 31-63, aufgenommen und weiter von Meuli und Schirokaner vertreten wurde, s. dazu Leibfried, 12, Schnur, 14. Richter, Untersuchungen, 299, hat sie (ohne Konkretisierung in Bezug auf die Texte) für das AT übernommen. Abwägend: Doderer, 115f; 261f.
27) Van Dijk, sagesse, 31-39, zeigt bezüglich der sumerischen Streitdichtungen, daß es hier nicht um die Kritik des Bestehenden, sondern um die weise "appréciation des valeurs dans un ordre" (S. 39) gehe. Sie wurden vorgetragen (vgl. auch Landsberger, B., Jahreszeiten im Sumerisch-Akkadischen, JNES 8 (1949) 248-297) und suchten wohl (vgl. die Nennung von Herrschern!) dem König zu gefallen.
28) Vgl. die mesopotamischen Fabeln, Schottroff, Weinberglied, 87; Crüsemann, Königtum, 32 A99. Beachte auch die Zuordnung von Ri 9 8-15 und II Reg 14 9 zur

daran denken, daß die Kritik nicht notwendig zu den konstitutiven Elementen der Fabel gehört,[29] sondern daß diese allgemeine Wahrheiten und Ordnungsvorstellungen ausdrückt, die bei gegebenem Anlaß aktualisiert werden können.[30] Dabei ist bei der soziologischen Verortung trotz (oder gerade wegen) der königskritischen Haltung der Jothamfabel an die Oberschicht zu denken: ist diese doch mit den angesprochenen Verhältnissen und dem Adressatenkreis der Fabeln sehr vertraut.[31]

2) Vegetationsmetaphern in weisheitlich-dichterischen Büchern
2.1) Die realisierten Metaphern im Bildfeld Baum - Frucht

Gemeinschaftsbilder finden sich in den weisheitlich-poetischen Schriften nur im Rahmen von Volksklageliedern, überwiegend sind jedoch Entsprechungs- und Entfaltungsbilder realisiert, die zwei Typen, den צדיק und den רשע, und ihr Ergehen behandeln. Sie haben ebenso wie die Vergänglichkeitsbilder ihren Ort in der von der Weisheit geprägten Literatur.

a) Ein Gemeinschaftsbild ist der Weinstock/-berg,[32] der, von JHWH gepflanzt, die Erwählung Israels beschreibt:

Der Metaphernkomplex hat seinen primären Ort im heilsgeschichtlichen Rückblick[33] und bestimmt in Ps 80₁₃f die Klage und in 80₁₅ff die Bitte. Ps 80₉ff ist das Bild positiv gefüllt und zeugt von Israels Erwählungsbewußtsein: Der Weinstock, den JHWH aus Ägypten ausgehoben und in Kanaan eingepflanzt hat, faßt Wurzeln und wächst VV11f zum Weltenbaum:[34] In der Klage 80₁₃f wechselt das Bild zum Weinberg, dessen Mauern zerstört sind und der so ohne Schutz vor Eindringlingen und Wildschaden ist. Aus dem Kontrast zwischen Einst und Jetzt erwächst

---

weisheitlichen Literatur bei v. Rad, Weisheit, 62-64 und die Charakterisierung der Fabel dass. (62): "... daß die Fabel... eine Wahrheit, eine Wirklichkeit zur Darstellung bringen will; etwas, das ... so ist, wie es eben ist".
29) Gegen Zenger, Beispiel, 130.
30) Vgl. Schottroff, Weinberglied, 86.
31) Vgl. Crüsemann, Königtum, 32; Kaiser, Einleitung, 141. Beachte ferner die Verbindung zur Weisheitsliteratur!
32) Weinstock und Weinberg können synonym für Israel verwandt werden, deshalb ist Ps 80 ein Metaphernwechsel zwischen Weinstock (גפן Ps 80₉-12.15f) und Weinberg (כרם Ps 80₁₃f) leicht möglich. Vgl. auch Jes 27₂-5 und den synonymen Gebrauch von ἡ ἄμπελος und ὁ ἀμπελών in griechischen Papyri (s. Borig, Weinstock, 83 m. A 19 (Lit.!)).
33) Ps 44₃ und (breiter) Ps 80₉.
34) Auszug, Landnahme und die Ausbreitung des davidischen Großreichs werden hier im Bild des Weinstocks gespiegelt.

V15f die Bitte:
"Suche heim diesen Weinstock (16) und den 'Garten', [35] den deine Rechte gepflanzt (und den Sohn, den du dir großzogst)" und V17 der Wunsch: "Die ihn (sc. גפן) verbrannt, zerstört, mögen vergeh'n vor deines Angesichts Drohen!"[36]
b) Typen, nämlich den צדיק in seinem Wohlergehen oder den רשע, mit dem es bald ein Ende haben wird, stellen Entsprechungs- und Entfaltungsbilder in den Weisheitspsalmen, bei Hiob und in den Proverbien vor Augen:
Paradigmatisch für die Beschreibung des צדיק ist Ps 1 3:
"Er gleicht einem Baum, gepflanzt am Rande der Wasser, Der Früchte trägt zu der Zeit und dessen Blätter nicht welken...".
Das Bild gehört in die חכמה -Tradition, wie seine Bezeugung schon in der Weisheit des Amenemope zeigt.[37] Ganz ähnlich ist der חסיד/צדיק in Jer 17 7ff, das der Weisheitsüberlieferung zuzurechnen ist, Ps 52 10; 92 13ff; vgl. Prov 11 28. 30*; Hi 29 19* einem Baum verglichen,[38] wobei das Bild auf das beständige Grünen und das zuverlässige Fruchtbringen abhebt und als Standort das Wasser oder das Heiligtum[39] im Blick hat. Als Ermöglichungsgrund solch fruchtbringender Existenz wird neben der תורה (Ps 1) Jer 17 7ff; Ps 52 10; (Prov 11 28) das Vertrauen auf JHWH genannt, während Ps 92 16 auf das Ziel, JHWH zu preisen, abhebt.
Die folgende Übersicht soll diesen Bildkomplex veranschaulichen:

Text	Vgl.	Baum	Laub	Frucht	Standort	Grund/Ziel	Kontrast
Ps 1 3 ff	כעץ	Baum	Blätter welken nicht	Frucht (stetig)	Wasser	תורה	Ps 1 1f. 4 Spreu/ Wind

---

35) Anstelle von (רכנה =?) ist mit Westermann, Psalmen, 27, Kraus, BK XV/1, 555, u.a. רגנה zu lesen.
36) Übers. Kraus, BK XV/1, 554.
37) Amenemope c. 4, 5, 20-6, 12 (Lange, Weisheitsbuch, 42f; Übers. Ermann, zit. Gressmann, Spruchweisheit, 31f; vgl. AOT², 39; z. St. Grumach, Untersuchungen, 42-48).
38) Nur Hi 29 19 ist kein Vergleich. Auch Frau und Kinder gehören zum Glück des צדיק:"Dein Weib...sie gleicht der fruchtbaren Rebe; Und wie die jungen Zweige am Ölbaum, so sind rings um den Tisch deine Kinder" (Ps 128 3).
39) Bäume standen in den Vorhöfen des Tempels (Keel, Psalmen, 118 mit Verweis auf Ps 52,10; 92,13). Sie stehen im Zusammenhang mit den heiligen Bäumen, die zur Kultstätte wurden, bzw. in enger Verbindung zur Kultstätte standen (THWAT VI, 290). Im metaphorischen Gebrauch sollen sie vor allem die Lebensgemeinschaft mit Gott zum Ausdruck bringen, s. Kraus, BK XV/2, 644.

Text	Vgl.	Baum	Laub	Frucht	Standort	Grund/Ziel	Kontrast
Jer 17 7ff	כעץ	Baum	bleibt grün	Frucht ohne Aufhören	Wasser/ Bach	בטח	Jer 17 5f: kahler Strauch in Steppe, Wüste, Salzland
Ps 52 10	כזית	Ölbaum	grün		Haus JHWHs	בטח	Ps 52 7 Gott reißt aus Zelt, Land der Lebenden
Ps 92 13ff	כתמר	Palme	grünen+	blühen	Haus JHWHs	נגד	Ps 92 8ff Gras vertilgt für immer
	כארץ	Zeder	wachsen	Frucht (noch i. Alter)	Vorhöfe Gottes		
(Hi 29 19			auf Zweigen Tau			Wurzel ist geöffnet f. Wasser	
Prv 11 28			Laub sprießt			בטח	Prv 11 28
Prv 11 30				Frucht des Gerechten!			

Im durchgehenden Kontrast zum רשע ist schon die Realisation eines Baumes im Unterschied zum Strauch (Jer 17 6), zu Gras (Ps 92 8) oder der Spreu (Ps 1 4) aussagekräftig: Die Metaphernwahl unterstreicht das Moment der dauerhaften Beständigkeit. -Variiert wird der Bildgebrauch Prov 11 28.30: "die Gerechten... sprießen wie das Blättergrün... (30) Aus der Frucht der Gerechtigkeit wächst des Lebens Baum".[40]

Nicht nur auf den צדיק, auch auf den רשע kann das Bild des gedeihenden Baumes bezogen sein. Es hat dann seinen Ort nicht in der Segensverheißung für den Frommen, sondern will die Vergeltungslehre einprägen: Es beschreibt das Glück des רשע, den, der göttlichen צדקה entsprechend, ein schnelles Ende dahinraffen wird. Anders als beim צדיק fehlen jetzt Kontextsignale wie ברוך (Jer 17 7) oder das אשרי האיש אשר (Ps 1 1) sowie das Fruchtbringen. Anstelle des Motivs der Beständigkeit

---

[40] Hinter der Rede vom Lebensbaum steht die altorientalische Vorstellung vom heiligen Baum, der, weisheitlichem Weltordnungsdenken entsprechend, den geordneten Kosmos symbolisiert (Winter, 173): Prov 11 30 (MT diff. LXX, vgl. Casetti, P., Gibt es ein Leben vor dem Tod? Eine Auslegung von Psalm 49, OBO 44, Freiburg (Schweiz), Göttingen 1982, 54 A58) hebt auf das rechte Zusammenleben ab, Prov 15 4 auf die rechte Rede und Prov 13 12 auf die Ordnung der Zeit. Prov 3 18 identifiziert den Lebensbaum mit der Weisheit, die ja in enger Beziehung zur ägyptischen Ma´at steht (vgl. Winter, 174, 176).

hebt das Bild auf das jähe Verschwinden des Baumes ab, wie Hi 8 16f zeigt, wo der רשע im Sonnenlicht voller Saft steht und im Steingeröll verwurzelt leben kann (vgl. Hi 5 3).
Das schnelle Verschwinden des רשע ist Ps 37 35f mit dem (bes. mit der Zeder konnotierten) Motiv 'Sturz des Hohen' verbunden:
"Ich sah den Sünder, wie er stolz sich erhob und sich reckte gleich einer Libanonzeder. (36) Und wieder kam ich, und siehe, er war nicht mehr... ".
Im Gegensatz zum צדיק (vgl. bes. Hi 29 19) sollte der רשע, wie Hi 18 16 vorgestellt, tot dastehen: "Verdorrt sind unten seine Wurzeln, und oben trocknen seine Zweige".[41]
Variiert wird der Bildgebrauch dort, wo davon die Rede ist, daß die (Frucht-) Ansätze des רשע nicht zur Reife kommen (Hi 15 33), sein Palmzweig nicht mehr grünt (Hi 15 32);[42] schnell verwelkt,[43] die Flammenglut seinen Schößling ausdörrt und seine Frucht[44] verweht (Hi 15 30). Nach Ps 52 7 wird Gott den Frevler aus dem Land des Lebens entwurzeln.[45]
c) Ein weiterer Metaphernkomplex hat die Vergänglichkeit des Menschen zum Thema: Unter Betonung der Determination des Geschehens wird Koh 11 3 die Vergänglichkeit des Menschen dem Baum verglichen: "an der Stelle, wohin der Baum fällt, da bleibt er liegen".
Hi 14 7-9.10 dagegen wird der Baum dem Schicksal des Menschen kontrastiert:
"(7) Denn für den Baum besteht noch eine Hoffnung; er treibt empor, auch wenn er abgehauen,...(10) Der Mann dagegen stirbt und sinkt dahin, der Mensch verscheidet...".[46]

---

41) Vgl. zum Bild Am 2 9; Hos 9 16; Jes 5 24, sowie die Sarkophaginschrift des Königs Eschmun'azar (CIS 3, Z.11f) nach Horst, BK XVI/1, 274. Hi 24 20 sollen die Frevler zerbrochen werden wie ein Baum.
42) Und das, obwohl gerade der Palmbaum das Leben symbolisiert: der Baum des Lebens wurde bevorzugt als Palmbaum dargestellt, vgl. Küchler, Orte I, 63f.
43) Hi 15 32 cj Fohrer, KAT XVI, 265.
44) Vgl. Kraus, BK XVI/1, 219, LXX ἄνθος.
45) Ansatzweise vom Tun-Ergehens-Zusammenhang geprägt sind Prov 27 18 und Prov 15 19.
46) Hi 13 25 vergleicht sich Hiob in seiner Ohnmacht einem verwelkten Blatt und fragt Gott: "Willst du denn ein verwehtes Blatt aufscheuchen...?" Hi 19 10 klagt Hiob, daß Gott seine Hoffnung wie einen Baum ausgerissen habe. Die Vergleiche intensivieren hier die Anklage gegen Gott. Ferner ist in den weisheitlich-poetischen Schriften an Metaphern zu notieren: nach Ps 94 9 hat JHWH das Ohr gepflanzt, Hi 40 17 wird der Schwanz des Behemoth der Zeder verglichen, Hi 41 19 bewertet der Leviathan das Erz "wie Holz, das voller Wurmfraß ist".

d) Einen eigenen Metaphernkomplex bilden die Metaphern der Liebeslyrik: Cant 16; 215; 812 begegnen der Weinberg, Cant 7,8f die Palme,[47] Cant 67 der Granatapfelbaum als Bilder für die Frau, Cant 7,8f die Trauben für ihre Brüste; Cant 23 sind der Apfelbaum, Cant 515 die Zedern Bilder für den Mann, Cant 511 werden seine Locken Dattelrispen verglichen.

Insgesamt gesehen schlägt sich also die starke Ausrichtung der Weisheit auf den einzelnen in den Metaphern nieder: Sie stellen Typen - den צדיק und den רשע - und sein Geschick vor Augen oder beschreiben allgemeine Gesetze menschlichen Lebens wie die Vergänglichkeit. Einen eigenen Bereich bilden die Metaphern der Liebeslyrik und die Volksklagelieder, erstere bilden die Geliebte/den Geliebten, letztere das Volk Israel ab.

2.2) *Die realisierten Metaphern im Bildfeld Saat - Wachstum - Ernte*

Wachstums- und Entsprechungsbilder wie auch Vergänglichkeitsbilder treten in den weisheitlich-poetischen Schriften hervor. Etwas schwächer sind Gerichtsbilder realisiert; Gemeinschaftsbilder fehlen.[48]
a) Innerhalb der Wachstums- und Entsprechungsbilder lassen sich zwei Teilkomplexe unterscheiden: (α) Bilder, die die Entfaltung einer Pflanze, ihr Wachsen, Blühen und Sprossen beschreiben, (β) Bilder, die eine dynamische Entsprechung zwischen pflügen/säen und ernten aufzeigen.
α) Im Hintergrund von Hi 525; 1819 und Ps 928 steht das Ergehen des צדיק und des רשע: Heißt es Hi 525, daß Hiobs Nachkommen ("Sprossen") sich mehren werden "wie das Gras der Erde" und Hi 1819, daß der Frevler keine Kinder haben wird (לא נין לו), so bearbeitet Ps 928 die

---

47) Vgl. Keel, O., Das Hohelied, ZBK AT 18, Zürich 1986, 223-229; Keel, Orte I, 64f m. Abb. 16; Hermsen, Lebensbaum 155 Abb. 4. Die Liebesgöttinnen Mesopotamiens und Ägyptens, Ischtar und Hathor, haben sich in der Palme verkörpert. Aufgrund ihrer Zweihäusigkeit und damit Geschlechtlichkeit werden die Palme und ihre Rispen (Cant 79) als Metaphern für den Sexualakt verwandt, vgl. Silberstein, 328.
48) Nur in זרע und צאצאים als Bezeichnung für die Nachkommenschaft klingt die Gemeinschaftsdimension an (vgl. Jes 443; 4819; 619; 6523 und Hi 2714). Daß זרע nicht nur organisch, sondern auch pflanzlich konnotiert war, erhellt die Zusammenstellung mit צאצאים Hi 525; 218 und עשב Hi 525. Der Gedanke der Menschensaat begegnet möglicherweise Ps 905, wenn dort eine Verschreibung von זרעתם zu זרמתם vorliegt (Kraus, BK XV/2, 628, Kittel, KAT XIII, 299e). Dann wäre zu lesen: "Du säst sie (sc. Menschenkinder) Jahr für Jahr; ..." (Kraus, BK XV/2, 627).

Anfechtung, die den Frommen mit dem Glück des Gottlosen gegeben ist: zwar sprossen die Gottlosen wie das Gras (כעשב) und blühen (ציץ) die Übeltäter, werden aber am Ende auf immer vertilgt.[49]

β) Der Zusammenhang zwischen pflügen/säen und ernten soll dem von der Weisheit geprägten Tun-Ergehens-Zusammenhang[50] Ausdruck verleihen: So sucht Eliphas Hi 4 8 mit der Sentenz "die Unheil unterpflügten und Mühsal säten, ernteten es auch"[51] die Feststellung zu untermauern, daß der, dem es schlecht gehe, ein Gottloser sei. Der Tun-Ergehens-Zusammenhang liegt auch der Opposition Böses vs Gutes pflügen Prov 14 22[52] und der Saat-Ernte-Metaphorik Prov 22 8 (negativ יקצור־און) und Prov 11 18 (positiv צדקה... אמת) zugrunde.[53] In diesen Zusammenhang ist auch der tröstende Zuspruch an die Exilierten Ps 126 5f einzuordnen: "Die in Tränen säen, sie werden ernten in Freude. (6) Weinend gehn sie dahin, sie gehn und streuen den Samen. Doch kommen sie wieder mit Jauchzen, sie kommen und bringen ein ihre Garben".[54]

γ) In Auseinandersetzung mit dem Tun-Ergehens-Zusammenhang dürfte auch Hi 5 6 zu sehen sein: Anders als bei der Pflanze, die einfach aus der Erde wächst, ist der Mensch selbst für sein Ergehen verantwortlich: "... aus dem Boden steigt kein Unheil hoch und aus der Erde sprießt (צמח) nicht Mühsal auf".[55]

---

49) In der Fürbitte für den König Ps 72 17 wird die Nachkommensverheißung Gen 12 2 auf den König übertragen: (es) "sprosse (נין) sein Name", Übers. Kraus, BK XV/1, 494. Nicht ganz sicher ist der vorhergehende V16: will er besagen, daß unter der Regierung des Königs (so wäre als Subjekt zu ergänzen) Menschen oder des Königs Halme blühen (ציץ) mögen, "wie das Kraut (כעשב) des Feldes"? Zu letzterem, s. Kraus, BK XV/1, 494, BHS. Auch Maiberger, ThWAT VI, 411, erwägt eine Umstellung der Konsonanten: statt "sie sollen blühen aus der Stadt" (מעיר, so M) will er עמיר lesen.
50) Vgl. dazu Preuß, H.D., Erwägungen zum theologischen Ort alttestamentlicher Weisheitsliteratur EvTh 30 (1970) 393-417, 398ff.
51) Übers. Horst, BK XVI/1, 58. Die Sentenz ist Sir 7 3 als Warnung gewendet.
52) Zum Bild vgl. auch Prv 6 14.
53) Hi 31 7f spricht Hiob von der Saat ohne den entsprechenden Genuß der Frucht, wenn sein Schritt vom Weg abgewichen sei.
54) Zur Frage eines rituellen Weinens bei der Aussaat vgl. Hvidberg, Weinen, 150f; Hecht, Eschatologie, 145-147. Zur Saatzeit als Trauerzeit vgl. Plut. mor. 379 A,C; Firm., err. II,7; Gunkel, Pss, 552. - Auch die Frucht als Ergebnis entsprechender Werke hat ihren Ort im Tun-Ergehens-Zusammenhang, vgl. Prov 13 1, u.ö..
55) Übers. Horst, BK XVI/1, 59; zur Interpretation vgl. Hesse, Hi, 57, Weiser, Hi, 51; anders: Horst, BK XVI/1, 81.- Im priesterlichen Heilsorakel Ps 85 12 ist צמח mit אמת verbunden: "Aus der Erde sprießet die Treue...".

b) Der Bildkomplex "Vergänglichkeit des menschlichen Lebens" stellt das schnelle Vergehen schwächerer Pflanzen[56] durch Hitze, Wind (Ps 103 15f; Hi 13 15) oder Schatten (Hi 14 1f; Ps 102 12) dar.[57] Er ist im Aussagewort (Hi 14 1f), in der Klage (Ps 90 5f; Ps 102 5.12), im Hymnus (Ps 103) und Vertrauenslied (Ps 129 6), und zwar in weisheitlichen, bzw. von der Weisheit beeinflußten Texten zu finden.
Die Vergänglichkeitsbilder wollen α) Gottes Erbarmen evozieren oder/und kontrastiv JHWHs ewigwährende Gnade herausarbeiten oder β) das Schicksal des רשע bzw. des Feindes darstellen.
ad α: Die Klage über die Vergänglichkeit des Menschen, der wie die Blume aufgeht und welkt, zielt Hi 14 2f auf die Nachsicht Gottes, der über den Menschen sein Auge offenhält und ihn vor sich ins Gericht zieht.[58] Ps 103 15-17 fungiert die Beschreibung der menschlichen Vergänglichkeit als Kontrasthintergrund für Gottes unendliche Gnade:
"Des Menschen Tage gleichen dem Gras (כחציר), er blüht (ציץ) wie die Blume (ציץ) des Feldes...Doch immer und ewig ist mit den Frommen die Gnade (חסד) Jahwes...".[59]
Die Beschreibung der Vergänglichkeit der Menschen in Ps 90 5f[60] hat das Erbarmen Gottes zum Ziel (vgl. V 13) und steht in Kontrast zur Ewigkeit Gottes (V 1.4).[61]
ad β: In der überwiegenden Zahl der Belege ist das Motiv der Vergänglichkeit auf den רשע oder auf Feinde angewandt. So heißt es Ps 37 2 von den Gottlosen: "Denn bald verdorren (מלל) sie wie das Gras (כחציר), wie grüne Kräuter (דשא) welken sie hin (נבל)" und Ps 129 6 heißt es von denen, die den Zion hassen: "Sie sollen werden wie auf den Dächern das Gras (כחציר), das der Ostwind verdorrt".[62] Die Metaphern haben hier die Funktion, die Adressaten zu stabilisieren und zu trösten.

---

56) חציר Ps 37 2; 90 5; u.ö.; עשב Ps 92 8; 102 5.12; u.ö.; דשא Ps 37 2; u.ö.; ציץ Hi 14 2; Ps 103 15.
57) Es wird kontrastiv (wachsen/verwelken, o.ä. Hi 8 11ff; (14 1f); Ps 90 5f), durch den Parallelismus negativer Glieder (נבל/מלל Ps 37 2) oder durch Kombination dieser beiden Möglichkeiten (חלף vs מלל und יבש Ps 90 5) dargestellt.
58) Vgl. dazu: Wächter, Tod, 102. Ähnlich Hi 13 25. Hi 14 3 klingt das Kontrastmotiv an.
59) Ähnlich Jes 40 6ff, an das sich Ps 103 15f anzulehnen scheint (Kraus, BK XV/2, 704).
60) "...sie sind wie das sprossende Gras. Es kommt hervor in der Frühe und grünet, abgemäht ist es am Abend und welk".
61) Vgl. Barth, ThWAT III, 139. Ähnlich kontrastiv ist das Bild des Grases (עשב) Ps 102 5.12 gebraucht (s. V13).
62) Vgl. weiter Hi (5 3); 8 11-13; 13 15; 15 30; Ps 92 8.

Hi 5 26 wird Hiobs Tod als natürliche Vollendung seines Lebens dargestellt: "In vollster Reife gehst du ein zum Grabe, wie sich, wenn's ihre Zeit ist, Garben häufen".[63]

c) Als Gerichtsbilder finden sich Ps 129 3; 141 7 das Bild des Pflügens[64] und Hi 24 24 das Bild, daß der Hochmütige abgeschnitten wird wie die Spitze der Ähre (כראש שבלת ימלו). Breiter realisiert ist die Metapher der Spreu, die die Vernichtung der Feinde oder des Frevlers malt: Wie Spreu (מץ), die der Wind verweht, sind die Gottlosen in Ps 1 4 im weisheitlich-erzieherischem Kontrast zum Gerechten, der einem standfesten Baum verglichen wird. Das Motiv des Flüchtigen und Vergänglichen ist auch für Ps 83 14 (s.a. Ps 35 5) bestimmend: "Mein Gott, mache sie der Raddistel (גלגל) gleich, wie Spreu (קש) vor dem Wind".[65]

63) Übers. Horst, BK XVI/1, 60. Die LXX bietet 26b eine doppelte Übers. a) ὥσπερ σῖτος, b) ἢ ὥσπερ θιμωνιὰ ἅλωνος, vgl. Horst, BK XVI/1, 63.
64) Ps 129 3 stellt das Leiden Israels durch das Bild des geschundenen Zugtiers, auf dessen Rücken "Pflüger gepflügt" haben, im geschichtlichen Rückblick vor Augen. Ps 141 7 steht פלח in destruktivem Zusammenhang (die Textverderbnis läßt keine nähere Interpretation zu, vgl. Gunkel, HAT II/2, 598, Ungewitter, 12). - Ansatzweise metaphorisch ist die im kriegerischen Kontext realisierte Vorstellung von Leichen, die zum Dünger auf dem Feld wurden Ps 83 11, vgl. Jer 8 2; 9 21.

Grabmalerei. Der el Medine. Grab des Senudjem (Nr. 1). Ostwand. 19. Dyn. (1345-1200a). Keel, O., Bildsymbolik, 87, Nr. 127.

65) גלגל ist eine distelähnliche Artischockenpflanze, die sich von der Wurzel löst, spiralenförmig zusammenrollt und dann vom Wind über das Feld getrieben wird, vgl. Kraus, BK XV/2, 579; das Bild ist offenbar Jes 17 13 entlehnt. - Metaphorisch ist der Dorn חוח Prov 26 9 verwandt ("(Wie) ein dorniger Zweig, in die Hand eines Trunkenen geraten, so ein Sinnspruch im Munde der Toren"), Prov 15 19 ist der Weg des Faulen einer Dornenhecke (משכה) verglichen. Ferner ist an Metaphern zu notieren: Ps 97 11 (dem צדיק ist Licht gesät); Ps 31 11 ("Wie im Schmerz die Gebeine verdorren..., so ergrünen sie in der Freude", vgl. Ringgren, ThWAT II, 331); Prov 14 11 (die Hütte des Frommen wird grünen); Ps 132 17 (JHWH will David ein Horn sprossen (צמח) lassen); Hi 41 19-22 (Stroh, Spreu, Strohhalm, Dreschschlitten).

Wird hier erwartet, daß JHWH den Feind in gerechter Weise straft, so wird die dieser Erfahrung zuwiderlaufende Realität Hiob in Hi 21 17f zum Problem: "Wie oft erlischt der Frevler Leuchte... (18) Daß sie wie Häcksel (כתבן) vor dem Winde werden, wie eine Spreu (כמץ), vom Sturme weggefegt?". d) Wieder bilden die Metaphern der Liebeslyrik einen eigenen Metaphernkomplex. Blumen, insbes. die Lilie, umschreiben die Schönheit der Frau.[66]

Wie im Bildfeld Baum - Frucht beschreiben die Metaphern im Bildfeld Saat - Wachstum - Ernte überwiegend Typen - den צדיק oder/und den רשע - oder ganz allgemein menschliches Ergehen. Neu kommt der Tun-Ergehens-Zusammenhang im Bild von Saat und Ernte hinzu. Eine Sonderstellung nimmt wieder Cant. ein.

2.3) Die Realisation im literarischen und funktionalen Kontext

Breiter als in den erzählenden Büchern sind in den weisheitlich-dichterischen Schriften Vergleiche realisiert - oft stehen sie neben Metaphern,[67] die das Gros der Bilder ausmachen. In den Prov konzentrieren sich Genitivmetaphern: hier findet sich auch die Identifikation der Weisheit (Prov 3 18) bzw. der Frucht der Gerechtigkeit (Prov 11 30) mit dem Baum des Lebens. Besonders in den Psalmen werden Metaphern immer wieder narrativ entfaltet.[68] Daneben ist vor allem bei Hiob (z.T. in Verbindung mit dem Parallelismus membrorum) eine Reihung von Metaphern zu beobachten,[69] die eine Intensivierung bewirkt.

Die argumentative Verwendung der weisheitlichen Metaphern ist stark lehrhaft geprägt und konzentriert sich bes. auf die Saat-Ernte-Metaphorik (Tun-Ergehens-Zusammenhang) und auf das schnelle Dahinschwinden des רשע (Vergeltungslehre).[70] Stärker ausgeprägt ist das Moment der descriptio für den Metaphergebrauch in den weisheitlich-poetischen Büchern;[71] die weisheitlichen Metaphern sind weitgehend analog zur Wirklichkeit realisiert.[72] Damit koinzidiert die Beobachtung, daß Aus-

---

66) Vgl. Cant 2 1f.16; 5 13; 6 2f; 7 3.
67) Ein enges Mit- und Ineinander von Vergleich, Metapher und Symbol findet sich bes. in Cant, vgl. Cant 7 8f; 4 12-16.
68) Ps 1 3; 80; 92 13-15; 103 16f; 126 5f; 129 6f.
69) Hi 5 6; 8 11-13; 14 2f; 15 30; 15 32-35; 18 16-19; 21 18; 41 10-22; Ps 83 14; 126 5f; 128 3; 144 12.
70) Dabei muß die Argumentation nicht voll befriedigen: So bleibt im Bildkomplex 'schneller Untergang des רשע' die Ursache für seinen Sturz im Dunkeln, vgl. Westermann, Vergleiche, 101.
71) Ps 1 3; 52 10; 92 13f; 128 3, u.ö. (intensivierende Funktion in der Segensschilderung des צדיק), 19 10 Anklage gegen Gott.
72) Hi 14 7-9 dagegen kontrastiert das Geschick des Baumes dem des Menschen.

sageworte vorherrschen:[73] Die Metaphern stellen die Weltordnung (mit ihren Konsequenzen) vor Augen - ihnen eignet also eine orientierende und stabilisierende Funktion,[74] ohne daß die Gesetzmäßigkeit und die in der Lehre impliziten Wertungen *direkt* paränetisch umgesetzt würden (Prov). Deutlich wird aber auch das Zerbrechen des weisheitlichen Weltbildes in der Krise der Weisheit: Hi 14 2f.7-11 (13 25); 19 10 realisieren Metaphern in der *(An-)Klage* gegen Gott, wollen also nicht Anpassung, sondern Veränderung evozieren, Hi 21 17f greift Hiob Metaphern auf, die die Vernichtung des Feindes zeichnen, um ihre der Realität entgegenlaufende Ideologie kritisch zu beleuchten.[75]

Soziologisch sind die weisheitlichen Metaphern in Kreisen der Oberschicht anzusiedeln: Das Proverbienbuch ist zur Lektüre für die gebildete Oberschicht bestimmt.[76] Nicht von ungefähr werden die Sprüche Prov 1 1 Salomo zugeschrieben, von dem es I Reg 5 12f heißt:
"Er redete dreitausend Sprüche, und die Zahl seiner Lieder betrug tausendundfünf. (13) Er wußte zu reden über die Bäume, von der Zeder auf dem Libanon bis zum Ysop, der an der Mauer herauswächst; er wußte zu reden über die Vierfüßler und die Vögel, über das Gewürm und die Fische".
Sowohl Hiob als auch Koh haben eine weisheitliche Ausbildung durchlaufen und sind der Oberschicht zuzurechnen,[77] die Weisheitspsalmen lassen eine kultische Anreicherung der Weisheitsschule (Schulgebete!) annehmen.[78]

Neben den Weisheitspsalmen sind die Metaphern insbes. in Klage-

---

73) Zur Terminologie vgl. Hermisson, Weisheit, 170. Daneben finden sich Hi 8 11; 13 25 rhetorische Fragen.
74) Vgl. die Segensschilderung des צדיק, den Themenkomplex "Glück des Gottlosen".
75) Wenn Hi 5 6 auf die Eigenverantwortlichkeit des Menschen für sein Ergehen abhebt, ist auch diese Stelle hier zu nennen.
76) Weiser, Einleitung, 335. Entsprechend der Benutzung von Sprüchen und Spruchsammlungen in der Ausbildung von Schreibern in Mesopotamien und Ägypten ist eine solche Verortung auch für Israel anzunehmen. Dabei sind der Königshof und einflußreiche Familien in dessen Umkreis als Pflegestätte der Weisheit anzunehmen, s. Hermisson, Weisheit, 168; 175; Weiser, Einleitung, 34f. Möglicherweise entstammt das weisheitliche Material jedoch primär der Weisheit der Sippe/Großfamilie, so Gerstenberger, E., Wesen und Herkunft des "apodiktischen Rechts", WMANT 20, Neukirchen-Vluyn 1965, S. 110ff.
77) Vgl. Kaiser, Einleitung, 353-355.
78) Preuß, Weisheit, 165.

liedern realisiert[79] und haben die Funktion, die Klage[80] oder den Wunsch, Gott möge die Feinde zunichte machen,[81] anschaulich zu unterstreichen. Geht man davon aus, daß die Psalmen als Kultformulare benutzt wurden, so ermöglichen gerade Bilder, Grunderfahrungen so auszudrücken, daß der Beter die jeweilige Situation assoziativ einzeichnen kann. Die Bilder der Klage haben im Hymnus (Danklied) eine andere Funktion: hier dienen sie dazu, JHWHs Größe und Macht (kontrastiv) herauszuarbeiten.[82] Auf die Geschichte reflektieren die Metaphern im heilsgeschichtlichen Rückblick Ps 44 3 ("Vertrieben hast du Nationen, jene aber pflanztest du ein") und Ps 80 9-12. Haben diese Metaphern ihren ursprünglichen Ort im Gotteslob, so sollen sie innerhalb der Volksklage Gott an seine Rettungstat am Anfang erinnern und sein Eingreifen motivieren. Das Bildmaterial wird Ps 80 in Klage und Bitte weitergeführt: es erhält also aus dem jeweiligen Zusammenhang seine spezifischen Funktion.[83]

---

79) Weisheitlicher Metapherngebrauch innerhalb einer Volksklage ist Ps 90 5f; 94 8-23 zu beobachten. Ps 129 3.6f stehen die Metaphern im Klageteil eines Vertrauensliedes des Volkes.
80) Des Volkes: Ps 90 5-7; 102 5.12; des Einzelnen: Ps 31 11; vgl. Hi 14 2.7-11.
81) Ps 35 5; 83 14.
82) s. Ps 103 15-17; 92 8 (vgl. die Weisheit in der Volksklage Ps 90 5f).
83) Es fällt auf, daß Vegetationsmetaphern sowohl im Vertrauenslied/Bekenntnis der Zuversicht, als auch im Danklied fehlen: hier sind andere Bildfelder realisiert (Gott als Zuflucht, Burg, Schild, Hirt; bzw. Rettung aus Fluten, aus Schlingen, etc., s. Westermann, Vergleiche, 87-94). Beachte aber die Vegetationsmetaphern im heilsgeschichtlichen Rückblick (Westermann, Vergleiche, 86f) und der Segensschilderung (Westermann, Vergleiche, 94f).

3) Vegetationsmetaphern in prophetisch-apokalyptischen Büchern
3.1) Die realisierten Metaphern im Bildfeld Baum -Frucht

In den prophetisch-apokalyptischen Schriften dominieren die Gemeinschaftsbilder, sie fallen großteils mit Gerichtsbildern zusammen und interferieren z.T. mit Metaphern, die auf das Geschick eines Königs(-hauses) und eines Reiches reflektieren. Schwächer ausgeprägt sind Entsprechungs- und Vergänglichkeitsbilder.

a) Die Gemeinschaftsbilder sind bes. breit realisiert: Das Pflanzen/die Pflanzung, der Weinstock/-berg, der Feigen-, der Ölbaum u.a.m. stehen im AT überwiegend für das Volk Israel, wobei die Fruchtbäume eng mit dem Thema Abfall und Gericht verbunden sind.

Die Metapher des Pflanzens (נטע), resp. der Pflanzung (מטע /נטע) hebt die Erwählung des Volkes Israel hervor:[1] JHWH[2] hat sein Volk ins Land gepflanzt oder wird es dort wieder einpflanzen.[3] So ist נטע überwiegend positiv konnotiert:[4] Bes. ausgeprägt ist נטע bei Jeremia. Bei ihm findet man das Metaphernpaar "pflanzen (נטע) und bauen (בנה)",[5] das häufig mit der Opposition "ausreißen (נתש) vs aus-/niederreißen (נתץ/הרס)" kombiniert ist.[6] Diese Metaphernkombination bestimmt Jeremias Berufungsbe-

---

1) Jer 12:2 ist die Metapher auf Gottlose, Dan 11:45 auf Zelte bezogen, zu Ez 17 s.u..
2) JHWH ist - bis auf Jer 1:10 (dort ist Jeremia als von JHWH Berufener Subjekt) - durchgehend Subjekt. Die Metapher "Pflanzer" fehlt im AT ebenso wie ein Antagonist, der Schlechtes pflanzt.
3) נטע ist Jer 24:6; 32:41; 45:4; Am 9:15; Jes 5:7; 60:21 mit Land verbunden.
4) Vgl. Jer 32:41; ferner Ex 15:17; Ps 80:9.16; Jer 24:6; 42:10; Am 9:15; Jes 5:7; 60:21. Die negative Verwendung, die auf Gerichtsansage zielt, findet sich Jer 2:21; Jes 52:4bff; Jer 11:17 in Verbindung mit Fruchtbäumen; ohne Spezifizierung: Jer 45:4.
5) Das Begriffspaar scheint seinen Sitz i.L. im Glückwunsch zur Geburt eines Sohnes gehabt zu haben, vgl. Bach, Bauen, 21ff.

6)						
Jer 1:9f	נתש	נתץ	הרס		בנה	נטע
Jer 18:7.9	נתש	נתץ			בנה (v9)	נטע (v9)
Jer 24:6			לא הרס		בנה	
		לא נתץ				
Jer 31:28	נתש	נתץ	הרס	אבד	בנה	נטע
	(Paronomasie)					
Jer 42:10			לא הרס			נטע
	לא נתש					
Jer 45:4					בנה	
			הרס			נטע
	נתש					

richt (Jer 1 10) und durchzieht leitmotivisch seine Verkündigung.[7] Amos 9 15 nimmt eine spätere Redaktion die Opposition נטע vs נתש auf und führt sie durch die Betonung weiter, daß sie "nicht mehr herausgerissen werden aus ihrem Boden, den ich ihnen gegeben habe": zwischen einstiger Landnahme und Verheißung wird hier ein Bogen geschlagen.

Selten ist der substantivische Gebrauch "Pflanzung". Der Bildempfängerkreis ist gegenüber נטע verengt: er meint eine Gruppe aus dem Volk. Jes 5 7 sind die Männer Judas die Lieblingspflanzung (נטע) JHWHs, die JHWH enttäuscht haben. Jes 60 21 und 61 3 schließlich steht das Bild der Pflanzung (מטע/φύτευμα) für das eschatologische Gottesvolk, das nur aus Gerechten bestehen wird.

Ist mit dem Pflanzen/der Pflanzung das Hoffnungsvolle des Anfangs verknüpft, so rückt mit dem Fruchtmotiv, auf das hin sich die Weinstock-, Feigenbaum- und Ölbaummetaphern orientiert zeigen, stärker der Ertrag in den Vordergrund: das Schwergewicht verschiebt sich nun von Heils- zu Gerichtsaussagen. Der Hinweis auf die Erwählung dient im Zusammenhang mit Fruchtbäumen fast nur als Kontrastfolie zum Abfall in der Gegenwart und noch stärker zur Motivierung des Gerichts. Das Gericht betrifft zumeist das Volksganze - nur ganz am Rande ist eine Ausdifferenzierung (z.B. in die Exulanten und die im Lande Verbliebenen Jer 24 1-10) zu beobachten. Vereinzelt werden in späteren Texten - im Gegenzug zu den Gerichtsbildern oder/und als Repristination der Bilder des idealen Anfangs - Metaphern im Kontext einer Heilsankündigung realisiert.

Von den Fruchtbäumen ist das Weinstockbild (גפן) am breitesten realisiert,[8] was der Bedeutung des Weinstocks als des wertvollsten Fruchtbaumes in Palästina entspricht. Überwiegend ist das Bild auf Israel bezogen[9] und drückt mit Hilfe des Pflanzens (Jer 2 21; Jes 5 2; vgl. Ps 80 9-16) und der Kostbarkeit seiner Früchte (Hos 9 10; vgl. Ri 9 12; u.ö.) Erwählung und Adel des Volkes aus,[10] der Israel - so die Botschaft der Propheten - in keinster Weise gerecht wird. Hos 10 1 beschreibt Israel ganz positiv als üppigen Weinstock, um dann kritisch fortzufahren, "aber je mehr es Früchte trug, desto mehr baute es Altäre". Israel wird im Kulturland sei-

---

Es fällt auf, daß die positiven Begriffe "bauen/pflanzen" immer in der gleichen Reihenfolge auftreten, während dies bei deren negativen Entsprechungen nicht der Fall zu sein scheint. Bach, 25, führt die viergliedrige Reihe bauen/pflanzen/ausreißen/einreißen auf Jeremia selbst zurück. Zu נטש vgl. Gesenius z.W..
7) Volz, Jer, 360.
8) Zum Wechsel von גפן und כרם, vgl. S. 50 A 34.
9) Der Weinstock ist Jer 49 9 = Ob 5 Bild für Edom; Jes 16 8-10 = Jer 48 32f Bild für Sibma. An letzter Stelle steht Sibma nach Nötscher, Jer, 319, pars pro toto für Moab, anders: Rudolph, Jer, 283. Zum Weinstock als Bild für Zedekia (Ez 17 6ff), bzw. für das davidische Königshaus (Ez 19 10-14) s. u. S. 72ff.
10) Vgl. Zimmerli, Gotteswort, 250.

ner Vorzugsstellung nicht gerecht. Meist wird das an der Frucht festgemacht: Nur Herlinge bringt der Weinberg Jes 52,4, keine Trauben findet JHWH Jer 8 13 bei der Ernte, der Prophet Mi 7 1 und Jer 6 9 bei der Nachlese; ja, Jer 2 21 ist der gesamte Weinstock Israel verwildert. Noch radikaler ist Ez 15, wo der Weinstock - der Fruchtbaum par excellence - schrittweise entwertet wird: den normalen Waldbäumen wird er gleichgestellt. Im Unterschied zu diesen eignet sich jedoch sein Holz weder zu einem Werkstück noch zu einem Pflock (V3). Bestenfalls zum Verbrennen ist es zu gebrauchen. Doch das Rebholz Israel ist schon versengt und folglich nicht einmal mehr von minimalstem Nutzen. Die sek. Deutung Ez 15 6-8 steht ganz im Gefälle dieser Aussage: Auch noch das angesengte Mittelstück des Rebholzes[11] wird vom Gericht ereilt und vom Feuer verzehrt werden. Der Weinstock als Bild für die Erwählung und den Wert des Volkes ist im prophetischen Zusammenhang zum Gerichtsbild geworden.[12]
Nur selten begegnet der Weinstock im Heilszusammenhang: Nah 2 3 dürfte im Zusammenhang der Wiederherstellung Israels aus Nord und Süd das Bild eines verwüsteten Weinstocks vor Augen schweben,[13] den JHWH wiederherstellen will. Jer 6 9 soll der Prophet nicht aufhören, Frucht am Weinstock (am Rest Israels) zu suchen. Jes 65 8 will JHWH um der Frommen willen das Volk nicht vernichten: "... Wie man von einer Traube, in der sich Saft findet, sagt: 'Verdirb sie nicht, es ist Segen darin!', so will ich um meiner Knechte willen tun und nicht das Ganze verderben". Hier wird schon eine Ausdifferenzierung im Volksganzen deutlich.

Der Weinberg (כרם) als Gemeinschaftsbild für Israel begegnet Jes 3 14 und Jer 12 10 im Zusammenhang mit dem auch auf das Kollektiv bezo-

---

11) D.h. Bewohner Jerusalems, die aus den Ereignissen von 598 noch einmal glimpflich davon gekommen sind.
12) Jer 5 10 werden die Feinde aufgefordert, die Ranken (des Weinstocks/-bergs) Israel herunterzureißen. Das Bild beschreibt Jes 18 4-6 den Untergang Äthiopiens. Jes 16 8-10; Jer 48 32f wird der Untergang Moabs als eine Ernte beschrieben, die Freude und Gesang im Weinberg und in der Kelter verstummen läßt. Jer 49 9 = Ob 5 wird Edom so gründlich vernichtet, daß keine Nachlese (עלל) übrigbleibt. Das Bild der Nachlese ist also bevorzugt auf Feinde Israels angewandt. Unsicher ist das Verständnis Jes 3 12: evtl. sind hier die Aufseher des Volkes als solche vorgestellt, die Nachlese im Volk halten, d.h. ihm auch noch das Letzte abpressen (so Roth, ThWAT VI, 153, vgl. aber Wildberger, BK X/1, 129).
13) S. Rudolph, KAT XIII/3, 160 ad V3d. Explizit würde die Weinstockmetapher auftauchen, wenn die von manchen Exegeten (z.B. Elliger, ATD 25, 8f) vertretene Konjektur von גפן für גאון (dagegen: Keller, CAT XIb, 119 A3, Rudolph, KAT XIII/3, 160 ad 3d) zutrifft, die jedoch keinen Anhalt an der Textüberlieferung hat; auch die LXX liest nicht "Weinstock".

genen Bild des Hirten bzw. der Herde. So klagt JHWH Jes 3,14 die Ältesten seines Volkes und seine Fürsten an: "Ihr habt den Weinberg abgeweidet...", vgl. auch Jer 12,10.
Der Bildkomplex des Weinstocks/-bergs als Metapher für Israel überschneidet sich Jes 5,1-7 mit dem des Weinbergs als Metapher für die Frau, der aus der Liebeslyrik stammt, so daß hier die Vorstellung von JHWH als dem, der Israel gepflanzt und sich erfolglos um es gemüht hat, zusammenschwingt mit dem Motiv enttäuschter Liebe.[14] Das Gleichnis, das V1a mit der Ankündigung eines Liebesliedes beginnt, ist der prophetischen Anklagerede nachgebildet[15] und endet V7 mit einer anklagenden Deutung: nur noch Rechtsbruch und Hilfsgeschrei sind in Israel zu finden.[16] Als Gegenbild zu Jes 5,1-7 ist das neue Weinberglied Jes 27,2-6 konzipiert, das das künftige Heil Israels beschreibt: Prächtig wird der Weinberg sein, Gott wird ihn behüten und begießen (diff. Jes 5,2b.6b), gegen Dornen und Disteln wird er ankämpfen und sie verbrennen (diff. Jes 5,6).[17] Im abschließenden V6 wird das Bild (vgl. Jes 5,7) auf Israel gedeutet.
Der metaphorische Gebrauch des Feigenbaums konzentriert sich ganz auf die Feigen. Hos 9,10 zeichnet die Erwählung Israels im Bild von Trauben und Feigen: "Wie Trauben in der Wüste, so fand ich Israel, wie die ersten Früchte am Feigenbaum, so schaute ich eure Väter."[18] Kontrastiert hier das Bild die Gegenwart, so klagt der Prophet Mi 7,1 "...Es ist keine Traube da zum Essen, keine Frühfeige, nach der mich gelüstet."[19] Jer 8,13

---

14) Zum Vergleich einer Frau mit einem Weingarten, bzw. einem Feldstück im AO s. Gerlemann, BK XVIII, 100f, Wildberger, BK X/1, 169, P Anastasi I XXV:2-5 (ANET 478a); die Lehre des Ptahhotep (ANET 413b), Schott, Liebeslieder, 56,2; die El-Amarna-Tafeln Nr. 74:1-19; 75:15-17; 81:37f; 90:42-44; vgl. Knudtzon, Bd. II, 1159f; (Koran, Sure 2,223). Zum Bildfeld der Liebeslyrik gehören neben dem Weinstock auch das Umgraben und die Trauben, דוד zu ihrem Wortfeld (s. Sanmartin-Ascaso, ThWAT II, 160); deutlich weist die Formulierung "seine (Jahwes) Lustpflanzung" (V7) auf erotischen Vorstellungshintergrund, vgl. Müller, ThWAT IV, 339 (Lit!). Die Beziehung zum Fruchtbarkeitskult diskutiert und verwirft Björndalen, Untersuchungen, 254-279.
15) Vgl. Fohrer, Jes I, 75.
16) Das Drohwort gegen Ahas Jes 7,23-25 beschreibt - unter Rückbezug auf Jes 5,1-7 (s. Wildberger, BK X/1, 307) - jetzt jedoch unmetaphorisch - das Gericht als Überhandnehmen von Dornen und Disteln.
17) Daß JHWH 'Krieg' gegen die Dornen und Disteln führt, erhellt, daß hier Feinde seines Volkes (s. Wildberger, BK X/2, 1011) im Blick sind.
18) Zur Zusammenstellung von Weinstock und Feigenbaum vgl. Jes 34,4; Jer 5,17 (MT); 8,13; Hos 2,14; 9,10; Joel 1,7; 2,22; Ps 105,33; Cant 2,13; I Reg 5,5; Mi 4,4; Sach 3,10; II Reg 18,31 par Jes 36,16. Feigenbäume wurden in Weingärten gepflanzt; oft wurden die Reben auf den Feigenbaum gezogen, vgl. Dalman, AuS IV, 328f.
19) Im abweichenden LXX-Text ist fraglich, ob τὰ πρωτόγονα auf Früchte des Feigenbaums zu beziehen ist, s. Hunzinger, ThWNT VII, 751 A 6.

will JHWH Lese bei seinem Volk halten, doch da er weder Trauben noch Feigen findet, ist das Gericht gegen Israel begründet. Jes 28 4 wird Samaria so schnell untergehen wie die Frühfeige verschlungen wird.[20] Eine Ausdifferenzierung in zwei Volksgruppen ist Jer 24 1-10; 29 17 zu beobachten: In der Vision von den zwei Feigenkörben Jer 24 1ff repräsentieren die guten Feigen die Exulanten (V5), die schlechten Zedekia, seine Beamten und den Rest der im Lande Verbliebenen. Wird ersteren die Rückführung ins Land verheißen, so droht JHWH letzteren die Vernichtung an. - Jer 29 17 (red.) setzt Jer 24 voraus und kündet den im Lande Verbliebenen das Gericht an: "... ich ... mache sie ekelhaften Feigen gleich": aus dem Bild der Vision ist hier eine Metapher geworden.

Jer 11 16 wird die Erwählung des Volkes im Bild des grünen, schönen, fruchtbaren Ölbaums, den JHWH gepflanzt hat, vor Augen gestellt, um ihr kontrastiv das Feuergericht entgegenzustellen. Jes 17 6 ist das Gericht an Israel im Bild von Oliven, die abgeschlagen werden, beschrieben.[21] Hos 14 7 wird die künftige Pracht Israels dem Ölbaum verglichen.[22]

Hos 14 6 wird Israel künftig Wurzeln schlagen wie der Libanon (MT und LXX). Wahrscheinlich steht der Libanon kollektiv für die Bäume des Libanon, aber auch die Konjektur (כלבנה = wie die Pappel) wird diskutiert.[23]

Große Bäume wie Zedern und Eichen repräsentieren das Hohe, Stolze und Große (vgl. Ps 29 5.9; Jes 21 3; u.ö.). Als Bild für stolze Überheblichkeit sind sie mit dem Motiv "Sturz des Hohen" verbunden: Groß wie Zedern und stark wie Eichen war der Amoriter - trotzdem hat JHWH ihn nach Am 2 9 bei der Landnahme vertilgt: ich "vernichtete ... oben seine Frucht und unten seine Wurzel".[24] Jes 10 33f dient das Bild als Gerichtsankündigung über Jerusalem: Nicht nur die hohen Zedern, sondern auch

---

20) Nah 3 12 werden Ninives Burgen Feigenbäumen mit Frühfeigen verglichen, die dem, der essen will, in den Mund fallen. Singulär im AT ist der Bildgebrauch für das universale Gericht in Jes 34 4.
21) Jes 24 13 (red.) ist es auf das Völkergericht ausgeweitet. Das Abschlagen der Oliven in der Nachlese bedeutet eine Intensivierung, da diese Erntemethode im Grunde alle Früchte erreicht, s. Wildberger, BK X/2, 648f; Dalman, AuS IV, 190-195.
22) Die LXX versteht sie als Reichtum an Früchten (κατάκαρπος). Zu Sach 4 3 (11), vgl. Silberstein, Pflanze, 339.
23) Vgl. Wolff, BK XIV/1, 301; Jacob, CAT XIa, 97. In der Heilszeit werden Jes 65 22 die Angehörigen des Gottesvolkes so alt wie ein Baum.
24) Übers. Wolff, BK XIV/2, 160. Die Formulierung erinnert an Jes 37 31 = I Reg 19 30 (Hi 18 16), sowie an die Fluchformel der Esmun'azar-Inschrift aus Sidon, KAI, 14,11f. Die Wendung drückt völlige Vernichtung aus, s. Ginsberg, Roots, bes. 75.

das Volk (Niedergehölz) wird abgehauen.[25] Der Tag für JHWH Zebaoth kommt Jes 2,13 "über alle Zedern des Libanon" (das Südreich und Jerusalem) "und über alle Eichen Baschans" (Israel).[26]

Wie die Darstellung deutlich macht, haben die Gemeinschaftsbilder zumeist ein Gefälle auf das Gericht hin, so daß die Gerichtsbilder im AT durchwegs mit den Gemeinschaftsbildern zusammenfallen.[27]

b) Das Bild des großen Baumes steht auch für einen König/ein Königshaus, bzw. ein Reich und sein Geschick.[28] Im Hintergrund steht die altorientalische Vorstellung vom König als Baum -bevorzugt als Zeder,[29] die als Lebensbaum stilisiert ist. Da sowohl der Baum als auch der König die Weltordnung repräsentieren, können beide leicht miteinander identifi-

---

25) Das Wort- und Bildfeld wurde hier evtl. aus dem Kontext des Spottlieds über hochmütige Feinde auf Jerusalem übertragen, vgl. Wildberger, BK X/1, 433f. Im Unterschied zur Tradition ist das Bild insofern verschärft, als nun kein Frevler, sondern JHWH selbst die Bäume fällt, vgl. Stolz, ZAW 84 (1972) 146, Nielsen Trae, 340. Das prophetische Spottlied Sach 11,1-3 erzählt von der Zeder und dem Wald, der gefallen ist. Wahrscheinlich ist damit der Herrscher und seine Weltmacht gemeint, vgl. Elliger, ATD 25, 148f. Eine jüdische Tradition interpretiert jedoch die Stelle auf den (mit Zedernholz gebauten) Tempel, s. Brunner, Sach,141f (S. 142) A 153.

26) s. Lang, Aufstand, 38; vgl. auch Jer 22,7 (Gerichtsankündigung über den Palast des Königs von Juda): "Verderber ... werden deine herrlichen Zedern umhauen und ins Feuer werfen". Der Bildkomplex hat eine enge Affinität zum Krieg: das Fällen des feindlichen Baumbestandes war Teil der Kriegstechnik, s. u. S. 124f.

27) Gerichtsbilder tauchen noch im Bildkomplex 'Schicksal eines Königs(-hauses; -reiches)' auf (s. unter 2). Nach der Gerichtsansage über das judäische Königshaus will JHWH Jer 21,14 "Feuer ... an ihren Wald" (= Palast? so Rudolph, Jer, 137) anlegen. Ez 21,24; 23,47 rodet (ברא) das Schwert.-Jes 63,2f wird JHWH als Weintreter beim Völkergericht vorgestellt, vgl. Apk 14,20.

28) Da der König als korporative Persönlichkeit sein Volk repräsentiert und umgekehrt sein Ergehen das Geschick des Volkes abbildet (s. Lang, Aufstand, 112), interferieren hier König, Reich und Volk als Bildempfänger. Der mächtige, schutzgebende Baum als Bild für den König begegnet schon in Sumer (s. Lang, Aufstand, 68 m. A 24; 70 m. A 32), dort findet sich in Königshymnen auch die Selbstvorstellungsformel: "The scion of a cedar, a forest of hasur-trees I am" (zit. b. Widengren, Tree, 43; dass., 42ff weitere Belege). Die Identifikation geht so weit, daß in assyrischen Reliefs an einigen Stellen der stilisierte Baum direkt durch den König ersetzt wird (Winter, 174). Ferner bildet der Baum die Weltherrschaft eines Herrschers im Traum des Mederkönigs Astyages ab (er träumte, aus dem Schoße seiner Tochter wachse ein Weinstock, der ganz Asien bedecke (Hdt. I,108, vgl. Val. Max. I7, Ext § 5)) und im Traum des Xerxes Hdt. VII,19, der "träumte, mit einem Ölzweig bekränzt zu sein; die Zweige des Ölbaums reichten über die ganze Erde hin. Dann aber verschwand der Kranz, den er um den Kopf trug." (Übers. Lang, Aufstand, 68f). Die Traumdeuter deuten daraufhin den Ölbaum auf die welt- und völkerumspannende Herrschaft des Xerxes.

29) Widengren 15, 60.

ziert werden. Nun ist diese Identifikation im AT nicht ungebrochen übernommen: Sobald das Bild auf den Herrscher bezogen ist,[30] ist es - der königskritischen Linie von Jdc 9 8-15 entsprechend - mit dem Motiv des Falls verbunden. Positiv wird der König "nur" im Bild eines jungen Triebes (Sproßes) gezeichnet.

Ez und Dan greifen das Bild des mächtigen Baumes in breiten Allegorien auf, um vom Schicksal des Königs(hauses) und seiner Macht zu handeln:

Die Allegorie Ez 17 3-8 verknüpft Metaphern, die auf der Bildebene keine hohe Kohärenz aufweisen:

"Ein großer Adler... kam zum Libanon und nahm den Wipfel der Zeder hinweg. (4) Er riß die Spitze ihrer Schößlinge ab und brachte sie in das Krämerland... (5) Dann nahm er einen Schößling der Zeder und tat ihn in ein Saatfeld; ... (6) daß er emporsprosse und zu einem üppigen Weinstock werde...".

Die Verknüpfung der Bilder ist von der Sachebene her bedingt,[31] die in der auf die Verständisfrage (V12a) folgenden Deutung (V12b-15) explizit und VV16-24 weiter kommentiert wird.[32] Der Adler (VV4-6) steht für Nebukadnezar, die Zeder für Juda/Israel, der Zedernwipfel für den Davididen Jojachin und seine Beamten, der Sproß, der zum Weinstock heranwächst, repräsentiert seinen Nachfolger Zedekia.[33]

In Bildwahl und Wendungen schließt sich das Leichenklagelied Ez 19 10ff eng an Ez 17 3ff an.[34] Der Weinstock ist nun (diff. Ez 17 6ff) nicht Bild für den einzelnen (Vasallen-)König, sondern Bild für die Mutter des Königs, d.h. wohl für das davidische Königshaus.[35] Er ist am Wasser gepflanzt

---

30) Ez 17 (König Jojachin), Ez 31 (Pharao) und Dan 4 (Nebukadnezar).
31) Dabei enthalten die Konnotationen der einzelnen Metaphern schon einen Hinweis auf ihre Decodierung: Der Adler evoziert kriegerische und königliche Konnotationen (s. Lang, Aufstand, 33-38, Wensinck, Tree, 47); der Weinstock läßt an das Volk Israel (Ps 80 u.ö.), die Zeder an den König/das Königshaus (II Reg 14 9) denken, "Krämerland" und "Stadt von Händlern" weisen auf damals bekannte geographische Größen hin.
32) Genauer: Klauck, Allegorie, 72.
33) Einen ausführlichen Vergleich bietet Garscha, Studien, 26-28.
34) Im Kontext ist Ez 19 10ff eine sek. Erweiterung der Fabel Ez 19 1-9. Das Bild wechselt nun von der der Löwin und der Löwen (V2ff) zum Weinstock und den Reben, um die Königin und das Königshaus abzubilden.
35) Vgl. Zimmerli, BK XIII/1, 429. Auch der Gedanke an Juda mag im Bild des Löwen (Zimmerli, BK XIII/1, 424) und des Weinstocks (Lang, Aufstand, 112) mitschwingen.

und bringt Schosse -(Herrscher-) "Stäbe"[36] - hervor. V11aβb zeichnet Zedekia als stolzen Weltenbaum, der bis zu den Wolken emporragt (vgl. Ez 31:3.10). V12 folgt das Gericht: Der Weinstock wird ausgerissen, seine Frucht durch den Ostwind versengt,[37] sein Reis vom Feuer verbrannt. Das Schicksal des Weinstocks, der in die Wüste verpflanzt ist und dem kein "kräftiges Reis (tüchig) zum Herrscherstab"[38] blieb (V13f), zeichnet das Schicksal des davidischen Königshauses, das mit der Deportation (Wüste) sein Ende findet.

Wie Ez 19:11, so rekurrieren Ez 31:3-8, Dan 4:7ff und Ez 17:23 auf das Mythologumenon vom Weltenbaum,[39] das sie durchgehend auf den König anwenden.[40] Ein feststehender Topos scheint die Verbindung mit den Tieren des Feldes und den Vögeln des Himmels (=Völker/Untertanen) zu sein, s. Ez 17:23; 31:6 (13); Dan 4:9.17f.

Ez 31:3-8 steht der Weltenbaum für den Pharao, der nicht nur Vögeln und Tieren, sondern auch den Völkern Schutz gewährt.[41] Seine Größe wird V10 als Hochmut interpretiert und motiviert die Strafe Gottes: Die Zeder wird von Feinden, Holzfällern, umgehauen. Die Zweige des Baumes sind über das Land verstreut, die Völker verschwinden aus ihrem bergenden Schatten, die Vögel und das Wild lassen sich auf ihren Resten nieder (V13).[42]

Auch Dan 4 ist das Motiv "Erniedrigung des Großen, Hohen" mit der Vorstellung vom Weltenbaum verbunden, der diesmal für Nebukadnezar steht.[43] Wie-

---

36) Daß es sich um Herrschergestalten handelt, geht aus der Bezeichnung שבטי משלים hervor, ihre Kraft wird V11 im עז מטרות unterstrichen. Zum sprachlichen Doppelsinn von Ast und Zepter, der auch Parallelen in der Umwelt hat, vgl. Lang, Aufstand, 109.

37) Wahrscheinlich ist V11aβb als sek. Einschub zu werten und greift auf das Bild des גפן zurück (s. Zimmerli, BK XIII/1, 419 ad 11). Die LXX (L^{s}A) wechselt Ez 19:12 zum sing. καὶ ἐγένετο αὐτῇ ῥάβδος ἰσχύος.

38) Übers. Zimmerli, BK XIII/1, 417.

39) Es steht auch hinter Ez 19:11; Sach 4:3.11 und Jes 10:33f (344), vgl. Greßmann, Messias, 263-268. Zum religionsgeschichtlichen Hintergrund vgl. Zimmerli, BK XIII/2, 752, Eliade, Patterns, 267.270f; Widengren, Tree, bes. 56-58; Lang, Aufstand, 73f; Gunkel, Märchen, 24f m. A.3; vgl. auch Wolff, Concepts, 272, 271 Fig. (75), 76; Hermsen, Lebensbaumsymbolik. Zum Lebensbaum in der jüdischen Ikonographie s. Ameisenowa, 326-345.

40) Zur Vorstellung vom König als Weltenbaum, s. Widengren, Tree, 56-58, Greßmann, Messias, 267f. Zum Bild vgl. ferner Ri 9:15. Thr 4:20 zeigt, daß das Bild im AT nicht grundsätzlich im Rahmen der Königsideologie realisiert ist.

41) Vgl. V6 גוים רבים/πλῆθος ἐθνῶν. Im Unterschied zu Gen 2f; Ez 17:23; Ez 47:12 und Dtjes fehlt hier der Gedanke der Frucht.

42) V14 (sek.) ist das Bild paränetisch gewandt und dient als Warnung an die Machthaber der Welt, vgl. Zimmerli, BK XIII/2, 760.

43) Ursprünglich stand er wahrscheinlich für Nabonid, so Freedman, D.N., The Prayer of Nabonidus, BASOR 145 (1957) 31f.

der wird seine Bedeutung für die Lebewesen hervorgehoben: Tieren und Vögeln spendet er Nahrung.⁴⁴ Sein Fall ist auf den Wahnsinn Nebukadnezars bezogen. Im Bild vom Baumstumpf und den Wurzeln, die am Baum gelassen werden (V12.20.23) geht Dan über Ez 31 hinaus und bezieht sich auf Jes 6 13, wo das Bild vom Baum, von dem nur noch der Stumpf bleibt, auf Juda angewandt ist. VV12f bleiben nicht konsequent im Bild; hier schlägt die Deutung durch: Der Baum soll in eiserne und eherne Ketten gelegt werden.⁴⁵ V13 wird dann die Bildebene ganz verlassen, wenn davon die Rede ist, daß dem Baum ein tierisches Herz (Verstand) gegeben werden soll. Anders als Ez 31 sieht Dan in der Erniedrigung einen Ansatzpunkt zum Heil: Die Fesselung eines Baumstumpfes (V12) kann auch zu seiner Erhaltung und Sicherung dienen (V23, vgl. Jes 6 13) - d.h. Nebukadnezar erhält die Möglichkeit zur Umkehr und soll einst wieder zur Vernunft und Herrschaft kommen.

Das Schema Größe—Erniedrigung, das Ez 31 und Dan 4 bestimmt, wird in dem sek. Heilswort Ez 17 22ff umgekehrt, wobei das Bildmaterial der vorangegangenen VV3f aufgenommen und zur Konstruktion eines Gegenbildes verwandt wird: JHWH nimmt vom Wipfel der Zeder ein Reis und pflanzt es auf einen hohen Berg (diff.VV3f der Adler ins Krämerland). Das Zedernreis bringt Frucht, wie ein Weinstock (vgl. V 8) - wahrscheinlich ist "der alle Herrlichkeit an sich tragende Gottesbaum"⁴⁶ vorgestellt. Im folgenden entsprechen die Bilder Dan 4 9.17f und Ez 31 6, da sie in gleicher Tradition stehen.⁴⁷

a) Zwei Vögel flankieren einen Baum mit fünf Ästen. Basisdekoration eines Skaraboids aus Palästina (zwischen 1200 und 1000 v. Chr).

b) Ein von ziegenartigen Tieren und Vögeln umringter Baum mit fünf Ästen. Malerei auf einem spätbronzezeitlichen Krug aus Megiddo (14. Jh. v. Chr)

aus: Winter, U., Der stilisierte Baum. Zu einem auffälligen Aspekt der altorientalischen Baumsymbolik und seiner Rezeption im Alten Testament, BiKi (1986) 171-176, 172.

44) Dan 4 21b LXX (Sy) hat noch den Zusatz, daß ihm alle Völker und Zungen bis an die Enden der Erde dienen.
45) Einen entsprechender Brauch gab es in der Antike nicht, s. Delcor, Dan., 114.
46) Zimmerli, BK XIII/1, 389, vgl. auch Dan 4 9.
47) Wahrscheinlich gehen Ez 17 23 und Dan 4 9.18 auf Ez 31 6 zurück (Klauck, Allegorie, 212, vgl. Garscha, Studien, 33, Zimmerli, BK XIII/2, 751).

Im Zusammenhang mit dem Herrscher steht auch das Bild der Wurzel und des Schößlings/Sprosses: Im Rahmen der Königsideologie wurde das Bild des Baumes, der gefällt wird, unter Aktualisierung der dem Bildmaterial inhärenten Möglichkeiten (ein Baumstumpf, der wieder sproßt, Wurzeln, die wieder ausschlagen) zu Hoffnungsaussagen umgestaltet, wie wir schon in der nachgetragenen Heilsverheißung Ez 17,24 beobachten konnten, die auf Jes 6,13 zurückgreift. In der Verheißung Jes 11,1 wird das Bild weiter entwickelt: Aus dem Stumpf (גזע) des abgehauenen Wurzelstocks, der das davidische Königshaus repräsentiert, wird ein Reis (חטר) bzw. Sproß (נצר), d.h. ein Herrscher hervorgehen, sprossen und reichlich Früchte tragen: "Aus Isais Stumpf aber sproßt ein Reis, und ein Schößling bricht hervor aus seinem Wurzelstock".[48] Vielleicht schwingt Jes 53,2 die messianische Bedeutung mit, wenn der Gottesknecht einem Reis verglichen wird: "Er wuchs empor... wie ein Reis, wie eine Wurzel aus dürrem Erdreich..."[49]

c) Singulär ist im AT der Vergleich JHWHs mit einem Baum Hos 14,9: "Ich bin wie eine grüne Zypresse, von mir rührt her deine Frucht". In polemischer Auseinandersetzung mit den kanaanäischen Baum- und Orakelkulten[50] greift Hosea zu diesem kühnen Bild, um deutlich zu machen, daß Israel von JHWH das bekommt, was es sich von den Fruchtbarkeitskulten erwartet: Frucht und Leben. In Anlehnung an die Vorstellung vom heiligen Baum ('Lebensbaum')[51] stellt sich JHWH hier als Heilsgabe für sein Volk dar.[52]

---

48) In dem sek. V10 ist die Vorstellung insofern modifiziert, als hier von der Wurzel Isais (ῥίζα Ιεσσαι) und nicht mehr vom Sproß aus seiner Wurzel (ἡ ῥίζα τοῦ Ιεσσαι, Gen. der Herkunft) die Rede ist. Vgl. auch MT u. Maurer, ThWNT VI, 986, Z 38-46. Zum Metaphernkomplex vgl. ferner Dan 11,7 (MT נצר), Dan 11,7.20 (LXX); Dan 11,7.20 (Θ) ῥίζα; (Dan 24,1 Θ).
49) S. Maurer, ThWNT VI, 987 Z 20. Nach dem Text der LXX, der jedoch als verderbt anzusehen ist, scheint es, daß sich der Vergleich mit dem Sprößling und der Wurzel auf den Vollzug der Verkündigung über den Gottesknecht und nicht auf diesen selbst bezieht: "Wir verkündigen in seiner Gegenwart, wie ein Kind (verkündigt), wie eine Wurzel in durstiger Erde schmachtet", Maurer, ThWNT VI, 987, Z 23f.
50) Vgl. Wolff, BK XIV/1, 307; Cornelius, I., Paradise Motifs in the "Eschatology" of the Minor Prophets and the Iconography of the Ancient Near East. The Concept of Fertility, Water, Trees and "Tierfrieden" and Gen 2-3, in: JNWSL 14 (1988) 41-83, 58.
51) Vgl. Widengren, Tree, 55f. Immergrün ist der Wacholder, sein frisches Laub wird in רענן, vgl. LXX πυκάζουσα (=dicht belaubt) hervorgehoben. Er trägt dieser Vorstellung entsprechend Frucht, s. Wolff, BK XIV/1, 307, Mays, Hos, 190.
52) "Die Lebenskraft Gottes soll auch das Volk durchdringen... und Früchte hervorrufen, die im letzten Grund als Gottes Früchte angesehen werden müssen". (Lundgreen, Pflanzenwelt, 157). Dabei hat ממני פריך einen mystischen Ton, vgl. Jacob, CAT XIa, 97.

d) Weisheitlich geprägt sind die Wachstums- und Entfaltungsbilder: Jer 17₈ wird der צדיק einem grünen Baum am Wasser verglichen.⁵³ In der Klage über das Glück des Gottlosen ist Jer 12₂ das Bild des gedeihenden Baumes auf den רשע übertragen: "Du hast sie gepflanzt, und sie fassen Wurzel, sie treiben Sprossen und bringen Frucht".⁵⁴
e) Ein Vergänglichkeitsbild ist Jes 40₂₄ realisiert:
"Kaum sind sie (= die Fürsten) gepflanzt, kaum gesät, ehe noch ihr Stamm im Boden Wurzel schlug, bläst er sie an, und sie verdorren...".⁵⁵

In den prophetisch-apokalyptischen Büchern werden also anders als in den dichterischen Büchern kollektiv und politisch konnotierte Metaphern realisiert: Überwiegend sind die Metaphern auf Israel bezogen und zeichnen Erwählung ("pflanzen"), ausführlich Abfall und Gericht (bes. Fruchtbäume) und Israels künftige Herrlichkeit. In erster Linie betreffen sie das gesamte Volk: Eine Ausdifferenzierung auf Exulanten und im Lande Verbliebene (Jer 24₁ff; 29₁₇), sowie eine Verengung auf das eschatologische Gottesvolk (das "wahre Israel") hin ist in späteren Texten zu beobachten.
Im Rahmen der Königsideologie beziehen sich die Metaphern auf den Herrscher und sein Reich und bilden ein Stück Geschichte ab. Seltener - und dann im weisheitlichen Zusammenhang - sind Metaphern auf Typen (einzelne) bezogen (Jer 12₂; 17₈; Jes 40₂₄; 56₃).

---

53) s.o. S.56f. Der Mordplan gegen Jeremia wird Jer 11₁₉ im Bild des Baumes בלחם, textkritisch umstritten, vgl. Rudolph, 80, Sternberger, J.-P., Les Confessions de Jérémie, recherches et hypothèses en vue d'une histoire de la rédaction, Montpellier 1983, 60ff) ausgesprochen, der aus dem Lande der Lebenden ausgerottet werden soll.
54) Gott - und nicht ein Opponent - pflanzt also auch die Gottlosen ein! - Eine radikale Umkehr im Denken signalisiert Jes 56₃: "Nicht sage der Verschnittene: 'Ach, ich bin ein dürrer Baum!'"
55) An metaphorischem Gebrauch ist ferner zu notieren: Hos 10₇ ist der König wehrlos, wie ein Reisig (קצף) auf dem Wasser; Threni 4₈ ist die Haut der Fürsten Judas an ihrem Gerippe so trocken wie Holz; Jes 7₂ bebt das Herz des Ahas und seines Volkes "wie die Bäume des Waldes vor dem Sturm erbeben"; Jer 11₁f erzählt die Vision vom Mandelbaum; falsches Fasten ist Jes 58₅ ein Fasten, bei dem man den Kopf hängen läßt "wie ein Schilfrohr"; Anthropomorphismen begegnen Jes 14₈; 44₂₃.

Das Totenbuch des Horndjitef: Ausschnitt aus den Illustrationen zu Kapitel 110.
Späte Ptolemäerzeit bis frühe Römerzeit (Malerei auf Papyrus).
Ausschnitt aus der Abb. Nr. 97 in: Leclant, Ägypten, Bd. III, S. 116.

Tuna es-Gebel bei Hermopolis - Grab des Petosiris, Vorhalle. Um 330 v. Chr.
Muschelkalk mit Gipsschicht und Bemalung, aus: Leclant, Ägypten III, 92, Abb. 71.

3.2) Die realisierten Metaphern im Bildfeld Saat - Wachstum - Ernte

Am ausgeprägtesten sind in der prophetisch-apokalyptischen Literatur die Gerichtsbilder, weniger ausgeprägt sind Gemeinschaftsbilder, die zum einen die Konstitution der Gemeinschaft darstellen (Saatmetaphorik), zum anderen ihren Ort in Heilsverheißungen haben (Wachstumsmetaphorik). Weisheitliches Denken liegt den Entsprechungs- und Vergänglichkeitsbildern zugrunde.

a) Gerichtsbilder sind eng mit dem Pflügen, dem Verwelken, den Dornen und Disteln, der Ernte, dem Dreschen und dem Worfeln verknüpft.

So wird Israel in Jes 5123 gepflügt,[1] d.h. ihm wird von seinen Feinden Gewalt angetan. Sehr nahe an der realen Kriegspraxis ist die Drohansage Mi 312 (zit. Jer 2618): Wie ein Acker (שדה) wird der Zion gepflügt, d.h. zerstört, werden.[2]

Das Verwelken von Gras, Kraut, etc. gehört zu jeder Dürrekatastrophe. Es beschreibt Gericht und Tod über das Land und seine Bewohner.[3] Das Gericht, das JHWH mit einer Dürre über sein Land verhängt, kann zu einem Symbol, ja zu einer Metapher für JHWHs Gericht über Israel, in Jer 423-28 (?) und Jes 244 auch über die Erde werden.

Auch Dornen und Disteln sind überwiegend in Gerichtsaussagen angesiedelt. Zumeist wird Realität symbolisch verdichtet wie in Jes 723-25: "An jenem Tage wird jeder Ort... den Dornen und dem Gestrüpp verfallen...".[4] In Nah 110 werden die Feinde "wie wucherndes Dorngestrüpp (סיר), wie dürre Stoppeln (קש)" verbrannt, vgl. auch (bzgl. der Völker) Jes 3311.

Die Metaphern im Kontext der Ernte(-) und Tennenarbeit erscheinen durchwegs im Gerichtszusammenhang:[5]

---

1) "... du strecktest wie die Erde deinen Rücken dar", Übers. und Kommentar: Ungewitter, 12; vgl. auch Ps 1299.

2) Von Leichen, die zum Dünger für das Feld werden, ist Jer 82; 921; 164; 253; 482 und Ps 8311 die Rede.

3) Vgl. Hos 43: "'verwelken' (אמל) wird alles'; vgl. Jer 124; Jes 151-9. Ansatzweise metaphorisch ist die Schilderung einer Dürrekatastrophe in Jer 142; in Jes 281.4 wird der welken (נבל) Blume (ציצה) seiner [Ephraims] Zier ein schnelles Gericht angesagt. Die Vernichtung von Graswuchs wird im Fluchteil von Staatsverträgen o.ä. unter den Folgen für den Vertragsbruch aufgezählt, vgl. Barth, ThWAT III, 138 und (als Reminiszenz) Jes 151-9.

4) Jes 1017; 3213; 3413; Hos 96; 108. Den Übergang zum metaphorischen Gebrauch markieren die Dornen (שמיר) und Disteln in der Gerichtsrede Jes 56, dem Jes 274 die Verheißung entgegengestellt ist, daß Gott die Disteln und Dornen anstecken wird. Im Zusammenhang einer Heilsansage begegnen die Dornen auch Jes 5513.- Weniger die Dornen, die Acker und Weinberg verwildern lassen, als die Dornen, mit denen man Menschen folterte (Jdc 87.16), dürften den Dornen und Stacheln (קוץ; סלון) in Ez 26 und 2824 zugrunde liegen.

5) Positiv kann die Ernte im Tun-Ergehens-Zusammenhang konnotiert sein (Hos 1012a).

So gründlich, wie "wenn ein Schnitter die Halme faßt und sein Arm die Ähren sichelt...", wird das Gericht über das Nordreich nach Jes 17,5 sein. In Joel 4,13 wird Israel zum eschatologischen Endgericht über die Völker aufgefordert: "Legt an die Sichel (מגל), denn reif ist die Ernte (קציר)." Die Vorbereitung der Ernte ist Jer 51,33 Vorbereitung des Gerichts über Babel: Schon wird die Tenne festgestampft (גרן), "noch eine kleine Weile, so ist für sie die Ernte gekommen".[6] Die Feinde Israels werden Mi 4,12 von JHWH wie Garben gesammelt.

Szenen aus dem Mittleren Reich, aus dem Grab Amen-em-het at Beni Hasan. Ausschnitt aus: Prichard, ANEP, 1969², Abb. 122.

Ägypter beim Dreschen und Worfeln. Wandmalerei aus dem Grab des Nacht (um 1400a). Abb. aus. M. Stead, Egyptian Life, London 1986, 92.

Beim Dreschen (דוש) wird die Pflanze durch Rinder oder/und die Dreschtafel (o. ä.) zertreten, zerdrückt und zerschnitten. Da Dreschwerkzeuge auch als Folterinstrumente benutzt wurden,[7] ist im einzelnen nicht sicher

---

6) Vgl. Münderlein, ThWAT II, 68. Nicht eindeutig ist, ob קציר Hos 6,11 als Metapher für das Gericht oder für das Heil zu sehen ist, vgl. Rudolph, KAT XIII/1, 143f. Am 2,13 droht der volle Erntewagen, der den Ackerboden aufreißt, Israel das Gericht an.
7) Vgl. Ungewitter, 19; 23f, Freedman, Lundbom, ThWAT III, 232.

zu entscheiden, ob die Texte, die vom Dreschen reden, real von kriegerisch-grausamer Behandlung von Menschen oder metaphorisch von ihrer Vernichtung handeln.[8] Auf jeden Fall ist es immer mit Gericht konnotiert.[9]

Wie das Dreschen, so sind auch das Worfeln, die Stoppeln und die Spreu Gerichtsbilder:

In kriegerischem Kontext ist das Worfeln Jer 15 7; 51 2 realisiert.[10] Wieweit in der Rede davon, daß JHWH sein Volk[11] in alle Winde (Länder, o.ä.) zerstreut habe (זרה),[12] die Bedeutung von זרה = worfeln mitschwingt, muß dahingestellt bleiben; das Bild scheint schon weitgehend verblaßt.

Ganz auf das Gericht heben auch die Metaphern des Strohhalms und der Stoppeln ab: Jer 13 24 werden die sündigen Volksgenossen Jeremias zerstreut werden "wie die Spreu (כקש)". Wie Stoppeln trägt der Sturmwind Fürsten Jes 40 24 davon, Jes 5 24 sind die רשעים, Jes 47 14 die weisen Ratgeber Babels wie Stoppeln (קש), die das Feuer verbrennt. Nach Ob 18 wird das Haus Esaus zu Stroh (קש), das vom Haus Jakobs und Josephs (gezeichnet als Feuer und Flamme) angezündet und verzehrt wird. Am kommenden Tag, "glühend wie ein Ofen", werden nach Mal 3 19 alle Gottlosen "... zu Stoppeln (קש), und der kommende Tag wird sie in Flammen setzen".

---

8) vgl. Fuhs, ThWAT II, 198.
9) Vgl. Am 1 3 (דוש; LXX πρίζω); Hab 3 12; Jes 21 10 (die Übers. ist jedoch umstritten, s. Ungewitter, 21). In Mi 4 13 und Jes 41 14f kann JHWH Israel zum Dreschen gebrauchen: "Siehe, ich mache dich zu einem Dreschschlitten (מורג חרוץ), zu einem neuen und scharfen mit vielen Schneiden. Du wirst Berge dreschen (דוש) und zermalmen und Hügel in Spreu (כמץ) verwandeln...". (Wie die Stelle zu verstehen ist, ist nicht ganz sicher: Der Dreschwagen und der worfelnde Bauer sind eigentlich Gerichtsmetaphern für die Vernichtung der Feinde Israels. Jes 41 15 bereiten jedoch die Berge und Hügel als Objekte erhebliche Schwierigkeiten: Heßler deutet sie auf andere Götter (Heßler, Struktur, 354-358; zur Kritik s. Elliger, BK XI/1, 154), Hamlin (Meaning, 185-190) auf babylonische Tempeltürme, Duhm (Jes, 273) auf Israels Feinde, Fuhs (ThWAT II, 199, vgl. Westermann, Jes, ATD 19, 65) auf Hindernisse. Betrachtet man den Kontext, so liegt es nahe, die Berge und Hügel von Jes 40 4 in die Interpretation einzubeziehen: Sind sie es doch, die ganz real die Rückkehr der Israeliten behindern). Ferner ist das Stroh, das in der Mistjauche zerstampft wird, Jes 25 10 Bild für die Vernichtung Moabs. Das Bild dürfte dem Hausbau entnommen sein und (vgl. Jer 48 2) ein Wortspiel über die moabitische Stadt Madmen/vgl. madmenah = Düngerhaufe enthalten.
10) Jer 15 7 worfelte JHWH sein Volk "mit der Wurfschaufel an den Toren des Landes"; Jer 51 2 schickt JHWH Worfler (Feinde) nach Babel, "damit sie worfeln" und das Land (wie eine Tenne) leermachen.
11) Ägypten: Ez 29 12; 30 26. Zu Jes 41 16 s. oben.
12) Jer 49 32; Ez 5 (2)10.12; 6 8; 12 14f; 20 23; 22 15; 29 12; 30 26; 36 19 (einzige Belegstelle mit Heilsbedeutung: Jer 31 10). Jer 4 11 radikalisiert: Nicht nur ein Wind zum Worfeln und Sichten, sondern ein heißer Sturm wird aus der Wüste kommen.

Wie Spreu zerstieben Jes 17 13 und 29 5 die Feinde des Zion: Jes 17 13 schildert den eschatologischen Völkersturm gegen den Zion. Sobald jedoch JHWH eingreift, werden sie "wie Spreu (מץ) auf den Bergen vor dem Wind gejagt und wie die Raddistel (כגלגל) vor dem Sturm". Jes 29 5 schildert die Rettung des belagerten Jerusalem: Wenn JHWH eingreift, wird "wie fliegende Spreu (כמץ) der Schwarm der Bedränger" sein. Kehrt Jes 17 13 die zentripetale zur zentrifugalen Bewegung um und hebt Jes 29 5 auf die große Zahl der Feinde ab, so ist Hos 13 3 der Aspekt der Schnelligkeit akzentuiert,[13] mit der die Götzen vergehen.[14]

b) Sach 10 9; Hos 2(1-3).25; Jer 31 27f (dtr) zeichnen die Konstitution der Gemeinschaft im Bild der Aussaat von Menschen durch JHWH.[15] Das Bild von JHWH als Säendem gehört mit dem von JHWH als Pflanzendem sehr eng zusammen,[16] ist aber gegenüber diesem nur sehr schwach ausgeprägt.

Innerhalb von Heilsverheißungen finden sich Gemeinschaftsbilder, die (ein Niederschlag der Personifikation Israels?) stark an die Wachstumsbilder der Weisheit erinnern: So vergleicht Ez 16 6f das vom Tode gezeichnete Neugeborene, das Israel symbolisiert, einer Feldblume (צמח השדה), die heranwachsen und groß werden soll. Nach Hos 14 6 soll Israel blühen (פרה) wie eine Lilie (שושן),[17] vgl. Jes 27 6. Jes 44 4 läßt Gott das hoffnungslose Volk sprossen "wie Gras (חציר), umgeben von Wasser", und Jes 66 14 wird Jerusalem verheißen: "eure Gebeine werden aufsprossen wie das Gras (כדשא)".

---

13) Vgl. die parallelen Bilder der Morgenwolke, des Taus und des Rauches. - Die Schnelligkeit dürfte auch Zeph 2 2 betonen. Fraglich ist, ob der Text "kommt ein Tag wie Spreu gefahren" (so Gerleman, G., Zephanja, Lund 1942 cf. MT, nach Ringgren, ThWAT IV, 1043) festzuhalten oder (dem üblichen Bildgebrauch entsprechend) in "bevor ihr verjagt werdet/wie Spreu, die an einem Tage dahingeht" (Übers. Krinetzki, G., Zefanjastudien, Motiv- und Traditionskritik und Kompositions- und Redaktionskritik, Regensburger Studien zur Theologie 7, Frankfurt/M. 1977, 89; vgl. Elliger, ATD 25, 64; Ringgren, ThWAT IV, 1043) zu ändern ist.

14) Dan 2 35 dagegen betont, daß der Wind alles forttrug: "keine Spur fand sich" von den Materialien der Statue, die zu Staub wurden, "und es ging wie mit der Spreu (כעור, ar.) im Sommer auf den Tennen".

15) Die Vorstellung von JHWH als Sämann klingt Jes 28 25; (Jes 6 13?); Esr 9 2 an (Mal 2 15 זרע אלהים ist nicht klar). Sie ist im AO beheimatet, s. Pettinato, Menschenbild, 30 (vgl. 49).

16) Das zeigen Jer 2 21; Jer 31 27ff und Jes 40 24: Jer 2 21 handelt von Israel als einer edlen Rebe, einem echten Gewächs (אמת זרע), das JHWH gepflanzt (נטה) hat; Jer 31 27f erscheint das Pflanzen im unmittelbarem Kontext, Jes 40 24 neben זרע. זרע als stehende Metapher für Nachkommenschaft (vgl. Preuß, ThWAT II, 671-686) ist auch pflanzlich konnotiert, wie die Zusammenstellung mit צאצאים Jes 44 3bf; 48 19; 61 9; 65 23 erhellt.

17) Die Lilie gehört in den Kontext der Liebeslyrik (Cant 2 1.16; 4 5; 5 13; 6 2f; 7 3), beschreibt hier also Gottes neue Liebe zu seinem Volk.

c) Die Entsprechungsbilder zeigen sich vom weisheitlichen Weltordnungsdenken geprägt.

So bildet die dynamische Entsprechung von pflügen/säen und ernten in Hos 10 12a.13a den Tun-Ergehens-Zusammenhang ab: "Säet euch Gerechtigkeit, erntet (קצר) Liebe, schafft euch Neuland (ניר)!... (13) Warum habt ihr Gottlosigkeit eingepflügt (חרש), Unrecht geerntet (קצר), die Frucht der Lüge verzehrt?"[18] Das Gesetz der Entsprechung, wird Hos 8 7 durch das Gesetz der Vervielfältigung überboten: "Wind (רוח) säen sie, Sturm (סופה) sollen sie ernten."[19]

Am 6 12 und Jes 28 23-24 dagegen wird analog zum Verhalten des Bauern argumentiert: "Rennen Rosse über Felsen? Oder pflügt (חרש) man mit dem Rind das Meer?"[20] fragt Amos in 6 12a in zwei sich steigernden paradoxen Bildern. Da die rhetorischen Fragen auf ein klares Nein als Antwort zielen, Amos aber mit כי fortfährt, wird das Handeln der Menschen im Gegensatz zur natürlichen Weltordnung aufgezeigt.

Weisheitliches Ordnungsdenken bestimmt auch das ausführliche Bild in Jes 28 23-29:[21]
Es handelt sich um ein Doppelgleichnis, das im ersten Teil (VV 24-25) detailliert die Arbeit eines Bauern bei der Aussaat, im zweiten Teil (VV 27-28) die Gewinnung verschiedener Früchte nach der Ernte beschreibt. Den Abschluß bildet jeweils die Feststellung, daß der Bauer das Wissen von Gott habe,[22] die V 29b in ein Gotteslob mündet. Die beiden Teile werden über die polare Bildwahl (pflügen/säen vs dreschen) zusammengehalten. Sie besagen, weisheitlichem Ordnungsdenken entsprechend, daß der

---

18) Anders Jer 12 3: Sie haben Weizen (חטה) gesät, aber Dornen geerntet. - Hos 10 13 markiert die Bedeutungsverschiebung von חרש (pflügen) zu חרש (nachsinnen, vorbereiten, planen) im rein metaphorisch-moralischen Sinn, wie wir es I Sam 23 9; Prov 3 29; 6 14.18; 12 20; 14 22; (Sir 7 12; 8 2) finden, s. Hamp, ThWAT III, 236.
19) Auch die Fruchtmetapher gehört in den Tun-Ergehens-Zusammenhang (vgl. ´Frucht der Werke´ Mi 7 13; Jes 3 10; Jer 17 10, des Hochmuts Jes 10 12, etc.).- Die Anklage Jes 33 11f kombiniert Wachstumsmetaphern mit dem Bild der Schwangerschaft: "Ihr geht mit dürrem Grase (חשש) schwanger, gebärt Stoppeln (קש)...". (Wildberger, BK X/3, 1301, bezieht das Bild auf Israel, Kaiser, ATD 18, 274, auf die Feinde und ihr Vorhaben).
20) Übers. Wolff, BK XIV/2, 330. V 12aβ ist mit BHK und BHS בבקר ים zu lesen.
21) Schon Wortwahl und Form erweisen Jes 28 23-29 als weisheitlich, vgl. Wildberger, BK X/3, 1085f. - Das Bild in Jes 5 24 hat eine Entsprechung innerhalb der Lehre des Amenemope; dort jedoch in einem anderen Kontext, vgl. Wildberger, BK X/1, 196.
22) V 26: אלהיו; V 29: יהוה צבאות. Daß Gott sein Volk den Landbau gelehrt hat, hat Analogien in Mythen der Umwelt, s. Wildberger, BK X/3, 1091f.

Bauer nicht immer drischt und auch die verschiedenen Samenarten ihrer jeweiligen Art entsprechend behandelt.[23]

d) Das Bild vom Vergehen von Gras und Grün ist in - überwiegend weisheitlich geprägten - Vergänglichkeitsaussagen beheimatet.[24] So schildert Jes 40 6-8 eindringlich die Vergänglichkeit des Menschen, um kontrastiv die Beständigkeit und Ewigkeit von Gottes Wort herauszuarbeiten (V8): "(6)... Alles Fleisch ist Gras (חציר) und all seine Schönheit wie die Blume des Feldes (כציץ השדה). (7) Das Gras verdorrt (יבש), die Blume verwelkt (נבל), wenn Gottes Odem sie anweht. [Ja, Gras ist das Volk.] (8) Das Gras verdorrt, die Blume verwelkt, das Wort unseres Gottes aber bleibt ewig".[25]
Ähnlich verhält es sich Jes 40 24, wo das schnelle Vergehen der irdischen Machthaber die Macht Gottes hervorheben soll. Jes 51 12 hat das Bild des schnell dahingehenden Grases die Funktion, dem von (seinen) Feinden Bedrängten tröstend die schnelle Vergänglichkeit derer, die ihm Furcht einjagen, vor Augen zu führen und ihn so zu ermutigen und sein Gottvertrauen zu stärken.[26]

e) Ferner ist auf das prophetische Bild des Neubruchs zu verweisen, das einen absoluten Neuanfang fordert: "Brecht euren Acker von Grund auf um (ניר) und sät nicht auf Dornen (קוץ)" (Jer 4 3),[27] vgl. auch Hos 10 12b.[28]

f) Jes 55 10 (vgl. Dtn 32 2) steht זרע im Kontext einer Aussage über Gottes Wort (vgl. V 11), das als Regen vorgestellt ist, der vom Himmel fällt und die Erde feuchtet, daß sie Samen zur Aussaat gibt.[29]

g) Das Ausklopfen der Ähren - gegenüber dem Dreschen eine zeitraubendere, aber effektivere Methode - ist Jes 27 12 kein Gerichtsbild, veran-

---

23) Das Gleichnis scheint einen Einwand beantworten zu wollen, der Jesajas wechselnde Verkündigung oder/und Gottes unterschiedliches strafendes, aber auch rettendes Handeln in der Geschichte betrifft. Jesaja ist jedoch als Verfasser umstritten. Die Adressaten sind im Text nicht genannt, so daß die Deutung unsicher ist. Zu den verschiedenen Interpretationsversuchen vgl. Wildberger, BK X/3, 1087-1090, Mury, Amsler, Sagesse, 1-5.
24) Vgl. Ps 90 5f; Ps 103 15f; Jes 40 6-8 u.ö.. Das Bild vom Vergehen von Kraut, Grün und Gras setzt Jes 37 23 (= II Reg 19 26) die Angst, Not und Todesfurcht der Bewohner der von Sanherib zerstörten Städte ins Bild.
25) V7c wird das Gras sekundär mit dem Volk identifiziert. Normalerweise deutet man das Vergänglichkeitsbild auf den Menschen im allgemeinen, auf den Frommen oder speziell (vgl. Westermann, ATD 19, 38) auf den Propheten. Elliger, BK XI/1, 25.28 will es (vgl. Barth, ThWAT III, 140) auf die Babylonier beziehen, was innerhalb der Bildtradition liegt.
26) Vgl. Wächter, Tod, 105.
27) Grund: Die Dornen können die Saat ersticken (Mt 13 7ff).
28) MT diff. LXX: "Brecht (נירו) euch einen Neubruch (ניר)!" (Übers. Rudolph, KAT XIII/1, 200).
29) Vgl. dazu Gen 1 11f (P), das ebenfalls in der Zeit des Exils anzusetzen ist.

schaulicht es doch, wie JHWH die Israeliten aus ihrer ungläubigen Umwelt herauslöst und sammelt.[30]

Die Metaphern beschreiben also im Bildfeld Saat - Wachstum - Ernte in erster Linie das Gericht (über Israel, andere Völker und die Welt). Nur selten beziehen sie sich wie im Bildfeld Baum - Frucht auf die Gemeinschaft Israels. Daneben finden sich weisheitlich geprägte Bilder, die weisheitliches Weltordnungsdenken - u.a. den Tun-Ergehens-Zusammenhang - darstellen und allgemein die Vergänglichkeit des Menschen/des Feindes beschreiben.

3.3) Die Realisation im literarischen und funktionalen Kontext
Schwach sind in der prophetisch-apokalyptischen Literatur die Vergleiche realisiert. Sie finden sich lediglich häufiger bei Tritojesaja. Bes. im Hinblick auf Joh 15 1ff ist das für das AT äußerst kühne Ich-Wort in Hos 14 9 interessant, mit dem sich JHWH als Wacholder vorstellt.[31]

Sehr stark sind Metaphern realisiert, wobei oft ein gleitender Übergang von der Realität, die symbolische Bedeutung gewinnt, zur Metapher zu beobachten ist.[32] Selten sind Genitivmetaphern,[33] bisweilen sind Metaphern in einem Gleichnis[34] oder einer allegorischen Bildrede[35] entfaltet.

---

30) Wildberger, BK X/2, 1023. - Ferner ist in der prophetischen Literatur an Metaphern zu notieren: Sach 9 17 (JHWH wird Jünglinge als Korn und Jungfrauen als Most sprossen lassen); Hos 8 7b (fruchtlose Halme demonstrieren die falsche Hoffnung Israels auf selbstgemachte Kultobjekte; hier ist im Bild die Sache schon mitgesetzt); Jes 4 23 ("Ein geknicktes Rohr (קנה) zerbricht er nicht"); Mi 7 4 ("der Beste unter ihnen (= den Großen) gleicht dem Stechdorn (כחדק), und der Redlichste ist schlimmer als Dorngestrüpp (ממסוכה)", vgl. Jdc 9 14f).
31) Hos 14 9 MT: אני כברוש רענן; LXX: ἐγὼ ὡς ἄρκευθος πυκάζουσα. Er wird hier als Lebensbaum vorgestellt. Auch in der Umwelt findet sich die Selbstvorstellung des Lebensbaumes, s. Widengren, 43. Die Selbstdarstellungsformel ist bei Hos zu kühnen Bildworten erweitert, s. Hos 5 12.14; 13 7f; 14 6; s. Borig 181.
32) Gen 49 11; Ps 78 46f; 105 32-35; Prov 24 30f; Jes 7 23-25; (9 3) 10 17; 16 8-10; 17 10; 32 10.12f; 33 9; 34 13; Jer 5 10; 6 6; Hos 2 14; 9 6; 10 8; 12 12; Joel 1 7-10; 2 21ff; (Mi 6 13-15); Hab 3 17; Sach 11 1f. Jes 10 33f ist das Symbol deutlich Metapher geworden. Ferner begegnen Bilder in prophetischen Visionsberichten, s. Jer 1 11; 24 2f; Am 8 1f und bes. die Ölbäume in Sach 4 3.
33) Hos 9 16; Mi 7 13; Am 6 12; Jes 3 10; 10 12; 17 10; 32 19; 57 19.
34) Jes 5 1-7; 28 23-29 (s. Westermann, Vergleiche, 40f). Jes 5 1ff integriert Elemente der Fabel und ist der prophetischen Anklagerede nachgebildet.
35) Ez 17 3-8.9f; 19 10-14 (als Leichenklagelied); Ez 31 3ff; vgl. die Traumerzählung Dan 4 7-14. Hier sind sowohl Elemente der Pflanzenfabel als auch mythologisches Vorstellungsgut integriert, s. Klauck, Allegorie, 215; für die Entstehung aus der Fabel votiert Weiser, Einleitung, 65. Vgl. ferner die Bildrede Ez 15 2ff.

Häufig verstärken sich zwei oder mehr Metaphern gegenseitig.[36] Jes 28 23-29 sind zwei Gleichnisse zu einem Doppelgleichnis zusammengestellt. Häufig schließen Metaphern an eine Sachaussage an bzw. schließen eine Sachaussage ab, intensivieren und vertiefen sie also.[37] Aber das Bild kann auch umgekehrt voranstehen und anschließend in unbildliche Rede,[38] in eine Schlußfolgerung oder eine Deutung münden.[39] Eine Deutung findet sich vor allem dort, wo wir es mit entfalteten Metaphern (Gleichnis, allegorische Bildrede) zu tun haben.[40] In den prophetischen Visionsberichten und den allegorischen Bildreden des Buches Ez findet sich ein der Traumdeutung ähnliches Strukturierungsschema,[41] dessen Grundkonstituenten Bildrede, Frage und Deutung sind, vgl. Ez 17:

V1:   Wortereignisformel (= Eröffnungsformel).
V2:   Anrede (Aufforderung):"... gib dem Hause Israel ein Rätsel auf, erzähle ihm ein Gleichnis".
VV3-8: Bildrede.
VV9f: fortgeführt in JHWHwort in Frageform.
V11:   Wortereignisformel.
V12a: Aufforderung zur Verständnisfrage: "... Merkt ihr nicht, was das bedeutet?"
VV12b-15: Deutung durch JHWH. VV16-24: Weitere Kommentierungen.[42]

Die Vergleiche und Metaphern haben mehrheitlich eine deskriptiv-veranschaulichende Funktion. Ihnen eignet eine intensivierende Wirkung, die durch Reihung (aus denselben oder unterschiedlichen Bildspenderkomplexen) sowie durch die Realisation in direkter Rede weiter verstärkt werden kann.

Die argumentative Funktion der Metaphern ist dort am deutlichsten ausgeprägt, wo die Metaphern breiter entfaltet sind (vgl. Jes 51-7) oder/

---

36) Am 2 9 beleuchtet zwei Aspekte:"die Amoriter..., die hochgewachsen waren wie Zedern und stark wie Eichen".Vgl. ferner: Am 6 12; Jes 1 30; 17 5f; 17 13; 21 10; 24 4.13; 28 4; 29 5; 32 10; 33 9.11f; 34 4; 37 27; 40 24; 41 2; 61 2f; Jer 1 10; 22 1; 43.11; 9 21; 24 6; 31 27f; 41 15f; 42 3.10; 44 3f; 45 4; 53 2; Ez 7 10; 28 24; 36 36; Hos 9 6.10; 14 6f; Joel 4 13; Am 6 2; 2 9; Mi 7 1.4.
37) Hos 8 7; 10 4; 12 12; 13 3; Mi 3 12; Jes 24 13; Jer 12 2; 17 6-8; 29 17; 51 2; (Am 2 13).
38) Jer 12 13b.
39) Jes 28 26.29; 55 11; 61 11 (כ); 65 8 (כ); Ez 15 6; Am 6 12; Mi 7 1f.
40) Ez 15 6; Jes 28 26.29; 55 10. - Jes 4 07b ist die Deutung in einer Glosse eingeschoben; Bild und Deutung können auch ineinandergehen; Hos 10 12f: "Säet euch Gerechtigkeit... (13) Warum habt ihr Gottlosigkeit eingepflügt,...?". Intensivierend wirkt der Metapherngebrauch in der Mitte, s. Ob 18; Jes 51 2.
41) Zur Traumdeutung vgl. Gen 40f und Dan 4, das sich in die Konstatierung des Traums (Dan 4 2), die Suche nach einer Deutung (Dan 4 3-6), Traumerzählung (Dan 4 7-14), Deutung (Dan 4 17-23) und paränetischen Abschluß (Dan 4 24) gliedert.
42) Vgl. Klauck, 70ff.

und den Saat-Ernte-Nexus thematisieren (Hos 10 12; Jes 28 23-29).[43]
In den allegorischen Bildreden jedoch haben die Metaphern einen Teil ihrer argumentativen Funktion eingebüßt: Die Logik der Bildebene muß sich hier der Sachebene unterordnen. Ist hier das kognitive Element höher (Reflexion auf Geschichte), so haben die Metaphern im Gerichtswort (vorwiegend vorexilisch) anklagend appelative, die Metaphern im Heilswort (vorwiegend nachexilisch) stabilisierende/stärkende Funktion.
Das Exil markiert eine Wende im Metapherngebrauch: In vorexilischer Zeit dominieren zumeist kurze Metaphern mit Gerichtsfunktion, z.T. kontrastieren sie Gottes früheres Heilshandeln mit dem Abfall des Volkes.[44] Bes. Ezechiel entfaltet die Metaphern: In seinen Allegorien nimmt die Kohärenz auf der Bildebene ab und erleichtert einen Bildwechsel. Ab der Exilszeit werden immer stärker stereotype Metaphern realisiert, deren niedrigerer Aufmerksamkeitsgrad durch Häufung kompensiert wird, wobei der Schärfegrad der einzelnen Metaphern deutlich nachläßt.[45] Die Trostbotschaft Deuterojesajas wird in den Heilsworten der nachexilischen Prophetie (bes. Tritojesajas) fortgeführt, die Gerichtsbilder begegnen in Worten über Fremdvölker.

4) Nicht eindeutig einem Bildfeld zuzuordnende Vegetationsmetaphern und Exmetaphern

Mehrere Metaphern lassen sich nicht eindeutig einem Bildfeld zuordnen. Hierher gehören die Wurzel-Frucht-Metaphorik und der stärker isolierte Metapherngebrauch des Wachsens, der Frucht und des Welkens, der zu Exmetaphern tendiert.

a) Hos 9 16 wird das Volk (Ephraim) einem Gewächs verglichen, dessen Wurzel verdorrt ist und das folglich keine Frucht mehr bringen kann. Die Fruchtlosigkeit Israels im Gegensatz zu seiner Bestimmung gewinnt in der Alliteration אפרים - פרי (vgl. Gen 41 52) Profil. Umgekehrt wird das Wurzel-Frucht-Bild positiv für die Restitution des "Restes" II Reg 19 30 (sek.), vgl. Jes 37 31 (sek.), verwandt. Breiter entfaltet ist das Bildfeld Jes

---

43) Die Argumentation kann implizit über die Wahl der Bildspender erfolgen (z.B. weisen Fruchtbäume als Metaphern für Israel auf dessen grundlegende Bestimmung, Frucht zu bringen) und über die Verfremdung der Metapherntradition an Überzeugungskraft gewinnen: So greift z.B. Ez 15 das Bild des Weinstocks als Bild für Israels Erwählung auf, akzentuiert aber allein dessen absolute Wertlosigkeit als eines unbrauchbaren Holzes. Diese Darstellung läuft konsequent auf das Gericht zu. Der Verfremdungseffekt kann bis zur kontrafaktischen Realisation wie dem Bild von den Trauben in der Wüste (Hos 9 10) gesteigert werden: Hier schlägt sich die theologische Konzeption der Wüste als Ort der Erwählung nieder.
44) Vgl. Jer 2 3; 2 21; 11 16; u.ö.. Statistisch gesehen ist der Gebrauch von Vegetationsmetaphern bei Protojes. am ausgeprägtesten, gefolgt von Jer und Hos.
45) Westermann, Vergleiche, 79.

276: "In den kommenden Tagen wird Jakob Wurzel schlagen, ... Israel blühen und sprossen und den Erdkreis mit Früchten füllen".

Beim Bundesschluß Dtn 29₁₇ soll "sich unter euch nur ja keine Wurzel finde[n], die Giftkraut und Wermut sproßt", d.h. keiner, der sich von den Fluchformeln unbeeindruckt zeigt und damit Unheil über das ganze Volk bringt.

Weisheitliches Denken steht hinter Prov 12₃ "... die Wurzel der Gerechten wird nie zum Wanken gebracht" (vgl. Prov 12₁₂; in Bezug auf den רשע Jer 12₂) und Hi 18₁₆ (die Wurzeln des Gottlosen sind verdorrt).[46]

b) Vom Wachstum ist im AT überwiegend im Heilszusammenhang[47] die Rede: So läßt JHWH Jes 42₉; 43₁₉ Neues aufsprossen (צמח). Steht es Jes 42₉ noch bevor, so ist die Aussage Jes 43₁₉ in die Gegenwart verschoben: "jetzt (עתה) sproßt es". Jes 45₈ soll Gerechtigkeit aufsprossen (צדקה תצמיח),[48] Ps 85₁₂ wächst Treue auf der Erde, Ps 72₆f (MT) soll unter dem König Gerechtigkeit blühen (פרח).

Des weiteren entwickelt sich צמח im AT zu einem feststehenden Begriff für den König: צמח יהוה Jes 42 (diff. LXX) dürfte nicht den messianischen König bezeichnen: Es handelt von der Fruchtbarkeit, die JHWH dem Land schenken wird.[49] Jer 23₅ צמח צדיק bzw. Jer 33₁₅ צמח צדקה meinen den König der Heilszeit, der als Nachkomme Davids vorgestellt wird (vgl. die Näherbestimmung לדוד). Sach 3₈ (עבדי צמח) und Sach 6₁₂ (איש צמח שמו) schließlich ist צמח zum terminus technicus für den messianischen Herrscher geworden. Ps 132₁₇ ist davon die Rede, daß Gott dem Davididen ein Horn sprossen lassen will. Vgl. die Ankündigung Ez 29₂₁, daß JHWH dem Haus Israel ein Horn sprossen lassen wird. bSanh 98a bezieht sie auf den kommenden Sohn Davids. Sie kann

---

46) Schärfer noch ist die Vernichtung Jes 5₂₄ formuliert; zum Bildgebrauch vgl. ferner Jes 14₂₉f; Hi 31₁₂; 36₃₀ (MT).

47) Anders Ez 7₁₀: Am Tage JHWHs blüht der Stab (?), schießt Übermut auf. In der negativen Verwendung vom Blühen (ציץ / ἀνθεῖν) und Aufschießen/-brechen (פרח) dürfte jedoch stärker die Assoziation von Hautkrankheiten mitschwingen, vgl. Lev 13₁₂ (MT; LXX); 13₂₀.₂₅ (MT); (ἐξανθεῖν Lev 13 12.20.22.25.27. 39.57 u.ö.) und Zimmerli, BK XIII/1, 175.

48) Im Hintergrund stehen mythische Vorstellungen einer Kosmogonie aufgrund der Begattung der Erde durch den Himmel (vgl. Ps 85₁₂). Zum Wachstum des Heils vgl. Jes 61₁₁, das die LXX ὡς... αὐξουσαν... wiedergibt. Ansonsten ist αὐξάνειν in der LXX fast ausschließlich unmetaphorisch (zumeist im Zusammenhang einer Segensverheißung) gebraucht. Ansätze zu metaphorischem Gebrauch finden sich (in isolierter Bildverwendung) Ri 5₁₁ (Wachsen der Gerechtigkeit), ferner Num 24₇; Jdc 5₁₁; I Chr 14₂.- Zum Wachsen (צמח; LXX: ἀνατέλλειν) der Heilung, s. Jes 58₈.

49) Dafür spricht insbes. die Parallele 42b פרי הארץ, vgl. Wildberger, BK X/1, 154f. Anders: Baldwin, Semah, 93f: ansatzweise messianisch. Zum Reis (נער) aus Isais Stamm Jes 11₁ s. S. 75.

sich aber auch auf Israel als Ganzes beziehen und die Kraft,[50] die ihm zuwachsen wird, darstellen.

c) Ausgeprägt ist die Fruchtmetaphorik, die - abgesehen von der Metapher "Frucht des Leibes"[51] - als Genitivmetapher überwiegend in weisheitlichem Zusammenhang begegnet.

Die Fruchtmetapher kann das Ergebnis einer Tätigkeit (vgl. Prov 31 31; Mi 7 13), des Redens (Prov 12 14; vgl. Prov 13 2; 18 20) oder des Wandels (Prov 13 1) bezeichnen. Prov 19 22 (LXX) werden die Taten selbst als Früchte bezeichnet.

Häufig drückt die Metapher die notwendige Folge eines bestimmten Tuns aus.[52] Sie kann in einer allgemein gehaltenen Sentenz stehen oder direkt auf den (Jes 3 10) bzw. auf die Gottlosen (Hos 10 13) bezogen sein. Im Hintergrund steht immer der Kontrast צדיק - רשע.

Die Rede von der "Frucht der Gerechtigkeit"[53] ist (vgl. Prov 3 9; 13 2) als LXX- Prägung anzusehen, wie folgender Vergleich des LXX-Textes mit dem MT deutlich machen soll:

Prov 3 9   ... σῶν καρπῶν δικαιοσύνης   − כל־תבואתך
Prov 11 30 ... ἐκ καρποῦ δικαιοσύνης   − פרי־צדיק
Prov 13 2   ... ἀπὸ καρπῶν [A -ου] δικαιοσύνης − מפרי
Am 6 12   ... καρπὸν δικαιοσύνης   − פרי צדקה

Die Frucht als etwas, was ausdrücklich Gott dem Menschen schafft, finden wir positiv Ps 58 12; Jes 57 19. Gott vergilt dem Menschen Jes 17 10; 32 19; Jer 21 14 nach der Frucht seiner Taten.[54]

d) Dahingehen infolge von Leid und Not drückt das Bild des Welkens (אמל) aus, vgl. Jer 14 2; 15 9.

---

50) Zum Horn als Symbol der Kraft vgl. Ps 18 3, zum Ganzen Zimmerli, BK XIII/2, 721.
51) z.B. Gen 30 2; Dtn 7 13; 28 53; Ps 127 3; 123 11; Jes 13 18; Mi 6.
52) S. Jer 17 10; Jes 3 10 (weisheitlich: "Frucht seiner Taten" Prov 13 1); Prov 12 14 und Hos 10 13 ("Frucht der Lüge"). Die Frucht "deines Werkes" ist in dem Schöpfungspsalm 104 13 (MT) = 103 13 (LXX) auf Gottes Tun bezogen.
53) Möglicherweise ist Hos 10 12 (MT) "Frucht der Gerechtigkeit" (diff. LXX) aus der parallelen Struktur des Verses und der Wortwahl in 13a zu konjizieren, vgl. Wolff, BK XIV/1, 234. Ps 84 13 (LXX diff MT) ist von der Frucht im Zusammenhang mit χρηστότητα und δικαιοσύνη die Rede: ἡ γῆ ... δώσει τὸν καρπὸν αὐτῆς. - Ein Parallelbegriff zu "Frucht der Gerechtigkeit" scheint "Frucht der Weisheit" zu sein, wie Prov 8 19 ansatzweise deutlich wird: Hier spricht die Weisheit von ihrer Frucht (LXX: καρπίζεσθαι); im Kontext (VV18.20) steht צדקה. Direkt begegnen die Früchte der Weisheit Sir 1 16.
54) Vgl. ferner Jeremia 6 19; Jes 10 12.

e) Ferner sei angemerkt, daß insbes. in späteren (exilischen) Texten die Heilszeit hyperbolisch in paradiesähnlichen "Bildern" der Fülle beschrieben wird:[55] Reichlich Wasser wird es geben, Bäume und Blumen werden selbst in der Wüste wachsen, und an Früchten wird kein Mangel sein.[56]

5) Vergleich der Vegetationsmetaphern in den erzählenden, weisheitlich-dichterischen und prophetisch-apokalyptischen Texten

In den erzählenden Büchern treten Metaphern sehr stark zurück.[57] Am breitesten sind sie dagegen in der Prophetie entfaltet, wo sie ein vielgestaltiges Spektrum an Möglichkeiten zeigen: Man spürt, daß hier viele Bilder aus der Realität geschöpft sind und auch die Metaphern der Tradition immer wieder kreativ uminterpretiert werden,[58] bis sie schließlich (bes. in nachexilischer Zeit) zu stereotypen Bildern werden. Weisheitliche Schriften nehmen hinsichtlich des Gebrauchs von Vegetationsmetaphern eine Mittelstellung ein. Oft sind die Bilder hier relativ stereotyp. Im folgenden soll die Realisation der einzelnen Metaphernkomplexe näher betrachtet werden:

5.1) Vegetationsmetaphern im Bildfeld Baum -Frucht
a) Gemeinschaftsbilder

Gemeinschaftsbilder sind ausgesprochen breit in den prophetischen Büchern realisiert, vereinzelt auch in den metaphernarmen erzählenden Büchern; nur im Rahmen von Volksklageliedern begegnen sie in den dichterischen Büchern. Abgesehen vom Bild des Pflanzens, das Gottes Heilshandeln an seinem Volk in Vergangenheit (Landnahme) und Zukunft (Rückkehr ins verheißene Land) umschreibt,[59] wird die Gemeinschaft überwiegend als Fruchtbaum vorgestellt und in Gerichtsworten angesprochen: Schlechte oder fehlende Frucht motiviert das Gericht. Durch die Vorstellung, daß JHWH den Baum gepflanzt (sein Volk erwählt) und Arbeit in den Weinberg investiert hat (nur Jes 5), kann die Erwartung von Frucht noch forciert werden. Insbesondere im königlichen Bild des wertvollen Weinstocks/-bergs (Jdc 9) wird Israel dargestellt - doch dem Adel seiner "Natur" wird es nicht gerecht (Jes 22 1, u.ö.). Sein Verhalten (Früchte) läuft seiner Erwählung zuwider: ein Kontrast, der die gesamte vorexili-

---

55) Damit wird eine Brücke zwischen Anfang und Ende, Paradies- und Heilszeit geschlagen. Gunkel, Märchen, 46f, verweist auch auf die Herkunft aus dem Märchen.
56) Vgl. Jes 32 15; 35 1f.7; 41 18f; 44 3f; 55 12f; Ez 36 8.30; 47 12; Hos 14 6-8; 3 426f; Mi 6 13-15.
57) Das gilt auch von den berichtenden/erzählenden Teilen des Jeremiabuches: Weder im Baruchbericht noch im geschichtlichen Anhang Jer 52 finden sich Metaphern, vgl. Westermann, Vergleiche, 43; 16.
58) s. Nielsen, trae, für Protojesaja.
59) Bei Jer begegnet die Opposition pflanzen/bauen vs ausreißen/einreißen.

sche Prophetie bestimmt. Das Gericht - im Bild der Ernte, der Nachlese[60] oder des verdorrten, ausgerissenen und verbrannten Baums[61] - trifft das gesamte Volk. Nur gelegentlich ist bei den Gemeinschaftsbildern eine Ausdifferenzierung im Volksganzen zu beobachten.[62] Mehrheitlich sind die Gemeinschaftsbilder im AT Gerichtsbilder: Sie finden sich überwiegend bei den Propheten bis zum Exil. Mit dem Exil tritt insofern eine Wende ein, als nun die Bilder stärker in einen Heilszusammenhang treten. "Heils"bilder werden α) in kontrastivem Rückbezug auf Gerichtsbilder,[63] β) als positive Weiterentwicklung von Gerichtsbildern,[64] γ) als "Wiederaufnahme" von Bildern des heilvollen Anfangs (Pflanzen/ Paradies)[65] realisiert.

In der Gestalt des Königs sind sein Geschick und das seines Reiches/ Volkes eng miteinander verzahnt. Er wird primär im Bild des großen Baumes, der gestürzt wird, gezeichnet; messianisch konnotiert sind die Metaphern der Wurzel und des Sprosses.

b) Gerichtsbilder

Gerichtsbilder fallen im AT weitgehend mit Gemeinschaftsbildern zusammen; daneben finden sich Gerichtsmotive im Zusammenhang mit dem schnellen Vergehen des רשע, dessen Glück in Entsprechungs- und Entfaltungsbildern gezeichnet ist.

c) Entsprechungs- und Entfaltungsbilder dominieren in den weisheitlich-poetischen Büchern. Außerhalb derselben stehen sie stets in weisheitlich geprägten Texten.[66] Sie beschreiben den צדיק (meist im Kontrast zum רשע) als grünenden, fruchtbringenden Baum am Bach oder im Heiligtum oder stellen das beeindruckende Wachsen des רשע als eine 'Scheinblüte' dar, als eine Entwicklung, die nicht zur Frucht kommt und ein schnelles Ende finden wird: Hier interferieren deutlich Gerichtsmotive. Die kosmische Ordnung bildet der Lebensbaum in den Prov ab; Prov 3 18 wird der Lebensbaum mit der Weisheit identifiziert.

d) Vergänglichkeitsbilder

Relativ selten - und zwar immer in weisheitlichem Kontext - begegnen Vergänglichkeitsbilder (Koh 1 13; Jes 40 24; kontrastiv: Hi 14 7-9.10).

---

60) Jes 18 4f; Hos 6 11; Joel 4 13; Jes 17 6; 24 13; Jer 8 13; u.ö..
61) I Reg 14 15; Ps 80 13f.17; Jer 11 16f; 12 10f; Ez 15 2-6; u.ö..
62) Jes 10 33f; Jer 24 1-8; Jer 29 17
63) Vgl. Jes 27 1-6 mit Jes 5 2ff; Am 9 15 (sek.).
64) Jes 6 13a/b; Jes 37 30f(?); Ez 36 36; Jes 11 1.10 (Datierung umstritten).
65) Der Bezug der Gerichtsbilder auf Feinde drückt indirekt Heil für Israel aus (Jes 17 13; 24 13; 29 5).
66) Jer 17 7ff; Jes 56 3 (?). Das Gemeinschaftsbild Dtn 32 32f ist vom Gedanken einer Entsprechung Baum-Frucht bestimmt.

5.2) Vegetationsmetaphern im Bildfeld Saat - Wachstum - Ernte
   a) Gemeinschaftsbilder

Gemeinschaftsbilder sind im Unterschied zum Bildfeld Baum - Frucht im Bildfeld Saat - Wachstum - Ernte nur schwach und nur in den prophetischen Büchern realisiert: Das Bild von JHWH, der sein Volk pflanzt, hat an einigen wenigen Stellen sein Pendant im Bild der Aussaat von Menschen durch JHWH. An weisheitliche Wachstumsbilder erinnern die Bilder des Grases und der Blume, die Israels Wachstum in der Heilszeit beschreiben: Die Personifikation Israels (vgl. Ez 16,6f) wirkt hier auf den Bildgebrauch zurück. Anders als im Bildfeld Baum - Frucht fallen die Gerichtsbilder nicht primär mit den Gemeinschaftsbildern zusammen.

   b) Gerichtsbilder

Die Gerichtsbilder bilden im Bildfeld Saat - Wachstum - Ernte einen eigenen Bildkomplex, der in den erzählenden (kaum), den weisheitlich-dichterischen (häufiger) und den prophetisch-apokalyptischen Büchern (sehr breit) realisiert ist: Während sich die Metaphernkomplexe in den Psalmen auf wenige Bilder konzentrieren, weisen sie in der prophetisch-apokalyptischen Literatur eine größere Vielfalt auf, wobei sich die landwirtschaftlichen Bilder mit denen von Dürrekatastrophen und Kriegen überschneiden. Häufiger noch als das Gericht über Israel zeichnen die Bilder das Gericht über Feinde/Völker, das JHWH selbst (Hab 3,12) oder Israel (als Schnitter Joel 4,13; als Dreschtier Mi 4,12f) vollzieht. Während das Gericht meist als innergeschichtlich vorgestellt wird, umfaßt es Jes 24,4 den ganzen Erdkreis und nimmt kosmische Dimensionen an: Hier ist schon der Übergang zur Apokalyptik zu spüren.

   c) Wachstums- und Entsprechungsbilder

Der polar gezeichnete Saat-Ernte-(Tun-Ergehens-)Zusammenhang und das Verhalten des Bauern (Am 6,12, Jes 28,23-29) können weisheitliches Weltordnungsdenken zum Ausdruck bringen. Daneben kann in den weisheitlich-dichterischen Schriften das Ergehen des צדיק oder des רשע im Wachstum einer Pflanze dargestellt werden. Einen eigenen Metaphernkomplex bilden die Metaphern der Liebeslyrik (Cant), die sowohl im Bildfeld Baum - Frucht als auch im Bildfeld Saat - Wachstum - Ernte die Schönheit des/der Geliebten beschreiben.

   d) Vergänglichkeitsbilder

In den erzählenden, den prophetischen und am ausgeprägtesten in den weisheitlich-poetischen Büchern sind Vergänglichkeitsbilder realisiert, da Gräser und Blumen schneller vergehen als Bäume. Sie zeichnen die Vergänglichkeit des Menschen, um Gottes Erbarmen zu evozieren oder seine Größe (Güte, etc.) kontrastiv hervorzuheben oder aber um das schnelle Vergehen des רשע darzustellen. Singulär ist das Bild Hi 5,26, das den Tod als natürliche Vollendung des Menschen interpretiert.

Metapher und Wirklichkeitsstruktur

Die Metaphern werden durchwegs analog zur Wirklichkeit gebraucht. Gerade in den prophetischen Schriften ist zu beobachten, wie Realität in einem gleitenden Übergang symbolisch verdichtet und schließlich zur Metapher wird. In den prophetisch-apokalyptischen Schriften läßt sich aber bisweilen auch eine von der Wirklichkeit abweichende Realisierung der Metaphern beobachten.[67]

---

67) a) Hos 9 10 wird eine stabile Metapher (Trauben) mit einer theologischen Konzeption (Wüste als Ort der Erwählung) zum kontrafaktischen Bild der Trauben in der Wüste kombiniert (Jes 41 14 -16?). b) Bes. in den Allegorien des Ez nimmt die Logik auf der Bildebene unter dem dominierenden Einfluß der Sachebene ab. c) In den apk Texten werden Jes 34 4 die Metaphern in einen kosmischen Rahmen gestellt; Jes 63 1-6 bekommt die Gerichtsschilderung eine Eigendynamik (die Völker werden von JHWH gekeltert). - Ferner wäre noch auf die hyperbolischen Schilderungen in Segensverheißungen und Heilsschilderungen zu verweisen.

C: VEGETATIONSMETAPHERN IN DEN APOKRYPHEN UND PSEUDEPIGRAPHEN

Im folgenden soll versucht werden, den Metapherngebrauch der Apokryphen und Pseudepigraphen, die sich über einen Zeitraum vom 2. vorbis zum 2. nachchristlichen Jahrhundert erstrecken, zu untersuchen. Innerhalb dieser Literatur lassen sich drei Traditionsströme unterscheiden, die sich schon in atl. Zeit herauszubilden beginnen:
1) der narrative,[1] 2) der weisheitliche[2] und 3) der apokalyptische.[3]

Suchen die Erzählungen (1) die Wirklichkeit unter Rückgriff und in Re-/Neuaktualisation biblischer Traditionen zu interpretieren, so kommen in der Weisheit (2) und der Apokalyptik (3) stärker neue Elemente aus dem Hellenismus, bzw. aus den orientalischen Religionen zum Tragen. Auch wenn sich diese verschiedenen Strömungen nicht streng trennen lassen,[4] so sind ihnen doch unterschiedliche Tendenzen eigen, die eine Aufgliederung heuristisch sinnvoll machen:

Rekurrieren die Erzählungen (1) auf die Thora als die umfassende Offenbarung Gottes, so will die Weisheit (2) Gott immanent in den Strukturen dieser Welt erkennen, während (3) die Apokalyptik die endzeitliche Durchsetzung von Gottes Willen erwartet und sich folglich stärker am Jenseits orientiert. Der Bezugspunkt liegt 1) mehr in der Thora, d.h. in der jüdisch-geschichtlichen Tradition, 2) in der Welterfahrung(-offenba-

---

1) Vgl. Jdt; JosAs; Jub; LibAnt; Mart Jes; Tob*; Vit Ad; das Buch Baruch; EpJer; ZusDan; ZusEst; ferner: Paralip.Jer.; im AT (s. dort): ChrG.
2) Vgl. Aristobulos; Arist; Demetrios; Menander; (III) IV Makk; Ps-Phokylides; Sir; TestHiob; Test XII* (zu den weisheitlichen bzw. apokalyptischen Einschüben vgl. Becker, zusammengestellt bei Küchler, Weisheitstraditionen, Tabelle 10, 436); Tob*; Weish; ferner: Av; im AT (nur sporadisch berücksichtigt): Weisheitspsalmen (Ps 37; 49; 73; u.a. mehr, insbes. auch Ps 1 und 128); Prov; Hi; Koh; in der Umwelt des AT (vgl. dazu Preuß, Weisheitsliteratur, 13-30): die mesopotamische (ab 3000 v.Chr) und ägyptische (Amenemope, um 1100 v. Chr.); die demotische Weisheit des Papyrus Insinger, sowie die (wohl auf ein assyrisches Original zurückgehende) Weisheit Achikars (aufgezeichnet ca. 550-450 v. Chr., jedoch älteren Ursprungs, vgl. Schnur, Fabeln, 348).
3) Vgl. Apokryphon des Ezechiel; ApkAbr; ApkEl; ApkSedr; Apk Zeph; grApkEsr; AscJes; Ass Mos; grBar; syrBar; IV Esr; syrBar; äthHen; grHen; hebrHen; slHen; PsSal; Sib; TestAbr; Test XII*; Jub*(?); Fragen des Esra; im AT (s. dort): Dan. Die unter Anm 1-3 angegebenen Schriften wurden - falls nicht anders vermerkt - vollständig durchgesehen.
4) H.W. Wolff sah in der altisraelitischen Sippenweisheit die "geistige Heimat" des Propheten Amos, ebenso behauptet er für Micha eine Herkunft aus weisheitlichem Denken und weisheitlichen Kreisen, vgl. Preuß, Weisheitsliteratur, 167 m.A. 292 (Lit!).-Man kann die Apokalyptik auch als "höhere Weisheit" verstehen, vgl. Hengel, Judentum, 369-394.

rung), die per se offen - international - ist und 3) in der Offenbarung der Zukunft.

Biblische Geschichts-, Wirklichkeits- und Jenseitsorientierung ist für die drei Strömungen charakteristisch, die in ihrem Neben-, Mit- und Ineinander das Frühjudentum bestimmen.

1) Vegetationsmetaphern in Bibelerzählungen/ -ergänzungen:

1.1) Die realisierten Metaphern im Bildfeld Baum -Frucht

Gemeinschaftsbilder dominieren: die Metaphern handeln vom Geschick des Volkes oder der Familie, wobei innerhalb der Gemeinschaftsbilder Gerichts- und Entsprechungsmotive auftreten:

a) Mit dem Bild des Weinstocks und der Pflanzung wird LibAnt 128f; 304; 397 um die Existenz bzw. Nichtexistenz des Volkes gerungen. Das eschatologische Handeln JHWHs an seinem Volk wird LibAnt 2312 im Weinstockbild und Jub 116 in der Metapher "Pflanze der Gerechtigkeit"[5] gezeichnet.

Die Familie kommt LibAnt 501 in den Blick: Dort verspottet Peninna die kinderlose Hanna als ein trockenes Holz und fügt hinzu:
"... ich weiß, daß er (= dein Mann, Anm. d. Vf) mich lieben wird, erfreut durch den Anblick meiner Söhne, die in seinem Umkreis dastehen wie die Pflanzung eines Ölbaumgartens".[6]

LibAnt rezipiert die alttestamentlichen Gemeinschaftsbilder des Weinstocks und der Pflanzung. Die beiden traditionellen Metaphern sind in der Wendung "Pflanzung meines Weinstocks"(LibAnt 304; vgl. 284) miteinander verbunden, ebenso wie in Balaams Seherspruch LibAnt 1810. Gott hat LibAnt 128 nur einen einzigen Weinstock gepflanzt und gepflegt. Dieser jedoch hat seine "Frucht verloren" und "seinen Pfleger nicht erkannt". Gegen die deshalb drohende Vernichtung (vgl. Lib Ant 304) argumentiert Mose in seiner Fürbitte LibAnt 129b:
"Wenn du dich also nicht deines Weinstocks erbarmen wirst, ist alles, o Herr, zu nichts geworden, und nicht wirst du (jemanden) haben, der dich verherrlicht. Denn wenn du auch einen anderen Weinstock gepflanzt haben wirst, wird dieser dir nicht vertrauen darum, weil du den früheren vernichtet hast... Und jetzt möge dein Grimm vor deinem Weinberg aufgehalten werden...".[7]

---

5) Eschatologisch konnotiert sind noch Paralip. Jer 65ff, bes. 69f die Feigen Abimelechs, die sich 66 Jahre lang frisch erhalten haben: sie werden als Zeichen für die Auferstehung gedeutet; ihre Verteilung an Kranke (737) macht ferner deutlich, daß sie als Symbol des Lebens angesehen werden.
6) Symbolisch ist der Aaronstab LibAnt 171f; 522 verwandt.
7) Vgl. dazu Dietzfelbinger, Diss. masch, 12. Das Weinstockbild ist hier - wie auch ExR 43 zu 32,11 - mit der Geschichte vom goldenen Kalb verbunden.

Nach dem Abfall des Volkes spricht Gott LibAnt 28:4:
"... ich werde mir einen großen Weinberg pflanzen, und aus ihm werde ich auswählen eine Pflanzung[8] und sie ordnen, und ich werde sie mit meinem Namen nennen... Aber wenn ich alles geschaffen habe, wird doch meine Pflanzung, die nach mir benannt worden ist, nicht mich als ihren Pflanzer erkennen, sondern sie wird ihre Frucht verderben, so daß sie ihre Frucht nicht hervorbringt".

Wie schon die Textbeispiele zeigen, sind die Metaphern "Weinstock" und "Pflanzung" eng mit dem Thema der Erwählung und des Abfalls verbunden.[9]

Die Metaphorik ist gegenüber dem AT in dem Terminus "Pflanze der Gerechtigkeit" weitergebildet,[10] die sich neben Jub auch im äthHen und in Qumran findet. Im Unterschied zum äthHen ist - aufgrund der Textsorte?[11] - in den Jub das Motiv des Segens[12] und der Bezug zur Tradition (zu den Erzvätern)[13] - stärker herausgearbeitet: So geht Jub 16:26 die Pflanzung Israels auf Abraham zurück, von dem die "Pflanze der Gerechtigkeit" ausgeht; anders in der Heilsverheißung Jub 1:16: dort steht die Metapher für das Israel, das sich bekehrt, und ist deutlich eschatologisch konnotiert:
"Und ich werde sie (= Israel, Anm. d. Vf) umpflanzen als Pflanze der Gerechtigkeit mit meinem ganzen Herzen und mit meiner ganzen Seele...".[14]

b) Eine Variante der Jotamfabel findet sich LibAnt 37:2-4 mit Feigenbaum, Weinstock und Myrte auf der einen, dem Dornbusch als redendem Subjekt auf der anderen Seite.[15]

c) Aus dem Rahmen fällt der Metapherngebrauch JosAs: dort werden das Wohlergehen und nicht nur die irdisch vorkommende, sondern auch die

---

8) Es stellt sich die Frage, ob hier zwischen Weinberg und Pflanzung unterschieden werden soll. Wenn ja, meint dann 'Weinberg' Israel und 'Pflanzung' einen Teil Israels? Oder soll damit ein Unterschied zwischen Menschheit und Israel ausgedrückt werden? (vgl. Dietzfelbinger, JSHRZ II/2, 185).
9) Vgl. LibAnt 28:4; 30:4; 12:8ff; (LibAnt 39:7 mit explizitem Bezug auf die Landnahmetradition) und 23:12 (erwählt).
10) Vgl. dazu Reese, Geschichte, 74f A34 (insbes. 75 A34!). Jub 7:34 werden die, die Gerechtigkeit tun, in Gerechtigkeit gepflanzt werden. - Zur Metapher vgl. auch 1 QapGen Col I,1 (?), 1 QapGen Col II, 15 (?).
11) Realisation der Metapher innerhalb von Testamenten? Jub als haggadisch-halachitischer Midrasch (vgl. Rost, RGG³ II, 960).
12) "Pflanze der Gerechtigkeit" in Verbindung mit Segen/segnen: Jub 1:16; 16:26; 21:24; (äthHen 10:16).
13) Vgl. neben Jub 16:6 die Testamente Jub 21:24 und Jub 36:6; Fujita, Metapher, 39.
14) Vgl. dazu Fujita, Metapher, 39. Die Nähe zu äthHen (s. Charlesworth, II, 49) wird hier deutlich: Vgl. die "Pflanze der Gerechtigkeit" äthHen 10:16; 93:2.5.10. - Ansatzpunkt für diese Metaphernbildung könnte Jer 32:41 sein.
15) Vgl. Dietzfelbinger, PsPhilo, Diss. masch., 47f, 286f.

himmlisch vorweggenommene Schönheit der Aseneth JosAs 16 16(18); JosAs 18 9, vgl. JosAs 8 5 mit Pflanzenmetaphern beschrieben.[16]

Die Metaphern bezeichnen also nur vereinzelt einzelne; in überwiegendem Maße stehen sie für das Kollektiv. Im Weinstock und der Pflanzung werden traditionelle Metaphern für das Volk realisiert; letzteres tritt jetzt jedoch als explizites Objekt völlig zurück, genauso wie die Verbindung mit der Vorstellung vom Land. Es zeichnet sich hier also eine Bedeutungsverschiebung vom nationalen Israel hin zu den "Frommen" ab, die schon in späteren Texten des AT angelegt ist. Diese ist deutlich greifbar in der Rede von der Pflanze der Gerechtigkeit.[17] In dieser Metapher wird der geschichtliche Rückbezug auf die Erzväter betont, deutlich kommt Jub 16 16 die eschatologische Dimension zum Tragen.[18]

1.2) Die Realisation im literarischen und funktionalen Kontext

Die eigenständige Stellung von JosAs im Corpus der untersuchten Schriften schlägt sich in seinem Bildgebrauch nieder. Hier konzentrieren sich -dem Metaphergebrauch der Liebeslyrik entsprechend - Vergleiche, während sonst Metaphern dominieren. Werden diese in den Jub mit einem Abstraktum (Gerechtigkeit) kombiniert,[19] so werden sie im LibAnt (12 8f; 28 4) narrativ entfaltet, ohne daß sie jenen Kohärenzgrad aufweisen, der sie gegenüber dem Kontext in gewisser Weise autonom und damit zum

---

16) Pflanzenmetaphern sind beliebt in der Liebesdichtung: Zu den Belegen in Cant vgl. S. 59 + 63, vgl. ferner im Ägyptischen die Vergleiche der Liebenden mit Feigenbaum und Sykomore (Grapow, 105), den Vergleich des Ackers mit der Ehefrau, der Hacke mit dem Phallus (Grapow, 157), den Vergleich der Geliebten mit dem Garten (Grapow, 158), sowie die Vergleiche der Frau mit einem Apfel Sappho 116D; einer Hyazinthe Sappho 117D; Blumen Sappho 152D; des Bräutigams mit einer biegsamen Gerte Sappho 127D. Ferner wird Ach.Tat. I, 4,3 der Mund einer Rose verglichen; Aristoph., eccl. 903; Lys 155; Theokr., eid. 27,50 werden die Brüste Äpfeln verglichen.

17) Jub 1 16; 16 26; 21 24; 36 6; vgl. Jub 7 34.

18) Zum Bildfeld Saat-Wachstum-Ernte seien nur einige Metaphern notiert: Mit Pflanzenvergleichen wird menschliches/himmlisches Wohlergehen JosAs 16 16 (das Fleisch der Aseneth wird "strotzen wie Blumen (des) Lebens"), TestSim IV 2 ("wie eine Rose werden... meine Gebeine blühen... wie eine Lilie mein Fleisch") beschrieben, VitAd § 10 zittert Evas Leib "wie Gras" von der Kälte, "verwelken" ist LibAnt 44 91, 47 12 Metapher für die Vergänglichkeit. EpJer 69 werden die Götter einer Vogelscheuche im Gurkengarten verglichen, Menschen werden Jub 3 5 gesät. Ferner fällt die Kombination mit Tiermetaphern auf: Die Legende Jub 11 11-24 macht die Bedrohung der Saat durch die Raben deutlich, die Abram durch seinen Einsatz und die Erfindung des Pfluges abwehrt. TestGad II 2 wollte Joseph Gad aus dem Land der Lebendigen tilgen "wie das Rind das Gras des Feldes vertilgt", Esau will mit Jakob erst Frieden machen, wenn der Löwe sich zusammen mit dem Stier "unter ein Joch begibt und mit ihm pflügt" (Jub 37 22).

19) Jub 1 16; 16 26; 36 6; 21 24.

Gleichnis macht. Allegorie und Fabel sind nicht repräsentativ, aber vorhanden.

Die Metaphern dienen in der Erzählung (dem Gebet, der Verheißung) zumeist der Deskription - nur selten der Argumentation. Da es sich um traditionelle Metaphern handelt, ist ihr Innovationsgrad nicht hoch. Von daher kommt den Metaphern eine stabilisierende (vergewissernde) Funktion zu. Das entspricht auch der Intention der Bibelerzählungen,[20] Geschichte transparent auf das Jetzt für die Stärkung in der Gegenwart nachzuerzählen.

Situativer Hintergrund: Die Stabilisierung unter Rekurs auf die Tradition ist als Reaktion auf die Gefährung der israelitischen Identität durch den vordringenden Hellenismus in Jub (ca. 167-140 v. Chr.),[21] durch die Zerstörung des Tempels 70 n.Chr. in LibAnt[22] zu verstehen.

Der abweichende Metapherngebrauch in JosAs korrespondiert einer anderen Verortung: Hintergrund ist hier nicht (wie Jub, LibAnt) der palästinensische Raum, sondern Ägypten; ihr Ziel ist nicht die Sicherung einer bedrohten Identität, sondern eine innerjüdische Verständigung im Hinblick auf Neubekehrte (?) und die Beschreibung 'jenseitigen' Lebensgewinns.[23]

2) Vegetationsmetaphern in der Weisheit

Da die Weisheit ein internationales Phänomen mit langer Tradition ist,[24] sollen in diesem Abschnitt auch in stärkerem Maße Umweltparallelen in die Untersuchung einbezogen werden.

2.1) Die realisierten Metaphern im Bildfeld Baum - Frucht

a) Eigentliche Gerichtsbilder,[25] die besser als Entscheidungsbilder zu

---

20) Die Bibelerweiterungen weisen (fast) keinen Metapherngebrauch auf: In ZusDan, ZusEst und im Buch Baruch fehlen sie ganz; zwei Vergleiche finden sich EpJer 69f; ähnlich sieht es - abgesehen von den Vergleichen in JosAs - bzgl. der Novellen Tob, Jdt, IV Makk aus.

21) Berger, Jub, 279; 298.

22) Dietzfelbinger, JSHRZ II/2, 91.

23) Burchard, JosAs, 615.

24) Die älteste uns bekannte Pflanzenfabel stammt aus Babylonien (TRS 53; letztes Drittel des dritten Jahrtausends); Motive aus diesem Raum sind später auch im AT und bei Äsop zu finden; die ägyptische Weisheit hat die atl. beeinflußt (vgl. die Gemeinsamkeiten zwischen Amenemope und Prov 2217-2311); der Einflußbereich der Weisheit Achikars reicht von Palästina (AT/LXX, insbes. Tob) bis nach Griechenland (Äsop) bzw. Ägypten (Alexandria?/Kallimachos), vgl. auch Diels, H., Orientalische Fabeln in griechischem Gewande, IWW 4 (1910) 933-1002.

25) Dort, wo das Gerichtsmotiv auftaucht, begegnet es zumeist an untergeordneter Stelle: So in der Weisheit Amenemopes c. 4, 520-612. Das Gerichtsmotiv begegnet ferner im Hinblick auf den Gottlosen, der - schlecht verwurzelt - "von einem jeden Regen weggeschwemmt" (Sir 40 15f) oder "vom der Gewalt des Sturmes entwurzelt" (Weish 4 4) wird. In Bezug auf Völker, die ausgerissen werden, Sir 10 15f.

einem fruchtbringenden Leben zu charakterisieren sind, sind nur in der Fabel Achikar 33135 realisiert:[26] Hier bittet der Baum den Herrn, der ihn ob seiner Nutzlosigkeit abhauen will, um eine letzte Chance. Er verspricht ihm, dann Frucht, ja bessere Frucht zu bringen. Der Herr aber lehnt die Bitte des Baumes ab, indem er auf dessen bisheriges Verhalten hinweist.[27] Das Bild scheint weniger für weisheitlichen Bildgebrauch als für die Drastik der Fabel charakteristisch zu sein.

b) Am breitesten sind in der Weisheit die Entsprechungs- und Entfaltungsbilder realisiert.

Achikar betont, daß die Entwicklung von Schülern nicht überstürzt erfolgen soll und auf Früchte zielt:[28]
"Mon fils ne sois pas prompt comme l'amandier qui commence par donner des feuilles et dont le fruit est mangé à la fin, mais sois rangé et sage comme le figuier qui donne des feuilles à la fin et dont le fruit est mangé d'abord."[29]

Wird der Lehrer Achikar XXII,2, Ag; Version A als Gärtner vorgestellt, der auf seinen Mißerfolg reflektiert,[30] so ist es in dem stoisch geprägten Abschnitt IV Makk 128f die Vernunft, die sich um die Triebe kümmert:
"Wie nun Lust und Schmerz gleichsam zwei Pflanzen des Leibes und der Seele sind, so giebt es viele Nebensprößlinge dieser Triebe. (29) Diese alle putzt die Allgärtnerin Vernunft entweder aus oder beschneidet sie, umwickelt sie, begießt sie oder leitet das Wasser ganz fort und veredelt so die Natur der Stimmungen und Triebe".[31]

---

26) Die Fabel in ihren Versionen ist S. 135ff besprochen.
27) Die Mahnung wird also über den negativen Ausgang motiviert, während Lk 13 6-9, das auf diese Fabel zurückgreift, noch *im Bild* Raum für die Entscheidung bleibt.
28) Vgl. auch die Weisheit Amenemopes, c. 4, 61-6.
29) Ach Sachau 162 fol 86 sq III,8 (10), ROC 21 (1918-19) 156f, vgl. Version C (Nau, Histoire, 158); Salhani (Nau, Histoire, 158); in der aram. Version (dass., 158) ist das Bild verlassen. Ach ed. und trad. des Ms von Mgr Graffin...III,7 (10) (ROC 21 (1918-19) 296) warnt das Bild vor überstütztem Reden.
30) "... J'ai cultivé un palmier pour servir d'appui à ma vieillesse, et ce palmier s'est penché sur moi et m'a renversé;..." (Nau, Histoire, 210); vgl. Ach ed. und trad. des Ms von Mgr Graffin XXXIII,94 (132), ROC 21 (1918-19) 379. (Zum Vergleich eines Menschen mit einem Baum vgl. Ach II,3 C (Nau, Histoire, 151 A1), Ach, Sachau 162 fol 86sq II,2, ROC 21 (1918-19) 155). - Noch negativer klingt syrAch p. 1: "Du warst mir, mein Sohn, wie der Baum, der zu den Holzhauern sagte: wenn nicht etwas von mir in euren Händen wäre, wäret ihr nicht über mich hergefallen" (zit. nach Smend, Alter, 77f, dass. auch zwei Varianten). Vgl. dazu Jes 1015.
31) APAT I, 153. - Vgl. auch TestAss 17 (ἐκριζοῖ τὴν ἁμαρτίαν); Sir 276 (notwendige Pflege); Sap 315; 1010 (Mühe und Arbeit bringen Frucht). Im Gegensatz dazu wird Sir 61f derjenige, der sich der Begierde hingibt, von dieser zu einem kahlen Baum abgefressen werden.

Dabei ist festzuhalten, daß im Unterschied zur stoischen Lehre der Herrschaft der Vernunft über die Triebe letztere nicht als grundsätzlich böse qualifiziert werden: Gott hat sie in den Menschen gepflanzt (περιεφύτευσεν, IV Makk 221), folglich sind sie auch nicht auszurotten (vgl. IV Makk 35: οὐ γὰρ ἐκριζωτής), sondern nur zu zähmen.[32]

Hinter dem Bild Sir 5115: der Weise freut sich an der Weisheit, die geblüht hat und deren Trauben reifen,[33] und Sir 3316f, wo sich Ben Sira einem vergleicht, "der Nachlese hält, nach den [Winzern]" und sagt: "... wie ein Winzer habe ich gefüllt meine Kelter", steht das Bild von der Weisheit als Baum (Sir 2412ff),[34] der Wurzeln schlägt, heranwächst und seine Zweige ausbreitet. Wie ein Weinstock (Sir 2417)[35] bringt die Weisheit "wohlansehnliche Triebe hervor", deren Blüten "zu einer Frucht voll Pracht und Reichtum" werden. So lädt sie schließlich ein: "Kommt her zu mir, die ihr mich begehrt, und an meinen Früchten sättigt euch!" Dem Lebensbaum[36] wird die Weisheit Prov 318 verglichen.[37]

Häufiger als die Weisheit wird der Weise (צדיק) - oft im Kontrast zum Toren (רשע) - im Bild des Baumes dargestellt: So in der Weisheit Amenemopes c.4, 520-612, einem Bild, das auf den weisheitlichen Ps 1[38] eingewirkt hat und das Sir 50 aufgenommen und variiert wird.[39] Zur Be-

---

32) Das entspricht auch rabbinischer (vgl. Hadas, Macc, 150f) und platonischer (vgl. Dupont-Sommer, Quatrième Livre, 53) Auffassung; zum Bild vgl. Philo, Det. 105f. - Vgl. aber auch den Gebrauch der Metapher ἔμφυτος Weish 1210, aus der Vertrautheit mit der griechischen Philosophie spricht (Reese, Influence, 15-17, verweist auf die peripatetische Tradition).
33) Vgl. Rickenbacher, Weisheitsperikopen, 164.
34) Die Weisheit wird Sir 2412-17 als mit dem Gesetz identisch gedacht, s. Fuß, zit. Rickenbacher, 122.- Zur Weisheit als Baum vgl. auch Sir 1426. Sir 2412ff und Sir 1426ff sind auf dem Hintergrund einer alten Baumgöttinnentradition zu sehen, vgl. Schroer, S., Die Zweiggöttin in Palästina/Israel. Von der Mittelbronze II B-Zeit bis zu Jesus Sirach, in: Küchler, M., Uehlinger, Ch., (Hg.), Jerusalem. Texte - Bilder - Steine, FS H. u. O. Keel-Leu, NTOA 6, Freiburg, Schweiz, Göttingen 1987, 201-225.
35) Zum Bild vgl. auch TestLev II12.
36) Der Begriff taucht im AT Gen 29 (vgl. dazu Westermann, Gen. 288ff (Lit!)) und in der Spruchdichtung neben Prov 318 noch 1130; 1312; 154 auf. Das Motiv des lebensspendenden Baumes kommt - wie auch das der lebensspendenden Quelle (vgl. Prov 1011; 1427; 1622; Ps 36) häufig in Märchen und Mythen vor (vgl. Gunkel, Gen, 7f; ders., Märchen, 43), der Begriff fehlt jedoch in der Umwelt: Im Akkadischen begegnen dafür die Ausdrücke "Pflanze des Lebens" (Gilgamesch-Epos), "Speise des Lebens" und "Wasser des Lebens" (Adapa-Mythus), vgl. Ringgren, Spr., 23 A3.
37) Ähnlich Weish 612(13); vgl. auch Sir 120.
38) Vgl. auch die weisheitliche Metaphorik Jer 177ff; Ps 5210; Prov 1128.30.
39) Ist der Vergleich des Priesters Simon mit einem Ölbaum Sir 5010 Hinweis auf den Ansatzpunkt des Vergleichs TestLev VIII8? - Zum Bild Sir 50 vgl. auch TestLev II12.

schreibung des Weisen/ צדיק gehört wie schon bei Achikar[40] die Familie, so Sir 50,12 ("Söhne wie Zedernsetzlinge; ... wie Weiden") und TestHiob 32,6: "... du warst wie ein Baum mit wohlduftenden Äpfeln...".
Andrerseits wird dem kinderlosen Gläubigen angesichts des Kinderreichtums der Gottlosen Weish 4,1-6 die Prävalenz der Tugend[41] und die schlechte Entwicklung der Kinder der Gottlosen ("Bastard-Sprossen") vor Augen geführt: zwar werden sie für eine Weile Zweige treiben (irdisches Glück!), aber, da sie "keine Wurzel in die Tiefe treiben", werden sie vom Wind geschüttelt, entwurzelt und ohne nützliche Frucht sein. Nach Sir 23,25 werden Kinder, die in Ehebruch gezeugt werden, "keine Frucht bringen"; sie sind so wenig verwurzelt wie die Gottlosen Sir 40,15f, die auf einem Felszahn ruhen (vgl. Mt 13,5; Mk 4,5) und weggeschwemmt werden. Wie das deterministische Bild Sir 3,28 zeigt, ist dabei keine Veränderung vorstellbar:
"... es gibt keine Hilfe für ihn (= den Spötter, Anm. d. Vf), denn von einem schlechten Stock stammt seine Pflanze".[42]

Av 3,17b wird anhand von zwei Modellen das Verhältnis von Weisheit und Tat in einem Doppelgleichnis zugunsten der letzteren entschieden:
"Wem ist ein jeder gleich, der mehr Weisheit als Werke besitzt? Einem Baume, der viele Zweige, aber wenig Wurzeln hat, und es kommt der Wind und entwurzelt ihn und wirft ihn über den Haufen.
Und wem ist ein jeder gleich, der mehr Werke als Weisheit besitzt? Einem Baume, der wenig Zweige, aber viele Wurzeln hat; wenn auch alle Winde der Welt kommen und ihn anwehen, vermögen sie nicht, ihn von seiner Stelle zu rücken".[43]

Das Thema der Vergänglichkeit wird Sir 14,18 so aufgenommen, daß in einem größeren Abstand vom Geschick des einzelnen der beständige Wechsel der Generationen betrachtet wird, wobei eine Kontinuität (Baum)

---

40) Ach Sachau 162 fol 86sq III,31 (39), ROC 21 (1918-19)158, vgl. auch Ach ed. und trad. des Ms von Mgr Graffin...III, 22 (39^a), ROC 21 (1918-19) 297. Im AT vgl. den weisheitlichen Ps 128,3. Dagegen wird der Mensch, der allein ist, Ach ed. und trad. des Ms von Mgr Graffin III,62 (39^b), ROC 21 (1918-19) 299 einem Baum am Wege verglichen, an dem sich jeder, der vorbeigeht, bedient.
41) So auch Weish 3,15: dort wird der Gerechte, der ohne Nachkommen (καρπός) ist, mit dem Verweis auf "die Frucht echter Mühen", die der Erkenntnis des göttlichen Willens entspringen (vgl. Jes 56,3) getröstet.- Weish 3,13 wird die Unfruchtbare "Frucht erhalten bei der Visitation der Seelen".
42) Tob 5,15 und dagegen heißt es: "ἐκ ῥίζης ἀγαθῆς [S]/καλῆς [BA] εἶ ...". Vgl. im AT Dtn 32,32f.
43) Ähnlich ARN c. 22 (Goldin, Fathers, 100), vgl. Bacher, Tannaiten I, 221 m. A.2. Av 3,17 ist (Flusser, Gleichnisse, 102) der Generation nach der Tempelzerstörung zuzuordnen.

in der Diskontinuität (das Laub, das naturgemäß sprießt und welkt) gedacht wird.[44]
c) Eigentliche Gemeinschaftsbilder fehlen in den weisheitlichen Texten.[45]

Die Konzentration der Weisheit auf das Individuum schlägt sich in einem entsprechenden Metapherngebrauch nieder: Die Metaphern sind zumeist individuell konnotiert: Sie betreffen die Erziehung (so bes. Achikar) und Entwicklung eines Menschen; ihn lädt der Baum der Weisheit ein, sich von ihm zu nähren (Sir). Ausgeprägt ist die Gegenüberstellung des Weisen (צדיק) und des Toren (רשע), wobei das Thema Sir und Weish im Hinblick auf Kinder(-losigkeit) variiert wird.

2.2) Die realisierten Metaphern im Bildfeld Saat - Wachstum - Ernte
a) In den weisheitlichen Apokryphen und Pseudepigraphen fehlen eigentliche Gerichtsbilder ebenso wie eigentliche Gemeinschaftsbilder.
b) Breit dagegen sind Wachstums- und Entsprechungsbilder realisiert:
Achikar stellt den Lehrer als Bauern vor, der den Schüler (das Feld) bearbeitet. Schläge sind der Dünger der Erziehung[46] trotzdem ist den Anstrengungen des Lehrers[47] kein Ertrag beschieden: Er sät Ach 110[48] so viel aus wie er erntet.

Dagegen setzt Sir 619 auf die Selbstzucht der Schüler, die sich der Weisheit nähern sollen "wie der, der da pflügt, und wie der, der da erntet" um ihre Frucht zu essen.[49]
Sir 3913f wird das Wachsen und Blühen von Pflanzen appellativ für die Entwicklung der Schüler verwandt.

Mit Hilfe der Saat-Ernte-Metaphorik wird häufig der Tun-Ergehens-Zusammenhang veranschaulicht,[50] wobei Tun und Ergehen dem Gesetz der Vervielfältigung (Sir 73) oder dem der Entsprechung (TestLev 136)

---

44) Das Bild ist in der Antike weit verbreitet, s. Hom, Il. 6146; 21464; Mimn. 21; Sen, epist. 10411; Marc Aurel X34. Auf zwei Menschen verteilt ist die Opposition "blühen" vs "welken" TestSim III2.
45) Einen eigenen Komplex bilden die Konkurrenzfabeln besonders der Umwelt.
46) Ach, Sachau 162 fol. 86 sq, III, 25 (32): "... les coups sont au jeune homme comme le fumier à la terre..." (ROC 21 (1918-19) 158), vgl. ed. und trad. des Ms v. Mgr Graffin, III,15 (32), ROC 21 (1918-19) 297, sowie die spätere Version Ach, Rendel Harris Nr. 22, zit. Wensinck, OLZ 15 (1912) 51.
47) Die nötige Mühe und Anstrengung wird auch in den Sprichworten Lehre des Anchscheschonki 819; 914f; 208 (Lichtheim, 73f.85) betont, vgl. ferner das Dramatiker-Gnomologion [Philemon (3)^a] Menandros (1)^b; Weish 1010.
48) Nau, Histoire, 243. Der Mißerfolg ist Ach 108 noch gesteigert, wo der Schüler dem Kornwurm verglichen wird (Nau, Histoire, 242f; vgl. auch ed. und trad. des Ms v. Mgr Graffin ... XXXIII, 86 (108), ROC 21 (1918-19) 379).
49) S. dazu: Penar, 20. Das Dramatiker Gnomologion [Philemon (3)^a] Menandros (1)^b parallelisiert das sich Abmühen dem Ackern.
50) Prov 228; Hi 48; Lehre des Anchscheschonki 1723 (Lichtheim, 82: "he will reap the profit of what he has done").

gehorchen können.[51]

Während der Weise dem König Arist 230 zusagt: "Du kannst gar nicht unterliegen, denn du hast bei allen (Menschen) Wohltaten ausgesät (χάριστας ἔσπαρκας), die Zuneigung sprießen lassen (βλαστάνουσιν)", warnt Ps-Phokylides 152: "(Verschwende dein) Gutestun nicht an einen Bösen - das ist, wie wenn man aufs Meer sät (σπείρειν ἶσον ἔστ' ἐνὶ πόντῳ)".[52]

Wie im Bildfeld Baum - Frucht so dominieren auch im Bildfeld Saat - Wachstum - Ernte die individuellen Metaphern. Jetzt tritt das Verhältnis von Investition und Ertrag - sei es im Bereich der Erziehung (s. Achikar) oder allgemein in dem der Ethik (insbes. zum Aufweis des Tun-Ergehens-Zusammenhangs!) - in den Vordergrund.

2.3) Die Realisation im literarischen und funktionalen Kontext

Insbes. das Buch Sir weist eine Reihe von Vergleichen auf.[53] Ausgesprochen interessant ist aufgrund seiner Nähe zu Joh 15 die Rede der Weisheit Sir 24 13ff, wo die beiden letzten Glieder der Vergleichskette durch explizites ἐγὼ ὡς eingeleitet werden (Sir 24 16f). Der Selbstvorstellung im Ich-Stil folgt[54] wie bei Johannes die Invitation (V19); implizit in den "Früchten" der soteriologische Nachsatz und ferner die Verheißung.

Häufiger noch sind Metaphern: Genitivmetaphern in Verbindung mit "Wissen", "Weisheit", o.ä.; Metaphern, die gelegentlich auch breiter entfaltet sind[55] - Av 3 17b sogar zu einem Doppelgleichnis.

Sind letztere[56] stärker argumentativ gebraucht, so überwiegt im ganzen die deskriptiv-veranschaulichende Funktion der Metapher.[57] Sie stellen einen Sachverhalt dar. Formal bedeutet das, daß sie fast ausschließlich in *Aussageworten* realisiert sind, denen höchstens indirekt eine paränetische Funktion zukommt. Eigentliche *Mahnworte* sind selten; auffälligerweise koinzidieren sie mit Vergleichen, Sir 7 3 und TestLev 13 6 auch mit dem über die Saat-Ernte-Metaphorik dargestellten Tun-Ergehens-Zusammenhang.

---

51) Vgl. Test XII Anhang 2, JSHRZ, 146; ferner TestRub V 3.
52) Deutsch: JSHRZ, griech: van der Horst, Ps-Phokylides, 98. Metapher wohl nach Theogn. I 105-108 (van der Horst, Ps-Phokylides, 215). Ps-Phokylides 152b ist ein Sprichwort, vgl. Kaibel, Epigr. Gr. 1038,8f; Corp. Paroem. Gr. I,344,11; II, 27,59. Sib VIII 409 dagegen als Abschluß einer Mahnung: "(407): Des Bedrückten nimm stets dich an ... (409) Jetzt nur säend ins Wasser (σπείρων νῦν ἐς ὕδωρ), damit ich dir einst gebe (410) unvergängliche Früchte (καρποὺς ἀθανάτους)."
53) Sir 62(3); 6 19 (ὡς); Sir 14 18; 33 13.16f, 50 8.10.12, u.ö..
54) V 18 ist nur in einigen wenigen Hss eingeschoben.
55) Weish 4 3-5; Sir 6 1f(2f).
56) Av 3 17b; Weish 4 3-5.
57) Sir 40 15f; 50 8ff; TestRub V 3.

Insgesamt gesehen beschreiben die Metaphern primär Wirklichkeit und strukturieren dabei die natürliche und (analog dazu) die soziale Ordnung.[58] Die Beschreibung wird selten zur expliziten Aufforderung, dieser Ordnung zu entsprechen: Die in der Beschreibung des צדיק oder רשע implizierten Wertungen werden nur sporadisch direkt paränetisch umgesetzt.

Die orientierende Funktion der Metaphern läßt auf die Erziehungssituation als Sitz im Leben schließen:[59] Im Hintergrund von Sir steht die Ausbildung von Schreibern/Schriftgelehrten,[60] deren Selbstverständnis Sir 38,24b-39 in deutlicher Abhebung von den Bauern und Handwerkern formuliert wird.[61]

Die Distanz zu der Welt, der die Wachstumsmetaphern entnommen sind, ist also realiter und auch bewußtseinsmäßig relativ groß; letztere werden eher als literarisch(-philosophische) Phänomene wahrgenommen (vgl. Sir 39,3) und zwar von Menschen, die soziologisch der Schicht der Gebildeten und Reichen zuzuordnen sind[62]. Enge Verbindung zu Sir zeigen die weisheitlichen Einschübe der Test XII[63] -Küchler sieht im Hintergrund eine Gruppe von Weisen, die in jüdischer Weisheitstradition lebte und mit stoischem Vorstellungsgut vertraut war.[64] -Weish ist in der intellektuellen Oberschicht zu verorten: Der Verfasser ist nicht nur mit der jüdischen Tradition, sondern auch mit der hellenistischen Bildung vertraut,[65] als Adressanten sind nicht eine breite Öffentlichkeit, sondern eine Gruppe jüdischer Schüler in Alexandria anzunehmen.[66]

---

58) Beide werden in Korrespondenz zueinander gesehen, s. Hermisson, Weisheit, 173.
59) Hermisson, Weisheit, 174.
60) Middendorp, Stellung, 32f, bestimmt Sir als Schulbuch.
61) "(24) ...ὁ ἐλασσούμενος πράξει αὐτοῦ σοφισθήσεται (25) τί σοφισθήσεται ὁ κρατῶν ἀρότρου...". Hier klingt das ägyptische Vorbild an (vgl. zu Sir 38 die Sprüche des Duauf, dazu Middendorp, Stellung, 157 m. A1), das nicht nur literarisch, sondern auch auf die Entstehung der Klasse der סופר gewirkt hat (Middendorp, Stellung, 157).- Vgl. auch Ps-Phokylides, 158: Graben muß der, der kein Handwerk gelernt hat.
62) Preuß, Weisheitsliteratur, 146.
63) Küchler, Weisheitstraditionen, 439.
64) Küchler, Weisheitstraditionen, 544, vgl. 538. - Av sind dann die Toralehrer die Weisen, s. Preuß, Weisheitsliteratur, 152f.
65) Murphy, Introduction, 46f, schreibt sie einem alexandrinischen Juden zu; anders: Preuß, Weisheitsliteratur, 148: fragend: Syrien.
66) So Reese, Influence, 151.

3) Vegetationsmetaphern in der Apokalyptik

Im Unterschied zu den narrativen und weisheitlichen Texten werden die Metaphern in der Apokalyptik konsequent in einem eschatologischen Bezugssystem realisiert. Das entspricht dem Versuch der Apokalyptik, Wirklichkeit unter eschatologischem Blickwinkel zu deuten und zu bewältigen.

3.1) Die realisierten Metaphern im Bildfeld Baum -Frucht
a) Ein Bild analog zu Ach 33135,[1] fehlt: Der individuelle Entscheidungsrahmen ist verlassen und durch einen (periodisierten) universal-geschichtlichen ersetzt. Er liefert einen neuen Bezugs- und Deutungsrahmen für die überwiegend traditionellen Metaphern. Neben einigen besonders politisch konnotierten Metaphern ("Sproß", "Zeder") werden vor allem Gemeinschaftsbilder aufgegriffen, um - wie schon in späteren Schichten des AT -Gericht und Heil zu thematisieren:
b) So werden in der Vision syrBar 36f mit den Bäumen, der Zeder und dem Weinstock traditionelle Metaphern samt den mit ihnen verbundenen Motiven realisiert.[2] SyrBar 39f[3] wird der Wald, der vom Wasser der Quelle überschwemmt, entwurzelt und erniedrigt wird, auf das vierte Königreich,[4] die Zeder, die allein von ihm übrigbleibt und schließlich verbrennt, auf dessen letzten Anführer, der Weinstock,[5] der danach wächst, auf das Reich des Messias (syrBar 397), bzw. auf diesen selbst (syrBar 401) gedeutet: Das Vier-Reiche-Schema liefert den Deutungsrahmen für die ältere Vision von Wald, Zeder, Weinstock und Quelle.[6]

1) Vgl. S. 97f und 135ff.
2) Zum Wald als Metapher für die feindliche Weltmacht, vgl. Jes 1018 (?), Schreiner, Apk, 95; das Verständnis ist unsicher, vgl. Wildenberger, BK X/1, 410. Zur Zeder als Metapher für den Herrscher, vgl. II Reg 149; Ez 173; Ez 313ff; die Zedern des Libanon als Metapher für die feindliche Macht zeichnet sich in die jüdische Tradition ein, in der der Libanon die Nationen im Gegensatz zu Israel bezeichnet (s. Bogaert, I, 85); der Weinstock ist traditionelle Metapher für Israel (Ps 80); von daher auch für ihren Herrn (s. Bogaert, I, 85). Oder leitet sich der messianische Gebrauch des Weinstockbildes von der Rebe als einem königswürdigen Gewächs (Ez) ab? So Borig, Weinstock, 118. - Zu den Motiven vgl. das Motiv der Erhöhung des Niedrigen und die Erniedrigung des Hohen; das Wachstum und Gedeihen des Weinstocks. Zum Ganzen vgl. Greßmann, Eschatologie, 106.
3) Vision und Deutung stimmen nicht genau überein, s. Münchow (masch.), 216; Klausner, Idea, 338f.
4) Gegen die Einleitung syrBar 392 deckt der Wald wohl faktisch nicht alle vier Königreiche in der Deutung ab, sondern ist (vgl. 395) nur auf das vierte Königreich zu beziehen, vgl. Harnisch, Verhängnis, 258; Bogaert, I, 85; Klausner, Idea, 339; Münchow (masch.), 217; Volz, Eschat., 281. Zu den Waldbäumen als Kriegern, vgl. IV Esr 413-19.
5) Die Quelle wird dem Weinstock in der Deutung parallelisiert, hat aber in der Vision eine andere Funktion, vgl. Bogaert, I, 85.
6) Vgl. Harnisch, Verhängnis, 258; Münchow (masch.), 217.

c) Das traditionelle Bild der Pflanzung als Metapher für die Gemeinschaft[7] ist - wohl ausgehend von Jes 60 21[8] - äthHen 10 16; 93(2).5.10 zur "Pflanze der Gerechtigkeit" weitergebildet:[9] Schon der Begriff signalisiert eine Verengung auf das "wahre Israel" hin.[10] Der Gedanke des Segens (äthHen 10 16)[11] und der Erwählung (äthHen 93 10)[12] ist mit ihr verbunden. Wie auch Jub 1 16 ist die Metapher eindeutig eschatologisch verstanden; die Pflanze der Gerechtigkeit kommt jedoch äthHen - im Unterschied zu Jub - unmittelbar im Anschluß an die Epoche der Ungerechtigkeit.[13] ÄthHen 93 5 geht Abraham als "Pflanze des gerechten Gerichts" der "ewigen Pflanze der Gerechtigkeit" (d.h. seinen Nachkommen) voraus: Die eschatologische Konnotation erhellt syrBar 57 2: der "Glaube an das kommende Gericht... die Verheißung eines Lebens, das einmal kommen wird" ward "zur Zeit Abrahams gepflanzt".[14]

d) Der Weinstock als ein traditionelles Gemeinschaftsbild für Israel wird IV Esr 5 23 durch den Kontrast zwischen "allen Wäldern der Erde" und dem "einen Weinstock", den der Herr sich erwählt hat, hervorgehoben.[15] Angesichts der dieser Erwählung zuwiderlaufenden Situation bricht der Hymnus (IVEsr 5 23-27) V28ff zur Klage über das Geschick Israels um,[16] das grBar 1 2 im Bild des Weinbergs beklagt.

e) Mit der "Beere" und dem "Sproß" sind IVEsr 9 21f zwei Metaphern kombiniert, die die Rettung (9 21 Israels[17] oder einiger weniger Menschen[18]) ausdrücken:

"(21) Ich ... rettete mir eine Beere von der Traube und einen Sproß von dem

---

7) Es ist aufgenommen AscJes 4 3 (+verfolgen). SyrBar 84 2 Hs c spezifiziert: das Eingepflanztwerden wird an die Beobachtung des Gesetzes gebunden.
8) Reese, Geschichte, 74f A34.
9) Vgl. auch grHen 10 16 (ed. Black), ferner: Jub 1 16; 16 26; 36 6.
10) Vgl. Reese, Geschichte, 74f A34.
11) Vgl. auch Jub 1 16; 16 26; 21 24.
12) Vgl. auch Jub 1 16; 16 26; 21 24; 36 6.
13) S. Fujita, 37; vgl. auch die "ewige Samenpflanze" äthHen 84 6.
14) Mit Reese, Geschichte, 74, gegen Dillmann, Hen, 295; zur Metapher vgl. auch äthHen 52 5. Steht das Bild der "Scharlachbeeren" für die Sünden Israels im Apokryphon Ezechiel Frgm. 3 (I Klem 8 3) in diesem Zusammenhang? - Zur Metapher der Pflanzung für das Königsgeschlecht vgl. Sib XI 251-53.
15) Die Metapher eröffnet eine Reihung, die der Struktur "aus allen" - "eins" folgt, in der als Metapher für Israel das 'Land', die 'Lilie', der 'Bach', der 'Zion' erscheint.
16) Vgl. dazu Harnisch, Verhängnis, 27-31; Münchow (masch.), 165f.
17) S. Schreiner, JSHRZ Anm ad IVEsr 9 22a. Die Deutung auf das Volk ist jedoch nicht ganz sicher, vgl. Volz, Eschatologie, 99.
18) S. Schreiner, JSHRZ, Anm ad IV Esr 9 22a; Harnisch, Verhängnis, 140.

großen Wald. (22) So gehe denn die Menge zugrunde ... und gerettet werde meine Beere und mein Sproß, denn ich habe sie mit viel Mühe zustande gebracht."[19]
f) Das Bild von "Wurzel" und "Sproß"[20] wird in dem apokalyptischen Einschub TestJud 24,5 im Rahmen einer Verheißung realisiert (vgl. auch Sib XI 246; 252f); dagegen ist äthHen 93,8 von Israels Exilierung als von der Zerstreuung "des ganzen Geschlechtes der auserwählten Wurzel" die Rede (vgl. IVEsr 5,28); III Esr 8,86 ist Israel "wie ein Wurzelstock" übriggeblieben.[21] Auch Sib III 396-403 ist die Wurzelmetapher kollektiv gebraucht: der Menschenmörder wird "eine Wurzel ... abhauen" und daneben eine andere Pflanze pflanzen.
g) Die Verflechtung von Weisheit und Apokalyptik markiert äthHen 32,3-6: Hier ist die Weisheit als Baum[22] vorgestellt (vgl. Sir 24,12ff).[23]
h) Die Zweige bilden Sib V,50 das Heil unter dem Schutz des Herrschers ab; vgl. auch hebrHen 18,18.
i) Den kosmischen Rahmen des Gerichts auf der Erde (vgl. Apk 19,18) erhellt hebr Hen 28,9: "Und siehe, ein Ir und ein Qaddisch ... schrien laut und sprachen also: 'Haut ab den Baum und schlagt ab seine Zweige, streift ab seine Blätter und zerstreut seine Frucht! Laßt die Tiere unter ihm wegfliehen und die Vögel aus seinen Zweigen!'"
j) Im gesamten apokalyptischen Schrifttum sind anschauliche Schilderungen des Weltendes[24] wie auch der Fülle der Heilszeit[25] breit realisiert. Was letztere anlangt, kommt häufig das Entsprechungsschema von Urzeit und Endzeit zum Tragen.

---

19) IV Esra 12,42 ist das Bild der Traube wieder mit dem Übrigbleiben konnotiert: Diesmal ist es der Prophet der allein übriggeblieben ist "wie eine Traube aus der Weinlese".
20) Vgl. Jes 11,1; Jer 23,5; 33,15; Dan 11,7; TestJud 24,4. - Vgl. Sib XI 246 (ῥίζη ... ἐξαναφύσει); I Makk 1,10 (ῥίζα ἁμαρτωλὸς Ἀντίοχος Ἐπιφανής) Sib [II], 172 (Ἀσσύριος κλῶν); Sib III 414 (ἄριστον); Sib VIII 75 (ἔκγονε Ῥώμης).
21) Zur Metaphorik vgl. III Esr 8,84-86; 87,5.
22) Im Hintergrund steht die Vorstellung vom Lebensbaum; vgl. auch ApkMos 19,22.28; TestLev 18,11; äthHen 24,4-25; IV Esr 7,123; 8,52; grHen 24,4-25; sl Hen 8,3; (zum Baum der Erkenntnis: ApkMos 20f (Feigenbaum); grBar 4,8ff.15f, grHen 32,3). Vgl. ferner S. 73f.
23) Sib V,257 (vgl. auch Barn 12,1) ist der Baum Typos des Kreuzes, vgl. Sib VIII 483f: "... sind wir aus Christi heiligem himmlischen Stamme (484) alle entsprossen (πεφυῶτες)".
24) "Die Bäume werden entwurzelt werden und fallen" ApkEl 39,12,11; ferner: äthHen 83,4; ApkZeph 12,8; vgl. auch syrBar 10,10 und als Vorzeichen das Märchenmotiv (Gunkel, Märchen, 42) IV Esr 5,5 (vgl. Barn 12,1).
25) "An einem Weinstock werden tausend Reben sein, und eine Rebe trägt dann tausend Trauben ..." syrBar 29,5; vgl. weiter äthHen 10,18f; 26,5ff; 29,5; Sib III 619-623.659.744ff; Buch des Elias 64.

Im Unterschied zur Weisheit werden in der Apokalyptik überwiegend kollektive (Pflanzung, Weinstock) und politisch-heilsgeschichtlich konnotierte Metaphern realisiert: Die Kombination mit der Beobachtung des Gesetzes (syrBar 84 2 Hs c) und der Gerechtigkeit (äthHen 10 16, u.ö.) signalisiert, daß das traditionelle Bild der Pflanzung für Israel jetzt auf das Verständnis des "wahren Israel" hin eingeengt ist; der Weinstock als traditionelles Bild für Israel (IV Esr 5 23; syrBar 12) kann auch das Reich des Messias bzw. diesen selbst darstellen. Heilsgeschichtlich konnotiert ist das Bild des Sprossen (TestJud 24 5), es ist - wie das der Zeder (syrBar 40 1) - mit dem Königtum verbunden.

3.2) Die realisierten Metaphern im Bildfeld Saat - Wachstum - Ernte

a) Der Ablauf der Weltzeit und (durch den breiteren Raum, den jetzt IV Esr einnimmt?) der Kontrast zwischen diesem und dem kommenden Äon tritt im Bildfeld Saat-Wachstum-Ernte stärker aus der Rolle eines strukturierenden Bezugsrahmens heraus und wird zu einem eigenständigen, die Argumentation bestimmenden Moment. Dabei liegt den Bildern mehrheitlich der Gedanke einer dynamischen Entsprechung zwischen Saat und Ernte zugrunde.

b) So schärft die Fragenkette syrBar 22 3ff (V5f über den Zusammenhang Saat-Ernte; Pflanze(n)-Frucht) die Sicherheit ein, mit der Gott nach Ablauf der Weltzeit kommt. In der Endzeitankündigung syrBar 70 2 wird die Weltzeit reif, "die Saat der Bösen und der Guten"[26] wird "ihre Ernte finden".[27] Die dualistische Trennung dieses und des künftigen Äons betont IV Esr 4 28f: dieser gegenwärtige und der künftige Äon sind miteinander inkompatibel: erst muß die Ernte[28] dieses bösen Äons kommen, der Platz muß verschwunden sein, "wo das Böse gesät worden war", bevor der künftige Äon ("der Acker,...wo das Gute gesät ist") erscheinen kann. Hat das "Korn des bösen Samens", das "am Anfang in das Herz Adams gesät" wurde und diesen Äon grundlegend bestimmt, viel "Sündenfrucht ... hervorgebracht" und wird sie noch hervor bringen, so wird - wie der Qal-Vachomer-Schluß kontrastiv unterstreicht[29] - das Gute, das im künftigen Äon nicht nur als Korn, sondern in "zahllosen Ähren" ausgesät sein wird, noch eine viel größere Frucht einbringen.

---

26) Zur Saat des Guten vgl. auch ApkSedr 3 5.
27) ApkAbr 29 12 wird das Gericht kommen, bevor der Äon der Gerechtigkeit wächst; zum Ende "wie die Hütte eines Gartenwächters" vgl. TestJos 19 12. Unter Verweis auf das eschatologische Maß wird IV Esr 4 36 die Frage der Seelen der Gerechten: "Wann kommt die Frucht auf der Tenne unseres Lohnes" (IV Esr 4 35) beantwortet. (Zum Bild der Tenne vgl. auch äthHen 56 6). - Zur Ernte (θέρος) als Bild für das Gericht vgl. auch die (christl.) Sib [II] 164f.
28) Syr Ar liest IV Esr 4 28 'Tenne' statt 'Ernte'.
29) Vgl. Harnisch, Verhängnis, 170, Brandenburger, Adam, 222.

c) Die vollkommene Diastase zwischen diesem bösen und dem künftigen guten Äon wird IV Esr 4 30f dadurch durchbrochen, daß ins Herz des Menschen[30] nicht nur das Böse (das 'granum seminis mali'), sondern auch das Gute (die lex) gesät ist[31] (IV Esr 9 31), das die Menschen Frucht bringen läßt.[32] Im menschlichen Herzen haben folglich zwei entgegengesetzte Faktoren ihren Ort: Der böse Same und das göttliche Gesetz:[33] Bringt ersterer Sündenfrucht und hat den Tod zur Folge, so bringt das Gesetz nicht nur Frucht, sondern eine Frucht, die nicht verdirbt (V 32) und die die Zugehörigkeit zum künftigen Äon vermittelt.[34] Das Wachstum des einen oder des anderen Samens liegt - ganz undeterministisch - in der Entscheidung des Menschen und hat sein Heil, bzw. Unheil im künftigen Äon zur Folge.[35] Im Gegensatz zur Realität geht im letzteren Fall zwar der Acker (der Mensch samt seinem Herzen), nicht aber der Same (das an Gottes Unvergänglichkeit partizipierende Gesetz) zugrunde.[36]
d) Das Ergehen in der künftigen Welt steht in Entsprechung zum Verhalten in dieser Welt, vgl. IV Esr 9 17:
(α)"Wie der Acker, so [auch] die Saat,
(β) wie die Blumen, so [auch] die Farben [sc. der Blüten],
(δ) wie der Landmann, so [auch] die Tenne [= Ernte],
(γ) wie die Werke, so auch das »Gericht«".[37]
Dabei überschreitet der Saat-Frucht-Zusammenhang in der Apk den immanenten Rahmen der Weisheit: Gott ist es, der die Menschen, das Gesetz (IV Esr 9 31) bzw. die Früchte des Gesetzes (syrBar 31 1), Gutes (IV Esr 4 29.30; ApkSedr 3 5) und Böses (IV Esr 4 28.30) sät;[38] die Frucht des in diesem Äon gesäten Gesetzes wird erst im künftigen Äon zur Geltung kommen (IV Esr 9 31), ebenso die Frucht der Wahrheit(?);[39] der Acker

---

30) Genauer: Adams und nach 7 92 seiner Nachkommen (Harnisch, Verhängnis, 172).
31) Vgl. auch IV Esr 8 6; IV Esr 3 20; syrBar 32 1. - IV Esr 9 31ff stellt formal und sachlich ein Pendant zu IV Esr 4 30f dar, vgl. Harnisch, Verhängnis, 172.
32) Früchte der Gerechtigkeit: Syr; ApcBar (syr) 32 1, cf. JSHRZ V/4, Anm. 31b.
33) Vgl. auch IV Esr 3 22: Das Gesetz befindet sich im Herzen des Volkes zusammen mit der Wurzel des Bösen.
34) Vgl. Harnisch, Verhängnis, 145; 172.
35) Vgl. Harnisch, Verhängnis, 172.
36) Vgl. Harnisch, Verhängnis, 173f.
37) Zur Begründung der Übersetzung und zum Verhältnis von Bild und Anwendung vgl. Harnisch, Verhängnis, 233.
38) Eine Ausnahme bilden grBar 15 2 (für die Stelle ist christliche Bearbeitung anzunehmen (Mallau, H.H., Art.: Baruch/Baruchschriften, TRE 5, 269-276, 274 Z 17)): "Denn die, welche gut gesät haben, sammeln auch gut dazu", der ebenso wie slHen 42 11 den Tun-Ergehens-Zusammenhang - diesmal nach dem Gesetz der Vervielfältigung - abbildet; vorausgesetzt, man faßt die Stelle metaphorisch, vgl. Charles, Secrets, 58.
39) Harnisch, Verhängnis, 127f A6.

(IV Esr 4 28) wie auch die Ähren des Guten werden erst im künftigen Äon ihren Ort haben (IV Esr 4 32); dort erst winkt den Gerechten ihr Lohn (IV Esr 4 35); erst die Wege "der größeren Welt"..."bringen die Früchte der Unsterblichkeit" (IV Esr 7 13).

e) Jedoch werden viele in dieser Welt verlorengehen, wie IV Esr 8 41ff der Vergleich des Menschen und seines Schicksals mit dem Geschick des Samens[40] deutlich macht – ein Vergleich, gegen den sich der Seher (IV Esr 8 44) bezeichnenderweise wehrt: Der Mensch ist nicht dem Samen gleichzustellen! Gott jedoch weist diesen Einwand zurück und richtet seinen Blick auf die Herrlichkeit der Gerechten (IV Esr 8 52f). Es bleibt dabei: der Natur entsprechend[41] werden viele Menschen verlorengehen.

f) Traditionellem Metapherngebrauch entspricht, daß in Korrespondenz zum Bild des "blühenden" Lebens[42] das "dürr werden", "verdorren", "welken", und "vertrocknen" als Bild für die Vergänglichkeit der Feinde (syrBar 8 27), der Menschen (83 12), der Reichen (äthHen 96 6) verwendet wird.

g) Aber auch ausgesprochene Metaphern für Gericht und Tod fehlen nicht: So ist das Pflügen Sib V 505 Bild für den vernichtenden Krieg (innerweltlich), die Finger des Antichrist werden grEsrApk IV 31 Sicheln verglichen, TestAbr A IV, A VIII spricht von der Sichel des Todes,[43] wie Stroh werden Menschen,[44] bzw. Könige (äthHen 48 9) vom Feuer gefressen.

h) Ausführlich werden auch im Bildfeld Saat – Wachstum – Ernte die Schrecken der Endzeit[45] wie auch die Fülle der Heilszeit[46] geschildert.

Der apokalyptische Gebrauch der Saat – Wachstum – Ernte – Metaphorik will gewiß machen, daß sich die Weltzeit auf das Ende hin bewegt; er thematisiert die Saat des Bösen respektive des Guten und ihre Ernte (durch Gott!) in diesem und dem kommenden Äon; der Tun–Ergehens–Zusammenhang ist in den Dualismus der zwei Äonen eingezeichnet.

---

40) Zur Vorstellung, daß Menschen in die Welt gesät werden, vgl. äthHen 82 8 ("Die Gemeinde ... wird gesät werden") und IV Esr 5 48.
41) Analog der Naturgesetzlichkeit argumentieren auch gr.Esra-Apk 5 12 und ApkSedr 5 12, die das Bild der Saat mit Zeugung und Schwangerschaft kombiniert.
42) Vgl. auch die Beschreibung Noahs äthHen 106 2; des Todes TestAbr A XVI.
43) Vgl. bSanh 95b. Zum Bild der Sicheln vgl. auch Sib V 222; Mk 4 29; Apk 14 14ff.
44) ApkEl 19 18-20; 40 23-29. Die Übersetzung mit "Stroh" ist beidemale umstritten, s. die Anm. z.St. JSHRZ V/3.
45) "...Saat wird sich... verspäten... der Regen wird zurückgehalten werden ... die Früchte der Erde [werden sich] verspäten..." äthHen 80 2f; vgl. Sib III 647; IV 72-74; V 275f; sowie syrBar 109 ff; 225.
46) "Auch wird die Erde ihre Früchte zehntausendfältig bringen..." vgl. syrBar 29 5; sowie Sib [II] 30; Sib III 263. Schnitter und Bauer werden nicht mehr müde: syrBar 74 1.

3.3) Die Realisation im literarischen und funktionalen Kontext
Relativ selten sind Vergleiche[47] realisiert; sie konzentrieren sich auf einige wenige Metaphern: dürrwerden "wie Gras" (syrBar 82,7), 'verbrennen wie Stroh'[48] und den Vergleich der Saat mit der Zeugung[49]. Es überwiegen Metaphern: z.T. handelt es sich um Genitivverbindungen mit Abstrakta bes. aus dem psychologisch-ethischen Bereich (vornehmlich (äthHen 93) in Mahnreden); häufiger noch greifen unmetaphorische Redeweise und Metaphern ineinander (vgl. IV Esr 8,6: "Gib Samen unserem Herz und Pflege dem Verstand, daß Frucht entsteht"), bes. IV Esr sind die Metaphern breiter entfaltet (IV Esr 4,28-32; 8,41.43f) bis hin zur Fabel (IV Esr 4,13-19), die auch einer Traumvision zugrundeliegen kann (syrBar 36f). Die Deutung der Bilder durch den angelus interpres syrBar 39f verfährt allegorisch.[50]
In Visionen (IVEsr 10.9.12.14), bzw. im Rahmen einer (Himmels-)Reise (äthHen 24,4ff; 26,5ff; 32,1,5) sind die "Metaphern" am breitesten ausgemalt: Wirklichkeit, Bild und Symbol durchdringen sich hier und weisen auch Bezüge zur Mythologie auf.[51] Dieser Bildgebrauch ist gerade im Zusammenhang eines Welt- und Seinsverständnisses, das nicht scharf zwischen Bild und Wort, Geist und Materie scheidet, evident[52] und auch durch den Inhalt bedingt: In den Augen des Apokalyptikers "steht dem Menschen das Wort nur für seine überschaubare Zeit, das Bild jedoch für die Zukunft und die ihm ferne und folglich verhüllte Vergangenheit zur Verfügung".[53]
Die breiten visionären Darstellungen des Endes bzw. der Heilszeit haben eine stark stabilisierende Funktion: Sie sollen die Adressaten über das Ende dieser Weltzeit und die künftige Welt versichern.
Zumeist haben Vergleiche und Metaphern (bes. die Genitivmetaphern) eine intensivierend-veranschaulichende Funktion. Die Intensität der Metaphern kann durch Reihung erhöht werden.[54] Daneben haben die Metaphern auch eine argumentative Funktion, die gerade dort zum Tragen kommt, wo die Metaphern breiter entfaltet sind, was bes. in den Zwiegesprächen im IV Esr der Fall ist (IV Esr 4,30-32). Häufig übernehmen die Metaphern selbst die Argumentation, wie IV Esr 8,41 zeigt:

47) äthHen 56,6; IVEsr 12,42; IVEsr 9,17.
48) äthHen 48,9; ApkEl 40,29; vgl. ApkEl 19,19-20,1.
49) ApkSedr 5,12; grApkEsr 5,12.
50) Zur Ableitung der Allegorese aus der Traumdeutung, s. Klauck, Allegorese, 91.
51) Schreiner, Symbolsprache, 67-69.
52) Schreiner, Symbolsprache, 60. 62.
53) Schreiner, Symbolsprache, 78, vgl. dazu IVEsr 5,26; 3,36f.
54) Vgl. die parallel gebaute Reihung von Metaphern im Hymnus IV Esr 5,23ff (vgl. auch ApkEl 23,16-24,3) und die viergliedrige Reihung von Vergleichen IV Esr 9,17, von denen das letzte (?, so gemäß der Konjektur von Violet, Esr, 126 und Harnisch, Verhängnis, 233) Glied die Bildebene verläßt.

"Denn wie der Bauer viele Samen auf die Erde sät und viele Pflanzen pflanzt, aber nicht alles, was gesät wurde, zu (seiner) Zeit bewahrt bleibt, und nicht alles, was gepflanzt wurde, Wurzeln schlägt, so werden auch die, die in die Welt gesät sind, nicht alle bewahrt bleiben".
Das Bild wird in der Antwort aufgenommen; interessant ist nun, daß Esra seine Anwendung auf den anvisierten Bildempfänger (IV Esr 8,44) ablehnt: "Aber den Menschen, der von deinen Händen geschaffen ist ... und um dessentwillen du alles geschaffen hast, stellst du dem Samen des Bauern gleich."
Der Bildgebrauch wird also sehr wohl kritisch reflektiert; die Argumentation erfolgt nicht immer analog zur Wirklichkeitsstruktur der Bilder, sondern teilweise auch dezidiert konträr zu dieser, s. IV Esr 9,34-37.
Dieser Bildgebrauch, der eine kritische Haltung gegenüber der vorgegebenen Wirklichkeitsstruktur einnimmt, atl. Bildmaterial rezipiert und durch die Betonung eschatologischen Denkens und die Einengung auf das "wahre Israel" hin in spezifischer Weise interpretiert, weist auf 'eschatologisch bewegte' jüdische Kreise[55] als Trägergruppe hin, die auf dem Hintergrund des Strukturwandels vom Volk Israel zur JHWHgemeinde[56] an der prophetischen Überlieferung festhielt. Ihre Identität hat sie im Unterschied zur Jerusalemer Kultgemeinde über ihre endzeitliche Orientierung gesucht,[57] die sie als Reaktion auf den eindringenden Hellenismus[58] und die Bedrohung der jüdischen Identität durch die Zerstörung des Tempels 70 n.Chr (IV Esr., syrBar) weiter ausgebildet und aktualisiert hat. Auf die Bedrohung ihrer Identität antwortet sie durch negative Weltwertung und die Ausbildung eines "new symbolic universe"[59] zu ihrer eigenen Stabilisierung.[60] Der inneren Abgrenzung entspricht die äußere in Konventikeln,[61] die aufgrund ihrer literarischen Produktion (Apokalypsen sind Schreibtischprodukte!), ihres hohen Reflexionsgrades und der durchgehenden Betonung des dialogischen Moments (bes. IV Esr) in Kreisen anzusiedeln sind, "die die entsprechenden Fähigkeiten besessen und ge-

---

55) Vielhauer, Hennecke II^3, 420.
56) Vgl. Plöger, Theokratie, 41,65.
57) Plöger, Theokratie, 37ff; 57; Schreiner, Apokalyptik, 178-182.
58) Hengel, Judentum, 354, 457, 60, 106, vgl. auch Nickelsburg, 643.
59) So Hanson nach Nickelsburg, 645; vgl. Meeks, Social Functions, 688.
60) Zudem erweist sich die Bildersprache angesichts der Bedrohungssituation ob ihrer Unschärfe und Polyvalenz als besonders leistungsfähig (Schreiner, Apokalyptik, 98).
61) Vgl. Plöger, Theokratie, 62f, Klauck, Allegorese, 81, Vielhauer, Hennecke, II^3, 420. - Vgl. die Bedeutung apokalyptischer Literatur in Qumran (s. Cross, Library, 198-203), auch wenn sich die Qumran-Essener gegenüber spezifisch apokalyptischen Ideen zurückhaltend zeigen (vgl. Koch, K., EKL I^3, 193; Schmithals, Apokalyptik, 154f).

pflegt haben".⁶² Das schließt nicht aus, daß apokalyptische *Hoffnungen* gerade auch in unteren Schichten lebendig waren.⁶³

Exkurs: Metaphern in Psalmen⁶⁴
-PsSal 143f⁶⁵ realisiert die Metapher des Baumes von Ps 1 pluralisch und kombiniert sie mit dem traditionellen, jedoch auf die Frommen verengten, Bild der Pflanzung. Die Metaphern sollen zeigen, daß die Frommen in dem Herrn (oder besser: in dem Gesetz)⁶⁶ schließlich ewiges Leben haben werden:
"(3) Die Frommen des Herrn werden durch das (Gesetz) ewig leben, der Lustgarten des Herrn, die Bäume des Lebens (sind) seine Frommen. (4) Ihre Pflanzung ist verwurzelt für die Ewigkeit, sie werden nicht ausgerissen alle Tage des Himmels...".⁶⁷
-An die Bäume des Lebens PsSal 143 erinnern die "Bäume der Freude" PsSal 123,⁶⁸ die durch die lügnerische Zunge des Gesetzlosen gefällt werden.⁶⁹

4) Vegetationsmetaphern als Exmetaphern:

Abgesehen von den Bildern der Saat als Metapher für die Nachkommenschaft⁷⁰ und der Metapher der Leibesfrucht,⁷¹ die sich auf narrative und apokalyptische Texte konzentrieren und deren Geschichtsbezug erhellen, ziehen sich die 'isolierten' Metaphern so konstant durch alle drei Traditionsströme, daß sie hier zusammen besprochen werden können: Es

---

62) Schmidt, Apokalyptik, 199. Deutlich sind die Sib in der gebildeten Oberschicht zu verorten (sie ahmen die Sprache Homers nach!), vgl. Hengel, Hoffnung, 656.
63) Hengel, Hoffnung, 666; ders., Judentum, 60.
64) Zu 1QH vgl. Qumran, zu den OdSal den entsprechenden Exkurs in der Gnosis.
65) Rost, Einleitung, 90, charakterisiert ihn als weisheitlichen Psalm.
66) ἐν αὐτῷ bezieht der Syrer auf νόμος, vgl. Kuhn, Textgestalt, 35, Braun, Erbarmen, 19 A207.
67) Zum Bild vgl. Daniélou, Symboles, 42; ders., Jewish Symbols, VII, 127. - (Das PsSal 145 erwähnte Israel ist nicht mehr national, sondern als Bezeichnung für die Frommen zu verstehen, s. Holm-Nielsen, JSHRZ IV/2, 91 A5a).- In der Schatzhöhle 316f aus der Schule Ephräms des Syrers (†373 n. Chr) ist die Verbindung von Pflanzung und Paradies dahingehend fortgeführt, daß das Paradies jetzt - aus frühchristlicher Sicht - mit der Kirche identifiziert wird. Zur Verbindung von Pflanzung und Paradies vgl. auch OdSal 11₁₈f.
68) Evtl. geht der Ausdruck auf Ez 31₁₆.₁₈ zurück; zum Bild vgl. auch 1 QH 8₁₉f, s. Anm. c ad PsSal 123 JSHRZ.
69) Ferner bittet Ps 155 (=SyrIII) um Reinigung vom Aussatz: "Vertrockne seine Wurzeln von mir weg, und mögen seine Blätter an mir nicht üppig wachsen!" - Die Metapher "Frucht der Lippen" par "Erstlingsgabe der Lippen" (PsSal 153) entspricht LXX-Gebrauch und indiziert eine Spiritualisierung des Kultus (vgl. Klinzing, Umdeutung, 218 m. A41).
70) Häufig im Zusammenhang der Nachkommens- (vgl. ApkAbr 204; äthHen 65₁₂; 67₂; TestAbr A VIII; u.ö.) und Landverheißung (vgl. AssMos III3.9; Jub XIII3.20; TestLev VII₁), bzw. der (Nicht-)Vermischung mit anderen (syrBar 424f; III Esr 86₇).
71) IV Esr 10₁₂; Jub 28₁₆; LibAnt 92.5; u.ö.; Früchte des Schoßes: syrBar 73₇.

handelt sich dabei um die Wurzel-(α), Wachstums-(β) und Fruchtmetaphern (γ).

α) Die Wurzel ist Herkunftsmetapher für das, was den Menschen in seinem Denken und Handeln bestimmt: "Die Wurzel der Gedanken ist das Herz, ... Gutes und Böses und Leben und Tod sprossen daraus hervor." (Sir 37 17). Sie kann positive Bedeutung haben wie die Wurzel der Weisheit[72] und die Wurzel der Einsicht,[73] sie kann aber auch negativ gewendet sein, z.B. als Wurzel des Bösen[74] und Wurzel der Ungerechtigkeit:[75] In ihrer positiven Verwendung ist die Wurzelmetapher von weisheitlichem Denken geprägt: die "Wurzel der Weisheit ist, zu fürchten den Herrn" (Sir 1 20), sie wird offenbart[76] und die Gerechten pflanzen sie in ihr Herz.[77] Die "Wurzel der Einsicht fällt nicht ab"[78] und um die Macht der Weisheit wissen "(bedeutet) die Wurzel der Unsterblichkeit" (Weish 15 3). Werden Positiva "gepflanzt" und in ihrer Dauer unterstrichen, so werden Negativa "ausgerissen", "entwurzelt" o.ä.. Nur einmal findet sich der negative Gebrauch in weisheitlichem Zusammenhang: TestAss 17 reißt die Seele, die gerechten Taten nachsinnt, Sünden aus (ἐκριζοῦν); in den apokalyptischen Texten kommt das Gerichtsmoment zum Tragen:[79] im kommenden Äon werden gemäß äthHen 91 5.8.11 Gewalttätigkeit, Ungerechtigkeit und Betrug von ihren Wurzeln abgeschnitten werden.

Allein äthHen 91 5 und syrBar 32 2f ist die Wurzel- mit der Baummetaphorik verbunden - ein Indiz für die enge Verflechtung der beiden Metaphernkomplexe.

β) Die Wachstumsmetaphorik führt die Wurzelmetapher weiter, wenn äthHen 93 4 der Betrug aufkeimt, Jub 5 2 die Ungerechtigkeit; IVEsr 4 48 das böse Herz wächst ("Increuit... cor malum") und Sib III 382 ein großer Schmerz emporsprießen wird (ἀναστοχυώσεται); es wächst (crescit) aber auch der Verstand IV Esr 7 64.71; die Hoffnung des Gerechten wird aufsprossen (ἀναθάλλει Sir 11 20) und der Glaube blüht (florebit IV Esr 6 28).[80] - Neben den Abstraktbildungen findet sich noch die Vorstellung, daß Men-

---

72) Sir 16.20; syrBar 51 3; 59 7.
73) Weish 3 15.
74) IV Esr 3 22; 8 53 (lat c), vgl. die "Wurzel, die Galle und Bitterkeit hervorbringt" (LibAnt 25 5), die "Wurzel der Kreatur" LibAnt 44 8; LibAnt 49 6 (Sinn undeutlich).
75) äthHen 81(5).8.11.
76) Sir 16; vgl. syrBar 59 7.
77) SyrBar 51 3. Hier ist die Metaphorik in das dualistische Gegenüber von "jetzt" und "dann" eingespannt: die Gerechten pflanzen hier die Wurzel der Weisheit in ihr Herz, um dann verherrlicht zu sein.
78) ἀδιάπτωτος ἡ ῥίζα τῆς φρονήσεως, Weish. 3 15.
79) Immanent: Sib Proem. (Frg. 3 bei Theophilus, Ad Autolycum II, 36,29) 21.
80) Sib IV 103 erblüht der Krieg; hebrHen 13 2 Buchstaben.

schen auf der Erde aufgewachsen sind (germinatum, IV Esr 109) bzw. wachsen (Jub 65; 104).

γ) Neben der Metapher der Leibesfrucht (IV Esr 1012-14 über den individuellen Bereich hinaus auf die Frucht der Erde, den Menschen, ausgeweitet) sind bei der Fruchtmetaphorik die Abstraktbildungen prägnant: Sie greifen mit "Gerechtigkeit",[81] "Weisheit"[82] und "Gesetz"[83] zentrale theologische Begriffe auf.[84] Insgesamt ist bei den isolierten Metaphern der ethische Bereich bes. profiliert.

5) Vergleich der Vegetationsmetaphern in den erzählenden, weisheitlichen und apokalyptischen Texten

5.1) Vegetationsmetaphern im Bildfeld Baum -Frucht

a) Entsprechungs- und Entfaltungsbilder fehlen in den apokalyptischen Texten, spielen in den narrativen nur eine untergeordnete Rolle,[85] dominieren aber deutlich in den weisheitlichen Texten. Hier handelt es sich um einfache Metaphern für einen Menschen, sein Wohlergehen und seine Schönheit: so schildern weisheitliche Metaphern auch das Wachsen und Gedeihen eines Menschen - oft im Kontrast zwischen dem grünenden, blühenden, fruchtbaren צדיק und dem zwar eine Weile wachsenden, aber schlecht verwurzelten und schnell zugrundegehenden רשע. Sir 2412ff wird der צדיק in zahlreichen Baumarten beschrieben, - vielleicht ein Niederschlag der Listenweisheit? Als Gärtner wird bei Ach[86] der Lehrer, IV Makk[87] dagegen die Vernunft vorgestellt; die Metaphern von der Pflege eines Baumes (beschneiden, umwickeln, begießen) werden hier psychologisch auf die Stimmungen und Triebe angewandt. In den narrativen und apokalyptischen Texten sind sie ohne Pendant;[88] ebenso wie die Verhältnisbestimmung von Wurzeln und Zweigen im Hinblick auf Weisheit und Werke (Av 317b). Die menschliche Vergänglichkeit wird nur Sir 1418 im Bild des Laubs, das naturgemäß sprießt und welkt, inter-

---

81) "Früchte der Gerechtigkeit" Apk Sedr 126; Arist 232.
82) Arist 260; Sir 619; vgl auch Sir 116.
83) IV Esr 320; vgl. IV Esr 333: die fruchtlose Mühe bezieht sich wohl auf die Erfüllung des Gesetzes.
84) Vgl. auch die Frucht der Wahrheit IV Esr 628; des Wissens (Sir 3722f) und der Mühe (IV Esr 333). - Im narrativen Bereich tritt dieser Metapherngebrauch deutlich zurück: Nur LibAnt 310 wird einem jeden "nach den Früchten seiner Einfälle (secundum fructus adinventionum suarum)" vergolten.
85) Eine Ausnahme stellt JosAs dar: Hier schlagen sich Metaphern aus der Liebesdichtung nieder; vgl. auch 1 QApGen col. 1914b-17a.
86) Achikar 222, Ag; Version A.
87) Vgl. neben IV Makk 128f Sir 276.
88) LibAnt 128 heißt es, daß der Weinstock seinen Pfleger nicht erkannt habe.

pretiert. Insgesamt sind die Entsprechungs- und Entfaltungsbilder alle individuell, oder genauer psychologisch-ethisch, verwendet.
Schutz, Geborgenheit und Nahrung verspricht der Baum der Weisheit im Buch Sir (der Mensch soll sein Nest in seinem Laub bauen, sich in seinen Zweigen niederlassen, sich in seinem Schatten bergen, sich von seinen Früchten nähren) - Metaphern, die sich in der Apokalyptik nur noch partiell in der Vorstellung vom Lebensbaum (äthHen 32 3-6 spricht vom Baum der Weisheit) wiederfinden. Wieder fällt (vgl. Sir 24 13ff; äthHen 32 3-6) die genaue Ausdifferenzierung in Arten auf.
b) Gerichtsbilder/eschatologische Bilder
Der Bildkomplex Baum-Frucht, der auf eine Entscheidung abzielt, die die Existenz bzw. die Nichtexistenz zur Folge hat, ist innerhalb der Weisheit nur in der "Fabel" Ach 33 135 realisiert: Steht dieser aus dem Rahmen fallende Bildgebrauch mit der drastischen Moral dieser Fabel im Zusammenhang? Die weisheitliche Schilderung des רשע Sir 40 15 enthält in sich ein Gerichtsmoment: In der schlechten Verwurzelung ist sein Untergang schon angelegt.[89] In der Apokalyptik dagegen tritt das Gericht erst am Ende der Zeit ein. Es ist dort aber nicht als immanente Folge in der Welt, sondern als Vernichtung der Welt verstanden. Die eschatologische Konnotation der Metaphern ist in der Apokalyptik zentral. Die kriegerisch-destruktiven, die politisch konnotierten und die in einen eschatologischen Bezugsrahmen gestellten Gemeinschaftsbilder fallen hier ins Auge:
So ist das nur in der Apokalyptik realisierte Bild der Waldbäume IVEsr 4 (vgl. syrBar 36) deutlich kriegerisch konnotiert; nur hier und in Qumran findet sich das Bild des Feuer- und Wassergerichts, wie die Baummetaphern in der Apokalyptik (abgesehen vom Lebensbaum) nur zusammen mit destruktiven Metaphern (abhauen, abschlagen, Blätter abstreifen)[90] realisiert sind. Auch das politisch konnotierte Bild der Zeder (nur in der Apokalyptik (syrBar 36f) zusammen mit der Näherbestimmung "hoch" (syrBar 39 8)), "Asche" (syrBar 36 10) und "verbrennen"(syrBar 37 1) tritt lediglich hier auf,[91] ebenso das nur noch Sir 47 22f im Zusammenhang mit dem Königtum realisierte Bild von der "Wurzel" und dem "Reis/Sproß". Traditionelle Metaphern wie die des Weinstocks und der Pflanzung (weitergebildet zur "Pflanze der Gerechtigkeit") werden in der Apokalyptik konsequent in einen eschatologischen Rahmen gestellt (s.u.).

---

89) LibAnt 12 8 ist das Gerichtsmotiv - alttestamentlichem Metapherngebrauch entsprechend - mit dem kollektiven Bild des Weinstocks verbunden.
90) Übrigens nur hier auch zusammen mit Tiermetaphern.
91) In den narrativen Texten (JosAs 16 16; 1QApGen col. 19 14f) ist die Zeder nur individuell; in der Weisheit Sir 24 13 als Metapher für die Weisheit, Sir 50 12a für die Kinder des Gerechten gebraucht.

c) Gemeinschaftsbilder

Gemeinschaftsbilder fehlen fast völlig in der Weisheit, dominieren in den Bibelerzählungen und stehen in der Apokalyptik in einem eschatologischen Bezugsrahmen. So rezipieren die narrativen Texte die alttestamentlichen Bilder der Pflanzung und des Weinstocks. Als traditionelle Bilder für die Gemeinschaft werden sie jetzt mehrfach zusammen realisiert (LibAnt 284; 304). Die Metaphern des Pflanzens/ der Pflanzung sind jetzt eng mit dem Tun der Gerechtigkeit (Jub 7.34!) verknüpft und zur "Pflanze der Gerechtigkeit" weitergebildet. Inhaltlich ist hier eine Tendenz zur Verengung auf das "wahre Israel" hin spürbar. Ähnlich ist der Metapherngebrauch in der Apokalyptik: Auch hier werden Weinstock und -berg und (stärker ausgeprägt) die Pflanzung als Gemeinschaftsbilder - wenn auch nicht zusammen - realisiert. Das "Einpflanzen" ist syrBar 84.2 eng an die Gesetzesbewahrung geknüpft und auch hier zeigt die "Pflanze der Gerechtigkeit" (o.ä.) eine Verengung auf das "wahre Israel" hin. Jedoch wird in den Jub noch der Bezug zur Tradition (zu den Erzvätern) stärker herausgearbeitet, während äthHen - wie Jub 1.16 - die eschatologische Konnotation in den Vordergrund tritt; die Pflanze wird äthHen deutlich in ein Epochenschema eingegliedert; ferner fällt der kollektive Gebrauch der Wurzelmetapher in der Apokalyptik auf.

5.2) Vegetationsmetaphern im Bildfeld Saat-Wachstum-Ernte

Der Saat-Ernte-Komplex ist in den narrativen Texten so gut wie nicht präsent; er findet sich in der Weisheit; bes. stark ausgeprägt ist er in der Apokalyptik.

a) Wachstums- und Entsprechungsbilder

Weisheit und Apokalyptik realisieren sowohl den positiv als auch den negativ qualifizierten Saat-Ernte-Zusammenhang. Stehen die beiden Möglichkeiten in der Weisheit polar beieinander in immanentem Rahmen, so kann das Gegensatzpaar in der Apokalyptik (vgl. IV Esr 4.29) durch die Verteilung auf diesen und den kommenden Äon quasi verdoppelt werden. Sät in der Weisheit der Mensch (Gutes, Wohltaten, o.ä.), so ist es in der Apokalyptik vielmehr Gott, der nicht nur Gutes (das Gesetz) und Böses, sondern auch (den) Menschen sät. Ferner wird in der Apokalyptik - im Unterschied zur Weisheit - die Aussaat mehrmals der Zeugung parallelisiert.[92] Muß sich der Mensch in der Weisheit um dieselbe mühen (Sir 6.19), so hat er sich in der Apokalyptik zwischen dem Bösen und dem Gesetz zu entscheiden (IV Esr 4.30f; 9.31ff). Wird der Verlust bzw. das negative Ergebnis in der Weisheit auf die Aussaat auf falschem Grund zurückgeführt (Ps-Phokylides 152; Sir 7.3), so wird in der Apokalyptik - wenn auch selten - der Verlust durch wachstumshemmende/ -hindernde Fakto-

---

92) IV Esr 8.41-45; grApkEsr 5.12; ApkSedr 5.12.

ren thematisiert (kein Regen: IV Esr 4 43; Dornen, Unkraut: Fragen des Esra IV A, 37). Die notwendige Anstrengung des Bauern[93] wird kaum ins Bild gesetzt. Auch eine nähere Beschreibung des Wachstums in seinen verschiedenen Stadien fehlt sowohl in der Weisheit als auch in der Apokalyptik; Saat und Ernte werden einander vielmehr kausal-stringent zugeordnet.
Das Motiv der Vergänglichkeit (Gras, das dürr wird; verwelken)[94] ist in der Apokalyptik am stärksten ausgeprägt; Blumenmetaphern finden sich stärker in der narrativen oder weisheitlichen Literatur,[95] wobei in letzterer das Geschick eng mit dem Standort (am Bach) verknüpft ist.
b) Gerichtsbilder/eschatologische Bilder
Gerichtsbilder wie das der Sichel (grApkEsr 4 31), der Tenne (IV Esr 4 28 Syr Ar¹; IV Esr 4 30 Lat Syr Geo; vgl. IV Esr 4 35) und des Strohs, das verbrennt (Apk El 19 18; 40 29; äthHen 48 9), sind nur in der Apokalyptik realisiert. Im Unterschied zur Weisheit zeigt die Erntemetapher in der Apokalyptik nicht nur die positive und negative Konsequenz der Taten auf, sondern ist fast durchgehend negative Gerichtsmetapher. Nur in der Apokalyptik finden wir auch die anschaulichen Schilderungen des Weltendes wie die der Heilszeit (letztere in Entsprechung zur Urzeit): Die geschichtliche Verwendung der Metaphern ist der Weisheit fremd.
Gemeinschaftsbilder fehlen in diesem Bildkomplex.[96]
5.3) *Exmetaphern* sind in den Apokryphen und Pseudepigraphen noch ausgeprägter als im AT.

Metapher und Wirklichkeitsstruktur
Die Metaphern werden in den narrativen, den weisheitlichen und den apokalyptischen Texten analog zur Wirklichkeit gebraucht. Das geschieht in den Bibelerzählungen deskriptiv in der narratio, wobei biblische Tradition aktualisiert wird.[97] In der Weisheit dagegen geschieht das mit orientierender Funktion: Die Wirklichkeit wird bewußt strukturierend aufgenommen und die inhärente Ordnung transparent gemacht. Anders in der Apokalyptik: Hier werden die Metaphern (IV Esr) in ein Zwei-Äonen-Schema eingezeichnet und hier kann ihre Evidenz für den anvisierten Bildempfängerkomplex kritisch reflektiert und abgelehnt (IV Esr 4 44) werden, ja es kann sogar explizit konträr zu der in den Metaphern abgebildeten Wirklichkeit argumentiert werden (IV Esr 9 34-37).

---

93) Sie klingen nur syrBar 74 1 in der Negation an. Hier besteht ein auffälliger Unterschied zum Metapherngebrauch von Stoa und Gnosis.
94) syrBar 82 7; 83 12; äthHen 96 6.
95) JosAs 16 16; TestSim IV 2; Sir 39 13f; vgl. aber auch IV Esr 4 24 (kollektiv).
96) Ausnahme: das Bild der Lilie ist IV Esra 4 24 kollektiv besetzt.
97) Der Reflexionsgrad im Metapherngebrauch ist im Medium der Erzählung am niedrigsten.

Die Ausrichtung auf die Tradition in den narrativen Texten (1), der positive Weltbezug in der Weisheit (2) und die negative Wertung der Wirklichkeit (3) werden im unterschiedlichen Umgang mit den Metaphern spürbar.

6) Zwischenbemerkung: Vegetationsmetaphern in Qumran, bei Philo von Alexandrien und Josephus

Um die vorliegende Arbeit nicht zu umfangreich werden zu lassen, wurde darauf verzichtet, Qumran und das hellenistische Judentum näher zu untersuchen. Gleichwohl möchte ich auf einige Beobachtungen hinweisen, die eventuell Tendenzen aufzuzeigen vermögen.

6.1) Vegetationsmetaphern in Qumran
6.1.1) Die realisierten Metaphern im Bildfeld Baum -Frucht

In Weiterführung der geschichtlich-eschatologischen Tradition findet sich in Qumran nur das Gemeinschaftsbild der Pflanzung.[98] Der Begriff der "Pflanzung" ist insofern eingeschränkt, als er vorwiegend auf die essenische Gemeinschaft als die "ewige Pflanzung Gottes" zu beziehen ist,[99] wobei der esoterische Charakter derselben, insbesondere durch den Bezug auf das Gesetz, stark betont ist (1 QS 85; 1 QH 86ff). Das Bild der Pflanzung steht dabei in der Spannung zwischen 'schon jetzt' und 'noch nicht': Einerseits besteht die Pflanzung schon, ist also Bild für die bestehende Gemeinde (1 QH 85), andrerseits steht die "ewige Pflanzung" noch aus (1 QH 86), ist also Bild für die eschatologische Gemeinschaft, die sich Gott am Ende der Zeit erwählen wird. Der Akzent liegt eindeutig auf letzterem Verständnis (vgl. z.B. CD 17; 1 QH 615). Die Gemeinde der Endzeit kann mit paradiesischen Zügen (Urzeit = Endzeit) beschrieben werden (CD 17). Zwischen der bestehenden Gemeinschaft und der kommenden Pflanze der Gerechtigkeit[100] wird ein eindeutiger Bezug hergestellt: Aus der Gemeinde (Wurzel) sproßt die ewige Pflanzung auf (CD 17; 1 QH 615; 1 QH 86), wobei dem Lehrer der Gerechtigkeit eine besondere Bedeutung zukommt (bes. 1 QH 8).

Auf die Dauer ist Leben nur in der Gemeinschaft von Qumran unter der Fürsorge Gottes (1 QH 811) und des Lehrers der Gerechtigkeit (?, "Gärtner" 1 QH 821f), genährt durch die Offenbarung (Quellwasser 1 QH 86.18;1031) möglich, auch wenn das jetzt noch nicht deutlich ist, die Gemeinschaft noch unbedeutend ist und verkannt wird (1 QH 89ff). Dabei

---

98) Das im AT dominierende Bild des Weinstocks für Israel, das sich auch in den Apokryphen und Pseudepigraphen findet, fehlt. Nach Baumgarten, J.M., 4 Q 500 and the Ancient Conception of the Lord's Vineyard, in: JJS 40 (1989) 1-6 steht hinter 4 Q 500 Jes 5,1-7.
99) 1 QH 84ff beschreibt die Pflanzung als "Bäume des Lebens" (Plural!, s. Gevaryahu, 50ff), die inmitten aller "Bäume am Wasser" verborgen sind.
100) Zur Metapher vgl auch QapGen Col I,1 (?), 1 QapGen Col II, 15 (?).

bedürfen die Bäume der kontinuiertlichen Pflege durch die Hand eines Gärtners (Lehrer der Gerechtigkeit?). Vernachlässigt er diese einmal, so müssen sie infolge von Wassermangel, erstickt von Disteln (1 QH 8 24f), zugrunde gehen: Ein Entzug seiner Fürsorge bedeutet Gericht.

Die Eingliederung in die Gemeinde wird 1 QH 7 (das Bild ist neu gegenüber dem AT) als Einfügen ins Astwerk beschrieben.

Das im AT besonders in der Königsideologie beheimatete Motiv "Sturz des Hohen" wird in Qumran gegen die außerhalb der Gemeinde Stehenden gewandt: Ihnen droht das Gericht ("fällen", 4 QM^{a}8, 1 QM 14 11), an dem wahrscheinlich auch die Gemeinde bzw. der Lehrer der Gerechtigkeit als beteiligt gedacht werden konnte (1 QH 8 17ff/ Wasser- und Feuergericht). Das Motiv 'Sturz des Hohen' wird durch das Motiv 'Erhöhung des Erniedrigten' erweitert (vgl. syrBar 36f).

Hinter dem Bild des Sprosses CD 17 steht -will man mit Dupont-Sommer nṣr als Singular annehmen - vielleicht Jes 11 1, so daß dieser auf den Messias zu deuten wäre, den die Gemeinde hervorbringen soll.[101] 4 QPB 3-4 und 4 QFlor 111 wird direkt der messianische Titel צמח דויד verwandt.[102]

In Qumran sind soziale und religiöse Dimension sehr eng aufeinander bezogen, da die Metapher 'Pflanzung' und der mit ihr verbundene Topos der Ernährung (Quellwasser/Offenbarung) auf die religiöse Gemeinschaft zielen, die über die Erwartung eines Sprosses zur "neuen Pflanzung" (1QH 8) wie auch über die Vernichtung ("fällen", 1 QM 14 11; 4 QM^{a}8) der Feinde gleichzeitig auf die Zukunft bezogen ist.[103]

---

101) S. Maier, Texte II, 91.
102) Im AT begegnet nur צמח, צמח צדקה, צמח צדיק.
103) Hinzuweisen ist noch auf die Entsprechungs- und Entfaltungsbilder in der (in Qumran einzigartigen, s. Fitzmyer, Genesis Apocryphon, 111) Allegorie 1 QapGen, col XIX,14-17. (Durch den Dialog des Dattelbaumes mit den Holzfällern weist sie Elemente der Fabel auf). In diesem haggadischen Einschub in die Genesis - er ist ohne Entsprechung in den Jub -wird erzählt, wie die schöne Palmbaum (Sara) die Holzfäller, die Zeder (Abram) fällen wollen, vor dem Abgehauenwerden retten kann. Die Allegorie ist als Traum eingeführt; V19ff schließt sich die Deutung des Traumes in wörtlicher Rede (Dialog) an, in der die einzelnen Teile der Allegorie übertragen werden, wobei sich einige kleine Verschiebungen zeigen:

die Zeder abzuhauen und auszuwurzeln V15:	≙ mich (Abraham) zu töten	V19
die Dattelpalme für sich stehen zu lassen V16:	≙ dich (Sara) zu bewahren	
"wir gehören zu selben Familie" V16:	≙ Er ist mein Bruder	V20
'die Zeder wurde mit Hilfe der Dattelpalme verschont'	≙ Ich werde mit deiner Hilfe leben und mein Leben wird durch dich gerettet	V20b.

Die Bildwahl mag in Ps 92 13 begründet sein, der in der rabbinischen Literatur oft mit Gen 12 10ff verbunden ist (Belege: Fitzmyer, Genesis-Apokryphon, 111). Aber

6.1.2) Die realisierten Metaphern im Bildfeld Saat - Wachstum - Ernte

Dieses Teilbildfeld ist in Qumran kaum realisiert: Das Gerichtsbild der Spreu (מוץ) findet sich 1 QH 7 23,[104] 1 QH 10 31. 1 QM 15 12 (כ[צי]ץ) finden sich Entsprechungs- und 1 QH 10 32, 1 QM 15 11, 4 Q 185,1-2,I,10 Vergänglichkeitsbilder. Gemeinschaftsbilder fehlen.

6.1.3) An *Exmetaphern* ist häufig זרע für die Nachkommenschaft o.ä. zu notieren,[105] ferner die "Frucht des Lobpreises" o.ä. 1 QS 10 8.22; 1 QH 12 8 und 1 QH 4 14 (vgl. PsSal 15 3). Auch scheint צמח immer mehr zur Exmetapher zu werden.

6.2) Vegetationsmetaphern bei Philo von Alexandrien

6.2.1) Die realisierten Metaphen im Bildfeld Baum - Frucht

Philo rezipiert zwar alttestamentliche Gemeinschaftsbilder[106], diese sind aber im Unterschied zum AT stärker an die Peripherie gedrängt, was darin seinen Grund haben mag, daß Philo individualistischer denkt.[107]

Interessant dürfte für uns vor allem das Bild vom Einpfropfen artfremder Schößlinge Praem 152 sein, hinter dem wahrscheinlich die traditionelle Vorstellung von Israel als der Pflanze Gottes steht.[108] Es ist im Hinblick auf Proselyten gebraucht. Diesen wird hier eine echte Chance eingeräumt: So kann der Proselyt aufgrund seiner Treue einen sicheren Platz im Himmel bekommen (τὴν ἐν οὐρανῷ... βεβαίαν), während der dem edlen Stamm entsprossene (ὁ... εὐπατρίδης) Israelit, wenn er sich seinem Geburtsadel entgegen unwürdig verhält, als warnendes Beispiel für alle Menschen in den Tartaros und in die dichte Finsternis hinabgestoßen werden wird (παρακόψας τὸ νόμισμα τῆς εὐγενείας). An ihm sollen die Menschen lernen, daß Gott die an Stelle früherer Feindschaft hervorwachsende Tugend (des Proselyten) liebhat, indem er die Wurzeln (des alten Stammes) fahren läßt ἐῶν χαίρειν und dafür den Schößling am Wurzelstumpf aufnimmt, weil er veredelt zum guten Fruchttragen überging (τὸ δὲ στελεχωθὲν ἔρνος, ὅτι μετέβαλεν ἡμερωθὲν πρὸς εὐκαρπίαν, ἀποδεχόμενος).

Bei Philo ist der Metapherngebrauch von der im AT so ausgeprägten Ebene der Gemeinschaft zur psychologisch-ethischen Ebene hin verschoben, wobei die Verbindung von Bildern mit Abstrakta,[109] die ansatzweise

---

auch der Bildgebrauch von Cant, wo der Liebhaber einer Libanonzeder (Cant 5 15) und seine Geliebte einer Palme (Cant 7 8f) verglichen wird, mag die Bildwahl beeinflußt haben.

104) Zu חרש vgl. ThWAT III, 235 und S.H. Levey, The Rule of the Community, in: RdQ 5 (1964/65) 239-243.

105) 1 QM 13 7; 1 QH 17 14; 1 QSb 3 2.4; 4 Qpatr 4; CD 2 12; 12 22.

106) Praem 152, Congr 56, vgl. Migr 125; ferner (bzgl. der Stammhäupter des Volkes) VitMos I 189; zu den Erzvätern vgl. noch Philo, Sobr 65; Migr 140; Post 172.

107) Vgl. z.B. seine Verwendung der Weinbergmetapher Somn II, 173: Die Seele ist der heiligste Weinberg, der als Frucht den göttlichen Sproß, die Tugend, trägt.

108) Maurer, ThWNT VI, 987, A 14 weist auf den mit Jub 1 16 gemeinsamen Hinweis auf Dtn 28 13.44 hin, der evtl. auf ältere Überlieferung schließen läßt.

109) παθῶν ἢ κακιῶν δένδρα Philo, Agr 10; τὰ ἀφροσύνης δένδρα Agr 17 τὸ

schon in der Weisheitsliteratur zu beobachten war, bei ihm zum Normalfall wird. Ausgeprägt ist bei Philo der Gedanke der seelischen Landwirtschaft, die a) im Vernichten schädlicher Gewächse (Gerichtsbilder), b) im Einpflanzen fruchttragender Gewächse (der Wissenschaften und der Tugenden) und c) im Schützen und Verwalten besteht.[110] Gärtnerische Handlungen sind folglich breit beschrieben.[111] Philos Interesse an der Arbeit der Vernunft, etc. an den Trieben, Begierden, usw. kommt hier deutlich zum Ausdruck.

6.2.2) Die realisierten Metaphern im Bildfeld Saat - Wachstum - Ernte
In diesem Teilbildfeld fehlen Gemeinschafts(Differenzierungs-)bilder völlig. Die explizite Entsprechung (gute) schlechte Saat/(gute) schlechte Ernte ist ausgesprochen selten (Conf 152; 21; Imm 166). Dagegen ist die Saat[112] der Tugend, der Weisheit, von Lehren o.ä.[113] in die menschliche(n) Seele(n) o.ä. breit realisiert.[114]

6.2.3) Ein Gefälle hin zu *Exmetaphern* weist der häufige Gebrauch von Genitivmetaphern auf.

6.3) Vegetationsmetaphern bei Josephus
Der jüdische Historiker Josephus ist ausgesprochen metaphernarm. Die wenigen Metaphern, die sich bei ihm finden, sind durchwegs Exmetaphern.[115] Erwähnenswert ist neben der Traumdeutung Ant. II64ff; II80ff eine Variante der Jotamfabel Ant V235-239. Das korrespondiert auffällig mit der Beobachtung, daß sich Fabeln auch im AT und in den Apokryphen und Pseudepigraphen in narrativen (historischen)[116] Kontexten finden, die auch relativ arm an Metaphern sind.

φονήσεως φυτόν Agr 18; δένδρα ἀρετῆς All I, 56; vgl. Gig 4, u.ö.
110) Vgl. Christiansen, I., Die Technik der allegorischen Auslegungswissenschaft bei Philo von Alexandrien, BGBH 7, Tübingen 1969, bes. 100-111. Den altstoischen Gebrauch von Vegetationsmetaphern im Zusammenhang der Philosophie nimmt Philo, Agr. 14f auf.
111) Vgl. [säen]/pflanzen Agr 25; All I56.58; Congr 56; Gig 4; Plant 77; 96ff; Som II170; pflegen Agr 19; Prob 69; veredeln Det 111; abschneiden Agr 10; Plant 104; 106; 107f; Som I106; II171; u.ö..
112) Oft stehen säen und pflanzen nebeneinander (Agr 9; 25; All I45.49; Mut 173; s. auch oben).
113) Ausgesprochen selten in Verbindung mit Negativem wie All III242; Somn II16.
114) Agr 9; 25; All I45.49; III40.68.180f; III219.245.249; Cher 49; 52; 106; Congr 7; 16; Ebr 211; 224; Fug 52; Gai 108; Imm 137; Migr 3; 24; 142; Mut 173; 255; Plant 84; Post 171; Som I199; Virt 134. Auffallend ist das Bild vom geteilten Koriandersamen All III170.
115) Vgl. nur Josephus, Ap II,169; Ant 636; Ant 2048. Für ἄμπελος; θερίζω; δένδρον habe ich keine metaphorischen Belege bei Josephus gefunden.
116) Die Metaphernarmut gilt auch für antike Historiker, sofern sie nicht (in einer Rede) eine Fabel einflechten, vgl. nur Sall., Catil., Iug.; Tac., ann.; Liv.; Thuk. (mündlicher Hinweis von Martin Leiner).

NEUES TESTAMENT UND APOSTOLISCHE VÄTER

Nach der Sichtung der realisierten Möglichkeiten des Bildfeldes "Vegetation" im AT und den frühjüdischen Schriften sollen nun auf diesem Hintergrund die neutestamentlichen Vegetationsmetaphern gesondert nach Bildfeldern und Bildkomplexen untersucht werden.

D: VEGETATIONSMETAPHERN IN DEN EVANGELIEN

1) BILDFELD BAUM -FRUCHT
1.1) Gerichtsbilder (I)
1.1.1) Mt 37-10 par Lk 37-9

Das Bildwort von der Axt, die den Bäumen an die Wurzel gelegt ist, (Mt 310 par Lk 39) ist durch den Einsatz mit ἤδη, den Subjektwechsel von θεός zu ἀξίνη und den Übergang ins Präsens aus der Drohpredigt des Täufers Mt 37b-10 hervorgehoben. Im Kontext der Spruchreihe ist es durch das Leitwort "καρπός" (Mt 38par) und den Hinweis auf das Gericht (Mt 37b ὀργή, vgl Mt 310.12 πῦρ) vorbereitet.

1.1.1.1) Strukturanalyse[1]
Auf die anklagende Anrede γεννήματα ἐχιδνῶν[2] Mt 37b folgt V8f ein prophetisches Schelt- und V10 ein prophetisches Drohwort. Ersteres wird positiv (V8) und negativ (V9) entfaltet: dem ποιήσατε οὖν καρπὸν ἄξιον... (V8) wird V9 mit καὶ μὴ δόξητε... ein potentieller Einwand der Hörer entgegengestellt und im kontrastierenden λέγω γὰρ ὑμῖν abgewiesen. Der betonte Einsatz mit ἤδη δέ (Verschärfung gegenüber οὖν Mt 38),[3] der Wechsel ins Präsens, die Form des Bildworts und das Achtergewicht betonen V10. Er beginnt mit einer Proklamation der Nähe des Gerichts (ἤδη δὲ ἡ ἀξίνη ... κεῖται),[4] die V10b in eine bedingte Gerichtsdrohung (πᾶν V10b

---

[1] Da die Mt- und Lk-Version weitgehend miteinander übereinstimmen und Mt die ursprünglichere Version erhalten hat (vgl. Schulz, Q, 368), wird im folgenden der mt Text analysiert.

[2] Zur prophetisch-anklagenden Anrede mit Schimpfworten vgl. Jes 110; 301; Am 41. Da sie im Kontrast zu der rhetorisch üblichen captatio benevolentiae steht (Berger, Exegese, 44, Martin, Rhetorik, 25), steigert sie die Aufmerksamkeit und verleiht V7b einen besonderen Akzent.

[3] Man kann hier eine analoge Struktur zu Mt 32 konstatieren: vgl. μετανοεῖτε (V2)/μετάνοια (V8), ἤγγικεν... ἡ βασιλεία τῶν οὐρανῶν (V2)/ἤδη δὲ ἡ ἀξίνη (V10)

[4] Nach Müller, Prophetie, 77, bedeutet diese Proklamation eine Erweiterung der Struktur der Paraklese, der dadurch ein weiteres Aufmerksamkeitsmoment zukommt.

... δένδρον ... ἐκκόπτεται ...) mündet.[5] Ist die Proklamation V10a wie V9 negativ, so greift V10b die positive Metapher καρπός aus V8 auf (Chiasmus), wenn sie auch jetzt verhalten in der Klammer einer bedingten *Gerichtsdrohung* steht, die in ihrer Bedrohlichkeit das Bild regiert.[6]

1.1.1.2). Interpretation
Der Täufer charakterisiert die Gegenwart als eine Zeit, die bestimmt ist vom direkt bevorstehenden Zorngericht. Jetzt gilt es, Frucht zu bringen. Und zwar eine Frucht, die der Buße würdig ist: die Taufe kann kein magisch wirkendes Schutzmittel gegen das Gericht, sondern nur Ausdruck einer Gesinnungsänderung sein, die zu praktischen Konsequenzen führt.[7] μετάνοια, Taufe und Fruchtbringen gehören untrennbar zusammen: sie allein können den Menschen vor dem Gericht retten, das der Täufer angesichts der Dringlichkeit der μετάνοια schärfer noch als irgend jemand vor ihm V10 ins Bild setzt.

1.1.1.3. Der übergreifende Lebenszusammenhang
a) Bildgebrauch/Realien
Der Täufer realisiert Metaphern aus der prophetisch(-apokalyptisch)en Tradition,[8] verschärft sie aber sachlich (Axt an die Wurzel der Bäume statt am Baum(stamm)) und zeitlich (ἤδη statt Gericht in unbestimmter Zukunft) im Sinne seines Anliegens, das mit der Neukombination καρπὸς τῆς μετανοίας zum Ausdruck kommt.

---

5) Die Forderung von V8, die V9 durch die Negierung aller Sicherheiten verschärft ist, wird V10 über die Betonung der Nähe des Gerichts (ἤδη +κεῖται) und die doppelt ausgesagte Vernichtung (ἐκκόπτεται, εἰς πῦρ βάλλεται) zugespitzt: Der Wechsel zum Bild ermöglicht zum einen, die Gerichtsdrohung radikaler und schärfer zu fassen als in unmetaphorischer Rede, zum anderen gewährt das Bild dem Hörer (Leser) eine Distanz, die es ihm ermöglicht, das Drohende mitzuvollziehen und im Modell zu erfassen, ohne sofort wegzuhören. Außerdem kann im Bild in der Gerichtsdrohung der Bezug zur Ethik über die Metapher καρπός festgehalten werden.
6) V10par stellt insofern einen Abschluß der Einheit dar, als ein Subjektwechsel und ein Wechsel des Leitworts (βαπτίζω) zu konstatieren ist, was auch der Einschub von Lk 3 11-14 an dieser Stelle erhärtet. Nichtsdestoweniger bleibt die Täuferpredigt Mt 3 7b-10 über die Stichworte μετανοεῖτε/μετάνοια (VV2,8,11) und πῦρ (V10,11b,12b) mit dem weiteren Kontext verknüpft. Innerhalb der wörtlichen Rede Mt 3 7b-12 (diff Lk: dort ist die Standespredigt des Täufers eingeschoben und Lk 3 15.16a hinzugefügt), findet sich auch das zweite Bildwort des Täufers (Mt 3 12par = Q, vgl. S. 182 dieser Arbeit), das auch die Gerichtsdrohung zum Thema hat, die diesmal jedoch personal gefaßt ist und auch die positive Möglichkeit durchspielt (τὸν σῖτον αὐτοῦ εἰς τὴν ἀποθήκην). In πυρὶ ἀσβέστῳ (Mt 3 12b par Lk 3 19b) wird das Bild durchbrochen.
7) Das Fruchttragen ist also nicht mit der Buße gleichzusetzen, vgl. Lohmeyer-Schmauch, Mt, 39f. Zur Verbindung Buße/gute Werke vgl. Av 4 13.22.
8) Vgl. Gnilka, Tauchbäder, 202, Becker, Täufer, 37. Fitzmyer, Luke I-IX, AncB, 469, nimmt hier eine Anspielung auf Jes 10 33-44 an.

Die Metaphernwahl profiliert das ethische Interesse des Täufers: Er wählt nicht irgendeinen Baum, sondern einen Fruchtbaum,[9] der in der metaphorischen Tradition mit der Forderung nach einem fruchtbringendem Leben verknüpft ist.[10] Mit dem Bild von der Axt an der Wurzel wird den unfruchtbaren Bäumen das Gericht angesagt. Gehörte die Axt zu den Geräten der Bauern (Lk 13 7 Hs D) und Holzfäller (Jer 46 22),[11] so war sie wahrscheinlich auch kriegerisch konnotiert, da das Fällen von Bäumen zur orientalischen Kriegstechnik gehörte,[12] was auch ikonographische Darstellungen

9) Auch nicht-fruchttragende Bäume genossen durchaus Wertschätzung als Nutzholz bzw. als Schutz für fruchttragende Bäume (vgl. Philo, Agr. 19, vgl. 11; 14 und dazu Philo, ed. Cohn, Bd. IV², 115 A2, ferner das rabbinische Gleichnis Ziegler LXII).

10) Vgl. nur Jes 5; Jer 8 13; Ez 15; Ps 13; Jer 17 8; 1 QH 8 20; syrAch. 135; Av 3 17b; Apul., apol. 23. In der Tradition ist die Metaphorik besonders häufig wie beim Täufer innerhalb einer prophetischen Schelt- und Drohrede realisiert. Im Gegensatz zu dort ist der Fruchtbaum jedoch hier nicht näher spezifiziert, so daß sich die Frage stellt, inwieweit der Täufer eine traditionelle Metapher wie den Ölbaum (Sahlin, Zwei-Lukas-Stellen, 7, vgl. Lundgren, NT, 831), den Feigenbaum (erwägend: Lundgren, NT, 830) oder den Weinstock (Lohmeyer-Schmauch, Mt, 42) anvisiert. Hat er eine usuelle Metapher für Israel im Blick? Dafür würde der Rekurs auf das Argument der Abrahamskindschaft Mt 3 9 par sprechen (LevR 36 (133b) = Bill. I, 117 ist das Motiv der Heilsgewißheit direkt mit dem Bild des Weinstocks verbunden). Evtl. läßt sich auch der singularische Gebrauch von ἀξίνη/ ῥίζαν/κεῖται damit erklären, daß die Adressaten primär als Glieder der kollektiven Größe Israel angesprochen sind; er könnte aber auch um des intensivierenden Moments der persönlichen Anrede willen gebraucht sein. Die oben genannten Fruchtbäume konnten aber auch schon in der atl. Tradition auf den einzelnen bezogen werden (Gnilka, Mt I, 69). Im vorliegenden Text ist schlicht von δένδρου die Rede. Da der Baum (implizit) einem anderen Baum kontrastiert wird (beachte das individualisierende πᾶν!), legt sich der Eindruck nahe, daß sich hier die Konnotation des Volkes als einer einheitlichen Größe aufgelöst hat und nun stärker einzelne hervortreten. Deutlicher wird das Mt 3 12 im Bild vom Weizen und der Spreu. Das mag damit zusammenhängen, daß der Täufer jetzt primär einzelne anspricht (Ladd, 243; Becker, Täufer, 40) und diese erst sekundär als Glieder des auserwählten Volkes Israels wahrnimmt - und zwar indem er ihnen die Stabilisierung der eigenen Heilssicherheit durch versichernden Rückbezug auf diese kollektive "auserwählte" Größe abwehrt?

11) Letztere sind Mt 3 10 wohl nicht im Blick, da das Bild von fruchttragenden *Nutz*bäumen handelt.

12) Jos., Ant. IX, 36.41; 4 QMᵃ 8; 1 QM 14 11; Krauß, Archäol. II, 205, 589 A407. Abgesehen vom handwerklichen Bereich (I Sam 13 20f; II Sam 12 31; I Reg 6 7; Jer 10 3) ist im AT überwiegend im kriegerischem Kontext von der Axt die Rede: s. Dtn 20 19 (גרז/Verbot, (Frucht-)bäume bei der Belagerung einer Stadt zu fällen), Ri 9 48 (קרדם/Abimelech und seine Leute hieben Buschwerk um, um einen Tempel anzustecken), Ps 74 5f (כשיל/כילפות/קרדם/Heiligtum, durch Feinde verwüstet); Ps 73 6 LXX (ὡς ἐν δρυμῷ ξύλων ἀξίναις ἐξέκοψαν τὰς θύρας...), Jer 46 22 ("Mit Heeresmacht rücken sie heran: Mit Äxten fallen sie [= die Feinde] über es her, Holzhauern gleich"). Vgl. ferner Jer 6 6; 22 7; Sach 1 12.

zeigen.¹³ (Gericht und Kriegsmetaphorik gehören ja in der Apokalyptik häufig eng zusammen, vgl. nur Apk 14,14-20). Das Bild konzentriert sich ganz auf den vom Gericht bedrohten Baum, da Mt 3,10 das handelnde

13) Vgl. die Darstellungen auf einem Relief im Palast Sanheribs Abb. in: Hillyer, N., u.a. (Hg.), The Illustrated Bible Dictionary, Vol. 3, Sydney, Auckland 1980, 1591:

Vgl. das altägyptische Bild einer zerstörten Stadt, deren Fruchtgärten abgeschlagen sind bei Wreszinski, Atlas, Bd.II/7, Tafel 65, Keel, Bildsymbolik, 95 Abb. 141:

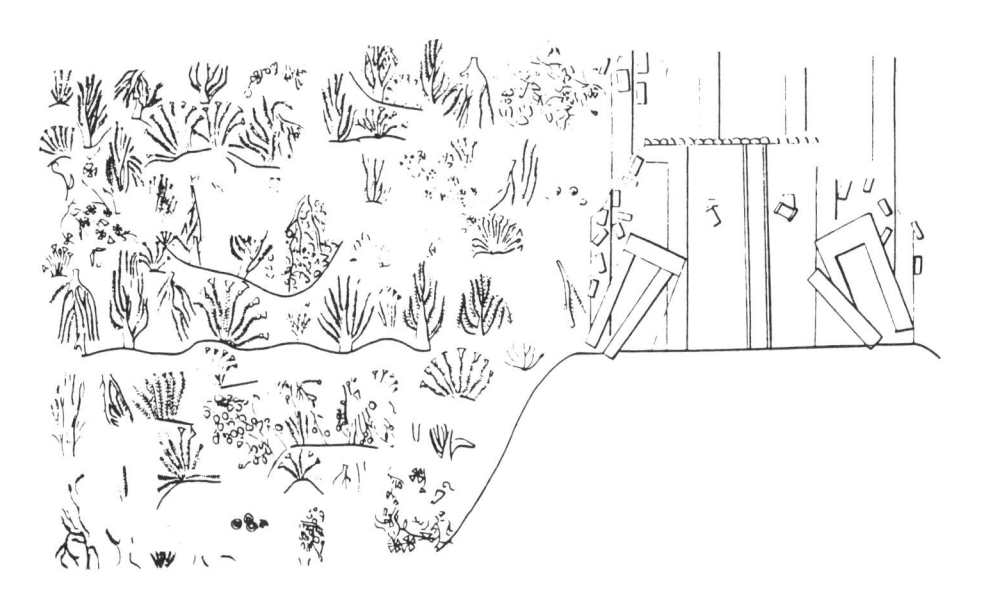

Subjekt durch das Passiv ungenannt bleibt.[14] Das verstärkt den Eindruck, daß das Gericht durch nichts und niemanden abzuwenden ist. Trifft es den Baum, dann bleibt keine Hoffnung, wie das Bild von der Axt an der *Wurzel* unterstreicht: Im Gegensatz zum Baum, der wie üblich über der Erde abgehauen wird, kann ein Baum, der an der Wurzel gefällt wird,

Vgl. ferner, Keel, Bildsymbolik, 95 Abb. 140:

Darüberhinaus findet sich die Axt in der griechischen Literatur in kriegerischem Zusammenhang bei Xenophon, an. 4 12 (zusammen mit ξύλα); als Streitaxt, die zur Ausrüstung des Soldaten gehört Hdt. 7.64; Hom, Il 13 612 und (Hom, Il 15 711) auch entsprechend eingesetzt wird. An die Axt dürfte auch gedacht sein, wenn davon die Rede ist, daß der Held/Feind im Kampf wie ein Baum gefällt wird Hom., Il. IV4 82; V5 60; XIII178.389; XIV413; XVI482; Sen., Herc. 1046-1048.
14) Passivum divinum. Eine Verselbständigung des göttlichen Gerichtsinstruments ist schon im AT zu beobachten, vgl. Jer 4 76, 46 10, Jes 34 5f; jeweils mit "Schwert", vgl. Zimmerli, Theologie, 50.

nicht mehr ausschlagen.[15] Schon gar nicht, wenn er -was eine weitere Verschärfung des Bildes bedeutet -zudem noch (mitsamt seinem Wurzelstock) verbrannt wird.[16] Da Fruchtbäume als Nahrungslieferanten sehr kostbar waren,[17] wurden sie wirklich nur gefällt, wenn keine Frucht mehr zu erwarten war, dann aber ganz und gar.[18] Fällte man Bäume gewöhnlich nur

15) Vgl. Grapow, 101 und EvPhil (NHC II,3) 83 8-18: "For so long as the root of wickedness is hidden, it is strong. But when it ... is revealed it perishes. That is why the word says, "Already the ax is laid at the root of the trees" (Mt 3:10) It will not merely cut - what is cut sprouts again - but the ax penetrates deeply until it brings up the root. Jesus pulled out the root of the whole place, while others did it only partially". - Sollte ein Baum wieder ausschlagen (Hi 14 7-9; Jes 613), so hieb man ihn mindestens 30 cm über dem Boden ab und bedeckte den Stumpf mit Erde (vgl. das Verbot bzgl. des Sabbatjahres MSchebi IV 5a.b und MSchebi, Gießner Mischna S. 82 A33, b BB 80b, TSchebi III,15 (vgl. Die Tosefta Rabbinische Texte, ed. Rengstorf, I/2, 181 m. A93), sowie Dalman, AuS IV, 181). Würde man tiefer ansetzen, bestünde die Gefahr, die Wurzel zu verletzen, so daß der Baum nicht mehr so gut ausschlagen kann (MSchebi, Gießner Mischna, S. 83f A41). Wurde ein Baum ganz und gar gefällt, so entferne man zunächst so weit wie möglich die Erde von seinen Wurzeln (Schlatter, Mt, 75; Hauck, Lk, 50), um die Wurzeln mit der Axt zu durchtrennen und anschließend den Baum mitsamt dem Stumpf aus der Erde zu heben (Lundgreen, NT, 828 A3) Es blieb also nicht - wie bei uns häufig der Fall - der unterste Teil des Stammes stehen; vielmehr wurde der Baum samt Stumpf entfernt (vgl. Philo, Agr. 7; beachte auch den Verbgebrauch: Es heißt nicht ἀποκόπτεται, sondern ἐκκόπτεται), da auch das Stumpfholz kostbares Brennmaterial war. (Bei dieser Art die Bäume zu fällen, die übrigens bis in unser Jahrhundert hinein üblich war (das Stumpfholz war das Brennholz der kleinen Leute!), bedurfte es (gegen Lagrange, Luc, 108) keines Keils: Vielmehr entspricht das vom Täufer realisierte Bildmaterial "Wurzel" (nicht Stamm) und Axt (nicht Keil) durchaus der Realität, da die Axt nicht nur für Buschwerk (so Ri 948) verwandt wurde. Das Fällen an der Wurzel bedeutet eine Verschärfung gegenüber der metaphorischen Tradition, vgl. nur hebr. Hen 289.
16) Zum Verbrennen fruchtloser, nutzloser Bäume vgl. nur Jes 1018f; Jer 2114; Jer 227; Ez 212f; Sach 111f; ihrer Wurzeln: Philo, Agr 17.
17) Das zeigen die zahlreichen Bestimmungen zum Schutz der Fruchtbäume wie Dtn 2019f (die Zerstörung von Bäumen in Kriegszeiten war gefürchteter als die von Städten, so Wildberger, BK X/3, 1269f); MSchebi IV, 10a (ein Baum darf im Sabbatjahr nicht mehr gefällt werden, sobald er Früchte ansetzt - möglicherweise reicht für die Schule Schammais schon das Ausschlagen der Blätter: was mit ("hervorbringen") gemeint ist, wird nicht ganz deutlich, s. I. Seder: Seraim.5.Traktat: Schebbit (Gießner Mischna) S. 90 A74); MShebi IV. 19c (das Fällen des Ölbaums war verboten, solange er über der Mindesterstragsgrenze von ein viertel Kab bleibt). Das Abhauen von Baumpflanzungen war im Hammurabigesetz, im Zwölftafelgesetz und im armenischen Gesetz streng verboten (Krauß, Archäol. II, 205) und galt den Juden als Frevel (Krauß, Archäol. II, 207, 590 A425; 205; 588 A404).
18) s.o., syrAch 135, vgl. Aesop, ed. Halm Nr. 102; Lk 136f.

im Herbst und im Winter,[19] so wurden sie in Kriegszeiten, also Zeiten der Not und des Gerichts, jederzeit geschlagen. Auf diesem Hintergrund und im Blick auf die metaphorische Tradition bedeutet das ἤδη eine Verschärfung: das Gericht ist nahe.

b) Situation/Intention
Das Bildwort von der Axt am Baum dürfte auf den Täufer zurückgehen:[20] Eindringlich stellt es das nahe Zorngericht Gottes vor Augen und ruft zu radikaler Metanoia auf. Die Zugehörigkeit zum auserwählten Volk bedeutet keinen Schutz:[21] vielmehr muß jeder einzelne grundsätzlich umkehren, sich taufen lassen[22] und Frucht bringen, um dem Zorngericht zu entgehen.
Indem Q die Drohpredigt des Täufers rezipiert und (diff. Mk) die Tauftätigkeit des Täufers nicht besonders betont,[23] bekommt die apokalyptische Gerichtsverkündigung des Täufers mit ihrer Forderung nach einer grundsätzlichen Sinnesänderung und Umkehr (καρπόν, sing.) besonderes Gewicht. Die Drohpredigt wurde wohl von der Logienquelle als Bestandteil ihrer eigenen Gerichtspredigt an Israel tradiert;[24] ferner ist ihr wohl auch noch eine mahnende Funktion im Hinblick auf die Gemeinde (im Zusammenhang mit der Taufe) inhärent.

19) Nach der Ernte waren Arbeitskräfte für solche Arbeiten frei (Dalman, AuS I2, 568). Zudem zieht sich der Saft der Bäume nach Kazwini (Kosmogr. I, S. 75.79 nach Dalman AuS I1, 84) am 20. September in deren Wurzeln zurück, so daß danach geschlagenes Holz - da hinreichend trocken - weder von Fäulnis noch vom Wurmfraß bedroht ist (Dalman, AuS I1, 84) Das ist insofern wichtig, als auch das Holz unfruchtbarer Bäume wertvoll war: es gehörte zu den regelmäßigen Abgaben an den Tempel (Dalman, AuS I2, 568; der von Kazwini genannte Termin koinzidiert mit dem letzten offiziellen Lieferungstag für das Altarholz, Dalman, AuS I1, 85) und wurde als Bau- und Brennmaterial verkauft (Hamburger, Holz, 530. 539; Lundgreen, NT, 829).
20) Mit Lohmeyer, Mt, 38; Becker, Täufer, 16, 109 A 21; Hoffmann, Studien, 14, 19, 23; Müller, Prophetie, 78, 79 A 79; Dobbeler, 58; Reiser, M., 157 wird Mt 3 7-10par dem historischen Täufer zugewiesen. Anders: Bm, GST, 123; Lührmann, Redaktion 31 A2, die Mt 3 7-10 als christliche Bildung betrachten.
21) Gottes Gericht über das auserwählte Volk ist schon in der Verkündigung der Propheten angelegt. Hier wie dort ist es nicht als grundsätzliche Verwerfung Israels aufzufassen, sondern appelliert an die ethische Verantwortlichkeit der "Abrahamskinder": Die Abrahamskindschaft bedeutet per se keine Heilssicherheit - Gott kann sie auch überspringen (Mt 3 9par).
22) Mit der Taufe ist eine gewisse Individualisierung des einzelnen Israeliten gegeben: Die Versöhnung ist nun nicht mehr an den Versöhnungstag gebunden, sondern an einen Akt, den jeder einzelne vollzieht. Damit korreliert der Sachverhalt, daß der Täufer am Jordan wirkte (die Täuflinge kamen zu ihm hinaus) und keine die Getauften sozial integrierende Gemeinschaft gründete (Becker, Täufer, 40; 58; 63).
23) S. Schulz, Q, 370, Hoffmann, Studien, 19.
24) Vgl. Luz, Mt, 147.

Mt adressiert die Täuferrede Mt 3 7 (diff. Lk) an die "Pharisäer und Sadduzäer". Da diese beiden Parteien - sieht man einmal von Act 23 7 ab, wo von einem Streit der beiden Parteien die Rede ist - nur Mt 3 7 und (diff. Mk) 16 1.6.11.12 zusammen genannt werden, und schwer vorstellbar ist, daß die miteinander verfeindeten Pharisäer und Sadduzäer gemeinsam zur Taufe des Täufers kamen,[25] dürfte die Adresse unhistorisch sein[26] und das Interesse des Mt widerspiegeln, den Täufer (und Jesus) einer Front jüdischer Gegner gegenüberzustellen.[27] Die Juden werden bei Mt durch die Einleitung als "Otternbrut" bezeichnet; an sie richtet sich bei Mt die Umkehrforderung und Gerichtsandrohung des Täufers.[28] Des Täufers Forderung, καρπός (sing. diff. Lk) ἄξιος τῆς μετανοίας zu bringen, und seine Auseinandersetzung mit dem Argument der Abrahamskindschaft bekommt auf dem mt Hintergrund insofern einen neuen Klang, als das synagogale Judentum den Anspruch, den die mt Kirche in der Verkündigung Jesu als des wahren Messias erhob, unter Verweis auf ihre (buchstäblich verstandene) Abrahamskindschaft ablehnte.[29] Über die Adressierung der Täuferpredigt zielt diese nun im mt Kontext auf die Juden und fordert sie zur μετάνοια, zur *grundsätzlichen* Wandlung (vgl. sing. καρπόν V8 diff. Lk und V10) ihrer Haltung gegenüber der Kirche, d.h. gegenüber Jesus auf.[30]
Entsprechend fehlt bei ihm eine Explikation dessen, was zu tun sei, wie wir sie in der bei Lk sich anschließenden Paränese finden: Mt fährt gleich mit der Verheißung des Kommenden fort (315-17). Diese primäre Zielrichtung auf das Judentum der mt Zeit schließt nicht aus, daß für Mt - wie der Kontext nahelegt[31] - bei der Rezeption und Präsentation des Q-Textes auch ein katechetisches und paränetisches Anliegen im Hinblick auf die eigene Gemeinde leitend war.[32]
Während Mt die Täuferpredigt an führende Gruppen adressiert und wie

---

25) Vgl. Hoffmann, Logienquelle, 17.
26) Vgl. Weiß, B., Lucas-Parallelen, 103, ders., KEK I/2, 324¹, Hummel, 18, Luz, Mt, 148, Schulz, Q, 366 A 287 (red.) und 367 m. A 288, Klostermann, Mt, 22, Klostermann, Lk, 53, Schürmann, Lk I, 163 A12, Sahlin, Studien 32f A4, Gnilka, Tauchbäder, 200f. Anders Plummer, Mt, 27.
27) Luz, EKK I/1, 148. Mt parallelisiert Jesus und den Täufer sowohl über das gemeinsame Publikum als auch über die Botschaft (vgl. 3 2; 4 17).
28) Vgl. Fuchs, A., Bußpredigt, 68.74.
29) Vgl. Fuchs, A., Bußpredigt, 74 m. A38.
30) Vgl. Fuchs, A., Bußpredigt, 74f. Pesch, Kratz, Bd.1, S.26 (Frucht ist Anerkenntnis Jesu als des Messias). Anders: Heiligenthal, Werke, 55, der hier καρπός als Synonym für (gute) Tat auffaßt.
31) Vgl. Pesch, Kratz, Bd. 1, S. 26f.
32) So Schlatter, Mt, 72f; anders: Pesch, Kratz, Bd. 1, S. 27.

Q den Akzent auf einen *grundsätzlichen* Wandel legt,[33] richtet sich die Täuferpredigt bei Lk an die ὄχλοι und mahnt zu guten Taten (καρπούς, diff. Mt 38 καρπόν). Diese werden in der Standespredigt, die Lk 310-14 einschiebt, entfaltet. Dadurch tritt das apk. Moment der Täuferrede zurück[34] und wird der eschatologische Bußruf des Täufers in eine zeitlos-ethische Mahnung transponiert, die weniger durch den Zeitpunkt des Gerichts als durch die Nähe des Messias motiviert ist.[35] Deutlich schlägt sich hier das Zurücktreten der Naherwartung und die zunehmende Bedeutung ethischer Fragen im gesellschaftlichen Verband nieder. Neben der Mahnung zur ethischen Bewährung der bereits in ihrer Buße Umgekehrten (Act 2620),[36] verstand Lk die Täuferpredigt wohl auch vom ersten jüdischen Krieg her: Jerusalem war zerstört, ein Teil des jüdischen Volkes, der sich Jesus verweigerte (vgl. 234f), hatte sein Strafgericht gefunden.[37]

β) Lk 136-9
1. Strukturanalyse

```
I V6                                          συκῆν
              εἶχέν    τις              πεφυτευμένην
                                         ἐν τῷ
                                         ἀμπελῶνι αὐτ.,
      καὶ     ἦλθεν ζητῶν      καρπὸν   ἐν αὐτῇ
      καὶ οὐχ εὗρεν.
II V7a)        εἶπεν
        δὲ                              πρὸς τὸν
                                         ἀμπελουργόν·
                                         τρία ἔτη
    b)         ἰδοὺ
        ἀφ'οὗ ἔρχομαι ζητῶν   καρπὸν    ἐν τῇ συκῇ
                                         ταύτῃ
    c) καὶ οὐχ εὑρίσκω·
              ἔκκοψον
              [οὖν]             αὐτήν,
    d)ἱνατί καὶ                 τὴν γῆν
              καταργεῖ;
III V8a)ὁ δὲ ἀποκριθεὶς λέγει αὐτῷ·
     b)       κύριε, ἄφες       αὐτὴν
        καὶ                              τοῦτο τὸ
                                         ἔτος,
        ἕως ὅτου σκάψω          περὶ αὐτὴν
```

33) Der Plural καρπούς ist Korrektur des Lk, vgl. Schulz, Q, 367; Hoffmann, Studien, 17 (Lk "interpretiert den einen umfassenden Akt der Umkehr ethisch und zerlegt ihn in den Gesinnungswandel und die diesem folgenden 'guten Werke'", dass. 17f), vgl. weiter Hoffman, P., Πάντες, ZNW 58 (1967) 188-214, Fuchs, Bußpredigt, 75; Schürmann, Lk, I, 165 A23. Vgl. auch den Plural in Act 2619. Der Singular in D W pc u. ö. dürfte auf Harmonisierung mit der Mt-Lesart zurückzuführen sein.
34) Indem Lk das Bildwort von der Axt von dem von der Tenne trennt, kommt das apokalyptisch-eschatologische Potential weniger zum Tragen. Lk schwächt so die Naherwartung ab.
35) Vgl. Conzelmann, Mitte, 93.
36) Vgl. Schmithals, Lk, 51.
37) Vgl. Schmithals, Lk, 51, Schneider, ÖTK 3/1, 86.

```
c) καὶ          βάλω           κόπρια,
V9
   κἂν μὲν      ποιήσῃ         καρπὸν          εἰς τὸ
                                               μέλλον·
d) εἰ δὲ μή γε, ἐκκόψεις       αὐτήν.
```

Die Parabel läßt sich in drei Abschnitte gliedern:
Der erste Abschnitt (V6) bleibt in der erzählten Welt und schildert das Problem.
Der zweite Abschnitt (V7) wechselt in die besprochene Welt. Er ist klar durch die Einführung der direkten Rede abzugrenzen und untergliedert sich in vier Unterabschnitte:
a) Die Einführung der direkten Rede,
b) die Anrede des Gesprächspartners und die Zeitangabe: das τρία ἔτη kommt als neue Information hinzu,
c) die Wiederholung der erzählten Welt (V6, insbes. V6b) in der besprochenen Welt fast ohne semantische Verschiebung. Über diese in V6 und 7b übereinstimmende Situationsschilderung hinaus wird in
d) die Konsequenz aus dieser Situation gezogen und eine neue Begründung hinzugefügt (τὴν γῆν καραργεῖ).

Der dritte Abschnitt (V8f) läßt sich - in der direkten Rede gegliedert durch das καί - wiederum in vier Unterabschnitte unterteilen:
a) Die Einführung der direkten Rede,
b) die Anrede des Gesprächspartners und die Bitte um zeitliche Verschiebung,
c) was in der gewonnen Zeit getan werden soll,
d) die Konsequenz aus dem vorzufindenden Ergebnis (wenn...dann). Der parallele Aufbau des zweiten und dritten Abschnitts ist evident. Die beiden Abschnitte unterscheiden sich
a) im Zeitmoment:
   - 2b+c beziehen sich auf die Vergangenheit (drei Jahre/was in der Vergangenheit getan wurde)
   - 3b+c beziehen sich auf die Zukunft (ein Jahr/was in der Zukunft getan werden soll),
b) im Engagement der jeweils handelnden Person:
   - Der Herr kommt und sucht,
   - der ἀμπελουργός gräbt und düngt: hier ist deutlich eine Steigerung der Aktivität festzustellen.
Abschnitt 2 und 3 beziehen sich auf dasselbe Problem: der Feigenbaum bringt keine Frucht (vgl. Abschnitt 1).[38]
Von diesem Ausgangspunkt aus werden zwei Lösungsmöglichkeiten durchgespielt, wie folgendes Schema zeigen soll:

---

[38] καρπός zieht sich als Leitwort durch alle drei Abschnitte.

1. Suchen – nicht finden: Feststellung des Problems
2. Suchen – nicht finden: sofort abhauen
   1. Lösungsmöglichkeit
3. (Suchen) – (nicht finden) – noch einmal Zeit geben – bes. pflegen –

   oder:

   (Suchen)

   → Frucht finden – gut

   → keine Frucht finden – abhauen

   2. Lösungsmöglichkeit

Die zweite Lösungsmöglichkeit unterscheidet sich von der ersten durch eine zeitliche Verschiebung in die Zukunft (bes. betont: εἰς τὸ μέλλον), verbunden mit besonderer Pflege, die das Ergebnis um eine mögliche positive Variante erweitert. Der Ausgang bleibt ungewiß.
Der appellative Charakter bleibt insofern gewahrt als deutlich wird, daß die positive Lösung des Problems nicht allein auf der temporellen Ebene möglich ist: es muß eine *qualitative* Änderung hinzukommen (κἂν μὲν... εἰ). Im Unterschied zur Achikar-Erzählung (s. u.), wo sich der Herr direkt mit dem Baum unterhält, ist in unserem Gleichnis der ἀμπελουργός eingeführt, der einen Dialog über den Baum ermöglicht – der Baum bleibt Objekt des Dialogs, an dem er nur rezipierend partizipiert. Durch die Einführung der Figur des ἀμπελουργός können a) die alternativen Gedankengänge und Handlungsmöglichkeiten des Herrn über die Verteilung auf zwei Personen erzählerisch dramatisiert werden und übernimmt b) der ἀμπελουργός den (um Aufschub bittenden) Part des Baumes in der Achikar-Erzählung: Er nimmt also die traditionelle Rolle des Fürsprechers (vgl. im AT: Mose) ein.

1.1.2.2) Interpretation

Schon drei Jahre nicht getragen hat der Feigenbaum – nach menschlicher Erfahrung kann sein Besitzer die Hoffnung auf Frucht somit definitiv begraben. Nutzlos ist der Baum. Und nicht nur das: er schadet. Logisch ist die Konsequenz des Besitzers: "Hau ihn ab!", so befiehlt er dem Gärtner. Ein unfruchtbarer Baum ist in der Antike grundsätzlich nicht erhaltenswert. Der Rentabilitätsdruck zwingt den Herrn zu optimaler Bewirtschaftung seines Baumgartens,[39] darum muß der Baum fallen. Unerwartet ist die Reaktion des Gärtners: sie bildet die Pointe der Parabel.[40] Noch ein Jahr, eine allerletzte Frist, erbittet er für den Baum. Und dieser Bitte gibt er dadurch Nachdruck, daß er Mühe und Arbeit in einem weit über das Übliche hinausgehenden Maß in den Baum investieren will. Nützt diese nichts, so soll der Baum abgehauen werden: die Frist ist begrenzt. Die Reaktion des Herrn fehlt – der Duktus der Erzählung legt nahe, daß er sich umstimmen läßt und dem Baum noch eine letzte Chance

---

39) Vgl. Stuhlmann, Bußtag, 408.
40) Vgl. Stuhlmann, Bußtag, 408.

gewährt. Der Ausgang bleibt offen und gewinnt gerade so appellativen Charakter: der Hörer soll die ihm geschenkte Gnadenfrist wahrnehmen als letzte Möglichkeit zu einer grundlegenden Verhaltensänderung, zu einer fruchtbringenden Existenz.

1.1.2.3) Der übergreifende Lebenszusammenhang
a) Realien
Es war in Palästina üblich, im Weinberg auch Fruchtbäume anzupflanzen: Eigentliche Weinberge gab es nicht, sondern nur Fruchtgärten,[41] vgl. Sifre Dtn 266 zu 23,25: "Wenn du in den Weinberg deines Nächsten kommst ... so iß Trauben, aber nicht Feigen". Feigenbäume und Weinstöcke konnten aufgrund ihres besonderen Wachstums zusammen gedeihen: So zog man gelegentlich Weinstöcke an größeren Bäumen,[42] auch Feigenbäumen, hoch.[43]
Gerade um ihrer Früchte willen sind Feigenbäume interessant und zeichnen sich normalerweise auch durch eine außerordentliche Fruchtbarkeit aus, vgl. bEr 54a.b: "... R. Jochanan (+279) hat gesagt: ... Wie ein Mensch an einem Feigenbaum, so oft er ihn durchsucht, Feigen findet..." und Schnellers Beobachtungen in Palästina.[44] Da der Feigenbaum jährlich regelmäßig zu tragen pflegt,[45] mußte es auffallen, wenn ein Feigenbaum über mehrere Jahre keine Früchte brachte.[46]
Das Abhauen eines unfruchtbaren Baumes war durchaus im Rahmen des Üblichen.[47] Von daher ist die Bitte des Weingärtners um Aufschub ungewöhnlich, dieselbe ist aber im Rahmen einer magischen Handlung mehrfach belegt, wobei zu fragen ist, inwieweit diese Belege für Palästina her-

---

41) GenR 54; LevR 23 zu 18.3; s. Madsen, Parabeln, 88f; Jeremias, Gleichnisse, 170, Hunzinger, συκῆ, ThWNT VII, 735, Z2f, Bill. I, 873g, Krauß, Archäol. II, 228, Dalman, AuS I1, 161, I2, 378, Dalman, AuS IV, 310.
42) Lundgreen, Bäume im NT, 839, Krauß, Arch. II, 229.
43) Siehe bKil 64:"Es ereignete sich, daß R. Jehoschua (c. 100) zu R. Jischmal (c. 135) nach Kephar Aziz ging und dieser ihm einen Weinstock zeigte, der auf einen Teil eines Feigenbaumes aufgezogen war...", zit. nach Madsen, Parabeln, 89; vgl. ferner Jül. II, 434; anders: Cato, agr. 50.
44) Vgl. Schneller, Land, 223: "In der eigentlichen Feigenzeit aber, im August, habe ich n i e m a l s gefunden, daß ein schöner Baum keine Früchte gehabt hätte."
45) Dalman, AuS, I2, 380.
46) Madsen, Parabeln, 90.
47) S. Mt 3,10 par; Mt 7,19; bTaan 7a; GenR 38 zu 11,6; ExR 43 zu 32,11; syrAch 135parr; die Predigt De Jona (52) 216 (Siegert, Predigten, 48); vgl. auch Jer 8,13; Aesop., Halm Nr. 102. Das Argument der Ausnutzung des Landes dürfte weniger die Platzverschwendung als die Aussaugung des Bodens und die Beschattung durch seine Zweige betreffen, vgl. Theophr., caus. plant. II 74, III 10 und Jül. II, 436, vgl. Jeremias, Gleichnisse, 170. Zum Lichten vgl. TSchebi I, 7.

angezogen werden können.[48]

In der rabbinischen Literatur wird das Behacken und Düngen[49] des Baumes mehrfach erwähnt, war also als Mittel, die Fruchtbarkeit eines Baumes zu fördern bzw. zu "erzwingen",[50] bekannt. Inwieweit es als ein gewöhnliches Verfahren[51] oder als eine über das Normale hinausgehende Anstrengung[52] einzustufen ist, ist umstritten. Es scheint, daß das Baumfeld nur bei Bedarf behackt und nur gedüngt wurde, wenn es ausgelaugt und zur "Ruine" (חורבה), d.h. Wüste, geworden war.[53]

---

48) Die magische Handlung besteht darin, daß einer den Baum mit dem Abhauen bedroht (z.B. indem er wütend mit der Axt schwingend auf ihn zugeht), während ein anderer diesen um Aufschub bittet, um den Baum zum Fruchtbringen zu motivieren. So berichtet W.W. Skeat, Malay Magic, 198f nach Frazer, Golden bough I, 1900², 174: "... on a specially chosen day the villagers use to assemble in it [= a grove of durian-trees, Anm. d. Vf.]. Thereupon one of the local sorcerers would take a hatchet and deliver several shrewd blows on the trunk of the most barren of the trees, saying, 'Will you now bear fruit or not? If you do not, I shall fell you'. To this the tree replied through the mouth of another man who had climbed a magnostin-tree hard by (the durian-tree being unclimbable), 'Yes, I will now bear fruit; I beg you not to fell me'." Frazer (vgl. ders., Bough I (1900²), 174f, ders., dass. 1923, 113f, Madsen, Parabeln, 90f) hat diese magische Handlung in Variationen in zahlreichen Regionen, so auf den ostindischen Inseln, in Japan, in Südslavonien und Bulgarien, auf Sizilien, in Armenien, in den Abruzzen, auf Lesbos und in Estland, nachgewiesen (eine Erwähnung Palästinas fehlt), vgl. auch Geop. 1083.
49) Zum Düngen mit Mistkörben, (so Lk 13, D und it), vgl. Krauß, Archäol. II, 169, Schnebel, 305f. Ferner werden nach Theophr., caus. plant. III, 9,5 Weinstöcke alle vier oder noch mehr Jahre einmal gedüngt, vgl. Jül. II, 437. Ist von Bewässerung nicht die Rede, weil der Feigenbaum dann zwar besser treibt, aber schlechtere Früchte bekommt? (Plin XVII 247; vgl. Geop. X 454). Im Gleichnis LXIII bei Ziegler, 295, wird nur das Gute behackt.
50) S. Lundgreen, Bäume im NT, 830.
51) So Madsen, Parabeln, 91 (Belege!), Krauß, Archäol. II, 212, vgl. ders., dass., II, 168 (hier etwas zurückhaltender bezüglich des Düngens: "vornehmlich im Getreidebau, doch auch für Baumpflanzungen").
52) So Jeremias, Gleichnisse, 170, Jül. II, 437f. Dafür lassen sich anführen, daß im AT vom Düngen des Weingartens nicht die Rede ist, ein Düngerhaufen kein selbstverständlicher Bestandteil eines Weingartens war (Dalman, AuS IV, 325) und der Feigenbaum Lk 13 in den vorangegangenen Jahren offensichtlich weder gedüngt noch behackt worden ist.
53) S. Krauß, Archäol. II, 206. Insgesamt investierte man scheinbar mehr in die Pflege von Weinstöcken und Oliven als in die von Feigenbäumen (Krauß, Archäol. II, 206), so daß die Wahl der Metapher auch von daher aussagekräftig für das Gleichnis sein könnte. Weiter ist auffällig, daß der Feigenbaum offensichtlich weder von einer Krankheit (z.B. der Räude), noch explizit von Schädlingen bedroht zu sein scheint, obwohl das als ein Hauptproblem der Baumkultur in der Literatur behandelt wird (vgl. Olck, Art. Feige, Pauly VI2, 2129, 2117f): Die Eigenverantwortlichkeit des Baumes wird also herausgestrichen.

Weder als Brennholz[54] noch in der handwerklichen Verarbeitung[55] ist das Holz des Feigenbaums gut verwendbar: Er ist nur um seiner Früchte willen interessant.[56]

b) *Bildgebrauch*

Betrachten wir den Bildgebrauch, so ist das Motiv, daß der unfruchtbare Baum abgehauen werden soll, Lk 13 6-9 gegenüber Mt 3 10 par so verändert, daß nun die Möglichkeit der Zuwendung und des Heils stärker zum Tragen kommt.[57] Lk 13 6-9 ist das Bildfeld breiter realisiert und konzentriert sich nicht mehr nur auf das Ende; dem Baum wird eine letzte Frist eingeräumt und zwei Personen werden eingeführt, die es erlauben, zwei alternative Möglichkeiten, die als Oppositionen schon im Bildfeld angelegt sind, - das richtende Abhauen und das helfende Pflegen - narrativ zu entfalten. Das geschieht in der Form der Parabel, die - im Unterschied zum Bildwort (und zur Fabel) - kontrafaktische Momente gegenüber dem Üblichen oft betont.

Nun ist die narrative Aktualisation vorgegebener Bildfelder auch auf dem Hintergrund struktureller Grundmöglichkeiten, nach denen die Metaphern aus dem Bildfeld realisiert werden können, zu sehen: Auf dem Hintergrund gängiger Strukturierungsmöglichkeiten wird die jeweilige Aktualisation profiliert, wobei auch auf die jeweilige Form, in der das geschieht, zu achten ist. Für Lk 13 6-9 ist uns eine - wahrscheinlich traditionell vorgegebene - Aktualisierung eines Bildfeldbereiches greifbar: erscheint die Parabel doch als Variation einer Fabel von Achikar, die in jesuanischer Zeit in verschiedenen Fassungen umgelaufen sein dürfte,[58] und in der syrischen Version folgendermaßen lautet:

"Mein Sohn, du warst mir wie eine Palme, die am Wegrand stand, von der man aber keine Frucht pflückte. Ihr Besitzer kam und wollte sie ausreissen. Da

---

54) Als Brennholz ist das Holz des Feigenbaumes - infolge seiner großen natürlichen Feuchtigkeit (Olck, Pauly VI 2, 2113f) und weil der Feigenbaum viele dünne, durcheinanderwachsende Zweige hat - nicht besonders geeignet: Das Feuer verlodert sehr schnell, ohne daß es zu einer bedeutenden Glut kommt (Lundgreen, Bäume im NT, 831). Vielleicht wird auch deshalb dem Feigenbaum Lk 13 6-9 nicht das Verbrennen angedroht.

55) Das Holz des wilden Feigenbaumes wird zwar zur Herstellung verschiedenen Zierrarts gebraucht (s. Theophr., hist.plant. V 63; vgl. Plin. XVI 227 und Olck, Pauly VI 2, 2113). Das des zahmen Feigenbaumes ist dagegen vollkommen unbrauchbar (s. Olck, Pauly VI 2, 2114, vgl. 2142).

56) Zum Abhauen, s. S. 124ff.

57) Zum Vergleich von Mt 3 7-10 par mit Lk 13 6-9 s. S. 139ff.

58) So Jeremias, Gleichnisse, 170. Die Fabel fehlt jedoch in den Elephantinetexten (6./5. Jh. v. Chr.), die Fragmente eines aram. Ach. enthalten (Küchler, Weisheitstraditionen, 325; 331). Folglich kann Lk 13 6-9 nur wahrscheinlich als Variation der Achikarfabel angesehen werden (so Harris, in Conybeare, Ahikar, LXVII; Küchler, Weisheitstraditionen, 402).

sprach die Palme zu ihm: Gestatte mir noch ein Jahr und ich bringe dir Karthamen (=Safran). Ihr Besitzer antwortete: Unglückliche! Du hast deine eigene Frucht nicht hervorgebracht, wie solltest du denn eine fremde hervorbringen!"[59]
Die Fabel ist in mehreren Versionen überliefert, die ein Repertoire verschiedener Grundmöglichkeiten aufzeigen, wie folgende Übersicht deutlich machen soll:[60]

	ORT	PROBLEM	ABSICHT D. HERRN	BITTE	VERSPR.	REAKT.	BEGRÜND.
syrAch (Hs Berlin)	Weg	keine Frucht	ausreißen	Frist	andere/ bessere Frucht	Nein	nicht einmal eigene Frucht
syrAch (C) (Hs Cambridge)	Wasser	Früchte i. Fluß	"	Frist		"	
armAch	Wasser	Frucht i. Fluß	"	stehenlassen (1 Hs: Frist)	Früchte	"	bisher unnütz
arabAch	Wasser	keine Frucht	"	Versetzung	Früchte	"	nicht einmal am günst. Ort

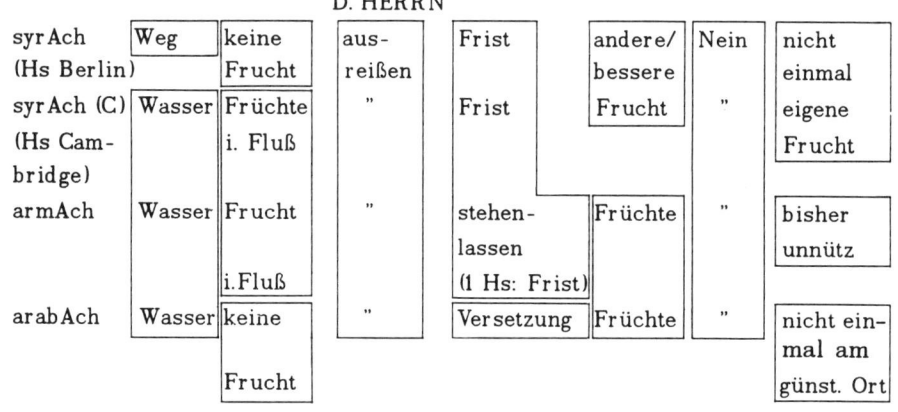

Den verschiedenen Versionen ist gemeinsam, daß a) auf den Standort des Baumes reflektiert wird, daß b) der Baum selbst die Bitte um eine letzte Frist/ um Verpflanzung vorträgt und Früchte, ja sogar bessere Früchte, verspricht und daß c) der Herr jedesmal mit einem dezidierten, begründeten Nein antwortet.
Dagegen wird Lk 13,6-9 zwar der Standort des Baumes genannt, er dient jedoch nicht dazu, seine Wachstumsbedingungen zu reflektieren. Vielmehr rückt der Baum stärker als solcher mit seiner Eigenverantwortlichkeit ins Zentrum, seine Umgebung kommt unter dem Aspekt seiner eigenen unverantwortlichen Existenz in den Blick: Er saugt den Boden aus und entzieht so den (wertvolleren) Weinstöcken den Boden. Nicht für sich bittet der Baum, sondern der ἀμπελουργός setzt sich für ihn ein: Er kann - im Unterschied zum Baum in der Fabel - keine Früchte versprechen - seine Bitte bleibt folglich noch weniger motiviert als dort. Hingegen bietet der Gärtner seinen vollen Einsatz an: umgraben und düngen will er den Baum in der Hoffnung auf Veränderung - eine Hoffnung, die für Achikar nicht gegeben zu sein scheint:
Kommt Lk 13,6-9 stärker der Gedanke zum Tragen, daß der Mensch veränderlich und von daher (gut prophetisch gedacht) zur Metanoia fähig ist,

59) Zit. Küchler, Weisheitstraditionen, 392.
60) Die Übersicht orientiert sich an Nau, 251 (=syrAch 135, ms de Berlin, Sachau 336), 251 m. A 1+2 (= syrAch nestorien, Ms de Cambridge = ed. Conybeare, 126f), 252 A^a 135 (=armAch), 251 A1 und 122 (= arabAch, ed. Cambridge).

so scheint Achikar den Menschen stärker - der weisheitlichen Unterscheidung vom Weisen und Toren entsprechend - als fruchtbringend oder fruchtlos, d.h. stärker unveränderlich zu sehen und sich folglich eher resignativ-pessimistisch oder eben "weise" den natürlichen Gesetzmäßigkeiten einzufügen.
Eventuell wird die Unmöglichkeit einer Veränderung bei Achikar dadurch gestützt, daß der Baum in zwei Versionen verspricht, nicht arteigene, bessere Früchte zu bringen, was genauso unmöglich ist wie einen ausgewachsenen Baum erfolgreich zu verpflanzen.[61] Zwar kennt die weisheitliche Lokman-Überlieferung in einer Fabel die Möglichkeit, daß ein Dornstrauch in bessere Erde versetzt wird, doch handelt es sich hier bezeichnenderweise um einen Busch und keinen Baum, der versetzt wird. Da die Fabel - wie Lk 13 6-9 - das Motiv intensiver Pflege kennt, sei sie hier zitiert:
"Der Dornbusch sprach einmal zum Gärtner: 'Hätte ich jemanden, der sich um mich kümmerte, mich mitten in den Garten setzte, bewässerte und pflegte, so würden Könige verlangen, meine Blüten und Früchte zu sehen.' - Der Gärtner nahm ihn, pflanzte ihn mitten in den Garten, in den besten Boden, und begoß ihn zweimal täglich. Der Busch wuchs, und seine Dornen wurden stark; seine Zweige umrankten alle Bäume, die ihn umstanden; seine Wurzeln senkten sich in die Erde, er erfüllte den ganzen Garten, und die Dornen wurden so zahlreich, daß niemand sich dem Garten nähern konnte. Dies bedeutet, daß wer sich Bösen anschließt, ihre Bosheit und Hartnäckigkeit nur vergrößert, je mehr Rücksicht er auf sie nimmt; und daß, je mehr Gutes er ihnen tut, sie desto böser an ihm handeln werden."[62]
Der Duktus der Fabel (vgl. das Epimythion) ändert nichts an der anthropologischen Prämisse einer grundlegenden Unveränderbarkeit des Menschen. Diese Beobachtung korreliert mit der Form: Die Fabel zeichnet Typen, die durch stereotype, feste Konnotationen charakterisiert sind: so und nicht anders sind sie. Pflanzen und bes. Tiere stehen hier für Menschen und suggerieren: ebenso unveränderbar wie diese ist auch der Mensch. Wird in der Fabel einer Anpassung an die Gesetzmäßigkeiten der Wirklichkeit das Wort geredet und eher einer Jedermannsmoral Aus-

---

61) Das Verpflanzen eines Baumes begegnet jedoch im paradoxen Bildwort Mt 21 21; Mk 11 23; Lk 17 6. Ps 80 9 wird der Weinstock Israel aus Ägypten verpflanzt (Einfluß der Sachebene?); Ez 17 3ff.22ff sind es *Schößlinge*, die verpflanzt werden.
62) Lokman 22, nach Derenbourg, Fables, 30f, Übers. Schnur, Fabeln, 35f A. Lokman, der Weise, wird zuerst im Koran (Sure 31) erwähnt. Die Lokmanfabeln weisen enge Übereinstimmungen mit Achikar (s. Nau, 68-72.119-133; Conybeare, LXXIV-LXXX), aber auch mit Aesop-Fabeln auf. Möglicherweise handelt es sich um die arabische Übersetzung ausgewählter Äsopfabeln, in die auch Achikartradition eingedrungen ist. Jedoch fehlt gerade Lokman 22 im Corpus der Aesopfabeln, vgl. Heller, Lukman, 40f.

druck verliehen,[63] so argumentiert die Parabel als solche kontrafaktisch und will Veränderung evozieren, hat also keine konservierende, sondern eine innovative Funktion.

c) Situation/Intention

Die Parabel, die sich in die Jesusüberlieferung einordnen läßt,[64] will beim Adressaten Veränderung mittels kognitiver Umstrukturierung evozieren: obwohl der Baum rechtens abgehauen werden müßte, schenkt ihm Gott unverdientermaßen noch einmal Zeit und übermäßige Mühe in der Hoffnung auf Frucht. Der Indikativ hat in der Parabel entscheidendes Gewicht, im lk Kontext verschiebt er sich zum Imperativ: das Gleichnis schließt dort -lk Kompositionstechnik entsprechend[65] - eine Droh- und Mahnrede an die Juden mit einer zweimal wiederholten bedingten Unheilsansage (V3.5) ab. Es unterstreicht die Umkehrmahnung von Lk 133.5; das Fruchtbringen wird zur Metapher für μετανοεῖν, das drohende Gericht stärker akzentuiert. Da für Lk die Deutung des Feigenbaums auf das Volk Israel gegeben zu sein scheint,[66] profiliert das erfolgte Gericht über Israel die Realität des Gerichts. Lk wendet diese Realität paränetisch gegen seine Adressaten,[67] wobei die Mahnung individualistisch-ethisch ausgerichtet ist.[68] Der Kontext betont also den Ernst des Gerichts und die Dringlichkeit zur Metanoia, wobei diese - wie die Aufnahme von Lk 136-9 zeigt -,[69] nicht primär über die Naherwartung motiviert wird: hier schlägt sich schon die Erfahrung der Parusieverzögerung nieder.

---

63) S. Wienert, Typen, 86-90, 148 (für die griechisch-römische Fabel). Auch in den sumerischen Streitdichtungen geht es für van Dijk um "la sage appréciation des valeurs dans un ordre" (S. 39), vgl. auch (zu Jes 10 15) Wildberger BK X/1, 400f. Die Beobachtung wird dadurch gestützt, daß uns Fabeln in weisheitlichen Zusammenhängen überliefert sind (so Achikar, vgl. weiter Schottroff, W., 87). Eine andere Charakterisierung der Fabel vertritt Dithmar, Fabel, 130-148, bes. 140f.
64) S. den Vergleich der Jesus- mit der Täuferüberlieferung, s. S. 139ff.
65) Vgl. Young, Luke 13, 1-9, 59. Wie hier stehen auch Lk 1318-21; 177-10; 1911-27 Gleichnisse am Ende eines Abschnitts. Es war wohl Lk, der Lk 136-9 mit Lk 131-5 verbunden hat, vgl. Schneider, ÖTK 3/2, 297. Er benutzt die vorhergehenden Logien als interpretierenden Rahmen für das Gleichnis, s. Bm, GST, 64, 189.
66) Bartsch, Wachet, 113, Flender, Heil, 101, Klostermann, Lk, 143, Schneider, ÖTK 3/2, 298, Weiß, Mk und Lk, 505, Klauck, Allegorie, 325.
67) Flender, Heil, 101. Konsequent fügt Lk 2129b "alle Bäume" hinzu und erweitert so die Perspektive von Israel auf die gesamte Heilsgeschichte, vgl. Zmijewski, Eschatologiereden, 267.
68) Vgl. Baumbach, Verständnis, 145.
69) Gegen Bartsch, Wachet, 113, nach dem gerade "die unmittelbare Nähe der letzten Entscheidung das bestimmende Element des Gleichnisses" ist. - Die Aufnahme und Tradierung uneschatologischer Gleichnisse (SoG) entspricht lk Interesse, s. Grässer, Parusieverzögerung, 196 m. A3. Mit dem Baum gewährten Frist kommt in der lk Überlieferung ein Zug zum Tragen, der m.E. schon der Jesustradition inhärent war.

Exkurs I: Die Täufer- und Jesustradition im Vergleich

Das Bildfeld Baum - Frucht ist sowohl in der Täufer- (Mt 3 7-10 par) als auch in der Jesusüberlieferung (Lk 13 6-9), jeweils in Verbindung mit dem Thema Umkehr (Mt 3 8 par; Lk 13 5) - jedoch in unterschiedlicher Weise - realisiert. Da sich der Täufer und Jesus angesichts derselben Situation an diesselben Adressaten wandten, sind die Unterschiede in der Verwendung des Bildmaterials als Indikatoren für eine abweichende Interpretation der Wirklichkeit durch den Täufer und Jesus aufzufassen, die sich in ihrer Verkündigung niederschlug.

Ein Vergleich von Mt 3 7-10 par mit Lk 13 6-9 soll die Akzentverschiebung verdeutlichen[70] - unter der Einschränkung, daß wir es das eine Mal mit einem Bildwort, das andere Mal mit einem Gleichnis zu tun haben und die Täuferüberlieferung nur Bruchstücke seiner Predigt enthält.

- Lk 13 6a wird über den ἀμπελουργός ein persönlicher Bezug zum Baum aufgewiesen und das Anrecht auf Frucht (indirekt) begründet.[71] Persönlicher Bezug und Motivation der Forderung fehlen in der Täuferüberlieferung.

- Die Einführung zweier Personen und die damit angelegte dialogisch-argumentative Grundstruktur des Gleichnisses, die eine reflektierende Auseinandersetzung über den Baum ermöglicht, ist ohne Entsprechung in der Täuferüberlieferung. Wird das Drohwort Mt 3 10 par mit dem Fehlen von Frucht begründet, so wird Lk 13 7 der Befehl, den Baum abzuhauen, darüber hinaus noch mit der langen Zeitspanne (drei Jahre) und mit dem Aussaugen des Bodens (d.h. im Hinblick auf die Weinstöcke) begründet.[72]

- Während die Metapher ἀξίνη in der Jesustradition[73] - wie auch im übrigen NT nirgends realisiert ist,[74] findet sie sich in der Täufertradition zusammen mit (diff. Lk 13) der Metapher ῥίζα und (diff. Lk 13) mit dem Bild

---

70) Hier wird im Gegensatz zu vielen Auslegern (vgl. z.B. Gräßer, Parusieverzögerung, 197 A3) davon ausgegangen, daß Lk 13 6-9 - zumindest seinem Grundinhalt nach - auf Jesus zurückzuführen ist und ergo für seine Deutung von Wirklichkeit ausgewertet werden kann, in die sie sich übrigens ohne Schwierigkeiten einfügen läßt (vgl. dazu auch Becker, Täufer, 98, Theißen, Glaube, 119, Stuhlmann, Bußtag, 409). Inwieweit sich Jesus hier bewußt uminterpretierend auf das Bildwort des Täufers bezieht (so fragend: Becker, Täufer, 98), kann dahingestellt bleiben; uns interessiert hier nur, wie beide das Bildwort realisieren.

71) Evtl. wurde bei πεφυτευμένην die traditionelle Metaphernverwendung konnotiert, daß Gott einen Weinberg, eine Pflanzung, etc. pflanzte, d.h. daß er eine jeder Forderung vorhergehende Vorleistung erbringt.

72) Ein weiteres begründendes Moment liegt evtl. in der Metapher συκῆ, da der Feigenbaum als bes. fruchtbar galt.

73) Eine Ausnahme bildet Lk 13 7 D, das in seiner Bildverwendung ('hol die Axt!') auch noch weit zurückhaltender als der Täufer ist.

74) Zu vergleichen ist nur die Sichel in der Apk 14 14ff.

des Feuers,[75] unterstreicht also die Radikalität des kommenden Gerichts. Indem die Axt allein - ohne handelnde Person(en) - (diff. Jesustradition) realisiert ist, verschärft sich der Eindruck, dem kommenden Gericht ohnmächtig ausgeliefert zu sein, es in keiner Weise mehr abwenden oder beeinflussen zu können.
- Auch hinsichtlich des Zeitmoments ist eine Akzentverschiebung zu beobachten: Gibt es bei Jesus noch eine letzte Frist, so fehlt diese beim Täufer ganz und gar - im Gegenteil: Die bedrohliche Nähe wird nachdrücklich unterstrichen (ἤδη) und dient dazu, die Bußforderung zu forcieren. Dem entspricht auch, daß Jesus zwar die Bußforderung des Täufers geteilt hat, nicht aber dessen Taufpraxis, da es für ihn noch eine Zeit zur Bewährung gab.[76]
- Nicht nur mehr Zeit, sondern auch eine intensivere - weit über das Übliche hinausgehende - Fürsorge soll dem Baum zuteil werden.[77] Das ist ein Zug, der der Täufertradition völlig fremd ist. Während die Forderung des Täufers, der Buße angemessene Früchte zu bringen, im Grunde ohne (explizite) Vorgabe bleibt, ergibt sich in der Jesustradition "aus der unerwarteten, grundlosen, liebevollen Zuwendung"[78] für den Baum die Chance, Früchte zu erbringen.
- Dem korrespondiert ein verändertes Gottesbild: Erscheint in der erhaltenen Täuferüberlieferung Gott für den Täufer als Richtergott, vor dessen Zorn nur Metanoia und Taufe retten können, so betont Jesus im Unterschied dazu dessen intensive Zuwendung und lebensermöglichende Liebe.
- Der Täufer und Jesus verfolgen im Grunde das gleiche Ziel: Rettung durch Aufruf zur Umkehr. Beide bedienen sich dabei eines Bildes, um in der Distanz und Nähe desselben eine neue Wahrnehmung der Wirklichkeit zu provozieren und eine Verhaltensänderung zu ermöglichen. Während der Täufer jedoch für sein Bild vom unfruchtbaren Baum die Form des Drohworts wählt, und die Metanoia vermittels der Angst vor einem in erschreckender Nähe unpersönlich hereinbrechenden Vernichtungsgericht mit unabänderlicher Endgültigkeit motiviert, realisiert Jesus dasselbe Bild in der argumentativ-vertiefenden Form (Wechsel von erzählter zu besprochener Welt) eines Gleichnisses, in dem die persönliche Bezie-

---

75) Evozieren die vom Täufer hier verwendeten Bilder im besonderen auch kriegerische Konnotationen, so realisiert das Gleichnis Metaphern aus dem viel friedlicheren Bereich eines Fruchtgartens. Jesus steht hierbei - im Unterschied zum Täufer - wohl stärker auch in weisheitlich-geprägter Tradition (vgl. die Achikar-Fabel). Dazu paßt, daß Entsprechungs- und Wachstumsbilder in der Täuferüberlieferung fehlen. Zum Bild des Feuers vgl. Becker, Täufer, 28.
76) Vgl. Theißen, Jesusbewegung, 98, ders., Glaube, 118.
77) S. diese Arbeit S. 113.
78) Becker, Täufer, 98.

hung betont, und die unerwartete, grundlose Sorge und Zuwendung zum Baum als Chance zum Leben aufgezeigt wird: Das Fruchtbringen wird hier über die Erfahrung liebevoller, unverdienter Zuwendung motiviert.
-Beiden geht es um die Alternative Frucht/keine Frucht, nicht um die Alternative gute/schlechte Frucht.

Zwischenbemerkung: Die Verfluchung des Feigenbaums (Mk 1113f.20f par Mt 2118f) ist m.E. symbolisch zu verstehen: καρπός (keine σῦκα) wird *jederzeit* - also saisonunabhängig - gefordert: Jesus erwartet - dem Anbruch der messianischen Zeit entsprechend - gute Taten von den Menschen. Im Hintergrund des formgeschichtlich singulären Strafwunders könnte m.E. eine (sek. umgebildete) Fabel stehen, da der Feigenbaum angeredet wird.[79]

Exkurs II: Lk 176
Lk 176b ist ein Vergleich mit einem paradoxen Bildwort kombiniert. Im Unterschied zu Mk 1123 par Mt 2121, Mt 1720 und EvThom L 48 und 106 verwendet Lk das Bild eines Baumes. συκάμινος kann den Maulbeerbaum bezeichnen, meint hier aber eher den Maulbeerfeigenbaum (= Sykomore),[1] der ob seiner starken Verwurzelung bekannt war und dessen Wurzeln bis in die Urtiefe hinabreichten.[2] Ein Johannisbrotbaum, der sich entwurzelt, dient p MQ 3,1, 81c[3] als Beweis für die richtige Lehrmeinung Rabbi Eliezers. Hier soll das Bild die Macht des Glaubens erweisen[4] (vgl. im Kontext das Vollbringen von Wundern).

1.2) Entsprechungsbilder (II) ontisch
Mt 716ff par, Mt 1233

Liegt den ntl. Gerichtsbildern die Alternative Frucht/keine Frucht zugrunde, so thematisieren die Entsprechungsbilder das Verhältnis von Baum und Frucht. Es begegnet in zwei Varianten:
(α) Im Bildwort von den zweierlei Bäumen (Mt 717f, Mt 1233-35 par Lk 643-45) und

---

79) Genauer soll diese These in einer Veröffentlichung in WuD 1993 ausgeführt werden.
1) Zum Problem vgl. Hunzinger, Art. συκάμινος κτλ., ThWNT VII, 758; zur Sykomore, vgl. Dalman, AuS I1,61-63.
2) GenR 13 zu 2,5.
3) Vgl. Bill. IV, 313f.
4) Vgl. Hahn, Wort, 156-159. Schwarz, πιστιν, 34f, verweist auf die metaphorische Verwendung von Bäumen für Gelehrte (die angeführten Beispiele betreffen jedoch Zedern und Tamarisken) und folgert, daß das ausdrücken will, daß die Jünger Jesu, auch wenn sie ungebildet sind, einen Gelehrten "in der Auseinandersetzung überwinden könnten", wenn sie nur ein bißchen Vertrauen hätten.

(β) im Doppelbildwort von den Trauben und Feigen (Mt 7,16 par Lk 6,44 par EvThom L 45a), vgl. Jak 3,12[5] Während α) ausdrückt, daß kein Baum qualitätsfremde Früchte hervorbringen kann, besagt β), daß kein Strauch gattungsfremde Früchte haben kann. Eine Übersicht über das Material soll folgendes Motivinventar geben:

α) Qualität

Mt 7,17: οὕτως πᾶν δένδρον ἀγαθὸν   δένδρον ἀγαθόν --- καρποὺς καλούς
καρποὺς καλοὺς ποιεῖ, τὸ δὲ σαπρὸν
δένδρον καρποὺς πονηροὺς ποιεῖ.   δένδρον σαπρόν --- καρποὺς πονηρούς

Mt 12,33: ῍Η ποιήσατε τὸ δένδρον   δένδρον καλόν --- καρπὸν καλόν
καλὸν καὶ τὸν καρπὸν αὐτοῦ καλόν,
ἢ ποιήσατε τὸ δένδρον σαπρὸν καὶ τὸν
καρπὸν αὐτοῦ σαπρόν· ἐκ γὰρ   δένδρον σαπρόν --- καρπὸν σαπρόν
τοῦ καρποῦ τὸ δένδρον γινώσκεται.

                                           Mt 7,18 par Lk 6,43 negiert·
Mt 7,18: οὐ δύναται δένδρον ἀγαθὸν   οὐ   δένδρον ἀγαθόν --- καρποὺς
καρποὺς πονηροὺς ποιεῖν οὐδὲ   πονηρούς
δένδρον σαπρὸν καρποὺς καλοὺς   οὐδὲ δένδρον σαπρόν --- καρποὺς
ποιεῖν.   καλούς

Lk 6,43: Οὐ γάρ ἐστιν δένδρον καλὸν   οὐ   δένδρον καλόν --- καρπὸν
ποιοῦν καρπὸν σαπρόν, οὐδὲ πάλιν   σαπρόν
δένδρον σαπρὸν ποιοῦν καρπὸν   οὐδὲ δένδρον σαπρόν --- καρπὸν
καλόν.   καλόν

β) Gattung

Mt 7,16b: μήτι συλλέγουσιν   μήτι ἀπὸ ἀκανθῶν   --- σταφυλάς
ἀπὸ ἀκανθῶν σταφυλὰς
ἢ ἀπὸ τριβόλων σῦκα;   ἢ   ἀπὸ τριβόλων   --- σῦκα

Lk 6,44b: οὐ γὰρ ἐξ ἀκανθῶν   οὐ   ἐξ ἀκανθῶν   --- σῦκα
συλλέγουσιν σῦκα οὐδὲ ἐκ βάτου   οὐδὲ ἐκ βάτου   --- σταφυλήν
σταφυλὴν τρυγῶσιν.

vgl. EvThom L 45: Nicht liest man   nicht Trauben   --- v. Dornbüschen
Trauben von Dornbüschen noch pflückt
man Feigen vom Kameldorn, [denn] sie   noch Feigen   --- v. Kameldorn
tragen nicht Frucht.

Jak 3,12: μὴ δύναται, ... συκῆ ἐλαίας   μὴ   συκῆ   --- ἐλαίας
ποιῆσαι ἢ ἄμπελος σῦκα;   ἄμπελος   --- σῦκα

1.2.1) Die Struktur der Bildworte:

Konstitutiv für beide Bildworte ist der ihnen zugrundeliegende antithetische Parallelismus. α) wird die Antithese bei gleichbleibenden Subjekten über das Adjektiv hergestellt,[6] wobei sich die Adjektive Lk 6,45, Mt 12,33 beim Subjektwechsel von δένδρον zu καρπούς entsprechen, während der Parallelismus Mt 7,17f durch die Substitution des zweiten Adjektivs durch ein Synonym[7] abgeschwächt ist.

---

5) Zu Jak 3,12 vgl. S. 268ff.
6) ἀγαθός vs σαπρός, καλός vs πονηρός (Mt 7,17f), [ἀγαθός vs πονηρός (Lk 6,45)], καλός vs σαπρός (Mt 12,33).
7) ἀγαθός, καλός; σαπρός, πονηρός.

β) sind zwei Bilder jeweils strukturell ähnlich gebaut, wobei die Zuordnung des Akkusativobjekts (d.h. der artfremden Frucht) zu dem jeweiligen "Baum" innerhalb der Tradition nicht bes. stabil gewesen zu sein scheint.[8]

1.2.2) Bildgebrauch/Realien

Das Bildwort von den zweierlei Bäumen ist m.W. ohne direkte Parallele(n), ist aber im Bildfeld angelegt, vgl. Sir 276[9] und Prov Aesopi 51 (K 19).[10] Ferner ist auf die weisheitliche Vorstellung vom צדיק, der Früchte bringt (Ps 13, u.ö.), und auf die "Frucht" als traditionelle Metapher für Tatfolgen oder Taten[11] zu verweisen. Stellt das Bildwort vom guten Baum, der gute, und vom schlechten Baum, der schlechte Früchte bringt,[12] zwei Möglichkeiten nebeneinander, so bringt das Doppelbildwort von den Trauben/Feigen und Disteln/Dornen[13] etwas miteinander Unvereinbares zum Ausdruck. Das Motiv der Unvereinbarkeit findet sich auch b Pes 49a[14]. b Pes 49a und die ähnlichen Bilder Theogn. 537, Martial[15] themati-

8) Vgl. die Differenzen zwischen Mt 7,16b (EvThom L 45) und Lk 6,44, sowie zu Jak 3,12 S. 268ff.

9) γεώργιον ξύλου ἐκφαίνει ὁ καρπὸς αὐτοῦ (auf die Gedanken und das Wollen des Menschen bezogen).

10) ed. Perry, Vol. I, 272; vgl. weiter Corpus Paroem. Graecorum I, 252, Diogenian 515 ('Ἐκ τοῦ καρποῦ τὸ δένδρον). IgnEph 14,2 ist von Mt beeinflußt, s. Luz, EKK I/1, 405 A33, vgl. ferner die zu Jak 3,12 (S. 268ff dieser Arbeit) angeführten Belegstellen.

11) Vgl. bes. GenR 16 zu 2,14, ferner: Prov 10,16; Jak 3,17; Mt 3,8; u.ö., vgl. Hauck, Art. καρπός, ThWNT III, 617,6ff.16ff, Bill I, 466f.

12) καρπὸς καλός meint nicht die schöne, sondern die genießbare Frucht (Lundgreen, Bäume, 829). Der faule Baum bringt folglich für den Menschen ungenießbare Früchte. Lundgreen, Bäume, 829. Δένδρον σαπρόν meint nicht einen Baum mit einem angefaulten bzw. teilweise verfaulten Stamm (letzterer bringt nämlich nicht schlechte Frucht, sondern entweder gar keine oder Früchte von derselben Qualität wie einst, bei evtl. geringerer Quantität, vgl. Lundgreen, Bäume, 829). Es meint einen Baum mit faulen (schlimmen) Säften. (Lundgreen, Bäume, 829, vgl. die Warnung Hebr. 12,15).

13) ἄκανθαι und τρίβολοι bezeichnen nach Dalman (AuS II, 315) verschiedene dornige Pflanzen (er führt die ἄκανθαι auf hebr. kos, die τρίβολοι auf hebr. "dardar" (AuS II, 317), vgl. Gen 3,18 (LXX), zurück. Sahlin (Zwei Lukasstellen, 5f, vgl. Lundgreen, Bäume, 830, Grundmann, Mt, 233) will unter ἄκανθαι (Mt 7,16) Herlinge, unter τρίβολοι unedle (diff. σῦκα) Feigenbäume (vgl. Lundgreen, Bäume, 6) verstehen. Beide können aufgrund ihrer großen Ähnlichkeit mit ihren edlen Artgenossen erst sicher an ihren Früchten identifiziert werden. Auch daß es Dornengewächse mit traubenähnlichen Früchten gibt und Distelköpfe Feigen ähneln, wird gelegentlich angeführt (vgl. Holtzmann, HNT I/1, 225). Traubenartige Früchte hat besonders der Brombeerstrauch, der evtl. mit βάτος gemeint ist. Des weiteren können Disteln in Palästina Mannshöhe erreichen (s. Schürmann, Lk, I, 374). Aber das ist nicht notwendigerweise stringent, da es den intendierten Gegensatz gerade mildert. Zur Opposition ἄκανθαι - σταφυλαί vgl. auch Jes 5,2.4.

14) Vgl. ferner Max. Tyr. X,4 (53b) und den altarabischen Spruch, den Dalman, AuS IV, 341, anführt: "Niemals sammelst Du von den Dornen die Trauben".

15) Anthologia Latina, ed. Riese I/2, 215, Nr. 729.

sieren die Unvereinbarkeit unterschiedlicher Schichten.[16]

1.2.3) Die Bildworte in ihrem weiteren Kontext

Bei den beiden Bildworten α) und β) handelt es sich um Einzellogien, die im Kontext jeweils verschieden kombiniert und integriert sind.[17] Daraus ergibt sich die Aufgabe, die Struktur der Bildworte in ihrem Kontext zu erheben, die Motivkombination der jeweiligen Perikope im jetzigen Textzusammenhang wahrzunehmen und die daraus resultierende Akzentuierung des jeweiligen Evangelisten auf dem jeweiligen pragmatischen Hintergrund zu untersuchen.

Einen Überblick soll nebenstehende Übersicht ermöglichen.

1.2.3.1) Q:

Das Bildwort Lk 643/Q entfaltet in einer parallel gebauten, chiastisch verschränkten Antithese eine allgemeine Wahrheit, die Lk 644a/Q heuristisch zugespitzt wird. Das Bildwort sagt in doppelter Weise die Unmöglichkeit aus, daß ein Baum heterogene Früchte hervorbringt. Geht die Gedankenbewegung Lk 643/Q vom Baum zur Frucht, so wird in der Anwendung Lk 644/Q von der Frucht auf den Baum zurückgeschlossen: Die Frucht ist ein Mittel der Erkenntnis (γινώσκεται). Durch die Zusammenstellung mit der Sentenz vom Schatz wird der Bildkomplex explizit auf den Menschen bezogen und das Logion Lk 645a in V45b mit dem Reden des Menschen erklärt.[18] Im weiteren Kontext ist ἀγαθόν wohl auf Lk 627/Q bezogen und folglich als Feindesliebe und rücksichtsvolle Nachsicht zu konkretisieren.[19] Ob das Doppelbildwort schon in Q vor Falschlehrern warnen will,[20] oder ob die Aufmerksamkeit des Hörers/Lehrers auf die Bedeutung seiner Taten gelenkt werden soll,[21] ist nicht mehr sicher auszumachen.

---

16) Vgl. ferner die zu Jak 312 angeführten Stellen.
17) Dahinter steht ein recht komplizierter Überlieferungsprozeß (vgl. Sand, Gesetz, 111 A 43), der zu vielen Hypothesen Anlaß gegeben hat und nicht mehr mit Sicherheit rekonstruiert werden kann. Zur Diskussion der Problematik vgl. Krämer, Biblica, 349ff.
18) So Steinhauser, Doppelbildworte, 319.
19) Schenk, Synopse zur Redenquelle, 33.
20) So Steinhauser, Doppelbildworte, 318f, mit Schürmann, Lk, 369; vgl. auch Schneider, ÖTK 3/1, 160.
21) Vgl. Schmithals, Lk, 88.

Hypothetische Q-Fassung	Mt 7	Lk 6	Mt 12
	15 Προσέχετε ἀπὸ τῶν ψευδοπροφητῶν, οἵτινες ἔρχονται πρὸς ὑμᾶς ἐν ἐνδύμασιν προβάτων, ἔσωθεν δέ εἰσιν λύκοι ἅρπαγες.		
	16 ἀπὸ τῶν καρπῶν αὐτῶν ἐπιγνώσεσθε αὐτούς.		
	(C) μήτι συλλέγουσιν ἀπὸ ἀκανθῶν σταφυλὰς ἢ ἀπὸ τριβόλων σῦκα;		
	(B) 17 οὕτως πᾶν δένδρον ἀγαθὸν καρποὺς καλοὺς ποιεῖ, τὸ δὲ σαπρὸν δένδρον καρποὺς πονηροὺς ποιεῖ.		
(C´) μὴ δύναται ... συκῆ ἐλαίας ποιῆσαι ἢ ἄμπελος σῦκα;	(B) Οὐ γάρ ἐστιν δένδρον καλὸν ποιοῦν καρπὸν σαπρόν, οὐδὲ πάλιν δένδρον σαπρὸν ποιοῦν καρπὸν καλόν.	(B´) 18 οὐ δύναται δένδρον ἀγαθὸν καρποὺς πονηροὺς ποιεῖν οὐδὲ δένδρον σαπρὸν καρποὺς καλοὺς ποιεῖν.	(B´) 43 Οὐ γάρ ἐστιν δένδρον καλὸν ποιοῦν καρπὸν σαπρόν, οὐδὲ πάλιν δένδρον σαπρὸν ποιοῦν καρπὸν καλόν.	(B) 33 Ἢ ποιήσατε τὸ δένδρον καλὸν καὶ τὸν καρπὸν αὐτοῦ καλόν, ἢ ποιήσατε τὸ δένδρον σαπρὸν καὶ τὸν καρπὸν αὐτοῦ σαπρόν.
	ἕκαστον γὰρ δένδρον ἐκ τοῦ ἰδίου καρποῦ γινώσκεται·		44 ἕκαστον γὰρ δένδρον ἐκ τοῦ ἰδίου καρποῦ γινώσκεται·	ἐκ γὰρ τοῦ καρποῦ τὸ δένδρον γινώσκεται.
EvThom L 45 Jak 3	(C) οὐ γὰρ ἐξ ἀκανθῶν συλλέγουσιν σῦκα οὐδὲ ἐκ βάτου σταφυλὴν τρυγῶσιν.		(C) οὐ γὰρ ἐξ ἀκανθῶν συλλέγουσιν σῦκα οὐδὲ ἐκ βάτου σταφυλὴν τρυγῶσιν.	
(C) Nicht liest man Trauben von Dornbüschen noch pflückt man Feigen vom Kameldorn, [denn] sie tragen nicht Frucht.		19 πᾶν δένδρον μὴ ποιοῦν καρπὸν καλὸν ἐκκόπτεται καὶ εἰς πῦρ βάλλεται. (Täuferüberlieferung) 20 ἄρα γε ἀπὸ τῶν καρπῶν αὐτῶν ἐπιγνώσεσθε αὐτούς.		34 γεννήματα ἐχιδνῶν, (Täuferüberlieferung)
				πῶς δύνασθε ἀγαθὰ λαλεῖν πονηροὶ ὄντες; ἐκ γὰρ τοῦ περισσεύματος τῆς καρδίας τὸ στόμα λαλεῖ.
Ein [guter] Mensch bringt etwas Gutes aus seinem Schatz...	ὁ ἀγαθὸς ἄνθρωπος ἐκ τοῦ ἀγαθοῦ θησαυροῦ τῆς καρδίας προφέρει τὸ ἀγαθόν ...	45 ὁ ἀγαθὸς ἄνθρωπος ἐκ τοῦ ἀγαθοῦ θησαυροῦ τῆς καρδίας προφέρει τὸ ἀγαθόν ...	35 ὁ ἀγαθός ἄνθρωπος ἐκ τοῦ ἀγαθοῦ θησαυροῦ ἐκβάλλει ἀγαθά...
	21 Οὐ πᾶς ὁ λέγων μοι· κύριε κύριε ...		

1.2.3.2) Mt 7(15) 16-20:
1.2.3.2.1) Struktur:
I. Teil: V15: Der einleitende Imperativ kennzeichnet den folgenden Abschnitt als Warnung vor falschen Propheten.
II. Teil: a) V16a[22] ist durch αὐτῶν und αὐτούς (sek.) auf die Pseudopropheten von V15 bezogen. V16 und V20 stimmen wörtlich überein und rahmen die VV 16b-19, die alle Metaphern aus der Pflanzenwelt enthalten:
b) V16b: Das Doppelbildwort von den Trauben und Feigen (vgl. Lk 6,44) parallelisiert σταφυλάς und σῦκα einerseits und ἀκανθῶν und τριβόλων andererseits miteinander.
c) Das Bildwort V17 von den zweierlei Bäumen parallelisiert guten und schlechten Baum mit deren guten und schlechten Früchten.
Das Bildwort von den zweierlei Bäumen wird V18 parallel zu V17 in der Negation wiederholt; von daher sind die Adjektive ad καρπούς chiastisch verschränkt.
d) V 19 hat im Unterschied zu VV17f nur den Baum, der keine gute Frucht bringt, im Blick. Der Plural καρπούς wechselt zum Singular, die Gemeindeparänese zur Drohung. So fällt der Vers deutlich aus dem Kontext heraus, mit dem er vor allem durch die Stichwortverknüpfung δένδρον und καρπόν verbunden ist.
III. Teil: VV21ff markiert οὐ πᾶς einen Neueinsatz mit Gerichtsworten, in denen die Perspektive auf die ganze Gemeinde ausgeweitet wird.[23]
1.2.3.2.2) Interpretation/Akzent: Das Logion vom guten Baum, der nur gute Früchte, und vom schlechten Baum, der nur schlechte Früchte bringen kann (V17f), wird durch das doppelte ἀπὸ τῶν καρπῶν αὐτῶν ἐπιγνώσεσθε (VV16.20) leitmotivisch gerahmt und durch die Aufnahme von V19 aus der Täuferüberlieferung[24] als Gerichtswort zugespitzt. Über V15 (red.,[25] diff. Lk) wird der ganze Aussagekomplex auf die Pseudopro-

---

22) V16 ist erstens ein Einschnitt zu machen, weil hier ein Wanderlogion aufgenommen ist, zweitens, weil hier der Bildspenderbereich von der Tier- zur Pflanzenwelt wechselt. (Beide Bildfelder weisen insofern eine Affinität auf, als sowohl das Bild der Herde (V15 implizit), als auch das der Pflanzung eine Metapher für die Gemeinde ist (vgl. Joh 10; 15), was eine Verbindung beider Bereiche begünstigt).
23) Luz, EKK I/1, 405.
24) Mt 7,19 ist gegenüber Mt 3,10 sekundär: Der Gedankengang der Mahnung wird V19 durch die Paränese unterbrochen, weiter legen sowohl der Wechsel von καρπούς (7,16.18.20) zu καρπός, als auch die unterschiedliche Anwendung (VV16-18.20 geht es darum, wie die Jünger erkennen, ob jemand gut oder schlecht ist, während V19 auf die μετάνοια zielt) es nahe, V19 als Interpolation von seiten des Mt anzusehen. Vgl. Dupont, Beatitudes I, 124 ("surcharge" durch V19), ferner Hill, D., Mt, 151. Das Zitat von Mt 3,10 par (Täufer) in Mt 7,19 (Jesus, diff. Lk 6,43ff) dürfte auf das mt Interesse, den Täufer und Jesus zu parallelisieren, zurückzuführen sein (vgl. Luz, EKK I/1, 405). Das - im vorliegenden Kontext nötige - καλόν ist Mt 7,19 hinzugefügt.
25) Vgl. Bm, GST, 131, Schulz, Q, 317.

pheten bezogen, die zu identifizieren und in ihrer Gefährlichkeit zu erkennen die folgenden Tier- und Pflanzenmetaphern anleiten sollen. So steigert die Metapher von den Wölfen in Schafspelzen a) das Aufmerksamkeitsmoment, formuliert b) das Problem und signalisiert c) die Gefährlichkeit der Situation.[26] Diese Problemeröffnung, die sich im Metaphernkomplex 'Volk Gottes'[27]/Mission bewegt, wird im Bildfeld Baum-Frucht einer Lösung im ethischen Bereich zugeführt.
Durchgehend ist der für Mt typische Gegensatz zwischen Innen und Außen:[28] Deshalb braucht es ein Erkenntnismerkmal, um gute, akzeptable Propheten von schlechten zu unterscheiden (zum Problem vgl. Did 11-13). Als solches werden der Gemeinde die Früchte, d.h. die Taten[29] der Pseudopropheten hingestellt. Das Baum-Frucht-Motiv ist also ethisch akzentuiert[30] und weiter durch die Aufnahme von V19 verschärft, dient aber (diff. Lk) nicht als Mahnung an die Jünger, sondern dem γιγνώσκειν der Pseudopropheten.
1.2.3.2.3) Die intensive Polemik der mt Redaktion gegen die Pseudopropheten kennzeichnet die akute Bedrohung der mt Gemeinde durch diese.[31] Wen die Polemik treffen sollte, ist nicht mehr ganz deut-

---

26) Gemäß der Tradition haftet der Metapher "Wolf" auch ein Zug des dämonischen, widergöttlichen an, vgl. Marguerat, Jugement, 186 m. A 65.
27) Das Bild von den Wölfen im Schafspelz steht mit dem der Schafherde (zum metaphorischen Gebrauch von πρόβατον bei Mt vgl. Mt 7,15; 9,36; 10,6.16; 15,24; 25,32f; 26,31) in einem Bildfeld. Als letztere dürfte sich die mt Gemeinde verstanden haben. Dasselbe gilt für den über das Bildfeld impliziten guten Baum (Baumbach, Verständnis, 81).
28) Vgl. Mt 23,28 (ἔξωθεν: δίκαιοι, δικαιοσύνη; ἔσωθεν: ὑπόκρισις, ἀνομία), vgl. auch Sand, Gesetz, 111.
29) Vgl. V21 ὁ ποιῶν, diff. Lk 6,45, Bm, GST, 108, Schweizer, E., Gesetz, 363. Darauf verweist schon das Verb ποιεῖν, das in der synoptischen Tradition auf das dem Menschen von Gott gebotene Tun verweist (Braun, Radikalismus, II 30 A1). Dementsprechend hat hier Justin für die "Früchte" "Werke" eingesetzt, vgl. Apol. 1, 16,13 "ἐκ τῶν ἔργων αὐτῶν" (Jül., II, 116).
30) Als Indiz dafür ist wohl auch der Plural (καρπούς) evtl. auch der Ersatz von καλόν durch ἀγαθόν und von σαπρόν durch πονηρούς (diff. Lk 6,43f) anzusehen.
31) Vgl. Luz, EKK I/1,402, Bonnard, Mt, 104.

lich:[32] Auf jeden Fall handelte es sich um Menschen, deren Gefährlichkeit gerade darin bestand, daß diese nicht einfach erkennbar war.[33] Anhand des Bildes sucht der Evangelist der Gemeinde ein Kriterium zu geben, die Pseudopropheten zu erkennen:[34] Der falsche Prophet ist wie der schlechte Baum an schlechten Früchten zu erkennen.

1.2.3.3) Lk 6,43-45

1.2.3.3.1) Struktur: I) 1. Teil: Mit begründendem γάρ schließt das Bildwort von den zweierlei Bäumen (Lk 6,43 par Mt 7,18) direkt an das Wort vom Splitter und Balken an. In antithetischem Parallelismus, in dem die Adjektive chiastisch verschränkt sind, werden guter und schlechter Baum/ schlechte und gute Frucht einander gegenübergestellt. 2. Teil: a) V44a werden *beide* Kategorien von Bäumen über das γάρ angesprochen und mit dem Motiv des "Erkennens" (Mt 7,16) verbunden. b) Auch das Doppelbildwort von den Feigen und Trauben wird V44b mit γάρ angeschlossen. σῦκα und σταφυλήν (andere Reihenfolge als in Mt 7,16b) und ἀκανθῶν und βάτου (letzteres diff. Mt 7,16b) werden einander parallelisiert. II) 3. Teil: V45 folgt auf das Bildwort von den Feigen und Trauben die Sentenz von den zweierlei Schätzen.[35]

1.2.3.3.2) Interpretation/Akzent: Das Bildwort vom guten/schlechten Baum ist Lk 6,43-45 (= Logienkomposition von Q? diff. Mt 7) mit der Sentenz von den zweierlei Schätzen (V45) verknüpft, die neben den guten Menschen, der aus dem guten Schatz seines Herzens das Gute hervorbringt, den bösen Menschen stellt, der aus dem bösen (Schatz seines Herzens) das Böse hervorbringt. Lk hat V45 als Deutung des Bildwortes

---

32) Diskutiert werden (vgl. Hill, 327ff und Luz, EKK I/1, 403) außer- (a-c) und innergemeindliche/christliche (d-g) Gruppen: a) Pharisäer (Hill*, 343-348, vgl. aber die Kritik b. Luz, EKK I/1, 403, A15), b) Essener (Daniel, C., 'Faux Prophets': surnom des Esséniens dans le Sermon sur la Montagne, RdQ, 7 (1969), 45-79, 65-79), c) Zeloten (Schlatter, A., Der Evangelist Matthäus. Seine Sprache, sein Ziel, seine Selbstständigkeit. Ein Kommentar zum ersten Evangelium. Stuttgart 1959, 251-253), d) eine paulinische oder ultrapaulinische Gruppe (Holtzmann, H.J., hg.v. A. Jülicher und W. Bauer, Lehrbuch der neutestamentlichen Theologie, Bd. I, Tübingen 1911²; u.a.), e) hellenistische Antinomisten (Barth, Gesetzesverständnis, 149-154, Hummel, Auseinandersetzung, 64f (Libertinisten), Cothenet, E.,* Les prophètes chrétiens dans l'Evangile selon saint Matthieu, in: Didier, M., (Hg.), L'Evangile selon Matthieu: Rédaction et Théologie, BEThL, Gembloux, 1972, 281-308, 299-305). f) Markiner (Luz, EKK I/1,403). g) Vorläufer der missionarischen Wanderpropheten der Didache (Lambrecht, Ich aber, 183). Der Text liefert - außer dem Vorwurf der "schlechten Früchte" und (V23) der ἀνομία - keine Anhaltspunkte, die eine genauere Bestimmung der Falschpropheten ermöglichen würden.
33) Vgl. das Bild V15 und 21.
34) Vgl. den paränetisch-didaktischen Grundzug von Mt 7,15ff, Baumbach, Verständnis, 83.
35) Mit dem Wechsel des Bildfeldes geht ein Wechsel der Adjektive einher: καλός (V43) wechselt zu ἀγαθός (V45), σαπρός (V43) zu πονηρός (V45).

von V43f verstanden, so daß καρπός (vgl. V45b) speziell auf das Reden als Spezifikation des "Tuns" bezogen ist (= Q, diff. Mt 7). Das Bildwort V43f ist weder auf die Pseudopropheten (diff. Mt 7 15),[36] noch auf die Pharisäer bezogen (diff. Mt 12 33). Vielmehr ist es (vgl. V27) als Mahnung an die Hörer aufzufassen (vgl. Lk 6 27).[37] Es zielt also auf die Jünger, die sich selbst prüfen sollen, welchem Baum/Menschen sie gleichen,[38] und die so zu einem ihrem neuen Zustand als Jünger Jesu entsprechenden Handeln[39] aufgefordert werden. Das ethische Interesse des Lk kommt evtl. auch in der Änderung des bildlichen ἀγαθά - πονηρά zum sittlichen ἀγαθόν - πονηρόν (Lk 6 45 diff. Mt 12 35) zum Ausdruck.[40] Durch die begründende (γάρ) Verknüpfung mit dem voraufgehenden Wort vom Splitter und Balken (diff. Mt 7; 12) bekommt das Bildwort noch den Akzent, daß nur der, der selbst gut ist, seinen Bruder bessern kann.[41]

1.2.3.3.3) Nicht Polemik nach außen, sondern innergemeindliches Interesse an einen ethischen Lebenswandel, der dem Jünger-Sein entspricht, ist für Lk bestimmend.

1.2.3.4) Mt 12 33-37:

1.2.3.4.1) Struktur: Den I. Teil bildet das Bildwort von den zweierlei Bäumen, das im antithetischen Parallelismus (ἤ - ἤ) gehalten (vgl. Mt 7 17) und mit dem Motiv des Erkennens (= Lk 6 44, doch ohne ἕκαστον) verbunden ist.
II. Teil: V34 erfolgt ein Wechsel in die direkte Rede. Die Anrede (= Mt 37 par Lk 37) leitet eine Scheltrede ein. V34b ist unter Aufnahme des Stichwortes λαλεῖν parallel zu V33c gebaut, ohne jedoch das dortige Bildmaterial zu verwenden. Daran schließt sich V35 das Bildwort von den zweierlei Schätzen (Wechsel des Bildfeldes, sowie der Adjektive par Lk 6 45) an. V36 wechselt mit

---

36) So Dupont, Béatitudes I, 126, Baumbach, Verständnis, 128; anders: Schürmann, Lk I, 366, der VV39-45 als Abwehr von (gnostischen) Falschlehrern verstehen will und Schmithals, Lk, 88, der das Bildwort auf Irrlehrer bezieht, die zur Zeit des Lukas aus der christlichen Gemeinde herauswachsen. Dafür liefert aber m.E. der Kontext keinen Anhaltspunkt, da Lk 6, wie bei Lk überhaupt (Mk 13 22 par Mt 24 24 ist ohne Parallele bei Lk) die Warnung vor Pseudopropheten fehlt.
37) Mit Baumbach, Verständnis, 128f, gegen Schneider, ÖTK 3/1, 160, Schmithals, Lk, 88 und Grundmann, Lk, 140, 152, der V39 als einen Neuansatz betrachtet, nach dem die "Apostel" als Führer der Gemeinde auf ihre Verantwortung hin angesprochen werden.
38) Vgl. Baumbach, Verständnis, 129, Sahlin, Zwei-Lukas-Stellen, 4.
39) Da sich das γάρ Lk 6 45c sowohl auf den guten als auch den schlechten Menschen/Hörer bezieht (diff. Mt 12 34f, wo nur die negative Kategorie - bezogen auf die Pharisäer - im Blick ist, vgl. Baumbach, Verständnis, 129f), bezeichnet der schlechte Baum/Mensch den im Jüngersein überwundenen, der gute Baum/Mensch, den dem Jüngersein entsprechenden neuen Zustand.
40) So Steinhauser, Doppelbildworte, 321.
41) Vgl. Klostermann, Lk, 84, Zahn, Lk, 300, Baumbach, Verständnis, 129.

λέγω δὲ ὑμῖν in die direkte Rede, in der das Stichwort "Rede(n)" (vgl. V34) aufgenommen ist.

1.2.3.4.2) Interpretation/Akzent: Mt hat das Bildwort von den zweierlei Bäumen (Mt 12 33) in seine Polemik gegen die Pharisäer eingefügt[42] und als Argument gegen den Vorwurf der Pharisäer verwandt, Jesus sei mit dem Beelzebub im Bunde. Der für das Bildwort konstitutive Gegensatz καλόν/σαπρόν ist auf Jesus im Gegenüber zu den Pharisäern zu beziehen. Erweist ersterer sich als gut (vgl. seine Heilungen als "gute Frucht"!), so erweisen sich letztere als schlecht: Der im Bild aufgezeigte Zusammenhang zwischen Gedanken und Worten[43] macht deutlich, daß die Worte der Pharisäer[44] nicht gut sein können, da sie böse sind.[45]

1.2.3.4.3) Der direkte Angriff auf die Pharisäer mit dem Scheltwort V34a (red.) deutet auf eine noch wirksame Bedrohung durch die "Pharisäer" hin. Sie können auch prototypisch für Irrlehrer, die die Gemeinde verführen, stehen[46] und sind möglicherweise mit den Lügenpropheten von Mt 7 15-20 identisch.[47]

1.2.3.5) Im EvThom fehlt das Bildwort von den zweierlei Bäumen. Das von den Trauben und Feigen steht EvThom L 45 37 (zusammen mit der Sentenz vom zweifachen Schatz).[48] Im Unterschied zu den Synoptikern geht es hier nicht um das "Erkennen"; vielmehr ist das Logion im Rahmen der gnostischen Prädestinationslehre als Bild für den Determinismus zu verstehen:[49] Dornen und Disteln können nun einmal keine heterogenen Früchte hervorbringen.[50] Wiederum wird ein kausaler Zusammenhang zwischen dem Herzen des Men-

42) Schulz, Q, 316 A 414. Zur Einfügung in den Kontext hat Mt das Bildwort als direkte Anrede an die Gegner (ποιήσατε) umgestaltet (diff. Lk 643).
43) Dahinter steht die Vorstellung, daß sich im menschlichen Herzen die menschliche Rede formt (vgl. V34b und V35 (L f^1 33); Gnilka, Mt, 461 A25).
44) Diff. Mt 7 16ff wo die Frucht nicht auf das Reden, sondern auf die Taten bezogen wird. Von daher steht Mt 12 33f Lk 6 43-45 näher als Mt 7 17-20.
45) Nach Gerhardsson, EvTh, 118 ist vor allem die Übereinstimmung der Lebensführung des Propheten mit dem Wort Gottes im Blick. Die Mißdeutung der Dämonenaustreibung (V24) ist in einer bösen Gesinnung begründet, wie das anschließende Bildwort von den zweierlei Schätzen ausdrückt.
46) Vgl. Gnilka, 461. Sie sammeln nicht, sondern "zerstreuen" die Gemeinde, wie der Kontext (Mt 12 30) deutlich macht (beachte das hinter Mt 12 30 stehende Bild der Gemeinde als Herde!). Von daher kann angenommen werden, daß die "Pharisäer" hier schon typologisch für Irrlehrer stehen, vgl. Baumbach, Verständnis, 83.
47) So Baumbach, Verständnis, 84; vgl. seine ausführliche Argumentation S. 83f.
48) EvThom L 45 ist später als Lk und wahrscheinlich von Lk 644 abhängig, vgl. Schulz, Q, 319 A 458, Leipoldt, EvThom, 65. Die Version des EvThom ist auf jeden Fall näher an Lk als an Mt (zu den Unterschieden vgl. Montefiore, Turner, Thomas, 65f). Grant und Freedmann behandeln es als "based simply on a combination of Matthew VII, 16-19 with Luke VI, 44-45" (nach Wilson, R., Studies, 77).
49) Schrage, EvThom, 105.
50) Der Baum ist auf die von Gott gegebene Natur des Menschen zu deuten, vgl. Luz, EKK I/1, 409 A65.

schen und seinen Taten (speziell: seinem Reden) hergestellt. In beiden Bildworten überwiegt die negative Aussage (Dornen und Disteln bringen keine Frucht); innerhalb der nur indirekt angesprochenen positiven Möglichkeit dürfte sich der Gnostiker selbst gefunden haben.[51]

1.2.3.6) Der Rückschluß von der Frucht auf den Baum ist IgnEph 14 2[52] auf die bezogen, die sich zu Christus bekennen: Angesichts der Bedrohung der Gemeinde(glieder) in der Zeit der Verfolgung (vgl. νῦν 14 2) kommt es weniger auf das Bekennen als auf das Tun an:[53] Die wahren Christen werden an ihren Werken[54] erkannt.

1.3) Ankündigungsbild (III)
Mk 13 28f par

1.3.1) Strukturanalyse

Auf die Gleichniseinleitung (a), die durch τὴν παραβολήν deutlich abzugrenzen ist, folgen zwei Abschnitte (V 28bc und 29), die parallel aufgebaut sind: b) das Gleichnis (V 28bc) und b') seine Anwendung (V 29) - letzteres ist in seinem Bezug zu b) durch οὕτως καί unterstrichen.[55] b) und b') lassen sich noch einmal in zwei jeweils parallele Unterabschnitte gliedern b α/β und b' α'/β', vgl. ὅταν (V 28b.29b = αα') und γινώσκετε ὅτι ἐγγύς (...) ἐστιν (V 28c. 29c = β,β').[56]

Das ἐγγύς (ββ') hat in ἤδη (α) ein Pendant: Leistet das ἤδη eine Abgrenzung in der Vergangenheit, so das ἐγγύς (durch Hinweis auf die Nähe des Sommers) eine Grenzziehung in der Zukunft.[57] Der Akzent liegt durch die Wiederholung des ἐγγύς (ββ') und durch den Gleichnisschluß (Achtergewicht) eindeutig auf der Zukunft.

- Die drei Abschnitte unseres Textes werden weiter durch Imperative strukturiert (a: μάθετε, b: γινώσκετε, b': ἴδητε, γινώσκετε), die dem Text appellativen Charakter verleihen, wobei eine Steigerung zum Ende hin zu beobachten ist.[58]
- Im Gleichnis spielt die zeitliche Relation eine entscheidende Rolle, wie das

---

51) S. Grant-Freedmann, 148.
52) φανερὸν τὸ δένδρον ἀπὸ τοῦ καρποῦ αὐτοῦ. Es handelt sich IgnEph 14 2 wohl um das gleiche Sprichwort, das Mt 12 33b als Jesuswort überliefert ist (vgl. Lk 6 44a); vielleicht war es jedoch für Ign noch kein Herrenwort; auch eine Berufung auf ein profanes Sprichwort (vgl. Prov Aesopica 51) ist möglich, vgl. Piesik, 11.
53) Bauer, Apostol. Väter, II, 213. Vgl. auch IgnEph 15 1.
54) Zum Offenbarwerden des Verborgenen (φανερόν) als festem Element der Werkgerichtsvorstellung, vgl. Heiligenthal, Werke, 194 A 124 (m. Belegen).
55) Vgl. Lambrecht, Redaktion, 197.
56) Lk 21 29 ἴδετε red. in der Gleichniseinleitung hat seine Parallele in der Anwendung (Lk 21 31).
57) S. Lambrecht, Redaktion, 195.
58) Die beiden Verben in α (γένηται und ἐκφύῃ) sind kein Pleonasmus, sondern eine Näherbestimmung, vgl. Jeremias, Abendmahlsworte, 11: "Es gilt für Markus... die Regel: wenn zwei Zeitbestimmungen... aufeinanderfolgen, so bestimmt die zweite die erste näher".

zweimalige ὅταν (α,α'), die adverbialen Zeitbestimmungen ἤδη und ἐγγύς (β,β'), sowie ἐπὶ θύραις zeigen.
- Eng ist das Gleichnis in den vorliegenden Kontext eingebettet, wie das ταῦτα γινόμενα (V29b) deutlich macht. Unklar bleibt jedoch, ob es sich auf die Jüngerfrage Mk 13 4a, auf V14 (auch ὅταν ἴδητε), V23 bzw. auf alle Zeichen, die bis V24 aufgezählt sind, bezieht.[59] - Genauso unklar ist auch das Subjekt von ἐγγύς ἐστιν in der markinischen und matthäischen Fassung. Ist es θέρος (V28), καιρός (V33; Apk 13; 2210), τέλος (V7, 13), κύριος (V35f), υἱὸς τοῦ ἀνθρώπου (V26.27), die Parusie oder (so Lk) die βασιλεία? Auf jeden Fall ist das Subjekt bei Mt und Mk als futurische, eschatologische Größe zu bestimmen; es läßt an den Menschensohn[60] bzw. die Parusie (beide Begriffe sind ja in der Tradition eng miteinander verbunden) oder an die endzeitlich anbrechende Gottesherrschaft denken.[61]

1.3.2) Interpretation
Allen Versionen gemeinsam ist der parallele Aufbau, der den Text in Bild und Anwendung gliedert. Zwischen dem Ausschlagen des Feigenbaums und dem Kommen des Sommers wird eine direkte Beziehung hergestellt. Sie drückt einen Anfang und seine notwendige, unveränderbare Folge aus. Wird der Feigenbaum grün, so kann man sicher sein, daß der Sommer nahe ist.[62]
Die Vergleichsgrößen sind in der Anwendung nicht explizit ausgedrückt. Es dürfte sich um Vorzeichen des Endes handeln, die auf die βασιλεία/ die Nähe der Parusie, bzw. des Menschensohnes weisen.[63] So sicher wie das Kommen des nahen Sommers auf das Ausschlagen des Feigenbaumes folgt, so sicher folgt das Eschaton auf die es ankündigenden Zeichen. Die Zeichen lassen nicht nur auf sein sicheres Kommen, sondern auch auf seine Nähe schließen: Das Eschaton wirft sozusagen schon seinen Schatten voraus. Auf seine Zeichen gilt es zu achten, sie zu erkennen und zu begreifen.

1.3.3) Der übergreifende Lebenszusammenhang
a) Bildgebrauch/ Realien
Für die Verwendung des Feigenbaumes Mk 1328f liefert das Bildfeld kaum Anhaltspunkte: Der Feigenbaum gehört zum Reichtum des gelobten Landes,[64] das in paradiesähnlichen Zügen geschildert wird. Ähnlich

---

59) Vgl. McNicol, Lesson, 201, Dupont, figuier, 529. Man kann wohl nur so weit gehen, daß ταῦτα irgendwelche Vorzeichen des Endes, der Parusie beschreibt, vgl. Kümmel, Verheißung, 15; Theißen, Ergänzungsheft, 50.
60) Vgl. Phil 45; Apk 320; Jak 59.
61) Kümmel, Verheißung, 15.
62) Die Nähe wird durch das ἐγγύς unterstrichen, das in der Auslegung noch durch das ἐπὶ θύραις (Mk, Mt, sek.) verstärkt wird.
63) Vgl. Kümmel, Verheißung, 15, Theißen, Ergänzungsheft, 50.
64) Num 1323 (+ Granatäpfel); Dtn 88 (+ Granatäpfel).

wird die kommende Heilszeit mit dem Fruchtbringen des Feigenbaums und anderer Bäume beschrieben (Joel 2 22; Hag 2 19). Das Sitzen[65] oder Essen[66] unter Weinstock und Feigenbaum ist eine geprägte Redensart,[67] die Ruhe, Wohlstand, Frieden, Sicherheit und Freude, ein zufriedenes und glückliches Leben umschreibt (vgl. Joel 1 12).[68] Umgekehrt werden Zeiten der Not, des Krieges und des Gerichts mit dem Bild des verwelkenden Feigenbaumes (Joel 1 12), des nicht grünenden Feigenbaumes (Hab 3 17) oder verwildernder Feigenbäume (Hos 2 14) in Verbindung gebracht. Kosmische Ausmaße gewinnt das Bild Jes 34 4, wo das Verwelken eines Blattes am Weinstock bzw. Feigenbaum mit dem Sich-Zusammenrollen des Himmels verglichen wird, um das universale Gericht Gottes auszudrücken.[69] Auch äthHen 82 16 werden die Veränderungen der Bäume als Vorzeichen für das Ende angesehen: "Dies sind die Zeichen der Tage, die in den Tagen seiner Herrschaft auf der Erde sich zeigen müssen: ... Alle Bäume tragen Frucht, und Blätter kommen an allen Bäumen hervor...".[70] Kommen die beiden letztgenannten Stellen Mk 13 28f wohl nächsten, so legt sich insgesamt der Eindruck nahe, daß stärker noch als das Bildfeld die vorgegebene Wirklichkeit für die Bildwahl ausschlaggebend war.[71] Anders als die meisten Bäume in Palästina wirft der Feigenbaum nämlich im November seine Blätter ab und schlägt erst im April wieder aus.[72]

65) I Reg 5 5; Mi 4 4; ähnlich Sach 3 10 (einladen).
66) II Reg 18 31 und Jes 36 16.
67) Noth, BK IX/1, 77.
68) Ähnlich wie im AT wird in der rabbinischen Literatur Überfluß und Fruchtbarkeit mit dem Feigenbaum verbunden; auffallend ist auch hier die Nähe zu alttestamentlichen Vorstellungen vom gelobten Land, in dem Milch und Honig fließt, zu paradiesischen Zuständen. (Material: Bill. I, 656f; vgl. Klauck, Allegorie, 320f). In eschatologischem Zusammenhang findet sich die Feigenbaummetaphorik Sifre Dtn zu 1,1; HldR zu 7,5. Zum Ausschlagen der Bäume beim Kommen des Herrn vgl. Ginzberg, Legends Bd. I, 97 m. Bd. V, 122, A 125.
69) Innerhalb der Erwählungstradition steht Hos 9 10 das Bild von Trauben und Feigen; Jer 8 13 und Mi 7 1 motiviert das Fehlen von Feigen das Gericht. Stehen sie Jer 8 13 für das Volk, so unterscheidet Jer 24 1-10 zwischen guten und schlechten Feigen. Anders als hier kommt dem Feigenbaum in der hellenistischen Literatur keine Ankündigungsfunktion zu: hier dient er vielmehr dazu, neben anderen Beispielen die feste Naturordnung zu verdeutlichen, vgl. Plut., mor. 472 E.F; Marc Aurel IV 6; VIII 15; X 8; XII 16,2; Sen, epist. 8725.
70) Das ἐγγύς ist im AT häufig eschatologisch konnotiert: in Verbindung mit dem Tag JHWHs begegnet es Joel 1 15; 2 1; Ob 1 15 ("über alle Heiden"); Zeph 1 7.14; Jes 1 3; zu ἐγγύς im NT vgl. Apk 1 3; 22 10; Phil 4 5 bezieht es sich auf den Herrn. ἐγγύς + ἐπὶ θύραις bezieht sich Gen 4 7 auf die Sünde, Jak 5 9 auf den Richter, Apk 3 20 auf den Herrn.
71) Scott, Jesus, 78, hebt das hervor: "the parable demythologizes the fig tree's symbolism and returns it to its natural environment. It is a parable in not being a parable".
72) Carlston, 192; Dalman, AuS I 1, 98-103.

Deshalb galt er als "Wahrzeichen des Winters".[73] Da sein Blätteransatz ein untrügliches Zeichen für den Abschluß der Winterzeit und den nahen Sommer ist (vgl. Cant 2 11.13),[74] wurden die Veränderungen am Feigenbaum von den Rabbinen zur Bemessung der Jahreszeiten verwendet.[75] Diese Feststellungen lassen es geraten sein, θέρος -mehrheitlich griechischem Sprachgebrauch entsprechend[76] - als "Sommer" und nicht als "Ernte" zu fassen.[77]

b) Situation und Intention
Das Gleichnis vom sprossenden Feigenbaum wurde wahrscheinlich ursprünglich ohne die Anwendung Mk 13 29 überliefert.[78] Ob es im jesuanischen Kontext auf die gegenwärtigen Zeichen der Heilszeit verwies und erst im jetzigen Zusammenhang als Hinweis auf die Schrecken der Endzeit interpretiert wurde, wie Jeremias mit Verweis auf Joel 2 22 annimmt,[79] ist nicht sicher auszumachen: Die Belege, die den Feigenbaum im Zusammenhang mit der Heilszeit bringen, reichen aus, um ein geprägtes Bild für Mk 13 28(f) anzunehmen, das diese These sichern könnte. Möglicherweise ist im Gleichnis eine sachliche Parallele zu Lk 12 54-56 zu sehen, das von den Vorzeichen der letzten Zeit dieses Äons handelt.[80]
Im mk Kontext ist dieses apk. geprägte Verständnis auf jeden Fall gegeben.[81] Zwar lehnt Mk das deterministische Rechnen der Apk ab, eröffnet aber gleichwohl die Perspektive auf die Parusie[82] und präsentiert damit ein ermutigendes Interpretationsmodell für die Erfahrung des jüdischen

---

73) Dalman, AuS I, 100. Das lk καὶ πάντα τὰ δένδρα (Lk 21 29) geht von daher am Bild vorbei.
74) Der Winter schlägt in Palästina direkt in den Sommer um (Dalman, AuS I2, 378; Gnilka, Mk II, 205). So werden in Palästina z.T. nur zwei Jahreszeiten gerechnet: die trockene Jahreszeit (Mai-Oktober) und die nasse (November-April), vgl. Dalman, AuS I1, 36, ders., AuS I2, 469.
75) Carrington, Mark, 291f, zitiert ein Wort Rabbi Simeons, des Sohnes Rabbi Gamaliels.
76) Vgl. Bauer, Wb, 711; Klauck, Allegorie, 321. Herm, sim 4 2f.5 ist der Sommer ein Bild für die Zeit der himmlischen Seligkeit.
77) Anders: Löw, Feigengleichnis, 167f; zustimmend: Schütz, Feigenbaum, 88, der ein Wortspiel von קיץ und קץ vermutet.
78) Dafür spricht die Diskrepanz zwischen Gleichnis und Deutung, vgl. Hartmann, 223; Bm, GST, 187. Auch die Gleichniseinleitung V23a ist sek., s. Gnilka, Mk II, 203. Anders: Rau, 159 A1.
79) Jeremias, Gleichnisse, 120, vgl. ferner Manék, Frucht, 34; Dupont, figuier, 539. Zurückhaltender: Klauck, Allegorie, 321f.
80) Schmithals, Lk, 150 für Q. Auf Lk 12 54-56 als Parallele verweisen auch Hunzinger, ThWNT VII, 757, Kümmel, Verheißung, 15, Theißen, Ergänzungsheft, 50.
81) Da Mk 13 25 Jes 34 4 (LXX) anklingt, ist es leicht möglich, daß diese Stelle auch Mk 13 28f assoziiert wurde.
82) Klauck, Allegorie, 322.

Krieges. Im literarischen Kontext erscheint das Gleichnis mit seiner Anwendung als Sonderbelehrung an vier Jünger;[83] diese esoterische Situation ist bei Mt und Lk zurückgedrängt.[84]
Stimmt die Mt-Fassung fast wörtlich mit der markinischen überein, so weist Lk einige Abweichungen vom Mk-Text auf. Lk ändert die Gleichniseinleitung:[85] Er ersetzt das mk μάθετε (verstärkend?) durch ἴδετε[86] und ergänzt καὶ πάντα τὰ δένδρα. Diese Änderung könnte eine stilistische Erweiterung darstellen,[87] auf die Unkenntnis palästinischer Verhältnisse[88] oder des biblischen Hintergrundes[89] zurückzuführen sein. Sie könnte aber auch theologisch motiviert sein: So meint Gräßer, daß Lk hier die mit dem Feigenbaum verbundene Eschaton-Symbolik ausschließen will.[90] Erwägenswerter erscheint mir die Überlegung, ob Lk hier dem Mißverständnis wehren will, den Feigenbaum allein auf Israel[91] und seine Geschichte zu beziehen: vielmehr solle hier "die gesamte Heilsgeschichte mit ins Bild genommen werden."[92]
Der lk Zusatz ἀφ' ἑαυτῶν[93] Lk 2130 bringt evtl. das lk Interesse an der eigenen Entscheidung zum Ausdruck.[94] - Das ἤδη V30 (fehlt Mk) mag be-

83) Anders als Klauck, Allegorie, 322, nimmt Lambrecht, Redaktion, 197, eine Stufung vom Volk (V28) zu allen Jüngern/Christen (V29) an.
84) Vgl. Mt 243.
85) Lk leitet Lk 2129a neu ein, schafft also eine Zäsur zum Vorhergehenden, vgl. Marxsen, Evangelist, 132. Das entspricht seiner Kompositionstechnik, Jesu Rede in ein Gleichnis auslaufen zu lassen (Grundmann, Lk, 385).
86) Vgl. die kausale Relation βλέποντες-γινώσκετε Lk 2130; Anwendung (V31) und Gleichniseinleitung sind jetzt stärker parallelisiert. Geiger, Endzeitreden, 230, verweist darauf, daß so auch die Parallele zu dem Bildwort von den Zeichen der Zeit Lk 1254ff deutlicher wird, auf das Lk 1257 ἀφ' ἑαυτῶν folgt, das wieder Lk 2130 (diff. parr) auftaucht. Mit dem ἴδετε könnte Lk von vornherein sein Ziel deutlich machen: die Hörer sollen zum rechten Sehen aufgerufen werden, vgl. Zmijewski, Eschatologiereden, 266.
87) Vgl. Jül. II, 3 (lk Vorliebe für vervollständigende und verallgemeinernde Zusätze), Klostermann, Lk, 204 (Verdeutlichung).
88) So Carlston, 82, Lagrange, Luc, 533.
89) Vgl. Schneider, Lk, 429: Lk könnte seinen Lesern die Kenntnis der biblischen Feigenbaummetaphorik (der Feigenbaum als Zeichen des Segens, Joel 222) nicht zugetraut haben.
90) Gräßer, Parusieverzögerung, 166 A1 in Verbindung mit S. 164 A4. Zustimmend: Geiger, Endzeitreden, 231.
91) Lk war der Bezug des Feigenbaums auf Israel bekannt, wie Lk 131-9 zeigt.
92) Zmijewski, Eschatologiereden, 267, ähnlich, Kaestli, Eschat., 53. Vgl. Lk 2132, wo sich πάντα "auf das Ganze des göttlichen Planes bezieht", vgl. Schmid, J., Lk, 314, Conzelmann, Mitte, 122.
93) ἀφ' ἑαυτῶν ist eine lk Eigentümlichkeit. Es steht Lk 2130 außerhalb des Gleichnisses und fehlt bei den Synoptikern, so daß sich die Annahme einer red. Bildung Lk 2130 nahelegt, vgl. Geiger, Endzeitreden, 230.
94) So Geiger, Endzeitreden, 230.

tonen, daß der Sommer der βασιλεία jetzt schon anbricht.[95] Sicher ist das aber nicht auszumachen, da das ἤδη V31 nicht wiederholt wird. Am einschneidensten ist wohl die Ersetzung von ἐπὶ θύραις durch ἡ βασιλεία.[96] Wird hier der ent-eschatologisierte Reich-Gottes-Begriff des Lk deutlich?[97] Der Kontext hat (vgl. VV20-24) nicht unbedingt eschatologischen Charakter. Dem würde auch V32 nicht widersprechen, wenn man den Ausdruck γενεὰ αὕτη (Lk streicht Mk 1332!) auf die dereinstige Parusie-Generation[98] bzw. auf die gesamte Menschheit[99] bezieht. Hier wäre also schon die Erfahrung der Parusieverzögerung verarbeitet.

1.4) Zugehörigkeits-(Integrations-)bilder (IV)

1.4.1) Joh 151-8.9f.(16)

Das Bild vom Weinstock, das sich im Joh nur c. 15 findet, ist im Vergleich zu den anderen ἐγώ-εἰμι-Sprüchen verhältnismäßig stark entfaltet.[100] In die gängigen Gattungen läßt sich Joh 151-8.9f schwer einordnen: Es weist eine ganze Reihe allegorischer Elemente auf.[101] Im Unterschied zur Allegorie[102] kommt nicht allen Bildelementen eine spezifische Bedeu-

---

95) So Zmijewski, Eschatologiereden, 268; zurückhaltend erwägend: Carlston, 82.
96) Möglicherweise war das Gleichnis auch in seiner ursprünglichen Form ein βασιλεία-Gleichnis, vgl. Geiger, Endzeitreden, 229, Hunzinger, ThWNT VII, 751-57, Grundmann, Mt, 510. Das besagt aber noch nicht, daß Lk hier auf die vormk Fassung zurückgreift. (Mit Zmijewski, Eschatologiereden, 268 A56).
97) Nach Conzelmann, Mitte, 105 fügt sich die red. Änderung Lk 2131 in den Historismus des Lk ein, der sich auch auf Zeitaussagen erstreckt; die Betonung des plötzlichen Einbruchs der Gottesherrschaft diene (s. ders., dass., 123) paränetischen Zwecken. - Vgl. auch Carlston, 82, Geiger, Endzeitreden*, 231. Anders: Bartsch, Wachet, 122f: Die Streichung von ἐπὶ θύραις entspricht dem lk Bemühen, alle Stellen zu eliminieren, die die Anschauung unterstützen, daß mit Jesu Sterben und Auferstehen die Parusie hereingebrochen sei. Mit der Streichung von ἐπὶ θύραις negiert er, daß die Ereignisse bei der für die Rede angenommenen Situation unmittelbar bevorstehen, hält jedoch an der Aussage, daß sie nahe sind, fest; er eliminiert also nicht die Naherwartung, sondern unterstreicht sie.
98) Gräßer, Parusieverzögerung, 166, Schneider, G., Parusiegleichnisse, 59f; Schmid, J., Lk, 253.
99) Vgl. Zmijewski, Eschatologiereden, 281f.
100) Vgl. auch Joh 101-16 und Schnackenburg, Joh III, 109.
101) Vgl. die Identifikation des Weinstocks, des Gärtners und der Zweige, Brown, John, 668.
102) Als Allegorie wird Joh 151ff - oft unter Vorbehalten - bestimmt von: Jül., I, 115.201f, Bauer, Joh, 189, Behm, ThWNT I, 345, Morris, John, 668, MacGregor, John, 286, Bernard, John (ICC), 478, Thyen, Liebe, 477. Einschränkend: Wead, 94 "a near allegory", Heinrici, C.F.G., Charakter, 117 ("nicht streng durchgeführt"), Meinertz, Gleichnisse, 49 (allegorisch, aber es "fehlen die parabolischen Teile... keineswegs"), Schwank, Weinstock, 247, vgl. 668. Brown, John, 668 zieht die weite Bezeichnung "masal" den Kategorien der griechischen Rhetorik vor.

tung zu,¹⁰³ so daß sich die Metaphern *nicht* Punkt für Punkt substituieren lassen. Bild- und Sachebene laufen nicht nebeneinander, sondern spielen ständig ineinander.¹⁰⁴ Gattungsuntypisch sind auch die Vergleiche (V4 καθώς - οὕτως; V6 ὡς τὸ κλῆμα), sowie das betonte ἐγώ εἰμι am Anfang.¹⁰⁵ Ist Joh 15 nicht als Allegorie zu klassifizieren, so legt es sich nahe, an ein Gleichnis zu denken;¹⁰⁶ dieser Einordnung widerstreiten aber die allegorischen Elemente der Rede, die als untypisch für ein Gleichnis anzusehen sind. Da weder die Einordnung als Gleichnis, noch die als Allegorie halbwegs befriedigend ist,¹⁰⁷ legt es sich nahe, hier eine eigenständige Form der Bildrede anzunehmen, die Elemente verschiedener Gattungen aufweist.¹⁰⁸ Nach E. Schweizer¹⁰⁹ ist für die johanneischen Bildreden konstitutiv, daß Bild- und Aussageseite nicht in zwei unverbundenen Reihen nebeneinander herlaufen,¹¹⁰ sondern daß eine Verbindung beider 'Reihen' intendiert ist: Die Sache erfüllt den Begriff des Bildes, was auf das Bild vom Weinstock angewandt bedeutet, daß Jesus "im wahren und eigentlichen Sinn"¹¹¹ der Weinstock ist.¹¹² Es handelt sich hier also um eine ohne Übertragung zu verstehende Aussage,¹¹³ so daß man das Weinstockbild als eine ansatzweise remythisierte Metapher auffassen kann. Dabei weist Joh 15 einen argumentativ-reflektierenden Bildgebrauch auf, der sich, wie

---

103) Vgl. Kiefer, 83 (ad Joh 10), v. d. Bussche, vigne, 12.
104) Vgl. Schweizer, Ego, 120ff, vgl. Jül. I, 115.
105) Bm, Joh, 407 A1.
106) So Jeremias, Gleichnisse, 84. Er schränkt jedoch insofern ein, als er betont, daß die Bildrede sofort mit der allegorisierenden Deutung einsetze, "die das gedeutete Gleichnis oder Bildwort ganz in sich aufgenommen hat" (dass., 84f), vgl. Weiss, B., Leben, 411ff; 360ff ("Vermischung der allegorisierenden Anwendung mit der zugrunde liegenden Parabel").
107) Vgl. die Einschränkungen, die gewöhnlich bzgl. der Allegorie bzw. bzgl. des Gleichnisses gemacht werden, sowie Bm, Joh, 406f, Sandvik, 324. Entsprechend versuchen Lagrange, Joh, 401, wie auch Cerfaux, Thème, 19f, die Form als "parabole-allégorie" zu bestimmen, vgl. auch Hunter, A.M., John, 148.
108) Wikenhauser, Joh, 233, Schnackenburg, Joh III, 109, Segovia, Gospel, 179, Borig, 22, Becker, Abschiedsreden, ZNW, 229 (im Anschluß an Borig). Diese "Gattung der Bildrede" ist nach Kiefer, 82,"... dem Evangelisten Johannes eigentümlich und entspricht seinem sachgebundenen und zugleich bildhaften Ausdruck".
109) Schweizer, Ego, 112ff.
110) Der Bildempfängerbereich schlägt sich V4 nieder, da eine Rebe nicht die Möglichkeit der Wahl hat. Ferner ist der Gebrauch von καθαίρειν (vgl. Dodd, Interpret., 136 A1) wie auch die Rede vom μένειν vom Bildempfänger her motiviert.
111) Vgl. Schweitzer, Ego, 131, vgl. Bm, Joh, 408 m A2.
112) Vgl. besonders den bestimmten Artikel, der beim Prädikatsnomen steht, wenn es auf "Bekanntes ... hinweist, oder das einzige oder vermeintlich einzige Wesen seiner Art ist" (Bl.-Debr., 273).
113) Schweizer, Ego, 118, vgl. 124, Becker, Joh, ÖTK 4/1, 210.

unten[114] dargestellt werden soll, in den größeren Zusammenhang einer argumentativen Bildrede einreihen läßt.
Zur Abgrenzung des Textes: Die Bildrede setzt deutlich Joh 15 1 mit der zweiten Abschiedsrede ein.[115] Ihr Ende ist schwer abzugrenzen. Erst V18 beginnt ein neues Thema.[116]
Joh 15 1-17 wird durch eine zweifache Rahmenbildung in einen bildlichen und einen unbildlichen paränetischen Teil gegliedert: A) VV1 und 8 wird der Vater, B) VV12 und 17 das Gebot der gegenseitigen Liebe erwähnt. Wird VV1-8 durch den Bildgebrauch des Weinstocks zu einem kohärenten Text, so VV12-17 durch das Thema der ἀγάπη. Dazwischen steht mit V9ff eine eigene, in sich abgerundete Einheit, die mit der Liebe des Vaters zum Sohn einsetzt und abgeschlossen wird.[117] Zwar führen die VV9ff den Gedanken des μένειν ἐν fort und gehören von daher dem Sinn nach zu den VV1-8,[118] aber mit dem Thema der ἀγάπη kommt - mit einem Wechsel zum Indikativ in V9 ab (innerhalb von VV1-8 nur noch V3) - ein neues Moment hinzu, das bis V17 bestimmend bleibt (Leitwort!).
Den die VV1-17 übergreifenden Zusammenhalt bildet a) das Bild von der Frucht, das V16 wieder aufgenommen wird und b) das, was VV9ff von der Liebe gesagt ist: der unbildliche Teil stellt einen neuen Versuch dar, das, was im Weinstockbild gesagt ist, zu verstehen und weiter auszuführen.

---

114) s. Zusammenfassung.
115) 1431 bildet mit dem Gebot von 1431c einen deutlichen Abschluß. Joh 15 1 setzt ohne Zusammenhang mit dem unmittelbar Vorausgehenden ein und zwar im Unterschied zu Joh 6 35 (εἶπεν αὐτοῖς ὁ Ἰησοῦς· ἐγώ εἰμι ...) und Joh 812 (Πάλιν οὖν αὐτοῖς ἐλάλησεν ὁ Ἰησοῦς λέγων· ἐγώ εἰμι ...) ohne einleitende Wendungen, was nach Borig, 24f die 'Feierlichkeit der ... Selbstaussage' betont; anders Dodd, Interpret., 410f.
116) Vgl. Borig, 19. Für den Abschluß der Einheit nach V17 können folgende Gründe geltend gemacht werden: a) Der Subjektwechsel V18 indiziert den Beginn eines neuen Themenkomplexes, der in 151ff nicht vorbereitet ist: der Haß der Welt, der um die Pole κόσμος-Jünger (bzw. Gemeinde) kreist. b) Die Paränese zum Gebot der Bruderliebe, das VV9ff beherrscht, wird nicht fortgeführt. c) V18ff findet ein kontrastiver Wechsel von Liebe zu Haß, von der Innen- zur Außenperspektive statt (vgl. die Leitworte ἀγάπη/ἀγαπᾶν V9f; κόσμος, μισέω V18ff; Segovia, JBL, 118); die Antithetik zwischen ἀγαπᾶν V17 und μισεῖν V18 ist die einzige Verbindung zwischen beiden Abschnitten. d) Einen Einschnitt markiert auch die Inklusion V12b/17b. - Im Hinblick auf unsere Themenstellung ist festzuhalten, daß mit dem "Fruchtbringen" von V16 zum letzten Mal das Bild des Weinstocks angesprochen ist.
117) Vgl. Onuki, 119.
118) Vgl. auch V11, der mit ταῦτα λελάληκα einen formalen Einschnitt markiert. Es stellt nach Schneider, Abschiedsreden, 108 "eine Art Gliederungsprinzip, das bestimmte Abschnitte abschließt" vgl. 1425; 1511; 161.25.33. Ihm folgend: Borig, 19 (A 5), u.a., kritisch dazu: Segovia, Gospel, 229 A 105).

1.4.1.1) Strukturanalyse

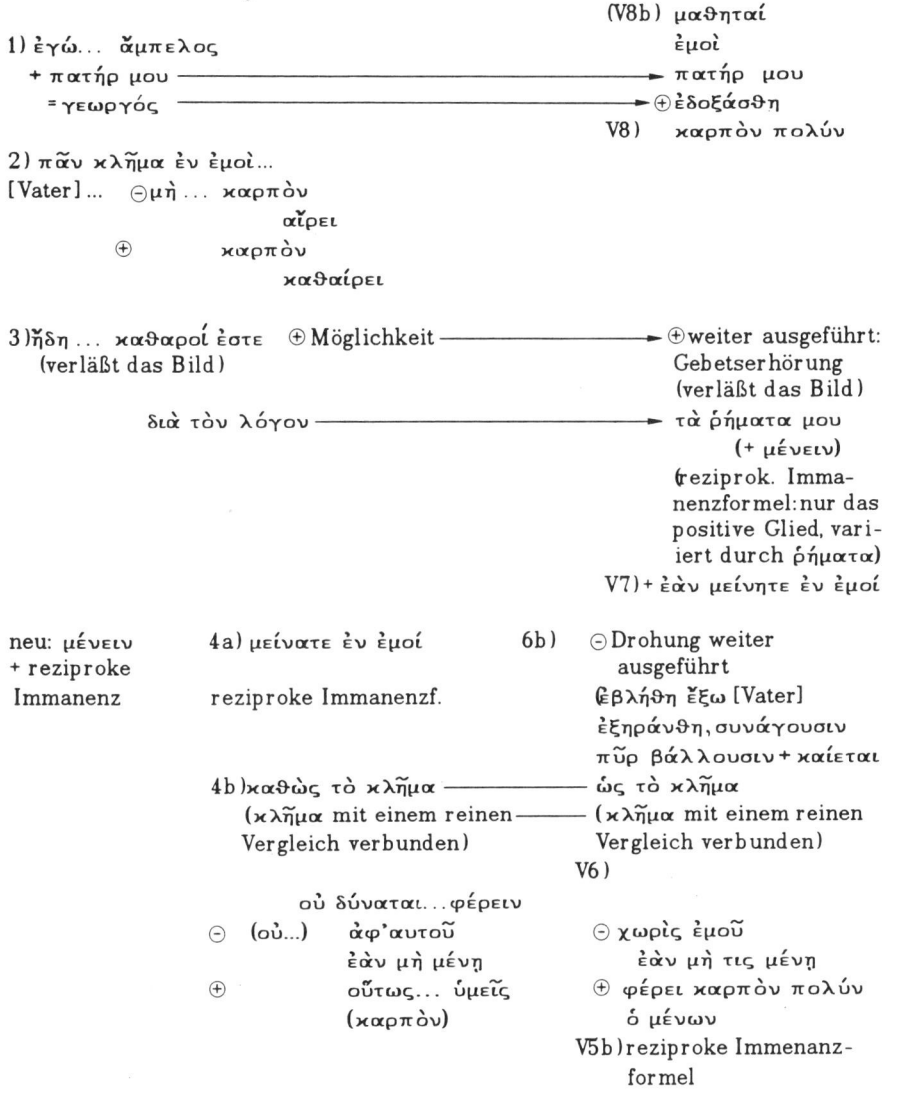

1) ἐγώ... ἄμπελος
　+ πατήρ μου ─────────────────────────────→ πατήρ μου
　= γεωργός ──────────────────────────────→ ⊕ἐδοξάσθη
　　　　　　　　　　　　　　　　　　　　　V8) καρπὸν πολύν

(V8b) μαθηταί
　　　 ἐμοί

2) πᾶν κλῆμα ἐν ἐμοί...
　[Vater]... ⊖μὴ... καρπὸν
　　　　　　　　　　　　αἴρει
　　⊕　　　καρπὸν
　　　　　　καθαίρει

3) ἤδη... καθαροί ἐστε　⊕Möglichkeit ─────────→ ⊕weiter ausgeführt:
　 (verläßt das Bild)　　　　　　　　　　　　　　Gebetserhörung
　　　　　　　　　　　　　　　　　　　　　　　　(verläßt das Bild)
　　　　　　διὰ τὸν λόγον ──────────────────→ τὰ ῥήματα μου
　　　　　　　　　　　　　　　　　　　　　　　　(+ μένειν)
　　　　　　　　　　　　　　　　　　　　　　　　(reziprok. Imma-
　　　　　　　　　　　　　　　　　　　　　　　　nenzformel: nur das
　　　　　　　　　　　　　　　　　　　　　　　　positive Glied, vari-
　　　　　　　　　　　　　　　　　　　　　　　　iert durch ῥήματα)
　　　　　　　　　　　　　　　　　　　　　　V7)+ ἐὰν μείνητε ἐν ἐμοί

neu: μένειν　　4a) μείνατε ἐν ἐμοί　　6b)　⊖Drohung weiter
+ reziproke　　　　　　　　　　　　　　　　　　ausgeführt
Immanenz　　　reziproke Immanenzf.　　　　(ἐβλήθη ἔξω [Vater]
　　　　　　　　　　　　　　　　　　　　　　 ἐξηράνθη, συνάγουσιν
　　　　　　　　　　　　　　　　　　　　　　 πῦρ βάλλουσιν + καίεται
　　　　　　4b) καθὼς τὸ κλῆμα ──────── ὡς τὸ κλῆμα
　　　　　　　　(κλῆμα mit einem reinen──(κλῆμα mit einem reinen
　　　　　　　　Vergleich verbunden)　　　　Vergleich verbunden)
　　　　　　　　　　　　　　　　　　　　　　V6)
　　　　　　　　　οὐ δύναται...φέρειν
　　　　　⊖　(οὐ...) ἀφ'αυτοῦ　　　　　　⊖ χωρὶς ἐμοῦ
　　　　　　　　ἐὰν μὴ μένῃ　　　　　　　　ἐὰν μὴ τις μένῃ
　　　　　⊕　　οὕτως... ὑμεῖς　　　　　　⊕ φέρει καρπὸν πολύν
　　　　　　　　(καρπὸν)　　　　　　　　　　ὁ μένων
　　　　　　　　　　　　　　　　　　　　　　V5b) reziproke Immenanz-
　　　　　　　　　　　　　　　　　　　　　　formel

　　　　　　　　　　　V5a ἐγώ... ἄμπελος
　　　　　　　　　　　⊕ ὑμεῖς τὰ κλήματα

Joh 15 gliedert sich in die Struktur der joh. "ἐγώ-εἰμι-Worte" ein.[119] Es beginnt betont mit ἐγώ-εἰμι, der Bezug auf den Sprecher zieht sich leitmotivisch durch die Rede:[120] Primäre Ausgangs- und Bezugsgröße ist der Weinstock Christus. Ihm ist in V1 und V8 explizit der Vater zugeordnet. Diese inclusio umschließt den Mittelteil V2ff, der das Verhältnis Weinstock/Reben thematisiert. Die Rede ist durch das zweimalige ἐγώ-εἰμι deutlich strukturiert, wobei der zweite Teil der Rede den ersten aufgreift und weiterführt.[121]

I) VV1-3.4:

aa) V1 setzt betont mit der Selbstprädikation ἐγώ εἰμι ἡ ἄμπελος ein und ordnet dem Weinstock Jesus den Vater als γεωργός parataktisch zu.

ab) In parallel gebauter Antithese wird V2 eine -jeden Mittelweg ausschließende - Alternative mit ihren jeweiligen Konsequenzen aufgezeigt: Alle Reben, die keine Frucht bringen, schneidet der γεωργός ab (αἴρει), alle Reben, die Frucht bringen, reinigt er (καθαίρει). Die Paronomasie unterstreicht den Kontrast von Drohung und Verheißung, wobei der ἵνα-Satz den Zweck der Winzertätigkeit deutlich macht: Seine Arbeiten sind nicht als Schlußpunkt aufzufassen, sondern zielen auf mehr Frucht (vgl. V8).[122]

V3 verläßt das Bild und spricht die Adressaten - unterstrichen durch das betonte ἤδη - auf ihre Beschaffenheit als Jünger an: Sie sind schon rein "διὰ τὸν λόγον". Sie werden also dem καθαίρει von V2 (Stichwortaufnahme!) zugeordnet.[123]

c) V4 ermahnt sie, in diesem Zustand zu bleiben.[124] Aufgrund der Inklusion μείνατε ἐν ἐμοί - ἐὰν μὴ ἐν ἐμοὶ μένητε hat V4 eine relative Abrundung. Das

---

119) Sie ist konstant und wird jeweils mit anderm Bildmaterial gefüllt. Der Spruch besteht aus zwei Teilen:
   1. Selbstprädikation, Offenbarungswort oder ontologische Wesensprädikation
   1.1. Präsentation (ἐγώ +εἰμι): 151.5.
   1.2. Bildwort +Artikel ἡ ἄμπελος: 151.5 (+ 151: Adjektiv mit wiederholtem Artikel).
   2. Soteriologischer Nachsatz oder Verheißungswort.
   2.1. Invitation bzw. Ruf der Entscheidung, 151: ohne Invitation; 155: ὁ μένων ἐν ἐμοί.
   2.2. Verheißung: fehlt 151; 155: οὗτος φέρει καρπὸν πολύν.
120) Vgl. 155; sowie ἐν ἐμοί (V2;4;5;6;7), ἐν τῇ ἀμπέλῳ (V4), resp. χωρὶς ἐμοῦ (V5b) und ἐμοὶ μαθηταί (V8).
121) Sie wird V9f im unbildlichen Teil noch einmal fortgeführt.
122) Vgl. Onuki, 120.
123) Diese Zuordnung hat zum einen die Funktion, die Jünger zu trösten (Indikativ der Verheißung!), vgl. Brown, John, 676, zum anderen enthält sie die Aufforderung, Frucht zu bringen, da sie rein, d.h. "capable of bearing fruit", sind (Mac Gregor, 287).-Dieser Gedanke wird im folgenden Abschnitt (VV4-6) in erster Linie negativ (vgl. die ermahnende Feststellung V4cd, 5e, 6), aber auch positiv (vgl. V5cd) entfaltet.
124) Das Leitwort μένειν, das Zurücktreten des Bildes und der Wechsel in den Imperativ 2. Plural indizieren den neuen Abschnitt, der mit V4 beginnt.

imperativische μείνατε V4a enthält die nachdrücklichste Mahnung zum Bleiben in dieser Rede.[125] Es ist Bedingung für das Fruchtbringen (vgl. V4b).[126]

II) V5a setzt neu mit ἐγώ εἰμι ein. Im Unterschied zu V1 fehlt hier die polemische (?) Erweiterung durch ἀληθινή. Wurde V1 der Vater/ γεωργός dem Weinstock parataktisch zugeordnet, so werden hier die κλήματα angesprochen. Kamen letztere V2 in der Distanz der narratio in den Blick (πᾶν κλῆμα), so werden die κλήματα in V5 direkt angeredet und erstmals explizit mit den Adressaten identifiziert.

Besonders deutlich ist die Korrespondenz von V4 mit V5b-6; V5bf geht insofern über V4 hinaus, als V5b das οὐ + δύναμαι von der dritten in die zweite Person wechselt (direkte Anrede) und die drohende Gefahr des Nichtbleibens von V4b (= Vertiefung von V2a) in V6b als Gefahr des Verbranntwerdens weiter ausgeführt wird.

Der folgende, nicht sehr deutlich abgegrenzte Abschnitt[127] verläßt V7 (analog zu V3) das Bild und ersetzt in der reziproken Immanenzformel (diff. 4a; 5b) das ἐγώ durch ῥήματά μου, das dem λόγον von V3 korrespondiert. V3 wie auch V7 wird nur die positive Möglichkeit evoziert, wobei das καθαροί ἐστε διὰ τὸν λόγον von V3 V7 zum μένειν der ῥήματά μου in den Jüngern hin verschoben und neu mit dem Thema der Gebetserhörung verbunden wird.

V8 schließt den Kreis, indem Weinstock und Winzer (Vater), Weinstock und Reben (Jünger) jetzt zu einer Dreiergruppe zusammengeschaut werden.[128] Der ἵνα-Satz faßt im Viel-Frucht-Bringen und im γένησθε ἐμοὶ μαθηταί (wohl Niederschlag des μένειν) den zentralen Inhalt der VV1-7 zusammen.[129]

VV9ff konkretisiert das μένειν durch die ἀγάπη[130] und versteht das V10 (Wechsel ins Futur!) als Halten der Gebote. "Ταῦτα λελάληκα" schließt VV1-11 unter Hinweis auf die Freude ab.

125) Jedoch sind auch hier Mahnung und Zusage (κἀγὼ ἐν ὑμῖν elliptisch verkürzt) vermittels der reziproken Immanenzformel eng miteinander verknüpft, wobei auch hier die Zusage die grundlegende Möglichkeit der Imperative impliziert. Festzuhalten bleibt, daß hier zum ersten Mal explizit der Schritt von der reziproken Immanenzformel (vgl. Joh 656; 1420) zu einer Vorschrift gemacht wird, s. Bernard, Joh II, 1928, 480.
126) Hier wird das Anliegen von V2 aufgenommen und konkretisiert. Beachte die strukturelle Entsprechung zwischen V2 und 4: die negative Aussage (Drohung) ist der positiven (Verheißung) vorangestellt.
127) Das Leitwort μένειν wird beibehalten. Mit V6 ist V7 durch den antithetischen Bezug auf denselben bezogen, mit V4a durch den Einsatz ἐὰν μείνητε ἐν ἐμοί. Doch wechselt V7 gegenüber V6 zur 2. Pers. Pl..
128) Vgl. Borig, 58.
129) Vgl. Segovia, Gospel, 187. Beachte die Klimax auf V8 hin: Vom καρπὸν (πλείονα) φέρειν VV2+4 zum καρπὸν πολὺν φέρειν VV5+8, sowie von κλήμα(τα) ὑμεῖς zu μαθηταί (V8).
130) Der Imperativ, in der Liebe Jesu zu bleiben, gründet im Indikativ seiner Liebe, vgl. die ähnlich strukturierte Immanenzformel V4a, die zwar mit dem Imperativ beginnt, der jedoch auf den Indikativ von V3 folgt: Das καθαροί ἐστε (V3) und das In-Ihm-Sein (V4a) erhält seine Konkretion im ἠγάπησεν von V9; im Unterschied zu (V3) und V4a ist in V9 die Reflexion auf die Liebe des Vaters ausgedehnt.

VV12-17 nimmt das Stichwort ἐντολή und ἀγάπη von V9ff auf und führt VV1ff dahingehend weiter, daß er die Liebe als Lebenshingabe für die Freunde bestimmt. Indirekt begründend wird die Leidensparänese auf Jesus als Modell bezogen und V15 mit einem Statuswechsel δοῦλος/φίλος verbunden, dem eine erweiterte Gnosis entspricht (V15b). V16 wird noch einmal das Weinstockbild über das zweimalige καρπός evoziert: Der Imperativ καρπὸν φέρητε nimmt den die VV1-8 abschließenden Imperativ καρπὸν πολὺν φέρητε auf (vgl. auch V2.4.5) und ist dem "καρπὸς ὑμῶν μένῃ" (V16) beigeordnet, das erstmals die Leitworte καρπός und μένειν in einer Wendung miteinander verknüpft. Darauf folgt, durch einen ἵνα-Satz angeschlossen, die Gebetserhörung, die gegenüber V8 durch die Glieder "τὸν πατέρα" und "ἐν τῷ ὀνόματί μου" erweitert ist. V16 werden also vor allem Wendungen und Motive aus V7f der Bildrede aufgenommen und in den Rahmen des durch die Inklusion angezeigten Abschnitts VV12-17 gestellt. So wird ein greifbarer Bezug zwischen der Bildrede vom Weinstock und dem die Bildrede weiterführenden Gebot der gegenseitigen Liebe hergestellt. Damit wird deutlich, daß der unbildliche Teil der Rede von VV1-17 den bildlichen Teil (VV1-8) verstärkend und erweiternd ausführt.

1.4.1.2) Interpretation
Mit der Selbstprädikation "ἐγώ εἰμι ἡ ἄμπελος" ist der christologische Ausgangs- und Bezugspunkt von Joh 15,1ff deutlich gemacht. Die narrative Entfaltung der Selbstprädikation erfolgt unter zwei Aspekten: Zum einen wird über die Zuordnung von Weinstock/Winzer der Ausgangspunkt bei der Vater-Sohn-Christologie markiert, zum anderen wird über die Zuordnung von Weinstock/Reben die Beziehung Christus-Gemeinde thematisiert. Die beiden Aspekte, die VV1-7 narrativ-konstatierend miteinander verbunden sind, werden V8 final der Verherrlichung des Vaters zugeordnet. Innerhalb dieses doppelten Rahmens von Vater-Sohn-Christologie und Ekklesiologie kommen zwei durch Leitworte indizierte Komponenten als die zentralen Anliegen der Bildrede zum Tragen: (a) das καρπὸν φέρειν und (b) das μένειν.
ad a: Das καρπὸν φέρειν ist das Anliegen, das zuerst zum Ausdruck gebracht wird und das auch als das zentrale Anliegen des Textes zu verstehen ist. Ausgehend von den Reben "ἐν ἐμοί" werden beide Möglichkeiten, die negative (μὴ φέρον καρπόν) wie die positive (καρπὸν φέρον), in der Distanz der narratio mit ihren jeweiligen Konsequenzen (abschneiden/reinigen) durchgespielt. Der Zweck dieses Tuns: mehr Frucht zu bekommen, macht deutlich, daß das Abschneiden/Reinigen keinen Endakt darstellt.[131] In einem weiteren Schritt erfolgt durch einen Wechsel in die zweite Person in einer Engführung die Anwendung auf die Adressaten, die explizit mit der Gruppe der καθαροί identifiziert werden.
ad b: Die Aussagen über das Bleiben werden unter wiederholtem, verstärkendem Rekurs auf die Immanenzformel entfaltet, die Zuspruch und An-

---
131) Vgl. Onuki, 120.

spruch miteinander verbindet. V4a werden dann die Adressaten mit dem Imperativ μείνατε direkt angesprochen -die negative Möglichkeit (οὐ ... ἀφ᾿ ἑαυτοῦ) wird im Bild (κλῆμα/ ἄμπελος), die positiv-verheißende in direkter Anrede der Adressaten (ὑμεῖς/ ἐν ἐμοί) ausgesagt.

ad a+b: Das μένειν und das Fruchtbringen sind nicht voneinander zu trennen: ἀφ᾿ ἑαυτοῦ kann die Rebe keine Frucht bringen (V4; vgl V5c), in der Verbundenheit mit dem Weinstock (Immanenzformel) kann sie viel Frucht bringen. Wiederum wird die negative Möglichkeit des Nichtbleibens mit seinen Konsequenzen nicht direkt, sondern allgemein im Bild mit τις als Subjekt umschrieben. In direkter Anrede (V7) wird das μείνητε mit der Gebetserhörung verbunden. Dem Fruchtbringen wird V8 das ´Sich-als-Jünger-Erweisen´ beigeordnet. Beides zielt auf die Verherrlichung des Vaters. V16 werden schließlich μένειν und καρπὸν φέρειν über das Stichwort καρπός direkt miteinander in Beziehung gesetzt: Wurde das μείνητε V7 in direkter Anrede mit dem Motiv der Gebetserhörung verbunden, so jetzt (gegenüber V8 ausdifferenzierend) das μένειν und καρπὸν φέρειν.

Auch wenn das καρπὸν φέρειν Joh 15 nicht näher bestimmt ist, dürfte es doch in einem religiös-ethischen, ja die gesamte Existenz betreffenden Sinn verstanden worden sein. Es findet seinen spezifischen Ausdruck im ἀγαπᾶν ἀλλήλους und im Halten der Gebote. V16 wird das καρπὸν φέρειν deutlich in den Bezugsrahmen der Bruderliebe gestellt, die ausgehend von ihrer christologischen Fundierung (vgl 1512b) im Raum der Gemeinde ihren Ort hat.[132] Das Fruchtbringen ist von daher als Erweis der Jüngerschaft im ἀγαπᾶν αλλήλους zu verstehen (vgl. V8 i.V.m. 12 und 10f).[133] Diese gipfelt in der Lebenshingabe (Leidensparänese!) und korreliert einer höheren Stufe der Gnosis (V15). Von daher greift ein Verständnis des καρπὸν φέρειν (V16) im Sinn des Erfolges in der apostolischen Mission[134] sicher zu kurz. Die Mission ist V16 aber insofern impliziert, als der Gemeinde als ganzer in ihrer gelebten Bruderschaft und d.h. auch im Leiden füreinander Offenbarungsfunktion zukommt. Dieser wird sie aber gerade dann gerecht, wenn sie sich radikal von der Welt mit ihren Werten und Normen trennt, um ganz von Christus her zu leben.[135] Dementsprechend ist das καρπὸς ὑμῶν μένῃ als das dauerhafte Durchhalten dieses Offenbarungsauftrages in liebevoll-brüderlicher Existenz in der Weltzeit, die Lei-

---

132) Onuki, 125.
133) Vgl. Baumbach, Funktion 165. Steht ἐμοὶ μαθηταί 158 mit dem καρπὸν φέρειν zusammen, so Joh 1335 mit der Bruderliebe, s. Borig, 245 m.A.41; Onuki, 125.
134) So vor allem Thüsing, Erhöhung, 112 (vgl. 111-114, 117-120), Kuhl, Sendung, 205-208. Dagegen: Borig, 243f, Schneider, Joh 269. 271, Schnackenburg, Joh III, 113, Onuki, 125.
135) Vgl. Baumbach, Funktion, 165, Onuki, 125.

den impliziert, zu verstehen.¹³⁶
Zusammenfassend können wir also im Text folgende Bewegung feststellen: Ausgehend von einer allgemeinen Einführung des Bildes, das die christologische Fundierung deutlich macht, wird das Weinstockbild schrittweise vertieft, indem die negativen und positiven Möglichkeiten des καρπὸν φέρειν und μένειν sowohl einzeln als auch in ihrer Interdependenz durchgespielt werden, wobei die Adressaten auf dem Hintergrund einer drohend-negativen Folie¹³⁷ direkt auf ihre positive Möglichkeit hin angesprochen werden (Verstärkung). Dabei werden sie bei dem für sie geltenden Indikativ so behaftet, daß ihnen daraus die Aufgabe der Bruderliebe in der Gemeinde erwächst, der vor der Welt eine Offenbarungsfunktion zukommt.

1.4.1.3) Der übergreifende Lebenszusammenhang
a) Bildgebrauch

Die johanneische Weinstockmetapher kommt formal dem Weinstockbild in den gnostischen, bes. den mandäischen Texten nahe.¹³⁸ Hier finden sich analoge Bilder¹³⁹ und die Selbstprädikation des Erlösers.¹⁴⁰ Der himmlisch-mythische Weinstock wird in späteren Texten als Lebensbaum vorgestellt; selten - in spät oder unsicher zu datierenden Texten - wird der mandäische Gesandte als Weinstock bezeichnet.¹⁴¹ Nicht nur chronologische Gründe, sondern auch Bildgebrauch und Bedeutung machen den mandäischen Hintergrund des Weinstockbildes Joh 15 trotz des Ich-bin-Stils unwahrscheinlich: Im Unterschied zu Joh 15 hebt das mandäische Weinstockbild nicht ab auf die Zweige und die lebensspendende Funktion des Weinstockes für sie. Das Duftmotiv steht an der Stelle des Fruchtmotivs.¹⁴² Vor allem liegt Joh 15 die Vorstellung eines (mythisch-)himmlischen Weinstocks fern: die Bildgestaltung weist auf ein irdisch-natürliches Verständnis desselben.¹⁴³

---

136) Vgl. Borig, 244, Onuki, 125.
137) Vgl. Becker ÖTK 4/2, 482. Von daher liegt der Akzent V2 nicht auf dem Abschneiden, sondern auf dem Mehr-Frucht-Bringen.
138) Die Verwandtschaft mit mandäischen Texten vertreten v.a. Bm, Joh, 407f A6, Schweizer, Ego, 39-41 (Schweizer korrigiert sich jedoch in ders., Kirchenbegriff, 369 m. A3).
139) z.B. das Abschneiden der Reben, vgl. Borig, 160-162.
140) Vgl. Ginza 301₁₁ff: "Ich (Hibil) bin ein sanfter Rebstock".
141) Vgl. Borig, 171f.
142) Borig, 172. Das Fruchtmotiv taucht in den mandäischen Schriften nur spät vereinzelt auf, hat dort jedoch keine ethische Bedeutung: es bezeichnet in älteren Texten den Wohnsitz der höchsten Wesen (Ginza 65,29ff; 67,17f, s. Borig 163), in späteren Texten nimmt es die Bedeutung "Gnosis lernen" an (s. Borig, 164f).
143) Borig, 171; zur Auseinandersetzung mit den mandäischen Texten s. ders., 171-176; Percy, Untersuchungen, 229-236.

165

Tönerne Öllampe aus einer Grabstätte südlich von Jerusalem (ca. 70-135 n. Chr.).
Zohary, 49 oben.

Fragment einer Lampe; Jerusalem

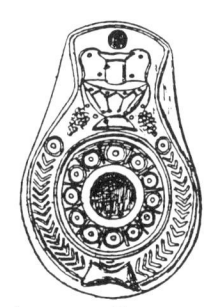

Lampe von Gezer.   Lampe von Gezer.
(aus: Goodenough, Jewish Symbols III, Abb. 318. 325 f.)

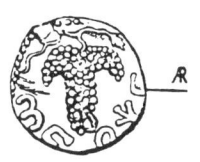

Bar Kokba Münze
(aus: Madden)

Hierin und in der Konzentration auf das ethisch konnotierte Fruchtmotiv kommt der alttestamentlich-jüdische Metapherngebrauch Joh 15 näher, auch wenn sich keine Stelle als direkte Parallele anführen läßt. Im AT ist der Weinberg/-stock[144] eine stehende Metapher für Israel. JHWH hat ihn gepflanzt und erwartet Frucht von ihm, die der Weinberg/-stock oft genug nicht (bzw. nicht in der gewünschten Qualität) bringt, so daß ihm das Gericht (z.B. das Verbrennen) droht. Bes. in eschatologischem Zusammenhang wird der fruchtbringende Weinstock/-berg gezeichnet, den JHWH pflegt und schützt. Die Weinstockmetapher als Bild für Israel bleibt für die jüdische Tradition bestimmend, insbes. LibAnt, aber auch in der rabbinischen Literatur wird sie fortgeführt.[145] Auf dem Hintergrund dieses Metapherngebrauchs ist der Weinstock Joh 15 als Gemeinschafts-, oder besser Zugehörigkeitsbild zu verstehen, das die joh. Gemeinde als

---

144) Zum gleitenden Übergang zwischen beiden Bildspendern vgl. S. 50 A. 32; der Weinberg klingt Joh 15,1.6 an. Zum Bild vgl. Ps 80(8)9ff; Hos 101; 147(8); Jer 69; Ez 151-6; 175-10; 1910-14; Joel 17; Jer 221; Nah 23. Die atl. Weinbergmetaphorik wirkt im NT (Mk 121-11; vgl. ferner Mt 201-16; 2128-32; Lk 136-9) nach. Weit verbreitet waren Weinstockdarstellungen auf Münzen, Gräbern, Ossuarien und Lampen von der frühen Makkabäerzeit bis 70 n.Chr. (vgl. Goodenough, Symbols V, 99f; zum Material, vgl. ders., Symbole, pass., bes. Bd. Vf). Ob die Darstellungen mit der Vorstellung von Israel als Weinstock zusammenhängen (so Bernard, Joh II, 478), ist nicht sicher: eher scheint hier ein Einfluß heidnisch-hellenistischer Ornamentik vorzuliegen, vgl. Dalman, AuS IV, 348f zum Einfluß des Dionysos-Kultes (zum Weinstock und dem dionysischen Mythos der Unsterblichkeit vgl. Leonardi, 'Ampelos, Il Simbolo della vite nell'Arte pagana e paleocristiana, BEL.H 21, Rom 1947, 41ff). Ähnlich zurückhaltend muß man wohl hinsichtlich des goldenen Weinstocks sein, der sich nach Jos, Ant XV,395; Bell V,210, vgl. Tac., hist. V,5 am Tempeltor befand. Eine jüdische Deutung dieses Tempelweinstocks ist uns nicht überliefert. Aus der häufigen Verbindung des Weinstocks mit dem Kelchmotiv folgert Goodenough (Symbols V, 100-102) ein rituelles Weintrinken. Eine äußerst hypothetische Deutung, die aber, wenn sie zuträfe, einen engen Bezug zu Mk 14,25 (Lk 22,18) aufweisen und eine eucharistische Konnotation des Weinstockbildes stützen könnte (vgl. dazu Brown, Joh, 672-674).
145) LibAnt 12,8; 18,10; 28,4; 30,4; 39,7. Hier ist die Überschneidung mit der Metapher der Pflanzung/Pflanze der Gerechtigkeit zu notieren. Dieser Metapherkomplex, der sich in den Apokryphen und Pseudepigraphen (bes. Jub und äthHen), wie auch in Qumran findet (1 QH 6,15; 1QH 8,5ff; 1 QS 8,5; CD 1,7), ist als Gemeinschaftsbild für Israel hier in die weitere Betrachtung einzubeziehen (s. Jaubert, image, 94f). Zur rabbinischen Literatur, vgl. Bill II, 563f. Philo spricht Migr. 125 von der fruchtbringenden Pflanze aus Noa (vgl. Spec 181), vgl. Jaubert, notion, 406f. Ähnlich der spätere Hymnus von Mose BenAsher, in: Kahle, P.E, The Cairo Geniza, Oxford 1959², 82-86. Bei den frühen syrischen Vätern ist das Bildmaterial ekklesiologisch verwendet und symbolisiert die Verwerfung Israels, vgl. Murray, R., Symbols of Church and Kingdom, A Study in Early Syriac Tradition, Cambridge 1957, 95-130.

das "verheißene, *eschatologische* Heilsvolk"[146] anspricht. Was den christologischen Aspekt des joh. Weinstockbildes anlangt, so gibt es sowohl für das individuelle Verständnis des Bildes, als auch für die Ich-Bin-Formel in der atl.-jüdischen Tradition einige Anhaltspunkte: So kann man Ps 80(79)15f., wenn man den Text nimmt, wie er dasteht,[147] als Identifikation des Weinstocks mit dem Sohn (MT) bzw. dem Menschensohn (LXX) verstehen,[148] der mit dem Messias gleichgesetzt werden kann.[149] SyrBar 39 7 wird der Weinstock auf die Herrschaft des Messias bezogen: Das Bild des Weinstocks und der messianische Vorstellungskomplex sind also kompatibel. Ez 17 6-8 ist das Weinstockbild als Bild von Israel auf den König Zedekia, also einen König aus dem Hause Davids, übertragen.[150]
Was die joh. ἐγώ εἰμι-Formulierung anbelangt, ist auf die atl. Selbstvorstellungsformel zu verweisen: Das absolute ἐγώ εἰμι der LXX ist nach Zimmermann[151] Brücke zur ἐγώ-εἰμι-Rede des Johannes; ferner ist auf die Ich-bin-Formulierungen bei Hosea (bes. 14 9)[152] und auf die Selbstvorstellung der Weisheit Sir 24 3-22 zu verweisen, eine Stelle, die in johanneischen Kreisen bekannt gewesen zu sein scheint.[153] Joh 15 kann also als Neurealisation traditionell vorgegebener Elemente verstanden werden. Neu ist, daß Christus jetzt Mittelpunkt des Bildes ist - er eröffnet es mit einer Selbstvorstellung, der γεωργός ist dem Weinstockbild (diff. AT) nur zugeordnet.[154] Das Bild von Christus als Weinstock ist so eng mit dem Bild des Weinstocks als einem Gemeinschaftsbild kombiniert, daß Chri-

---

146) Onuki, 120.
147) Brown, 671: "the connection is highly speculative".
148) So Dodd, Interpret., 411, Schweizer, Kirchenbegriff, 369.
149) Jaubert, 94, verweist unterstützend auf die Targumversion von Ps 80.
150) Von den alttestamentlichen Belegen scheinen hier die Motive am engsten mit Joh 15 übereinzustimmen, vgl. Sidebottom, E.M., The Son of Man as Man in the Fourth Gospel, ET 68 (1956f), 231-235, 234.
151) Zimmermann, BZ, bes. 271ff.
152) Vgl. weiter Hos 5 12.14; 13 7f; 14 6.
153) Brown, 275; 630; 671. Zu Sir vgl. Feuillet, thèmes, 928. - Die von Ameisenowa (bes. 340ff) angeführten mittelalterlichen Darstellungen, die eine Verschmelzung des jüdischen Weinstocks mit dem Lebensbaum zeigen, können im Hinblick auf Joh 15 kaum ausgewertet werden (gegen Brown, John, 671).
154) Alttestamentlichem Gebrauch würde ein Anfang wie: "Und Gott pflanzte einen Weinstock..." o.ä. eher entsprechen, s. Jes 5; Jer 2 21; Ez 15 (verpflanzen); Ps 80 9ff.15f. Daß Gott als γεωργός (und nicht als ἀμπελουργός) bezeichnet wird, mag die Tatsache akzentuieren, daß Gott der Besitzer des Weinstocks ist, da γεωργός meist den selbständigen Grundbesitzer bezeichnet, vgl. Philo, ed. Cohn, Heinemann, Bd IV, 113 A4.

stus und seine Gemeinde nicht getrennt werden können:[155] Ekklesiologie und Christologie sind eng miteinander verwoben, wobei die Ekklesiologie auf der Christologie aufbaut. Erstere akzentuiert Joh mit dem Bleiben und Fruchtbringen. Im Hinblick auf die paränetische Abzweckung des Textes vermag das Bild des Weinstocks Christus als den Lebensgrund der mit ihm Verbundenen[156] aufzuzeigen und so die Fundierung des Imperativs im Indikativ schon über die Bildwahl deutlich zu machen.[157] Die im ethischen Zusammenhang traditionelle Metapher des Fruchtbringens erfährt Joh 15 insofern eine Umakzentuierung, als das Fruchtbringen nun nicht mehr speziell auf das Individuum, sondern auf die Gemeinde als ganze bezogen ist.[158] Schließlich kommt der Gemeinde als ganzer im Joh Offenbarungsfunktion zu: Wer keine Frucht bringt, gehört nicht zu ihr.

b) Realien
Sowohl das αἴρειν (abschneiden, entfernen) als auch das καθαίρειν der κλήματα (V2) gehört zur normalen Pflege des Weinstocks, die auf größeren Ertrag zielt.[159] Contra usum ist das Auflockern der Erde (Pflügen/Hacken) und das Beseitigen von Unkraut Joh 15 außer acht gelassen.[160] Hat das seinen Grund in der Konzentration auf den Weinstock und die Immanenzaussagen? In der Vorordnung der Christologie, der der Vater nur zugeordnet ist? Oder im Bild des Weinstocks? Normalerweise wird ja der Weinberg bearbeitet. Ferner wurde auch das Bild des Stabes/Baumes, an dem der Weinstock aufgezogen wurde, nicht realisiert,[161] was aus der johanneischen Christologie zu erklären ist.

155) Das Bild verschwimmt: einerseits erscheint Christus als Weinstock, die Reben als die Christen, wenn man von V2 (πᾶν κλῆμα ... αἴρει αὐτό) ausgeht, das schlecht auf Christus gedeutet werden kann; andrerseits umfaßt Christus als der Weinstock alles, nicht nur den Stamm, s. Brown, John, 668; Hunter, John, 149.
156) Schnackenburg, Joh I, 145.
157) Das betont Thyen, Liebe, 479. Anders: Langbrandtner, Gott, 61f.
158) Anders die individuelle Deutung Bultmanns. In erster Linie theologisch und nicht ethisch will Grob, vigne, 15, hier die Fruchtmetapher verstanden wissen: als Liebe zum Vater, die die Anerkennung des Sohnes impliziert.
159) Das αἴρειν (vgl. Borig, 38) bezieht sich auf den ersten Rebschnitt im Februar/März, der noch vor der Blüte erfolgt. Er "besteht darin, daß man ... alle Seitenzweige ... abschneidet und den Hauptzweig ... auf sechs bis sieben Augen ... kürzt" (Dalman AuS IV, 312; Zapletal, 24f). Er betrifft gerade die im Vorjahr unfruchtbar gebliebenen Rebzweige (Borig, 38; Dalman, AuS IV, 312). - Das καθαίρειν ist Philo, Som II,64; Agr 10 für den Weinbau belegt und bezieht sich auf das zweite Beschneiden (nakka) der Reben nach der Traubenblüte und dem Ansetzen der Trauben. Man beseitigt die unfruchtbaren Ruten, so daß die fruchtbringenden Zweige mehr Frucht bringen können (Borig, 38, Dalman, AuS IV, 312). Ein Weinstock, der nicht beschnitten und behackt wird, ist dem "Gar aus" verfallen (Dalman, AuS IV, 312).
160) Dalman, AuS IV, 331, vgl. Jes 56 und Krauß, Archäol. II, 206.
161) Dalman, AuS IV, 312, 331f.

c) Situation/Intention
Mit der Selbstprädikation des Offenbarers wird gleich zu Beginn der christologische Ausgangs- und Bezugspunkt der Gruppe/Gemeinde deutlich gemacht. Das betonte Ich-Wort autorisiert die folgende Mahnrede und weist die angesprochene Gemeinde als "in hohem Maße integrationsbedürftig und autoritätsorientiert"[162] aus: Die Abhängigkeit von Jesus als durchgehendem Referenzpunkt schließt die Gemeinde mit diesem zum Weinstock zusammen.[163] Das ἀληθινή scheint eine bestimmte polemische Spitze gegen eine -vom Verfasser bei seinen Lesern als bereits bekannt vorausgesetzte - Weinstockvorstellung zu beinhalten.[164] Die Stoßrichtung dieser Polemik genauer zu konkretisieren erscheint mir jedoch sehr hypothetisch.[165] Die Gemeinde wird nun - in scharfer Abgrenzung nach außen (vgl. die Oppositionen ἐν-χωρίς (V5), ἔξω (V6) und die scharfe Abgrenzung der Gemeinde von der Welt V18ff) - in ihrer engen Verbundenheit mit Christus als dem Weinstock und dem aus dieser Verbundenheit erwachsenden Fruchtbringen gezeichnet. Das spiegelt eine isolierte, elitäre Gemeinschaft,[166] die in scharfer Abgrenzung von der Welt und desto engerer Verbundenheit mit ihrem Herrn ihre Stabilität und Identität findet[167] und durch eine hohe (gegenüber der Umwelt gesteigerte) Binnenmoral bestärkt wird, die ihren Ausdruck in der nachdrücklichen Forderung der Bruderliebe findet. Daß diese Identität und Stabilität in Gefahr ist, macht die paränetische Tendenz des Textes mit ihrem Insistieren auf das μένειν und καρπὸν φέρειν deutlich: Diese Mahnungen, verbunden mit den scharfen Abgrenzungen nach außen, die keine Stufen, keine Unterschiede in der Zugehörigkeit zulassen (s. Joh 15 5f), sind (vgl. die Parabeltheorie Mk 4 1ff) auf dem Hintergrund einer verfolgten, bedrängten Gemeinde zu verstehen, die nur mittels scharfer Grenzziehung nach außen ihren Bestand wahren und Frucht bringen kann. - Auffälligerweise werden innerhalb des Weinstockbildes - anders als im paulinischen σῶμα-Bild - keine weiteren

---

162) Berger, Formgeschichte, 39, BemR 36; ShemR 44, 32.
163) Es scheint mir vom Kontext her verkürzt, als neue Stoßrichtung des Weinstockbildes nicht die Gemeinschaft, sondern die Abhängigkeit von Jesus sehen zu wollen, vgl. dazu Brown, CVIII: das kollektive Moment fehlt eben im Weinstockbild gerade nicht.
164) So Onuki, 119; anders: Schnackenburg, Joh III, 109, Becker, ÖTK 4/2, 481.
165) Zu einzelnen Deutungen vgl. Lattke, Wort, 162f A1.
166) Vgl. Käsemann, ZThK 48 (1951) 303 ("Ecclesiola in ecclesia").
167) Der Akzent, daß sich die Gemeinde ihrer Gemeinschaft mit Christus in der Feier der Eucharistie versichert, kann im vorliegenden Kontext nicht ausgeschlossen werden (Lindars, Gospel, 486, Sandvik, TZ, 323-328). Dafür, daß bei dem Bild eucharistische Assoziationen mitschwangen, dürften die Anklänge an die Formulierung γένημα τῆς ἀμπέλου Mk 1425; Mt 2629, vgl. auch Did 92 (ἁγία ἄμπελος Δαυίδ), der Anklang an Jesu Tod im näheren (V13) und weiteren Kontext und die Übereinstimmungen mit Joh 651-58 sprechen, vgl. Brown, John, 672f.

Ausdifferenzierungen vorgenommen:[168] Unterschiedslos ist von Reben die Rede. Dieser Bildgebrauch mag in der alle Unterscheidungen nivellierenden Verfolgungssituation begründet sein. Oft wurde er als argumentum e silentio dafür angesehen, daß es innerhalb der joh. Gemeinde keine Rangstufen/Ämter gegeben habe.[169] Dieser Schluß ist insofern nicht zwingend, als hier auch die Intention des Autors zum Ausdruck kommen könnte, über den Bildgebrauch einheitliche Brüderlichkeit einzuschärfen.[170] Zudem ist zu fragen, ob in der Reinigung von V2, die ja auf eine Intensivierung des Ertrags zielt, der Ansatzpunkt zu einer Ausdifferenzierung innerhalb des Weinstocks zu sehen ist, ein Ansatzpunkt, der eine Vertiefung des Christseins im Sinne des Liebesgebots indiziert, die allen, die bleiben, gilt und der im unbildlichen Teil die VV14f[171] korrespondieren. Steht dahinter die Abzweckung des Autors, die Gemeindeglieder auf eine höhere Stufe der Gnosis zu heben?

Der Autor spricht die Adressaten deutlich auf ihre Zugehörigkeit zu Christus an. Die Autorität Christi wird durch die Form der Offenbarungsrede unterstrichen und autorisiert die folgende Paränese zum μένειν und καρπὸν φέρειν. Diese will der Gefahr wehren, sich von der Gemeinschaft abzulösen oder den eigenen Glauben ohne rechten Bezug auf die Gemeinschaft (Bruderliebe) zu leben.[172] Von daher soll die Gemeinde an dem, was sie ausmacht und begründet, festhalten[173] und bleiben. Gerade auf dem Hintergrund einer Verfolgungssituation ist das "μένειν" für den Bestand, die Stabilisierung und Überzeugungskraft der Gemeinschaft lebensnotwendig. Dem eindeutigen "μένειν" korrespondiert die radikale Trennung von der Welt: Gerade so erfüllt die Gemeinde ihren Auftrag, der in den VV2.5.8 als reiches Fruchtbringen, VV12-17 konkreter als Bruderliebe umschrieben wird: Gerade in ihrer vor der Welt gelebten Bruderschaft im Bleiben am Weinstock offenbart die Gemeinde die Herrlichkeit des Vaters und kommt auf diese Weise - so die Intention des Verfassers - als Ganze

---

168) Sie lägen durchaus innerhalb der Potentialitäten des Weinstockbildes, vgl. Brown, Ringen, 69.
169) Vgl. Schweizer, Kirchenbegriff, 372-374.
170) Vgl. Brown, John, CIX.
171) Ihr seid meine Freunde (nicht mehr Sklaven), wenn ihr tut, was ich gebiete (= μένειν). Die Erwähnung von δοῦλος in V20b widerspricht dem insofern nicht, als es hier - im Unterschied zu 1515 (in Wiederholung von 1316a) - um die Schicksalsgleichheit der Gemeinde mit Jesus geht, vgl. Onuki, 134.
172) Vgl. Becker, Abschiedsreden, 232, ders., ÖTK 4/2, 486.
173) Vgl. den jetzt schon gültigen Indikativ (s. V3, die reziproken Immanenzformeln) und das testamentarische Moment in der Rede vom Weinstock (Berger, Formgeschichte, 79).

ihrer Offenbarungsaufgabe in der Welt nach.[174] Das Bild des Weinstocks ist somit Ausdruck des zentripetalen Missionsverständnisses der joh. Gemeinde, das gerade aus der Abgrenzung von der Welt lebt.[175] Die Mahnung zum μένειν und καρπὸν φέρειν wird auf dem Hintergrund einer negativen Kontrastfolie eingeschärft, lebt aber aus der positiven Zusage ἤδη ... καθαροί ἐστε V3 und aus der Zusage des Bleibens Christi in den Seinen in den reziproken Immanenzformeln. Auch die Arbeit des γεωργός kann als verheißende Zusage an die Gemeinde verstanden werden, daß Gott für sie sorgt, daß er sie eben auch pflegt,[176] indem er Menschen, die nicht der Gemeinde verbunden sind, entfernt, so daß die ihm Verbundenen Kraft bekommen und Raum zum Fruchtbringen.

Exkurs III: Vergleich der Joh 10 und 15 realisierten Bildkomplexe im Hinblick auf ihre Leistungsfähigkeit und Aussageintention

Im Zusammenhang mit seiner Christologie/Ekklesiologie bezieht Johannes sein Bildmaterial zum einen aus dem Bildfeld Hirt-Herde (Joh 10), zum anderen aber aus dem Bildfeld Baum-Frucht.

Sowohl das Hirten- als auch das Weinstockbild werden in einer ἐγώ-εἰμι-Rede entfaltet, wobei ersteres durch entsprechende Bildelemente (diff. Joh 15) im Bildwort von der Tür vorbereitet wird. Der Wechsel des Bildmaterials könnte in der unterschiedlichen Aussageintention und in der zu bearbeitenden Situation seinen Grund haben:

So evoziert Joh mit dem Hirtenbild Joh 10 ein traditionelles Bildfeld und bezieht dieses auf die Lebenshingabe des Sohnes für die Schafe (V12.15.17) - eine Aussage, die schon aufgrund der innigen Verbundenheit von Weinstock und Reben innerhalb des Weinstockbildes nicht möglich ist. Zudem ist der Gedanke der Lebenshingabe Sach 13 7-9 eng mit dem Bild des Hirten verbunden.[177] Auch im NT ist der Gedanke der Lebenshingabe eng mit dem Bildfeld verbunden; er schlägt sich Joh 1 29; Apk 5 6.12; 7 14; 12 11; 13 8 deutlich nieder, auch wenn in diesem Zusammenhang nicht dieselben Metaphern realisiert werden. Ferner ist der Kontrast Hirte/Mietling ohne Pendant im Weinstockbild. Für den Fall, daß der Mietling nicht nur als negative Kontrastfolie zum guten Hirten fungiert,[178] könnte sich hier (Joh 15 höchstens im ἀληθινή ange-

---

174) Vgl. Baumbach, Funktion, 165, Onuki (122), 125, 130, ähnlich Ruiz, 194.
175) Vgl. Baumbach, Funktion, 165.
176) καθαίρει, vgl. Dalman, AuS IV, 331.
177) Ferner greift Joh mit dem Bildfeld Hirt/Herde traditionelles Bildmaterial auf, das in der alttestamentlich-jüdischen Tradition zur Schilderung des Gottesvolkes verwendet wurde, vgl. Becker, Joh, ÖTK 4/1, 327.
178) Dies wird zumeist angenommen, s. Becker, Joh, ÖTK, 4/1, 332.

sprochen) eine Polemik gegen Gegner der Gemeinde niederschlagen.[179]

Ist die Verbundenheit zwischen dem Hirten und den Schafen eine personale, so ist die mit dem Weinstock gleichsam eine "organische" (also enger und stabiler?). Dementsprechend ist das Leitwort in der Hirtenrede γινώσκειν, in der Rede des Weinstocks dagegen μένειν, wobei ersteres im folgenden als Glauben (Joh 10.26), Hören (Joh 10 16.26) und Folgen, letzteres im Gebot der gegenseitigen Nächstenliebe (Joh 15.12.17) konkretisiert wird. Diesen unterschiedlichen Forderungen entspricht auch die Wahl des dynamischeren Hirtenbildes in Joh 10 und des statischeren Weinstockbildes in Joh 15, was zwei Stufen im Christsein/in der Gemeindebildung reflektieren könnte.[180] Die größere Flexibilität, die dem Hirtenbild eignet, macht es auch leichter möglich, V16 mit den "anderen Schafen" eine weitere Gruppe ins Bild zu bringen[181] und explizit von den Heiden zu handeln.[182]

Umgekehrt unterstreicht das Weinstockbild die Notwendigkeit des Fruchtbringens und redet (V3) vom Reinigen und (V6) vom Weggeworfen- und Verbranntwerden. Es akzentuiert also - im Unterschied zu Joh 10 - die ethische Komponente und bedient sich dabei einer für diesen Aussagekomplex traditionellen Metaphorik.

Beide Bilder weisen aber auch Gemeinsamkeiten auf: Beide beschreiben das Verhältnis Hirt/Schafe, Weinstock/Zweige als ein reziprokes und lassen kein weiteres Interesse an einer Ausdifferenzierung unter den Schafen bzw. den Zweigen erkennen.

1.4.2) Der Weinberg/Mt 2143

Der Weinberg begegnet zwar in Gleichnissen,[183] jedoch durchweg in nicht-metaphorischem Gebrauch.

Zwar ist die Bildhälfte von Mt 21 33-40 par Mk 12 1-9a im Anschluß an Jes 51-7 ausgestaltet,[184] so daß hier die Metapher des Weinbergs für Isra-

---

179) Zu den möglichen Gegnern vgl. Schnackenburg, Joh. II, 372. Schnackenburg lehnt übrigens (II, 374) die Deutung auf Gemeindehirten ab. Anders Bauer, JohEv, 146, der neben von außen eindringenden falschen Lehrern aufgrund des urchristlichen Sprachgebrauchs den Bezug auf falsche Hirten der Gemeinde annimmt.
180) Es ist aber auch zu beobachten, daß das Bildfeld im JohEv auch noch Joh 2115.16 realisiert ist.
181) Ist die von Paulus realisierte Möglichkeit des Einpfropfens Johannes zu passiv?
182) Vgl. Becker, Joh, ÖTK 4/1, 332 (Heidenchristen), Brown, R.E., John, 396 (Heiden), Schnackenburg, Joh, II, 376, Lindars, John 363.
183) Mt 201-16; Mt 2133-40 parr, Lk 136; zu ἀμπελών vgl. ferner I Kor 97.
184) Aus dieser alttestamentlichen Tradition erklärt sich z.B. die - im ntl. Gleichnis funktionslose - ausführliche Darstellung, wie der Weinberg angelegt wird, vgl. Pedersen, Vaticinia, 171f.

el noch durchschimmert,[185] im Gebrauch ist jedoch eine signifikante Verschiebung zu beobachten: Während im AT der *Weinberg* (Israel) verwüstet wird, sind es jetzt die *Pächter*, denen nach ihrem Verdienst vergolten wird.[186]

Eine Ausnahme bildet im NT die sekundäre Deutung des Gleichnisses von den bösen Winzern Mt 2133f, in dem von der Wegnahme der βασιλεία die Rede ist, das Weinbergbild also paränetisch gegen die Gemeinde gewandt wird und die guten Früchte als Norm des künftigen Gerichts vorgestellt werden.

Schon die mt Redaktion des Gleichnisses Mt 2133ff zeigt ein bes. Interesse am Fruchtbringen.[187] Konsequent arbeitet Mt dieses Moment verstärkend heraus: V34a ergänzt er "ὅτε δὲ ἤγγισεν ὁ καιρὸς τῶν καρπῶν", setzt den direkten Artikel vor καρπούς[188], setzt V41b hinzu, daß der Weinberg anderen Bauern gegeben wird, οἵτινες ἀποδώσουσιν αὐτῷ τοὺς καρποὺς ἐν τοῖς καιροῖς αὐτῶν[189] und wendet das Fruchtmotiv in der sek.

---

185) Umstritten ist, wie weit der Weinberg einfach zur Ausstattung der Szenerie gehört oder als Metapher zu hören ist (vgl. Klauck, Gleichnis, 138). Das Verständnis des Weinbergs als Metapher für Israel ist im Gleichnis jedoch nicht konsequent durchzuhalten, wie die Metapher γεωργοί zeigt, die wohl auf Israel zielt.
186) S. Pedersen, Vaticinia, 171. Die Deutung der γεωργοί auf die Führer des Volkes, die der Kontext nahelegt (s. Klauck, Gleichnis, 137), ist insofern fraglich, als die Propheten im AT zum Volk und nicht zu den Führern gesandt werden (vgl. Kümmel, FS Goguel, 127f, Steck, 270 A 6). Zudem ist für Mt das ganze jüdische Volk für die Ablehnung und Kreuzigung Jesu mitverantwortlich (s. Mt 2725; Schnackenburg, Kirche, 65). Nach Steck, 270 A2 liegt in diesem Gleichnis eine Verbindung der Weinberg-Metapher-Tradition mit der dtr. Prophetenaussage vor. Er konkretisiert: "Dem Sinn der Weinberg-Metapher entsprechend ist der Weinberg in Mk 12 nur Gegenstand göttlichen Handelns und nicht so vorgestellt, daß er keine oder schlechte Früchte brächte; dies Moment wird vielmehr in der γεωργοί-Metapher als faktische Verweigerung des Ertragsanteils vorgestellt."
187) Vgl. dazu Marguert, Jugement, 309-311, Steck, Israel, 299 A1, Trilling, Israel, 57, 62. Die redaktionelle Herausarbeitung des Fruchtmotivs gibt dem ganzen Gleichnis einen neuen ethischen Akzent: "Le récit du meutre du fils (Mc) s'est mué en une allégorie du refus des fruits (Mt)", Marguerat, Jugement, 310.
188) Diff. Mk 122 ἀπὸ τῶν καρπῶν. Gott erwartet also die *ganze* Ernte vgl. Marguerat, Jugement, 310. Mt 2134b spricht dezidiert von den καρποὺς αὐτοῦ.
189) Fehlt b. Lk, Anspielung auf Ps 13. Mt nimmt den Topos auf, daß die Strafe als Folge mangelnden Fruchtbringens aufgefaßt wird.

Deutung des Gleichnisses[190] paränetisch gegen die Gemeinde:[191] Wurde Israel verworfen, weil es die geforderten Früchte nicht gebracht hat (vgl. V41), so wird auch die mt Gemeinde, die sich offensichtlich als das Volk verstand, dem die βασιλεία gegeben ist,[192] mahnend unter das Gericht gestellt.[193] Das Volk, dem die βασιλεία gegeben wird, ist dadurch charakterisiert, daß es Früchte der βασιλεία schafft - die mt Gemeinde hat sich also als Volk, das Früchte bringt, zu erweisen:[194] Bringt sie keine Früchte, so kann die βασιλεία auch von ihr genommen werden.

Wieder ist bei Mt der Gerichtsgedanke mit dem Gedanken des Fruchtbringens paränetisch verbunden.[195] Auffallend singulär in den Synoptikern ist Mt 2143 die Rede von den Früchten der βασιλεία, wobei αὐτῆς nicht als gen. subject., sondern als gen. obj. aufzufassen sein wird:[196] "... es handelt sich um Früchte, welche Menschen, die zur βασιλεία gehören, im Gehorsam zum Gesetz der βασιλεία hervorbringen".[197]

1.4.3) Mt 15₁₃

Nur Mt 15₁₃b findet sich das Bild der Pflanzung, das aus der über die Person des Pflanzers vermittelten Spannung pflanzen - ausreißen lebt πᾶσα φυτεία ἣν οὐκ ἐφύτευσεν ὁ πατήρ μου ὁ οὐράνιος ἐκριζωθήσεται. Es steht Mt 15₁₃f in Kombination mit dem Bild von den blinden Blindenfüh-

---

190) Vgl. Trilling, Israel, 58-60, Davies, W.D., Setting, 328, Mußner, Winzer, 132, dagegen: Snodgrass, Parable, 66, Hummel, Kirche, 148.
191) Dabei gewinnt das Motiv des Fruchtbringens im Verlauf des Gleichnisses immer stärker metaphorische Bedeutung: Spricht Mk - ganz in der Bildhälfte - von den Früchten des Weinbergs, so ersetzt Mt V34 τοῦ ἀμπελῶνος durch αὐτοῦ (wohl: des Herrn) und legt damit eine Verschiebung vom direkten zum metaphorischen Verständnis an, die durch das αὐτῷ (V41: die γεωργοί sollen ihm Früchte bringen) verstärkt wird und (vgl. Trilling, Israel, 60) ihren konsequenten Abschluß in V43 findet, wo das "Abliefern" der Früchte (V41), das sich noch innerhalb des Bildes bewegt, durch "ποιέω" ersetzt wird. Die Mahnung zum Fruchtbringen wird durch die Antithese "nehmen - geben" (V43) verstärkt. Dillon, History, bes. 35f, nimmt als Sitz im Leben der mt Gemeinde für die Parabel -zusammen mit Mt 21₂₈₋₃₂ und Mt 22₁₋₁₄ - die Taufkatechese an, was er mit dem Kontrastschema (früher-jetzt), dem polemischen Ton gegen die frühere Ära, der Antithese "nehmen - geben" und dem ἐνδύειν begründet.
192) Vgl. Klauck, Allegorie, 312.
193) Das αἴρειν im Sinn von "wegnehmen" verweist auf das Endgericht, vgl. 13₁₂; 25₂₈f; Hummel, 148.
194) Vgl. Bornkamm, Enderwartung, 40.
195) Vgl. Mt 7; 12; 21₄₁.₄₃, die mt Änderung 13₈ und Barth, Gesetzesverständnis, 56.
196) Vgl. Sand, Das Gesetz, 113.
197) Vgl. Sand, Das Gesetz, 113; ferner Jeremias, Gleichnisse, 65 A 2.

rern im sekundäre Einschub von Mt 15 12-14[198] und verurteilt die Pharisäer wegen der Gesetzesfrage. Das Bild könnte sich zwar im Zusammenhang mit Mt 15 3.6.9 auf die Satzungen der Pharisäer beziehen,[199] dürfte aber - ausgehend vom traditionellen Bildgebrauch, wo φυτεία immer in Bezug auf Menschen bzw. auf eine Gruppe realisiert wird - eher auf die Pharisäer gemünzt sein.[200]

Das Bild von der Pflanzung evoziert nur die negative Möglichkeit (ἐκριζωθήσεται)[201] und begründet dieses im untergeordneten Nebensatz: "ἣν οὐκ ἐφύτευσεν ὁ πατήρ...". Das Ausreißen wird nicht auf ein bestimmtes (Fehl-)Verhalten (z.B. keine Frucht), sondern radikalisierend auf den Ausgangspunkt - von Gott gepflanzt oder nicht - zurückgeführt. Der Bildgebrauch indiziert insofern eine Verschärfung, als er nicht auf eine Verhaltensänderung abzielt (diff. Lk 13 6-9), sondern den Pharisäern die Zugehörigkeit zur Pflanzung Gottes abspricht: Diese Verschärfung wird durch die Realisation der Metapher "Pflanzung" insofern herausgearbeitet, als sie in der Tradition dem *Erwählungs*gedanken Israels (resp. (später) bestimmter Gruppen, die sich als das wahre Israel verstanden), Ausdruck verlieh.[202]

In Bildgebrauch und abgrenzender Funktion erinnert Mt 15 13 bes. stark an Qumran;[203] die Qumrangemeinde verstand sich - im Kontrast zu den nicht zu ihr gehörigen Israeliten[204] - als "ewige Pflanzung" (מטעת, 1 QS 8 5; 1 QS 11 8, vgl. Wurzel der Pflanzung CD 17). Ihr gehören nur die Ordensangehörigen an - sie sind die das Gesetz (in concreto: die Bundesgesetze gemäß der in Qumran geübten Interpretation) völlig erfüllenden Israeliten.[205] Alle anderen werden dagegen "samt den Heiden zu den "Söhnen der Finsternis" und damit zur Pflanzung des Satans gerechnet...(vgl. I QM 11ff)".[206]

Dualistisches Denken spricht auch aus Mt 15 13. Jesus und seine Jünger stehen in einem exklusiv-kontrastierenden Verhältnis zu den

---

198) V 15 schließt an V11 an, V14 steht Lk 6 39 in anderem Kontext, V13 ist ohne Parallele.
199) So Gaechter, Mt, 497.
200) So Barth, Gesetzesverständnis, 82, Luz, EKK I/2,425
201) Das Moment des Bewahrens und Umsorgens fehlt, anders als Lk 13 6-9, wo auch φυτεύειν realisiert ist.
202) Ursprünglich drückte es aus, "daß der Mensch nicht ist, was er leistet..., sondern als was ihn Gott gepflanzt hat", Schweizer, E., Mt, 213.- φυτεία zielt insgesamt weniger auf Individuen als auf Gruppen, s. Lagrange, Mt, 305.
203) Das folgende im Anschluß an Baumbach, Verständnis, 90.
204) Diese sind - nach ihren Verständnis - auf die ´Quelle der Finsternis´ (I QS 3 19) bzw. den ´Engel der Finsternis´ (I QS 3 20f) zurückzuführen.
205) Vgl. I QS 1 8-9.14.16ff; 22; 33, u.ö.; negativ gewandt: CD 2 010-13 u.ö..
206) So Baumbach, Verständnis, 90, dagegen: Gnilka, Mt, 25 A 28.

Pharisäern: Letzteren wird ihre Zugehörigkeit zur Gottespflanzung abgesprochen und das kommende Gericht angedroht.[207] Mt negiert das kollektive Selbstverständnis der Pharisäer und verstärkt dies durch die Zusammenstellung mit dem Bild von den blinden Blindenführern,[208] das einen Ehrennamen der Rabbinen (ὁδηγοὶ τυφλῶν)[209] abwertend aufnimmt und sich insgesamt gegen die Pharisäer mit ihrem Anspruch, die maßgebenden Gesetzeserklärer zu sein,[210] wendet. Bei Mt wie auch in Qumran steht die Frage der Zugehörigkeit zur Gottespflanzung in Zusammenhang mit Fragen der rechten Thoraauslegung,[211] wobei das Bild Mt 15 13 ein Urteil über Dritte fällt und nur indirekt (diff. Qumran) das Selbstverständnis der Gemeinde zum Ausdruck bringt. Dabei ist Mt 15 13 so formuliert, daß die mt Gemeinde sich nicht in fester Heilssicherheit wiegen kann: Das Futur ἐκριζωθήσεται macht deutlich, daß das Gericht, das die wahre Pflanzung zu erkennen gibt, noch aussteht. Sekundär ist das Bild also auch gegen die Gemeinde selbst gerichtet.

Durch den Einschub von Mt 15 12-14 trennt Mt die Jünger Jesu scharf von der Führung der Pharisäer ab. Das spiegelt die Trennung der christlichen Gemeinde von den Juden, die durch die Pharisäer repräsentiert werden, wider.[212] Diese Trennung erfolgt gerade im Hinblick auf ihre Gesetzesauslegung: Diese ist - so macht Mt deutlich - für die christliche Gemeinde nicht normativ. Entsprechende Ansprüche der Pharisäer werden abgelehnt. Diese Auseinandersetzung mit dem Judentum spiegelt sich bis in die Wahl des Bildmaterials wider.

1.5) Überblick: Die realisierten Metaphernkomplexe im Bildfeld Baum - Frucht

In den Evangelien haben sich vier Bildkomplexe herauskristallisiert, in denen sich das Bildfeld Baum - Frucht niederschlägt: Gerichts- (I), Entsprechungs- (II), Ankündigungs- (III) und Zugehörigkeitsbilder (IV).

ad I) In den Gerichtsbildern geht es um die Alternative eines Baumes mit Frucht oder ohne Frucht, der stehengelassen oder abgehauen wird, wobei das Zeitmoment eine erhebliche Rolle spielt: Die Entscheidung drängt.

207) Vgl. die Gerichtsmetapher ἐκριζοῦσθαι und das ἄφετε αὐτούς Mt 15 14.
208) Anders als Mt 15 14 steht Lk 6 39 mit dem Bild vom Splitter im Auge Lk 6 41 zusammen.
209) Vgl. Haenchen, E., Matthäus 23, ZThK 48 (1951) 38-63, 47, Barth, Gesetzesverständnis, 82 A 2. Vgl. auch Rö 2 19.
210) Vgl. Barth, Gesetzesverständnis, 82 A 2.
211) Vielleicht ist also der Bildgebrauch hier vom Thema her vorgeprägt.
212) Vgl. Schweizer, E., Mt, 213.

Der Bildkomplex steht in prophetisch-apokalyptischer Tradition, hat aber auch eine Parallele bei Achikar. Er ist sowohl in der Täufer- (Mt 310par) als auch in der Jesusüberlieferung (Lk 136-9)[213] realisiert und bringt einen religiös-ethischen Appell zum Ausdruck. Das Bildmaterial dient als Mahnung an Individuen und hat deren Metanoia zum Ziel. Im Unterschied zu Mt 310 zeigt Lk 136-9 in den Motiven des Pflanzens, der Fürsorge und des Zeitgebens schon im Bild den Ermöglichungsgrund zum Fruchtbringen.

ad II) Die Entsprechungsbilder thematisieren die Verhältnisbestimmung Baum -Frucht, sei es a) bezüglich der Qualität oder b) bezüglich der Gattung.
Wird in a) eine kausale Relation zwischen Baum und Frucht hergestellt,[214] so wird in b) die Unvereinbarkeit eines Baumes mit einer gattungsfremden Frucht in einer deductio ad absurdum[215] herausgestellt.
Der Bildkomplex steht in jüdisch-weisheitlicher Tradition (bzw. der der hellenistischen Popularphilosophie)[216] und ist in den Evangelien - und über sie hinaus (s. Jak 312) - auffallend breit realisiert. Das Bildwort wird auf den Zusammenhang zwischen einem Menschen (s. Jak 312) bzw. seinem Sein (Mt 1234a) oder seinem Herzen (Lk 6/Q; Lk 6; Mt 1234b)[217] und seinem Reden (Lk 643-45/Q; Lk 643-45; Mt 1233-35) oder seinem Tun (Mt 721) bezogen. Das Bild dient jeweils als Erkenntniskriterium. Das Zeitmoment bzw. die Alternative "abhauen oder nicht"[218] wird nicht thematisiert.
Im Kontext bezieht sich das Bild auf Pseudopropheten (Mt 7), Pharisäer (Mt 12) und Jünger (Lk 6)[219]. Die Frage ist für Mt und Lk immer: Wer gehört/entspricht wirklich der christlichen Gemeinschaft? Wer hat der Gemeinde etwas zu sagen? Mit dem Bild werden also Gemeindeprobleme bearbeitet.

ad III) Das Ankündigungsbild (Mk 1328f parr) ist (diff. I und II) nicht am Fruchtmotiv orientiert; dafür ist das Zeitmotiv prädominant (vgl. ὅταν ἤδη ... ἐγγὺς τὸ θέρος Mk 1328, ὅταν ... ἐγγύς Mk 1329).
Es steht in apokalyptischer Tradition und handelt anders als Gerichts- und Entsprechungsbilder nicht von Menschen, sondern wendet den

---

213) Vgl. auch - auf symbolischer Ebene - Mk 1113f.20f, Mt 2118f.
214) Die kausale Relation Wurzel (Saft)/Baum fehlt.
215) Vgl. Berger, Formgeschichte, 46.
216) Vgl. Berger, Formgeschichte, 46; (Bm, GST, 108: (profane) Lebensweisheit).
217) Vgl. auch EvThom L 45.
218) Von daher fehlen auch etwaige Personen.
219) Vgl. Jak 312: Christen/christliche Lehrer; IgnEph: Christen; EvThom: Gnostiker?

festen zeitlichen Zusammenhang zwischen dem Ausschlagen des Feigenbaums und dem Kommen des Sommers auf die Vorzeichen an, die von der Nähe des Eschaton künden.[220]
Das Gleichnis hat appellativen Charakter, wie die Imperative μάθετε... ἀπό *(Mk, Mt),* ἴδετε *(Lk 21*29*),* ἴδητε *Mk 13*29 *par,* γινώσκετε[221] *(Mk 13*28f *parr, bis) indizieren.*

ad IV) Die Zugehörigkeitsbilder sind (partiell) mit Gerichtsbildern (I) kombiniert und auf die Gemeinschaft bezogen. Das Zeitmoment ist ohne Bedeutung.
In den Evangelien begegnen sie in zwei Varianten:
*a) Dualistisch bzw. alternativ ist der Bildgebrauch in Mt 15*13 *und Mt 21*43*: Mt 15*13 *wird das Geschick der Gemeinschaft prädestinatianisch am Pflanzer, Mt 21*43 *am Fruchtmotiv festgemacht. Im ersten Fall droht die Ausrottung der Pflanzung, im zweiten Fall ein Besitzerwechsel. Ist hier das Bild primär auf eine Außengruppe bezogen, so geht es Joh 15 um Zugehörigkeit zu und Abfall von der Binnengemeinschaft.*
b) Joh 15 ist die Alternative Baum mit oder ohne Frucht neu mit der Alternative μένειν *oder nicht* μένειν *verbunden. Das Zeitmoment tritt zurück. Anders als in den Gerichtsbildern wird nun nicht der ganze Baum, sondern nur der nicht bleibende und ergo nicht fruchttragende Zweig abgehauen. Umgekehrt wird - über die Gerichtsbilder hinausgehend - die positive Möglichkeit des Bleibens explizit und modellhaft aktualisiert. Das Bild bearbeitet Identitäts- und Abgrenzungsprobleme der Gemeinde, indem es die traditionelle Gemeinschaftsmetapher des Weinstocks aufgreift und neu als Ego-eimi-Rede des Weinstocks Christi gestaltet: Christus ist der Ausgangs- und Bezugspunkt der Gemeinde: In ihm zu bleiben bedeutet, Frucht zu bringen (d.h. nach VV9ff, den Bruder zu lieben). So gewinnt die Identität der johanneischen Gemeinde ihr Profil und ihre Aufgabe, wobei der intensive Appell (vgl. die Imperative!) aus dem im Bild aufgewiesenen Ermöglichungsgrund (Motiv des Pflanzens/ Sorgens; Ausgangspunkt bei Christus) erwächst.*

---

220) Daß gerade die Metapher des Feigenbaums in diesem Zusammenhang realisiert ist, dürfte seinen primären Grund in der weiten Verbreitung dieses Baumes in Palästina und seinen spezifischen Eigenschaften haben, vgl. Jül. II, 10. (Möglicherweise kommt hier auch noch das Moment zum Tragen, daß die Feigenbaummetaphorik auch mit eschatologischen Vorstellungen besetzt war).
221) Wie im Bildwort vom guten/schlechen Baum (s.o. S.144ff), das auch auf eine kausale Relation abhebt, begegnet auch hier wieder das Verb "γινώσκειν".

1.6) Akzente bei den einzelnen Synoptikern
1.6.1) Markus

Da Bildkomplex I und II aus Q stammen bzw. dem lk SoG (Lk 13 6-9) zuzurechnen sind und Mt 2143 eine sekundäre mt Interpretation darstellt, schlägt sich das Bildfeld Baum-Frucht bei Mk nur im Gleichnis vom sprossenden Feigenbaum (vgl. auch noch Mk 1113.20) nieder und drückt die unmittelbare Nähe des Eschaton in die Gegenwart des Evangelisten hinein aus.[222]

1.6.2) Matthäus
a) Am breitesten ist das Bildfeld Baum-Frucht bei Mt realisiert.
b) Mt zeigt bes. Interesse am Motiv des Fruchtbringens (Mt 38.10; 716-20; 1233; (vgl. Mt 2119ff), Mt 2143[223]) und qualifiziert die Früchte als καλός (Mt 310 (Lk 39), 717.18.19, 1233), ἀγαθός (718), πονηρός (717) und σαπρός (1233). Wenn auch das Motiv des Fruchtbringens schon in den Quellen begegnet, wird es doch von Mt verstärkend herausgearbeitet: Mt rahmt Mt 716-20 durch das zweimalige "an ihren Früchten..." (Mt 716.20, Lk nur Lk 644) und unterstreicht Mt 2118f, daß der Baum nur Blätter hat, indem er μόνον (diff. Mk 1113) zu φύλλα hinzusetzt. Auch im Gleichnis von den bösen Weingärtnern arbeitet er das Motiv des Fruchtbringens verstärkend heraus (s. ad Mt 2143!).

c) Mt verschärft das Fruchtbringen durch den Gerichtsgedanken. Mt 310 (= Q), Mt 716 durch Aufnahme von Mt 310 aus der Täuferpredigt (dahinter steht auch das mt Interesse, Jesus und den Täufer zu parallelisieren). Auch Mt 1234 rezipiert er Material aus der Täuferpredigt und bringt im Kontext den Gerichtsgedanken (Mt 1236f). Im Gleichnis von den bösen Winzern wird das Gericht über das Volk, das die Früchte nicht gebracht hat (Mt 2141), in der sek. Deutung V43 auf die mt Gemeinde ausgeweitet.

Unabhängig vom Motiv des Fruchtbringens erscheint der Gerichtsgedanke in der Metapher ἐκριζωθήσεται Mt 1513 im Zusammenhang mit dem Bild der Pflanzung (nur Mt!).

d) Mt verwendet das Bildmaterial primär polemisch in Auseinandersetzung mit dem Judentum oder/und in innergemeindlichen Auseinandersetzungen:

Die sekundäre Adresse Mt 37 wendet die Drohpredigt des Täufers an die Pharisäer und Sadduzäer, d.h. gegen das Judentum im Gegenüber zur mt Gemeinde, das nicht zur μετάνοια/Anerkenntnis des Messias bereit ist und sich auf seine Abrahamskindschaft verläßt.

---

222) Vgl. Marxsen, Der Evangelist Mk, (127), 135.
223) Insgesamt bei Mt 19, bei Lk 12, bei Mk 5 mal.

Mt 15 13 grenzt Mt die Jünger (d.h. die Gemeinde) deutlich von den Pharisäern und ihrem Anspruch bzgl. der Thoraauslegung ab: Letztere gehören nicht zu Gottes Pflanzung.

Mt 21 41 (sek.) wird der Weinberg anderen Winzern gegeben, die (ihrem Herrn) Früchte bringen; der Weinberg wird V43 (sek.) auf die βασιλεία bezogen. Durch die gleichzeitige Verschiebung in die Zukunft wird das Bild paränetisch gegen die mt Gemeinde gewendet - eine paränetische Zielrichtung, die auch den Worten Mt 37-10 und Mt 15 13 inhärent ist.[224]

Mt 12 33-37 hat Mt sek. in seine Polemik gegen die Pharisäer eingefügt und Mt 7 16-20, Mt 7 15 warnend auf die Pseudopropheten bezogen.[225] Mt thematisiert das Problem des Innen und Außen und bietet mit den Früchten ein Erkenntniskriterium in innergemeindlichen Auseinandersetzungen. Dieses ist grundsätzlich für jeden Christen gültig, auch wenn dies bei Mt (diff. Lk) nicht akzentuiert ist.

Das Bildmaterial bei Mt hat eine paränetisch-einschärfende Funktion, wobei die Identität in Auseinandersetzung mit und Abgrenzung von den Juden und innergemeindlichen Irrlehrern gesucht wird und - durch das noch in der Zukunft bevorstehende Gericht - als noch auf dem Spiel stehend dargestellt wird (Appell zum Früchtebringen!).

1.6.3) Lukas
a) Gegenüber Mt tritt bei Lk das Fruchtmotiv etwas zurück.[226]
b) Lk benutzt es, um sein ethisches Interesse im Hinblick auf die Gemeindeglieder herauszuarbeiten,[227] wobei er das Motiv des Fruchtbringens stärker als Mt/Mk im Sinne moralischer Einzelakte spezifiziert:

So spricht er Lk 38 von den καρπούς ἀξίους τῆς μετανοίας (diff. Mt 38/Q) und konkretisiert diese Lk 310-14 im Sinne einzelner guter Werke in der Standespredigt.

Lk 643-45 bezieht Lk das Fruchtmotiv spezifizierend auf das Reden (Lk 5 45, diff. Mt 7 16-20).[228]
c) Die Erfahrung der Parusieverzögerung schlägt sich insofern nieder, als die Hörer weniger über das Zeitmoment motiviert werden:

---

224) Das entspricht ganz der mt Ekklesiologie, wonach die Gemeinde noch unter dem eschatologischen Vorbehalt steht; sie kann nicht in Heilsgewißheit leben, muß sie sich doch erst noch im Gericht bewähren, s. Frankemölle, Handlungsanweisungen, 185.
225) Evtl. handelt es sich beide Male um dieselben.
226) καρπός bei Mt 19, bei Lk 12 mal; s.o..
227) Sein ethisches Interesse kommt evtl. auch in der Änderung des bildlichen ἀγαθά/πονηρά zum sittlichen ἀγαθόν/πονηρόν (Lk 645 diff. Mt 1233) zum Ausdruck.
228) Lk 13 1-9 wird das Nicht-Frucht-bringen auf das Sünder-sein bezogen.

Durch die Einschaltung der Standespredigt Lk 3 10-14 in Lk 3 7-9. 15-17 tritt das apokalyptische Moment in der Täuferrede insgesamt zurück und werden die zu erbringenden Früchte in allgemeinen (zeitlos-) ethischen Mahnungen konkretisiert.

Lk 6 43-45 rezipiert Lk einen weisheitlich bestimmten Bildkomplex, der das Zeitmoment nicht kennt; daß Lk gerade das Gleichnis vom Feigenbaum Lk 13 6-9 rezipiert und Mk 11 13f.20 par übergeht, dürfte seinen Grund[229] auch darin haben, daß letztere Tradition stärker von einer ausgesprochenen Naherwartung bestimmt war.

Ferner versieht Lk das Gleichnis vom sprossenden Feigenbaum Lk 21 29a (diff. Mt/Mk) mit einer eigenen Einleitung. Er trennt es also stärker vom vorhergehenden ab; das wirkt als strukturierendes und retardierendes Element in der Endzeitrede. V29c ergänzt er (diff. Mt, Mk) καὶ πάντα τὰ δένδρα - möglicherweise um die mit dem Feigenbaum verbundene eschatologische Konnotation abzuschwächen bzw. um den Blick über das Geschick Israels hinaus auf die gesamte Heilsgeschichte auszuweiten. V31c schließlich mag sich in der Deutung des Gleichnisses der enteschatologisierte lk Reich-Gottes-Begriff in ἡ βασιλεία τοῦ θεοῦ (diff. Mt, Mk) niederschlagen und das traditionelle ἐγγύς insofern einen neuen Sinn erhalten, als nun nicht der Zeitpunkt, sondern das Daß des Gerichts die Paränese angesichts - und trotz - der sich dehnenden Zeit[230] - motiviert.
d) Im Unterschied zu Mt ist das verwendete Bildmaterial durchgehend paränetisch auf die Jünger/lk Gemeindeglieder bezogen:

Lk 3 7ff werden die bereits in ihrer Buße Umgekehrten[231] zu einem entsprechenden Wandel innerhalb der konkreten gesellschaftlichen Bezüge aufgefordert.

Lk 6 43-45 ist als Mahnung zu einem dem Jüngersein entsprechendem ethischen Handeln gefaßt. Durch die Anknüpfung mit γάρ an Lk 6 41-44 wird der Blick zunächst einmal weg vom Bruder gegen sich selbst gewandt. Derselbe Perspektivenwechsel ist auch für Lk 13 1-5.6-9 (SoG) charakterisitisch. Auch hier liegt der primäre Akzent im individuell-ethischen Bereich.

---

229) Neben der lk Dublettenvermeidung, vgl. Klauck, Allegorie, 325.
230) vgl. Conzelmann, Mitte[5], 123 m. A2.
231) vgl. Schmithals, Lk, 51.

2) BILDFELD SAAT - WACHSTUM - ERNTE

2.1) Gerichts-(Trennungs-)bilder (I)

2.1.1) Mt 3,12 par Lk 3,17

Wie das Bildwort von der Axt am Baum (Mt 3,10par) kündigt das Bildwort von der Wurfschaufel auf der Tenne (Lk 3,17par) das kommende Zorngericht an. Über den Gedanken der Naherwartung, das Stichwort πῦρ (Mt 3,10fpar) und οὗ ist es mit dem Kontext verbunden und schließt betont die Täuferpredigt ab.

2.1.1.1) Strukturanalyse

Im Unterschied zum Bildwort von der Axt wird das handelnde Subjekt jetzt über οὗ zumindest indirekt identifiziert;[1] ihm werden über ein dreifach betontes αὐτοῦ Wurfschaufel, Tenne und Weizen[2] (nicht aber ἄχυρον) zugeordnet. Ferner wird nun auch die Heilsmöglichkeit, die V10b nur in der semantischen Opposition angelegt war,[3] deutlich gezeichnet: Auf die Situationsanzeige hin, die wieder die Nähe des Gerichts verdeutlicht, wird das Schicksal des Weizens antithetisch (δέ) dem der Spreu entgegengestellt.[4] Das Achtergewicht betont den Gerichtsaspekt.

2.1.1.2) Interpretation

Im Bildwort von der Wurfschaufel (Mt 3,12par) wird das direkt bevorstehende Gericht (der Stärkere hat die Wurfschaufel schon in der Hand!) als Scheidungsvorgang zwischen zwei Größen beschrieben. Entsprechend ihrer Konsistenz werden Weizen und Spreu voneinander geschieden. Damit wird auf die Verantwortlichkeit des Menschen abgehoben; die Mahnung des Täufers zum Fruchtbringen (Mt 3,8.10par) wird vorausgesetzt und in seinen Folgen aufgezeigt. Zielt das Worfeln letztendlich auf die Frucht, die der Worfler gewinnen will, so steht Mt 3,12par die Drohung - noch gesteigert durch ἀσβέστῳ - pointiert am Schluß und ist nicht gegen die Heiden, sondern gegen Mitglieder des auserwählten Volkes gerichtet!

2.1.1.3) Der übergreifende Lebenszusammenhang
a) Bildgebrauch:

Mit der Tenne ist eine Metapher für das kommende Gericht[5] realisiert (äthHen 56,6; vgl. Jes 21,10). Wie fortgeschritten es sich der Täufer denkt, wird daraus ersichtlich, daß er nicht das gängigere Gerichtsbild vom

---

1) Trotzdem bleibt das Bildwort auf das Gericht, nicht auf die Person des Richters konzentriert, vgl. Hoffmann, Studien, 29.
2) Im Gegensatz zu Mt stellt Lk das αὐτοῦ nicht hinter σῖτον, sondern hinter ἀποθήκην.
3) Merklein, Gottesherrschaft, 29.
4) Bei Lk ist die Opposition σῖτον vs ἄχυρον auf der Verbebene (συνάξει vs κατακαύσει) im Hinblick auf letzteren ins Futur verschoben.
5) Jer 51,33; Jes 21,10; IV Esr 4,35; einige Hss (Syr Ar^1,...) IV Esr 4,28.30; äthHen 56,6.

Dreschen,[6] sondern das vom Worfeln (Jer 15 7) verwendet. Verschärft wird es durch das Bild des Feuers bzw. des Verbrennens als einer gängigen Gerichtsmetapher.[7] Bedeutet ἄχυρον Spreu,[8] so hätte diese traditionelle Metapher für die Vergänglichkeit bei Johannes durch die Kombination mit dem Feuer eine neue Realisation erfahren, die das Gericht akzentuiert.[9] Im Unterschied zu den (atl.) rabbinischen "Trennungsbildern" werden nicht Feinde/Heiden ausgesondert, sondern erfolgt die Trennung innerhalb Israels.[10]

b) *Realien:*

Aufgrund der semantischen Polyvalenz von ἡ ἅλων[11] kann das Reinigen der Tenne a) das Aufräumen oder Fegen der Tenne vor dem Dreschen und Worfeln, b) das Säubern des Getreides beim Worfeln[12] bezeichnen. Die Wurfschaufel (πτύον)[13] verweist auf letzteres: Sie dient dazu, das durch das Dreschen[14] zerkleinerte und in einem ersten Worfelvorgang von der Spreu und dem feinen Häcksel getrennte, aber noch mit dem groben Häcksel vermischte Getreide in einem zweiten Worfelvorgang, der stärkeren Wind als der erste Worfelvorgang erfordert,[15] voneinander zu tren-

---

6) Vgl. Jes 41 15; Am 13; Mi 413; Hab 312. Auch das Bild der Sichel (Joel 413; Apk 14 14-16; Sib V222) ist nicht mehr realisiert.
7) Vgl. Jes 524; 1017f; 4714; 6615f; Ob 18; Nah 110; Mal 319; (Mt 1340); πῦρ + ἄσβεστος: Jes 6624; Mk 943 45). - Zu dem Bedeutungsspektrum von πῦρ in der jüdischen Tradition vgl. Lang, Verkündigung, 467f, Lang, Art. πῦρ ThWNT VI, bes. 937.
8) so Bauer, Wb, 256, vgl. מץ Jes 17 13; 29 5; 41 15; Hos 13 3; Zeph 2 2; Ps 14; 35 5; Hi 2118.
9) Stäps, 209 m. A. 28.
10) In rabbinischen Texten wird Israel mit dem Weizen, die Völker werden mit Stoppeln, (Dornen), Stroh und Spreu verglichen, vgl. Bacher, Amoräer II, 323 m. A. 2+3; III, 411f, Flusser, 139 A49; HldR zu 7,3; Midr Pss zu 2,13; Midr Tanch B Ki tissa § 2 (ed. Bietenhard), vgl. auch Ps 8314-16, 1 QH 7,23. (Auch im Ägyptischen werden die Feinde (im kriegerischen Kontext) mit der Spreu verglichen. Hier wie auch im AT sind jedoch Spreu (Stoppeln, Distelräder, etc.) *ohne* das positive Pendant des Weizens realisiert). Anders b Nidda 31a (worfeln = das beste bei der Menschenschöpfung auswählen).
11) Es kann sowohl die Tenne als auch das auf der Tenne liegende Getreide bezeichnen, vgl. Bauer, Wb, 82.
12) Stäps, 205, Reiser, 165 m. A 2.
13) Vgl. dazu Dalman, AuS III, 116-121; Weippert, BRL, 64, Reiser 165f.
14) Gedroschen wurde zwischen Juni und September durch Tiere, wahrscheinlich häufig unter Zuhilfenahme eines Dreschschlittens, s. Stäps, 205; Kraus, Archäol. II, 190f; Klein, F.A., 77.
15) Dalman, AuS III, 127: Am günstigsten ist der Westwind. Da die Windstärke mit der Tageszeit variiert, kann die für das Worfeln günstigste Windstärke über die Tageszeit gewählt werden, vgl. Dalman, AuS III, 126, Stäps, 206.

nen. Ferner wird sie nicht nur zum Worfeln benutzt, sondern auch zum Aufschütten von Körnerhaufen und zum Aufräumen der Tenne.[16] Werden die Körner, das wichtigste Nahrungsmittel Palästinas,[17] in Kornspeichern[18] bzw. in Getreideschreinen[19] verwahrt, so dient der Grobhäcksel dazu, die Backöfen zu heizen oder das Haus zu verputzen; der feinere Grobhäcksel wird manchmal, der Feinhäcksel normalerweise als Viehfutter verwandt.[20] Ob der Grobhäcksel daneben auch auf der Tenne verbrannt wurde,[21] kann nicht als sicher gelten -nach der Äußerung des Sohnes eines Beduinenscheichs[22] ist er dazu viel zu wertvoll. Die Spreu selbst wird verweht[23] und, da sie schlecht verwertbar war, kaum wieder eingesammelt.[24] Meint ἄχυρον Spreu,[25] so ist hier eine deutliche Spannung zu τὸ δὲ ἄχυρον κατακαύσει Mt 3,12 par zu konstatieren: Die Spreu wird verweht, nicht verbrannt.[26] Aber auch wenn ἄχυρον Häcksel meint,[27] was angesichts der Wurfschaufel naheliegt, ist das Verbrennen desselben zumindest auffallend und zeigt sich von der Sachebene her akzentuiert, wie die Rede vom "unauslöschlichen Feuer", die ganz die Bildebene verläßt,[28] dann vollends deutlich macht.

16) Dalman, AuS III, 122f.
17) Vgl. Stäps, 208.
18) Entweder waren sie unter der Wohnung oder auf freiem Feld in den Boden gehauen, vgl. Stäps, 207; Galling, 308.
19) Sie befinden sich auf der Wohnterrasse, Dalman, AuS III, 190. Minderwertigeres Getreide wird dagegen außerhalb des Hauses verwahrt, vgl. Turkowski, 108.
20) Dalman, AuS III, 133, Turkowski, 108.
21) So Dalman, AuS III, 133.
22) Vgl. Schwarz, G., ἄχυρον, 266.
23) Vgl. Hi 21,18; Ps 1,4; 35,5; Jes 17,13; 29,5; 41,15f; Dan 2,35; Hos 13,3; Hab 3,14; Zeph 2,2; TJ zu Jes 28,28 und HldR zu 7,3. MidrTanch B Ki tissa § 2 (ed. Bietenhard).
24) Vgl. Schwarz, G., ἄχυρον, 269; Stäps, 207; Dalman, AuS III, 138. Spreu wird dem Lehm zugesetzt, aus dem man Tongefäße verfertigt, vgl. Dalman AuS III, 134.
25) So Bauer, Wb, 256.
26) In den in A23 genannten Textstellen ist nirgends vom Verbrennen die Rede.- Schwarz, ἄχυρον, 267f schlägt eine Rückübersetzung ins Aramäische vor, die κατακαίω mit "verwehen lassen" wiedergibt. Ist diese gerade hier unsicher, so kommt erschwerend hinzu, daß die Wurfschaufel (πτύον) erst im zweiten Arbeitsgang, also wenn der größte Teil der Spreu schon verweht ist, eingesetzt wird, vgl. Stäps, 207.
27) Menge-Güthling, Wb, 128, nennt neben Spreu, Spreustückchen noch Häcksel und Stroh. Vgl. auch Schneider, Lk, ÖTK 3/1, 88.
28) Zwar sorgen die Beduinen dafür, daß die glimmende Kohle, die sie oft in Gefäßen mit sich führen, nicht verlischt. Doch steht hier das "unauslöschliche Feuer" als Metapher für das jüngste Gericht im Hintergrund, s. Stäps, 208f, vgl. Jes 66,24; Mal 3,19; Mk 9,43.45).

c) Situation/Intention

Auch das Bildwort Mt 3,12 dürfte auf den historischen Täufer zurückgehen. Mt und Lk haben es Lk 3,17par aus Q übernommen. Die lk Fassung unterscheidet sich darin von der mt, daß die Verben bei Mt zeitlich gleichgeordnet sind - er benutzt durchgängig das Futur - während Lk mit Ausnahme des letztenVerbs den Infinitiv Aorist verwendet. Mt denkt also wie Q das Reinigen, Sammeln und Verbrennen als ein noch ausstehendes eschatologisches Ereignis, während Lk das Reinigen und Sammeln als einen innergeschichtlichen Vorgang versteht,[29] vo dem das künftige Verbrennen der Spreu zeitlich abgesetzt ist.[30]

2.1.2) Lk 22,31f; Mt 11,7par

Zu den Gerichtsbildern vgl. ferner das alttestamentliche (? Am 9,9) Bild Lk 22,21f: Σίμων Σίμων ἰδοὺ ὁ σατανᾶς ἐξῃτήσατο ὑμᾶς τοῦ σινιάσαι ὡς τὸν σῖτον.

Als prophetisches Gerichtsbild, aber auch als Bild kluger Anpassung an alle möglichen Lebensumstände kann das "Bild" vom schwankenden Rohr Mt 11,7par aufgefaßt werden.[31]

---

29) Denkt er an den Untergang Jerusalems? s. Scheider, Lk, ÖTK 3/1, 86.
30) Stäps, 209.
31) Vgl. dazu ausführlich: Theißen, G., das "schwankende Rohr" in Mt 11,7 und die Gründungsmünzen vonTiberias, in: ZDPV 101 (1985(43-55 = ders., Lokalkolorit, 26-44.

2.2) Wachstumsbilder (III)
2.2.1) Mk 4,26-29
2.2.1.1) Strukturanalyse:

V26 Καὶ ἔλεγεν·
     οὕτως ἐστὶν ἡ βασιλεία τοῦ θεοῦ

1a) ἄνθρωπος ὡς   ἄνθρωπος
                βάλῃ (Aor.)   τὸν σπόρον
                                                 ἐπὶ τῆς γῆς
V27
1b)   καὶ   καθεύδῃ (Konj. Präs.)
           καὶ   ἐγείρηται (Konj. Präs.)   νύκτα καὶ ἡμέραν,
2a) σπόρος καὶ   ὁ σπόρος
                                 βλαστᾷ
           καὶ   μηκύνηται
    ἄνθρωπος ὡς οὐκ   οἶδεν   αὐτός.
V28 (Hauptsatz)
2b) ἡ γῆ   αὐτομάτη   ἡ γῆ (Modus wechselt)
                                 καρποφορεῖ,
           πρῶτον   χόρτον
           εἶτα   στάχυν
           εἶτα   πλήρης σῖτον
                                                 ἐν τῷ στάχυϊ.
V29
3a) καρπός ὅταν δὲ   παραδοῖ   ὁ καρπός,
                     (Aor. Konj.)
3b) ἄνθρωπος εὐθὺς   ἀποστέλλει τὸ δρέπανον,
                     (Präs.)
           ὅτι   παρέστηκεν ὁ θερισμός.

Das Gleichnis ist relativ symmetrisch strukturiert: Die komplementäre Opposition Saat (V26b/1a) - Ernte (V29b/3b)[32] umgreift die detaillierte Beschreibung des Wachstums im Mittelteil (V27bf/2). Der Anfangsteil (1a) ist mit

[32] Die Erntemetaphorik V29 ist nicht als sek. abzutrennen; das selbständige Vorkommen EvThom L 21 ist kein Argument, da es Mk 4,26-29 voraussetzen dürfte. V29 ist vielmehr dem Gleichnis zuzurechnen (mit Stuhlmann, NTS, 158; ders., Maß, 79; Ernst, Mk, 142; Lohse, Gottesherrschaft, 148; Dupont, Encore, 106; u.a., gegen Wellhausen, Mk, 34; Jül. II, 545; Suhl, Funktion, 154-157; Cave, 384; Klein, Erntedank, 323. Ursprünglich war (nach Klauck, Allegorie, 220 m. A 171) V29 einfach von der 'Ernte' die Rede; das Joelzitat ist erst sek. zugewachsen (so auch Weder, Gleichnisse, 104; erwägend: Dupont, Semence, 381). Selbst wenn man annimmt, daß V29 sekundär ist, läßt sich das Gleichnis als einheitlich deuten (s. Klein, Erntedank, 322).

dem Schluß (3b) über das Subjekt ἄνθρωπος, sein Handeln und die Saat-Ernte-Metaphorik verbunden. Der Mittelteil zerfällt in zwei Hälften: 2a nimmt das Akkusativobjekt, 2b die Ortscircumstante des Anfangssatzes als Subjekt auf und beschreibt das Wachstum unabhängig vom Menschen. Als Symmetrieachse fungiert das αὐτομάτη von V28.
Im Gleichnisablauf ergibt sich also die einfache Struktur: Saat - Wachstum - Ernte.
1. Teil: Das Gleichnis setzt mit ὡς[33] ἄνθρωπος ein. Der Konj. Aorist + Ortscircumstante (V26/1a) wechseln V27a/1bb zum Konj. präs. + Zeitcircumstante und akzentuieren so das langdauernde Warten (= Zeit des Wachstums) gegenüber der einmaligen Aussaat.[34]
2. Teil: Themen- und Subjektwechsel bestimmen den zweiten Teil V27b, 28: Das Wachstum als einen progressiven Vorgang beschreibt 2a ausgehend von σπόρος als einen zweistufigen, 2b ausgehend von γῆ als einen dreistufigen Vorgang - 2b nimmt 2a parallel vertiefend auf. Durch den Hauptsatz, den betonten Einsatz mit αὐτομάτη, den Subjekt- und Moduswechsel und die differenzierte Schilderung des Wachstumsvorgangs wird der zweite Teil akzentuiert: Er ist "possibly the parable´s center of gravity".[35]
3. Schluß: V29 schließlich ist durch den Neuansatz mit ὅταν δέ, den Subjekt- und Moduswechsel abzugrenzen; der Aor.conj. V29a verweist auf den Aor.conj. V26b. Beschreibt V29 das letzte Stadium vor der Ernte, so schildert V29b abrupt (εὐθύς) und auffallend kurz die Konsequenz aus dem erreichten Stadium.

2.2.1.2) Interpretation

Das Gleichnis verweilt im Mittelteil beim langsamen, stufenweisen Wachstum der Saat. αὐτομάτη - so lautet das zentrale Wort - scheint die Erde Frucht zu bringen. Darin kommt das Wissen um Gottes Wirken hinter diesem natürlichen Vorgang zum Ausdruck.[36] Zuversicht und Sicherheit strahlt die Beschreibung aus: Entgegen der Wirklichkeitsstruktur sind sowohl die Opponenten als auch der Bauer ausgeblendet, so daß sich die Saat ohne Einwirkung von außen mit innerer Gesetzmäßigkeit zur Frucht entwickeln und damit der Ernte entgegenreifen kann.
Die apk. Vorstellung vom eschatologischen Maß und der Ernte als Endgeschehen schwingt hier mit. Die Ernte ist im Zusammenhang mit der Saat zu sehen - Saat und Ernte bezeichnen Anfangs- und Endpunkt des Gleichnisses, umspannen es polar und beleuchten es so: Da auf das Säen mit Sicherheit die Ernte folgt, bewegt sich das Wachstum mit innerer Notwendigkeit seinem Ziel zu: In der Aktivität des Bauern (V26b; 29) und der

33) Zum Gleichnisanfang vgl. Jül. II, 539, Sahlin, Verständnis, 53f, Weiss, K., Zuversicht, 6.
34) Dem Gebrauch des Konj. Aor. entspricht, daß der Konj. Aor. V26 im Gegenüber zum Konj. Präs. V27 nicht die Vergangenheit der Gegenwart gegenüberstellt, sondern das Punktuelle der Dauer (vgl. Dupont, semence, 376f; Stuhlmann, NTS, 157).
35) Jones, Seed, 523.
36) S. unter Bildgebrauch, S. 188ff.

der gottgewirkten Aktivität der Natur[37] ergänzen sich zwei Aspekte ein und desselben Vorgangs,[38] die in ihrer Eigenständigkeit durch das zeitliche Nacheinander deutlich hervortreten und gleichzeitig strukturell[39] und inhaltlich aufeinander bezogen bleiben. Der Nachdruck liegt - wie die detaillierte Schilderung,[40] die zentrale Struktur und der Aufmerksamkeit heischende kontrafaktische Zug deutlich machen - im Mittelteil: im gottgewirkten sicheren Wachstum der Frucht zur Ernte hin,[41] das letztendlich nicht in der Hand des Menschen liegt.

2.2.1.3) Der übergreifende Lebenszusammenhang
a) Bildgebrauch/Realien:
Das Gleichnis beschreibt nicht das Wachstum eines wild aufgegangenen Gewächses (so Jos., Ant. 12317), sondern nimmt seinen Ausgangspunkt bei einer Kulturpflanze, die gesät wird, grenzt also schon durch die Metaphernwahl die menschliche Tätigkeit nicht aus.

Das stufenweise Wachstum der Pflanze hin zur Frucht erinnert an Epikt., Diatr. IV,836ff;[42] in Mk 426-29 fehlt jedoch im Unterschied dazu und zu den realen Notwendigkeiten die unabdingbare Mühe und Arbeit des Bauern nach der Aussaat wie auch die Bedrohung des Wachstums durch Opponenten.

Vielmehr wächst die Saat ὡς οὐκ οἶδεν αὐτός (sic. ἄνθρωπος). Sahlin[43] verweist u.a. auf die parallele Formulierung II Makk 722 (οὐκ οἶδ' ὅπως), die das Wirken Gottes bei der Bildung des Fötus[44] zum Hintergrund hat, und auch auf Joh 38, der den menschlichen Erfahrungsbereich in die tiefere Perspektive von Gottes Wirken stellt.[45]

37) Der Kontrast liegt also nicht zwischen der Aktivität der Saat und Passivität des Bauern, s. Pavur, Ripe, 22; Stuhlmann, NTS, 157, ders., Maß, 79; Ellena, 57.
38) Vgl. Stegemann, E., Mk, 194.
39) Vgl. die Inklusion V26f; die Stichwortaufnahme von V26 in V27b; 28a; indirekt V28b; 29a.
40) Sie ist nicht nur als retardierendes Moment anzusehen, das den Kontrast hervorhebt, gegen Jeremias, Gleichnisse, 151 mit Kuhn, H.-W., 107 A41.
41) Der Kontrast zwischen Wachstum und Ernte ist zwar dem Bild inhärent, der Nachdruck liegt aber auf dem Wachstum: das "Überwältigende" der Ernte ist zudem nirgends hervorgehoben.
42) Vgl. Plut., mor. 388C; Aischyl., Pers. 820, im Bildfeld Baum-Frucht Epikt., Diatr. I, 166-8.
43) Sahlin, Biblica, 33 (1952) 56.
44) Deutlicher kommt das Moment des Wunderhaften dabei in der Legende vom Priestertum Methusalems, Nirs und Melchisedeks 37 (Bonwetsch, 133) zum Tragen, vgl. Sahlin, Verständnis, 56.
45) Die dort genannte Unfaßbarkeit des Windes dient auch in der alttestamentlich-jüdischen Literatur als Vergleich für die Unfaßbarkeit göttlichen Waltens, s. Bm, Joh, 101 A 4.

Diese Vorstellung von göttlichem, "wunderhaftem" Wirken in natürlichen Entwicklungen/Vorgängen[46] paßt auch in den Bedeutungsradius von αὐτομάτη Mk 4 28: Zunächst einmal steht αὐτόματος ganz einfach im Zusammenhang mit wildwachsenden Pflanzen.[47] Lev 2 15.11 (LXX) bezeichnet τὰ αὐτόματα ἀναβαίνοντα die im Sabbathjahr wachsenden Pflanzen: Durch eine "restitutio in integrum"[48] soll JHWH als der eigentliche Eigentümer des Landes (V28) und auch als der, in dessen Hand das Wachsen liegt,[49] bewußt gemacht werden. In Bezug auf diese Stelle spricht Philo, Mut 260 von den αὐτόματα ἀγαθά, die οὐκ ... ἀνατελλόντων, "ἀλλ' αὐτογενεῖ καὶ αὐτοτελεῖ φύσει βλαστανόντων". - Daß hinter diesem selbsttätigen Wachstum Gott zu denken ist, macht die Interpretation von Lev 25 11 Philo, Fug, 170 deutlich:

"... das Natürliche bedarf keiner Kunst, da Gott es säet und durch seine Ackerbaukunst zur Reife bringt, so daß es scheint, als käme es von

46) Die Vorstellung vom gottgewirkten, 'wunderbaren' Wachstum möchte ich mit Kuss, Bib., 641-53, bes. 650, vgl. auch Kuhn, H.-W., 111, nicht im Sinne Jeremias' verstanden wissen, der im Wachstum ein Gotteswunder, "lauter Auferweckungen aus dem Tode" sieht (Gleichnisse, 148). Jeremias' Erklärung scheint mir zu sehr an einem Metaphernkomplex gewonnen zu sein, auf den die Auferstehungsthematik einwirkt. - Ein Blick auf die unten genannten apokalyptischen Belege genügt, um sich zu vergewissern, daß neben dem Denken im Anfangs- und Endstadium (vgl. Jeremias, Gleichnisse, 147 A4) sehr wohl auch ein prozeßhaftes Denken (Denken einer Entwicklung) möglich war (s. Dahl, Parabels, 148ff; Jones, Seed, 523; Haenchen, Weg, 181; und die verschiedenen Begriffe für die verschiedenen Stadien bei Sonnen, Landwirtschaftliches, 84f). Darüberhinaus ist im Blick auf b Schab 53b (vgl. Kuss, Biblica, 650 m. A1) die Frage durchaus legitim, ob der Wunderbegriff (i.e.Sinn) die Wachstumsvorstellung des antiken Menschen adäquat umschreibt, da es sich hier um regelmäßig wiederkehrende Vorgänge handelt (vgl. nur Hor., carm. 1,12,45: Crescit occulto velut arbor aevo Fama Marcelli). Auch der Hinweis auf αὐτόματος Act 12 10 (so Lohse, Gottesherrschaft, 147) und Jos 65 (Stuhlmann, NTS, 156) greift in diesem Zusammenhang nicht, da an diesen Stellen nicht vom Wachstum die Rede ist und das αὐτόματος Act 12 10 der Topik der Türöffnungswunder entspricht, vgl. Klauck, Allegorie, 221 A175. Nachdrücklich ist jedoch festzuhalten, daß einem antiken Juden stärker als uns bewußt war, daß Gottes schöpferisches Wirken hinter dem natürlichen Wachstum steht (Stuhlmann, Maß, 80 A29, Kuss, Bibl., 650, Rau, Reden, 129) und letztendlich nicht in der Hand des Menschen liegt (I Kor 3 6c).
47) Vgl. IV Reg 19 29 (αὐτόματα ἀνατέλλοντα), Jos., Ant. 123 16f; Herod., Hist. 3 100; 4 74; Hom, Od 9 108f; Diod. 1 8, u.ö.
48) Noth, Leviticus, 160.
49) Vgl. Stuhlmann, R., NTS, 156.

selbst, während es tatsächlich nicht von selbst kommt, außer insofern es menschlicher Fürsorge in keiner Weise bedarf".[50] Eigentlich ist unangefochtenes selbständiges Wachstum nur in einem paradiesischen Idealzustand denkbar:[51] "Normalerweise" müssen die Pflanzen kultiviert werden (Philo, Op 167f: eine Folge des Sündenfalls); trotz aller erforderlichen Mühe und Arbeit[52] ist die Ernte zuweilen "kärglich und nicht ausreichend",[53] da Opponenten in vielfacher Weise auf sie einwirken können.[54]
Im Unterschied zur Schöpfung, wo das ganze Pflanzenreich "vollendet" und mit "vollkommen ausgereiften" Früchten aus der Erde emporwuchs, vollzieht sich jetzt das Wachstum "allmählich" in verschiedenen Stadien

50) "τέχνης γὰρ οὐδεμιᾶς χρεῖα τὰ φύσει, τοῦ θεοῦ σπείροντος αὐτὰ καὶ τῇ γεωργικῇ τέχνῃ τελεσφοροῦντος ὡς ἂν αὐτόματα τὰ οὐκ αὐτόματα πλὴν παρόσον ἐπονοίας ἀνθρωπίνης οὐκ ἐδεήθη τὸ παράπαν". Wie gerade diese Stelle zeigt, bleibt der Gebrauch von αὐτομάτη nicht auf den Ausschluß menschlichen Zutuns beschränkt, so Stuhlmann, NTS, 155, ders., Maß, 80f A30 in Auseinandersetzung mit der Gegenposition Klaucks, Allegorie, 221f. Zu Philo, Fug 170, beachte bes. die Fortführung Fug 171, ferner Fug 199; Her 121; (Somn 111) Imm 87; Cher 44. Vgl. noch die Plut.-Stellen b. Klauck, Allegorie, 222 A177.
51) Vgl. Philo, Op 40-43, 80f; 167; sowie Jos., Ant 146.49. Dem entspricht die Vorstellung vom goldenen Zeitalter: In ihrem Zentrum steht das αὐτόματον - die "Vorstellung von der selbsttätigen Erde, die ohne menschliches Mühen ihren Segen gewährt" (s. Gatz, Weltalter, 203), Diodor, 1,8; 2,57,1f; 2,59,3; Dion Chrysostomos 628; 1230; Herod., hist. 3100; 474; Hes., erg. (op.) 117f; (Hom., Od. 9108f); Max. Tyr. 215c; 235b; 361ef; Ov.,fast. 4395f; Plat., polit. 272a; Sib 1297f; Lucr. 5937f (sponte sua), Verg., georg., 1128 und Babr., Prol. 12. - Vgl. dazu auch Stuhlmacher, Auferweckung, 393 A39.
52) Zur Mühe und Arbeit nach der Saat vgl. ActJoh 67 (Hennecke II, 167); Sen., benef. II, 114; Heracl., Frg. 36 (Völker,79); ferner: Philo, Prov. 94; Cic.,de or. II131; Sprenger, 85f, Verg., georg. I155-158. Im goldenen Zeitalter fällt sie weg. Vgl. die Stellen unter Anm. 51 sowie Hor., carm., 1643; Lukian., Sat 7; Sat 20; Lucr. 2115 7ff; 5933ff, Ov., trist. III,12,6; Plut., Sert. 8; Verg., ecl. 418.29; Sen., epist. 9040 (inlaborata), vgl. Hom., Od. 9108f. Wird es hier via negationis (ἄσπορος, etc.) beschrieben, so fällt es Mk 426-29 weg: Da fehlt z.B. das Pflügen und Eggen, das Unkrautjäten (vgl. dazu Krauß, Archäol. II, 185; Dalman, AuS I, 406-409, ders., AuS II, 323-330; Sprenger, 92 u. 91 A3); es wird in Pachtverträgen erwähnt, z.B. bBM 105a, vgl. weiter Madsen, Parabeln, 44, 155, das Bewässern (Philo, Op 80) oder den Schutz gegen Tiere (Krauß, Arch. II, 183f). Evtl. ist in diesem Zusammenhang auch das auffällige σπόρον βαλλεῖν (für das Säen nur hier) zu verstehen (vgl. Lohmeyer, Mk 86 m. A3). (Es besagt nicht, daß der Bauer den Samen einfach 'hinwirft' ohne sich weiter darum zu kümmern, daß er nicht an ein Wachstum glaubt, so Baltensweiler, 72). -Das Verhalten des Bauern ist also durchaus nicht "natürlich" (gegen Lührmann, Mk, 90, Dupont, parabole, 377; mit Lohmeyer, Mk, 86f; Schweizer, Mk, 57; Weder, 117 m. A 104). - Die Sorglosigkeit erinnert an Mt 625ff.
53) Philo, Op 80, Praem 127-133; Theophr., hist. plant. VIII,6,1; vgl. Jos., Ant 149; ferner Lucr. 2115 7-1174.
54) Vgl. Philo, Op 80; Praem 127-133; Theophr., hist. plant. VIII, 6,1, Mk 41ff; Mt 1325.28.39, Krauß, Archäol. II, 183-185.

(Philo, Op 40-43). Müheloses, schnelles Wachstum "von selbst" gehört in die Heilszeit (syrBar 741).[55]

Betrachten wir auf diesem Hintergrund Mk 426-29, so fällt auf, daß hier 1.) von einer Kulturpflanze die Rede ist und dem ἄνθρωπος bei der Aussaat und Ernte (diff. Philo, Fug 170f) sehr wohl eine Funktion zukommt; 2.) in der Beschreibung des selbsttätigen Wachstums das Bewußtsein um Gottes Wirken mitschwingt, alle Mühen und bedrohlich-destruktiven Faktoren wie in der idealen Ur- bzw. Endzeit wegfallen, im Unterschied zu dieser "Idealzeit" jedoch die Frucht nicht "schnell" (syrBar 741), oder von vornherein da ist (Philo, Op 40-42; Op 81).

Dieses langsame Wachstum zur Frucht entspricht vielmehr der Wirklichkeit (Philo, Op 41). Es hat stabilisierende Funktion und soll die Hörer zur Geduld mahnen, wie Epikt., Diatr. I, 166-8; IV 836ff, vor allem aber auch der apokalyptische Metapherngebrauch[56] erhellen. In der Gesetzmäßigkeit der Natur (u.a. im Wechsel der Jahreszeiten, im Grünen und Kahlwerden der Bäume) begegnet eine Ordnung,[57] aus der nur der Mensch herausfällt.[58] Pflanzliches[59] und organisches Wachstum (Entwicklung in der Schwangerschaft)[60] dienen dazu, den Ablauf der Weltzeit abzubilden. Die spezifische Leistungsfähigkeit dieser beiden Bildkomplexe besteht nun darin, daß sie nicht nur die Notwendigkeit, mit der ein Äon dem anderen folgt, sondern auch der Vorstellung vom eschatologischen Maß Ausdruck verleihen können: So antwortet der angelus interpres IV Esr 546.48 mit dem Bild der Frau, die nicht zehn Kinder auf einmal austragen kann, auf die Frage, warum Gott nicht alle Generationen auf einmal schaffen konnte, damit das Gericht schneller kommen kann. IV Esr 4(28f)35-43 ist das Bild mit der Saat-Ernte-Metaphorik verbunden und macht deutlich, daß α) der Wachstumsprozeß seine Zeit braucht und nicht abgekürzt werden kann, daß ihm dann aber β) als notwendige, unaufhaltsam-sichere Konsequenz die Ernte folgt.[61] Dabei war durchaus bewußt, daß sowohl das natürliche Wachstum als auch die geschichtliche Entwicklung auf Gottes Wirken zurückzuführen ist.[62]

55) Hier, ohne die bäuerliche Arbeit auszuschließen.
56) Vgl. dazu Dahl, Parables, 149-154; Gnilka, Verstockung, 76f; Klauck, Allegorie, 223.
57) äthHen 2-5; TestNaph 32; vgl. Gen 822 und implizit Mt 716-20; 1233; Gal 67.
58) äthHen 54f; TestNaph 32-5; der Mensch stört diese Ordnung: Vgl. äthHen 801-8.
59) IV Esr 428-32; syrBar 225f; 702; vgl. Jak 57; Mk 1328f; vgl. I Clem 234f; II Clem 113.
60) IV Esr 440-43; 546-49; (vgl. bzgl. des Alters IV Esr 550-55); syrBar 227; Apk. Sedr. 512-16; gr. Esra-Apk 512.
61) Die Ernte muß zur rechten Zeit erfolgen, vgl. HldR zu 8,14 (auch hier im Zusammenhang mit Schwangerschaft).
62) Vgl. Dahl, Parables, 151; 154; Gnilka, Verstockung, 76; Kuss, Bibl. 40 (1959) 650.

Es fällt auf, daß die Fruchtmetapher hier entgegen der metaphorischen Tradition *nicht* ethisch besetzt ist, sondern sich mit der βασιλεία-Thematik verknüpft zeigt.

Metaphorischer Tradition entspricht die Zuordnung von Saat und Ernte.[63] Das Erntebild bezeichnet einmal im Tun-Ergehens-Zusammenhang die Konsequenz aus der Saat; als Endpunkt einer Entwicklung illustriert es das eschatologische Maß.[64] Es ist eine geläufige Metapher für das (End-)Gericht[65] - das Gericht über die Feinde bedeutet Heil für Israel (s. Jes 27 12 (Hos 6 11?), MidrPss zu 8 1). Seltener ist die Ernte positiv gebraucht (vgl. Jes 9 2; Ps 126 6 (tertium comparationis ist die Freude) sowie HldR zu 8,14.36[66]). Im Urchristentum begegnet das Erntebild auch im Zusammenhang mit der Mission (Joh 4 35; Lk 10 2 par). Mk 4 29 ist der Sinn überwiegend negativ, wie die Anspielung auf Joel 4 13 zeigt: Sie kommt aus dem Vorstellungskomplex des Völkergerichts, ist eschatologisch konnotiert und bezieht sich auf die Vernichtung der Feindvölker Israels.[67] Der zerstörerische Aspekt des Tages JHWHs ist hier betont. In diesem Kontext ist die Sichel vom Ernte- zum Gerichtswerkzeug geworden.[68] Die Pracht der Ernte ist Mk 4 29 im Unterschied zu Mk 4 8.20 (vgl. Mk 4 32) nicht hervorgehoben.[69]

Die Ersterwähnung der Nacht in V 27a entspricht orientalischer Tagesbemessung[70] und kann von daher kaum eigens ausgewertet werden.[71]

Ein ganzer Bereich der Wirklichkeit ist mit der Nichterwähnung der

63) Ps 126 5; Hos 10 12; grBar 15 2; syrBar 22 5; 70 2; IV Esr 4 28-32; slHen 42 11; Sir 7 3; Test XII Anh. 2 (JSHRZ III/1, 146); TestLev 13 6; (pflügen/ernten: Sir 6 19); Gal 6 7f; II Kor 9 6; Philo, Conf, 21, Conf. 152; LegGai 293; Mut 269. Im Themenkomplex Auferstehung fehlt die Erntemetapher. Joh 12 24, I Clem 24 4f wird die Saat der Fruchtmetaphorik kontrastiv zugeordnet, ohne das Wachstum zu beschreiben. In diesen Bildkomplex gehört das Motiv, daß der Same sich auflöst (o.ä.). Die Beschreibung des Wachstums zur Frucht findet sich Epikt., Diatr. IV 8 36ff und - im Bildfeld Baum-Frucht - I Clem 23 4f; II Clem 11 3 (das Bild setzt jedoch - im Unterschied zu Mk 4 26-29 - mit dem Motiv des Vergehens ein).
64) Vgl. Stuhlmann, Maß, 76f.
65) Zur Ernte als Gerichtsmetapher vgl. auch Jes 17 5f; 18 5; 24 13; 27 12; Mi 4 12; IV Esr 4 28-37; syrBar 70 2; Mt 3 12par; Mt 13 30.39; Gal 6 7f; Apk 14 15.
66) Midr Pss zu 8,1.
67) Rad, v., Theologie, II, 305. Vgl. auch die Benutzung von Joel 4 13 Apk 14 14-20. Jeremias, Gleichnisse, 151, Gnilka, Mk I, 184, Ernst, Mk, 142, konzidieren hier entgegen der Tradition ein positives Verständnis des Joelzitats.
68) Vgl. Apk 14 15; bSanh 95b; den Strafengel Herm, sim 8,1.2.3; und den Todesengel mit der Sichel TestAbr (A) 4; (A) 8; sowie Jer 50 16 (MT); 27 16 (LXX); Sach. 5 1f (LXX diff MT).
69) Mit Weder, Gleichnisse, 117, gegen Jeremias, J., Gleichnisse, 152; Stuhlmann, NTS, 157 m. A.6. Zur Erntesichel, vgl. Dtn 16 9; 23 26; Jer 50 16; Joel 4 13.
70) Vgl. Ps 3 6; Gen 1 5b; Lk 23 7; Lohmeyer, Mk, 86; Gnilka, Mk I, 184.
71) Etwa in dem Sinn, daß damit das passive Schlafen akzentuiert werden soll (so erwägend: Schweizer, Mk, 57).

Arbeit zwischen Aussaat und Ernte (wie auch im AT) ausgegrenzt. Auch mögliche Opponenten fehlen (s.o.).

b) *Situation und Intention*

Das Gleichnis malt breit die Wachstumsphase aus. Sie wird den Adressaten vor Augen gestellt und beschreibt ihren Ort im Gleichnis. Der Bildgebrauch hat stabilisierend-vergewissernde Funktion und mahnt zur Geduld.
Die Füllung des Bildes mag sich - auch wenn sich das schwer in sprachlichen Änderungen im Gleichnis selbst fassen läßt[72] - mit der Zeit verlagert haben, so daß das Gleichnis zunächst mit der βασιλεία (vgl. V26),[73] in einem späteren Stadium stärker mit dem missionarischen Wachstum der Kirche verbunden wurde. Das Gleichnis läßt sich im Kontext der virulenten apokalyptischen Erwartungen zur Zeit Jesu und im Rahmen seiner Reichgottesverkündigung verstehen.[74] Es beantwortet die Frage nach dem Kommen Gottes mit dem Wirken Gottes in der Schöpfung und macht deutlich, daß die βασιλεία nicht nur mit Sicherheit kommen wird, sondern schon jetzt im Anbruch ist.[75] Das Gleichnis will also trösten, ermutigen und die Hörer mit Zuversicht erfüllen, indem es die Wirklichkeit auf Gottes schöpferisches Wirken hin transparent macht und sich ganz auf das mühelos-unbehinderte Wachstum konzentriert.[76] So kann es auch auf den (Miß-)Erfolg des Wirkens Jesu[77] und seiner Jünger bezogen werden

---

72) Vgl. Stuhlmann, Maß, 82; Klauck, Allegorie, 225; Dupont, semence, 388. - Die verschiedenen Aspekte des Gleichnisses können nichtsdestoweniger "Ausdruck der wechselnden geschichtlichen Situation bei seiner Überlieferung" sein (Stegemann, E., Mk, 193).
73) Das gilt auch, wenn V26 sek. (so Klein, Erntedank, 322; Bm, GST, 186) ist, denn auch die Erntemetaphorik verweist auf das Reich (s. Dupont, semence, 382f). Selbst Flusser, 65, rechnet das Gleichnis zu den βασιλεία-Gleichnissen.
74) Semitismen (Black, Approach, 163-65; Lohmeyer, Mk, 86) und das Zitat von Joel 4,13 nach dem MT (Stuhlmann, NTS 19, 161f; anders: Weder, Gleichnisse, 119 A115; Harder, Saat, 69f; Dupont, Encore, 103) verweisen auf das hohe Alter des Gleichnisses.
75) Stuhlmann, NTS, 161; Stegemann, E., Mk 195; Gnilka, Mk I, 185. -Vgl. auch Lk 11,20; 17,21; Mk 1,15.
76) So betrachtet hat das Gleichnis weder eine antipharisäische (Grundmann, Mk, 131; Otto, Reich, 94; u.ö.), noch eine antizelotische (so Grundmann, Mk, 131, Jeremias, Gleichnisse, 152 u.ö.) Spitze. Caves Versuch, das Gleichnis als Teil einer Predigt Jesu zu verstehen, die er am Versöhnungstag zu Beginn eines Erlaßjahres gehalten hat und mit der er zur Geduld mahnen will (NTS 11), ist äußerst spekulativ (mit Kümmel, Noch einmal, 226 A 25).
77) "Jesu Proklamation der Gottesherrschaft" steht in Kontrast zu der "Erfahrung dürftiger Wirklichkeit", s. Stuhlmann, Maß, 82.

und Frustrationserfahrungen in der Mission bearbeiten.[78] In zunehmendem Maße wird es auch der Bewältigung der Erfahrung der Parusieverzögerung gedient haben.[79] Im mk Kontext verstärkt die Komposition die Aufforderung, in der Zwischenzeit nicht zu verzagen, indem dem Gleichnis die Spruchgruppe vom Maß VV24f vorangeht.[80] Im Zusammenhang mit Mk 41-9.13-20 verschiebt sich der Bezug des Gleichnisses von der βασιλεία auf die *Verkündigung* der βασιλεία. Im Kontext des Sämanns- und Senfkorngleichnisses wird der Kontrast verstärkt, der für das Gleichnis selbst nicht grundlegend ist.[81] Besonders deutlich arbeitet ihn Mk im Senfkorngleichnis (diff. Q)[82] heraus und bezieht es auf die Gemeinde.[83] Von daher schwingt hier der Gedanke an das Wachstum der Gemeinde aus einfachen Anfängen mit.[84]

Bei Mt und Lk fehlt Mk 426-29. Möglicherweise lasen sie das Gleichnis in ihrer Mk-Vorlage nicht.[85] Sie können es aber auch ausgelassen (bzw. umgeformt) haben:

78) Bes. Baltensweiler, H., Saat, 72f, macht auf Enttäuschungen im Jüngerkreis aufmerksam, vgl. Pesch, Mk, 259. Der Bezug auf das Wachstum des Wortes legt eine missionarische Interpretation nahe, wie Act 67; 1224; 1920 (i.V.m. 414) deutlich machen (vgl. Brown, Secret, 67). - Der ermutigende Verweis auf das αὐτομάτη hat tröstende Funktion und schließt (vgl. die Strukturanalyse!) menschliche Anstrengungen nicht notwendigerweise aus, s. Kuhn, H.-W., 109.
79) Dabei verlagert sich der Akzent von der Frage: "Kommt die Gottesherrschaft überhaupt?" auf die Frage: "Wann kommt sie? (resp. Christus)?", vgl. Stuhlmann, Maß, 82, Schmithals, Mk, 252. - Kuhn, H.-W., 107f, (vgl. Weder, 104) nimmt eine sek. Zerdehnung des Mittelteils in der Gemeinde noch in der mündlichen Tradition an. Der Ansatzpunkt seiner Argumentation - daß das Gleichnis nicht zwei Pointen haben könne (Kuhn, H.-W., 107) - ist kein Kriterium (mit Gnilka, Mk I, 183). Für Harder, 65 - vgl. auch Gräßer, Parusieverzögerung, 145 - ist die Saat, die preisgegeben ist, "als liege ihrem Herrn nichts an ihr" (Harder, 65), transparent für den "Zustand, in welchem sich ... die Sache Gottes auf Erden befindet" (Harder, 65) - eine Deutung, die schwerlich das αὐτόματος und die Beschreibung des Wachstums erhellen kann (mit Kuhn, H.-W., 110) und der Vorstellung von Christi Wirken in seiner Gemeinde zuwiderläuft (s. C. Koch, Gleichnisse, 79 nach Weiss, K., Zuversicht, 44).
80) Pesch, Mk, 259.
81) Vgl. Schmithals, Mk, 251. Mit dem Kontrast (δέ) bekommt jetzt auch das Endstadium größeres Gewicht.
82) Vgl. Schmithals, Mk, 252.
83) Schmithals, Mk, 252f.
84) Otto, Reich, 88, sieht Mk 426-29 als Fortsetzung von Mk 43-8 an, die erst die Pointe bringt. Unwahrscheinlich.
85) So Vielhauer, Literatur, 273; Haenchen, Weg, 171, Harder, Saat, 69f; Baltensweiler, Saat, 69; Gräßer, Parusieverzögerung, 145 A7 (dagegen: Lührmann, Mk, 89). Harder, 69f (vgl. Gräßer, Parusieverzögerung*, 145) nimmt eine Entstehung in der Gemeindesituation an; bes. das Joelzitat nach dem MT (vgl. Stuhlmann, NTS, 161f) weist jedoch auf das hohe Alter des Gleichnisses und läßt fragen, warum das Gleichnis dann erst später dazukam.

– Die Auslassung bei Mt und Lk kann ganz einfach in Dublettenvermeidung begründet sein.[86]
– Mt bringt das Gleichnis vom Unkraut unter dem Weizen Mt 13 24-30 anstelle von Mk 4 26-28. Beide Gleichnisse weisen eine Reihe von Übereinstimmungen auf,[87] so daß man in Mt 13 24-30 eine "freie Paraphrase von Mk 4 26-29 mit eigener erzählerischer und theologischer Intention" sehen kann.[88] Nicht zu übersehen sind aber die Unterschiede[89] – vor allem hat Mt 13 24-30 die realen Widrigkeiten integriert: Es geht eben nicht alles automatisch gut! Im Unterschied zu Mk 13 24-30 kann Mt, der sich ja gerade an dem Tun interessiert zeigt, Mk 4 26-29 nicht paränetisch auswerten.[90]
– Lk setzt an die Stelle die Perikope von den Verwandten Jesu aus Mk 3 31-35. Die Pointe Lk 8 21 charakterisiert die Angehörigen der familia dei als die, die das Wort Gottes hören und tun. Dieser Nachdruck auf dem Tun[91] ist mit dem αὐτομάτη von Mk 4 26-29 unvereinbar, so daß Lk es einfach ausläßt.[92]

2.2.2) Mk 4 30-32 parr

Das Senfkorngleichnis ist in zwei Grundversionen – der markinischen und einer auf Q zurückgehenden[93] – überliefert, letztere ist bis auf die lk Einleitung Lk 13 18a in Lk 13 18f aufbewahrt,[94] während die mt Version die mk und die Q-Version kombiniert.[95]

Erzählt Mk im Präsens einen allgemeinen Vorgang, so Q (Lk) im Aorist eine Geschichte, einen aus dem Rahmen des Allgemeinen fallenden Einzelfall,[96] so daß die Mk-Version *formal* als Gleichnis i.e. Sinn, die Q/Lk-Version dagegen als Parabel zu bestimmen ist. Mt ist als eine Mischform zu charakterisieren, die zunächst in Art einer Parabel einen Einzel-

---

86) Vgl. Wellhausen, Mk, 35, Schniewind, Mk, 81.
87) Vgl. Klauck, Allegorie, 226; Kuhn, H.-W., 127f.
88) Klauck, Allegorie, 227, vgl. auch Manson, Sayings, 192f, u.ö..
89) Vgl. Weiss, K., Zuversicht, 72; sowie Madsen, Parabeln, 41-46; Lohmeyer, Mt, 214f.
90) Vgl. Hendrickx, 26f, Schweizer, E., Mk, 56.
91) Diese paränetische Abzweckung erhellen Lk 8 13.15 und (diff. Mk) Lk 8 18.21 (s. Dupont, semence, 390f).
92) Das Doppelgleichnis vom Senfkorn und Sauerteig bringt Lk erst später in Lk 13 18-21.
93) Kogler, F., 218, bestreitet ein Vorliegen in Q.
94) Weder, Gleichnisse, 129f m A 155.
95) Vgl. Jüngel, Pls und Jesus, 152 m. Verweis auf Bm, GST, 186; Schulz, Q, 299 m A 276. Eine weitere Fassung ist EvThom L 20 überliefert, die größere Übereinstimmungen mit der mk Version aufweist. Sie stellt eine gnostizierende Überarbeitung des Gleichnisses dar, s. Marcus, J., Mystery, 204 m. A 9.
96) Huffman, 211f; Kuhn, H.-W., 103: Diff. Mk sät Mt, Lk ein bestimmter Mensch das Senfkorn. *Ein* Senfkorn zu säen, entspricht nicht der Realität.

fall im Aorist berichtet, dann aber in eine allgemein-präsentische Beschreibung umbricht.

2.2.2.1) *Strukturanalyse*
Mk 4 30-32 (parr.)

```
V30             Καὶ ἔλεγεν·
                πῶς        ὁμοιώσωμεν        τὴν βασιλείαν τοῦ θεοῦ
                                             ἢ ἐν τίνι αὐτὴν
                                             παραβολῇ
                           θῶμεν;
V31             ὡς                                       κόκκῳ σινάπεως,
(ἄνθ. bei       ὃς ὅταν    σπαρῇ                         ἐπὶ τῆς γῆς,
Mt u. Lk)
κόκκος          μικρότερον ὄν                 πάντων τῶν σπερμάτων τῶν
σινάπεως                                                 ἐπὶ τῆς γῆς,
V32             καὶ ὅταν   σπαρῇ,
                           ἀναβαίνει καὶ γίνεται
κόκκος          μεῖζον                        πάντων τῶν λαχάνων
σινάπεως
κόκκος          καὶ ποιεῖ                     κλάδους μεγάλους,
σινάπεως        ὥστε       δύνασθαι                      ὑπὸ τὴν
                                                         σκιὰν αὐτοῦ
                           τὰ πετεινὰ τοῦ οὐρανοῦ
                           κατασκηνοῦν.
```

Für die Mk-Version ergibt sich folgende Gliederung: Die Einleitung (V30) ist zweigliedrig. Im ersten Abschnitt (V31) regiert der Aorist und wird das Säen zweimal betont. Der zweite Abschnitt (V32) kann durch den Wechsel ins Präsens abgetrennt werden. Erster und zweiter Abschnitt stehen im Kontrast zueinander, wie an μικρότερον .... πάντων τῶν σπερμάτων vs μεῖζον πάντων τῶν λαχάνων deutlich wird. Dieser Kontrast scheint für das Gleichnis konstituitiv zu sein: In allen Varianten (Mt, Mk, Lk, EvThom) werden dem winzigen Senfkorn große Zweige bzw. ein Baum gegenübergestellt.

2.2.2.2) *Interpretation*

Für das Gleichnis ist in allen Versionen - mehr oder weniger ausgeprägt - der Kontrast zwischen kleinem, unscheinbarem Anfang und großem, herrlichem Endpunkt bestimmend. Er ist schon in der Wahl des Begriffs "σίναπι" angelegt, wird in der Opposition μικρότερον vs μεῖζον (Mk, Mt), (in der Q-Version durch δένδρον in seinem Endpunkt?) bes. unterstrichen. Zwischen diesem unbedeutenden Anfang, der aussieht wie ein

Nichts, und dem beeindruckenden, umfassenden Ende besteht eine nicht zu verleugnende Beziehung:[97] Aus dem winzigen Senfkorn wächst[98] eine große Staude, ein Baum. Ja, noch mehr: Es ist nicht außergewöhnlich, sondern entspricht ganz der Natur, daß die große Staude so einen kleinen Anfang hat, daß sie in ihrem Anfang so winzig und unbedeutend ist. Trotzdem ist das Ende schon im Anfang vorhanden - unscheinbar im Verborgenen, aber nichtsdestoweniger ganz real existent: Die βασιλεία τοῦ ϑεοῦ/τῶν οὐρανῶν[99] steht nicht erst in der Zukunft bevor, sondern ist, wenn auch in unscheinbarer Kleinheit verborgen, schon präsent. Sie ist auch nicht im Gefolge anderer mächtiger Königreiche zu denken, die sie stürzt und ablöst: Nicht in Inversion zu diesen wird das Bild konstruiert (so Ez 17!), sondern als ein Neuanfang, als etwas qualitativ anderes, das nicht aus Altem ausgehauen werden und herauswachsen muß. Nicht mit einer herausragenden, "königlichen" Metapher wie der Zeder, die mit Stolz, Macht und Sturz konnotiert ist, wird die βασιλεία bzw. ihr Wachstum hier gezeichnet, vielmehr mit einem einfachen, gewöhnlichen Gewächs aus dem alltäglichen Erfahrungsbereich von jedermann,[100] das schnell zu wunderbarer Größe wächst.

2.2.2.3) Der übergreifende Lebenszusammenhang
a) Bildgebrauch/Realien

Der Gebrauch der Senfkornmetapher bedeutet eine Innovation: Sie fehlt sowohl im AT als auch in der zwischentestamentlichen Literatur.[101] Der Grund für diese Selektion dürfte in der Winzigkeit des Samens[102] und in der Größe der ausgewachsenen Pflanze liegen.[103] Die Kleinheit des

97) Vgl. Jüngel, 153; Stegemann, Mk, 196; Bornkamm, Jesus, 65f; Lohmeyer-Schmauch, Mt, 218.
98) Der Wachstumsprozeß gehört - wie man aus den entsprechenden Verben bei den Synoptikern schließen kann - durchaus zum Gleichnis, auch wenn er hier nicht betont ist, vgl. Dahl, Parables, 155: "... in this parable the duration of the time of growth has no importance". Anfang und Ende stehen sich nicht so überraschend kontrastiv gegenüber, wie das Jeremias (Gleichnisse, 147f, vgl. auch Lohse, Gottesherrschaft, 156) konzidiert (vgl. Kuss, O., Zur Senfkornparabel, ThGl 41 (1951) 40-46, ders., Bib., 650f, sowie Klauck, Allegorie, 214, Lohmeyer-Schmauch, Mt, 218f; u.ö.). Kontrast und Wachstum stellen keine Alternative dar, sondern sind miteinander verschränkt, vgl. Weder, Gleichnisse 132 u. 133 A 175.
99) Mk 4 30; Mt 13 31; Lk 13 18; EvThom L20.
100) Die Zeder wuchs auf dem Libanon, nicht in Palästina (Feliks, J.,"Zeder", BHH III, 2207; Frehen, "Zeder", BL, 1921) - im Unterschied zum Senf.
101) Und das, obwohl der Senf lange vor der ntl. Zeit in Palästina wuchs, s. McArthur, 202.
102) Mk 4 31b; Mt 13 32 direkt angesprochen: μικρότερον ... πάντων τῶν σπερμάτων. Vgl. A 102fin.
103) Erhellend, wenn auch etwas anders gelagert sind dazu die Ausführungen Theophr., caus. plant. II, 12,1: τῶν δὲ σπερμάτων ὡς ἁπλῶς εἰπεῖν τὰ ἐλάττω πολυχούστερα ... αἴτιον δὲ δοκεῖ, ... ὅτι τὰ ἐλάττω ῥᾷον ἐπιτελεῖν, ἐν δὲ τῷ

Senfkorns war im palästinischen Raum sprichwörtlich.[104] Die Senfstaude erreicht am See von Tiberias eine Höhe von zweieinhalb bis drei Metern[105] -ein Baum (Mt 13,32; Lk 13,19),[106] größer als alle Kräuter (Mt 13,32; Mk 4,32), ist sie trotzdem nicht.[107] Gleichwohl finden sich rabbinische Äußerungen, die hyperbolisch von der Größe der Senfstaude handeln,[108] ohne jedoch auf den Ausgangspunkt, das Senfkorn, zu reflektieren. Die Zusammenstellung von Senfkorn und -staude bedeutet also eine Neuerung - dementsprechend wird auch sonst nirgends die Kleinheit der Größe kontrastiert, wie das implizit Lk 13,19, explizit Mk 4,31ff par Mt 13,32 geschieht.[109]

ῥᾳδίῳ τὸ πλῆθος· ὡς δ' ἐγγυτέρως, ὅτι πάντα τὰ τοιαῦτα εὐβλαστότερα καὶ θᾶττον ὑπακούει τῷ ἀέρι, σημεῖον δὲ καὶ «ἡ» ὀλιγοχρονιότης τῆς τελειώσεως.

104) Im Zusammenhang von Reinigungsvorschriften: MNidda V,2; pBer 5,1,8d; bBer 31a. Die Kleinheit betonen ferner MNaz I,5, MToh VIII,8, sowie Koran, Sure 21,47, 31,16. LevR 31 zu 24,2 kann der Vergleichspunkt die Kleinheit, aber auch die Unreinheit sein, s. Michel, O., ThWNT III, 811 A 1; zum Ganzen: vgl. Bill I, 669. Im NT vgl. Mt 17,20 par Lk 17,6 (Q). Durch die Opposition Berg bzw. Sykamine (Lk 17,6) wird auch hier der Kontrast herausgearbeitet (vgl. zur Stelle Hahn, ZNW 76 (1985) 149-169, bes. 158f; 165f; Zmijewski, Glaube, 81-103). - Daß es realiter noch kleinere Samen als das Senfkorn gibt (s. Trever, "Mustard", 476f) ist für das Sprachbewußtsein unerheblich.
105) Dalman, AuS II, 293, Wilken K.-E., Biblisches Erleben, 108.
106) Dagegen spricht auch nicht das δενδρολάχανα Theophr., hist. plant. I, 3,4, vgl. Clark, "Mustard Plant", 82 ("δένδρον ... had a wider use than ... 'tree'). Auch ist Mk 4,30-32 parr weder der persische Senfbaum (Salavora Persica L, mit Fonck, Parabeln, 171f, Kogler, F., 48f gegen Royle, J.F., On the Identification of the Mustard Tree of Scripture, JRAS 8 (1846) 113-137), noch der indische Feigenbaum (Ficus bengalensis, gegen Szimonidesz, Rekonstruktion, 128-155, bes. 142ff), auch nicht Nicotiana glauca Graham (so Pace, 119-123, dagegen: Kogler, F., 50), sondern einfach der schwarze Senf (Sinapis nigra L = Brassica nigra Koch) im Blick, vgl. Hunzinger, ThWNT VII, 288; Fonck, Parabeln, 168; Jül II, 575f; Sproule, Problem, 40; Granata, sinapis, 175-177; ders., information, 105f; Zohary, Pflanzen, 93. Der schwarze Senf wächst normalerweise bis zu einer Höhe von 2 m (Dalman, AuS I2, 369; II, 294) und hat Saatkörner von 0,95-1,6mm Durchmesser (Kogler, F., 50 A 9, vgl. Hunzinger, ThWNT VII, 288 Z 15f, Dalman, AuS II, 293). Ein Beduine kann die Senfstaude wie jede Staude sagara (Baum) nennen (Dalman, AuS I,2, 369 m A 4), ohne daß diese einjährige Pflanze realiter zum Baum wird (Trever, "Mustard", 477), auch wenn sein Stengel unten verholzen kann (Kogler, F., 53 in A 25).
107) Dieser hyperbolische Zug ist auch in den σάτα τρία des parallelen Gleichnisses vom Sauerteig greifbar, s. Jeremias, Gleichnisse, 146.
108) Vgl. pPea 7,4, 20b: "Ein Senfstengel hat auf meinem Besitztum gestanden, auf den ich hinaufgestiegen bin, wie man auf die Spitze eines Feigenbaumes steigt" (zit. Madsen, 159); bKet 111b; Sifre Dtn 317 zu 32,14. Auch sonst läßt sich hyperbolischer Gebrauch beobachten, vgl. GenR 45 zu 6,4.
109) bTaan 4a (Bill. I, 669) handelt a) nicht von einem Senfkorn und betont b) nicht die Kleinheit. - Ferner wird von den Rabbinen nirgends das (schnelle) Wachstum der Senfstaude hervorgehoben, vgl. Kogler, F., 192 A 12.

Daß Vögel in den Zweigen nisten, entspricht kaum der Wirklichkeit,[110] sondern ist als hyperbolischer Zug zu werten, der die Größe der Staude hervorhebt. Stärker noch dürfte dieser Zug auf die zugrundeliegende metaphorische Tradition zurückzuführen sein: Mk 4.32b parr setzt alttestamentliche Konnotationen an Ez 31.6; Dan 4.9.17f; Ez 17.23 frei.[111] Diesen liegt - überlagert von Fabelelementen - das Mythologumenon vom Weltenbaum zugrunde. Der Weltenbaum wird mit dem König (Ez 31 dem Pharao; Dan 4 Nebukadnezar) und in der sekundär angefügten Heilsverheißung Ez 17.2-24, die das Motiv 'Sturz des Hohen' von Ez 31 und Dan 4 umkehrt, im Gegenzug mit dem Davididen/Israel identifiziert. Dan 4 dürfte für Mk 4 insofern von Bedeutung sein, als nur hier vom Pflanzen die Rede ist und der Baum mit dem Volk Gottes in Beziehung gebracht wird.[112] Ez 17.22-24 ist deshalb wichtig, weil hier nicht negativ Gottes Zorngericht, sondern das messianische Reich gezeichnet wird.[113] Wohnung und Schutz bietet der Baum den Tieren des Feldes und den Vögeln des Himmels (Ez 31.6.13; Dan 4.9.18; Ez 17.23),[114] Ez 31.6c auch den Völkern. Diese begegnen auch im Kontext von Dan 4.21 LXX[115] und Ez 17.24[116] wie auch im Zusammenhang mit dem Bild des Schattens, den der χριστὸς κυρίου (Klgl 4.20) bzw. Nabuchodonosor (Bar 1.12) gewährt.[117] Jer 23.6 (LXX) und Sach 8.8 (LXX) beschreibt κατασκηνοῦν die Sammlung des zerstreuten Israel in der Heilszeit.[118] Jeremias will κατασκηνοῦν unter Verweis

110) Zu κατασκηνοῦν als "nisten" vgl. Michaelis, W., Zelt, 47, vgl. McArthur, H. K., 201f, Cerfaux, Muséon, 312. Da die Senfstaude nicht so groß wie ein Baum wird, biegsame Zweige hat und eine nur einjährige Pflanze ist, kann sie - noch dazu im Frühjahr - nicht als Nistplatz dienen, s. Funk, Tree, 5. "Nisten" kann aber auch eine zu starke Einschränkung des Bedeutungsradius von κατασκηνοῦν sein.
111) Die Metaphern stehen in der gleichen Tradition. Wahrscheinlich gehen Ez 17.23 und Dan 4.9.18 auf Ez 31.6 zurück, vgl. Klauck, Allegorie, 212, Garscha, Studien, 33. Zum Bild vgl. ferner Ps 103.12 (LXX); Zweige bilden Sib 5,50 das Heil unter dem Schutz des Herrschers ab.
112) Das ist zwar auch bei anderen Pflanzenmetaphern (vgl. Ps 80.8ff) so, jedoch sind diese vom Bildmaterial her weiter entfernt, vgl. McArthur, Parable, 203 m. A 11.
113) Zur messianischen Konnotation vgl. das TJon und Kogler, F., 164f.
114) Auch im Bild der Pflanzung 1 QH 8.6-9 finden sich Tiere und Vögel. Nach 1 QH 6.15 wird die Pflanzung allen Völkern (?) Schatten geben, vgl. dazu Mußner, 1 Q Hodajoth, bes. 129. Hier ist jedoch nicht von einem Senfkorn und seiner anfänglichen Kleinheit die Rede - der Standort spielt eine große Rolle, so daß Klauck (ders., Allegorie, 216 A 153) auf die große Nähe zu Ez 47.7-12 verweist.
115) καὶ πάντα τὰ πετεινὰ τοῦ οὐρανοῦ τὰ νοσσεύοντα ἐν αὐτῷ ἡ ἰσχὺς τῆς γῆς καὶ τῶν ἐθνῶν ...
116) καὶ γνώσονται πάντα τὰ ξύλα τοῦ πεδίου [= Völker der Welt] διότι ἐγὼ κύριος ὁ ταπεινῶν ξύλον ὑψηλὸν καὶ ὑψῶν ξύλον ταπεινόν [= Israel].
117) ὑπὸ τὴν σκιάν bzw. ἐν τῇ σκιᾷ als Bild für den Schutz Gottes begegnet auch Ps 57.2; Jes 46; 51.16 (ironisch: Jdc 9.8-15).
118) Vgl. auch Num 14.30 (LXX); Dtn 33.28 (LXX). Sach 8 treten universalistische

auf JosAs 15,(6)7 sogar als eschatologischen t.t. für die "Einverleibung der Heiden in das Gottesvolk"[119] verstehen. Es ist jedoch zu beachten, daß κατασκηνοῦν sekundär eingetragen ist[120] und nicht zentripetal an die endzeitliche Völkerwallfahrt, sondern zentrifugal an die "laufende" missionarische "Ausbreitung"[121] denkt. Die Vögel des Himmels werden MidrPss zu 104,13 direkt mit den Heidenvölkern identifiziert, vgl. auch NumR 13 zu 7,13 (mit Zitat aus Jes 10,14) und äthHen 90,30.33.
Auf dem Hintergrund der metaphorischen Tradition ist neben dem Bezug auf die Heiden(völker) festzuhalten: Die Beschreibung der ausgewachsenen Staude/des Baumes läßt an die Zeder als Metapher für einen König und sein Königreich denken. Ist diese politische Metapher bei der Beschreibung des Messias und seines Reiches (Israel) Ez 17,22-24 noch im Gegenzug zu politischen König(reich)en Ez 31 und Dan 4 gezeichnet, so ist hier ganz neu und deshalb besonders betont vom Senf die Rede, von einem alltäglichen, gewöhnlichen, schwächeren Gewächs.[122] Ist mit der Zeder die Konnotation 'Sturz des Hohen' verbunden, so fehlt diese beim Senf: Das dramatische, gewaltsame Ende einer Zeder, die abgehauen wird, paßt nicht zu einer einjährigen Pflanze. Wird in der Heilsverheißung Ez 17,22-24 das Zedernreis erst abgebrochen und dann eingepflanzt - das Bild also unter Verwendung der Bildelemente von Ez 17,3ff als *Gegen*bild gezeichnet - so ist mit dem Senfkorn eine Metapher des *Neu*anfangs realisiert: Sie lebt nicht in kontradiktischem Bezug zum Alten, das seine Kraft aus Destruktion und Umbau gewinnt, vielmehr wird hier ein *neues* Bild gezeichnet, das seine argumentative Kraft aus seiner anfänglichen Kleinheit (dieser Zug ist dem Zedernbild fremd!) und seiner letztendlichen Größe gewinnt.

b) Situation und Intention

Der Kontrast bestimmt das Gleichnis: Allem Anschein zum Trotz wird aus einem unscheinbaren Anfang ein wunderbares Ende: Kaum wahrzunehmen ist die βασιλεία, dennoch ist sie da. Die große Zukunft ist dennoch unscheinbar in der Gegenwart verborgen.[123] Von der Zukunft der βασιλεία her erscheint die Gegenwart in einem neuen Licht. Das fügt sich in Jesu Eschatologie ein.[124] Das Gleichnis kann eine ermutigend-trösten-

Motive in den Vordergrund: Das Israel der Heilszeit wird die ganze Völkerwelt umfassen, s. Bic, 102.
119) Jeremias, J., Gleichnisse, 146; ders., Verheißung, 58f, vgl. Casalegno, parabola, 160, dagegen: Rau, E., Vollmacht, 152 in A 2.
120) s. Burchard, Untersuchungen, 119 A1; Philolenko, JosAs, 182; zustimmend: Schulz, Q, 305 A 316.
121) Burchard, Untersuchungen, 119.
122) Funk, Tree, 7, sieht darin eine Spitze: Alle Zedern werden erniedrigt "and the insignificant tree, ..., the ephemera mustard plant, will be made to bear Israel's true destiny", vgl. auch Scott, Symbol, 72f.
123) Vgl. auch Mt 13,33 par.
124) Vgl. Klauck, Allegorie, 216f.

de Funktion angesichts der frustrierenden Kümmerlichkeit der Gegenwart gehabt haben. Es kann Zweifel von Anhängern oder/und Gegnern bearbeitet haben.[125]

In der Q-Version[126] kann der Blick von der zukünftigen Herrlichkeit der βασιλεία die entmutigende Gegenwart bewältigen helfen. Das Gleichnis stellt das überwältigende Ende dar, das da im Kleinen seinen Anfang nimmt: Am Ende der Tage werden alle Völker in der βασιλεία ihren Ort finden.[127]

Im MkEv ist der Kontrast durch die Opposition μικρότερον vs μεῖζον explizit herausgestellt,[128] das ἀναβαίνει schlägt die Brücke zu V8 und bezieht das Gleichnis auf die Gemeinde,[129] die sich in der Zeit zwischen Aussaat und vollendetem Wachstum befindet.[130] Im Unterschied zum direkt voraufgehenden Gleichnis von der selbstwachsenden Saat wird jetzt jedoch der kümmerliche, kaum sichtbare Anfang im Kontrast zum herrlichen Ende beleuchtet und so deutlich gemacht, daß diese Kümmerlichkeit ganz natürlich zur christlichen Existenz gehört.[131] Im Zusammenhang mit Mk 4,1-9.13-20 ist das Säen besonders eng mit der Verkündigung konnotiert. Im Rahmen der für Mk so wichtigen Heidenmission[132] ist das Bild der Vögel Mk 4,32c zu verstehen: Hier gewinnt die Zukunft schon *anfanghafte* Wirklichkeit.[133]

Das ἄνθρωπος ἔσπειρεν Mt 13,31 hat ein Äquivalent in Mt 13,24b; das ἐν τῷ ἀγρῷ[134] scheint aus 13,24.27.36 eingetragen zu sein. In diesem Kontext ist der Mensch der Menschensohn, der Acker ist die Welt, der Same

---

125) Vgl. Jeremias, Gleichnisse, 148. Anders: Jüngel, Pls und Jesus, 154.
126) Hier ist der Kontrast in "Senfkorn" und "δένδρον" gegeben (s. Laufen, Doppelüberlieferungen, 190); er wird gestützt durch das Gleichnis vom Sauerteig, mit dem das Gleichnis zusammensteht.
127) Fraglich ist, ob Lk 13,19b/Q der Gedanke an die Heidenmission mitschwingt, wie Laufen, Doppelüberlieferungen, 191, meint, vgl. Weder, Gleichnisse, 135 A 185.
128) Nach Klauck, Allegorie, 217, ist er mk. Innerhalb Palästinas war die Kleinheit des Senfkorns und die Größe der Senfstaude sprichwörtlich und bedurfte keiner Explikation, s.o. und Schweizer, E., Mk, 58.
129) Vgl. Schmithals, Mk, 252. Schultze, Bedeutung, 362-386 deutet das Gleichnis insgesamt ekklesiologisch.
130) Laufen, Doppelüberlieferungen, 199.
131) Vgl. Klauck, Allegorie, 217.
132) Vgl. Mk 13,10, s. Schweizer, Mk[12], 58; 155; Hahn, Mission, 96.
133) Laufen, Doppelüberlieferungen, 200; ähnlich Klauck, Allegorie, 217.
134) Vgl. Klauck, Allegorie, 211. In Palästina wurde der Senf auf dem Feld, nicht im Garten angebaut (vgl. MKil III,2; TKil 2,8; MPea III,2); es handelte sich dabei nicht um das eigentliche Getreidefeld, sondern um Ackerstücke, die für Küchenkräuter reserviert waren (Madsen, Gleichnisse, 158f A 164).- Im hellenistischen Bereich (vgl. Theophr., hist.plant.VII,1,1f) wurde er (vgl. Lk 13,19) zu den Gartenpflanzen gerechnet.

ist entweder auf die Söhne des Reiches (Mt 13 38)[135] oder auf das Wort vom Reich (Mt 13 19)[136] zu beziehen. Nicht das Ende der Welt, sondern die Kirche dürfte jetzt im Blick sein: Die Vögel sind Menschen - Juden[137] und Heiden[138] - die im "Baum der Christenheit" Schutz finden.[139]

Im lk Kontext bildet das Doppelgleichnis Lk 13 18-21 (diff. Mk, Mt) den Abschluß von Jesu Rede in der Synagoge[140] und vertieft den Kommentar zur vorausgehenden Wundergeschichte: Das Volk freute sich über all die wunderbaren Taten, die der Herr vollbrachte (Lk 13 17b/red.). - V19b (vgl. im Kontext V29) fügt sich in die lk Vorstellung einer weltweiten Mission[141] und sein Konzept einer universalen Heidenkirche.

Exkurs IV: Mt 6 26.28-30

Mt 6 26.28-33 wird die Aufforderung Mt 6 25a "Sorget nicht!" durch ein Doppelbildwort begründet.

1. Strukturanalyse:

Imperative[142] regieren die Spruchkomposition Mt 6 25-33. Eröffnet wird sie durch den Vetitiv μὴ μεριμνᾶτε, der den Abschnitt prägt.[143] Der Vetitiv umschließt die beiden Bilder VV 26.28-30 und bildet eine Inklusion. Die beiden Bildworte weisen eine weitgehend parallele Grundstruktur auf:[144] Im Kontrast zu den sie rahmenden VV 25a.31a sind beide mit *positiven* Imperativen (V26a; 28bc par, jeweils im Aor.) eingeleitet[145] und durch das Objekt der

---

135) Das Doppelgleichnis vom Senfkorn und Sauerteig ist umschlossen vom Gleichnis vom Unkraut unter dem Weizen und seiner Deutung. Der Gleichnisanfang Mt 13 31 stimmt mit dem von 13 24 überein, so daß sich der Bezug auf 13 38 nahelegt; jedoch gibt es auch Divergenzen zwischen 13 24-30 und 13 31-33 (vgl. Kretzer, Herrschaft, 108, 127). Wilkens, ThZ 20, 319, denkt an den Gegensatz Jüngerschar - verstocktes Israel.
136) So Klauck, Allegorie, 218.
137) Vgl. Mt 10 6; 15 24.
138) Vgl. Mt 24 14; 28 19.
139) Burchard, Senfkorn, 33.
140) Da keine Zäsur (keine neue Situationsangabe) vor Lk 13 18 kommt, ist auch hier von der Lk 13 10 vorgestellten Situation auszugehen. Zum Gleichnis als Abschluß des Gesprächs vgl. auch Lk 12 12-21; 13 1-9.
141) Zingg, Wachsen, 107.
142) V25a.26.28b.31.33 par.
143) Vgl. die Wiederaufnahme von μεριμνᾶν in VV27.28a und VV31.34.
144) Zeller, Mahnsprüche, 82f arbeitet einen parallel laufenden Vierzeiler, jedoch mit unterschiedlicher Strophenlänge, heraus.
145) Die Imperative und Anredeform (Mt 6 29a par; 6 30b par) weisen auf die vorwiegend konative Funktion des Textes, wobei die konativen Aussagen auf referentielle Aussagen (Mt 6 26: Vögel/Gott; V28bf: Lilien/Salomo/Gott) ausgerichtet sind, vgl. Merklein, Gottesherrschaft, 175f.

Betrachtung konkretisiert; V26b.28b wird das Bild durch jeweils drei Verben entfaltet, die ihren Ort V26b in der Arbeitswelt des Mannes, V28c in der der Frau haben.[146] Da das zweite Bild ausführlicher ausgeführt ist als das erste, vertieft es klimaktisch seine Wirkung. Abgeschlossen werden beide Bilder mit einer Anwendung auf die Hörer, die in Form eines Schlußverfahrens a minore ad maius[147] gestaltet ist. Über die zweite Pers. Pl. (V26fin par, V30par) wird der Rückbezug auf V25 (ὑμῖν) gesichert. Der sich an die Bilder anschließende V31 greift den Vetitiv V25a und die zweigliedrige Begründung V25bc auf und faßt beide Teile, (1) das Essen V25b (vgl. das erste Bild), V31 erweitert durch "trinken"; (2) das Anziehen V25c (vgl. das zweite Bild) mit οὖν zusammen und wird V32 in zwei indikativischen Aussagesätzen weiter begründet (γάρ). Den negativ formulierten Imperativen V25a.31a steht V33 der positiv formulierte Imperativ gegenüber, der über ὑμῖν auf V25a par zurückweist und durch die Endstellung besonders akzentuiert wird.

2. Interpretation

"Sorget nicht!" so lautet das Grundanliegen des Textes. Es will befreien zu einem Leben, das nicht von der Sorge, sondern von der βασιλεία und seiner Gerechtigkeit bestimmt ist. Leitmotivisch zieht sich das μεριμνᾶν durch den Text und macht die tiefe Verwurzelung der Sorge im Menschen und die Widerstände, die die Realität diesem Anliegen entgegensetzt, deutlich. Zwei grundlegende Bereiche - der der Nahrung und der der Kleidung - werden thematisiert und anhand von zwei Bildern diskutiert. Sie greifen grundlegende menschliche Tätigkeiten auf, grenzen aber alle Aktivitäten explizit über die Negationen aus, um sich ganz auf die Lebens- und Existenzmöglichkeiten, die Gott schenkt, zu konzentrieren: Er nährt die Vögel und kleidet die Feldblumen. Beide sind klein und wertlos - umso stärker wird Gottes wunderbare Fürsorge profiliert und gewinnt der Schluß auf den Menschen Gewicht: Umso mehr wird er für euch sorgen! Kontrafaktisch kommen hier ein Vertrauen und eine Zuversicht zum Ausdruck, die in dem Wissen um den himmlischen Vater gründen (632), und einen grundlegenden Perspektiv- und Existenzwechsel ermöglichen, der die βασιλεία der Sorge um Alltägliches vorordnet, so daß ethisches Tun Raum gewinnen und sich entfalten kann.

3) Der übergreifende Lebenszusammenhang
a) Realien/Bildgebrauch
Welche Blumen genau mit κρίνον gemeint sind, ist nicht festzustellen,[148] auf jeden Fall handelt es sich um Feldblumen. Sie gehören zum Unkraut,

---

146) Vgl. Luz, EKK I/1, 368.
147) Vgl. Klostermann, Mt, 63; nach Zeller, Mahnsprüche, 84 entspricht dieses ganz der Redeweise der Weisheitsliteratur.
148) Dalman, Orte, 139 denkt an weiße Lilien, Furrer, Bildersprache, 125, an rote Anemonen; Powell, Lilies, 490-492 will κρίνα durch θηρία ersetzen: Letzteres sei mit λείρα verwechselt und durch sein Synonym κρίνα ersetzt worden.

das den armen Leuten als Brennmaterial diente.[149] V30 nimmt das Motiv der Vergänglichkeit auf. Abweichend vom weisheitlichen Bildgebrauch (vgl. auch Prov 6,6-8) ist die für diesen charakteristische analogische Argumentation anhand der (schöpfungsmäßig) vorgegebenen Natur Mt 6 dahingehend durchbrochen, daß das Bild von den Vögeln und Lilien negierend mit Tätigkeiten aus dem Bereich der Menschenwelt verknüpft ist (sie säen nicht...). Möglicherweise wird hier gegenüber einem statischen Denken das Willensmoment Gottes betont.[150]

b) *Situation und Intention*

Die Mahnung zum Nichtsorgen wendet sich an Menschen, die von der βασιλεία-Botschaft Jesu erfaßt worden sind. Wahrscheinlich treffen die Bilder direkt auf sie zu: Sie säen und spinnen nicht (mehr), d.h. sie haben ihren Beruf und ihre Familie in der Jesusnachfolge aufgegeben.[151] Wanderradikale sind als Tradenten vorzustellen.[152] Mt ist sich dieses Zusammenhangs noch bewußt (vgl. die Zusammenstellung mit Mt 6,19-24), bezieht das Logion jedoch auf die Gemeinde[153] und verstärkt - aufgrund der Dissonanz zur Situation - den imperativischen Charakter.

2.3) Auferstehungsbild (III')
Joh 12,24

In den Evangelien findet sich nur Joh 12,24 das kleine Gleichnis[154] vom Weizenkorn. Es ist Joh 12,24-26 mit zwei Logien zu einer Spruchgruppe zusammengestellt, die in den größeren Kontext von Joh 12,20-26 eingeschoben ist und von den VV 23 und 27f (Stichwort: δοξασθῆναι) umklammert wird.

2.3.1) Strukturanalyse

Mit nachdrücklicher Autorität wird das Gleichnis durch das ἀμὴν ἀμὴν λέγω ὑμῖν als wörtliche Rede Jesu eingeführt. In Antithese (ἐὰν μή...ἐὰν δέ...)

149) Vgl. Luz, EKK I/1, 369; Krauß, Archäol. I, 84f. Die jüdischen Parallelen sind später, vgl. Küchler, Logien, 54.
150) Für den Hinweis sei Takashi Onuki herzlich gedankt.
151) Luz, EKK I/1, 368; 370; vgl. Merklein, Gottesherrschaft, 182.
152) Vgl. Theißen, Wanderradikalismus, in: ders., Studien, 85, Luz, EKK I/1, 371.
153) Vgl. "kleingläubig" und "Gerechtigkeit".
154) So Schnackenburg, Joh II, 480; Brown, John, 471; Berger, Amenworte, 112. Berger ordnet Joh 12,24 in: Formgeschichte, 57, präzisierend der Gattung Gleichnis-Diskurse zu, die Gleichnismaterial enthält, das in andere Formen eingegangen ist. Schweizer, Ego, 8, hält Joh 12,24 für einen echten Vergleich. Zwar eignet dem Gleichnis ein bestimmter Vergleichscharakter, jedoch bleiben die beiden miteinander verglichenen Alternativen auf der Bildebene, und es fehlt die Vergleichspartikel. Als richtig festzuhalten bleibt jedoch die enge Verflechtung von Bild- und Sachebene, die für Joh charakteristisch ist. Ob seiner Kürze ist auch eine Klassifikation unter der Rubrik "Bildwort" (so Bm, Joh 324, Blank, Krisis, 274) versucht worden.

wird dem Alleinbleiben (αὐτὸς μόνος μένει) das Viel-Frucht-bringen kontrastiert, wobei das ἀποθάνῃ den beiden alternativen Möglichkeiten betont als Grundkonstituens zugeordnet wird. - Bei wechselndem Subjekt ist auch für den sich anschließenden V25 der antithetische Aufbau (mit symptomatischer Verschiebung ins Futur) konstitutiv, der sich auch V26 wiederfindet.

2.3.2) Interpretation

Das Gleichnis vom Weizenkorn - eine traditionelle weisheitliche Sentenz[155] - stellt das Sterben als unabdingbare Voraussetzung für das Fruchtbringen dar.[156] Wie erst der nähere Kontext (V23/25) deutlich macht, wird der Topos vom sterbenden Weizenkorn im Blick auf Jesus gebraucht:[157] Mit dem Bild wird das notwendige Leiden und Sterben Jesu unterstrichen und durch die Antithese μόνος μένει - πολὺν καρπὸν φέρει dahingehend interpretiert, daß Jesu Tod die Voraussetzung dafür ist, daß er für viele (V32: alle) fruchtbar werden, d.h. Leben bringen kann."[158] Er muß sterben, damit er Nachfolger, eine Gemeinde findet.[159] Das Bild ist also auf die Christologie bezogen, es handelt von der soteriologischen Bedeutung von Jesu Tod, wobei (indirekt) die ekklesiologische Dimension mitgesetzt ist. Diese kommt deutlich durch die Verbindung mit dem aus der synoptischen Tradition bekannten, jedoch stark johanneisch umgeprägten, Doppellogion von der Nachfolge in den Blick: So wird das Thema Sterben/ Fruchtbringen in V25 in nicht-bildhafter Form aufgenommen und paränetisch weitergeführt.[160] Das Leben der Jünger steht - wie das ihres Meisters[161] -unter dem Gesetz des Sterbens und unter der Verheißung Gottes, durch das Sterben hindurch Frucht zu schaffen. Dabei ist der signifikante Unterschied festzuhalten, daß das Weizenkorn durch sein Sterben viel Frucht bringt - Jesu Sterben also eine soteriologische Funktion zukommt und gemeindebildend wirkt -, während der, der sein Leben haßt, dieses zum ewigen Leben bewahrt.[162] Evtl. ist in der Verbindung von V24 mit V25f auch schon ein Verständnis des Weizenkornbildes in dem Sinn angelegt, daß die Jünger als Märtyrer - allgemein frühkirchlicher Ansicht entsprechend[163] - Same der Kirche sind, d.h., daß die Martyriumsparänese

---

155) Vgl. Berger, Amen-Worte, 112f, Becker, ÖTK 4/2, 399.
156) Die Diskontinuität, ja der Kontrast zwischen Sterben und Fruchtbringen ist bes. akzentuiert, wie die Strukturanalyse zeigt.
157) Vgl. Braun, "Stirb", 144f. V24 selbst ist, wie Wrege, 259, richtig feststellt, ohne ausdrückliche christologische Beziehung.
158) Brown, John, 471.
159) Vgl. Braun, "Stirb", 145, Haacker, 65. Schnackenburg bezieht (Joh II, 480) das πολὺν καρπὸν φέρει direkt auf die reiche Missionsfrucht, vgl. auch Cullmann, Kreis, 16.
160) V25 kann nicht eigentlich als Deutung von V24 angesehen werden.
161) Vgl. Michel, Art. κόκκος, ThWNT III, 812.
162) Vgl. Thüsing, Erhöhung, 128.
163) Vgl. Becker, ÖTK 4/2, 400.

V25f über den Gedanken der Mimesis auf V24 begründend auszuweiten ist.[164]

Im Rahmen der VV23.27ff expliziert V24[165] die paradoxe Korrelation zwischen dem δοξασθῆναι und "der Stunde"(V23):[166] Das Leiden und Sterben Jesu wird als notwendige (δεῖ V34, vgl. 314) Vorbedingung für das δοξασθῆναι des Menschensohnes (V23) verstanden, wobei durch Jesu Tod alle mitbetroffen werden. Ihm kommt heilsgeschichtliche Bedeutung zu:[167] Erst durch seinen Tod wird der Erhöhte alle zu sich ziehen (vgl. die den Abschnitt einleitende Frage der Griechen V20-22).[168]

2.3.3) Der übergreifende Lebenszusammenhang
a) Bildgebrauch - Realien

Das Sterben des Samenkorns war in der Antike ein geläufiger Topos: Im Parsismus[169] und im Judentum[170] ist er mit der Auferstehung verbunden.[171] Im Hintergrund steht die antike Vorstellung, daß das Samenkorn zugrunde geht, bevor es neu wächst.[172] Das ἀποθάνῃ entspricht sachlich also dem antiken Verständnis vom Sprossen der Saat; inhaltlich muß sich hier noch nicht die Sachebene niederschlagen.[173] Möglicherweise wirkt sich diese jedoch in der Wortwahl (ἀποθανεῖν) aus.

Die Betonung der *Notwendigkeit* des Sterbens (ἐὰν μὴ ἀποθάνῃ) ist auf dem Hintergrund des antiken Metapherngebrauchs neu und spezifisch

---

164) So klassifiziert Berger, Formgeschichte, 230, VV24-26 als Martyriumsparänese. Hinsichtlich des Leidens/Todes wird die Paränese eng mit der soteriologisch-christologischen Grundlage verknüpft.
165) Daß die ἀμήν-Formel in enger, explizierender Beziehung zum unmittelbar Vorhergehenden steht, weist Thüsing, Erhöhung, 102f, nach.
166) Die paradoxe Struktur zieht sich durch Joh 12 23-36, vgl. Blank, Krisis, 265.
167) Käsemann, Versuche I, 255, Bm, Joh, 325.
168) Die Griechen repräsentieren die außerjüdische Welt (Käsemann,Versuche I, 254).
169) Vgl. Bundehesh. 31 (Übers. Justi, 40f).
170) Es handelt sich um eine relativ junge rabbinische Tradition, die auf drei verschiedene Autoritäten zurückgeführt wird: R. Eliezer, 1.Jh., Pirqe REL 33 (17^c) (= Bill III, 475), R. Meir, 2.Jh., Sanh. 90^b (= Bill I, 552) R. Chijja ben Joseph, 3. Jh., K^{e}th 111^b (= Bill. III,475), vgl. dazu, Bacher, Agada II,68f, Farina, 53-66.
171) Vgl. noch den ägyptischen Osirisspruch, zit. bei Otto, E., Ägypten. Der Weg des Pharaonenreiches, Stuttgart (1953) 1955², 58, auf den auch Schottroff, Der Glaubende, 136 A3, verweist. Vgl. dazu die Osiris-Darstellungen Leipoldt, Bilder, Nr. 230-232, Dondelinger, Jenseitsweg, 126, Taf. 29.
172) Vgl. Plut., Fragm XI (Ex commentariis in Hesiodum) 84. - Die Stelle ist insofern bes. aussagekräftig, als Plutarch nicht mit einer Auferstehung rechnet, die Aussage also nicht von einer entsprechenden Analogie her geprägt sein kann. (Vgl. Braun, "Stirb und werde", 140f). - Das Eintreten der Fäulnis beim Keimen des Samenkorns wird nach Dalman, AuS II, 305 m. A3 auch im jüdischen Recht beachtet und folglich vorausgesetzt.
173) Anders: Thüsing, Erhöhung, 103 A 5.

christlich.¹⁷⁴ Sie fällt aus dem Erwartungshorizont der Rezipienten heraus und wird durch die Reduplikation von ἀποθάνῃ betont: So wird die Notwendigkeit des Sterben-Müssens in einer das Gleichnis profilierenden Weise unterstrichen und im Kontext (anders als in der Tradition) auf Christus bezogen.

Gehört das Bild des Weizenkorns in den Gedankenkreis der Auferstehung,¹⁷⁵ so fällt darüberhinaus seine strukturelle Verwandtschaft mit den synoptischen Wachstumsgleichnissen, insbes. Mk 4 30-32, auf.¹⁷⁶ Eine Verbindung mag auch insofern anklingen, als Mk 4 32 auf Dan 4 9.18 bzw. 4 12 LXX und Θ (ὁ καρπὸς αὐτοῦ πολύς) rekurriert, wo nach Taylor¹⁷⁷ "the tree symbolizes the protection given to subject peoples by a great empire". Spezifisch johanneisch wäre dann die Beziehung der beiden Teilbildfelder aufeinander: Das Bild des Weizenkorns wird dem - im individuellen Bereich sich bewegenden -Gedankenkreis von Tod und Auferstehung entnommen und mit nachdrücklicher Betonung des Sterben-Müssens durch die Realisierung von πολὺν καρπὸν φέρει dem kollektiven Moment als Bedingungsfaktor begründend zugeordnet. So wird mit dem Bild die heilsgeschichtliche Leistung des Todes Jesu ausgesagt. Das betonte αὐτὸς μόνος μένει,¹⁷⁸ im Gegensatz zu πολὺν καρπὸν φέρει, stellt den soteriologisch-kollektiven Bezug von Jesu Sterben heraus. Die "Frucht" von Jesu Sterben ist nicht -wie man aus dem Bildgebrauch I Kor 15 37 schließen könnte - seine Auferstehung,¹⁷⁹ sondern im vorliegenden Kontext die Gemeinde, die wiederum in ihrer Funktion für die Welt zu sehen ist, wobei der Bezug auf die Heiden dem Bild implizit inhärent - oder zumindest kompatibel (vgl. Joh 12 20ff) - ist.

---

174) Vgl. I Kor 15 36b, Braun, Stirb, bes. 143. Dieser Zusatz fehlt I Clem 24 4f (aufgrund stoischen Einflusses? Vgl. Conzelmann, Kor, 333 A 11), III Kor 3 26ff (Hennecke-Schneemelcher II, 260) sowie Iren., adv. haer. V, 2,3 (MPG 7 II, Sp. 1127); vgl. aber Min. Fel. 34,11: "semina nonnisi corrupta reuirescunt; ita corpus...".
175) S.o. und I Kor 15 37; I Clem 24 4f.- In der Antike scheint dem Samen eine symbolische Bedeutung im Gräberkult zugekommen zu sein.
Dietrich denkt an Sympathiezauber, vgl. dazu Wolters, Ähre, bes. 293-296.- Im vorliegenden Zusammenhang unberücksichtigt bleiben kann die Verwendung des (Weizen-)Kornbildes im Hinblick auf die individuelle Entwicklung eines Menschen (vgl. dazu Bm, Joh, 352 A1).
176) Hier wie dort findet sich das Kontrastmotiv und wird das Ergebnis/der Ertrag akzentuiert, in den Synoptikern fehlt jedoch die Notwendigkeit des Sterben-Müssens.
177) Taylor, St. Mark, 270; zustimmend: Brown, John, 472.
178) Der Gegensatz eins (wenig)-viel gehört zur Geschichte des Topos. Spezifisch für Joh 12 24 ist nur, daß die Antithese nicht nur für das Bild des Weizenkorns, sondern auch für die Sachhälfte, d.h. hier: für Jesus gilt, vgl. Braun, Stirb, 142.
179) Vgl. Braun, Stirb, 144, Thüsing, Erhöhung, 105.

b) Die Situation der Gemeinde/ die Intention des Autors

Die das Gleichnis Joh 12 24 einleitende Schwurformel bekräftigt das nachfolgende Gleichnis autoritativ-versichernd, was auf ein Bedürfnis nach orientierender Stabilisierung in der Gemeinde schließen läßt. Im Zusammenhang mit der Deutung von Jesu Tod und Auferstehung sucht die Gemeinde Orientierung aus dem Mund ihres Herrn: Dem Gleichnis eignet durch das ἀμὴν ἀμὴν λέγω eine besondere Offenbarungsqualität.[180] Nachdrücklich wird im Gleichnis die Notwendigkeit des Todes Jesu (polemisch oder apologetisch?)[181] unterstrichen, was den Schluß zuläßt, daß die Gemeinde durch entsprechende Infragestellungen verunsichert war und der Autor, Mißverständnissen wehrend in die Diskussion eingreifen wollte. Die Gemeinde reflektiert ihre nachösterliche Situation und versichert sich - unter Rekurs auf Jesu Tod als ihrem Ursprung - ihrer Identität: Nach ihrem Selbstverständnis ist sie erst durch das im Kreuz Jesu vollendete Offenbarungsgeschehen begründet worden:[182] Von daher versteht sie ihre Nachfolge als "reiche Frucht" des Todes Jesu.[183]

Auch hinter der Form der doppelteiligen Schlüsse VV24f ist der Versuch zu sehen, die eigene Identität mittels Abgrenzung zu bestimmen: Es werden Alternativen formuliert, die zu einer Entscheidung nötigen und die soziologische Zugehörigkeit zur Gemeinde bestimmen helfen.[184] Diese Abgrenzung ist gerade zu Zeiten kirchlicher Bedrängnis, wie sie als Hintergrund von VV24-26 angenommen werden können,[185] wichtig. Die nachdrückliche Betonung der Notwendigkeit des ἀποθανεῖν gewinnt auf dem Hintergrund einer Verfolgungssituation an Aktualität für die Gemeinde. Da die Vita Jesu "prototypische und verbindliche Bedeutung"[186] für sie hat, gehört das Gesetz des Leidens und Sterbens, unter dem sein Leben steht, auch zu ihrer christlichen Existenz: Obwohl die Gemeinde das Leben schon ergriffen hat (12 25b), muß sie noch durch das Leiden gehen.[187] Die Martyriumsparänese hat insofern einen spezifisch johanneischen Akzent, als die Gemeinde unter der Zusage und Aufgabe steht, das Leben zum ewigen Leben zu bewahren (V25).[188] In ihrer Abgrenzung von der Welt (vgl. V24) und ih-

---

180) Berger, Amen-Worte, 113.
181) S. Richter, G., Studien, 70, vgl. ders., Fußwaschung, 287.
182) Onuki, 70, 66.
183) Vgl. Onuki, 67.
184) Vgl. Berger, Formgeschichte, 175.
185) Vgl. Becker, ÖTK 4/2, 401.
186) Wrege, Jesusgeschichte, 260.
187) Vgl. Onuki, 67, 70.
188) Vgl. Onuki, 67. In seinem Zuspruch und Anspruch entspricht das in gewisser Weise dem μένειν von Joh 15 1, vgl. dazu auch Thüsing, Erhöhung 129.

rem Dienst (V26) kommt der johanneischen Gemeinde Offenbarungsfunktion zu: Sie "vertritt ... das vom Offenbarungswerk Jesu gegebene Heil",[189] das als Frucht des Todes Jesu alle Menschen (V32) ergreifen will.[190]

2.4) Differenzierungsbilder (mit primärem Bezug auf den Samen) (IV)
2.4.1) Mk 4 3-8 parr

Das Gleichnis Mk 4 3-8 par Mt 13 3b-8 par Lk 8 5-8ab und EvThom L (8) 9 ist ohne wesentliche Differenzen überliefert. Seine formale Bestimmung ist umstritten: Handelt es sich um ein Gleichnis i.e.S. oder um eine Parabel? Die Frage entzündet sich am Inhalt: Wird hier ein typischer Vorgang aufgegriffen oder ein einmaliges Geschehen erzählt? Anhand der "Realien" wird deutlich werden: Das Gleichnis enthält so viele unrealistische Züge, daß der Text als Parabel zu bestimmen ist.[191]

1. Strukturanalyse[192]

V3		ἀκούετε (Rahmung)	
V3b		ἰδοὺ	
		ἐξῆλθεν ὁ σπείρων	σπεῖραι
V4	καὶ	ἐγένετο	ἐν τῷ σπείρειν
(I)	ὃ μὲν	ἔπεσεν	παρὰ τὴν ὁδόν,
	καὶ	ἦλθεν τὰ πετεινὰ	(vernichtende Macht)
	καὶ	κατέφαγεν	αὐτό.
(II)V5	καὶ	ἄλλο	
		ἔπεσεν (Mt) ἄλλα δὲ	ἐπὶ τὸ πετρῶδες
		(Lk) καὶ ἕτερον	ὅπου οὐκ εἶχεν γῆν πολλήν,

189) Onuki, 175.
190) Baumbach, Funktion, 165.
191) Auch der Nominativanfang (Pesch, Mk I, 229), die Tempusform des Aorist und der Aufbau entsprechend den Gesetzen der Volkserzählung (Olrik, gesetze, 4-7) weisen darauf hin. - Als Gleichnis i.e.S. bestimmen Mk 4 3ff u.a.: Dib., Formgeschichte, 257; Knoch, Ohren, 72; Linnemann, Gleichnisse, 18, Lohfink, Sämann, 51; 57; Marcus, J., 41; Pesch, Mk I, 229; Weiss, B., KEK 1/1, 250; Zahn, KNT I, 485. Als Parabel: Jül. II, 515ff; Bm, GST, 189; Klauck, Allegorie, 191. Kuhn, H.-W., 121 unterscheidet Form und Inhalt: Formal handle es sich um eine Parabel, inhaltlich um ein Gleichnis i.e.S.: Der Autor nutze die Autorität des Typischen nicht voll aus.
192) Die Strukturanalyse folgt dem Mk-Text und berücksichtigt nur gelegentlich die Seitenreferenten.

	καὶ εὐθὺς	ἐξανέτειλεν	διὰ τὸ μὴ ἔχειν βάθος γῆς·
V6	καὶ ὅτε	ἀνέτειλεν ὁ ἥλιος (vernichtende Macht) ἐκαυματίσθη	
	καὶ		διὰ τὸ μὴ ἔχειν ῥίζαν
		ἐξηράνθη·	

(III)V7 καὶ   ἄλλο
         ἔπεσεν (Mt) ἄλλα δὲ
                (Lk) καὶ ἕτερον   εἰς τὰς ἀκάνθας,
         καὶ   ἀνέβησαν   αἱ ἄκανθαι (vernichtende Macht)
         καὶ   συνέπνιξαν αὐτό,
         καὶ   καρπὸν
         οὐκ ἔδωκεν.

(IV)V8   καὶ   ἄλλα
         ἔπεσεν (Mt) ἄλλα δὲ
                (Lk) καὶ ἕτερον   εἰς τὴν γῆν τὴν καλήν
         καὶ   ἐδίδου   καρπὸν   ἀναβαίνοντα καὶ αὐξανόμενα
         καὶ   ἔφερεν   ἓν τριάκοντα
                                      καὶ ἓν ἑξήκοντα
                                      καὶ ἓν ἑκατόν.
                (Mt)   ὃ μὲν ἑκατόν,
                       ὃ δὲ ἑξήκοντα
                       ὃ δὲ τριάκοντα.
                (Lk)   ἑκατονταπλασίονα.

V9   καὶ ἔλεγεν· ὃς ἔχει ὦτα ἀκούειν ἀκουέτω. (Rahmung)

Die Exposition V3b[193] ἰδοὺ ἐξῆλθεν ὁ σπείρων und die Überleitung V4a setzen mit dreimaligem "σπειρ" ein und markieren so deutlich den Ausgangspunkt. Es folgt der Hauptteil, der durch das strukturierende ὃ μέν (V4/I), καὶ ἄλλο (V5/II, V7/III), καὶ ἄλλα (V8/IV) und durch das viermal wiederholte

---

[193] V3a und V9 bilden den Rahmen.

ἔπεσεν + Ortsbestimmung (ὁδόν, πετρῶδες; ἀκάνθας, γῆν) in vier Sinnabschnitte gegliedert ist.
Innerhalb der Erzählstruktur läuft eine Klimax[194] auf Teil IV (V8) zu, der I-III kontrastiv entgegengesetzt ist:[195] ἄλλο wechselt in den Plural, der Aorist zum Imperfekt, die Ortsbestimmung zu γῆν ... καλήν; dem den Teil III abschließenden καρπὸν οὐκ ἔδωκεν wird das ἐδίδου καρπόν, dem dreifach sich steigernden Mißerfolg ein dreifach sich steigernder Erfolg (Mk)[196] entgegengesetzt: hier liegt das Achtergewicht, der positive Akzent, auf den das ganze Gleichnis zuläuft.

2.4.1.2) Interpretation

Vorbemerkung: Die Interpretation will den formalen und inhaltlichen Unterschieden von Mk 43-9 und 413-20 Rechnung tragen[197] und versuchen, das Gleichnis in einem ersten Schritt unabhängig von 413-20 zu verstehen.[198] Eine Verortung innerhalb des Kontexts soll dann in der Pragmasemantik erfolgen.

Das Gleichnis läuft auf V8 zu. Der in einer Klimax geschilderte dreifache Mißerfolg mündet V8 kontrastiv in einen dreifachen, wunderbaren Erfolg:[199] Frucht in paradiesischer Fülle, wie sie für die Heilszeit erwartet wird. Diese Frucht wird nun nicht wie IV Esr 428f erst im kommenden Äon

---

194) Die Klimax ist sowohl formal (α) als auch inhaltlich (β) greifbar: α) gehen die Begründungen in Teil II über I hinaus; so kommt in Teil III mit καὶ καρπὸν οὐκ ἔδωκεν ein neues Glied (d) hinzu (die Klimax läßt sich bis in die Wortstatistik verfolgen, s. Lohfink, Sämann, 37); β) trifft die Vernichtung den Samen in einem jeweils späteren Wachstumsstadium, so daß die Hoffnung auf Frucht immer radikaler zerstört wird.
195) So kann man trotz vierteiligen Aufbaus von einer zweiteiligen Grundstruktur sprechen, vgl. z.B. Dupont, semeur, 5.
196) Bei Mt in absteigender Linie; Lk unterscheidet keine, EvThom L (8) 9 zwei Ertragsstufen (60 und 120fach).
197) Mk 43ff ist eine Parabel mit klimaktischer Struktur, Mk 413ff dagegen eine allegorische Auslegung, deren Teile gleichgewichtig sind (s.u.). Akzentuiert erstere den großen Erfolg, so verschiebt letztere das Augenmerk auf den Mißerfolg. Semitismen in der Parabel (vgl. Black, Approach, 63, vgl. 162f; Payne, Authenticity, 166), die griechische Konzeption und das urchristliche Wortfeld der Deutung (vgl. Crossan, Seed Parables, 247; Jeremias, Gleichnisse, 75-77), verbunden mit der Vorstellung vom Logos als Sperma Mk 413ff und dem aktualisierenden Deuteschema (s.u.), lassen auf eine spätere Entstehung der Deutung schließen (so heute die meisten Exegeten, vgl. nur Lindemann, Sämann, 117; Dodd, Parables, 145; Schmidt, K.L., 132; Schweizer, ETR, 257; Weil, ET (77) 76, Ramaroson, 1988, 92). Für eine synchrone Entstehung plädieren: Brown, NT 5, 36-45; Flusser, Gleichnisse, 63; 122; 125; 127; Gerhardsson, Sower, 187; 192; Hirsch, Frühgeschichte I, 29; Lohmeyer, Saat, 37; Michaelis, Mt, 204-207. 212f; Payne, Authenticity, 163-186; Schmithals, Mk, 230, vgl. Bowker, Mystery, bes. 317, Oesterley, Parables, 39 A2.
198) Mehr als ein tastender Versuch kann die Deutung nicht sein. Nach Bm, GST, 216, Linnemann, Gleichnisse, 123, 180, 183; Kuhn, H.-W., 112; 114 m. A77, ist der ursprüngliche Sinn des Gleichnisses nicht mehr erkennbar.
199) Vgl. Lohse, Gottesherrschaft, EvTh 58, 150, u.a.

gesät, wenn dieser böse Äon sein Ende genommen hat - nein: Diese Frucht nimmt ihren Ausgangspunkt[200] auf einem Acker, der mit harten, felsigen Stellen durchsetzt ist, einem Acker, auf dem die Saat von vielen lebensfeindlichen Faktoren bedroht ist - und trotzdem sät der Sämann in auffälliger Risikobereitschaft sein kostbares Saatgut unterschiedslos *überallhin*. Er wählt nicht nach möglicher Effektivität gezielt und vernünftig aus, sondern behandelt den ganzen Acker in vertrauensvoller Großzügigkeit als potentiell gute, fruchtbringende Erde.[201] Stellt er damit ein ganzes Stück seiner Existenz aufs Spiel, so zeigt die Aussaat trotz aller Bedrohung und allem Mißerfolg wider Erwarten wunderbar überreiche Frucht. Angesichts der Realität mit ihren vielen lebenshemmenden, destruktiven Faktoren kommt in dem Gleichnis ein Vertrauen zum Ausdruck, das die Freiheit hat, großzügig auszusäen und kontrafaktisch schon hier auf dem festgetretenen, felsigen, disteligen Acker gute Erde zu erwarten, die reiche Frucht trägt.

2.4.1.3) Der übergreifende Lebenszusammenhang
a) Realien

Es ist umstritten, ob die Aussaat auf ungepflügtes oder gepflügtes Land erfolgte.[202] Jeremias argumentiert für ersteres mit der Intention, das Tun des Sämanns als einen normalen Vorgang und nicht als nachlässiges oder ungeschicktes Verhalten zu belegen.[203] In White hat ihm ein Wirtschaftshistoriker für das Altertum dezidiert widersprochen.[204] Die Durchsicht der Belege ergibt:

Die Aussaat wurde in jedem Fall eingepflügt.[205] Was das die Aussaat

---

200) Trotz der das Gleichnis bestimmenden Kontraststruktur ist die Beziehung zwischen Anfang und Ende durchaus bewußt (s. Bornkamm, Jesus, 65; vgl. Fuchs, E., hist. Jesus, 348; Dahl, 148ff), wenn auch nicht bes. betont.
201) Dieses Vertrauen kommt auch in Mt 626; Mk 426-29; vgl. Lk 136-9 und Lk 1511-32 zum Ausdruck; in diesem Zusammenhang ist zu beachten, daß die Opponenten als externe Faktoren dargestellt werden. - Die Risikobereitschaft begegnet in Gleichnissen auch Mt 1344-46; Mt 1812-14 par; Mt 2514-30 par (Lk 1030-37). Vertrauen und nicht im vorab selektierende Risikobereitschaft entspricht auch Jesu Handeln, der zu allen Menschen, auch zu den Zöllnern und Sündern, geht.
202) Neben der breitwürfigen Saat gab es eine Saat in die vom Pflug gezogenen Furchen, vgl. Sprenger, 80; Krauß, Archäol. II, 177, bBM 105b; die Saat wurde normalerweise nicht breitwürfig ausgestreut, vgl. Dalman, AuS II, 207.
203) Jeremias, Gleichnisse, 7f; ders., Palästinakundliches, 52.
204) White, JThS N.S. XV (1964) 300-307.
205) Anderlind, 30; Dalman, AuS II, 180, 183f; 194; Jeremias, Palästinakundliches, 48; White, 304; Payne, 124. Als Hauptbeleg für die Reihenfolge säen - pflügen gilt Jub 1111 (s. Essame, Sowing, 54), jedoch beschreibt Jub 1123f das Säen mit dem Saattrichter, das die Jub 1111 beschriebene Praxis *ablöst*. Jub 1123f setzt das Säen in die vom Pflug gezogenen Furchen voraus (vgl. Haugg, D., 79, Dalman, AuS II, 184). Zur Reihenfolge säen - pflügen vgl. noch: MHG Dtn XI, 14; TBer 7,2 (Lohse, Schlichting, Berakot, in: Die Tosefta, RT, hg.v. Rengstorf, Bd I/1, 45); syr. TShab

Das Totenbuch des Hornedjitef: Ausschnitt aus den Illustrationen zu Kapitel 110.
Späte Ptolemäerzeit bis frühe Römerzeit (Malerei auf Papyrus).
Ausschnitt aus der Abb. Nr. 97 in: Leclant, Ägypten, Bd. III, S. 116.

Szenen aus dem Mittleren Reich, aus dem Grab Amen-em-het at Beni Hasan.
Ausschnitt aus: Pritchard, ANEP, 1969^2, Abb. 122.

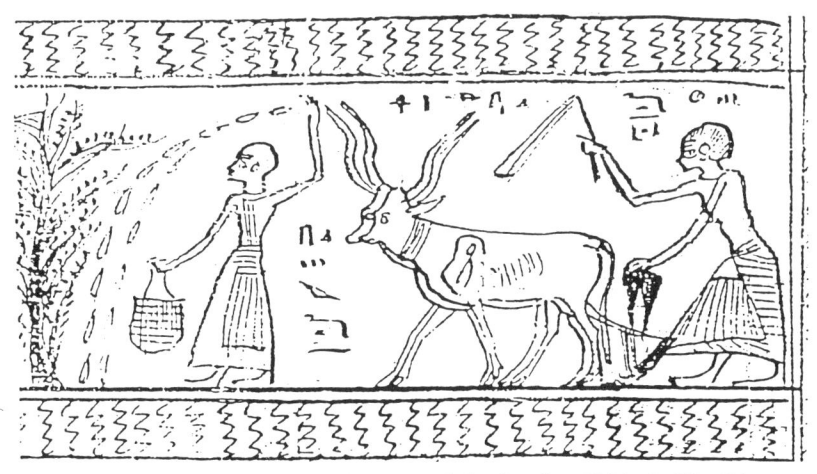

Ausschnitt aus: Miriam Stead, Egyptian Life, London 1986, S. 25, Abb. 31.

vorbereitende Pflügen angeht, unterscheidet Jeremias (1) die Aussaat vor dem Frühregen, die auf *ungepflügtem* Acker erfolgt, von (2) der Aussaat *nach* dem Frühregen, der ein Vorpflügen vorausgeht, mit dem das Unkraut, das nach dem Regen aufgegangen ist, vernichtet werden soll. White dagegen kann sich ein Säen auf ungepflügtem Boden nicht vorstellen, ein Keimen der Saat habe unter solchen Umständen höchstens bei losem und bröckligem Boden Aussicht auf Erfolg;[206] zudem habe ein jordanischer Kollege in diesem Raum nie derartiges beobachtet.[207] Festzuhalten ist, daß die Aussaat normalerweise auf *kultiviertes Land* erfolgte, das Land also mehr oder weniger direkt vor der Aussaat bearbeitet wurde. Selbst wenn das Feld nicht unmittelbar vorher gepflügt worden ist, wie das gelegentlich bei der Wintersaat der Fall ist, so wirkt doch die Pflugarbeit der Sommersaat nach.[208] Üblicherweise dürfte jedoch der Aussaat (vgl. Varro, rust I, 29, 2) mindestens ein Vorpflügen vorausgegangen sein.[209]

IV,12 (Wiener Hs der Tosefta und Erstdruck der Tosefta im Sefer Rab Alfas, Venedig 1521f, s. textkrit. Apparat; vgl. jedoch P. Freimark (Die Tosefta, RT hg.v. Rengstorf, Bd I/2, 208 A 169: "Es kann sich dabei aber auch um das sog. Einpflügen handeln"); TNeg VI,2 (Die Tosefta. RT, hg.v. Rengstorf, Bd. VI und VI/1); MSchab VII,2 und den späteren Kommentar dazu: b Schab 73a.b (letzterer unterscheidet die babylonische Praxis (pflügen vor dem Säen) von der palästinischen (säen vor dem Pflügen) bezeugt auch durch den Cod. Monac. Hebr. 92 des babylonischen Talmuds und die ed. princeps der Mischna, Neapel 1442 (die Textüberlieferung ist jedoch nicht eindeutig: die ed. princeps des paläst. Talmuds (Venedig, 1523/4) und drei Hss bieten die Reihenfolge pflügen, säen - s. ausführlich Jeremias, Palästinakundliches, 50f; beachte auch den Hinweis von Klauck, Allegorie, 189 A 19 auf Midr.Tanch. Mikez §5)); Colum. II,4,8; Sib III647 (ed. Kautzsch, fehlt ed. Kurfess); Sen., benef. IV,9,2; vgl. auch die in die späte Ptolemäerzeit bis frühe Römerzeit zu datierende Abbildung in: Leclant, Ägypten III, 116, die mit einer Darstellung aus der 12. Dynastie übereinstimmt (BRL, 255 = Ausschnitt aus: ANEP² Nr. 122), vgl. auch die Abb. bei Stead, 25, Nr. 31, vgl. S. 213; Wreszinski, Atlas, Bd. I, Tafel 233 (oben). Das Einpflügen der Saat war schon wegen des Vogelfraßes nötig, vgl. Jub 1111, Jeremias, Palästinakundliches, 49; Krauß, Archäol., II, 179, Schumacher, Dscholan, 212.
206) White, 305. Diese Bodenverhältnisse seien in Palästina nicht vorauszusetzen. (Dazu paßt die Mitteilung von G. Gatt b. Fonck, Parabeln, 76 A1, daß die Reihenfolge säen - pflügen äußerst selten und nur auf sandigem Boden vorkomme).
207) White, 305 A 3.
208) Vgl. Dalman, AuS II, 179 (i.V.m. 206f). Zum Pflügen nach der Ernte als Vorpflügen für die nächste Saat, vgl. Dalman, AuS II, 191, Sonnen, 78. Würde das Land nicht immer wieder gepflügt werden, wäre auch die Diskussion, bis wann im Vorsabbatjahr gepflügt werden darf (MSchebi I, 1, vgl. pScheb IV 35a, 39), nicht einleuchtend, so Leutzsch, M., Skript, A 71.
209) Vgl. Klauck, 190 m. A20; Krauß, Archäol. II, 174; Turkowski, Agriculture, 28; vgl. auch Schumacher, Pflug, 161 (Sonnen, 77f, schränkt ein: Dem Säen geht kein direktes Vorpflügen voraus, wenn a) das Land "im letzten Jahr mit Sommerfrucht bestanden war", b) das Land nach dem letzten Frühlingsregen ungepflügt als Sommerungsfeld unbebaut liegen geblieben ist, vorausgesetzt, der erste Frühregen ist genügend tief eingedrungen. Gelegentlich besät ein Bauer auch wegen zu

215

Landbauszene aus dem Grab des Necht (Nr. 52) in Theben-West in Oberägypten (um 1400 v. Chr.). Zeichnung von Hildi Keel-Leu nach W. Wreszinski, Atlas zur altägyptischen Kulturgeschichte, Abb. 176 und verschiedenen Detailaufnahmen.

Landbau des dem Grabe des Merimeri aus Memphis, Leiden, Cat. Nr. 50. Abb. aus: Wreszinski, Atlas, Bd. I, Taf. 422 (auch in W. Wolf, Kunst, 585, Abb. 586).

Ehepaar beim Ackerbau. Theben, Grab des Sonnodem. Abb. aus: W. Wolf, Kunst, 590 Abb 592.

Doch selbst wenn man mit Jeremias annimmt, die Aussaat werde auf ungepflügtem Boden gesät, bleiben Schwierigkeiten: Erstens ist zu fragen, warum der Same auf dem Pfad, nicht aber der auf dem Acker von Vögeln gefressen wird,[210] wenn der Sämann den Pfad mit unterpflügt.[211] Zweitens ist es unwahrscheinlich, daß ein Bauer - trotz rasch wechselnder Bodenverhältnisse,[212] die unter der Ackerkrume vor dem Pflügen nicht erkennbar sind - die felsigen Stellen seines Ackers nicht kennt.[213] Drittens wachsen die untergepflügten (?!) Dornen offensichtlich wieder hoch.[214]

spät eingetretenen Frühregens das Brachland, was jedoch - so schon der Volksmund - nicht erfolgversprechend ist). Belege für die Reihenfolge pflügen säen: Hi 48; Jes 28,24-26 (Dalman, AuS II, 214); Jer 4,3 (gegen Jeremias, Gleichnisse, 7 A3 ist dieser Beleg mit Schürmann, Lk, 453f A 71 hier heranzuziehen, auch wenn - wie hier deutlich wird - offensichtlich nicht immer vor dem Säen gepflügt wurde); Ez 36,9; Hos 10,11-13; Am 9,13 (?); Sir 7,3; Jub 11,23 (s.o.); I Kor 9,10f (?); EvThom L 20? (möglicherweise aber auch Niederschlag der Aussageabsicht, vgl. Cerfaux, Thomas, 318f; Gärtner, Thomas, 232; Sheppard, J.B., 178); Apostol. Const. VII,40,2; LevR 28 zu 23,10; KohR zu 1,3; Pesikta 69a; PesR 18; (die vier letztgenannten Stellen sind Parallelüberlieferung, vgl. Jeremias, Palästinakundliches, 50 A 4); pShek 48c; Siphra 111d; einige Hss. von MShab VII,2 (vgl. Dalman, AuS II, 194, ferner 195); TBer VII,2b (Gießner Mischna; anders: ed. Lohse, Schlichting, s.o.); TSchab 4,12 (Die Tosefta, RT, hg.v. Rengstorf, Bd I/2); Wiener Hs der Tosefta, und Erstdruck der Tosefta im Sefer Rab Alfas, Venedig, 1521f (nach dem textkrit. Apparat); MidrPss zu 127,3 (Paralleltradition: Mek p. 143f zu Ex 15,1: "ein Arbeiter... pflügt mit ihm [= seinem Arbeitgeber], sät mit ihm, jätet mit ihm...", Übers. Thorion-Vardi, 127); TSchebi 3,10 (vgl. Die Tosefta, RT, hg.v. K.H. Rengstorf I/2, 178 m. A 59 und bes. 60); Colum., II, 4,2.8; Hippokr., Nomos, III (?); Plaut., Merc. I71; Plin., nat., 176; 179-181; Sen, vit. beat. 92; (Aristot., NE X, 10 (1179b)?); umgraben: Quint., inst. 10,3,2; Johannesbuch der Mandäer, 49, Lidzbarski, 177; für Ägypten (zu den ägyptischen Belegen ist einschränkend zu sagen, daß in Ägypten - anders als in Palästina - auf frisches Schwemmland gesät werden kann): P Amh. 91; P Alex. Giss. 25; die Abb. Wreszinski, Atlas, Bd. I, Taf. 97; 112; 176; 233 (unten); 346; 422 und Wolf, Kunst, 590 Abb. 592, s. die Abb. S. 215 dieser Arbeit. (Wreszinski, Atlas, Bd. I, Taf. 9; 20; 189 zeigen, daß der Boden zunächst mit Hämmern und Hacken zerkleinert, dann besät und der Same sofort eingepflügt wird).

210) Vgl. Lohmeyer, Saat, 22; Linnemann, Gleichnisse, 181 A5. Payne, Order, 128, Huffmann, 212.- Dagegen verweist Jeremias, Palästinakundliches, 52 A 4, auf "die orientalische Erzählweise". Sollte sie nur für diesen Zug gelten?
211) Letzteres widerspricht jedoch der geforderten "Stetigkeit" des Weges. (Krauß, Archäol. II, 563f A 197).
212) Vgl. dazu Dalman, AuS, II, 14ff; ders., Acker, 124-129. Lohmeyer, Saat, 22.
213) Vgl. Geischer, Güte, 421; Drury, Sower, 370. Nach White, 301, Krauß, Archäol., II, 177, Dunkel, Arbeit, 84; Theophr., hist. plant. VIII,VI, 2, wird die Aussaat den Bodenverhältnissen angepaßt. Die flache Erdkrume entspricht der Realität, vgl. Theophr., caus. plant. III, 20,5; Philo, Abr 134 (f. Land der Skythen: Herod., 4.23).
214) Das Problem sind ja nicht die Dornen, die stehengeblieben, sondern die, die später aufgegangen sind (Payne, Order, 128). - Meint der Text genauer das Säen auf Dornensamen? (so Jül. II, 519, Weiss, B., Mt. 250; Gnilka, Mk I, 159; anders: Jeremias, Palästinakundliches, 52). Man versuchte die Dornen zu bekämpfen, in-

Das legt den Schluß nahe, daß hier die Realität nicht direkt abgebildet, sondern kontrafaktisch durchbrochen ist.[215] Das läßt sich weiter stützen: Daß das Verhalten des Sämanns nicht als normal empfunden wurde, legt die gnostische Deutung des Sämannsgleichnisses bei Paulus Orosius[216] nahe, das aus der Tatsache, daß der Sämann *kein guter* gewesen sei, folgert, daß er den Demiurgen repräsentiere. Ein guter Bauer sät nicht auf schlechten Boden[217] und stimmt die Saatmenge auf die Qualität des Saatkorns und die Bodenverhältnisse ab.[218] Auf diesem Hintergrund erscheint die Aussaat recht großzügig, risikofreudig und optimistisch. Hier liegt also ein erzählerischer Akzent,[219] der angesichts der Kostbarkeit des Saatguts[220] umso deutlicher wird. Verluste waren durchaus existenzbedrohend,[221] so daß die Auflistung der Faktoren, die dem Wachstum abträglich sind, Dramatik bekommt. Für sich sind die einzelnen Faktoren zwar durchaus realistisch[222] und gewinnen von daher ihre Überzeugungskraft,

dem man sie a) mehrmals unterpflügte (Krauß, Archäol. II, 173f) oder b) vergrub (Krauß, Archäol. II, 163, 174).
215) So ist Mk 45f (vgl. auch Jon 46f) nicht auf die Zeitspanne zwischen Aussaat und Wachstum reflektiert (vgl. Linnemann, 122; vgl. Klauck 190 m. A 23; Drury, sower, 369); eher unwahrscheinlich ist, daß sich alle vier Bodenarten auf demselben Acker befinden (Schmithals, Mk, 229, Geischer, Güte, 421).
216) Schneemelcher, I, 302; vgl. auch Prov 2430f, Michaelis, Gleichnisse, 22 ("ungeschickt", "schlechter Bauer").
217) Sen., benef. I,1,2; benef. IV, 9,2; vgl. Philo, VitCont 62; SpecLeg III, 34.39.
218) Krauß, Archäol., II, 177, Dalman, AuS II, 181; Theopr., hist. plant. VIII,VI,2; Plato, Mino 317b (Τίς ἐπιστήμων διανεῖμαι ἐπὶ γῇ τὰ σπέρματα; Γεωργός. Οὗτος δὲ τὰ ἄξια σπέρματα ἑκάστῃ γῇ διανέμει;); Plin., nat. 18, 196f; Xen., oik., 17, 9; Colum. II, 9; vgl. auch Plut., mor. 2b; Sen., epist. 382; Ps-Phokylides 152, u.ö.. Zudem ist hier offensichtlich die Handbreitsaat vorgestellt, die mehr Saatgut verbraucht als die Reihensaat, vgl. Krauß, Archäol., II, 178. Auch ausgehend vom metaphorischen Gebrauch ist sein Verhalten ungewöhnlich: Plato, Phaedr. 276e *wählt* der Philosoph, der Reden sät und pflanzt, eine gehörige Seele. (Wie der Bauer, selektiert auch Buddha in seiner Verkündigung in der von Szimonidesz, Säemann, 352f, angeführten buddhistischen Textstelle).
219) Dieses erzählerische Motiv (so auch Hamel, GPM 27, 117) ist für Geischer, Güte, bes. 423, vgl. Danten, révélation, 453, die Pointe des Gleichnisses.
220) Krauss, Archäol. II, 176.
221) Lührmann, Mk, 84. Nur ein Faktor: Witterungsbedingte Schädigungen zwingen den Bauern Alkiphron, ep. II, 10 [III,13] zur Aufgabe des Berufs.
222) Zur unterschiedlichen Qualität des Ackerbodens vgl. Gitt., 51; Cato, agr. 61; Xen., Oik. 163; Theophr., hist. plant. VIII,VI,2; zu Vögeln: Ov., met. 5484f; Ov., fast. I683f; Theophr., hist. plant. VIII,6,1; zur Sonne/Hitze/Dürre: vgl. Gen 416; Dtn 2822; I Kö 837; Am 49; Sir 433f; Ov., met.5483; bBM 105b; Jos., Bell. 4471; Jak 111; I Petr 124; Herm, sim IX,1,7; IX,21,1; LibThom (NHC II,7) 144,23f; Wurzel: Theophr., caus. plant. I,4,1); zum Unkraut vgl. Ov., met. 5485; Philostratus, vit. Apoll. V36; Verg., georg. 1150-159; Theophr., hist. plant. VIII, 6,1; Theophr., caus. plant. VI, 11,6 (ed. Wimmer); Quint. 8 pr. 23 (f. Rede); Quint., inst. 5,11,24; 6 Esr 1678 (Hennecke II, 498; apk. Weheruf); Fragen des Esra, Rez. A,37; Herm, sim IX,

in ihrer auffälligen Konzentration verraten sie aber erzählerisches Interesse.

Über die Realität dürfte auch der Ernteertrag hinausschießen: Ein dreißig- bis hundertfacher Ertrag bewegt sich nur dann im Bereich des Möglichen, wenn man die Zahlenangaben auf den Ertrag eines einzelnen Korns bezieht.[81] Er übersteigt jedoch bei weitem den Bereich des Möglichen, wenn man ihn - dem usus[82] und der Erzählung entsprechend[83] - auf den Ertrag des Ackers bezieht. Dann ist ein Ertrag, der sich um das 3,75-7,5fache bewegt, im Bereich des Normalen.[84] Hyperbolisch[85] oder unzutreffend dürften höhere Angaben sein, die bis zu einer 100-300fachen, ja noch höheren Ernte sprechen.[86] Sie erinnern an Gottes Segen

20,1; vgl. sim IX,26,4; LibThom (NHC II,7) 149,25ff; zu Schädlingen (Ev Thom L 9: Wurm, vgl. Jona 4?; Philo, Praem 128); Instr. of Papyrus Insinger 25,3 (Lichtheim, 222); Achikar XXXIII, 86 (108), ROC 21, 379; bBM 105b und 106b (Heuschrecken); ActJoh 68 (Hennecke II, 167).
81) Vgl. Holzmeister, "Aliud...", 221ff, White, 302.- Dalman, Acker, 130f, berechnet so einen 151fachen Ertrag, vgl. ders., AuS II, 243f. Sonnen, 84, rechnet mit 4-5 Halmen aus einem Korn und 60-70 Körnern pro Ähre, was einem 240-350fachen Ertrag pro Korn entspräche. Auch Lohfink, Sämann, argumentiert über das Phänomen der Bestockung: Er rechnet (S. 53 m A 66f) mit ca. 30 Körner/Ähre, was bei zweihalmiger Bestockung 60, bei dreihalmiger Bestockung 90 Körner pro gesätes Korn ergäbe, die Angaben von Mk 4,8 also durchaus realistisch seien (s. ders., dass., 56), ähnlich Knoch, Ohren, 73. (Anm.: die Weizenähren auf einem Amarna-Relief (Cooney, Amarna, 96) zählen 20-30 Körner/Ähre; die Loeb-Ähren (Muscarella, Abb. 74) 28 Körner/Ähre; die Gerstenähre auf den Münzen von Metapont (Wolters, Ähre, 287, Abb. 1a+b) 28 Körner/Ähre; die Gerstenähren auf antiken Münzen (Imhoof-Blumer, Keller, Taf. IX Abb. 24 und 35) 24 Körner/Ähre).
82) Frankemölle, Jesus, 194; Jeremias, Gleichnisse, 149f, so offensichtlich auch EvThom L(8)9 und Lk nach Borsch, Waste, 205. Vgl. auch Achikar 110 (Nau, 243), Achikar, Syr. p. 1. 21 und S. 81 (Smend, R., 92); HldR zu 7,3; GenR 64 zu 26,1; pPea 7,4,20a; bKeth 112a; bBM 12a; bBM 105a.b; Apokalypse des Elia (Wünsche, Lehrhallen, II, 35); Midr Pss zu 2,13. Anders: EpJac I, 8,19f (Einfluß der Sachebene?); IV Esr 4,30f (hier offensichtlich in gesteigertem Kontrast zu 4,32).
83) Sie handelt nicht von einzelnen Körnern, sondern von Saatmengen (vgl. die Pluralia in der Deutung VV15-16.18.20 und den Plural πετεινά V4). Zudem würde diese Sichtweise einen Perspektivenwechsel bedeuten, der der Beschreibung des realen Verlustes zuwider laufen würde.
84) Vgl. Ben-David, Ökonomie I, 104; Frankemölle, Jesus, 194; Dalman, AuS III, bes. 154, 164; Sir 73 (siebenfach); slHen 42,11 [J] und [A] (siebenfach) PColt 82 (Kraemer, D.J., jr. Excavations III, 239, vgl. dazu Ben-David, Ökonomie, 104); Colum. III, 3.4 (kaum vierfach in Italien).
85) Kontextsignale für hyperbolischen Gebrauch fehlen nicht, s. Klauck, Allegorie, 191 A33.
86) Plin., nat. 1894f (für Sizilien, Ägypten, Spanien); Silius, IX 204f; Amm., 22,15 (Ägypten, 70fach); Expositio totius mundi 36 (Ägypten); Theophr., hist.plant. VIII, 2,9; VIII, 7,4 (50-100fach f. Babylonien, 4.Jh.); Herod., hist. 1,193; 4,198; Strab XV,

(Gen 26 12; s. dazu Philo Quaest. in Gn. IV,189; vgl. Ps 107 37) und die Fülle der Heilszeit (syrBar 29 5, u.ö.).

b) *Bildgebrauch*

V3c erzählt nicht allgemein von einem Bauern, sondern von einem Sämann, selektiert also einen Aspekt bäuerlicher Tätigkeit.

Die Saatmetaphorik begegnet insbesondere für die Aussaat α) von Menschen, β) von Worten und γ) von Taten.

ad α) Sach 10 9; Hos 2 1-3.25; Jer 31 27f ist die Aussaat von Menschen (= Israel) belegt[87] - der Metapherngebrauch ist zwar nicht zentral, jedoch insofern interessant, als diese Vorstellung auch Mk 4 16 begegnet und *Gott* es ist, der hier sät. Menschen werden auch IV Esr 5 48; syrBar 70 2; IV Esr 8 41(?)[88], vgl. IV Esr 8 44; äthHen 62 8, gesät[89] -IV Esr 8 41 spricht ausdrücklich den Verlust an und wirft damit die aus der Diskrepanz zwischen Gottes Verheißung und der Realität geborene Frage nach der Theodizee auf. Wird IV Esr über die Natürlichkeit des Verlustes argumentiert und der Vergleich zurückgewiesen, so verdrängt Mk 4 den Verlust nicht, ordnet ihn aber optimistisch dem Erfolg zu, auf den das Gleichnis zuläuft.

Das Bild der Pflanzung ist eine geläufigere Metapher für Israel als das der Aussaat.[90] Gleichwohl realisiert Mk 4 3ff das Bild der Aussaat. Hat das seinen Grund darin, daß die Metapher der Pflanzung längst negativ geprägt und von der Qumrangemeinde einseitig okkupiert war?[91] Daß sie nur ein Umpflanzen, nicht aber einen völligen *Neuanfang* erlaubt? Daß das Wachstum durch die Widrigkeiten zur Frucht nur innerhalb der Saatmetaphorik in einem überschaubaren Zeitraum darstellbar ist? Könnte es folglich nicht sein, daß Neu-

---

3,11 (= C 731; 100-200fach), XVI,1,14 (300fach); Varro, rust. I, 44,2. Paradiesisch klingen Erzählungen von einem 100- (GenR 64 zu 25,12), 2100- (bKet 112a), zehntausend- (syrBar 29 5), ja millionenfachen, unermeßlichen Ertrag (vgl. Bill. I, 657f; IV, 889); Sib III263 (Frucht hundertfältig); Sib III744f, vgl. Apk des Elia (Wünsche, Lehrhallen, II, 35: 1 Kor/900 Kor).

87) Möglicherweise auch Ps 90 5; Ps 44 3, vgl. Lohfink, Metaphorik, 219; vgl. ders., dass. 216-219 (die LXX übersetzt Hos 2 2 mit ἀναβήσονται ἐκ τῆς γῆς; hier begegnet also - wie Mk 4 8 - das ἀναβαίνειν). Beachte in diesem Zusammenhang auch die Identifikation Israels mit einem Saatkorn (Deutung des Weizens auf die Israeliten: MidrPss zu 2,13.16). Die Vorstellung der Saat von Menschen hat ihren Ort im AO, vgl. Pettinato, Menschenbild, 30 vgl. 49. Erinnert sei auch an die Kadmossage (s. Lohfink, Sämann, 224), vgl. auch Philo, Aet 68f; ferner: Plat., Tim. 91d.

88) Unsicher, da "seminati" auch auf eine Verlesung von "παρόντες" ("παριόντες") in "σπαρέντες" zurückgehen kann, vgl. Harnisch, Verhängnis, 102f.

89) Das Subjekt ist in den zwischentestamentlichen Stellen nicht explizit ausgeführt - inwieweit ein passivum divinum vorliegt, muß offen bleiben, vgl. Lohfink, Metaphorik, 221f.- Zur Saat von Menschen vgl. auch Eur., Bakch. 1026; 1314.

90) Beide Bilder sind Jer 31 27f nebeneinander realisiert.

91) Vgl. dazu Lohfink, Metaphorik, 220f.

anfang und Naherwartung für die Bildwahl mitbestimmend waren?
ad β) Im AT wird nur am Rande und indirekt die Saatmetapher Jes 5510 in Beziehung mit dem Wort gebraucht.[92] Stärker ausgeprägt ist die Verbindung der Saatmetaphorik mit der Rede/dem Wort im griechischen Raum:[93] So gebraucht Plat., Phaidr. 276b-277a die Saatmetapher, um die Sterilität der schriftlich fixierten Rede gegenüber der Lebendigkeit des gesprochenen Wortes herauszuarbeiten.[94]
Die Stoa hat den Vorstellungskomplex vom λόγος σπερματικός ausgebildet.[95] Jeder Mensch hat Teil am Weltlogos (vgl. Sen, epist. 7315): "Semina in corporibus humanis divina dispersa sunt"). Diesen Teil gilt es mit Hilfe der Philosophie und des Philosophen auszubilden und zu entwickeln. Unter dem Einfluß der λόγος σπερματικός-Vorstellung dürfte auch der Vergleich des göttlichen Gesetzes mit dem Samen gebildet worden sein,[96] wie er uns IV Esr 930-33 begegnet.
ad γ) Häufig wird die Saatmetapher in ethischem Zusammenhang gebraucht: Mit der Erntemetapher als Pendant bildet sie den Tun-Ergehens-

---

92) In der rabbinischen Literatur steht die Saatmetapher bSanh 99a, vgl. bBQ 17a im Zusammenhang mit dem Schriftstudium. HldR zu 73 wird der Weizenhügel auf die Priesterthora gedeutet. bBB 145b wird der Kornbesitzer mit dem Gemarakundigen identifiziert; vgl. auch bBer 64a; bHor 14a.
93) Plat., Phaidr. 260d; 277a; Gorgias b. Aristot., rhet. III, 3,4 (1406b 10); (indirekt: Aristot., NE X, 10 (1179b); Demost., 159); Hippokr., Nomos 3, Plut., mor. 2 B; (mor. 48 C); mor. 394 E (σπείροντες λόγους); mor. 637 A; Pind., Nem 837; (Antipho Soph, frg. 60 b. Diels/Kranz, Vorsokratiker, Bd. II, 1952, 365 (87 [80] B 60)); C.H. I29; Cic., de orat. II262; Sen., epist. 382; (Quint., inst. 8 pr. 23; inst. 4,2,54); s.u. S. 366 m. Anm. 81. Nachneutestamentlich: IgnEph 91; EpJac I, 8,10; ActAndr 12 (Hennecke II, 289).
94) Er spielt hier mit der Doppeldeutigkeit von σπέρμα, das sowohl in Relation zum Ackerbau als auch zur Sexualität steht (s. Aischyl., sept. 753f; Eur., Or 552f; Plat., Tim. 91d; Philo, Aet 68f; gr.Esr.Apk V18; Apk Sedr. 512; vgl. ferner Baudy, 49, (69), Pauer, Eur., 129f; zum AT vgl. Schulz, ThWNT VII, 538): das Ineinander von Erotik und Redekunst in Plat.'s Phaidr. ist nicht zufällig, sondern beschreibt die 'geistige Zeugung' des Philosophen, der die Seele des Geliebten mit schönen Reden befruchtet (vgl. Plat., symp. 209aff und die detaillierte Studie von Baudy, Adonisgärten, bes. 73ff). Ähnlich spielt Plut., mor. 394 E mit dem Motiv der Saat von Menschen, aus dem er eine Saat von Worten werden läßt (vgl. Lohfink, Metaphorik, 224). Im sexuellen Zusammenhang trifft die Saat auf "Felsen und Steine" und das weibliche Ackerfeld Plat., leg. 838e 838a; vgl. Philo, VitCont 62; SpecLeg III, 33f.39.
95) Vgl. dazu S. 364f.- Die λόγος σπερματικός-Vorstellung kann auch von Gott auf den König als Abbild Gottes und lebendiges Gesetz übertragen werden, der den Menschen in ein Abbild des Königs und in einen, der freiwillig nach dem Gesetz lebt, verwandelt, vgl. Goodenough, Philosophie, bes. 67.
96) Vgl. IV Esr 86; syrBar 321. Der Vergleich des göttlichen Gesetzes mit dem Samen fehlt im AT. Er dürfte erst unter dem Einfluß der λόγος σπερματικός-Vorstellung gebildet worden sein, s. Jeremias, Gleichnisse, 77A5.

Zusammenhang ab.[97] Diese stabile weisheitliche Zuordnung ist jedoch Mk 4 (es fehlt das Erntebild!) gerade nicht realisiert: Ein Teil der Saat geht ja zugrunde.[98]

Ethisch(-psychologisch)[99] ist der Bildkomplex bei Philo geprägt: Hier sät Gott[100] das Schöne, Einsicht und Tugend in die Seelen.[101] Diese sind der Boden, der als Frucht das Schöne (All III249; Som II272) bzw. das glückselige Leben (Agr 25) hervorbringt. Gott ist es, der bewirkt, daß die Menschen edle Taten säen (Ebr 224).

IV Esr 428f spricht von der Saat des Bösen und des Guten. Im Unterschied zu Mk 4 wird die Saat qualitativ spezifiziert[102] und auf diesen und den kommenden Äon verteilt. In IV Esr finden wir also nebeneinander alle drei Aktualisierungen der Metapher: die Saat von Menschen (IV Esr 841.44), von Worten (hier dem Gesetz IV Esr 930-33) und von Bösem und Gutem (IV Esr 428f).

Nicht überallhin soll man säen – so lautet die Mahnung zu überlegter Selektion (Sir 73; sprichwörtlich: Ps-Phokylides 152: nicht auf's Meer säen).[103] Sib VIII409 greift die Mahnung, nicht auf's Wasser zu säen, positiv auf: "(407) Des Bedrückten nimm stets dich an... (409) Jetzt nur säend ins Wasser, damit ich dir einst gebe (410) unvergängliche Früchte". Auch Arist 230 hebt sich von diesem Selektionsprinzip ab: Bei *allen* Menschen sät der König Zuneigung und Liebe – und kann gerade deshalb nicht unterliegen.[104]

---

97) Hos 8₇; Prov 11₁₈; 22₈; Hi 4₈; kontrastiv: Ps 126₅, vgl. S. 60; 101f. - Ethische Verwendung der Saatmetapher noch b BQ 17a.
98) Gleichwohl ist die das Gleichnis abschließende Fruchtmetaphorik auch ethisch konnotiert.
99) Vgl. die häufig anzutreffende Ausdrucksweise σπέρμα(τα) τῆς ἀρετῆς, Philo, All III168; III249; Schulz, ThWNT VII, 543. Für Philo ist die Vorstellung der "psychischen Landwirtschaft" (Agr 17; 25) bestimmend, s. Klauck, Allegorie, 194; Schulz, ThWNT VII, 544. Es fehlt die eschatologische Dimension.
100) Beachte den Einfluß der λόγος σπερματικός-Vorstellung!
101) Philo, All I45.49.79; Cher 44; 52; Conf 196; vgl. Philo, SpecLeg II29; Agr 9; Migr 35; Mut 255. - Vgl. auch Philo, Som I199f: Samen (σπορά) verständiger Lehren. Weitere metaphorische Verwendung des Saatbildes: Ach 110; Plat., leg. VI777e; Plat., rep. 6492a (jeweils im Kontext der Erziehung); Plat., Phaid. 83 d,e; Plut., mor. 731 E (negativ); Plat., rep. 497B; Plut., mor. 56 B; mor. 945 C; mor. 829 B.
102) Die qualitative Spezifizierung begegnet ausgesprochen häufig: TestRub V3; TestLev 136; Test XII Patr. Anhang 2, 87 (JSHRZ, III/1, 146); Philo, Conf 21; Pind., Nem. 837; Sen., benef. IV, 27, 04; Sen., epist. 9429; C.H. IX4; Plat., leg. VI777e; Musonius, ed. Hense 81; u.ö. Antipho Soph, Frg 60 (wie der Same, so ist die Ernte), vgl. IV Esr 428-32.
103) S. Kaibel, Epigr. Gr. 1038,8f; Corp. Paroem. Gr. I, 344, 11; II,27,59; Sib VIII409; Theogn. I105-108; Philo, SpecLeg III32.
104) Arist. ist abhängig von hellenistischen Königs- und Fürstenspiegeln (vgl. Schubart, Königsideal, bes. 94); königlicher Überlegenheit und Tugend entspricht

Wie nicht alle Pflanzen Wurzeln schlagen, so werden auch nicht alle Menschen bewahrt bleiben (IV Esr 8 41ff).[105] Dieses Bild bringt Unsicherheit und Zweifel an der Gerechtigkeit Gottes angesichts der Realität zum Ausdruck. Auch das schnelle Wachsen und Vergehen ist eng damit verbunden, bringt es doch das Leben des רשע im Unterschied zum צדיק und die schnelle Vergänglichkeit des Menschen zur Sprache: Der רשע, der Wurzeln schlägt und Frucht bringt, ist eine Anfechtung (Jer 12 2). Schnelles Wachstum wird durch den dicht unter der Oberfläche liegenden Stein gerade ermöglicht,[106] bedeutet aber auch, so tröstet Sir 40 15, ebenso sicher schnellen Untergang (vgl. Sap 4 3). Das schnelle Verdorren von Gras o.ä., bildet das Schicksal des רשע ab und mahnt den Menschen an seine Vergänglichkeit.[107] Den klimatischen Verhältnissen entsprechend, ist die Sonne ein Antagonist -Schutz vor der Sonne bedeutet Heil.[108]

Die Dornen sind mit dem göttlichen Strafgericht bzw. mit dessen Ankündigung verbunden: Sie finden sich überwiegend bei Jeremia und Protojesaja im Rahmen von Gerichtsankündigungen bzw. Aufrufen zur Umkehr.[109] Nur Jes 27 4, 55 13 und Ez 28 24 finden sich Dornen (Disteln) im Zusammenhang mit einer Heilsaussage.

es, allseits Wohltaten zu erweisen (Goodenough, Philosophie, 45). In einem Fragment von Ecphantus (Stob 4,7,65) sät der König (beachte die Übertragung der stoischen λόγος σπερματικός-Lehre von Gott auf den König! s.o. S. 220 Anm. 95) den λόγος in die Menschen, vgl. dazu Goodenough, Philosophie, bes. 64-67 und Chesnut, Ruler, 1318-1320. (Für den Hinweis auf diese Stelle sei Steven Patterson herzlich gedankt). Steht demzufolge im Verhalten des Sämanns Mk 4 3ff ein königliches Ideal im Hintergrund?
105) Das Wurzelbild ist meist individualistisch im Blick auf den רשע bzw. den צדיק gewandt, vgl. Pesch, Mk I, 233; Maurer, ThWNT VI, 985.
106) Die hinter dem Adoniskult liegende Saatgutzüchtung, die wohl auch in Jerusalem und Antiochia geübt wurde und noch heute von den Juden praktiziert wird (vgl. Baudy, 19f; Dalman, AuS III, 188), macht sich diese Erfahrung zunutze. Zu den das Wachstum beschleunigenden Faktoren vgl. Haugg, D., 179. - Auf die Entwicklung von Schülern ist das Bild Quint., inst. 5,11,24 angewandt.
107) Hi 8 11f; 14 1f; Ps 37 2; 90 5f; 92 8; 102 12; 103 15f; Jes 37 27; 40 6f; 40 24; 51 12; 64 5; syrBar 82 7; 83 12; äthHen 96 6; MidrPss zu 1; I Petr 1 24; Jak 1 11. Sifre Num 76 zu 10,9 ist das Verdorren des Getreides Bild für die Not der Gemeinde.
108) Ps 121 6; Jes 25 4; 49 10; Jer 17 8; Apk 7 16. Die Sonnenglut erinnert an Bedrängnis und Verfolgung, vgl. I Petr 4 12.
109) Vgl. Jer 4 3: "sät... nicht in Dornen"; Jer 12 13; Jes 5 6; Jes 32 13; 34 13; 7 23; 9 17 (+Feuer); Hos 10 8; Nah 1 10; II Sam 23 6f; Gen 3 18.- Zu Jer 4 3f, vgl. Gertner, bes. 272. MidrPss zu 21 3 vergleicht die Völker (diff. Israel) mit den Dornen. Prov 15 19 vergleicht den Weg des Faulen mit dem Dorngestrüpp, Philo, All III 253 führt der Weg des Lebens durch 'Dornen und Gestrüpp'. Philo, All III 248 sind die Dornen die stechenden und verwundenden Leidenschaften, die in der Seele des Toren wachsen; vgl. (ad ἄκανθαι) Philostratus, vit. Apoll. V 36.

αὐξάνειν begegnet als Wachstum des Volkes,[110] aber auch für das Wachsen des Wortes in den Act.[111] Die Fruchtmetapher[112] kann religiös-ethisches Verhalten (Prv 11,30; 12,14) umschreiben und im Tun-Ergehens-Zusammenhang stehen.[113] Häufig findet sie sich im Zusammenhang eschatologischer Fülle[114] und ist Zeichen göttlichen Segens (Gen 26,12).

2.4.2) Mk 4,13-20

Mit dem Wechsel vom Gleichnis zur Deutung geht ein Wechsel von der erzählten zur besprochenen Welt einher. Über die anaphorischen Demonstrativpronomina und die zitatartigen Wiederaufnahmen Mk 4,14-20 bleibt die Deutung eng auf das Gleichnis bezogen. Eine ganze Reihe von Metaphern wird allegorisierend ausgelegt: so der Same (Mk 4,3c-8 diff. Lk 8,5 nicht explizit erwähnt) auf das Wort;[115] die Vögel (pl!) auf den Satan (sing.!);[116] die auf den Felsen fallende Saat auf die Wurzellosigkeit des Menschen bei Drangsal und Verfolgung (V16f); die Dornen auf weltliche Sorgen, die Verführung des Reichtums und anderweitige Begierden (V18f).

Es bleiben aber auch eine Reihe von Metaphern ungedeutet wie z.B. der Sämann (V3; V14), das Aufpicken der Vögel, das Versengt- und Ersticktwerden (V6) sowie das Aufgehen und Wachsen des Samens (V8), die Frucht bzw. das καρποφορεῖν (V20).[117] Daneben kommen neu noch eine Reihe von Begriffen hinzu, die der Sachebene zuzuordnen sind.

Das Gleichnis selbst wird nicht als Allegorie behandelt und Zug für Zug ausgedeutet. Nur einige Bildelemente werden aufgegriffen und analog zur prophetisch-apokalyptischen Traumdeutung[118] aktualisierend ausgelegt.

110) Es steht im Zusammenhang der Mehrungsverheißung, vgl. Gen 17,6.20; 26,22; 28,3; 35,11, u.ö., vgl. Lohfink, Sämann, 227.
111) Act 6,7; 12,24; 19,20, jedoch mit ekklesiologischen Konnotationen, vgl. Kodell, Word, bes. 518. Möglicherweise ist hier (vgl. Ex 1,7; Act 7,17, Zingg, Wachsen, 25f) die Vorstellung vom Wachstum des Volkes zugrunde gelegt.
112) Vgl. Hauck, ThWNT III, 617-619; Hensel, ThBgL I, 399-401.
113) Prov 1,31; Jer 17,10; Jes 3,10; b Qid 40a; TPea 1,2-4 (vgl. Bill I, 638; Hauck, ThWNT III, 617).
114) Vgl. Klauck, Allegorie, 194 A 51; 191 A 33.
115) Diese Deutung wird jedoch nicht konsequent durchgehalten: Der Same wird sowohl auf das Wort (V14f) als auch auf Menschen (V15f; 18; 20) bezogen. Hier überlagern sich zwei Bildkreise, vgl. Lohfink, Sämann, 224; Klauck, 202f.
116) Mk 4,15 ὁ σατανᾶς; Mt 13,19 ὁ πονηρός; Lk 8,12 ὁ διάβολος.
117) Vgl. Hahn, FS Black, 139; Jül II, 534. - Die Sämanns- und Fruchtmetapher könnte als stehende Metapher ungedeutet bleiben.
118) Vgl. Klauck, 200-209, bes. 201; Berger, Wert, 433, sieht in der Traumdeutung den Ursprung allegorischer Schriftauslegung. - Moule, Mark 4, 109, will nicht von einer allegorisierenden Applikation, sondern von der Explikation einer "multiple parable" sprechen.

2.4.2.1) Strukturanalyse (im Vergleich zum Gleichnis)

```
V13          (Rahmen)
V14                              ὁ σπείρων
                                         τὸν λόγον
                         σπείρει·
(I)V15       οὗτοι δέ    εἰσιν       οἱ                    παρὰ τὴν
                                                           ὁδόν·
             ὅπου        σπείρεται ὁ λόγος
             καὶ ὅταν    ἀκούσωσιν,
             εὐθὺς       ἔρχεται    ὁ σατανᾶς
             καὶ         αἴρει                    τὸν λογον
                                                           τὸν ἐσπαρμένον
                                                           εἰς αὐτούς.
(II)V16      καὶ οὗτοι   εἰσιν       οἱ                    ἐπὶ τὰ
                                                           πετρώδη
                         σπειρόμενοι
             οἳ ὅταν     ἀκούσωσιν            τὸν λόγον
                                                           εὐθὺς
                                                           μετὰ χαρᾶς
                         λαμβάνουσιν αὐτόν,
V17          καὶ οὐκ     ἔχουσιν     ῥίζαν                 ἐν ἑαυτοῖς
             ἀλλὰ                                          πρόσκαιροί
                         εἰσιν,
             εἶτα                                          γενομένης
                                                           θλίψεως
             ἢ                                             διωγμοῦ διὰ
                                                           τὸν λόγον
             εὐθὺς       σκανδαλίζονται.
(III)V18     καὶ                     ἄλλοι
                         εἰσὶν       οἱ σπειρόμενοι        εἰς τὰς
                                                           ἀκάνθας
                                     σπειρόμενοι·
             οὗτοί       εἰσιν       οἱ
                                                  τὸν λογον
                         ἀκούσαντες
```

V19	καὶ	αἱ μέριμναι τοῦ αἰῶνος	
	καὶ	ἡ ἀπάτη τοῦ πλούτου	
	καὶ	αἱ περὶ τὰ λοιπὰ	
		ἐπιθυμίαι εἰσπορευόμεναι	
		συμπνίγουσιν τὸν λόγον	
	καὶ	ἄκαρπος γίνεται.	
(IV)V20	καὶ	ἐκεῖνοί	
		εἰσιν οἱ	ἐπὶ τὴν γῆν
			τὴν καλὴν
		σπαρέντες,	
		οἵτινες	
		ἀκούσιν τὸν λόγον	
	καὶ	παραδέχονται	
	καὶ	καρποφοροῦσιν ἓν τριάκοντα	
	καὶ	ἓν ἑξήκοντα	
	καὶ	ἓν ἑκατόν.	

In der Exposition verlagert sich der Akzent vom Sämann auf den Samen, der mit dem Wort identifiziert wird: Mit τὸν λόγον ist ein Leitwort angeschlagen,[119] das sich durch die Deutung zieht und in ἀκούειν, λαμβάνειν und παραδέχεσθαι Korrelate gefunden hat.

Der Hauptteil zeigt im Anschluß an Mk 4,4-8 eine viergliedrige Struktur mit relativ gleichmäßigem Aufbau: Auf dreimaliges οὗτοί εἰσιν (I, II, III[120] vs IV (V20) ἐκεῖνοί εἰσιν + Artikel im Plural + Ortsbestimmung + eine Form von σπείρειν) folgen in größerer Variation die zentralen Stichworte λόγος (7x) und ἀκούω (4x) und (in I+II eingeleitet durch εὐθύς) das Ergebnis. Durch den Wechsel von οὗτοι/ἄλλοι zu ἐκεῖνοί (IV), den Tempuswechsel von σπείρειν (I-III Präsens; IV Aorist) und ἀκούειν (I-III Aorist; IV Präsens) und die Opposition ἄκαρπος (III) vs καρποφοροῦσιν (IV) wird der letzte Abschnitt von den ersten drei abgesetzt. Ist dieser Kontrast auch im Gleichnis bestimmend, so ist die Klimax in der Deutung weniger stark ausgeprägt.[121] Die Negativa gewinnen zunehmend an Gewicht,[122] so daß die einzelnen Teile der Deutung stärker gleichgewichtet sind.

2.4.2.2) Interpretation (im Vergleich zum Gleichnis)

Im Gegensatz zur Realität sät der Sämann überallhin - und doch erbringt der Samen überreiche Frucht. So betont kontrastiv das Gleichnis. In der Deutung dagegen verschwindet der Sämann: Der Kontrast, der

---

119) V14.15.16.17.18.19.20.
120) Hier erst in der Erklärung aufgenommen: ἄλλοι εἰσιν οἱ εἰς ... οὗτοί.
121) Vgl. Taylor, St. Mark, 261.
122) Das läßt sich schon wortstatistisch festmachen: Während IV im Gleichnis und in der Deutung ungefähr gleich lang sind (ca. 25 Wörter), sind die Negativa in der Deutung beinahe doppelt so lang wie im Gleichnis (ca. 60 Wörter zu 100 Wörtern). Dabei sind die Negativa steigernd angeordnet (vgl. Weder, Gleichnisse, 111): I: Vögel = Satan II: Sonne = Drangsal + Verfolgung III: Dornen = Sorgen dieser Weltzeit + Lust des Reichtums + die sonstigen Begierden.

den Erfolg hervorhebt, weicht vier gleichgeordneten Möglichkeiten.[123] Vom Erfolg, auf den alles zuläuft, verlagert sich das Gewicht stärker auf den Mißerfolg: In drei negativen und einem positiven Beispiel handelt die Deutung vom Wort und seinen Hörern und interpretiert Erfahrungen mit der Antwort der Hörer auf die Verkündigung.

2.4.2.3) Der übergreifende Lebenszusammenhang
a) Bild- und Wortfeld

Im Bildgebrauch der Deutung fällt eine Inkonzinnität sofort ins Auge: Heißt es Mk 4₁₄ ὁ σπείρων τὸν λόγον σπείρει (vgl. V 15), so Mk 4₁₆ οὗτοί εἰσιν οἱ ... σπειρόμενοι (vgl. V15.18.20). Zwei Metaphernkomplexe überschneiden sich hier: der der Menschensaat und der der Wortsaat (s.o.). Ist ersterer stärker in atl.-jüdischer, so letzterer stärker in griechischer Tradition verankert.[124] Das Bild wird dadurch unscharf: Zum einen sind es die Menschen (Acker), zum anderen ist es das Wort, das Frucht bringen soll. Vielleicht ist hier – im Gefälle der Paränese[125] – das Neben- und Miteinander zweier Metaphernkomplexe bewußt in der Schwebe gehalten, da die zwei Aspekte – der Mensch und das Wort – beim Fruchtbringen nicht auseinanderdividierbar, sondern beide notwendig sind.

Die Deutung der Vögel als Satan ist in der Bildtradition angelegt;[126] neu ist jedoch die Ausrichtung des Satans auf das Wort.[127]

Urchristlicher t.t. für die missionarische Verkündigung ist das absolute ὁ λόγος, das nur hier im Munde Jesu begegnet.[128] Außerhalb der Synoptiker – insbes. bei Paulus – sind die Metaphern σπείρειν im Sinn von

---

123) Dem entspricht, daß der Ackerboden jetzt eine verstärkte Bedeutung gewinnt: Mk 4₁₅b.16.18.20 ist nicht vom Samen, sondern von den auf den Weg, auf den Felsgrund, etc. Gesäten die Rede.
124) S.o., sowie Lohfink, Metaphorik, 224f. Suys, Commentaire, 247-254 bietet auslegungsgeschichtliche Hinweise.
125) Kuhn, H.-W., 116, bestreitet ein paränetisches Gefälle mit dem Argument, daß man niemanden auffordern könne, guter Boden oder guter Same zu sein. Ein gewisses prädestinatianisches Moment ist der einzelnen Metapher auch nicht abzusprechen – wesentlich kommt es in der Deutung aber auf das Fruchtbringen an (vgl. ἄκαρπος, καρποφοροῦσιν V19f, Klauck, Allegorie, 203).
126) Jub 11₁₁ schickt der Fürst Mastema (= Satan) Raben und andere Vögel, und ApkAbr 13₃₋₇ ist der unreine Vogel Asasel die Gottlosigkeit. Vgl. evtl. noch TestHiob 27₁; Sib 5₄₇₁; äthHen 90₈₋₁₃ (die Raben stehen für die Feinde Israels); (vgl. Ez 39₄); b Sanh 107a (Azazel kann auch die Form eines Vogels annehmen); Targum Neofiti zu Gen 15₁₁ identifiziert den unreinen Vogel mit den Reichen der Erde.
127) Vgl. Baumbach, Verständnis, 37f. Nach Paulus stellt sich der Satan der christlichen Mission entgegen, vgl. I Thess 3₅; II Kor 11₃; ferner I Thess 2₁₈.
128) Vgl. Act 4₄; 6₄; 8₄; Gal 6₆; Kol 4₃; I Thess 1₆; II Tim 4₂; Jak 1₂₁; I Petr 2₈. In Entsprechung dazu steht das ἀκούω V 14.16.18.20.

verkündigen,[129] ῥίζα für die innerliche Festigkeit,[130] ἄκαρπος[131] und καρποφορεῖν[132] realisiert.

Auch die unbildlichen Begriffe weisen primär in die Urgemeinde und reflektieren vor allem die urchristliche Missionserfahrung. Analogien lassen sich in den Briefen/Acta finden: Mit Freude ergreifen die Hörer das Wort (I Thess 1 6; vgl. auch Act 8 8; 16 34); πρόσκαιρος (II Kor 4 17f m. D * F G zu V17) - Gräzismus ohne aramäisches Äquivalent[133] - wird im martyrologischen Zusammenhang verwandt.[134] θλῖψις steht für Bedrängnisse verschiedenster Art.[135] In rabbinischen und apk. Texten begegnet die Vorstellung einer eschatologischen θλῖψις - einer sich steigernden Drangsalsperiode vor dem Hereinbrechen des messianischen Reiches.[136] Diese eschatologische Drangsal dürfte hier nicht gemeint sein,[137] sondern die Bedrängnis und Not gläubiger Existenz.[138] Besonders hart ist die Bedrängnis (διωγμός),[139] die die Verkündiger (Gal 5 11; II Tim 3 11) und Hörer des Evangeliums (Mk 10 29f)[140] trifft: Missions- und Gemeindeerfahrungen schlagen sich hier nieder (vgl. Act 8 1; 13 50; 224). σκανδαλίζεσθαι bezeichnet das Irrewerden an Jesus und seinem Wort und das Verderben, das ihm folgt.[141] Nur dieser Begriff kommt mehrheitlich in den Synoptikern vor.[142] Singulär ist die Wendung μέριμναι τοῦ αἰῶνος.[143] Ἀπάτη ist außerhalb von Mk 4 19 par nur noch in der Briefliteratur belegt,[144] so auch πλοῦτος.[145]

129) Vgl. I Kor 9 11; vgl. Joh 4 36f.
130) Kol 2 7; Eph 3 17.
131) I Kor 14 14; Eph 5 11; Tit 3 14; II Petr 1 8; Jud 12.
132) Rö 7 4f; Kol 1 6.10.
133) Jeremias, Gleichnisse, 76; IV Makk 15 2.8.23.
134) In Zeiten der Verfolgung muß sich der Mensch zwischen τὰ πρόσκαιρα und τὰ αἰώνια entscheiden, vgl. IV Makk 15 2.5.23; Hebr 11 25; Gerhardsson, B., Sower, 176 m. A2.
135) Vgl. Schlier, ThWNT III, 146f.
136) Vgl. Schlier, ThWNT III, 145. S. Bill IV/2, 977-986, Dan 12 1 Θ; Hab 3 16; ferner Mk 13 19.24; Apk 2 9.10.22.
137) Pesch, Mk I, 244 A 6; Klauck, Allegorie, 203.
138) Zur θλῖψις des Gerechten vgl. Ps 34 19f (Ps 37 39; 138 7; u.ö.).
139) In II Thess 1 4; (II Kor 4 8f) und Rö 8 35 ist θλῖψις mit διωγμός verbunden.
140) διωγμός fehlt Mt 19 29, Lk 18 30, es ist evtl. sek. (Jeremias, Gleichn., 76 A 19).
141) Vgl. Stählin, ThWNT VII, 348-351.
142) 14x Mt; 8x Mk; 2x Lk; 0x Act; 2x Joh; 3x Paulus.
143) μέριμνα nur noch Lk 21 34.
144) Eph 4 22; Kol 2 8; II Thess 2 10; Hebr 3 13; II Petr 2 13.
145) Vgl. bes. Herm., mand. X,1,4. Im NT noch 19x, bes. in den paulinischen Briefen, wo jedoch der positive Gebrauch überwiegt (vgl. Rö 9 23; Eph 1 7).

Der Gebrauch von ἐπιθυμία als böses Verlangen/Begehren entspricht der Briefliteratur.[146] Mk 4 19 ἄκαρπος ist in den Synoptikern nicht weiter belegt,[147] ebenso παραδέχεσθαι.[148] Das καρποφορεῖν erinnert an das Wachsen des Evangeliums Kol 1 6 und die Aufforderung zum Fruchtbringen und Wachsen in der Erkenntnis Gottes (Kol 1 10).

b) Situation / Intention (Gleichnis und Deutung)
Mk 4 3-8 kann sich nach der oben versuchten Interpretation des Gleichnisses in Jesu Praxis und Eschatologie einfügen.[149] Es ist durchaus möglich, das Gleichnis, Mk 4 11 entsprechend, als βασιλεία-Gleichnis zu verstehen:[150] In den Widrigkeiten dieses Äons nimmt sie ihren Anfang. Im Unterschied zum Bildgebrauch der Apokalyptik sind der gute Acker und die fruchtbringende Saat schon da. Gott[151] setzt mit der Saat einen Neuanfang - schon dem Gebrauch der Saatmetaphorik entsprechend, ist die Aussaat nicht auf die Verkündigung einzuengen.[152] Die großzügige Aussaat ist dem Mißerfolg ausgesetzt:
Hier werden Einwände und negative Erfahrungen der Hörer[153] mittels Verschränkung aufgenommen und der Blick auf die kommende Frucht ge-

---

146) Vgl. Rö 7 7f; Gal 5 24; I Thess 4 5; II Tim 3 6; Jak 1 14f; I Petr 4 3, u.ö.; vgl. auch Herm, sim V,3,6, Büchsel, ThWNT III, 170-172. Der positive Gebrauch Lk 22 5 (diff. Mk 4 19 im sing.) fällt aus dem Rahmen. Vgl. noch Gal 5 17; Büchsel, ThWNT III, 172 m. A 37.
147) Es findet sich noch I Kor 14 14; Eph 5 11; Ti 3 14; II Petr 1 8; Jud 12.- Vgl. auch Sap 15 4.
148) Act 15 4; 16 21; 22 18; I Tim 5 19; Hebr 12 6.
149) Vgl. Lohfink, Sämann, 58. Einen Überblick über Interpretationen bieten Bm., Interpretation, 30-34; Taylor, Mk, 250f; Dietzfelbinger, Samen, 83-88.
150) Vgl. Lohfink, Sämann, 58, Luck, WuD 11, 80, Schnackenburg, Gottesherrschaft, 100; Hunter, ET 69 (1957) 100-104, 102.
151) Die Identifikation des Sämanns mit Gott schließt eine implizite Deutung auf Jesus nicht aus (vgl. Lohfink, Sämann, 61f; Stegemann, Mk, 188); gleichwohl erscheint die Deutung Wellhausens (Mc, 32), Jesus reflektiere hier über sich selbst, über den Erfolg seines Wirkens (vgl. Cerfaux, NTS 2, 246, Fuchs, E., hist. Jesus, 348; Klostermann, Mk, 39f) zu eng. Eine Verortung des Gleichnisses in Jesu Vita (z.B. Linnemann, Gleichnisse, 123f (Streit um Jesu Zeitansage, der in der Umkehr, die die Täuferpredigt hervorruft, einen Hinweis sieht, daß jetzt Gottes Herrschaft erscheint), Gnilka, Mk I, 161 (am Ende von Jesu Wirksamkeit reflektiert Jesus über den Erfolg seiner Verkündigung), vgl. ferner Knoch, Ohren, 73; Neil, ExpT 77; u. a.) bleibt spekulativ. Dietzfelbinger, Samen, bes. 91f, deutet das Geschick des ausgestreuten Samens im Sinne einer impliziten Christologie auf das Schicksal Jesu, was weder von der Bildebene, noch von der vorgestellten vorösterlichen Situation einleuchtet (vgl. auch Hahn, FS Black, 138 A 2).
152) Lohfink, Metaphorik, 225, ders., Sämann, 62, denkt an die endzeitliche Erneuerung des Gottesvolkes. Dafür könnte auch die Beobachtung sprechen, daß Differenzierungsbilder eng mit einer Gemeinschaft/der Gemeinde zu korrelieren scheinen.
153) Linnemann, Gleichnisse, 124; Eichholz, Gleichnisse, 78.

lenkt.[154] Dem Bild kommt also eine tröstend-ermutigende Funktion zu. Die Expansion von V5f[155] indiziert ein neues Lösungsmuster: Man versucht, den Verlust zu begründen und zu erklären. Dabei wird der Blick unweigerlich stärker auf die Negativa gelenkt.[156] Die Begründung "διὰ ... μὴ ἔχειν ῥίζαν", die über das Bildfeld eng mit dem Themenkomplex verbunden ist, zeigt ein Gefälle auf ein ethisierendes Verständnis hin, in das auch καρπός (V7cf) einzureihen sein dürfte. Die vormk Rahmung (ἀκούειν V3.9.23) stützt die Deutung auf das Wort und die paränetische Abzweckung. Greifbar wird diese Verschiebung in der allegorischen Deutung des Gleichnisses Mk 4 14ff, die wohl schon in der vormk Gleichnissammlung gestanden hat.[157]

Die Deutung handelt nicht mehr von der βασιλεία, sondern konzentriert sich explizit auf die Wortverkündigung (λόγος!). Deren Scheitern bekommt eigenes Gewicht und spiegelt entsprechende Gemeindeerfahrungen. Die missionarische Verkündigung scheitert immer wieder: Menschen nehmen die Botschaft nicht an (V15)[158] oder fallen über kurz oder lang ab - sei es, daß sie ohne Rückgrat[159] Drangsal und Verfolgung aus-

---

154) Ist bei der Frucht (es heißt nicht 'Ernte'!) an die eschatologische Heilsgemeinde gedacht? Vgl. Schürmann, Lk I, 455, Lohfink, Metaphorik, 225, ders., Sämann, 62.
155) Mk 45f schießt die Erläuterung (ὅπου οὐκ εἶχεν γῆν πολλήν) über; die Vernichtung (ἐκαυματίσθη/ἐξηράνθη) ist gestuft und die Assonanz von ἐξανέτειλεν und ἀνέτειλεν auffällig, vgl. Klauck, 187.197; Lohfink, Sämann, 39-42, Weder, Gleichnisse, 101.
156) Hier zeigen sich Parallelen zur Deutung, in deren Zusammenhang die Erweiterung von V5f zu sehen ist, vgl. Weeden, Sower, 98-101. 102f. Ob im V7d (καρπὸν οὐκ ἔδωκεν) und im ἀναβαίνοντα καὶ αὐξανόμενα (V8) eine entsprechende Erweiterung vorliegt (vgl. Weeden, Sower, 101-104; Weder, 101; Klauck 187; Borsch, 203 (zu V7d); Crossan, Seed Parables 246.248; Borsch, Waste, 203 (zu V8)), ist nicht so sicher auszumachen: V7d ist im Rahmen der Klimax durchaus verständlich (Lohfink, Sämann, 42); V8 (ἀναβαίνοντα...) fügt sich in den Rhythmus von IV und erinnert an die Beschreibung V28 (vgl. Lohfink, Sämann, 43f).
157) Das Gleichnis und seine Deutung sind vormk wie die Stellung von Mk 411f zeigt (vgl. Marxsen, Erklärung, 255-271) und eine Reihe von Hapaxlegomena für die Mk-Deutung (vgl. Gnilka, Verstockung, 61, Jeremias, Gleichnisse, 75f) deutlich machen.- Sie sind nicht zusammen entstanden (gegen die S. 211 Anm 197 fin genannten Autoren) - vielmehr weisen die strukturellen (vgl. Strukturanalyse), sprachlich-stilistischen und inhaltlichen Unterschiede auf eine spätere Entstehung der Deutung; sie setzt das Medium der Schriftlichkeit voraus und ist in griechischer Sprache niedergeschrieben (vgl.. Klauck, Allegorie, 204f). Im übrigen ist das Gleichnis auch EvThom L (8)9 ohne Deutung überliefert.
158) Kann das εὐθύς so verstanden werden, daß hier Nichtchristen, die mit der Verkündigung in Berührung gekommen sind, gemeint sind? Oder ist V15 an Apostasien gedacht?!
159) 'Ohne Wurzel in sich'; in πρόσκαιρος kann die Bedeutung "sein Fähnchen nach dem Wind hängen" mitschwingen, vgl. Gnilka, Mk I, 175.

gesetzt sind (V16f), sei es, daß die Sorgen dieses Äons, die Lust bzw. der Betrug des Reichtums und die übrigen Begierden (V18) ihnen zusetzen. Dieser für Verkündiger und Gemeindeglieder gleichermaßen beunruhigende Mißerfolg wird hier aufgegriffen und ex post als Folge bestimmter Gegebenheiten gedeutet,[160] um Anfechtungen und Zweifeln entgegenzutreten. Im abschließenden V20 kommt dann die tröstend-verheißende Funktion zum Tragen. Darüberhinaus kann die Deutung auch als Mahnung verstanden werden: Sie präsentiert vier Modelle, die den Adressaten warnen und ihn auffordern, das Wort so aufzunehmen, daß es Frucht bringen kann.[161]

Einem gängigen Strukturschema entsprechend[162] fügt Mk zwischen dem Gleichnis und seiner Deutung Mk 4 11f ein[163] und reduziert so die Ausdifferenzierung der Möglichkeiten auf zwei Grundtypen: auf die, die "draußen" und die, die "drinnen", in der Gemeinde, sind. Mk 4 10[164] reiht sich auf mk Ebene in die Bitte der Jünger um esoterische Belehrung ein[165] und bietet die Gleichnisdeutung als Beispiel für eine private Jüngerbelehrung.

Das ἐξῆλθεν Mk 4 3c erinnert im mk Kontext an Mk 2 17 (ἦλθον καλέσαι δικαίους ἀλλὰ ἁμαρτωλούς) und Mk 1 38; 2 13, so daß bei der Nennung des Sämanns Jesus assoziiert werden kann.[166] Mk 4 14 jedoch fehlt ein entsprechender Hinweis - Mk übernimmt ihn aus seiner Vorlage und läßt den Sämann ungedeutet.[167] Im Makrokontext des Evangeliums finden sich einige Gedanken der Deutung und betten diese ins Evangelium ein: Der Same als das Wort meint die Verkündigung (vgl. V33), genauer: das Evangelium (1 14f). Zum Satan als Kontrahenten (hier aber: Jesu) ist bes. 3 23-26, aber auch Mk 1 13; 8 33 zu vergleichen. Die Verfolgung um des Wortes willen Mk 4 16f erinnert an Mk 13 19.24 (θλῖψις)

---

160) Das entspricht der Logik des apokalyptischen Deuteschemas und ist deshalb - trotz aller prädestinatianischen Anklänge - nicht fatalistisch zu verstehen, vgl. Stegemann, Mk, 190.
161) Zur paränetischen Tendenz der Deutung, vgl. Dib., Formgeschichte, 257f. Die paränetische Verwendung apokalptischen Formen liegt durchaus innerhalb der - traditionellen Möglichkeiten, wie IV Esr gelegentlich, später deutlich Herm. zeigen, vgl. dazu Klauck, Allegorie, 205.
162) Lemico, Structure, 325, vgl. Berger, Formgeschichte, 60-62.
163) Anders Schweizer, E., Mk, 51f, Räisänen, Parabeltheorie, bes. 110.
164) Das Vokabular ist (vgl. Klauck, 242) unmarkinisch, so daß V10 (bis auf κατὰ μόνας? vgl. Lührmann, Mk, 85) der vormk Gleichnissammlung zuzurechnen ist.
165) Vgl. Mk 7 17; 9 28; 10 10; 13 3 und dazu Brown, Secret, 71f.
166) Vgl. auch 4 33: Jesus redete "τὸν λόγον", von der Osten-Sacken, Parabel, 389, Klauck, Allegorie, 198.
167) Weil ihm die Anhaltspunkte für eine christologische Überarbeitung fehlten? (so Klauck, Allegorie, 206).

und an die διωγμοί Mk 10,29f um Jesu und seines Evangeliums willen (vgl. auch Mk 8,34f.38). Zu den Gefahren des Reichtums vgl. Mk 10,17-31. Mt bietet (diff. Mk) die Ertragsschilderung Mt 13,8 in Antiklimax: Hier mögen sich Gemeindeerfahrungen niedergeschlagen haben, wonach die Christen realiter in unterschiedlicher Weise und nicht immer überschwänglich Frucht bringen.[168] Die absteigende Linie zeigt ein paränetisches Gefälle auf die Adressaten hin.[169]

In der Deutung übergeht Mt die Identifikation des Sämanns Mk 4,14.[170] Mt hat die Inkongruenz der mk Verwendung der Samenmetapher empfunden: Er streicht den Vergleich des Wortes mit dem Samen und bezieht die Saatmetapher ganz auf die Hörer des Wortes (vgl. 13,38). Dadurch gewinnt die Deutung eine gleichmäßigere Struktur: Bis auf den ersten Abschnitt - er gibt mit παντὸς ἀκούοντος τὸν λόγον gleichsam die Überschrift an - werden der II. - IV. Abschnitt einheitlich mit ὁ δὲ ... σπαρείς, οὗτός ἐστιν ὁ τὸν λόγον ἀκούων eingeleitet. Durch die Einfügung von ἐν τῇ καρδίᾳ (= Lk) Mt 13,19 identifiziert Mt auch die erste Gruppe *eindeutig* als Christen. - Im Anschluß an Mt 13,13 (vgl. Mk 4,12) fügt Mt in 13,19.23 zum Nichthören das Nichtverstehen, zum Hören das Verstehen ein:[171] Die Negation V.19 bleibt bis V.22/III. bestimmend. Ihr korreliert V.23 antithetisch der positive Abschluß 'wer hört und versteht', so daß durch diese inclusio die Allegorese ganz auf das Leitwort Verstehen ausgerichtet ist.[172] Verstehen und Handeln sind untrennbar miteinander ver-

---

168) Vgl. Haugg, ThQ 127, 200f. Nach Schmid, Mt, 175, Sand, Gesetz, 114 will Mt so den Gedanken fernhalten, "als wäre beim Samen des Wortes Gottes... der magere 30fache Ertrag das Normale". Kingsbury, Parables, 145 A45 erwägt noch, ob die Umkehrung auf die mt Vorliebe für den Chiasmus (vgl. Fenton, J.L., Inclusio and Chiasmus in Matthew, in: StEv I (hg.v. K. Aland, u.a.), 174-179) zurückzuführen sein könnte; nach Jül. II, 521 hat Mt "... das erfreulichste Resultat an die Spitze gestellt". - In der Väterauslegung ist die Ausdifferenzierung in verschiedene Stände und Stufen durchgeführt, vgl. Hieron., In Mt 13,23; Johannes Chrysost., Exiit qui seminat (PG 61,775); Theophylactus, PG 123,532; Aug., quaest. evang. I, IX (PL 35,1325f). - Auch der durchgehende Plural schwächt gegenüber Mk den Kontrast (ἄλλο vs ἄλλα) ab: Schlägt sich hier eine "nüchterne" Betrachtungsweise nieder, oder ist der Plural als mt Stileigentümlichkeit (vgl. Kingsbury, Parables, 44 m A 80) zu erklären?
169) Barth, Gesetzesverständnis, 56 A 1.
170) Weil sich über den Kontext ein Bezug auf den irdisch wirkenden Menschensohn (Mt 13,37(24)) ergeben hätte, den Mt ob der nachösterlichen Perspektive vermeiden will? (So Burchard, Senfkorn, 12).
171) ἀκούειν, λέγειν/λόγος und συνιέναι sind im MtEv von großer Bedeutung: "C'est essentiellement par la médiation d'une parole... que se constitue par Mt la foi", so Marguerat, Jugement, 422f m. A. 43.
172) Vgl. Schenk, W., Sprache, 138. συνίημι begegnet dreimal in der LXX und 21x in der Theodotion-Version des Buches Daniel, wo es בין und שכל wiedergibt. (Der Θ-Text des Danielbuches ist älter als das NT, da sowohl im NT, als auch im

bunden: 'Nur der versteht wirklich, der Frucht bringt'.¹⁷³ Im Unterschied zu Mk und Lk führt Mt 13.19 παντός neben μὴ συνιέντος ein und unterstreicht so die Verantwortung des einzelnen Hörers. Dementsprechend zieht sich der Singular (vgl. Mt 13.12 diff. Mk, Lk) durch die Deutung. Mt unterstreicht dort das Fruchtbringen, indem er anders als Mk 4.20 par Lk 8.15 und Mt 13.20.22 die Deutung Mt 13.23b nicht mit καί, sondern einen Relativsatz mit emphatischem δή anschließt und καὶ ποιεῖ ergänzt: Rechtes Verstehen konkretisiert sich im rechten Tun,¹⁷⁴ dem Tun der Gerechtigkeit.

Lk ergänzt Lk 8.5 ὁ σπόρος: Er verlagert den Akzent vom Sämann auf den Samen und bereitet die allegorische Auslegung Lk 8.11 vor. Lk will das Gleichnis von Anfang an als Gleichnis vom Wort¹⁷⁵ und der Art und Weise, wie es zu hören ist,¹⁷⁶ verstanden wissen. Lk 8.8 ändert¹⁷⁷ Lk den dreifach-gestaffelten Ertrag in einfaches ἑκατοντα πλασίονα und wehrt so einer Ausdifferenzierung der Gemeinde in unterschiedliche geistliche Klassen,¹⁷⁸ wie wir sie ansatzweise bei Mt beobachten konnten.¹⁷⁹

1. Buch Dan. z.T. nach Θ-Lesarten zitiert wird, vgl. Koch, K., VT 23 (1973), 362 m. A2 (Lit!). Die Zuweisung des griech. Danielbuchs an Theodotion (2. Jh n. Chr.) beruht dann auf einem Mißverständnis des Hieronymus bzw. haben wir mit einer Proto-Theodotion-Version zu rechen, vgl. Schüpphaus, LXX, 49). בין, שכל und ידע bezeichnen in Qumran die von Gott geschenkte Einsicht in die Offenbarung, wobei Erkenntnis und Gesetzesgehorsam eine Einheit bilden. (Vgl. 1 QS 4.2-8; 1 QS 5.24; 1 QSa 2.8, Conzelmann, ThWNT VII, 890 m. A36; Klauck, Allegorie, 207).
173) Übers. von Dupont, point, 238. Das συνίημι betrifft Mt 13 (15)19.23 das Herz und das Fruchtbringen (Mt 13.23), überschreitet also deutlich den intellektuellen Bedeutungsradius.
174) Vgl. Strecker, Weg, 229f; Barth, Gesetzesverständnis, 99-104 und Mt 7.24-27 (= Q).
175) Zu seinem Interesse für das Wort vgl. Lk 5.1 (diff. Mk 4.1f); Lk 11.28 und die Act, vgl. dazu Dupont, FS Haenchen, 97-99.
176) Vgl. Lk 8.18 (diff. Mk 4.24).
177) Wie die Strukturanalyse gezeigt hat, ist der dreifach gesteigerte Mißerfolg auf einen dreifach gesteigerten Erfolg hin angelegt; zudem ist schwer vorstellbar, daß Lk die 100fache Frucht abgeschwächt hat: Lk 8.8 ist also als sek. zu betrachten (mit Lohfink, Sämann, 44; Klauck, Allegorie, 188, 199; Jül. II, 522). Für ursprünglich halten die Lk-Version: Hauck, Mk, 51; Grundmann, Mk, 199. Weder, 101f m. A21 hält einfaches 30fach für ursprünglich.
178) Vgl. Klauck, Allegorie, 199; Schürmann, Lk, 465; ganz analog bekommen die Knechte im Gleichnis von den anvertrauten Pfunden Lk 19.13 (diff. Mt) alle zehn Talente.
179) Im übrigen strafft Lk das Gleichnis und verbessert es stilistisch, ohne daß damit besondere theologische Intentionen verknüpft zu sein scheinen.

In seiner Deutung erwähnt Lk[180] den Sämann nicht mehr und konzentriert sich auf den Samen: ὁ σπόρος ἐστὶν ὁ λόγος τοῦ θεοῦ.[181] Das Wort Gottes im Glauben anzunehmen und zu bewähren ist für Lk ein wichtiges Thema (vgl. Lk 8(10).13.15.18), da der Glaube rettet.[182] Die Gelegenheit zu glauben wird Lk 8 13 eindeutig vom Teufel und nicht - wie Mk 4 12 f in implizieren könnte - von Gott oder Jesus weggenommen.[183] Lk ändert πρόσκαιρον in πρὸς καιρὸν (vgl. I Kor 7 5): Manche glauben für eine begrenzte (passende) Zeit,[184] nicht aber in Zeiten der Versuchung. Lk ändert θλίψεως διωγμοῦ in (ἐν καιρῷ) πειρασμοῦ:[185] Er streicht 8 14 das einschränkende τοῦ αἰῶνος nach μέριμναι und will so vor jeder Art Sorgen[186] warnen. Der Reichtum selbst - nicht nur die Begierde nach Reichtum - ist für Lk gefährlich,[187] darum verwendet er πλοῦτος (diff. Mk) absolut. Da ἐπιθυμία/ἐπιθυμέω bei Lk positiv besetzt ist,[188] ersetzt er ἐπιθυμίαι durch ἡδονῶν τοῦ βίου:[189] Sorgen, Reichtum und Genußsucht ersticken (diff. Mk) nicht das Wort, sondern die Menschen, die (diff. Mk) so keine gute Frucht hervorbringen. Hellenistischen Einfluß zeigen sowohl τελεσφοροῦσιν (V14)[190] als auch (ἐν καρδίᾳ) καλῇ καὶ ἀγαθῇ, das an

---

180) Die lk Deutung der Parabel bezieht sich bis auf Lk 8 11 (σπόρος) auf Mk 4 14 -20, ohne daß Lk seine Deutung mit seiner Version der Parabel auszugleichen sucht; Lk hat 8 6 die Wurzellosigkeit gestrichen, deutet sie aber Lk 8 13 nach Mk 4 17; seinen Einschub κατεπατήθη V5 deutet er nicht.
181) Gleichwohl fehlt im folgenden die Verbindung von λόγος und σπείρω. Lk scheint also die mk Bildmischung vermeiden zu wollen.
182) Typisch für Lk ist die Verbindung von πίστις und σῴζειν, vgl. Lk 7 50; 8 48.50; Act 14 9; 15 11; 16 31. Vgl. auch Act 2 21; 4 12; ferner Rö 11 6; I Kor 1 21. Act versteht das Gerettetwerden ekklesiologisch, vgl. 2 47; 2 21.40; 4 12; 11 14 (14 9); 16 3 0f und Schürmann, Lk, 463 A 138.
183) Vgl. Fitzmyer, Lk I,712; Schürmann, Lk, 463; Dupont, FS Haenchen, 102. In der Missionstheologie des Lk ist es der Satan, der versucht, "vom Glauben abzuwenden" (Act 13 8; vgl. Act 16 18 und Baumbach, Verständnis, 177f).
184) πρὸς καιρόν dürfte in Antithese zu ἐν καιρῷ πειρασμοῦ und ἐν ὑπομονῇ zu lesen sein, vgl. Schürmann, Lk, 464 A 146.
185) Lk dürfte damit eine Bedeutungserweiterung angestrebt haben, vgl. Gervais, Luc, 10.
186) Vgl. Lk 21 34 (μερίμναις βιωτικαῖς), Lk 10 41; 12 11.22.
187) Vgl. Lk 6 24ff; 14 18; 16 9 -12.13; 12 19; 16 9.19, vgl. Koch, Wertung, bes. 158; gegen genießerisches Leben: Lk 6 25; 7 25; 12 19; 16 19.
188) Vgl. Lk 22 15; ein starkes Verlangen drückt es Lk 15 16; 16 21; 17 22 aus.
189) Sie sind keine inneren Leidenschaften und Wünsche (= ἐπιθυμίαι), sondern manifestieren sich in Herrschsucht, Genußsucht und Trunkenheit, vgl. Lk 12 45; 17 27; 21 34: Lk objektiviert hier also, s. Brown, Apostasy, 26 (28).
190) Vgl. ἵνα τελεσφορήσῃ (in Bezug auf die Entwicklung des Philosophen) Epikt., Diatr. IV,8,36.1, sowie Philo, Fug 170.

das hellenistische Ideal des Schönen und Guten[191] erinnert, das hier "ins Geistliche übersetzt" ist.[192] Durch die Einführung des schönen und guten Herzens als Acker verschiebt Lk den Akzent ins Anthropologische: Nun sind es innere Faktoren, die das Fruchtbringen des Wortes bewirken. Diff. Mk 4 20 geht es Lk nicht nur um das Hören, sondern um das Festhalten (κατέχουσιν) des Wortes: Alle Tage (vgl. Lk 9 23 diff Mk 8 34; Mt 16 24)[193] soll der Christ Frucht bringen. Lk setzt ἐν ὑπομονῇ anstelle von θλῖψις und διωγμός, da beide Begriffe eschatologisch konnotiert sind, er aber gerade auch die Gegenwart, die ja nach seinem heilsgeschichtlichen Denken nicht mit der Endzeit in eins zu setzen ist, als Zeit der Prüfung kennzeichnen will.[194]

Dabei rahmt Lk die VV 9-18 vorgestellte Jüngerunterweisung VV 4-8.19-21 durch eine Predigt ans Volk, bettet also die innergemeindliche in die missionarische Perspektive ein.[195] Ferner veranschaulicht Lk über die Komposition, wer das Wort verwirklicht 8 1-3 sind es die Zwölf und einige Frauen,[196] 8 19-21 (Stellung diff. Mk, Mt) ist es die familia Dei.

2.4.3) Mt 13 24-30

Mt 13 24-30 ist MtSoG; eine verkürzte Form ist EvThom L 57 überliefert. Bei dem Gleichnis handelt es sich um eine Parabel, da es im Aor. gehalten ist und die Entscheidung des οἰκοδεσπότης dem Usus zuwiderläuft.

2.4.3.1) Strukturanalyse

```
V24b   ὡμοιώθη      ἡ βασιλεία τῶν οὐρανῶν
                                    ἀνθρώπῳ
       σπείραντι     καλὸν σπέρμα   ἐν τῷ ἀγρῷ αὐτοῦ.
                                    ἐν δὲ τῷ καθεύδειν
                                    τοὺς ἀνθρώπους
V25    ἦλθεν αὐτοῦ
                     ὁ ἐχθρὸς
       καὶ  ἐπέσπειρεν  ζιζάνια     ἀνὰ μέσον τοῦ σίτου
       καὶ  ἀπῆλθεν.
```

---

191) Vgl. Grundmann, ThWNT III, 540-544. Die Verbindung begegnet nur hier im NT. Vgl. aber Tob 5 14; II Makk 15 12; IV Makk 4 1; Jos., Ant. 4 67; 10 188.
192) Schürmann, Lk, 465.
193) Vgl. Cerfaux, Fructifiez, 120.
194) Vgl. Cerfaux, Fructifiez, 118-120; ἐν ὑπομονῇ bezeichnet hier (vgl. Ott, Heil, 144) primär die Ausdauer und nicht die Geduld.
195) Zur Transparenz auf die missionarische Situation der späteren Zeit, vgl. Zingg, Wachsen, 77f.
196) Lk 8 1-3 ist als Einleitung zum Folgenden zu betrachten, vgl. Schürmann, Lk I, 445.

V26 ὅτε δὲ ἐβλάστησεν
            ὁ χόρτος
      καὶ   καρπὸν
      ἐποίησεν,
      τότε ἐφάνη   καὶ τὰ ζιζάνια.
V27 προσελθόντες δὲ οἱ δοῦλοι τοῦ οἰκοδεσπότου
            εἶπον   αὐτῷ·
      κύριε, οὐχι   καλὸν σπέρμα
      ἔσπειρας   ἐν τῷ σῷ ἀγρῷ;
      πόθεν οὖν
      ἔχει   ζιζάνια;
V28 ὁ δὲ ἔφη αὐτοῖς· ἐχθρὸς ἄνθρωπος τοῦτο
      ἐποίησεν.
      οἱ δὲ δοῦλοι λέγουσιν αὐτῷ·
      θέλεις οὖν ἀπελθόντες συλλέξωμεν αὐτά;
V29 ὁ δὲ φησιν·
      οὔ, μήποτε
      συλλέγοντες τὰ ζιζάνια
      ἐκριζώσητε ἅμα αὐτοῖς τὸν σῖτον.
V30   ἄφετε συναυξάνεσθαι ἀμφότερα   ἕως τοῦ θερισμοῦ,
      καὶ   ἐν καιρῷ τοῦ θερισμοῦ
      ἐρῶ   τοῖς θερισταῖς·
      συλλέξατε πρῶτον τὰ ζιζάνια
      καὶ   δήσατε   αὐτὰ   εἰς δέσμας
      πρὸς τὸ
            κατακαῦσαι   αὐτά,
            τὸν δὲ σῖτον
      συναγάγετε   εἰς τὴν ἀποθήκην μου.

+ Mt 436-43 Deutung

Das Gleichnis ist durch die Opposition säen (V24) - ernten (V30), (zusammen-)wachsen - getrennt werden zusammengehalten. Ihr ist das Gegensatzpaar καλὸν σπέρμα / σῖτον bzw. ζιζάνια in chiastischer Verschränkung zugeordnet.

Es lassen sich drei Abschnitte unterscheiden:
1. Die Exposition (V24-26) formuliert das Problem in der erzählten Welt, das in zwei Gesprächsgängen in der besprochenen Welt (VV27-28a.28b-30) erörtert wird. Zwei oppositionelle Figuren, die als Protagonist (ἄνθρωπος) bzw. Opponent (ἐχθρός) charakterisiert werden können, werden nacheinander in die Erzählung eingeführt. Beide säen. Die Charakterisierung des Saatguts als καλὸν σπέρμα vs ζιζάνια führt die Opposition der ersten Aktanten auf der Ebene der zweiten Aktanten fort. Das Problem wird durch die Ortsangabe vollends deutlich: Auf demselben Acker befinden sich zwei gegensätzliche Größen. Ist dieses Problem in V24-V25 unter dem Gesichtspunkt der Ursache dargestellt, so beschreibt V26 die Auswirkung dieser Handlung. Dementspre-

chend wird es in zwei Gesprächsgängen - einmal im Blick auf den Verursacher, zum anderen auf die dem Problem angemessene Reaktion - entfaltet.
1. Der erste Gesprächsgang (VV27-28a) wird durch die Einführung der δοῦλοι (sie sind als Adjuvanten zu kategorisieren) ermöglicht. Um ihre Stellung zum Protagonisten und dessen Rolle klarzustellen, wechselt das unbestimmte ἄνθρωπος zu οἰκοδεσπότης. Die Hauptaussagen der Exposition werden noch einmal wörtlich wiederholt: Die erzählte Welt wird im ersten Gesprächsgang in die besprochene Welt aufgehoben.[197] Der Sachverhalt wird bewußt gemacht und die Frage der Verursachung geklärt: So kommt mit der Identifizierung der feindlichen Aktion der erste Spannungsbogen zum Abschluß.
2. Der zweite Gesprächsgang (VV28b-30b) ist vom vorherigen durch Tempuswechsel abgesetzt und untergliedert sich in 2a), das von Präsens und Aorist und in 2b), das vom Futur/Aorist regiert wird. Der Wechsel zum Präsens historicum (V28f) markiert[198] den Höhepunkt der Erzählung.
2a) Nach dieser Schilderung des Problems beginnt der erste Unterabschnitt (VV28b-30a) mit der zentralen Frage der Knechte: θέλεις οὖν ... συλλέξωμεν αὐτά (erste Lösungsmöglichkeit). Die δοῦλοι wollen die Aktion des Opponenten aufheben. Das verbietet ihnen der οἰκοδεσπότης mit der Begründung, daß sie damit auch seine eigene Aktion aufheben würden (wieder wird die Opposition auf dem Niveau der zweiten Aktanten, des guten Samens und des Unkrauts, deutlich). Der Negation folgt imperativisch sein Lösungsvorschlag: ἄφετε συναυξάνεσθαι ἀμφότερα ἕως τοῦ θερισμοῦ. Nun tritt im Unterschied zur Exposition und zum ersten Teil das Zeitmoment in den Vordergrund.[199] Die Opposition gute Saat vs Lolch wird erst in Zukunft gelöst werden.
2b) Im zweiten Unterabschnitt (V30b) wird die Figur der θερισταί neu eingeführt[200] und der Lösungsvorschlag des Herrn (V 29b.30a) konkretisierend wiederholt (direkte Rede in der direkten Rede).[201] Durch den Wechsel ins Futur wird der Lösungsvorschlag unter dem Blickwinkel der Zukunft betrachtet. Der damit verbundene Wechsel vom Dialog zum Monolog signalisiert zugleich einen Wechsel von der Problemlösung zur Applikation. Die Opposition ζιζάνια vs σῖτον wird nun nicht mehr *einem* (vgl. V25) sondern *zwei* Ortscircumstanten zugewiesen, so daß die sich durch das Gleichnis ziehende Spannung aufgelöst wird und der zweite Spannungsbogen zum Abschluß kommt.

---

197) Genau wie im ersten Abschnitt findet sich deshalb auch hier die Opposition Protagonist (οἰκοδεσπότης, κύριος) vs ἐχθρὸς ἄνθρωπος par καλὸν σπέρμα vs ζιζάνια; ein Handlungsfortschritt fehlt.
198) Vgl. Schenk, Präsens historicum, 468.
199) Vgl. ἕως τοῦ θερισμοῦ/ ἐν καιρῷ τοῦ θερισμοῦ.
200) Vgl. die analoge Strukturierung ζιζάνια - σῖτον.
201) Die θερισταί übernehmen die Rolle der δοῦλοι von V28b (beachte das συλλέγω V28b nach δοῦλοι und V30b nach θερισταῖς)! Das erzählende ἀνθρώπῳ/ οἰκοδεσπότης wechselt zum "Ich" (ἐρῶ).

2.4.3.2) Interpretation[202]

Das Ausgangsproblem ist erschreckend: Nur guter Same wurde ausgesät - und nun wachsen da Weizen und Lolch zusammen auf einem Acker und bedrohen die Existenz der Betroffenen. Dieser Schaden ist nicht natürlich, wie das Gleichnis betont, sondern durch einen Feind verursacht. Das im Blick auf die Wirklichkeit zu erkennen, ist ein erster wichtiger Schritt der Bewußtwerdung: Das Faktische ist nicht als das "Natürliche" selbstverständlich (und vielleicht sogar normativ). Ist so die Wertung der vorgefundenen Situation sichergestellt, so bleibt die zentrale Frage: Wie ist auf diese Situation zu reagieren? Soll man den Lolch - wie üblicherweise - ausreißen oder zusammen mit dem Weizen wachsen lassen? Die Antwort ist schwierig, da jeweils mit einer Ertragsminderung verbunden, und doch eindeutig. Sie bildet den Höhepunkt des Gleichnisses: ἄφετε συναυξάνεσθαι ἀμφότερα (V30). Nicht, weil man den Lolch nicht vom Weizen unterscheiden könnte[203] - das ist sehr wohl möglich! - sondern weil der gute Same voll und ganz erhalten bleiben soll. Würde man das Unkraut ausjäten, so wäre eine partielle Vernichtung des guten Samens unvermeidlich, und die Knechte würden wider Willen zu Handlangern des Feindes! Das Gleichnis stellt klar: Nicht *ihnen* kommt die Aufgabe der Scheidung zu, sondern anderen, den Schnittern. *Nicht jetzt* ist die Zeit der Trennung, sondern bei der Ernte - dann aber konsequent! Das erhellt: Ob des Aufschubs des trennenden Gerichts bleibt die Wertung unangetastet. Das Gericht ist nicht per se interessant, sondern im Blick auf die Gegenwart: Will es doch angesichts der durchmischt-bedrohlichen Realität das Interesse des Herrn am guten Samen herausarbeiten,[204] letzterem eine getroste Haltung vermitteln und ihn zu ethischem Tun motivieren.

---

202) Wie Mk 4 3ff soll versucht werden, das Gleichnis zunächst für sich - ohne die Deutung - zu interpretieren, da V34f einen ersten Abschluß bietet. Ferner lassen es auch hier wortstatistische und inhaltliche Differenzen (das Gleichnis ist an der Sicherung des Weizens, die Deutung am Ergehen des Lolchs interessiert) geboten erscheinen, das Gleichnis nicht von seiner Deutung her zu interpretieren: Zudem ist das Gleichnis EvThom L 57 ohne Deutung überliefert und setzt inhaltlich die Kenntnis von Mt 13 24-30 voraus. - Dagegen plädieren Jül., Gleichnisse II, 555; Gundry, Mt, 272 für synchrone Entstehung: Gleichnis und Deutung stammten beide von Mt.
203) Anders EvThom L 57 (gnostische Interpretation!); Johannes Chrysostomus, in Matthaeum homiliae 46,1 al. 47,1 (PG 58,475f) und Hieronymus, In Matheum 13,37 (Buch II).
204) Das Interesse am guten Samen zeigt sich auch daran, daß der gute Same anders als der Lolch durch verschiedene Worte umschrieben wird und auch nur bei ihm verschiedene Wachstumsstadien festgehalten werden, vgl. Bacq, Wheat, 187.

2.4.3.3) Der übergreifende Lebenszusammenhang
a) Bildgebrauch:

Die Weizen-Unkraut-Metaphorik begegnet α) in psychologisch-ethischem, β) in politischem und γ) in religiösem Zusammenhang.

ad α: Herodes Atticus bedient sich der Unkrautmetaphorik, um gegen das stoische Ideal der ἀπάθεια zu argumentieren. Wie ein Bauer beim Unkrautjäten und Beschneiden der Pflanzen seine eigenen Pflanzen niederschnitt und damit seinen ganzen Besitz vernichtete, so berauben sich auch die, die frei von jeder πάθη zu sein streben, aller stärkeren Regungen des Geistes.[205] Plutarch verwendet das Ineinander von Unkraut und Weizen, um das In- und Miteinander von καλόν und κακία im Menschen (Plut., mor. 439B; 497C), die schwierige Unterscheidung von Schmeichelei und Freundschaft (Plut., mor. 51A), zu veranschaulichen, die Unkrautbeseitigung, um die Arbeit des Philosophen an negativen Charaktereigenschaften seines Schülers darzustellen (Plut., mor. 529AB).

ad β: Apollonius von Tyana (1. Jh. n. Chr) greift die Weizen-Unkrautmetaphorik auf, um für die Duldung der Eliten und die Förderung der Moral zu plädieren:

"Schneide die hohen und überragenden Ähren nicht ab; denn Aristoteles rät dies ganz zu Unrecht. Aber die Bosheit rotte aus wie die Disteln im Saatfeld! Erwecke in den Aufrührern Furcht ... durch Furcht vor der Strafe... ".[206]

Antisthenes argumentiert anhand der Metaphorik für die Nichtzulassung zu Staatsämtern:

"Es ist doch widersinnig... den Weizen vom Unkraut zu säubern und im Kriege die unbrauchbaren Leute auszusondern, dagegen von der Staatsverwaltung die Schurken nicht auszuschließen".[207]

ad γ: In rabbinischen Texten erscheint der Bildkomplex in religiösem Zusammenhang, vgl. Midr. Sam I §3:

"...Gleich einem Könige, welcher zwei Speicher voll Getreide hatte. Er säte aus dem ersten und es ging alles mit Getreide auf, dann säte er aus dem zweiten, und es ging alles mit Unkraut auf. So geben auch die Frevler keine Saat, denn es heißt (Nah. 1,14): Und der Ewige gebietet ihm und er läßt von seinem Samen nicht fürder säen;' die Gerechten aber geben eine Saat, denn es heißt (Hos 10,12): 'Säet euch zur Gerechtigkeit, erntet nach Liebe!'"[208]

Ähnlich Midr. Tanch B Bemidbar § 22, wo sich der König nicht um die

---

205) Vgl. Gellius, 19,12,7-9 und dazu Ameling, 116f.
206) Dem metaphorischen Gebrauch liegt eine Symbolhandlung zugrunde (Hdt. V92; vgl. Diog. Laert I100; Liv. I, 54, 6.10). Zum Thema vgl. Aristot., pol. III, 11,10.
207) Vgl. Diog. Laert. VI,6 (Übers. O. Apelt).
208) Übers. A. Wünsche.

von Taumellolch verschmutzten Tennen kümmert, sehr wohl aber um die Tenne mit gutem Weizen, der mit den Israeliten identifiziert wird.[209]

Das Bild vom Weizen, der in die Scheunen gesammelt wird, findet sich IV Esr 4 35f im Zusammenhang mit der Frage, wann die Zahl der Gerechten voll sein wird. SyrBar 70 2 begegnet die Metaphorik im Zusammenhang mit dem Gedanken des eschatologischen Maßes,[210] der auch Mt 13 24-30 mitschwingen dürfte.[211]

Für die Vorstellung, daß Ungerechte und Gerechte bis zum Gericht zusammen sind, finden sich in der apokayptschen Literatur zahlreiche Belege,[212] jedoch nicht in Verbindung mit dem im Unkrautgleichnis verwendeten Bildmaterial.

In der Intention kommt dem Gleichnis bei ähnlichem Metapherngebrauch bBM 83b am nächsten: R. Eleazar, der (in römischen Diensten) Diebe festnahm und der, von R. Jehoschua b. Qarda darauf angesprochen, sagte: "Ich entferne die Dornen aus dem Weinberg!", bekam von letzterem die Antwort: "Mag der Besitzer des Weinbergs [= Gott] kommen und selber seine Dornen entfernen!"

b) Realien:

Versteht man "ἀνθρώπω σπείραντι" so, daß ein Mensch, der später zudem noch als οἰκοδεσπότης vorgestellt wird, aussät bzw. mit seinen δοῦλοι aussät,[213] so mag das ein auffälliger Zug sein.[214] Er klärt sich, wenn im Sämann ein freier Kleinbauer abgebildet ist.[215]

---

209) Übers. Bietenhard, Midr. Tanch. B, Bd. 2; 214f; ähnlich Midr. Tanch. B, כי תשא § 2 (zu Cant 7 3), wo Mist, Spreu und Stroh (das Geschlecht der Sintflut) dem Weizen (Israel) kontrastiert werden (Übers. Bietenhard, Bd. 1, 403); vgl. auch Flusser Gleichnisse, 134. - Zur endzeitlichen Scheidung von Lolch und Weizen vgl. AgBer 23 (ed. Buber, 48) zit. Flusser, Gleichnisse, 135. Ähnlich ist das Gleichnis vom Baum mit dem Lebenssaft und dem Todessaft, PesK Anh. 1 B, zit. Thoma, Lauer, Bd. I, 321f.
210) Vgl. ferner IV Esr 7 28-35.
211) Vgl. Stuhlmann, Maß, 90. Geläufig für die endzeitliche Scheidung Israels von den Völkern ist das Bild von der Trennung von Weizen und Spreu, vgl. Flusser, Gleichnisse, 133ff.
212) Z.B. in Qumran: 1 QS 3 17ff; 4 17-20a.24b-26.
213) Denkbar wäre auch ein kausatives Aktiv (der Besitzer läßt säen), so Schottroff, L., Volk, 182f.
214) Gnilka, Mt, 491.
215) So Leutzsch, M., Skript, der für seine soziale Verortung folgende Argumente anführt: Der Bauer hat die volle Verfügungsgewalt über den Acker (ist also nicht Pächter, der zum Jäten gezwungen ist). Er ist als ständig anwesend und in direktem Kontakt zu seinen Sklaven (ohne Zwischeninstanz) vorgestellt, hat praktische landwirtschaftliche Kenntnisse, keinen Sklaven für die Früchtehüten und nur eine Scheune. Zudem scheint - wie die Diskussion schließen läßt - das Problem für Sklaven und Herrn von ziemlicher Wichtigkeit zu sein. Das alles spricht gegen

Mt 13 24b.27 hebt die Qualität des Saatguts durch καλόν hervor. Das ist hier nicht unnötig:[216] Für eine gute Ernte stellt die Güte des Saatguts einen wichtigen Faktor dar.[217] Darum wurde Saatgut in der Antike zielbewußt ausgewählt[218] und gereinigt.[219] Auch wenn sich eine hundertprozentige Trennung von Unkrautsamen und Weizen nicht erreichen ließ,[220] können die kleineren und leichteren Taumellolchkörner problemlos entfernt werden.[221]

Das Aussäen von ζιζάνια auf fremdem Feld steht nicht ohne Analogien da:[222] So berichtet z.B. H. Schmidt[223] von einem palästinischen Bauern, der aus Rache Schilfgrassamen auf dem Feldgarten seines Nachbarn säte und so über zwanzig Jahre hinaus jede wirtschaftliche Nutzung unmög-

einen Großgrundbesitzer. Da in Palästina selbst Kleinbauern Sklaven besaßen und Tagelöhner einstellten, sprechen auch diese beiden Beobachtungen nicht notwendigerweise gegen einen Kleinbauern.
216) So aber Weder, Gleichnisse, 120.
217) Philo, LegGai 293. Eine gute Ernte war angesichts der geringen Überschüsse gerade der kleinbäuerlichen Betriebe von höchster Wichtigkeit.
218) Vgl. P. Amh. 91; P. Oxy. 1024; P. Oxy.Hels. 41; Schnebel, Landwirtschaft, 120-124, bes. 120 m. A4 und 5 (Belegstellen!); Hennig, Untersuchungen, 11f; Baudy, Adonisgärten, passim; Sprenger, 87; Colum. II, 9,11-13; Plin., nat. 18,149 (LCL); Verg., georg. I 197-199.
219) Zur Reinigung vgl. Schnebel, Landwirtschaft, 125; Stäps, Tenne, 207; Anderlind, Ackerbau, 46; Am 99; Sir 275; Lk 2231; Diog. Laert. VI6; zum Sieben von Korn mit einem Kornsieb in Ägypten, vgl. die Abb. Wreszinski, Bd.I, Taf. 382 B. Juden achteten bes. auf gesäubertes Getreide, vgl. Krauß, Archäol. II, 193 m. A. 303 (Belegstellen!). Die Reinheit des Saatguts ist nach Lev 1919; MKil I,1.9; vgl. MKil II, 3.7 gefordert; vgl. weiter Dalman, AuS III, 143-148.
220) Dalman, AuS III, 146; das betrifft aber vorwiegend andere Unkrautarten als die hier vorgestellten ζιζάνια, vgl. Guthe, Unkraut, 165. KlglR zu 1,1 zeigt, daß verunkrauteter Weizen die Existenz des Bauern bedroht (R. Ismael): "... der Mann hat einen Vorrath vom Weizen, als es darauf regnete, wiesen alle Körner mit Fingern auf ihn... und als gar Unkraut hervorsproßte, zeigten sie mit ihren Fingern auf ihn, als wollten sie sagen: Nun hat der Mann nichts mehr." (Übers. Wünsche).
221) Guthe, Unkraut, 165; durch Sieben leicht zu scheiden: Sprenger, 92; Dalman, AuS II, 325; anders: Zohary, Pflanzen, 161.
222) Jedoch meinen Klauck, Allegorie, 226 m. A.198; Weder, Gleichnisse, 120; Weiss, B., Mt, 258, Luz, Taumellolch, 156 m. A. 15, u.a., daß es die Bildhälfte ungewöhnlich strapaziere.
223) Schmidt, H., Kahle, P., Volkserzählungen I, 33, vgl. Dalman, AuS II, 308f.

lich machte.[224] Auch Saatwächter,[225] Gräben und Zäune[226] dürften nicht eines realen Hintergrundes entbehren,[227] vor allem, da im römischen Recht der Fall erörtert wird, daß jemand Lolch oder Windhafer in die Saat eines anderen gesät hat, um sie zu verunreinigen.[228]

Bei ζιζάνια dürfte es sich um Taumellolch (lolium temulentum L.) handeln,[229] ein Unkraut, das dem Weizen botanisch gesehen sehr nahe steht,[230] gut unter dem Weizen wächst,[231] jedoch den Weizen verdirbt[232] und erstickt,[233] ja, wenn es verzehrt wird, sogar gesundheitsschädlich sein kann.[234] Von daher ist es verständlich, daß der Lolch eine Bedrohung für den Bauern darstellte[235] und bei Prudentius seit dem Sünden-

---

224) Vgl. ferner Midr. Tanch. B Naso § 5: der Mensch weiß zwar "wie viel Samen im Staub (des Feldes) sind, aber er weiss nicht, was sie sind, bis das Wasser auf sie herabströmt und kundtut ob sie vom Eigentümer des Feldes (ausgesät) sind, oder was andere gesät haben" (Übers.: Bietenhard, Bd 2, 228); Sprenger, 89; vgl. auch Roberts, Oriental Illustrations p. 541 für Indien (zit. Bugge, Hauptparabeln, 130) und Trench, R.Ch., Notes on the Parables of our Lord, London 1898, 87, für Irland, Rantasalo, Ackerbau, 31f (für Finnland und Deutschland). Vergiften der Felder begegnet als Vorwurf an den Freigelassenen C. Furius Chresimus: Calpurnius Piso frg. 33 HRR I (ed. Peter), 135.
225) Krauß, Archäol. II, 185; TSchab 18,6.
226) Krauß, Archäol. II, 184: "auch gegen Eindringen von Menschen". Beachte schon das Mißtrauen, das jedem, der ein fremdes Feld betrat, entgegengebracht wurde (Ps-Phokylides, 35; Sib II100f; (Weinberg: Dtn 235; MidrPss zu 72,3; MBB VI, 6); ausgesprochen aggressiv: Aelian, ep. 13).
227) Zur Feindschaft in der Landwirtschaft vgl. Lib., or. XLVII, 4f (Loeb II, 503f).
228) Dig. IX, 2,27,14 (ed. Mommsen, Th., Krueger, P.): "Et ideo Celsus quaerit, so lolium aut auenam in segetem alienam inieceris, quo eam tu inquinares, non solum quod ui aut clam dominum posse agere uel, si locatus fundus sit, colonum, sed et in factum agendum, et si colonus eam exercuit, cauere eum debere amplius non agi, scilicet ne dominus amplius inquietet: nam alia quaedam species damni est ipsum quid corrumpere et mutare, ut lex Aquilia locum habeat, alia nulla ipsius mutatione applicare aliud, cuius molesta separatio sit". Die Stelle geht auf Celsus (ca. 100-150 n. Chr.) zurück. Zum Text vgl. Mac Cormack, Celsus quaerit, 341-348 und Kaser, Privatrecht I, 622 m. A 27 und 41.
229) Vgl. nur Sprenger, 90f; Jül., Gleichnisse, II, 547f; Fournier, AmiCl 67 (1957) 527; die Väterauslegung (Fonck, Parabeln, 139) und die sprachlichen Anklänge (Fonck, Parabeln, 135; s. auch Albrecht, K., Kil'ajim, Gießner Mischna I/4, 6).
230) Nach MKil I,1 handelt es sich nicht um zwei heterogene Saaten.
231) Theophr., hist. plant. VIII, 8,3 (αἶρα); Verg., georg. I154 (unter Hafer); Verg., ecl. 537 (unter Hafer).
232) Geopon. II43; vgl. X, 87,1; (XIV, 1,5; 7,3).
233) Ov., met. V485f; Ennius, fr. var 31 (ed. Vahlen).
234) Sprenger, 91; Dalman, AuS I2, 408 (verdunkelt die Augen); vgl. dazu Bömer, Fasten, Kommentar, 75f; Dalman, AuS II, 248 (Schwindel und Erbrechen); vgl. noch Ascherson, Cephalaria, 152-156.
235) Vgl. Ov., fast. I691f: Gebet, daß die Äcker ohne Lolch bleiben mögen.

fall,[236] in der Haggada[237] seit dem verderbten Flutgeschlecht wächst. Der Lolch gilt als verhexter Weizen[238] oder als Weizen, dessen "Früchte gehurt haben".[239]

Der Lolch sieht anfangs dem Weizen sehr ähnlich,[240] läßt sich aber schon vor der Ährenbildung von diesem unterscheiden.[241]

Dann wird der Lolch - dem Vorschlag der δοῦλοι entsprechend - gewöhnlich gejätet.[242] Getreidefelder wurden nach Dalman mehrmals im Jahr gejätet.[243] Auf diesem Hintergrund scheint das Gebot des Hausherrn der gängigen Praxis zuwiderzulaufen. Darum wohl auch die explizite Begründung (V28b fehlt eine solche!), daß er den Weizen davor bewahren will, mit dem Lolch herausgerissen zu werden,[244] da ein Ausjäten des Unkrauts nicht ohne partiellen Verlust auch des Weizens möglich ist.[245]

Beide Alternativen sind mit einer unterschiedlichen Beeinträchtigung des Weizens verbunden; der Hausherr kann also "nur" das für ihn kleinere

---

236) Prud., ham. 216-218.
237) Nach GenR 28 zu 6,7; pKil 1,26d, 34 (Bill I, 667; R. Jonal - Das Fehlen von Lolch ist bei Calpurnius, ecl. 4115f Zeichen für das goldene Zeitalter.
238) Dalman, AuS I2, 407f.
239) pKil 1,26d, 34 (Bill I, 667); vgl. Sifra zu Lev 19,29 (90d), nach Dalman, AuS I,2, 408 m. A 1. (Die Vorstellung vom Lolch als verwandeltem/entartetem Weizen ist verbreitet, vgl. Dalman, AuS II, 249, Theophr., hist. plant. VIII 7,1; 8,3).
240) Jeremias, Gleichnisse, 222; Fonck, Parabeln, 135; Sprenger, 91.
241) Sprenger, 91; Theophr., hist. plant. VIII, 7,1; Jül.. Gleichnisse, II, 548.
242) Sprenger, 91 m. A3; 92-93; Krauß, Archäol. II, 185; Dalman, Orte, 200f; Enn. b. Prisc. inst. gramm. X42; H.B. Tristam und D. Stanley, bei Bugge, Hauptparabeln, 134; zum Ausjäten von Unkraut allgemein, vgl. MTer IX, 7a m. A 46 (Gießner Mischna I/6, 163), TSchebi 4,13; Gell. 19,12,7f und das bei Knoch, Ohren, 102 zitierte jüdische Sprichwort: "Wer gejätet hat, hat noch mehr als der Pflüger getan".
243) Vgl. Dalman, AuS II, 323-325 (nur für die Gegend von Hebron berichtet Dalman, dass., 325 eine andere Praxis). In Pachtverträgen wurden die Pächter normalerweise zum Jäten verpflichtet, vgl. BM IX,5; Prenzel, Pacht, 20 (m. weiteren Belegstellen), Herrmann, Bodenpacht, 126. 128. 148; Mayer-Maly, Th., Locatio, (Kulturpflicht:) 109. 139. 142f. 176. 180ff.
244) bBQ 92a ist das Sprichwort: "Mit der Unkrautstaude wird der Kohl gezüchtigt" (= herausgerissen, s. Bill I,668) zu vergleichen. - Bugge, Hauptparabeln, 135 führt die abweichende Praxis auf die Menge des Lolchs zurück, Dalman, AuS II, 325 verweist auf den Einfluß der Sachebene.
245) Getreidehalme werden niedergetreten (Dalman, AuS I2, 408), über die Wurzeln mit dem Lolch mit ausgerissen (Mt 1329) oder fälschlich mit ausgejätet (Madsen, Parabeln, 45).

Übel wählen:²⁴⁶ Läßt er den Lolch ausjäten, so ist eine partielle Vernichtung des Weizens nicht zu vermeiden, läßt er den Lolch stehen, dann nimmt dieser dem Weizen Kraft, Licht und Raum (vgl. Lk 137). Er kann sich also nicht so gut entwickeln und steht zudem in der Gefahr, vom Lolch erdrückt zu werden. Entscheidet er sich für die zweite Möglichkeit, so fällt die Vernichtung des Lolchs nicht den δοῦλοι, sondern anderen zu: den θερισθαί. Sie wurden üblicherweise als Tagelöhner zur Ernte eingestellt:²⁴⁷ Sie sollen den Lolch sammeln²⁴⁸ und bündeln, um ihn zu verbrennen.²⁴⁹

Betrachtet man die dem Gleichnis zugrundeliegende Wirklichkeitsstruktur, so erhellen sich Spannungen und Widersprüche, die man im Gleichnis finden wollte: daß da ein Mensch, der später zudem noch als οἰκοδεσπότης *vorgestellt wird, selbst aussät, daß das Saatgut durch* καλός *näher qualifiziert wird, daß jemand Lolch auf fremdem Feld aussät, daß Sklaven vorschlagen, das Unkraut zu jäten, oder daß die Erntearbeiten von speziellen Erntearbeitern erledigt werden. All das erscheint vor dem pragmatischen Hintergrund so einleuchtend, daß es nicht mehr hinreichend evident erscheint, damit traditionskritische Operationen*²⁵⁰ *oder formale Bestimmungen*²⁵¹ *zu begründen.*

246) Zum Problem vgl. auch das Gleichnis MidrPss zu Ps 1,5 = Midr.Tanch B Naso § 17 (Übers.: Bietenhard, Bd.2, 236); Midr.TanB לך לך § 5 (Übers.: Bietenhard, Bd.1, 68).
247) Vgl. Mt 20 1-16; Jak 5 4; Jeremias, Gleichnisse, 223; Bugge, Hauptparabeln, 136; vgl. dazu Ben-David, Ökonomie, 65-69; Krauß, Archäol. II, 102-106; Dalman, AuS IV, 323. Die δοῦλοι mußten nicht notwendigerweise zur Erntearbeit hinzugezogen werden, vgl. Varro, rust. I, 17,3.
248) Das Nacheinander des Lolch- und Weizensammelns, das das πρῶτον suggeriert, ist (gegen Fonck, Parabeln, 139) auf den Einfluß der Sachebene zurückzuführen, s. Dalman, AuS I2, 408; ders., AuS II, 325.
249) Zur Verwendung des Lolchs als Brennmaterial vgl. Güting, E., Terumot, Gießner Mischna I/6, 163 A 46; Krauss, Archäol. II, 185; (zum Verbrennen allgem. vgl. Mt 630; Lk 1228). Crossan, Seed Parabels, 260, sieht in der Verwendung des Lolchs als Brennstoff die Pointe des Gleichnisses: Die Aktion des Feindes werde so zum Vorteil des Bauern gewendet. Das dürfte fehlinterpretiert sein: Schließlich kommt es dem Bauern auf den Weizen an. Daß er auch noch das Unkraut für sich ausnützt, kann die Minderung des Weizenertrags letztendlich nicht aufwiegen. Vgl. MidrPss zu Ps 2,3: Vom Weizen (nicht vom Unkraut!) hängt das Leben der Welt ab! Der Lolch wurde nicht nur als Brennmaterial, sondern auch als Hühner- (Colum. VIII,4,1; VIII,8,6) und Taubenfutter (Colum. VIII, 8,6) verwandt (Dalman, AuS II, 250, 325; pKil 1, 26d, 34 (= Bill I, 667)).
250) So z.B. Weder, Gleichnisse, 120-128.
251) So konnten viele Exegeten Mt 13 24ff von vornherein nur als Allegorie verstehen, vgl. nur Jül., Gleichnisse II, 555; Dib., Formgeschichte, 254.

2.4.4) Mt 13,36-43

Mt 13,36-43 zerfällt in zwei Teile: In der Liste[252] VV 37b-39 werden sieben Größen des Gleichnisses[253] allegorisch gedeutet, die "kleine Apokalypse" (VV 40-43) setzt die Bildebene direkt in eine kohärente Aussageebene um.

2.4.4.1) Strukturanalyse der Deutung (im Vergleich zum Gleichnis)

V36 καὶ προσῆλθον αὐτῷ
    οἱ μαθηταὶ αὐτοῦ λέγοντες·
        διασάφησον ἡμῖν
        τὴν παραβολὴν τῶν ζιζανίων
          τοῦ ἀγροῦ.

V37   δὲ ὁ ἀποκριθεὶς εἶπεν·
    1   ὁ σπείρων   τὸ καλὸν σπέρμα
        ἐστὶν
        ὁ υἱὸς τοῦ ἀνθρώπου,
V38 2   ὁ
    δὲ ἀγρός ἐστιν
        ὁ κόσμος,
    3   τὸ
    δὲ καλὸν σπέρμα
        οὗτοι εἰσιν
        οἱ υἱοὶ τῆς βασιλείας·
    4   τὰ
    δὲ ζιζάνιά εἰσιν
        οἱ υἱοὶ τοῦ πονηροῦ,
V39 5   ὁ
    δὲ ἐχθρὸς
      ὁ σπείρας   αὐτά
        ἐστιν
        ὁ διάβολος,
    6   ὁ
    δὲ θερισμὸς
        συντέλεια αἰῶνός
        ἐστιν,
    7   οἱ
    δὲ θερισταὶ
        ἄγγελοί εἰσιν.
V40 ὥσπερ οὖν συλλέγεται τὰ ζιζάνια
    καὶ   πυρὶ
        [κατα]καίεται,
    οὕτως   ἔσται   ἐν τῇ συντελείᾳ
                                τοῦ αἰῶνος·
V41   ἀποστελεῖ
      ὁ υἱὸς τοῦ ἀνθρώπου τοὺς ἀγγέλους αὐτοῦ,
    καὶ συλλέξουσιν   ἐκ τῆς βασιλείας
                                αὐτοῦ
        πάντα τὰ σκάνδαλα
    καὶ   τοὺς ποιοῦντας τὴν ἀνομίαν

---

252) Es handelt sich um einen Deutungskatalog, vgl. Jeremias, Deutung, 62.
253) Bei weitem nicht alle Metaphern werden gedeutet: So fehlt z.B. eine Deutung des Schlafens der Menschen, der δοῦλοι oder des οἰκοδεσπότης.

V42	καὶ		βαλοῦσιν	αὐτοὺς	εἰς τὴν κάμινον τοῦ πυρός·
	ἐκεῖ		ἔσται		
		ὁ κλαυθμὸς			
	καὶ	ὁ βρυγμὸς τῶν ὀδόντων.			
V43	τότε	οἱ δίκαιοι	ἐκλάμψουσιν		
	ὡς	ὁ ἥλιος			ἐν τῇ βασιλείᾳ τοῦ πατρὸς αὐτῶν.
		ὁ ἔχων		ὦτα	
		ἀκουέτω.			

1. Abschnitt (VV 37b-39): Der Deutungskatalog greift fünf Metaphern aus der die Szene aufbauenden Exposition und zwei aus dem abschließenden V 30 auf. V 26 (das Wachsen) und ein Großteil des Dialogs (VV 27-29) bleiben ungedeutet. Die Lösung des Gleichnisses wird als normativ vorausgesetzt, einzelne Metaphern werden aufgegriffen und nach dem Strukturschema Bild - ἐστίν/ εἰσιν - Deutung[254] identifiziert. Eine zweimalige Inversion gegenüber dem Gleichnis ist zu beachten. Sowohl die Reihenfolge Same - Acker, als auch die Reihenfolge Feind - Lolch wird umgestellt:

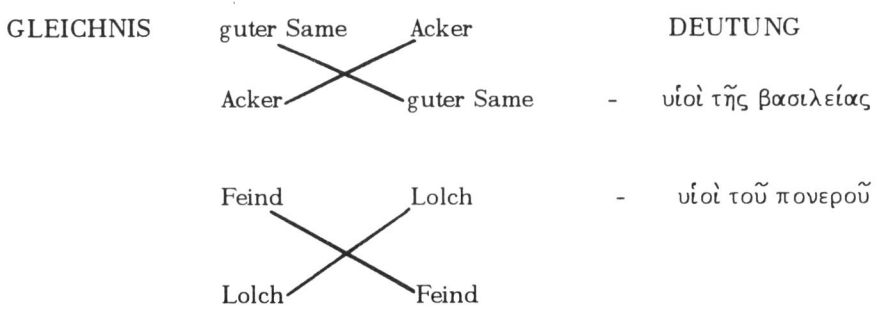

GLEICHNIS   guter Same ⨯ Acker   DEUTUNG
             Acker   ⨯ guter Same   -   υἱοὶ τῆς βασιλείας

             Feind   ⨯ Lolch   -   υἱοὶ τοῦ πονηροῦ
             Lolch   ⨯ Feind

Das hat zur Folge, daß der Kontrast zwischen den Söhnen der Königsherrschaft und den Söhnen des Bösen schärfer herausgearbeitet ist. Die Liste bereitet die Anwendung VV 40-43a vor, die mit ὥσπερ οὖν eingeleitet wird. Der zweite Abschnitt (VV 40-43) ist durch den Wechsel vom Präsens ins Futur indiziert und bleibt mit der Liste über die Stichworte ὁ υἱὸς τοῦ ἀνθρώπου (V 37.41), συντέλεια ... αἰῶνος (V 39.40) und ἄγγελος (V 39.41) verbunden. Konstitutiv für den zweiten Abschnitt ist der Kontrast zwischen dem Ergehen der Gesetzesübertreter und dem der Gerechten, der an dem Gegensatz ἐκ τῆς βασιλείας (V41) - ἐν τῇ βασιλείᾳ (V43) festzumachen ist, wobei der Akzent eindeutig bei der sehr viel ausführlicheren Schilderung des Ergehens der "Söhne des Bösen" liegt.
Insgesamt gesehen verschärft die Deutung sowohl im Deutungskatalog als auch in der Anwendung den Kontrast zwischen gutem Samen und Lolch: Gerade das künftige[255] Ergehen von letzterem ist breit herausgestellt.

---

254) 6 und 7 ist ἐστίν nachgestellt.
255) Der Akzent ist von der Gegenwart in die Zukunft verschoben: Der größte Teil der Deutung (VV 39b.c-43) rekurriert auf den das Gleichnis abschließenden V 30.

2.4.4.2) Interpretation (im Vergleich zum Gleichnis)

Während das Gleichnis sich ganz an der Erhaltung des Samens interessiert zeigt und deshalb eindringlich zur Geduld mahnt, verlegt die Deutung den Akzent auf das Ergehen des Lolchs im Gericht. Durch die Struktur wird der Kontrast zu den Gerechten stärker profiliert und ihr Schicksal breit ausgemalt: Am Ende werden sie im Gegensatz zu den Gerechten radikal vom Menschensohn vernichtet werden.

2.4.4.3) Der übergreifende Lebenszusammenhang
a) Bild- und Wortfeld:

Der Acker als Bild für die Welt ist IV Esr 4 29 impliziert. Wie Mk 4 15f.18.20 begegnet Mt 13 37b der Bildkomplex der Menschensaat. Die Ernte ist stehende Metapher für das Gericht, das Bild der Engel mit der Sichel, die zum Endgericht kommen,[256] liegt der Identifikation der θερισταί zugrunde.[257]

Die Metaphern haben ihren Hintergrund im AT und der Apokalyptik. In der Gerichtsschilderung Mt 13 40-43 wird letztere besonders deutlich: Daß die Bösen in den brennenden Ofen geworfen und verbrannt werden, scheint ein Topos des eschatologischen Gerichtsgemäldes zu sein,[258] der irdische Strafpraxis zugrunde liegen dürfte.[259] Auch der Topos, daß die Gerechten wie die Sonne leuchten werden, ist besonders in der Apokalyptik verankert.[260] Der Bildwechsel bietet sich also von der Tradition her an

---

256) Vgl. im Anschluß an Joel 4 13 MidrPss zu 8,1.
257) Die jüdische Tradition kennt die Mitwirkung der Engel beim Weltgericht, vgl. Bill I, 973; 672.
258) Vgl. Theisohn, 192-194, bes. 194. Im Blick auf die Endzeit findet sich der brennende Ofen Ps 21 10; Mal 3 19 (4 9); (ohne spezifisch eschatologische Konnotationen Dan 3 6.11.15.17.19-23 vgl. Theisohn, 192f); äthHen 54 6; 98 3; zur Gehenna als Feuerofen vgl. IV Esr 7 36; Bill I, 673 und Volz, Eschatologie, 285. Zum Feuer als Bild für das Gericht vgl. Lang, F., Art. πῦρ, ThWNT VI, 927-953, 934 Z 31-44; 935 Z 25 - 936 Z 9; 937 Z 10-23; 937 Z 51- 938 Z 28; 938 Z 38-939 Z 3; im NT: 941-947. - Zum Heulen und Zähneknirschen der Verdammten vgl. KohR zu 1,15.
259) Vgl. Krauss, Archäol. I, 442 A 217.
260) Theisohn, Richter, 195-200, bes. 200, stellt die bes. Nähe zu den Bilderreden des äth Hen, bes. zu äthHen 39 7; 58 3 heraus. Zur Lichtmetaphorik in Bezug auf die Gerechten in der Endzeit vgl. neben äthHen 39 7: Dan 12 3; äthHen 38 4; 58 6; 92 4; 104 2; 108 12-15; 1 QS 4 8; IV Esr 7 125; syrBar 51 3.10; ApkAdam 7 52; kopt Apk Elia 35 16; Sap 3 7; (Sib II 316); in Bezug auf die Gerechten in der Gegenwart: Jdc 5 31; II Sam 23 4; Jes 42 6; 49 6; 1 QSb IV 27; im NT: Mt 5 14-16; Rö 2 19; Phil 2 15; speziell Sonnenmetaphorik findet im Blick auf die Gerechten der Endzeit neben äthHen 58 3; äth Hen 51 5; slHen 65 11; 66 7; IV Esr 7 97; Ps-Joh-Apk 23 (ed. Tischendorf p. 90); Sifre Dtn 10 zu 1 10; in Bezug auf den/die Gerechten in der Gegenwart: Jdc 5 31; II Sam 23 4; Sir 50 7; äthHen 106 2.10; TestLev 4 3; 14 3; TestHiob 31 5; JosAs 6 2; in Bezug auf den verklärten Jesus Mt 17 2. Zur Metaphorik vgl. auch Hengel, Judentum, 358-360, Berger, Auferstehung 391 A 536.

und liegt insofern nahe, als das Korn in der Scheune weiter verwendet wird.

Auch der Wortgebrauch steht bes. in apk. Tradition, so συντέλεια αἰῶνός;[261] ποιοῦντας τὴν ἀνομίαν (vgl Mt 7,23) klingt evtl. an Zeph 1,3 (MT) an[262] und an die Vorstellung vom Menschensohn (Dan 7,13ff; äthHen). Auch wenn hier apokalyptische Tradition aufgenommen ist, weist doch der Sprachgebrauch der Deutung ins Urchristentum[263] und zeigt deutlich mt Spracheigentümlichkeiten,[264] so daß Mt als Verfasser der Deutung anzusehen ist.[265]

b) Situation und Intention

Mit seiner Mahnung, Unkraut und Weizen zusammen wachsen zu lassen, wendet sich Mt 13,24-30 gegen Abgrenzungstendenzen von bestimmten Personen(gruppen) in einem Kollektiv.[266]

---

261) TestLev 10,2; Dan 12,13; syrBar 13,3; äthHen 16,1; IV Esr 8,1.13; AssMos 1,18; Dalman, Worte I, 126f; Volz, Eschatologie, 166; Bill I, 671.
262) Stählin, ThWNT VI, 345f.
263) Sowohl der Identifikation des Ackers mit der Welt (das aram. עלמא bedeutet in vorchristlicher Zeit noch 'Welt', vgl. Dalman, Worte I, 132-136) als auch der Verwendung von ὁ πονηρός für den Teufel und dem absoluten Gebrauch von ἡ βασιλεία liegt kein entsprechender aramäischer Sprachgebrauch zugrunde; οἱ υἱοὶ τῆς βασιλείας 13,38 (diff. Mt 8,12) ist singulär als Bezeichnung der wahren Bürger des Gottesreiches; (s. genauer: Jeremias, Gleichnisse, 79f).
264) z.B. συντέλεια (τοῦ) αἰῶνός nur Mt 13 (39) 40.49; 24,3; 28,20; (mit Genitiv Pl.: Hebr 9,26); von Engeln des Menschensohns ist im NT nur Mt 13,41; 16,27; 24,31, vom Reich des Menschensohns nur Mt 13,41; 16,28 (20,21) die Rede; σκάνδαλα begegnen nur Mt 13,41; 16,23; 18,7; Lk 17,1 in den Evangelien; ἀνομία nur Mt 7,23; 13,41; 23,28; 24,12; ἡ κάμινος τοῦ πυρός nur Mt 13,42.50; ὁ κλαυθμὸς καὶ ὁ βρυγμὸς τῶν ὀδόντων findet sich auch Lk 13,28, jedoch überwiegend bei Mt (8,12; 13,42; 13,50; 22,13; 24,51; 25,30). Vgl. genauer: Jeremias, Gleichnisse, 80-83; ders., Deutung, 59-63. Ferner ist ἀγρός mt Redaktionsvokabel, vgl. Pesch, EWNT I, 57; Schenk, Sprache, 12.
265) Vgl. Luz, Taumellolch, 159-162, Jeremias, Gleichnisse, 80-83 und (in Auseinandersetzung mit Goedt, explication, 32-54) Jeremias, Deutung, 59-63. Mit seiner wortstatistischen Untersuchung hat Friedrich, J., Gott, 66-87, Jeremias These von der Verfasserschaft des Mt zu widerlegen versucht. Sein abweichendes Ergebnis beruht auf methodischen Prämissen, die zu einem gewissen Grade zu hinterfragen sind (vgl. Künzel, Gemeindeverständnis, 126f); er arbeitet aber gegenüber Jeremias, der allein Mt im Auge hat, zu Recht das Gewicht der apk. Tradition heraus, die Mt aufgenommen hat.
266) Im Unterschied zur oben vorgeschlagenen Interpretation hat man bei dem Gleichnis auch an die Auseinandersetzung Jesu mit den Pharisäern ob seines Umgangs mit Sündern, mit den Ideen und der Praxis von Zeloten und Essenern gedacht: war bei diesen Gruppen doch das Bestreben spürbar, sich abzugrenzen und eine religiöse Gruppe mit elitärem Anspruch zu bilden. (Zu diesem Interpretationsmuster vgl. nur Jeremias, Gleichnisse, 221f; Conzelmann, Gegenwart, 285; Grundmann, Mt, 346; Braun, Radikalismus II, 59 A1 von 57). Das Lösungsmuster des Gleichnisses wäre in der Jesustradition zumindest sin-

Das Gleichnis setzt sich also mit einem Problem auseinander, das in der frühchristlichen Gemeinde virulent gewesen sein dürfte: die Gemeinde führte ihre Existenz auf die Aussaat guten Samens zurück.[267] Sicher teilten viele die jüdische Erwartung einer reinen Heilsgemeinde.[268] Nun mußten sie nach kurzer Zeit konstatieren, daß in ihren eigenen Reihen "Unkraut" wuchs: Die Entfernung solch sündiger Gemeindeglieder war eine naheliegende und im Urchristentum praktizierte Reaktionsmöglichkeit.[269] Dagegen bezieht das Unkrautgleichnis eindeutig Stellung, plädiert es doch gegen einen Ausschluß von Gemeindegliedern in der Gegenwart, nimmt den Christen die Trennung aus den Händen und verlegt sie deutlich in die Zukunft:[270] So werde der gute Same am besten geschützt.

Mt nimmt das Gleichnis aus der Tradition auf.[271] Seine Mahnung zur Geduld erinnert an das "Richtet nicht!" Mt 71.[272] Mt verlagert aber das Schwergewicht in der Deutung: Nun ist nicht mehr die Bewußtwerdung und Lösung des Problems wichtig (die δοῦλοι und der Dialog fehlen!); vielmehr wird der Endpunkt als normativ vorausgesetzt und akzentuiert.[273] Jetzt ist das Gericht an den "Söhnen des Bösen" von zentralem Interesse

gulär, da Jesus der Kritik an seiner Gemeinschaft mit den Sündern mit dem Hinweis auf die Gnade Gottes, die den Sünder rechtfertigt und in seine Gemeinschaft aufnimmt, begegnet (vgl. Barth, Kirchenzucht, 164). Ferner ist zu fragen, wenn man out-groups als Adressaten voraussetzen will, ob ihre Zeichnung im Bild der von ihrem Herrn abhängigen δοῦλοι wirklich als eine gelungene Verschränkung mit persuasiver Kraft anzusehen ist. Das Bild paßt doch wohl besser auf Jesusanhänger. Und bei deren Zusammensetzung und nur mehr oder weniger scharf abgrenzbarem lockeren Verbund scheint die vorausgesetzte Problemlage nicht sonderlich überzeugend (vgl. Haenchen, Weg, 176f; Barth, Kirchenzucht, 164; anders: Michaelis, Mt II, 221f; Schniewind, Mt 169f). Ganz abgesehen davon scheint das Gleichnis mit längeren Zeitabständen zu rechnen, läßt sich also leichter auf dem Hintergrund der Parusieverzögerung verstehen.
267) Hier schlägt sich der Gedanke der Aussaat der Heilsgemeinde (vgl. dazu: Mk 4 3ff) nieder.
268) Vgl. das wahre "Israel Gottes" Gal 6 16; den "heiligen Rest" Rö 11 4; die "Heiligen" Rö 17 u.ö.; die "Erwählten" Rö 8 33 u.ö..
269) Zur Praxis der Kirchenzucht im Urchristentum vgl. Barth, G., Kirchenzucht, 165f; Erlemann, 48 A 89.
270) Vgl. dazu bes. I Kor 4 5: "Richtet nicht vor der Zeit, ...Er wird ans Licht bringen...".
271) Für den vormt Charakter des Gleichnisses sprechen die strukturellen, sprachlichen und inhaltlichen Verschiebungen zur Deutung, die Mt zuzuschreiben ist, auch wenn Mt bes. VV 41-43 apk. Material aufgenommen hat (s.o.), während der Wortschatz des Gleichnisses nur Spuren mt Bearbeitung zeigt (s. Kretzer, Herrschaft, 124f; Gnilka, Mt I, 490 A 7; Künzel, Gemeindeverständnis, 128 m. A 17). Ferner ist das Gleichnis EvThom L57 ohne Deutung und zudem so verkürzt überliefert, daß es offensichtlich die Kenntnis von Mt 13 24-30 voraussetzt.
272) Vgl. auch die Aufforderung zu Sanftmut und Feindesliebe Mt 5 5.43-48.
273) VV 37-39 laufen auf die 'kleine Apokalypse' VV 40-43 zu, die nur auf V 30b rekurriert.

(vgl. auch Mt 13 36b): Die Engel des Menschensohnes[274] werden "aus seiner Königsherrschaft" "alle Ärgernisse und die, die die Gesetzlosigkeit tun", d.h. die "Söhne des Bösen" aussondern und vernichten. Diese nur in der Kirche suchen zu wollen,[275] wäre wohl eine Verengung (vgl. Mt 13 38: "der Acker ist die Welt").[276] Bei den σκάνδαλα[277] ist an Christen (Mt 18 6-9; 26 6-10) und an Verfolger zu denken (Mt 13 21),[278] aber auch an Pseudopropheten, die als Wölfe in Schafspelzen leicht mit richtigen Propheten zu verwechseln sind, und erst an ihren Früchten erkannt werden (Mt 7 15-19). Auch sie werden ins Feuer geworfen (Mt 7 19). Auch "ἀνομία" erscheint bei Mt im Kontext des Verwechselbaren, das gerichtet wird: Mt 7 23 sind es die, die "Herr, Herr" sagen, Mt 23 28 die Schriftgelehrten und Pharisäer, über die ein Wehe! ergeht; vgl. auch Mt 24 11f (Pseudopropheten führen in die Irre, die Liebe erkaltet). Bis zum Gericht ist die Existenz von Bösen auf dieser Welt Realität, doch wird sie der Menschensohn am Ende vernichten, so betont Mt (vgl. Mt 13 47-50). Darin schwingt die Mahnung mit, sich als der gerechte Same zu erweisen und Frucht zu bringen.

2.5) Differenzierungsbild (in Bezug auf Personen) (IV)
Joh 4 35—38

Joh 4 35-38 wird das Saat-Ernte-Motiv von der Warte der handelnden Personen (σπείρων - θερίζων) aus entfaltet. Joh 4 35-38 ist Teil der Perikope von Jesu Begegnung mit der Samaritanerin Joh 4 1-42, in die Joh 4 31-38 ein Gespräch Jesu mit seinen Jüngern eingeschoben ist. Kreisen VV 31-34 um die Stichworte Speise/Essen, so VV 35-38 um die Leitworte säen/ernten. Wechsel im Thema und im Stil[279] markieren einen Einschnitt zwischen V 34 und 35.[280]

---

274) Er ist bei Mt mit Jesus identisch, vgl. Mt 9 6; 12 8; 20 28. Zu den Engeln des Menschensohnes vgl. Mt 4 11; (4 6; 26 53); 16 27f; 24 30f; 25 31.
275) So: Baumbach, Verständnis, 59-62; Marguerat, Jugement, bes. 446f; ders., L'Eglise, 111-129; Klostermann, Mt, 123; Bornkamm, Enderwartung, 40f; Tödt, Menschensohn, 64-68: Sie identifizieren die βασιλεία des Menschensohns mit der Kirche. Vgl. aber Mt 28 16-20 (Missionsbefehl) und Mt 25 31ff (das Gericht erstreckt sich auf alle).
276) Mit Kingsbury, Parables, 97. 159; ders., Matthew: Structure, 117.143; Vögtle, Anliegen, 286-293; Dupont, Point, 223-229, bes. 228f; Fiedler, 93-99. Unwahrscheinlich: Walker, Heilsgeschichte, 93-95; 99-101; (119), der die Söhne des Reiches mit der Kirche, die Söhne des Bösen mit der Heidenwelt identifiziert.
277) σκάνδαλον (Mt 16 23; 18 7) und σκανδαλίζω (Mt 5 29f; 11 6; 13 21.57; 15 12; 17 27; 18 6.8f; 24 10; 26 31.33) bezeichnet bei Mt falsches, feindliches Verhalten bes. gegenüber Jesus oder der Gemeinde, vgl. Leutzsch, M., Skript.
278) Erlemann, 36, denkt unter Verweis auf Lk (!) 9 51-56 an die Abgrenzung der mt Gemeinde nach außen.
279) Der Diskurs-Stil der VV 32-34 wird V 35 verlassen, vgl. Lindars, 194.
280) VV 31-34 und VV 35-38 werden nur durch das Motiv der Sendung zusammen-

2.5.1) Zur Struktur des Textes

Die VV 35-38 bilden keinen in sich geschlossenen, kohärenten Text.[281] Grundsätzlich kann er in zwei von Jesus eingeführte allgemein bekannte Sprichwörter (V35/37)[282] gegliedert werden, die im folgenden weiterführend kommentiert werden.[283] Widerspricht Jesus ersterem im Blick auf die Gegenwart, so nimmt er letzteres affirmativ auf und appliziert es auf die Situation der Jünger. Zwar weisen die VV 36f eine formal ähnliche Struktur auf, sind aber inhaltlich so konträr, daß eine Zäsur zwischen V36 und 37 anzunehmen ist.[284]

I) Joh 4 35f

I,1: V35 zerfällt in zwei antithetisch strukturierte Teile: dem οὐχ ὑμεῖς λέγετε (a) wird das ἰδοὺ λέγω ὑμῖν[285] (b) gegenübergestellt. Die These (a) wird V35a mit einer rhetorischen Frage eröffnet, die mit οὐ eingeleitet ist. Diese Konstruktion signalisiert,[286] daß im folgenden ὅτι-Satz etwas allgemein Bekanntes angesprochen wird. Diesem wird V35b in der Antithese (b) widersprochen. Durch den Wechsel in die direkte Rede erhält sie besonderes Gewicht. Eingeleitet wird sie mit zwei gestuften Imperativen, die das λέγειν (V35b) schrittweise zum θεᾶσθαι vertiefen wollen. Die Dopplung der Imperative intensiviert den Appell an die Jünger und bereitet die Begründung im ὅτι-Satz mittels Retardierung verstärkend vor. Die Begründung erfolgt nun ganz auf der Bildebene.[287]

I,2: V36 erscheint als weiterführende Explikation von V35,[288] die das Stichwort θερισμόν aus V35b im ὁ θερίζων von V36a aufnimmt und einen Schritt weiter - von der reifen Ernte zur Arbeit der Erntenden - führt.

gehalten. V34 kann insofern als Brücke zwischen beiden Teilen angesehen werden, als Jesu Erklärung, daß seine Speise in der Erfüllung des Willens seines Vaters (also seiner Sendung) liege, nun in den Erntebildern metaphorisch erweitert wird (vgl. Brown, R.E., John, 181. Das τελειώσω greift aber über die Bekehrung der Samaritaner hinaus, vgl. Bauer, W., Joh, 72).
281) Spannungen weisen auf einen längeren Wachstumsprozeß hin, vgl. MacGregor, Joh, 110, Bauer, W., Joh, 73.
282) Vgl. Brown, R.E., John, 182. V35a ist zwar nirgends als Sprichwort nachgewiesen, kann aber als geläufig angenommen werden (vgl. Bm, Joh, 145, Brown, R. E., John, 182, Bernard, I, 155, McGregor, 110, Weiß, 201, Becker, ÖTK 4/1, 180), da auch die Aussage: "Noch vier Monate, dann kommt die Ernte", durchaus im Bereich des Vorstellbaren liegt, s.u. (Anders Bauer, W., Joh, 73, nach dem V35 ganz aus der Situation geboren ist). Im Grunde würde sich bei freier Formulierung im Sinn nichts Entscheidendes ändern (Becker, ÖTK 4/1, 180).
283) Die versuchte Gliederung geht den Text in seiner vorliegenden Folge entlang, wie ihn auch der Leser aufnehmen mußte und verzichtet darauf, ihn von V38 her zu lesen, vgl. Becker, ÖTK 4/1, 180.
284) Vgl. Becker, ÖTK 4/1, 181, Brown, John, 182.
285) Zur Struktur vgl. Mt 5 21-48 und Mt 3 9.
286) Das οὐ deutet darauf hin, daß die Antwort ja sein muß (Bl.-Debr. § 427/2a), die Frage sich also auf Dinge bezieht, die als bekannt vorausgesetzt werden (Schnackenburg, Joh I, 482).
287) Zahn, Joh, 254, spricht von einer "parabolischen Einkleidung".
288) Brown, R.E., John, 182.

V36 setzt mit betontem ἤδη ein, das die zeitliche Komponente hervorhebt.[289] μισθόν λαμβάνει ist mit συνάγει καρπόν chiastisch verschränkt und durch explikatives(?)[290] καί verbunden.[291] V36b wird im untergeordneten ἵνα-Satz das Partizip θερίζων aus V36a aufgenommen und durch die Opposition σπείρων erweitert. Beide Partizipien sind einander koordiniert[292] und durch ὁμοῦ und das gemeinsame Verb χαίρῃ miteinander verbunden.

II) VV 37f
II,1: V37: Mit erläuterndem γάρ[293] wird das Sprichwort[294] vom Säer und Ernter eingeführt und durch einen ὅτι-Satz (vgl. V35) eingeleitet.[295] Es ist wie V36b zweigeteilt, jedoch mit dem Unterschied, daß die Partizipien σπείρων und θερίζων V 36b miteinander verbunden sind, während sie V37 durch ἄλλος - ἄλλος einander entgegengesetzt sind.
II,2: V38 schließt asyndetisch an V37 an:[296] Das Subjekt wechselt V38a zum betonten ἐγώ, das Präsens zum Aorist. Erstmals ist das Leitwort θερίζειν (V35b, 36a.b; 37) direkt auf die Adressaten bezogen. Die formale Analogie zu V35b[297] fällt auf. Jedoch sind V38 die Worte nicht antithetisch zum Vorangehenden gesetzt, sondern variieren das Schema ἄλλος - ἄλλος von V37. Dabei ist ein Glied des antithetischen Parallelismus identifizierend durch die zweite Pers. plur. ersetzt (die Adressaten werden also direkt angesprochen), die Saat (Ernte)-Metaphorik ist in κοπιᾶν übersetzt.

289) Es stellt sich die Frage, ob ἤδη auf V35 (so z.B. Origenes) oder V36 (so Zahn, Joh, 255 A 46, Bauer, W., Joh, 73; Schneider, Joh, 116,117 A 39; Schnackenburg, Joh I, 477; 483 A 4; Bm, Joh, 145 A 5) zu beziehen ist. Nur P75 ist nach ἤδη ein Punkt gesetzt, Joh 927 ist es nachgestellt. Der allgemeine Sprachgebrauch bei Joh spricht jedoch mehr für die Stellung am Anfang von V36, vgl. Joh 451; 714; u.ö. (vgl. Schneider, J., Joh, 117 A 29; Schnackenburg, Joh I, 483 A 4, Bm, Joh, 145 A 5).
290) So Weiss, Joh, 203.
291) μισθόν ist καρπόν parallelisiert; letzteres ist durch εἰς erweitert. Evtl. wirkt hier der Bildspenderbereich insofern nach, als das εἰς auch eine lokale Konnotation (Scheunen) evoziert (so z.B. Schneider, J., Joh, 117; vgl. Mussner, ΖΩΗ, 177, Zahn, Joh, 255), es kann aber auch stärker final verstanden worden sein (vgl. Ruiz, 67).
292) Die Distinktion der Personen bleibt gewahrt, vgl. Hahn, Mission, 142. Wer mit dem σπείρων bzw. θερίζων gemeint ist, ist im vorliegenden Kontext nicht eindeutig. Am wahrscheinlichsten erscheint mir eine Deutung auf Vater und Sohn (vgl. V34), so auch: Brandenburger, Johannes 4 31-38, 205, Schnackenburg, Joh I, 483ff, Schneider, Joh, 118, Klauck, Allegorie, 224 A 188. Diese Deutung würde auch das γάρ zu Beginn von V37 motivieren. Anders: Bauer, W., Joh, 70 (Jesus ist sowohl Sämann als auch Schnitter), Bm, Joh, 146 (Jesus/Jünger).
293) Das γάρ wie auch das ἐν τούτῳ hat sowohl anaphorische als auch kataphorische Funktion, s. Olsson, Structure, 229.
294) Zu λόγος als Spruch, Sprichwort vgl. Bauer, W., Joh, 74, Schnackenburg, Joh I, 485.
295) Mit ἐν τούτῳ wird das Sprichwort jedoch in seiner Geltung eingeschränkt und in seiner Wahrheit zugespitzt.
296) Zahn, Joh, 257.
297) Betonter Einsatz mit der ersten Pers. sing. und der zweiten Pers. plur.!

2.5.2) Interpretation

In das Gespräch Jesu mit der Samaritanerin ist eine Jüngerbelehrung eingeschoben, die das Sendungsmotiv in Bezug auf die Samaritanermission im Bild der Ernte ausführt.[298]
In einer rhetorischen Frage werden die Jünger mit einem Sprichwort, in dem sich ihre Wirklichkeitserfahrung niederschlägt, auf ihr Vorverständnis angesprochen. Jesus korrigiert es kraft seiner Autorität gegen die Wirklichkeit: Besteht von Natur aus ein längerer zeitlicher Abstand zwischen Saat und Ernte, so gilt das jetzt nicht mehr: die Felder sind schon weiß zur Ernte. Den Jüngern wird das nicht einfach mitgeteilt, vielmehr werden sie stufenweise zu einem vertieften Sehen angeleitet.[299] Nachdrücklich wird das eschatologische Jetzt der Erntezeit betont und durch das Fortschreiten vom Bild der reifen Felder zum Bild des Erntenden forciert. Das Bild- und Wortfeld evoziert eschatologische Konnotationen,[300] die in der Eliminierung der Wartezeit zwischen Saat und Ernte und dem Motiv der Freude die Gegenwart deutlich als Heilszeit zeichnen. Bilden Säender und Erntender V36b eine komplexe Einheit,[301] so betont V37 in einem pessimistisch klingenden Sprichwort[302] die Unterschiedenheit von Säendem und Erntendem und bereitet eine Öffnung des Bildes auf die geschichtliche Situation der johanneischen Gemeinde vor.[303] In Aufnahme des Sendungsgedankens wird die Differenzierung von Säendem und Erntendem V38 auf die Jünger als Erntearbeiter und die ihnen vorausgehenden Jesusboten[304] interpretiert. Die Jünger, d.h. die johanneischen

---

298) Vgl. Brown, R.E., John, 181. Die im textuellen Rahmen herannahenden Samaritaner gewinnen symbolische Bedeutung.
299) Daß die Jünger extra aufgefordert werden, ihre Augen aufzuheben und zu sehen, daß die Felder weiß zur Ernte sind, impliziert wohl, daß es sich hier um ein Faktum handelt, das nicht direkt von jedermann gesehen wird, vgl. Thüsing, Erhöhung, 53f A11.
300) Die eschatologische Komponente wird durch συνάγειν (V36a, vgl. Olsson, Structure, 244, Bm, Joh, 146 A1), εἰς ζωὴν αἰώνιον (V36a) wie auch durch den eschatologisch besetzten Terminus "Ernte" (s. Baumbach, Funktion 163; Schnackenburg, Joh I, 484 m. A1; anders: Hoffmann, Studien, 291) unterstrichen.
301) Nicht notwendigerweise eine Identität: Es wird nicht deutlich gesagt, daß Saat und Ernte zusammenfallen (so Schulz, S., Joh, 77, Bm, Joh, 146 A3) - es heißt nur, daß der Sämann bei der Ernte an der Freude des Schnitters teilnimmt (Schneider, J., Joh, 117).
302) Verbreitet ist der Gedanke, daß nicht jedermann das erntet, was er gesät hat; vgl. schon die Lehre des Anchscheschonki 26,17f (Lichtheim, 91).
303) Vgl. den Perspektivenwechsel V38, den Aor. ἀπέστειλα V38a, den Wechsel zur 2. Pers. Plural.
304) Wer mit den ἄλλοι von V38 gemeint ist, wird im textuellen Kontext nicht deutlich. Folgt man dem Textverlauf, so bieten sich folgende grundsätzliche Interpretationsmöglichkeiten an: Die Deutung a) auf die Propheten (u.a. atl. Gestalten),

Gemeindeglieder, treten an ihre Stelle und haben nun die Mühe der anderen.[305]

2.5.3) Der übergreifende Lebenszusammenhang
a) Bildgebrauch/Realien

Im missionarischen Kontext ist Joh 4 nicht die Baum-Frucht-Metaphorik, sondern die Saat-Ernte-Metaphorik realisiert. Sie ist enger als jene mit dem Neuanfang verknüpft, den die Mission bedeutet, stärker eschatologisch besetzt und kann mit einem zentripetalen Missionsverständnis konnotiert werden.
Die Leitworte von Joh 4 35-38 θερίζειν/θερισμός und σπείρειν sowie das ihnen V38 parallel gebaute κόπος/κοπιᾶν tauchen nicht mehr im JohEv auf, sind also nicht spezifisch johanneisch.[306]
Die Zeitkomponente steht bei der Verwendung der Saat-Ernte-Metaphorik (V35f) im Vordergrund. Im Gegensatz zum apokalyptischen Metapherngebrauch und zum Rhythmus der Natur wird V35b die Zeit der Ernte explizit von der Zukunft in die Gegenwart verlagert.[307] Die normaler-

so bes. die Väter (Origenes, Johanneskommentar XIII, 325f; Joh. Chrysostomus, hom 34,2 (PG 59, 196); u.a., vgl. Bauer, Joh, 74 und Lagrange, Jean, 121). Bei dieser Interpretation ergibt sich die Schwierigkeit, daß diese im näheren Kontext keine Erwähnung finden, die Samaritaner nur den Pentateuch anerkannten und (vgl. Bm, Joh 147 A4) Joh Jesus und die Propheten nicht zu koordinieren pflegt. b) auf Johannes den Täufer, bzw. auf Johannes den Täufer und seine Jünger (s. Lohmeyer, Urchristentum I, 26 A3 und vor allem Robinson, Others, 66, der aber keine Konkurrenz von Täufergruppen annimmt, wofür es m.E. zumindest einige bedenkenswerte Anhaltspunkte im JohEv gibt). Vgl. zu dieser Lösung auch Bm, Joh, 147 A 4: Für Johannes "kommt dieser Sinn nicht in Frage". c) auf den Täufer und Jesus. d) auf Jesus (so Schnackenburg, Joh I, 486, mit der Einschränkung 487, daß "der Evangelist schon die Worte des irdischen Jesus auf die späteren Probleme und die Anliegen seiner eigenen Zeit hin" öffnet). Hier stellt sich das Problem des Plural (ἄλλοι). e) auf Jesus und seinen Vater (so bes. Thüsing, Erhöhung, 54f). Hier ist zu fragen, ob vom Vater ein κοπιᾶν ausgesagt werden kann. Da die ἄλλοι nicht näher innerhalb des textuellen Kontexts identifiziert werden, setzt der Evangelist offensichtlich das Verständnis der ἄλλοι bei seinen Lesern/Hörern als selbstverständlich voraus. Von daher denke ich, daß nach einer Identifikation der ἄλλοι im Rahmen des Situationskontexts gefragt werden muß.
305) Ihre Erntearbeit in dieser Weltzeit wird genauso wie die Aussaat der anderen als "sich abmühen" qualifiziert.
306) Vgl. Bauer,W., Joh, 73. Das könnte die Annahme verstärken, daß hier traditionelles Material verarbeitet ist, "which...has links with the Synoptic tradition" (Lindars, John, 195); die Nähe zum Bildgebrauch der synoptischen Gleichnisse ist auffallend (vgl. auch Brown, R.E., John, 181).- Fernerhin tritt das für Joh typische theologische Vokabular in den VV 35-38 auffallend zurück, vgl. Dodd, Tradition, 391-99.
307) Vgl. in den Synoptikern Mt 9 37f par. Die dezidierte Umakzentuierung Joh 4 35b zeichnet sich in die antiapokalyptische Konzeption des Joh ein und wird hier auch auf das missionarische Wirken angewendet, vgl. Brandenburger, Joh 4, 204.- Das λευκαί V35 erklärt sich von der hellen Ähre im Gegensatz zur grünen Saat, vgl. Ov., fast. 5 357: "maturis albescit messis aristis".

weise nötige Wartezeit[308] ist - einem Topos der Heilseschatologie entsprechend[309] - eliminiert, die Erntemetapher eindeutig positiv als Bild für die Mission, nicht für das Gericht, verwandt.[310] Die eschatologische Erwartung, daß Gott in der Endzeit sein Volk sammelt,[311] mag gerade im vorliegenden missionarischen Kontext anklingen und das zentripetale joh. Missionsverständnis zum Ausdruck bringen. Dieses erhellt auch der weitere textuelle Kontext: So geht dem Terminus καρπός Joh 436 (vgl. auch 1224) eine positive zentripetale Bewegung voran (vgl. 429f; 1220ff), was zeigt, daß er hier in seiner missionarisch-eschatologischen Verwendung positiv besetzt ist.[312] Diese Konnotation wird durch die Umkehrung der normalen Reihenfolge Arbeit/Lohn (vgl. Mt 20iff) und die Realisation mit χαίρῃ V36 gestützt.[313] Da καρπός zugunsten von σπείρων und θερίζων zurücktritt, ist das Hauptinteresse bei letzteren zu suchen (VV 36b-38). Im Gegensatz zu V36 greift V37 die Unterscheidung von Säendem und Ern-

308) Für den Abstand zwischen Aussaat und Ernte ergibt sich ein Zeitraum von ca. sechs Monaten, s. P Ta'an 1,64 a, 48 Bar (Bill. II, 440d), Strathmann, Joh, 90: Gelegentlich wurde schon im Oktober (nur auf einen Teil des Landes) gesät (= die sog. "Vorregensaat", afir), vgl. Dalman, AuS I1, 164, Geopon. III12f. Man soll aber nach Dalman, AuS I1, 166 nicht vor dem 26. September säen. Normalerweise wurde erst nach den Herbstregen gesät, d.h. im November-Dezember (Lindars, John, 195). Da die Saat auf dem Boden ausgestreut, aber nicht zugedeckt wurde, konnte die Aussaat nicht während der Regenzeit erfolgen, da sie sonst hätte weggewaschen werden können, vgl. Lindars, John, 195, Mk 43ff, zum Pflügen vgl. Dalman, AuS I1, 164ff. Spätestens erfolgte die Aussaat zur Wintersonnenwende (Dalman, AuS I1, 166, vgl. auch 167). Die Gerstenernte begann dann im April, die Weizenernte im Mai, was auch mit dem Gezer-Kalender übereinstimmt (Lindars, John, 195, Dalman, AuS I2, 416, vgl. ders., AuS I1, 7). Die Erntezeit verschiebt sich natürlich je nach geographischer Lage: Im Küstenland und der Jordanebene ist sie ca. 14 Tage früher anzusetzen als im Gebirgsland, wo man die Gerste um Mitte Mai, den Weizen um Anfang Juni zu ernten beginnt (Dalman, AuS I2, 415; den o.g. April (Gerste)/Mai (Weizen)-Termin konstatiert Dalman, AuS I2, 415 für die Küstenebene und für die Umgebung von et-tabera, den April (für die Gerste) auch für Jericho). Die Spanne von vier Monaten, die Joh 435 angibt, kann folglich nicht als Angabe für die nötige Reifezeit des Samens angesehen werden. Sie läßt sich höchstens aus der Perspektive des Landmanns als die kürzeste Wartezeit (von der letzten Aussaat bis zum Beginn der Ernte) erklären (Schnackenburg, Joh I, 483, Bm, Joh, 145 A1, vgl. Bill. II, 439).
309) Am 913 gibt es in der messianischen Zeit keine Unterbrechung zwischen pflügen und ernten, vgl. die Segensverheißung Lev 265.
310) Vgl. die Verbindung mit χαίρῃ, μισθός und καρπός und Brandenburger, Joh 4, 204 m. A5.
311) Vgl. Olsson, Structure, 244 (z.T. unter Verwendung der vorliegenden Metaphorik; beachte ferner das συνάγειν).
312) Vgl. Joh 15iff, wo auch die Jünger (vgl. V8) angesprochen sind.
313) μισθὸν λαμβάνει gehört höchstens peripher zum bildspendenden Feld. μισθός ist nicht auf den Tageslohn zu beziehen (Ruiz, 69, Zahn, Joh, 255), ist aber auch kein geläufiger Ausdruck für die Ernte (einzige Parallelstelle: Prov 1121 (LXX).

tendem auf, die im AT,[314] im NT,[315] im griechischen Raum[316] und auch darüber hinaus belegt ist.[317] Ihr liegt die negative Erfahrung zugrunde, daß der, der sät, nicht immer erntet. Joh 4 38 wird sie positiv gewendet: Die Jünger sind die Erntenden. Der Gegensatz wird in ein Sukzessionsverhältnis aufgelöst. Die Jünger treten in die Mühe der anderen: Das im weiteren Rahmen zum Bildfeld gehörende κόπος/κοπιᾶν (es bezeichnet die Mühe des Landmanns) ist, wie Harnack aufgezeigt hat,[318] Missionsterminus und von daher auch auf die Ernte zu beziehen.[319]

b) *Situation/Intention*

Die VV 35-38 werden durch den textuellen Kontext auf die Samaritanermission bezogen. Das legt positive Kontakte zu den Samaritanern nahe,[320] die zur Auseinandersetzung mit diesen nötigen. Wahrscheinlich hatte die joh. Gemeinde einige Missionserfolge unter ihnen zu verzeichnen,[321] hatte aber, als sie in Samaria missionierte, kein unbeackertes Feld mehr vorgefunden: ἄλλοι κεκοπιάκασιν (V 38).[322] Letztere könnten nach Act 8 5-8 mit den Hellenisten (Philippus) und anderen Hellenisten (? Act 8 4) zu identifizieren sein,[323] denen mit den Samaritanern die Ablehnung

314) Dtn 20 6; 28 30; Hi 15 28 (LXX); 31 8; Mi 6 15.
315) Mt 25 26.
316) Aristoph., equ. 392; Corpus Paroem. Gr. II, 98, Gregorius Cypr. Cod. Mosq Centuria I, 53; Sen., epist. 97; vgl. ferner Philo, All III, 227, Hes., theog. 599.
317) Vgl. Lehre des Anchscheschonki 26,17ff (Lichtheim, 82; 91); Bm, Joh 146, A 6.
318) Harnack, κόπος, bes. 4f; Cullmann, Samaria, 190, u.ö..
319) Gegen die ausschließliche Verbindung von Säen mit κοπιᾶν und Ernten mit Freude wie sie z.B. Oehler, Joh, 103, vornimmt.
320) Wie die Beziehungen der Samaritaner zur joh. Gemeinde genauer ausgesehen haben, läßt sich schwer sagen - eine Reihe von Beobachtungen legt jedoch den Schluß nahe, daß Samaria eine wichtige Rolle in der Entwicklung des JohEv's gespielt hat. So nimmt Kundsin, Überlieferungsstoffe, pass., an, daß viele joh. Traditionen in christlichen Gemeinden in Samaria gestaltet wurden und Meeks erklärt im Anschluß an ihn (vgl. Kudsin, 499 A 118): "it is clear that the Johannine church had drawn members ... from the Samaritan circles..." (Meeks, King, 503). Odeberg, Fourth Gospel, 149ff sieht hinter Joh 4 eine Auseinandersetzung zwischen einer Gruppe Samaritanern mit der samaritanischen Gemeinde, in die sie eingebunden ist. Leroy, Rätsel, 99, versteht Joh 4 4ff als Deutung der Vereinigung samaritanischer Christen mit der joh. Gemeinde. Buchanan, 173, spricht sogar von einem samaritanischen Sitz im Leben des JohEv's, ähnlich Purvis, Fourth Gospel, 191.
321) Vgl. Bauer, W., Joh, 74, Becker, ÖTK 4/1, 182. Diese Missionserfolge dürften in die Frühzeit der joh. Gemeinde zu datieren sein (Becker, ÖTK 4/1, 182, Ruiz, 312).
322) Dafür, daß V 38 die konkrete missionarische Situation der Gemeinde reflektiert, spricht, daß Jesus - folgt man dem Text - zu diesem Zeitpunkt seine Jünger noch gar nicht ausgesandt hat (vgl. Bauer, W., Joh, 74, den Wechsel vom Aorist ins Perfekt und daß die ἄλλοι im textuellen Kontext keine nähere Explikation erfahren, vom Verfasser also als bekannt vorausgesetzt werden).
323) Auch der Bezug auf Paulus wurde in Erwägung gezogen (I Kor 15 10), so MacGregor, John, 113.

des Tempelgottesdienstes (vgl. Act 7,2ff) gemeinsam ist.³²⁴ Haben diese sich abgemüht, so sind Petrus und Johannes später in ihre Mühe eingetreten (Act 8,14).³²⁵ Ist der Autor³²⁶ hier also von der Intention geleitet, die Mission der Samaritaner durch ihren Rückbezug auf Jesus zu legitimieren?³²⁷ Die Ausrichtung an der Autorität Jesu wird V35b (ἰδοὺ λέγω ὑμῖν) deutlich spürbar, wo die Jünger entgegen apokalyptischem Denken die Gegenwart als Zeit der eschatologischen Ernte sehen lernen sollen: Schon jetzt finden Glaubende "in die Sphäre unzerstörbaren, weil ewig gültigen Lebens".³²⁸ Gleichwohl ist die Gegenwart der Gemeinde noch durch das κοπιᾶν charakterisiert.

2.6) Überblick: Die realisierten Metaphernkomplexe im Bildfeld Saat - Wachstum - Ernte

In den Evangelien schlägt sich das Bildfeld Saat - Wachstum - Ernte in folgenden Bildkomplexen nieder:

Den Gerichts- (I), den Wachstums- (III) und den Differenzierungsbildern (IV). Hinzu kommt als eine besondere Form der Wachstumsbilder das Auferstehungsbild (III'). Der erste Bildkomplex beschreibt die Scheidung nach der Ernte, der dritte das ungehinderte Wachstum einer Pflanze und der vierte das Wachstum der Saat angesichts von Widrigkeiten.

ad I: In dem Gerichtsbild Mt 3,12 geht es um die Trennung von Spreu und Weizen.³²⁹ Der Zeitfaktor ist (diff. III und IV) eliminiert: Die Zeit des Wachstums und der Ernte ist vorbei. Die Gegenwart wird als Zeit des Gerichts charakterisiert: So appelliert das Bild an die Adressaten zur Metanoia.

ad III: Wachstumbilder sind mit Mk 4,26-29; Mk 4,30-32 parr realisiert. Der Bildkomplex zeigt kein Interesse am Handeln des Menschen als Bauern (ist also keinArbeitsbild), vielmehr stellt er das erfolgreiche Wachstum einer Pflanze in den Mittelpunkt: Positiv wird das unangefochtene Wachstum von der Saat zur Frucht (Mk 4,26-29) bzw. von der Winzigkeit des Senfkorns zu überwältigender Größe (Mk 4,30-32) ge-

---

324) Vgl. Cullmann, Samaria, 191f. Daß hier ein Anknüpfungspunkt zu sehen ist, legt Joh 4,21 nahe. Vgl. auch Cullmann, Kreis, 49.
325) Cullmann, Kreis, 52.
326) Ob das Interesse des Autors an der Samaritanermission auch darin begründet ist, daß er selbst dem Kreis der Hellenisten nahestand, ist zu erwägen, letztendlich aber nicht zu entscheiden, vgl. Schnackenburg, Joh I, 487.
327) Also gegen ein Denken, wie es sich deutlich Mt 10,5 niederschlägt, vgl. weiter: Cullmann, Samaria, 185f.
328) Brandenburger, Johannes 4, 205.
329) Zur Kategorie der Trennungsbilder vgl. auch Lk 22,31f.

schildert. Nur indirekt wird die negative Gegenwartserfahrung ins Bild gesetzt: Wenn der Anfang so unscheinbar, das Senfkorn so winzig ist, muß die Wirklichkeit trostlos sein. Durch Umstrukturierung dieser Sicht kommt dem Bild nicht nur eine tröstend-stabilisierende, sondern auch eine ermutigende Funktion zu: Zeigt es doch den Zusammenhang zwischen dem verborgenen, kümmerlichen Anfang und dem überaus guten Ende auf. Das Augenmerk wird ganz auf diese positive Seite gelenkt: Wachstumshindernisse, Anstrengungen des Bauern und der mögliche Mißerfolg werden vollkommen ausgeblendet. Die negative Gegenwartserfahrung wird zunächst durch Verschränkung aufgenommen und dann mittels Umstrukturierung der Wahrnehmung zu einem positiven Ende geführt. Der Bildkomplex strahlt auf dem Hintergrund einer beunruhigenden Trostlosigkeit Zuversicht und Hoffnung aus, hat also eine ermutigende Funktion.

III': Das Auferstehungsbild Joh 1224 variiert das Wachstumsbild: Hier wird das erfolgreiche Fruchtbringen unter das unabdingbare Gesetz des Sterbens gestellt. Das Bild hat eine stabilisierende Funktion.

IV: Differenzierungsbilder differenzieren eine Pluralität aus und haben eine besondere Affinität zur Gemeinde und ihren Problemen. Sie integrieren in sich Teile der Gerichts- und der Wachstumsbilder.[330] In den Evangelien sind sie Mk 43-8(14-20) parr und Mt 1324-30(36-43) realisiert. Personen als handelnde Akteure spielen eine gewichtigere Rolle als in den Gerichts- und Wachstumsbildern. Im Gegeneinander von Protagonist und Antagonist(en) (Mk 43ff) bzw. von Protagonist und Opponent (Mt 1324ff) wird das Problem profiliert. Nicht von einer Pflanze, sondern von vielen ist die Rede. Von daher erlaubt es das Bild, Negativa direkt in einen Teil des Samens bzw. mit seinem Schicksal zu verschränken: Widrigkeiten werden im Unterschied zu den Wachstumsbildern nicht ausgeblendet; vielmehr geht ein Teil der Saat sukzessiv zugrunde (Mk 43ff) oder wird am Ende als unbrauchbar ausgeschieden (Mt 1324ff). Aufgrund des guten Ausgangs gewinnt das Bild Mk 43ff tröstend-stabilisierende Funktion für die Gegenwart und warnt Mt 1324f vor vorschneller Reaktion.

IV': Die synoptischen Differenzierungsbilder werden Joh 435-38 variiert: Sie differenzieren nicht primär in Bezug auf den Samen aus, sondern in Bezug auf die Personen, die mit dem Getreide arbeiten. Nicht ein sukzessives Nacheinander (Mk 43-8) oder ein ausstehendes Dann

---

330) Hier kommt es zu Überschneidungen der Bildkomplexe: Mk 43ff verbindet mit den Wachstumsbildern, daß es relativ personenarm ist, nur 'guter' Same ins Bild gesetzt und der negativen Gegenwartserfahrung (Verlust) eine große Ernte kontrastiert ist. Der Scheidungsvorgang Mt 1330 dagegen weist auf den ersten Bildkomplex, hier jedoch in größerem zeitlichem Abstand.

(Mt 1324-30), sondern die Kategorie der Gleichzeitigkeit bestimmt um der präsentischen Eschatologie willen das Bild.

2.7) Akzente bei den einzelnen Synoptikern
2.7.1) Markus

a) Gerichts- bzw. Trennungsbilder treten bei Mk vollkommen zurück, da Mt 312 par aus Q stammt und Mt 1324-30.36-43 Mt-SoG ist; ein Anklang findet sich Mk 429.
b) Mk 48.20 ist das Fruchtbringen in Abstufungen geschildert; durch Rezeption des metaphernlosen Logions Mk 411f werden die vierfachen Möglichkeiten des Gleichnisses auf zwei reduziert: Entweder man gehört zu denen, die drinnen sind, oder zu den οἱ ἔξω.
c) Nur bei Mk findet sich das ungestörte Wachstum von der Saat zur Frucht Mk 426-29.[331]

Mk bietet in c. 4 eine thematische Zusammenstellung von Saatgleichnissen. Ihre interpretierende Rahmung kann folgendermaßen beschrieben werden: Die Einleitung Mk 41f distanziert Jesus räumlich vom Volk.[332] Aus der Gleichnisquelle[333] nimmt Mk die Bitte der Jünger (?) um esoterische Belehrung auf, die in den mk Kontext paßt.[334] Mk zeigt spezielles Interesse an den Zwölfen, die er Mk 410 als Fragesteller einfügt.[335] Sie fragen ihn grundsätzlich nach den Gleichnissen. Als Antwort interpoliert Mk das Logion Mk 411f, das die räumliche Distanzierung von Mk 41 durch eine scharfe kognitive und soziologische verstärkt:[336] Die Adressaten werden denen da draußen (ἐκείνοις ... ἔξω)[337] scharf gegenübergestellt (vgl. Mk 331.34): Wird ersteren das μυστήριον[338] der Gottesherrschaft aufgeschlossen (passivum divinum), so geschieht letzteren alles ἐν παραβολαῖς - in Rätseln.[339] Diese Scheidung ist auf

---

331) In seiner stabilisierenden Funktion erinnert es an Mt 626.28-30par (Q).
332) Inwieweit ihr eine Vorlage zugrunde liegt (ἐμβάντα καθῆσθαι kann als Aramaismus verstanden werden, vgl. Harris, Aramaism, 248-50, Klauck, Allegorie, 240), muß offenbleiben. Die Konzentration mk Vorzugswörter (s. Klauck, Allegorie, 240 A 278) weist auf intensive mk Redaktion.
333) κατὰ μόνας ist mk Hapaxlegomenon; κατ' ἰδίαν μόνους nur noch Mk 92; statt des mk ἐπερωτάω (Mk 25x) steht ἐρωτάω (Mk nur 3x).
334) Vgl. Mk 717; 928; 1010; 133.
335) Pesch, Mk, 237; Kirkland, Jesus', 4; Bm, GST, 71.
336) Nach Mk 410 sind die Jünger Mk 41 doch wohl in der Nähe Jesu gedacht, vgl. auch Stegemann, E., Mk, 201 m. A 167.
337) Der Ausdruck ist nicht nur räumlich (so Gnilka, Verstockung, 30, 83f; Masson, Paraboles, 26) zu verstehen, sondern bezeichnet auch die, die nicht zur Gemeinde gehören, vgl. I Kor 512; I Thess 412; Kol 45 und die Rabbinen (Bill. II, 7 (ad Mk 411); III, 362 (ad I Kor 512)); vgl. auch Jos., Bell 2, 137 (Nicht-Essener).
338) μυστήριον ist synoptisches Hapaxlegomenon.
339) Im Kontext gewinnt παραβολή den Sinn von משל (Rätselwort), die Gleichnisüberlieferung wird also zur geheimnisvollen Rätselrede umgeprägt, vgl. Marxsen, Erklärung, 256.

Gott selbst zurückzuführen, wie Jes 69f - der locus classicus der Verstokkungstheorie - deutlich machen will. Er gibt als Ziel/ Zweck der Gleichnisse[340] das Nicht-Erkennen und Nicht-Verstehen für die "da draußen" an. Ihr korrespondiert implizit das Wissen der ἐν.[341] Doch im folgenden wird die Frage Jesu: οὐκ οἴδατε τὴν παραβολὴν ταύτην angeschlossen und so das Unverständnis der Jünger herausgearbeitet,[342] das eine Deutung schon des ersten Gleichnisses nötig macht: Die Jünger können also hinter ihre Erwählung zurückfallen.[343] Gleichwohl sind es gerade sie,[344] denen eine Deutung zuteil wird: Die Deutung ist - wie auch die andere große Geheimrede Jesu Mk 13 3-36 und die Hausbelehrung Mk 7 17-23; 9 33-35; 10 10-12 - auf die Gemeinde bezogen. Sie soll durch alle Widerstände hindurch zum μυστήριον, das ihr Mk 4 11 zugesagt ist, finden. Es besteht in der "sub contrario verborgene[n], paradoxe[n] Gegenwart der βασιλεία τοῦ θεοῦ, die sich im Leiden offenbart".[345]

2.7.2) Matthäus

a) Wie im Bildfeld Baum-Frucht verschärft Mt die Mahnung zum Fruchtbringen: Die Antiklimax in der Ertragsschilderung Mt 13 8.23 zeigt paränetisches Gefälle auf die Adressaten hin: Hundert-, nicht nur sechzig- oder dreißigfach sollen sie Frucht bringen! Ethisches Interesse steht auch hinter der Verstärkung des ἀκούων durch die Einfügung von συνίημι (Mt 13 19.23 - der Begriff impliziert das Tun des Wortes) und den Anschluß V23b mit emphatischem δή (καρποφορεῖ) und die Ergänzung von καὶ ποιεῖ in 13 23b. Dementsprechend arbeitet er die Verantwortung des Einzelnen

---

340) Umstritten ist das Verständnis von ἵνα und μήποτε. Für das ἵνα werden folgende Möglichkeiten diskutiert: 1) kausal (so Lohmeyer, Mk[15], 84; Klostermann, Mk, 41; vgl. dagegen Gnilka, Verstockung, 46); 2) konsekutiv (so Charue, incrédulité, 140 m. A 1; Peisker, ἵνα, 126f; vgl. dagegen Gnilka, Verstockung, 46f); 3) explikativ (so Lampe, Deutung, 142f; Lührmann, Mk, 86); 4) fast als Abbreviatur für ἵνα πληρωτῇ als Schriftzitat (so Lagrange, Mc, 99; Jeremias, Gleichnisse, 13; Marxsen, Erklärung, 269); sprachlich und inhaltlich am naheliegendsten: 5) final (so Sellin, Allegorie, 307 A 101; Schmid, Mk, 73; Sjöberg, Menschensohn, 124; Cranfield, SJTh 5 (1952) 59-62). Aufgrund der Verwendung des Jesajazitats Jes 69f Act 28 26f; Joh 12 40 (jeweils in Beziehung auf Israel) ist zu deduzieren, daß die Gleichnisrede verstocken soll.
341) Diese Polarisierung in insider und outsider könnte ihren Hintergrund in einer Situation haben, wie sie ungefähr in Mk 13 zum Ausdruck kommt: Angesichts von Verfolgungen engt sich der Toleranzspielraum zwischen drinnen und draußen, der sich in vielfachen Abstufungen niederschlägt (vgl. nur die graduierte Darstellung Mk 4 3-9), ein zur scharfen Alternative ἔξω vs ἐν.
342) Mk kann das Jüngerunverständnis zwar mit dem Verstockungsmotiv beschreiben (vgl. Mk 6 52; Mk 8 17f). Die Frageform Mk 8 17f macht jedoch deutlich, daß die Verstockung der Jünger (im Gegensatz zu den Gegnern da draußen Mk 3 5; 4 12) überwunden werden kann und soll.
343) Vgl. Stegemann, E., Mk, 204.
344) Vgl. das κατὰ μόνας V 10!
345) Stegemann, E., Mk, 205.

heraus.³⁴⁶ Da Mk 4 26-29 nicht paränetisch auswertbar ist, dürfte Mt das Gleichnis von der selbstwachsenden Saat durch Mt 13 24-30 ersetzen.
b) Hier wird die Mahnung, sich als guter Same zu erweisen, durch den Gerichtsgedanken verschärft, der bei Mt auch in 3 12 aus Q übernommen und jeweils als endzeitlicher Scheidungsvorgang vorgestellt ist. Mt 13 ist der Scheidungsgedanke durch das Stilmittel der inclusio herausgearbeitet: Bildet er doch den Ausgangs- (13 30) und Endpunkt (13 47-50) der sechs Gleichnisse 13 24-33. 40-50.³⁴⁷ Besonders herausgearbeitet ist er in der Deutung, die die Vernichtung "aller Ärgernisse und die, die die Gesetzlosigkeit tun" ausmalt.
c) Mt verwendet das Bildmaterial in Auseinandersetzung mit dem Judentum und in Bezug auf die Gemeinde: Mt 3 12 ist gegen das Judentum gerichtet (vgl. die sek. Adresse Mt 3 7); Mt 13 36-43 dürfte (Vertreter von) Innen- und Außengruppen im Blick haben: Dabei ist das Bildmaterial immer auch auf die Gemeinde gerichtet. Speziell die ἐκκλησία dürfte auch Mt 13 31f im Blick haben.
Neben der stabilisierenden Funktion der Metaphern kommt bei Mt v.a. die paränetisch-einschärfende Funktion der Metaphern zum Tragen.

Werfen wir noch einen Blick auf den kompositionellen Zusammenhang von Mt 13, so hat Mt hier die Zusammenstellung von Saatgleichnissen aus Mk 4 bis auf Mk 4 26-29 übernommen, mit Q- und SoG-Material angereichert. Zwei Punkte sind hier von Interesse:
– Die Zusammenstellung erfolgte nicht nur vom gemeinsamen Bildfeld her: Offensichtlich steht das Gleichnis vom Senfkorn (Mt 13 31f) aufgrund tiefenstruktureller und thematischer Verwandtschaften mit dem Gleichnis vom Sauerteig (Mt 13 33) zusammen, ebenso wie das Gleichnis vom Unkraut und seiner Deutung mit dem Gleichnis vom Fischnetz und seiner Deutung. So teilt das Gleichnis vom Sauerteig mit dem Senfkorngleichnis die Kontraststruktur: Der wenige Sauerteig wird den ganzen Teig durchsäuern. Das Gleichnis vom Fischnetz teilt mit dem Unkrautgleichnis das Ineinander und die Trennung von Gut und Böse. Beidemal geht es um die "Produktion" von Nahrungsmitteln.³⁴⁸ Indem sie sich gegenseitig Kontext geben, können sich gewisse Bildanteile gegenseitig verstärken; gleichwohl behält jeder Bildkomplex eine spezifische Aussagemöglichkeit: So ist das missionarisch konnotierte Bild der Vögel im Bild des Sauerteigs nicht entsprechend zu realisieren. Im Gleichnis vom Fischnetz erscheint das Ineinander von guten und faulen Fischen ganz normal (den Gerechten kommt keine grundlegende Priorität zu; für die Aktivität des Feindes ist hier kein Ort); hier stellt sich auch die Frage nach dem Zeitpunkt der Trennung nicht.

---

346) Vgl. die Einfügung von παντός Mt 13 19 und den Singular in Mt 13 12.19f.
347) Vgl. Kretzer, Herrschaft, 127.
348) Burchard, Senfkorn, 17.

Methodisch bedeutet das, daß die Bildfeldtheorie durch eine Untersuchung der Tiefenstruktur aktualisierter Bilder zu ergänzen und darauf zu reflektieren ist, wie durch Interferenzen verschiedener Bilder einzelne Momente besonders profiliert werden, was wiederum verändernd auf das Bildfeld zurückwirken kann (z.B. ist die konsequente Trennung guter und fauler Fische plastischer als die von Unkraut und Weizen, das Motiv kann verstärkend auf das Bildfeld Saat - Wachstum - Ernte einwirken).

- Mt 13 1-53a weist eine Zweiteilung auf: Mt 13 1-35 spielt am See Genezareth, wo Jesus, eine Volksmenge und die Jünger vorgestellt sind (I); Mt 13 36-52 wechselt die Szene ins Haus, wo nur noch die Jünger Adressaten sind (II). Werden im ersten Teil die Jünger aus dem Volk ausgegrenzt, so im zweiten Teil die Gerechten aus der Jüngerschaft:
ad I: Schon durch προσελθόντες werden die Jünger Mt 13 10 von der Volksmenge distanziert; deutlicher noch in der Frage der Jünger, warum Jesus zu ihnen in Gleichnissen spreche (V10)[349] und in der sich anschließenden Feststellung Jesu:[350] Den Jüngern werden die Geheimnisse des Reiches der Himmel zu erkennen gegeben, dem Volk nicht. Diesen Gegensatz verschärft Jesus in der Sentenz "wer da hat, dem wird gegeben..." durch den Zusatz von περισσευθήσεται (diff. Mk 425).[351] Begründet wird die Rede in Gleichnissen zum Volk damit, daß die Lehre Jesu dem Volk genommen wird, weil es nicht hörte, sah und begriff[352] (beachte die Substitution des mk ἵνα durch ὅτι Mt 1313!). Im Gegensatz zum Volk werden die Jünger Mt 1316 (diff. Lk) seliggepriesen, weil sie sehen und hören.[353] Im Gefälle dieses Gegensatzes unterstreicht Mt abschließend in V34f, gestützt durch ein Erfüllungszitat, daß Jesus zur Menge nur ἐν παραβολαῖς spricht.[354]
ad II) Die externe Abgrenzung wird durch eine interne weitergeführt, in der die eschatologische Trennung der Ungerechten von den Gerechten aus der Welt (Mt 13 36-43) bzw. aus der Kirche (Mt 13 47-50) thematisiert wird, die am Tun der Einzelnen festgemacht wird (vgl. 13 41!). Die Gerichtsvorstellung ist jeweils paränetisch gegen die Jünger gewendet; daß hier der engere Jüngerkreis angesprochen ist, erhellen auch die beiden Gleichnisse vom Schatz im Acker und der Perle (Mt 13 44-46, SoG) an dieser Stelle: Erzählen sie doch von radikaler Nachfolge, die um der βασιλεία willen alles aufgibt.
Mt 13 1-53a thematisiert also zunächst (I) das Entstehen der Gemeinde aus dem Judentum heraus,[355] sodann (II) die eschatologische Trennung der

---

349) Anders Mk: Dort fragen sie Jesus einfach nach der Bedeutung der Gleichnisse.
350) Mt 13 11 nimmt den mk Gegensatz von ὑμῖν vs ἐκείνοις auf und verstärkt ihn durch δέδοται vs οὐ δέδοται.
351) Mt zieht aus Mk 4 21-25 nur V25 begründend vor.
352) Von daher ist die Gleichnisrede "der dramatisierte Abbruch der Kommunikation", vgl. Burchard, Senfkorn, 10; unterstrichen und begründet wird das durch das Zitat Jes 9 9f (LXX).
353) Von daher streicht er das mk Jüngerunverständnis Mk 4 13.
354) Gegenüber Mk verschärft Mt in 13 34 das Nichtverstehen der Menge, indem er Mk 4 33f καθὼς κτλ. streicht und das οὐκ ἐλάλει in οὐδὲν ἐλάλει ändert.
355) Nach Gnilka, Verstockung, 97-102; vgl. 89, 94f; ders., Verstockungsproblem,

Ungerechten und Gerechten aus der Welt und aus der Kirche, die also noch einmal innerhalb des Jüngerkreises (sprich: der Gemeinde) differenziert.[356]

2.7.3) Lukas

a) Ausgeprägt ist bei Lk die Deutung des Samens auf das Wort:[357] Er hat die kirchliche Verkündigung im Blick und zeichnet die Saatmetaphorik deutlicher als Mt und Mk in den Zusammenhang der weltweiten Mission ein (vgl. Lk 13,19.29).

b) Lk differenziert das Fruchtbringen in 8,8 nicht graduell: Hundertfach sollen die Samen Frucht bringen. Lk wendet die Metaphorik stärker ins Anthropologische und reflektiert auf innere Faktoren (das Herz), die das Fruchtbringen bewirken; er stellt die individuell-persönliche Verantwortlichkeit des einzelnen in den Vordergrund.[358] Da er das Tun des Hörers betont (8,21), läßt er Mk 4,26-29 aus.

c) Tritt das eschatologische Moment bei Lk schon durch ein Einschaltung der Standespredigt Lk 3,10-14 in die Täuferpredigt zurück, so verwendet Lk in 3,17 (diff. Mt 3,12/Q) bis auf κατακαύσει den Infinitiv Aorist, denkt also an eine innergeschichtliche Scheidung, der erst im zeitlichen Abstand das endgültige Gericht (das Verbrennen) folgt.[359] Signifikant ist die Änderung vom Annehmen (παραδέχονται Mk 4,20) zum κατέχουσιν des Wortes: Bei Lk kommt es auf das Bewahren (Festhalten) in Geduld[360] an. Das Fruchttragen geschieht nicht plötzlich, sondern in der Zeit.

Zum kompositionellen Rahmen: Diff. Mk 4,10 setzt Lk keinen Szenenwechsel voraus. So erfolgt die Frage der Jünger - nicht grundsätzlich nach den Gleichnissen (so Mk), sondern nur nach dem Sämannsgleichnis - nicht in esoterischer Abgeschlossenheit.[361] Entsprechend abgemildert hat Lk den Gegensatz zwischen den Jüngern und den übrigen: Die Mysterien des Gottesreiches (Mk sing.), die sie kennen, sind Act 1,3 Gegenstand der Belehrung des Auferstandenen. Anstelle des schroff ausschließenden ἐκείνοις ἔξω setzt Lk das schwächere οἱ λοιποί,[362] streicht τὰ πάντα (V11) ebenso wie den Schluß des Jesajatextes Mk 4,12c, der die Unmöglichkeit der Umkehr und Vergebung zum Ausdruck bringt; dementsprechend übergeht er auch Mk 4,33f: Jünger und Volk sind bei Lk nur bedingt geschieden. Das Volk hat bei ihm die Mög-

---

119-128, Klauck, Allegorie, 249, Kretzer, Herrschaft, 101 und Wilckens, Redaktion, steht hinter der Opposition Jünger/Volk der Gegensatz Kirche (bzw. mt Gemeinde) - Israel. Anders Dupont, point, 229-249, der das Kapitel anders strukturiert: Er bezieht den Gegensatz auf die, die Gottes Willen tun (= Frucht bringen) und die ihn nicht tun.

356) Vgl. Mt 5,19; 11,11.
357) Vgl. das Wachstum des λόγος Act 6,7; 12,24; 19,20.
358) Vgl. Lk 8,15.18.21; vgl. auch Taeger, Heil, 167.
359) Stäps, Täuferwort, 209.
360) Lk vermeidet die eschatologisch konnotierten Begriffe θλῖψις und διωγμός!
361) Vgl. Schneider, Lk, ÖTK 3/1, 184; Schürmann, Lk I, 458.
362) Vgl. Flender, Heil, 27f.

lichkeit, sich zu bekehren, und soll das auch tun.³⁶³ Es bleibt die Frage, warum Lk - trotz aller Modifikationen - Mk 4 11f überhaupt übernimmt. Kommt hier das Gewicht der Tradition zum Tragen, oder ist die Rezeption in Beziehung zu Act 28 26 zu sehen?³⁶⁴

2.8) Gesamtüberblick: Metapherngebrauch im Johannesevangelium

2.8.1) Joh partizipiert am traditionellen kollektiven Metaphernschatz: Die von ihm verwendeten Metaphern sind nicht spezifisch johanneisch; vielmehr zeigt er gerade hier eine große Nähe zu den Synoptikern, da er traditionelles Bildmaterial verwendet.³⁶⁵ – Dieses Bildmaterial wird aber in einem weiteren Schritt im johanneischen Sinn interpretierend weitergeführt: Joh 4 35f mit Betonung des präsentischen Moments V35, der Überschneidung der Zeiten V36,³⁶⁶ Joh 12 25f durch das für Joh spezifische εἰς ζωὴν αἰώνιον φυλάξει (V25), Joh 15 4ff durch die Einführung des johanneischen μένειν. Dabei verwendet Joh die Interpretamente bzw. den in ihnen zum Ausdruck kommenden Vorstellungsgehalt auch unabhängig von unserem Bildmaterial.³⁶⁷ Die Interpretation der Metapher(n) auf die Adressaten hin erfolgt nicht sofort, sondern erst in einem nächsten Schritt.³⁶⁸

2.8.2) In seinem Metapherngebrauch setzt Joh deutliche Akzente bei der Ekklesiologie, der Mission und dem Leiden. Alle Metaphern weisen einen Rückbezug auf Jesus auf und dienen der Identitätsfindung der Gemeindeglieder.

Im JohEv sind sie nicht mehr individuell konnotiert, sondern von der Ekklesiologie bestimmt, die eng mit der Christologie verflochten ist: Joh 4 wird das Selbstverständnis der Gemeinde im Hinblick auf (ehemals?) Außenstehende, Joh 12 24 unter begründendem Rückbezug auf Jesu Tod, Joh 15 aus der Verbundenheit mit dem Weinstock Jesu heraus formuliert.

Die Mission als ein Aspekt der Ekklesiologie zeigt sich in allen Metaphern: Joh 4 35-38 hebt bes. das Zeitmoment hervor und reflektiert das Verhältnis von Säenden und Erntenden,³⁶⁹ Joh 12 24 interpretiert das Sterben Jesu als Voraussetzung für die reiche Frucht der Nachfolgenden, wobei der Kontext jeweils das zentripetale joh. Missionsverständnis³⁷⁰

---

363) Vgl. Schürmann, Lk I, 459f.
364) Klauck, Allegorie, 253.
365) Die Anknüpfung an Bekanntes ist bes. deutlich Joh 4 35a.37 (Sprichworte), Joh 15 1-3 (gängige Metaphorik).
366) Vgl. auch das ὁμοῦ, das sich im NT nur Joh 4 36; 20 4; 21 2; Act 1 11 findet. Zu beachten ist auch die betonte Antithese Joh 4 35b ἰδοὺ λέγω ὑμῖν.
367) Vgl. ζωὴν αἰώνιον (ζωὴ αἰώνιος bei Mt 3x; Mk 2x; Lk 3x; Act 2x; Jo 17x; Rö 4x; Gal 1x; 1 Tim 3x; Tit 2x; 1 Joh 6x ; Jd 1x); μένειν, vgl. dazu Heise, Menein.
368) Joh 4 38 als Abschluß des Textes, Joh 12 25f durch die Nachfolgesprüche, Joh 15 5 durch Identifikation der Zweige, unbildlich VV9ff.
369) ἤδη, Überschneidung der Zeiten.
370) Vgl. dazu Baumbach, Funktion. Neben den o.g. Stellen lassen auf ein indirekt-

symbolisch erhellt: Joh 429f kommen Samaritaner, Joh 1220ff Ἕλληνες zu Jesus.[371] Dieses Missionsverständnis ist auch für Joh 15 vorauszusetzen, auch wenn es dort nicht so deutlich greifbar ist: In der in der Verbindung mit Christus begründeten[372] Scheidung von der Welt und in der gelebten Bruderschaft im ἀγαπᾶν ἀλλήλους kommt der Gemeinde Offenbarungsfunktion zu, wie Joh 1723 deutlich macht, wo der Terminus "senden" mit "lieben" zusammensteht und die Abzweckung im ἵνα -Satz (ἵνα γινώσκῃ ὁ κόσμος...) eindeutig formuliert ist.[373]

Die Jüngerexistenz wird dabei - in deutlicher Steigerung von Joh 4 zu Joh 15 -[374] unter das Gesetz des Leidens gestellt: Joh 438 klingt es im Terminus κοπιᾶν an, Joh 1224 im ἀποθάνῃ, Joh 1513 (im unbildlich-vertiefenden Teil) in der Lebenshingabe;[375] es ist ist also immer von der Sachebene her formuliert. Dem Motiv des Leidens korrespondiert kontrapunktisch die Freude (Joh 436; Joh 1511) bzw. Joh 1226 das τιμήσει (vgl. Joh 1225b das φυλάξει): Auch wenn die Gemeinde jetzt schon Grund zur Freude hat, da sie teil am Leben hat, ist ihre Existenz noch vom Leiden bestimmt.

2.8.3) Die Bilder weisen alle einen Rückbezug auf Jesus auf, wobei von c.4 zu c.15 eine fortschreitende Ausweitung der Christologie zu beobachten ist:[376] Kommen Joh 4 die Samaritaner zu Jesus, der in 435-38 die Samaritanermission legitimiert, so wird Joh 1224 das Sterben Jesu in seiner soteriologischen Funktion sowohl als begründender Ausgangspunkt wie auch als Modell für die (nachösterliche) Leidensnachfolge gezeichnet; schließlich wird Joh 15 in der stärker statischen Metapher des Weinstocks Christus in einer Selbstvorstellungsformel als Ausgangs- und Bezugspunkt der Gemeinde gezeichnet (indirekt wird seine Lebenshingabe Joh 1513 wieder als Modell für die Jünger hingestellt).

Gegenüber den Synoptikern ist der joh. Metapherngebrauch gerade

---

attrahierendes Missionsverständnis schließen: Joh 137ff; (anders: Joh 143f); Joh 145ff; Joh 32ff, Joh 101ff, bes. 1027ff; vgl. ferner Joh 322 (?); Joh 47.15 (?); (negativ: Joh 540); Joh 735 diff. 37; Joh 82; 1213.19 ; evtl. geht es auch mit einem den Wundergeschichten inhärenten Topos einher: Joh 447; Joh 625; Joh 624bf; Joh 1145.

371) Beide Male über vermittelnde Figuren: Hier wird also schon die nachösterliche Situation reflektiert.

372) Vgl. Wilkens, Zeichen, 162.

373) Baumbach, Funktion, 165. Hier kommt also im Urchristentum das atl. Motiv der Völkerwallfahrt zum Tragen, vgl. Jes 22; Micha 41f; Jes 4922-23; Jes 60, u.ö..

374) Ihr korreliert eine Intensivierung der Beziehungen von Außenstehenden (Samaritanern) über Nachfolgende zu Freunden.

375) Das Liebesgebot, das schon Joh 1334f im Passionsrahmen begegnet, ist hier durch das Motiv der Lebenshingabe noch einmal vertieft.

376) Darauf weist schon Riesenfeld, paraboles, 24-26, hin, der jedoch die beiden Gleichnisdeutungen für jesuanisch hält.

durch die christologische Verwendung der Bilder wie auch durch die Reflexion auf die Situation der Jünger besonders profiliert.[377]

Das wird auch im Formalen deutlich: Die Vegetationsmetaphern haben ihren Ort in der Jüngerbelehrung. Als Adressat ist jeweils der engere Jüngerkreis[378] vorgestellt. Die Metaphern werden jeweils als wörtliche Rede Jesu eingeführt und Joh 435b durch das ἰδοὺ λέγω ὑμῖν, Joh 1224 durch das ἀμὴν, ἀμήν, Joh 151.5 durch das ἐγώ-εἰμι besonders betont.[379]

2.8.4) Der Rekurs auf Jesu Autorität, seine Zeichnung als Modell und die Imperative machen deutlich, daß den Metaphern eine versichernd-stabilisierende Funktion mit paränetischer Abzweckung zukommt.[380]

Die innerhalb des JohEvs spürbare Veränderung dürfte zum einen historisch-soziologische Verschiebungen - von der offenen Mission (Joh 4) über stärkere Leid(Verfolgungs-)erfahrungen (Joh 12) hin zu immer größerer Isolierung (Joh 15) - zur Ursache haben. Zum anderen können sie auch als Ausdruck einer Intention des Vf(kreises) gewertet werden, den Hörer immer tiefer in die christliche Existenz mit allen Konsequenzen (Leiden) hineinzuführen und ihn in Jesus zu verwurzeln.

---

377) Ähnlich die sek. Deutungen Mk 413-20 und Mt 1336-43: Auch hier wird auf die Situation der Jünger, resp. der Gemeinde reflektiert. Breiter noch als im Bildfeld "Wachstum" ist die Ekklesiologie im JohEv im Bildfeld "Hirt - Herde" realisiert.
378) Joh 435-38; 158 die μαθηταί; Joh 1224 Φίλιππος καὶ Ἀνδρέας; Joh 153 die καθαροί.
379) Sie zeigen ein enges In- und Miteinander von Bild- und Sachebene und sind der argumentativen Bildrede zuzuordnen.
380) Vgl. die Imperative Joh 4 und Joh 15; ferner Joh (4), 12 und 15 Jesus als Modell.

E: VEGETATIONSMETAPHERN IN DER NEUTESTAMENTLICHEN BRIEFLITERATUR

1) BILDFELD BAUM -FRUCHT

1.1) Gerichtsbild (I)

Jud 12 werden die bekämpften Irrlehrer als ˈherbstliche, fruchtlose, doppelt gestorbene, entwurzelte Bäume beschrieben.

1.1.1) Strukturanalyse

Dieses Bild steht in einer Reihe von vier Bildern innerhalb einer durch οὗτοί εἰσιν eingeleiteten Übeltäterschilderung. Im Anschluß an die Feststellung: "sie sind Schandflecken bei euren Agapen", löst die Beurteilung "sie weiden sich selbst" Jud 12 eine Reihe von vier nicht parallel gebauten Bildern (νεφέλαι, δένδρα, κύματα, ἀστέρες πλανῆται) aus, die - in Form von Appositionen - die Irrlehrer näher charakterisieren sollen. Die Bäume werden über vier Erweiterungen, von denen jeweils zwei - sich gegenseitig verstärkend - zusammengehören, näher bestimmt. Den Bildern geht Jud 12a eine kurze Situationsschilderung voran; ihnen folgt vertiefend ein Schriftzitat (Hen).[1]

1.1.2) Interpretation

Der doppelten Näherbestimmung der Bäume entspricht eine doppelte Aussage über die Irrlehrer: Zum einen wird ihr ethisches Verhalten kritisiert: δένδρα φθινοπωρινὰ ἄκαρπα werden sie genannt, zum anderen wird durch die Dopplung δὶς ἀποθανόντα ἐκριζωθέντα[2] unterstrichen, daß es für sie keine Hoffnung mehr gibt. Indem der Autor in seinem Bildgebrauch auf die Henochmythologie anspielt (s.u.), charakterisiert er die Irrlehrer als Erscheinungen der Endzeit.

1.1.3) Der übergreifende Lebenszusammenhang

a) Realien/ Bildgebrauch

Nicht ganz klar ist, ob φθινοπωρινά die Erntezeit oder die Zeit vor Einbruch des Winters meint.[3]

---

1) Zur Struktur vgl. I Kor 97.
2) δὶς ἀποθανόντα dürfte den Rückfall in die frühere Sündhaftigkeit vor der Bekehrung und Taufe (vgl. Kol 213) bezeichnen, der keine Hoffnung auf Änderung läßt (vgl. II Petr 220-22; Hebr 64-8), kann aber auch die bevorstehende Verdammnis meinen (Apk 218), vgl. Michl, Kath. Briefe, 84, Windisch, HNT 15, 44, Cantinat, 316. Dann kommt aber der Aor nicht zum Tragen, vgl. Knopf, KEK 12, 234.
3) Vgl. Schrage, Jud, 228. φθινοπωρινός ist zusammengesetzt aus φθίνω (dahinschwinden) und ὀπώρα (Spätsommer, Frühherbst, s. Bauer, WB, 1142, (Spät-) Herbst, vgl. Knopf, KEK 12, 233) und kann a) als Erntezeit verstanden werden, wenn man φθινόπωρον noch zum sonnigen Teil des Jahres rechnet (so Windisch, HNT 15, 44, Bauer, Wb, 1695 Holmer, U., de Boor, W., 273) aber auch b) als die Zeit direkt vor Einbruch des Winters (so Dalman, AuS, I1, 48, 102, Knopf, KEK 12, 233f, Wohlenberg, KNT 15, 313). Für letzteres Verständnis kann auf die Siebenteilung des Jahres durch Galenus, wo φθινόπωρον als Nachlesezeit erscheint (sie umfaßt (nach Dalman, AuS I1, 48, 102) den Zeitraum zwischen 21. September und 5. November), sowie (nach Knopf, KEK 12, 234) auf Eustathius zu Il 55; Hesychius; Plato, Sym. 8, Pindar, Pyth. 5161, sowie auf den unmittelbaren

Wie Jes 3 14 und Jer 12 10 ist Jd 12 das Bildfeld Baum-Frucht zusammen mit dem Bildfeld Hirt-Herde realisiert. Mit der Fruchtmetapher gebraucht der Autor eine stark ethisch besetzte Metapher und verschärft diese durch die Kombination mit der Zeitangabe. Mit ἐκριζωθέντα evoziert er den Gerichtsgedanken (vgl. Mt 3 10par; 7 19; 15 13) in Verbindung mit der Vorstellung, daß die Irrlehrer im Grunde nicht mehr zur Gemeinde gehören (vgl. Jud 23), da sie die nährende Verbindung mit dem Lebensgrund (Christus, vgl. Eph 3 17) verloren haben. Die Aussage, daß dadurch keine Hoffnung mehr besteht, daß die Bäume noch einmal Frucht bringen, wird durch die Kombination mit δὶς ἀποθανόντα doppelt verschärft, wobei letzteres wohl von der Sache her ins Bild eingedrungen ist (s.o.). Neu ist die Perspektive: Die Bäume *sind* unrettbar tot.[4]

Ferner hat das Henochbuch die Bildwahl (mit-)bestimmt: Die Reihe Jud 12bf erinnert an äthHen 2-5 4 (vgl. auch 80 2),[5] das zugleich eine Deutungskategorie liefert, mit der der Verfasser des Jud die Irrlehrer als Erscheinungen der Endzeit kennzeichnet, die nicht den Werken Gottes entsprechen, sondern gesetzlos, d.h. gottlos, leben.[6] Gegen diese geht nun der Vf des Jud nicht argumentativ vor.[7] Vielmehr zeigt sein Metapherngebrauch (vgl. die Kumulation schlagwortartig wechselnder Metaphern in einem Invektiven-Katalog, dem ἄκαρπος/ δὶς ἀποθανόντα/ ἐκριζωθέντα entspricht,) einen emotionalen, persuasiven Charakter, der darauf abzielt, polemisch zu verurteilen und jeglichen Zweifel im staccato der Bilder auszuräumen. Dabei wird der Aufmerksamkeits- und Wirkungsgrad der Metaphern durch die im NT neue Realisation in einem In-

---

Kontext (Jud 12bβ) verwiesen werden. Ergibt sich aus a), daß die Irrlehrer zur Zeit der Ernte die - normalerweise zu erwartenden - Früchte nicht bringen, so ergibt sich aus b), daß die Irrlehrer nicht nur nicht Früchte bringen, sondern gar keine mehr bringen können, da die Zeit dafür schon vorbei ist.
4) Mit der Metaphernwahl δένδρα bleiben die Bäume unspezifiziert, was damit zusammen hängen mag, daß jetzt einzelne (vgl. Mt 3 10par; Mt 7 17f; Mt 12 33; Lk 6 43f; sowie Mk 8 24) - und zudem solche, die von außen kommen (vgl. Jud 4) - angesprochen werden. (Vielleicht schwingt hier auch noch die Verallgemeinerung mit, da die Irrlehrer der Gemeinde als Phänomen der Endzeit aufgefaßt und damit in einen größeren Rahmen eingeordnet werden).
5) Dort erscheinen dieselben Bilder: Wolken, Bäume, Meer und Sterne stehen hier wie dort in ihren Abnormitäten in Parallele zu den Handlungen der Frevler, vgl. Spitta, Petr, Jud, 361; Grundmann, Jud, 40f. Ein Indiz dafür, daß der Vf des Jud hier tatsächlich auf das Henochbuch rekurriert, ist in dem sich anschließenden Henochzitat (Hen 1 9) in Jud 14f zu sehen.
6) Der Henochmythologie liegt der Gedanke zugrunde, daß sich die Werke Gottes in der Natur nach festen Regeln richten, während die Sünder das Gesetz Gottes verletzen. Am Ende der Zeiten wird sich jedoch nicht nur die sittliche Ordnung, sondern werden sich auch die physischen Gesetze auflösen (Spitta, Petr, Jud, 360f).
7) Das kann insgesamt für den Jud festgestellt werden, vgl. Hahn, Jud, 213.

vektiven Katalog gesteigert.[8] In Gebrauch und Funktion zeigt sich somit eine deutliche Distanz zur weisheitlichen Tradition. Die Metaphern zielen jetzt ganz auf Dritte, auf die Irrlehrer, die scharf verurteilt werden - die argumentative Auseinandersetzung hat der Polemik, der Appell zur Umkehr der konstatierenden Verurteilung Platz gemacht.

b) Situation/Intention
Mit dem Bild fruchtloser, abgestorbener Bäume bekämpft Jud Irrlehrer, die offenbar von außen in die Gemeinde eingedrungen sind (vgl. Jud 4). Sie betrachteten sich als zur Gemeinde gehörig und nahmen an deren Agapen teil (Jud 12a), riefen Spaltungen hervor (Jud 19), wurden aber offenbar für den Vf des Jud in ihrer wahren Gefährlichkeit nicht erkannt, da die Gemeinde sie in ihrer Mitte duldete (Jud 12; 22f).[9] Aufgrund der Gesamtaussagen des Jud sind sie als gnostische Libertinisten vorzustellen.[10] Nachdrücklich polemisiert der Vf des Jud gegen diese, ohne im vorliegenden Zusammenhang eindeutig ihren Ausschluß aus der Gemeinde zu fordern, wiewohl das im Gefälle des Bildes liegt.

1.2) Entsprechungsbilder (II) (ontisch)
1.2.1) Jak 312

Als Abschluß der paränetischen Abhandlung über die Zunge Jak 3(1f)3-12 findet sich - gerahmt von den Bildworten der Quelle und der Salzquelle - das Motiv, daß ein Baum keine heterogenen Früchte bringen kann. Es erinnert zunächst einmal an Mt 716bpar,[11] EvThom L45. Werden dort jedoch qualitativ gut und qualitativ schlecht konnotierte Pflanzen kombiniert, so sind diese Jak 312 alle positiv besetzt: Zielen die Metaphern im ersten Fall auf die Unvereinbarkeit von Gutem und Schlechtem und fungieren in erster Linie als Erkenntniskriterium, so geht es im letzten Fall allein um die Unvereinbarkeit von Gattungsunspezifischem und dem Inhalt und der Intention nach stärker um den Einklang mit der Natur.[12] Darin sind die stoischen Metaphern, insbes. Plut., mor. 472 F, Epikt.,

---

8) Vgl. Magaß, W., Semiotik einer Ketzerpolemik am Beispiel von Judas 12f, LingBibl. 19 (1972) 36-47, 38.
9) Vgl. Schrage, Jud, 218. Möglicherweise beanspruchten die Irrlehrer für sich auch prophetische Leitungsfunktionen, wie man aus der an die falschen Hirten Hes 438 erinnernden Aussage "sich selbst weidend" (Jud 12a) schließen könnte. Die Metapher kann aber auch ganz einfach die Egozentrik der Irrlehrer zum Ausdruck bringen, vgl. Knopf, KEK 12, 233.
10) Schrage, Jak, 219, Grundmann, Jud, 17-19, Hahn, F., Randbemerkungen zum Judasbrief, ThZ 37 (1981) 209-218, Windisch, HNT 15, 98f, Vielhauer, Literatur, 591, Kümmel, Einleitung, 375, Köster, Einführung, 682, Ziener, Sicherung, 209f. Anders: Sellin, Häretiker, bes. 222-225, der in den Häretikern eine Bewegung von Wanderlehrern (S. 224) sieht.
11) Weitere Parallelen s. o. S. 143f.
12) Im Unterschied zur Baum - Frucht - Metaphorik ist dem rahmenden Bild von

Diatr. II, 20₁₈f,¹³ Jak näher, der mit den Bildern betont, daß es eine "naturgegebene Unmöglichkeit"¹⁴ sei, daß ein Baum heterogene Früchte bringen kann. In diese Ordnung der Natur soll sich der Mensch einfügen und seine ihm vorgegebene Rolle ausfüllen, so betont Jak und konkretisiert das innerhalb des Kontextes von Jak 3₂₋₁₂ dahingehend, daß εὐλογία und κατάρα (V9f) - aus demselben Munde kommend - miteinander unvereinbar, παρὰ φύσιν sind. Bei dieser paränetisch-abgezweckten anthropologisch-ethischen Belehrung dürfte Jak nicht nur die Lehrer (Jak 3₁f), sondern die ganze Gemeinde im Blick haben.¹⁵

1.2.2) 1 Kor 9₇

Der Weinberg und seine Frucht begegnen I Kor 9₇ innerhalb einer Fragenkette. Die rhetorischen Fragen entsprechen dem Stil der Diatribe. Sie leben alle von dem kausalen Bezug von Tun und Bekommen, Arbeit und Lohn und werden über das τις als allgemeingültig hingestellt.¹⁶ Die zweite und dritte Frage zeichnen sich sowohl formal (vgl. den weitgehend parallelen Aufbau und den identischen Ausklang) als auch sachlich durch eine besondere Nähe aus.¹⁷ Die Deutung ergibt sich aus dem Bild: Sie braucht nicht explizit formuliert zu werden, zumal sie im Vorhergehenden vorbereitet ist.¹⁸ Die Beispiele fungieren als "diatribenartiges Argument aus der Natur der Dinge"¹⁹ um das Recht der Missionare auf Unterhalt, auf das die Apologie I Kor 9₁ff, bes. 9₄ff, hinausläuft, zu unterstreichen, wobei sie durch die Reihung besonderes Gewicht bekommen. Die Argumentation mit Beispielen aus dem natürlichen Leben wird V8f durch einen Schriftbeweis vertieft. Die paulinische Argumentation zielt darauf ab, zunächst sein Recht auf Lohn in der paränetischen Exposition deutlich zu machen, um sich und seine Praxis pointiert davon abzuheben und seine Selbstlosigkeit hervorzuheben. Paulus verwendet also die Bilder

der Quelle eine positive und negative Qualifikation inhärent. Daß Jak nun aber das dieser Metapher entsprechende Bild Mt 7₁₆b gerade nicht verwendet, kann als Indiz dafür gewertet werden, daß er hier in einer anderen (nämlich kynischstoisch geprägten) Tradition steht, vgl. Bonhoeffer, Epiktet, 93.
13) Vgl. ferner Marc Aurel IV, 61; VIII₁₅.₄₆; X, 86; XII, 162; Sen., epist. 87₂₅ und Dib., Jak, 189f; Hauck, Jak, 137 A 97; Vouga, Jacques, 102; Laws, James, 157.
14) Sahlin, Zwei-Lukas-Stellen 8 A 11; vgl. Schrage, EvThom, 105.
15) Vgl. das "wir" V3.9 und Balz, Schrage, NTD 10, 37.
16) Dautzenberg, 215, weist die Bilder der jüdischen Tradition zu. Zu I Kor 9₇b vgl. Dtn 20₆; Prv 27₁₈; ferner Mt 21₂₈.
17) In Zusammenstellung und Reihenfolge haben sie eine Parallele in Sen., epist. 34₁.
18) Vgl. Straub, Bildersprache, 81.
19) Weiss, 1 Kor, 235, Bm., Stil, 93. Zum Beispiel als Beweismittel, vgl. Aristot., rhet. II, 20f.

und den Schriftbeweis apologetisch in seiner Auseinandersetzung mit Gegnern im Zusammenhang mit der Unterhaltsfrage.[20]

Weinberg und Frucht erscheinen I Kor 9,7 ganz unter dem Blickwinkel von Arbeit und Lohn und haben argumentativen Charakter. Festzuhalten ist die Reihung im Zusammenhang mit dem Bildfeld Hirt/Herde; neu ist die Zusammenstellung mit kriegerisch besetzten Metaphern.

1.3) Zugehörigkeits-(Integrationsbilder) (IV)
1.3.1) Jak 1,21

Nur im Jak findet sich das Bild des ἔμφυτος λόγος[21] in der apostolischen Mahnrede Jak 1,19ff: δέξασθε τὸν ἔμφυτον λόγον heißt es Jak 1,21b betont, wobei die Mahnung zum Annehmen des Wortes kontrastiv auf die Mahnung zum Ablegen allen Schmutzes und des Übermaßes der Bosheit (V 21a) bezogen ist. Dieses eingepflanzte Wort, das in einem entsprechenden Lebenswandel entfaltet werden will,[22] hat rettende Kraft.

Der übergreifende Lebenszusammenhang
a) Bildgebrauch:

ἔμφυτος ist Hapaxlegomenon im NT. Es kann einmal im Sinne von an-, eingeboren,[23] zum anderen im Sinne von eingepflanzt[24] verstanden werden. Steht im ersteren Fall der stoische Gedanke des eingeborenen λόγος bzw. des λόγος σπερματικός im Hintergrund, so entspricht das zweite Verständnis weiterem christlichen Sprachgebrauch (Barn 1,2; 9,9; Ps-Ign 17,2).[25] Letzteres scheint hier im Vordergrund zu stehen, wie der Kontext,

20) Vgl. Donald, Kerygma, 90: "Thus traditional *paraenesis* can virtually become situational or ecclesiastical in the hands of Paul". Möglicherweise bestritten die Gegner Paulus' Apostolat (doch ab I Kor 9,6ff fehlt der Apostelbegriff,. vgl. Dautzenberg, Verzicht, 213 A 2) und zogen aus seinem Unterhaltsverzicht den Schluß, daß er im Grunde von seinem Anspruch, Apostel zu sein, selbst nicht voll überzeugt war und sich bei der Gemeinde einschmeicheln wollte. (vgl. Conzelmann, I Kor, 182, B. Weiss, I Kor, 234, Heinrici, C.F.G., Kor, 240).

21) Auch wenn Jak 1,21 dem "isolierten Bildgebrauch" zuzurechnen ist, sei es hier behandelt, um den veränderten Gebrauch der Metapher des "Pflanzens" zu erhellen.

22) Vgl. Jak 1,22; 3,1ff, Kamlah, Form, 184.

23) Es ist also durch die Natur eingepflanzt, s. Bauer, Wb, 511. In diesem Sinn wird ἔμφυτον in Sap 12,10 (der einzige biblische Beleg!) und in der hellenistischen Literatur, vgl. Plato, Eryx. 398 C, Cic., leg. I,6,18, Ps-Phokylides 128, Iust. (Mart.), apol. App. 81; 135; Clem. Alex., strom. III,3 (cf. Dib Jak, 107, Vouga, Jacques, 63); Josephus, Bell 1,88, Ant 16,232, verwandt. Dieses Verständnis wird vertreten von Spitta, Jak, 51, sowie nach Davids, James, 95, Knox, 14f.

24) Vgl. Hdt 9,94; Barn 1,2; 9,9; Ps-Ign 17,2.

25) So Dib., Jak, 107f. Für das Verständnis im Sinne von 'eingepflanzt' entscheidet sich auch Chaine, Jacques, 30, so haben auch boh sy^vg die Stelle verstanden, vgl. Dib. Jak, 108. (Zu Parallelstellen zum Bild s. Davids, James, 95!). Beide Bedeutungen von ἔμφυτος, eingeboren und eingepflanzt, müssen sich jedoch nicht

das Hören des λόγος (V19,20,22), sowie die Verbindung mit δέξασθε und dem eschatologischen konnotierten σῶσαι[26] deutlich macht, so daß der λόγος hier auf das Evangelium zu beziehen ist. Gleichwohl ist für Jak der stoische Hintergrund nicht auszuschließen,[27] wenn dieser bei ihm auch umgeprägt ist.[28] Die Spannung, die in der Aufforderung zur Annahme des λόγος, der ja schon eingepflanzt ist, liegt, ist wohl von daher zu verstehen, daß das Evangelium (gerade bei Jak!) nicht von der Ethik zu trennen ist; das Wort also, das einer bei seiner Bekehrung (bzw. bei seiner Taufe)[29] aufgenommen hat und immer wieder hört, will immer wieder aktualisiert werden.[30]

b) Situation/Intention

Möglicherweise ist die Paränese genauer in der Taufparänese[31] zu verorten: So entspricht die Kontrastierung der Mahnungen, einerseits Schmutz und Bosheit abzulegen und andrerseits das eingepflanzte Wort anzunehmen, dem Einst-Jetzt-Schema der Taufparänese (vgl. I Petr 122- 22),[32] auf die auch eine Reihe typischer Topoi verweisen.[33] Das Bild zielt auf die ethische Entfaltung des eingepflanzten Evangeliums, auf seine immer neue Aktualisierung ab.

notwendigerweise ausschließen. So hat der Begriff σύμφυτος (vgl. Josephus, Ant VI36 und Rö 65), wie das lat. "insitus" beide Bedeutungen, genauso wie die Anwendung von ἔμφυτος Plut., mor. 47 A, vgl. Mayor, James, 69.
26) σῴζειν hat bei Jak "toujours une portée eschatologique", Vouga, Jacques, 63 u.a..
27) So Vouga, Jacques, 63, Laws, James, 83, vorsichtig: Dib., Jak, 108 (m. Clemen).
28) Vgl. Dib., Jak, 108, Bonhoeffer, RVV 10, 97 ("Der Ausdruck ἔμφυτος ... erinnert... an den stoischen Sprachgebrauch der ἔμφυτοι ἔννοιαι und προλήψεις,... ist aber in einem ganz ungriechischen und in einem entgegengesetzten Sinn als bei den Stoikern gebraucht"), sowie Vouga, Jacques, 63.
29) So, wenn man mit Kamlah und Mußner hier eine Taufparänese annehmen will. Gegen den Bezug auf die Bekehrung: Dib., Jak 108. Anders: Laws, James, 83.
30) Manche haben das δέξασθε ... τὸν λόγον auch - ausgehend von Dtn 301 δέξῃ εἰς τὴν καρδίαν σου - als "sich zu Herzen nehmen" übersetzt, vgl. Dib., Jak, 108, Hauck, Jak, 10. Cantinat, 105, versteht das δέξασθε τὸν... λόγον im Sinn von "obéir". Da es sich bei ἔμφυτος λόγος und evtl. auch bei δέχεσθαι τὸν λόγον um geprägte Wendungen handelt (Dib., Jak, 108), darf wohl die Formulierung nicht gepreßt werden. Auch auf stoischem Hintergrund ist die Spannung δέξασθε/ἔμφυτον erklärbar - entwickelt sich doch die Vernunftnatur des Menschen nicht automatisch zur Areté: Zwar ist der Mensch durch die Keimkräfte des λόγος, die er in sich als Samen trägt, zur Areté veranlagt, muß sich diese aber selbst erarbeiten, vgl. Pohlenz, Stoa, 123.
31) So Kamlah, Form, 184f, Mußner, Jak, 101f; Ruckstuhl, Jak, 1.-3.Joh, 14. Und zwar ist hier an die Taufparänese i.w.S. zu denken, also auch an die Paränese, die auf die Taufe Bezug nimmt (s. Kamlah, Form, 185 A 7, Vouga, Jacques, 63).
32) Den Vergleich von Jak 118-21 mit 1 Petr 122-22, den Boismard, Hymnes, 105f durchgeführt hat.
33) So die Folgerungspartikel διό, das Verb ἀποτίθεσθαι, das oft mit Lastern der heidnischen Vergangenheit verbunden wird, sowie πᾶς als Objekt des ´Ablegens´, vgl. Mußner, Jak, 101, Kamlah, Form, 35, 183.

1.3.2) I Kor 3 5-9

1.3.2.1) Strukturanalyse[34]

(A) V5a: Mit zweifachem τί[35] wird V5a die Fragestellung aufgeworfen: Was ist von Apollos, was ist von Paulus zu halten?
V5b: beantwortet die Frage mit dem Stichwort διάκονοι und führt sie hinsichtlich der Adressaten (Gemeinde) und im Hinblick auf den Herrn fort. V5b bildet den Obersatz zu VV6-9, wo die Antwort unter Rekurs auf Vegetationsmetaphern entfaltet wird:
(B) V6a nimmt die Strukturierung von V5a chiastisch auf und unterscheidet sie einerseits durch die Zuordnung verschiedener Verben, faßt sie aber andererseits durch den Gebrauch des Aorist zusammen. Durch ἀλλά und den Tempuswechsel zum Imperfekt werden beide V6b Gott gegenübergestellt.
V7: Mit ὥστε wird die parallel zu V6 konstruierte Anwendung eingeleitet: Wiederum werden die beiden Missionare mit ἀλλά Gott gegenübergestellt. Deutlicher noch als in V6 sind sie durch das οὔτε - οὔτε parallelisiert, wie auch der Kontrast durch die betonte Endstellung von θεός sowie die Ellipse V7b stärker herausgearbeitet sind. Die Verkürzung von V7b indiziert, daß das eigentliche Problem in V7a liegt.
V8a: Die Einheit, die V6a (beidemal Aorist), V7a (οὔτε - οὔτε) zunehmend deutlicher formuliert wird, wird V8a explizit formuliert: ἕν εἰσιν. Gleichzeitig drückt V8b in Aufnahme von V5b (vgl. ἕκαστος) verschärfend ihre Unterschiedenheit (jeder wird seinen eigenen Lohn bekommen) aus: Das ἔδωκεν (V5b) ist jetzt durch die futurische Perspektive abgelöst. Inhaltlich wie auch strukturell fällt V8b aus der parallelen Strukturierung von VV6f.8a heraus.
V9: Der den Abschnitt abschließende γάρ-Satz[36] zeigt eine Inversion der Strukturelemente: θεός, das V6b als Subjekt eingeführt wird,[37] wird V7b zusätzlich durch die Endstellung betont und steht in V9 emphatisch am Anfang: θεοῦ... ἐσμεν συνεργοί.[38] Der dreimal vorangestellte Genitiv θεοῦ markiert den Wechsel gegenüber der Ausgangsfrage und das Gefälle der Argumentation: Gott hat den Vorrang. Ihm gegenüber wird die Aufspaltung zwischen den Aposteln auf der Verbebene (jetzt: ἐσμεν) wie auch semantisch aufgehoben, indem die Gemeinde, die V5b in einem NS in ihrer Beziehung zu den Aposteln

---

34) Die Strukturierung weicht von der von J. Weiß, Rhetorik, 44f ab.
35) In der Formel τί οὖν (vgl. Epikt., Diatr. I,115.20.27 u.ö.) hat οὖν nach Conzelmann, 1 Kor, 88 A10 nicht mehr streng folgernde Bedeutung, vgl. Weiß, 1 Kor, 75.
36) Er kann die Einheit der Apostel begründen, aber auch als Begründung von V8b aufgefaßt werden. Obwohl sich beides nicht ausschließen muß, scheint mir hier ersteres im Gefälle der Argumentation VV5-9 deutlicher im Vordergrund zu stehen.
37) Wenn man V5bc ὁ κύριος auf Gott und nicht - wie vom Kontext her naheliegender - auf Christus bezieht, würde sich ὁ κύριος gut in dieses Gefälle einfügen, steht es doch in einem ὡς-Satz.
38) θεοῦ συνεργοί kann die Gemeinschaft der Missionare untereinander, aber auch die Mitarbeit mit Gott ausdrücken, so Bachmann, 1 Kor, 157f, Weiß, 1 Kor, 78, Robertson, 1 Kor Bd II, ICC, 58, ist dann aber aufgrund des Kontextes nicht synergistisch auszuwerten, vgl. Lang, 1 Kor, 51.

bestimmt wurde, in V9 unter dezidiertem Bezug auf den Genitiv θεοῦ Gewicht als eigenständige Größe gewinnt (vgl. auch den ingressiven Aorist V5b; das Präsens V9).

1.3.2.2) Interpretation

I Kor 3 fährt Paulus in der Bekämpfung der korinthischen Gruppenbildung (vgl. I Kor 1) fort, indem er exemplarisch sein Verhältnis zu Apollos thematisiert. Die Frage nach der Bewertung der Apostel wird gleich zu Beginn beantwortet: "Diener" Gottes sind sie, durch die die Adressaten zum Glauben gekommen sind. Gleich zu Anfang wird ihre Einheit und Unterordnung (διάκονοι) betont, aber auch (V5b) ihre Differenz: Letztere ist (vgl. die Metaphern V6ff) eine funktionale. Paulus hat gepflanzt, Apollos begossen.[39] Beide zusammen werden (ἀλλά, Tempuswechsel) Gott gegenübergestellt, der es wachsen läßt und zwar, wie der Wechsel vom Aorist zum Imperfekt deutlich macht, *nach* der Arbeit der Apostel, in einer nicht einmaligen, zeitlich nicht begrenzten Aktivität. In V7 folgt die Anwendung, die weiter zuspitzt: Im Verhältnis zu Gott sind der, der pflanzt, und ist der, der begießt, nichts. Im Verhältnis zueinander sind sie eins (V8) - gleichwohl sind sie insofern unterschieden, als jeder für seine Arbeit den ihm eigenen Lohn erhalten wird, wie Paulus in einer Zwischenbemerkung einschiebt. Im abschließenden V9 steht -im Unterschied zur Ausgangsfrage - *Gott* in dreifacher Wiederholung betont voran. Die vormals unterschiedenen Apostel sind nun zusammengefaßt, die Gemeinde tritt (diff. V5b) stärker in den Vordergrund. Gott wird im Laufe der Argumentation immer stärker in den Vordergrund gerückt, parallel dazu wird - die sachliche Einheit der Apostel immer stärker herausgearbeitet, ohne daß ihre funktionale Unterschiedenheit, wie auch die ihrer je eigenen eschatologischen Verantwortung, negiert wird.

1.3.2.3) Der übergreifende Lebenszusammenhang
a) Bildgebrauch/Form/Realien

Die Metapher der Pflanzung als traditionelles Bild für die Gemeinde liegt dem paulinischen Metapherngebrauch zugrunde.[40] Auf dem Hintergrund der korinthischen Situation ist es insofern verschoben, als die Metapher mit zwei Missionaren verbunden ist. Die Verbindung mit der Baummetapher (V9) ist traditionell. Nicht nur im AT und im Judentum ist

---

39) Wie das ἐπιστεύσατε V5 anzeigt, ist die Auslegung, daß Paulus missioniert, Apollos anschließend mit den dabei Gewonnenen weitergearbeitet hat, zu eng (vgl. auch Weiß, J., 1 Kor, 76); im Grunde handelt es sich ja auch um zwei Aspekte einer missionarischen Tätigkeit (auch die den Metaphern zugrunde liegende Praxis macht eine strikte Trennung unwahrscheinlich, s. S. 275. Die beiden Metaphern sind also nur auf eine zeitliche Differenz hin auszuwerten.
40) Vgl. Jer 1,10; 24,6; Jes 51,7; Jes 61,3; 1 QS 8,5; 11,8; 1 QH 6,15; 7,18f; 8,5ff; vgl. CD 1,7; Od Sal 11,18f; 38,16f; u.ö.. - Zum Bild des Pflanzens vgl. auch Lib., or 13,52 (ed. Forster Bd. II, 82).

sie belegt,⁴¹ darüber hinaus scheint sie in der gesamten Antike geläufig gewesen zu sein.⁴²

Dominierend ist die unmetaphorische Argumentation. Im Verlauf derselben zieht Paulus verschiedene Metaphern heran, ohne bei ihnen zu verharren. Das zeigen die I Kor 3 zu beobachtenden Bildsprünge vom Bildkomplex der Nahrung/Ernährung (I Kor 32) zur Vegetations- (VV6ff) und Baumetaphorik (VV 9.10ff), die V13 zur Metapher der Feuerprobe des Metalls übergeht.⁴³ Paulus springt also in den Bildern und wertet sie nur auf ihre jeweilige Leistungsfähigkeit hin aus: Die γάλα-βρῶμα-Metaphorik I Kor 32 handelt von der Fähigkeit der paulinischen Adressaten, die Botschaft zu "verdauen"; im Zusammenhang der Missionare und ihrer spezifischen Funktion wechselt Paulus dann zur Wachstumsmetaphorik.⁴⁴ Deren spezifische argumentative Kraft liegt im Synergismus: Der Mensch schafft, Gott aber gibt letztendlich das Gelingen.

Die Frage, ob in γεώργιον ein Acker⁴⁵ oder ein Weinberg/Obstgarten vorzustellen ist (letzteres dürfte primär konnotiert worden sein),⁴⁶ muß nicht notwendigerweise eine Alternative darstellen, da zwischen den

---

41) Vgl. Vielhauer, Oikodome, 74.
42) Vgl. Fridrichsen, Ackerbau, 186 verweist auf Plat., leg. 643 B. Ders., Exegetisches, 291-301, und ders., Exegetisches, in: Serta Rudbergiana, 25f, nennt ferner als Belege für die Verknüpfung der Bilder von Ackerbau und Hausbau: Plato, leg. 643 B; Dion Chr. II, LXIX, 3ff. (= Nr. 52 ed. de Budé, II, p. 220) LXXI, 2.5 (= Nr. 54 ed. de Budé, II, p. 228f); XLIV, 6fin (= Nr. 27 ed. de Budé, II, p. 89); XXXIX, 5; Philo, All. I 47f.; II,42; Cher 100ff.; Haer. 116; Virt. 18; Praem. 139; und aus Plut., mor.: An virtus doceri potest, Anfang.
43) Zu den Bildern vgl. Xavier, A., Ministerial Images in 1 Cor 3:5-4:1, in: Indian Theological Studies 24 (1987) 29-40; Gnilka, J., Ist 1 Kor 3,10-15 ein Schriftzeugnis für das Fegfeuer? Düsseldorf, 1955, 118-130.
44) Zu den Bildern vgl. Lib., or. 13,52 (Bd. II, S. 82 ed. Foerster). Was die argumentative Verwendung der Metaphern in V6ff anlangt, ist - nach der unmetaphorischen Antwort V 5b - eine parallel gestaltete Einführung der Metaphern auf der Verbebene zu beobachten; diese werden V7 durch die metaphorische Aufnahme der Verben (interessanterweise gerade in der Folgerung!) konzentriert (indem θεός diff. ἐγώ Ἀπολλῶς beibehalten wird, erfolgt eine weitere Akzentverlagerung auf ihn hin), V8a aufgenommen, in der Zwischenbemerkung jedoch gänzlich verlassen; V9 wird das Bildfeld in der Metapher γεώργιον noch einmal punktuell aktualisiert; diesmal in Verbindung mit οἰκοδομή - gestützt durch die traditionelle Interferenz vom Bildfeld "Wachstum" und "Bau".
45) So Straub, Bildersprache, 73.
46) γεώργιον ist kaum belegt, nach Weiß, 1 Kor, 78 A 1 ist für den griechischen Bereich nur Strabo XIV, p. 671; Theagenes, b. schol. z. Pind. Nem 321 heranzuziehen; die LXX-Stellen Prv 67; 912; 245.45; 3116; Sir 276 lassen an einen Fruchtgarten denken; gestützt wird das durch den Gebrauch von φυτεία (im NT nur Mt 1513; LXX: φυτόν/φυτεία Ez 171-8 (5.7)) und φυτεύω, das auch eher an einen Weinberg/Obstgarten denken läßt, vgl. IV Reg. 1929 (LXX); PsSal 144; Mi 16 (LXX); Mt 2133; Mk 121; Lk 136; Lk 176; Lk 209; I Kor 97. ποτίζω ist im NT sonst nicht in diesem Bildfeld realisiert.

Baumreihen gesät wurde[47] und Getreide und Gemüse oft nebeneinander in verschiedenen Reihen angebaut wurden.[48] Auch eine scharfe Trennung von 'pflanzen' und 'gießen' ist insofern nicht gegeben, als man die Felder schon vor der Sommer- und teilweise auch vor der Winterbestellung berieselte und "in den Furchen eine zeitlang Wasser fliessen" ließ.[49] Die Feuchtigkeit reichte für die Keimung des Samens aus. Erst wenn dieser vollständig aufgegangen war, wurde das Feld bewässert.[50]

b) Situation/Intention

Paulus realisiert die Metaphern I Kor 36ff aus einem traditionell ekklesiologisch konnotierten Bildkomplex, um angesichts der Parteiungen in der korinthischen Gemeinde exemplarisch sein Verhältnis zu Apollos[51] darzustellen. Dabei setzt er sich mit der engen Bindung der Gemeindeglieder an die jeweiligen Missionare auseinander. Häufig wird diese Verbindung als ein mysterienhaftes Verhältnis gesehen,[52] kann darüber hinaus materiell-prestigemäßig bestimmt sein[53] und mag auch mit gruppendynamischen Prozessen (anwachsende Großgruppe mit Substrukturentwicklung)[54] einherlaufen.

Gegen ein Auseinanderbrechen der Gemeinde bzw. einer Verselbständigung der einzelnen Gruppen handelt Paulus modellhaft von sich und Apollos: Wie der Bildwechsel anzeigt, zielt er in seiner Argumentation auf den Aufbau der Gemeinde ab.

1.3.3) Rö 1116-24

Im allgemeinen wird die Perikope als Gleichnis charakterisiert.[55] Es fragt sich jedoch, ob hier wirklich ein häufig zu beobachtender Sachverhalt

---

47) Vgl. Krauß, Archäol. II, 177; 207.
48) Krauß, Archäol. II, 179.
49) Anderlind, 36.
50) Anderlind, 36 und 33.
51) Wie besonders aus I Kor 1612 hervorgeht (vgl. auch I Kor 46.) ist die Parteiung nicht auf ein persönliches Konkurrenzverhältnis zwischen Paulus und Apollos selbst zurückzuführen, vgl. Lang, F., Gruppen, 69, vgl. ders., Kor, 24, Schreiber, Gemeinde, 125; Hainz, Ekklesia, 97; anders: Sellin, G., Das "Geheimnis" der Weisheit und das Rätsel der "Christuspartei" (zu I Kor 1-4), ZNW 73 (1982) 69-96, 75f: Paulus wende sich gegen Apollos. Apollos selbst ist gemäß I Kor 1612 z. Zt. der Abfassung nicht mehr in Korinth.
52) So Lang, F., Gruppen, 78; Wilckens, Weisheit, 12; dagegen: Schmithals, Gnosis^3, 374-76.
53) Vgl. dazu: Theißen, Legitimation in: ders., Soziologie^2, 227.
54) Vgl. dazu: Schreiber, Gemeinde, 154ff.
55) Vischer, Geheimnis, 126, Schmidt, ThHK 6, 195, Schneider, ThWNT III 721, A7; Zeller, Juden, 215; Munck, Christus, 95 ('Gleichnisrede'). anders: Luz, Geschichtsverständnis, 276: "Allegorie", Straub, W. 74: "allegorisierende Rede".

vorliegt.⁵⁶ Sowohl der Ölbaum als Metapher für Israel als auch seine Wurzel, die wohl Abraham/ die Erzväter symbolisiert, als auch seine Zweige als deren Nachkommen, als auch die Schößlinge eines wilden Ölbaums als Bild für die Heidenchristen, weisen zumindest Ansätze zu einer Allegorie auf.⁵⁷ Eine vollständige Allegorie liegt insofern nicht vor, als die Perikope in sich selbst sinntragend ist. Von daher ist die neutralere Bezeichnung "Bildwort" vorzuziehen.⁵⁸

1.3.3.1) Strukturanalyse
Das Ölbaumbild ist eng mit dem Bild vom Teig⁵⁹ zu einem Doppelbildwort verbunden.

Röm 11 (A)

V16 εἰ δὲ   ἡ ἀπαρχὴ ἁγία,
     καὶ   τὸ φύραμα·
     καὶ εἰ   ἡ ῥίζα ἁγία,
     καὶ   οἱ κλάδοι.

1. Abschnitt   (B)
V17 εἰ δέ   τινες τῶν κλάδων
        ἐξεκλάσθησαν, σὺ
     δὲ   ἀγριέλαιος
        ὢν ἐνεκεντρίσθης   ἐν αὐτοῖς
        καὶ   συγκοινωνὸς   τῆς ῥίζης τῆς πιότητος
                                       ×××××× τῆς ἐλαίας
        ἐγένου,
V18 μὴ   κατακαυχῶ   τῶν
                                                         κλάδων·
     εἰ δὲ   κατακαυχᾶσαι
     οὐ | σὺ   τὴν ῥίζαν
        βαστάζεις   ××××××
     ἀλλὰ   ἡ ῥίζα   σέ.
                   ××××

---

56) Vgl. dazu und zum folgenden S. 280ff.
57) Siegert, Paulus, 167, Sneen, 404, Minear, Bilder, 40, Heylen, métaphores, 275 (comparaison allégorique), Michel, KEK 4, 439 (allegorische Bildrede), Güttgemanns, Heilsgeschichte, 49 (allegorisch auszulegendes Gleichnis), Käsemann, Rö, 298 (metaphorische Redeweise, ohne daß es zu wirklicher Allegorie kommt), dagegen Rengstorf, FS Daube: ein Bildwort, das nicht allegorisch verstanden werden dürfe. Das Problem liegt darin, wie eng man 'Gleichnis' fassen will. Nach der strengen Definition Jülichers liegt hier zumindest kein Gleichnis i.e. Sinn vor.
58) So Wilckens, Rö II, 241, (Jeremias, Gleichnisse, 89). Diese Kategorisierung ist im folgenden weiter zu präzisieren.
59) Die Deutung der Metapher ἀπαρχή ist umstritten: Ist ἀπαρχή Christus, wie aus der rabbinischen Tradition, wo Adam die "Teighebe"der Welt genannt wird (vgl. Rengstorf, FS Daube, 128ff), geschlossen werden kann, so ist zu folgern, daß mit dem Teig Juden und Heiden gemeint sind (vgl. Stegemann, E., Gott, 217). Oder ist - ausgehend vom parallel gebauten V16b - ἀπαρχή auf die Judenchristen oder auf Abraham/die Erzväter zu deuten? (Vgl. Wilckens, Rö II, 246).

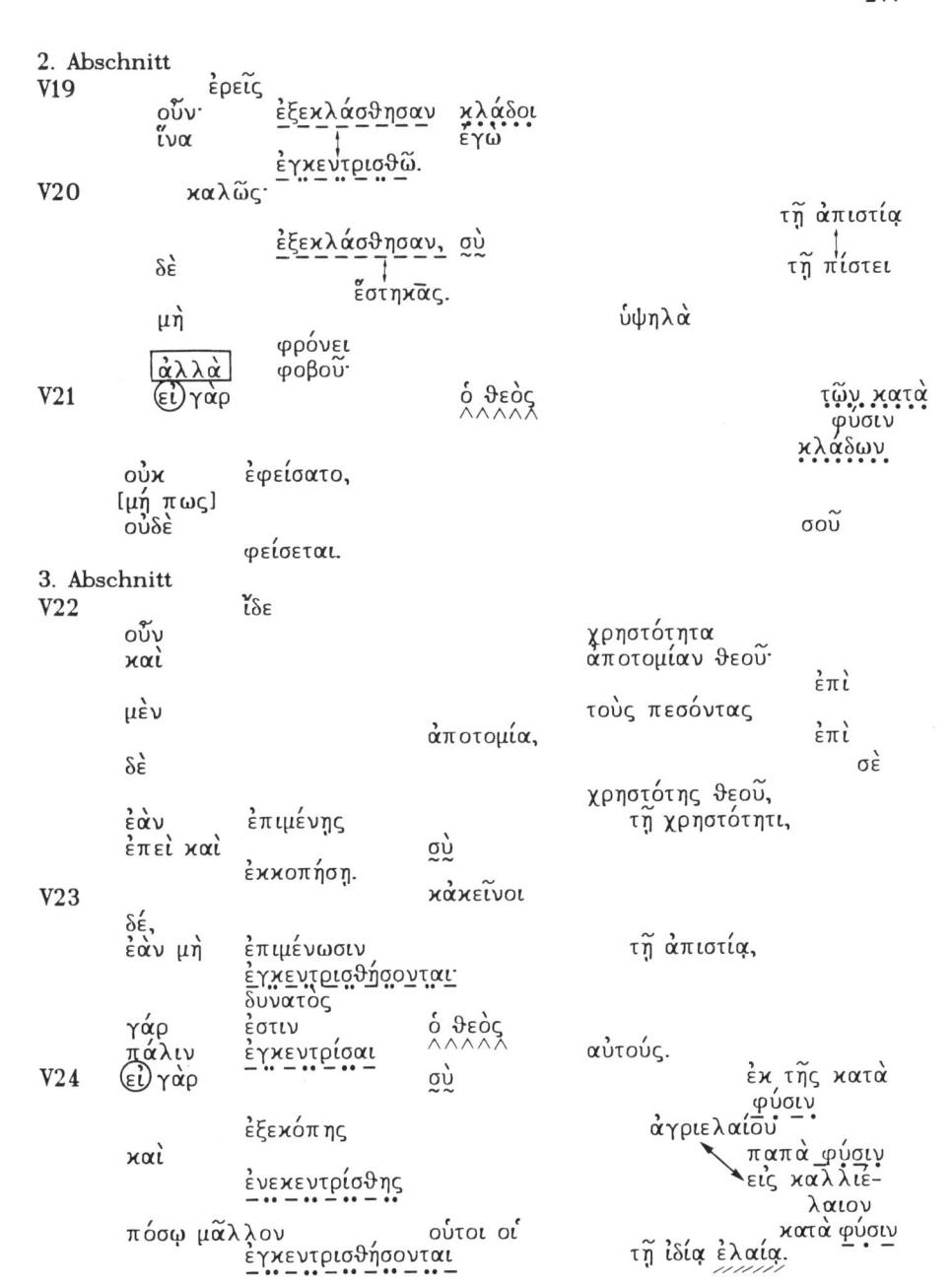

2. Abschnitt
V19   ἐρεῖς
        οὖν·   ἐξεκλάσθησαν   κλάδοι
        ἵνα   ἐγώ
                ἐγκεντρισθῶ.
V20   καλῶς·
                                                        τῇ ἀπιστίᾳ
                ἐξεκλάσθησαν, σὺ
        δὲ   τῇ πίστει
                ἕστηκας.
        μὴ   ὑψηλὰ
                φρόνει
        ἀλλὰ   φοβοῦ·
V21   εἰ γὰρ   ὁ θεὸς   τῶν κατὰ
                                ∧∧∧∧∧   φύσιν
                                                        κλάδων

        οὐκ   ἐφείσατο,
        [μή πως]
        οὐδὲ   σοῦ
                φείσεται.

3. Abschnitt
V22   ἴδε
        οὖν   χρηστότητα
        καὶ   ἀποτομίαν θεοῦ·
                                                        ἐπὶ
        μὲν   τοὺς πεσόντας
                        ἀποτομία,   ἐπὶ
        δὲ   σὲ
                                        χρηστότης θεοῦ,
        ἐὰν   ἐπιμένῃς   τῇ χρηστότητι,
        ἐπεὶ καὶ   σὺ
                ἐκκοπήσῃ.
V23   κἀκεῖνοι
        δέ,
        ἐὰν μὴ ἐπιμένωσιν   τῇ ἀπιστίᾳ,
                ἐγκεντρισθήσονται·
                δυνατὸς
        γὰρ   ἐστιν
        πάλιν   ἐγκεντρίσαι   ὁ θεὸς
                                ∧∧∧∧∧   αὐτούς.
V24   εἰ γὰρ   ἐκ τῆς κατὰ
                                                        φύσιν
                                                        ἀγριελαίου
                ἐξεκόπης
                                                        παρὰ φύσιν
        καὶ   εἰς καλλιέ-
                ἐνεκεντρίσθης   λαιον
                                                        κατὰ φύσιν
        πόσῳ μᾶλλον   οὗτοι οἱ
                ἐγκεντρισθήσονται   τῇ ἰδίᾳ ἐλαίᾳ.

(A) Rö 11,16a.b
Die beiden Teile des Bildspruchs Rö 11,16a.b sind parallel aufgebaut (synonymer Parallelismus membrorum, gemeinsames Stichwort ἁγία); eine Deutung

fehlt. V16b wird in der folgenden Gleichnisrede VV 17-21 paränetisch entfaltet (Argumentation a minori ad maius).[60]

(B) Rö 11 17-24

1. Abschnitt: V17f.

τινες τῶν κλάδων werden (V17) den Zweigen des wilden Ölbaums kontrastiert (dem Kontrast entspricht auf der Verbebene die Opposition ἐξεκλάσθησαν vs ἐνεκεντρίσθης), wobei die Anrede σύ zeigt, daß die Adressaten zu den wilden Zweigen gehören. Ausgangspunkt des Bildworts ist eine schon geschehene Veränderung: Die Zweige des wilden Ölbaums sind zwischen nicht: anstelle von τινες τῶν κλαδῶν, die ausgerissen wurden, eingepfropft worden. Die dadurch entstandene Spannung zwischen wilden und natürlichen Zweigen (letztere in der Doppelheit derer, die stehengelassen, und derer, die ausgerissen wurden) markiert das Problem, das im Bildwort bearbeitet wird: Es ist das Verhältnis beider Größen zueinander. So wird V17b die Position der angeredeten fremden Zweige dahingehend interpretiert, daß sie von der Wurzel des (echten) Ölbaums abhängig sind.

(V18) Die Motivation einer solchen Verhältnisbestimmung wird in der Warnung V18 μὴ κατακαυχῶ τῶν κλάδων deutlich: Dieser Imperativ wird durch die zentrale Stellung zwischen zwei ähnlich aufgebauten εἰ-Sätzen betont, die nach dem Schema εἰ..., σύ... aufgebaut sind, wobei der εἰ-Satz die Situation benennt und der mit σύ eingeleitete Satz den Adressaten jeweils durch den Bezug auf die Wurzel abwertet.

2. Abschnitt: VV19-21

In einer dem Stil der Diatribe entsprechenden Verschränkung (ἐρεῖς, Futur), wird ein potentieller Einwand des Adressaten aufgenommen (Strategie des impliziten Lesers), wobei die Opposition ἐξεκλάσθησαν vs ἐγκενθρισθῶ von V17 aufgenommen und (final?) miteinander verbunden wird: "Die Zweige wurden doch herausgebrochen, damit ich eingepfropft werde!" In der direkten Rede wechselt das σύ in ἐγώ. V20 ist Antwort auf diesen Ausruf. Er wird im Stil der Diatribe durch καλῶς eingeleitet und ergänzt die Opposition ἐξεκλάσθησαν vs ἐγκεντρισθῶ durch die Opposition ἀπιστία vs πίστις. V20b nimmt den Imperativ V18a (μὴ κατακαυχῶ) in μὴ ὑψηλὰ φρόνει auf und verstärkt ihn durch ἀλλὰ φοβοῦ. Die Opposition wird V21 zur Drohung verschärft, indem das vergangene Geschick der natürlichen Zweige in Analogie zum möglichen Geschick des σύ gesetzt wird: Die Überheblichkeit der einen Gruppe wird gegen diese gewendet, wobei in dem κατὰ φύσιν schon paränetisch eine Subordination anklingt, die V24 ausgebaut wird.

Der erste und der zweite Abschnitt sind parallel strukturiert: Zuerst wird der Tatbestand festgestellt (V17; V19, 20a), worauf μή + Imperativ + Begründung folgt. Der Akzent liegt auf den Imperativen.

3. Abschnitt: VV22-24

Die Mahnung an die Heiden wird V22 mit einem ἴδε οὖν summiert. Die χρηστότης θεοῦ wird der ἀποτομία θεοῦ kontrastiert, die chiastisch auf die Opposition τοὺς πεσόντας vs σέ bezogen ist. In zwei parallel strukturierten

---

60) Auch in I Kor 5 6b schließt sich an einen Bildspruch durch Stichwortverknüpfung eine längere allegorisierende Weiterführung an, vgl. Straub, W., 65.68.

ἐάν-Sätzen (ἐάν - ἐὰν μή, VV22b, 23a) wird im Unterschied zu V20 die χρηστότης der ἀπιστία entgegengesetzt und die Möglichkeit einer totalen Umkehr des status quo durchgespielt: Bleiben die wilden Zweige (σύ) nicht in Gottes Güte, so werden sie abgehauen; verharren die natürlichen Zweige ("ἐκεῖνοι") nicht in ihrer ἀπιστία, so werden sie eingepfropft. Über den Bezug auf die χρηστότης bzw. die ἀπιστία werden also beide Gruppen gleichgestellt. Interessanterweise erscheint das Subjekt ὁ θεός nur in Verbindung mit den natürlichen Zweigen (V21 + ἐφείσατο, V23 +ἐγκεντρισθήσονται), um das Handeln Gottes an seinem Volk zu unterstreichen. V24 wird die Opposition ἐξεκόπης/ἀγριελαίου/κατὰ φύσιν vs ἐνεκεντρίσθης/καλλιέλαιον/παρὰ φύσιν auf die Zweige des wilden Ölbaums angewandt und in der Bewegung ἐκ - εἰς als zwei Stadien dargestellt. Mit dem Hinweis auf das κατὰ φύσιν (vgl. schon V21), unterstrichen durch τῇ ἰδίᾳ ἐλαίᾳ, wird die Chance eines (Wieder-)Einpfropfens der edlen Zweige noch überboten (πόσῳ μᾶλλον). Die Opposition ἐξεκλάσθησαν (V17) vs ἐγκεντρισθήσονται (V24) umklammert das ganze Bildwort und schließt damit den Kreis.

1.3.3.2) Interpretation

In dem Bild vom Ölbaum zeichnet Paulus die Heidenchristen als artfremde, eingepfropfte Zweige, die von der Wurzel des edlen Ölbaums genährt (V17b) und getragen (V18) werden, so daß es keinen Grund gibt, sich gegenüber den ausgerissenen Zweigen zu rühmen. Der Einwand, daß die Zweige ja ausgebrochen worden sind, "damit ich eingepfropft werde" (V19), wird aufgenommen und mit dem πίστις-Begriff verbunden, so daß Paulus hier eine neue Bezugsgröße gewinnt, die die statische Verhältnisbestimmung beider Größen verändernd aufbricht. Durch Bindung des Einpfropfens an die πίστις und des Aushauens an die ἀπιστία motiviert er seine Mahnung an die Heidenchristen und seine Hoffnung für Israel. Für erstere ist nicht Hochmut, sondern Furcht angebracht (V20), da eine Veränderung des status quo jederzeit möglich ist und Gott selbst die natürlichen Zweige nicht verschont hat und folglich auch die eingepfropften Zweige nicht verschonen wird. Die Verwerfung der Juden aber ist grundsätzlich reversibel, da Gott die natürlichen Zweige wieder einpfropfen wird, wenn sie nicht bei ihrer ἀπιστία verharren. Das Einpfropfen wird bei ihnen als artgemäßen Zweigen sogar leichter sein als bei den Zweigen des wilden Ölbaums. Der Schluß a minore ad maius markiert in VV21.24 mit der Wendung κατὰ/παρὰ φύσιν in Verbindung mit den Imperativen VV18; 20; 22 die primäre Stoßrichtung des Textes gegen das κατακαυχᾶσθαι der Heidenchristen: Indem die Zugehörigkeit zum Ölbaum allein von der πίστις und der χρηστότης Gottes abhängig gemacht wird, werden die Heiden und die Juden(christen) in ihrem Verhältnis zueinander neu bestimmt.[62] Natürliche und geschichtliche Unterschiede erfahren durch

---

62) Die Argumentation über die πίστις unterstreicht, was das ἐν αὐτοῖς (V17) schon indizierte: Es kann hier nicht um eine Substitution gehen, vgl. Senft, 140.

den Bezug auf Gottes χρηστότης (vs ἀποτομία) und im Hinblick auf das Bleiben (vs Nicht-Bleiben) in ihr bzw. in der πίστις (vs ἀπιστία) eine qualitative Veränderung, so daß Paulus eine eschatologische Gleichstellung von Heiden und Juden erwarten kann (vgl. Rö 1125ff).

1.3.3.3) Der übergreifende Lebenszusammenhang
a) Bildgebrauch/Realien:
Zur Zusammenstellung von Ölbaum und Teighebe ist zum einen auf bMen 53b, zum anderen auf den usus, auch von Bäumen Erstlingsopfer zu bringen (Lev 1923-25; Mischna-Traktat Orla), zu verweisen.
Bei der Realisation von ῥίζα Rö 1116b dürfte für Paulus die Konnotation mit Abraham bzw. den Erzvätern leitend gewesen sein.[63] Der Ölbaum ist im mediterranen Raum allgemein positiv besetzt[64] und im Raum der Synagoge traditionelle Metapher für Israel.[65] Er bot sich auch insofern an, als der Ölbaum veredelt wird[66] und das Motiv des "Einpfropfens" im Judentum im Blick auf den Anschluß von Proselyten gebraucht wurde.[67] Paulus kombiniert nun die traditionelle Metapher des Ölbaums neu mit der dem Bildfeld inhärenten Metapher des Einpfropfens[68] und reflektiert

63) Jub 1626; äthHen 932ff.8; (TestJud 245); Philo, Her 279, wird Abraham als Wurzel/Pflanze der Gerechtigkeit bezeichnet. Vgl. Bourke, bes. 75, Wilckens, Rö II, 246 A 1101, Luz, Geschichtsverständnis, 276 m. A41, Rengstorf, FS Daube, 138ff, Berger, Abraham, 84, Dreyfus, pass,, 143, Munck, Israel, 95, u.a..
64) Er war Grundnahrungsmittel, Brennstoff und Grundbestandteil von Kosmetika und zudem langlebig. Die positiven Konnotationen im AT erhellen Gen 811; Dtn 611; Jos 2413; Ri 98f; Ps 5110; 1273, vgl. Siegert, Paulus, 168. Des weiteren wird die Existenz einer συναγωγὴ Ἐλαίας bzw. Ἐλέας (Name eines Stadtteiles? eines Platzes?) als Ausgangspunkt für die paulinische Metaphernwahl diskutiert, vgl. Davies, W.D., Romans, 137f, ders., Studies, 185f. Ferner ist im weiteren griechisch-römischen Kontext an den Ölbaum als heiligen Baum der Athene zu denken, der angesichts der Hochschätzung der griechischen Kultur im römischen Reich die Vorstellung der kultivierten heidnischen Welt evoziert, vgl. Davies, W.D., Romans, 138-140, bes. 140.
65) Jer 1116f; Hos 147; (Jes 176); P^{e}siq 145a (nach Bill. I, 432 ad Mt 623). In der rabbinischen Tradition ist der Ölbaum mit Themen wie dem Bleiben Israels in dieser und der zukünftigen Welt, seiner Züchtigung und seiner letztendlichen Bekehrung verbunden (vgl. b Men 53b); jedoch werden in diesem Zusammenhang andere Teile des Bildes (Blätter/Oliven) akzentuiert.
66) Natürlich wurden auch andere Bäume veredelt, s. Krauß, Archäol. II, 209.
67) Vgl. b Jeb 63a, Philo, Praem 152 (hier hat sich das Reis in ein edles verwandelt), beide Male jedoch ohne das Bild des Ölbaums. Iren., haer. IV, 20,12 ist die äthiopische Frau des Mose ein Zweig des wildwachsenden Ölbaums. - 1 QH 7₁₀ ist der Beter von Gott ins Astwerk der heiligen Gemeinde gegeben worden.
68) Daß diese Metaphernkombination erst jetzt auftritt, hängt damit zusammen, daß man Ölbäume erst relativ spät zu veredeln begann: Im AT werden zahmer und wilder Ölbaum noch nicht unterschieden, wohl weil ersterer noch nicht entwickelt war. Das Veredeln eines Ölbaums ist erst im jüdischen Recht und der griechisch-römischen Welt belegt (vgl. Dalman, AuS IV, 187, ἐγκεντρίζειν Theophr., hist. plant. 2,2,5, Marc Aurel, 11,8,6). Jedoch wurden Oliven gewöhnlich okuliert und nicht

so den geschichtlichen Bruch, der durch die Heidenmission eingetreten ist. Dabei indiziert er schon über den Bildgebrauch eine mit der Öffnung für die Heiden einhergehende Universalisierung jüdischer Traditionen.
Nun entspricht das Einpfropfen wilder Schößlinge in einen edlen Ölbaum nicht der gängigen Praxis, wilde Bäume durch edle Reiser zu veredeln. Deshalb hat man gefragt, ob das paulinische Bild der Wirklichkeit entspricht oder nicht. So hat man einerseits versucht, einen, wenn auch begrenzten, Erfahrungshintergrund aufzuzeigen, und hat auf die Praxis verwiesen, einen nicht mehr tragenden Ölbaum zu verjüngen.[69] Andrerseits hat man (so schon Orig., PG 14, 1195 A.) unterstrichen, daß das beschriebene Verfahren dem usus widerspricht,[70] hat diesen Tatbestand aber unterschiedlich ausgewertet:
α) Paulus habe damit seine theologische Intention deutlich herausgearbeitet. Er habe die Widernatürlichkeit des Bildes bewußt eingesetzt, um das Wunderbare des geschilderten Vorgangs herauszustellen.[71]
β) Paulus habe hier - wie öfter - ganz von der Sache her formuliert. Er sei sich zwar des Außergewöhnlichen seines Bildes bewußt gewesen, habe dieses aber um der Sachaussage willen in Kauf genommen, ohne eine besondere Akzentsetzung damit zu verbinden.[72]

gepfropft (Dalman, AuS IV, 183). Der Veredlung waren im Judentum aufgrund des Verbots, Mischsaat zu säen (Lev 19,19; Dtn 22,9; Dalman, AuS IV, 187), enge Grenzen gesetzt, da ein Reis nur in einen Baum eingesetzt werden durfte (M Kil 1,7). Dalman schreibt, AuS IV, 184, zu einem okulierten Baum:"man erwartete von ihm, daß er in Quantität und Qualität anderes leistet als der wilde Stamm ... auch, daß er kräftiger und ausdauernder ist als eine wurzelechte edle Olive, die man gesät oder gepflanzt hat." Das dürfte auch für den gepfropften zutreffen.
69) So Ramsay, W.M., The Olive Tree and the Wild Olive, Exp. 6th Series 11 (1905) 16-34, 152-60, unter Verweis auf eine entsprechende Bemerkung Th. Fischers (in: Der Ölbaum, 1904, in: Petermanns Mitteilungen, ErgH. 147) und auf Colum. und Pallad. (Colum. V,9,16; Pallad. 11.8.3; 14,53). Von einem entsprechendem Verfahren berichtet auch S. Linder (Das Pfropfen mit wilden Ölzweigen (Rö 11,17), PJ 26 (1930) 40-43, bes. 42) in Bezug auf Griechenland (jedoch dürfte hier - vgl. Dalman, AuS IV, 185 - die von einem wilden Schößling besetzte Wurzel selbst als wild zu denken sein); nach Dalman, AuS IV, 184f erzählte man in Nordpalästina von der im Libanon geübten Praxis, auf einen zahmen Baum einen wilden zu pfropfen (vgl. Munck, Christus, 96f, Schneider, ThWNT III, 721 A7, Bill. III, 291). Die angeführte Praxis stimmt aber insofern nicht mit dem Bild von Rö 11 überein, als Rö 11 eine notwendige Verjüngung durch eingepfropfte Zweige nicht im Blick ist (die wilden Zweige leben ja von der Wurzel her!); ferner wird eine dann später nötige Veredlung der wilden Zweige nicht vorgestellt.
70) Vgl. Althaus, Rö, 96, Richardson, Israel, 129, Luz, Geschichtsverständnis, 276 A43, Davies, W.D., Pauline Studies, 155.
71) So z.B. K. Barth, Römerbrief, 1924³, 393, ders., KD II/2, 316, Vischer, W., 126, Deißmann, Licht, 235, Holzmeister, Kontrastbild, 552f; Maillot, Romains, 289; ähnlich Munck, Christus, 97, Rengstorf, FS Daube, 145.
72) So Straub, W., 75, Schmithals, Rö, 399, ähnlich Althaus, Rö, 96.

γ) Man hat Paulus als Städter überhaupt ein Bewußtsein für das Außergewöhnliche seiner Ausführungen abgesprochen.[73] Paulus selbst charakterisiert Rö 1124 das Einpfropfen als παρὰ φύσιν, war sich also wohl der Widernatürlichkeit seines Bildes bewußt. Interessanterweise wird beim Einpfropfen nicht nur der Baum, sondern auch und besonders das Reis verändert: Es gewinnt Teilhabe an der fetten Ölbaumwurzel.[74] Mit dem Einpfropfen ist eine grundlegende Qualitätsänderung verbunden:[75] Ein Zug, der es erlaubt, die durch die Heidenmission neu entstandene Situation zu reflektieren. Nun beschreibt Paulus das Einpfropfen auch nicht der Praxis entsprechend als Substitutionsvorgang, sondern als einpfropfen *unter* die anderen Zweige.[76] Dem entspricht die Neubestimmung, die die Metaphorik durch die Verbindung mit der πίστις/ der χρηστότης θεοῦ als neuer integrierender Größe erfährt,[77] einer Größe, die außerhalb des Ölbaumes steht.[78] VV 23f ist im Bild vom Wiedereinpfropfen ausgehauener Zweige eine neue, der Wirklichkeit völlig zuwiderlaufende Möglichkeit[79] realisiert,

73) Lietzmann, Rö³, 105. Dagegen dürfte jedoch schon der Umstand sprechen, daß in der Antike auch die Bewohner einer Provinzstadt mehrheitlich Landwirte waren, die die umliegenden Felder bewirtschafteten, vgl. Schöllgen, G., 143. Nur in wenigen antiken Großstädten, u.a. Rom, sowie in einigen spezifischen Handelsstädten wie Palmyra spielte die agrarische Produktion nach Schöllgen, 142f, keine oder nur eine untergeordnete Rolle.
74) Zum Fettgehalt des Ölbaums vgl. Ri 99 und TestLev 8.
75) Das Einpfropfen (hebr. hirkib) bezeichnet nicht nur eine äußerliche Verbindung, sondern eine Lebensbeziehung, so Dalman, AuS IV, 187.
76) Bezeichnenderweise ist auch das dem Rühmen zugrunde liegende Konkurrenzmotiv nicht - wie in der Konkurrenzliteratur (s. dazu: Williams, 5ff) - bzgl. verschiedener Bäume/Pflanzen, sondern bzgl. verschiedener (mit derselben Wurzel verbundener) Zweige realisiert.
77) Vgl. dagegen Philo, Praem 152, der auf die Tugend des Schößlings abhebt.
78) Daß in diesem Zusammenhang weder die Metapher καρπός noch die Beschaffenheit der Blätter (im Unterschied zur metaphorischen Tradition) realisiert ist, unterstreicht, daß es hier einzig um eine Verhältnisbestimmung der Zweige zueinander geht. Anders: Siegert, 168f, der in dem Bild die Bedeutung sieht, daß auch wilde Zweige Frucht bringen. Dagegen ist einzuwenden: weder taucht die Fruchtmetaphorik im Textzusammenhang auf, noch ist der wilde Ölbaum einfach ἄκαρπος. Seine Früchte sind nur kleiner und von daher unbrauchbar, vgl. Lundgreen, Bäume im NT, 831.
79) Das Bild setzt voraus, daß die abgeschnittenen Zweige entgegen allgemeinem Brauch nicht verbrannt wurden; zudem vertrocknen die abgeschnittenen Zweige sehr schnell. Nach Baxter, Ziesler, Paul, 28 ist das Bild nicht widernatürlich, da es eine außerordentlich kurze Zeitspanne bis zum Wiedereinpflanzen zum Ausdruck bringt. - Rengstorf, FS Daube, 156ff, sieht das Bildwort auf dem Hintergrund des familienrechtlichen Instituts der kᵉṣāṣah, welches in dem Begriff ἀποτομία, das sich im NT nur hier findet, ein griechische Äquivalent hat. Es handelt sich dabei um ein innerfamiliäres Verfahren, in dem der Betroffene so stark von seiner Familie/Sippe abgetrennt wird, daß er für diese als nicht mehr existent gilt. Unter

um dem neuen Gedanken, daß Gott auch die (jetzt noch) ungläubigen Juden wieder einpflanzen wird, Ausdruck zu verleihen. Für das etwas später zu datierende Bild Marc Aurel XI8 (s.u. S. 358f) ist es Zeus, der abgeschnittene Zweige in den Baum der Gemeinschaft einfügt. Wird hier das Wiedereinpfropfen ausgerissener Zweige immer schwieriger, so ist es Rö 11 kontrafaktisch der herausgerissene und wiedereingepfropfte Zweig, der, da artgemäß, die größere Chance hat.

b) Die Abzweckung des Autors/die Situation
Paulus versucht Rö 11 die durch die Heidenmission neu entstandene Situation durch die Aktualisierung und innovative Verwendung des traditionellen Zugehörigkeitsbilds der Ölbaummetapher zu bewältigen, wobei er die Situation über den neuen Gedanken der Qualitätsänderung aufnimmt und positiv auf eine Integration der Heiden und Judenchristen hin interpretiert. Dabei thematisiert er eine - unwahrscheinlich erscheinende, doch in Gottes Macht stehende - letztendliche Reintegration der Juden, die er paränetisch gegen die Heidenchristen wendet.
Das Bildwort ist primär hörerorientiert, wie schon seine formale Struktur (das Vorherrschen der direkten Anrede in der 2. Pers.Sing.,[80] die Imperative Rö 1118.20.22 und die auf Änderung dringenden bedingten Unheilsansagen VV18; 22; 23) erhellt: Paulus will offensichtlich verändernd auf die Einstellung und das Verhalten seiner Adressaten einwirken[81] und verwendet von daher in seiner Argumentation auch Elemente, die auf die Emotionalität seiner Hörer zielen.[82]
So kann seine Paränese als Reaktion auf die Situation der römischen Gemeinde - so wie sie sich ihm darstellte[83] - verstanden werden. Diese ist für ihn dadurch gekennzeichnet, daß es zwei divergierende Gruppen gibt, wobei die heidenchristliche Mehrheit, die die römische Christenheit re-

der Voraussetzung, daß der Ausgeschlossene sein Verhalten radikal revidiert, ist jedoch eine Revision dieser Abtrennung und Wiedereingliederung in die Familie/ Sippe möglich.
80) Auch wenn das σύ Stilmittel der Diatribe ist und diese den fiktiven Gesprächspartner kennt (vgl. Klein, Erbarmen, EvTh 34 ('74) 204), so daß kein direkter Rekurs (und damit auch Rückschluß) auf römische Gruppen gegeben sein muß (vgl. den Einwand Bornkamms, Testament, 125), so ist doch davon auszugehen, daß Thematisierung und Stil der - wenn auch indirekten Bearbeitung - real existierender Probleme dienen, die mit bestimmten Gruppenverhältnissen korrelieren. Im Hinblick auf 1113.28-31 ist zu fragen, ob das "σύ" nicht doch mehr als ein nur rhetorisches Gegenüber ist.
81) Anders die Beurteilung Kümmels, Probleme, 26: Rö 9-11 sei nicht aus der Tendenz zu erklären, die Gemeinde zu beeinflussen, es sei nicht primär polemisch.
82) Vgl. den Schluß a minore ad maius (V16.22.24) und die Verwendung von Stilmitteln der Diatribe, vgl. Berger, Formgeschichte, 101.
83) Für uns ist in diesem Zusammenhang weniger von Interesse, wie die Situation der römischen Gemeinde real ausgesehen, sondern wie sie sich offensichtlich für Paulus dargestellt hat.

präsentierte, sich über die schwächere judenchristliche Minderheit[84] erhob und auf die Juden herabsah.[85] Auf dem Hintergrund solcher antijudaistischen Tendenzen[86] sind die römischen Heidenchristen (vgl. V13) als die primären Adressaten seiner Mahnungen anzusehen;[87] gleichwohl würde der Versuch, Röm 1116ff auf sie als Adressaten einschränken zu wollen, eine unzulässige Engführung bedeuten, da Paulus die Problematik als Jude auf dem Hintergrund seiner zurückliegenden Erfahrungen innerhalb der gegenwärtigen missionarisch-kirchlichen Situation wahrnahm[88] (die aufgeworfene Problematik ist ja keine spezifisch römische!) und deshalb auch im weiteren Kontext des Verhältnisses von Juden- und Heidenchristen bzw. von Israel und der Kirche interpretierte. Das Problem stellte sich ihm nicht nur als Jude, der konstatieren muß, daß Israel mehrheitlich den Glauben an das Evangelium verweigert (vgl V19f), es stellt sich ihm auch ganz aktuell, da er bei Abfassung des Briefes am Beginn seiner Kollektenreise steht, die für ihn hinsichtlich des Verhältnisses von Juden- und Heidenchristen eine eminent symbolische Bedeutung hat: Er versteht sie als Manifestation der Völkerwallfahrt zum Zion.[89] In diesem eschatologischen Horizont dürfte er auch seine Spanienmission gesehen haben; die Heidenmission sollte ja nicht nur die Heiden zum Heil führen, sondern hatte für ihn auch die Funktion, die Juden zum Heil zu "reizen". Von daher mußte er sein missionarisches Ziel durch antijudaistische Strömungen in der römischen Gemeinde, die ihn doch unterstützen sollte, gefährdet sehen.

---

84) Vgl. c.14f und bes. Bartsch, Gegner, 39. Anders: Klein, Abfassungszweck, 136ff, Bornkamm, Testament, 125. Zum Antijudaismus der Heidenchristen vgl. Davies, Studies, 157f.
85) Vgl. Wilckens, Rö II, 249.- Die Doppelheit der arteigenen Zweige V17 markiert deutlich, daß Paulus sowohl Juden als auch Judenchristen im Blick hat. Anders Zeller, Juden, 217: Da nach V17f nur von den weggeschnittenen Zweigen die Rede ist, scheint Paulus vor allem das Verhalten gegenüber dem ungläubigen Israel zu rügen.
86) Inwieweit sie sich schon im konkreten Verhalten manifestierten, muß dahingestellt bleiben, vgl. Stegemann, E., Gott, 217.
87) So Kühl, Theodicee, 92, Wilckens, Rö II, 242; anders: Eschner, W., Der Römerbrief. An die Juden der Synagogen in Rom? Ein exegetischer Versuch und die Bestimmung des Bedeutungsinhaltes von dikaioun im NT. Kapitel 1-11 übers. und erkl., Hannover 1981, bes. 16-18. (Allgemein 'heidenchristliche Leser': Luz, Geschichtsverständnis, 34).
88) Vgl. Goppelt, Israel und die Kirche, 181.
89) Vgl. Georgi, Kollekte, 72f.

Exkurs V: Vergleich der Zugehörigkeitsbilder Joh 15 und Rö 11
1. *Zum Bild:*
Die Metaphern werden aus verschiedenen Perspektiven heraus entfaltet: Joh 15 ist als ἐγώ-εἰμι-Rede des Weinstocks Christus formuliert und damit auf den Weinstock (Christus/die Gemeinde) konzentriert. Der Ölbaum dagegen wird von außen betrachtet. Damit wird eine Perspektive gewählt, die mehr Freiheit, aber auch mehr Distanz beinhaltet.[90]

Beidemale wird eine alttestamentliche Metapher für Israel realisiert. Die Weinstockmetapher ist durch den Bezug auf Christus, die Ölbaummetapher durch die eingepfropften Zweige verändert.

Die Ausgangslage ist also eine unterschiedliche: Werden Joh 15 Zweige abgeschnitten, wenn sie nicht im Weinstock bleiben (bzw. im positiven Fall gereinigt), so sind Rö 11 schon einige Zweige ausgehauen und andere eingepfropft.

Ist das ἐν τῇ ἀμπέλῳ Joh 15 christologisch-ekklesiologisch orientiert, so zielt das ἐν αὐτοῖς Rö 11 auf verschiedene Gruppen und ihre heilsgeschichtliche Stellung. Joh 15 fehlt eine heilsgeschichtliche Reflexion; Rö 11 der christologische Bezug.

Besteht Joh 15 zwischen den Zweigen kein ausgeprägter Unterschied, so wird dieser Rö 11 deutlich formuliert. Sowohl Joh 15 als auch Rö 11 werden zwei Gruppen unterschieden: Joh 15 spricht von Zweigen, die bleiben und Frucht bringen, und von solchen, die nicht bleiben und keine Frucht bringen; Rö 11 unterscheidet eigene und fremde (edle und unedle) Zweige. Qualifizieren bzw. disqualifizieren sich die Zweige Joh 15 über das μένειν/Fruchtbringen in der Gemeinde (das ἀγαπᾶν ἀλλήλους), so werden die Zweige Rö 11 trotz ihres qualitativen Unterschieds über den Bezug auf die πίστις bzw. die Güte Gottes gleichgestellt; das Motiv des Fruchtbringens fehlt.

Das angesprochene Problem betrifft Joh 15 das μένειν ἐν und das Fruchtbringen in der Gemeinde, Rö 11 das Rühmen der einen Zweige über die anderen, sprich: das Identitätsproblem, das mit den Juden(christen) gestellt ist. Das schlägt sich insofern im Bild nieder, als die Identität des Weinstocks Joh 15 ganz von Christus her bestimmt ist (Abhängigkeit der Reben vom Weinstock), während Rö 11 auf das Vorher/Nachher, das Verhältnis Wurzel (Abraham, die Erzväter)/Zweige reflektiert. Das Wiedereinpfropfen ausgerissener Zweige kommt Joh 15 nicht in den Blick. Das Motiv des Weingärtners, der den Baum gepflanzt hat, fehlt Rö 11:[91] Hier wird unbildlich von Gott gesprochen.

---

90) Vielleicht muß sich Paulus auch deshalb in der Bildrede so stark der Stilmittel der Diatribe bedienen, um seine Hörer emotional anzusprechen.
91) Ist es weniger im Zusammenhang mit Ölbaum bzw. immer im Zusammenhang mit der Frage des Fruchtbringens realisiert?

Beidemale ist die Rede paränetisch ausgerichtet. Die Adressaten werden jedoch Joh 15 pluralisch mit ὑμεῖς, Rö 11 dagegen dem Diatribenstil entsprechend singularisch mit σύ angeredet.

Die Unterschiede im Bildgebrauch spiegeln die Unterschiede in Problemlage, Theologie, Themenwahl, Kontext und pragmatischer Abzweckung von Joh 15 und Rö 11.

2. Zur Form

Rö 11 und Joh 15 zeigen sich *gattungsgeschichtlich* verwandt: Beide lassen sich letztendlich nicht als Gleichnis charakterisieren, da sie allegorische Elemente enthalten.[92] Diese sind aber auch nicht mehr ausschließlich als stehende Metaphern zu fassen: Zwar stehen sie z.T. in metaphorischer Tradition,[93] gehen aber im Bildgebrauch über diese hinaus,[94] sind also letztendlich mit der Form des Gleichnisses inkompatibel, da sie die Konzentration auf ein tertium comparationis sprengen.

Andrerseits kann man aber auch nicht von einer Allegorie sprechen, da die Metaphern zwar z.T. stark von der Bedeutungsebene her geprägt, aber nicht von ihr her entworfen sind. Nicht alle Metaphern lassen sich deuten – im Grunde werden nur einige Züge argumentativ ausgewertet. Die Metaphern bilden auf der Bildebene keine geschlossene Metaphernkette, der – wie in der Allegorie – eine getrennt laufende Aussagenreihe auf der Bedeutungsebene entsprechen würde. Vielmehr greifen Bild- und Sachebene so ineinander, daß die Argumentation bald auf der einen, bald auf der anderen Ebene erfolgt, wie folgendes Darstellungsschema deutlich machen soll:[95]

$$\begin{array}{l} E \\ | \\ E - S \\ | \\ E - S \\ | \\ E - S \\ | \\ S \\ | \\ E - S \end{array}$$

Der Aussagegehalt der metaphorischen Argumentation ist folglich im Unterschied zur Allegorie nicht durch Punkt-für-Punkt-Substitution der

92) Rö 11: Ölbaum, Wurzel, ausgerissene/echte/wilde Zweige; Joh 15 Weinstock, Gärtner, Zweige.
93) Am deutlichsten wohl Rö 11 Ölbaum, Wurzel, Joh 15 Weinstock, Gärtner.
94) Neuaktualisierung und Reinterpretation vgl. Rö 11 echte/wilde Zweige, wiedereinpfropfen, Reinterpretation des Ölbaums und Joh 15 des Weinstocks.
95) Es greift das Darstellungsschema, das Weder, Gleichnisse, 71, vorgeschlagen hat, auf.

Einzelmetaphern mittels eines hermeneutischen Schlüssels, sondern aus der Kohärenz der Bild-wie auch der Sachebene zu erheben.[96] Folglich ist die argumentative Bildrede im Unterschied zur Allegorie nicht exklusiv, sondern allgemeinverständlich.
Sie kombiniert die sachliche argumentatio mit dem affektiv-heuristischen Potential der Metaphern, die aufgrund ihrer Polyvalenz innerhalb der einlinigem, digitalem Denken verhafteten sachlichen Argumentation zu Trägern komplexer Informationsgehalte werden können. Die argumentativ-vertiefende Funktion, die Metaphern per se und innerhalb des Kontexts eignet, und die reflektierend-umsetzende Aneignung der Metaphern in der Allegorese der Urgemeinde wird hier in argumentativem Zusammenhang in einer eigenen, Bild- und Sachebene miteinander verwebenden Form integriert.
Da für diese Form der Rede die argumentatio charakteristisch ist, möchte ich Joh 15 und Rö 11 als "argumentative Bildrede" charakterisieren. Sie ist Joh 15 und Rö 11 in paränetischem Kontext eingebettet und hat eine paränetische Abzweckung, wobei die Paränese aus einer bestimmten Wirklichkeitsdeutung als Ausgangs- (und Bezugs-)punkt fließt, indem zwei konträre Handlungsalternativen mit ihren Konsequenzen aufgezeigt werden - Handlungsalternativen, die hier die Zugehörigkeit zu einer Gruppe formulieren. Als Hintergrund dieser Textsorte ist die Gemeinde zu sehen. Die allegorischen Elemente legen einen situativen Zusammenhang zur allegorisierenden Deutung der Gleichnisse nahe, mit der die Gemeinde versucht hat, sich die Gleichnisse reflektierend-argumentativ in ihrem Bedeutungsgehalt für die gegenwärtige Situation anzueignen.[97] Daneben scheint auch der Reflexions- und Argumentationsgrad des Makrokontexts eine Rolle zu spielen: Argumentative Bildverwendung beobachten wir neben dem JohEv besonders in der neutestamentlichen Briefliteratur.

96) Die Diatribe zeigt einen ganz verwandten argumentativ-paränetischen Umgang mit Metaphern, vgl. Epikt., Diatr. I, 156-8, IV, 836-43 (IV, 843 dasselbe Phänomen wie Joh 1516: Auf Bildrede folgt bildlose Argumentation, zum Schluß werden noch einmal Metaphern aus dem Bildfeld aktualisiert): Die Diatribe verwendet Vergleiche aus der Natur oder dem Menschenleben, die sich nicht auf ein tertium comparationis einengen lassen; andrerseits kommt nicht jeder Metapher ein bestimmter Bedeutungsgehalt zu. Auch bei Epiktet regiert die Sachaussage das Bild, so C. Martha zit. bei Souilhé, Epictète, Livre I, LXVII: "Mais son imagination est tout entière au service du raisonnement, ses métaphores ne sont que des démonstrations et ses allégories mêmes ont la précision de la pure logique". Auch die Gleichnisse Mimn., fr. 2 1ff, 51 sind nicht auf ein tertium comparationis zu beschränken; vielmehr kommt hier einigen Zügen ein best. Bedeutungsgehalt zu (Dietel, 14), dasselbe gilt für die homerischen Gleichnisse (s. Fränkel, 16). Auch in Horaz' Ode vom Staatsschiff, die seit Quintilian als Musterallegorie gilt, sind nicht alle Züge des Bildes (der Mast, das Segel, die Raen) zu deuten; eine Vermischung von Allegorie, Gleichnis und Metapher ist bei Cic., Mil. 25; Mur. 1736 (vgl. Quint., inst. VIII, 3, 80) zu beobachten, vgl. dazu Meinertz, 27 m. A.42.
97) Wie die Exegese gezeigt hat, sind die allegorisierenden Auslegungungen Mk 414-20; Mt 1336-43 in der Gemeindesituation zu verorten.

1.4) Überblick: Baum -Frucht/Briefe

In den Briefen schlägt sich das Bildfeld Baum -Frucht in den Kategorien der Gerichts-(I), Entsprechungs-(II) und insbesondere der Zugehörigkeitsbilder (IV) variierend nieder; ein Ankündigungsbild ist nicht realisiert.

ad I: Jud 12 radikalisiert die Gerichtsmetaphorik von Bildkomplex I: Über Mt 310 hinausgehend, verschärft er die Baum -Frucht- und Wurzelmetaphorik durch die Neukombination von δένδρα *mit* φθινοπωρινὰ ἄκαρπα *einerseits und* δὶς ἀποθανόντα ἐκριζωθέντα *andrerseits. Das Bild läßt keine Hoffnung auf Änderung zu. Es zielt nicht mehr auf die Metanoia der Adressaten, sondern dient der Stigmatisierung Dritter: Irrlehrer werden durch die Kombination der ethisch besetzten und durch die Zeitbestimmung verschärften Fruchtmetapher mit der Wurzelmetapher, die einerseits den Gerichtsgedanken, andrerseits die Vorstellung der Verbundenheit mit Christus evoziert,[98] polemisch charakterisiert: Sie gilt es zu erkennen[99] und (so legt das Bild unausgesprochen nahe) auszugrenzen.*

ad II: Jak 312 zeigt gegenüber den synoptischen Entsprechungsbildern eine Akzentverschiebung: Zielt das Bild in den Evangelien auf die Unvereinbarkeit von qualitativ Gutem und Schlechtem, so geht es Jak 312 nicht um Wertigkeit (die verschiedenen Bildteile sind alle positiv!), sondern um Unvereinbarkeit von Gattungsunspezifischem: Das Bild fungiert nicht als Erkenntniskriterium, sondern zielt auf den Einklang mit der Natur ab. Im anthropologisch-ethischen Zusammenhang gewinnt es paräetisch-appellative Funktion.

ad IV: Breiter als in den Evangelien sind in den Briefen Zugehörigkeitsbilder realisiert. Wieder begegnen uns zwei Varianten:
a) Auf die Herkunft reflektiert das Bild der Pflanzung I Kor 36-9. Nicht die Pflanzung als solche, sondern die Personen des Pflanzenden und Gießenden stehen im Zentrum. An ihrer Unterschiedenheit und Zusammengehörigkeit wird modellhaft die Zuordnung verschiedener Gruppen, die sich auf verschiedene Missionare zurückführen, bearbeitet: Dabei verbindet die Metapher des "Pflanzens" das Anfangsmoment der Mission mit der Konnotation der Gemeinschaft und unterstellt beides dem Wachstum, das Gott schenkt, so daß eine Integration der verschiedenen Missionare/Gruppen ohne Nivellierung ihrer Eigenständigkeit möglich ist.

98) Im Gerichtsgedanken ist das Bild Jd 12 Mt 310 ähnlich, in der Vorstellung der Verbundenheit geht es über letzteres hinaus.
99) Auch wenn das entsprechende Stichwort im Kontext fehlt, ist hier eine Nähe zum γινώσκειν von Mt 710; Mt 1233 (dort im Zusammenhang mit Entsprechungsbildern (II)) festzustellen: Wie Bildkomplex II* ist das Bild gegen Irrlehrer gewandt; im Unterschied zu dort ist hier jedoch nur die negative Möglichkeit - und zwar als Faktum - realisiert.

b) Rö 11 betont im Unterschied zu den Gerichtsbildern und *Joh 15* nicht das *Fruchtmotiv*, sondern beschreibt das Verhältnis von *Wurzel* und *Zweigen* einerseits, von *wilden* und *edlen* Zweigen andrerseits. Die Gerichtsbilder werden wie *Joh 15* in Verkleinerung auf partielle Bildausschnitte realisiert: Nicht das ganze Baum, "nur" einige Zweige werden abgehauen. Die Metapher greift (diff. *Joh 15*) über enge Gemeindegrenzen hinaus: Sie bearbeitet das mit der Heidenmission neu entstandene Problem der Zuordnung von Israel und Kirche, von Juden- und Heidenchristen, indem die Bildrede mit dem Ölbaum eine traditionelle Metapher für Israel aufnimmt, durch Neukombination mit dem Motiv des Einpfropfens[100] die qualitative Änderung und damit das Problem deutlich macht und über den aufgezeigten Konnex von Wurzel und Zweigen einerseits und den Bezug der verschiedenen Zweige auf die übergeordnete Bezugsgröße der πίστις/der Güte Gottes andrerseits eine Problemlösung anstrebt. Das potentiell mögliche Wiederherausreißen und Wiedereinpfropfen hält das Bild auf Veränderung offen: Es mahnt die Zweige am Baum vor Überheblichkeit und evoziert die Hoffnung auf eine Reintegration der abgetrennten Zweige Israels. Paränese und - über *Joh 15* hinausgehend - heilsgeschichtliche Reflexion regieren das Bild.

2) BILDFELD SAAT - WACHSTUM - ERNTE

2.1) *Entsprechungsbilder (II) / dynamisch*

2.1.1) *II Kor 9,6-10*

2.1.1.1) *Strukturanalyse:*

Betont setzt V6 mit absolutem τοῦτο ein und lenkt die Aufmerksamkeit auf das folgende:[1] Es schließen sich zwei kurze, parallel gebaute Sätze an, die durch die Opposition σπείρων vs θερίσει zusammengehalten werden. Über den betonten Zusatz φειδομένως bzw. über ἐπ' εὐλογίαις sind sie jeweils in sich chiastisch verschränkt. Trotz paralleler Konstruktion ist das Subjekt der beiden parallelen Ergänzungen nicht gleichwertig: Ist der Säende in seinem Handeln autonom, so ist der Erntende abhängig von der natürlichen Ordnung. Die beiden sich antithetisch ergänzenden Sätze - eine Anspielung auf Prv 11,24 (LXX?)[2] - haben gnomischen Charakter - im vorliegenden Fall den Charakter einer 'eschatologischen Regel'.[3] Anstelle einer direkten Anwendung

---

100) Das Motiv fehlt im AT; im Judentum hat es eine periphere Stellung, jetzt wird es zum zentralen Motiv.
1) Vgl. Allo, II Kor, 233; Plummer, ICC, 258.
2) Vgl. Windisch, II Kor 275. Aus mündlicher Tradition: Betz, 2 Cor, 104.
3) Vgl. auch die eschatologische Konnotation von θερίζειν Mt 13,39; Windisch, II Kor, 275; anders: Betz, 2 Cor, 104.

reflektiert Paulus V7f auf die innere Motivation des Gebers und schließt daran V9 ein Zitat von Ps 111,9 (LXX) an. Dem Bildspenderbereich von V6 gehört auch das Beispiel an, das Paulus in Wiederholung von V8f V10 anführt.[4]

2.1.1.2) Interpretation

Die Sentenz V6 stellt einen Kausalzusammenhang zwischen der Art und Weise des Säens und der des Erntens her: Dem, der auf Segen hin sät, wird ein Ernten "auf Segen hin" verheißen. Durch den Begriff des 'Segens' wird der Tun-Ergehens-Zusammenhang auf Gott bezogen. V7f reflektiert auf die Motivation des Gebers und verstärkt das spontane Weggeben im Vertrauen auf Gott: Er kann den Korinthern reichlich geben, daß sie für sich genug haben (vgl. den kynisch-stoischen Begriff der αὐτάρκεια V8) und darüber hinaus noch 'Überfluß haben in jedem guten Werk', was V9 durch ein Zitat aus Ps 111,9 (LXX) untermauert wird.[5] Gott selbst ist dafür nicht nur Garant, sondern auch Modell: Wie er den Samen gibt, so werden auch die Korinther Mittel für ihr Almosengeben wie auch den göttlichen Lohn für ihr christliches Engagement bekommen.[6]

2.1.1.3) Der übergreifende Lebenszusammenhang

Die Sentenz II Kor 9,6 drückt einen Kausalnexus aus, der sowohl in der jüdisch-palästinischen Spruchweisheit als auch sonst in der Antike[7] seine Parallelen hat. Dieser Kausalzusammenhang, der typisch für viele Sentenzen ist,[8] ist jedoch bei Paulus nicht ausschließlich immanent gedacht und über den Begriff ἐπ' εὐλογίαις auf Gott bezogen.[9] Im vorliegenden Kontext soll die Saat-Ernte-Metaphorik die Gemeindeglieder zur Durchführung der versprochenen Kollekte für Jerusalem ermahnen.

---

4) Es lehnt sich an Jes 55,10; Hos 10,12 an.
5) Betz, 2 Cor, 98, kann in diesem Zusammenhang von einer ("pre-Christian and also pre-Jewish") allgemein-antiken "agrarian theology" des Paulus sprechen.
6) Vgl. Windisch, II Kor, 280; Wendland, Kor, 149f.
7) Vgl. Arist., rhet. III,3,4 (1406 b 10); Cic., De orat. II,262 (ed. Loeb), II, 261 (ed. Kühner); Demosth. 159; Plat., Phaidr. 260d; Plut., mor. 394E; vgl. weiter S. 292 A 20, 370 A 95.
8) Straub, W., 67.
9) Das Originelle von Paulus mag darin liegen, daß der Lohn einer Wohltat darin besteht, daß Gott wieder zu *neuen Wohltaten* etwas gibt (also nicht nur Ernte, sondern auch Saatgut für die zukünftige Ernte).

2.1.2) Gal 6,7-10 (II)

2.1.2.1) Strukturanalyse:

I) Ohne syntaktische Verknüpfung an das Vorherige setzt die Einheit Gal 6,7-10[10] V7a mit einem Imperativ ein,[11] dem V7b eine sprichwörtliche Sentenz folgt, die das Säen des Menschen in eine direkte Beziehung zu seinem Ernten setzt. Kann V7a als Apostrophe gefaßt werden,[12] so gibt V7b das Thema an.

II) Dieses entfaltet V8 antithetisch unter Aufnahme von σπείρειν vs θερίζειν. Die zwei parallel gebauten Sätze stehen sich durch die explikativen Zusätze σάρξ und πνεῦμα antithetisch gegenüber. Die zweite Antithese, φθορά und ζωή, ist einmalig bei Paulus.[13] V8a ist negativ, V8b positiv qualifiziert.

III) V9 nimmt V8b auf, wobei das Bild von V8bα schon auf die Sachebene überführt ist. Anstelle vom Säen ist jetzt vom Tun des Guten die Rede. Das Begriffspaar Tun (ποιοῦντες) - Ernte (θερίσομεν) wird im Anschluß an V7 jeweils durch eine Mahnung abgeschlossen, durch μὴ ἐγκακῶμεν (a) und μὴ ἐκλυόμενοι (b): Die sinngemäße Wiederholung verstärkt die Aussage. Das "Bild" wird jetzt paränetisch angewandt, was auch an dem Wechsel der Verben von der 3. Pers. sing. zur 1. Pers. pl. ersichtlich wird. Der schon V7bβ ausgesprochene futurische Charakter des Erntens wird V9b noch einmal durch den Zusatz von καιρῷ ἰδίῳ und θερίσομεν betont.

IV) Mit ἄρα οὖν wird V10 eine abschließende Folgerung aus V9 gezogen; V9 wird chiastisch verschränkt wieder aufgenommen,[14] wobei jetzt der Akzent eindeutig auf der Mahnung zum Tun des Guten liegt. Das πρὸς πάντας ist über den Superlativ im Hinblick auf die Glaubensgemeinschaft konkretisiert.[15] Das Saat-Ernte-Bild ist V10 endgültig verlassen.

2.1.2.2) Interpretation

Gal 6,7ff mahnt Paulus die Galater zu einem dem πνευματικός angemessenen Tun des Guten. Mittels der Saat-Ernte-Metaphorik zeigt er den Zusammenhang zwischen dem, was der Mensch in diesem Äon gesät hat, und dem, was er im eschatologischen Gericht ernten wird,[16] auf. Paulus nimmt V7b also argumentativ die Vorstellung eines Tun-Ergehens-Zusammenhangs auf, ohne sich jedoch auf einen rein immanenten Kausalzusammenhang festzulegen.[17] V8 verschiebt sich das Bild vom Saatkorn zum Acker hin (s.u.): "Fleisch" und "Geist" erscheinen als Feld, auf das der

---

10) V6 ist folglich (gegen Lietzmann, Gal, 39, Zahn, Gal 272) nicht mit Gal 6,7-10 zu verbinden, zudem zeigt die Opposition σάρξ/πνεῦμα (V8) ein allgemeineres Thema an, s. Lagrange, Gal, 159.
11) Zu μὴ πλανᾶσθε vgl. Epikt., Diatr. IV,6,23; Betz, Gal, 520 m. A 144-46; Mußner, Gal, 404.
12) Vgl. Weiß, J., Rhetorik, 13; Schneider, Eigenart, 116.
13) Schneider, Eigenart, 116.
14) τὸ ἀγαθόν (V10) steht für τὸ καλόν (V9); ἐργαζώμεθα (V10) löst ποιοῦντες (V9) ab.
15) Vgl. Oepke, Gal, 156.
16) θερίζειν ist t.t. für das Endgericht (s. ThWNT III, 132f), auch der Zusatz ζωὴν αἰώνιον (V8) verweist darauf.
17) Oepke, Gal, 154.

Mensch sät und das Verderben bzw. ewiges Leben hervorbringt.[18] So mahnt Paulus unter eschatologischem Blickwinkel zu einem Leben aus dem Geist (Gottes),[19] das mit dem -ethisch verstandenen -Tun des Guten gleichgesetzt wird. Nicht müde werden soll der Mensch, sondern die ihm verbleibende Zeit zum Tun des Guten gegenüber allen Menschen nützen, besonders aber gegenüber den Glaubensgenossen.

2.1.2.3) Der übergreifende Lebenszusammenhang
a) Bildgebrauch

Dem paulinischen Metapherngebrauch liegt die allgemein-antike, aber auch biblische Vorstellung der Korrespondenz von Saat und Ernte zugrunde, die häufig ihren Ort im ethischen Zusammenhang hat.[20] Das Bild wird nicht weiter entfaltet; vielmehr wird eine unmetaphorische Argumentation mit der Saat-Ernte-Metaphorik durchsetzt. Die Dominanz der Sachebene erleichtert wohl auch die Verschiebung im Metapherngebrauch von V7 zu V8, die eine Inkohärenz auf der Bildebene zur Folge hat: Ist V7 die Kongruenz von Saat und Ernte offensichtlich über die Gleichartigkeit des Korns festgehalten, ein unterschiedliches Ergebnis also auf die unterschiedliche Qualität des Saatkorns zurückgeführt, so wird die Verschiedenheit des Ernteergebnisses V8 nicht auf die Qualität des Samenkorns, sondern auf die σάρξ bzw. das πνεῦμα als den unterschiedlichen Boden für den Samen zurückgeführt.[21] Da der Ackerboden nicht realisiert, sondern durch die unbildlichen Begriffe σάρξ und πνεῦμα ersetzt ist, mag die Spannung auf der Bildebene entsprechend herabgesetzt sein.

b) Situation/Intention

Die paulinische Mahnung kann situativ nicht näher verortet werden: Der Bezug auf die materielle Unterstützung der Lehrer durch die, die durch sie unterrichtet werden, wie er unter Bezug auf V6 vertreten wird,[22] ist insofern nicht zu erhärten, als V7 eindeutig ein Neueinsatz vorliegt und V6 folglich nicht eindeutig zu VV7-10 gezogen werden kann.[23]

---

18) Der Gegensatz σάρξ/πνεῦμα meint hier nicht den Leib im Gegensatz zum Geist des Menschen, wie es platonischem Denken entsprechen würde, vgl. Oepke, Gal, 154; Mußner, Gal, 406.
19) Das ἑαυτοῦ von V8aα fehlt bezeichnenderweise in Verbindung mit πνεῦμα (V8bα).
20) S. oben S. 290 Anm. 7 sowie Hos 8 7; (10 12f); Hi 4 8; Prov 22 8; Sir 7 3; TestLev 13 6; grBar 15 2; II Kor 9 6. Im Unterschied zum antiken Bildgebrauch ist hier weniger die Korrespondenz von Tat und Tatfolge, sondern das verantwortliche Leben angesichts des nahe bevorstehenden Gerichts akzentuiert.
21) Zahn, Gal, 274; Straub, W., 57; Oepke, Gal, 154; Betz, Gal, 522f.
22) Vgl. Lietzmann, Gal, 39.
23) Vgl. Bring, Gal, 241; Lagrange, Gal, 159.

II Kor 9 6 ist im Bildgebrauch zu unterschiedlich, um in diesem Zusammenhang aussagekräftig zu sein. So geht es hier ganz allgemein darum, den Menschen, speziell den Mitchristen,[24] Gutes zu tun.

2.1.3) I Kor 9 11

Für das Recht des Apostels auf Unterhalt argumentiert Paulus I Kor 9 7 anhand von drei Beispielen aus dem Berufsleben,[25] in den folgenden VV 8-10 mit einem Schriftbeweis. Dieser besteht VV 9f aus einer Zitatenkombination (?),[26] aus der Paulus V 11 den Schluß zieht:

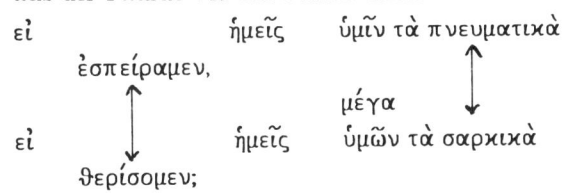

εἰ   ἡμεῖς ὑμῖν τὰ πνευματικὰ
 ἐσπείραμεν,
       μέγα
εἰ   ἡμεῖς ὑμῶν τὰ σαρκικὰ
 θερίσομεν;

Schriftbeweis und Folgerung sind dem Bildkomplex "Landarbeit" zuzuordnen, der V 7 mit dem Metaphernkomplex "Arbeit" interferiert. Sowohl das Pflanzen eines Weinbergs und das Weiden einer Herde (V 7) als auch das Säen und Ernten (V 11), denen das Pflügen und Dreschen zugeordnet werden können,[27] weisen auf die Mission, wie I Kor 3 6-9, Lk 10 2 par Mt 9 37f und Joh 4 35-38, vgl. Mk 4 1-9.14-20parr, erhellen. Deshalb kann der Schriftbeweis I Kor 9 9f[28] über den Metaphernkomplex angeregt und über das 'Maßstab' des θεοπρεπές ermöglicht sein. V 10b ist mit V 11 über den Analogieschluß (gezerah sawah) verbunden. Über die Opposition πνευματικά vs σαρκικά (vgl. Rö 15 27) wird die Saat-Ernte-Metaphorik V 11 kontrastiert, um den Anspruch des Apostel auf materielle Unterstützung durch die Gemeinde herauszuarbeiten.

2.1.4) Hebr 6 7f (II')

Hebr. 6 7f bildet den Abschluß und Höhepunkt der warnenden Paränese Hebr. 5 11-6 8 und erläutert die Bußlehre von 6 4-6.

2.1.4.1) Struktur:

Mit begründendem γάρ wird Hebr 6 7f an das Vorhergehende angeschlossen. Subjekt und begründender Ausgangspunkt der beiden Verse ist γῆ ... ἡ πιοῦσα κτλ., der die beiden Partizipien τίκτουσα (V 7bα) und ἐκφέρουσα (V 8a) zuzuordnen sind. Sie stehen, wie das positiv qualifizierende εὔθετον und das negativ qualifizierende ἀδόκιμος deutlich machen, in einem antithetischen Entsprechungsverhältnis zueinander, das ferner über die Wahl der Akkusativobjekte gestützt wird.[29]

---

24) Sieffert, Gal, 349.
25) S.o. S. 269f ad I Kor 9 7.
26) Zu V 9 vgl. Dtn 25 4; zu V 10 vgl. Koch, D.-A., Schrift, 41f, u.ö..
27) Vgl. Hi 4 8; Prv 20 4; Hos 10 13; Am 9 13; Sir 6 19.
28) Es ist der einzige allegorische Beweis bei Paulus (Vielhauer, Oikodome, 200).
29) ἀκάνθας καὶ τριβόλους ist - diff. βοτάνην - in der metaphorischen Tradition negativ besetzt.

Wird die positive Möglichkeit aus der Perspektive der Erde weiter ausgeführt und mit εὐλογία verbunden, so trifft die zweite Möglichkeit die doppelt - zeitlich: ἐγγύς und inhaltlich: κατάρας - formulierte Drohung, die im NS final entfaltet wird: Das Achtergewicht, die Verstärkung durch ἐγγύς und den NS V8c legen den Schwerpunkt auf die Drohung.[30]

2.1.4.2) Interpretation:

Hebr 67f vertieft die Warnung vor Abfall Hebr. 64-6, indem es das Geschick eines guten Ackers, der nutzbringendes Gewächs hervorbringt, dem Geschick eines schlechten Ackers, der nur Dornen und Disteln bietet, gegenüberstellt: Hat ersterer teil am Segen Gottes, so ist letzterer von Fluch (verstärkt durch ἐγγύς) und Verbrennen bedroht. Auch wenn die Situation des/der Adressaten nicht nur negativ gezeichnet ist (vgl. V7), liegt der Akzent auf der Drohung. Das Bild appelliert eindringlich: Die Erde hat Regen getrunken. Die Hörer haben die geistlichen Gaben empfangen (VV4f.7). Nun sollen sie ein entsprechendes Gewächs hervorbringen. Tun sie es nicht, droht ihnen die Vernichtung.

2.1.4.3) Der übergreifende Lebenszusammenhang
a) Bildgebrauch/Realien

Dem Regen kommt - den klimatischen Bedingungen entsprechend - eine lebenswichtige Funktion zu:[31] Hebr 67f wird er dem guten wie auch dem schlechten Land gleichermaßen zuteil. Er ist ein Ermöglichungsgrund zum Fruchtbringen.[32] Auf der Bildebene ergibt sich insofern eine Spannung, als es vom guten, fruchtbringenden Acker heißt μεταλαμβάνει εὐλογίας ἀπὸ τοῦ θεοῦ. Worin dieser Segen (über die schon vorausgesetzte Fruchtbarkeit hinaus) besteht, bleibt offen und paßt nicht ins Bild. μεταλαμβάνει κτλ. ist deutlich von der Bedeutungsebene her gestaltet:[33] Weil der Vf das Ererben der Verheißung für die Nicht-Abgefallenen (cf. 612) ins Bild bringen will, kommt es zur Spannung auf der Bildebene.[34] Menschen sind nur im Zusammenhang mit der positiven Möglichkeit V7 angesprochen. Dabei wird die Vorstellung evoziert, daß die, für die die Frucht da ist und die sich um den Acker bemühen, eigentlich ein selbstverständliches Recht auf nutzbringende Pflanzen haben. Die Notwendigkeit und Selbstverständlichkeit für die Erde, gute Pflanzen hervorzubringen, wird so herausgestrichen und bereitet kontrastiv die grundsätzliche

---

30) Zur analogen Struktur rabbinischer Meshalim vgl. A. Vanhoye, Heb 6:7-8 et le mashal rabbinique, in: W.C. Weinrich (Hg.), The New Testament Age: Essays in Honor of Bo Reicke, Macon, GA 1984, 527-532.
31) Ausführlich: Braun, Hebr., 174f. Dtn 11₁₁ wird das verheißene Land als ein Land beschrieben, "das vom Regen des Himmels Wasser trinkt".
32) Dem schlechten Land wird weder eine darüber hinausgehende Pflege (Auflockern des Bodens, Düngen o.ä.) noch eine weitere Zeit zur Umkehr eingeräumt.
33) Vgl. Kuss, Hebr., 50f; Delitzsch, Hebr, 236.
34) Vgl. Braun, Hebr., 175.

"Unmöglichkeit" der negativen Alternative vor. Dabei wird offensichtlich weiter davon ausgegangen, daß die Erde etwas hervorbringt; die Möglichkeit, daß gar nichts auf ihr wächst (d.h., daß eine Entscheidung zu umgehen ist), wird nicht erwogen. ἄκανθαι und τρίβολοι[35] gehören zu dem wildwachsenden, dornigen Unkraut, das der Bauer bekämpft. Die Dornen sind nach Jer 43 vor der Saat umzupflügen; gewöhnlich werden sie verbrannt.[36] ἀκάνθας καὶ τριβόλους erinnert an Gen 3 18. In der metaphorischen Tradition werden sie vielfach in negativem Sinn gebraucht.[37] Hebr 68 werden sie auf das Verhalten der Abgefallenen hin gedeutet. Ist ἧς nicht auf κατάρα,[38] sondern auf γῆ zu beziehen,[39] so würde das eine Verschärfung bedeuten: Nicht nur Dornen und Disteln, sondern auch die Erde würde verbrannt. Nicht das (jährliche) Abbrennen der Felder, das dem Land nicht schadet, sondern eher nützt, ist hier gemeint,[40] sondern das Feuer des (endgültigen) Gerichts,[41] das die Erde – über die abgebildete Wirklichkeit hinausgehend[42] – verbrennt. Der eigentlich Schuldige ist ja der Erdboden[43] (die Abgefallenen), die Disteln und Dornen (ihr Verhalten) sind "nur" Produkt desselben.[44]

35) Vgl. Dalman, AuS II, 315-317; Jer 43; 12 13; Hos 10 8; (Quint., 5,11,24); weitere Belegstellen bei Braun, Hebr, 176.
36) Vgl. II Sam 23 7; Robinson, Th. H., Hebr, 79, Dalman, AuS II, 145.
37) Braun, Hebr, 176 (Belegstellen!).
38) So aber Braun, Hebr, 177.
39) So Seeberg, Hebr, 67, Moffatt, ICC, 82, Spic, Hébr. II, 156, u.a..
40) Es wird von antiken Autoren empfohlen, vgl. Verg., georg. I, 84f; vgl. Poll 1246; Ov., met. I, 492. Es hat nämlich den positiven Effekt, Ungeziefer zu vernichten (Robinson, Th. H., Hebrews, 80), den Boden zu düngen (Krauß, Archäol. II, 167; 551 (A 137), anders: Dalman, AuS II, 145) und Raum für Nutzpflanzen zu schaffen (Dalman, AuS II, 146). Robinson, Hebrews, 79, verweist besonders auf die Praxis, Getreide so zu ernten, daß man die Ähren einsammelte und die Halme stehenließ, die man später anzündete. Diese ist zwar belegt (vgl. Krauß, Archäol., II, 186), kann jedoch nicht als normal angesehen werden: Die übliche Ernte erfolgte mit der Sichel (Krauß, Archäol. II, 187).
41) ad LXX vgl. Braun, Hebr. 177 (Belegstellen!), ad rabbinische Texte vgl. Bill. IV/2, 1075-1080, 1094, 1114, vgl. im NT: Mt 3 10par; Mt 7 19 (sek.): δένδρον; Joh 156 : κλῆμα; Mt 3 12 ἄχυρον; Mt 13 40 (sek.): ζιζάνιον; ohne Bild: Mt 5 22; 13 42.50; 18 8fpar; 25 41; Mk 9 45; II Thess 18; II Petr. 3 7; Jud 7, Jud 23: über Menschen; Apk 20 10.14f; 21 8: über apk. Verführer und Menschen; im Hebr vgl. bes. Hebr 10 27; 12 29; ferner 1 7.
42) Vgl. Moffatt, ICC, 82; vgl. auch 6 Esr. 16 78 (Hennecke, II, 498; apk. Weheruf). Mt 13 30.40 wird das Unkraut zusammengesucht und verbrannt; Mt 3 12 par ist allein vom Verbrennen der Spreu die Rede. Möglicherweise läßt die positive Abzweckung des Abbrennens der Felder in der Realität das destruktive Moment der Metapher besonders hervortreten.
43) Braun, Hebr, 177.
44) Vgl. Braun, Hebr, 177. Verbugges kollektive Deutung, die auf Jes 5 als der Quelle des Bildgebrauchs von Hebr. 6 4-6 rekurriert, bedeutet sicher eine nicht zutreffende Verengung.

b) Situation/Intention:
Hebr. 6 7f warnt, VV4-6 vertiefend, nachdrücklich vor der Apostasie als einer unmöglichen Möglichkeit und Sünde, die unwiderruflich das Gericht nach sich zieht: Christen, die abfallen, sind verloren. Die Schärfe der Mahnung korrespondiert der Vorstellung eines zornigen, richtenden Gottes und erklärt sich möglicherweise auch aus der Verbindung mit dem Abendmahl.[45]

2.2) "Wachstums"bilder (III)
2.2.1) Jak 5 7
Im paränetischen Kontext von Jak 5 7-11[46] wird der wartende Bauer als Vorbild hingestellt.

2.2.1.1) Struktur:
Das exemplum wird durch zwei Imperative μακροθυμήσατε οὖν, ἀδελφοί V7a und μακροθυμήσατε καὶ ὑμεῖς V8 gerahmt: Es nimmt den Imperativ von V7a in der Distanz des Bildes (ὁ γεωργὸς ... μακροθυμῶν) auf, stützt und motiviert ihn durch τίμιον καρπόν. V8 folgt dann - in präzisierender Wiederaufnahme des Imperativs V7a - die Anwendung auf den Leser. Das Bild wird durch den betonten Einsatz mit ἰδού hervorgehoben.[47] Stärker als dies mit der Vergleichspartikel ὡς möglich wäre, richtet es die Aufmerksamkeit auf den γεωργός, die Figur des Beispiels.[48]

2.2.1.2) Interpretation:
Der Bauer wird der Gemeinde als Modell geduldigen Wartens vor Augen gestellt, wobei das Warten speziell über die kostbare Frucht motiviert wird[49] und Gottes (Für-)Sorge in der Nennung des Früh- und Spätregens zum Ausdruck kommt.

---

45) Vgl. Theißen, Hebr, 66f; 86.
46) Zur Abgrenzung: Wendet sich Jak 5 1-6 an die Reichen, so begegnet V7 wieder (diff. Jak 5 1) die Anrede ἀδελφοί; Jak 5 12 setzt mit der Paränese zum Schwören ein neues Thema ein. VV7-11 erhalten durch das Thema der μακροθυμία (vgl. V7a,b, 8, 10) ihre Kohärenz und werden durch die Imperative V7;9;10 gegliedert, vgl. Mußner, Jak, 200.
47) Vgl. Cantinat, 233; Chaine, Jacques, 121.
48) Vgl. Mußner, Jak, HThK XIII/1, 201. V10 und 11 werden die Imperative schließlich durch Hiob und Jesus als zwei Modelle vertieft. Genuyt, Jacques, 29, beschreibt die Vertiefung anhand der drei Beispiele folgendermaßen: a) der Bauer ist "une image à comprendre" (l'exemple est " à voir"); b) die Propheten sind ein modèle "à réaliser" (l'exemple est "un modèle à imiter"); c) Hiob zeigt "la fin" du parcours": la sanction "qui vient couronner l'endurance".
49) Neu gegenüber Mk 4 26-29 ist die qualitative Näherbestimmung der Frucht durch τίμιος. Dem Bild geht es nicht so sehr um die Erwartung als solche, sondern um ihr Wie als geduldige Erwartung, vgl. Schrage, Jak, 52.

2.2.1.3) Der übergreifende Lebenszusammenhang
a) Bildgebrauch/Realien
Nicht realisiert sind in unserem Kontext das Säen, Feinde, die die Saat bedrohen, das Wachsen. Dadurch wird der Blick ganz auf den wartenden γεωργός konzentriert: Sein *Verhalten* ist vorbildlich.
Der Bauer trägt nicht aktiv zur Ernte bei (diff. II Tim 26); von seiner Arbeit ist nicht die Rede.[50] Im Unterschied zu Mk 426-29 heißt es Jak 57 nur: "er verliert nicht die Geduld", während dort das Moment, daß der Mensch letztendlich nichts dazu tun kann, deutlicher herausgehoben ist.[51]
Ferner unterscheidet sich der Bildgebrauch Jak 57 darin vom Gleichnis von der selbstwachsenen Saat (Mk 426-29), daß letzteres die Form eines Gleichnisses hat, während der Bauer Jak 57 mehr ein Beispiel vorbildlichen Verhaltens bleibt.[52] (Damit hängt zusammen, daß Jak 57 eng in die Paränese eingebunden ist, während Mk 416ff einen höheren Grad an Autonomie aufweist.)
Auf der Bildebene ergibt sich Jak 57b insofern eine Spannung, als nach der vorliegenden Fassung (das ἐπ' αὐτῷ bezieht sich auf καρπός zurück) die Frucht es ist, die den Früh- und Spätregen(?) empfängt, diese aber (vgl. das ἐκδέχεται) noch aussteht. In diesem Zusammenhang ist auf die unterschiedliche Textüberlieferung einzugehen:
Neben (a) dem Text, in dem ἕως λάβῃ πρόϊμον ohne jegliches Substantiv steht (P[74], B 048 (69) u.ö.), sind noch zwei Varianten überliefert:
lesen (b) A P Ψ (z vg[mss]) sy[p.h] ὑετόν vor πρόϊμον καὶ ὄψιμον,
so (c) (*) 398 pc (ff) sy[hmg] Bo; Cass. καρπόν (in diesem Fall ist ὁ γεωργός logisches Subjekt).
ad a und b: πρόϊμον καὶ ὄψιμον scheinen t.t. zu sein, die wahrscheinlich für den Früh- und Spätregen[53] stehen: πρόϊμον καὶ ὄψιμον begegnet mehrfach in der LXX (Dtn 1114; Jer 524; Hos 63 (diff. MT); Joel 223; Sach 101 (diff. MT)), jeweils zusammen mit ὑετόν. Infolge rekurrenten Gebrauchs kann das Substantiv (s. a) weggefallen sein.

---

50) Diff. Sen., benef. II,114; VII32; Cic., Brut 16; Heracl., Frg. 36 b. Orig., Joh.Co. XIII50, u.ö.. Diese Beobachtung braucht hier wie auch Mk 426-29 gleichwohl nicht quietistisch eingeengt zu werden, handelt der Bauer doch zur (Saat- und) Erntezeit, vgl. Stuhlmann, 2. Advent, 9.
51) Diese Beobachtung gilt unabhängig von der Annahme einer literarischen Abhängigkeit (dagegen: Dib, Jak, 224); vielmehr legt sich das Bild nach Dib, Jak, 224 "gerade im Zusammenhang mit dem eschatologischen Glauben ... nahe". Beide Male dürfte der Gedanke des eschatologischen Maßes mitschwingen, vgl. Stuhlmann, 2. Advent, 8f.
52) Vgl. Schlatter, Jak, 273. - Kann Mk 426 "allegorisch" auf Christus bezogen werden (so Mußner, Jak 203, A5), so kommt einem das für Jak 57 nicht in den Sinn.
53) Dib., Jak, 224.

ad c: Für die Lesart mit καρπόν wird Jer 24:2; Hos 9:10, wo bezüglich der Frühfeige πρόϊμος (jedoch nicht ὄψιμος) steht, geltend gemacht.[54] Hier liegt jedoch - wie Dibelius unterstreicht[55] - kein terminologischer Gebrauch vor, der die Auslassung in (a) erklären könnte. (c) ist wahrscheinlich aufgrund der Unkenntnis der palästinischen Regenperioden entstanden und spiegelt ägyptische Verhältnisse.[56]

Wie schon die oben genannten LXX-Stellen deutlich machen, kann für die Wendung ein palästinischer Hintergrund angenommen werden, wo man den Früh- und den Spätregen als für das Wachstum notwendig kennt.[57] Genaugenommen unterscheidet man in Palästina Früh-, Winter- und Spätregen,[58] wobei der Frühregen (Okt/Nov) der Feldbestellung vorausgeht,[59] in unserem Fall für den wartenden Bauern also nicht mehr von Relevanz ist.

Deshalb dürfte für den Bildgebrauch Jak 5:7 stärker noch als die konkreten Verhältnisse die auf diese zurückzuführende metaphorische Tradition prägend gewesen sein,[60] was auch insofern nahe liegt, als sich durch die tägliche Rezitation von Dtn 11:14 als Teil des Sch^{e}ma die Wendung "früh und spät" eingeprägt hat und zu einem feststehenden Ausdruck ge-

---

54) So Spitta, Jak, 137; Belser, Jak 186, u.a. nach Dib., 224; vgl. auch Bill. III, 759. Bzgl. ὄψιμος vgl. die der Spätfrüchte Ex 9:32, (vgl. Cantinat, Jacques, 234; Chaine, 121). - Belser, Jak, 186, argumentiert über die Entsprechung ἕως λάβῃ mit ἕως τῆς παρουσίας τοῦ κυρίου für die Lesart mit καρπόν.
55) Dib., Jak, 224.
56) Marty, Jacques, 193, Cantinat, 234, vgl. auch Mußner, Jak, 202.
57) Davids, James, 183; Bill. III, 758f. - Zwei Regen erwähnen M Taan, I, 1-7 und III,1-3, b Taan 5a,6a, TO ad Dtn XI (Etheridge, 500), LevR 35 zu 26,3.
58) Vgl. Dib., Jak, 224. Die Zeitangaben schwanken besonders bzgl. des Frühregens etwas, vgl. Dalman, AuS I1, 115ff, 122, 172ff, AuS I2, 291ff, Abel, Géographie I, 130f, Reymond, L'eau, 18-24, Hadidian, Pictures, 228:

	Frühregen	Winterregen	Frühlingsregen
Dalman, AuSI	Nov (AuS I/1, 115ff, 122) "Herbstregen (= Frühregen)"	Dez-März (S.172ff, 173) "Winterregen"	April (Mai) (AuS I/2, 291ff) "Frühlingsregen"
Abel, Géographie	Sept-Okt. (S.130) "pluie précoce"	Nov-Dez (131) "pluie de la saison"	März-April (S.131) "pluie d'arrière-saison"
Reymond, l'eau	Okt-Beginn Dez (S.18)	Dez-März (S.19)	März-April (S.24)
Hadidian, Palest. pictures, 28	early Nov-15. Dez. "early rain"	15. Dez.- 15 März "winter rain"	April/Anfang Mai "later rain"

59) Anders Ewald, zit. bei Dib., 224f A 1, der aus Jak 5:7 schließt, daß der Frühregen der Aussaat nicht voranging, sondern auf sie folgte.
60) So auch Dib., Jak, 225, Laws, James, 212, Marshall, 106, Strobel, Verzögerungsproblem, 258, A7, P. Theophilus ab Orbiso, Instans et patientiam exhortatio (Jac 5,7-11), VD 28 (1950) 3-17, 8.

worden ist.⁶¹ Alttestamentlicher Sprachgebrauch entsprechend, wurde mit dem Früh- und Spätregen die Sorge Gottes für seine Erde konnotiert.⁶²

b) *Situation/Intention*

Jak 5,7 wendet sich an die ἀδελφοί, die Frommen. Das οὖν setzt sie von den Reichen Jak 5,1-6 ab: Die Adressaten, die der Verfasser anredet, sind den ärmeren Schichten des Volkes zuzurechnen,⁶³ dafür *könnte* auch die Bildwahl sprechen, die weder einen Latifundienbesitzer noch einen Taglöhner vorstellt, sondern einen γεωργός (diff. ἐργάτης Jak 5,4, ἀροτριῶν Sir 6,19). Das spiegelt kleinbäuerliche Verhältnisse, wo der Bauer und seine Familie von der Frucht der Erde leben müssen. Die Bildwahl könnte aber auch auf metaphorische Tradition zurückzuführen sein (vgl. Ps 126,5.6; Sir 6,19; Mk 4,26-29 par).

Das Bild läßt auf keine akute Verfolgungs-/Leidenssituation schließen, dürfte vielmehr das harte Leben von sozial und ökonomisch Niedriggestellten, die beständigem Druck der Reichen und Mächtigen ausgesetzt sind, im Auge haben.⁶⁴

Das Bild hat paränetische - intensivierende und motivierende - Funktion. Daß des Verfassers Mahnung zum Ausharren eine gewisse Parusieverzögerung voraussetzt,⁶⁵ ist zwar möglich, stellt aber offensichtlich nicht das hier primär zu bearbeitende Problem dar, da Jak 5,8 das Warten mit der Naherwartung (ἤγγικεν) motiviert.

2.3) *Auferstehungsbild (III')*
I Kor 15,35-38.42.44

2.3.1) *Strukturanalyse*

V35	Ἀλλὰ	ἐρεῖ	τις·	
	πῶς	ἐγείρονται	οἱ νεκροί;	
	ποίῳ δὲ			σώματι
		ἔρχονται;		

---

61) Vgl. Mußner, Jak, 202. - Strobel, Verzögerungsproblem, 258, denkt dagegen an die Wendung "Früh- und Spätregen" in Joel 2,23 oder Hos 6,3, die in der Tradition mit dem Passafest verbunden ist.
62) Vgl. Dtn 11,14; (Jer 5,24); Hos 6,3 (LXX); Joel 2,23; (Sach 10,1 (LXX)); ferner negat. Jer 3,3; vgl. auch LevR 35 (zu 25,3), vgl. Jes 30,23, sowie Laws, James, 212f.
63) Es wäre wohl überinterpretiert, in ihnen notwendigerweise die Armen von 5,1-6, bes. 5,4 zu sehen. So auch Ruckstuhl, Jak, 1.-3. Joh, 29.
64) Schrage, Jak, 52, ders., Ethik, 270. Dagegen: Laws, James, 210f.
65) Vgl. Mußner, Jak, 203: Nur mittelbar ergibt sich die Vorstellung einer "Zwischenzeit" zwischen Saat und Ernte.

V36 Erster Teil der Antwort

ἄφρων, σὺ

ὃ	σπείρεις,	
οὐ	ζῳοποιεῖται	
ἐὰν μὴ	ἀποθάνῃ·	
V37 καὶ ὃ	σπείρεις,	
οὐ		τὸ σῶμα τὸ γενησόμενον
	σπείρεις	
ἀλλὰ		γυμνὸν κόκκον
εἰ	τύχοι	σίτου
ἢ		τινος τῶν λοιπῶν·
V38		ὁ θεὸς
	δίδωσιν	αὐτῷ σῶμα
καθὼς	ἠθέλησεν,	
καὶ		ἑκάστῳ τῶν σπερμάτων ἴδιον σῶμα.

VV39-41 Zweiter Teil der Antwort

V42 Οὕτως καὶ   ἡ ἀνάστασις τῶν νεκρῶν.

	σπείρεται	ἐν φθορᾷ,
	ἐγείρεται	ἐν ἀφθαρσίᾳ·
V43	σπείρεται	ἐν ἀτιμίᾳ,
	ἐγείρεται	ἐν δόξῃ·
	σπείρεται	ἐν ἀσθενείᾳ,
	ἐγείρεται	ἐν δυνάμει·
V44	σπείρεται	σῶμα ψυχικόν,
	ἐγείρεται	σῶμα πνευματικόν.
Εἰ	ἔστιν	σῶμα ψυχικόν,
	ἔστιν	
καὶ		πνευματικόν.

1. V 35: Einleitende Frage: Problemstellung

V 35: Ein fiktiver Gesprächspartner (τις) wird - dem Diatribenstil entsprechend[66] - eingeführt und eröffnet das neue Thema[67] durch zwei Fragen, wobei die zweite (ποίῳ δὲ σώματι) die erste (πῶς) präzisiert.[68]

---

66) Conzelmann, Kor, 332, Stenger, 100.
67) Hat Paulus vorher das "Daß" der Auferstehung betont, so geht er jetzt zur Frage des "Wie" der Auferstehung über (vgl. Wendland, Kor, 85).
68) Vgl. Conzelmann, Kor, 332, Wolff, Ch., I Kor, 195, Burchard, 1 Kor 15, 241 A 29 u.a..

2. VV36-38:
a) V36a: Wiederum dem Diatribenstil entsprechend, setzt die Antwort mit einer direkten Anrede des Gegners ein.[69]
V36b folgt auf das Relativum ὃ σπείρεις eine Negation, die durch den Bedingungssatz konkretisiert wird. Zum Kontrast auf der semantischen Ebene (ζῳοποιεῖται vs ἀποθάνῃ) kommt eine Einordnung in einen unumkehrbaren zeitlichen Ablauf.[70]
V37: V37a ist in Entsprechung zu V36ab gebaut: Auf die Antizipation von σπείρω in der zweiten Person Sing. folgt jeweils die Verneinung; ζῳοποιεῖται und γενησόμενον sind semantisch äquivalent. Der Bedingungssatz ἐὰν μὴ ἀποθάνῃ (V36c) ist V37b durch eine Aussage (Schilderung des tatsächlichen Zustandes) ersetzt, wobei über die semantische Äquivalenz von V36c und V37b (ἐὰν μὴ ἀποθάνῃ/ γυμνὸν κόκκον) eine Kohärenz hergestellt wird. Dabei ist V37a V37b kontrastiert und zwar sowohl durch ἀλλά, als auch durch die semantische Opposition τὸ σῶμα τὸ γενησόμενον vs γυμνὸν κόκκον. V 37b wird, über V36 hinausgehend, das "nackte Korn" noch weiter ausdifferenzierend entfaltet.
b) V38 markieren das adversative δέ und der Subjektwechsel von σύ (V36ff) zu ὁ θεός einen Schnitt: Dem Säen des σύ ist das Geben Gottes antithetisch gegenübergestellt (σὺ ὃ σπείρεις (VV36f) vs ὁ δὲ θεὸς δίδωσιν). Der Dativ αὐτῷ von V38 bezieht sich antithetisch (δέ) auf V36f, während der durch ein explikatives καί mit ihm verbundene Dativ ἑκάστῳ (V38) schon auf den weiterführenden Teil der Antwort (VV 39-41) verweist.[71] Aus dem Kontext fällt καθὼς ἠθέλησεν (V38b) durch den Aorist und die fehlende Korrespondenz zu V37 deutlich heraus: Hier liegt ein Verweis auf Gen 1,11 vor.[72]
(3. VV39-41: sind ohne Vegetationsmetaphern und entfalten - ausgehend von dem ἴδιον σῶμα - die verschiedenen Arten der Lebewesen).[73]
4. VV42-44: I Kor 15,42-44 greift auf I Kor 15,36ff zurück und nimmt die Saatmetaphorik auf.
a) Das Οὕτως καί leitet V42a die Anwendung von VV36-41 ein. In Entsprechung zu V35 (οἱ νεκροί) ist ἀνάστασις mit dem bestimmten Artikel versehen.
b) VV42b-44 werden vier Antithesen auf der Verbebene durch die vier Oppositionen σπείρεται vs ἐγείρεται konstituiert. Mit letzteren korrespondieren vier antonyme Begriffspaare, wobei dem negativen immer ein positiver Begriff folgt. Der Ton liegt auf der vierten Antithese: Während die ersten drei Antithesen in strenger Parallelität stehen und ἐν-Formulierungen aufweisen, ist die Parallelität in der vierten Antithese - den Regeln antiker Rhetorik entspre-

---

69) ἄφρων ist wohl am besten von der Psalmensprache her zu verstehen, vgl. Bauer, K.A., 92 A 19.
70) Vgl. Stenger, 103.
71) Vgl. dazu die detailliertere Analyse von Stenger, 104-110, sowie bes. Burchard, 1 Kor 15, 232-258.
72) Stenger, 109, Burchard, 1 Kor 15, 237.
73) Die VV 39-41 bilden einen kohärenten Textteil, sind aber nicht parenthetisch auszugrenzen, vgl. Burchard, 1 Kor 15, 233.

chend[74] - erweiternd durchbrochen: Wo vorher die ἐν-Formulierungen standen, steht jetzt σῶμα ψυχικόν bzw. πνευματικόν. Das Substantiv ist zusätzlich durch ein Adjektiv erweitert. Auf der Ebene der Substantivklassen ist ein Wechsel von Abstrakta (z.B. ἀτιμίᾳ) zu Konkreta (σῶμα) in der vierten Antithese zu verzeichnen. Ferner haben die ersten drei Antithesen im Gegensatz zur vierten "notwendige, aber nicht hinreichende Bestimmungen von σῶμα ψυχικόν und σῶμα πνευματικόν"[75]: Die vierte Antithese geht also deutlich über 1-3 hinaus und bildet den Kulminationspunkt der Antithesenreihe.[76] Hier beantwortet Paulus mit dem σῶμα πνευματικόν V35.[77]

2.3.2) Interpretation

Die Frage nach dem "Wie" der Auferstehung (πῶς), konkreter: nach der neuen Leiblichkeit (ποίῳ δὲ σώματι) beantwortet Paulus unter Rekurs auf die schon in der jüdischen Tradition mit dem Themenkomplex Auferstehung verbundene Metapher vom sterbenden Weizenkorn. Ihr liegt die Vorstellung zugrunde, daß das Weizenkorn verfault, bevor es neu wächst.[78] Paulus bedient sich nun bei der Antwort auf die Frage nach dem "Wie" der Auferstehung dieses Bildkomplexes und radikalisiert ihn gegenüber der Bildtradition, indem er V36 durch den Zusatz von ἐὰν μὴ ἀποθάνῃ die Notwendigkeit des Sterbens als Bedingung des Lebens betont: Hier liegt der spezifisch christliche Akzent und die ´Pointe´ dieses Bildes.[79] In Korrespondenz zu V36 greift er V37 im Hinblick auf das ποίῳ δέ σώματι weiter aus: In unumkehrbarer zeitlicher Zuordnung stellt er das "nackte Korn" dem "künftigen Leib" gegenüber, wobei sich das zweite nicht aus dem ersten entwickelt;[80] vielmehr wird das nackte Korn, das der Mensch sät, dem künftigen Leib, den Gott gibt, gegenübergestellt. Paulus betont also nachdrücklich die Diskontinuität zwischen Samenkorn und künftigem Leib (dieser korrespondiert der betonte Subjektwechsel

---

74) s. Cic., De orat. III, 48, 186; Bl.-Debr. § 490, sowie Stenger, 116. Die folgende Analyse lehnt sich an Stenger, 116f an.
75) Vgl. Burchard, 1 Kor 15, 242.
76) Wendland, I Kor, 86 nennt V42b.43 "geradezu einen Hymnus". Morissette, condition, bes. 228, vermutet dahinter ein Fragment eines alten Hymnus. Larsson, 309, erwägt hymnisch-christologische Elemente.
77) Hier kommt die Argumentation also zu einem gewissen Abschluß. Das zeitlich strukturierende Erst-dann-Schema wechselt V44b zum Wenn-dann-Schema, die Opposition der letzten Antithese wird jedoch für die folgende Argumentation aufgegriffen.
78) Vgl. Braun, "Stirb", 141 und S. 303f.
79) Vgl. Braun, "Stirb", 143, Riesenfeld, Weizenkorn, 47, Schottroff, L., Der Glaubende, 136, Bauer, K.A., 93. Etwas anders setzt Sandelin, 131, den Akzent: "Die Pointe dürfte mehr in dieser Radikalität des Todes als in der Notwendigkeit des Sterbens als Voraussetzung der Auferstehung liegen".
80) Paulus läßt sich nicht vom Gedanken der Entelechie leiten! Vgl. Conzelmann, 1 Kor, 333f; Usami, 479.

von σύ (V 36f) zu ὁ θεός (V 8)) und unterstreicht Gottes schöpferische Macht: Wie der in καθὼς ἠθέλησεν implizierte Verweis auf Gen 1 11 und das Wortfeld deutlich machen,[81] interpretiert er das Handeln Gottes in der Kategorie der Schöpfung.
Auch für die antithetisch strukturierte Anwendung VV 42-44a ist der Kontrast konstitutiv: Wiederum ist nicht die Kontinuität, sondern die Diskontinuität akzentuiert. Der alte wird dem neuen Leib entgegengestellt.[82] V 44a bildet die Klimax der Argumentation, und im σῶμα πνευματικόν erfolgt die Antwort auf V 35.

2.3.3) Der übergreifende Lebenszusammenhang (Pragmasemantik)
a) Bildgebrauch - Realien

Das Sterben des Samenkorns (V 36) ist im Parsismus und im Judentum mit der Auferstehung verbunden,[83] wobei die Betonung des Sterbens spezifisch christlich ist (vgl. Joh 12 24).[84] Auch die Rede vom "γυμνὸν κόκκον" (V 37)[85] hat ihren Ort im Zusammenhang der Auferstehung. Dabei scheint γυμνός zum Bildfeld "Vegetation" zu gehören,[86] so daß hier kein Bildwechsel angenommen werden muß.[87]
V 38 ist ohne Pendant in der rabbinischen Tradition. Formal wirkt hier die Sachebene deutlich auf das Bild ein und sprengt es: Dem Korn wird nicht

---

81) Vgl. ζῳοποιεῖν V 36 (Schöpfungsvokabel!) und ὁ δὲ θεὸς δίδωσιν, vgl. Bauer, K.-A., 94 A 24; Schwantes, Schöpfung, 59; vgl. ferner b Nid 31a. Burchard, 1 Kor 15, faßt die Schöpfung im Sinn der Vollendung der Schöpfung.
82) Anders: Sider, 431ff, bes. 435: Er betont die organische Kontinuität. Zwar ist V 44 σῶμα in beiden Teilen der Antithese Subjekt, doch hält sich trotzdem die antithetische Struktur durch, wie der im Hintergrund stehende atl. Gegensatz zwischen Schwäche und Kraft zeigt, vgl. Schweizer, E., ThWNT VI, 418.
83) Vgl. dazu S. 206f dieser Arbeit.
84) Antikem Verständnis von Saat und Wachstum entspricht das ζῳοποιεῖται und ἀποθάνῃ (V 36b), s. Wolff, C., I Kor., 196, Braun, "Stirb", 140f: Hier schlägt sich nicht unbedingt die Sachebene nieder, vgl. Conzelmann, I Kor, 333, anders Weiß, J., 1 Kor, 368.
85) Vgl. Bill. I, 552; III 475; ferner: 1 Clem 24 5; III Kor 3 26ff. Für topischen Gebrauch spricht auch, daß Paulus gerade ein *Weizen*korn realisiert, obwohl dieses Detail hinsichtlich der Argumentation entbehrlich ist. - (QohR zu 5 10 ist - im selben Themenkomplex - von Bohnen "ohne Hülle" die Rede).
86) Vgl. auch Poll 1206 "γυμνὸν δένδρον" im Sinn von 'unbelaubter Baum'. Zur Vorstellung, daß die Pflanze etwas anhat, vgl. Mt 6 28f.
87) So auch Straub, Bildersprache, 70f A3; vgl. auch Riesenfeld, Weizenkorn 53 A1. Andrerseits heißt es vom Menschen, daß er nackt geboren und begraben wird, vgl. Hi 12 1; Ps 49 18; Koh 5 14; I Tim 6 7. Und der neue Auferstehungsleib kann mit einem Kleid verglichen werden, vgl. bes. II Kor 5 3 und weiter Weiß, J., I Kor, 369 m. A3. Auf jeden Fall ist γυμνός nicht auf dem Hintergrund einer platonisierenden Anthropologie auf die vom Leib gelöste Seele hin auszuwerten, was die aktuelle Kontext (γυμνός bezeichnet nicht das gestorbene Korn!) und auch der rabbinische Hintergrund deutlich machen (gegen Weiß, I Kor, 370, Lietzmann, 1 Kor, 84, mit Hoffmann, Die Toten, 250-252, Sellin, Streit, 212).

die reife Pflanze, sondern das neue σῶμα kontrastiert. Dabei läßt Gott letzteres nicht aus ersterem hervorwachsen, sondern verleiht dem Korn das neue σῶμα: Nicht der Wachstumsprozeß ist also von Interesse,[88] vielmehr wird die Diskontinuität[89] und damit einhergehend die Macht Gottes akzentuiert.[90]
Zusammen mit der Metapher σπείρειν hält sich die kontrastive Grundstruktur durch. Sie bildet den Rahmen, in dem unterschiedliche Aspekte hervorgehoben werden: V36 die Notwendigkeit des Sterbens, V37 das künftige σῶμα im Gegensatz zum nackten Korn, V38 das ἴδιον σῶμα, das Gott gibt; V42bff der Gegensatz zwischen gesät werden und auferweckt werden. Auch hier kann also innerhalb der argumentativen Bildverwendung kein einheitliches tertium comparationis festgemacht werden.
Der argumentativen Redeweise des Paulus entspricht, daß trotz deutlicher Trennung von Bild (V36ff) und Anwendung (οὕτως V42) auf beiden Seiten Bild- und Sachebene ineinandergreifen, wobei innerhalb der Argumentation ein Gefälle hin zu Präzisierung und größerer Abstraktion spürbar ist.

b) Situation/Intention
Sucht man die paulinische Argumentation VV35ff situativ zu verorten, so stellt sich die Frage, wie V35 zu beurteilen ist: Reflektieren die beiden Fragen des τις die Anschauung des Paulus oder die Situation in Korinth? Die Annahme, daß die beiden Fragen V35 nur die Anschauungen des Paulus über die Zustände in Korinth, nicht aber diese selbst reflektieren, wie bes. Schmithals meint,[91] ist zwar aufgrund des diatribenartigen Stils[92] und der Tatsache, daß sich das Christentum allenthalben mit solchen Anfragen auseinandersetzen mußte, nicht vollends von der Hand zu weisen; jedoch lassen die guten Kontakte des Apostels zur korinthischen Gemeinde und seine ausführliche Argumentation darauf schließen, daß er sich hier mit einer Fragestellung (eben auch) der Korinther auseinandersetzt.[93] Der Hintergrund der Einwände ist kaum weiter zu präzisieren: Weder muß angesichts der Zusammensetzung der korinthischen Gemeinde notwendigerweise eine einheitliche Frontstellung angenommen wer-

---

88) Vgl. Usami, 479; diff. Aristot., part. an. I, 1,641b, 29ff, wo der Gedanke der Entfaltung des Keims zugrunde liegt: "Der Same ist also das Prinzip, das aus sich selbst (!) ein Wesen schafft. Das geschieht von Natur... der Same ist der Ursprung, die Substanz aber ist das Ziel, früher aber als beide ist das Wesen, aus dem der Same stammt" (Übers. Conzelmann, 1 Kor. 333 A 13).
89) Vgl. Braun, "Stirb", 143, Bauer, K.A., 93.
90) Usami, 479 m.A 43.
91) Schmithals, Gnosis[3], 147, vgl. auch 86, sowie Schottroff, L., D. Glaubende, 154 A1.
92) Vgl. Weiß, J., 1 Kor. 367 A4, Bm, Stil, 66f.
93) Vgl. bes. Spörlein, Leugnung, 27-30. Gegen Schmithals, vgl. auch Güttgemanns, Apostel, 79f, Brandenburger, Adam, 73 A2.

den⁹⁴ (vgl. auch die τινες V12), noch muß die Leugnung der Auferstehung Teil einer durchdachten Gegenkonzeption sein.⁹⁵

Exkurs VI: Vergänglichkeitsbilder (V)
 Jak 1 10(f) wird der Reiche parallel zu ὁ ἀδελφὸς ὁ ταπεινός V9 dem ἄνθος χόρτου (in Anlehnung an Jes 40 6f LXX) verglichen.
1. Struktur:
 Der Vergleich wird V10b durch das begründende ὅτι eingeführt und hat gnomischen Charakter. Das Bild wird V11 mit begründendem γάρ entfaltet, das Futur von V10 wechselt zum gnomischen Aorist;¹ V11b wird es mittels des οὕτως-Satzes auf den Reichen² bezogen (= Abschluß).
2. Interpretation:
 Jakobus wendet das alttestamentliche Bild des Grases, das vergeht, paränetisch auf den Reichen an. Es ist nicht ganz klar, ob Jak hier (entsprechend atl. Metaphorik) die irdische Vergänglichkeit als solche oder die eschatologische Zukunft (so ansatzweise schon Jes 40 6f, dann deutlich syrBar 5 26ff und syrBar 83 12) im Blick hat. Für letzteres Verständnis würden die apokalyptischen Belege sprechen.³
3. Der übergreifende Lebenszusammenhang
a) Bildgebrauch
 Jak lehnt sich in seinem Bildgebrauch deutlich an das AT an (vgl. Hi 14 2; Ps 9 5f; Ps 103 15f; Jes 28 1; Jes 40 7f ὡς ἄνθος χόρτου als Vergleich für einen Menschen wie Jak 1 10b; Ps 102 5.12; Jes 37 27; 40 7f (LXX); 51 12 für ἐξηράνθη ὁ χόρτος, wie Jak 1 11 ἐξήρανεν τὸν χόρτον, ferner die Kombination beider Bildelemente Hi 15 30-33; Ps 90 5f; 103 15f; Ps 129 6 und bes. Jes 40 7f (LXX).⁴ In der apokalyptischen Literatur vgl. ferner syrBar 82 7:

---

94) Spörlein, Leugnung, 30, mit Bornkamm, Vorgeschichte, 16f A 66.
95) Vgl. Burchard, 1 Kor 15, 240 A 27.
1) Auch die LXX führt das Bild im gnomischen Aorist aus, vgl. Dib., Jak, 83.
2) Der Aufbau entspricht formal Jes 4 06ff LXX: Einführung des Vergleichs, Ausmalung, Abschluß (vgl. Dib., Jak, 83).
3) Schrage, Ethik, 271, vgl. ders., Jak, 17, gibt jedoch zu bedenken, daß auch Apokalypsen von der Vergänglichkeit des Menschen handeln können, ohne das Ende der Dinge im Blick zu haben. Möglicherweise habe der Verfasser des Jak in der menschlichen Vergänglichkeit schon eine Andeutung bzw. eine gewisse Vorwegnahme des eschatologischen Gerichts gesehen. Für ein eschatologisches Verständnis sprechen sich Dib, Jak, 84; Mußner, Jak, 74; Vouga, Jacques, 48; mit Einschränkung Schrage, NTD 10, 17 aus.
4) I Petr. 1 24f wird Jes 4 06ff in anderem Kontext und mit anderer Abzweckung genauer zitiert. Inwieweit Jak hier jedoch auf Jes 4 06ff frei umgestaltend Bezug nimmt, ist nicht ganz festzumachen (wie stark und in welcher Form war ihm die Jesaja-Stelle wirklich vor Augen?). Spitta, Jak, 26f, lehnt z.B. die Meinung, daß Jak speziell Jes 4 07f im Auge gehabt habe, ab, da der Kontext jeweils ein verschiedener sei und Jes 40 von jedermann, Jak 1 dagegen nur vom Reichen handle. Er ver-

Sofern in dem Bild die eschatologische Dimension angesprochen ist, hat diese Uminterpretation schon in der Tradition ihren Anhaltspunkt. In Jak ist (wie Jes 40 7f) das Bild mit dem Motiv der Erniedrigung verbunden. - Auch das Verb ἀπόλλυμι, das mit dem (Jes 40 7f nicht realisierten) Bild der εὐπρέπεια (Hapax!) τοῦ προσώπου verbunden ist, ist im NT häufig eschatologisch konnotiert.[5]

Den klimatischen Verhältnissen des östl. Mittelmeerraumes entsprechend, erscheint Jak 11 1 a die Sonne als Opponent; die Formulierung entspricht Mk 4 6[6] und könnte von daher auf die Anfechtung von Jak 12-4 anspielen.

In seinem Bildgebrauch lehnt sich Jak an das AT (LXX) an. Ist das Bild des Grases, das vergeht, im AT noch allgemein auf den Menschen, besonders auf den רשע, bezogen, so verwendet es nur Jak spezifizierend im Hinblick auf die Reichen.[7]

b) *Situation/Intention*

Die pointierte Bildverwendung hinsichtlich des Reichen läßt fragen, auf wen Jakobus hier abzielt. Dem Sprachgebrauch des Jak und der ihm zugrunde liegenden Tradition der Armenfrömmigkeit entsprechend, ist für die Opposition arm/reich weniger das wirtschaftlich-gesellschaftliche als das religiöse Moment bestimmend,[8] ohne daß ersteres auszuschließen ist. So legt es die antithetische Struktur (V9f) nahe, hier Reiche, die Christen geworden sind, angesprochen zu sehen.[9] Dem Vergleich käme also eine argumentativ-paränetische Funktion zu, für deren Bedeutung auch die verhältnismäßig breite Ausführung sprechen könnte.

weist auf Hi 15 30 als Hintergrund, wo Metaphern aus dem Bildfeld Baum - Frucht (χόρτος fehlt jedoch), aber auch der Glutwind realisiert sind. Hier findet sich auch der spezifizierende Bezug auf den Reichen. (Daß Hiob hier modellhaft im Hintergrund steht, könnte sich auch aus Jak 5 11 nahelegen sowie aus der Annahme, daß hier reiche *Christen* angesprochen sind). Wir können es Jak 11 0f also auch mit einer freien Motiv- (oder Zitaten-?)kombination zu tun haben.
5) Vouga, Jacques, 48.
6) Zu ἀνέτειλεν ... ὁ ἥλιος vgl. auch Gen 32 31.- σὺν τῷ καύσωνι kann die Gluthitze (Gen 31 40; Mt 20 12), aber auch den heißen Ostwind (Hi 27 21; Jer 18 17; Hos 12 2) bezeichnen, vgl. Chaine, 15. Möglicherweise identifiziert Jak hier auch beide Bedeutungsmöglichkeiten in Bezug auf den רוח יהוה Jes 40; jedoch ist - vgl. Laws, 65 - nicht sicher, ob Jak diesen Satz in der LXX schon vorgefunden hat. - Hadidian, Pictures, 288, wertet den heißen Ostwind als Indiz für die Vertrautheit des Verfassers des Jak mit dem Klima Palästinas, was jedoch insofern unsicher ist, als καύσωνι nicht notwendigerweise den Ostwind bezeichnen muß (s.o.) und auch literarisch - über die LXX - vermittelt sein kann (vgl. Laws, James, 65).
7) Hier geht es um das Schicksal des Reichen und nicht des Reichtums, vgl. das Subjekt von παρελεύσεται sowie das αὐτοῦ (mit Vouga, Jacques, 48, Laws, James, 63, anders: Cantinat, 79).
8) Vgl. Dibelius-Greeven, 58ff, Vielhauer, Literatur, 576f, Michl, J., Kath. Briefe, 38; vgl. auch Martin, R. P., Life-Setting, 102 A22.
9) So Chaine, 14; Cantinat, 78. Mußner, Jak, 74, fragend: Schrage, NTD 10, 17.

I Petrus 123f

Innerhalb von I Petr 1,22-25 bringt I Petr 1,23 die - im NT singuläre - Metapher des unvergänglichen Samens; daran schließt sich V24f begründend das LXX-Zitat von Jes 40,6-8 mit dem Bild des vergänglichen Grases an.

1. Struktur:

I Petr 1,23 werden mittels der Entgegensetzung von οὐκ vs ἀλλά als φθαρτός und ἄφθαρτος gekennzeichnete Samen einander gegenübergestellt. ζῶντος und μένοντος, durch das καί parataktisch miteinander verbunden, sind auf διὰ λόγου (nicht auf θεοῦ) zu beziehen,[10] das parallel zu ἐκ σπορᾶς steht.[11]

Mit διότι schließt V24f das Zitat aus Jes 40,6-8[12] begründend an, für das auch die Opposition vergänglich-bleibend konstitutiv ist und welches analog zu V23b mit dem Wort (V25 ῥῆμα; V23b λόγος), das bleibt (μένει), schließt. V25b interpretiert dies Wort als das "euch verkündigte Wort".

2. Interpretation:

Die Mahnung zur Bruderliebe (vgl. V22) wird I Petr. 1,23ff unter Hinweis auf die Wiedergeburt (vgl. 1,3) durch das Wort Gottes indikativisch begründet, ohne daß das Wort Gottes direkt mit der σπορά identifiziert wird. Das Wort Gottes ist, biblischer Verwendung entsprechend, als schöpferisches, neuschöpfendes Wort vorgestellt.[13] Der Kontext läßt eine Taufparänese in Erwägung ziehen,[14] wobei diese in erster Linie an der Neuschöpfung als der Basis des christlichen Verhaltens interessiert ist. Das Bleiben des Wortes Gottes (par. σπορᾶς) wird mit dem LXX-Zitat (V24f) begründend untermauert, wobei der tröstend-stärkende Nachdruck auf der Dauerhaftigkeit des Wortes liegt.[15]

3. Der übergreifende Lebenszusammenhang
a) Der Bildgebrauch

Zum Wort als Same vgl. Lk 8,11. Das Bild vom lebenschaffenden Wort als Samen hat Analogien in der hellenistischen Welt, vgl. Corp. Herm 13,1.2. Ob σπορά dem pflanzlichen[16] oder organischen Bildfeld zuzuordnen ist, ist nicht sicher auszumachen: Für ein Verständnis im Sinne von Zeu-

---

10) Vgl. die Wortstellung, den Inhalt (es geht hier nicht um die Unvergänglichkeit des Herrn!) und V 25a, (vgl. Knopf, KEK 12, 82; LaVerdière, 89ff).

11) In den Präpositionen ἐκ und διά sieht LaVerdière, 91, den Hinweis darauf, daß mit σπορά und λόγος zwei verschiedene Aspekte angesprochen sind: a)"an intrinsic incorruptible (aphthartou) source of regenerated life" (σπορά) und b) "an extrinsic principle or instrument of regeneration" (λόγος).

12) Nur geringfügige Änderungen sind zu vermerken: I Petr. fügt ὡς vor χόρτος ein, ersetzt αὐτῆς für ἀνθρώπου und ändert τοῦ θεοῦ ἡμῶν in κυρίου.

13) Belegstellen b. Balz/Schrage, NTD 10, 79.

14) Vgl. Windisch, HNT 15, 57; vgl. aber V6!

15) Der Akzent liegt also nicht auf der Kurzlebigkeit des Menschen, vgl. Brox, EKK XXI, 88.

16) So Liddell-Scott, z.W. unter II; LaVerdière, 92, Bigg, ICC, 123.

gung[17] oder Wiedergeburt[18] würde der Gebrauch von ἀναγεννάω sprechen, für ein Verständnis im erstgenannten Sinn würden die Epitheta, das Sämannsgleichnis Mk 4 parr, besonders Lk 811 ὁ σπόρος ἐστιν ὁ λόγος τοῦ θεοῦ sowie das Jesajazitat sprechen. Möglicherweise überlappen sich hier beide Bildfelder.[19] - V23 liegt (wie im Jesaja-Zitat V24) der Nachdruck nicht auf der Vergänglichkeit (V24 diff. Jak πᾶσα σάρξ), sondern auf dem Bleiben des Wortes Gottes.

b) Situation/Intention/Funktion:
Die Metaphern sollen indikativisch die Mahnung zur Bruderliebe begründen: Als wiedergeborene Kinder Gottes sind sie Brüder und zur gegenseitigen Liebe fähig.

Jak 110f / I Petr 123f im Vergleich
Ein Vergleich von Jak 110f mit I Petr 123f zeigt, wie unterschiedlich ein und dasselbe Bildmaterial im Urchristentum verwendet werden kann. Beide Textstellen rekurrieren in unterschiedlicher Weise auf die LXX-Fassung von Jes 406f, wobei I Petr - wie die Übersicht deutlich macht - relativ genau zitiert, während Jak 110f einen freieren Umgang mit dem Text unter Kombination mit anderen, dem Bildkomplex zugehörigen Motiven zeigt:

Jak 110f	I Petr 124f	Jes 40/LXX
(10)[πλούσιος ...]	(24) πᾶσα σὰρξ	(6) Πᾶσα σὰρξ
ὡς	ὡς	-
ἄνθος χόρτου...	χόρτος,	χόρτος,
[πλούσιος]	καὶ πᾶσα δόξα αὐτῆς	καὶ πᾶσα δόξα ἀνθρώπου
	ὡς ἄνθος χόρτου	ὡς ἄνθος χόρτου
(11) ἀνέτειλεν ... ὁ ἥλιος...	-	
καὶ ἐξήρανεν τὸν χόρτον	ἐξηράνθη ὁ χόρτος	(7) ἐξηράνθη ὁ χόρτος,
καὶ τὸ ἄνθος αὐτοῦ ἐξέπεσεν	καὶ τὸ ἄνθος ἐξέπεσεν	καὶ τὸ ἄνθος ἐξέπεσεν
	(25) τὸ δὲ ῥῆμα κυρίου	(8) τὸ δὲ ῥῆμα τοῦ θεοῦ ἡμῶν
	μένει εἰς τὸν αἰῶνα	μένει εἰς τὸν αἰῶνα
καὶ ἡ εὐπρέπεια τοῦ προσώπου αὐτοῦ ἀπώλετο:	-	-
οὕτως καὶ ὁ πλούσιος	(25b) τοῦτο δέ ἐστιν...	

[17] So Knopf, KEK 12, 81, Brox, EKK XXI, 87 A 291.
[18] Knopf, KEK 12, 81 betont die Entgegenstellung von natürlicher Zeugung und Neuzeugung.
[19] Zum Ineinander beider Bildfelder s. o. S. 220 A 34 (ad σπέρμα).

Schon die Einführung indiziert einen unterschiedlichen Bildgebrauch: Vergleicht Jak den (ἄνθος) χόρτου dem πλούσιος (VV10/11c), so I Petr (vgl. LXX) allen Menschen (πᾶσα σάρξ). - Dabei hat der Vergleich bei I Petr die Funktion, das Bleiben des Wortes herauszustellen; die menschliche Vergänglichkeit dient nur als Kontrastfolie. Dagegen konzentriert sich Jak 110f ganz auf das Vergehen und Verwelken, also auf die Vergänglichkeit. Der kontrastierende Gegenpol, das "Wort Gottes", wird (diff. Jes) nicht angesprochen. Hat der Vergleich bei Jak also eine paränetische Funktion bzgl. des Reichen und erst sekundär und indirekt eine tröstend-stabilisierende Funktion bzgl. des ἀδελφὸς ὁ ταπεινός, so hat der Metapherngebrauch I Petr 123f eindeutig versichernd-stabilisiernde Funktion und dient so der indikativischen Motivation der Paränese an *alle*. Vielleicht hängt die betonte direktere Einführung der Anwendung Jak 110f (οὕτως diff. I Petr/LXX) damit zusammen, daß Jak hier die Tradition durch Bezug auf die Reichen stärker uminterpretiert.

2.4) Überblick: Saat - Wachstum - Ernte / Briefe

In den Briefen schlägt sich das Bildfeld Saat - Wachstum - Ernte in Entsprechungs- (II), Wachstums- (III) und Vergänglichkeitsbildern (V) nieder; Gerichtsbilder (I) sind in II ˙* (Hebr. 67f) integriert.

ad II) Die Entsprechungsbilder stellen einen Nexus zwischen Saat und Ernte her: Der Saat entspricht die Ernte. Der Zusammenhang wird kontrastiv in zwei Alternativen - zuerst der negativen, dann der positiven - aufgezeigt: II Kor 96 differenziert nach der Art, Gal 68 nach dem Ort des Säens, Gal 67 nach dem Samen aus. Hebr 67 variiert den Nexus, indem er (diesmal erst in der positiven, dann in der negativen Alternative) das Tun der Erde ihrem Ergehen zuordnet.
Der Bildkomplex steht in weisheitlicher Tradition* und hat hier wie dort appellative Funktion (Paränese), ist jedoch bei Paulus durch den eschatologischen Rahmen und den Bezug auf Gott charakteristisch verändert.
Auch dem Auferstehungsbild I Kor 1535-44 liegt der Saat - Ernte - Zusammenhang zugrunde, ist hier jedoch paradox durchkreuzt: den beiden Polen (von denen jedoch das θερίζειν durch das unbildliche ἐγείρειν ersetzt ist) sind vier oppositionelle Paare in VV42-44 zugeordnet. Hier gewinnt der Kausalnexus argumentativ-darstellende Funktion.

ad III) Wachstumsbilder sind in den Briefen in zwei grundlegend verschiedenen Realisationen belegt:
a) Jak 57 variiert die Kategorie des Wachstumsbildes in Bezug auf den Bauern; nicht mehr die wachsende Pflanze (so Mk 426-29), sondern der wartende Bauer steht im Mittelpunkt. Durch diesen Perspektivwechsel wird aus dem Pflanzen-ein (Nicht-)Arbeitsbild, das jetzt modellhaft-parä-

netische Funktion gewinnt.
b) Eine Variante des Wachstumsbildes ist das Auferstehungsbild I Kor 15 36-38, das wie Joh 12 24 auf die Notwendigkeit des Sterbens abhebt.

ad V) Einen eigenen, im NT singulären Bildkomplex[20] bilden die Vergänglichkeitsbilder Jak 110f/I Petr 123f, die das rasche Vergehen einer Pflanze beschreiben. Ihnen kommt Jak 110f eine paränetische, I Petr 123f eine stabilisierende Funktion zu.

Exkurs VII: Isolierter Metapherngebrauch

Die Saatmetaphorik umschreibt bis auf I Joh 3 9[21] die Nachkommen(schaft) Abrahams, Davids, etc..[22] Nur schwach ausgeprägt ist die Wurzelmetaphorik ($ῥίζα$,[23] $ῥιζόω$[24]), während die Fruchtmetaphorik ($καρπός$,[25] $καρποφορέω$,[26] $ἄκαρπος$[27]) sehr breit realisiert ist. Sie erhellt das Gewicht der Ethik, die im Metapherngebrauch der Briefliteratur gegenüber der $βασιλεία$-Thematik in den Synoptikern deutlich hervortritt. Die Metaphern richten sich an Christen (nicht an noch zu Konvertierende), die nicht nur voraus auf das Eschaton, sondern auch zurück auf Bekehrung und Taufe blicken und - angesichts ihrer heidnischen Vergangenheit und Umwelt - in der akzeptierten christlichen Tradition bestärkt werden sollen. Diese stabilisierend-versichernde Funktion der Metaphern trifft sich mit der Feststellung, daß verblassende/verblaßte Metaphern kein Innovationspotential zukommt.

3) Gesamtüberblick: Metapherngebrauch bei Paulus

3.1) Paulus greift auf jüdischen und darüber hinaus allgemein antiken Metaphernschatz zurück, bildet ihn aber spürbar um:

3.1.1.) I Kor 36-9 nimmt er das traditionell-jüdische Bild der Pflanzung auf, verschiebt jedoch die Perspektive weg von der Pflanzung zu den Gärtnern (pl.!) und hebt auf das Anfangsmoment ab, indem er Paulus und Apollos als Pflanzende und Gießende vorstellt. Die beiden Missionare übernehmen im Bild eine Funktion, die in der Tradition primär Gott[28] zu-

20) Im Bildgebrauch ist höchsten Mk 46 ein Anklang zu sehen.
21) Vgl. dazu Iren., adv. haer. I, 6,4.
22) Vgl. dazu Schulz, ThWNT VII, 545f.
23) I Tim 610; Hebr 126 im Anschluß an Dtn 2918(17), vgl. ferner 1 QH 414.
24) Eph 317; Kol 27. Da die Wurzelmetaphorik eine 'natürliche' Herkunft aussagen könnte, kommt sie nicht zum Tragen. Die Herkunft wird vielmehr in der Opposition des Herrschaftswechsels ausgesagt.
25) Rö 113; 621f; 1528; Gal 522; Eph 59; Phil 111.22; 417; Hebr 1211; 1315; Jak 317f.
26) Rö 74-6; Kol 16.10.
27) I Kor 1414; Eph 511; Tit 314; II Petr 18; Jud 12. (In den Synoptikern nur in der *Deutung* des Gleichnisses vom Sämann Mk 419 par Mt 1322 realisiert, die als Ansatzpunkt für den isolierten Gebrauch anzusehen ist).
28) Die Metaphern sind im AT auf Gott bezogen (Jer 19 fungiert Jeremia als JHWHs Stellvertreter); in Qumran auch auf den Lehrer der Gerechtigkeit.

kommt; gleichwohl bleiben sie auf ihn als den, der das Entscheidende - das Wachsen - schenkt, verwiesen.

3.1.2) Rö 11 kombiniert Paulus das Bild des Ölbaums - eine traditionelle Metapher für Israel - neu mit der im Judentum schon im Hinblick auf den Anschluß von Proselyten verwandten Metapher des "Einpfropfens" und indiziert so schon im Bildgebrauch eine Öffnung, sprich: Universalisierung genuin jüdischer Traditionen. Das Bild des Einpfropfens rückt nun aus der Peripherie ins Zentrum und führt neu den Gedanken einer grundsätzlichen Qualitätsänderung ein. Ferner prägt Paulus das traditionelle Ölbaumbild durch die Akzentverschiebung auf das Verhältnis Wurzel - Zweige und durch die Neurealisation des möglichen Wiedereinpropfens abgehauener Zweige um.

3.1.3) Das Auferstehungsbild I Kor 15.36-38 hebt im Unterschied zur rabbinischen Tradition wie Joh 12.24 auf das Sterben ab.

3.1.4) Den allgemeinantiken Saat - Ernte - Nexus verwandelt Paulus Gal 6.7f und I Kor 15.42-44 durch den eschatologischen Rahmen und führt ihn I Kor 15.42-44 durch Zuordnung von Oppositionen zudem paradox aus.

3.1.5) Im Unterschied zu den Evangelien realisiert Paulus in den Briefen Exmetaphern wie καρπός (häufig in Genitivverbindungen),[29] καρποφορεῖν[30] und ἄκαρπος.[31]

3.2.) In seinem Metapherngebrauch setzt Paulus Akzente bei der Mission (und der durch sie entstandenen ekklesiologischen Situation), der Eschatologie und der Ethik.

3.2.1.) Im Kontext der Mission steht die Fruchtmetapher Phil 1.22; 4.17 soll der Saat - Ernte - Zusammenhang zur Kollekte motivieren (vgl. auch Rö 15.28); I Kor 9.7.11 schließlich dienen die analogen Beispiele als diatribenartige Argumente in der Unterhaltsfrage der Missionare. Mit der neuen soziologischen Situation, die durch die Mission entstanden ist, beschäftigen sich die Zugehörigkeitsbilder I Kor 3.6-9 und Rö 11: beide setzen sich mit der Existenz verschiedener Gruppen auseinander und versuchen deren Identität in Zuordnung und Abgrenzung zu profilieren.

3.2.1.1) Der Rückbezug einzelner bzw. einzelner Gruppen auf die Arbeit verschiedener Missionare wird I Kor 3.6-9 bearbeitet: Indem die Missionare im Bild als Pflanzende und Gießende einander ergänzend zugeordnet und auf Gott, der das Wachsen schenkt, hingeordnet werden, werden die Divergenzen im Bild integriert und als positiv-natürliche Ergänzung interpretiert, ohne daß die Unterschiede eingeebnet würden.

3.2.1.2) Rö 11 sucht nicht nur eine Verhältnisbestimmung im konkreten Zu- und Miteinander von Juden(-) und Heidenchristen (in Rom oder der

---

29) Gal 5.22; Phil 1.11.22; Rö 1.13; Rö 6.21f; Rö 15.28.
30) Rö 7.4-6.
31) I Kor 14.14.

gesamten Oikoumene), sondern auch im zeitlichen Vor- und Nachher von Juden und Christen und deren Zukunft.[32] So sind die Heidenchristen als wilde Zweige dem edlen Ölbaum aufgepfropft und werden im wahrsten Sinn des Wortes auf ihre geschichtliche Wurzel verwiesen: in der Abhängigkeit der Zweige von der Wurzel wird deren geschichtlich vermittelte Identität deutlich gemacht, das Selbstverständnis der Heidenchristen korrigiert und ihrem κατακαυχᾶσθαι über die Juden(-christen) gewehrt. Durch das Bild der edlen Zweige, die auch wieder eingepfropft werden können und als arteigene Zweige besser zum Ölbaum passen, mahnt Paulus nicht nur die Heidenchristen, sondern bringt auch die Hoffnung auf eine letztendliche Bekehrung Gesamtisraels zum Ausdruck.[33] Fungiert I Kor 3 6-9 Gott, der das Wachsen schenkt, als die verschiedene Gruppen integrierende Größe, so ist es Rö 11 die souveräne Güte Gottes bzw. die πίστις, die beide Gruppen gleichstellt, ohne ihre unterschiedliche Natur zu negieren.

3.2.2) Mit den edlen Zweigen, die wieder eingepfropft werden können, ist Rö 11 16ff die eschatologische Dimension angesprochen. Deutlich tritt sie im Auferstehungsbild I Kor 15 35-38.42-44 hervor und ist auch im Entsprechungsbild Gal 6 7-10, sowie in der Fruchtmetaphorik Rö 6 20-23; Gal 5 22; Phil 1 22; 4 17 mitgesetzt.

3.2.3) Eng mit der Ethik verbunden ist die Saat-Ernte-[34] und die Fruchtmetaphorik,[35] aber auch die Zugehörigkeitsbilder I Kor 3 3-9 und Rö 11 sprechen die Handlungsdimension an.

3.2.4) Gegenüber den Synoptikern zeichnet sich der paulinische Metapherngebrauch besonders durch seinen Bezug auf die Mission aus; der ausgesprochen christologische Bezug der Vegetationsmetaphern fehlt im Unterschied zum Johannesevangelium ganz.

3.3) Obwohl mit I Kor 15 und Rö 11 die umfangreichsten der bei Paulus realisierten Metaphern in das Bildfeld "Vegetation" fallen,[36] haben wir bei Paulus weder die Form des in sich konsistenten Gleichnisses wie in den Synoptikern, noch eine rein durchgeführte Allegorie vor uns.[37] Vielmehr wechseln sich bei ihm metaphorische und unbildliche Rede ab (vgl. Joh 15). Die Metapher wird (abgesehen vielleicht von I Kor 3 6) nicht in Form

---

32) Paulus thematisiert ob seines spezifischen biographischen Hintergrundes (er ist Jude) das Problem von Juden, nicht aber das von Heiden, die nicht zur Gemeinde gehören.
33) Die für das paulinische Missionsverständnis charakteristische zentrifugale Bewegung, die sich im Bild der Missionsfrucht niederschlägt, wird hier eingeholt und geht in eine eschatologische zentripetale Bewegung hin zum Ölbaum über.
34) II Kor 9 6; Gal 6 7f.
35) Gal 5 22; Phil 1 11.
36) Straub, W., Bildersprache, 105.
37) Allegorische Ansätze finden sich Rö 11.

einer in sich geschlossenen narratio entfaltet.[38] Vielmehr erhält die Rede Rö 11 und I Kor 15 durch die Einführung eines fiktiven Gesprächspartners, die Verwendung der 2. Person Singular (σύ) und rhetorische Fragen die Form einer argumentativen Rede, die sich - wie in der Diatribe[39] - der Metaphern bedient. In der argumentativen Bildrede dominiert deutlich die Sachebene: Sie kann α) modifizierend auf die Bildebene einwirken,[40] β) eine Verschiebung auf der Bildebene zur Folge haben (Gal 6 7b.8) oder γ) einen Bildsprung erleichtern bzw. erfordern.[41] Die Metaphern ordnen sich also deutlich der Argumentation unter.[42] Der extensive Gebrauch von Exmetaphern dürfte auf den Wechsel der Makrogattung zurückzuführen sein: In argumentativen Texten sind Exmetaphern in ihrer Abbreviatur eine Münze für eine Argumentation.

Im Kontext stehen die Bilder - häufig nach einer unmetaphorischen Frage,[43] bzw. einem Imperativ[44] - relativ am Anfang, z.T. (I Kor 9 9; II Kor 9 7b.9) durch ein Schriftzitat vertieft.

Innerhalb der Argumentation haben die Metaphern - bisweilen handelt es sich um mehrere aus verschiedenen Metaphernkomplexen[45] - primär argumentativ-beweisende Funktion.[46] Sie dienen der Veranschaulichung (I Kor 15 35ff!) und sind paränetisch abgezweckt.[47] Rö 11 mahnt die Heidenchristen vor Überheblichkeit gegenüber den Juden(-christen), I Kor 3 6-9 vor der Gruppenbildung in Korinth; II Kor 9 6-10 zur Durch-

---

38) Dazu paßt auch die Beobachtung, daß - abgesehen von I Kor 15 5 - im Unterschied zu den Synoptikern eine eigentliche Gleichniseinleitung fehlt und auch der Schluß nicht deutlich markiert ist: Der Metapherngebrauch läßt vielmehr einfach gegen Ende nach und geht in unmetaphorische Rede über (Rö 11) oder es erfolgt ein Bildsprung zu einem anderen Metaphernkomplex (I Kor 3). - I Kor 15 42 wird mit οὕτως καί; I Kor 3 7 mit ὥστε eine Anwendung eingeleitet, die jedoch weiter mit Metaphern durchsetzt ist.
39) Capelle, W., Marou, I., Art. Diatribe, RAC III, 992; 998.
40) Vgl. Rö 11 16; I Kor 15 38.
41) Vgl. den dreimaligen Bildsprung I Kor 3 6ff.9ff.12ff.
42) Dabei ist die argumentative Grundstruktur das tragende Moment: so hält sich I Kor 15 36ff die kontrastive, I Kor 9 4ff die interrogative Grundstruktur durch.
43) I Kor 3 5; 15 35; Rö 11 15. Eine Fragenkette leitet I Kor 9 7 ein. Die Einleitung der Metapher durch eine Frage entspricht dem Stil der Diatribe, vgl. Bm, Diatribe, 40.
44) Gal 6 7a.
45) Vgl. Rö 11 16.17ff; I Kor 3 6ff.9ff.12f; (I Kor 9 7); I Kor 15 36ff.39ff.42-44 und Gale, 226.
46) Vgl. I Kor 15 36ff; das γάρ Gal 6 7b.
47) Das entspricht der veranschaulichenden und adhortativen Funktion des Gleichnisses in der Diatribe, vgl. Bm, Diatribe, 39f. - Dabei liegt bei Paulus das ermahnende Moment nicht in der Metapher selbst, sondern wird nur in ihr ausgedrückt, vgl. Gal 6 7-10 (vgl. Bm, Diatribe, 93).

führung der Kollekte, Gal 6710 zum Tun des Guten: Hier werden Gemeindeprobleme argumentativ angegangen.

4) Gesamtüberblick: Metapherngebrauch in der sonstigen Briefliteratur
Mit Ausnahme des Jak sind Vegetationsmetaphern in der außerpaulinischen Briefliteratur spärlich realisiert: Jud 12 bietet das Bild abgestorbener Bäume, Hebr 67f das Bild des Ackers. Isolierter Metapherngebrauch konzentriert sich im Hebr und Jak. Vegetationsmetaphern fehlen im II Thess, den Pastoral- und den Johannesbriefen.[48]
4.1) Der Jak steht in seiner Bildverwendung deutlich in der Tradition der LXX (vgl. bes. Jak 110f; Jak 317f) und der kynisch-stoischen Diatribe (im Hintergrund von Jak 121(?); 312) und ist leicht in den weiteren christlichen Sprachgebrauch (vgl. Jak 121) einzubetten.
4.1.1) Das Entsprechungsbild Jak 312 weist insofern eine größere Nähe zur Stoa als zu den Synoptikern auf, als es sich - im Unterschied zu letzteren - nicht an der Unvereinbarkeit von qualitativ Unterschiedlichem, sondern an der naturgemäßen Unvereinbarkeit unterschiedlicher, aber durchaus gleichwertiger Gattungen[49] interessiert zeigt und nicht auf Erkenntnis, sondern auf Einklang mit den Ordnungen der Natur zielt.
4.1.2) Jak 57 verschiebt im Unterschied zu Mk 426-29 die Aufmerksamkeit hin zum abwartenden Verhalten des Bauern;[50] im Gegensatz zum stoischen Metapherngebrauch ist das Arbeitsmotiv ausgeblendet und darum läßt der Text wie Mk 426ff an alttestamentliche und jüdische Segens- und Heilsaussagen denken.
4.1.3) Jak 110f macht sich Jak (wie auch I Petr 123) alttestamentlichen Bildgebrauch zueigen.
4.2) Jud und Hebr radikalisieren den traditionellen Bildgebrauch: So verschärft Jud das Baum-Frucht-Motiv gegenüber der apokalyptischen Tradition, auf die er sich offensichtlich bezieht (äthHen 254), und gegenüber den Synoptikern, indem er das Fruchtmotiv durch φθινοπωρινά, das Wurzelmotiv durch δὶς ἀποθανόντα erweitert.
Hebr 67f wird das Doppelbild der Erde, die Kraut, und der Erde, die Disteln und Dornen hervorbringt, evtl. dadurch verschärft, daß nun nicht Disteln und Dornen, sondern die Erde, die diese hervorbringt, verbrannt wird.
4.3) Im Metapherngebrauch steht die Ethik und die Zugehörigkeit zur Gemeinde im Vordergrund: Die Metaphern im Jak sind in die Paränese

---

48) Bei den paulinischen Briefen gilt das nur für Phlm.
49) Vgl. Sen., epist. 8725; Sen kann aber auch (de ira II,10,6) positiv und negativ qualifizierte Metaphern zusammen realisieren.
50) Ein entsprechender Bildgebrauch fehlt im AT.

des Briefes eingebunden und wollen Jak 3.12 zum rechten Gebrauch der Zunge, Jak 5.7 zur Geduld mahnen; Jak 1.21 stellen sie paränetisch das einst eingepflanzte Wort, Jak 1.10f (im Unterschied zu I Petr 1.23f)[51] die Vergänglichkeit des Reichen vor Augen.
Warnt Hebr 6.7f vor Apostasie, so sucht Jud 12 Irrlehrer auszugrenzen. Die Metaphern konzentrieren sich also auf Gemeindeprobleme.
4.4) In Bildgebrauch und Form zeigen die Vegetationsmetaphern der außerpaulinischen Briefe eine größere Nähe zu den Synoptiker als zu Paulus und Johannes: Letztere realisieren Wachstumsmetaphern, die als solche die Gemeinschaft als ganze thematisieren (Joh 15; Rö 11) und verweben Bild- und Sachebene in der argumentativen Bildrede. Anders verhält es sich in der außerpaulinischen Briefliteratur: Dort ist der Metapherngebrauch an einzelnen oder an Subgruppen ausgerichtet und dort weisen die Metaphern formal eine stärkere Kohärenz auf der Bildebene auf, wenn sie auch - im Unterschied zu den synoptischen Gleichnissen, die einen höheren Grad an Autonomie aufweisen, - enger in die Argumentation eingebunden sind. Sie können die Argumentation intensivieren und (teilweise) tragen,[52] sie abschließend effektiv bündeln, begründen und einschärfen.[53] Die Metaphern sind primär paränetisch abgezweckt und haben tendenziell eine eher stabilisierende Funktion.[54] Das innovative Moment tritt zurück.

F: APOKALYPSE DES JOHANNES
BILDFELD BAUM - FRUCHT UND SAAT - WACHSTUM - ERNTE

Das Bildfeld "Vegetation" begegnet in der Apk: a) im Bild von den beiden Ölbäumen Apk 11.4, b) in der mythischen Metapher ξύλον τῆς ζωῆς Apk 2.7; 22.2.14.19 und überwiegend c) zur Veranschaulichung des Gerichts, so besonders in dem Doppelbildwort der Korn- und Weinernte Apk 14.14-16.17-20 (Apk 19.15).
Sämtliche Bilder der Apk entstammen der alttestamentlich-apokalyptischen Tradition, mit der der Autor relativ frei umgeht.[55] Im Unterschied

---

51) Hier ist das Bild auf alle Menschen gewandt und soll die Unvergänglichkeit des Wortes herausstellen.
52) Vgl. das Exempel des wartenden Bauern Jak 5.7 inklusive der sich anschließenden Exempel; nicht mehr argumentativ, nur noch denunzierend-polemisch ist der Metapherngebrauch im Rahmen eines Invektiven-Kataolgs Jud 12.
53) Vgl. Jak 3.12 das Doppelbildwort vom Baum und der Quelle und Hebr 6.7f (mit begründendem γάρ angeschlossen) das Doppelbild von der Erde als Abschluß.
54) Jak 1.21; 3.17f beschreibt die Paränese, was innerhalb der Vorstellungswelt der Adressaten eigentlich akzeptiert ist, aber auch in concreto realisiert sein will. So bezieht sich Jak 1.21 die Metapher ἔμφυτον zurück auf die Vergangenheit und fordert dazu auf, das eingepflanzte Wort in ethischem Tun zu realisieren. Jak 5.7 mahnt zur Geduld, Hebr 6.7f warnt vor Apostasie.
55) Vgl. Halver, Mythos, 15. Cambier, images, 113ff.

zum übrigen NT tritt das gewalttätige Element hervor[56] und ist durch die Realisation mit kriegerischen Bildern verschärft (Apk 14 19f). Einzigartig im NT ist der kosmische Bezug der Metaphern.[57] Sie werden auf alle Menschen entgrenzt. Der kosmischen und ethnischen Ausweitung der Bilder entspricht die zeitliche:[58] Sie sind in das Gesamt des apokalyptischen Geschehens eingebunden. Durch den Rahmen gewinnen sie mythischen Charakter und fungieren in einem größeren mythologisch-visionären und literarischen Kontext.[59]
In der Apk des Johannes kommt den Metaphern keine appellative, sondern eine primär stabilisierende Funktion zu: Sie sind aus einer Perspektive realisiert, die dem Adressaten die Rolle des Beobachters zuweist, ohne ihm direkte Identifikationsmöglichkeiten zu bieten: In die schnell ablaufenden (bzw. in den Visionen schon abgelaufenen) unpersönlich-kosmischen Ereignisse kann er nicht eingreifen, was der apokalyptischen Weltsicht entspricht, in der die grundsätzliche Wende von außen kommt. Von daher erklärt sich evtl. auch das Fehlen des Baum-Frucht-Motivs in seiner ethischen Abzweckung: Die Bilder sollen in der Apk nicht zur Umkehr mahnen oder vor Irrlehrern warnen, sondern die Adressaten im Blick auf das schnelle Ende und die Zukunft des νικῶν vergewissern, trösten und stärken. Daß dies in erster Linie in gewaltsam-destruktiven Bildern geschieht, spiegelt die bedrohte Situation der Gemeinden unter Diokletian, die ihre Hoffnung fast nur über die Vorstellung der Destruktion der sie bedrohenden Umwelt zu zeichnen vermögen. Damit einher geht eine Verengung des Adressatenkreises der Bilder, der sich (Erweiterung) aus Menschen aller Völker zusammensetzt.

Exkurs VIII: Apokalypse des Johannes und Täufertradition im Vergleich
Hier soll ein Vergleich mit dem Metapherngebrauch in der Täufertradition angeschlossen werden, da letztere in ihrem Bildgebrauch der Apokalyptik am nächsten kommt:
In einigen Zügen erinnert das Doppelbildwort von der Korn- und Weinernte Apk 14(14-16)17ff an die Täufertradition, wo das Bildwort vom Baum

---

56) δρέπανον ὀξύ Apk 14 14.18f. δρέπανον nur noch Mk 4 29; ἀξίνη Mt 3 10.
57) Vgl. bes. den Bezug auf die Sterne Apk 6 13 (nur hier im NT) und die Wortverbindung (Trauben am) Weinstock der Erde Apk 14 18f.
58) Vgl. Cambier, images, 122. Im Bild des Lebensbaumes kommt die Vorstellung einer Entsprechung von Ur- und Endzeit zum Ausdruck (vgl. Gen 3 22; Ez 47). In dieser weiteren geschichtlichen Weltsicht ist wohl auch ein Grund dafür zu sehen, daß in der Apk im Unterschied zur Jesustradition überwiegend Bildmaterial aus dem organischen und nicht aus dem pflanzlichen Bereich realisiert wird.
59) Dieser ist weiter als sonst im NT, s. die Beziehungen zwischen Apk 14 und 19.

mit dem Bildwort von der Tenne zusammensteht:[60] Beide Male wird das Gericht thematisiert.
Sowohl in der Täufertradition als auch in der Johannes-Apokalypse wird mit ἀξίνη (Mt 3:10) bzw. δρέπανον (Apk 14:14-19) das Gerichtswerkzeug realisiert, und ist im Kontext vom Zorn Gottes die Rede. Jedoch ist (diff. Mt 3:10par) in der Apk ausdrücklich die Zeit der Ernte als Ausgangssituation vorgestellt: In der Apk werden die Trauben abgeschnitten, weil sie reif sind (Apk 14:18), was dem natürlichen Tun im Gang des Jahres entspricht; in der Täuferüberlieferung dagegen soll der Baum gefällt werden, weil er contra naturam keine Frucht bringt.
Ist beim Täufer das richtende Subjekt nicht genannt und wird die Durchführung nicht berichtet,[61] so sind in der Apk zwei Engel vorgestellt, von denen der eine die Handlungsanweisung gibt und der andere als Ausführender vorgestellt wird. Das Gericht wird also in zwei Phasen, der Ankündigung und der Durchführung, berichtet. Es ist antizipierend vorweggenommen. Damit wird unterstrichen, daß es mit unabwendbarer Sicherheit kommt. Dabei ist das Geschehen in das Ganze der Apk einbezogen; der mythologische Rahmen ist ohne Entsprechung in der Täufertradition.
Ist das Bildwort des Täufers anthropologisch orientiert, so das Bild in der Johannes-Apokalypse kosmisch: Ist das Gericht für den Täufer ein individuelles, das den fruchtlosen einzelnen trifft, so ist das Gericht für den Verfasser der Apokalypse ein umfassend-kosmisches. In seiner Grausamkeit ist letzteres breiter ausgemalt.[62]
Die Differenzen erklären sich aus der unterschiedlich rezipierten Tradition (?),[63] der verschärften Situation, in der die Adressaten der Apk stehen und den konträren Intentionen des Sprechers/Autors: Fordert der Täufer seine Hörer in einer bedingten Unheilsansage zur metanoia auf und will sie dem kommenden Zorngericht entreißen, so soll die Erwartung des unabwendbaren Zorngerichts über die feindliche Umwelt die verfolgten Christen der Apokalypse stärken und trösten. Die Metaphern haben im ersten Fall ein appellative, im zweiten eine stabilisierende Funktion.

60) Die Unterschiede zwischen Apk 14:14ff und Mt 3:10par, insbes. die unterschiedliche Abfolge der Bildworte, die in der Apk im Unterschied zur Täufertradition dem Naturlauf (erst Korn-, dann Weinernte) entspricht, legen es jedoch nicht nahe, im "Baum" des Täufers einen Weinstock zu erkennen.
61) Offener Schluß mit Appellcharakter: durch μετάνοια kann das Gericht abgewehrt werden.
62) Vgl. ὀξύ Apk 14:14ff (diff. Mt 3:10 par) und bes. Apk 14:19f. Können wir für das Täuferbild kriegerische Konnotationen nur als wahrscheinlich annehmen, so sind sie in der Johannes-Apokalypse direkt greifbar.
63) Auch wenn prophetische und apokalyptische Tradition in engem Zusammenhang stehen, scheint der Täufer ersterer stärker verbunden, während der Verfasser der Apk stärker in letzterer lebt.

G: DAS BILDFELD "VEGETATION" IM NT (ZUSAMMENFASSUNG)

1) Die realisierten Metaphern/Bildkomplexe und die angesprochenen Bildempfängerkomplexe
1.1) Bildfeld Baum - Frucht
Eine zusammenfassende topographische Verortung der im Bildfeld Baum - Frucht realisierten Metaphern ist S. 319f versucht worden.
Als Bildempfänger fungieren in diesem Bildfeld zum einen einzelne (I, II, Täufer- und Jesustradition), die über die Verankerung im Kontext auf
- einzelne in der Gemeinde (Lk 6 43f), oder/und
- auf (von Außen oder im Inneren) auf die Gemeinde einwirkende Personen(-gruppen) (II: Mt 7; 12; Jak 3 12; I: Jud 12) bezogen werden.
Zum anderen geht es Joh 15 1ff*; I Kor 3 6-9 und Rö 11 16-24 um die Gemeinschaft. Thematisiert Joh 15 das Verhältnis Jesu zur Gemeinde, so I Kor 3 6-9 die Zuordnung verschiedener Missionare zur Gemeinde. Rö 11 16ff überschreitet Paulus den Gemeinderahmen, wenn er das Verhältnis von Juden und Christen in ihrem Zu- und Nacheinander diskutiert.[1]

1.2) Bildfeld Saat - Wachstum - Ernte
Eine zusammenfassende topographische Verortung dieses Teilbildfeldes ist S. 320f versucht worden.
In diesem Bildfeld treten gegenüber dem Bildfeld Baum - Frucht einzelne (Mt 3 12par/I) ganz zurück, Hauptbildempfänger ist - durchaus in- und nacheinander im selben Bild - die βασιλεία (bzw. die Verkündigung der βασιλεία/ Mission) und die Gemeinde (III*, IV).
II Kor 9 6-10; Gal 6 7-10 (II) sprechen die Handlungsdimension (Ethik: Kausalnexus!),
Joh 12 24ff und I Kor 15 35ff (III') den Themenkomplex Auferstehung und I Petr 1 23f; Jak 1 10f (V) den Themenkomplex Vergänglichkeit an.

---

[1] In der Apokalypse des Johannes dienen die Metaphern überwiegend der Ankündigung des Gerichts; nur hier findet sich im NT die mythologische Metapher des Lebensbaums, die eine gewisse Nähe zu Joh 15 aufweist.

BILDFELD BAUM–FRUCHT	§ 1 Evangelien	§ 2 Briefe	§ 3 Apokalypse	Zeit	Personen
I Gerichtsbilder					
a) Baum ⊕ Frucht → nicht abhauen	(Mt 3₈ Lk 3₈)			Mt 3₁₀: ἤδη	(Mt 3₁₀: passiv. divinum)
	Lk 13₆₋₉			Lk 13: letzte Frist: καὶ τοῦτο τὸ ἔτος	Lk 13₆₋₉: Herr ἀμπελουργός
⊖ keine Frucht → abhauen	Mt 3₁₀par	Jud 12 keine Frucht Wurzelmotiv negativ verstärkt		Jud 12: abgestorben keine Hoffnung mehr	fehlen Jud 12
Wurzelmotiv					
b) Trauben des Weinstocks – reif → abschneiden → Kelter (natürlicher Zusammenhang)			Apk 14₁₇₋₂₀	(Apk 14₁₇₋₂₀ Ablauf einer Zeitspanne (Reifung))	(Apk 14₁₇₋₂₀ Engel)
Baum – Frucht: Verh. bzgl. Qualität (+)→(−) (−)→(+)	Mt 7₁₇ff; 12₃₃; Lk 6₄₃			zeitlos	fehlen
Verh. bzgl. Gattung x ↛ y y ↛ x	Mt 7₁₆b; Lk 6₄₄	Jak 3₁₂			
	Mk 13₂₈f				
II Entsprechungsbilder (ontisch)					
III Ankündigungsbild Relation: κλάδος... ἁπαλὸς... καὶ ἐκφύῃ τὰ φύλλα → θέρος				ὅταν ἤδη... ἐγγύς ὅταν – ἐγγύς	fehlen
IV Zugehörigkeitsbilder					
– Pflanzung – ἐκριζωθήσεται } mit Gerichtsmotiv	Mt 15₁₃				
Weinberg – ἀρθήσεται } (I) kombiniert	Mt 21₄₃				
– pflanzen – gießen – wachsen lassen		I Kor 3₆₋₉ Differenzierung in bezug auf Personen		(Futurbildung) zeitliches Nacheinander	πατήρ (Passiv) (Paulus/Apollos/ (Gott))
– Weinstock Frucht → reinigen Zweig(e) keine Frucht → verkleinerte Realisation v. I: Zweig abschneiden abschneiden	Joh 15₁ff				Vater = Gärtner Weinstock = Christus
– Ölbaum Zweige arteigen – ausreißen artfremd – einpfropfen Wurzel (Fruchtmotiv fehlt)		Rö 11₁₆b₋₂₄		(Vergangenheit) → Gegenwart → Zukunft	Gott

319

320

	§ 1 Evangelien	§ 2 Briefe	§ 3 Apokalypse	Zeit	Personen
BILDFELD SAAT-WACHSTUM-ERNTE					
I **Gerichtsbilder**					
a) Trennung Weizen→Scheune	Mt 3 12			(ἤδη)	(der nach mir kommende)
Trennung Spreu—verbrennen					
b) Ernten Getreide sieben	Lk 22 31f		Apk 14 14-16	Stunde ist gekommen/ dürr geworden	(Engel)
II **Entsprechungsbilder (dynamisch)** Nexus:					
a) σπείρειν ⊖—⊖ θερίζειν		I Kor 9 6 Differenzierung nach Art		(Gegenwart - Zukunft)	(allgemein)
b) Erde/Kraut ⊕—⊕ Segen		Gal 6 8 Differenzierung nach Ort			
Dornen+Disteln ⊖—⊖ Verbrennen		Gal 6 7 Differenzierung nach Samen		0	0
paradoxer Kausalnexus:		Hebr 6 7f Differenzierung nach d. Erde/ was sie hervorbringt.			
c) σπείρεται ⊖—⊕ ἐγείρεται		I Kor 15 42-44 Auferstehungsbild		0	0
III **Wachstumsbilder** (ein Same; positive Bilder; Kontrasthintergrund (Problem) ≠ explizit, Arbeit fehlt	Mk 4 26-29 Mk 4 30-32parr	Jak 5 7 (Wachstum variiert in bez. auf γεωργός)		Anfang - Ende ὅταν δὲ παραδοῖ ὁ καρπός Wachstumszeit limitiert	Evv: Mensch Jak: am Rande
a) αὐτομάτη, unangefochten von der Saat zur Frucht	fehlt i. d. Synopt	Joh 12 24 in Erde - ster-ben - Frucht	I Kor 15 36-42 Säen - sterben - Leib	Anfang - Ende	I Kor 15: im Zentrum
b) klein/groß					
III' **Auferstehungsbild**: unter dem Gesetz des Sterbens				Anfang - Ende	I Kor 15: οὐ

321

IV Differenzierungsbilder (mehrere Samen; Negativa im Bild integriert)

a) Differenzierung im Verlauf

Protagonist sät - Samen (nicht expressis verbis qualifiziert)	Mk 4 3-8 (14-20) parr	
Antagonisten vernichten Saat geht sukzessiv zugrunde: dreifache Differenzierung der negativen Gruppe (Vögel, Fels, Sonne, Dornen)	Differenzierung Ort - Ergehen	Nacheinander Sämann

b) Differenzierung von Anfang an

Protagonist sät Weizen Antagonist sät Lolch	Mk 13 24-30 (36-43)	Nacheinander Herr/Feind (ἐν ... τῷ καθεύδειν)
Wachstum Trennung	Differenzierung	Wachstumszeit limitiert
Lolch - in Bündeln verbrannt (Gericht, s. I) Weizen - in die Scheune		V35: ἤδη (ὁμοῦ)

c) Differenzierung in Bezug auf Säenden/Erntenden (Differenzierung in Bezug auf Personen)

	Joh 4 36-38 (Unterschiedenheit u. Zugehörigkeit)	Säender/ Erntender

V Vergänglichkeitsbilder
vergehen/verwelken

	(Motiv auch in IVa) Jak 1 10f 1 Petr 1 23f	(Vergehen) fehlen

322

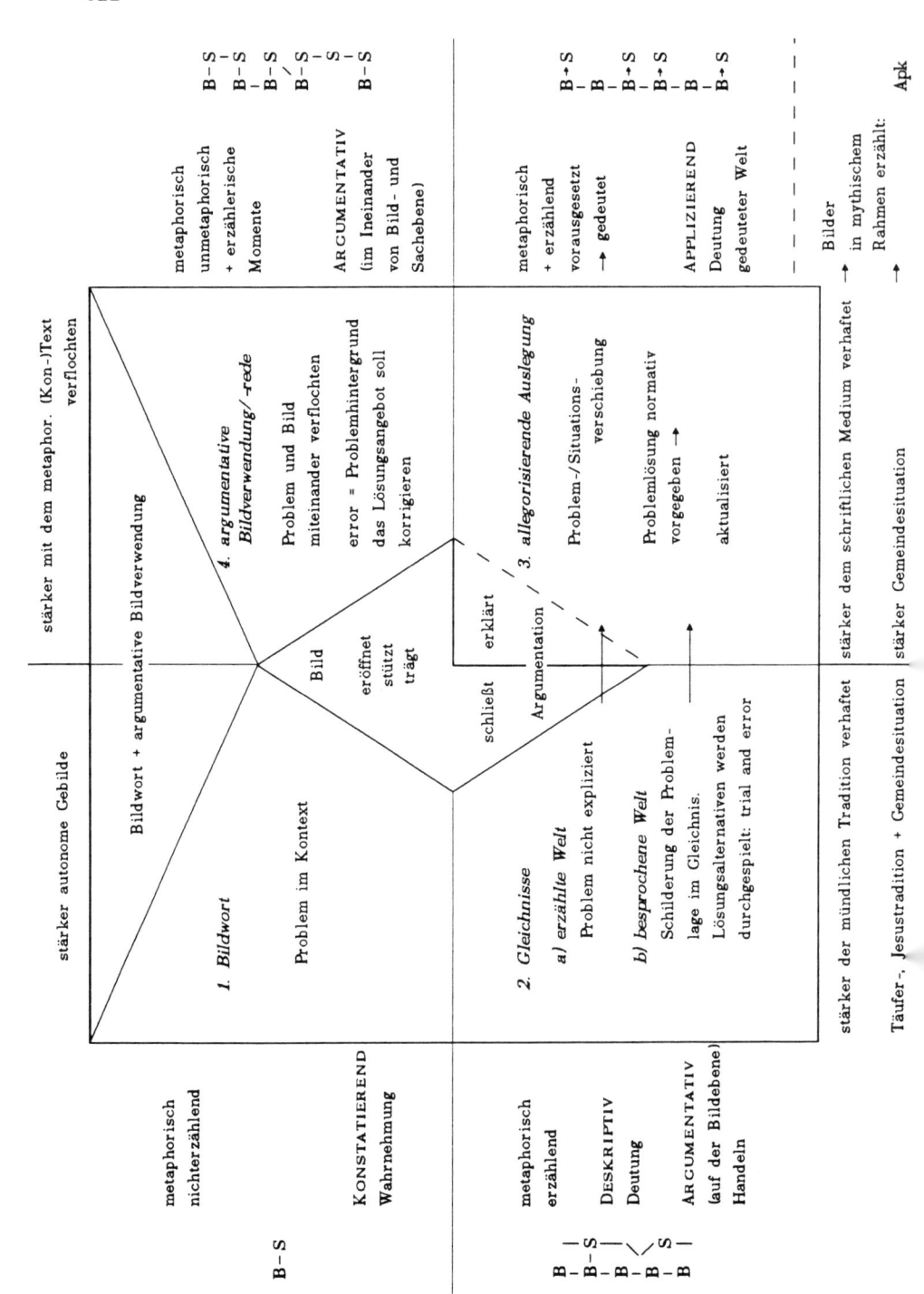

stärker autonome Gebilde | stärker mit dem metaphor. (Kon-)Text verflochten

Bildwort + argumentative Bildverwendung

1. Bildwort

Problem im Kontext

4. *argumentative Bildverwendung/-rede*

Problem und Bild miteinander verflochten

error = Problemhintergrund das Lösungsangebot soll korrigieren

Bild
eröffnet
stützt
trägt

schließt
Argumentation

erklärt

3. *allegorisierende Auslegung*

Problem-/Situations-
verschiebung

Problemlösung normativ
vorgegeben →
aktualisiert

2. *Gleichnisse*

a) erzähle Welt
Problem nicht expliziert

b) besprochene Welt
Schilderung der Problem-
lage im Gleichnis.
Lösungsalternativen werden
durchgespielt: trial and error

---

metaphorisch
nichterzählend

B–S

KONSTATIEREND
Wahrnehmung

metaphorisch
erzählend

B —
B–S
B — ⟋ S
B–S
B —

DESKRIPTIV
Deutung

ARGUMENTATIV
(auf der Bildebene)
Handeln

---

metaphorisch
unmetaphorisch   B–S
+ erzählerische   B–S
Momente   – S
                     B–S
                    ⟋ S–S
ARGUMENTATIV   B–S
(im Ineinander
von Bild- und
Sachebene)

metaphorisch   B→S
+ erzählend   B —
vorausgesetzt   B→S
→ gedeutet   B–S
                     B→S
                     B —
APPLIZIEREND   B→S
Deutung
gedeuteter Welt

---

stärker der mündlichen Tradition verhaftet | stärker dem schriftlichen Medium verhaftet

Täufer-, Jesustradition + Gemeindesituation | stärker Gemeindesituation

Bilder
→ in mythischem
  Rahmen erzählt:
↑
Apk

2) Die Realisation im literarischen und funktionalen Kontext
2.1) Die Realisation in Formen und im kompositionellen Gefüge
a) Die Metaphern sind in vier Formen realisiert: Im Bildwort (1), im Gleichnis (2), der allegorisierenden Auslegung der Gleichnisse (3) und der argumentativen Bildrede (4).
(1) Während das Bildwort auf der metaphorischen Ebene *konstatiert*, tritt im Gleichnis zur metaphorischen die erzählerische Ebene: Die Metapher wird narrativ entfaltet.
(2) Das geschieht in zweifacher Weise: das Gleichnis bleibt in der erzählten Welt (Mk 4 26-29.30-32) oder es wechselt von der erzählten zur besprochenen Welt (Lk 13 6-9; Mt 13 24ff).
Wird im ersten Fall *deskriptiv* die Deutung eines Problems/einer Situation gesucht, die im Bild selbst nicht expliziert wird, so wird im zweiten Fall zunächst die Problemlage auf der Bildebene geschildert, um in einem weiteren Schritt zwei alternative Lösungswege *argumentativ* durchzuspielen.
(3) Das Gleichnis mit seiner metaphorischen und erzählerischen Ebene bildet den Ausgangspunkt der allegorisierenden Auslegung.[2] Aufgrund einer Problem- und Situationsverschiebung[3] werden einzelne Metaphern aus dem Erzählgefüge gelöst und aktualisierend gedeutet: Zwischen Bild- und Sachebene wird mittels Identifikation ein stabiler Bezug hergestellt.
(4) In der argumentativen Bildrede (vgl. bes. Joh 15; Rö 11) sind Bild- und Sachebene miteinander verwoben. In der Argumentation sind metaphorische, unmetaphorische und erzählerische Elemente so miteinander kombiniert, daß der Sinn aus der Kohärenz der Ebenen zu erheben ist: Die Kenntnis des Bildfeldes und des verhandelten Problemkomplexes spielen hier zusammen.
Eine gewisse Sonderstellung nimmt die Bildverwendung in der Apk ein: hier sind die Bilder in den mythologisch-visionären Rahmen und den Ablauf des apokalyptischen Geschehens eingebunden.
b) Affinität der Bildfeldteile zu bestimmten Formen?
Betrachten wir die Verteilung der einzelnen Teilbildfelder auf die verschiedenen Formen, so fällt auf, daß in Bildworten bevorzugt Metaphern aus dem Bildfeld Baum - Frucht (und daraus mehr die individuell und eschatologisch konnotierten Metaphern) realisiert sind, selten dagegen Metaphern aus dem Bildfeld Saat - Wachstum - Ernte. Diese finden sich dafür bevorzugt in Gleichnissen und zwar in deren deskriptiver Form, die in der erzählten Welt bleibt. Dagegen ist mit dem Gleichnis vom unfruchtbaren Feigenbaum (Lk 13 6-9) und vom Unkraut unter dem Weizen (Mt 13 24ff) aus jedem Bildfeldteil ein Gleichnis in der deskriptiv-argumentativen Form, die von der erzählten zur

---

2) Seine Problemlösung wird normativ vorausgesetzt.
3) Mk 4 14-20 und Mt 13 37-43 sind, wie die Exegese gezeigt hat, später als das Gleichnis anzusetzen.

besprochenen Welt wechselt, vertreten. Eine allegorisierende Auslegung erfahren nur die Differenzierungsbilder aus dem Bildfeld Saat - Wachstum - Ernte, was damit zusammenhängen mag, daß ein Bildkomplex, der Saat und Wachstum auf eine Gemeinschaft und ihre Zusammensetzung bezieht, im konventionellen Bildfeld noch nicht vorgegeben war. Der innovative Bildgebrauch war, da er durch keine Bildtradition gestützt wurde, schwerer 'decodierbar' und folglich erklärungsbedürftig.[4] Die beiden expandierten Formen - der argumentativen Bildrede (Joh 15; Rö 11) enthalten beide Integrationsbilder aus dem Bildfeld Baum - Frucht, während kleinere argumentative Zusammenhänge stärker von der Saat-Ernte-Metaphorik bestimmt sind: das Bild vom Baum kann ob seiner Konsistenz und Langlebigkeit leichter größere Zusammenhänge dominieren als das Bildfeld Saat-Wachstum-Ernte.[5]
Insgesamt gesehen weist das Bildfeld Baum -Frucht also eine größere Affinität zum Bildwort, das Bildfeld Saat -Wachstum -Ernte zum Gleichnis auf. Ist ersteres stärker an Individuen, so letzteres stärker an der Gemeinschaft interessiert. In argumentativer Bildrede sind beide Teilbildfelder realisiert - das Bildfeld Baum-Frucht nur in seiner gemeinschaftlichen Verwendung.
Exmetaphern sind in den Evangelien als stehende Metaphern in den Bildzusammenhang integriert, 'isoliert' begegnen sie (gehäuft) in den Briefen.
c) Die verschiedenen Formen zeigen eine unterschiedliche Selbständigkeit gegenüber dem Kontext: Sind Bildwörter und Gleichnisse stärker autonome Gebilde und folglich breiter in der mündlichen Tradition verhaftet, so sind allegorische Auslegung und argumentative Bildverwendung vor allem in von vornherein schriftlich konzipierten Texten zu finden:
- Ein und dasselbe Bild kann in ganz verschiedenen Kontexten als Bildwort realisiert werden:[6] erst im jeweiligen Kontext entfaltet es seine argumentative Kraft.
- Gleichnisse - sie argumentieren selbständig auf der Bildebene - sind in einem hohen Grad autonom vom Kontext (das ermöglicht z.B. die Gleichnissammlungen), in den sie natürlich auch, wenn auch weniger stark, eingebunden sind (s. Lk 13 1-5.6-9).
- Die allegorisierende Auslegung Mk 4 14-20, Mt 13 37-43 setzt das schriftliche Medium voraus und bleibt auf den Text bezogen.

4) Vielleicht bringt Mk seine Parabeltheorie gerade im Zusammenhang mit dem Sämannsgleichnis, weil er hier eben nicht auf eine Verstehensvorgabe bauen konnte.
5) Die Reihung von Berufen, wie sie I Kor 9 7 und II Tim 2 4-6 begegnet, scheint traditionell zu sein, vgl. ActJoh 67; ActPhil 135; OdSal 161 und dazu Berger, Wert, 58ff.
6) Im Joh und in der Briefliteratur ist es im Unterschied zu den Synoptikern stärker mit dem Kontext verknüpft (ἀμήν... Joh 12 24; τοῦτο δέ II Kor 9 6; ἀδελφοί μου Jak 3 12; οὗτοί εἰσιν οἱ... Jud 12).

-Schließlich ist die argumentative Bildrede ganz mit dem Textzusammenhang verflochten. Sie tritt besonders im Johannesevangelium und in der Briefliteratur hervor.
d) Bildworte und Gleichnisse können zu Doppelbildworten und -gleichnissen zusammentreten und sich so in bestimmten Aspekten gegenseitig verstärken und ergänzen.[7] Sie können auch den Kontext symbolisch aufladen und durch diesen gestützt werden.[8]
Dort, wo der Kontext einen höheren Reflexionsgrad aufweist und das Bild stärker in die Argumentation eingebunden ist, ist ein rascherer Bildwechsel bis hin zu Bildsprüngen zu beobachten: dem jeweils zu betonenden Aspekt entsprechend wird das Bild gewechselt (I Kor 3 6ff), die Sachebene also dem Bild übergeordnet. Die Argumentation ist in der Briefliteratur so dominant, daß argumentative Bildrede und Bildwörter in der Argumentation oft miteinander kombiniert (Rö 11 16.17ff) und oft nur schwer zu trennen sind. Ein Bildwort kann aufgenommen und argumentativ von der Sachebene her aufgesprengt werden, wie Gal 6 7f zeigt: Während das Bildwort ὃ γὰρ ἐὰν σπείρῃ ἄνθρωπος, τοῦτο καὶ θερίσει (V7b) ganz auf der Bildebene bleibt, werden V8 Termini aus der Sachebene mit ihm verwoben.
Im narrativen Kontext der Evangelien sind die Bildworte und Gleichnisse in Reden verankert.[9] Sie stehen in betonter Endstellung (Anwendung/Klimax)[10] oder (so Mk 4 und Mt 13) in einer Sammlung von Gleichnissen, wobei die Gleichnisse vom Unkraut, Senfkorn und Sauerteig Mt 13 18-21 den ersten Teil des Gleichniskapitels abschließen. Die Anfangsstellung der argumentativen Bildrede Joh 15 1ff, wie auch die der Auferstehungsbilder Joh 12 24; I Kor 15 36-38 (III´) dürfte inhaltliche Gründe haben: die ego-eimi-Rede eröffnet einen Abschnitt, die Auferstehungsbilder eröffnen eine Antwort, die argumentativ-vertiefend fortgeführt wird. (I Kor 15 42-44 unter Wiederaufnahme der Metaphern).[11]

7) Vgl. Mt 13 31f.33par: dem Gleichnis vom Senfkorn und Sauerteig ist das augenfällige Wachstum gemeinsam; betont ersteres stärker den Aspekt des Größenwachstums, so letzteres stärker den Aspekt der Durchdringung von allem. - Eine Attraktion anderen Bildmaterials beobachten wir in Mt 3 10.12; Lk 6 43-45; Mt 12 33-35 (hier ist deutlich die Gleichnisfusion vollzogen); Mt 13 24.30.36-43/47-50; I Kor 9 7; I Kor 3 6-15.16f; Rö 11 16-24; I Petr 1 23f; Jak 3 11f; Jud 12f.
8) Vgl. die durch die Getreidefelder herannahenden Samaritaner Joh 4 30 und Joh 4 39-42.
9) Mt 3 7b-10.11f (Drohrede des Täufers); Lk 13 2ff (Jesus über den Untergang der Galiläer); Mt 7par (Bergpredigt/Feldrede); Mt 12 25ff (Antipharisäerrede); Jak 3 1ff (Über die menschliche Zunge).
10) So vor allem die Gerichts-, Entsprechungsbilder und das Ankündigungsbild Mk 13 28f aus dem Bildfeld Baum-Frucht (Jud 12 noch vertieft durch ein Zitat und den Rekurs auf die Autorität der Apostel); Mt 3 12 aus dem Bildfeld Saat- Wachstum-Ernte.
11) In II Kor 9 6, Gal 6 7-10 trägt die Metaphorik die Argumentation (III´); (Jak 1 10f) I Petr 1 23f (IV) ist sie in Endstellung realisiert.

Insgesamt gesehen begegnen uns im NT alle drei strukturell-möglichen Realisationen (Anfang/Mitte/Schluß).

2.2) Die Funktion der Metaphern im Neuen Testament

2.2.1. Der Innovationsgrad der realisierten Metaphernmaterials ist in den Evangelien, hier vor allem in den Gleichnissen,[12] am höchsten: Sie enttäuschen am stärksten die Determinationserwartung der metaphorischen Tradition und laufen auch am deutlichsten der Wirklichkeitsstruktur entgegen bzw. selektieren diese sehr einseitig. Eine Verschärfung gegenüber der metaphorischen Tradition stellen die beiden Bildworte des Täufers (Mt 3 10par/ Mt 3 12par) dar, eine Neukombination vorwiegend traditioneller Elemente sind die argumentative Bildrede Joh 15 und Joh 12 24*.[13] Am stärksten konventionell dürften die Bildworte sein, die Entsprechungsbilder (Baum - Frucht; Saat - Ernte) realisieren.

Der Innovationsgrad und die Autonomie der Metaphern ist in der Briefliteratur deutlich niedriger als in den Evangelien. Im Modell Jak 5 7 dürfte er sowohl im Hinblick auf die metaphorische Tradition (vgl. aber Mk 4 26-29) als auch aufgrund der Selektion aus der Realität relativ hoch sein. Jud 12 verschärft wahrscheinlich die Henochtradition und ist ebenso kontrafaktisch wie die argumentative Bildrede Rö 11 16-24, die auch in der Neukombination von Metaphern stark unkonventionell ist. Als Modifikation traditionellen Metapherngebrauchs ist die argumentative Bildrede I Kor 3 5-9 anzusehen, als Argumentation in Analogie zur Natur (Schöpfung) die argumentative Bildrede I Kor 15 35-44.[14] Ziemlich konventionell im Gesamt des antiken Bildfeldes sind die Entsprechungsbilder II Kor 9 6-10; Gal 6 7-10; Jak 3 12. Sie sind ebenso analog zur Wirklichkeitsstruktur realisiert wie die Beispiele I Kor 9 7.11. Dasselbe gilt für den Metapherngebrauch in Jak 1 10f; I Petr 1 23f. Schließlich sind in den Briefen noch eine Reihe Exmetaphern realisiert, die jegliche Konterdetermination verloren haben.[15]

---

12) Lk 13 6-9; Mk 4 26-29.30-32; Mt 13 24-30; Mk 4 3-8.
13) Joh 4 35-38 setzt sich mit Sprichwörtern auseinander.
14) S. Berger, Formgeschichte, 103.
15) Der Grad der Realisierung gegen die metaphorische Tradition und der Grad der Realisierung gegen die Wirklichkeitsstruktur scheinen in gewissem Maße zu korrelieren; ferner fällt auf, daß in den untersuchten Texten der Innovationsgrad in den Gleichnissen am höchsten, in den Bildworten des Täufers geringer zu sein scheint und eine stärkere Kombination von Tradition und Innovation, analogen und kontrafaktischen Elementen in der argumentativen Bildrede gegeben ist. Daneben finden sich traditioneller und analoger Bildgebrauch in der argumentativen Bildrede, im exemplum (bis auf Jak 5 7) und z.T. (Mt 7 etc.) in Bildworten.

2.2.2) Die Funktion der Metaphern: Im NT dient die descriptio[16] der Argumentation und der Paränese.[17]
Die argumentatio kann implizit[18] oder explizit[19] selbständig auf der Bildebene (so im Gleichnis) erfolgen. Je nach rhetorischer Stellung[20] bilden Metaphern (Bildworte/argumentative Bildrede) den Ausgangspunkt der Argumentation,[21] stützen bzw. tragen[22] sie. Sie können auch eine Aussage begründen und intensivierend abschließen.[23] Zur Polemik ist die Argumentation Mt 1513; Jud 12 abgesunken.
Illustratio und argumentatio haben im NT überwiegend ein Gefälle auf die adhortatio:[24] Sie zielen auf eine Wahrnehmungs- und Verhaltensänderung ab. Dies ist genauer auszudifferenzieren:
- Zur Metanoia mahnen die Gerichts- und Trennungsbilder.[25]
- Trost und Geduld erwirken die Wachstums-,[26] Differenzierungs-[27] und Ankündigungsbilder (Mk 1328f): Sie wollen in erster Linie ermutigen und so indirekt zum Durchhalten mahnen.
- Auf die Erkenntnis zielen die Entsprechungsbilder im Bildfeld Baum - Frucht: Sie wollen Kriterien für rechtes Handeln geben.
- Direkt argumentativ-appellativ wollen die dynamischen Entsprechungsbilder aus dem Bildfeld Saat - Wachstum - Ernte wirken.
- Stärker argumentativ-veranschaulichend sind die Auferstehungsbilder I Kor 1535ff und Joh 1224. Joh 1224 gewinnt über den Kontext noch eine kollektiv-orientierende Funktion.
- Sozial-integrative (bzw. exklusive) Funktion haben die Integrations- bzw. Differenzierungsbilder.
- Stabilisierend wirken die Vergänglichkeitsbilder I Petr 123f, während sie im Kontext von Jak 110f stärker paränetisch ausgerichtet sind.

16) Vgl. nur Mk 426-29.
17) Eine Sonderstellung kommt der allegorisierenden Auslegung zu, wo die Metaphern der gedeuteten Welt der Gleichnisse zum Deutungspotential einer aktualisierenden Applikation werden.
18) Mk 43-8.26-29.30-32; vgl. Joh 1224.
19) Vgl. den Wechsel zur besprochenen Welt Lk 137-9; Mt 1327-30.
20) S. oben Anm. 11.
21) Joh 435-38; 1224; I Kor 151ff; II Kor 96.
22) Mt 716-20par (s. Mt 716b rhetorische Frage; Mt 717: οὗτος; 720 ἄρα; Lk 643f γάρ); I Kor 97(9f)11; I Kor 36-9(ff); Rö 1116-24.
23) Jak 311f; Hebr 67f (γάρ). Deskriptiv-begründend: Jak 110 (ὅτι); Jak 111 (γάρ); Jak 57 (ἰδού); I Petr 123f (διότι).
24) Am wenigsten ist sie bei den Auferstehungs- und Wachstumsbildern ausgeprägt.
25) Lk 136-9 zeigt, daß das stärker indikativische Gleichnis im Kontext zum Imperativ werden kann.
26) Mk 426-29.30-32; Jak 57.
27) Mk 43-8; 1324-30.

3) Vergleich der beiden Teilbildfelder. Ihre Leistungsfähigkeit.
3.1) Gerichtsbilder gibt es in beiden Bildfeldern: im Bildfeld Baum - Frucht sind sie etwas breiter realisiert.
Jedoch ist eine Akzentverschiebung zu beobachten: Wird im Bildfeld Baum - Frucht stärker der Aspekt der Existenz/Nichtexistenz hervorgehoben, so im Bildfeld Saat - Wachstum - Ernte der Aspekt der Trennung: die Vielzahl ist im Bildfeld Saat - Wachstum - Ernte stärker im Blick.
Ist im Bildfeld Baum - Frucht das Ende ein radikales (abhauen), so kennt das Bildfeld Saat - Wachstum - Ernte daneben auch ein langsam-"natürliches" Ende (Vertrocknen im Unterschied zum Abschneiden Mk 4/III; Bildkomplex V).
3.2) Die Entsprechungsbilder sind in beiden Bildfeldern verschieden gestaltet: Drücken sie im Bildfeld Baum - Frucht einen Zusammenhang zwischen Sein und Tun, so im Bildfeld Saat - Wachstum - Ernte zwischen Tun und Ergehen aus. Der ontische Zusammenhang zwischen Baum und Frucht (nach Qualität oder Gattung) wechselt im Bildfeld Saat - Wachstum - Ernte zum dynamischen Zusammenhang zwischen Saat und Ernte (Kausalnexus).[28]
3.3) Der sprossende Feigenbaum (III) mit seiner Ankündigungsfunktion fehlt im Bildfeld Saat - Wachstum - Ernte, obwohl diese ohne weiteres auch dort auszudrücken wäre (weil das Bildfeld Saat - Wachstum - Ernte im Gegensatz zum Bildfeld Baum - Frucht stärker der präsentischen Eschatologie verhaftet ist oder weil es ob der Bedeutung des Kommenden einen Baum braucht?).
3.4) Umgekehrt sind die Wachstumsbilder (III) mit ihrer Trost- und Ermutigungsfunktion ohne Pendant im Bildfeld Baum - Frucht: Im Bild des Samenkorns läßt sich die unscheinbar-entmutigende Situation leichter verschränken und das herrliche Ende kontrastiv in überschaubarem Zeitraum darstellen.
3.5) Kommt den Zugehörigkeitsbildern, die auf die Gemeinschaft konvergieren, im Bildfeld Baum - Frucht stärker eine Integrationfunktion zu, so denen im Bildfeld Saat - Wachstum - Ernte stärker eine Differenzierungsfunktion: Ist das eine Mal der eine Baum, mit dem die Zweige verbunden sind, für das Bild bestimmend, so das andere Mal eine Vielzahl von Samen/Pflanzen, die ausdifferenziert werden (Mt 13 24ff ist die Differenzierung bis zur Aussaat (vom Herrn vs Feind) ausgezogen). Liegt also einmal der Akzent mehr auf der Zugehörigkeit (dem Bleiben/Hinzukommen), so das andere Mal auf der Nichtzugehörigkeit (dem Ausscheiden). Ferner fehlt im Bildfeld Saat - Wachstum - Ernte ein den traditionellen Meta-

---

28) Dieser Zusammenhang zwischen Saat und Ernte liegt auch den Wachstumsbildern (III) zugrunde: aus dem Zusammenhang zwischen unscheinbar kleinem Anfang und überwältigend großem Ende gewinnen die Wachstumsbilder ihre argumentativ-persuasive Kraft.

phern des Weinstocks (Joh) und des Ölbaums (Pls) entsprechender Metaphernkomplex (ein großes heilsgeschichtliches Kollektiv); der Bezug zur Tradition (Israel) läßt sich nur in einem Bild, für das die Dauer, die Kontinuität bei allem Wechsel charakteristisch ist, adäquat darstellen, nicht aber in einem Bild, das vom jährlichen Vergehen bestimmt ist.
Im missionarisch konnotierten Zugehörigkeits- und Differenzierungsbild des Pflanzens I Kor 36-9 und des Säens und Erntens Joh 435-38 kommen sich Bildfeld Baum - Frucht und Saat - Wachstum - Ernte sehr nahe.
3.6) Die Wachstums- und Differenzierungsbilder* mit ihrer Trost- und Ermutigungsfunktion fehlen im Bildfeld Baum - Frucht: Im Bild des Samenkorns läßt sich die unscheinbar-entmutigende Gegenwart leichter verschränken und der großartigen Zukunft in einem zeitlich überschaubaren Rahmen kontrastieren. Nur hier können auch im Bildfeld Vegetation der für das eschatologische Maß charakteristische terminierte Zeitraum zusammen mit der Nezessität des Kausalnexus ausgedrückt werden (Mk 426-29; Jak 57; Mt 1324-30).
3.7) Die Auferstehungsbilder mit ihrer Argumentationsfunktion fehlen im Bildfeld Baum - Frucht: kann dort doch nur erheblich schwerer das notwendige Sterben als Vorbedingung für das Leben und überhaupt nicht die Diskontinuität beim Aufbruch neuen Lebens abgebildet werden.
3.8) Insgesamtgesehen ist im Bildfeld Baum - Frucht das Fruchtmotiv stärker ausgeprägt. Im Bildfeld Saat - Wachstum - Ernte tritt es deutlich zugunsten der Darstellung des Zusammenhangs zwischen Anfang und Ende zurück. Dem entspricht, daß das Bildfeld Baum - Frucht stark imperativisch, das Bildfeld Saat - Wachstum - Ernte mehr indikativisch verwandt wird: Ersterem kommt in erster Linie eine Appell-, letzterem in erster Linie eine Trost- und Ermutigungsfunktion zu.[29]
3.9) Wie der Vergleich zeigt, eignet jedem Teilbildfeld trotz aller Überschneidungen seine spezifische Leistungsfähigkeit: Mit dem Wechsel der Thematik und der pragmatischen Funktion ändert sich auch die Realisation der Metaphern.

4) Das Bildfeld "Vegetation" als Ausschnitt aus dem Paradigma der Metaphern
Betrachten wir das Bildfeld "Vegetation", dann haben wir uns zu vergegenwärtigen, daß es der antiken Bilderwelt angehört, in der andere Bildfelder alternative Realisationen offenhalten:

---

[29] Hängt das damit zusammen, daß das Bildfeld Baum - Frucht in den Synoptikern stärker in Bildworten, das im Bildfeld Saat - Wachstum - Ernte stärker in Gleichnissen realisiert ist?

Dargestellt werden kann z.B.
das *Gericht (I)* im NT auch als
1) Scheidung
   - von guten und schlechten Fischen (Mt 13 48),
   - von Schafen und Böcken (Mt 25 31-33),
   - von klugen und törichten Jungfrauen (Mt 25 1-13),
   - (- von zweien auf dem Bett/ beim Mahlen/ (auf dem Feld) Lk 17 34-36.
   - vgl. auch Lk 16 19-31 reicher Mann/ armer Lazarus).
2) als Ausschluß
   - der törichten Jungfrauen vom Festmahl (Mt 25 11f),
   - der zuerst Eingeladenen/ des Gastes ohne Hochzeitskleid vom Hochzeits-/Gastmahl (Mt 22 1-14 par),
   - der Einlaß Begehrenden vor der verschlossenen Tür (Lk 13 24-30).
3) als Wegnehmen
   - des anvertrauten Talents/ Pfundes (Mt 25 14-30 par),
   - des Weinbergs (Mk 12 9parr),
4) als Wegwerfen/ Zerstören
   - des Salzes, das hinausgeworfen und zertreten wird (Mt 5 13),
   - des Hauses, das auf Sand gebaut ist und einfällt (Mt 7 26f),
5) als Strafvollzug ("Heulen und Zähneknirschen/ Folter/ Hinrichtung)
   - Mt 22 11-13; Mt 25 30; Mt 24 51; Lk 12 47f; u.ö.;
   - Mühlstein am Hals: Mt 18 6 parr.
das *Wachstum (II)* auch
   - im Bild des Sauerteigs (im Unterschied zum pflanzlichen Wachstum wird hier mehr der Aspekt der Durchdringung betont),
   - und das zum Metaphernkomplex gehörende eschatologische Maß im Bild der
   - Schwangerschaft (klingt im NT nur an: Mk 13 8; Joh 16 20-22 ; Rö 8 22) und dem
   - Mündigwerden Gal 4 1f.
die *Zugehörigkeit (III)* auch im Bildkomplex
   - Hirt/ Herde/ Schaf Mk 6 34; Mt 2 6; Mt 9 36 par; Mt 10 6; 15 24; Mt 18 12 par Lk 15 4.6; Mt 25 32f; Mt 26 31 par; Lk 12 32; Act 20 28f; (vgl. Mt 7 15; 10 16 par Lk 10 3); Joh 10 1-27; 21 16f; Eph 4 11; Hebr 13 20; I Petr 2 25; 5 2f; (Jud 12); vgl. Apk 7 17; 12 5; 19 15,
   - Fischnetz Mt 13 47f,
   - Henne/ Küchlein Mt 23 37,
   - Soma/Glieder Rö 12 4f; I Kor 6 15; 10 17; 12 12-27.; Eph 1 22f; 4 4.12. 15f.25; 5 23.30,
   - Steine/ Bau, etc. Mt 16 17-19; Act 9 31; 15 16f; 20 32 (θύρα; Joh 10 7.9); I Kor 3 9f; 14 4.17; (8 1.10; 10 23; II Kor 10 8; 12 19; 13 10; I Thess 5 11); Eph 2 19-22; Eph 4 12.16.29; I Petr 2 4-8; Jud 20f,

- Volk (Gottes) Rö 9 25-29; I Petr. 2 9f; (vgl. Israel (Gottes): Gal 6 15f; (Eph 2 11f; Hebr 8 8-13)),
- Bürger/Fremder, etc. Phil 1 27; 3 20; πάροικος I Petr 2 11; παρεπίδημος I Petr 1 1; 1 17; 2 11; ξένος Hebr 11 13,
- Familie (Vater/Sohn/Kinder/Herkunft/Bruder/Schwester) Joh 12 16f; Rö 4 16; Rö 16 1; I Kor 7 15; 9 5; Gal 3 29; 4 1-7; Phil 4 1; Kol 1 2; I Thess 5 5; Eph 5 8f; u.ö.,
- über die Kleidung (bes. im Zusammenhang mit der Taufe): vgl. das Hochzeitskleid Mt 22 11; das Anziehen Christi Gal 3 27; Rö 13 14; des neuen Menschen Eph 4 24; Kol 3 10 und vorher: das Ausziehen Rö 13 12 (des alten Menschen); Eph 4 25; Kol 3 8f (vgl. auch das Abwaschen I Kor 6 11),

(- und in späterer Deutung: das Boot Mt 8 23-27),
die *Vergänglichkeit (IV)* auch als Dampf/Dunst ἀτμίς Jak 4 14.
Andere Metaphernkomplexe wie das Verlieren/Wiederfinden (Lk 15; vgl. Mt 18 12-14), das Hergeben/Bekommen (Schatz, Perle: Mt 13 44-46), das Bitten/Bekommen (bittender Freund Lk 11 5-8; bittende Witwe Lk 18 1-8), das Schuld-erlassen-bekommen (Lk 7 41-45) werden im Bildfeld "Vegetation" nicht realisiert.
In der stärker zentralen oder peripheren Realisation von Metaphern lassen sich innerhalb des NT und im Vergleich mit anderen Weltdeutungssystemen, die in derselben Bildfeldgemeinschaft stehen, verschiedene Gewichtungen festmachen, die das Charakteristische der jeweiligen Lebens- und Interpretationsgemeinschaft (Religion) profilieren.
Um Möglichkeiten und Verschiebungen im NT gegenwärtig zu machen, sei hier eine semasiologische Zusammenstellung einer Reihe neutestamentlicher Metaphern vor Augen gestellt:
Synoptiker/Acta
1. Menschlicher Körper: σῶμα fehlt als Metapher; ὀφθαλμός Mt 6 22f par (s. φῶς).
2. Familie (häuslicher Erfahrungsbereich)
Nahrung/Ernährung: ζύμη, ζυμόω Mt 13 33 par; Mt 16 6.11f parr; ἅλας etc. Mk 9 49f parr; ἄρτος (Mt 7 9 par) Mk 7 27 par; οἶνος Mk 2 22 parr.
Kleidung: ἐνδύω κτλ. Mt 22 12 (kein Hochzeitskleid); (Lk 15 22); Lk 24 49.
Erziehung: -
Gegenstände: ποτήριον Mk 14 36 par; (Mt 26 42 Θ; M; u.ö.); Mk 10 38f par; (Mt 23 26 par); σκεῦος Act 9 15; λύχνος s. φῶς.
(Gast-)mahl: Lk 12 36f; 13 29 (Mt 8 11); Lk 22 30 (vgl. Mk 14 25 par); (Lk 15 25-32); Hochzeitsmahl: Mt 22 1-14 par; Lk 12 36; 14 8. 8.
Hochzeit: γάμος, etc.: Mk 2 19 parr; Mt 25 1-11; 22 1ff.
Braut, Bräutigam, Ehe: (s.o.), Mk 2 20 par; (μοιχαλὶς γενεά Mk 8 38; Mt 12 39; 16 4).
Schwangerschaft/Geburt: ὠδίν Mk 13 8; Act 2 24.

Vater/ Mutter/ Sohn/ Kind(er), etc.: πατήρ Mk 1125(f) par; 1332 par; Mt 516; 545.48 par; 61.4.6.8f.14f; 618.26; 632 par; 711 par; 1020.29.32.33; 1343;1814; 2131; 239; Lk 1232; (Lk 1511ff); Lk 1627; Act 14.7 u.ö.; μήτηρ Mk 334f par; Mk 1030; τέκνον Mk 1024; Mt 1119par*; Mt 2337; Lk 1944; ἀδελφή Mk 334 par (Symbol); Mk 335 par; ἀδελφός Mk 334 par (Symbol); Mk 335 parr; Mt 238; Act 115f; 229.37; 317; 63; 72; 917.30; 1023; 111.29; 1217; weiteres: Mt 2337 par; Mt 2128-32; παιδίον Mt 1116 par; Mk 1015 parr; Lk 1511-32. πάροικος (steht in engem Zusammenhang mit dem AT) Act 76.29; 1317.

Schlaf/ Krankheit/ Tod: (καθεύδω Mt 255; Mk 427); Mk 217 parr; τυφλός κτλ. Mt 1514.

Sonstiges: -

3. Natur-und Berufsleben

Tageszeiten/ Meteorologie/ Geographie u.ä.: ὡς ὁ ἥλιος Mt 172; φῶς Mt 172; Lk 232 (Zit.); Lk 816; 1133; 168; Act 1347(Zit.); Act 2623; φῶς vs σκότος Mt 416; 623 par; Mt 1027 par; λύχνος (καίουσιν) Mt 515 par; 622 par Mk 421; νεφέλη etc. Lk 1254; βροχή, ποταμός, ἄνεμος Mt 725.27 par; ἀστραπή Mt 2427 par; Mt 283; Lk 1018; 1136; ὁδός (τοῦ θεοῦ, τοῦ κυρίου) o.ä.: Mk 13 parr; Mk 1214 parr; Mt 2132; Lk 179; Act 228; 1310; 1617; 1825f; s. ferner: Act 1923; 2414.22.

(Pflanzen)

Tiere: κάμηλος Mk 1025 parr; Mt 2324; πρόβατον vs λύκος Mt 715; 1016 par Lk 103; ποίμνιον vs λύκος Act 2029; πρόβατον — ποιμήν Mt 936; Mk 634; Mt 2631; (Mt 106; 1524); Mt 2532f; Mt 2631par; πρόβατον/ἀμνός Mt 1211f; Mt 1812 par Lk 154.6; Act 832; ποιμήν Mt 2631; ποίμνιον Lk 1232; Act 2028f; ποιμαίνω Mt 26; Act 2028; ποιμήν Mt 936 par; 2532; 2631; ἀλώπηξ Lk 1332; (Mt 820 par); κύων/κυνάριον Mt 76; Mk 727; ὄρνις Mt 2337 par; περιστερά Mk 110 parr; Mt 1016; ἀετός Mt 2428 par; ὄφις (+σκορπίος Mt 710 par); Mt 1016; Mt 2333; (ἰχθύς Mt 710 par); κώνωψ Mt 2324.

Seefahrt: fehlt. ἁλιεύς κτλ. Mk 117 par; (Lk 510); Mt 1347-50.

Handel/ Geldwesen: Mt 1345f; Mt 2514-30 par; 1823-35; Lk 741; Lk 161-8; δραχμή Lk 158f; θησαυρός Mt 619-21 par; Mt 1235 par; Mt 1344.52; Mk 1021 par.

Sonstiges: Arzt Mk 217 parr; ungewalktes Tuch/ altes Kleid; neuer Wein/ alte Schläuche Mk 221f parr.

4. Bau, Stadt, Wohnen: οἰκοδομέω: Mt 724-27 par; Turmbau Lk 1428-30; (Lk 1216-21; Mk 121ff parr); Tempelzerstörung/ Wiederaufbau Mk 131f parr; 1458; 1529; Mt 2661; 2740; Act 614; Bau der Kirche Mt 1617ff; ἀν-/ οἰκοδομέω Act 931; 1514-18; 2032; Eckstein Mk 1210 parr (Zit.); Act 411 (Zit.); στῦλος Gal 29; πύλη/ θύρα Mt 714 par; κλείς Mt 1619; Lk 1152; übertünchte/ unkenntliche Gräber Mt 2327 par.

5. Gesellschaft: οἰκονόμος Lk 1242; Lk 161-8; οἰκοδεσπότης, οἰκιακός Mt 1025; 1327.52; 201.11; 2133; 2443; Lk 1325; Lk 1421; ἐργάτης Mt 937f par; 201; Lk 1327; δοῦλος Mt 1327.28; Mk 122 parr; Mt 1823-32; Mt 223-10 par; 2445ff par; Mt 2514-30 par; Lk 1522; Lk 177.10; (Act 218; 429; 1617). Doppeldienst: Mt 624 par. παῖς Mt 1218 (von Jesus, Zit.); Lk 154.69 (von Israel, David); (1245; 1526); Act 312.26 (von Jesus); Act 425 (von David); μισθός Mt

5 12.46 par; Mt 61f. 5.16; Mt 1040-42; 20 1-16; Mk 9 41; ὑπηρέτης Lk 12.
Rechtsleben/Staatswesen: βασιλεία Mk 324 parr u.ö.; πολίτης Lk 1914; κριτής Lk 1214; Lk 182-8; Act 1042 ; κρίσις κτλ. Mt 1241 par; μεριστής Lk 1214; λύτρον, λύτρωσις, κτλ., Mk 1045 par; Lk 168; 238; Lk 2421; κλέπτης Mt 2443 par; vgl. Mk 327 par;
Gericht: Mühlstein Mk 942 parr.
Wettkampf: -
Kriegswesen: (στράτευμα Mt 227); μάχαιρα κτλ. Mt 1034 par; πανοπλία Lk 1122; Kriegführen: Lk 1431f;
Gericht: πῦρ βάλλειν Lk 1249.
Kultus: s. πρόβατον
Musik: Mt 1117 par.
Sonstiges: μαργαρίτης Mt 76; 1345f.
Johannes
1. Menschlicher Körper: -
2. Familie (häuslicher Erfahrungsbereich)
Nahrung/Ernährung: ἄρτος τῆς ζωῆς Joh 635; (βρῶμα Joh 434); ὕδωρ Joh 4(10f).14f;738.
Kleidung: -
Erziehung: -
Gegenstände: ποτήριον Joh 1811.
Gastmahl: -
Hochzeit, Ehe, Braut, Bräutigam: (+Freund) Joh 329.
Schwangerschaft/Geburt: Joh 33-7; 1621.
Vater/Mutter/Sohn/Kind(er), etc.: πατήρ[30] Joh 421.23; 627; 841f.44;1226f; 1627; u.ö.; υἱός Joh 835; τέκνον Joh 112; 1152; παιδία Joh 215; I Joh 218.
Krankheit/Tod: -
3. Natur- und Berufsleben
Tageszeiten/Meteorologie/Geographie u.ä.: νύξ vs ἡμέρα/φῶς Joh 94f; φῶς Joh 147f.7-9; 319-21; 535; φῶς vs σκότος Joh 319; 812; 1235.46; (I Joh 15); I Joh 17; 28-10; Joh 812; 95; 119f; 1235f; ὁ λύχνος ὁ καιόμενος καὶ φαίνων Joh 535; (πνεῦμα Joh 38; ὕδωρ Joh 414); ὁδὸς κυρίου Joh 123; ὁδός Joh 123; Joh 144-6.
(Pflanzen)
Tiere: πρόβατον vs λύκος Joh 1012; πρόβατον Joh 101-27; 2116f; ἀμνός Joh 129.36; ποίμνη Joh 1016; ποιμαίνω Joh 2116; ποιμήν Joh 102-16; περιστερά Joh 132. AT-Typologie: Joh 314.
Seefahrt: -
Handel: -
Sonstiges: Astralmetaphorik Joh 330.
4. Bau, Stadt: οἰκοδομέω Joh 219f (ναός); θύρα Joh 107.9.

30) Die Verwendung von πατήρ/υἱός im Joh (s. Konkordanz) scheint stärker eine mythisch als eine metaphorisch geprägte zu sein.

5. Gesellschaft: δοῦλος Joh 834f; (Joh 1515); μισθός Joh 436; II Joh 28.
Rechtsleben/Staatswesen: κλέπτης/ ληστής Joh 101.8.10.
Wettkampf: -
Kriegswesen: -
Kultus: s. ναός unter 4.
Musik: -
Sonstiges: -

Paulusbriefe
1. Menschlicher Körper: σῶμα, μέλη, einzelne Glieder: Rö 124f; I Kor 615.19; 1017; 1212-27; κοιλία Phil 319. γένη φωνῶν I Kor 1410; κατ' ὀφθαλμοὺς προγράφειν Gal 31.
2. Familie (häuslicher Erfahrungsbereich)
Nahrung/Ernährung/Pflege: φύραμα Rö 1116; I Kor 56f; Gal 59; γάλα, βρῶμα I Kor 32; 97; τροφός I Thess 27. θάλπω I Thess 27. ζυμόω, ζύμη I Kor 56-8; Gal 59.
Kleidung: ἐν-, ἐκδύω/-δύωμαι Rö 1312.14; I Kor 1553f; II Kor 52-4; Gal 327; I Thess 58; (vgl. auch das Abwaschen I Kor 611).
Erziehung: διδάσκαλος, παιδευτής Rö 220; παιδεύω I Kor 1132; II Kor 69; παιδαγωγός I Kor 415; Gal 324f; ἐπίτροπος Gal 42; ῥάβδος I Kor 421.
Gegenstände: σκευή Rö 921f; II Kor 47; IThess 44; ἔσοπτρον I Kor 1312; κατοπτρίζω II Kor 318.
Gastmahl Hochzeit Ehe, Braut, Bräutigam: II Kor 112; (Rö 71-6).
Schwangerschaft/Geburt: I Thess 53; Gal 419; γεννάω I Kor 415; Phlm 10; ἔκτρωμα I Kor 158.
Vater/Mutter/Sohn/Kind(er)/ etc.: πατήρ Rö 17; 64; 815; I Kor 13; 415; 86; 1524; II Kor 12.3; 618; Gal 11.3f; 42.6; Phil 12; 211.22; 420; I Thess 11f; 211; 311.13; Phlm 3; μήτηρ Gal 426; τέκνον Rö 816f.21; 98; I Kor 414.17; II Kor 613; 1214; Gal 419.25; Phil 215.22; I Thess 27.11; Phlm 10; υἱός, θυγάτηρ II Kor 618; υἱός Gal 47; ἀδεφή Rö 161; I Kor 715; 95; ἀδελφός Rö 113; 71.4; 812.29; 93; 101; 1125; 121; Phil 112.14; I Thess 14; u.ö.; weiteres: I Kor 1420; Gal 329; Phil 41; Kol 12; I Thess 55; u.ö. (s. van Allmen, famille, XVI-XIX). νήπιος Rö 220; I Kor 31; Gal 41.3; I Thess 27; νήπιος - ἀνήρ I Kor 1311. τέλειος I Kor 26; 1420; Phil 315.
Schlaf/Krankheit/Tod: ἐξ ὕπνου ἐγερθῆναι Rö 1311; καθεύδω I Thess 56-10; τυφλός, τυφλόω Rö 219; II Kor 44; σκόλοψ τῇ σαρκί II Kor 127; νεκρός, ἀποθνήσκω Rö 611.13; 78-11; 811. (πωρόω Rö 117; II Kor 314).
Sonstiges: περικάθαρμα I Kor 413.
3. Natur- und Berufsleben
Tageszeiten/Meteorologie, Geographic u.ä: ·νύξ -ἡμέρα u.ä: Rö 1311ff; I Thess 55.8; φῶς - σκότος: Rö 219; 1312; I Kor 45f; II Kor 44.6; 614; I Thess 55; φωστήρ Phil 215; σβέννυμι I Thess 519; ὁδός, κτλ. Rö 317; 1133; I Kor 417; 1231; ἐν-/ἐκδημέω II Kor 56.
(Pflanzen)

Tiere, etc.: πρόβατον Rö 836; (ποίμνη; ποιμαίνειν... I Kor 97); κύων Phil 32; σκύβαλα Phil 38; κέντρον I Kor 1555f; ζυγός Gal 51 (Phil 43).
Jagd: βρόχον ἐπιβάλλειν I Kor 735.
Seefahrt: -
Handel/Geldwesen: θησαυρός, θησαυρίζω II Kor 47; 1214; Rö 25; κοινωνεῖν εἰς λόγον δόσεως καὶ λήμψεως Phil 415; εἰς λόγον δόσεως Phil 415.
Sonstiges: κεραμεύς Rö 921;
Feuerprobe: I Kor 312-14.
4. Bau, Stadt: οἰκία, οἰκητήριον, σκῆνος II Kor 51ff; ἀρχιτέκτων I Kor 310; (ἐπ-)οἰκοδομεῖν, οἰκοδομή κτλ. Rö 1520; I Kor 39f; 81.10; 1023; 144.17; II Kor 51; 108; 1219; 1310; Gal 218; I Thess 511; θεμέλιον Rö 1520; I Kor 310-12; στῦλος Gal 29; ναός I Kor 316f; 619; II Kor 616; Berg Sinai/Jerusalem Gal 425f. θύραν ἀνοίγειν I Kor 169; II Kor 212; Kol 43.
5. Gesellschaft: οἰκονόμος I Kor 41f; Gal 42; (ἐπίτροπος Gal 42); κύριος Rö 144; Gal 41; δοῦλος Rö 616ff; I Kor 722; Gal 41.7; δοῦλος Χριστοῦ o.ä. Rö 11; Gal 110; Phil 11; ὑπηρέτης I Kor 41; οἰκέτης Rö 144; ὁδηγός Rö 144; ἀπελεύθερος I Kor 722; ἐργάτης, μισθός: Rö 44; I Kor 38f.14; II Kor 1113; Phil 32.
Rechtsleben/Staatswesen: πολιτεύομαι, πολίτευμα Phil 127; 320; Eherecht: Rö 72f; μεσίτης Gal 319f; διαθήκη Gal 315-17; κληρονόμος Rö 817; Gal 41-7; προθεσμία Gal 42; ἀρραβών II Kor 122; 55; ἀγοράζομαι I Kor 620; 723 (ἠγοράσθητε + τιμῆς); πεπραμένος Rö 714; ἐξαγοράζω Gal 313; 45; τὸν τράχηλον ὑποτιθέναι ὑπὲρ τῆς ψυχῆς τινος Rö 164; ἁρπαγμός Phil 26; κλέπτης I Thess 52.4; φρουρεῖν Gal 323; Phil 47; συγκλείειν Rö 1132; Gal 322f; ἐπιθανάτιος I Kor 49; σφραγίς Rö 411; I Kor 92.
Wettkampf (ἀγών, νῖκος, στέφανος, ἀθλεῖν, etc.): Rö 916; I Kor 924-27; Gal 22; 57; Phil 127-30; 312-14; 41; I Thess 22.19.
Kriegswesen: στρατεύομαι, στρατεία, κτλ. Rö 723; I Kor 97; II Kor 103-6; συστρατιώτης Phil 225; Phlm 2; ὅπλα Rö 613; 1312; II Kor 67; θώραξ I Thess 58; σάλπιξ I Kor 148; ὀψώνιον Rö 623; I Kor 97; II Kor 118; καθαίρεσις (ὀχυρωμάτων) II Kor 104.8; 1310; μάχαιρα Rö 835; αἰχμαλωτίζω Rö 723; II Kor 105; (θριαμβεύω II Kor 214).
Gericht: glühende Kohlen auf das Haupt häufen Rö 1220.
Kultus: ἀπαρχή Rö 823; 1116; 165; I Kor 1520.23; 1615; II Thess 213; θυσία Rö 121; Phil 217; 418; ὀσμή, εὐωδία II Kor 214b-16a; ναός, Jerusalem I Kor 619; II Kor 616; u.ö. (s. Bau); πλάξ II Kor 33.
Musik: χαλκὸς ἠχῶν; κύμβαλον I Kor 131; αὐλός, κιθάρα I Kor 147.
Sonstiges: ἐπιστολή II Kor 32f; θέατρον I Kor 49.
AT-Stoffe: Passa: I Kor 57f; ὄφις II Kor 113; zwei Söhne Abrahams ἐκ τῆς παιδίσκης, ἐκ τῆς ἐλευθέρας Gal 422f.

Sonstige Briefe
1. Menschlicher Körper: σῶμα, μέλος, κεφαλή, etc. Eph 122f; 44.12.15f.25; 523.30; Kol 124; 219; 315; σπίλος, ῥυτίς Eph 527.

2. Familie (häuslicher Erfahrungsbereich)

Nahrung/Ernährung/Pflege: γάλα u.ä. Hebr. 512f; I Petr 22; ἅλς, etc. Kol 46; ἐκτρέφω Eph 529; 64; θάλπω Eph 529.

Kleidung, etc.: ἀπέκδυσις Kol 211; ἀποτίθημι Kol 38f; ἔνδυσις/ἐνδύω I Petr 33; Eph 424; 611-14; Kol 310.12; ἀναζώννυμι I Petr 113; (κοσμέω I Tim 29; I Petr 35); ἀμίαντος I Petr 14; ἱμάτιον, περιβόλαιον Hebr 111f.

Erziehung: Hebr 125-11; παιδεύω Tit 212.

Gegenstände: λύχνος II Pt 119; σκεῦος II Tim 220f; (I Petr 37); ἔσοπτρον Jak 123f.

Gastmahl: -

Hochzeit: -

Ehe, Braut, Bräutigam: Eph 522-31.

Schwangerschaft/Geburt: ἀναγεννάω I Petr 13; τίκτω Jak 115.

Vater/Mutter/Sohn/Kind(er)/etc.: πατήρ Kol 12f.12; 317; II Thess 11f; 216; I Tim 12; 51; II Tim 12; Tit 14; Hebr 15; 127.9; Jak 117.27; 39; I Petr 12f.17; II Petr 117; I Joh 12f; 21.15f.22-24; 31; 414; 57; II Joh 3f.9; Jud 1; μήτηρ I Tim 52; τέκνον Eph 23; 51.8; I Tim 12.18; II Tim 12; 21; Tit 14; I Petr 114; 36; I Joh 31.2.10; 52; II Joh 1.4.13; II Joh 4; παιδίον Hebr 213f; ἀδελφή I Tim 52; II Joh 13; ἀδελφός Eph 610.21.23; Kol 11.2; 47.9.15; Jak 12.9.16.19; 57.9.10.12.19; βρέφος I Petr 22; πάροικος, κτλ. Eph 219; I Petr 211; 117; Hebr 119.

Schlaf/Krankheit/Tod: καθεύδω κτλ. Eph 514; γάγγραινα II Tim 217.

Sonstiges: ἀτμίς Jak 414; Fußstapfen nachfolgen I Petr 221.

3. Natur- und Berufsleben: -

Tageszeiten/Meteorologie/Geographie, etc.: φῶς - σκότος Eph 58; I Petr 29; λύχνος φαίνοντι II Petr 119; ἀναζωπυρεῖν II Tim 16; νεφέλη, πηγή, etc. II Petr 217; Jud 12f; [πηγή] ἁλυκὸν γλυκὺ ... ὕδωρ Jak 311f; πηγή II Petr 217; ἄστρα τοῦ οὐρανοῦ, ἄμμος ἡ παρὰ τὸ χεῖλος τῆς θαλάσσης Hebr 1112; νέφος Hebr 121; κλύδων Jak 16; ὁδός Hebr 310; 98; 1020; Jak 18; 520; II Petr 22.15.21; Jud 11; Wanderschaft: Hebr.

(Pflanzen) (ἀμάραντος I Petr 14).

Tiere, etc.: πρόβατον Hebr 1320; I Petr 225; ἀμνός I Petr 119; ποίμνιον I Petr 52f; ποιμαίνω I Petr 52; Jud 12; ποιμήν Eph 411; Hebr 1320, I Petr 225; ἄλογα ζῷα II Petr 212; λέων I Petr 58; ῥυσθῆναι ἐκ στόματος λέοντος II Tim 417; (κύων, ὗς) II Petr 222; ἵππος/χαλινός Jak 33; δαμάζω Jak 37; ζυγός I Tim 61.

Jagd, etc.: παγίς I Tim 37; 69; II Tim 226.

Seefahrt: ναυαγέω I Tim 119; ἄγκυρα Hebr 619; κλυδωνιζόμενοι Eph 414; πηδάλιον Jak 34.

Handel; Geldwesen: ἐξαγοράζω Eph 516; Kol 45; ἐμπορεύομαι; κερδαίνω Jak 413; θησαυρός/θησαυρίζω Kol 23; Hebr 1126; (Jak 53); πορισμός I Tim 65.

Sonstiges: ὕλην ἀνάπτει Jak 35ff; πῦρ Jak 35f; Feuerprobe: I Petr 17.

4. Bau, Stadt: οἰκοδομέω/ἐποικοδομέω, λίθοι, κτλ. I Tim 315; I Petr 24-8; Eph 219-22; Eph 412.16.29; Kol 26f; I Petr 25; Jud 20f; οἶκος Hebr 36;

κατασκευάζω Hebr 3,3f; θεμέλιος, κτλ. Eph 2,20; Kol 1,23; I Tim 6,19; II Tim 2,19; Hebr 6,1; (11,10); I Petr 5,10; στῦλος I Tim 3,15; Schlußstein I Petr 2,7.
5. Gesellschaft: οἰκονόμος Tit 1,7; I Petr 4,10; δοῦλος Χριστοῦ u.ä. Eph 6,6; Kol 4,12; II Tim 2,24; Jak 1,1; II Petr 1,1; Jud 1; δουλεία Hebr 2,15; μισθός, etc. II Petr 2,13.15; Hebr 10,35; 11,6.26.
Rechtsleben/Staatswesen: πολιτεία Eph 2,12; συμπολίτης Eph 2,19; ξένος Eph 2,12.19; Hebr 11,13; παρεπίδημος Hebr 11,13; I Petr 1,1; 1,17; 2,11; κριτής II Tim 4,8; Hebr 12,23; Jak 2,4; 4,11f; 5,9; κριτικός Hebr 4,12; ὅρκος Hebr 6,16f; μεσίτης I Tim 2,5; Hebr 8,6; 9,15; 12,24; διαθήκη, διαθέμενος Hebr 9,16f; Adoption Eph 1,5; (συγ-)κληρονόμος Tit 3,7; Hebr 6,17; κληρονομία Kol 3,24; Hebr 9,15; κληρονομέω Hebr 1,14; 6,12; λυτρόομαι Tit 2,14; I Petr 1,18; χειρόγραφον τοῖς δόγμασιν ... ὑπεναντίον ἡμῖν Kol 2,14; κακοῦργος II Tim 2,9; κλέπτης II Petr 3,10; σφραγίς II Tim 2,19;
Wettkampf: ἀγών, στέφανος, etc. Kol 2,1; I Tim 6,12; II Tim 2,5; 4,7f; II Thess 3,1; Hebr (2,7.9; 10,32) 12,1; Jak 1,12; I Petr 5,4.
Kriegswesen: στρατεύομαι, κτλ. I Tim 1,18; II Tim 2,4f; (Jak 4,1); I Petr 2,11; πανοπλία Eph 6,11-13; θυρεός Eph 6,16; βέλος Eph 6,16; μάχαιρα Eph 6,17; Hebr 4,12; (μάχομαι/μάχη Jak 4,2f); αἰχμαλωτίζω/-τεύω II Tim 3,6; (ἀπεκδύομαι, δειγματίζω, θριαμβεύω Kol 2,15).
Kultus: θυσία, κτλ. Eph 5,2; Hebr (bes. 13,15f); I Petr 2,5; heiliger Berg/Jerusalem Hebr 12,18-24; ὀσμή II Kor 2,14-16.
Sonstiges: Buch(rolle), etc. Hebr 10,7 (Zit); Hebr 12,23.

Apk
1. Menschlicher Körper: -
2. Familie (häuslicher Erfahrungsbereich)
 Nahrung/Ernährung: -
 Kleidung: (Apk 10,1; 12,1); Apk 19,8.
 Erziehung: Apk 3,19.
 Gegenstände: σκεῦος Apk 2,27; ποτήριον Apk 14,10; 16,19 ; (17,4; 18,6).
 Gastmahl: Hochzeitsmahl Apk 19,9.
 Hochzeit: Apk 19,7.
 Braut, Bräutigam, Ehe: Apk 21,2.9.17.
 Schwangerschaft/Geburt: ὠδίνω, κτλ. Apk 12,2.
 Vater/Mutter/Sohn/Kind(er), etc.: πατήρ Apk 1,6; μήτηρ Apk 17,5; τέκνον Apk 2,23; ἀδελφός Apk 1,9; 6,11; 12,10; 19,10; 22,9.
 Krankheit/Tod: -
3. Natur- und Berufsleben
 Tageszeiten/Meteorologie, u.ä: φῶς Apk 21,24; 22,5; φωστήρ Apk 21,11; ἀστραπή Apk 4,5; 8,5; 11,19; 16,18; ὁδός Apk 15,3; 16,12.
 (Pflanzen)
 Tiere: ποιμαίνω Apk 2,27; 7,17; 12,5; 19,15; κύων Apk 22,15; ἀετός Apk 4,7; 8,13; 12,14; ὄφις Apk 9,19 ; 12,9; 12,14f; 20,2; λέων Apk 4,7; 5,5; 9,8.17; 10,3; 13,2; δράκων Apk 12,3-17; 13,2.4.11; 16,13; 20,2;
 Seefahrt: -

Handel: -
Sonstiges: -
4. Bau, Stadt, Wohnen: ναός Apk 21₂₂; (θεμέλιος Apk 21₁₄.₁₉); στῦλος Apk 3₁₂; 10₁; κλείς Apk 1₁₈; 3₇; 9₁; 20₁.
5. Gesellschaft: μισθός Apk 11₁₈; 22₁₂.
Rechtsleben/Staatswesen: σφραγίς Apk 5₁₋₅; 6₁₋₁₂; 7₂; 8₁; 9₄; κλέπτης Apk 3₃; 16₁₅.
Wettkampf: νικάω 17x; στέφανος 18x;
Kriegswesen: στράτευμα, κτλ. Apk 9₁₆; 19₁₄.₁₉; μάχαιρα Apk 6₁₄; 13₁₀.₁₄.
Kultus: Räucherwerk Apk 5₈; (8₃).
Musik: -
Sonstiges: Buch des Lebens Apk 13₈; 17₈; 20₁₂; 21₂₇.

Betrachten wir das NT, so betonen z.b. die Synoptiker im Bild der Hochzeits- bzw. Gastmahlsmetaphorik den Freuden-/Festcharakter der βασιλεία - diese Metaphorik fehlt in der Briefliteratur und begegnet erst wieder Apk 19₇. Bei Paulus und insbesondere bei Johannes tritt die Licht-, besonders die Licht/Finsternismetaphorik deutlich hervor: hier wird die Heilserfahrung (überwiegend im Kontrast innen/außen, einst/jetzt) formuliert. In der Briefliteratur wird die Konversion/Taufe und die Bewährung als Christ im Bild des An- und Ausziehens, des Kriegswesens und des Wettkampfs formuliert. Abgesehen vom Metaphernkomplex Schaf/Herde treten im NT die Tierbilder auffallend zurück;[31] gegenüber den Evangelien zeigt sich in der Briefliteratur eine Verschiebung von der belebten Natur zum menschlich-gesellschaftlichen Bereich ab,[32] hier sind auch auffallend breiter kriegerische Metaphern realisiert. Die Familienmetaphorik tritt im gesamten NT auffallend hervor, wobei das weibliche Element deutlich unterrepräsentiert ist:[33] es dominiert deutlich die Vatermetaphorik,[34] der die Kind/(Sohn)-Metaphorik korreliert.[35] Ferner schei-

---

31) S. Tamm, 165; das ist ein auffälliger Zug im Gegensatz zur Fabel.
32) S. auch Tamm, 163.
33) Zum Problem in feministischer Sicht s. Morelli, A., "Die alten Metaphern und die neue Frauentheologie", in: van der Noppen, J.-P., (Hg.), Erinnern, um Neues zu sagen. Die Bedeutung der Metapher für die religiöse Sprache, Franfurt a.M. 1988, 275-296, 278f; Osiek, C., Biblical Images of the Feminine, BiTod 28 (1990) 342-346.
34) Das Hervortreten der Vatermetaphorik im NT stellt eine auffallende Verschiebung gegenüber dem AT dar, wie die Zusammenschau alttestamentlicher Metaphern bei Schweiker zeigt. Zu dieser Verschiebung vgl. besonders Theißen, Biblischer Glaube, 158f.
35) Inwieweit πατήρ und υἱός (bezogen auf Gott/Jesus Christus) mehrheitlich metaphorisch verstanden wurden, ist angesichts des "garstigen Grabens" offenzuhalten. Dasselbe gilt für das Verständnis von βασιλεία/βασιλεύς, die beide - wenn sie als Metaphern aufgefaßt wurden - auch neutestamentliche Zentralmetaphern sind.

nen die Hirt/Herde-, Bau-, (in der Briefliteratur die Soma-) und die Vegetations-(insbesondere die Frucht)-Metaphorik zentrale Metaphern im NT zu sein. Sie profilieren die personale Relation (Vater/Sohn/Kinder; Hirt/Herde; Bauer/Frucht; Kopf/Körper); den Wert des Einzelnen (verlorenes Schaf; Steine im Bau; Glieder im Leib), die Gemeinschaft (Herde; Bau; Wachstum; Soma) und die religiös-ethische Verantwortung des Menschen (Frucht-, vgl. Lohnmetaphorik; Hirt/Herde).[36] Vergleichen wir das z.B. mit gnostischer Metaphorik, so ergibt sich, daß dort andere Metaphernkomplexe (Krankheit/Blindheit/Vergessen/Fremdheit/Schlafen/Erwachen/Trunkenheit/Tod)[37] im Zentrum stehen. Die Vegetationsmetaphorik ist in der Gnosis zwar auffallend breit realisiert, aber (wie z.B. auch die Baumetaphorik) anders gefaßt: das gemeinschafts- und ethische Moment tritt vollkommen zurück.[38]

---

[36] Deutlicher noch als im NT treten bei den apostolischen Vätern personale Metaphern und Vegetationsmetaphern hervor: In Piesik's Untersuchung der Bildersprache der apostolischen Väter steht der Bildspenderbereich "Mensch, menschliches Leben" mit 83 S. an erster Stelle, gefolgt von Pflanzenmetaphern (18 S.). Aber auch die in der ntl. Briefliteratur zu beobachtende Zunahme von Kriegs- und Wettkampfmetaphern scheint sich in den apostolischen Vätern fortzusetzen: Bilder aus dem Kriegsdienst und Wettkampf dominieren bei Ignatius (s. Rathke, Ign, 48f), das Bild vom Wettkampf dominiert im I Clem (s. Knoch, Eschatologie, 45). - Dieser Befund ist mit der Realisation von Metaphern in der (kaiserzeitlichen) Stoa zu vergleichen (s. S. 354 A 27). Auch hier dominiert der Bildspenderkomplex "Mensch", während die Pflanzenmetaphorik auffallend zurücktritt. Diese Verlagerung zu "lebendigen" Bildspendern fällt gegenüber dem AT auf, wo die leblose Natur (Gestirne, Lufterscheinungen (Morgenröte, etc.), Terrainate, Feuer, Wasser, Mineralien, cf. Schweiker 330 Belege) und das Tierreich (cf. Schweiker 260 Belege) dominieren. Das "menschliche Leben (cf. Schweiker 230 Belege) und das Pflanzenreich (cf. Schweiker 160 Belege) rangieren im AT erst an dritter und vierter Stelle. In der Verlagerung der Metaphernwahl im NT und den apostolischen Vätern wird eine Verschiebung menschlicher Wirklichkeitsdeutung und -erfassung deutlich, vgl. Theißen, biblischer Glaube, 101-110.
[37] Vgl. die Dissertation von V. Arnold-Döben, Bildersprache, 1986.
[38] Die im NT so breit realisierte Hirt/Herde-Metaphorik fehlt in der Gnosis fast ganz; dagegen fehlen solche Bilder wie das "wilder Tiere" für die Götter im NT ganz (als Analogie ist nur an die Beschreibung des Antichrist zu denken).

H: VEGETATIONSMETAPHERN BEI DEN APOSTOLISCHEN VÄTERN

1.1. Die realisierten Metaphern im Bildfeld Baum -Frucht
a) Aus dem AT bzw. den Apokryphen greift Barn Bilder auf und bezieht sie typologisch bzw. allegorisch auf Kreuz und Taufe: Barn 8₁; 12₁ ist der Baum (ξύλον) Typos des Kreuzes.[1] Barn 11₁₀f bezieht Ezechiels Schilderung des heiligen Landes (Ez 47₁₋₁₂) auf die Taufe: Die lieblichen Bäume, die am Flußufer emporsteigen, sind den Christen, die dem Tauffluß entsteigen, verglichen; als Früchte bringen sie Furcht und Hoffnung auf Jesus dar.[2] Barn 11₆ff bezieht Ps 1₃ff auf Taufe und Kreuz; die Blätter werden auf die Worte gedeutet,[3] die der Bekehrung und dem Trost der Sünder dienen.
b) Die Metaphern der Pflanzung und der Gewächse begegnen bei Ignatius in antihäretischem Kontext. Mit ihrer Hilfe will er die Identität der Gemeinde wahren und nach außen verteidigen.
Als Bild für die Ekklesia[4] begegnen erstmals IgnTrall 11₂ der Kreuzesstamm und seine Äste.
"Meidet daher die schlechten Seitentriebe, die tödliche Frucht hervorbringen; ... Denn diese sind nicht die Pflanzung des Vaters. (2) Wären sie es nämlich, so würden sie sich als Äste des Kreuzesstammes zeigen, und ihre Frucht wäre

---

1) Vgl. Wengst, Did., 200 A183, IV Esr IV33; V5, Sib 5256-259; die christliche Ergänzung zu Ps 95(96)10; Iust. (Mart.), apol. I41; dial. 731.4; Tert, adv. Marc. III19. Ad Barn 12₁ vgl. Daniélou, Judéo-Christianisme, 290f.
2) Vgl. Pépin, Mythe, 263. Variiert wird der Gedanke Prot. (NHC XIII,1) 37,2f.
3) Vgl. Sukka fol. 21b = Aboda Sara fol. 19b.
4) Vgl. Fischer, SUC 1, 179 A42. Vgl. auch IgnSm 1₂, Iust. (Mart.), dial. 86₁.- Bei Hipp. ist das johanneische Bild des Weinstocks für die Ekklesia weitergebildet, vgl. Daniélou, Pflanzung, 101. IgnTrall 11₂b ist es mit der anderen traditionellen Metapher für die Ekklesia, dem σῶμα-Bild kombiniert. IgnTrall 11₁b par IgnPhil 3₁b erinnern an Mt 15₁₃, (Daniélou, Pflanzung, 92); Bartsch, Gut, 29, betrachtet IgnTrall 11₁b als "bewußte Zitierung" von Mt 15₁₃ (vgl. das γάρ, die Inkohärenz 11₁). - Vgl. ferner Mt 13₂₄ff (ApF II,2, 177). Schlier, RU, 50-54, bes. 53, verweist auf mandäische Stellen; diese unterscheiden sich von jenen jedoch dadurch, daß sie die Menschen als Zweige des Kreuzes und nicht des Erlösers zeichnen, vgl. Piesik, 118. Das Kreuz ist IgnTrall 11₂ als Lebensbaum gesehen (vgl. καρπὸς ... ἄφθαρτος), Daniélou, Pflanzung, 101, vgl. weiter EV (NHC I,2) 18, 24-27. Zu Christus als Baum des Lebens in der (altkirchlichen) Literatur vgl. Daniélou, Pflanzung 96. Zum Kreuz als Lebensbaum vgl. Goetz, zit. von v. Sybel, ZNW 20 (1921) 93f; Daniélou, Judéo-Christianisme, 300f; ders., symbols, Christus als Lebensbaum: S. 40 (weitere Lit.: Bm, Joh, 407f A6). Zum Kreuz als Lebensbaum in der Kunst, vgl. v. Sybel, ZNW 19 (1919/20) 85-91*.

unvergänglich (καρπὸς αὐτῶν ἄφθαρτος)..." (IgnTrall 11 1f).[5]
Auch IgnPhld 3 1 wendet die Metaphern gegen Häretiker: Ignatius warnt vor "schlimmen Gewächsen (κακῶν βοτανῶν), die nicht Pflanzung des Vaters sind".[6]
c) Allgemeiner ist der Metapherngebrauch bei Herm: in der Vision von den zwölf Bergen wird der Berg ohne Pflanzenwuchs (Herm, sim IX,1,5) Herm, sim IX,19,2ff auf Heuchler und Irrlehrer, der fünfte Berg, der grüne Pflanzen trug, aber steinig war (Herm, sim IX, 7) Herm, sim IX,22,1 auf christliche Lehrer zweifelhafter Art gedeutet.
d) Neben der Abgrenzung nach außen werden deutlicher noch als im NT Probleme im Inneren thematisiert:
Neu ist das Bild der Spalten,[7] durch die Pflanzen verdorrt sind (Herm, sim IX, 7).[8]
Weiter schlägt sich die Erfahrung, daß ein Christenleben auf Abwege geraten kann, neu in der Metapher des 'Verwilderns' nieder: Herm, sim IX,26,3f führt den verwilderten Pflanzenwuchs auf die Einsamkeit zurück und ergänzt ihn (Herm, sim IX,26,4) durch den Vergleich mit dem verwildernden Weinstock, der von Unkraut überwuchert wird.[9]
Herm, mand X,1,5 geraten edle Weinstöcke (Menschen, die gläubig geworden sind), wenn sie nicht gepflegt werden, durch Dornen und allerlei Unkraut (d.h. Geschäftsangelegenheiten) in Verwilderung: Verwickelt in Geschäftsangelegenheiten verstehen sie "die Gleichnisse von der Gottheit nicht ... und geraten in Verderben und Verwilderung" (X,1,4).[10]

---

5) Im Vergleich zu Joh 15 ist die Metapher durch das Kreuzesmotiv und durch die Spezifizierung weitergebildet: Die unvergängliche Frucht des Kreuzesstammes ist der tödlichen Frucht der schlechten Seitentriebe entgegengesetzt. Da die Adressaten den falschen Glauben der Häretiker meiden sollen, ist die Fruchtmetapher nicht mehr ethisch, sondern antihäretisch besetzt.
6) Vgl. IgnEph 10 3 (διαβόλου βοτάνη) und IgnTrall 6 1 (ἀλλοτρία βοτάνης) als Metapher für Häretiker. Zum Bild der Pflanzung vgl. IgnTrall 11 1 und Daniélou, symboles, 33-48, bes. (ad Ign.)33f; sowie Mt 15 13.
7) Die Spalten sind eine Metapher für Spaltungen in der Gemeinde, Piesik, Bildersprache, 131.
8) Die Deutung differiert weiter aus: Die verwelkten Pflanzen in den kleinen Spalten Herm, sim IX,23,2 sind die Gläubigen, die "etwas gegeneinander haben und infolge ihrer Verleumdungen im Glauben welk geworden sind", die Pflanzen in den großen Spalten sind 'hartnäckige Verleumder' und Leute, die "einander haßerfüllt das Böse nachtragen". Letztere sind nach Hermas für das Gemeindeleben bes. gefährlich und "unwürdig der Verwendung im Bau" (Baumetapher!).
9) Zur negativen Wirkung von Dornen auf den Weinstock, vgl. Jes 5 6; 7 23.
10) Wenn auch Bilddetails im NT realisiert sind (vgl. Joh 15 1ff (hier jedoch kollektiv), Mt 13 24-30), fehlt doch das Bild als Ganzes im NT.

Ähnlich wird Herm, sim IX, 20, 1ff der Berg "voll Dornen und Disteln" (sim IX, 1, 5) gedeutet: Die Disteln werden mit den Reichen, die Dornen mit den in allerlei Geschäfte Verwickelten identifiziert.[11] Der Metapherngebrauch erinnert an Mt 13, insbes. 13,7.22,[12] Bildverteilung und Pointe sind jedoch eine andere.[13]

e) Unterscheidet das NT gute und schlechte Pflanzen, so kann Herm, sim IX, 1, 6 beide in einem Gewächs vereinigen: Es sind dort Pflanzen vorgestellt, die oben grün, aber an der Wurzel verdorrt sind. In der Deutung (Herm, sim IX, 21, 1f) werden sie auf innerlich geteilte Zweifler (vgl. Herm, sim VIII, 7, 1f), wie auch auf Christen, die ihr Bekenntnis nur auf den Lippen tragen, gedeutet: Erstere verdorren im Gegensatz zu letzteren ganz unter der Sonne (Herm, sim IX, 21, 3): Der Zweifel ist also gefährlicher als das Lippenbekenntnis.

f) Eine qualitative Ausdifferenzierung läßt sich auch (diff. NT) Herm, sim IX, 28, 1-4 (Deutung von Herm, sim IX, 1, 10) im Hinblick auf die Baum-Frucht-Metaphorik beobachten: Besonders gut ist die Frucht der Märtyrer, die im Verhör sicher und überzeugt waren, während die Frucht der Märtyrer, die in Furcht und Zweifel gerieten, weniger gut ist.

g) Diese Ausdifferenzierung von Personengruppen ist auch für das Gleichnis von den Stäben Herm, sim VIII charakteristisch, dem das Bild vom Weidenbaum zugrundeliegt, der Herm, sim VIII, 3, 2 auf das Gesetz und sek.[14] auf den Sohn Gottes gedeutet wird. Das Bild, das im NT fehlt, geht wahrscheinlich auf den jüdischen Brauch zurück, am ersten Tag des Laubhüttenfestes den Lulab vorzuzeigen, um prüfen zu lassen, ob seine Zweige den Anforderungen entsprechen.[15]

Im Gleichnis schlägt ein Engel Zweige vom Weidenbaum ab[16] und verteilt die Stäbe unter das Volk. Nach einer gewissen Zeit sammelt der Engel sie wieder ein und stellt bei der Prüfung fest, daß die Stäbe - obwohl er einst an alle gleiche Stäbe verteilt hat - ganz unterschiedlich sind: die Skala reicht von Stäben, "die verdorrt waren und zerfressen wie vom Wurm"

---

11) Herm trennt hier die traditionelle Doppelverbindung "Disteln und Dornen" (Gen 3,18) künstlich auf, ohne sich im folgenden konsequent daran zu halten, vgl. Dib., Herm, 629; Piesik, 129.
12) Die Deutung der ἄκανθαι erscheint bei Hermas gegenüber Mt 13,22 personalisiert.
13) Kittel, Jak, 106.
14) Vgl. Dibelius, Herm, HNT-ErgBd., 592.
15) Die Zweige sind schon in der rabbinischen Tradition Symbol für gute Werke, vgl. Daniélou, Judéo-Christianisme, 170f; (383); ders., Symboles, 20. Zum Brauch, vgl. Lewy, JL II, 629-631; Bornstein, EJ(D) 10, 692-695.
16) Der Baum bleibt unversehrt. Er wird also als ein wunderbarer Baum charakterisiert (Dib, Herm, 587). Möglicherweise ist er als Lebensbaum vorgestellt, so Snyder, Herm, 117 m. Verweis auf Num 17,1-11; I Clem 43.

(VIII,1,6), über Stäbe, die "halb verdorrt und halb grün" waren bis zu Stäben, die grün waren und fruchttragende Schößlinge hatten (VIII,1,18): Dreizehn verschiedene Gruppen von Gläubigen werden anhand der Stäbe unterschieden. Werden diejenigen, die die Stäbe in besserem oder in gleichem Zustand zurückgaben, entlassen, so werden die übrigen Stäbe in der zweiten Szene (VIII,2,(5)6ff) gruppenweise eingepflanzt und gegossen: Vielleicht können einige zum Leben kommen (VIII,2,6). Die Prüfung nach ein paar Tagen ergibt: Einige Stäbe sind vertrocknet und verstümmelt, doch bei vielen zeigt die Bußpredigt Erfolg: sie sind grün, ja sogar grün mit Schößlingen und Früchten.[17]

h) Ein ganz positives Modell wird mit dem Sklaven Herm, sim V,2 gezeichnet: Hat er von seinem Herrn den Auftrag, den Weinberg zu umzäunen, so gräbt er darüber hinaus den Weinberg um und jätet das Unkraut aus, so daß er üppig wächst. Als der Besitzer dies sieht, schenkt er ihm nicht nur die Freiheit, sondern adoptiert ihn sogar: Überschüssige Werke werden belohnt. Herm, sim V,1,3 bezieht dieses Gleichnis in einer allegorischen Deutung auf die Fastenfrage, V,5,2-6,4a auf das Werk Christi. "Der Acker ist diese Welt, der Herr des Ackers der, der alles geschaffen, gestaltet und belebt hat, der Sohn ist der heilige Geist. Der Sklave ist der Sohn Gottes; die Weinstöcke sind dies Volk, das Er gepflanzt hat. Die Pfähle sind die heiligen Engel des Herrn...; das aus dem Weinberg ausgejätete Unkraut bedeutet die Sünden der Knechte Gottes; ... Der Sohn hat sie von ihren Sünden gereinigt unter großer Anstrengung und vielen Mühen, denn kein Weinberg kann ohne Müh und Plage umgegraben werden...".

Herm greift mit dem Weinberg ein traditionelles Bild für Israel auf (Jes 51-7)[18] und verändert es in spezifischer Weise. Kämpft JHWH Jes 27,2-4 gegen die Dornen, die seinen Weinberg bedrohen (Krieg), so tilgt Christus unter vielen Mühen (Leiden) das Unkraut, die Sünden der Knechte Gottes.[19] Bild und Deutung sind neu aus traditionellem Bildmaterial gestaltet.

---

17) Herm, sim VIII,6,4ff werden in der zweiten Deutung die zehn Gruppen näher bestimmt.
18) Auch Mt 21,33ffpar; Iust., dial. CX,4 ist das Bild des Weinbergs für Israel aufgegriffen; Clem. Alex., strom. VII,12,74,1; vgl. Clem. Alex., q.d.s.,376; Apost. Const., Praef. (Funk, Bd. I,3,Z10); Didask. II (Epiphanius [a 375] 1 (Funk, Bd. II,3) ist es Bild für die Kirche.
19) Anders als hier steht Mt 13,38 das Unkraut für die υἱοὶ τοῦ πονηροῦ. Wird es Mt 13,39 am Ende der Welt durch die Schnitter (Engel) entfernt, so Herm 62 in der Welt durch Christus selbst, und zwar (dieser Bildzug ist in der Deutung über das Gleichnis hinausgehend nachgetragen) "unter großer Anstrengung und vielen Mühen". Mt 13,38 wie Herm, sim V,5,2 wird der Acker mit der Welt identifiziert. Vgl. zum Bild auch Kittel, Jak, 107. Das Gleichnis erinnert an Mt 21,33-46par, das Herm nach Staats, TRE 15, 103, als Sonderüberlieferung gekannt haben könnte.

Vorbildlich ist auch das Bild vom fröhlichen Pflanzenwuchs Herm, sim IX,1,8, von dem alle Arten Tiere und Vögel fressen. Es wird Herm, sim IX,24,1ff auf die Frommen gedeutet, die "jeden Ertrag ihrer Arbeit" abgeben. Der Segen Gottes, der darauf liegt, wird mit einem Märchenmotiv ausgedrückt. Der Pflanzenwuchs nimmt zu, je mehr die Tiere und Vögel davon fressen (Herm, sim IX,1,8).

Bischöfe und Gastfreie[20] werden Herm, sim IX,1,9 im Bild großer Bäume gezeichnet, in deren Schatten sich viele Schafe lagern: Die Hirten- und Baummetaphorik wird hier neu kombiniert.

i) Für das Verhältnis von Reichen und Armen in der Gemeinde bietet das Bild vom symbiotischen Wachstum von Ulme und Weinstock Herm, sim II ein Lösungsmodell.[21] Wie die unfruchtbare Ulme (der Reiche) es dem fruchtbringenden Weinstock (den betenden Armen) ermöglicht, viel Frucht zu bringen,[22] so unterstützt der Reiche, der - von den Sorgen des Reichtums abgelenkt - nur selten und kraftlos betet, materiell die Armen, die infolgedessen ungestört beten können und aus Dankbarkeit auch für ihn beten. Die Deutung schlägt insofern ins Bild zurück, als der Weinstock doppelte Frucht (von sich aus und von der Ulme aus) bringt und die Ulme nicht nur nicht weniger, sondern mehr Frucht als der Weinstock bringt (Herm, sim II,3f; vgl. das Nachwort II,8ff).[23]

Die Unterscheidbarkeit von Gerechten und Ungerechten wird im Doppelgleichnis von den Winter- und Sommerbäumen Herm, sim IIIf anders als im Gleichnis vom Unkraut unter dem Weizen thematisiert: In letzterem können Lolch und Weizen schon in dieser Welt unterschieden werden, während Herm, sim III die Bäume im Winter (d.h. in diesem Äon) alle gleich verdorrt und ohne Blätter sind. Erst in der Sommerzeit (dem künftigen Äon) sind Gerechte und Ungerechte unterscheidbar. Da der kommende Äon für die Sünder Winterzeit bedeutet, ist die Sommerzeit ei-

20) Herm, sim IX,27,1ff.
21) Bei Herm ist das Bild erstmals auf das Verhältnis Arm/Reich bezogen. In der Antike war die Symbiose von Pflanzen, insbes. von Ulme und Weinstock, Topos für ein Ehe-(Liebes-)verhältnis, vgl. Catull. 61, 106f; 62, 49-54; Ov., am. 2,16,41f.; met. XIV,661-668); Martial, IV,13,5; Stat., silv. 5,1, 48f; vgl. Stat., Theb. VIII, 545f; Catull. 61,34f; Hor., carm. 1,36,19f; Eur., Med. 1213; Hec 398; Eubulos, fr. 1043-5 ed. Kock; Ov., met. IV, 365; Festus, verb. sign. 100; ferner Anth. Lat. 711; Theokrit 20,22; (Demetz, P., The Elm and the Vine: Notes toward the History of a Marriage Topos, PMLA 73 (1958) 521-532). Auf den Wetteifer mit Mitschülern bezogen: Quint., inst. 1,2,26. Zum Wachsen von Reben an Ulmen, s. Hor., epist. I, 163; Verg., georg. I2; II, 360f; Verg., ecl. II70 und detailliert Leutzsch, Herm, 114-116.
22) Würde der Weinstock am Boden kriechen, fiele die Frucht leicht faul und spärlich aus; ferner versorgt ihn die Ulme in Zeiten der Dürre mit Wasser (Brox, N.,Die kleinen Gleichnisse im Pastor Hermae, in: MThZ 40 (1989) 263-278, 268).
23) Die Akzentuierung des Früchtemotivs bedeutet ein Novum in der Bildtradition und widerspricht der Sichtweise des italischen Weinbaus, der (vgl. Herm, sim II,3) von der Unfruchtbarkeit der Ulme ausgeht, vgl. dazu Leutzsch, Herm, 123.

gentlich nur für die Gerechten gegeben.[24] Dann werden die Früchte der Gerechten erkennbar, ja diese werden selbst auch blühen.[25] Die Gerechten werden den verdorrten und fruchtlosen Sündern kontrastiert, die gerichtet (verbrannt) werden.
Mahnt Mt 13 24ff zur Geduld, so Herm, sim IIIf (vgl. IV, 5ff) zum Fruchtbringen.
j) Die Weinstockparabel I Clem 23 4 beschreibt das Wachstum des Weinstocks in seinen verschiedenen Phasen, um angesichts der Parusieverzögerung das sichere Kommen der Parusie zu betonen. Clemens hebt, ausgehend vom Blätterfall (dem Vergehen der alten Welt), auf das natürliche Vergehen und Wiederwachsen ab,[26] um das 'naturgesetzliche' Kommen der neuen Welt zu erweisen. Das Bild entstammt einer apokryphen Vorlage[27] und betont die Sicherheit des Eintreffens der Parusie, während der Zusatz[28] I Clem 23 4 von prophetischer Tradition ausgehend (vgl. die Zitate I Clem 23 5) das schnelle Kommen der Parusie betont.[29]
Ohne diesen Zusatz begegnet das Bild ferner fast wörtlich II Clem 11 3 - hier jedoch liegt der Akzent auf der eschatologisch motivierten Paränese: Vorbedingung für die Parusie ist das Tun der Gerechtigkeit. Das Kommen der Parusie wird also ein Stück ins Unbestimmte verschoben[30] - die Frucht kommt hier gerade nicht in "kurzer Zeit" zur Reife, sondern der Gerechte muß auf die Frucht warten (II Clem 20 3).
Das langsame Wachstum in verschiedenen Phasen finden wir im NT auch Mk 4 26-29,[31] jedoch setzt das Bild dort nicht mit dem Vergehen/Absterben ein und thematisiert nicht das natürliche Nachwachsen im Rhythmus des Stirb und Werde. Das ist im NT nur Joh 12 24 (I Kor 15 36) der Fall; dort liegt im Widerspruch zu I Clem der Akzent auf dem Sterbenmüssen.

24) Hier besteht eine Inkohärenz: Entgegen dem Bild steht hier die Sommerzeit für die gute Zeit (für die Gerechten) und die Winterzeit für die Zeit der Strafe (für Sünder).
25) Hier fällt Hermas (vgl. Dib., Herm., HNT-Ergbd., 559) wieder aus dem Gleichnis.
26) Vgl. Sen., epist. 104 11; Marc Aurel X 34; Knoch, Eschatologie, 125f.
27) Vgl. II Clem 11 3 und die Zitationsformel, ApF I,2, 80; Fischer, SUC I, 57 A139, Knopf, HNT-Ergbd., 169, Lohmann, 68 erwägen Eldad und Modad, anders: Lindemann, A., Die Clemensbriefe, Die apostolischen Väter I, HNT 17, Tübingen 1992, 83f.
28) Der Gebrauch von ὁρᾶτε bei Clem, das Fehlen dieses Satzes in II Clem 11 2-4, sowie der inkohärente Anschluß I Clem 11 5 machen es wahrscheinlich, daß V 4c nicht mehr zum Zitat gehört, ApF I,2, 81f, vgl. Fischer, SUC I, 57 m. A139; anders: Knoch, Eschatologie, 126.
29) Vgl. Kuss, Senfkorn, 648. - Die Parusieerwartung ist dabei gegenüber dem NT insofern umgewertet, als es jetzt nicht mehr die Frage des Zeitabstandes (ἐγγύς o.ä. fehlt!), sondern zentral um die Plötzlichkeit geht, vgl. Kittel, Jak, 76.
30) Vgl. Knoch, Eschatologie, 128, Kittel, Jak, 77.
31) Bm., Jesus, 29 behandelt es als paralleles Gleichnis.

I Clem 234 ist also ein Bildkomplex realisiert, der im NT nur in Elementen auftaucht: In der Bewegung vom Vergehen zum Wachstum (Joh 1224) wird letzteres nun (vgl Mk 426-29) näher ausdifferenziert. Der Zusatz I Clem 234c knüpft mit dem Bild des Reifens daran an. Er kommt mit seiner Betonung der Nähe des Gottesreiches dem Feigenbaumgleichnis am nächsten, ist aber insofern verschoben, als Mk 1328 par das Eschaton direkt ankündigt, während das Bild hier angesichts der Parusieverzögerung schon mehr argumentativ gebraucht wird.[32]

Stärker noch als im NT steht bei den apostolischen Vätern ein etabliertes Gemeindeleben im Hintergrund. Probleme wie Irrlehrer, Spaltungen und ethische Fragen müssen sie bewältigen. Neu sind die zu beobachtenden Ausdifferenzierungen: Gutes und Schlechtes kann nun in eine Person gelegt werden, um die Ambivalenz auszudrücken, in der Zweifler stehen. Im Hinblick auf das christliche Leben wird von vertrocknetem bis zu reich fruchtbringendem Leben breit aufgefächert - auch hinsichtlich der "Früchte" der Märtyrer wird unterschieden. Besonderes Gewicht bekommen Buße (Herm) und Paränese. Mit paränetischem Gefälle wird auch die Kirche als 'corpus mixtum' a) von verschiedenen sozialen Gruppen, b) von Gerechten und Ungerechten thematisiert und stabilisierend (I Clem 234) bzw. paränetisch (II Clem 113) die Parusieverzögerung zur Sprache gebracht.

1.2) Die realisierten Metaphern im Bildfeld Saat - Wachstum - Ernte
a) IgnEph 91 ist die Metaphorik des Sämannsgleichnisses negativ gewandt: Dort wird die Gemeinde gelobt, daß sie ihre Ohren verstopfte, um die Saat wandernder Irrlehrer nicht aufzufangen.[33]
b) I Clem 244f ist das Auferstehungbild vom Samenkorn in Anlehnung an I Kor 1535ff und Joh 1224[34] realisiert, ohne jedoch wie dort die Notwendigkeit des Sterbens zu betonen.[35]

---

32) Das indiziert eine Veränderung im Stellenwert der Parusieerwartung. Vgl. pointiert Ziegler, A.W., Neue Studien, 57.
33) Wie traditionell und stereotyp das Bild inzwischen geworden ist, zeigt die in das Bild einbrechende Rede vom "Verstopfen der Ohren". Zum Wechsel von der Saat-/Pflanzen- zur Baumetaphorik vgl. S. 226.
34) Die Angleichung an Joh 1224 über I Kor 1536ff hinaus ist deutlich: ἄτινα πεσόντα εἰς τῆς γῆν ξηρὰ καὶ γυμνὰ διαλύεται, vgl. Riesenfeld, Weizenkorn, 54.
35) Ferner hat die I Clem 244f Bildmaterial aus dem Sämannsgleichnis angezogen (vgl. Sanders, L´hellénisme, 70f, Piesik, 180 A481) wobei mit "ἐκ τοῦ πλείονα αὔξει..." (vgl. Mk 48parr) ein Bilddetail realisiert ist, das im Hinblick auf die vorliegende Argumentation für die Auferstehung funktionslos ist. (Wenn auch nicht so deutlich, ist der Gegensatz auch Joh 1224 inhärent, kann dort aber durch den christologischen Bezug sinnvoll ausgewertet werden). I Clem 244f ist der Ansatzpunkt für den späteren Metapherngebrauch, vgl. Piesik, 181, A 485.

c) Ferner wird die Samenmetaphorik über ein Zitat aus Jes 53 1-2 I Clem 16 11 (bezüglich der geistlichen Nachkommenschaft) und I Clem 56 14ff aus Hi 5, 25f (bezüglich der menschlichen Vergänglichkeit) rezipiert.[36]

1.3) Vegetationsmetaphern als Exmetaphern
a) Stoisch geprägt zeigt sich Diog 6 2, wo die Seele wie ein Samen[37] durch alle Glieder des Leibes hin verteilt ist.
b) Die ἔμφυτος γνῶσις des hellenistischen Judentums[38] steht hinter dem Gebrauch von ἔμφυτος bei Barn.
c) In ethisch-religiösem Kontext wird die Wurzelmetapher gebraucht: I Clem 6 4 warnt vor dem ζῆλος, der große Völker ausrottete (ἐξερίζωσεν). I Clem 63 2 mahnt zum Abhauen des Zorns (ἐκκόψητε ... ζήλους), Herm, sim IX, 28, 8 soll man die Gedanken an eine eventuelle Verleugung ausreißen, Herm, mand IX, 9 reißt der Zweifel viele vom Glauben los, dagegen trägt Polyk, 2 Phil 11f die "Wurzel eures Glaubens" Frucht.
d) Ethisches Verhalten charakterisiert die Fruchtmetapher I Clem 44 5: "Selig sind die ... Presbyter, die reich an Ertrag (ἔγκαρπος) und vollkommen[39] hinschieden; denn sie müssen nicht Angst haben, es könnte sie jemand von dem für sie errichteten Platz[40] entfernen".
II Clem 1 3 wird die Befolgung der Gebote durch den Hinweis auf das Tun Christi motiviert:
"Welche Gegenleistung werden wir ihm (Jesus Christus, Anm. d. Vf)... abstatten oder welche Frucht, die dem entspricht, was er uns gegeben hat?".
Polyk, 2 Phil 12 3 mahnt zum Gebet für Machthaber und Verfolger "ut fructus vester manifestus sit in omnibus", vgl. Polyk, 2 Phil 11f. Im Sinne des Tun-Ergehens-Zusammenhangs ist die Frucht I Clem 57 6 gebraucht, wo Clem mit einem Zitat aus Prov 1 31 jüdische Weisheitstradition rezipiert: "deswegen sollen sie die Früchte ihres Wandels genießen und an ihrer Gottlosigkeit sich sättigen ...".
Aber nicht nur innerweltlich, sondern auch eschatologisch kann die Fruchtmetapher gebraucht werden, so II Clem 19 3, wo der kurzen Zeit

---

36) Did 9 3 steht das Bild der Körner im Hintergrund.
37) Vgl. Marrou, Diog, 65 A8, z.St. vgl. auch Spanneut, Le stoicisme, 136.
38) Vgl. Wengst, SUC II, 135f A 179; dahinter steht nicht schon das natürliche Angeborensein der hellenistischen Philosophie (Piesik, Bildersprache, 115). Barn 1 2 spricht von der Gnade der Geistbegabung, die den Adressaten eingepflanzt wurde, Barn 9 9 von der eingepflanzten Lehre, Diog 7 2 hat Gott das Wort in die Herzen der Christen eingepflanzt. (Im Unterschied zur Logos-spermatikos-Vorstellung Justins ist das Wort hier nur in die Christen eingepflanzt, vgl. Brändle, Ethik, 109f A 373).
39) Die Verbindung von "fruchtbar und vollkommen" begegnet auch I Clem 56 1 hinsichtlich des Gebets für Sünder.
40) Vgl. dazu Knoch, Eschatologie, 336.

des Leidens in der Welt tröstend die unsterbliche Frucht der Auferstehung kontrastiert wird. II Clem 20 3 weist den Gedanken ab, daß der Gerechte schon in der Welt den Lohn der Gerechten erhält.
ZUSAMMENFASSUNG: Die apostolischen Väter realisieren meist Bilddetails aus der christlich-jüdischen Tradition,[41] kombinieren diese jedoch neu (vgl. IgnTrall 11; I Clem 24 4f) und gestalten sie weiter aus (IgnTrall 11 2), wobei die Traditionalität des Materials Inkohärenzen auf der Bildebene mit sich bringen kann (IgnTrall 11 1; I Clem 23 4f). Häufig ist das Bildmaterial soweit zum Allgemeingut geworden, daß es "als Formalgut, nicht mehr gebunden an die inhaltliche Sinngebung der Quelle"[42] weiterwirkt und wie aus einem Steinbruch neu gestaltet wird.[43]

2) Vergleich der Vegetationsmetaphern bei den Apostolischen Vätern und im Neuen Testament
2.1) Vegetationsmetaphern im Bildfeld Baum -Frucht
  a) Entfaltungsbilder
Im Unterschied zum NT zeigen die Entsprechungs- und Entfaltungsbilder in den apostolischen Vätern eine neue Perspektive: Daß aus einer bestimmten Pflanze notwendig eine bestimmte Frucht folgt, kann nicht mehr mit der Erfahrung zusammengebracht werden, die davon bestimmt ist, daß auch Christen sündigen, zweifeln, ihren Glauben verlieren und nicht nur die sind, die gute Früchte bringen. Um diese Erfahrung zu bewältigen, differenziert Hermas stark aus:[44] Im Unterschied zum NT bringen die Christen nicht nur Früchte, sondern Früchte unterschiedlicher Qualität (Herm, sim IX, 28,1ff), sie stehen in der Gefahr zu verwildern (vgl. den verwildernden Weinstock Herm, sim IX, 26,3f; Herm, mand X,1,5; die Dornen und Disteln Herm, mand X,1,5), ja, anders als Mt 7 17 par werden nicht mehr gute und schlechte Bäume (Pflanzen) unterschieden, sondern Herm, sim IX,1,6 beide Aspekte in einer Pflanze vereint, um die Ambivalenz zu veranschaulichen, in der christliches Leben gelebt wird. Daneben gibt es auch Menschen, deren 'Lebenszweig' nach einer gewissen Zeit verdorrt und zerfressen ist (Herm, sim VIII) - die Frage der Buße wird virulent, die neu im Bild des Neueingepflanzt- und Begossenwerdens realisiert wird. Schärfer noch als im NT ist die Bezeichnung der Häretiker als Gewächse des Teufels IgnEph 10 3.

41) Es kann sich dabei um Metapherntradition, aber auch - wie Herm, sim VIII zeigt - um kultische Tradition (Laubhüttenfest) handeln.
42) Kittel, Jak, 107.
43) Vgl. Kittel, Jak, 107: Die Metaphern werden "Ausgangspunkt und Material für die eigene selbständige Gedankenbildung".
44) Die Ausdifferenzierung beginnt schon Mk 4 - dort jedoch noch primär in missionarischer Situation, während das Thema bei Herm stärker in die Gemeinde verlagert ist.

b) *Gerichtsbilder/eschatologische Bilder*
Gerichtsbilder werden gegenüber dem NT eher am Rande und mit einer größeren zeitlichen Verschiebung in die Zukunft realisiert: Herm, sim VIII,6,4 sind die Stäbe, die sich auch nach der Buße "als verdorrt und wurmzerfressen erwiesen... Gott gänzlich verlorengegangen"; im kommenden Äon werden die verdorrten, fruchtlosen Bäume (Herm, sim IV,4) "wie Holz verbrannt werden".
Eschatologischer Bildgebrauch begegnet mit der Weinstockparabel im I. und II. Clem. Im Unterschied zu Mk 13 28f hat das Bild weniger Ankündigungs- als argumentativ-stabilisierenden bzw. paränetischen Charakter in einer von der Frage der Parusieverzögerung bestimmten Situation.

c) *Zugehörigkeitsbilder*
Stärker noch als im NT werden kollektive Metaphern realisiert: IgnTrall 11:1; IgnPhld 3:1 rezipiert das Bild der Pflanzung;[45] das Bild des Baumes (Weinstocks) für das Kollektiv (Joh 15) wird IgnTrall 11:1f durch das Kreuzesmotiv weitergebildet. Neu ist das Bild vom symbiotischen Wachstum von Ulme und Weinstock Herm, sim II als Lösungsmodell des Miteinanders verschiedener Gruppen. Die Ekklesia als corpus mixtum von Gerechten und Ungerechten, die erst in der Zukunft unterscheidbar sein werden, wird Herm, sim IIIf neu im Bild der Sommer- und Winterbäume realisiert. Ferner wird die Bedrohung der Gemeinschaft durch Spaltungen im Kollektiv (Herm, sim IX,1,7; IX,23,2) und durch Isolierung von diesem (Herm, sim IX,26,4) angesprochen.

2.2) Vegetationsmetaphern im Bildfeld Saat - Wachstum - Ernte
Den Wachstumsbildern zuzuordnen ist die Saatmetaphorik IgnEph 9:1, die (diff. Mk 4 3ff; vgl. aber Mt 13 24ff) negativ auf Irrlehrer gewandt ist. Den Auferstehungsbildern zuzuordnen ist das I Clem 24 4f realisierte Bild des Samenkorns im Themenkomplex Auferstehung.[46] Insgesamt tritt das Teilbildfeld gegenüber dem NT wieder deutlich zurück.

2.3) Vegetationsmetaphern als Exmetaphern
Wie in der neutestamentlichen Briefliteratur werden die Exmetaphern bei den apostolischen Vätern gerade im paränetischen Kontext realisiert.

---

45) Vgl. Herm, sim V,5,2: "die Weinstöcke sind dies Volk, das Er gepflanzt hat."
46) Diff Joh 12 24; I Kor 15 38ff ohne Betonung der Notwendigkeit des Sterbenmüssens.

STOA UND GNOSIS

Im folgenden soll der spezifische neutestamentliche Gebrauch der Vegetationsmetaphern erhellt werden, indem er in den Kontext zweier polarer Weltanschauungskomplexe gestellt wird, der Stoa und der Gnosis.[1] Identifiziert erstere den Kosmos mit dem Göttlichen,[2] da dieser vom Λόγος durchwaltet ist, so ist letztere ganz antikosmisch ausgerichtet: Der Kosmos ist identisch mit dem "Bösen", der "Materie"[3] und wird auf die widergöttliche Schöpfung des Demiurgen zurückgeführt. Dem korrespondiert, daß der Stoiker das Ordnungsprinzip der Welt zu erkennen sucht, um sich in den Kosmos einzufügen, während es für den Gnostiker darauf ankommt, den Kosmos als das zu erkennen, was er ist: "die Fülle des Schlechten",[4] "an order empty of divinity".[5] Für ihn kann das Ziel nicht wie bei den Stoikern darin bestehen, ὁμολογουμένως τῇ φύσει ζῆν[6] - sein Ziel ist die Befreiung aus dieser Welt.[7] Kann der Stoiker im Kosmos - da das den Kosmos durchwaltende Organisationsprinzip dem der Einzel-

---

1) Die hier entwickelten Charakterisierungen "der" Stoa und "der" Gnosis sind als ideale Modelle aufzufassen, als Konstrukte, um die Wirklichkeit zu messen (ähnlich den Idealtypen im Max Weber'schen Sinn). Der besseren Verständlichkeit wegen werden sie in einer kurzen Skizze vorangestellt. Eine Präzisierung und Ausdifferenzierung bzgl. der untersuchten stoischen und gnostischen Texte und der in ihnen verwendeten Vegetationsmetaphern soll unten in den Einzelkapiteln erfolgen. Zur Gegenüberstellung von Stoa und Gnosis verweise ich auf T. Onuki, Gnosis und Stoa. Eine Untersuchung zum Apokryphon des Johannes, NTOA 9, Freiburg/Schweiz, Göttingen 1989. Eine andere Verhältnisbestimmung schlägt K. Berger vor: Nach ihm baut die Gnosis auf einer allgemeinen Erscheinung auf, die er "religiöse" oder "sakralisierte Philosophie" der Kaiserzeit nennt (s. Berger, K., Colpe, K., Religionsgeschichtliches Textbuch, 166f ad Nr. 290).
2) Vgl. Jonas, Gnostic Religion, 243. Hier ist genauer zu differenzieren: So trifft z.B. die hier implizierte Entgegensetzung zwischen dem höchsten Gott und dem Demiurgen, der die Welt geschaffen hat, für die Apophasis Megale nicht zu, wie B. Aland, Apophasis Megale, bes. S. 417f, gezeigt hat. In der Apophasis Megale tritt die monistische Vorstellung vom Allgott stärker hervor, so daß hier "der Kosmos die nach Zahl und Harmonie geordnete Manifestation der göttlichen Kraft selber ist" (J. Frickel, Die Apophasis Megale, 127).
3) Rudolph, K., Gnosis, 68. Vgl. Tröger, Gnosis und Judentum, 164.
4) C.H. VI.4; Rudolph, K., Gnosis, 77.
5) Jonas, Gnostic Religion, 250.
6) So Kleanthes, vgl. das lat. "secundum naturam vivere" (vgl. Wibbing, EKL III, 1150; Patzig, RGG³ VI, 384; Eckstein, Abriß, 115; Rieth, Grundbegriffe, 159).
7) Jonas, Gnostic Religion, 252. - Stoa und Gnosis repräsentieren also zwei Weisen, mit dem Bösen in der Welt umzugehen, wie Bréhier, histoire, 443 ausführt: "Pour l'Hellène le mal disparaît par la contemplation de l'univers dont il fait partie; pour le gnostique il disparaît par la suppression de cet univers, ou sinon

wesen entspricht[8] -den Maßstab für sein Handeln finden, so ist der Gnostiker ganz auf den -mit seinem innersten Wesenskern verwandten - vollkommen transmundanen Gott[9] ausgerichtet.

In der Stoa und der Gnosis begegnen uns also zwei diametral entgegengesetzte Weltdeutungskonzepte: Haben die Stoiker ein affirmatives, so die Gnostiker ein ausgesprochen negatives Verhältnis zur Wirklichkeit.[10] In Bezug auf die Vegetationsmetaphern ist dieser unterschiedliche Ausgangspunkt von besonderem Interesse: Kommen sie doch dem Stoiker von seiner Grundauffassung her entgegen, während dem Gnostiker aufgrund seiner Weltablehnung der Gedanke des natürlichen Wachstums ferner liegt.

Von daher stellt sich die Frage, ob und inwiefern sich diese verschiedenen Wirklichkeitsdeutungen auf den Gebrauch gerade von Vegetationsmetaphern auswirken. Welche Metaphern werden realisiert? Wirkt sich die stoische Anpassung an die Wirklichkeit und der gnostische Protest gegen die Wirklichkeit auf die Funktion der Metaphern aus? Wie ist der Metapherngebrauch jeweils im Vergleich zum NT zu bestimmen?

Die Untersuchung soll in folgenden Schritten geführt werden: Jeweils im Vergleich mit dem NT fragen wir nach dem Metapherngebrauch der Stoa (I) und nach dem der Gnosis (K). Schließlich sollen diese Größen miteinander verglichen werden (L).

I: VEGETATIONSMETAPHERN IN DER ÜBERWIEGEND STOISCHEN POPULARPHILOSOPHIE

Bei der Untersuchung stoischer Texte will ich mich im folgenden exemplarisch auf die spätere Stoa - Seneca, Musonius, Epiktet, Marc Aurel -konzentrieren; ferner sollen -da, wo es mir interessant erscheint - mit Cicero und Quintilian zwei Rhetoriker einbezogen werden, die beide viel traditionelles, u.a. auch stoisches Gut aufgenommen haben.[11] Wir bewegen uns demnach in einem Zeitraum vom 1. Jh. vor - 2. Jh. n.Chr., also

---

par l'élévation de l'âme au-dessus et en dehors de lui".
8) Vgl. Guillemin, Seneca, 211; Bréhier, Etudes, 151: "l'homme...est comme un microcosme où sont sympathiquement représentées toutes les forces qui animent le monde", vgl. auch ders., dass., 162.
9) Jonas, Gnostic Religion, 251.
10) So die generelle Tendenz. EvThom L77 sowie im Manichäismus (wo die Welt aus Licht und Finsternis geschaffen ist, vgl. Colpe, RGG IV, 717) ist die Weltwertung nicht so eindeutig negativ, vgl. auch Ménard, origines, 27. Ausgesprochen positiv wird die Wirklichkeit Ascl. (NHC VI, 8) 755-922 aufgenommen; die Schrift wird aber nicht als durchgehend gnostisch eingestuft (s. Brashler, J., u.a., in: Robinson, J.M., Nag Hammadi Library, 300).
11) Cicero war Eklektiker. Bei ihm sind Spuren von Platon, Epikur und der Stoa (hier bes. Panaitios und Poseidonios) zu finden, vgl. Eckstein, Abriß, 125.

überwiegend einem Zeitraum nach bzw. parallel zum NT.[12] Als eine maßgebliche Strömung im Umkreis des NT steht die spätere Stoa in besonderer Nähe zum Urchristentum. Sie hat trotz aller Unterschiede zum Urchristentum doch auf dieses eingewirkt.[13] Sie ist aber auch deshalb von Interesse, weil sie insgesamt gesehen eine Weltauffassung repräsentiert, die als Fortsetzung weisheitlichen Denkens verstanden werden kann - eines Denkens, das sich auch im NT niedergeschlagen hat.

Aufgrund der unterschiedlichen Wirklichkeitsdeutungen von NT und Stoa lassen sich verschiedene Tendenzen ausmachen, die ich einführend kurz skizzieren möchte, bevor ich mich detaillierter dem Bildgebrauch und der Funktion der Metaphern zuwende. 1) läßt sich beobachten, daß die stoischen Metaphern ganz stark aus der Analogie leben: Das Bild steht -bes. ausgeprägt bei Marc Aurel[14] - ganz nah bei der Sache, ja ist zuweilen fast noch mehr Sache als Metapher, während das NT einen Metapherngebrauch aufweist, der der dem Bild zugrunde liegenden Wirklichkeitsstruktur zuwiderläuft:[15]
Frucht wird contra naturam immer erwartet (Mt 3 7-10, vgl. auch Mk 11 13f. 20f); die Bemühungen um den Baum gehen nach drei Jahren über die normalen Anstrengungen hinaus (Lk 13 6-9); der Weinstock spricht, die Reben werden zum μένειν aufgefordert (Joh 15); wilde Zweige werden auf einen edlen Baum gepfropft(?), das Pfropfen wird nicht als Substitutionsvorgang geschildert, sondern als Pfropfen unter die Zweige, abgehauene Zweige werden später wieder eingepfropft (Rö 11); Pflanzen, die man nicht gepflanzt hat, werden ausgerissen (Mt 15 13); der Sämann streut den Samen (diff. Sen., benef. I,12 ; benef. IV,92; vgl. auch Schneemelcher I, 302) überall hin und dosiert auch nicht entsprechend den Bodenverhältnissen (diff. Krauß, Archäol. II, 177f), der Ernteertrag ist ungewöhnlich groß (Mk 4 3-9 parr.). Der Bauer muß sich nach der Aussaat nicht noch weitermühen (diff. Sen., benef. II,114; benef. VII 32; Verg., georg. I 104-110; Cic., Brut 16; (Cic., De orat. II 131): Mk 4 3-9; Mk 4 26-29; Jak 5 7); das Getreidefeld wird nicht gejätet (Mt 13 24-30); die ausgewachsene Senfstaude wird übertreibend δένδρον genannt (Mt 13 31f par Lk 13 18f; doch gibt es dafür Parallelen in der hellenistischen und rabbinischen Literatur); die Gegenwart wird als Zeit der Ernte interpretiert (Joh 4 35f); die Reihenfolge

---

12) Dabei ist zu beachten, daß die stoischen Metaphern überwiegend traditionell sind (vgl. Trillitzsch, Beweisführung, 41 (zu Seneca)), sie leben also aus dem Bildfeld der Antike, wie unten an einigen Punkten unter dem Aspekt Tradition/Selektion aufgezeigt werden soll.
13) Vgl. Wibbing, EKL III, 1150; Horst, NT 16 (1974) 306 (zu Musonius).
14) Vgl. Marc Aurel V,12: " Siehst du nicht, wie die Pflanzen, die Spatzen, die Ameisen, ..., dadurch, daß sie ihr eigenes Werk tun, für ihren Teil ein Ordnungsgefüge zusammenbringen? Und da willst du nicht das Menschenwerk tun?", Marc Aurel VIII, 19 1; VIII 46; u.ö..
15) Gegen v. Lips, H., Weisheitliche Traditionen im Neuen Testament, WMANT 64, Neukirchen-Vluyn 1990, 236, 246f.

Lohn/Arbeit widerspricht der Realität, evtl. auch, daß sich Säender und Erntender zusammen freuen (Joh 436); nicht nur die Dornen, sondern auch die Erde (?) wird verbrannt (Hebr. 67f.)[16]
Signifikant ist auch, daß im NT die Reflexion, ob die Veränderung eines Baumes/Menschen noch möglich ist (vgl. Sen., epist. 1122), so nicht realisiert ist.[17]
Dem entspricht 2), daß der Mensch in der Stoa als Teil des Kosmos gesehen wird und keine andere Autonomie hat "que l'adhésion entière à l'object",[18] während ihm im NT eine durchaus unabhängige, eigene Stellung gegenüber der Wirklichkeit zukommt.
3) Folglich muß der Stoiker Orientierung an der Struktur der vorgegebenen Welt suchen, um sich in diese einzugliedern. Der Kosmos wird als zyklisch in sich ruhend vorgestellt, während das NT geschichtlich-teleologisch denkt und in ihm das Bewußtsein stärker ausgeprägt ist, daß diese Welt vergeht und von daher nicht normativ vorgegeben sein kann.[19]
4) Von daher gilt es für den Stoiker, das den Kosmos durchwaltende Ordnungsgefüge, den λόγος, als ein der Welt immanentes Prinzip zu erkennen, während an seiner Stelle im NT eine personenbezogene/personale Größe steht, die mit der Welt nicht zur Deckung gebracht werden kann: Die βασιλεία τοῦ θεοῦ oder Gott, der nach seinem Willen jederzeit Neues setzen kann (z.T. ist diese Stelle auch durch Christus besetzt).[20]
5) Diese unterschiedliche Wirklichkeitsdeutung schlägt sich nieder in der Funktion der Metaphern: Haben sie in der Stoa eine mehr affirmativ-stabilisierende, so im NT eine mehr innovative Funktion. Die Metaphern der Stoa zielen darauf, die die Welt durchwaltende Ordnungsstruktur zu erkennen und in diese einzubinden, während die ntl. Metaphern - bes. deutlich die Gleichnisse - eine neue - und das heißt auch: kontrafaktische - Weltsicht eröffnen wollen,[21] sich also auch kritisch zur vorgegebe-

16) Ferner auch die mythischen Bilder vom Lebensbaum (Apk 27; 222.14.19; vgl. auch Joh 151ff) sowie von der Ernte Apk 1414-16.17f (Ernte der Erde/Engel).
17) Es gibt aber einen weisheitlichen Bildkomplex, der sich dualistisch geprägt zeigt, s. die Entsprechungsbilder Mt 7par, sowie Jd 12.
18) Vgl. Bréhier, Histoire, 432.
19) Vgl. Bréhier, Histoire, 432ff.
20) Vgl. dazu Schrage, ZThK 61 (1964) 125-154, 135f (bzgl. Epiktet/Paulus). Zwar kennt auch das NT die Vorstellung des Logos; dieser ist jedoch nicht der Welt und dem Menschen immanent, sondern eine transzendente Größe, die sich dem Menschen nur "surnaturellement dans l'incarnation et dans la grâce" verbindet, s. Bréhier, Etudes, 171.
21) Es kann sich hier natürlich nur um Tendenzen handeln. Selbstverständlich ist innerhalb des NT und der Stoa weiter auszudifferenzieren. So ist im Auge zu behalten, daß innerhalb des NT eine Entwicklung von innovativen zu affirmativ-stabilisierenden Metaphern zu beobachten ist; eine Entwicklung, die sich bei den apostolischen Vätern deutlich weiter fortsetzt; die jeweilige Funktion hängt weiter mit dem jeweiligen Traditionsgut (vgl. Entsprechungsbilder; Jak 121) und der Text-

nen Wirklichkeitsstruktur verhalten.

6) Beide Male eignet den Metaphern also eine kognitive Funktion: Beide wollen eine Weltsicht eröffnen, die unmittelbare Auswirkung auf die Welt- und Lebenserfahrung, -gestaltung und -bewältigung hat. Versucht erstere dabei, nicht in unserer Macht stehenden Negativa mit der Haltung der Indifferenz zu begegnen (paränetische Funktion), so lebt letztere in den Negativa im Blick auf das Neue, Andere (innovative, kritisch-verändernde Funktion).[22] Muß der Stoiker langsam reifen, um zu sich selbst zu kommen,[23] so fällt dieser Entwicklungsgedanke im NT in Bezug auf den Menschen aus: Hier dominiert der Kontrast von Frucht/keine Frucht, bleiben/nicht bleiben, Existenz/Nichtexistenz.[24] Der Mensch wird hier also stärker vor eine Alternative und damit in eine Entscheidung (μετάνοια, Taufe) gestellt, die er im Hinblick auf eine personale Größe, deren Wille Lebens"prinzip" dieser Welt ist,[25] treffen muß und die ihr Ziel außerhalb seiner selbst und weltimmanenter Strukturen hat. Darin liegt auch der Unterschied im Blick auf den Ermöglichungsgrund ethischer Lebensgestaltung begründet (Λόγος, Harmonie mit Ordnungsprinzip einerseits, βασιλεία τοῦ θεοῦ/ Gott / Christus andrerseits).[26]

Zum Bildgebrauch im einzelnen:
Vorbemerkung: Was die Wahl der Bildspender angeht, dominiert bei den Stoikern der Bildspenderbereich "Mensch/menschliches Leben" und nicht - wie man von der oben beschriebenen Wirklichkeitsdeutung her annehmen könnte - der Bildspenderbereich Natur; in diesem kommt den Vegetationsmetaphern eine ganz untergeordnete Rolle zu.[27]

sorte (Gleichnisse: hoher Innovationsgrad, Exmetaphern gleich Null) zusammen. Entsprechend ist zu beachten, daß Seneca Gott - auch wenn dieser Zug bei ihm nicht dominiert - neben dem traditionell pantheistischen Denken auch als transzendente Macht denken konnte, als ein mit Willen begabtes Wesen, das der Welt gegenübertritt und diese seinem Willen unterwirft, vgl. Deißner, Paulus und Seneca, 92f, 97.
22) In bezug auf Paulus vgl. Schrage, ZThK 61 (1964) 125-154, 126f.
23) Vgl. die stoischen Metaphern vom langsamen Wachstum/Heranreifen Marc Aurel IV 48; Marc Aurel VII 40; X 16; Epikt., Diatr. II,6 11f.13ff; vgl. Sen., epist. 124 11.
24) Im Grunde findet er sich auch da, wo stärker ausdifferenziert wird, wie Mk 4 1ff.
25) Hier liegt ein wichtiger Unterschied zur Stoa, zum NT vgl. bes. Mt 6 25ff; zur Stoa: Dihle, Wille, 114f, (vgl. aber auch Deißner, Paulus und Seneca, 92f,97!).
26) In den weishheitlich geprägten neutestamentlichen Metaphern zeigt sich eine große Nähe zur Stoa (vgl. die Entsprechungsbilder) bzw. auch ihr Einfluß (vgl. Jak 3 12; 121). - Der von Bm nach Sevenster, Education, 247, herausgearbeitete Unterschied, daß die ethischen Forderungen in der griechischen Ethik vom Standpunkt einer rationalen Erziehung gesehen werden, während sie in der biblischen Ethik auf die Gebote einer Autorität zurückgeführt werden, bleibt bestehen.
27) Vgl. zum Metapherngebrauch bei Seneca Smith, Metaphor, 14f: Hauptbildspen-

1.1) Die realisierten Metaphern im Bildfeld Baum -Frucht
a) Ganz im Unterschied zum NT werden in der Stoa Vegetationsmetaphern sehr breit im Zusammenhang der Entwicklung und Formung des Menschen (bzw. seiner Anlagen und Fähigkeiten) realisiert:[28]
Dabei steht "Gutes" erst am Ende des Reifungsvorgangs, es "besteht nicht im ersten jungen Grün, das im Sprießen gerade den Boden durchbricht" (Sen., epist. 124,11).
Zu schnelles Wachsen wird als nicht gut angesehen, wie Cic., De orat. II 88 deutlich macht: "Denn von nicht langer Ausdauer kann der Saft in einer Frucht sein, die gar zu schnell zur Reife gediehen ist".[29]
Wachstum und Reifung erfordern vielmehr Zeit und Geduld, wie Epikt., Diatr. I, 15 6-8 darstellt:
"Nichts Großes entsteht auf einmal, nicht einmal eine Traube, nicht einmal eine Feige. Wenn du mir jetzt sagtest: Ich wollte gern, daß mir Feigen wüchsen, so würde ich dir antworten: Dazu gehört Zeit (χρόνου δεῖ); laß den Baum erst blühen, hernach die Frucht ansetzen und zuletzt reifen (Ἄφες ἀνθήσῃ πρῶτον, εἶτα προβάλῃ τὸν καρπόν, εἶτα πεπανθῇ). Wenn also die Frucht eines Feigenbaums nicht auf einmal, noch in einer Stunde zur Vollkommenheit gedeiht, so wirst du doch wohl nicht die Frucht der vernünftigen Seele in so kurzer Zeit, und so mühelos gewinnen wollen? Das darfst du nicht erwarten...".
Im NT dagegen ist die negative Wertung des schnell Gewachsenen kaum ausgeprägt;[30] im Bildfeld Baum-Frucht fehlt sie ganz.

---

der ist dort der Mensch (129 S.), was den Bildspender Natur (22 S.) anlangt, rangiert der Bildspenderbereich "Vegetable Kingdom" an vorletzter Stelle. In Streich's Metaphernsammlung zu Seneca, Lukan, Valerius Flaccus, Statius, Silius Italicus nimmt der Bildspenderbereich "Natur" (53 S.)- gefolgt vom Bildspenderbereich "deos, heroes, tempora heroica" (38 S.) - zwar den größten Anteil ein, davon kommen aber dem Bildspenderbereich "plantas" nur fünf Seiten zu. Epiktet entnimmt sein Bildmaterial hauptsächlich dem Tier- und Menschenleben, vgl. Scherer, Gleichnis, 205ff. Ähnlich fällt die Statistik Bushnells in Bezug auf M. Aurels Selbstbetrachtungen aus: 60% der Bildspender kommen aus dem Bereich "human life", 32% aus dem Bereich der Natur, davon 8% aus dem Bereich "Vegetable life". In Rolkes Untersuchung "Die bildhaften Vergleiche in den Fragmenten der Stoiker von Zenon bis Panaitios" rangiert die Pflanzenwelt als Bildspender an letzter Stelle, vgl. ders., dass., 507. Betrachtet man Assfahls Metaphernuntersuchung zu Quintilian, so ist der Befund ähnlich: Hauptbildspender ist wieder der Mensch (101 S.), im Bildspenderbereich Natur (27 S.) rangiert die Gruppe "Pflanzenbilder" (5 S.) an vorletzter Stelle. - Übrigens entspricht das auch dem Metaphergebrauch bei Plutarch: die b. Dronkers zusammengestellten Metaphern aus dem Bildspenderbereich "Mensch" umfassen 98, die aus dem Bereich Natur 40 Seiten (davon entfallen auf die Vegetationsmetaphern 8 Seiten).
28) Vgl. die unten angesprochenen Metaphern "florere", "maturescere", "mors immatura" u.ä..
29) Vgl. Quint., inst. 2,4,9.
30) Sie ist höchstens Mk 4,5 inhärent, jedoch nicht betont.

Auch daß Fruchtbarkeit und Fülle nicht uneingeschränkt positiv aufgenommen werden, ist im NT ohne Entsprechung: Das stoische Ideal des Maßhaltens schlägt sich hier im Bild nieder, vgl. Sen., epist. 39₄: "So brechen die Zweige unter allzu großer Last, so kommt nicht zur Reife allzu große Fruchtbarkeit". [31]
Auch auf die Wachstumsbedingungen wird reflektiert: Wie der Wind den Baum erst kräftig macht, macht erst harte Erprobung einen Menschen von Adel zu einem solchen, vgl. Sen., prov 4₁₆: [32]
"Nicht ist ein Baum fest noch stark, wenn gegen ihn nicht häufig der Wind anstürmt (Non est arbor solida nec fortis nisi in quam frequens ventus incursat;): gerade nämlich durch die starke Beanspruchung gewinnt er Festigkeit, und finden seine Wurzeln sicheren Halt; leicht zu zerbrechen sind Bäume, die im sonnigem Tal gewachsen sind. Gerade also werthaften Menschen dient es, um unerschrocken sein zu können, daß sie sich viel in furchterregenden Situationen bewegen und mit Gleichmut ertragen, was nur schlecht ist, wenn man es schlecht aushält."
Ein entsprechender Metapherngebrauch fehlt im NT und in der Gnosis, das Thema hat im NT seinen Ort in Peristasenkatalogen.
b) Ausgesprochen breit sind die Metaphern vom pflegend-gärtnerisch-formenden Umgang des Bauern mit dem Baum realisiert; sie akzentuieren die nötige Formung und Entwicklung des Menschen und thematisieren die Bedeutung, die dabei dem Philosophen (Lehrer)-Schülerverhältnis zukommt. So heißt es Sen., clem. II,7,4f (= II, 5,4, ed. Rosenbach) vom Weisen:
"Gute Bauern wird er nachahmen, die nicht nur gerade und schlank gewachsene Bäume pflegen; auch jenen, die irgendein Grund hat krumm werden lassen, geben sie Stützen, an denen sie sich aufrichten. Andere beschneiden sie, damit die Zweige den schlanken Wuchs nicht hemmen, manche, die durch Schuld des Ortes schwach, düngen sie, manchen eröffnen sie den Himmel, wenn sie unter fremdem Schatten leiden. Sehen wird er, auf welche Art welche Veranlagung zu behandeln ist, wie Verbogenes geradegerichtet werden kann."[33]

31) Vgl. auch Cic., De orat. II₈₈; Quint., inst. 2,4,8: Hier wird Fruchtbarkeit zwar positiv gewertet, sie ist aber zurückzustutzen.
32) Zum sturmgepeitschten Baum als Bild für den standhaften Helden, vgl. Hom., Il. XII₁₃₂; nach Abel, Bauformen, 115, ist das Bild vielleicht unmittelbar von Vergil, Aen. 4₄₄₁₋₄₄₉ angeregt. (Dagegen mahnt das Bild Hor., carm. II, 10 zur Genügsamkeit).
33) Vgl. auch Cic., De orat. II₈₈; Quint., inst. 2,4,7-11. Im Hinblick auf den Umgang mit Affekten ist vor allem Sen., clem. I,8,7 interessant, wo das Bild die Meinung stützt, daß die Neigung, dem Zorn Ausdruck zu verleihen, weniger ausgeprägt sein sollte als ihn herauszufordern; vgl. auch Sen., epist. 78₁₄: "Beschneiden muß man also zweierlei (Circumcidenda ... duo sunt), Furcht vor künftigem Ungemach und Erinnerung an altes...". Vgl. auch die Metapher "resecare" Cic., Verr. 3₂₀₈ (im Hinblick auf Dritte), und die Aufforderung an die Hörer des Philosophen: "Wir dagegen wollen wagen, nicht nur die Zweige des Jammers abzu-

Dabei darf man die Hoffnung nicht aufgeben, wie Sen., epist. 506 argumentiert: "Bäume wirst du wieder aufrichten, mögen sie umgebogen sein...: wieviel leichter nimmt die Seele Gestaltung an, biegsam und folgsamer als jede Flüssigkeit!"
Umgekehrt hat aber auch der Schüler den Lehrer zu stimulieren, sich mit ihm zu beschäftigen, s. Epikt., Diatr. II,24,17:
"Sagt die Rebe etwa zum Winzer: Baue mich? («ἐπιμελοῦ μου»)? Nein, sondern sie zeigt sich bloß als ein Gewächs, das dem, der es baut, ersprießlich sein wird, und reizt dadurch schon genug an, daß man sich mit ihr bemühe."
Bei entsprechendem Erfolg entspricht die Freude des Philosophen an seinem Schüler der des Bauern an seinem Baum, des Hirten an seiner Herde, s. Sen., epist. 34 1:
"Wenn den Bauern ein Baum, zum Tragen gebracht (ad fructum perducta), erfreut,... was widerfährt, glaubst du, denen, die Charaktere erzogen haben, und, was sie als zarte Ansätze gestaltet haben, plötzlich herangewachsen sehen...".
Ähnlich ist der Metapherngebrauch im NT -hier jedoch weniger breit realisiert (vgl. Lk 13 6-9; Joh 15; (Rö 11)). Eine Akzentverschiebung läßt sich insofern ausmachen, als a) im NT jeweils Gott (und kein Prophet, o.ä. in Analogie zum Philosophen) als Gärtner vorgestellt wird[34] und seine gärtnerische Bemühung ins Bild gesetzt wird; b) sich Lk 13 6-9; Joh 15 auf die Frucht als Ziel allen Mühens konzentriert zeigen, während die stoischen Metaphern stärker um das Stützen, Ausschneiden und Abschneiden kreisen und ein gerades, hohes und kräftig-dickes Wachstum zum Ziel haben.[35] Zeichnet sich hier bei aller Gemeinsamkeit eine unterschiedliche Tendenz ab, die einmal stärker (so in der Stoa) den Menschen in seiner Entwicklung thematisiert - in einer Entwicklung, bei der dem Philosophen/Lehrer eine entscheidende Bedeutung zukommt, -während im NT stärker der Baum als solcher - und zwar als einer, der Frucht bringen soll - in den Blick rückt und damit der Mensch in seiner Eigenverantwortlichkeit zur metanoia bzw. zum μένειν?[36] c) Werden in den stoischen Belegen das Wachstum und die Fruchtbarkeit zwar als gut angesehen,[37]

---

schneiden, sondern auch die letzten Wurzeln auszureißen. Irgendetwas wird wohl auch so übrig bleiben; denn so tief reichen die Wurzeln unserer Torheit (ita sunt altae stirpes stultitae)". Der Metaphernkomplex klingt auch Sen., epist 298 (excidere) an, vgl. ferner Cic., fin. 39 (38). In der weiteren antiken Literatur: Plut, mor. 529 C; Val.Fl., Arg. VI, 712f; IV Makk 128-30.
34) 1 Kor 36-9 zielt der Gebrauch der Vegetationsmetaphern nicht auf die Pflanzen - er soll vielmehr das Verhältnis von Paulus zu Apollos explizieren; Lk 13 6-9 bleibt das vorgestellte Subjekt in der Schwebe.
35) Sen., epist. 34 1;,417.
36) Ist es Zufall daß das Bild der "Stützen" (Sen., epist. 471; Sen., clem. II,7,4), sowie die Oppositionen 'krumm' vs 'lang/hoch' (Sen., clem. II,7,4); 'leicht zu zerbrechen' vs 'stark/fest' (Sen., prov. 416) nicht realisiert sind?
37) Cic., De orat. II88; Quint., inst. 2,4,8.

so ist doch ein Zuviel von Übel und muß folglich beschnitten werden.[38] Die darin implizite negative Wertung der Fülle ist ohne Pendant im NT. Ferner fehlt d) im NT eine Reflexion darüber, ob die Formung eines Menschen noch möglich ist: Hier sind alle grundsätzlich zur metanoia aufgerufen - ohne Rücksicht auf Alter oder Umstände - ein "nicht mehr möglich", wie wir es Sen., epist. 112,2 finden,[39] gibt es nicht.

Sind in diesem Bildspenderbereich im NT Joh 15 und Rö 11 auch kollektive Metaphern realisiert, so treten diese in der Stoa auffällig zurück: Diese ist zum einen am einzelnen orientiert[40] und bevorzugt zum anderen für den kollektiven Bereich das σῶμα-Bild, vgl. Marc Aurel VIII 34. Eine Ausnahme bildet Marc Aurel XI 8 - eine Parallele zu VIII 34 : Hier wird das Verhältnis des Individuums zum Anderen, und damit verbunden zum Kollektiv (der Staatsgemeinschaft), im Bild des Zweiges/der Pflanze (vgl. Rö 11) thematisiert:

"Ein Zweig, der vom Nachbarzweig abgehauen ist, muß auch vom ganzen Gewächs abgehauen sein. So (οὕτω) also ist auch ein Mensch, der sich von einem Menschen abgespalten hat, von der ganzen Gemeinschaft abgefallen. Einen Zweig nun haut ein anderer ab, der Mensch aber trennt sich selber vom Nächsten, wenn er ihn haßt und sich von ihm abwendet. Er weiß aber nicht, daß er sich zugleich auch von der Staatsgemeinschaft abgeschnitten hat. Nun ist dies allerdings ein Geschenk des Zeus, des Stifters der Gemeinschaft: es ist uns nämlich möglich, wieder mit dem Nachbarn zusammenzuwachsen (ἔξεστι γὰρ πάλιν συμφῦναι ἡμῖν τῷ προσεχεῖ) und wieder mit an der Erfüllung des Ganzen zu wirken. Freilich mehrfach wiederholt macht eine solche Trennung das getrennte Stück schwer vereinbar und schwer wiedereinsetzbar. Und überhaupt ist der Zweig, der von Anfang an zusammen wuchs und im lebendigen Zusammenhang blieb, nicht vergleichbar mit dem, der nach dem Abschlagen wieder eingepfropft ist, was auch immer die Gärtner sagen mögen (ὅλως τε οὐχ ὅμοιος ὁ κλάδος ὁ ἀπ' ἀρχῆς συμβλαστήσας καὶ σύμπνους συμμείνας τῷ μετὰ τὴν ἀποκοπὴν αὖθις ἐγκεντρισθέντι, ὅ τί ποτε λέγουσιν οἱ φυτουργοί).

---

38) Cic., De orat. II 88; Quint., inst. 2,4,7 und bes. deutlich Sen., epist. 39,4.
39) "Nicht jeder Rebstock verträgt das Pfropfen (Non quaelibet insitionem vitis patitur): wenn er alt und vertrocknet ist, wenn schwach und dünn, nimmt er das Pfropfreis entweder nicht an oder ernährt es nicht, läßt es weder bei sich anwachsen, noch geht er in dessen Beschaffenheit und Eigenart über (aut non recipiet surculum aut non alet nec adplicabit sibi nec in qualitatem eius naturamque transibit); daher pflegen wir ihn über der Erde abzuschneiden, so daß man, wenn er nicht der Erwartung entspricht, sein Glück ein zweites Mal versuchen kann und beim erneuten Versuch unter der Erde einpfropft".
40) Sieht man von Marc Aurel XI 8 ab, so zeigen alle Belege eine deutliche Konzentration auf das Individuum: Das kollektive Moment tritt ganz zurück. Dementsprechend fehlt auch eine Reflexion auf Außen- und Subgruppen. Die Konzentration auf das Individuum entspricht ganz dem philosophischen Denkansatz, vgl. Pohlenz, Stoa, 319 (ad Seneca), Pohlenz, Stoa, 328; LAW, 831 (ad Epiktet).

Zusammen mit ihnen wie ein Busch wachsen, aber nicht die Leitsätze teilen."[41]
Der Bildgebrauch ist gegenüber Rö 11 insofern verschoben, als dort nicht der Zweig vom Nachbarzweig abgehauen ist, sondern vom Baum; dementsprechend fehlt bei Marc Aurel das Wurzelmotiv und ist im Röm mit den artfremden und -eigenen Zweigen eine abweichende Thematik angesprochen.
c) Eng verbunden mit dem Bildfeld ist -wie schon deutlich wurde - die Ethik. Der Gedanke, daß jedes Wesen das ihm eigene tun und sich in die natürliche Ordnung eingliedern muß, den gerade Marc Aurel in vielen Bildern/Analogien variiert, vgl. Marc Aurel VIII, 19,1 "Jedes ist zu einem Zweck entstanden, Pferd, Weinstock ... Du nun wozu? Zum Vergnügen? Sieh zu, ob das der Begriff von dir zuläßt."[42] fehlt so im NT.
Gilt es für Marc Aurel V,6,3f "wieder in der richtigen Zeit ... Trauben zu tragen", so ist im neutestamentlichen Bildgebrauch (vgl. Mt 3 10par, Mt 7 17ffpar, u.ö., Mk 11 13f.20f(?), Joh 15) dezidierter ausgedrückt, daß der Mensch *immer* Früchte bringen muß.[43]
d) Die im Leben vorgegebenen Negativa und Begrenzungen gilt es als naturgemäß zu akzeptieren wie den herben Saft des Feigenbaumes und das Fehlen der Frucht im Winter, vgl. Marc Aurel IV, 6:
"Wer dies (Tod als Auflösung in die Elemente, Anm. d. Vf) nicht will, der will, daß der Feigenbaum keinen herben Saft hat. Überhaupt aber erinnere dich daran, daß ihr beide, du und er innert kürzester Zeit sterben werdet...".[44]
Vgl. Marc Aurel XI, 33:
"Eine Feige im Winter zu suchen, ist Tat eines Wahnsinnigen. Ein solcher ist (τοιοῦτος ὁ...), wer sein Kind sucht, wo es ihm nicht mehr verstattet wird".
Auch das wieder Bildausschnitte, die im NT nicht realisiert werden - vielleicht, weil im NT eine solche Anpassung an Negativa nicht intendiert wird.
e) Wie in dem eben von Marc Aurel angeführten Zitat deutlich wurde, sind die Jahreszeiten im Themenkomplex Vergänglichkeit realisiert, um

---

41) Vgl. dazu Neuenschwander, Beziehungen, 41. Ausschnittweise ist das Bild auch Sen., Consol ad Helv. 7 10; Cic., Sest. 101 realisiert. Zur Lehre von der συμφυία vgl. SVF II, 458, rezipiert: Philo, All III, 38; Imm 35 (σῶμα-Bild).
42) Vgl., Marc Aurel X,8; ferner Marc Aurel V,1,2 (die Pflanzen exemplifizieren das Ordnungsgefüge); Marc Aurel VIII,15; vgl. Marc Aurel VIII,46.
43) Eigentümlich für *Seneca* ist, daß er betont, daß ethische Regeln, für den Einzelfall gegeben, nicht wirkungsvoll ("ohne Wurzel", Sen., epist. 95 12) sind: Vielmehr bedürfen die Lehrsätze einer stützenden Einbindung in ein philosophisches System, was er anhand der Abhängigkeit der Blätter vom Zweig (Sen., epist. 95 59) bzw. der gegenseitigen Abhängigkeit von Wurzeln und Zweigen (Sen., epist. 95 64) erhellt. Dieser theoretische Gebrauch der Metaphern kommt dem in der älteren Stoa, in der die Philosophie noch gegenüber der Ethik vorherrschend war, nahe, vgl. SVF II, 879, S. 235, 34-36; SVF II, 756, S. 213,26-28; SVF II, 826, S. 226,11-13; SVF II, 38, S. 15, 23-25; SVF II 38, S. 16, 6-8; II, 39, S. 16,11-14; II, 40, S. 16, 20-25.
44) Vgl. Marc Aurel XII,16,2.

mit dem Herbst/Winter die Notwendigkeit des Sterbens zu unterstreichen, im NT sind sie nur Mk 13 28f realisiert, und zwar in der Ankündigungsfunktion für den Sommer!
Ferner fehlt im NT das im selben Themenkomplex beheimatete Motiv des Blätterfalls:[45] Sen., epist. 104 11 steht es exemplarisch für den Tod eines Menschen: Soll man sich an der Blüte freuen, so ist es unnütz, über den Blätterfall (Tod) zu weinen:
"...wie der Blätter Fall belanglos ist, weil sie wieder wachsen (Sed quemadmodum frondium iactura facilis est, quia renascuntur), so (sic) ist es der Verlust der Menschen, die du liebst und die du für die Erquickung deines Lebens hältst, weil sie ersetzt werden, auch wenn sie nicht wiedergeboren werden."[46]
Auch Marc Aurel X, 34 wird dem Blätterfall/dem vom Wind Herabgeschütteltwerden das Sprießen und Wachsen anderer Blätter entgegengestellt, jedoch liegt hier der Akzent (diff. Sen.) auf der kurzen Dauer. Ist das Bild bei Seneca auf Verstorbene bezogen und hat im Hinblick auf die Angehörigen tröstende Funktion, so beschreibt es bei Marc Aurel die menschliche Situation und hat bezüglich der Adressaten paränetische Funktion: Blätter (φύλλα), die streuet der Wind auf die Erde, so (ὡς) ist der Menschen Geschlecht.[47] Blätter (φυλλάρια) aber sind auch deine Kinder, Blätter auch diejenigen, die mit dem Schein der Überzeugung zurufen und rühmen oder umgekehrt verfluchen oder leise tadeln und spotten; Blätter ebenso auch die, die unsern Nachruhm übernehmen werden. Denn all diese entsprießen in Frühjahres Wonne; dann hat sie ein Wind heruntergeschüttelt; darnach läßt der Wald andere dafür wachsen. Die kurze Dauer ist allen gemeinsam...".
(Der Wechsel der Adressaten und Funktion zieht also im selben Metaphernfeld eine Umakzentuierung nach sich).
Wie im NT das Motiv des Blätterfalls fehlt, so auch das Lösungsmuster, daß wieder neue Blätter wachsen, die verstorbenen Menschen durch andere ersetzt werden.

45) Vgl. auch Hom., Il. 6 146; 21 464; Mimn. 21 (= Hudson-Williams, T., Elegy, 44f). Anders als Homer stellt Mimnermos die Kürze der Jugend, nicht des Lebens als ganzem dar. (Dagegen heben die Blättervergleiche Hom., Il. 2 800; Od. 9 51; Bakchyl 5 65ff; Verg., Aen 6 309f; Ap. Rhod IV 216f in kriegerischem Zusammenhang auf die große Zahl ab). Variiert wird das Motiv des Blätterfalls im Bild der reif herabfallenden Frucht (Olive) Marc Aurel IV, 48 (hier positiv konnotiert als Ziel des Lebens)bzw. in dem der getrockneten Früchte Epikt., Diatr. III, 24, 90-92. – SVF III (III, 63, S. 254, 31 -255, 3) dagegen deutet das Motiv des Blätterfalls ganz auf den üppigen Wuchs von Nachkommen (edlen Sprößlingen) für das Vaterland hin.
46) Zu beachten ist, daß das Bild jeweils über das Motiv des Sterbens (Blätterfall; vgl. auch ausgerissener Baum, Sen., Consol ad Marc. 16 7(8)) hinaus weitergeführt wird (diff. NT, Gnosis): Hier schlägt sich das zyklische Denken der Stoa nieder; im Unterschied zum NT entfällt die futurische Dimension ganz, vgl. Bréhier, Histoire, 430: "évanoui, dans un ... univers (grecque, Anm. d. Vf.) le problème de la destinée future".
47) Zit. aus Hom., Il. 145, zit. auch: Plut., mor. 104 E (= con. ad. Apoll. 104 E).

Variiert wird das Thema Sen., Consol ad Marc. 167(8), im Bild von Bäumen, die vom Wind ausgerissen sind. Die Metaphern bringen also das Plötzliche und Gewaltsame des Todes stärker zum Ausdruck:
"Ein Bauer, wenn vernichtet sind Bäume (eversis arboribus), die der Wind mit den Wurzeln ausgerissen oder ein kräftiger Wirbelsturm mit plötzlichem Überfall abgebrochen hat, hegt die Schößlinge, die von ihnen übrig, und verteilt sofort der verlorenen Samen und Keimlinge, und im Augenblick (denn wie beim Verlust, so bei Zuwachs ist ungestüm und schnell die Zeit) wachsen sie heran, erfreulicher als das Verlorene."
(169)"Diese Töchter deines Metilius setz an seine Stelle und füll den leeren Platz aus, und den einen Schmerz erleichter durch verdoppelten Trost".
Hier wird weniger die Natürlichkeit aufgezeigt; vielmehr liefert der Bauer das Identifikations-und Lösungsmuster, das in einer aktiven Bewältigung der Situation gesehen wird.[48]
f) Im Themenkomplex "Tod" finden wir in Senecas Tragödien einen weder im NT noch in der Gnosis noch sonst bei den Stoikern realisierten Metapherngebrauch. Da er allgemein-antike Metaphorik repräsentiert, sei er hier vorgestellt.
Der besonders bei Homer sehr breit realisierte Vergleich eines Kriegers mit einem Baum[49] liegt dem Sen., Herc. 1046-1048 realisierten Motiv des stürzenden Baumes zugrunde:
"schon stürzt er mit gebeugtem Knie in seiner ganzen Größe zur Erde, wie eine in den Wäldern gefällte Esche (ut caesa silvis ornus) oder ein Felsblock."
Sen., Oed 600-607 vergleicht Blätter und Blumen der Anzahl der herankommenden Völker, so wie auch Homer die Anzahl der heranrückenden Krieger den Blättern und Blumen vergleicht.[50]
Die Metaphern sind im kriegerischen Kontext verankert und erhellen zum einen eine deutliche Selektion aus dem antiken Bildfeld, zum anderen die enge Verbindung von Metapherngebrauch, literarischem Genre und ihm ent-

---

48) Im Themenkomplex "Vergänglichkeit" ist ferner die Metapher "carpere" verwendet, um die Naturgemäßheit des Todes zu unterstreichen, so Sen., epist. 120,18: "der letzte Tag ... pflückt uns (Carpit nos)..." Vgl. Sen., epist. 26,4 (das Älterwerden als Prozeß des Sterbens: "Stück um Stück werden wir dahingenommen (carpimur)"). - Zur Vergänglichkeit der Schönheit, vgl. Sen., Herc. 380-386 und im Bildfeld Saat-Wachstum-Ernte Sen., Phaedr. 764-772.
49) Vgl. Hom., Il. XII,132 (Standfestigkeit von Polypoites und Leonteus; zur Standfestigkeit vgl. auch Verg., Aen.4,441f); Il. XIII,437; Fall: Hom., Il. IV,82; V,560; XIII,178; XIII,389; XIV,413; XVI,482; aus der Perspektive der Eltern, von daher um das Motiv des Heranwachsens erweitert: Il. XVII,53, ähnl. Il. XVIII,56; ausgeweitet zum Wald: Il. XVI,765; vgl. Verg., Aen 3,679 (ohne Fall); zu Homer insges. vgl. Fränkel, Gleichnisse, 36-41.- Vgl. ferner Aristot., rhet. III,4,3 = 1407a (= Gleichnis des Perikles); Verg., Aen. 5,448f; Vergleich eines Kriegers mit Baum (ohne Fall): Verg., Aen. 9,674; 9,681f; Schlacht geschildert im Bild eines Falls von Eichen: Verg., georg. 4,80f; für Fall von Troja: Verg., Aen. 2,626ff.- Sen., Ag. 90-100 begegnet das Motiv "Sturz des Hohen" im Zusammenhang mit dem Motiv der Vergänglichkeit.
50) Vgl. Hom., Il. II,467; Hom., Od. IX,51; vgl. Hom., Il. II,800; Verg., Aen. 6,309f.

sprechenden Themenkomplexen, die eine gewisse Autonomie gegenüber dem Weltanschauungssystem aufweisen kann.
g) Eng verwandt mit dem NT -und zwar mit den weisheitlich geprägten Entsprechungsbildern -zeigt sich dagegen das Motiv der Unvereinbarkeit Sen., epist. 8725 "non nascitur ex malo bonum, non magis quam ficus ex olea, Ad semen nata respondent" (vgl. Plut., mor. 472 F) sowie Sen., de ira II,10,6 - auch hier wieder mit zwei auf der Sachebene parallelen Metaphern (Waldgesträuch/Obst; Dorngebüsch, -hecken/nützliche Frucht).[51]
h) Bedingt verwandt mit der Metapher ἔμφυτος Jak 121 ist die Metaper "insitus" Sen., epist. 141; 8215, 1176; benef. IV, 6,6[52] - die Anwendung stimmt aber nirgends mit Jak 121 überein.
Übereinstimmungen zeigen sich also jeweils mit weisheitlich geprägten neutestamentlichen Bildkomplexen. Das weist auf eine breite weisheitliche Tradition und macht deutlich, daß die Stoa als eine Fortsetzung weisheitlichen Denkens, die Philosophie als eine Fortsetzung der Sophia, verstanden werden kann.
i) Wie oben dargestellt, zeigen sich weiter Übereinstimmungen im metaphorischen Gebrauch des Baummotivs, ferner im gärtnerischen Umgang mit dem Baum, wenn auch eine Akzentverschiebung zu beobachten ist. Zum kollektiven Gebrauch, wie er Röm 11 vorliegt, finden wir nur bei Marc Aurel XI,8 einen analogen Bildgebrauch.
j) Neben Übereinstimmungen lassen sich auch Vakats im stoischen Bildgebrauch ausmachen. So zeigt ein Blick auf's NT, daß Gerichtsbilder wie Mt 310par; Lk 136-9 in der Stoa fehlen. Das hängt sicher einerseits mit dem stoischen Entwicklungsgedanken hin zur Vollkommenheit zusammen und unterstreicht andererseits den Befund, daß Gerichtsbilder primär in der prophetischen Tradition verankert sind. Zu letzterem paßt auch die Beobachtung, daß in der Stoa - obwohl diese die Vorstellung des Weltenbrandes kennt - das Bild des Verbrennens nirgends realisiert ist.
k) Auch ein dem Ankündigungsbild Mk 1328f entsprechender Metaphernkomplex fehlt: Das ihm inhärente eschatologische Moment (Naherwartung/Ankündigungsfunktion) ist ohne Pendant.[53]
l) Ferner fehlt die Metapher der Pflanzung (Mt 1513; I Kor 3) in der

---

51) Vgl. auch Epikt., Diatr. II,20,18ff.
52) In Bezug auf Worte: Sen., epist. 1238; ferner: Cic., fin. 418; Cic., Cluent. 4.
53) Das erklärt sich aus dem unterschiedlichen weltanschaulichen Hintergrund: Zwar kennt auch die Stoa eine Eschatologie, diese ist jedoch im Unterschied zum NT zyklisch-periodisch gedacht - ein Wechsel von Ekpyrosis und Palingenese/Apokatastasis, die im Grunde keine Veränderung bringt (vgl. dazu Stückelberger, HWP II, 433, Bien, Schwabl, HWP I, 439-44, sowie Pohlenz, Stoa, 1,79f; 2,47; 1,80; in Bezug auf Sen.: Deißner, Seneca, 12), so daß die Erwartungen, die hinter Mk 1328f standen, denen der Stoa nicht vergleichbar sind und folglich auch keine entsprechende motivationale Funktion erfüllen können.

Stoa:[54] Sie ist im alttestamentlich-jüdischen Bereich zu verorten. *Das Schwergewicht des stoischen Gebrauchs der Baum - Frucht - Metaphorik liegt im Themenbereich der Entwicklung und Formung eines Menschen (des Guten im Menschen) zur Vollkommenheit, der eng mit der Ethik verbunden ist. Da der Mensch durch den Besitz der ratio anderen Wesen überlegen ist,[55] diese aber in ihm nur ansatzweise vorhanden ist, muß sie entwickelt werden (so bes. Sen. (vgl. epist. 1246ff)[56] und Cic. fin. 39 (38)). Dabei kommt neben den Umständen (Sen., prov. 416) dem Lehrer (Philosophen) -/ Schüler -Verhältnis eine besondere Bedeutung zu: Seneca und Epiktet reflektieren es im Bild vom Bauern und Baum.[57] Insbesondere Epiktet (vgl. Diatr. I, 156-8), Marc Aurel und ganz elementar praktisch Musonius[58] betonen mit ihren Naturmetaphern den Gedanken des ethisch richtigen Lebens, wobei die Metaphern in der Regel den einzelnen Menschen meinen: Das kollektive Moment - und damit die Reflexion auf Außen- und Subgruppen - tritt bis auf Marc Aurel XI8 diff. Joh 15; Rö 11 stark zurück.*

Der Konzentration der kaiserzeitlichen Stoa auf die Ethik entspricht, daß nur bei Seneca die notwendige Einbindung ethischer Lehrsätze in ein philosophisches System (Sen., epist. 9512.59.64)[59] angesprochen wird. Daß philosophische Theorien anhand von Metaphern veranschaulicht werden (Cic. fin. 39),[60] entspricht dem Metapherngebrauch der älteren Stoa,[61] bei der das Schwergewicht noch stärker auf der Philosophie liegt: So z.B. SVF II,38 (S. 15,23-25),[62] wo die Ähnlichkeit der Philosophie mit einem Fruchtgarten herausgestellt

54) Umgekehrt ist Sen., epist. 23 "non convalescit planta quae saepe transfertur" ohne Pendant.
55) Vergleiche mit Pflanzen(Tier)metaphern sind aus diesem Grund oft kontrastiv-steigernd angelegt (Sen., epist. 768f).
56) Vgl. auch Epikt., Diatr. IV,11,26; Sen., epist. 1246ff (die Stelle zeigt übrigens, wie das Bildfeld auf verschiedene Bildempfängerkomplexe ausstrahlen kann).
57) Sen., epist. 341; epist. 506; clem. II,7,4; vgl. auch Sen.,epist. 298; 7814; Epikt., Diatr. II,24,16ff; Cic., Tusc. 313; die Metaphorik klingt an in 'cicumcidere' Sen., epist. 7814; 'excidere' Sen., epist. 298; 'resecare' Cic., Verr. 3208. Hier liegt traditioneller Metapherngebrauch zugrunde, vgl. Gompertz, Denker I, 340 m. A. (S. 483), vgl. auch bzgl. der rhetorischen Erziehung: Cic., De orat. II88; Quint., inst. 2,4,7-11; hinsichtlich des Wetteifers mit Mitschülern: Quint., inst. 1,2,26.
58) Musonius Rufus 11412; 10120; 1021/ed. O. Hense.
59) Unter Rekurs auf Poseidonios? s. Neuenschwander, Beziehungen, 45f.
60) (Zählung nach ed. Loeb). Die Darstellung nimmt hier nach Dirlmeier, Oikeiosis, 61f, Gedankengänge Theophrasts auf. - Zur Darstellung philosophischer Theorien vgl. auch Sen., epist. 1246f; 506.
61) Vgl. Rolke, Vergleiche, 502: Er arbeitet S. 501f drei Funktionen für die altstoischen Gleichnisse heraus. Sie dienen 1) als Demonstrationsmodell, 2) der Illustration und ersetzen 3) eine lange theoretische Darstellung.
62) Vgl. auch (von den Stoikern) SVF II,38, S. 16,6-8; (von den alten Philosophen) SVF II, 39, S. 16,11-14; SVF II, 40, S. 16, 20-25. Rezipient: Philo, Agr. 14.

wird. Die Höhe der Pflanzen wird der Physik, die nahrungsspendende Kraft der Früchte der Ethik, der Schutz der Mauern der Logik verglichen.[63]
Die Vergänglichkeit als allgemein-natürliche menschliche Gesetzmäßigkeit begegnet bei Epiktet und Marc Aurel.[64] Bei Seneca[65] ist sie in Bezug auf Angehörige realisiert. Positiv gewandt ist die Thematik bei Seneca und Cicero.[66]

1.2) Die realisierten Metaphern im Bildfeld Saat - Wachstum - Ernte
a) Ohne Pendant im NT ist die in der stoischen Kosmologie beheimatete Vorstellung vom Urfeuer, das wie ein Same die vernunftgemäßen "Entwicklungsgesetze und die Ursachen des Gewesenen, Gegenwärtigen und Künftigen enthält."[67] Dieser göttliche Same ist es, der zunächst die Elemente erzeugt, um aus ihnen alle weiteren Dinge im Kosmos zustande zu bringen:[68] "Und wie im Samen der Keim enthalten ist, so behalte auch er (= Gott, Anm. d. Vf.) als erzeugende Weltvernunft (σπερματικὸν λόγον ὄντα τοῦ κόσμου) bei solcher Beschaffenheit seinen Sitz im Feuchten bei...".[69] Dementsprechend wird die Gottheit als ein dem Kosmos immanentes Prinzip vorgestellt,[70] das die vernünftigen Keimkräfte enthält, durch die sich das ganze Weltgeschehen entwickelt: Der Verlauf des Weltgeschehens kann dabei (diff. NT!) nur als gesetzmäßige Entfaltung der Keime vorge-

---

63) Vgl. SVF II, 879, S. 235,35-36 (Baumstamm - Äste für die Seele, die die Sinne wie Zweige von dem leitenden Seelenteil (Baumstamm) ausbreitet); SVF II, 756 S. 213, 26-28 (Embryo ist Teil des Mutterleibes wie Früchte Teile der Pflanze); SVF II, 826, S. 226, 11-13 (Apfel enthält in demselben Körper Süße und Duft wie das Hegemonikon Vorstellung, Zustimmung, Trieb und Logos in demselben Seelenteil zusammenfaßt).- Die Metaphorik klingt im Gebrauch der Metapher ἄ/καρπός nach: Epikt., Diatr. I, 17,9f; II, 1,21; vgl. auch Epikt., Diatr. IV,1,113; IV,11,26; in der Metapher 'cicumcidere' Sen., epist. 89,13. In Bezug auf die Dichtung/Rhetorik: Sen., epist. 33,1f; Quint., inst. 8,3,8-10.
64) Epikt., Diatr. III, 24,86f; II, 24,90-92; Marc Aurel IV,6,1; XI,33; X,34; vgl. Sen., rem fort. 13,1. bzgl. der Schönheit: Sen., Herc. 380-386; in Verbindung mit dem Motiv 'Sturz des Hohen': Sen., Ag. 90-100.
65) Sen., Consol. ad Marc. 16,7 (ed. Loeb) = 16,8 (ed. Rosenbach); Sen., epist. 93,2; 104,11.
66) Sen., epist 124; Marc Aurel IV,48; vgl. Cic., Senec. 71.
67) Stoa und die Stoiker, ed. Pohlenz, 53, Heinze, Logos, 109; vgl. auch Marc Aurel IV,36.
68) Verbeke, HWP 5, 485; Stoa und die Stoiker, ed. Pohlenz,60, Heinze, Logos, 109ff, bes. 111-113.
69) So Zenon und Chrysipp b. Diog. Laert. 7,136; vgl. Stob.Ecl. I,20, 1e (S. 171).
70) Vgl. Cic., nat. deor. II,22 (Zenon).- Hier unterscheiden sich die Stoiker vom platonischen Dualismus (vgl. Meyer, H., Keimkräfte, 8) und von der Gnosis.

stellt werden (Gott als Vorsehung und εἱμαρμένη!).[71] Als Teile des Weltlogos sind die logoi spermatikoi[72] im Urfeuer enthalten; sie fungieren als schöpferisches Urprinzip der Weltbildung, entwickeln sich gesetzmäßig im Kosmos und werden schließlich wieder in die Weltvernunft aufgenommen, um den Samen für eine weitere Entwicklung zu liefern.[73] In Anlehnung daran kann von tugendhaften Keimen gesprochen werden,[74] die dem Menschen von der Natur eingepflanzt sind.[75] Sie sind die - noch unterentwickelte - ratio und bilden die Voraussetzung dafür, daß der Mensch das Gute und Sittliche erkennen[76] und entwickeln kann.[77] Es kommt also darauf an, daß der Mensch sich zum Guten entwickelt, denn unter schlechtem Einfluß kann er sich - trotz seiner Anlage zum Guten - zum Bösen entwickeln,[78] s. Sen., epist. 7315f:
"... Die Samen im Körper des Menschen - von Gott sind sie ausgestreut (Semina in corporibus humanis divina dispersa sunt); wenn ein guter Gärtner sie aufnimmt, gehen sie dem Ursprung ähnlich auf und wachsen sie denen gleich, von denen sie abstammen; wenn ein schlechter Gärtner - nicht anders als ein unfruchtbarer und sumpfiger Boden (humus sterilis ac palustris) läßt er sie absterben und bringt sodann Unkraut hervor statt Früchten (creat prugamenta pro frugibus)".

71) s. Sen., benef. IV 6,6; vgl. Verbeke, HWP 5, 485, Kafka, G., Eibl, H., Antike Philosophie, 90.
72) Vgl. Verbeke, HWP 5, 485: Zu den logoi spermatikoi: SVF II, 717; II, 739; Diog. Laert. VII148.157; Plut., mor. 637 A; Marc Aurel IV,14.21; VI,24 (vgl. dazu Meyer, H., Keimkräfte, 13-16; Pohlenz, Stoa I, 348; 123; 195; 219), vgl. ferner Stob., Ecl. I,11,5; I,17,3; Cic., nat. deor. II58. Der Begriff 'Logos spermatikos' ist von den Stoikern (wahrscheinlich schon von Zenon) geprägt (Meyer, H., Keimkräfte, 16, vgl. 12; Heinze, Logos, 107), steht aber in einer philosophischen Tradition (Heraklit, Aristoteles), s. Meyer, H., Keimkräfte, 16-24; Pohlenz, Stoa I, 78 - Im Sing. (!) nimmt Iust. (Mart.), apol. App. 81; 133-6 die Logos-Spermatikos-Vorstellung auf, vgl. dazu: Glockmann, Homer, 155-158; 163-165.
73) Pohlenz, Stoa I, 348.
74) Epikt., Diatr. II, 20,34; Sen., epist. 7316; 9429; 1088; 1204; benef. IV,6,6; Musonius 81; Cic., fin. 417.
75) Sen., benef. IV, 6,6; Cic., fin. 418; 543; vgl. Cic., Tusc. III2 (semina innata virtutum); Quint., inst. 2,20,6.-Auf christlicher Seite nimmt Justin diese Metaphorik auf, wenn er, Iust. (Mart.), apol. App. 8,1, von dem dem gesamten Menschengeschlecht eingepflanzten Keim des Logos spricht. Evoziert das Bild der logoi spermatikoi die Metapher der Keime, so das Bild vom Weltlogos als Feuer die Metapher vom "Funken" (Hadot, Sen., 148 A25).
76) Vgl. Sen., epist. 1204: "Natura semina nobis scientiae dedit, scientiam non dedit".
77) Vgl. Pohlenz, Stoa, 58; Hadot, Sen., 148.
78) Vgl. Hadot, Sen., 148; Sen., epist. 1288; τὰ τῆς εὐγενείας σπέρματα können auch verlorengehen, s. Epikt., Diatr. II, 20,34. - Einen negativen Einfluß können Worte ausüben, vgl. Sen., epist. 1238: "Das Gespräch ... hinterläßt ... Keime (semina) in der Seele und folgt uns ... ein Übel, das später keimen wird". - Man kann sich auch selbst Belastungen (Sen., epist. 722) und Beunruhigungen (Sen., epist. 10412) säen.

Die Keime zur Kenntnis und zur Sittlichkeit müssen angeregt und vervollkommnet werden, vgl. Sen., epist. 108,8:
"Leicht ist es, einen Zuhörer anzuregen zur Sehnsucht nach dem Rechten: allen nämlich hat die Natur die Grundlagen und die Keimzelle sittlicher Eigenschaften gegeben (fundamenta... semenque virtutum)."[79]
b) Hier kommt der Lehrtätigkeit des Philosophen eine wichtige Bedeutung zu, wie Sen., epist. 38,2 zeigt:
"Wie Samen (Seminis modo) müssen sie (sic. Worte, Anm. d. Vf) gestreut werden: mag das gering sein, wenn es einen geeigneten Platz (idoneum locum) gefunden hat, entwickelt es seine Kräfte (vires suas explicat) und entfaltet sich aus kleinstem Beginn zu größtem Wuchs (ex minimo in maximos auctus diffunditur). Dasselbe macht die Vernunft: sie nimmt nicht groß Platz ein, wenn du sie erblickst; bei der Arbeit wächst sie. Wenig ist es, was man sagt, aber wenn es die Seele gut aufgenommen hat, gewinnt es Kraft und erhebt sich. Ebenso ist ... die Situation von Lehren wie von Samen (Eadem est... praeceptorum condicio quae seminum): viel bewirken sie, auch wenn sie klein sind (multum efficiunt, et angusta sunt). Nur ... fasse eine geeignete Seele sie auf und nehme sie in sich auf: viel wird sie ihrerseits selbst hervorbringen und mehr zurückgeben, als sie empfangen hat."[80]
Der Vergleich der Samen mit Worten/praecepta ist allgemeinantik;[81] er findet sich auch Mk 4,14; das Kontrastmotiv erinnert an Mk 4,31f; Mk 4,8;[82] der "geeignete Platz" an den guten Boden Mk 4,8. - Im Unterschied zum Sämannsgleichnis ist hier jedoch nur die positive Möglichkeit realisiert; Antagonisten (Mk 4,4.6f) wie auch die Reflexion auf die Bodenverhältnisse fehlen.
c) Letztere sind - entschieden breiter als im NT - im Zusammenhang der Vergabe von Wohltaten realisiert, vgl. Sen., benef. I,1,2:

79) Vgl. auch Sen., epist. 94,29 und Guillemin, Seneca, 212. - Auch Menschen mit guter Anlage, "tapfer und kräftig veranlagte Naturen", bleiben ohne Gestaltung ihrer selbst letztendlich unvollkommen, vgl. Sen., de ira II,15,1: "Manches... wird nur besseren Naturen von Geburt mitgegeben, wie kräftige und üppige Vegetation die Erde, auch wenn sie vernachlässigt, hervorbringt und hoch auf fruchtbarem Boden der Wald wächst (sicut valia arbusta laeta quamvis neclecta tellus creat) ... aber unvollkommen ist ihnen die Lebenskraft, wie bei allem, was ohne Gestaltung seiner selbst durch die Güte allein der Natur aufwächst", vgl. auch Quint., inst. 2,19,2.
80) Im Themenkomplex "Erziehung" haben Vegetationsmetaphern Tradition, vgl. Plat., leg. 765e-766a. Weitere Verweise bei Henrichs, A., "Zwei Fragmente über die Erziehung (Antisthenes)", ZPE 1 (1967) 45-53.
81) Vgl. Antipho Soph frg. 60 b. Diels/Kranz, Vorsokratiker, Bd. II, 1952, 365 (87 [80] B 60); Plat., Phaidr. 260d. 277a; (Plat., rep. 649,2a); Plut., mor 2 B; (48 C); 394 E; 637 A; Pind., Nem. 8,37 (Tadel säend den Frevlern); Sen., epist. 38,2; vgl. ferner die sprichwörtähnliche Bildung Cic., de orat. II,262; Gorgias b. Aristot., rhet. III,3,4 (1406 b 10); (indirekt: Aristot., NE X,10 = 1179b; Demost. 15,9); C.H. I,29; sowie Quint., inst. 8 pr. 23; inst. 4,2,54 (Samenkörner für die Beweisgänge ausstreuen). Zum Metaphernkomplex, vgl. auch Plat., rep. 649,2a, Gompertz, Denker I, 340; 483 A2. Ihm ist auch Sen, epist. 82,4 zuzuordnen.
82) Bei Seneca fehlt jedoch die Metapher "Frucht".

"Saatgut streuen wir nicht in einen ausgemergelten und unfruchtbaren Boden:
Wohltaten werfen wir ohne irgendeine Auswahl eher weg, statt sie zu erweisen".
oder Sen., benef. IV, 9, 2:
"'Ihr sagt', heißt es,'sorgfältig müssen wir die Menschen auswählen, denen
wir Wohltaten erweisen, wie auch Bauern nicht Samen dem Sand anvertrauen
(...quia ne agricolae quidem semina harenis committant); wenn das wahr ist,
verfolgen wir beim Erweisen von Wohltaten unseren Nutzen, wie beim Pflügen und Säen (quemadmodum in arando serendoque); nicht nämlich ist Säen
eine um ihrer selbst willen wünschenswerte Sache (neque enim serere per se
res expetenda est)."
Ganz im Unterschied zum NT wird Sen., benef. I,1,2; IV, 9, 2 der schlechte
Boden gerade nicht besät, oder ihm wird (vgl. Sen., epist. 73 2)[83] dezidiert
die Anstrengung des Bauern entgegengesetzt.
d) Die notwendige Mühe und Anstrengung des Bauern wird - im Gegensatz zu Mk 4 8; 4 26-29; 4 30-32; Mk 13 24ff; Jak 5 7 - gerade auch für die
Zeit nach (!) der Aussaat betont, vgl. Sen., benef. II, 11, 4:
"Es wird der Bauer verderben, was er gesät hat, wenn er seine Mühen im
Stich läßt nach der Aussat; mit viel Sorge wird die Aussaat zum Wachsen gebracht bis zur Ernte (multa cura sata perducuntur ad segetem); nichts kommt
bis zum Tragen, was nicht von Anfang bis Ende gleichmäßige Pflege begleitet
(nihil in fructum peruenit, quod non a primo usque ad extremun aequalis
cultura prosequitur)"[84].
Soll der Acker "bessere und größere Früchte hervorbringen", so muß er
schon "zwei- und dreimal gepflügt werden" (Cic., de orat. II131)[85] - auch
das ist ohne Pendant im NT.
Die stoischen Schriften reflektieren hier ein Stück Realität,[86] das gerade
im NT fehlt und das kontrafaktische Moment im neutestamentlichen
Weltverhältnis erhellt: Mk 4 1ff sät der Sämann überall hin; die Mühe und
Anstrengung, unter der der Bauer dem Boden den Ertrag abringen muß,
findet im NT keine Erwähnung. So wird über die Metaphernwahl etwas

---

83) "... et tamquam bonus agricvola cura cultuque sterilitatem soli vincam...", vgl.
auch Sen., epist. 811 und Sen., epist. 73 16 die Parallelisierung unfruchtbarer Bo-
den/ schlechter Gärtner, die beide den gleichen negativen Effekt haben.
84) Vgl. Cic., Brut. 16.
85) Vgl. Quint., inst. 10,3,2f (der Boden muß tief umgegraben werden).
86) Zur Berücksichtigung der Bodenverhältnisse bei der Aussaat vgl. auch Plat.,
Phaidr. 276 b, Plut., mor. 2 B, Krauß, Archäol. II, 178; die gnostische Interpretation des Sämannsgleichnisses Hennecke I, 188f (sie zeigt, daß das Aussäen überallhin als unnormal empfunden wurde); zur Arbeit nach der Aussaat vgl. Act. Joh
67 (Hennecke II, 167); Heracl., Frg. 36 (Völker, 79); GenR 45 zu 16,4; Hippokr.,
Nomos III (?); Quint., inst. 5,11,24 (?). Zur schweren Arbeit des Pflügens vgl.
Hom., Od. 1331-38; (Hom., Il.13 703); Apoll. Rhod 11172f; ferner: Lehre des Anchscheschonki 17, 23 (Lichtheim, 82); 20, 8 (Lichtheim, 85), Assyr. Collection zit.
Lichtheim, 24 ⊦ Lambert c.9 p. 232). Sir 7 15 spricht von der Mühsal des Acker-
baus; vgl. auch das Dramatiker Gnomologion [Philemon (3)a] Menandros (1)b, 18f;
Test Iss V 5. Die Mühelosigkeit ist syrBar 74 1 Zeichen der Heilszeit.

von Gottes Großzügigkeit, die ein vertrauensvolles Aussäen möglich macht, spürbar wie auch von dem Geschenk wunderbaren Wachstums, das letztendlich nicht in der Hand des Menschen liegt.
e) Das langsame Wachstum von der Saat zur Frucht wird Epikt., Diatr. IV, 8, 36ff gezeichnet, um die langsame Entwicklung des Philosophenschülers zu beschreiben: Zunächst soll er im Verborgenen Philosophie treiben, um langsam - ohne Überstürzung und Gewaltanwendung - die Weisheit in sich wachsen und entwickeln zu lassen, denn - so der Kontext - nicht schon die Kleidung macht den Philosophen: [87]
"Du weißt ja, wie die Früchte wachsen. Man muß umgraben und pflügen, der Same muß eine Zeit in der Erde verborgen liegen (κατορυγῆναι δεῖ «εἰς» χρόνον τὸ σπέρμα, κρυφθῆναι), er muß allmählich wachsen (κατὰ μικρὸν αὐξηθῆναι), damit er endlich zu Früchten gedeihe (ἵνα τελεσφορήσῃ). Bringt er aber die Ähre, ehe dem Halm das Gelenk gewachsen ist, so gibt es unvollkommene Frucht, wie aus den adonischen Gärten (Ἂν δὲ πρὸ τοῦ γόνυ φῦσαι τὸν στάχυν ἐξενέγκῃ, ἀτελές ἐστιν,...). Ein solches Pflänzchen (φυτάριον) bist auch du, du hast geblüht, ehe du es hättest sollen, der Winter wird dich verwelken lassen (Θᾶττον τοῦ δέοντος ἤνθηκας, ἀποκαύσει σε ὁ χειμών). Gib acht auf das, was die Bauern von der Saat sagen, wenn die Wärme allzufrüh kommt. Es ist ihnen Angst, die Saat möchte zu üppig aufgehen (Ἀγωνιῶσιν μὴ ἐξυβρίσῃ τὰ σπέρματα) und hernach möchte ein einziger Reif, der darüber kommt, sie als nichts erweisen (εἶτα αὐτὰ πάγος εἰς λαθὼν ἐξελέγξῃ). So nimm auch du dich in acht, Freund, du bist zu üppig aufgeschossen, du bist vor der Zeit sprunghaft zu etwas Ruhm gelangt, du glaubst etwas zu sein und bist doch nur ein Narr unter anderen Narren. Du wirst erfrieren oder bist vielmehr schon unterhalb an der Wurzel erfroren (...δ'ἀποπέπηγας ἤδη ἐν τῇ ῥίζῃ κάτω), nur oberhalb grünt es noch ein wenig an dir (τὰ δ'ἄνω σου μικρὸν ἔτι ἀνθεῖ), und darum meinst du, du lebest und sprossest noch (... δοκεῖς ἔτι ζῆν καὶ θάλλειν). Laß uns doch nach der Ordnung der Natur zur Reife gelangen. Warum entblößest du uns? Warum tust du uns Gewalt an? Wir können die Luft noch nicht ertragen. Laß erst die Wurzel ihre rechte Größe gewinnen (Ἔασον τὴν ῥίζαν αὐξηθῆναι), laß sie das erste Gelenk, dann das zweite, dann das dritte bekommen (εἶτα γόνυ λαβεῖν πρῶτον, εἶτα τὸ δεύτερον, εἶτα τὸ τρίτον); alsdann wird die Frucht mit eigener Gewalt ihr Wesen zeigen (εἶθ' οὕτως ὁ καρπὸς ἐκθιάσεται τὴν φύσιν), wenn ich auch gleich nicht wollte. Denn wie könnte es anders sein, als daß einer, der von solchen Anschauungen befruchtet und erfüllt ist, seine Ausrüstung fühle und mächtige Triebe zu den entsprechenden Handlungen habe?... Zur Zeit aber habe ich diese Ausrüstung noch nicht, glaube mir's. Warum willst du denn, daß ich vor der Reife verwelke, wie du selbst verwelkt bist?"
Im Unterschied zu Joh 12 24; I Kor 15 35 geht es im Bild des Vergrabenwerdens nicht um das Sterben, sondern um die - in mehrfachem Zusammenhang ausgesprochene - Mahnung, daß der Philosophenschüler sich

---

87) Clark, use, 28.

zunächst in der Stille vorbereiten und üben soll.[88] Die detaillierte Beschreibung der Entwicklung des Samens erinnert an Mk 4 26-29; dort fehlt aber gerade der Nachdruck darauf, daß der Same Zeit braucht. Wieder begegnet uns eine - so im NT nicht gegebene - ausführliche Reflexion über die Entwicklung des Menschen und ein Plädoyer für sein *langsames* Wachstum, die negative Wertung des schnell Herangewachsenen[89] und auch des üppigen Wachstums. Letztere kommt auch Sen., epist. 394 zum Ausdruck, wo Seneca - der stoischen Mahnung zur Askese folgend - zum Maßhalten mahnt und jegliches Übermaß als schädlich hinstellt:
"So drückt die Saat allzu große Üppigkeit nieder (Sic segetem nimia sternit ubertas), so brechen die Zweige unter allzu großer Last, so kommt nicht zur Reife allzu große Fruchtbarkeit (sic ad maturitatem non pervenit nimia fecunditas)".[90]
Ganz anders im NT, das - in der Tradition alttestamentlich-jüdischer eschatologischer Erwartungen stehend - die Fülle eindeutig positiv faßt[91] und ein negatives 'Zuviel' gerade nicht kennt. Evtl. ist dem auch die Beobachtung zuzuordnen, daß die betonte Notwendigkeit der Brache (Sen., tranq. 175; Cic., Brut. 16) im NT gerade nicht realisiert ist, obwohl diese faktisch nötig war[92] und dafür im Kontext des NT mit dem Sabbatjahr gerade ein Modell gegeben wäre.

f) Im Unterschied zum NT wird in der Stoa das Leben als Reifwerden zum Tode vorgestellt: Der Mensch hat das Gute, das in ihm nur anfanghaft vorhanden ist, durch die Ausbildung der Vernunft zur Vollendung zu bringen (vgl. Sen., epist. 12410f). Der Tod ist der Zielpunkt einer ganz natürlichen Entwicklung - nicht zu sterben würde bedeuten, nicht zur Reife zu gelangen. Das Abgemähtwerden ist kein Übel, sondern bedeutet, daß man die höchste Stufe der Reife erreicht hat, wie Epikt., Diatr. II, 6, 11f.13f zeigt:
"Warum wachsen denn die Ähren (στάχυες)? Nicht wahr, damit sie reif werden (οὐχ ἵνα καὶ ξηρανθῶσιν)? Und werden sie nicht darum reif, damit man sie als Ernte einbringe (ἀλλὰ ξηραίνονται μέν, οὐχ ἵνα δὲ καὶ θερισθῶσιν)? Denn sie wachsen nicht bloß für sich und sind nicht bloß um ihrer selbst willen da. Müßten sie nun wohl, wenn sie sich ihrer selbst bewußt wären, wünschen, daß sie niemals abgeschnitten würden (ἵνα μὴ θερισθῶσιν

---

88) Bonhöffer, Epiktet, 57.
89) Vgl. Sen., epist. 12115; vgl. Quint., inst. 6 pr.10; 1,3,3ff; 5,11,24; 8,3,75; anders: Sen., Phaedr. 455. - Mk 45 ist die negative Wertung des schnell Aufgewachsenen wohl inhärent, doch liegt hier gerade kein Akzent auf dem langsamen Wachstum.
90) Die Hochschätzung des einfachen Lebens (so Musonius, Frg. XI (ed. Hense), vgl. Cic., off. I, 151, S. 129-133) schlägt sich Sen., epist. 8838 in der Metaphernwahl nieder: "Simus hoc titulo rusticiore contenti".
91) Zur Betonung der Fülle vgl. Mk 48 (vgl. Klauck, Allegorie, 191); Joh 1224.
92) Krauß, Archäol.II, 181; vgl. auch Pind., Nem. 68-11; 1139.

μηδέποτε)? Das wäre ja ein Fluch für die Ähren, wenn sie nie eingeerntet würden (τοῦτο δὲ κατάρα ἐστὶν ἐπὶ σταχύων τὸ μηδέποτε θερισθῆναι). So sollte man auch erkennen, daß es ein Fluch für die Menschen wäre, nie zu sterben, wie es für die Ähren ein Fluch sein würde, nie zu reifen und nie geerntet zu werden. Aber ungeachtet wir auch solche Ähren sind, die nicht nur eingeerntet werden müssen, sondern es noch dazu begreifen, daß es sein muß, sind doch ungehalten darüber...".

Vgl. auch das Zitat von Eur., Hyps Frg. 757[93] bei Marc Aurel VII, 40; XI, 6: "Das Leben ernten wie die reife Ähre (Βίον θερίζειν ὥστε κάρπιμον στάχυν)". Das Erntebild wird hier also im Unterschied zum NT individuell, und zwar als Zielpunkt der eigenen Vervollkommnung im Tod aufgefaßt,[94] während im NT im Themenkomplex "Tod" mit dem Samenkorn gerade eine Metapher des Anfangs realisiert und folglich das Thema in eine andere Perspektive gestellt ist.

g) In der Korrespondenz von Saat und Ernte (Sen., epist. 87 25 "ad semen nata respondent, bona degenerare non possunt")[95] zeigt sich ein Metapherngebrauch, der sich analog im NT (Gal 6 7f; II Kor 9 6) - bezeichnenderweise im Hinblick auf die Menschen realisiert - findet.

h) Übereinstimmungen finden sich ferner - wie oben aufgezeigt - in der Verwendung der Samenmetapher für das Wort (vgl. Sen., epist. 38 2 mit

93) ed. Bond S. 43 Z.94; (Eur., frg. 75 76 (ed. Nauck)); Cic., Tusc. 3 59 ist das Eur.-Zitat ins Lateinische übersetzt; auch Plut., mor. 110 Ff bringt das Eur.-Zitat: Es wird also in der Consolationsliteratur verwendet. Zur Reifung hin zur Vollendung, vgl. Sen., epist. 124 10f. Die Naturgemäßheit der Ernte wird Epikt., Diatr. III,24,91, aufgenommen, Marc Aurel XI 34 betont.- Mit der Vorstellung der Reifung ist auch die Erntemetapher Sen., epist. 117 26 verbunden, wo die zukünftige Ernte für die zukünftige Weisheit steht.

94) "Ernten" ist auch sonst in der Antike als Bild für den Tod belegt; es begegnet jedoch fast ausschließlich im kriegerischen Kontext ohne den Entwicklungsgedanken, vgl. Aischyl., suppl. 643ff, (zu Eur., Frgm. 75 76 s.o.); Apoll. Rhod. 3 1386-1391; Eurip., Bakch. 1026.1315; Soph., Ai. 2354f (ed. Pearson); vgl. ferner Hom., Il. 11 67 (Heere, die aufeinander losgehen wie Schnitter); Hom., Il. 19 222ff., vgl. dazu Ps.-Heraklit, All Hom 5 16: "Τὸ μὲν γὰρ λεγόμενόν ἐστι γεωργία, τὸ δὲ νοούμενον μάχη"; Hom., Il. 20 495-497 (Rosse werden über Leichen getrieben wie Rinder über geschnittene Gerste); vgl. ferner die Metapher der Mohnfrucht für das abgeschlagene Haupt des Kriegers: Hom., Il. 14 499; vgl. Hom., Il. 8 306f; Verg., Aen. 9 435ff; die der Stoppel Hom., Od. 14,214 für das, was von einem einst starken Menschen im Elend übrig ist. Im Ägyptischen (vgl. Grapow, 159) ist Korn mähen Feinde schlagen. Zum weiteren metaphorischen Gebrauch des Erntebildes vgl. Aischyl., Ag. 536; Plut., mor. 182 A; sprichwortartig: Aristoph., equ. 391f. Zur Korrespondenz Saat-Ernte vgl. S. 370 A 95. Das Worfeln (angedeutet Mt 3 12 par) ist (diff. Hom., Il. 5 499-502; Il. 13 588) nicht realisiert.

95) Vgl. Cic., de orat. II 262: "Ut semen feceris, ita metes"; ferner: Antipho. Soph. Frg. 60 bei Diels/Kranz, Vorsokratiker, II, 1952, S. 365 (87[80] B 60) bzgl. der Erziehung; Gorgias bei Aristot., rhet. III,3,4 = 1406 b 10 (Angelegenheiten schimpflich aussäen und auf üble Weise ernten); vgl. Plat., Phaidr. 270d, Plut., mor. 394 E. Implizit auch: Aischyl., Ag. 501f; Corp. Paroem. Gr. II,774; Plaut., Trin. 32f. In Bezug auf Menschen: Eurip., Bakch. 1026.

Mk 4 14); in der Unterscheidung von mähendem und säendem Bauern[96] sowie in der ethischen Verwendung der Fruchtmetapher.[97]
i) Bedingt auch in der Metapher ἔμφυτος Jak 1 21,[98] die jedoch in ihrer konkreten Verwendung nirgends mit dem NT übereinstimmt.
j) Betrachtet man das NT, so fehlt in der Stoa ein "bedingungsloses" αὐτόματος (Mk 4 26-29) und ein Zuwarten des Bauern (Jak 5 7), was das Wachstum als göttliches Geschenk profiliert.
k) Mit der stoischen Konzentration auf das Individuum ist evtl. das Vacat eines dem Metaphernkomplex vom "Unkraut unter dem Weizen" (Mt 13 24-30) korrespondierenden Metaphernkomplexes zu erklären.[99]
l) Ferner fehlt auch im Bildfeld Saat-Wachstum-Ernte die mit dem Erntebild verbundene Metapher des Verbrennens, die prophetischer Tradition zuzuordnen ist; auch eine Joh 4 35 entsprechende Realisierung (Felder schon reif zur Ernte) fehlt in der Stoa: Hier wird die Erntemetapher stärker in den Entwicklungsgedanken eingebunden.
m) Das Kontrastmotiv ist zwar in der Stoa realisiert,[100] wird aber nirgends zu dem die narratio tragenden Moment wie in den Kontrastgleichnissen Mk 4 26-30.30-32. Der die Metaphern I Kor 15 42-44 bestimmende Gegensatz fehlt in der Stoa wie auch - aufgrund des anderen ideologischen Hintergrundes - der Zusammenhang der Saatmetaphorik mit der Auferstehung (Joh 12 24; I Kor 15 36ff). Dieser Metaphernkomplex ist eindeutig in der jüdisch-rabbinischen Tradition beheimatet.[101]
n) Das welkende Gras als Metapher für die menschliche Vergänglichkeit Jak 1 10f; I Petr 1 23f fehlt;[102] an seiner Stelle ist in der Stoa das durch die Jahreszeit (Herbst) anders gefärbte Bild des Blätterfalls realisiert.

---

96) Joh 4 37; Sen., epist. 9 7 - dort ist das Säen jedoch positiver qualifiziert und auf das Gewinnen von Freunden bezogen.
97) Vgl. Epikt., Diatr. II, 1,21; IV,1,113 (vgl. dazu Gretenkord, Freiheitsbegriff, 292: das Fruchtbringen ist "für Epiktet das richtige Umsetzen der Lehre in das konkrete Leben"); Sen., de brev. vit. 2 05.
98) Vgl."insitus" Sen., epist. 1 41; 8 215; 11 76; benef. IV,6,6; in Bezug auf Worte: Sen., epist. 123 8; ferner Cic., fin 4 18; Cluent. 4. - Zum möglichen stoischen Hintergrund der Metapher in Jak 1 21 vgl. Bonhöffer, Epiktet, 97; Vouga, Jacques, 63; und oben S. 271 m. A 27f.
99) Es ist realisiert in Plut., mor. 51 A; 439 B; 497 C.
100) Vgl. Sen., epist. 38 2 (multum efficiunt, et angusta sunt); ferner Sen., epist. 8 11 (lange Zeit der Dürre vs ein Jahr Fruchtbarkeit).
101) Er geht auf Osiris zurück, vgl. den ägyptischen Osirisspruch, zit. b. E. Otto, 58: "...Ich lebe, ich wachse als Korn(gott)... Geb (die Erde) hat mich verborgen. Ich lebe, ich sterbe, ich bin die Gerste; nicht vergehe ich". Vgl. Eisler, Mysteriengedanken, 238 m. A 1.
102) Das Motiv ist realisiert in Sen., Phaedr. 764-772 (Lilien welken, Rosen entblättern sich - in Bezug auf die Vergänglichkeit der menschlichen Schönheit), vgl. ferner: Val. Fl. VI, 492-494.

Ansatzpunkt des stoischen Metapherngebrauchs ist die Vorstellung von den *logoi spermatikoi* und den tugendhaften Keimen im Menschen, die entwickelt werden müssen. Damit sind die Hauptbildempfängerkomplexe Philosophie und Ethik, die in der späteren Stoa eng aufeinander bezogen sind,[103] angezeigt. So wird breit auf die Aufgabe des Philosophen (er fehlt so in der Gnosis!), seine Lehrtätigkeit (Sen., epist. 38,2)[104] und auf die Entwicklung des Philosophenschülers (Epikt., Diatr. IV, 8,36ff), sowie auf Umwelteinflüsse (Sen., epist. 123,8) reflektiert. Der Umgang mit den Affekten (Sen., de ira II, 15,1) wird angesprochen, insbesondere werden das Maßhalten (Sen., epist. 39,4, vgl. epist. 88,39) und die Vergänglichkeit[105] als etwas Naturgemäßes aufgezeigt. Aber auch Freundschaft (Sen., epist. 9,7) und die Vergabe von Wohltaten[106] werden thematisiert.

1.3) Exmetaphern:

Die größte Gemeinsamkeit und Konstanz im Metapherngebrauch der Stoiker zeigt sich in einer Reihe von Metaphern, die in bestimmten Themenkomplexen zu festen Verbindungen geworden sind. Aufgrund rekurrenten Gebrauchs in der (philosophischen) Tradition sind hier Bildspender- und Bildempfängerbereich so eng miteinander verschmolzen, daß sie keiner weiteren Decodierung mehr bedürfen. Zu nennen wären hier einmal die auf die Vorstellung vom logos spermatikos zurückgehenden Metaphern *inserere/insitus*, σπέρμα / *semina* für den göttlichen/tugendhaften Keim im Menschen,[107] zum anderen die Metaphern vom Reifen[108] und Blühen[109] des menschlichen Lebens (eines Menschen, seiner Anla-

---

103) Vgl. Pohlenz, Stoa I, 293; 305.
104) Vgl. auch Cic., Brut 16; Cic., Cael 76; bei Quint. im Hinblick Rhetorikausbildung: Quint., inst. 1,3,1ff; 2,19,2; 5,11,24; 8,3,75 (= Zitat: Verg., Aen V,XI,22?); 10,3,2f; vgl inst. 12,1,7.
105) Sen., Phaedr. 764-772; Sen., epist. 120,18; 26,4; 71,5; Epikt., Diatr. II,6,11-14; Marc Aurel VII,40; XI,6,34, vgl. Marc Aurel IV,44. (Der Metaphernkomplex Vergänglichkeit fehlt bei Cic.; im Unterschied zum Bildfeld Baum-Frucht ist er nicht in Bezug auf Angehörige realisiert).
106) Sen., benef. I,1,2; IV,9,2; benef. II,11,4; VII,32.
107) Sen., epist. 73,16; 94,29; 108,8; 120,4; Sen., benef. IV,6,6; Musonius, 81; Cic., fin. 13,18; Cluent. 4; Quint., inst. 8,6,75, s. o. S. 364ff.
108) Sen., epist. 124,8 (maturus); Cic., Brut. 318 (habere maturitatem); Cic., ad fam. 6,18,4 (maturitas aetatis); Quint., inst. 12,10,11; 10,1,90. - Vgl. daneben "maturescere" im Hinblick auf ein Unternehmen Cic., Att. 10,15,2; "maturare" (von der Wiedererinnerung) Quint., inst. 11,2,43; im Hinblick auf die Zeit Cic., Sest 84; "maturitas" (von der Beredsamkeit) Cic., Brut. 161; "immaturum funus" Quint 6 pr. 3; vgl. Sen., de remed. fort. XIII,1; von der auctoritas Quint., inst. 11,1,32.
109) Vgl. Cic., Sest. 101 "florentem hominem", ferner: Sen., epist. 26,2 (von der Seele); Sen., Phaedr. 620; Cic., Brut. 325 (floruit dicendo); Cic., Cael. 49 (aetatis flore); Cic., Verr. 2,4,80 (florentissimo adulescente); Quint., inst. 3,1,9; vgl. Aristot., rhet. III, 4,3 (1407a). - Die Metapher findet sich darüber hinaus a) bzgl. eines Hauses Sen.,

gen und Fähigkeiten), vgl. auch den Topos "mors immatura"[110]: Der Metaphernkomplex fehlt sowohl im NT als auch in der Gnosis. Die Metaphern sind bestimmten Themenkomplexen verhaftet und (diff. Gnosis, s.u.) nicht untereinander austauschbar.

2) Die Realisation im funktionalen und situationalen Kontext
2.1) Die Funktion der Metaphern:
a) Die Stoiker benutzen eine Reihe von Exmetaphern, die aufgrund ihrer Traditionalität jede innovative Funktion verloren haben, vielmehr - ohne einer weiteren Decodierung zu bedürfen - einen ganzen philosophischen Vorstellungskomplex evozieren.
b) Die intensivierend-veranschaulichende Funktion der Metaphern[111] - insbesondere der Vergleiche und Bildworte - ordnet sich zumeist der argumentativen bzw. die Argumentation stützenden Funktion zu und unter[112] (vgl. bes. die argumentative Bildrede, die bes. bei Epiktet ausgeprägt ist). Dabei wird die der Metapher eignende Evidenz[113] der Argumentation dienstbar gemacht, um eine Weltsicht zu vermitteln, die ethisch appliziert werden soll.
c) Die argumentativ-vermittelte kognitive Leistungsfähigkeit der Metaphern hat zumeist eine paränetische Abzweckung: Sie will eine Weltsicht stützen bzw. vermitteln, die unmittelbare Auswirkungen auf die Lebensgestaltung hat. Die Metaphern zielen also letztendlich auf die - überwiegend individuell - verstandene Ethik; dieser ethische Gebrauch ist bei Epiktet besonders stark ausgeprägt.[114]
d) In den Analogien Marc Aurels tritt die argumentative Funktion der

---

Phaedr. 436; b) bzgl. einer Familie Cic., Phil. 246; c) eines Heeres Cic., Phil. 1216; d) von Rednern Quint., inst. 12,10,11; e) der Rhetorik Quint., inst. 2,5,18; 8,3,74; 12,10,58; f) der Malerei Quint., inst. 12,10,6. Im NT ist die Blüte nur I Petr 124; Jak 110 - und zwar im Themenkomplex "Vergänglichkeit" (!) realisiert.
110) Sen., Consol. ad Marc. 206; Sen., epist. 7827; Sen., frg. 26 und 27; Val.Fl. VI, 707-716; Catull 965, Cic., Catil. 43; Cic., Phil. 2119; Quint., inst. 10,1,89; Lucr. 5221; vgl. Quint., inst. 6 pr.10; Sen., epist. 6642 (ille obiit viridis).-Vgl. dazu: ter Vrugt-Lentz, J., Mors immatura, Diss. Leiden 1960, bes. 43ff; Griessmair, E., Das Motiv der mors immatura in den griechischen metrischen Grabinschriften, Commentationes Aenipontanae XVII, 1966.
111) Sie ist besonders in Senecas Tragödien, wo das affektive Moment stärker zum Tragen kommt, zu finden - im Unterschied zu den epist., wo die argumentative Funktion dominiert: Textsorte und Funktion hängen natürlich eng zusammen.
112) Manchmal können sie sogar die Stelle eines eigentlichen Beweises einnehmen (Analogie"beweis": Sen., epist. 1122; mit der Analogie kann gleichzeitig eine Verschiedenheit festgestellt werden, vgl. den induktiven Beweis Sen., epist. 768f), vgl. Trillitzsch, 41, 122. Hier wären vor allem die Priameln zu nennen (Sen., epist. 768f; epist. 341; [steigernd] epist. 506; benef III, 294f u.ö.).
113) vgl. Trillitzsch, 43.
114) Vgl. auch Pohlenz, Stoa I, 321; Köster, Einführung, 364.

Metaphern gegenüber der stabilisierend-paränetischen zurück: Er betont besonders, daß der Mensch sich in den Kosmos einfügen muß (vgl. Marc Aurel I34). Der affirmative, an der Wirklichkeitsstruktur orientierte Metapherngebrauch der Stoiker ist bei ihm bes. ausgeprägt.

2.2) Situationaler, soziokultureller Hintergrund

Der stoische Metapherngebrauch ist auf einem Hintergrund zu sehen, der von einer Konzentration auf das Individuum gekennzeichnet ist: Nach dem Zusammenbruch der freien Polis als Bezugs- und Aktionsrahmen[115] erfolgte eine Wendung von der Außenwelt aufs Innere: "das sittliche Ideal [ist] in der Unabhängigkeit und Loslösung des Individuums von allen äußeren Lebensbedingungen, in der Isolierung von der Gemeinschaft zu suchen:"[116] Der Mensch muß sich nun selbst regieren. Gerade die spätere Stoa konzentriert sich auf die individuelle Ethik: die ethische Erziehung und Selbsterziehung des Menschen.
Ihren Ort hat die stoische Philosophie der Kaiserzeit in der Oberschicht:[117] Seneca hatte eine führende Stellung bei Hofe unter Nero inne, Marc Aurel war Kaiser; selbst der ehemalige Sklave Epiktet[118] ist ihr ob seiner Bildung (er war Hörer bei Musonius) und seiner Hörerschaft in Nikopolis zuzuordnen.[119] Trotzdem drängt die Stoa als Laienphilosophie bes. in der Ethik über die Fachkreise hinaus:[120] Seneca vermeidet den Gebrauch der philosophischen Fachsprache, 'um seiner Umgebung zu helfen, über das moralische Niveau der Menge hinauszukommen.'[121] Epiktet zeigt in seinem Bemühen einer pädagogischen Vermittlung praktischer Ethik eine gewisse Annäherung an den Kynismus[122] und bedient sich mit der Diatribe einer Sprachform, die der popularphilosophischen Massenpropaganda zuzuordnen ist.[123] Gerade die stoische Ethik wurde

---

115) Vgl. Pohlenz, Stoa I, 367.
116) Wendland, P., Die hellenistisch-römische Kultur in ihren Beziehungen zu Judentum und Christentum. Die urchristlichen Literaturformen, HNT I/2-3, Tübingen 1912^{2+3} (1907^1), 47f.
117) Vgl. Pohlenz, Stoa I, 280; 288.
118) Er war Sklave des Epaphroditos, eines der Leibwächter des Kaisers Nero. (Praechter, Philosophie, 495)
119) Epiktets Hörer kamen aus allen Teilen des Reiches, waren z.T. auch Personen, "die bereits in Amt und Würden standen, ja oftmals schon die ganzen Sprossen der römischen Ämterlaufbahn erklommen hatten", Gretenkord, Freiheitsbegriff, 21. Sein Schüler Arrian war Offizier aus vornehmen Hause mit glänzender Ämterlaufbahn und einer beachtlichen literarischen Produktion, vgl. LAW, 331f.
120) Pohlenz, Stoa I, 363.
121) So Guillemin, 202.
122) Praechter, Philosophie, 497. - Die kynische Philosophie selbst ist im Grunde ein vergröberter Stoizismus (Pohlenz, Stoa I, 279).
123) Gretenkord, Freiheitsbegriff, 23.

nicht nur über die Schule, sondern auch über populäre Schriften und Vorträge verbreitet.[124] Unter Marc Aurel wurde die stoische Philosophie so modern, daß Lukian spotten konnte:
"allenthalben nichts als lange Bärte und ein Buch unterm Arm; alles philosophiert... Nicht wenige ... ziehen nun als Leute, die aus Schustern und Zimmergesellen plötzlich zu Philosophen geworden sind, in der Welt herum ...".[125]

Im Zusammenhang der Lehre und Erziehung kommt der Aussagekraft der Metaphern ein wichtiger Stellenwert zu.[126] Dabei gab es sehr wohl ein Bewußtsein dafür, daß den Metaphern nicht nur eine Bedeutung im Hinblick auf die intellektuelle Hörer- bzw. Leserschaft von Oberschichtangehörigen zukommt, wie Quint., inst. V,11,19 erhellt: [127]
"Auch die Geschichtchen, die, wenn sie auch nicht ihren Ursprung bei Aesop haben..., doch durch den Namen des Aesop vor allem berühmt sind, pflegen auf die Herzen vor allem von Bauern und Ungebildeten zu wirken, die solche Erfindungen in harmloser Art anhören und voll Vergnügen leicht auch mit denen, denen sie den Genuß verdanken, einverstanden sind: wie ja auch nach unserer Überlieferung Menenius Agrippa die Plebeier mit den Patriziern dadurch wieder ausgesöhnt hat, daß er ihnen die bekannte Geschichte von den menschlichen Gliedmaßen erzählte, die sich gegen den Bauch empörten".
Den Fabeln wird also eine Wirkung gerade auch auf einfache Leute zugesprochen, was insofern festzuhalten ist, als der Fabeldichter Phaedrus am Kaiserhof eine pädagogische Funktion innehatte[128] und Babrios wahrscheinlich Lehrer am Hof Alexanders war.[129]

124) Pohlenz, Stoa I, 363.
125) Lukian, "Der doppelte Angeklagte" in: ders., Sämtliche Werke, übers. v. C.M. Wieland, bearb. und erg.v. H. Floerke, 5 Bde, Berlin 1922², Bd. V, 176-208; S. 182.
126) Vgl. Pire, Stoicisme et Pédagogie, 124f (ad Sen), 143 (ad Epiktet); vgl. Plut., mor. 15F.
127) Vgl. auch Iambl., protrept. II,4.
128) Unter Augustus u. Tiberius, s. Kl. Pauly, IV, 290.
129) vgl. PRE, Art. "Babrios", 2659.

K: VEGETATIONSMETAPHERN IN DER GNOSIS

Bei der Untersuchung der Gnosis habe ich mich a) auf die bei Völker gesammelten gnostischen Fragmente, b) auf die 1945 entdeckten Texte aus Nag Hammadi,[1] und c) innerhalb der apokryphen Literatur auf die ActThom, ActJoh, sowie auf die OdSal[2] konzentriert.[3] Die untersuchten Schriften sind einem Zeitraum vom Ende des 1. Jahrhunderts (EvThom)[4] bis zum 3. Jahrhundert (EvPhil),[5] schwerpunktmäßig dem zweiten Jahrhundert (Basilides, Valentin, AJ)[6] zuzuordnen. Wir haben es also mit einer neben- bzw. nachneutestamentlichen Bewegung zu tun, die Parallelen im NT aufweist und vor allem auch deutliche Anstöße von dort erhalten hat.

Der Untersuchung liegen Schriften unterschiedlichster gnostischer Prägung zugrunde, was der Gnosis als einem vielgestaltigen Phänomen entspricht und es erlaubt, verschiedenen Metaphergebrauch wahrzunehmen: Spezifisch gnostisch ist der Gebrauch von Exmetaphern im Bezugsrahmen des gnostischen Systems (s. 1.3); wie andernorts weisen die einzelnen Metaphern insofern eine gewisse Autonomie auf, als sie ein Stück weit problemlos gegeneinander austauschbar sind. Dort, wo die Metaphern breiter entfaltet sind (1.1 und 1.2), lassen sich auf den ersten Blick keine so großen Unterschiede zum NT ausmachen wie in der Stoa: Fast alle Metaphern gehen auf biblische, besonders neutestamentliche Metaphern zurück.[7] Bleibt die Oberflächenstruktur der traditionellen metaphorischen Ebene erhalten, so allegorisiert die Gnosis die normale metaphorische Bedeutung: die Metaphern werden - ausgehend von der gnostischen Weltdeutung - neu gefüllt und bekommen auf der Bedeu-

---

1) Als Bibliothek einer gnostischen Gemeinschaft (s. Jonas, Gnostic Religion) enthält sie kein einheitliches, insbes. kein rein gnostisches Material, was bei der Besprechung der einzelnen Stellen berücksichtigt werden soll.
2) Ihre jüdisch-christlich-gnostische Zwischenstellung wird sich auch im Metapherngebrauch niederschlagen.
3) Weitere (mandäische, manichäische, u.a.) Quellen wurden nur gelegentlich herangezogen.
4) Vgl. Köster, 587; so auch die OdSal (Köster, 656).
5) EvPhil: 2. Hälfte des 3. Jh.s (Isenberg, in: Robinson, NHL, 131), LibThom: Anfang des 3. Jh.s, Pistis Sophia: 3. Jh.- Die Acta Archelai reichen bis ins 4. Jh.
6) Basilides, Valentin: erste Hälfte des 2. Jh.s; AJ: Mitte des 2. Jh.s; ActJoh 2. Jh..
7) Das erhellt, daß der Großteil der Gnostiker die Bibel sehr wohl als ihre Bezugsgröße angesehen und sich der Gemeinde verbunden gefühlt hat, vgl. Koschorke, Polemik, 175ff: Die christliche Tradition ist der primäre Ansatzpunkt der christlichen Gnosis (S.211ff): Den gleichen Worten wird ein tieferer Sinn beigelegt (S. 180f). Dem entspricht, daß die Gnostiker ihrem Selbstverständnis nach eine höhere Stufe des Christentums vertraten, sich als inneren Kreis des Christentums verstanden (S. 220ff).

tungsebene einen neuen, tieferen Sinn. Während die stoischen Metaphern in Analogie zur Wirklichkeit argumentieren und von daher jedermann per se verständlich sind, ist in der Gnosis die Kenntnis des gnostischen Weltdeutungssystems die Voraussetzung für das eigentlich gnostische Verständnis der Metaphern: Der Metapherngebrauch ist hier also tendenziell esoterisch - ein Gebrauch, der auch im NT in späteren Schichten (Mk 4 11f; Mk 4 13-20 parr.; Mt 13 36-43; JohEv) vorliegt.

1.1) Die realisierten Metaphern im Bildfeld Baum -Frucht
a) Die breite Auseinandersetzung mit der Paradiesgeschichte in der Gnosis bringt es mit sich, daß hier - ganz im Unterschied zum NT[8] - der Baum des Lebens und der Baum der Erkenntnis relativ häufig realisiert werden. In ihrem Gebrauch erfahren sie jedoch eine Umwertung:
α) So bekommen sie häufig durch ihre Verortung im mythischen System eine Zwischenstellung zwischen dem göttlichen Bereich oben und der Welt unten: Der gnostische Mythos beginnt ja viel früher als mit der Paradiesgeschichte, die da verankert wird, wo sich der Mythos dem irdischen Bereich zuwendet.[9]
β) Sie werden durch beschreibende Charakterisierung gegenüber der Vorlage uminterpretiert: So wird der Lebensbaum AJ (NHC II,1) 21,30-36, (BG 2) 56,7-57,7 durch seine Identifikation bzw. die Identifikation seiner Teile mit negativ qualifizierten Begriffen negativ, der Baum der Erkenntnis des Guten und Bösen AJ (NHC II,1) 22,4f, (BG 2) 2,8ff durch die Gleichsetzung mit der Epinoia des Lichtes positiv gewertet.[10] Hier läßt sich die Tendenz zur "aggressiven Umkehrung" (Jonas)[11] festmachen; die

---

8) Dort ist der Baum des Lebens gerade in der ApkJoh (2 7; 22 2.14.18) realisiert - einer Schrift, die sich in ihrem Bildgebrauch bes. deutlich vom AT bestimmt zeigt.
9) Nagel, Auslegung, 50. Vgl. AJ (NHC II,1) 21,24ff: die Archonten(!) haben den Baum des Lebens in die Mittes des Gartens gesetzt.
10) Verwandt mit den Identifikationen, jedoch nicht im durchgehend mythischen System zeigt sich der Metapherngebrauch bei Philo, dort überwiegen jedoch die Genitivmetaphern und der Vergleich; am nähesten am AJ ist die Deutung (vgl. auch die Beobachtung Schenke's, Gott, 72ff, der eine Entwicklung von Allegorese zum gnostischen Mythos annimmt). Im NT vgl. I Tim 6 10 (negativ); Gal 5 22; Eph 5 9 (positiv). Zur Identifikation vgl. auch die Identifikation des Teufels ActThom 44 (p. 161): "o bitterer Baum dem auch seine Früchte gleichen" (Hennecke, II, 327), sowie ActThom 148 (p.258) Version S, wo es in einem Gebet von den Kindern des Bösen heißt: "Der Baum ihrer Früchte ist Bitterkeit", (Hennecke, II, 366), vgl. ferner ActPetr 8 p.55, wo Petrus in Bezug auf den Teufel und die von ihm ausgehenden Versuchungen sagt: "Du bist die Frucht des Baumes der Bitterkeit, die ganz bitter ist, der du mannigfaltig Lüste einflößest" (Hennecke II, 199). - Vgl. auch Keph. 288,2 (bittere Bäume, die keine Frucht bringen); Ginza R 216,6: "Der Böse gleicht dem bitteren Baume, der Früchte mit tödlichem Gift hervorbringt, an dem keine guten Früchte sind". Zur Identifikation mit psychologischen Eigenschaften im Manichäismus, vgl. V. Arnold-Döben, Bildersprache, 13-17.
11) Jonas, Gnosis und spätantiker Geist, I, 218ff.

Darstellung zeigt sich vom gnostischen Denken her bestimmt, vgl. z.B. die positive Wertung des Baumes der Erkenntnis als Quellort der Gnosis[12] oder die dreierlei Bäume, von denen der Mensch TracTri (NHC I,5) 106, 28f essen soll, in Korrespondenz zu den drei Menschenklassen.[13] Gnostisch geprägt -wenn auch selbst nicht direkt gnostisch[14]- zeigt sich das zwölfte Kapitel des Diognetbriefes, wo die Heiligen aufgefordert werden, "einen fruchtbeladenen, blühenden Baum" in sich aufsprießen zu lassen. Auf diesem Land (das Paradies ist die Seele)[15] sind der Baum der Erkenntnis und der Baum des Lebens gepflanzt, ersterer bringt nicht den Tod, sondern der Ungehorsam;[16] durch die Erkenntnis zeigte Gott das Leben an (Diog XII,3);[17] da Erkenntnis und Leben eng zusammen gehören, hat Gott beide nebeneinander gepflanzt (Diog XII,4). Und wer "... das Leben sucht, pflanzt auf Hoffnung in Erwartung der Frucht" (XII,6); Baum des Lebens und Baum der Erkenntnis verschmelzen, wenn es Diog XII,8 heißt: "Wenn du dessen Baum trägst und Frucht nimmst, wirst du immer das bei Gott Erwünschte ernten".

γ) Einen anderen Auslegungstyp repräsentiert EvPhil (NHC II,3) 73,9-15: Dort werden Paradies und Passion, Joseph und Jesus in antitypische Entsprechung gebracht: Joseph, der im EvPhil der *leibliche* Vater Jesu und durch seine Zeugung Handlanger des Demiurgen ist,[18] pflanzte einen Garten und "made the cross from the trees which he planted. His offspring was (15) Jesus and the planting was the cross"; letzteres wird dem Baum des Lebens (im Kontrast zur tötenden Funktion des Baumes der Erkenntnis?)[19] entgegengesetzt.[20]

---

12) Vgl. UW (NHC II,5) 110,3f; 111,2; Nagel, Auslegung, 63. Entsprechend verbieten die Archonten HA (NHC II,4) 88,26-33, vom Baum der Erkenntnis zu essen.
13) Nagel, Auslegung, 65. - EvThom (NHC II,2) L 19 ist dagegen die unbiblische Vorstellung der fünf Bäume im Paradies belegt, s. u.a. auch ActThom 22, Pistis Sophia (ed. Schmidt, NHS IX) c. 1 (S. 3); c. 10 (S. 18); c. 86 (S. 197) c. 93 (S. 217) c. 96 (S. 231) und Manichäisches Psalmbuch, 161,17ff; Keph 288,3. Hipp., haer V,26,6 (Baruchbuch des Gnostikers Justin) werden die Engel des Paradieses allegorisch Bäume genannt.
14) Brändle, Ethik, 226-229, vgl. Marrou, Diog., 234-238.
15) Vgl. Marrou, Diog, 235; Kleist, Did, 221; anders: Daniélou, Pflanzung, 96.
16) Vgl. auch Theophilus v. Antiochien, Ad autolycum II,25, anders: Justin, Tryph, 28,3, cf. SC 33, Diog, 236 A 2.
17) Vgl. Hippol., Com. Dan. 117, wo das Wort dem Lebensbaum verglichen wird (nach Daniélou, Symboles, 39).
18) Vgl. Nagel, Auslegung, 69.
19) Gaffron, H.-G., Studien zum koptischen Philippusevangelium unter besonderer Berücksichtigung der Sakramente, Diss. Bonn 1969, 153.
20) Anders: Silv (NHC II,4) 106,21ff, ein nichtgnostischer Weisheitstext (s. NHL, 346), wo der Lebensbaum, der Bibelauslegung der Väter entsprechend (vgl. RAC II, 25f), mit Christus identifiziert wird, der die Weisheit ist. Doch auch im Manichäismus (vgl. Psalmbuch 116,7; 154,22) ist Jesus der Baum des Lebens. Psalmbuch 80,24 ist Mani der Baum des Lebens. In den türkischen Manichaica (le Coq,

b) Ähnliche Uminterpretationen alttestamentlich-jüdischer Traditionen ohne eigentliche Entsprechung im NT lassen sich auch sonst beobachten: So wird das Gesetz EvPhil (II,3) 74,5 mit dem Baum der Gnosis identifiziert, der die Erkenntnis des Guten und des Bösen zu verleihen vermag. Im Gegensatz zur jüdischen Hochschätzung des Gesetzes bewirkt er jedoch für die, die davon essen, den Tod, da das Gesetz zur psychischen Welt gehört.[21]

Jüdische Weisheitstradition ist mit dem wörtlichen Zitat von Ps 13 (LXX) LibThom (NHC II,7) 140,16-18 rezipiert:[22] "Denn der Weise wird sich von der Wahrheit nähren und 'wird sein wie der Baum, der am Wildbach wächst'".[23] Der Weise hat die Lehre des Vollkommenen (140,10) erfahren und lebt entsprechend, d.h. er läuft den sichtbaren Dingen nicht nach.

Auf die Theologie wird das griechische Bild des Samens und das Bildmaterial von Mk 1113f.20fpar; Lk 136f bei den Doketen (Hipp., haer. VIII,8) angewandt, wo der erste Gott dem Samen des Feigenbaums verglichen wird "von absoluter Kleinheit, von unendlicher Macht ... die gesuchte Frucht".[24] Davon ausgehend wird die Weltentstehung unter Aufnahme von Mk 1328par beschrieben, also ein ursprünglich eschatologisch besetzter Bildkomplex der Kosmologie dienstbar gemacht.

Ohne Pendant im NT ist der Vergleich des Himmelreichs mit der Frucht einer Dattelpalme EpJac (NHC I,2) 7,22-35:
"(22)...Laßt das (23) Himmelreich nicht welken! (24) Denn es gleicht einem [Schö]ßling [einer] Dattel(25)palme, deren Früchte um sie herum (26)gefallen waren. [Sie] ließen Blätter (27) hervorsprießen, und als sie wuchsen, (28) ließen sie (ihre) Ursprungszelle vertrocknen. (29) Ebenso (gleicht es) der Frucht, die (30) aus der besagten Wurzel (ebenfalls) hervorkam. (31) Nachdem sie gepflanzt worden war, brachte (32) sie durch viele (Mühe) Früchte hervor. (33) Es war zwar gut (in dem Gleichnis), (34) diese neuen Pflanzen aufzuziehen. (35) Wäre es dir jetzt möglich, [würdest] du es finden."[25]

Türk. Man. III, 493 nach Hennecke) ist der Baum der Erkenntnis der Weisheitsbaum.
21) Vgl. Ménard, EvPhil, 212.
22) Es handelt sich um einen sek. Einschub, s. Turner, Thomas, 149. Das Motiv begegnet ähnlich UW (NHC II,5) 122,29. - Negativ in bezug auf den Hochmütigen: Ginza R 216,11 (= Lidzbarski, 217,9f).
23) Übers. Schneemelcher I[5] 200.
24) Vgl. auch Hipp., haer X,14,1 (Basilides), Hipp., haer VII, 21 (Basilides, Senfkorn).
25) Übers. Kirchner, Epistula Jacobi, 36, vgl. auch Übers. Schneemelcher I[5] 241. - Zwar ist EpJac als gnostisch einzustufen (Williams, F.E., NHL, 29 ("reflects certain Valentinian ideas"), Puech, H.-Ch., Quispel, G., Les écrits gnostiques du Codex Jung, VigChr VIII (1954), 1-51, 11; Puech, Hennecke I[3] 245-249; Kirchner, Epistula Jacobi, 9, ders., Schneemelcher I[5], 237f (gnostisch, nicht valentianisch)). Er zeigt sich jedoch nicht sehr tief gnostisch geprägt, s. Haenchen ThR (1964), 45. - (Van Unnik, Evangelien aus dem Nilsand, 100, ders., The Origin of the re-

Der erste Teil des Doppelgleichnisses beschreibt negativ, wie die Früchte, die man einfach um den Baum herumliegen läßt, ohne sie einzupflanzen, zwar sprossen, aber schließlich vertrocknen. Kontrastiv wird im zweiten Teil des Gleichnisses beschrieben, wie die Früchte, die man eingepflanzt hat und um die man sich müht, schließlich Früchte hervorbringen: Der Hörer soll sich also so um die Himmelsherrschaft kümmern.[26]

Ähnlich betont wird die Frucht, die man herausarbeiten muß, in der Apophasis Megale (Hipp., haer. VI,9): Simon stellt zunächst im Anschluß an die griechische Philosophie das Urfeuer vor, und vergleicht es anschließend mit dem Weltenbaum aus Dan 4 7ff, 'von dem alles Fleisch ernährt wird'. Dabei erfährt das Bild vom Weltenbaum, das in das Bild des Baumes von Mt 3 10 übergeht, eine neue Ausgestaltung:[27]

Das, was am Feuer in Erscheinung tritt, so wird erklärt, sind "der Stamm, die Äste, die Blätter und die ihn umgebende Rinde." Sie werden alle vom Feuer vernichtet. Allein die Frucht des Baumes wird, "wenn sie ausgeprägt worden ist ..., in den Speicher gelegt, nicht ins Feuer. Es entsteht nämlich die Frucht, damit sie in den Speicher gelegt werde, die Spreu aber, um dem Feuer übergeben zu werden", heißt es in Anlehnung an Mt 3 10: Die Spreu (!)[28] wird mit dem Stamm des Baumes identifiziert: er (d.h. das Offenbare des Feuers) ist dem Verderben bestimmt, denn "... um der Frucht willen" ist der Stamm entstanden.

Das Offenbare, "alles Fleisch" wird als zum Untergang bestimmt vorgestellt: Allein die Frucht des Baumes, das Verborgene, sprich: der göttliche Funke im Menschen, hat Bestand - vorausgesetzt, er wird "ausgebildet und erhält seine eigene Gestalt":[29] Wiederum wird biblisches Bildmaterial aufgenommen und umgeprägt: Wird Dan 4 7ff der Baum umgehauen, während sein Wurzelstock bestehen bleibt, so wird hier der Baum bis auf die Frucht ganz vernichtet. Dieses Motiv fehlt Mt 3 10: Dort wird der Baum nicht an sich abgewertet: Er wird "nur" zum Fruchtbringen aufgefordert. Hingegen werden Hipp., haer. VI,9 Baum und Frucht über die grundlegende Opposition von Offenbarem und Verborgenem unterschieden und im Sinne der gnostischen Anthropologie umgewertet: Der Baum

---

cently discovered "Apocryphon Jacobi", VigChr X (1956) 149-156, bezweifelt, ob der Autor ein Gnostiker im eigentlichen Sinn war).

26) Interpretation im Anschluß an Kirchner, epistula Jacobi, 163-166. - Er stellt die Anwendung Z 33-35 um (s. S. 166). Zum Irrealis dort, vgl. dasselbst. Eine andere Interpretation bietet Cameron, R., Parable, 9-14.

27) Beachte den damit einhergehenden Wechsel von der Kosmologie zur Anthropologie, der auch sonst zu beobachten ist, s. Haenchen, Gott, 270.- Vgl. zum ganzen auch: Aland, Gnosis, 40f; Bianchi, Gnosticisme, 46.

28) Die Bildtradition wiegt hier offensichtlich schwerer als die Kohärenz des Bildes! Zur Interferenz der Bildkomplexe vgl. aber Ps 1.

29) ἐξεικονίζεσθαι ist ein Leitwort in c. 9-18, vgl. Haenchen, Gott, 270 m. A. 2.

(das Materielle, die körperliche Wirklichkeit) wird vollkommen entwertet, während die Frucht (das Göttliche im Menschen) ausgebildet werden soll.

Das Thema wird im folgenden (Hipp., haer. VI,10) anhand der Rezeption und Interpretation unterschiedlichen biblischen Bildmaterials aus dem Bildfeld Vegetation variiert:
So wird die Deutung des Baumes auf den Menschen Hipp., haer. VI,10,1 anhand der Auslegung von Jes 57 aufgezeigt (δέδεικται); die Unterscheidung von vergehendem Baum und bleibender Frucht wird anhand von Jes 40,6f (vgl. I Petr 1,24)[30] aufgenommen: Steht das Gras für die Vergänglichkeit des menschlichen Körpers, so wird die Frucht offenbar mit dem "Wort des Herrn..., das im Munde entsteht"[31] gleichgesetzt.[32]

Eng an Hipp., haer VI,9 schließt sich auch Hipp., haer. VI,16,5 an, wo Simon argumentiert: Alles Unerzeugte existiert in uns potentiell und wird unter passender Belehrung und Unterricht zur vollkommenen, ausgeprägten Frucht und nicht zu Spreu und Holz für das Feuer. "Wenn aber der Baum ohne Frucht, ohne Ausprägung bleibt, wird er vernichtet". Wieder schließt sich das Zitat von Mt 3,10 an: "Nahe ist die Axt an den Wurzeln; jeder Baum, der keine gute Frucht bringt, wird ausgehauen und ins Feuer geworfen": "jenes heilige... Etwas", das - "überall als Potenz verborgen" ist (Hipp., haer. VI,17,1), wird ausgebildet dem höchsten Göttlichen gleich; bleibt es nicht ausgebildet, so geht der Mensch "mitsamt seiner religiösen Anlage zugrunde".[33]

Der Bildkomplex Baum - Frucht wird hier also im Anschluß an das NT (Mt 3,10) aufgenommen, jedoch durch den Bezug des Baumes auf das Offenbare (Materielle, Körperliche), der Frucht auf das Verborgene (Göttliche) uminterpretiert.[34]

---

30) Das Bild ist offenbar bei den Hörern geläufig, vgl. dazu: Haenchen, Gott, 271f.
31) D.h. der simonianischen Lehre, vgl. dazu Haenchen, Gott, 282 und 271.
32) Hipp., haer. VI, 15,3 wird die Frucht von VI,9,10 mit dem Zauberkraut Moly aus Hom., Od. X 304-306 identifiziert: Der allein, der von dieser Frucht (der gnostischen Erkenntnis) gekostet hat, "ist nicht von der Kirke in ein Tier verwandelt worden" (VI,16), d.h. er ist unter dem Einfluß der Welt nicht zu einem, der "tierisch" seinen Trieben lebt, geworden, "ja er hat auch die schon in Tiere Verwandelten mit Hilfe dieser Frucht in ihre eigene erste Gestalt zurückgebildet und zurückgeformt".- Zum Zauberkraut Moly in der simonianischen Gnosis s. Rahner, Blume, 152-155; zu Moly in der Antike vgl. den ganzen Artikel; er begegnet auch in der Stoa s. dass., sowie Rolke, 478.
33) Haenchen, Gott, 279.
34) Vgl. auch Hipp., haer. V,8,31, wo Attis ἄκαρπος ist, "wenn er fleischlich ist und der Begierde des Fleisches frönt" (nach Frickel, Erlösung, 198; 125 A 618 ist die Deutung ἄκαρπος sekundär); dies wird anhand von Mt 3,10 untermauert: "Dies bedeutet das Wort: Jeder Baum, der nicht gute Frucht bringt, wird ausgehauen und in das Feuer geworfen". Denn diese Früchte sind nur die vernünftigen, die lebendigen Menschen, die durch das dritte Tor eingehen...". Ist Attis unfruchtbar, wenn er fleischlich ist, so ist er πολύκαρπος, "weil die Kinder der Einsamen mehr sind als die der Vermählten", die unsterblichen Geburten zahlreich, die

Auch EvPhil (NHC II,3) 83,3ff nimmt Mt 3 10 auf, zeigt sich jedoch ganz auf das Wurzel-Motiv konzentriert: Im Bild der Wurzeln, die aufgedeckt werden, wird die heilsame, aufdeckende Funktion der Gnosis, die die 'Bosheit' - die ἄγνοια und den πλάνη - ersterben läßt[35] dargestellt:
Vgl. 83,3-5: "So also with the tree: while its root is hidden it sprouts and grows. If its root is exposed, the tree dries up".
Interessanterweise wird sowohl der sterbende Mensch (83,1) als auch der sterbende Baum (83,5) positiv gewertet[36] - ganz im Gegensatz zur allgemein-antiken interpretierenden Aufnahme der Wirklichkeit in der Metaphorik. Verständlich wird dieser Bildgebrauch nur aus der Begründung 83,8-11a:
"For so long as the root of wickedness is hidden, it is strong. But when it is recognized it dissolves. When it is revealed it perishes",
die durch ein Schriftzitat und seine Auslegung vertieft wird, 83,11b-18a:
"That is why the word says, "Already the ax is laid at the root of the trees" (Matthew 3:10). Il will not merely cut - what is cut sprouts again - but the ax penetrates deeply until it brings up the root. Jesus pulled out the root of the whole place, while others did it only partially."
In seiner Radikalität wird das Bild interpretierend unterstrichen und Jesus als der konsequente Vollender dessen vorgestellt, was die anderen nur teilweise getan haben. Im nächsten Schritt folgt eine paränetische Anwendung auf die Adressaten, 83,18-25:
"As for ourselves, let each one of us dig down after the root of evil which is

fleischlichen - wenn auch zahlreich, so doch vergänglich".- Lk 6 43 liegt wohl in EvThom L43 zugrunde und zielt auf die Unterscheidung Jesu von seinen Worten, (vgl. Davies, S.L., Wisdom 83): "An dem, was ich sage, erkennt ihr nicht, wer ich bin. Sondern ihr seid geworden wie die Juden. Denn sie lieben den Baum, sie hassen seine Frucht, und sie lieben die Frucht, sie hassen den Baum." Mit dem Zitat von Lk 13 6-9 ist Pistis Sophia c. 122 der Bildkomplex Baum-Frucht aufgenommen. Lk 13 6-9 wird zitiert als Auflösung des Wortes des Erlösers, der sich für Barmherzigkeit und Vergebungsbereitschaft, im Sinne mehrfacher Sündenvergebung konkretisiert, einsetzt. Maria, die Pneumatische (!), hat diese Auflösung des Wortes gefunden. Das Gleichnis gewinnt hier argumentative Funktion im Rahmen der Praxis der Gemeinde.
35) Vgl. Ménard, EvPhil, 240. Zum Ganzen vgl. Rudolph, Gnosis 131f.
36) Die positive Wertung eines sterbenden Baumes ist mir in den außergnostischen Belegen nirgends begegnet; der Vergleich eines Menschen mit einem sprossenden, wachsenden Baum ist überwiegend positiv. Die Stoa kennt zwar ein Zuviel, das es zurechtzustutzen gilt, dabei bleibt jedoch das grundsätzlich Positive des Wachstums erhalten. Näher an unserer Stelle sind Philo und IV Makk 128-30, wo die Vegetationsmetaphern auch in Verbindung mit Affekten/Zügellosigkeit realisiert werden (diff. hier aber auch mit Tugenden!) und die Vorstellung einer gärtnerischen Kultivierung (also veredelnde Arbeit am Bestehenden!) vorliegt (so nur noch OdSal). Weish, Sir halten an dem traditionellen Lösungsmuster fest, daß das Schlechte, die Begierde untergehen wird, vgl. bes. Sir 6 1ff: derjenige, der sich der Begierde hingibt, wird zu einem dürren Baum werden!

within one, and let one pluck it out of one´s heart from the root. It will be plucked out if we recognize it. But if we are ignorant of it, it takes root in us and produces its fruit in our heart. It masters us...".

Im Unterschied zum NT ist festzuhalten, daß die Baum-Wurzel-Metaphorik hier ganz auf die Wurzel konzentriert ist, die 83,8f (vgl. I Tim 6,10) ausdrücklich negativ qualifiziert wird. Neu ist die Verbindung mit dem Motiv des Verborgenen/Aufgedeckten, das anstelle des Motivs Frucht/keine Frucht tritt. Wird das Baum-Wurzel-Motiv in der Täuferüberlieferung Mt 3,10 dazu verwandt, das nahe bevorstehende Gericht anzudrohen, um die Adressaten zur Metanoia zu bewegen und so das Abhauen zu vermeiden, so drückt das Bild (es wird 83,12 nicht dem Täufer, sondern dem Logos in den Mund gelegt) hier die Notwendigkeit aus, die Bosheit, d.h. alles, was auf die ὕλη und λήθη zurückzuführen ist,[37] im Menschen radikal zu zerstören, daß es keine Wurzeln in ihm schlägt und Frucht bringt, und er so frei von der Unwissenheit wird.

Hier wie im Baum-Frucht-Komplex wird auf die Anstrengung des Menschen abgehoben: Er muß alles Materielle in sich ausgraben und vollkommen ausreißen und muß seine ganze Mühe darauf verwenden, seinen göttlichen Wesenskern - die Frucht - auszubilden: Die "Selbsterlösung" des Gnostikers - sie ist natürlich Antwort auf einen Ruf - bedeutet harte Arbeit.

c) Ein weiterer in der gnostischen Literatur realisierter Bildkomplex ist das Bild der Pflanzung, das eine große Nähe zu Mt 15,13[38] und 1 QH 8,5ff aufweist: Das Bildmaterial ist jeweils dualistisch geprägt und zeigt kein Interesse am Fruchtbringen.[39] Es sucht vielmehr die Identität aus der Herkunft zu definieren, die Heil oder Unheil impliziert. So hat der vollkommene Vater die Äonen, bzw. die Pneumatiker[40] gepflanzt, s. EV (NHC I,3) 36,35ff;[41] EvPhil (NHC II,3) 85,29f liegt das Heil des Pneumatikers[42] darin, daß er von Gott gepflanzt ist:

---

37) s. Ménard, EvPhil, 241, m. Belegstellen.- Auch die Manichäer übernahmen das Bild von der Axt am Baum und werteten es (s. Arnold-Döben, Bildersprache, 17-20) bzgl. a) des Kosmos und b) der Psyche des Menschen um: Der Lichtgesandte übermittelt die Gnosis, indem er die Todesbäume fällt und entwurzelt (a), im Hinblick auf die menschliche Psyche ist die Gnosis die Axt, vermittelst der die Bäume - sprich die negativen Eigenschaften - gefällt werden (b).
38) Vgl. das EvPhil (NHC II,3) 29-31 eingangs zitierte Wort Mt 15,13.
39) Das Bild fehlt in allen Belegen, incl. des Johbuches der Mandäer, 64.
40) Letztere sind Reflexe der ersteren, s. Ménard, EV, 171.
41) Vgl. dazu Story, Truth, 31.- TracTri (I,5)66,18 ist der Präexistente "the root of those who are planted". Auch ActThom 10 (p.114) ist nur die positive Möglichkeit realisiert: "du bist, o Herr, der Pflanzer des guten Baumes" (Hennecke II, 313), ebenso wie Ginza R XV,2.
42) Vgl. Ménard, EvPhil, 245; wahrscheinlich sind die "separeted" auf die Engel und ihre Abbilder, die Pneumatiker zu beziehen, s. Wilson, Gospel of Philipp, 193.

"[Every] plant [which] my father who is in heaven [has not] planted [will be] plucked out" (Matthew 15:13). Those who are separated will be united [and] will be filled...".
Umgekehrt ist ApcPt (NHCVII,3) 83,31-34 der Mensch, der ganz tot ist, "(33) aus der Pflanzung (34) der Schöpfung der Zeugung gegangen".[43] Dementsprechend ist auch EvThom L40 im Bild des Weinstocks nur die negative (!) Möglichkeit realisiert: Der Weinstock, der außerhalb des Vaters gepflanzt wurde (der Nicht-Gnostiker), "wird ... ausgerissen werden mit seinen Wurzeln (und) zugrundegehen".
In diesem Zusammenhang kann das "Umpflanzen" nur innerhalb einer Sphäre des dualistischen Systems gedacht werden, vgl. ÄgEv (NHC III,2) 60,15-18.

Exkursartiger Überblick: Das Bild der Pflanzung in den OdSal:
Viel breiter und (aufgrund der Gattung?) ausschließlich positiv ist das Bild der Pflanzung in den OdSal realisiert, die ja bezüglich ihres jüdisch-christlich-gnostischen (?) Hintergrundes[44] eine Zwischenstellung einnehmen. Hier tritt die Frage nach der Herkunft vom Pflanzer, sowie der oben angesprochene Dualismus (er klingt nur noch OdSal 11₂₁ₐ an) vollkommen zurück bzw. wird von einem psychologischen Dualismus ("wachsen... aus der Finsternis ins Licht", OdSal 11₁₉) ersetzt.[45] So wird in der Paradiesschilderung OdSal 11₁₆ff (das Bild wird hier im Rahmen einer Himmelsreise realisiert) nicht auf die Person des Pflanzers (so Mt 15₁₃; I Kor 3 6-9; u.ö.),[46] sondern auf den Ort der Pflanzung (OdSal 11₁₈.₂₁: in deinem Land(e)) abgehoben; ferner werden im Paradies (diff. 1QH 8)[47] nicht zwei Gruppen von Bäumen einander gegenübergestellt; vielmehr wird ein Ortswechsel von der Finsternis ins Licht (19) bzw. in "dein Land" (21) vorgestellt, mit dem sie "die Bitterkeit der Bäume von sich" wandten (21).[48]

43) Altheim, Stiehl, Bd. II, 179. Der Text ist hier jedoch verderbt. Schenke, ZÄS 102 (1975)132 schlägt folgende Konjektur vor:"...wenn er die Pflanzung dieser Schöpfung verläßt, [(und)weil er zu den Menschen] dieses Geschlechtes [gehört]".- Keph. 53,18ff wird das Kommen Jesu mit dem eines Menschen verglichen, der "ausgeschickt ist, um auszureißen ... verbrennen ein gewaltiges ...-feld mit Feuer. Als er nun abgeschnitten hatte [zuerst] die schlechten Bäume mit seiner Axt, riß er sie aus ... und ihren Körper mit seinem Feuer, damit sie nicht wieder wachsen sollten von dieser Zeit an und nicht Früchte hervorbringen, die schlecht zum Essen sind, ... dann pflanzte [er] seinerseits seine [guten] Pflanzungen, [den] Baum des Lebens, der bringen wird gute Früchte". Vgl. auch Keph. 288,2-6 (auch hier begegnet das Fruchtmotiv).
44) Zu den diskutierten Möglichkeiten vgl. Franzmann, Study, 407-410, bes. 408.
45) S. auch Charlesworth, Manuscrits, 1970, 527.
46) 1QH 8 tritt er im Bild (diff. NT, diff. EV (NHC-I,3) 36,35ff) zurück. Zur Verbindung von OdSal 11 mit 1 QH 8 s. Dupont-Sommer und Charlesworth, (anders: Franzmann, 394), zur Verbindung mit EV vgl. Franzmann, 394.
47) 1QH 8 unterscheidet "Bäume des Lebens" (85f) von den Bäumen am Wasser (89); (keine Paradiesschilderung!).
48) Zum Motiv der Bitterkeit (vgl. AJ (NHC II,1) 21,30; (BG 2) 56,19, ferner die

Anders ist der Bildgebrauch OdSal 38 16-21, wo Gott als Pflanzer vorgestellt wird, der den Beter pflanzte, was Od Sal 38 17 detailliert beschreibt: "... er steckte die Wurzel und begoß sie und gab ihr Festigkeit und Gedeihen; und ihre Früchte sind in Ewigkeit". Durch "seine Sorgfalt und durch die Segnung seiner Lippen" (Od Sal 38 20) zog er die Pflanzung zu einer schönen, prächtigen Pflanzung heran und wird durch diese gepriesen.[49] Wiederum wird nur die positive Möglichkeit realisiert! Auf gnostischen Hintergrund könnte das Bild des Lichtes, das Emporsteigen wie auch V21b weisen.

OdSal 11 1 wird das Herz implizit mit einer Pflanze verglichen: "(1) Mein Herz wurde beschnitten und seine Blüte erschien, und es wuchs in ihm die Güte, und es brachte Früchte für den Herrn" und aus dem Bild das Stichwort "Beschneidung" aufgenommen. V12 erfolgt ein Bildsprung, insofern sich jetzt der Dichter mit dem Land vergleicht. V16ff geht dann über zum Bild der Pflanzung.[50]

d) Eigentümlich ist das Weinstockbild LibThom (NHC II; 7) 144, 23-36, gebraucht, wo das gemeinsame Wachstum von einer Pflanze oder Gras und dem Weinstock (zum Motiv vgl. Mt 13 24ff) thematisiert wird (s. S. 391). Traditionellem Bildgebrauch entspricht ActThom 146 (p.253) das Bild des Weinstocks für die Kirche, den (diff. Joh 15) Thomas gepflanzt hat, der hofft:
"...möge er Schosse in die Tiefe treiben und seine Ranken mit dem Himmel verflechten! Mögen seine Früchte sich auf der Erde zeigen...".

e) Marcion wendet (vgl. Tert., adv. Marc. I, 2) das Bild vom guten Baum und den guten Früchten, vom schlechten Baum und den schlechten Früchten nicht auf Menschen, sondern auf den "anderen" (höchsten) Gott mit seinen guten und den Schöpfergott mit seinen schlechten Früchten an.[51]

Sind hier die ntl. Entsprechungsbilder bzgl. der Qualität realisiert, so sind sie ApcPt (NHC VII, 3) 76, 4-8 bzgl. der Gattung aufgenommen[52] und dort durch den sek. Zusatz "or (ἤ) from thorn trees" und durch "if they are

---

mandäische und manichäische Literatur. Nach Reitzenstein, Erlösungsmysterium, 146 A1, ist die Bitterkeit bei den Mandäern und Manichäern eine Eigenschaft der Materie. Vgl. aber auch grBar IV15.

49) Hinter 38 19f scheint Jes 60 21 zu stehen, s. Borig, Weinstock, 190.

50) Auch im Johannesbuch der Mandäer, 64 (Lidzbardski, 219f) findet sich das Bild der Pflanzung: dort ist nur die positive Möglichkeit realisiert; das Motiv des Ausreißens fehlt (Gattung!).

51) Er geht also vom allegorischen Verständnis des Schriftwortes aus, um damit die Lehre von den zwei Göttern zu stützen, vgl. Brox, Offenbarung, 44 A 13. Keph. 16, 33-23, 13 verwendet Mani das Bildwort Mt 7 17 par Lk 6 43 zur Darstellung des Dualismus; guter und schlechter Baum werden auf die beiden Reiche bezogen: Der schlechte Baum "aber ist die Hyle" (Keph 22, 32); vgl. auch die Gegenüberstellung von Baum des Lebens und Baum des Todes für das Reich des Lichts und der Finsternis im Buch der Giganten (Adam, Texte, 11-14) und im Manichäischen Psalmbuch (Allberry) 56, 21-24, vgl. Arnold-Döben, Bildersprache, 8-10. Mt 7 17 dient Hegemonius, Acta Archelai XV (XIII) als Unterscheidungskriterium.

52) Synopse bei Brashler, ApcPt, 151.

wise" erweitert.[53] Der letzte Zusatz interpretiert das Bildwort auf dem Hintergrund der gnostischen Weltdeutung des Autors um: Wahres Erkennen und ein entsprechendes Verhalten sind nicht aus der vorgegebenen Wirklichkeitsstruktur deduzierbar, sondern erfordern eine Gnosis, die die Wirklichkeit erst aufschließt. Das Bild dient nicht primär dazu, als Kriterium für ein entsprechendes Verhalten herangezogen zu werden, vielmehr soll es, wie der Kontext deutlich macht, die strikte Unterschiedenheit von sterblichen und unsterblichen Seelen, die erstere zum Tod, letztere zu einem unsterblichen Leben determiniert, veranschaulichen[54] und dient so erst sekundär zur Abgrenzung.[55] In diesem Zusammenhang ist ApcPt (NHC VII,3) 75,7-9 das Motiv der Unvereinbarkeit noch einmal im Bild der Frucht realisiert.

f) Clem. Alex., Exc. ex. Theod. 65 wird das Bild des Einpfropfens aus Rö 11 herangezogen, um zu zeigen, daß es für den Psychiker (nicht jedoch für den Hyliker!) eine Hoffnung gibt, gerettet zu werden: Denn auch er soll dem Ölbaum eingepfropft werden und so an seiner Fettigkeit teilhaben.[56]

ZUSAMMENFASSUNG: Die Metaphern konzentrieren sich in Zitaten, bzw. sind (meist sehr deutliche) Anspielungen auf alttestamentlich-jüdische bzw. neutestamentliche Schriften. Über den Kontext,[57] durch Selektion,[58] durch erweiternde Zusätze,[59] neue Bild- und Motivkombinationen[60] oder auch selbständige Weiterentwicklung bzw. Inversion vorgegebener Bilder und Motive[61] wird das vorgegebene Bildmaterial fast durchgehend umgeprägt - das kann von einfacher Uminterpretation[62] bis zur radikalen Umkehrung ins Gegenteil[63] gehen.

Der gnostische Gebrauch der Baum - Frucht - Metaphorik thematisiert einmal den höchsten Gott[64] *im Gegensatz zum Schöpfergott*[65] *und er-*

53) Vgl. auch zum folgenden Brashler, ApcPt, 152.
54) Vgl. Brashler, ApcPt, 199.
55) Zu der Gruppe, von der ApcPt (NHC VII,3) 75,7-76,23 Abstand genommen wird, vgl. Brashler, ApcPt, 244.
56) Trotzdem wird das Heil für den Pneumatiker (identifiziert mit Israel) und den Psychiker unterschiedlich vorgestellt: Geht ersterer ins Pleroma ein, so steigt letzterer nur bis zur Ogdoas.
57) EvPhil (NHC II,3) 74,5; Pistis Sophia c. 122.
58) EvThom L 40.
59) ApcPt (NHC VII,3) 76,4-8.
60) LibThom (NHC II,7) 144,23-36.
61) Vgl. Ev Phil (NHC II,3) 83,3ff.
62) Vgl. ApcPt (NHC VII,3) 76, 4-8.
63) EvPhil (NHC II,3) 74,5; AJ!
64) Hipp., haer. VIII,8; Tert., adv. Marc. I,2.
65) Tert., adv. Marc. I,2.

klärt die Entstehung des Kosmos:[66] Sowohl der theologische als auch der kosmologische Bildempfängerkomplex fehlen im NT.

Aufgrund der Herkunft werden (vgl. Mt 15,13) im Bild der Pflanzung verschiedene Menschenklassen unterschieden,[67] ihre Unvereinbarkeit und Bestimmung zum Heil/Unheil[68] dargestellt, wobei es (vgl. Clem. Alex., exc. ex Theod. 65) auch für den Psychiker eine Hoffnung auf Rettung gibt.

Das Ineinander von materiellem/körperlichem und pneumatischem/göttlichem im Gnostiker und das heilsame Wirken der Gnosis, die dem Menschen eine Überwindung des hylischen Elements ermöglicht, nimmt den breitesten Raum ein. Dabei wird nachdrücklich betont, daß der Gnostiker sich mühen muß, das göttliche Element, sein wahres Selbst auszubilden, da letztendlich nur es bestehen bleibt.[69]

Neben der Theologie und Kosmologie konzentriert sich der Metapherngebrauch also ganz auf die Anthropologie und Soteriologie.

1.2) Die realisierten Metaphern im Bildfeld Saat - Wachstum - Ernte
a) Die unneutestamentliche griechische Vorstellung vom Weltsamen ist Hipp., haer VII,21ff im System des Basilides aufgenommen. Hier ist es der "nichtexistente Gott", der eine "nichtexistierende Welt aus Nichtexistierenden" schuf, "indem er ein Samenkorn hervorbrachte, das den Gesamtsamen der Welt in sich hatte": Im Unterschied zur Stoa fallen also Gott und Kosmos nicht zusammen.
b) Auch die Vorstellung vom λόγος σπερματικός[70] kennt die Gnosis, sie ist jedoch gerade nicht im stoischen Sinn, sondern im Hinblick auf das Wort der Gnosis(?), den göttlichen Lichtfunken, das pneumatische Element im Menschen bzw. seine Seele realisiert. Im allgemeinen schließt sich der Metapherngebrauch eng an das NT an, zeigt sich aber inhaltlich anders geprägt.
c) So ist gerade das Sämannsgleichnis (Mt 13,3ff parr) in der gnostischen Literatur breit rezipiert.

EvThom 8 (9) zeigt es auf der Bildebene nur geringe Abweichungen gegenüber den Synoptikern,[71] auf der Bedeutungsebene ist jedoch - im

---

66) Hipp., haer. VIII,8; vgl. auch die Situierung der Paradiesgeschichte im Rahmen des gnostischen Mythos.
67) Die Vorstellung findet sich abgeschattet in den drei Bäumen TracTri (NHC I,5) 106,28f.
68) Vgl. den ntl. Motivkomplex der Unvereinbarkeit ApcPt (NHC VII,3) 76,4-8.
69) Vgl. LibThom (NHC II,7) 144,23-36; Hipp., haer. VI,9; VI, 16,5; EvPhil (NHC II,3) 83,3ff.
70) Zur Verbreitung des Bildes vgl. Quispel, Ptolémée, 100, sowie Reizenstein, Poimandres, 142-145.
71) Auffällig ist: a) Anstelle von ἐν τῷ σπείρειν steht im EvThom die genauere Be-

Rahmen seines gnostischen Hintergrundes - eine andere Decodierung anzunehmen, die - da eine Deutung fehlt - nicht genau verifiziert werden kann: So kann sich das Säen auf die Verkündigung (jetzt: des wahren Selbst des Gnostikers),[72] aber auch auf die göttlichen Lichtfunken beziehen, die der Sämann[73] in die Welt sät. Auf letzteres könnte die Formulierung deuten, daß die Samen auf dem Fels "nicht Ähren in die Höhe trieben", was als Hinweis auf den Aufstieg zum Vater gewertet werden kann;[74] der gute Boden wurde auf den Gnostiker,[75] bzw. auf "das Reich im Inneren" desselben[76] gedeutet, der gute Frucht (den Aufstieg zum Vater?)[77] hervorbringt.

Im Unterschied zu den Synoptikern und EvThom 8 (9) bietet das Sämannsgleichnis Hipp., haer. V, 8, 29f - wohl nicht von ungefähr[78] - drei statt vier Beispiele für den Samen und sein Geschick und stellt damit die

schreibung: "Er füllte seine Hand, er warf"; b) ἐπί statt παρὰ τὴν ὁδόν (so Mk 4 4parr); c) daß die Samen auf dem Fels nicht Wurzeln in die Erde hinabsandten und auch "nicht Ähren in die Höhe trieben" ist in den Synoptikern ohne Pendant; d) die Sonne fehlt als Antagonist; e) neu ist der Wurm als Antagonist, ferner stimmt f) die zweiteilige Beschreibung des Ertrages nicht mit den Synoptikern überein.
72) Sheppard, 159; vgl. Haenchen, Botschaft, 45, der vom "Samen des Offenbarungswortes" spricht. Zum Samen als Bild für das Wort, vgl. EpJac (NHC I,2) 8,16-25 (dieses christliche Traditionsstück (s. Kirchner, EpJac Apoc., 171) wurde jedoch uminterpretiert durch den gnostischen Rahmenvers EpJac 8 26f (rechtes Verstehen des Wortes ist nur durch die Gnosis möglich)); C.H. I29 (in seiner jetzigen Form; ursprünglich ist nach Reitzenstein, Poimandres, 144, der λόγος das göttliche Sperma); ActThom 145 (p.253) (?) und ´Die Legende von Barlaam und Josaphat, zugeschrieben dem Heiligen Johannes v. Damaskus´, übers. v. L. Burchard, München o.J. (1924), 116, wo Barlaam sagt: "...ich ... bin gekommen, um den Samen der göttlichen Botschaft deinem Herzen einzupflanzen und dich aus der Knechtschaft des bösen Herrschers dieser Welt zu befreien". Die Metaphorik ist nicht unbedingt gnostisch, s. ActAndr 12: "Die Samenkörner der Heilsworte habe ich empfangen, da du (= Andreas, Anm. d. Vf.) der Sämann warst" (Hennecke, II, 289), sowie den allgemeinantiken Gebrauch von Samen für Worte. - Im Turfan-Fragment M 172 ist der Metapherngebrauch variiert: "Die Rede des ´lebendigen Evangeliums´... wird gelehrt, und die Speise (Frucht) der Wahrheit wird dargebracht" (zit. Hennecke I⁵, 326).
73) Die Metapher findet sich auch in der heidnischen Gnosis, s. C.H. IX,6; IX,10. Der Sämann dürfte den Vater repräsentieren, s. EV 36, 35ff, Ménard, EvThom, 93, und (ad Hipp., haer V, 8, 29f) Sheppard, 157 (anders jedoch Ginza R 214, 20, wo der Gnostiker mit dem Landmann verglichen wird).
74) Vgl. Ménard, EvThom, 93.
75) Eine entsprechende Deutung (Gnostiker = guter Boden) ist bei Hipp., haer. V, 8, 29f, vgl. Ptolem. an Flora, Epiph. Haer 33, 7, 10 belegt. Vgl. auch Iren., haer. I, 13, 2; die Vorstellung ist breiter belegt, vgl. ActAndr 12.
76) Klauck, Allegorie, 200, Haenchen, Botschaft, 45 unter Verweis auf Hippolyt (V, 8, 29f).
77) Sheppard, 159; Ménard, EvThom, 93 (Belege!); anders, Kasser, EvThom, 43.
78) Vgl. Frickel, Naassener, 103, ders., Erlösung 197.

drei Menschenklassen Choiker, Psychiker und Pneumatiker dar: In alle wird das pneumatische Element gesät - nur letztere bringen Frucht.[79] Noch einen Schritt weiter geht die gnostische Interpretation des Sämannsgleichnisses bei (?) Paulus Orosius:[80] Hier legt der Heiland seinen Jüngern das Sämannsgleichnis radikal gnostisch aus: Der Sämann sei offensichtlich kein guter gewesen, da er den Samen wahllos auf verschiedene Böden streue. Er sei der Demiurg, der die gefangenen Seelen in die verschiedenen Körper, die er wolle, zerstreue.[81]

Diese Deutung des Samens auf die Seelen findet sich auch im Sämannsgleichnis Inter (NHC XI,1) 5 $_{16-27}$[82]; Ogd Enn (VI,6) 60,24 wendet sich der Beter u.a. zum "sower of reason".[83]

Nach Heracl. ist der Sämann "ὁ ὑπὲρ τὸν τόπον υἱὸς ἀνθρώπου" (Frg. 35 (b. Orig., Joh.comm. XIII,49) im Anschluß an Joh 4 37);[84] als Mittler säen (Heracl., Frg. 36 (bei Orig., Joh.comm. XIII,50))[85] die Engel der Oikonomie. Ihnen obliegt jedoch nicht nur die harte Arbeit, die Erde auf-

---

79) Sie werden im folgenden allegorisch mit dem 'guten und rechten Boden' verglichen, von dem Mose (Dtn 3120) sagt: "Ich will euch in das schöne und gute Land führen, in das Land, das von Milch und Honig fließt" (beachte die Revocation der Exodustypologie im Zusammenhang der Soteriologie!). Der Genuß von Milch und Honig läßt sie königslos werden und am Pleroma teilhaben. - Da hier das pneumatische Element (vgl. auch EvThom L 8 (9)!) in alle Hörer des Wortes und nicht nur in die Pneumatiker gesät wird, haben wir es hier nach Frickel, Erlösung, 197f, mit einer Frühform der Gnosis zu tun. Vgl. auch EvPhil (NHC II,3) 55,19-22: "...Truth, which existed since the beginning, is sown everywhere. And many see it as it is sown, but few are they who see it as it is reaped" (Till, PhilEv, 15,74 und Isenberg, W.W. in: Robinson, NHL, lesen "Ernten", Schenke dagegen übersetzt ThLZ (1959) 7: "Wenige aber, die sie sehen, sind erfüllt von ihr" (= Spr. 16)).
80) Schneemelcher I, 302.
81) Diff. EvThom (s. Sheppard, 158) wird der Sämann hier mit dem Demiurgen identifiziert. Nach Turribius von Astorga war die "Memoria Apostolorum" bei den Manichäern und Priscillianern im Gebrauch (Schneemelcher I^5 301). - EpJac (NHC I,2) 12,15-17 spielt wahrscheinlich auf das Sämannsgleichnis an, vgl. die von Schenke (OLZ 66 (1971) 130) vorgeschlagene Konjektur: "Heil dem (Ackerteil), der als vierter im (Gleichnis vom) Himmel(reich) betrachtet wurde", ebenso EpJac (NHC I,2) 8,7.
82) Das Gleichnis ist nur partiell in einem Text mit vielen Lacunen überliefert. Diff. EvThom erscheint der Schatten als Antagonist.
83) Im Johannesbuch der Mandäer, 49, werden Edelsteine ausgesät und Perlen ausgestreut. Die Saatmetaphorik begegnet ferner Keph 259,6ff: Mani sagt da von sich: "Wegen der Weisheit... der Wahrheit... und der Geduld, die ich die Menschen gelehrt habe, habe ich einen [Samen][σπέρμα] und eine gute Saat bei denen empfangen, die zu mir gehören". Parallel dazu steht die Aussage über die Christen, die durch drei Dinge "säen" (Keph. 258,30ff). Die Saatmetaphorik wird hier also im Zusammenhang des Missionserfolges gebraucht.
84) Völker, 78f. Vgl. dazu: Blanc, Comm. d'Héracléon, 104f.
85) Völker, 79.

zugraben und zu säen, sondern sie müssen die Saat auch den ganzen Winter hindurch pflegen, behacken und das Gestrüpp beseitigen, d.h. sie sind nicht nur für die Saat der Seelen, sondern auch für die harte Arbeit ihrer Erziehung zuständig,[86] auf daß sie reif werden zur Ernte.
d) Auch das Gleichnis vom Senfkorn EvThom L 20 dürfte an dieser gnostischen Umprägung der Saatmetaphorik teilhaben: Obwohl es sich auf der Bildebene eng an die Synoptiker anschließt,[87] stellt es im Gegensatz zu diesen das göttliche Selbst im Gnostiker im Kontrast zur göttlichen Urwirklichkeit dar: Das 'Königreich der Himmel' bezeichnet im EvThom a) den göttlichen Lichtfunken im Menschen und b) die Lichtwelt: den Ort, von dem der Gnostiker kommt und zu dem er wieder zurückzukehren hofft.[88]
Auch bei den Naassenern (Hipp., haer. V,9,6f) und den Valentinianern (Clem. Alex., exc. ex Theod. I,1,3) war das Senfkorn Bild für das göttliche Selbst des Gnostikers.[89]
e) Nicht die Gemeinschaft wie Mt 13 24-30, sondern die Vermischung zwischen göttlichem und materiellem Selbst im Gnostiker dürfte im Gleichnis vom Unkraut unter dem Weizen EvThom L 57 thematisiert sein,[90] da das EvThom am Individuum orientiert ist.[91] Die Fassung des EvThom zeigt sich gegenüber der des Mt stark verkürzt[92] und stärker

---

86) Foerster, Von Valentin, 38f.
87) Der Kontrast ist im Vergleich zu den Synoptikern abgeschwächt: Es fehlt sowohl die Bemerkung, daß das Senfkorn am Ende größer als alle anderen Kräuter ist, als auch der Schatten.
88) Vgl. EvThom L 45 und 50, Sheppard, 177; vgl. auch Haenchen, Botschaft, 46.
89) Clem. Alex., exc. ex Theod. I,1,3 ist die Zuordnung zu den Valentinianern (so Barth, C., Interpretation, 63) nicht eindeutig. Es kann sich auch um eine Reflexion von Clemens handeln (so Clément d'Alexandrie, Extraits, ed. Sagnard, S. 55 A6). - Iren., haer I, 13,2 wird die Gnosis, das Senfkorn, in der Eucharistie gesät. - Gnostischer Dualismus schlägt sich Dial. (NHC III,5) 144,6 in der Frage der Maria nieder: "[What] is this mustard [seed] like; [Is it] from heaven [or] from the earth?".
90) Vgl. Sheppard, Story, 278. - Stärker gnostisch geprägt zeigt sich die Bildverwendung Hegemonius, Acta Archelai, XV (XIII), wo deutlich wird, daß die Manichäer den Feind mit dem Gott der materiellen Welt identifizieren, der Lolch unter die Kreaturen sät und dadurch den Geist der Menschen blendet, s. Sheppard, Story, 277. - Anders ist das Bild ActThom 145 (p. 253) gebraucht, wo Thomas in einem Bittgebet der Hoffnung Ausdruck gibt, daß er nicht umsonst gearbeitet hat: "Möge der Teufel nicht den Weizensamen [aus dem] Lande rauben, [und möge nicht sein Unkraut auf ihm gefunden werden; denn dein Land nimmt sein Unkraut nicht auf, es kann auch nicht in die Scheuer deines Ackerbauern gelegt werden...S]."
91) Vgl. Sheppard, 278 m.A. 262.
92) So fehlen das Aufgehen der Saat (Mt 13 26), die Einführung der Knechte und der Dialog mit ihnen (Mt 13 27f), das 'laß sie zusammen wachsen' (Mt 13 30) und das Einsammeln des Weizens. Wie der Bruch in der Mitte der Erzählung ('der

auf die negative Seite - den Lolch - konzentriert. Dieser wird nun erst am Tag des Erntens offenbar werden, während dies bei Mt schon vor dem Dialog mit den Knechten vorausgesetzt ist.

Deutlich wird diese Vermischung von καλὸν σπέρμα mit dem σπέρμα τοῦ διαβόλου, dem hylischen Prinzip, in der valentinianischen Auslegung von Mt 13 24ff Clem. Alex, exc. ex Theod. 53,1 angesprochen.

Derselbe Themenkomplex ist LibThom (NHC II,7) 144, 23-36 im gemeinsamen Wachsen von Gras und einer Pflanze einerseits und im Weinstock andrerseits dargestellt: Hier steht der Lolch/das Gras für den Körper,[93] der Weinstock für das wahre Selbst des Gnostikers. Bescheint sie die Sonne (das Licht der Gnosis),[94] so wird nicht mehr der Lolch/das Gras den Weinstock ersticken, sondern letzterer wird die Oberhand gewinnen und Lolch und Gras überschatten. Er wird sich zum Wohlgefallen seines Besitzers ausbreiten und das Land ererben,[95] so daß Gott den Lolch (Körper) nicht ausreißen muß.

Das rettende Prinzip ist hier das Licht der Gnosis; hat es erst einmal den Menschen erreicht, so kann er sich allein über die Leidenschaften des Körpers erheben: Anders als Mt 15 13; Mt 13 40-42 reißt nicht Gott bzw. die Engel des Menschensohnes, sondern der Gnostiker selbst das Unkraut aus:[96] Auf der Aktivität *des Gnostikers* liegt LibThom der Akzent.[97]

Die Bedeutung, die dem Engagement und der Arbeit des Gnostikers in der gnostischen Soteriologie zukommt, mögen auch die Varianten im Senfkorngleichnis Ev Thom L 20 erhellen:[98] Im Unterschied zum NT ist dort vom "Land, das man bebaut", die Rede: ein Hinweis darauf, daß das Senfkorn nur wächst, wenn es auf *sorgfältig bearbeiteten* Boden - eine gut bereitete Seele - fällt?"[99] Ferner ist es EvThom nicht der Same, sondern die *Erde*, die den Sproß heraussendet - was so verstanden werden kann, daß der göttliche Kern nicht von selbst, sondern nur unter menschlichen

---

Mann ließ sie ... nicht ausreißen', das 'sie' bleibt ohne Bezugspunkt) deutlich macht, kann sie kaum mehr als kohärente Erzählung angesehen werden.
93) Motiv der Vergänglichkeit nach Jes 40 7.
94) Diff. Mk 46; Jak 1 11 ist die Sonne hier positiv als rettendes Prinzip, nicht als Antagonist vorgestellt.
95) Im Hintergrund steht das Motiv des Weltenbaums; dieser hat jedoch (diff. LibThom (II,7) 144,35f keine destruktive Funktion, s. Bauckham, NTS 33 (1987) 91.
96) So Mt 15 13; vgl. die Knechte des Hausherrn Mt 13 30.
97) Im Hintergrund steht nach Bauckham, NTS 33 (1987) 91 "a piece of Gnostic polemic against orthodox stress on the redemptive sufferings of Christ".
98) Vgl. Cerfaux, Paraboles, 319; Gärtner, Thomas, 232. Zum nötigen Engagement des Gnostikers, vgl. EpJac (NHC I,2) 8,16ff.
99) Vgl. Montefiore, H., Thomas and the Evangelists, 53.

Anstrengungen wächst.[100] Die Bedeutung unablässiger Arbeit akzentuiert auch ActJoh 67(f):
"Und der Bauer, der der Erde die Saat anheimgegeben und sich mit ihrer Pflege und Bewahrung viel Mühe gemacht hat, *soll* dann erst Ruhe von seinen Mühen *haben*, wenn er die vielfach vermehrte Saat im Vorratshaus aufgespeichert hat...(68) Ebenso ist es... mit dem Glauben...".[101]
Ebenso betont Heracl., Frg. 36 (bei Orig., Joh.comm. XIII,50) die konstante harte Arbeit nach der Aussaat (hier der Engel bei der Erziehung der Seelen); auch das Bild des Pflügens EvPhil (NHC II,3) 60,19-28 ist in diesem Zusammenhang zu sehen.[102]
Aber auch ohne Betonung dieses Aspekts kann (s. EvPhil (NHC II,3) 79, 18-30) das Wachstum des Gnostikers beschrieben werden.[103]

g) Vom individuellen gnostischen Rahmen her ist auch das Erntebild umgeprägt: Im Unterschied zu den Synoptikern ist es nicht Bild für das Gericht, sondern beschreibt EvThom L 21b den Gnostiker als einen verständigen Menschen, der die reife Frucht (sich selbst) in Eile abmäht, d.h. das Gottesreich findet,[104] wobei im Unterschied zu den Synoptikern die Gnosis betont wird.[105]

Heracl, Frg. 32 (bei Orig., Joh. comm. XIII,41, Völker, 77) nimmt Je-

---

100) Vgl. Sheppard, 178; Klauck, Allegorie, 218; Schrage, EvThom, 65.- Die ungnostischen ActAndr 12 legen den Akzent anders: "Großes Erbarmen brauche ich und die Hilfe, die von dir ausgeht, damit ich des von dir empfangenen Samens würdig zu werden vermag, der nur dann ständig und ins Sichtbare hervorkommend wächst, wenn du es willst und für ihn ... betest" (Hennecke, II, 289).
101) Hennecke, II, 167. Zu Wachstumshindernissen vgl. ActJoh 68; zur Mühe der Unkrautbeseitigung vgl. auch LibThom (NHC II,7) 144,33.
102) Vgl. dazu Ménard, EvPhil, 157. Überkosmisch ist das Pflügen dagegen im Johannesbuch der Mandäer, 49, aufgefaßt.
103) Die Landwirtschaft der Welt ist hier Bild für die Landwirtschaft Gottes; die einzelnen Elemente werden EvPhil 79,25-30 Punkt für Punkt übertragen: "...Faith ist our earth, that in which we take root. [And] hope ist the water through which we are nourished. Love is the wind through which we grow. Knowledge then is the light through which we [ripen]." (EvThom (NHC II,2) L21 ist das Feld, das den Kindern gehört, Bild für die Welt (Haenchen, Botschaft, 51). Das Bild von den Lilien Mt 625ffpar ist Ox-Pap. 655, Frg I a (Schneemelcher I[5], 105) überliefert, der dem EvThom zuzuordnen ist).
104) Bartsch, NTS 6 (1960) 260.
105) Ähnlich ist der Bildgebrauch EpJac (NHC I,2) 12,28-31: "Beeilt ihr euch selbst (nun), um euch eine Lebensähre zu ernten, damit ihr durch das Himmelreich gefüllt werdet!", Übers. Kirchner, EpJac Apocrypha, vgl. Schneemelcher I[5], 243. Das Zitat ist die Anwendung zu EpJac (NHC I,2) 12,22-26, wo das Himmelreich mit einer aufgewachsenen Ähre verglichen wird, die wächst und als sie reif war, ihre Frucht ausstreute und aufs Neue das Feld mit Ähren für ein weiteres Jahr füllte (EpJac 1225-28). Der gegebene Anfang (die Ähre, das Himmelreich) ist also ernstzunehmen und zu vermehren, vgl. Kirchner, EpJac Apocrypha, 187. Z. St. vgl. auch Cameron, R., Parable, 6f.

sus cf. Joh 4 35 zunächst das futurische Ernteverständnis der Jünger auf, um es im Sinne einer gegenwärtigen Ernte zu korrigieren:[106] Heracleon bezieht die Ernte auf die Seele der Gläubigen, die schon reif zur Ernte, fähig zum Gesammeltwerden in die Scheune, d.h. zum Eingehen in die Ruhe durch den Glauben sind.[107] Heracl., Frg. 33 (bei Orig., Joh.Co. XIII, 44, Völker, 78) präzisiert: Sie sind fähig zum Heil und zur Aufnahme des Wortes. Aufgrund dieser individuellen Interpretation kann die Ernte als eine, die nicht mit einem Male geschieht, vorgestellt werden, denn: einige Seelen sind schon reif, andere waren schon vorher reif, andere werden es sein, wieder andere werden erst jetzt gesät (Heracl., Frg. 32).

h) Das Logion Mt 9 37f deckt sich fast mit EvThom L 73; letzteres dürfte jedoch anders verstanden worden sein. Ausgehend von der thematischen Verwandtschaft von L 73-75 deutet Schrage die Gnostiker als Arbeiter, die Ernte als Ernte des göttlichen Sperma bzw. der ψυχή, das Hineingesandtwerden als das Bereitsein "eingebracht zu werden in die Scheune... εἰς ἀνάπαυσιν... πρὸς σωτηρίαν" (s. Heracl., Frg. 32f).[108] Die Ernte könnte sich aber auch auf die Aufgabe des Gnostikers, Seelen zu retten, beziehen (Heracl., Frg. 35).[109] Auch Heracl., Frg. 33 zitiert Mt 9 37.

Als Erntender wird Heracl., Frg. 34f der Soter vorgestellt:[110] Er sendet seine Jünger (die Engel), einen jeden zu seiner Seele (Heracl., Frg. 35). Sein Lohn besteht in der Heimführung und Rettung derer, die geerntet werden. In Anlehnung an den in der neutestamentlichen Missionssprache beheimateten Erntebegriff wird hier also die Ernte als das erfolgreiche Bemühen gesehen, "Menschenseelen für das Gottesreich zu gewinnen",[111] wobei (diff. NT) im Hintergrund Heracleons das valentinianische System der Lehre vom göttlichen Sperma im Menschen steht.[112]

106) Das erste Verständnis ist für Herakleon im Hinblick auf die Psychiker gültig; die Neuinterpretation dagegen gilt nach Pagels, Gospel, 105, für die Pneumatiker.
107) Die Stelle ist insofern schwierig, als der Ausdruck ψυχή auf die Psychiker deutet, während "Säen" und "ἀνάπαυσις" auf die Pneumatiker weisen, (s. Blanc, Comm. d'Héracléon, 99, Foerster, Von Valentin, 37); für letzteres würde auch das folgende Frg. 33 sprechen, wo Heracl. das Reifsein auf die κατασκευή und φύσις der Menschen, die geerntet werden, zurückführt. Es ist jedoch umstritten, ob alle Begriffe in Frg. 33 von Heracleon sind, s. Blanc, 99 A 186. Zum ganzen vgl. Foerster, Von Valentin, 39f (plädiert für Bezug auf die Pneumatiker). - Das individuelle Erntebild von Joh 4 35 ist auch ActThom 147 (p.255) aufgenommen, wo Thomas von sich sagt: "Das Feld ist reif geworden, und die Ernte steht bevor, damit ich meinen Lohn empfange" (Hennecke II, 365).
108) Vgl. Schrage, EvThom, 155, so auch erwägend Wilson, Studies, 74f.
109) Vgl. Schrage, EvThom 155. Wilson, Studies, 74 erwägt eine Beziehung auf das Finden des Königreiches, d.h. auf die Bereitschaft, die Frucht der Gnosis zu ernten, wenn sie reif ist.
110) Zu seiner Identität vgl. Blanc, Commen. d'Héracléon, 103.
111) Barth, C., Interpretation, 67.
112) Barth, C., Interpretation, 67.

i) Die Valentinianer nehmen nach Iren., haer. I,3,5 aus Mt 3,12 das Bild von der Wurfschaufel, die den Weizen von der Spreu trennt, auf und deuten sie auf das Kreuz, das die hylischen Elemente vernichtet wie das Feuer die Spreu, die Pneumatiker aber reinigt.[113]

j) Das Joh 12,24, I Kor 15,37 mit der Auferstehung verbundene Bild des Weizenkorns wird EpJac (NHC I,2) 8,16ff mit dem λόγος verglichen (vgl. Mt 13,19-23). Lib Thom (NHC II,7) 142,10-18 sind die männlichen Spermata mit der Saat, die unter Sonne und Wasser vergeht, und in "Gräbern der Finsternis" (im Boden) verborgen ist, konnotiert. Nicht im Zusammenhang der Auferstehung, sondern im negativ gewerteten Zusammenhang von Zeugung und Geburt wird sie realisiert.[114]

k) In den oben skizzierten Bildgebrauch reiht sich der der heidnischen Gnosis ein, wie ein Blick auf das C.H. zeigt: Dualistisch geprägt ist C.H. IX,3: Der νοῦς bringt das hervor, was in ihm gesät wurde - Gutes, wenn er die σπέρματα von Gott, Schlechtes, wenn er sie von einem dämonischen Wesen empfangen hat.[115] C.H. IX,4 argumentiert: die Qualität, nicht die Masse ist für die σπέρματα θεοῦ bestimmend: sie seien zwar nicht zahlreich, jedoch groß, schön und gut. Die Saatmetaphorik ist hier stärker in das Bildfeld eingebunden: C.H. I,29 werden die Samen mit den Worten der Sophia identifiziert[116]; sie werden gesät und mit Wasser genährt. C.H. IX,6, XIV,10 wird die Saatmetaphorik im Zusammenhang mit der Metapher γεωργός realisiert, der C.H. XIV,10 auch als Pflanzer (φυτεύοντα) vorgestellt ist: Dieser sät (beachte das dualistische Denken!) sowohl im Himmel (οὐρανῷ ἀθανασίαν σπείρει), als auch auf der Erde (ἐν δὲ γῇ μεταβολήν).[117]

l) Wie die Darstellung deutlich macht, weist der gnostische Bildgebrauch weniger Unterschiede zum NT auf der Bild- als auf der Bedeutungsebene auf:

---

113) Vgl. auch AuthLog, wo der Satz: "... if a thought [of] enters into [a] virgin man, he has [...] being contaminated" (Auth.Log (NHC VI,3), 25,6-9) mit dem Bild von Spreu und Weizen begründet wird, die, miteinander vermischt, nicht die Spreu, sondern den Weizen verseuchen. Die antignostisch ausgerichtete Epist. Apostolorum (Schneemelcher I⁵, 206) verwendet 49 (60) das Bild von der Scheidung von Spreu und Weizen im Sinne der eschatologischen Scheidung der Gemeindeglieder: Der Weizen wird in seine Scheuern gelegt, die Spreu ins Feuer geworfen (Schneemelcher I⁵, 233).

114) Vgl. Turner, Thomas, (s. LibThom), 160. Die Metapher kann ebenso auf die Geschichte des menschlichen Körpers angewandt werden; dann kann die Verwendung der Saatmetaphorik 1 Kor 15,36-38 verglichen werden, s. Turner, Thomas, (s. LibThom), 161.

115) Festugière, C.H. I, 102 A 10 denkt an die Vorstellung des ἱερὸς γάμος oder an die der Wiedergeburt als Hintergrund. - Zur positiven Möglichkeit vgl. auch C.H. XIII,2, wo der Wille (θέλημα) Gottes den Samen (σπορὰ τὸ ἀληθινὸν ἀγαθόν) sät.

116) Im Unterschied zur Auslegung des Sämannsgleichnisses ist hier nach Reitzenstein, Poimandres, 144, der λόγος ursprünglich selbst das göttliche σπέρμα.

117) Vgl. dazu Reitzenstein, Poimandres, 143f A 6.

Auf der Bildebene wären vor allem α) die Betonung der Notwendigkeit harter Arbeit (EvThom L 40; Heracl, Frg. 36), β) das Motiv zu nennen, daß beim gemeinsamen Wachstum miteinander konkurrierender Pflanzen die eine aufgrund der Sonne (diff. NT positiv gewertet, da Bild für die Gnosis!) über die andere obsiegt und folglich keine Scheidung von außen her nötig ist: Beide Male geht es um die Arbeit des Gnostikers zu seiner Erlösung. Ferner zeigt sich das Bildmaterial EvPhil (NHC II,3) 60,19-28; 79,18ff; C.H. IX3; XIV10 deutlich dualistisch geprägt.

Auf der Bedeutungsebene fehlt in den gnostischen Schriften α) das Erntebild als Bild zukünftigen Gerichts,[118] β) das Saatbild im Themenkomplex "Auferstehung", γ) das Bild gemeinsamen Wachsens/Wachstums in kollektivem Bezugsrahmen.

ZUSAMMENFASSUNG: Wieder konzentrieren sich die Metaphern in Zitaten, bzw. Anspielungen, zumeist auf das NT.[119] Über den vorausgesetzten gnostischen Deutungsrahmen, durch neue Bild- und Motivkombinationen[120] und entsprechende allegorische Deutung werden sie neu interpretiert.

Der gnostische Gebrauch der Saat - Ernte - Metaphorik ist relativ eng umgrenzt: Er geht aus von der Vorstellung der göttlichen/pneumatischen Saat im Menschen, ihrer Vermischung mit dem hylischen Element und dessen Überwindung durch erstere aufgrund der Saat/des Lichtes der Gnosis. Daß diese Überwindung und das Reif-Werden zur Ernte harte Arbeit bedeutet, wird an mehreren Stellen deutlich betont. Das Erntebild ist immer individuell gefaßt und kann zum einen für den Menschen stehen, der von der Gnosis erfaßt wird, zum anderen für den Gnostiker, der soweit herangereift ist, daß seine Seele in die ἀνάπαυσις eingehen kann.[121] Die Saat - Ernte - Metaphorik zeigt also da, wo sie entfaltet wird, eine deutliche Konzentration auf die gnostische Anthropologie und Soteriologie.

1.3) Vegetationsmetaphern als Exmetaphern

In den gnostischen Texten ragen drei relativ isolierte Metaphern heraus, denen eine spezifische Funktion erst im Gesamt des Mythos zukommt: Die Saat-, Wurzel- und Fruchtmetaphern.

---

118) Die futurische Dimension begegnet hier nur im Zusammenhang des Seelenaufstiegs.
119) Vgl. die Aufnahme von Mt 13 4-8 parr. EvThom 8 (9); Hipp., haer VIII,29f, u.ö., von Mt 1331f parr. EvThom L 20, Hipp., haer V, 9.6f; u.ö.; von Mt 1324-30(37-43) EvThom L 57; Clem. Alex., exc. ex. Theod. 53,1, Joh 435ff bei Heracl., Frg. 32ff, usw..
120) LibThom (NHC II,7) 144,23-36.
121) Ich schließe mich hier der Deutung Foersters, Von Valentin, 39f, an, daß auch die Pneumatiker heranreifen müssen.

a) Die Saatmetaphorik kann, obwohl sie die am breitesten realisierte Metapher ist, in unserem Zusammenhang relativ kurz behandelt werden, da für sie nicht das pflanzliche, sondern das organische Moment bestimmend ist;[122] eine Interferenz mit dem Bildfeld der Vegetationsmetaphern zeichnet sich nur an einigen Stellen ab.[123]

α) Sie begegnet im Zusammenhang der Vorstellung vom verlorengegangenen Lichtfunken (Samen),[124] der, in die Welt gefallen, wieder zu seinem himmlischen Ursprungsort zurückzukehren sucht bzw. der pneumatischen Saat, die dem Pleroma entstammt und nur von den guten Seelen (Pneumatikern) aufgenommen wird. So dient die Saatmetaphorik häufig als Selbstbezeichnung der Gnositiker, vgl. EV (NHC I,3) 43,9-14: "They are ... filled with the seed of the Father"[125] und Iren., haer I,6,4: "perfectos uocantes et semina electionis".
Darin liegt also der Ansatzpunkt für die Soteriologie, vgl. Trac Tri (NHC I,5), 65,13f:
"[he] (the Father of the universe, Anm. d. Vf) having sown himself into their thought so that [they] might seek after him"[126]

---

122) Das erhellt der Kontext, vgl. z.B. TracTri (NHC I,5) 60,29-37; 61,8-24; hierher gehört auch der Mythenkomplex, der den Ursprung des Bösen auf die Vermischung von Engeln mit Menschen zurückführt, s. Stroumsa, Seed, 31f.
123) EvPhil (NHC II,3) 52,25; UW (NHC II,5) 109,33-110,1; LibThom (NHC II,7) 142-11-15 (bedingt durch die im Hintergrund stehende Sündenfallgeschichte); ApcAd (NHC V,5) 76,12-15; Par Sem (NHC VII,1),5,1f; Marsanes (NHC X,1) 26,14f; Inter (NHC XI) 5,18; vgl. Auth. Log. (NHC VI,3) 25,12-24. Besonders ausgebildet ist der Vergleich der Zeugung mit der Tätigkeit des γεωργός nach Reitzenstein, Poimandres, 142f, in Ägypten, vgl. den Berliner Papyrus, zit. dass. und die Einleitung einer alchemistischen Schrift (= Berthelot, les alchemistes grecs, 30), zit. Reitzenstein, Poimandres, 143. Zur Relation zwischen Ackerbau und Sexualität, vgl. Baudy, Adonisgärten, bes. 49, 69.- Im Zusammenhang der Kosmogonie steht die Vorstellung vom (Welt-)Samen Hipp., haer. VII,21.25.27, Hipp., haer. X,14,1 (jeweils Basilides); Hipp., haer. V,7,21.25 (Naassener) bzw. vom ersten Gott als Samen, Hipp., haer. VIII,8 (Doketen).
124) Vgl. EpPt (NHC VIII,2) 136,18; Valentinian. Exposit. (XI,2) 39,15f: "The seeds are images of the Pleroma". AJ (BG 2) 64,5; Evang. d. Eva (Pan. 26,3,1; I S. 278, 8-13), Hennecke I[5], 288; im Zusammenhang der Entstehung der 30 Äonen: Iren., haer I,1,1; vgl. auch Dial (NHC III; 5) 135,18.
125) Vgl. weiter "the seed of that man" ApcAd (NHC V,5) 66,4f, vgl. 69,12; "the seeds of Sophia", Valentinian. Exposit. (NHC XI,2) 35,12; Saat der Protennoia, Protennoia, (NHC XIII,1) 50, 18. Im Zusammenhang mit der Saatmetaphorik ist die Hirtenmetaphorik Valentinian. Exposition (NHC XI,2) 40,18f realisiert: "[he] is like the shepherd of [the] seed". Vgl. weiter die bei Siegert, Nag-Hammadi-Register, S. 302f gekennzeichneten Stellen, ferner Clem. Alex., exc. ex Theod. 1.1; 1.3; sowie Clem. Alex., exc. ex Theod. 28,26,2.3; 34,2; 35,2; 38,3; 42,2; 49,1; 53,1. - Clem. Alex., exc. ex Theod. 56 unterscheidet das gesät worden sein ἐκ πνευματικοῦ, ἐκ ψυχικοῦ und ἐξ ὑλικοῦ.
126) Vgl. TracTri (NHC I,5) 72,18f; 83,18-27; 89,12-15; 111,29; 112,3f, vgl. Clem. Alex., exc. ex Theod. 41,1-3; bzgl. der verschiedenen Menschenklassen Clem. Alex.,

und Iren., haer I, 6, 4:
"Non enim operatio in Pleroma inducit, sed semen".[127]
β) Daneben kann die Saatmetaphorik auch negativ besetzt sein[128] und können reine und böse Saat einander auch gegenübergestellt werden.[129]
b) Wie die Saat- so begegnet auch die Wurzelmetapher relativ isoliert und dient als Baustein im Mythos: In diesem Kontext dient sie dazu,
α) die göttliche Herkunft aufzuzeigen[130] und damit das Ziel deutlich zu machen. Von daher erklärt sich auch ihre enge Verbindung zur Lichtmetaphorik.[131] Sie bezeichnet den göttlichen Ursprung des Gnostikers (EV (NHC I,3) 28,17) und aller Dinge (AJ (NHC II,1) 31,16); er kann nicht bewußt (Protennoia (NHC XIII,1) 47,28) und in Vergessenheit geraten sein (ParSem (NHC VII,1) 1,28: "Weil (ἐπειδή) deine Wurzel in das Vergessen herabgefallen ist"). Ihn gilt es zu erkennen, wie die stehende Metapher "seine Wurzel"[132] bzw. die Wurzel der Dinge[133] "erkennen" zum Ausdruck bringt. Dazu bedarf es der Belehrung, s. HA (NHC II,4)93,12f: "I (=the great Angel, Anm. d. Vf.) shall teach you about your Root". Auth.Log (NHC VI, 3) 22,28-33 wird das Ziel des Erkennens mit Hilfe einer weiteren Metapher aus dem Bildfeld formuliert: "to make her see... and learn about her root in order that she might cling to her branch from which she had first

exc. ex Theod. 40. Iren., haer. I,13,2 wird in einer eucharistischen Formel der Marcosier die Gnade wie ein Senfkorn in den inneren Menschen gesät, um in ihm die Gnosis zu vermehren; Iren., haer. I,13,3 im Zusammenhang der Bestallung von Prophetinnen, vgl. dazu: Reizenstein, Poimandres, 220f.
127) Dabei kann die Soteriologie auch mit einer Erlösergestalt verbunden sein, vgl. Rheg (NHC I,3), 44,30-35: "... the Son of Man... was originally from above, a seed of the Truth...". Vgl. TracTri (I,5) 117,14f; ferner: Valentinian. Exposition (NHC XI,2) 33,18f; Iren., haer. I,7,2, vgl. auch Iren., haer. I,8,5.
128) Vgl. Par Sem (NHC VII,1) 5,1f: "a seed ... from the dark root". Vgl. "the corrupted sowing of this aeon" ÄgEv (NHC II,2) 60,4f; "seed from the darkness" ParSem (NHC VII,1) 13,15; vgl. 35,12f; 40,27f; "hylic seed" ParSem (NHC VII,1) 11,4; der Same "ihrer (= der Archonten, Anm. d. Vf.) Täuschung" 2 LogSeth (NHC VII,2) 56,16f.
129) Vgl. ApcAd, wo beide terminologisch insofern unterschieden werden, als σπορά als Samens des φωστήρ immer positiv, σπέρμα dagegen immer negativ gebraucht ist, vgl. Schottroff, Animae, bes. 79.
130) Negativ gewandt findet sich das Bild vom göttlichen Ursprung EV (NHC I,3) 17,30 wo es heißt: Der Irrtum (πλάνη) ist zu meiden/zu verachten, da er keinen göttlichen Ursprung hat, und ohne Wurzel zu sein bedeutet, dem Vater gegenüber in Nebel zu fallen.
131) Vgl. UW (NHC II,5) 127,4f; ParSem (NHC VII,1) 2,6f; 14,24; 17,34f; 39,10; Zostr. (NHC VIII,1)6,3-5; Protennoia (NHC XIII,1) 46,24f. Im Gegensatz zum Licht: Par Sem (NHC VII,1) 7,27f.
132) HA (NHC II,4) 97,15; Dial (NHC III,5) 134,4; 1 ApcJac (NHC V,3) 40,18. Vgl. auch Iren., haer I, 21,5; das (manich.) Evang. der zwölf Apostel ("Seelen, die nicht ... die Wurzel ihres Seins erkannt hätten", Hennecke I[5], 304).
133) Vgl. Dial (NHC III,5) 134,16.

come forth...".[134] Nur der, der im Vater verwurzelt ist oder besser: der, der weiß, daß er im Vater verwurzelt ist, kann Frucht tragen: der, der nicht um seine Wurzel weiß, kann nicht zum Vater zurückkehren und wird von selbst aufgelöst werden.[135] EV (NHC I,3) 28,16ff: "For he who has no root has no fruit either, but though he thinks to himself, (20) "I have come to being," yet he will perish by himself."[136] Suchen die Gedanken des Gnostikers den göttlichen Ort, so können die Emanationen des Vaters ihn dorthin erheben,[137] denn die Wurzel hat ihren Ausgangs-[138] und Zielpunkt[139] beim Vater. In ihm haben nach EV (NHC I,3) 42,33-35 alle Äonen/Gnostiker ihre Wurzel und er in ihnen: "...And they will heed their root. They will be concerned with those (things) in which he will find his root...". Hier ist die kosmische Weite des Gebrauchs der Wurzelmetapher deutlich greifbar.[140] Auffällig ist die Beschreibung des Vaters TracTri (NHC I,5) 51,17-19, wo die Wurzel als Zentralmetapher fungiert: Sie bezeichnet den Uranfang, der Bäume, Äste, Früchte, d.h. das Pleroma hervorbringt.[141]

134) Zum "Zweig" als göttlichen Ursprungsort, vgl. auch TracTri p. 45,3 (Übers. G. Schenke). Im Hintergrund steht (s. G. Schenke, Prot, 105f A2) wahrscheinlich die Vorstellung vom Baum der Erkenntnis als Weltenbaum.
135) Vgl. Ménard, L'EV, 134; ferner: Dial (NHC III,5)134,1-4.16f.
136) EV (NHC I,3) stellt die Menschengruppe dar, die im Gegensatz zu denen, die im Vater sind, nicht aus dem Vater stammen und folglich niemals "zu voller Existenz kommen", vgl. Arai, S., Die Christologie des Evangelium veritatis. Eine religionsgeschichtliche Untersuchung, Leiden 1964, 40.
137) EV (NHC I,3) 41,17.24 -28: "...(24) For the place to which they send (25) their thougt, that place (26) (is)their root, which takes them (27) up in all the heights (28) to the Father".
138) EV (NHC I,3) 41,17; vgl. TracTri (NHC I,5) 51,17-19.
139) EV (NHC I,3) 41,26-28.
140) Vgl. auch TracTri (NHC I,5) 51,3: "the Father, who is the root of everything", sowie die Metapher "Wurzel des Alls", Valentinian. Exposition (NHC XI,2) 22,32; 23,[19].32; 24,35; Hipp., haer. V,9; V,26,2; VI,9; VI,30,7; (der Ausdruck "Wurzel des Alls" geht nach Leisegang, Gnosis, 68 A1, auf Empedokles, Frgm. 6 und Frgm 57 zurück, vgl. auch Hipp., haer. VI,12) und 'Wurzel der Aeonen' Hipp., haer. VI, 30,3; TracTri (NHC I,5) 68,9; 71,20, vgl. auch SJC (BG 3) 106,18 (die Frage von die großen Äonen ist insofern gut, als ihre Wurzeln im Grenzenlosen sind), sowie Protennoia (NHC XIII,1) 46,25, vgl. auch Hipp., haer. VI,18. Zur Wurzel aller/ der existierenden Dinge, vgl. Hipp., haer. I,1,1; VI, 29,8; vgl. Hipp., haer. VI, 34,1; Iren., haer. I,2,1. Nach ParSem (NHC VII,1) 2,6f gibt es drei Wurzeln (Licht, Finsternis, Geist), die von Anfang waren (vgl. ParSem 10,4) und die als Prinzipien die Grundfiguren eines kosmischen Dramas bilden. - Die Wurzelmetapher zur Bezeichnung der Ursprungsprinzipien ist in manichäischen Schriften (nach Doresse, Secret Books, 147 A2) geläufig; vgl. dazu Puech, Manichéisme, 159f. Zu der im Hintergrund stehenden Baum-Symbolik vgl. Doresse, Secret Books, 147 A 2.
141) s. Rudolph, Gnosis, 72. Wenn es TracTri (NHC I,5) 51,19-21 weitergeht: "It is said of him that he is a father in the proper sense", wird das mythische Denken

Die Wurzelmetapher, die sich per se dazu anbietet, die Herkunft zu veranschaulichen - das entspricht auch antikem Bildgebrauch - ist in der Gnosis also breit realisiert. Hinsichtlich ihrer Verwendung ist jedoch, neben dem der Wirklichkeit entsprechenden Bildgebrauch, eine Inversion des Bildes zu konstatieren, die auf den ideologischen Hintergrund zurückzuführen ist. Da die Heimat des Gnostikers nicht unten auf der Erde, sondern oben beim Vater ist, gehen die Wurzeln - im Gegensatz zur Realität - von oben nach unten: sie gehen aus vom Vater; der Gnostiker muß sie erkennen, um wieder nach oben zu kommen; er muß seine Wurzel hinauflaufen.[142]

Diese Inversion des Wurzelbildes ist jedoch nicht erst bei den Gnostikern erfolgt. Schon bei Platon, Tim 90a wird der Mensch als ein himmlisches Gewächs bezeichnet, das seine Wurzel im Himmel, im Göttlichen, hat:[143] Von dort kommt die Seele her - dorthin strebt sie auch wieder hin: Auf diese Bewegung der Seele weist der aufrechte Gang des Menschen: Er richtet sich am Himmel auf. Wie die Einführung (φαμεν ὀρθότατα λέγοντες) und Philo, Det 84f (οὗ τὰς ῥίζας εἰς οὐρανὸν ἔτεινε) und die damit verbundene Vorstellung vom Menschen als Himmelsgewächs[144] - offenbar von Platon abhängig - nahe-

deutlich: der Vater (Wurzel/Baum) repräsentiert das Eigentliche, alles andere sind nur Abbilder.
142) Vgl. AJ (NHC II,1)30,30, (NHC IV) 47,20: das Denken der Pronoia rettet sich, indem sie ihre Licht[wurzel] hinaufläuft, und fordert den Menschen in seinem Körper (?) AJ (NHC II,1) 31,15f auf: "folge deiner Wurzel". Vgl. auch UW (II,5) 127,4f, GL 483,32: "deine Wurzel winde sich empor und steige in die Höhe"; vgl. auch den Äther-Weinstock GL 451,39ff, "dessen Wurzel der Stamm der Seele" (GL 452,1) ist; beachte bes.: Hegemonius, Acta Archelai, IX (XXVII),4. Zum Bild des "Arbor inversa" bei Plato, Philo und den Manichäern, vgl. Jacoby, A., Der Baum mit den Wurzeln oben und den Zweigen nach unten, ZMR 43 (1928) 78-85, 79f. Vgl. ferner Eur., Chrys., Fragm. 836 (ed. Nauck, III). Anders dagegen Sen., epist. 1247, wo die Argumentationsweise des Gesprächspartners mit folgendem Bild, das jedoch nicht im religiösen Kontext steht, kritisiert wird: "den Wipfel setzt du an die Stelle der Wurzel".
143) Plat., Tim 90 ab:"von ihr (= der Seele, Anm. d. Vf.) behaupten wir, daß sie im obersten Teil unseres Körpers wohnt und uns von der Erde zu unserer Verwandtschaft im Himmel erhebt, da wir kein irdisches, sondern ein himmlisches Gewächs sind (ὡς ὄντας φυτὸν οὐκ ἔγγειον ἀλλὰ οὐράνιον...). Und damit haben wir vollkommen Recht. Denn indem das Göttliche dort, wo die erste Entstehung der Seele sich vollzog, unser Haupt und unsere Wurzel befestigt, richtet es den ganzen Körper auf (τὸ θεῖον τὴν κεφαλὴν καὶ ῥίζαν ἡμῶν ἀνακρεμαννὺν ὀρθοῖ πᾶν τὸ σῶμα). Auf ein entsprechendes Platonwort in syrischer Übers. macht Edsman, Arbor, 99 A 69 aufmerksam; zu Platon und Philo vgl. ders., dass. 98f. Zum "Exemplarisme inversé" in der Gnosis und bei Platon allgemein vgl. Sagnard, gnose, 244f. Nach Pearson, B. A., 375, kann die gnostisch-platonische Interaktion als gesichert angesehen werden.- Im Gegensatz zu Plato ist jedoch bei Valentin die Fruchtmetapher Hipp., haer. VI, 37,6-8 (Völker, Frg. 8, S. 59) als von unten wachsend realisiert.
144) Vgl. Philo, Det 84f: "denn allein den Menschen hat die Gottheit unter den Erdenbewohnern zum Himmelsgewächs geschaffen (μόνον γὰρ δὴ τῶν ἐπὶ γῆς φυτὸν

legen, handelt es sich um eine geläufige Metapher, die möglicherweise schon im Pythagoreismus gängig war.[145] Ringgren verweist ferner auf die Upanisaden, wo sich das Bild des umgekehrten Lebensbaums und damit zusammen wie im EV (NHC I,3) 28,24ff (!) das vom "Lebenstraum" findet,[146] und fragt, ob hier eine Entlehnung aus Indien oder aber auch der größere Gedankenkomplex der ursprünglich indo-iranischen Makrokosmos-Mikrokosmos-Spekulation vorliegen könnte.[147]

β) Daneben kann die Wurzel auch negativ gebraucht werden: So ist die Wurzel der Finsternis der des Lichts nicht ebenbürtig (s. ParSem (NHC VII,1) 2,14), die schlechte Wurzel vernachlässigt das Licht (Par Sem (NHC VII,1) 2,28); ParSem 5,2; 6,5 ist direkt von der Finsterniswurzel, ParSem 47,2-4 von der Wurzel der Schlechtigkeit die Rede. - Die negative Konnotation schlägt sich ParSem 7,24-29 (vgl. auch ParSem 2,14) in der Beschreibung nieder:

"... die Wurzel (25) der Natur (φύσις), die unten war, (26) war krumm, niederdrückend (-βαρεῖσθαι) und (27) schädigend (-βλάπτειν). Die Wurzel war (28) blind gegenüber dem (29) unfaßbaren Fessel-Licht...".[148] Durch das negative Verständnis der Wurzel als Wurzel der Bosheit wird das Baum-Wurzel-Motiv EvPhil (NHC II,3) 83,3ff entscheidend umgeprägt, s.u..

γ) Nur selten - und wohl nicht zufällig in Belegen, die eindeutig der christlichen Gnosis zuzuordnen sind - ist die Metapher "einwurzeln" realisiert, so EvPhil (NHC II,3) 79,25f: "Faith is our earth, that in which we (26) take root" und Zostr. (NHC VIII,1) 27,15, wo das Einwurzeln "upon the transmigration" in einem paradoxen Bild zur Klassifikation der (unsterblichen) Seelen - hier: zur Bezeichnung derer, die nicht zeugen, - verwandt wird.

Das Thema der Gemeinschaft wird ApcPt (NHC VII,3) 79,4 in der Metapher "Mit-Wurzeln", Inter (NHC XI,1) 19,28-37 in der Verbindung der Wurzeln

οὐράνιον ὁ θεός ἄνθρωπον εἰργάσατο), Philo, Plant 16f: (...φυτὸν οὐκ ἐπίγειον ἀλλ' οὐράνιον).

145) So Taylor, A.E., Comm., 632; nach Wlosok, 12 A12 ist diese Möglichkeit offenzulassen!
146) Vgl. Ringgren, Baum, 173, Schroeder, L.v., Lebenbaum und Lebenstraum, in: FS E. Kuhn, Aufsätze zur Kultur- und Sprachgeschichte vornehmlich des Orients, Breslau 1916, 59-68, bes. 65 m.A.3.
147) Vgl. dazu Olerud, L'idée, 181-185 zum Weltenbaum, Ringgren, Baum, 176; Edsman, Arbor, bes. 104; Lubac, Aspects, 55-79, bes. 69; Coomaraswamy, A.K., The inverted tree, QJMS 29 (1938) 111-149. Auf islamische Analogien verweisen Wensinck, bes. S. 33; Ringgren, Baum, 174 A. 1; Edsman, 106ff.
148) Altheim-Stiehl, II, 17. Die negative Wertung der Natur geht einher mit einer negativen Wertung der Seele, s. ParSem (VII,1), 24,21-24: "Und (22) diejenigen, die wissen, woher die Wurzel (23) der Seele (ψυχή) gekommen ist, werden (24) auch die Natur (φύσις) berühren können", Übers. Krause, in: Altheim-Stiehl, II, 53.

untereinander thematisiert: Hier finden wir also eine Variation des neutestamentlichen Weinstock-, bzw. σῶμα-Bildes.
c) Hinter der Saat- und Wurzelmetapher tritt die Fruchtmetapher auffällig zurück. Ähnlich wie diese wird sie ganz stark aus ihrem Woher bestimmt und markiert dabei gleichzeitig das Wohin: So ist die Frucht Frucht des Vaters, bzw. in Übereinstimmung mit diesem: Frucht der Aeonen oder des Logos[149] und ihm von daher gleich,[150] sie kann noch schlummern[151] und unbekannt sein,[152] erst durch die Gnosis wird sie "geweckt",[153] ist mit dem Aufstieg verknüpft[154] und erwächst ins/im Pleroma.[155] Sie hat also ihre spezifische Verortung beim Vater/ im Pleroma.
Die Verwendung des Fruchtmotivs kann also mit Stichworten wie Wesensmitteilung/ -offenbarung (des Vaters...), Selbsterkenntnis des Gnostikers und Eingang ins Pleroma umschrieben werden.[156]
Selten wird die Fruchtmetapher inhaltlich konkretisiert: EV (NHC I,3) 18,25 ist der Kreuzesbaum[157] Frucht des Vaters, EV 23,35 der Logos, Protennoia (NHC XIII,1) 41,30 ist die Frucht der Protennoia "the Thought of the unchanging Aeon", TracTri (NHC I,5) 75,33-35 ist "the hidden establishment...a fruit of wisdom"(?).
Das Motiv "jemanden an seiner Frucht erkennen" wird TracTri (NHC I,5)

149) Frucht des Vaters: EV (NHC I,3) 18,25; 23,35; 28,7.16-18; TracTri (NHC I,5) 51,19; 57,24; 93,3; vgl. 89,18; Frucht des Pleromas: Hipp., haer, VI, 32.34.36; Iren., haer. I,8,5; der Äonen: TracTri (NHC I,5) 69,37; 86,25; 86,32; Iren., haer. I, 2, 6b ("perfectum fructum Jesum"); von Tetrad: Valentinian. Exposition (NHC XI,2) 37,[13]; Iren., haer. I, 11,1 grundsätzlich: Valentinian. Exposition, (NHC XI, 2), 36,34; der Sophia: Valentinian. Exposition (NHC XI,2), 34,31; der Protennoia: Protennoia (NHC XIII,1) 41,30; des Logos: TracTri (NHC I,5)91,18; 93,3; des Logos (?), Lichts: Protennoia (NHC XIII,1) 46,16.
150) s. Inter (NHC XI,1) 19,30. - Iren., haer. I,4,5 dagegen von der Achamoth: "fructus secundem illius (= der Engel, Anm. d. Vf.) imaginem".
151) EV (NHC I,3) 28,7-10.
152) TracTri (NHC I,5) 57, 23-25 (v. Sohn).
153) EVPhil (NHC II,3) 84,11-13.
154) SJC (BG 3) 122,12-14. Ähnl. (?) auch 105,12; vgl. ferner Prot (NHC XIII/1) p.41,30 (Übers. G. Schenke).
155) TracTri (I,5) 78,25; TestVer (IX,3)31,21.- ActThom 61 (p. 178) kontrastiert die irdischen Früchte, die der Gnostiker verlassen hat, den wahrhaftigen Früchten, "deren Natur von oben stammt", Hennecke, II, 334.
156) Mit "fructificare" nimmt Iren.,haer. I,1,3; I,4,4; I,21,5 polemisch ein Schlagwort der Gnostiker auf (?) das einen Fortschritt in der Gnosis bezeichnet, vgl. Iren., haer. I,13,7 (vgl. Knox, St. Paul, 149 A 5).
157) EV (NHC I,3) 18,24-26: "...He was nailed to a tree; he became a fruit of the knowledge of the Father...". Nach Story, Truth, 3, ist der Baum, nicht Jesus Subjekt des Satzes.- Im Hintergrund steht die antitypische Entsprechung zum Baum der Erkenntnis aus der Paradiesgeschichte, vgl. dazu: Nagel, Auslegung, 67-69, sowie bei Jonas, Gnostic Religion, 94, als einen typisch gnostischen Umgang mit der Tradition.

118,21-25 charakteristisch variiert: Es ist auf die drei gnostischen Menschenklassen angewandt und wird (diff. NT/Stoa) erst für die Zukunft[158] ausgesagt: "... Each of the three essential types, is known by its fruit. They were not known at first but only at the coming of the Savior".
Das Motiv findet sich auch EV(NHC I,3) 33,37-39 ("...For by the fruits does one take cognizance of the things that are yours..."). Ganz neutestamentlichem Gebrauch entsprechend dient es ApcPt (NHC VII,3) 75,1ff, bes. 7-9, der Identifikation von Irrlehrern, vgl. die Begründung: "...denn (γάρ) das Schlechte (κακόν) kann nicht eine gute (ἀγαθόν) Frucht (καρπός) hervorbringen..." (Übers. Krause, M., Girgis, V., in: Altheim-Stiehl, II, 161).
Weniger verbreitet ist der direkt-paränetische Gebrauch der Fruchtmetapher. Deutlich finden wir ihn TestVer (NHC IX,3) 31,21, Marsanes, (NHC X,1) 26,14f; 39,21 belegt.
Seltener ist die Fruchtmetapher auch negativ besetzt, so Iren., haer I,2,4 ("fructum ... inualidum et femineum..."),[159] EvPhil (NHC II,3) 83,24 (fruit (of the evil)); ÄgEv (NHC III,2) 56,9-12 (fruit (of the spring of/from) Gomorrah), AuthLog (NHC VI,3) 31,18 ("she conceives evil, and bears fruit of matter").[160]
Werfen wir noch einen Blick auf die OdSal, die ja ob ihres jüdisch-christlich-gnostischen Hintergrundes eine Sonderstellung einnehmen.[161] Diese schlägt sich auch im Bildgebrauch nieder: Im Lobpreis ist 12,2b; 16,2 von der Frucht der Lippen, 10,2 von der Frucht seines Heils die Rede;[162] OdSal 7,1; 14,6f; 16,2 ist die Fruchtmetapher direkt mit der Liebesthematik verbunden.[163] Die Früchte der Liebe wachsen zu den Lippen und zeigen sich auch in einem "heiligen Leben" (OdSal 8,1f; 14,6f).[164] Der Gattung der Ode entsprechend ist die Fruchtmetaphorik in einen Kontext der Freude und des Glücks gestellt. Interessant ist OdSal 17,13, wo der Erlöser seine Früchte (!) in die Herzen der Gläubigen sät. Hier ist also die Fruchtmetapher (vgl. auch 10,2; 14,6) nicht mit der Person des Gläubigen, vielmehr mit dem Erlöser/Gott verknüpft.

Zusammenfassend ist also festzustellen, daß die Exmetaphern Saat - Wurzel - Frucht überwiegend als Bausteine im mythischen System von

---

158) Vgl. auch ApcAd (NHC V,5) 85,1.
159) Die pneumatische Natur des 30. Aeons wird, wenn er aus dem Pleroma ausgeschlossen ist, zu einer schwachen, weiblichen Frucht, vgl. dazu: Sagnard, Gnose, 388.
160) Hier wäre auch noch auf die negativen Identifikationen der Frucht in der Paradiesgeschichte AJ (NHC III,1) 27,12f, 28,2f, (NHC IV,1) 33,(9).25, (BG 2) 56,8; 57,4 zu verweisen.
161) Zur unterschiedlichen Einordnung vgl. Franzmann, Study, 407-410.
162) OdSal 44 heißt es: "niemals wirst du ohne Früchte" (nach 45: den Glauben an dich) sein; vgl. auch OdSal 11,1.
163) Zu den Bildern aus der Erotik und Brautmystik, vgl. Lattke, OdSal, 103.
164) Umgekehrt OdSal 37,3:"Sein Wort..., das mir die Früchte meiner Mühen gab".

Ursprung – Fall – Unwissenheit – Erkenntnis – Wiederaufstieg ins Pleroma verwandt, remythisiert und umgeprägt werden: Trotz der Fülle der einzelnen Verbindungen ist ihr Gebrauch im Grunde monoton: Sie werden auf das Thema des Woher und Wohin eingeschränkt und evozieren nicht mehr weiter das Bildfeld. Vielmehr ist der Mythos anstelle des Bildfeldes als sinngebende Bezugsgröße für die Exmetaphern getreten: Sie ziehen sich quasi als Schlagworte wie ein roter Faden durch den mythischen Vorstellungskomplex von Fall – Unwissenheit – Erkenntnis – und (weniger ausgeprägt) Aufstieg. Ihnen kommt dabei über der Vielfalt der Töne und Motive die konzentrierende Funktion eines Grundakkords zu, der das Thema und den Zusammenhang anzeigt: Die eigentliche Welt ist oben, diese Welt ist Ergebnis eines Falls und schlecht, das muß man erkennen, und seinem göttlichen Wesenskern gemäß zu jener eigentlichen Welt aufsteigen. Diese Ausrichtung an der "oberen", "himmlischen", "göttlichen" Welt hat sich bei der Wurzelmetapher so auf den Bildgebrauch ausgewirkt, daß das Bild auf den Kopf gestellt werden kann.

Hier bekommen also die Exmetaphern ihren eigentlichen Stellenwert erst im mythischen System; dort kommt ihnen eine konzentrierende Funktion zu, die das eine Ziel hat: eine neue Erkenntnis, die Erkenntnis des Woher und Wohin zu vermitteln. Die Metaphern haben also eine ausgesprochen kognitive Funktion. Die Prädominanz des mythischen Bezugsrahmens und die Monotonie der Thematik machen sie zu einem gewissen Grade gegeneinander austauschbar.

2) Die Realisation im funktionalen und situationalen Kontext:
2.1) Die Funktion der Metaphern
a) Exmetaphern haben eine konzentrierende Funktion: Sie wirken in der Vielfalt der Töne und Motive des Mythos als ein Grundakkord, der das Thema und den Zusammenhang anzeigt: die Erkenntnis des Woher und Wohin (kognitive Funktion).
b) In ihrem mythischen Gebrauch haben sie eine deskriptiv-darstellende Funktion in der Erzählung des Mythos.
c) Ihnen kommt (so besonders den Metaphern im engeren Sinn)[165] eine intensivierend-veranschaulichende Funktion (so besonders den Bildworten und Gleichnissen) zu: Sie sollen die gnostische Wirklichkeitsdeutung stützen und bestätigen,[166] die den Metaphern im Grunde schon vorausgeht: Letztere ist der hermeneutische Schlüssel der Metaphern, die Voraussetzung für ihr 'rechtes', tieferes Verständnis.[167] Dabei kommt dem Um-

---
165) Vgl. ActThom 10 (p. 114); 44 (p. 161); 61 (p. 178).
166) Für die bestätigende Funktion spricht die häufige Stellung in γάρ-Sätzen.
167) Da der Bildempfängerkomplex von daher relativ eng umgrenzt und in gewis-

stand, daß Metaphern mehrdimensional interpretierbar sind, eine besondere Bedeutung zu: ermöglichen sie doch sowohl ein (einfacheres) Verständnis auf der Ebene der Pistiker wie auch ein (tieferes) Verständnis auf der Ebene der Pneumatiker:[168] In ihrer Mehrschichtigkeit liegt gerade ihre Stärke und der Grund, warum sie so breit rezipiert werden. Dabei wird über Korrektur und allegorische Interpretation eine Vertiefung des Verständnisses angestrebt,[169] wie besonders die so intensiv geübte Allegorese deutlich macht.

Im Unterschied zur Stoa sind die Metaphern primär kognitiv ausgerichtet: Ihr zentrales Ziel ist die Erkenntnis - die (vertiefende) Umstrukturierung der Wirklichkeitswahrnehmung und -deutung im Sinne der Gnosis. Die paränetische Abzweckung fehlt zwar nicht ganz,[170] nimmt aber nur einen sekundären Stellenwert ein.

Die Metaphern partizipieren also an der soteriologischen Funktion der Gnosis,[171] die im Unterschied zur Stoa nicht auf eine Anpassung an die Wirklichkeitsstruktur, sondern auf die Erkenntnis des göttlichen Selbst, der oberen Welt, hinausläuft: das abzuspiegeln ist primäres Ziel der Metaphern (Wirklichkeit als Bild für die göttliche Welt/ das göttliche Selbst), was ein revolutionäres Moment impliziert.[172]

2.2) Situationaler, soziokultureller Hintergrund

Wie der stoische, so ist auch der gnostische Metapherngebrauch von einer starken Thematisierung des Selbst geprägt: Im Hintergrund steht das Bedürfnis "d'une religion plus individuelle, plus personelle".[173]

Die Gnostiker haben sich - wie schon der Gebrauch besonders neutestamentlicher Metaphern indiziert - in ihrer Mehrheit[174] durchaus als Christen verstanden - als einen inneren Kreis in der Gemeinde, der gegenüber den einfachen 'psychischen' Christen eine höhere Stufe des Christentums vertrat.

sem Maße monoton ist, sind die verschiedenen Metaphern relativ leicht gegeneinander austauschbar, vgl. die Samen- (Senfkorn/Unkraut unter dem Weizen-,...) und Erntemetaphorik, ferner: Schenke, G., Prot, 106 und 148.
168) Vgl. Heracl. Frg. 32 (b. Orig. Joh.Co. XIII,41), Völker, 77.
169) Vgl. das Reifwerden zur Ernte Heracl., Frg. 32 (b. Orig., Joh.Co. XIII, 41), Völker, 77; ActThom 147 (p. 255).
170) EvPhil (NHC II,3) 83,18ff; Inter (NHC XI,1) 19,36ff.
171) S. Stroumsa, Seed, 3: "Gnostic language ist soteriological ... and is thus a language of imagery and /or paradox".
172) Uminterpretation/Inversion der (insbes. über die Tradition rezipierten) Wirklichkeit. Es ist im Bildfeld Baum-Frucht stärker ausgeprägt, was wohl darauf zurückzuführen ist, daß hier stärker atl. Material rezipiert wird. - Abweichend davon kommt den Metaphern in den OdSal - der Gattung der Ode entsprechend - eine beschreibend-versichernde, lobpreisende Funktion zu, vgl. auch Ginza.
173) Ménard, origines, 30, im Anschluß an Wilson, Gnostic Problem, 64.
174) Zu den Ausnahmen vgl. Koschorke, Polemik, 238-240.

Ihre Anführer gehören einer mit hellenistischer Bildung vertrauten Schicht an,[175] sind also in Intellekturellenkreisen zu suchen, die eher der Oberschicht zuzuordnen sind.[176] Rudolph denkt an die Schicht der jüdischen Weisheitsliteraten, die unter dem Vordringen des römischen Imperiums einen "politisch entmachteten "Laienintellektualismus" vertraten".[177] Um sie gruppierten sich Anhänger vor allem aus mittleren und unteren Schichten.[178] Daß diese nicht grundsätzlich abgelehnt wurden, erweisen missionarische Bestrebungen unter einfachen Christen und der Gedanke der Erziehung in der Kirche.[179] Ferner läßt der polemische Umgang mit alttestamentlicher Tradition darauf schließen, daß sich hier ursprünglich Juden[180] mit ihrer - durch die geschichtlichen Erfahrungen (besonders durch 70)[181] in Frage gestellten Identität auseinandersetzen - ein Problem, das viele Völker des Orients teilten und das den deutenden Umgang damit breiter rezeptionsfähig machte.

L: VERGLEICH DER VEGETATIONSMETAPHERN IN DER ÜBERWIEGEND STOISCHEN POPULARPHILOSOPHIE, IM NEUEN TESTAMENT UND IN GNOSTISCHEN TEXTEN

1) Vegetationsmetaphern im Bildfeld Baum - Frucht
a) Entsprechungs-(und Entfaltungs-)bilder
Entsprechungsbilder finden sich sowohl im NT als auch in der Stoa und der Gnosis: Überall ist das Motiv der Unvereinbarkeit realisiert. Wird dabei in der Stoa und im NT in Analogie zur Wirklichkeitsstruktur argu-

---

175) s. Rudolph, Soziologie, 37f, ders., Gnosis, 224.
176) Rudolph, Soziologie, 38. Für die Verortung in der Oberschicht könnte sprechen: a) der relativ hohe Bildungsstand der Verfasser der gnostische Schriften, die breite Übersetzertätigkeit in der Gnosis (Rudolph, Soziologie, 38f, ders., Gnosis 225), b) die Stellung von Markion (Schiffseigner), Bardesanes (Lehrer am Hofe in Edessa) und Mani (mit der arsakidischen Königsfamilie verwandt), s. Rudolph, Soziologie, 38; sowie c) Ptolemaios Brief an Flora, eine gebildete Frau der Oberschicht, evtl. das Fragment einer Inschriftenplatte von der Via Latina (zit. Lampe, 258), die Grabinschrift der Flavia Sophē (Rudolph, Gnosis, 227, vgl. dazu Quispel, L'inscription, 201-214, Lampe, 259-262), sowie die Frauen, die "feine Kleider tragen, in Purpur gekleidet und sehr reich sind" Iren, haer I,13,3. Diese soziologische Einordnung kann m.E. auch angesichts der Einwände von Scholten, C., Gibt es Quellen zur Sozialgeschichte der Valentinianer Roms, ZNW 79 (1988) 244-261, festgehalten werden.
177) Rudolph, Soziologie, 43, 38, vgl. ders., Gnosis 224 und vor allem: Kippenberg, H.G., Versuch einer soziologischen Verortung des antiken Gnostizismus, Numen 17 (1970) 211-231.
178) Rudolph, Soziologie, 37f.
179) Vgl. Koschorke, Polemik, 222-228.
180) Rudolph, Gnosis, 293f.
181) So bes. Grant, Les êtres intermédiaires, (ICOG), 141-157, cf. Ménard, Origines, 28.

mentiert, so ist ApcPt (NHC VII,3) 76,4-8 die Wirklichkeit erst durch die Gnosis erkennbar.[182]

Im Unterschied zum NT und der Gnosis wird in der Stoa der Entsprechungsgedanke breit zum Entfaltungsgedanken ausgeweitet: In der Entwicklung und Erziehung des Menschen bis hin zu seinem Tod schwingt ein Stück des antiken Paideia-Gedankens nach. Uns begegnen Metaphern vom Wachsen, Blühen und Reifen eines Menschen bzw. seiner Anlagen und Fähigkeiten, die Reflexion über günstige und ungünstige Wachstumsbedingungen (z.B. Wind), sowie die Idee des naturgemäßen, d.h. maßvollen Wachstums, das weder ein zu schnell noch ein zu viel für gut erachtet. In diesem Wachstum kommt der pflegenden Hand des Gärtners eine besondere Bedeutung zu: Er stützt und beschneidet den Baum mit dem Ziel, ihn gerade zu richten, dicker und kräftiger werden zu lassen.

Dieser Bildbereich fehlt im NT nicht ganz, nur sind die Anstrengungen des Gärtners stärker auf das Fruchtmotiv konzentriert. Trotz aller Fürsorge erscheint der Baum weniger nur als Objekt von Bemühungen, vielmehr wird auch seine Eigenverantwortlichkeit herausgearbeitet (vgl. Lk 13,6-9; Joh 15; vgl. Mt 3,10): Es geht hier nicht so sehr um Kultivation als um Konversion und das Bleiben in diesem neuen Zustand. In der Gnosis, die ja sehr stark auf die Selbsterlösung des Gnostikers abhebt, fehlt dieser Bildbereich ganz.[183]

Schließlich ist in der Stoa noch ganz breit der Themenkomplex "Vergänglichkeit" im Bild der Blätter, die fallen und wieder nachwachsen bzw. dem Bild des Baumes, der ausgerissen und durch Schößlinge ersetzt wird, realisiert: Der Metaphernkomplex fehlt sowohl im NT als auch in der Gnosis.[184]

b) Gerichtsbilder / eschatologische Bilder

Gerichtsbilder wie Mt 3,10par; Lk 13,6-9 wie das damit z.T. verbundene Bild des Verbrennens fehlen dagegen in der Stoa ganz: hier ist das Motiv des Abhauens (vgl. Joh 15; Rö 11) nur in pflegend-gärtnerischem Kontext (s.o.) realisiert. Anders in der Gnosis, wo Mt 3,10 breit rezipiert wird. Das Baum-Frucht-Motiv ist hier jedoch -trotz aller Analogien auf der Bildebene - semantisch anders besetzt als im NT: Im gnostischen Bildgebrauch steht der Baum für das offenbare/materielle, die Frucht für das pneuma-

---

182) Ferner dient der Bildkomplex in der Stoa und im NT als Erkenntniskriterium in der Gegenwart, während TracTri (NHC I,5) 118,21-25 das Erkennen nicht bei den Adressaten in der Gegenwart liegt, sondern vom Retter für die Zukunft ausgesagt wird.

183) Eine Ausnahme bilden die OdSal, die nicht als rein gnostisch einzustufen sind.

184) Der bei Homer noch in kriegerischem Zusammenhang breit realisierte Metaphernkomplex vom stürzenden Baum (fallenden Menschen) und der Vergleich der Blätter/Blumen mit der Anzahl der Krieger, ist nur punktuell in Senecas Tragödien rezipiert; im NT und in der Stoa fehlt er ganz: Thematik und Textsorte sind hier eine andere.

tische, göttliche Element im Menschen. Von daher wird in der Gnosis (s. Hipp., haer VI, 9) gerade zwischen Baum und Frucht unterschieden und das Vernichtetwerden des Baumes als etwas Notwendiges und Wünschenswertes dargestellt,[185] während im NT (Mt 3,10; Lk 13,6-9) Baum und Frucht in engem Zusammenhang gesehen werden und das Abhauen des Baumes gerade vermieden werden soll. Ohne Analogie im NT ist die nachdrückliche Betonung der Mühe, die der Gnostiker auf die Ausbildung der Frucht verwenden muß (vgl. EpJac (NHC I,2) 7,22-35): Hier schlägt sich die Bedeutung, die der Arbeit in der gnostischen Soteriologie zukommt, nieder.
Der den Gerichtsbildern im weiteren Sinn zuzuordnende Metaphernkomplex des sprossenden Feigenbaums mit der Funktion der Ankündigung des Eschatons ist spezifisch neutestamentlich.
c) Zugehörigkeitsbilder
Zugehörigkeitsbilder sind vor allem im NT realisiert: sowohl der stoische[186] als auch der gnostische Bildgebrauch zeigen eine ausgesprochen starke Konzentration auf das Individuum.
Mit der Metapher des Einpfropfens reflektiert Marc Aurel VIII, 34 auf dem Hintergrund des griechischen Polis-Gedankens das Verhältnis des Einzelnen zur (Staats-)Gemeinschaft, während mit ihr Rö 11 das Verhältnis zweier Gruppen thematisiert wird.[187] Denkt Marc Aurel nur im Kontext der dem Baum eigenen Zweige und mahnt so zur Eingliederung in das Ganze, so stellt Paulus die artfremden den (abgehauenen und letztendlich höherwertigen) arteigenen Zweigen gegenüber und mahnt so die eine Gruppe, sich nicht gegen die anderen zu rühmen. Das nur für Paulus gegebene herkunftsmäßige Zukunftsproblem zweier Gruppen kommt nur Rö 11 in der Betonung der Abhängigkeit der Zweige von der Wurzel zum Tragen.
d) Weiterer Metapherngebrauch:
Ferner finden sich in den gnostischen Texten noch Metaphern, die sich stark vom alttestamentlich-jüdischen Hintergrund bestimmt zeigen und in der Stoa fehlen: Hierher gehören der Baum des Lebens (im NT

---

185) EvPhil 83,3ff radikalisiert Mt 3,10 noch: nicht nur abgehauen, sondern ausgegraben wird der Baum. Vgl. EV (NHC I,3) 28,16-18: Der, der nicht um seine Wurzel weiß, wird durch seine Unkenntnis zerstört, da er ohne Kenntnis seine Wurzel keine Früchte hat.
186) Eine Ausnahme bildet Marc Aurel VIII, 34.
187) Stärker individuell ist der Bildgebrauch in der Gnosis: Clem., Alex. exc. ex Theod. 65 übernimmt aus Rö 11 die Bildsegmente des zukünftigen Wiedereinpfropfens und des Teilhabens am Saft des Ölbaums, um darin die Möglichkeit des Heils für den Psychiker aufzuzeigen. Individuell ist das Bild des Einpfropfens auch bei Sen. (epist 112,2) gebraucht: Nur dort begegnet die (negativ beantwortete) Frage, ob das Einpfropfen bei einem alten Weinstock/die Veränderung bei einem Menschen mit eingeschliffenen Gewohnheiten noch gelingen kann.

nur noch in der Apk) und der Baum der Erkenntnis, jeweils deutlich uminterpretiert,[188] sowie das atl. Bild der Pflanzung: es wird in der Gnosis, in Qumran und im NT (Mt 15 13; I Kor 3) aufgenommen und dualistisch umgeprägt. Ähnliches Bildmaterial wie I Kor 3 6-9 findet sich im C.H. realisiert, es fehlt wiederum in der Stoa.

2) Vegetationsmetaphern im Bildfeld Saat - Wachstum - Ernte
a) Wachstums- und Entsprechungsbilder
Der Gedanke der Entfaltung liegt der in der Kosmologie beheimateten Metapher vom "Ursamen" zugrunde. Die Metapher, die im NT fehlt, findet sich sowohl in der Stoa als auch in der Gnosis, wird aber - aufgrund des unterschiedlichen ideologischen Rahmens - verschieden gebraucht: Die Stoa identifiziert Gott mit dem den Kosmos durchwaltenden Ordnungsprinzip. Von daher enthält Gott - wie der Same - alle Entwicklungsgesetze notwendig in sich selbst. Anders in der Gnosis: Bei Basilides steht der nichtexistente Gott (Hipp., haer VII,21ff) dem Kosmos gegenüber: Folglich bringt hier Gott das Samenkorn, "das den Gesamtsamen der Welt in sich hatte" hervor.
Dementsprechend differiert auch das Verständnis der Logoi spermatikoi: Sind diese in der Stoa als Teile des Weltlogos aufgefaßt, die aus der Korrespondenz von Mikro- und Makrokosmos leben, dem Kosmos als Strukturprinzipien immanent und dem Weltlogos konsubstantiell sind, so haben sie in der Gnosis ihre Heimat oben im Pleroma und sind diesem konsubstantiell; in den Kosmos sind sie gefallen - im Kosmos sind sie gerade in der Fremde.[189]

Gilt es folglich in der Stoa, die im Menschen angelegten Keime der Tugend zu entwickeln und so im Einklang mit der Natur zu leben (Nachklang Jak 121?), so heißt es für den Gnostiker, sich seines göttlichen Samens/Lichtfunkens bewußt zu werden und nach oben zu streben.

Grundlegende Bedeutung kommt dabei dem im Bereich der Lehre beheimateten allgemeinantiken Bild der Aussaat des Wortes zu. Es findet sich sowohl Mk 413-20parr., wie auch bei Seneca (epist. 382) und in der Gnosis (EpJac (NHC I,2) 816ff).[190] In der weiteren Realisation des Saatbildes zeigen sich jedoch charakteristische Unterschiede:

Wird in den stoischen Belegen auf die Bodenverhältnisse reflektiert

---

188) S. auch die Identifikation des Lebensbaumes mit Christus/der Weisheit und mit Mani, s.o. S. 378 A 20.
189) Gnostische Auffassung mag hinter dem "Samen Gottes" I Joh 39 stehen, s. Berger, Art. "Gnosis...", TRE 13, 525 Z 27.
190) So evtl. auch noch im Sämannsgleichnis EvThom 8 (9). In der Gnosis wird es jedoch bald im Hinblick auf die Aussaat der Seelen/des pneumatischen Elements verstanden.

und - der Realität entsprechend - der schlechte Boden gemieden, so sät der Sämann im NT wie auch in den gnostischen Belegen seine Saat *überallhin* aus. Kommt darin im NT etwas von Gottes Großzügigkeit zum Ausdruck, so kann dies Tun in der Gnosis dezidiert negativ gewertet werden (s. das Sämannsgleichnis bei Paulus Orosius).

Weiter wird sowohl in der Stoa[191] als auch in der Gnosis[192] ganz im Unterschied zum NT nachdrücklich auf die notwendige Mühe und Anstrengung des Bauern abgehoben. Dieses Vacat wird weiter dadurch profiliert, daß Realisierungen wie in Mk 4 26-29 und Jak 5 7 (vgl. auch Mt 6 26) sowohl in der Stoa als auch in der Gnosis fehlen.

Nur in der Stoa begegnet uns das Ideal des Wachstums 'nach der Ordnung der Natur' (Epikt., Diatr. IV, 8, 36ff), das jedes zu schnelle und zu üppige Wachstum für schädlich ansieht.[193] Schließlich wird in der Stoa die Entwicklung des Menschen zum Tode im Bild des Heranreifens zur Ernte gefaßt, um die Natürlichkeit des Todes anzuzeigen - das Bild klingt auch in der Gnosis (Heracl., Frg. 32) an - hier um das Heranreifen des Gnostikers zu seinem Eingehen in die Ruhe zu beschreiben: Dieser Metapherngebrauch fehlt im NT.[194]

Dagegen ist das auch im sonstigen antiken Metapherngebrauch breit realisierte Entsprechungsbild von Saat und Ernte sowohl in der Stoa (Sen., epist. 87 25) als auch im NT (Gal 6 7f; II Kor 9 6) realisiert, fehlt jedoch in der Gnosis (weil hier die Ethik zurücktritt?).

b) Gerichtsbilder / eschatologische Bilder

Spezifisch neutestamentlich ist das Bild der Ernte als Bild des künftigen Gerichts - zusammen mit dem ihm zuzuordnenden Bild der Wurfschaufel[195] und dem Motiv des Verbrennens - sowie ein Mt 13 39; Apk 14 15 entsprechender kosmologisch weiter Gebrauch des Erntebildes.

Ohne Pendant ist auch der neutestamentliche Gebrauch der Samenmetapher im Themenkomplex "Auferstehung".

Ebenso findet sich weder in der Stoa noch in der Gnosis eine Entsprechung zu der Opposition geistlich säen/irdisch ernten I Kor 9 11, wie auch zu der Opposition ὁ σπείρων εἰς τὴν σάρκα vs ὁ σπείρων εἰς τὸ πνεῦμα Gal 6 8.

191) Sen., benef. II,11,4.
192) Heracl., Frg. 36 u.ö.
193) Anders im NT: Dort wird die Fülle - alttestamentlich-jüdischer eschatologischer Tradition entsprechend - gerade positiv aufgenommen (vgl. Mk 4 8 parr., EvThom L 8 (9)).
194) Nicht die Entwicklung zum Tode, aber die Vorstellung einer Entwicklung im individuellen Bereich liegt der Metapher des "Wachsens" ἐν χάριτι καὶ γνώσει τοῦ κυρίου II Pt 3 18; τῆς πίστεως ὑμῶν II Kor 10 15; II Thess 1 3 zugrunde.
195) Bei den Valentinianern (Iren., haer. I,3,5) wird das Mt 3 12 realisierte Bild der Wurfschaufel rezipiert, dort jedoch auf die Trennung von Hylischem und Pneumatischem uminterpretiert.

c) *Zugehörigkeits-/ Differenzierungsbilder*
Das Bild konkurrierenden Wachstums in kollektivem Bezugsrahmen (vgl.
Mt 13,24-30.36-43) fehlt in der Stoa ganz; in der Gnosis ist es individuell
(auf die Vermischung zwischen göttlichem und materiellem Selbst im
Gnostiker) gewandt,[196] kann also als spezifisch neutestamentlich angesehen werden.

3) Vegetationsmetaphern als Exmetaphern
Sind die Exmetaphern in der Stoa wie auch im NT bestimmten Themenkomplexen, so sind sie in der Gnosis dem mythischen System als sinngebenden Bezugsrahmen verhaftet und von daher untereinander relativ leicht austauschbar.

4) Metapher und Wirklichkeitsstruktur
Was die Aufnahme der vorgegebenen Wirklichkeitsstruktur angeht, so sind in der Stoa, besonders bei Marc Aurel, die Analogien besonders stark ausgeprägt: Die vorgegebene Wirklichkeit wird positiv aufgenommen und hat - ob des im Kosmos waltenden Logos - normative Kraft. Auch im NT wird die Wirklichkeit positiv aufgenommen (hier wirkt der Schöpfungsgedanke nach), jedoch immer wieder durch kontrafaktische Realisationen durchbrochen, die deutlich machen, daß nicht die vorgebene Wirklichkeitsstruktur, sondern eine Größe, die nicht mit ihr zur Deckung gebracht werden kann, und folglich Freiheit eröffnet, normsetzende Kraft hat. In der Gnosis wird die "Wirklichkeit" vorwiegend über die Rezeption traditionellen Bildmaterials (Anspielungen, Zitate) aufgenommen, dabei jedoch durchgehend umgewertet bis umgekehrt. Das kann - wie bei der Wurzelmetapher (s. EV 28,16-21; 41, 14-19.24-28, u.ö.) - aufgrund der negativen Wertung der Wirklichkeit (der Kosmos ist widergöttliche Schöpfung des Demiurgen) bis zu einer Realisation konträr zur Wirklichkeitsstruktur führen. Das spiegelt einen unterschiedlichen Umgang mit den Negativa: Lehrt die Stoa letztere als natürlich zu akzeptieren und mit ihnen zu leben,[197] so werden im NT die Negativa gesehen - der Mensch lebt in ihnen und nimmt sie wahr - aber in der neuen Perspektive der Basileia, die eine Veränderung evozieren will. In der Gnosis dagegen werden Negativa als "hylisch" abgewertet,[198] der Mensch flieht sie im Grunde durch eine Neudefinition über eine akosmische göttliche Welt, an der er Anteil hat.

---

196) LibThom (NHC II,7) 144,23-36. Hier ist es auch die eine Pflanze, die - einmal von der Gnosis erfaßt - allein über die andere obsiegt (Selbsterlösung!).
197) Vgl. das Bild des herben Pflanzensafts Marc Aurel IV,6: "Wer dies (Tod als Auflösung in die Elemente, Anm. d. Vf.) nicht will, der will daß der Feigenbaum keinen herben Saft hat (ὁ δὲ τοῦτο μὴ θέλων θέλει τὴν συκῆν ὀπὸν μὴ ἔχειν...)".
198) In der Gnosis wird die "Bitterkeit" als Eigenschaft der Materie abgelehnt, s. Reitzenstein, Erlösungsmysterium, 146 A1.

5) Funktion
Auf diesem Hintergrund könnte man die unterschiedliche Funktion der Metaphern schlagwortartig mit Begriffen wie Akzeptanz, Anpassung (Stoa), kreative Veränderung, Innovation (NT) und Umwertung der Tradition durch Ablehnung und Neudefinition (Gnosis) umschreiben. Sind die Metaphern in der Stoa und im NT primär auf die Ethik ausgerichtet (kognitiv-pragmatische Funktion), so die Metaphern in der Gnosis primär auf das Erkennen (kognitive Funktion).

M: VERGLEICH DER VEGETATIONSMETAPHERN IN WEISHEIT UND STOA EINERSEITS, APOKALYPTIK UND GNOSIS ANDRERSEITS

Im folgenden soll ein - natürlich nur tendenzieller - Vergleich des Metapherngebrauchs in Weisheit und Stoa (a), Apokalyptik und Gnosis (b) versucht werden,[199] was nicht im Sinne einer traditionsgeschichtlichen Vorentscheidung zu werten ist.[200]
Vielmehr begegnen uns hier unterschiedliche Weltdeutungskonzepte, die gemeinsame Grundzüge aufweisen und sich auch in spezifischem Metapherngebrauch niederschlagen. In allen Fällen handelt es sich um Weltdeutungskonzepte, die stark universalistisch und gleichzeitig am Individuum ausgerichtet sind. Haben nun Weisheit und Stoa ein ausgesprochen affirmatives Weltverhältnis, so ist das der Apokalyptik und Gnosis ausgesprochen negativ. Konzentrieren sich Weisheit und Stoa auf die Immanenz, so Apk und Gnosis auf die (horizontal bzw. vertikal vorgestellte) Transzendenz: Das impliziert, daß Weisheit und Stoa zur Weltbewältigung durch Wahrnehmung und Gestaltung der Wirklichkeit (insbesondere bzgl. der Beziehung zu sich selbst und den Mitmenschen) anleitet, während Apokalyptik und Gnosis zum Erkennen des Endes/der Nichtigkeit dieser und der Ausrichung auf die kommende/obere Welt anleiten, was ein Stück Weltflucht beinhaltet. Diese Tendenzen schlagen sich in der unterschiedlichen Verteilung paränetischen (bes. a) und lehrhaften (bes. b) Materials nieder. Zeigen sich Weisheit und Stoa nicht näher an der Eschatologie interessiert,[201] so nimmt sie in Apk und Gnosis einen zentralen Platz ein. Dem Moment der Formung und Bildung des Menschen in Weisheit und Stoa - besonders im Lehrer/Schüler Verhältnis[202] -

199) Angesichts der sehr unterschiedlichen Textbasis von Weisheit und Stoa einerseits, Apokalyptik und Gnosis andrerseits können beide Komplexe nur sehr vorsichtig miteinander verglichen werden.
200) Das gilt, auch wenn man die Philosophie als Fortsetzung der Sophia fassen kann und auch einige Bezüge zwischen Apokalyptik und Gnosis feststellen mag.
201) Beide kennen eschatologische Vorstellungen (vgl. Weish.; die Vorstellung vom Weltenbrand in der Stoa).
202) Der Metaphernkomplex des Baumes, der gepflegt wird, fällt in Apk und Gnosis vollkommen aus.

tritt in Apokalyptik und Gnosis stärker das Moment der Offenbarung/ Erkenntnis und Entscheidung entgegen.
Das unterschiedliche Verhältnis zur Wirklichkeit schlägt sich auch im Metapherngebrauch nieder: Ist er in der Weisheit und Stoa analog zur Wirklichkeit, so ist er in der Apk (vgl. IV Esr 9,34-37) und in der Gnosis (vgl. die Wurzelmetapher AJ (NHC II,1) 30,30; (NHC IV) 47,20 u.ö.) z.T. auch konträr zur Wirklichkeit. (a) Weisheit und Stoa haben beide ein positives Weltverhältnis: beide suchen in der Welt, im Kosmos Lebensorientierung.[203] Trotz dieser Gemeinsamkeit unterscheidet sich die Weisheit insofern von der Stoa, als sie zum einen auch stärker an der altorientalischen Weisheitstradition partizipiert und zum anderen - in biblischer Tradition stehend - die Welt als Schöpfung Gottes faßt und Weisheit und Gesetz miteinander zu verbinden sucht (vgl. Sir!). - So fehlt das Bild der Weisheit (= Gesetz)[204] als (Lebens-)Baum (Sir 24) in der Stoa ebenso wie das (von Psalm 1 inspirierte) Bild vom Baum am Bach und die Darstellung des צדיק im Zusammenhang mit seinen Kindern (Sir 50,12; TestHiob 32,6; Grund: andere Wertung der Kinder?[205]) bzw. das Problem seiner Kinderlosigkeit: hier liegt spezifisch orientalischer Metapherngebrauch vor (vgl. auch Achikar).
- Umgekehrt fehlt in der Weisheit (aufgrund einer dieser Wertung entgegenlaufenden biblischen Heilstradition?) die negative Wertung der Fülle wie auch des schnell Gewachsenen. Den ganzen Bildkomplex, der das langsame Heranwachsen des Baumes (Epikt., Diatr. I, 15,6-8) bzw. der Saat (Epikt., Diatr. IV, 8, 36ff) in ihren verschiedenen Stadien beschreibt, sucht man vergebens in der Weisheit. Damit mag auch zusammenhängen, daß in der Weisheit monokausal von der Art der Saat auf die Ernte geschlossen wird, während die Stoa komplexer denkt und auch den gesamten Wachstumsprozeß ins Auge faßt und folglich auch auf wachstumshemmende und wachstumsfördernde Faktoren (Boden, Arbeit, etc.) reflektiert. Schlägt sich hier das alttestamentliche Denken in Gegensätzen nieder oder ist der Unterschied schlicht einer der Form und der Intention (Mahnung Gutes zu tun, Mahnung zu Geduld und Bedacht) oder/und hängt er damit zusammen, daß in der Stoa - im Unterschied zu Weisheit - die Lehrtätigkeit des Philosophen merklich breiter thematisiert wird - vielleicht auch ein Grund dafür, daß die Metapher von der Aussaat des Wortes in der Weisheit fehlt?
- Das Bild der Pflege eines Baumes ist aber bei beiden realisiert: Ist es IV Makk die Vernunft, die sich als Gärtner(in) der Triebe betätigt, so bei

---

203) In der Weisheit des von uns untersuchten Zeitraums zu einer Orientierung am Gesetz modifiziert. - Der positive Weltbezug bleibt erhalten.
204) Luck, Weltverständnis, 293.
205) Vgl. Stegemann, W., Kinder, 121-125.

Sen. (clem. II, 7, 4; epist. 506) der Philosoph. Jedoch besteht bzgl. der Behandlung der Triebe ein signifikanter Unterschied: Sind sie in der Weisheit - als Schöpfung Gottes - nur zu bändigen, so in der Stoa radikal auszurotten.[206]
- Bilder, die die Akzeptanz von Negativa als der Natur entsprechend einschärfen sollen wie das Bild vom herben Saft des Feigenbaumes Marc Aurel IV, 6 und das der fehlenden Feige im Winter Marc Aurel XI, 33, haben keine Entsprechung in der Weisheit.
Auch die reifenden Ähren als Bild für das natürliche Heranreifen zum Tode (Epikt., Diatr. II, 6, 11-14; Marc Aurel VII, 40) fehlt in der Weisheit; jedoch realisieren Weisheit und Stoa das Bild des Blätterfalls als Metapher für die Vergänglichkeit, Sir 14, 18 wie auch Marc Aurel (diff. Seneca) mit paränetischer Intention. - Unterschied in der Form: Dominiert in der Weisheit die Sentenz, die eine Erkenntnis zum Ausdruck bringt, so sind die Metaphern in der Stoa häufiger auch narrativ entfaltet.
(b) Apk und Gnosis versuchen das Problem widriger Welterfahrung evasiv in Distanzierung von dieser negativ bewerteten Welt zu lösen.[207] Ihr Lösungsmuster unterscheidet sich jedoch darin, daß der Apokalyptiker sein Heil in der Ausrichtung auf das Dann, auf die kommende Welt, der Gnostiker in der Ausrichtung auf das Pleroma, auf die obere Welt sucht. Dieses unterschiedliche Denken in der Horizontalen und der Vertikalen, im jetzt/dann einerseits und im unten/oben andrerseits,[208] ist auch am Metapherngebrauch festzumachen:
- Bei allen Gemeinsamkeiten wirken in der Apokalyptik stärker temporale (vgl. IV Esr 4, 29: "bevor ... nicht geerntet ist, ... wird ... nicht erscheinen"), in der Gnosis stärker lokale Kategorien (vgl. ActThom 146 (p. 253); EvThom L 8 (9): in die Höhe wachsen/treiben; EvThom L 20: groß werden) bestimmend. Das wird bes. dort deutlich, wo die Sachebene auf das Bild einwirkt: Eine Inversion des Bildes kennt die Apokalyptik im Gegensatz zur Gnosis (Wurzelmetapher!) nicht; umgekehrt kennt die Gnosis eine strikte Verteilung des Bildmaterials auf diesen und den kommenden Äon (so IV Esr) nicht. Nichtsdestotrotz fehlt das lokale Element in der Apokalyptik nicht: es kommt durch die Verortung der Bilder z.B. im Rahmen einer Himmelsreise zum Tragen. Auch in der Gnosis fehlt das zeitliche Moment nicht, es ist hier jedoch anders verwandt als in der Apokalyptik, wie am Gebrauch der Erntemetapher zu zeigen ist: Markiert die Ernte in der Apokalyptik das Ende eines Geschichtsablaufs (syrBar 70 2; IV Esr 4 28f), der folglich für alle Menschen und die ganze Welt gleichzeitig eintritt, so ist die Ernte in der Gnosis präsentisch und durchaus in einem zeitlichen

206) Vgl. IV Makk 2, 21; Hadas, Macc, 150f.
207) Schmithals, W., Apokalyptik, 77f.
208) Schmithals, W., Apokalyptik, 67.

Nacheinander im Hinblick auf die einzelnen Individuen, nicht gleichzeitig für die Welt zu denken (vgl. Heracl, Frg.32f): Das Heil besteht für den Apokalyptiker in der Ablösung des alten Äons durch den neuen (die Ernte ist also primär Gerichtsmetapher), für den Gnostiker dagegen in der innerweltlichen Ausrichtung nach dem oben, in der Entweltlichung des Pneumatikers (die Ernte ist also "Heils"metapher).
- Der positive göttliche Faktor in dieser negativen Welt ist in der Gnosis der Lichtfunke (oft im Bild der Samenmetapher dargestellt); in der Apokalyptik ist er das Gesetz, das ins Herz des Menschen gesät ist (IV Esr 9,31). Während ersterer das göttliche Selbst des Gnostikers konstituiert und dem transzendenten Gott gleich ist, bleibt der Same des Gesetzes neben dem bösen Samen im Menschen eine durchaus eigenständige, nicht das eigentliche Selbst des Gläubigen konstituierende Größe: Man muß sich zu ihm verhalten, um seine Identität zu finden. Wird in der Gnosis der göttliche Same in seiner Vermischung mit der Materie und seinem konkurrierendem Wachstum mit dem hylischen Prinzip breit thematisiert (LibThom (II,7) 144,23-36; EvThom L 57; Clem., Alex., exc. ex Theod. 53,1), so denkt die Apokalyptik nicht im Modell der zunehmenden Vermischung und Entmischung von Substanzen und trennt (so bes. IV Esr) zeitlich-geschichtlich schärfer ab: Die Frucht des Gesetzes wird erst im neuen Äon zur Geltung kommen; erst dann kommt es zur eigentlichen Saat des Guten (IV Esr 4,29), erst dann wird die Frucht des Gesetzes offenbar (IV Esr 9,31); das Motiv konkurrierenden Wachstums fehlt ganz.[209] - Beide rezipieren biblisches (die Apk alttestamentliches, die Gnosis bevorzugt neutestamentliches) Bildmaterial, verfahren aber in unterschiedlicher Weise damit: zeichnet die Apokalyptik die Metaphern in ein Geschichtsschema, in zwei Äonen ein, so die Gnosis in ein Ab- und Aufstiegsschema.
- Im Unterschied zur Gnosis fehlen in der Apk die Zitate, was seinen Grund in dem fiktiven hohen Alter der Schriften haben dürfte.
- Beide verwenden traditionelle Metaphern, interpretieren diese aber auch auf die Stellung des Individuum in der Geschichte bzw. auf ein vertieftes Verständnis des Selbst hin, führen diese Metaphern also einem esoterischen Verständnis zu; formal schlägt sich dies in der allegorischen Auslegung nieder.

---

209) Eine Ausnahme bilden die Fragen des Esra A 37; hier ist christlicher Einfluß spürbar.

O: ZUSAMMENFASSUNG UND SCHLUSSBETRACHTUNGEN

Ausgehend von einem linguistischen Ansatz (H. Weinrichs Bildfeldtheorie), der über die Textpragmatik mit historisch-kritischen Fragestellungen verbunden wurde, sollte in der Arbeit exemplarisch ein Bildfeld, das neutestamentliche Bildfeld der Vegetationsmetaphorik, erhellt werden. Einige Ergebnisse seien abschließend herausgehoben:[1]

1) Die neutestamentlichen Vegetationsmetaphern sind in ein Bildfeld eingebettet, das sich in zwei Teilbildfeldern (einerseits "Baum - Frucht", andrerseits "Saat - Wachstum - Ernte") strukturiert. Diese beiden Teilbildfelder gliedern sich wiederum in vier sachlich entsprechende Bildkomplexe, die jeweils von einigen grundlegenden Bildoppositionen bestimmt sind:

Teilbildfeld Baum - Frucht	**Teilbildfeld Saat - Wachstum - Ernte**
Gerichtsbilder	*Gerichtsbilder*
Baum ⟶ mit Frucht = Rettung / ohne Frucht = Vernichtung	Ernte ⟶ Weizen = Rettung / Spreu = Vernichtung
Entsprechungsbilder	*Entsprechungsbilder*
guter Baum ⟶ gute Frucht schlechter Baum ⟶ schlechte Frucht	gute Saat/Erde ⟶ gute Ernte schlechte Saat/Erde ⟶ schlechte Ernte
Ankündigungsbilder	*Wachstumsbilder*
Knospen des Feigenbaums ⟶ Nähe des Sommers	Saat wird automatisch zur Frucht Kleiner Same wird zu großer Staude
Zugehörigkeitsbilder	*Differenzierungsbilder*
Zweige des Weinstocks ⟶ mit Frucht = mehr Frucht / ohne Frucht = Vernichtung	Differenzierung im Verlauf des Wachstums: vierfacher Acker

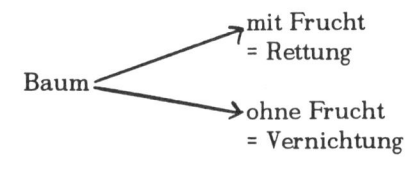

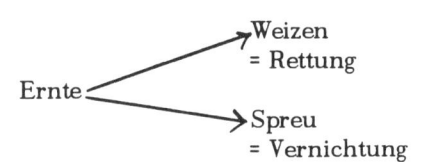

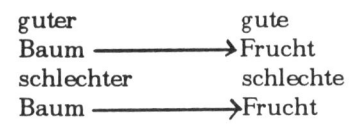

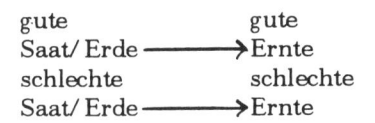

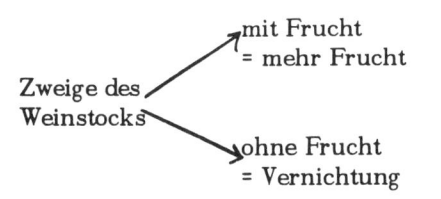

---

1) Bes. verwiesen sei auf die Zusammenfassung S. 318ff und die zusammenfassenden Vergleiche am Ende eines jeden Abschnitts.

Zweige des Ölbaums ⟶ arteigen / artfremd

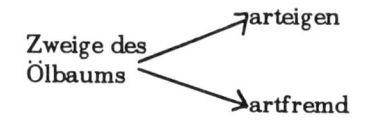

Differenzierung von Anfang an:
Unkraut unter dem Weizen

(Bildkomplex fehlt im NT)

Vergänglichkeitsbilder
Vergehen des Grases

2) Die Vergegenwärtigung des ganzen Bildfeldes mit seinen potentiellen Möglichkeiten[2] erlaubt es, seine unterschiedlichen Realisationen im geschichtlichen Wandel präziser als in punktuellen Betrachtungen einzelner Bilder zu erfassen und mit der Geschichte der Bildfeldgemeinschaft zu korrelieren.

So läßt sich im Teilbildfeld Baum - Frucht z.B. beobachten, daß im AT Gemeinschaftsbilder dominieren, die sich in der zwischentestamentlichen Literatur (entsprechend der geschichtlichen Entwicklung) vom erwählten Volk Israel auf eine Gruppe Erwählter (Gerechter) verengen. In der Täufer- und Jesusüberlieferung (wo sich die Metaphern aus dem Bildfeld Baum-Frucht auf den einzelnen konzentrieren) werden diese Gemeinschaftsbilder deutlich vermieden,[3] während im Urchristentum die bei Täufer und Jesus auf den einzelnen bezogenen Metaphern über den Kontext erneut auf die Gemeinschaft bezogen und auch traditionelle Gemeinschaftsbilder wie das der Pflanzung (Mt 15 13, I Kor 3), des Ölbaums (Rö 11) und des Weinstocks (Joh 15) wieder aufgegriffen werden. Letzteres jedoch nicht ohne Veränderungen: Umprägungen wie das Pflanzen und Gießen durch Apostel (I Kor 3),[4] das Einpfropfen[5] und (mögliche) Wiederausreißen wilder Ölbaumzweige unter Bezug auf die πίστις (Rö 11), das Abschneiden oder Reinigen *einzelner* Zweige[6] und das Insistieren auf das Bleiben im Weinstock (Joh 15 1ff) spiegeln den Sachverhalt, daß die christliche Gemeinschaft im Unterschied zur jüdischen nicht durch Geburt, sondern durch eine Glaubensentscheidung konstituiert ist. Die zunehmende Differenzierung und Problematik der urchristlichen Gemeinden spiegeln sich im Metapherngebrauch bei den apostolischen Vätern,

---

2) Die über das untersuchte Textmaterial erhobenen potentiellen Möglichkeiten des Bildfeldes "Vegetation" sind in den Tabellen S. 417f vereinfachend visualisiert.
3) Die Realisation der Metapher συκῇ Lk 13 6-9 dürfte in dessen großer Fruchtbarkeit, Mk 13 28ff parr in seiner allgemeinen Funktion als Indikator der Sommerzeit bedingt sein.
4) Nur Jer 19 pflanzt Jeremia. I Kor 3 6f ist es Paulus, der pflanzt und Apollos (im AT: JHWH), der gießt.
5) Im Judentum ist es nur ganz peripher, bei Paulus dagegen zentral realisiert.
6) Ein entsprechendes Bild fehlt im AT. Jes 27 3 behütet und begießt JHWH den Weinberg. Ganz anders und negativ ist das Bild der Reinigung Jer 2 22 gefaßt.

BILDFELD BAUM - FRUCHT

		Existenz	Zeit	Quantität	Qualität	Wachstumsbedingungen a) natürlich	b) Arbeit des Menschen	Schicksal
[Baum als ganzer]		ja/nein	früh/spät schnell/ langsam	groß/klein hoch/niedrig	edel/wild saftig/verdorrt gut/schlecht gerade/krumm stark/schwach		pflanzen/fällen pflegen/verwildern lassen	ausgerissen werden
Schößling → Baum	Stamm			dick/dünn	gerade/krumm	Regen/kein Regen Unkraut (Dornen, Disteln) Schädlinge Tiere		wachsen/kahlgefressen wachsen/abgeweidet wachsen/zertreten wachsen/abgehauen werden
[Produkte]	Frucht			groß/klein viel/wenig	gut/schlecht genießbar/ ungenießbar süß/sauer reif/unreif saftig/trocken fett/nicht fett grün/braun, verdorrt	Eindringlinge Diebe Verwüster		
	Blätter/ Blüten				fett/nicht fett kräftig/ verkrüppelt spitz	Sonne, Hitze heißer Wind Feuer, Flut	veredeln/ - ausschneiden beschneiden/abbrechen verbrennen	verbrannt werden
	Zweige/ Reben			viel/wenig				
	Dornen			viel/wenig				
	Wurzeln			tief/flach			tränken / - behacken / - verpflanzen (+/-)	
[Ort]						Standort: Wasser, /kein Wasser Bach/ kein Bach Quelle/keine Quelle Garten/Wüste fruchtbares/unfruchtbares Land	umgraben entsteinen düngen	

417

BILDFELD SAAT - WACHSTUM - ERNTE

	Existenz	Zeit	Quantität	Qualität	Wachstumsbedingungen a) natürlich	b) Arbeit des Menschen	Schicksal
Saat			viel/wenig Saatgut	gutes/schlechtes Saatgut	Regen/kein Regen zuviel Regen Unkraut	pflügen (+/-) säen pflügen (eggen) (Sämann/ Bauer)	Saat von Vögeln aufgepickt nicht aufgehen Wurzeln schlagen
	Wurzeln schlagen		groß/klein		(Dornen, Disteln) Krankheiten, Ungeziefer	Unkraut ausreißen (Knechte) hacken	aufgehen und erstickt werden
	Halm	langsam/ schnell			Vögel, Feinde Sonne, Hitze, heißer Wind		
	Ähre			Schönheit	Erde feucht/dürr, hart, festgetreten	(Ruhe des Bauern)	reifen
	Frucht		groß/klein viel/wenig		gute/schlechte Erde (Steine) starke/dünne Erdkrume		vergehen verwelken verdorren vertrocknen
Ernte						(Erntearbeiter) Erntearbeiten: sicheln Garbenbinden, Unkraut aussortieren Tennenarbeiten: dreschen (Dreschtier) ausklopfen d. Ähren worfeln (Worfelschaufel)	Frucht bringen Stroh verbrannt Häcksel verweht Stoppeln zerstreut Spreu verbrannt werden(?)

insbesondere im Hirten des Hermas, der z.B. - anders als das NT, das nur die Alternative Frucht/keine (oder schlechte) Frucht kennt (Mt 7 17ff parr; Joh 15 1ff) - viele Gradabstufungen innerhalb der Gemeinschaft mit seinen Bildern von verdorrten und zerfressenen bis fruchttragenden Zweigen mit Schößlingen (Herm, sim VIII) zeichnet und auch den einzelnen Menschen als oben grün und an der Wurzel verdorrt (Herm, sim IX, 16) darstellen kann. Neurealisationen wie der Weinstock, der wieder verwildert, und Zweige, die wieder eingepflanzt werden, tauchen jetzt nicht von ungefähr auf.

Anders verlief die Entwicklung beim Teilbildfeld Saat - Wachstum - Ernte. Hier wird im NT mit den Differenzierungsbildern, in denen Saat und Wachstum im Hinblick auf eine Gemeinschaft und ihre Probleme verwandt werden, eine Bildfeldstelle neu besetzt. Da das Verständnis dieser Differenzierungsbilder durch keine vorgegebene Bildtradition gestützt wurde, ist es wahrscheinlich kein Zufall, daß gerade die Gleichnisse mit Differenzierungsbildern (und nur sie) eine allegorische Auslegung erfahren haben (Mk 4 3-9.13-20; Mt 13 24-30.36-43). Auffällig schwach sind dagegen die Saat-/Wachstumsbilder in den späteren Briefen und bei den apostolischen Vätern realisiert: Das Bewußtsein des Anfangs, das im Bild der Saat impliziert ist, tritt jetzt zurück und das Bild von der Ernte in naher Zukunft leuchtet vor allem bei lebendiger Naherwartung ein.

Die Betrachtung von Bildfeldern erlaubt es, neben dem Wandel der Ausgangssituation auch das unterschiedliche Deutungspotential verschiedener Bildkomplexe bewußt zu machen: So treten im Zusammenhang der βασιλεία-Thematik im NT Saat-Wachstums-Ernte-Metaphern ins Zentrum. Die im AT im Umkreis der Königsideologie beheimateten Metaphern aus dem Bildfeld Baum - Frucht werden offensichtlich als der Aussageintention[7] nicht adäquat erachtet[8] wie Mk 4 32parr deutlich greifbar wird, wo das Bild des Schutz gebenden (Welten-)Baumes als Metapher für ein Königreich zwar noch anklingt, jedoch erstmalig das 'ungebrauchte' Bild des Senfkorns[9] realisiert ist, das unscheinbarer ist und anders als ein

---

7) Der Wandel der Situation und der Intention spielen hier wahrscheinlich ineinander. Unterschiedliche Interpretationen auf dem Hintergrund derselben geschichtlichen Situation erhellt der Vergleich des Metapherngebrauchs in der Täufer- und Jesustradition (s. S. 139).
8) Im NT fehlt das Motiv 'Sturz des Hohen', das Bild der Zeder und das überwiegend messianisch konnotierte Bild der Wurzel/des Sprosses. Das Konkurrenzmotiv (Jdc 9; LibAnt 37 6-8; syrBar 36f; vgl. auch Ps 80) tritt zurück (es ist höchstens Lk 13 7c und Mt 13 24ff zu finden).
9) Zu den rabbinischen Parallelen s. Bill. I, 668.

treibender Baumstumpf (Jes 111.10) den *völligen* Neuanfang auszudrücken vermag und innerhalb eines Jahres ausgewachsen ist.[10]
3) Auch im synchronischen Vergleich kommt die Bildfeldtheorie zum Tragen: so wird deutlich, daß die Bildfelder in der erzählenden, der weisheitlichen und der prophetischen (bzw. apokalyptischen) Literatur ein unterschiedliches Profil zeigen. Im Vergleich von Stoa, NT und Gnosis konnte erwiesen werden, daß nicht nur einzelne Bildkomplexe voneinander abweichen, sondern das ganze Bildfeld signifikant anders strukturiert ist.[11] Der Vergleich hat Gerichts-und Zugehörigkeitsbilder[12] als spezifisch neutestamentliche Bilder erwiesen, während umgekehrt "Vergänglichkeitsbilder" in der Umwelt deutlich stärker vertreten sind.
Ferner konnte ein Vergleich der Bildfelder - sicherer als das in Einzelvergleichen möglich ist - charakteristische neutestamentliche Züge entdecken. So wurde anhand vieler Einzelbeobachtungen deutlich, daß stoische Vegetationsbilder weithin analog zur Wirklichkeit gestaltet sind, während neutestamentliche Bilder (insbesondere in den Gleichnissen) immer wieder kontrafaktisch von der Wirklichkeit abweichen. Dagegen können gnostische Bilder sogar die Wirklichkeit auf den Kopf stellen: Die Gnostiker haben ihre Wurzel oben, in der himmlischen Welt, nicht unten

10) Was die Form anlangt, tritt das Gleichnis - wie schon vielfach beobachtet - in den Synoptikern in auffallender Weise hervor. Die Textsorte 'Gleichnis' scheint in engerem Zusammenhang mit der Fabel zu stehen und ist ansatzweise im AT und IV Esr realisiert. Im 1. Jh. tritt sie erstmals in den Vordergrund und macht einen charakteristischen Teil der Jesusüberlieferung aus. (Zur zwischentestamentlichen Literatur vgl. Hammershaib, E., Om lignelser og billedtaler i de gammeltestamentlige Pseudepigrafer, SEA 40 (1975) 36-65). Die ältesten rabbinischen Gleichnisse sind Ende des 1. Jh's zu datieren. Wie lange sie mündlich überliefert wurden, ist offenzuhalten, vgl. Oesterley, Gleichnisse, in: WdF, 366, 142. (Zur älteren Diskussion vgl. Fiebig, Gleichnisreden, 124, 222, 245ff).
Im Urchristentum ist eine Verschiebung zu beobachten: Mk 414-20; Mt 1336-43 suchen Gemeinden die Gleichnisse auf ihre Probleme/Situation hin zu deuten. Das legt die Annahme nahe, daß ein enger Zusammenhang zwischen der Form der allegorisierenden Auslegung und der Existenz von Gemeinden besteht. Werden hier Bilder auf die Situation appliziert, d.h. wird Tradition deutend ausgelegt, so sind Bild- und Sachebene in der argumentativen Bildrede miteinander verwoben. Traditionelle Bilder und selbständige Argumentation spielen hier ineinander wie wir im Joh und bei Paulus.
Stabilisierte Gemeinden scheinen gern Bildworte und Metaphern argumentativ in den Kontext zu integrieren, wo sie, der Sachaussage untergeordnet, häufig eine stabilisierende, paränetische Funktion haben. Dabei setzt die zunehmende Verengung auf Exmetaphern (καρπός. αὐξάνω) die Akzeptanz bestimmter Metaphernkomplexe voraus und läßt (im Unterschied zu den Gleichnissen der Jesusüberlieferung, die eine neue Sicht der Wirklichkeit eröffnen und von daher neues Verhalten ermöglichen) dem einzelnen Adressaten weniger Freiheit.
11) S. S. 405ff.
12) Sie werden in der Gnosis zwar gelegentlich rezipiert, aber auf die Scheidung von Selbst und Welt hin umgedeutet.

auf der Erde. Das "ὁμολογουμένως τῇ φύσει ζῆν" der Stoa einerseits und die Weltablehnung der Gnosis andrerseits machen sich hier bemerkbar, während die neutestamentlichen Bilder die Wirklichkeit positiv aufnehmen, aber immer wieder kreativ kontrafaktisch transzendieren.

So führen uns die neutestamentlichen Bilder nicht in die zeitlose Welt der Archetypen, sondern können als Aufforderung verstanden werden, die Wirklichkeit kreativ zu verändern.

Technika

Um den Umfang des Literaturverzeichnisses in Grenzen zu halten, wurden einmalig zitierte Bücher und Aufsätze, sowie z.t. auch Lexika-Artikel nicht ins Literaturverzeichnis aufgenommen, sondern in den entsprechenden Anmerkungen bibliographisch angegeben. Die übrigen Titel sind über das Literaturverzeichnis aufzuschlüsseln; in den Anmerkungen erscheinen nur Kurztitel. Seiten- oder Spaltenangaben folgen, abgetrennt durch ein Komma, direkt auf den Kurztitel, "S." oder "Sp." entfällt. Der Kurztitel ist dort, wo Mißverständnisse möglich wären, im Literaturverzeichnis unterstrichen. Anmerkungen/Kommentare in Texteditionen oder/und Übersetzungen sind im Verzeichnis der Primärliteratur unter der jeweiligen Schrift zu suchen. Die in der NHL (hg.v. Robinson) zusammengestellten Beiträge wurden nicht gesondert ins Literaturverzeichnis aufgenommen. Die Abkürzungen der Nag Hammadi-Schriften richten sich nach dem deutschen Vorschlag des Berliner Arbeitskreises, s. Tröger, K.-W., Gnosis und Neues Testament, Gütersloh 1973, S. 20. Darüber hinaus sind zu notieren:
TracTri = Tractatus Tripartitus (NHC I,5)
Marsanes (NHC X,1)
Valentinianische Exposition (NHC XI,2).

Die Abkürzungen folgen der TRE, ferner dem LAW (antike Autoren) und - soweit sinnvoll - Strack, H.L./Stemberger, G., Einleitung in Talmud und Midrasch, München 1982[7] (Rabbinica). Darüberhinaus wurden folgende Abkürzungen verwandt:

A	Anmerkung(en)
Ach	Achikar
" syr	" syrisch
" arab	" arabisch
" arm	" armenisch
Aischyl., suppl.	Aischylos, Les Suppliantes = Die Schutzflehenden
Antipho Soph	Antiphon der Sophist
AO	Alter Orient
apk.	apokalyptisch
AuS	Arbeit und Sitte
Bill.	Strack-Billerbeck
Bl.-Debr.	Blass/Debrunner/Rehkopf, Grammatik
Bm	Bultmann
Cic., Senec.	Cicero, Cato maior de senectute
Corp. Paroem. Gr.	Corpus paroemiographorum Graecorum
Dib.	Dibelius
diff./Diff.	differens/differentia
EWNT	Exegetisches Wörterbuch zum Neuen Testament
Fragen des Esra	Questions of Ezra, Charlesworth, J.H. (Hg.) The Old Testament Pseudepigrapha Bd. I, 591-599.
GenApokr.	Das Genesis-Apokryphon
Geop.	Geoponica
GST	Geschichte der synoptischen Tradition
Heracl.	Heracleon
Herod.	Herodot

Jül.	Jülicher, Die Gleichnisreden Jesu
Lukian, Sat.	Lukian, Satiren
NHC	Nag Hammadi Codex
NHL	The Nag Hammadi Library in English, hg.v. J.M. Robinson
NHS	Nag Hammadi Studies
NTOA	Novum testamentum et orbis antiquus
Paralip. Jer.	Paraleipomena Jeremiou
Sen., de brev. vit.	Seneca, De brevitate vitae
Sen., consol. ad Helv.	Seneca, Ad Helviam matrem de consolatione
Sen., consol. ad Marc.	Seneca, Ad Marciam de consolatione
Sen., frg.	Seneca, Fragmente
Sen., prov.	Sen., De providentia
Sen., tranq.	Sen., De tranquillitate animi
Sen., vit. beat.	Sen., De vita beata
SVF	Stoicorum veterum fragmenta, hg.v. J.v. Arnim
vs	versus
V	Vers
VV	Verse

Die Quellen der Zitate im Text und in den Anmerkungen sind dem Literaturverzeichnis zu entnehmen. Speziell folgen die einschlägigen Zitate (wenn nicht anders angegeben) folgenden Ausgaben:
- AT: BHK (MT); Rahlfs (LXX); Jerusalemer Bibel (Deutscher Text).
- Apokryphen und Pseudepigraphen: JSHRZ
- NT: Nestle
- Apostolische Väter: Fischer, J.A. (SUC I); Wengst, K., (SUC II); Herm: ed. Joly, Übers. Dib..
- Stoa: Epiktet: griech.: Souilhé (CUFr); Übers. Schulthess, Mücke.
Musonius: ed. Hense.
Seneca: epist.: lat. LCL, Übers. ed. Rosenbach; Tragoedias: ed./Übers. Th. Thomann.
Gnosis: NHL bis auf:
AJ: zit. nach Krause, M., Labib, P.
AJ: BG 2: nach Till-Schenke, gnostische Schriften.
Pistis Sophia: nach NHS IX.
EvThom (NHC II,2) nach Synopsis quattuor evangeliorum, ed. K. Aland, 517-530.
ApcPt (NHC VII,3) nach M. Krause, V. Gircis, in: Altheim-Stiehl, Bd. II, 152-179.
TestVer (NHC IX) nach Koschorke, ZNW 69 (1978).

Literaturverzeichnis:

I) Quellen und Übersetzungen

1) Bibelausgaben

Die Bibel, Die heilige Schrift des Alten und Neuen Bundes. Dt. Ausg. mit den Erläuterungen der Jerusalemer Bibel, hg.v. D. Arenhoevel, A. Deissler, A. Vögtle, Freiburg, u.a. 1968.

Biblia Hebraica, hg.v. R. Kittel. Textum masoreticum P. Kahle, Stuttgart 1973 (1937).
Biblia Hebraica Stuttgartensia, hg.v. K. Elliger/W. Rudolph, Textum Masoreticum H.P. Rüger, Masoram G.E. Weil, Editio funditus renovata, Stuttgart 1967-1977.
Novum Testamentum graece. Post E. et E. Nestle ed. K. Aland u.a., Stuttgart 1979[26].
Septuaginta. Id est Vetus Testamentum graece iuxta LXX interpretes hg.v. A. Rahlfs, Stuttgart Nachdr. der Ausgabe von 1935.
Septuaginta. Vetus Testamentum graecum auctoritate Societatis Litterarum Gottingensis editum, Göttingen 1931ff.

2. Alttestamentliche Umwelt

Amenope: Grumach, I., Untersuchungen zur Lebenslehre des Amenope, MÄSt 23, München Berlin 1972.
- Lange, H. O., Das Weisheitsbuch des Amenemope. Aus dem Papyrus 10,474 des British Museum hg. und erkl., Det Kongelige Danske Videnskabernes Selskab. Historisk-filologiske Meddelelser XI.2. Kopenhagen 1925.
AOT: Altorientalische Texte zum Alten Testament, hg.v. H. Gressmann, Berlin, u.a. 1970[2] (1926).
ANET: Ancient Near Eastern Texts Relating to the Old Testament, hg.v. J.B. Pritchard, Princeton, New Jersey 1955[2].
Die *El-Amarna-Tafeln.* Mit Einleitung und Erläuterungen, Anm. und Register, hg.v. Knudtzon, J.A., bearb. v. O.Weber und E. Ebeling, Vorderasiatische Bibliothek, Leipzig 1915.
Grapow, H.: s. III.
KAI: Kanaanäische und aramäische Inschriften, Bd. I-III, hg.v. H. Donner, W. Röllig, Wiesbaden 1962-1964 (1966-1969)[2].
Instruction of Anchsheshonqy, s. Lichtheim, M., unter III.
Lambert, W.G., Babylonian Wisdom Literature, Oxford 1960.
Lichtheim, M., s. III.
Schott, S., Altägyptische Liebeslieder. Mit Märchen und Liebesgeschichten, BAW.AO MCML/5, Zürich 1950[2].

3. Jüdische Quellen

a) Pseudepigraphen und die jüdisch-hellenistische Literatur
AAA: s. unter 4.
Ach.: - Conybeare, F.C., Harris, J.R., Lewis, A.S., The Story of Ahikar from the Aramaic, Syriac, Arabic, Armenian, Ethiopic, Old Turkish, Greek and Slavonic Versions, Cambridge 1913[2].
- Documents Relatifs à Ahikar, Ed. et trad. d'un manuscrit de Mgr Graffin (G), avec les principales variantes d'un manuscrit de M.H. Pognon (P), ROC 21 (1918-19) 274-307. 356-400.
- Grelot, P., Les Proverbes araméens d'Ahiqar, RB 68 (1961) 178-194.
- Histoire et sagesse d'Ahikar d'après le manuscrit de Berlin "Sachau 162", fol. 86 sq, hg.v. F. Nau, ROC 21 (1918-19) 148-160.
- Nau, F., Histoire et sagesse, d'Ahikar l'Assyrien (Fils d'Anael, neveu de Tobie), Trad. des versions syriaques. Avec les principales différences des versions arabes arménienne, grecque, néo-syriaque, slave et roumaine, Documents pour l'Etude de la Bible, apocryphes de l'Ancien Testament, Paris 1909. (Wenn nicht anders angegeben, zit. nach Nau).
- Sprüche Achikars, in: Altorientalische Texte zum Alten Testament, hg.v. H.

Gressmann, Leipzig 1970² (1926), 454-462.
- Sachau, E., Aramäische Papyrus und Ostraka aus einer jüdischen Militärkolonie zu Elephantine. Altorientalische Sprachdenkmäler des 5. Jahrhunderts v. Chr. Leipzig 1911, S. 147-182 (Tafel 40-50).
Altjüdisches Schrifttum außerhalb der Bibel, hg.v. P. Riessler, Darmstadt 1966.
Apocalypsis Apocryphae Mosis, Esdrae, Pauli, Iohannis item Mariae Dormitio, additis evangeliorum et actuum apocryphorum supplementis, hg.v. C. Tischendorf, Leipzig 1866 (= Hildesheim 1966).
Apocrypha Anecdota II, hg.v. M.R. James, TaS V/1, Cambridge 1897.
ApkAbr: Philolenko-Syar, B., Philonenko, M., Die Apokalypse Abrahams, JSHRZ V/5, 1982.
ApkEl: Rosenstiehl, J.M., L'Apocalypse d'Elie. Introduction, Trad. et notes, Textes et études pour servir à l'histoire du Judaisme intertestamentaire, t. I, Paris 1972.
- Schrage, W., Die Elia-Apokalypse, JSHRZ V/3, 1980.
Die *Apokryphen und Pseudepigraphen des Alten Testaments,* Bd. I/II, hg.v. E. Kautzsch, Tübingen 1900 (Nachdr.: Darmstadt 1962).
Apokryphon Ezechiel: Eckart, K.-G., Das Apokryphon Ezechiel, JSHRZ V/1 1974 (1977²), 45ff.
Arist: Lettre d'Aristée à Philocrate. Intr., texte critique, Trad.et notes, index complet par A. Pelletier, SC 89, Paris 1962.
- Meisner, N., Aristeasbrief, JSHRZ II/1, Gütersloh 1973² (1977), 37-87.
AssMos: Clemen, C., Die Himmelfahrt des Mose, KlT 10, Bonn 1904.
- Brandenburger, E., Himmelfahrt Moses, JSHRZ V/2, 1976, 57-84.
GrBar: Picard, J.-C., Apocalypsis Baruchi Graece, PVTG 2, Leiden 1967.
- Hage, W., Die griechische Baruch-Apokalypse, JSHRZ V/1, 1974, 1-44.
SyrBar: Bogaert, P., Apocalypse de Baruch. Intr., Trad. du syriaque et commentaire, Bd. II, SC 145, Paris 1969.
- Klijn, A.F.J., Die syrische Baruch-Apokalypse, JSHRZ V/2, 1976, 103-184.
- Violet, B. (Hg.), Die Apokalypsen des Esra und des Baruch in deutscher Gestalt, mit Textvorschlägen für Esra und Baruch von H. Gressman, CGS 32, Leipzig 1924.
Charlesworth, J.H. (Hg.), s. The Old Testament Pseudepigrapha.
EpJer: Gunneweg, A.H., Das Buch Baruch. Der Brief Jeremias, JSHRZ III/2, 1975² (1980) 185-192.
III Esr.: Pohlmann, K.F., 3. Esra-Buch JSHRZ I/5, 1980.
IV Esr.: Der lat. Text der Apokalypse des Esra, Hg. Klijn, A.F.. Mit einem Index grammaticus von G. Mussies, TU 131, Berlin 1983.
- Schreiner, J., Das 4. Buch Esra, JSHRZ V/4, Gütersloh 1981.
- Violet, B., s. syrBar.
Die *Fragmente der griechischen Historiker,* hg.v. F. Jacoby, III A (Text) Leiden 1940, III C (Text) 1-2, Leiden 1958.
Fragmente jüdisch-hellenistischer Historiker, JSHRZ I/2, 1976² (1980).
Fragmente jüdisch-hellenistischer Exegeten: Aristobulos, Demetrius, Aristeas, JSHRZ III/2, 1980².
ÄthHen.: Apocalypsis Henochi Graece, hg.v. M. Black, PVTG III, Leiden 1970.
- Dillmann, A., Das Buch Henoch, Leipzig 1853.
- Das Buch Henoch, hg.... v. J. Flemming, L. Radermacher, CGS 5, Leipzig 1901.

- Uhlig, S., Das äthiopische Henochbuch, JSHRZ V/6, 1985.
HebrHen: Odeberg, H., 3 Enoch or the Hebrew Book of Enoch ed. and transl. for the first time with Intr., Comm. & Critical Notes, Cambridge 1928.
- Hofmann, H., Das sogennannte hebräische Henochbuch (3 Henoch). Nach dem von H. Odeberg vorgelegten Material zum erstenmal ins Deutsche übers., BBB 58, Bonn 1985², (1984).
SlHen: Bonwetsch, G.N., Die Bücher der Geheimnisse Henochs. Das sogenannte slavische Henochbuch, TU44/2, Leipzig 1922. (Im Anhang (S. 104-121): Vom Priestertum Methusalems, Nirs und Melchisedekes).
- Morfill, W.R./Charles, R.H., The Book of the Secrets of Enoch, Transl. from the Slavonic, Oxford 1896.
Jdt: Zenger, E., Das Buch Judit, JSHRZ I/6, 1981.
JosAs.: Burchard, Chr., Ein vorläufiger Text von Joseph und Asenath, DBAT 14 (1979) 2-53.
- Joseph et Aséneth, hg.v. Philonenko, M., StPB 13, Leiden 1968.
- Burchard, Chr., Joseph und Asenath, JSHRZ II/4, 1983.
Jub: Rönsch, H., Das Buch der Jubiläen oder die Kleine Genesis. Unter Beifügung des rev. Textes der in der Ambrosiana aufgefundenen lat. Fragmente, Leipzig 1874.
Berger, K., Das Buch der Jubiläen, JSHRZ II/3, Gütersloh 1981.
LibAnt: - Pseudo-Philon, Les Antiquités Bibliques, t. I, Intr. et texte critiques par D.J. Harrington, Trad. par J. Cazeaux, SC 229, Paris 1976.
- Dietzfelbinger, Chr., Pseudo-Philo: Antiquitates Biblicae (Liber Antiquitatum Biblicarum), JSHRZ II/2, Gütersloh 1975 (1979²).
Makk.: Hadas, M., The Third and Fourth Books of Maccabees, ed. and transl., Jewish Apocryphal Literature, New York 1953.
- Dupont-Sommer, A., Le quatrième livre des Maccabées, Bibliothèque de l'Ecole des Hautes études 274, Paris 1939.
Schunck, K.D., 1. Makkabäerbuch, JSHRZ I/4, 1980.
- Habicht, Chr., 2. Makkabäerbuch, JSHRZ I/3, 1979².
MartJes: Charles, R.H., The Ascension of Isaiah, transl. from the Ethiopic Version which, together with the new Greek Fragment, the Latin Versions and the Latin Transl. of the Slavonic, is here published in full, London 1900.
- Hammershaimb, E., Das Martyrium Jesajas, JSHRZ II/1, 1973 (1977²) 17-34.
OdSal: Bauer, W. (Hg.), Die Oden Salomos, KlT 64, Berlin 1933.
The *Old Testament Pseudepigrapha,* hg.v. J.H. Charlesworth, Bd.1: Apocalyptic Literature and Testaments, London 1983; Bd. 2: Expansions of the "Old Testament" and Legends, Wisdom and Philosophical Literature, Prayers, Psalms, and Odes, Fragments of Lost Judeo-Hellenistic Works, London 1985.
OrMan: Oßwald, E., Das Gebet Manasses, JSHRZ IV/1, 17-27.
Paralip. Jer.: Paraleipomena Jeremiou, Hg. R.A. Kraft/A.-E. Purintun, Texts and Translations 1, Pseudepigrapha Series 1, Montana 1972.
Psalmen, syrische: A.S. van der Woude, Die 5 syrischen Psalmen, JSHRZ IV/1, 31-47.
PsPhilon: s. LibAnt; Siegert.
PsPhok: Horst, van der, The Sentences of Pseudo-Phocylides, with Intr. and Comm., SVTP, Leiden 1978. (Griech. Text mit engl. Übers. S. 88-103).
- PsPhokylides in: Walter, N., Pseudepigraphische jüdisch-hellenistische Dich-

tung: Pseudophokylides, Pseudo-Orpheus, Gefälschte Verse auf Namen griechischer Dichter, JSHRZ IV/3, 1983, 173-176, 182-216.
PsSal: Gebhard, O.v., Die Psalmen Salomos, TU 13/2, Leipzig 1895.
- Holm-Nielsen, Die Psalmen Salomos, JSHRZ IV/2, Gütersloh 1977.
Riessler, P., s. Altjüdisches Schrifttum.
Sibyllinische Weissagungen, Urtext und Übers., hg.v. A. Kurfess, o.O. 1951.
Siegert, F., Drei hellenistisch-jüdische Predigten. Ps.-Philon, "Über Jona", "Über Simson"und "Über die Gottesbezeichnung 'wohltätig verzehrendes Feuer'", Übers. aus dem Armenischen und sprachliche Erläuterungen, Tübingen 1980.
Sir: Sauer, G., Jesus Sirach (Ben Sira), JSHRZ III/5, 1981.
TestAbr: The Testament of Abraham, the Greek Text now First ed. with an Introduction and Notes by M.R. James with an Appendix Containing Extracts from the Arabic Version of the Testaments of Abraham, Isaac and Jacob by W.E. Barnes, Texts and Studies, Bd. II/2, Cambridge 1892.
- Janssen, E., Testament Abrahams, JSHRZ III/2, 1975 (1980^2), 195-256.
TestHiob: Schaller, B., Das Testament Hiobs, JSHRZ III/3, Gütersloh 1979.
TestXII: Jonge, M. de, Testamenta XII Patriarcharum ed. according to Cambridge University Library MS Ff 1.24 fol. 203a-262b with short notes, PVTG I, Leiden 1964.
- Becker, J., Die Testamente der zwölf Patriarchen, JSHRZ III/1, Gütersloh 1974 (1980^2).
Weish: Georgi, D., Weisheit Salomos, JSHRZ III/4, 1980.
ZusDan: Plöger, O., Zusätze zu Daniel, JSHRZ I/1, 1974 (1977^2).
ZusEst: Bardtke, H., Zusätze zu Ester, JSHRZ I/1, 1974 (1977^2).

b) Philo und Josephus
Ios.: Josephus, Flavius, De Bello Judaico. Der jüdische Krieg. Bd. 1-3, hg.v. O. Michel und O. Bauernfeind, Darmstadt 1959-69.
- Josephus, with an Englisch Transl. by H.St. J. Thackeray u.a., Bd. 1-9, LCL, London 1956-1965.
Philo: Philo, with an English Transl. by. F.H. Dolson u.a., Bd. 1-10, LCL, London, Cambridge (Mass.) 1956 (1921)-1962.
-Philo, Questions and Answers on Genesis transl. by. R. Marcus, in: Philo: Supplement I, LCL, London Cambridge 1961^2 (1953).
-Philo, Questions and Answers on Exodus transl. by R. Marcus, in: Philo Supplement II, LCL, London, Cambridge 1961^2 (1953).
- Philo v. Alexandria, Die Werke in deutscher Übers., hg.v. L. Cohn u.a. Bd. 1-7, Berlin 1962-1964^2.

c) Qumran
GenApokr.: The Genesis Apocryphon of Qumran Cave I: A Commentary, ed. and transl., hg.v. J.A. Fitzmyer, BibOr 18 A, Rome 1971^2 (1966).
1 QH: Dupont-Sommer, A., Le livre des Hymnes découvert près de la Mer Morte (1 QH). Trad. intégrale avec introduction et notes, Semitica VII, 1957.
- Mansoor, M., The Thanksgiving Hymns. Transl. and Annoted with an Introduction, STDJ III, Leiden 1961.
4 Q: Qumrân Cave 4 I (4 Q 158-4 Q 186), Allegro, J.M. with the collaboraion of A.A.

Anderson, in: Discoveries in the Judaean Desert of Jordan, V, Oxford 1968, S. 85-87, Plates XXIX-XXX.
TQu: Lohse, E., Die Texte aus Qumran. Hebräisch und Deutsch, Darmstadt 1971.
d) Rabbinica
M: Die Mischna. Text, Übers. und ausführliche Erkl., begr.v. G.Beer u. O.Holtzmann, hg.v. L. Rost u. K.H. Rengstorf, Gießen - Berlin 1912ff.
T: Tosephta, hg.v. M.S. Zuckermandel, Pasewalk 1881.
The Tosefta, transl. from the Hebrew by J. Neusner, u.a., Bd. 1-5, New York 1977-1981.
Rengstorf, K.H. (Hg.), Rabbinische Texte. Erste Reihe. Die Tosefta. Stuttgart, u.a. 1983ff (soweit erschienen).
bT: Der babylonische Talmud mit Einschluß der vollständigen Mischnah, hg. nach der Ausgabe Venedig 1520-23 und übers. von L. Goldschmidt, Bd.1-10, Berlin 1897-1935.
pT: Der jerusalemische Talmud (nach der Krotoschiner Ausgabe 1866), repr. Jerusalem 1969.
- Übersetzung des Talmud Yerushalmi, hg.v. M. Hengel u.a., Tübingen 1975ff (soweit erschienen).
-Le Talmud de Jérusalem. Trad. pour la première fois en Français par M. Schwab, Paris 1871-1890, Repr. 1932-33.
Midraschim: Bibliotheca Rabbinica. Eine Sammlung alter Midraschim, zum ersten Male ins Deutsche übertr. von A. Wünsche, Bd. I-V, Nachdr. Hildesheim 1967.
Midrasch Rabbah, Bd. 1-5, hg.v. Levin-Epstein, Jerusalem 1958. (zum Pentateuch).
Midrasch Rabbah über die 5 Bücher der Tora und die 5 Megillot, Bd.1 u. 2, hg.v. R.J. Grassman u. M.S. Weisberg, Nachdr. New York 1952.
Wünsche, A., Aus Israels Lehrhallen I-V, Hildesheim 1967 = Nachdr. der Ausg. Leipzig 1907-1909.
Bet ha-Midrasch. Sammlung kleiner Midraschim und vermischter Abhandlungen aus der älteren jüdischen Literatur, Teil I-IV, hg.v. A. Jellinek, Jerusalem 1967³.
Agadath Bereschith, Midraschische Auslegungen zum ersten Buche Mosis. Nach den ältesten Druckwerken, in Vergleichung mit einer Oxforder Handschrift cod. 2340 herausgegeben. Mit Erklärungen und einer Einleitung versehen von S. Buber, Krakau 1902.
Mekilta de Rabbi Jischmael, hg.v. J.Z. Lauterbach, Bd. I-III, The JPS Library of Jewish Classics, Philadelphia, Bd. I + II: 1949² (1933); Bd. III: 1949² (1935; Nachdr. 1976).
- Mechiltha. Ein tannaitischer Midrasch zu Exodus. Erstmalig ins Deutsche übers. und erl., hg.v. J. Winter, A. Wünsche, Leipzig 1909.
Pesikta Rabbati, hg.v. M. Friedmann, Wien 1880, Nachdr. Tel Aviv 1963.
- Pesikta Rabbati. Dicourses for Feasts, Fasts, and Special Sabbaths, Bd. 1+2, transl. from the Hebrew by W.G.Braude, YJS 18, New Haven-London 1968.
Sifre ad Numeros adjecto Siphre zutta, hg.v. H.S. Horovitz, Corpus Tannaiticum III/3,1, Schriften, hg.v. der Gesellschaft zur Förderung der Wissenschaft des Judentums, Frankfurt a.M. 1917.
- Der tannaitische Midrasch Sifre zu Numeri, übers. und erkl. von K.G. Kuhn, Rabbinische Texte, II/3, Stuttgart 1959.
Sifre zu Deuteronomium, hg.v. G. Kittel, Stuttgart o.J..
Sifre zu Deuteronomium übers. und erkl. v. H. Ljungman, Rabbinische Texte II.

Reihe, Tannaitische Midraschim, Übers. und Erkl., hg.v. G. Kittel und K.H. Rengstorf, Stuttgart 1964.
Midrasch Tannaim zum Deuteronomium, hg.v. D. Hoffmann, Berlin 1908f in: Jahres-Bericht des Rabbiner-Seminars zu Berlin für 1906/1907 und 1907/1908, Berlin 1908f.
Midrasch Tanḥuma, hg.v. S. Buber, New York: Horowitz 1946.
Bietenhard, H., Midrasch Tanhuma B, R. Tanḥuma über die Tora, genannt Midrasch Jelammedenu, Bd. 1: Judaica et Christiana 5, Bern, Frankfurt a. Main, Las Vegas 1980; Bd. 2: Judaica et Christiana 6, Bern, Frankfurt a. Main, Las Vegas 1982.
Midrasch Tehillim, hg.v. S. Buber, New York 1947.
Wünsche, A., Midrasch Tehillim oder haggadische Erklärung der Psalmen, Bd. 1-2, Nachdr. Hildesheim 1967.
Wünsche, A., Der Midrasch Kohelet zum ersten Male ins Deutsche übertr., Leipzig 1880.
Pesikta de Rav Kahana. According to an Oxford Manuscript with Variants from all Known Manuscripts and Genizoth Fragments and Parallel Passages with Comm. and Introduction by B. Mandelbaum, Bd. 1-2, New York 1962.
ARN: Goldin, J., The Fathers According to Rabbi Nathan, YJS X, New Haven, u.a. 1967³ (1955).
- Avoth de Rabbi Nathan, hg.v. S. Schechter, Hildesheim, New York 1979 (= Nachdr. der Wiener Ausgabe 1887).
Targumim: The Targums of Onkelos and Jonathan ben Uzziel on the Pentateuch with the Fragments of the Jerusalem Targum from the Chaldee by J.W. Etheridge, Genesis and Exodus, New York 1968 (1862).
Neophyti I. Targum Palestinese MS de la Biblioteca Vaticana, Hg. A. Diéz Macho, 5 Bde, Textos y Estudios 7-11, Madrid-Barcelona 1968-1978.
The Targum of Isaiah. Edited with a Transl. by J.F. Stenning, Oxford 1949.
The Bible in Aramaic. Based on Old Manuscripts and Printed Texts, ed. by A. Sperber, Vol. III: The Latter Prophets According to Targum Jonathan, Leiden 1962.

4. Christliche und gnostische Texte einschließlich Alte Kirche
AAA: Acta Apostolorum Apocrypha post C. Tischendorf denuo ed. R.A.Lipsius et M.Bonnet, Bd. 1-3, Leipzig 1891-1903 = Darmstadt 1959.
ActThom: Klijn, A.F.J., The Acts of Thomas, Introduction - Text - Commentary, NT.S V, Leiden 1962.
Adam, A., Texte zum Manichäismus. Ausgew. und hg., KlT 175, Berlin 1969² (1954).
ÄgEv: Das Ägypterevangelium von Nag Hammadi. (Das Heilige Buch des großen unsichtbaren Geistes) nach der Ed. von A. Böhlig - F. Wisse - P. Labib übers. und mit einer Einleitung sowie Noten versehen von A. Böhlig, Göttinger Orientforschungen VI, Hellenistica 1, Wiesbaden 1974.
AJ: Giversen, S., Apocryphen Johannis, the Coptic Text of the Apocryphon Johannis in the Nag Hammadi Codex II with Transl., Intr. and Comm., Copenhagen 1963.
- Krause, M., Labib, P., Die drei Versionen des Apokryphon des Johannes im koptischen Museum zu Alt-Kairo, Abhandlungen des Deutschen Archäologischen Instituts Kairo. Koptische Reihe Bd. 1, Wiesbaden 1962.
Allberry, C.R.C./ Ibscher, H., s.: A Manicaean Psalm-Book.

Altheim, F., Stiehl, R., Christentum am roten Meer. Zweiter Band mit Beiträgen von J. Irmscher, u.a., Berlin, New York 1973.
ApcPt: s. Schenke, H.-M., Zur Faksimile-Ausgabe.
ApcPt, I-II ApcJc; ApcAd: Koptisch-gnostische Apokalypsen aus Codex V von Nag Hammadi im Koptischen Museum zu Alt-Kairo, hg., übers. und bearb. von A. Böhlig und P. Labib; Wissenschaftliche Zeitschrift der Martin-Luther-Universität, Sonderband, Halle-Wittenberg 1963.
Apokryphen, neutestamentliche: Hennecke, E., Neutestamentliche Apokryphen in dt. Übers., 3. ... Aufl. hg. v. W. Schneemelcher, Bd. I, Evangelien, Tübingen 1964^3 (1968^4); Bd. II, Apostolisches, Apokalypsen und Verwandtes, Tübingen 1964^3 (1971^4).
- Schneemelcher, W., (Hg.) Neutestamentliche Apokryphen in deutscher Übers., Bd. 1: Evangelien (5. Auflage der v. E. Hennecke begründeten Sammlung), Tübingen 1987^5.
Apologeten: Goodspeed, E.J., (Hg.), Die ältesten Apologeten. Texte mit kurzen Einleitungen, Göttingen 1914.
Apost.Const.: Funk, F.X., (Hg.) Didascalia et Constitutiones Apostolorum, Bd. 1 u. 2, Paderborn 1905.
Apostolische Väter: Bauer, W., Die Apostolischen Väter II, Die Briefe des Ignatius von Antiochia und der Polykarpbrief. Der Brief des Polykarp von Smyrna an die Philipper, HNT ErgBd., Tübingen 1920, 185-298.
Bihlmeyer, K., Die Apostolischen Väter, Neubearbeitung der Funkschen Ausgabe, Teil 1, Sammlung ausgewählter Kirchen- und dogmengeschichtlicher Quellenschriften II/1, 1, Tübingen 1956^2.
- Dibelius, M., Der Hirt des Hermas (Die apostolischen Väter IV), HNT-ErgBd., Die Apostolischen Väter, Tübingen 1923, 414-644.
- Ignace d'Antioche, Polycarpe de Smyrne, Lettres, Martyre de Polycarpe, hg. v. P.Th. Camelot, SC 10, Paris 1958^3.
- Joly, R., Le Pasteur. Introduction, texte critique, trad. et notes, SC 53, Paris 1958.
- Fischer, J.A., Die apostolischen Väter, SUC 1, 1958^2 (1956; 1976^7).
- Grant, R.M., The Apostolic Fathers, A New Transl. and Comm., Bd. 4, Ignatius of Antioch, London, u.a. 1966.
- Kleist, J.A., The Didache, the Epistle of Barnabas, The Epistles and the Martyrdom of St. Polycarp, The Fragments of Papias, The Epistle to Diognetus. Newly transl. and annotated, ACW VI, London 1948.
Knopf, R., Die Lehre der zwölf Apostel. Die zwei Clemensbriefe erkl., Tübingen 1920, in: Die Apostolischen Väter I, HNT-ErgBd., Tübingen 1923, 1-184.
- Kraft, R.A., The Apostolic Fathers. A New Transl. and Comm., Bd. 3, Barnabas and the Didache, Toronto, u.a. 1965.
- Lake, K., The Apostolic Fathers, with an English Transl., Bd. I: London, u.a. 1919; Bd. II: London, usw., 1917.
- Lightfoot, J.B., The Apostolic Fathers, I/1-I/2; II/1-II/3; Hildesheim, u.a. 1973 (= Nachdr. der 2. Aufl. London 1889).
Marrou, H.I., A Diognète. Introduction, édition critique, Trad. et Comm., SC 33 bis, Paris 1965^2.
- Prigent, P., Epître de Barnabé, Introduction, traduction et notes. Texte grec établi et présenté par R.A. Kraft, SC 172, Paris 1971.

- Snyder, G.F., The Shepherd of Hermas, The Apostolic Fathers, A New Transl. and Comm., Bd. 6, London, u.a. 1968.
Windisch, H., Der Barnabasbrief. Die Apostolischen Väter III, Tübingen 1920, in: HNT-Ergänzungsband Apostolische Väter, Tübingen 1923, 299-413.
- Wengst, K., Didache (Apostellehre), Barnabasbrief, Zweiter Klemensbrief, Schrift an Diognet. Eingel., hg., übertr. und erl., SUC II, Darmstadt 1984.
The *Canonical Prayerbook of the Mandaeans*, hg.v. Drower, E.S., Transl. with Notes, Leiden 1959.
Clem.Alex.: Bd. II, Stromata Buch I-VI, hg.v. O. Stählin - L. Früchtel, GCS 15, Leipzig 1906 (Berlin 1960³).
- Bd. III, Stromata Buch VII und VIII. Excerpta ex Theodoto - Eclogae propheticae. Quis Dives salvetur. Fragmente, hg.v. O. Stählin, in zweiter Auflage neu hg.v. L. Früchtel, zum Druck besorgt v. U. Treu, GCS 17, Berlin 1970.
- Clément d'Alexandrie, Extraits de Théodote, hg.v. F. Sagnard, Paris 1970² (1948).
Drower, E.S., s. The Canonical Prayerbook.
EpJac: Kirchner, D., Epistula Jacobi Apocrypha. Die erste Schrift aus Nag Hammadi-Codex I (Codex Jung) neu hg. und kommentiert, Diss. theol. masch., Berlin 1977.
- Malinine, M., Puech, H.-Ch., Quispel, G., Till, W., Kasser, R., Epistula Jacobi Apocrypha, Codex Jung F. I^r - F. VIII (p. 1-16), Zürich-Stuttgart 1968.
- Schenke, H.-M., Der Jakobusbrief aus dem Codex Jung, in: OLZ 66 (1971) 117-130.
EpPt: Bethge, H.G., Der Brief des Petrus an Philippus. Ein neutestamentliches Apokryphon aus dem Fund von Nag Hammadi (NHC VIII,2), hg., übers. und kommentiert, Diss. (B), Berlin 1984.
- Meyer, M.W., The Letter of Peter to Philip, NHC VIII,2, Text, Transl. and Commen., SBLDS 53, Claremont, California 1981.
EV: Grobel, K., The Gospel of Truth, A Valentinian Meditation on the Gospel, Transl. from the Coptic and Comm., London 1960.
- Ménard, J.-E., L'Evangile de Vérité, NHS II, Leiden 1972.
EvPhil: Ménard, J.E., L'Evangile selon Philippe, introd., texte, trad., Comm., Paris 1967.
- Schenke, H.-M., Das Evangelium nach Philippus. Ein Evangelium der Valentinianer aus dem Funde von Nag Hamadi, ThLZ 84 (1959) 1-26.
- Till, W.C., Das Evangelium nach Philippos, hg. und übers., ÜTS 2, Berlin 1963.
Wilson, R. McL., The Gospel of Philip, Transl. from the Coptic Text with an Intr. and Comm., London 1962.
EvThom: Grant, R.M., Freedman, D.N., Geheime Worte Jesu. Das Thomas-Evangelium. Mit einem Beitrag: Das Thomas-Evangelium in der neuesten Forschung v. J.B. Bauer, Frankfurt a.M. 1960.
- Kasser, R., L'Evangile selon Thomas. Présentation et commentaire théologique, Bibliothèque théologique Neuchâtel 1961.
- Leipoldt, J., Das Evangelium nach Thomas. Koptisch und dt., TU 101, Berlin 1967.
- Ménard, J.-E, L'Evangile selon Thomas, NHS V, Leiden 1975.
- EvThom in: Synopsis quattuor evangliorum. Locis parallelis evangeliorum apocryphorum et patrum adhibitis ed. K. Aland, Stuttgart 1967⁴, 517-530.
- Wilson, R., McL., Studies in the Gospel of Thomas, London 1960.
Expositio totius mundi et gentium. Intr., texte critique, Trad., notes et commentaire par J. Rougé, SC 124, Paris 1966.

Ginza: Ginza. Der Schatz oder das große Buch der Mandäer, Quellen der Religionsgeschichte XIII/4, Göttingen, hg.v. M. Lidzbarski, Leipzig 1925.
Hippol.: Hippolytus Werke, Bd. III, Refutatio omnium haeresium, hg.v. P. Wendland, GCS, Hippolytus Bd. 3, Leipzig 1916.
- Preysing, K., Des Heiligen Hippolytus von Rom. Widerlegung aller Häresien (Philosophumena) übers., BKV, München 1922.
Iren.: Des heiligen Irenäus Fünf Bücher gegen die Häresien, übers.v. E. Klebba, Buch I-III, BKV I, Kempten, München 1912.
- Irénée de Lyon, Contre des hérésies, Livre I, hg.v. A. Rousseau et L. Doutrelean, t. II, SC 264, Paris 1979; Livre IV, hg.v. A. Rousseau, t. II, SC 100, Paris 1965.
- Contra Haereses, Libri quinque, MPG VII,2.
Das *Johannesbuch der Mandäer*, hg.v. M. Lidzbarski, Giessen 1915.
Hegemonius, Acta Archelai, hg. ...v. H. Beeson, GCS 16, Leipzig 1906.
Hier.: Saint Jérôme, Commentaire sur S. Matthieu, t. I (Livres I-II), hg.v. E. Bonnard, SC 242, Paris 1977.
Kephalaia, Bd I/1 mit einem Beitrag von H. Ibscher, Manichäische Handschriften der Staatlichen Museen Berlin, Stuttgart 1940, Bd I/2 bearb. von A. Böhlig, Manichäische Handschriften der Staatlichen Museen Berlin, u.a. 1966.
Krause, M., Labib, P., Gnostische und hermetische Schriften aus Codex II und Codex VI, Abhandlungen des Deutschen Archäologischen Instituts Kairo, Koptische Reihe, Bd. 2, Glückstadt 1971.
LibThom: The Book of Thomas the Contender from Codex II of the Cairo Gnostic Library from Nag Hammadi (CG II,7): the coptic Text with Transl., Intr. and Comm., SBLDS XXIII, Missoula, Montana 1975.
Lidzbarski, M., s. Ginza.
ders., s. Das Johannesbuch der Mandäer.
A *Manichaean Psalm-Book,* Part II, Manichaean Manuscripts in the Chester Beatty Collection, Bd. II, hg.v. Allberry, C.R.C./Ibscher, H., Stuttgart 1938.
Migne, J.-P., s. PG, PL.
Min.Fel.: Minucius Felix, Texte établi et traduit par J. Beaujeu, CUFr, Paris 1974².
NHL: The Nag Hammadi Library in English. Transl. by Members of the Coptic Gnostic Library Project of the Institute for Antiquity and Christianity, hg.v. J.M. Robinson, Leiden 1977 (1989³).
Orig.: Origène, Commentaire sur Saint Jean, t. III (Livre XIII), hg.v. C. Blanc, SC 222, Paris 1975.
Pistis Sophia, Text ed. by C. Schmidt, Transl. and Notes by V. Macdermot, The Coptic Gnostic Library, NHS IX, Leiden 1978.
PG, PL: Patrologiae cursus completus. Series Latina 1-222, Paris 1844-1855; Series Graeca(-Latina) 1-168, Paris 1857-1868.
Prot.: Schenke, G., Die dreigestaltige Protennoia, (Nag-Hammadi-Codex XIII), hg., übers. und kommentiert, TU 132, Berlin 1984.
Ptolémée, Lettre à Flora. Texte, Traduction et Introduction de G. Quispel, SC 24, Série annexe de textes non chrétiens, Paris 1949 (1966²).
Rheg: Malinine, M., Puech, H.-C., Quispel, G., Till, W., De Resurrectione (Epistula ad Rheginum) Codex Jung F. XXII^r - F. XXV, p. 43-50, Zürich-Stuttgart 1963.
Die *syrischen Clementinen* mit griechischem Paralleltext. Eine Vorarbeit zu dem literargeschichtlichen Problem der Sammlung, hg.v. W. Frankenberg, TU IV/3, Leipzig 1937.

TestVer: Koschorke, K., Der gnostische Traktat »Testmonium Veritatis« aus dem Nag-Hammadi-Codex IX, Eine Übersetzung, ZNW 69 (1978) 91-117.
Schenke, H.-M., Zur Faksimile-Ausgabe der Nag-Hammadi-Schriften. Die Schriften des Codex VII, ZÄS 102 (1975) 123-138.
Tert.: Tertullian, Adversus Marcionem, ed. and transl. by E. Evans, Oxford Early Christian Texts, Oxford 1972.
Theophilus of Antioch, Ad Autolycum, Text and transl. by R.M. Grant, Oxford 1970.
Till, W.C./Schenke, H.-M., Die gnostischen Schriften des koptischen Papyrus Berolinensis 8502, hg., übers. und bearb., TU 60^2, Berlin 1972^2 (1955).
Völker, W., (Hg.), Quellen zur Geschichte der christlichen Gnosis, Sammlung ausgewählter kirchen- und dogmengeschichtlicher Quellenschriften N.F. 5, Tübingen 1932.

5. Griechisch-römische Profan-Schriftsteller und Sammelausgaben

AchTat.: Achilles Tatius with an English Transl. by S. Gaselee, LCl, London, usw. 1917.
Ael.: The Letters of Alciphron, Aelian and Philostratus with an English Transl. by A.R. Benner and F.H. Fobes, LCL, London Cambridge 1962^2 (1949).
Aesop.: Hausrath, A., Corpus fabularum Aesopcarum, Leipzig 1940-56, Bd 1/1: mit Erg. von H. Haas, 1957; Bd 1/2: 1956, Hg. H. Haas; 1959^2, hg.v. H. Hunger.
- Aesopica. A Series of Texts Relating to Aesop or Ascribed to him or Closely Connected with the Literary Tradition that Bears his Name, Collected and Critically Edited, in Part transl. from Oriental Languages, with a Commentary and Historical Essay. Bd. 1: Greek and Latin Texts, ed. B.E. Perry, Urbana 1952.
- Hausrath, A., Aesopische Fabeln. München 1940 (1944^2).
Aischyl.: Eschyle, Texte établie et trad. par P. Mazon, t. I: CUFr Paris 1966^9; t. II: CUFr Paris 1955^6.
Amm.: Ammonius, Römische Geschichte. Lat. und dt. und mit einem Kommentar versehen von W. Seyfarth I-IV, Wissenschaftliche Buchgesellschaft Darmstadt, Berlin 1968-1978.
Anthologia Latina: Anthologia Latina sive Poesis latinae supplementum, hg.v. F. Buecheler, A. Riese. Pars Prior: Carmina in codicibus scripta, Fasc. recensuit A. Riese, Fasciculus II: Reliquorum Librorum Carmina, Leipzig 1906.
Apoll. Rhod.: Apollonios de Rhodes, Argonautiques, t. I-III, Texte établi et comment, par V. Vian et trad. par. E. Delage, CUFr, Paris 1974-1981.
Apul. apol.: Apulei Apologia. Sive pro se de magia Liber. With Intr. and Comm. by H.E. Bulter and A.S. Owen, Hildesheim 1967 (= reprografischer Nachdr. der Ausgabe Oxford 1914).
Aramäische Papyrus und Ostraka, hg.v. E. Sachau, s. unter 3.a)
Aristoph.: Aristophane, t. I, Les Acharniens - Les Cavaliert - Les Nuées, Texte établie par V. Coulon, CUFr, Paris 1923.
- ders., Ecclesiazusae, ed. with Introduction and Comm. by R.G. Ussher, Oxford 1973.
- ders., Lysistrata, ed. with Introduction and Comm. by J. Henderson, Oxford 1987.
- Aristophanes, Sämtliche Komödien, Übertr. von L. Seeger. Einleitungen zur Geschichte und zum Nachleben der griechischen Komödie nebst Übertragung von Fragmenten der alten und mittleren Komödie v. O. Weinrich, Bd. 1, BAW.GR, Zürich 1952.

Aristot.: Aristotle in twenty-three volumes, LCL, London, u.a. 1926ff (bzw. Nachdrucke).
Aristoteles, Rhetorik, übers. mit einer Bibliographie, Erläuterungen und einem Nachwort von F. G. Sieveke, München 1980.
Aristoteles, Nikomachische Ethik. Auf der Grundlage der Übers. von E. Rolfes hg.v. G. Bien, PhB 5, Hamburg 1972.
Babrius: Babrii Mythiambi Aesopei, hg.v. M.J. Luzzatto et A. la Penna, BSGRT, Leipzig 1986.
- Babrius, Fabulae, hg.v. M. Gitlbauer, Wien 1882.
Bakchyl.: Bacchylidis, Carmina cum Fragmentis post F. Blass et G. Suess, hg.v. B. Snell, BSGRT, Leipzig 1961^8 (1898).
Calpurnius Siculus: Hirtengedichte aus neronischer Zeit. Titius Calpurnius Siculus und die Einsiedler Gedichte hg. und übers. von D. Korzeniewski, TzF 1, Darmstadt 1971.
Comicorum Atticorum fragmenta, ed. Th. Kock, Leipzig 1880-1888 (Nachdr. 1976).
Cato: Cato, Marcus Porcius, On Agriculture, Varro, Marcus Terentius, On Agriculture with an English Transl. by W.D. Hooper, rev. by H.G.Ash, LCL, Cambridge, London 1967^5 (1934).
Catull.: Catullus, C.V., hg. und erkl. v.W. Kroll, Griechische und Lateinische Schriftsteller, Ausg. mit Anm., Stuttgart 1980^6 (1959^3).
- ders., Sämtliche Gedichte.. Lat. und dt., hg., eingel.und übers. v. O. Weinreich, BAW.RR, Zürich 1969.
Cic.: Cicero, Marcus Tullius, Atticus-Briefe, Lat.-dt., hg.v. H. Kasten, TuscBü, München 1980^3 (1959).
- ders., Brutus, Lat.-dt., hg.v. B. Kytzler, TuscBü, München 1977^3 (1970).
- ders., Epistularum ad Familiares Libri XVI, Lat.-dt., hg.v. H. Kasten, TuscBü, München 1980^3 (1959).
- ders., De finibus bonorum et malorum latine Germanice. Eingel. und übertr. v. K. Atzert, BAW.RR, Zürich, Stuttgart 1964.
- ders., Vom rechten Handeln, Eingel. und neu übers.v. K. Büchner, BAW.RR, Zürich 1953.
- ders., Sämtliche Reden, Eingel., übers. und erl. von M. Fuhrmann, Bd. 1-7, BAW.RR, Zürich, Stuttgart 1970 - Zürich, München 1982.
- ders., Vom Redner, De orator. Übers., eingel. und erl. v. R. Kühner, München o.J..
- ders., Gespräche in Tusculum. Lat.-dt. mit ausführlichen Anm. neu hg.v. O. Gigon, TuscBü, München 1979^4 (1951).
- ders., Vom Wesen der Götter, Drei Bücher lat. und dt., hg., übers. und erl. v. W. Gerlach und K. Bayer, TuscBü, München 1978.
Colum.: Columella, L.J.M., On Agriculture, Bd. 1-3, Res Rustica I-XII, LCL, Cambridge, u.a. 1977-1979 (1941-1955).
Corp. Paroem. Gr.: Corpus paroemiographorum Graecorum, Bd. 1: hg.v. Leutsch, E.L.A./Schneidewin, F.G., Bd. 2: hg.v. Leutsch, E.L.A., Göttingen 1851.
Demosth.: Demosthenes, Rede für Ktesiphon über den Kranz. Mit kritischen und erklärenden Anmerkungen hg. und übers. von W. Zürcher, TzF 40, Darmstadt 1983.
Diels, H. - Kranz, W., Die Fragmente der Vorsokratiker. Bd. 2-3, Berlin 1952^9 (1951; Zürich, Berlin 1964^{11}).
Dig.: The Digest of Justinian. Latin Text ed. by Th. Mommsen with the Aid of P.

Krueger, English transl. ed. by. A. Watson, Bd. 1, Philadelphia, Pennsylvania 1985 (Lat. Text 1868).
Diodoros Siculus: Diodorus of Sicily, with an English Transl., Bd. 1-12, LCL, London 1967f.
Diog. Laert.: Diogenes Laertius, Leben und Meinungen berühmter Philosophen, Buch I-X (Aus dem Griechischen übers. v. O. Apelt), PhB 53/54, Hamburg 1967²
- Diogenis Laertii, vitae philosophorum recognovit brevique adnotatione critica instruxit, H.S. Long, Tomus Posterior, Oxford 1964.
Dion. Chr.: Dio Chrysostom with an English Transl., Bd. 1-5, Cambridge, London 1949-1951.
ders., Sämtliche Reden. Eingel., übers. und erl. v. W. Elliger, BAW.GR, Zürich, Stuttgart 1967.
Dittenberger, W., OGIS, s. OGIS.
ders., SIG, s. SIG.
Early Greek Elegy. The Elegiac Fragments of Callinus, Archilochus, Mimnermus, Tyrtaeus, Solon, Xenophanes & others, ed. with Introduction, Text, Critical Notes and Commentary, Cardiff 1926.
Enn.: Ennianae Poesis reliquiae iteratis curis rec. I. Vahlen, Amsterdam 1967 (= Nachdr. der 2. Auflage Leipzig 1928).
Epikt.: Schenkl, H., Epicteti Dissertationes ab Arriano Digestae ad fidem codicis bodleiani recensuit, BSGRT, Leipzig 1894.
- Epictète, Entretiens, Livre I-IV, Trad. par Souilhé, J., CUFr, Paris 1962-65.
- Epiktet, Was von ihm erhalten ist nach den Aufzeichnungen Arrians, NB der Übers. v. J.G. Schulthess v. R. Mücke, Heidelberg o.J. (Vorw. 1924; Nachwort 1926).
- Epiktet, Teles und Musonius, Wege zum Glückseligen Leben, Übertr. und eingel. von W. Capelle, BAW.GR, Stoa und Stoiker Bd. III, Zürich 1948.
Epigrammata Graeca. Ex lapidibus conlecta, hg.v. Kaibel, G., Berlin 1878.
Epikur.: Epicurus, The Extant Remains, With Short Critical Apparatus, Transl. and Notes by C. Bailey, Hildesheim, New York, 1970.
Eur.: Euripides, Tragödien, Erster Teil, Medeia, griech. und dt. von D. Ebener, SQAW Bd. 30,1, Berlin 1972.
- ders., Tragödien, Zweiter Teil, Alkestis, Hippolytos, Hekabe, Andromache, griech. und dt. v. D. Ebener, SQAW 30,2, Berlin 1975.
- ders., Tragödien, Fünfter Teil, Die Troerinnen, Die Phoinikerinnern, Orestes, griech. und dt. v. D. Ebener, SQAW 30,5, Berlin 1979.
- ders. Tragödien, Sechster Teil, Iphigenie in Aulis, Die Bakchen, Der Kyklop, griech. und dt., SQAW 30,6, Berlin 1980.
ders., Hypsipyle, hg.v. G.W. Bond, OCPM, Oxford 1963.
ders., Perditarum Tragoediarum fragmenta, Iterum recensuit A. Nauck, (= Euripides Tragoediae, hg.v. A. Nauck, Bd. III) Leipzig 1908.
Fabeln der Antike, Griechisch, lat., dt., hg.v. Schnur, H.C./Keller, E., TuscBü, München, u.a. 1985.
Festus: De verborum significatu quae supersunt cum Pauli Epitome, ed. W.M. Lindsay, Leipzig 1913.
Firm.: Firmicus Maternus, L'erreur des religions paiennes, Texte établi, trad. et comment. par R. Turcan, CUFr, Paris 1982.
Gellius, Aulus: The Attic Nights of Aulus Gellius, with an English Transl. by J.C. Rolfe, Bd. 1-3, LCL, London, Cambridge 1961⁴(1927)-1967⁴(1927).

Geop.: Geoponica sive Cassiani Bassi scholastici de re rustica eclogae recensuit H. Beckh, Leipzig 1895.
Grammatici Latini, hg.v. H. Keil, Bd. 6, Scriptores artis metricae, Leipzig 1874.
Herakleit.: Héraclite, Allégories d'Homère, hg.v. F. Buffière, CUFr, Paris 1962.
Hdt.: Herodotus with an English Transl. by A.D. Godley, Bd. 1-4, LCL, London, u.a., 1920-1924.
- Herodoti Historiae, hg.v. C. Hude, Bd. I, Oxford 1963 (1908).
Hes.: Hésiode, hg.v. P. Mazon, CUFr, Paris 1964[6].
Hippokr.: Hippocrates with an English Transl. by W.H.S. Jones, Bd. 2, LCL, Cambridge, Massachusetts, London 1981[6] (1923).
Hom.: Homers Ilias für den Schulgebrauch erkl., hg.v. C.F. Ameis, C. Hentze, P. Cauer, Bd. I/1-II/4, Amsterdam 1965 = Leipzig, Berlin 1913-1906. Amsterdam 1965 (Leipzig, Berlin 1913); Bd I/2: 1927[8].
- Homers Odyssee für den Schulgebrauch erkl. Bd I/1: hg.v. C.F. Ameis, C. Hentze, P. Cauer, Amsterdam 1964 = Leipzig, Berlin 1920; Bd. I/2: Hg. C.F. Ameis, C. Hentze, Berlin Amsterdam 1964 = Leipzig, Berlin 1908; Bd. II/1: Hg. C.F. Ameis, C. Henze, P. Cauer, Amsterdam 1964 = Leipzig, Berlin 1901; Bd. II/2: C.F. Ameis, C. Henze, P. Cauer, Amsterdam 1964 = Leipzig, Berlin 1911[10].
- Die Odysse, Dt. von W. Schadewaldt, hg.v. O. Gigon, BAW.GR, Stuttgart 1966.
Hor.: Horaz, Sämtliche Werke, Lat. und dt., Teil I, hg.v. H. Färber, Teil II, hg.v. H. Färber/W. Schöne, München, u.a. 1982[2].
- Q. Horatius Flaccus, Satiren und Briefe. Lat. und dt., hg.v. R. Helm, BAW.RR, Zürich, u.a. 1962.
Hudson-Williams, T., s. Early Greek Elegy.
Iambl.: Jamblichos, Aufruf zur Philosophie. Erste dt. Gesamtübers.. Mit zweisprachiger Ausg. von Ciceros "Hortensius" von O. Schönberger, Würzburg 1984.
Kaibel, G., s. Epigrammata Graeca.
Kallim.: Die Dichtungen des Kallimachos, Griech. und dt.. Übertr., eingel. und erkl. von E. Howald und E. Staiger, BAW.GR, Zürich 1955.
Lib.: Libanii Opera rec. R. Foerster, Bd. 2, Orationes XII-XXV, Leipzig 1904.
- Libanius, Selected works with an English Transl., Introduction et Notes by A. F. Norman, Bd. 1-3; Bd. 2: Selected Orations, LCL, Cambridge, London 1977.
Liv.: Titi Livi, Ab urbe condita Libri, hg.v. W. Weissenborn, Bd. 1 (Buch I und II), Berlin 1861[3].
Lucr.: Lucretius, De rerum natura, Hg. W.H.D. Rouse, LCL, London, u.a. 1959.
-Lukrez, Über die Natur der Dinge. Lat. und dt., hg.v. J. Martin, SQAW 32, Berlin 1972.
Lukian.: Lucian, with an English Transl., Bd. 1-5, hg.v. A.M. Harmon; Bd. 6, hg.v. K. Kilburn, Bd. 7-8, hg.v. M.D. Macleot, LCL, Cambridge, u.a. 1979.
-Lucianus, Hg. C. Jacobitz, Hildesheim 1966 (= Reprographischer Nachdr. von Leipzig 1836).
Marcus Aurelius Antonius: hg.v. J. Dalfen, BSGRT, Leipzig 1979.
- The Communings with himself of Marcus Aurelius Antonius. Emperor of Rome together with his Speeches and Sayings, hg.v. C.R. Haines, LCL, London, u.a., 1961 (1916).
- Wege zu sich selbst, hg. und übertr. von W. Theiler, BAW.RR, Zürich 1951.
Martial: M. Valerii Martialis rec. W. Heraeus, ed. correctiorem curavit Iacobus Borovskij, BiTeu, Leipzig 1976[2].

Maximus Tyrius: Maximi Tyrii Philosophumena, hg.v. H. Hobein, BSGRT, Leipzig 1910.
Mullach, G.A., Fragmenta Philosophorum Graecorum Collegit recensuit vertit Annotationibus et prolegomenis illustravit, Bd. 1-3, Paris 1860-1881.
Musonius: Musonius, Rufus C., Reliquiae, ed. O. Hense, BSGRT, Leipzig 1905.
- s. Epikt., ed. Capelle.
- Geytenbeek, A.C.van, Musonius Rufus and Greek Diatribe, revised ed., transl. by B.L. Hijmans, Jr., Wijsgerige Teksten en Studies, Assen 1963.
- Jagu, A., Musonius Rufus. Entretiens et fragments. Intr., traduction et commentaire, SMGP, Kleine Reihe Bd. 5, Hildesheim, New York 1979.
OGIS: Dittenberger, W., Orientis Graeci Inscriptiones Selectae. Bd. 1 u. 2, Leipzig 1903-1905.
Ov.: P. Ovidius Naso, Die Fasten, hg., übers. und kommentiert v. F. Bömer, Bd. 1: Einleitung. Text und Übers., Heidelberg 1957; Bd. 2: Komm., Heidelberg 1958.
Ovid in six Volumes, Bd. 1, Heroides and amores with an English transl. by G. Showerman, LCL, Cambridge, u.a. 1977^2 (1914).
- Metamorphosen, In deutsche Hexameter übertr. und mit dem Text hg.v. E. Rösch, TuscBü, München 1980^9.
Palladius Rutilius: Palladii Rutilii Tauri Aemiliani Viri Inlustris Opus agriculturae, De veterinaria medicina, De insitione, hg.v. R.H. Rodgers, BSGRT, Leipzig 1975.
Philostratus, Flavius: Philostratus, The Life of Apollonius of Tyana, the Epistles of Apollonius and the Treatise of Eusebius with an English Transl. by F.C. Conybeare, Bd. 1-2, LCL, London, u.a. 1950-1969 (1912).
- Philostratos, Das Leben des Apollonios von Tyana, Griech. und dt., hg., übers. und hg.v. V. Mumprecht, TuscBü, München, u.a. 1983.
Pind.: Pindari Carmina cum fragmentis, hg.v. A. Turyn, BSGRT, Oxford 1952.
- Siegeslieger. Deutsche Übertragungen. Zusammengestellt von U. Hölscher. Mit einem Nachwort von B. Snell, Exempla Classica 52, Frankfurt a. M., Hamburg 1962.
Platon, Werke in acht Bänden. Griech. und dt., Darmstadt 1977.
Plautus, with an English Transl. by P. Nixon, Bd. I-V, LCL, London, Cambridge, Bd. I 1979^9 (1916); II 1977^8 (1917); III 1970^6 (1924); IV 1965^4 (1932); V 1968^4 (1938).
Plin.: Pliny, Natural History, with an English Transl., hg.v. H. Rackham u.a., Bd. 1-10, LCL, Cambridge, u.a. 1958^4 (1938) -1962.
- Pline l'ancien. Historie naturelle. Texte établi, traduit et commenté, Livre I-XXXVI, CUFr, Paris 1950-1981.
Plut.: Plutarch's Lives, with an English Transl. by B. Perrin, Bd. 1-11, LCL, London, u.a. 1914-1926.
- Plutarch's Moralia, with an English Transl. by F.C. Babbitt u.a., Bd. 1-15, LCL, London, u.a. 1927-1969.
Pohlenz, M., (Hg.), s. Stoa und die Stoiker.
Poll.: Pollux, Iulius, Onomasticon, Fasc. 1-3, hg.v. E. Bethe, Nachdr. der Ausg. Leipzig 1900-1937, Stuttgart 1967.
Polyb.: Polybii Historiae, Bd. I, Libri I-III, hg.v. Th. Buettner-Wobst. Editio stereotypa Editionis Alterius 1905, BSGRT, Stuttgart 1962.
Prisc.: Prisciani, Grammatici caesariensis. Institutionum grammaticarum Libri XVIII, hg.v. M. Hertz, Bd. 1, Libros I-XII, Leipzig 1855.

Prud.: Prudentius, with an English Transl. by H.J. Thomson, Bd. 1-2, London, u.a. 1962² (1949) - 1961² (1953).
Quint:: Quintilianus, Marcus Fabius, Ausbildung des Redners. Zwölf Bücher, hg. und übers. von H. Rahn, Erster Teil Buch I-IV, TzF 2, Darmstadt 1972; Zweiter Teil Buch VII-XII, TzF 3, Darmstadt 1975.
Reliquiae, Historicorum Romanorum, Iteratis curis disposuit recensuit praefutus est, Bd. 1, hg.v. Peter, Herrmann, Leipzig 1914².
Sappho, Griech. und dt., hg.v. M. Treu, TuscBü, München 1963³.
Schnur, H.C./Keller, E., s. *Fabeln* der Antike.
Sen.: Seneca, Ad Lucilium epistulae morales with an English Transl. by R.M. Gummere, in three volumes, LCL, London, u.a. 1917-1953 (i. Nachdr. bis 1971).
- L. Annaei Senecae Opera quae supersunt. Recognovit et rerum indicem locupletissimum adiecit F. Haase, Bd. 3, Leipzig 1872.
- ders., Philosophische Schriften, Lat. und dt., hg.v. M. Rosenbach, Bd. 1-5, Darmstadt 1969-89.
ders., Tragoedias, Lat. und dt., übers. und erl. von Th. Thomann, Bd. 1-2, BAW.RR, Zürich, u.a. 1961-69.
ders., Tragoediae, hg.v. O. Zwierlein, SCBO, Oxford 1986.
SGUÄ: Sammelbuch Griechischer Urkunden aus Ägypten. Bearb. von F. Preisigke u.a., Straßburg, Bd. 1-3, 1915-1926 = Photomechanischer Nachdr. Berlin, u.a. 1974 ff.
SIG: Dittenberger, W., Sylloge Inscriptionum Graecarum, Bd. 3, Leipzig 1920.
Silius Italicus, La guerre punique, t. I-III, CUFr, Paris 1979-1981.
Sophokles, Tragödien, hg. und mit einem Nachwort versehen von W. Schadewaldt, BAW.GR, Zürich-Stuttgart 1968.
- Sophoclis Fabulae, rec. brevique adnotatione critica instruxit, hg.v. A.C. Pearson, SCBO, Oxford 1957⁸ (1924).
Stat.: Statius, with an English Transl. by J.H. Mozley, Bd. 1-2, London, Cambridge 1961.
Stoa und die Stoiker. Die Gründer. Panaitios. Poseidonios, hg.v. M. Pohlenz, M., BAW.GR, Zürich 1950.
Stobaeus: Ioannis Stobaei Anthologium recensuerunt C. Wachsmuth et O. Hense, Bd. 1-5, Berlin 1884-1909.
SVF: Stoicorum veterum fragmenta, hg.v. J.v. Arnim (Indices von M. Adler) Bd. 1-4, Sammlung wissenschaftlicher Commentare, Stuttgart 1964 = Leipzig 1903-1924.
Strabo: The Geography of Strabo, with an English Transl. by H.L. Jones based in part upon the unfinished version of J.R. Sithington Sterret, Bd. 1-8, LCL, London, u.a. 1967.
Tac.: Tacitus, The Histories with an English Transl. by C.H. Moore, The Annals with an English Transl. by J. Jackson, Bd. 1-4, LCL, London, Cambridge 1962.
Theogn.: Théognis. Poèmes élégiaques, Texte établi, traduit et commenté par J. Carrière CUFr, Paris 1975².
Theokr.: Theocritus, ed. with a Transl. and Comm. by A.S.F. Gow, Vol. 1, Introduction, Text and Translation, Cambridge 1965.
Theophr.: Theophrastus, De causis plantarum, Bd. 1-3, Bd. 1, with an English Transl. by B. Einarson and G.K.K. Link, LCL 471, London, u.a. 1976 (herangezogen für caus. plant. I-II).
- Theophrasti eresii opera quae supersunt omnia (hg.v. F. Wimmer), Bd 1-3, Leipzig

1854-1862 (herangezogen für Theophr. caus. plant II-VI und die Fragmente).
- ders., Enquiry into Plants and Minor Works on Odours and Weather Signs with an English Transl. by A. Hort, Bd. 1-2, LCL, London 1916.
Tragicorum Graecorum Fragmenta. Supplementum continens nova fragmenta Euripidea et Adespota apud scriptores veteres reperta adiecit B. Snell, hg.v. A. Nauck, Hildesheim 1964.
Vett.Val.: Vetti Valentis, Anthologiarum Libri, Primum hg.v. G. Kroll, Berlin 1908.
Val.Fl.: Valerius Flaccus, hg.v. J.H. Mozley, LCL, London, u.a. 1 63.
Val.Max.: Valerii Maximi factorum et dictorum memorabilium libri novem: cum Iulii Pariclis et Ianvarii Nepotiani epitomis iterum C. Kempf, BSGRT, (Ed. stereotypa 1888²) Stuttgart 1982.
Varro: s. Cato, Marcus Porcius, On Agriculture.
Verg.: Vergil, Aeneis, Lat.-Deutsch, In Zusammenarbeit mit M. Götte hg. und - übers. von J. Götte, München (1955) 1980⁵.
- ders., the Eclogues of Virgil, Transl. with Introduction, Notes and Latin Text by A.J. Boyle; Melbourne 1976.
Vergil, Landleben. Bucolica, Georgica, Catalepton, hg.v. J. und M. Götte, Vergil-Viten hg.v. K. Bayer, Lat. und dt., TuscBü, München (1959) 1977.
Die Vorsokratiker in Auswahl übers. und hg.v. W. Nestle, Jena 1922².
Xen.: Xenophontis, Opera omnia. Recognovit breviqueadnotatione critica instruxit E.C. Marchant, Bd. 1-4, SCBO, Oxford 1958⁷ (1900) - 1956³ (1910).

4. Verschiedenes:
Berger, K., Colpe, C., Religionsgeschichtliches Textbuch zum Neuen Testament, Texte zum Neuen Testament, NTD, Textreihe Bd. 1, Göttingen, Zürich 1987.
Bundehesh: Justi, F., Der Bundehesh, zum ersten Male herausgegeben, transcribiert, übersetzt und mit Glossar versehen, Leipzig 1868.
C.H.: Corpus Hermeticum, t. I-IV, Texte établi par A.D. Nock, trad. par A.-J. Festugière, CUFr, Paris t. I+II 1945, t. III + IV 1954.
Ginzberg, L., The Legends of the Jews, 7 Bde: Bd. I 1954¹⁰ (1909); II 1954⁷ (1910); III 1954⁴ (1911); IV 1954⁶ (1913) Bd. I-IV = Text; V 1955⁷ (1925); VI 1946³ (1928) Bd. V-VI = Anm.; VII 1946² (1938; 1967³) Bd. VII = Index (by B. Cohen).
Imhoof-Blumer, Keller, O., Thier- und Pflanzenbilder auf Münzen und Gemmen des klassischen Altertums, Leipzig 1889.
Koran: Der Koran. Übers. von R. Paret, Stuttgart, u.a. 1985⁴ (1966).
Leipoldt, J., Bilder zum neutestamentlichen Zeitalter. Ausgew. und erl., UUC 3, Berlin 1982⁵ (1967).
Levi, G., Das Buch jüdischer Weisheit. Parabeln, Legenden und Gedanken aus Talmud und Midrasch. Aus dem Urtext übers. v. L. Seligmann, Wiesbaden 1980 (= Nachdr. der 3. Aufl.).
Loqman: Derenbourg, J., Fables de Loqman le Sage. Le texte revu de nouveau sur les Mss., Accompagné d'une version française et des notes, et précédé d'une *introduction* sur la personne de Loqman et sur l'origine de ce recueil de fables, Berlin, Londres 1850.
Musarella, O.W., Ancient Art. The Norbert Schimmel Collection, Mainz 1974.
P.Alex. Giss.: Papyri Variae Alexandrinae et Gissenses, hg.v. J. Schwartz, Papyrologica Bruxellensia 7, Bruxelles 1969.
P.Amh.: The Amherst Papyri being an Account of the Greek Papyri in the Collec-

tion of the Right Hon. Lord Amherst of Hackney at Didlington Hall, Norfolk by B.P. Grenfell, A.S. Hunt, Part II, Classical Fragments and Documents of the Ptolemaic Roman and Byzantine Periods..., London 1901.

P.Colt: Kraemer, C.J., Excavations at Nessana Vol. III, Non-Literary Papyri, Colt Archaeological Institute, Princeton, New Jersey 1958.

P.Oxy.: The Oxyrhynchus Papyri, Part VII, hg.v. A.S. Hunt, Egypt Exploration Fund, Graeco-Roman Branch, London 1910.

P.Oxy.Hels.: Commentationes Humanarum Litterarum 63, 1979, Fifty Oxyrhynchus Papyri (P.Oxy.Hels.), hg.v. H. Zilliacus, u.a., Societas Scientiarum Fennica, Helsinki - Helsingfors 1979.

Schmidt, H., Kahle, P., Volkserzählungen aus Palästina. Gesammelt bei Bauern von Bir-Zet und in Verbindung mit Dschirius Jusif in Jerusalem, Bd. I, FRLANT 17, Göttingen 1918, Bd. II, FRLANT N.F. 18, 1930.

Thilo, M., Fünftausend Sprichwörter aus Palästina aus dem arabischen übers., MAHS 40, Berlin 1937.

Wreszinski, W., Atlas zur altaegyptischen Kulturgeschichte, Bd. I, Leipzig 1923; Bd. II/7, Leipzig o.J. (1925).

II) Hilfsmittel: Konkordanzen, Indices, Wörterbücher, Grammatiken, etc.

Aland, K., s. Vollständige Konkordanz.

ANRW: Aufstieg und Niedergang der römischen Welt. Geschichte und Kultur Roms im Spiegel der neueren Forschung, hg.v. H. Temporini, Berlin, u.a. 1972ff (soweit erschienen).

Bauer, W., Griechisch-deutsches Wörterbuch zu den Schriften des Neuen Testaments und der übrigen urchristlichen Literatur, Berlin, usw. 1971. (neu bearb. Aufl. 1988[6] hg.v. K. Aland und B. Aland).

BHH: Biblisch-Historisches Wörterbuch, Bd I-IV, hg.v. B. Reicke, L. Rost, Göttingen 1962-1979.

BL: Bibel-Lexikon, hg.v. H. Haag, Einsiedeln, u.a. 1968[2].

BRL[2]: Biblisches Reallexikon, hg.v. K. Gallingen, Handbuch zum Alten Testament 1,1, Tübingen 1977[2].

Clavis Patrum Graecorum qua optimae scriptorum patrum graecorum recensiones a primaevis saeculis usque ad octavum commode recluduntur, Hg. M. Geerard, Bd. I-IV, Brepolis - Turnhout, Bd. I 1983; Bd. II 1974; Bd. III 1979; Bd. IV 1980.

Denis, A.-M., Concordance grecque des Pseudépigraphes d'Ancien Testament. Concordances. Corpus des textes. Indices, Louvain-la-Neuve 1987.

Denis, A.-M., Janssens, Y., Concordance de l'Apocalypse greque de Baruch, Publications de l'institut orientaliste de Louvain 1, Louvain 1970.

EWNT: Exegetisches Wörterbuch zum NT, Bd. I-III, hg.v. Balz, H., Schneider, G., Stuttgart, u.a. 1980-1983.

EJ: Encyclopaedia Judaica, 1-16 Bände, New York 1071f.

EJ(D): Encyclopaedia Judaica, Bd. 1-10, Berlin 1928-34.

EKL[2]: Kirchlich-theologisches Handwörterbuch, hg.v. H. Brunotte u. O. Weber, Bd. I-IV, Göttingen 1962[2].

EKL[3]: Evangelisches Kirchenlexikon. Internationale theologische Enzyklopädie, hg.v. E. Fahlbusch u.a., Bd. I (Neufassung), Göttingen 1986[3].

Gesenius, W., Hebräisches und Aramäisches Handwörterbuch über das Alte

Testament bearb. v. F. Buhl, Berlin, Göttingen, Heidelberg 1962 = Nachdr. der Ausgabe Leipzig 1915[17].

Hatch, E./Redpath, H.A., A Concordance to the Septuagint and the Other Greek Versions of the Old Testament (Including the Apocryphal Books) Bd. 1-2, Graz 1975 (= Nachdr. der Ausg. Oxford 1897), Supplementband Graz-Austria 1975 (= Nachdr. der Ausg. Oxford 1906).

HWP: Historisches Wörterbuch der Philosophie, Bd. I ff, hg. v. J. Ritter, Darmstadt 1971ff. (soweit erschienen).

IDB: The Interpreter's Dictionary of the Bible. An Illustrated Encyclopedia in Four Volumes, hg.v. G.A. Buttrick, u.a., New York, u.a. 1962; Supplementary Volume hg.v. K. Crim, New York, u.a. 1962.

Jastrow, M., A Dictionary of the Targumim, the Talmud Babli and Yerushalmi, and the Midrashic Literature. With an Index of Scriptural Quotations, Bd. 2, New York 1950.

Jüdisches Lexikon. Ein enzyklopädisches Handbuch des jüdischen Wissens, 4 Bände, Berlin 1927-1930.

(Der) Kleine Pauly, Lexikon der Antike, hg.v. K. Ziegler u. W. Sontheimer, Stuttgart 1964ff.

Kraft, H., Clavis Patrum Apostolicum. Catalogum vocum in libris patrum qui dicuntur apostolici non raro occurrentium, Darmstadt 1963.

Kuhn, K.G., (Hg.), Konkordanz zu den Qumrantexten, Göttingen 1960.

ders., Nachträge zur Konkordanz zu den Qumrantexten, RdQ 4 (1963/64) 163-234.

Lattke, M., Die Oden Salomos in ihrer Bedeutung für Neues Testament und Gnosis. Bd. II: Vollständige Wortkonkordanz zur handschriftlichen, griechischen, koptischen und syrischen Überlieferung der Oden Salomos. Mit einem Faksimile des Kodex N, OBO 25/2, Göttingen 1979.

ders., Die Oden Salomos in ihrer Bedeutung für Neues Testament und Gnosis, Bd. III. Forschungsgeschichtliche Bibliographie 1799-1984 mit kritischen Anmerkungen. Mit einem Beitrag von M. Franzmann. A Study of the Odes of Solomon with Reference to the French Scholarship 1909-1980, OBO 25/3, Freiburg, Schweiz, Göttingen 1986.

Léon-Dufour, X., Wörterbuch zum Neuen Testament, München 1977.

LAW: Lexikon der Alten Welt, hg.v. C. Andresen, u.a. Zürich, u.a. 1965.

Liddell, H.G., Scott, R., A Greek-English Lexicon, Rev. and Augmented throughout by H.S. Jones, Oxford 1940[9] = Reprinted 1966 (1843).

Lisowsky, G., Konkordanz zum hebräischen Alten Testament, Stuttgart 1958[2].

Mandelkern, S., Veteris Testamenti Concordantiae Hebraicae atque Chaldaicae, Bd. I-II, Graz 1955 = Leipzig 1937[3].

Lurker, M., Wörterbuch der Symbolik, KTA 464, Stuttgart 1979.

Mayer, G., Index Philoneus, Berlin 1974.

Menge, H., Langenscheidts Großwörterbuch Griechisch-Deutsch unter Berücksichtigung der Etymologie, Berlin, u.a. 1984[25] (= 1913).

Morgenthaler, R., Statistik des neutestamentlichen Wortschatzes, Zürich 1958 (1973[2]).

Paulys Realencyclopädie der classischen Altertumswissenschaft, hg.v. G. Wissowa, Stuttgart 1893ff; 2. R. 1914ff.

Pertsch, E., Langenscheidts Handwörterbuch Lat.-Dt. bearb. von E. Pertsch auf der Grundlage des Menge-Güthling, Berlin, u.a. 1975[5] (1971).

Pöschl, V., Bibliographie zur antiken Bildersprache, bearb. v. H. Gärtner, W. Heyke, BKAW NS I, Heidelberg 1964.

Preuschen, E., Vollständiges Griechisch-Deutsches Handwörterbuch zu den Schriften des Neuen Testaments und der übrigen urchristlichen Literatur, Gießen 1910.

Rabbinischer Index, hg. von J.Jeremias, bearb. v. K.Adolph, Kommentar zum Neuen Testament aus Talmud und Midrasch v. H.L. Strack und P. Billerbeck, Bd. V, München 1956.

Real-Encyclopädie des Judentums, hg.v. J. Hamburger, Wörterbuch zum Handgebrauch..., Abteilung I. Biblische Artikel, Leipzig 1896.

RAC: Reallexikon für Antike und Christentum, hg.v. Th.Klauser, Stuttgart 1941ff (soweit erschienen).

(Blass, F., Debrunner, A.) Rehkopf, F., Grammatik des neutestamentlichen Griechisch, Göttingen 1984[16].

Rengstorf, K.H., A Complete Concordance to Flavius Josephus, Bd.1-3, Leiden 1973-1979.

RGG: (Die) Religion in Geschichte und Gegenwart, Handwörterbuch für Theologie und Religionswissenschaft,

hg.v. F.M. Schiele, Bd. 1-5, Tübingen, 1909-1913[1].

hg.v. H. Gunkel u. L. Zscharnack, Bd. 1-6, Tübingen 1927-1931[2].

hg.v. K. Galling, Bd. 1-6, 1957-1965[3]. (Wenn nicht anders vermerkt, wurde nach der 3. Aufl. zit.).

Riesenfeld, H., B., Repertorium Lexicographicum Graecum. A Catalogue of Indexes and Dictionaries to Greek Authors, Uppsala 1954.

Schmoller, A., Handkonkordanz zum Griechischen Neuen Testament, Stuttgart 1973[15] (1938).

Schultz, H.J. (Hg.), Psychologie für Nichtpsychologen, Stuttgart, u.a. 1974.

Shibles, W.A., METAPHOR: An Annotated Bibliography and History, Wisconsin 1971.

Siegert, F., Nag-Hammadi-Register. Wörterbuch zur Erfassung der Begriffe in den koptisch-gnostischen Schriften von Nag-Hammadi mit einem deutschen Index, Einf. von A. Böhlig, WUNT 26, Tübingen 1982.

Synopse der drei ersten Evangelien, Unv. Nachdr. der unter Mitw.v. H.G. Opitz v. H. Lietzmann völlig neu bearb. 9. Aufl., Tübingen 1975[12].

Synopsis quattuor evangeliorum. Locis parallelis evangeliorum apocryphorum et patrum adhibitis ed. K. Aland, Stuttgart 1967[4].

Theologisches Begriffslexikon zum Neuen Testament, hg.v Coenen, L., Wuppertal 1969.

Theologisches Handwörterbuch zum Alten Testament, hg.v. E. Jenni u. K. Westermann, München, Zürich 1971-1976.

Theologisches Wörterbuch zum Alten Testament, hg.v. G.J. Botterweck u. H.Ringgren, Stuttgart, Berlin, Köln, Mainz 1970ff (soweit erschienen).

Theologisches Wörterbuch zum Neuen Testament, begr. von G. Kittel, hg.v. G. Friedrich, Bd. I-X, Stuttgart 1933-1979.

TRE: Theologische Realenzyklopädie, hg. v. G. Krause u. G. Müller, Berlin, u.a. 1977ff. (soweit erschienen).

Vollständige Konkordanz zum Griechischen Neuen Testament unter Zugrundelegung aller modernen kritischen Textausgaben und des Textus receptus, in Verbin-

dung mit H. Riesenfeld u.a. neu zusammengestellt unter der Leitung von K. Aland, Arbeit zur neutestamentlichen Textforschung Bd. 4, Bd. I/1-2, Berlin u.a. 1983.
Vollständige Konkordanz zum Griechischen Neuen Testament in Verbindung mit H. Bachmann und W.A. Salby hg.v. K. Aland, Bd. 2, Spezialübersichten, Berlin, New York 1978.
Wahl, C.A., Clavis librorum Veteris Testamenti apocryphorum philologica. Indicem verborum in libris pseudepigraphis usurpatorum adiecit J.B.Bauer, Graz 1972. (Um einen Index verm. Nachdr. d. 1853 b. J.A.Barth in Leipzig erschienen Ausg.).
Wettstein, J., Novum Testamentum Graecum, t. I und II, Nachdruck Graz 1962.

II) Sekundärliteratur
Abbott, T.K., A Critical and Exegetical Commentary on the Epistles to the Ephesians and to the Colossians, ICC 11, Edinburgh 1953⁶ (1897).
Abel, K., Bauformen in Senecas Dialogen. Fünf Strukturanalysen: dial. 6,11,12,1 und 2, BKAW NS II/18, Heidelberg 1967.
Abel, F.-M., Géographie de la Palestine, t. I, Géographie physique et historique, Paris 1933.
Abraham, W., Braunmüller, K., Stil, Metapher, Pragmatik, Lingua 28 (1971) 1-47.
Aland, B., Die Apophasis Megale und die simonianische Gnosis, Bemerkungen zu J. Frickel, die 'Apophasis Megale' in Hippolyts Refutatio (VI 9-18). Eine Paraphrase zur Apophasis Simons, ThPh 48 (1973) 410-418.
diess., Gnosis und Philosophie, in: Proceedings of the International Colloquium on Gnosticism, Stockholm August 20-25, 1973, Stockholm, Leiden 1977, 34-73.
Albani, J., Die Parabel bei Paulus, ZWTh 46 N.F. 11 (1903) 40-58.
Albrecht, M. v., Zur Funktion der Gleichnisse in Ovids Metamorphosen, Görgemanns, H., Schmidt, E.A., (Hg.), Studien zum antiken Epos, Beiträge zur klassischen Philologie, Meisenheim am Glan 1976, 280-290.
Allmen, D. v., La famille de Dieu, La symbolique familiale dans le Paulinisme, OBO 41, Göttingen 1981.
Allo, E.-P. Saint Paul, Seconde Epître aux Corinthiens, EtB, Paris 1956² (1936).
Almqvist, H., Plutarch und das Neue Testament. Ein Beitrag zum Corpus Hellenisticum Novi Testamenti (Diss.), ASNU XV, Uppsala 1946.
Alonso-Schökel, L., Das Alte Testament als literarisches Kunstwerk, Köln 1971 (= ders., Estudios de Poética Hebrea, Barcelona 1963).
Althaus, P., Der Brief an die Römer, NTD 6, Göttingen 1933² (1978¹³).
Ameisenowa, Z., The Tree of Life in Jewish Iconographie, JWCI 2 (1938-39) 326-345.
Ameling, W., Herodes Atticus I: Biographie, SubEpi XI, Hildesheim, Zürich, New York 1983.
Amsler, S., Art. צמח, smh sprießen, in: THAT II, 563-566.
ders., Mury, O., Yahwh et la sagesse du paysan. Quelques remarques sur Esaie 28:23-29, RHPhR 53 (1973) 1-5.
Angerstorfer, ענב, ThWAT VI, 227-230.
Anderlind, L., Ackerbau und Thierzucht in Syrien, insbesondere in Palästina, ZDPV 9 (1886) 1-73.
Arens, E., Kommunikative Handlungen. Die paradigmatische Bedeutung der Gleichnisse Jesu für eine Handlungstheorie, Düsseldorf 1982.
Argyle, A.W., A Note on John 4,35, in: ET 82 (1970/71) 247-248.

Arnold-Döben, V., Die Bildersprache der Gnosis, Arbeitsmaterialien zur Religionsgeschichte, Köln 1986.
dies., Die Symbolik des Baumes im Manichäismus, in: Symbolon N.F. 5 (1980) 9-29.
Ascherson, P., Cephalaria syriaca, ein für Menschen schädliches Getreide-Unkraut Palästina's und die biblischen ζιζάνια (Matth 13,25-30), in: ZDPV 12 (1889) 152-156.
Assfahl, G., Vergleich und Metapher bei Quintilian, TBAW 15, Stuttgart 1932.
Asting, R., Die Verkündigung des Wortes im Urchristentum. Dargestellt an den Begriffen "Wort Gottes", "Evangelium" und "Zeugnis", Stuttgart 1939.
Augustin, M., Kegler, J., Bibelkunde des Alten Testaments, Ein Arbeitsbuch, Gütersloh 1987.
Aune, D.E., The Odes of Solomon and Early Christian Prophecy, NTS 28 (1982) 435-460.
Aurelio, T., Disclosures in den Gleichnissen Jesu. Eine Anwendung der disclosure-Theorie v. I.T. Ramsey, der modernen Metaphorik und der Theorie der Sprechakte auf die Gleichnisse Jesu, Regensburger Studien zur Theologie 8, Frankfurt a.M., u.a. 1977.
Bach, R., Bauen und Pflanzen, in: Rendtorff, R., Koch, K., (Hg.), Studien zur Theologie der alttestamentlichen Überlieferungen, FS G.v. Rad, Neukirchen 1961, 7-32.
Bacher, W., Die Agada der palästinensischen Amoräer, Bd. 1-3, Straßburg 1892-1899.
ders., Die Agada der Tannaiten, Bd. 2, Straßburg 1890.
Bachmann, Ph., Der erste Brief des Paulus an die Korinther, Kommentar zum Neuen Testament, Leipzig 1910².
Bacq, Ph.D., Ribadeau, O., Reading a Parable: The Good Wheat and the Tares (Mt 13), LV 39 (1984) 181-194.
Baldwin, J.G., Semah as a Technical Term in the Prophets, VT 14 (1964) 93-97.
Baltensweiler, H., Das Gleichnis von der selbstwachsenden Saat (Mk 4, 26-29) und die theologische Konzeption des Markusevangelisten, in: Christ, F., (Hg.), Oikonomia, Heilsgeschichte als Thema der Theologie, FS O. Cullmann, Hamburg-Bergstedt, 1967, 69-75.
Balz, H., Schrage, W., Die "katholischen Briefe", NTD 10, Göttingen 1973¹¹ (1985¹³).
Bammel, C., Art. Herakleon, in: TRE 15, 54-57.
Bammel, E., Erwägungen zur Eschatologie Jesu, StEv 3 (1964) 3-32.
Barrett, C.K., The Gospel according to St. John. An intr. with Comm. and Notes on the Greek Text, London 1955.
ders., A Commentary on the Epistle to the Romans, London 1962² (1951).
Barth, C., Die Interpretation des Neuen Testaments in der Valentinianischen Gnosis, TU 37,3, Leipzig 1911.
Barth, Ch., Art.: חציר, ḥasîr, ThWAT III, 137-140.
Barth, G., Auseinandersetzungen um die Kirchenzucht im Umkreis des Matthäusevangeliums, ZNW 69 (1978) 158-177.
ders., Der Brief an die Philipper, ZBK.NT 9, Zürich 1979.
ders., Das Gesetzesverständis des Evangelisten Matthäus, in: Bornkamm, G., u.a., Überlieferung und Auslegng im Matthäusevangelium, WMANT 1, Neukirchen-Vluyn 1965⁴, 54-154.
ders., 5. Sonntag nach Epiphanias Matthäus 1324-30, in: Falkenroth, A., Held, H.J.,

(Hg.)hören und fragen, Meditationen in neuer Folge 1, Erste Evangelienreihe, Neukirchen-Vluyn 1978, 78-84.
Barth, K., Die Lehre von Gott. Zweiter Halbband, KD II/2, Zürich 1946.
ders., Der Römerbrief, Dritter Abdruck der neuen Bearbeitung, München 1924 (1986^{14}).
Bartelmus, R., Die sogenannte Jothamfabel - eine politisch- religiöse Parabeldichtung. Anmerkungen zu einem Teilaspekt der vordeuteronomistischen israelitischen Literaturgeschichte, ThZ 41 (1985) 97-120.
Bartsch, H.-W., Die antisemitischen Gegner des Paulus im Römerbrief, in: Antijudaismus im Neuen Testament? Exegetische und systematische Beiträge, hg.v. W.P. Eckert, u.a., München 1967, 27-43.
ders., Gnostisches Gut und Gemeindetradition bei Ignatius von Antiochien, BFChTh.M 44, Gütersloh 1940.
ders., Das Thomas-Evanglium und die synoptischen Evangelien. Zu G. Quispels Bemerkungen zum Thomas-Evangelium, NTS 6 (1959-60) 249-261.
ders., "... wenn ich ihnen diese Frucht versiegelt habe. Rö 15 28. Ein Beitrag zum Verständnis der paulinischen Mission", ZNW 63 (1972) 95-107.
ders., Wachet aber zu jeder Zeit! Entwurf einer Auslegung des Lukasevangeliums, Hamburg-Bergstedt 1963.
Bauckham, R., The Parable of the Vine: Rediscovering a lost Parable of Jesus, NTS 33 (1987) 84-101.
Baudy, G.J., Adonisgärten. Studien zur antiken Samensymbolik, BKP 176, Frankfurt/M.1986.
Bauer, K.A., Leiblichkeit - das Ende aller Werke Gottes. Die Bedeutung der Leiblichkeit des Menschen bei Paulus, Gütersloh 1971.
Bauer, W., Das Johannesevangelium, HNT 6, Tübingen 1933^3 (1925^2).
Bauernfeind, O., Die Apostelgeschichte, ThHK 5, Leipzig 1939.
Baumbach, G., Die Funktion der Gemeinde in der Welt in johanneischer Sicht, ZdZ 21 (1967) 161-167.
ders., Das Verständnis des Bösen in den synoptischen Evangelien, ThA 19, Berlin 1963.
Baumert, N., Art.: "Ist Philipper 4,10 richtig übersetzt?", BZ 13 (1969) 256-262.
Baxter, A.G., Ziesler, J.A., Paul and Arboriculture: Romans 11.17-24, Journal for the Study of the New Testament, 25-32.
Beare, F.W., The First Epistle of Peter. The Greek Text with Introduction and Notes, Oxford 1958^2.
ders., The Gospel according to Matthew, A Commentary, Oxford 1981.
Beasley-Murray, G.R., Jesus and the Future. An Examination of the Criticism of the Eschatological Discourse, Mark 13 with Special Reference to the Little Apocalypse Theory, London 1956.
Beck, J.T., Erklärung der Briefe Petri, hg.v. J. Lindenmeyer, Gütersloh 1896.
Becker, H., Die Reden des Johannesevangeliums und der Stil der gnostischen Offenbarungsrede, FRLANT 68, Göttingen 1956.
Becker, J., Die Abschiedsreden Jesu im Johannesevangelium, ZNW 61 (1970) 215-246, bes. 229ff.
ders., Das Evangelium nach Johannes, Kapitel 1-10, ÖTK 4/1, Gütersloh 1985^2 (1979); Kapitel 11-21, ÖTK 4/2, Gütersloh 1984^2 (1981).
ders., Johannes der Täufer und Jesus von Nazareth, BSt 63, Neukirchen 1972.

ders., Das Heil Gottes. Heils- und Sündenbegriffe in den Qumrantexten und im NT, StUNT 3, Göttingen 1964.
Behm, J., Art. ἄμπελος, ThWNT I, 345f.
ders., Die Offenbarung des Johannes, NTD 11, 1937³.
Belser, J.E., Die Epistel des heiligen Jakobus, Freiburg im Breisgau 1909.
Ben-David, A., Talmudische Ökonomie. Die Wirtschaft des jüdischen Palästina zur Zeit der Mischna und des Talmud, Bd. I, Hildesheim, New York, 1974.
Bentzen, A., Daniel, HAT 19, Tübingen 1952².
Berger, K., Abraham in den paulinischen Hauptbriefen. Abrahams Sohnschaft allein aus dem Glauben an Jesus Christus (Gal 3), MThZ 17 (1966) 47-89.
ders., Die Amen-Worte Jesu. Eine Untersuchung zum Problem der Legitimation in apokalyptischer Rede, BZNW 39, Berlin 1970.
ders., Die Auferstehung des Propheten und die Erhöhung des Menschensohnes. Traditionsgeschichtliche Untersuchungen zur Deutung des Geschickes Jesu in frühchristlichen Texten, StUNT 13, Göttingen 1976.
ders., Exegese des Neuen Testaments. Neue Wege vom Text zur Auslegung, Heidelberg 1977 (1984²).
ders., Formgeschichte des Neuen Testaments, Heidelberg 1984.
ders., Zur Frage des traditionsgeschichtlichen Wertes apokrypher Gleichnisse, NT 17 (1975) 58-76, abgedr. in: Harnisch, W., (Hg.), Gleichnisse Jesu, Positionen der Auslegung von Adolf Jülicher bis zur Formgeschichte, WdF 366, Darmstadt 1982, 414-435.
ders., Gleichnisse, in: ANRW II Principat 25/2, 1984, 1110ff.
ders., Art. "Gnosis/Gnostizismus I. Vor- und außerchristlich", TRE 13, 519-535.
ders., Hermeneutik des Neuen Testaments, Gütersloh 1988.
ders., "Der Kosmos ist der heiligste Tempel..." Zur unterschiedlichen Wertung des Kosmos in der paganen und der christlich-gnostischen Antike, in: Rau, G., (Hg.), Frieden in der Schöpfung. Das Naturverständnis protestantischer Theologie, Gütersloh 1987.
ders., Materialien zu Form und Überlieferungsgeschichte neutestamentlicher Gleichnisse, NT 15 (1973) 1-37.
Bergmeier, R., Glaube als Gabe nach Johannes. Religions- und theologiegeschichtliche Studien zum prädestinatianischen Dualismus im vierten Evangelium, BWANT 112, Stuttgart, u.a. 1980.
Bernard, J.H., A Critical and Exegetical Commentary on the Gospel According to St. John, Bd. 2, ICC 4,2, Edinburgh 1928.
Betz, H.D., Der Galaterbrief. Ein Kommentar zum Brief des Apostels Paulus an die Gemeinden in Galatien. Aus dem amerik. übers. und für die dt. Ausg. red. bearb. v. S. Ann, München 1988.
ders., 2 Corinthians 8 and 9, Hermeneia, Philadelphia 1985.
Betz, O., Felsenmann und Felsengemeinde, ZNW 48 (1957) 49-77.
Beyse, K.-M., עלה, 'aloeh, ThWAT VI, 124-126.
Bianchi, U., Le Gnosticisme: Concept, Terminologie, Origines, Délimitation, in: Gnosis, FS H. Jonas. In Verbindung mit U. Bianchi, u.a. hg.v. B. Aland, Göttingen 1978, 33-64.
ders., (Hg.) Le Origini dello Gnosticismo, Leiden 1967.
Bič, Milos, Das Buch Sacharja, Berlin 1962.
Biehl, P., Symbol und Metapher, in: Jahrbuch der Religionspädagogik, hg.v. P. Biehl, Chr. Bizer, H.-G. Heimbrock, Folkert Rickers, Neukirchen 1985, 86-94.

Bien, G., Schwabl, H., Art. Apokatastasis, in: HWP I, 439-441.
Bigg, Ch., A Critical and Exegetical Commentary on the Epistles of St. Peter and St. Jude, ICC, Edinburgh 1956⁵ (1901).
Bjørndalen, A.J., Untersuchungen zur allegorischen Rede der Propheten Amos und Jesaja, BZAW 165, Berlin, New York 1986.
Black, M., An Aramaic Approach to the Gospels and Acts. With an Appendix on The Son of Man by Geza Vermes, Oxford 1967³ (1946).
Blanc, C., Le commentaire de Héracléon sur Jean 4 et 8, Aug. 15 (1975) 81-124.
ders., The Recovery of the language of Jesus, NTS 3 (1956-57) 303-313.
Blank, J., Krisis, Untersuchungen zur johanneischen Christologie und Eschatologie, Freiburg i.Br. 1964.
Blümner, H., Über Gleichniss und Metapher in der attischen Komödie, Studien zur Geschichte der Metapher im Griechischen H1, Leipzig 1891.
Blumenberg, H., Licht als Metapher der Wahrheit. Im Vorfeld der philosophischen Begriffsbildung, StGen 10 (1957) 432-447.
ders., Paradigmen zu einer Metaphorologie, ABG 6 (1960) 7-142.
Böckle, F., Die Idee der Fruchtbarkeit in den Paulusbriefen, Diss. theol., Freiburg i.d. Schweiz 1953.
Böhlig, A., Zur Struktur gnostischen Denkens, NTS 24 (1978) 496-509.
Böttcher, J.F., De paronomasia finitimisque ei figuris Paulo apostolo frequentatis, Diss. rhetorico-exegetica. Pars prior rhetorico-historica, Lips 1823.
Boismard, M.-E., Quatre hymnes baptismales dans la première épitre de Pierre, LeDiv 30, Paris 1961.
Bommer, J., Die Idee der Fruchtbarkeit in den Evangelien, Diss. Rom, Pfullingen (Württ.) 1950.
Bonhöffer, A., Epiktet und das Neue Testament, RVV 10, Gießen, 1911.
ders., Epictet und die Stoa. Untersuchungen zur stoischen Philosophie, Stuttgart 1890.
ders., Die Ethik des Stoikers Epictet. Anhang: Exkurse über einige wichtige Punkte der stoischen Ethik, Stuttgart 1894.
ders., Ein heidnisches Pendant zum neutestamentlichen "Gleichnis vom Säemann", ARW 11 (1908) 571-573.
Bonnard, P., L'Epître de Saint Paul aux Galates, Masson, Ch., L'Epître de Saint Paul aux Ephésiens, CNT(N) IX, Neuchâtel, Paris 1953.
ders., L'Evangile selon Saint Mattieu, CNT(N) I, Neuchâtel 1963.
Borig, R., Der wahre Weinstock, Untersuchungen zu Jo 15,1-10, StAnt XVI, München 1967.
Bornkamm, G., Enderwartung und Kirche im Matthäusevangelium, in: ders. u.a., Überlieferung und Auslegung im Matthäusevangelium, WMANT I, Neukirchen-Vluyn 1965⁴, 13-47.
ders., Jesus von Nazareth, Stuttgart, u.a. 1980¹² (1956).
ders., Die Komposition der apokalyptischen Visionen in der Offenbarung Johannis, in: ders., Studien zu Antike und Urchristentum, Gesammelte Aufsätze, Bd. 2, BEvTh - Theologische Abhandlungen 28, München 1963² (1959), 204-222.
ders., Mythos und Legende in den apokryphen Thomas-Akten: Beiträge zur Geschichte der Gnosis und zur Vorgeschichte des Manichäismus, FRLANT N.F. 31, Göttingen 1933.
ders., Der Römerbrief als Testament des Paulus, in: ders., Geschichte und Glaube, Zweiter Teil, Gesammelte Aufsätze, Bd. 4, BEvTh 53, München 1971, 120-139.

ders., Barth, G., Held, H.J., Überlieferung und Auslegung im Matthäusevangelium, WMANT 1, Neukirchen 1965⁴ (1960).
ders., Die Vorgeschichte des sogennanten Zweiten Korintherbriefes, SHAW.PH 2, Heidelberg 1961.
Bornstein, D.J., Art.: Laubhüttenfest, EJ(D) 10, Berlin 1934, 681-698.
Borsch, F.H., "Waste and Grace: The Parable of the Sower", Historical Magazine of the Protestant Episcopal Church [Austin, TX] 53 (1984) 199-208.
Botterweck, G.J., Gott und Mensch in den alttestamentlichen Löwenbildern, in: J. Schreiner (Hg.), Wort, Lied und Gottesspruch. Beiträge zu Psalmen und Propheten, FS J. Ziegler, Würzburg 1972, 117-128.
Bouquet, A.C., Biblischer Alltag. Zeit des Neuen Testaments. Mit 98 Abbildungen, München o.J. (Originalausgabe: Everyday life in New Testament Times).
Bourbeck, C., (Hg.) Gleichnisse aus altem und neuem Testament, Schriftauslegung für Predigt. Bibelarbeit. Unterricht, Bd. 8, Stuttgart 1971.
Bourke, M.M., A Study of the Metaphor of the Olive Tree in Romans XI, Diss. theol., Studies in Sacred Theology II/3, Washington 1947.
Bousset, W., Die Offenbarung Johannis, KEK 16, Göttingen 1906⁶.
Bowker, J.W., Mystery and Parable: Mark IV.1-20, JThS 25 (1974) 300-317.
Brändle, R., Die Ethik der "Schrift an Diognet". Eine Wiederaufnahme paulinischer und johanneischer Theologie am Ausgang des zweiten Jahrhunderts, AThANT 64, Zürich 1975.
Brandenburger, E., Adam und Christus. Exegetisch-Religionsgeschichtliche Untersuchung zu Röm 5 12-21 (1. Kor 15), WMANT 7, Neukirchen Kreis Moers 1962.
ders., Fleisch und Geist. Paulus und die dualistische Weisheit, WMANT 29, Neukirchen-Vluyn 1968.
ders., Johannes 4,31-38. Exegese und Anregungen zur Meditation und Predigt, Kirche im Dorf 22 (1971) 203-209.
ders., Markus 13 und die Apokalyptik, FRLANT 134, Göttingen 1984.
ders., Die Verborgenheit Gottes im Weltgeschehen. Das literarische und theologische Problem des 4. Esrabuches, AThANT 68, Zürich 1981.
Brashler, J.A., The Coptic Apocalypse of Peter: A Genre Analysis and Interpretation, Diss. Microfilm, Claremont 1977.
Braun, H., Vom Erbarmen Gottes über den Gerechten. Zur Theologie der Psalmen Salomos, ZNW 43 (1950-51) 1-54.
ders., An die Hebräer, HNT 14, Tübingen 1984.
ders., Qumran und das Neue Testament Bd. I und II, Tübingen 1966.
ders., Spätjüdisch-häretischer und frühchristlicher Radikalismus. Jesus von Nazareth und die essenische Qumransekte, BHTh 24 I/II, Tübingen 1969² (1957).
ders., Das "Stirb und werde" in der Antike und im Neuen Testament, Gesammelte Studien zum Neuen Testament und seiner Umwelt, Tübingen 1962 (1971³), 136-158.
Bréhier, E., Etudes de Philosophie Antique, Préface de G. Davy, avant-propos de P.-M. Schuhl, Publications de la faculté des lettres de Paris, Paris 1955.
ders., Histoire de la Philosophie I, Antiquité et Moyen Age, édition revue et mise à jour par P.-M. Schuhl et M. de Gandillac avec la collaboration de E. Jeauneau, P. Michaud-Quantin, H. Védrine et J. Schlanger, Paris 1981³ (1931¹).
Breytenbach, C., Nachfolge und Zukunftserwartung nach Markus. Eine methodenkritische Studie, AThANT 71, Zürich 1984.
Bring, R., Der Brief des Paulus an die Galater, Berlin, Hamburg 1968.
Brooke-Rose, C., A Grammar of Metaphour, London 1958.

Brown, R., Christ above all, The message of Hebrews, Suffolk 1982.
Brown, R.E., The Gospel According to John, Introduction, Translation and Notes, AncB, I-XII: New York 1966; XIII-XXI, London, Dublin, Melbourne 1971.
ders., Ringen um die Gemeinde. Der Weg der Kirche nach den johanneischen Schriften, aus dem Englischen übers. von B. Michl, Salzburg 1982 (Originaltitel: The Community of the Beloved Disciple. The Life, Loves and Hates of an Individual Church in the New Testament Times, New York 1979).
ders., Parable and Allegory reconsidered, NT 5 (1962) 36-45.
Brown, S., Apostasy and Perseverance in the Theology of Luke, AnBib 36, Rom 1969.
ders., The Secret of the Kingdom of God (Mark 4:11), JBL 92 (1973) 60-74.
Brown, St. J.M., The World of Imagery. Metaphor and Kindred Imagery, New York 1966 (1927).
Brox, N., Der erste Petrusbrief, EKK XXI, Zürich, u.a. 1979 (1986²).
ders., Offenbarung, Gnosis und gnostischer Mythos bei Irenäus von Lyon. Zur Charakteristik der Systeme, SPS I, Salzburg, München 1966.
Brun, L., Segen und Fluch im Urchristentum, Oslo 1932.
Brunner, R., Sacharja, ZBK, Zürich, Stuttgart 1960.
Brunot, A., Le génie littéraire de saint Paul, LeDiv 15, Paris 1955.
Buchanan, G.W., The Samaritan Origin of the Gospel of John, in: Religions in Antiquity. Essays in Memory of E.R. Goodenough (hg.v. J. Neuser), Studies in the History of Religions, Supplements to *Numen* XIV, Leiden 1968, 149-175.
Büchsel, F., Art.: θυμός, ἐπιθυμία, κτλ., ThWNT III, 167-173.
Bühler, K., Sprachtheorie. Die Darstellungsfunktion der Sprache. Mit einem Geleitwort von F. Kainz. Stuttgart 1965².
Bühlmann, W., Scherer, K., Stilfiguren der Bibel. Ein kleines Nachschlagewerk. Mit einem Anhang von O. Rickenbacher: Einige Beispiele stilistischer Analyse alttestamentlicher Texte, BiBe 10, Fribourg 1973.
Buess, E., Art.: "Symbol" in: RGG³ VI, 540f.
Bugge, Chr. A., Die Haupt-Parabeln Jesu. Mit einer Einleitung über die Methode der Parabel-Auslegung. Giessen 1903.
Bullinger, E.W., Figures of Speech used in the Bible: Explained and illustrated, London, New York 1898 (= Michigan 1971).
Bultmann, R., Die Geschichte der synoptischen Tradition, FRLANT 29: N.F. 12, Göttingen 1979⁹ (1921)./ErgH., bearb. v. G. Theißen und Ph. Vielhauer, Göttingen 1979⁵.
ders., Das Evangelium des Johannes, KEK 2, Göttingen 1978²⁰ (1986²¹).
ders., Die Interpretation von Mk 4,3-9 seit Jülicher, in: Jesus und Paulus (FS W.G. Kümmel), hg.v. E.E. Ellis und E. Gräßer, Göttingen 1975, 30-34.
ders., Jesus, Tübingen 1983.
ders., Karl Barth, "Die Auferstehung der Toten" in: GuV I, Tübingen 1966⁶ (1980⁸), 38-64.
ders., Art.: Mythus und Mythologie, III B. Im NT, in: RGG², Bd. IV, 390-394.
ders., Der Stil der Paulinischen Predigt und die kynisch-stoische Diatribe, FRLANT 13, Göttingen 1910 (Reprint: 1984).
ders., der zweite Brief an die Korinther, hg.v. E. Dinkler, KEK-Sonderband, Göttingen 1976.
Burchard, Ch., 1 Korinther 1539-41, ZNW 75 (1984), 233-258.

ders., Untersuchungen zu Joseph und Aseneth. Überlieferung - Ortsbestimmung, WUNT 8, Tübingen 1965.

Burks, A.W., Icon, Index, and Symbol, in: Philosophy and Phenomenological Research 9 (1948/49) 673-689.

Burton, E. de Witt, The Epistle to the Galatians, ICC, Edinburgh 1952[4] (1921).

Bushnell, C.C., A Classification according to the Subject-matter of Marcus Aurelius Antonius, in: Transactions and Proceedings of the American Philological Association 1908, Vol. 39, Boston, S. XIX-XXI.

ders., Comparisons and Illustrations in the τὰ πρὸς ἑαυτόν of Marcus Aurelius Antonius, in: Transactions and Proceedings of the American Philological Association, 1905, Vol. 36, Boston, S. XXIX-XXX.

Bussche, H. van den, Si le grain de blé ne tombe en terre... (Jean 12,20-39), BVC 5 (1954) 53-67.

ders., La vigne et ses fruits (Jean 15,1-8), BVC 26 (1959) 12-18.

Bussmann, W., Synoptische Studien, H.1: Zur Geschichtsquelle, Halle 1925.

Caird, G.B., The Language and Imagery of the Bible, Studies in Theology, London 1980.

Cambier, J., Les images de l'Ancien Testament dans l'Apocalypse de saint Jean, NRTh 77 (1955) 113-122.

Cameron, R., Parable and Interpretation in the Gospel of Thomas, Forum (Bonner Montana) 2,2 (1986) 3-39.

Cancik, H., Untersuchungen zu Senecas Epistulae morales, Spudasmata 18, Hildesheim 1967.

Cantinat, J., Les Epîtres de Saint Jacques et de Saint Jude, SBi, Paris 1973.

Capelle, W., Art. "Diatribe A. Nichtchristlich", RAC III, 990-997.

Carlston, C.E., The Parables of the Triple Tradition, Philadelphia 1975.

Carrington, Ph., According to Mark, A Running Commentary on the Oldest Gospel, Cambridge 1960.

Casalegno, A., La parabola de granello di senape (Mc 4,30-32), RivBib 26 (1978) 139-161.

Cassirer, E., Philosophie der symbolischen Formen, Teil I-III, Darmstadt 1956-1958.

Catchpole, D., The Ravens, the Lilies and the Q Hypothesis. A Form-critical Perspective on the Source-critical Problem, in: Studien zum Neuen Testament und seiner Umwelt (Linz) 6-7 (1981-82) 77-87.

Cavallin, H.C.C., Life After Death, Paul's Argument for the Resurrection of the Dead in I Cor 15, Part I: An Enquiry into the Jewish Background, CB.NT 7:1, Uppsala 1974.

Cave, C.H., The Parables and the Scriptures, NTS 11 (1964/65) 374-387.

Cerfaux, L., Cambier, J., L'Apocalypse de saint Jean lue aux chrétiens, LeDiv 17, Paris 1955.

Cerfaux, L., La connaissance des secrets du royaume d'après Matt. XIII, 11 et parallèles, NTS 2 (1955/56) 238-249.

ders., Fructifiez en supportant (l'épreuve), Recueil Lucien Cerfaux III, Supplément, Gembloux 1962, 111-122.

ders., Le thème littéraire parabolique dans l'Evangile de saint Jean, CNT XI (1947) = Recueil Lucien Cerfaux II, 17-27.

ders., Les Paraboles du Royaume dans l'Evangile de Thomas, Muséon 70 (1957) 307-327.

Chaine, J., L'Epître de Saint Jacques, EtB 20, Paris 1927².
Charles, R.H., A Critical and Exegetical Commentary on the Revelation of St. John, ICC 19/I und 19/II, Edinburgh 1920.
Charue, An., L'Incrédulité, des Juifs dans le Nouveau Testament, Etude historique, exégetique et théologique, Universitas catholica Lovaniensis II, 21, Gembloux 1929.
Chary, Th., Le symbole dans l'Ancien Testament, RevSR 49 (1975), 87-100.
Chesnut, G.F., The Ruler and the Logos in Neopythagorean, Middle Platonic, and Late Stoic Political Philosophy, ANRW II, 16.2, 1310-1332.
Clark, K.W., The Mustard Plant, ClW 37 (1943/44) 81-83.
ders., The use and interpretation of parable, ClW 36 (1942-43) 27-29.
Clemen, C., Die Bildlichkeit der Offenbarung Johannis, FS J. Kaftan, Tübingen 1920, 25-43.
ders., Religionsgeschichtliche Erklärung des Neuen Testaments. Die Abhängigkeit des ältesten Christentums von nichtjüdischen Religionen und philosophischen Systemen. Zusammenfassend untersucht, Berlin, New York, 1973 (= Photomechanischer Nachdr. der zweiten Auflage Giessen 1924).
Colardeau, Th., Etude sur Epictète. Thèse. Présentée à la Faculté, des Lettres de l'Université de Paris, Paris 1903.
Collange, J.-F., L'Epître de Saint Paul aux philippiens, CNT(N), Neuchâtel 1973.
Colpe, C., Art. "Manichäismus", RGG³ IV, 714-722.
Conzelmann, H., Der erste Brief an die Korinther, KEK 5, Göttingen 1969¹¹ (1981¹²).
ders., Art. "χαίρω, χαρά, συγχαίρω", in: ThWNT 9, 350-362.
ders., Gegenwart und Zukunft in der synoptischen Tradition, in: ZThK 54 (1957) 277-296.
ders., Die Mitte der Zeit. Studien zur Theologie des Lukas, BHTh 17, Tübingen 1964⁵ (1977⁶).
ders., Art. "Reich Gottes" I,2., in: RGG³ V, 914-918.
ders., Art. "συνίημι, κτλ.", in: ThWNT 7, 886-894.
ders., Lindemann, A., Arbeitsbuch zum Neuen Testament Tübingen 1977 (1985⁸).
Cooney, J.D., Amarna Reliefs from Hermopolis in American Collections, Brooklyn 1965.
Cotter, W.J., For It Was Not the Season for Figs, CBQ 48 (1986) 62-66.
Cousin, H., Le figuier désseché. Un exemple de l'actualisation de la geste évangélique, FS S. de Dietrich, hg.v. J. Ellul, CBFV, 70. Suppl., Paris 1971, 82-93.
Cranfield, C.E.B., A Critical and Exegetical Commentary on the Epistle to the Romans, Vol. I, Introduction and Commentary on Romans I-VIII, ICC, Edinburgh 1975⁶.
ders., St. Mark 4.1-34, SJTh 4 (1951) 398-414.
Crifford, G., Dichte Beschreibung: Beitrag zum Verstehen kultureller Systeme, Frankfurt 1983.
Cross, F.M. Jr., The Ancient Library of Qumran and Modern Biblical Studies, New York 1961² (1958).
Crossan, J.D., The Seed Parables of Jesus, JBL 92 (1973) 244-266.
Crüsemann, F., Der Widerstand gegen das Königtum. Die antiköniglichen Texte des Alten Testamentes und der Kampf um den frühen israelitischen Staat, WMANT 49, Neukirchen 1978.
Crusius, O., Art. "Babrios", PRE II/2, 2655-2667.

Cullmann, O., Der johanneische Kreis. Sein Platz im Spätjudentum, in der Jüngerschaft Jesu und im Urchristentum. Zum Ursprung des Johannesevangeliums, Tübingen 1975.
ders., Samaria and the Origins of the Christian Mission, in: ders., The Early Church (hg.v. A.J.B. Higgins), London 1956, 185-192.
Dahl, N.A., "The Johannine Church and History", in: Klassen, W., Suyder, G.F. (Hg.), Current issues in New Testament Interpretation, Essays in honor to O.A. Piper, Londen 1962.
ders., The Parables of Growth, in: ders., Jesus in the Memory of the Early Church, Minneapolis, Minnesota 1976, 141-166 (= ders., dass., StTh 5 (1952) 132-166).
Dalfen, J., Formgeschichtliche Untersuchungen zu den Selbstbetrachtungen Marc Aurels, Diss. Philosoph., München 1967.
Dalferth, I.U., Mythos, Ritual, Dogmatik, Strukturen der religiösen Text-Welt, EvTh 47 (1987) 272-291.
ders., Religiöse Rede von Gott, BEvTh 87, München 1981.
Dalman, G., Arbeit und Sitte in Palästina, Bd I-IV, Gütersloh 1928-1935. (Repr. Hildesheim 1964).
ders., Orte und Wege Jesu, im Anhang: Die handschriftlichen Berichtigungen und Ergänzungen in dem Handexemplar Gustaf Dalmans zusammengestellt von Alfred Jepsen, Darmstadt 1967[4] (1924[3]).
ders., Vielerlei Acker, PJ 22 (1926) 120-132.
ders., Die Worte Jesu. Mit Berücksichtigung des nachkanonischen jüdischen Schrifttums und der aramäischen Sprache, Bd. I: Einleitung und wichtige Begriffe, Leipzig 1930.
Daly, L.W., Cicero as "small Latin", CJ 44 (1948-49) 431-432.
Daniel-Rops, H., Die Umwelt Jesu. Der Alltag in Palästina vor 2000 Jahren. Ins Deutsche übertr. von S. Stahlmann, München 1980 (Originalausgabe: "La vie cottidienne en Palestine au temps du Jesus", Paris 1961).
Daniélou, J., Die Kirche: Pflanzung des Vaters. Zur Kirchenfrömmigkeit der frühen Christenheit, in: ders., Vorgrimler, H., (Hg.), Sentire Ecclesiam. Das Bewußtsein von der Kirche als gestaltender Kraft der Frömmigkeit, Freiburg i.Br. 1961, 92-103.
ders., Théologie du Judéo-Christianisme, Histoire des Doctrine chrétiennes avant Nicée I, Bibliothèque de Théologie, Paris 1958.
ders., Les symboles chrétiens primitifs, Paris 1961.
Danker, F.W., I Peter 124-217- A Consolatory Pericope, ZNW 58 (1967) 93-102.
ders., 2 Peter 1: A Solemn Decree, CBQ 40 (1978) 64-82.
Danten, J., La révélation du Christ sur Dieu dans les Paraboles, NRTh 77 (1955) 456-477.
Dautzenberg, G., Der Verzicht auf das apostolische Unterhaltsrecht. Eine exegetische Untersuchung zu 1 Kor 9, Bib. 50 (1969) 212-232.
ders., Mk. 4,1-34 als Belehrung über das Reich Gottes. Beobachtungen zum Gleichniskapitel, BZ N.F. 34 (1990), 38-62
Davids, P.H., The Epistle of James. A Commentary on the Greek Text, The New International Greek Testament Commentary, Exeter 1982.
Davies, J.H., A Letter to Hebrews. Commentary, CBC 12, Cambridge 1967.
Davies, S.L., The Gospel of Thomas and Christian Wisdom, New York, 1983.
Davies, W.D., Jewish and Pauline Studies, London 1984.
ders., Romans 11: 13-24, A suggestion, in: Paganisme, Judaisme, Christianisme...,

Mélanges offerts à Marcel Simon, hg.v. André Bénoit, Marc Philolenko, Cyrille Vogel, Paris 1978, 131-144.
ders., The Setting of the Sermon on the Mount, Cambridge 1964.
Deißmann, A., Licht vom Osten. Das Neue Testament und die neuentdeckten Texte der hellenistisch-römischen Welt. Tübingen 1923⁴.
Deißner, K., Paulus und Seneca, BFChTh 21/2, Gütersloh 1917.
Delcor, M., Le livre de Daniel, SBi, Paris 1971.
Delitzsch, F., Commentar zum Briefe an die Hebräer. Mit archäologischen und dogmatischen Exkursen über das Opfer und die Versöhnung, Leipzig 1857.
Delling, G., Art.: τέλος, τελέω, κτλ., ThWNT VIII, 50-88.
ders., Art.: ὑπεραυξάνω, κτλ., ThWNT VIII, 519-521.
Demandt, A., Metaphern für Geschichte. Sprachbilder und Gleichnisse im historisch-politischen Denken, München 1978.
Derret, J.D.M., Figtrees in the New Testament, HeyJ 14 (1973) 249-65 (= ders., dass., in: Studies in the New Testament, Vol. II, Midrash in Action and as a Literary Device, Leiden 1978, 148-164).
Dibelius, M., An die Kolosser, Epheser, an Philemon, HNT 12, Tübingen 1953³.
ders., Der Brief des Jakobus, KEK 15, Göttingen 1956⁸ (1984¹²).
ders., rev. by H. Greeven, transl. by M.A. Williams, ed. by H. Koester, James, Hermeneia, Philadelphia 1976.
ders., Die Briefe des Apostels Paulus II, An die Thessalonicher I II, An die Philipper, HNT 3, Tübingen 1911.
ders., Die Formgeschichte des Evangeliums Tübingen 1933² (1919; 1971⁶).
ders., Die urchristliche Überlieferung von Johannes dem Täufer, FRLANT 15, Göttingen 1911.
Didier, M., Les paraboles de Jésus. Le discours de Mt. XIII, RDN 13 (1959) 633-641.
ders., La parabole du semeur, in: Au service de la Parole de Dieu, FS A.-M. Charue, Gemloux 1969, 21-41.
ders., Les paraboles du semeur et de la semence qui croit d'elle-même, RDN 14 (1960) 185-196.
Dietel, K., Das Gleichnis in der frühen griechischen Lyrik, Diss. Phil., Würzburg 1939.
Dietzfelbinger, Ch., Das Gleichnis vom ausgestreuten Samen, in: Lohse, E., u.a. (Hg.), Der Ruf Jesu und die Antwort der Gemeinde, FS J. Jeremias, 80-93.
ders., Pseudo-Philo, Liber Antiquitatum Biblicarum, theol. Diss. Göttingen 1964.
Dihle, A., Die Vorstellung vom Willen in der Antike, Sammlung Vandenhoeck, Göttingen 1985.
Dijk, J.J.A. van, La sagesse suméro-accadienne, Recherches sur les genres littéraires des textes sapientiaux. Avec choix de textes, Commentationes orientales, Bd. 1, Leiden 1953.
Dijk, T.A. van, Textwissenschaft. Eine interdisziplinäre Einführung. Deutsche Übers. von Ch. Sauer, Tübingen 1980 (Originalausgabe: Tekstwetenschap. Een interdisciplinaire inleiding, Utrecht/Antwerpen 1978).
Dillon, R.J. Towards a Tradition-History of the Parables of the True Israel (Matthew 21,33-22,14), Bib. 47 (1966) 1-42.
Dirlmeier, F., Die Oikeiosis-Lehre Theophrasts, Ph.S 30, Leipzig 1937.
Dithmar, R., Die Fabel, Geschichte, Struktur, Didaktik, Paderborn 1974².
ders., Fabeln, Parabeln und Gleichnisse, München 1970.

Dobbeler, St., v., Das Gericht und das Erbarmen Gottes, BBB 70, Franfurt 1988.
Dodd, C.H., The Epistle of Paul to the Romans, MNTC, London 1932.
ders., Historical Tradition in the Fourth Gospel, Cambridge 1963.
ders., The Interpretation of the Fourth Gospel, Cambridge 1953.
ders., The Parables of the Kingdom, London 1935 (1938⁴).
Doderer, K., Fabeln. Formen, Figuren, Lehren, Zürich, Freiburg i. Br. 1970.
Dörrie, H., Porphyrios' "Symmikta Zetemata", Zet. 20, München 1959.
Donald, J.I.H., Kerygma and Didache. The articulation and structure of the earliest Christian message, MSSNTS 37, Cambridge, u.a. 1980.
Dondelinger, E., Der Jenseitsweg der Nofretari. Bilder aus dem Grab einer ägyptischen Königin, Graz 1973.
Doresse, J., The Secret Books of the Egyptian Gnostics. An Introduction to the Gnostic Coptic manuscripts discovered at Chenoboskion with an English Translation and Critical Evaluation of the Gospel According to Thomas, London 1960.
Dreyfus, F., Le passé et le présent d'Israel (Rom. 9,1-5; 11,1-24) in: Kümmel, W.G., Mantagnini, F., u.a., Die Israelfrage nach Röm 9-11, hg.v. Lorenzo de Lorenzi, Ben. 3, Rom 1977, 131-151.
Dronkers, A.I., De Comparationibus et Metaphoris apud Plutarchum, Diss. Litteraria, Utrecht 1892.
Drury, J., The Sower, the Vineyard, and the Place of Allegory in the Interpretation of Mark's Parables, JThS 24 (1973) 367-379.
Duhm, B., Das Buch Jesaia, HK III/1, Göttingen 1902² (1892; 1968 = 5. Aufl. der Aufl. von 1923).
Dunkel, F., Des Sämanns Arbeit in des Erlösers Heimat (Die realistischen Elemente in der Parabel vom Sämann), HlL 69 (1925) 82-86.
Dupont, J., Les Béatitudes, t. I, Bruges, Louvain, 1958, t. II, Paris 1969.
ders., Le couple parabolique du Sénevé et du Levain, in: Strecker G., (Hg.), Jesus Christus in Historie und Theologie, FS H. Conzelmann, Tübingen 1975, 331-345.
ders., Encore la parabole de la Semence qui pousse toute seule (Mk 4,26-29), in: Ellis, E.E., Gräßer, E. (Hg.), Jesus und Paulus, FS W.G. Kümmel, Göttingen 1975, 96-108.
ders., Etudes sur les Actes des Apôtres, LeDiv 45, Paris 1967.
ders., La parabole du figuier qui bourgeonne (Mc 13,28-29 et par), RB 75 (1968) 526-548.
ders., La parabole de la semence qui pousse toute seule, RSR 55 (1967) 367-392.
ders., La parabole du semeur dans la version de Luc, in: W. Eltester (Hg.), Apophoreta, FS E. Haenchen, BZNW 30, Berlin 1964, 97-108.
ders., Les paraboles du sénevé et du levain, NRTh 89 (1967) 897-913.
ders., La parabole du semeur, in: CBFV 5 (1967) 3-25.
ders., Le point de vue de Matthieu dans le chapître des paraboles, in: M. Didier (Hg.), L'Evangile selon Matthieu. Rédaction et théologie, BEThL 29, Gembloux 1972, 221-259.
Eberhard, O., Einst und Jetzt im Heiligen Lande. Streiflichter zur biblischen Geschichte aus der Gegenwart des heiligen Landes, Für Gottes Wort und Luthers Lehr! Biblische Volksbücher II/10, Gütersloh 1909.
Eckstein, F., Abriß der griechischen Philosophie, Frankfurt a.M. 1969⁵.
Edsman, C.-M., Arbor inversa: Heiland, Welt und Mensch als Himmelspflanzen, in: FS W. Baetke, Weimar 1966, 85-109.

Eichholz, G., Gleichnisse der Evangelien. Form, Überlieferung, Auslegung, Neukirchen-Vluyn 1971 (1984[4]).
Eichrodt, W., Der Prophet Hesekiel, Kapitel 19-48, ATD Tb 22/2, Göttingen 1966 (1984[3]).
Eickelpasch, R., Mythos und Sozialstruktur, Studien zur Sozialwissenschaft 7, Düsseldorf 1973.
Eisler, R., Orphisch-dionysische Mysteriengedanken in der christlichen Antike, VBW 1922-1923/ II, Leipzig, Berlin 1925.
ders., Weltenmantel und Himmelszelt. Religionsgeschichtliche Untersuchungen zur Urgeschichte des antiken Weltbildes, Bd. I, München 1910.
Eißfeldt, O., Art. "El", RGG^3, II, 413f.
Eliade, M., Ewige Bilder und Sinnbilder. Vom unvergänglichen menschlichen Seelenraum, Olten, Freiburg i.Br. 1958 (Franz.: Images et Symboles. Essais sur le symbolisme magico-religieux, 1952).
ders., Der Mythos der ewigen Wiederkehr, Düsseldorf 1953.
ders., Methodological Remarks on the Study of Religious Symbolism, in: ders., The History of Religions, Chicago 1954, 86-107.
ders., Patterns in Comparative Religion, transl. by R. Sheed, New York 1958.
ders., Traité d'histore des religions, Préface de G. Dumézil, Paris 1953.
Ellena, D., Thematische Analyse der Wachstumsgleichnisse, LingBibl 23f (1973) 48-62.
Elliger, K., Das Buch der zwölf Kleinen Propheten II, ATD 25, Göttingen 1951^2 (1982[8]).
ders., Deuterojesaja, 1. Teilband Jesaja 40,1-45,7, BK XI/1, Neukirchen-Vluyn 1978.
Emrich, W., Symbolinterpretation und Mythenforschung. Möglichkeiten und Grenzen eines neuen Goetheverständnisses, in: Euphorion 47 (1953) 38-67.
Erdmann, K., u.a., Art.: Baum, RAC II, 1-34.
Erlemann, K., Das Gottesbild der synoptischen Gleichnisse, Diss. theol. masch., Heidelberg 1986.
Ernst, J., Das Evangelium nach Markus, RNT, Regensburg 1981.
Essame, W.G., Sowing and Ploughing, ET 72 (1960f), 54.
Evans, C.A., On the Isaianic Background of the Sower Parable, CBQ 47 (1985) 464-468.
Ewald, P., Der Brief des Paulus an die Philipper ausgelegt, KNT 11, Leipzig 1908 (überarb. v. G. Wohlenberg 1923[4]).
Farina, C., Die Leiblichkeit der Auferstandenen. Ein Beitrag zur Analyse des paulinischen Gedankenganges in 1 Kor 15,35-58, Diss. theol., Würzburg 1971.
Farrer, A., A Rebirth of Images. The making of St. John's Apocalypse, Westminster 1949.
Feliks, J., Art.: "Zeder", BHH III, Göttingen 1966, 2207-2208.
Feliks, Y., Nature and Man in the Bible, Chapters in Biblical Ecology, London, Jerusalem, New York 1981.
Feuillet, A., Les thèmes bibliques majeurs du discours sur le pain de vie (Jn 6), NRTh 82 (1960) 918-939.
Fiebig, P., Die Gleichnisreden Jesu im Lichte der rabbinischen Gleichnisse des neutestamentlichen Zeitalters. Ein Beitrag zum Streit um die "Christusmythe" und eine Widerlegung der Gleichnistheorie Jülichers, Tübingen 1912.
Fiedler, P., Der Sohn Gottes über unserem Weg in die Gottesherrschaft. Gegen-

wart und Zukunft der βασιλεία im Matthäusevangelium, in: Fiedler, P., Zeller, P., (Hg.), Gegenwart und kommendes Reich, Schülergabe A. Vögtle, Stuttgart, 1975, 91-100.

Fitzer, G., Art.: σφραγίς, κτλ., D., "Siegel im Neuen Testament", ThWNT VII, 948-952.

Fitzmyer, J.A., The Gospel According to Luke (I-IX), AncB 28, New York 1981.

Flender, H., Heil und Geschichte in der Theologie des Lukas, BEvTh 41, München 1965 (1968²).

Fleury, A., Saint Paul et Sénèque. Recherches sur les rapports du philosophe avec l'Apôtre et sur l'infiltration du Christianisme naissant à travers le paganisme, t. I, Paris 1853.

Flusser, D., Die rabbinischen Gleichnisse und der Gleichniserzähler Jesus, Teil 1, Das Wesen der Gleichnisse, Bern 1981.

ders., Sanktus und Gloria, in: Betz. O., u.a. (Hg.), Abraham unser Vater. Juden und Christen im Gespräch über die Bibel, FS O. Michel, Leiden 1963, 129-152.

Foerster, W., Von Valentin zu Herakleon. Untersuchungen über die Quellen und die Entwicklung der valentinianischen Gnosis, BZNW 7, Gießen 1928.

Fohrer, G., Das Alte Testament und das Thema "Christologie", EvTh 30 (1970) 281-298.

ders., Art. "Fabel" II im AT und NT, RGG II³, 853f.

ders., Das Buch Hiob, KAT 16, Gütersloh 1963.

ders., u.a., Exegese des Alten Testaments, Einführung in die Methodik, Heidelberg 1972² (1983⁴).

ders., Das Buch Jesaja, ZBK 19/1, Bd. I: Zürich, Stuttgart 1966² (1960), ZBK 19/2, Bd. II: Zürich, Stuttgart 1962.

Fonck, L., Die Parabeln des Herrn im Evangelium exegetisch und praktisch erläutert, Christus, Lux mundi III/I. Innsbruck 1927⁴.

ders., "Senfkörnlein, Tollkorn und höhere Parabelkritik", ZKTh 26 (1902) 13-32.

Fournier, P., Les plantes de la Bible et leurs significations, AmiCl 67 (1957) 407-412, 525-527; 652-656; 69 (1959) 205f, 270f, 285-287, 303f; 492-494, 627-630; 693-695, 711f, 774-776; 70 (1960) 143f, 158f, 364-367, 459-460; 71 (1961) 26-30.

Frankemölle, H., Biblische Handlungsanweisungen. Beispiele pragmatischer Exegese, Mainz 1983.

ders., In Gleichnissen Gott erfahren, Biblisches Forum 12, Stuttgart 1977.

ders., Hat Jesus sich selbst verkündet? Christologische Implikationen in den vormarkinischen Parabeln, BiLe 13 (1972) 184-207, bes. 191-196.

Franz, M.-L. v., Art.: "Jung", in: Lurker, M., (Hg.), Wörterbuch der Symbolik, KTA 464, Stuttgart 1979, 283-284.

Franzmann, M. M., A Study of the Odes of Solomon with Reference to the French Scholarship 1909-1980, in: Lattke, M., Die Oden Salomos in ihrer Bedeutung für Neues Testament und Gnosis, Bd. III, Forschungsgeschichtliche Bibliographie 1799-1984 mit kritischen Anmerkungen. Mit einem Beitrag von M. Franzmann, OBO, Göttingen 1986, 371-433.

Frazer, J.G., The Golden Bough. A Study in Magic and Religion, Vol. I, London 1900² (= 3 vols.; 1890/2 vols.), ders., dass., abridged Edition, London 1923.

Freedman, D.N., Lundbom, J., Art. חרה, haras, ThWAT III, 230-234.

Frehen, H., Art.: "Zeder", BL 1920-1921.

Freud, S., Neue Folge der Vorlesungen zur Einführung in die Psychoanalyse, GW 15, London 1961³ (1944).

ders., Totem und Tabu. Einige Übereinstimmungen im Seelenleben der Wilden und der Neurotiker, GW 9, London 1961³ (1944).
Frickel, J., Die "Apophasis Megale" in Hippolyts Refutatio (VI 9-18): Eine Paraphrase zur Apophasis Simons, OrChrA 182, Rom 1968.
ders., Hellenistische Erlösung in christlicher Deutung. Die gnostische Naassenerschrift. Quellenkritische Studien - Strukturanalyse - Schichtenscheidung. Rekonstruktion der Anthropos-Lehrschrift, NHS XIX, Leiden 1984.
Fridrichsen, A., Ackerbau und Hausbau in formelhaften Wendungen in der Bibel und bei Platon, in: Neutestamentliche Forschungen, Sonderheft der ThStKr 1922 (94) 185f.
ders., Exegetisches zu den Paulusbriefen, ThStKr 1930 (102), 291-301.
Friedrich, G., "Begriffsgeschichtliche" Untersuchungen im Theologischen Wörterbuch zum Neuen Testament, in: Friedrich, J.H., (Hg.), Auf das Wort kommt es an, FS G. Friedrich, Göttingen 1978, 524-550.
ders., Zum Problem der Semantik, in: Friedrich J.H., (Hg.), Auf das Wort kommt es an, FS G. Friedrich, Göttingen 1978, 507-523.
Friedrich, J., Gott im Bruder? Eine methodenkritische Untersuchung von Redaktion, Überlieferung und Traditionen in Mt 25,31-46, CThM 7, Stuttgart 1977.
Fridrichsen, A., Exegetisches zu den Paulusbriefen, in: Holst, H., Mørland, H. (ed.), Serta Rudbergiana, Oslo 1931, 24-29.
Fuchs, A., Intention und Adressaten der Bußpredigt des Täufers bei Mt 3,7-10, in: Fuchs, A., (Hg.), Jesus in der Verkündigung der Kirche, SNTU A/1, Freistadt 1976, 62-75.
Fuchs, E., Zur Frage nach dem historischen Jesus, Gesammelte Aufsätze II, Tübingen 1960 (1965²).
ders., Die Verkündigung Jesu. Der Spruch von den Raben, in: Ristow, H., Matthiae, K., (Hg.), Der historische Jesus und der kerygmatische Christus, Beiträge zum Christusverständnis in Forschung und Verkündigung, Berlin 1961², 385-388.
Fuhs, H.F., Art. רוח, ThWAT II, 195-199.
Fujita, S., The Metaphor of Plant in Jewish Literature of the Intertestamental Period, JSJ 7 (1976) 30-45.
Funk, R.W., The Looking-Glass Tree Is for the Birds, Ezekiel 17: 22-24; Mark 4:30-32, Interp. 27 (1973) 3-9.
Furrer, K., Die Bildersprache in den drei ersten Evangelien, ZMR 5 (1890) 112-121.
Furth, H.G., Intelligenz und Erkennen. Die Grundlagen der genetischen Erkenntnistheorie Piagets, Frankfurt a.M. 1972.
Gadamer, H.-G., Wahrheit und Methode, Grundzüge einer philosophischen Hermeneutik, Tübingen 1965² (1960).
Gaechter, P., Das Matthäus Evangelium, Ein Kommentar, Innsbruck, u.a. 1963.
Gärtner, B., The Temple and the Community in Qumran and the New Testament, A Comparative Study in the Temple Symbolism of the Qumran Texts and the New Testament, Cambridge 1965, MSSNTS 1, Cambridge 1965.
ders., The Theology of the Gospel of Thomas, Transl. by E.J. Sharpe, London 1961.
Gäumann, N., Taufe und Ethik, Studien zu Röm 6, BEvTh 47, München 1967.
Gale, H.M., The Use of Analogy in the Letters of Paul, Philadelphia 1964.
Galinsky, H., NATURAE CURSUS - Der Weg einer antiken kosmologischen Metapher von der Alten in die Neue Welt - Ein Beitrag zu einer historischen Metaphorik der Weltliteratur, in: Arcadia 1 (1966) 277-311, 2 (1977) 11-78. 139-172.

Galling, K., Art. "Reich Gottes" I.1, in RGG³ V, 912-914.
Gardner, Th., Zum Problem der Metapher, DVfLG 44 (1970) 727-737.
Garscha, J., Studien zum Ezechielbuch. Eine redaktionskritische Untersuchung von 1-39, EHS.T 23, Frankfurt/M. 1974.
Gatz, B., Weltalter, goldene Zeit und sinnverwandte Vorstellungen, Spudasmata 16, Hildesheim 1967.
Gaugler, E., Die Bedeutung der Kirche in den johanneischen Schriften (Schluß), IKZ 15 (1925) 27-42.
Geckeler, H., Strukturelle Semantik und Wortfeldtheorie, München 1971.
Geertz, C., Religion als kulturelles System, in: ders., Dichte Beschreibung. Beiträge zum Verstehen kultureller Systeme, übers.v. B. Suchesi und R. Bindemann, Frankfurt a.M. 1987, 44-95.
Geiger, R., Die lukanischen Endzeitreden. Studien zur Eschatologie des Lukas-Evangeliums, EHS.T 16, Bern, Frankfurt/M. 1973.
Geischer, H.-J., Verschwenderische Güte. Versuch über Markus 4,3-9, EvTh 38 (1978) 418-427.
Genuyt, F., L'Epître de Saint Jacques (5,6-20), Sémiotique et bible 24 (1981) 28-36.
Georgi, D., Die Geschichte der Kollekte des Paulus für Jerusalem, ThF 38, Hamburg-Bergstedt 1965.
Gerhardsson, B., "An ihren Früchten sollt ihr sie erkennen". Die Legitimitätsfrage in der matthäischen Christologie, EvTh 42 (1982) 113-126.
ders., The Parable of the Sower and its Interpretation. NTS 14 (1967/68) 165-193.
ders., The Seven Parables in Matthew XIII, NTS 19 (1972/73) 16-37.
Gerleman, G., Ruth. Das Hohelied, BK XVIII, Neukirchen-Vluyn 1965 (1981²).
Gertner, M., Midrashim in the New Testament, JSSt 7 (1962) 267-292.
Gervais, J., Les épines étouffantes Luc 8,14-15, EeT 4 (1973) 5-39.
Gervaryahu, C.M.J., The Parable of the Trees and the Keeper of the Garden in the Thanksgiving Scroll, Imm. 2 (1973) 50-57.
Giesen, H., Der verdorrte Feigenbaum - Eine symbolische Aussage? Zu Mk 11,12-14.20f, BZ 20 (1976) 95-111.
Ginsberg, H.L., "Roots Below and Fruit Above" and Related Matters, in: Thomas, D.W., McHardy, W.D., (Hg.), Hebrew and Semitic Studies, FS G.R. Driver, Oxford 1963, 72-76.
Glinz, H., Linguistische Grundbegriffe und Methodenüberblick, Studienbücher zur Linguistik und Literaturwissenschaft 1, Frankfurt 1974⁵ (1970).
Glockmann, G., Homer in der frühchristlichen Literatur bis Justinus, TU 105, Berlin 1968.
Gnilka, J., Bild und Gleichnis in der Botschaft Jesu, in: Heinen, W., (Hg.), Bild - Wort - Symbol in der Theologie, Würzburg 1969, 83-102.
ders., Der Epheserbrief, HThK 10/2, Freiburg i. Br. 1971 (1977²).
ders., Die essenischen Tauchbäder und die Johannestaufe, RdQ 3 (1961) 185-207.
ders., Das Evangelium nach Markus, 1.Teilband (Mk 1,1-8,26), EKK II/1, Neukirchen-Vluyn 1978 (1986²); 2. Teilband (Mk 8,27- 16,20), EKK II/2, Neukirchen-Vluyn 1979 (1986²).
ders., Johannesevangelium, EB 1, Würzburg 1983.
ders., Das Matthäusevangelium I, 1. Teil, Kommentar zu Kap. 1,1- 13,58, HThK 1/1, Freiburg, u.a. 1986.
ders., Die Verstockung Israels. Isaias 6,9-10 in der Theologie der Synoptiker, StUNT 3, München 1961.

Godet, F., Commentar zu dem Brief an die Römer, Deutsch bearb. v. E.R. Wunderlich, Erster Theil, Kapitel 1-5. Vom Verfasser autorisierte deutsche Ausgabe, Hannover 1881.
Goebel, S., Die Parabeln Jesu methodisch ausgelegt, Gotha 1879f.
Goedt, M., de, L'explication de la parabole de l'ivraie (Mt XIII, 36-43), Création matthéenne, ou aboutissement d'une histoire littéraire, RB 66 (1959) 32-54.
Goethe, J.W., Schriften zur Kunst. Schriften zur Literatur, Maximen und Reflexionen. Textkritisch durchg. v. E. Trunz und H.J. Schrimpf, kommentiert v. H. v. Einem und H.J. Schimpf, Goethes Werke (Hamburger Ausgabe) Bd. XII, München 1981⁹.
Gomperz, Th., Griechische Denker, Eine Geschichte der antiken Philosophie, Bd. 1, Berlin-Leipzig (1896) 1922⁴.
Gonda, J., Indogermanisch Ser- "(Spitziger) Ast usw.", Mn. 6 (1938) 153-171.
Goodenough, Die politische Philosophie des hellenistischen Königtums, in: Kloft, H., (Hg.), Ideologie und Herrschaft in der Antike, WdF 528, Darmstadt 1979 (= ders., The Political Philosophy of Hellenistic Kingship, YCS 1 (1928) 55-102).
Goppelt, L., Der erste Petrusbrief, hg.v. F. Hahn, KEK XII/1, 1978⁸ (erste Aufl. dieser Auslegung).
ders., Israel und die Kirche, heute und bei Paulus, in: ders., Christologie und Ethik, Aufsätze zum Neuen Testament, Göttingen 1968, 165-189.
ders., Art.: πεινάω (λιμός), ThWNT VI, 12-22.
ders., Theologie des Neuen Testaments, hg.v. J. Roloff, Göttingen 1978³ (1985⁴).
Gräßer, E., Das Problem der Parusieverzögerung in den synoptischen Evangelien und in der Apostelgeschichte, BZNW 22, Berlin 1957 (1977³).
Granata, G., Some more information about mustard and the Gospel, BibOr 25 (1983) 105-106.
ders., La 'sinapis' del Vangelo: Nicotiana glauca Graham o senape nera? BibOr 24 (1982) 175-177.
Grant, R.M., Les êtres intermédiaires dans le judaisme tardif, in: Bianchi, U., (Hg.), Le origini dello Gnosticismo, Colloquio di Messina 13-18 Aprile 1966, Testi e discussioni, Numen, Suppl: SHR 12, 141-157.
ders., Geheime Worte Jesu..., s. I/4. ad EvThom.
Grapow, H., Die bildlichen Ausdrücke des Aegyptischen. Vom Denken und Dichten einer altorientalischen Sprache, Leipzig 1924.
Gray, G.B., A Critical and Exegetical Commentary on Numbers, ICC 4, Edinburgh 1912.
Grelot, P., "Les figures bibliques", NRTh 6 (1962) 561-578.673-698.
ders., Les proverbes araméens d'Ahiqar, RB 68 (1961) 178-194.
Gressmann, H., Israels Spruchweisheit im Zusammenhang der Weltliteratur, Kunst und Altertum. Alte Kulturen im Lichte neuer Forschung, Bd. 6, Berlin 1925.
ders., Der Messias, FRLANT N.F. 26, Göttingen 1929.
ders., Art. Mythen und Mythologie, I Mythen und Mythologie, Religionsgeschichtlich, RGG¹ IV, 618-621.
ders., Der Ursprung der israelitisch-jüdischen Eschatologie, FRLANT 6, Göttingen 1905.
Gretenkord, J.C., Der Freiheitsbegriff Epiktets, Bochum 1981.
Grob, F., Jésus: La vigne. Jean 15 et la rupture avec la Synagoge, FV 86 (1987) 9-16.

Groupe d´Entrevernes, Signes et Paraboles. Sémiotique et texte évangélique. Avec une étude de J. Geninasca. Postface de A.J. Greimas, Paris 1977.

Grumach, I., Untersuchungen zur Lebenslehre des Amenope, MÄSt 23, München, Berlin 1972.

Grundmann, W., Der Brief des Judas und der zweite Brief des Petrus, ThHK XV, Berlin 1974 (1986³).

ders., Das Evangelium nach Lukas, ThHK III, Berlin (1934) 1961² (1984¹⁰).

ders., Das Evangelium nach Markus, ThHK II, Berlin 1959² (1984⁹).

ders., Das Evangelium nach Matthäus, ThHK I, Berlin 1968 (1986⁶).

ders., Art. καλός, ThWNT III, 539-553.

Günther, W., Art. "Wachsen"-´αὐξάνω´, TBLNT II/2, 1339-1341.

Güttgemanns, E., Der leidende Apostel und sein Herr, Studien zur paulinischen Christologie, FRLANT 90, Göttingen 1966.

ders., Bemerkungen zur linguistischen Analyse von Mt 13 24-30.36-43, in: Gülich, E., Raible, W., (Hg.), Textsorten. Differenzierungskriterien aus linguistischer Sicht, Frankfurt 1973, 81-97.

ders., Heilsgeschichte bei Paulus oder Dynamik des Evangeliums? Zur strukturellen Relevanz von Röm 9-11 für die Theologie des Römerbriefs, in: ders., studia linguistica neotestamentica. Gesammelte Aufsätze zur linguistischen Grundlage einer Neutestamentlichen Theologie, BEvTh 60, München 1971, 34-58.

ders., Die linguistisch-didaktische Methodik der Gleichnisse Jesu, in: ders., studia linguistica neotestamentica, BEvTh 60, München 1971, 99-183.

ders., Rezension zu: Pfitzner, V.C.: Paul and the Agon Motif... Traditional Athletic Imagery in der Pauline Literatur, Leiden 1967, in: ThLZ 11 (1969) 828f.

ders., Struktural-generative Analyse des Bildwortes "Die verlorene Drachme" Lk 15,8-10, LingBibl 6 (1971) 2-17.

ders., Struktural-generative Analyse der Parabel "Vom bittenden Freund" (Lk 11, 5-8) LingBibl 2 (1970) 7-11.

Guillemin, A.-M., Seneca, der Leiter der Seele, in: Maurach, G., (Hg.), Römische Philosophie, WdF 193, Darmstadt 1976, 201-222.

Gundry, R.H., Matthew. A Commentary on His Literary and Theological Art, Michigan 1982.

Gunkel, H., Genesis, Göttingen 1966⁷ (1901).

ders., Das Märchen im Alten Testament, RV 2. Ser., H. 23/26, Tübingen 1921.

ders., Art. Mythen und Mythologie, II Mythen und Mythologie in Israel, RGG¹ IV, 621-632.

ders., Art. Mythus und Mythologie, III Mythus und Mythologie III A., RGG² IV, 381-390.

ders., Die Psalmen, HAT 2/2, Göttingen 1926⁴ (1987⁶).

Guthe, [Vorname fehlt], Zum Unkraut unter dem Weizen, ZDPV XLI (1918), 164f.

Haacker, K., Die Stiftung des Heils, Untersuchungen zur Struktur der johanneischen Theologie, AzTh I/47, Stuttgart 1972.

Hadorn, D.W., Die Offenbarung des Johannes, ThHK 18, Leipzig 1928.

Hadidian, D.Y., Palestinian Pictures in the Epistle of James, ET 63 (1951f) 227-228.

Hadot, I., Seneca und die griechisch-römische Tradition der Seelenleitung, QSGP 13, Berlin 1969.

Haenchen, E., Die Apostelgeschichte, KEK III, Göttingen 1959¹² (1977¹⁷ = 7. Aufl. dieser Auslegung).

ders., Die Botschaft des Thomas-Evangeliums, TBT 6, Berlin 1961.

ders., Das Buch Baruch. Ein Beitrag zum Problem der christlichen Gnosis, ZThK 50 (1953) 123-158.
ders., Gott und Mensch, Gesammelte Aufsätze 1, Tübingen 1965.
ders., Literatur zum Codex Jung, ThR N.F. 30 (1964) 39-82.
ders., Der Weg Jesu. Eine Erklärung des Markus-Evangeliums und der kanonischen Parallelen, Berlin 1968².
Hahn, F., Christologische Hoheitstitel. Ihre Geschichte im frühen Christentum, FRLANT 83, Göttingen 1963 (1974⁴).
ders., Einheit der Kirche und Kirchengemeinschaft in neutestamentlicher Sicht, in: ders., Kertelge, K., Schnackenburg, R., Einheit der Kirche, Grundlegung im Neuen Testament, QD 84, Freiburg i. Br. 1979, 9-51.
ders., Das Gleichnis von der ausgestreuten Saat und seine Deutung (Mk IV.3-8,14-20), in: Best, E., R. McL. Wilson, (Hg.), Text and Interpretation: Studies in the New Testament presented to M. Black, Cambridge, u.a. 1979, 133-42.
ders., Jesu Wort vom bergeversetzenden Glauben, ZNW 76 (1985) 149-169.
ders., Das Verständnis der Mission im Neuen Testament, WMANT 13, Neukirchen-Vluyn (1963) 1965².
Halbauer, O., De Diatribis epicteti, Diss. phil., Leipzig 1911.
Halter, H., Taufe und Ethos. Paulinische Kriterien für das Proprium christlicher Moral, FThSt 106, Freiburg i. Br. 1977.
Halver, R., Der Mythos im letzten Buch der Bibel. Eine Untersuchung der Bildersprache der Johannes-Apokalypse, ThF 22, Hamburg 1964.
Hamburger, J., Art. עץ, Holz, in: ders.: Real-Encyclopädie für Bibel und Talmud, Wörterbuch Bd. I, Leipzig 1892, 530.
Hamel, J., Sexagesimae, Lukas 8,4-15, GPM 27 (1972/73), 115-120.
Hamlin, E.J., The Meaning of "Mountains and hills" in Isa. 41:14-16, JNES 13 (1954) 185-190.
Hamp, V., Art. חרש, ḥaraš, ThWAT III, 234-238.
Harder, G., Das Gleichnis von der selbstwachsenden Saat, ThViat 1 (1948/49) 51-70.
Hardmeier, Ch., Textteorie und biblische Exegese. Zur rhetorischen Funktion der Trauermetaphorik in der Prophetie, BEvTh 79, München 1978.
Harnack, A.v., Κόπος (Κοπιᾶν, Οἱ Κοπιῶντες) im frühchristlichen Sprachgebrauch, ZNW 27 (1928) 1-10.
Harnisch, W., Die Ironie als Stilmittel in Gleichnissen Jesu, EvTh 32 = N.F. 27 (1972) 421-451.
ders., Die neutestamentliche Gleichnisforschung im Horizont von Hermeneutik und Literaturwissenschaft, WdF 575, Darmstadt 1982.
ders., Verhängnis und Verheißung der Geschichte. Untersuchungen zum Zeit- und Geschichtsverständnis im 4. Buch Esra und in der syrischen Baruchapokalypse, FRLANT 97, Göttingen 1969.
Harris, J.R., An Unnoticed Aramaism in St. Mark, ET 26 (1914/15) 248-50.
Hartman, L., Prophecy Interpreted. The Formation of Some Jewish Apocalyptic Texts and of the Eschatological Discourse Mark 13 Par., CB.NT 1, Lund 1966.
Haspecker, J., Gottesfurcht bei Jesus Sirach. Ihre religiöse Struktur und ihre literarische und doktrinäre Bedeutung, AnBib 30, Rom 1967.
Hastings, J., Art. "Fruit", DB(H), II, 71.
Hauck, F., Art. θερίζω, θερισμός, ThWNT III, 132-133.
ders., Art. καρπός, κτλ., ThWNT III, 617-619.

ders., Das Evangelium des Lukas (Synoptiker II), ThHK 3, Leipzig 1934.
ders., Das Evangelium des Markus (Synoptiker I), ThHK 2, Leipzig 1931.
ders., Die Katholischen Briefe, NTD 10, Göttingen 1937³.
Haug, W., Einleitung zum 1. Tag, in: ders., (Hg.), Formen und Funktionen der Allegorie: Symposion, Wolfenbüttel 1978, Germanistische Symposien-Berichtsbände 3, Stuttgart 1979, 1-11.
Haugg, D., Das Ackergleichnis Mk 4,1-9; Mt 13,1-9; Lk 8,4-8, ThQ 127 (1947) 60-81.166-204.
Haupt, E., Die Gefangenschaftsbriefe, KEK VIII und IX, Göttingen 1902[8(7)].
Haverkamp, A., Einleitung in die Theorie der Metapher, in: ders., (Hg.), Theorie der Metapher, WdF 389, Darmstadt 1983, 1-27.
Hecht, F., Eschatologie und Ritus bei den "Reformpropheten". Ein Beitrag zur Theologie des Alten Testaments, PThSt 1, Leiden 1971.
Hedrick, W., Hodgson, R., Jr., (Hg.), Nag Hammadi, Gnosticism & Early Christianity - Fourteen Leading Scholars Discuss the Current Issues in Gnostic Studies, Peadbody, Massachusetts, 1986.
Heiligenthal, R., Der Judasbrief. Aspekte der Forschung in den letzten Jahrzehnten, ThR 51 (1986) 117-129.
ders., Werke als Zeichen. Untersuchungen zur Bedeutung der menschlichen Taten im Frühjudentum, Neuen Testament und Frühchristentum, WUNT II/9, Tübingen 1983.
Heinisch, P., Das Buch der Weisheit, EHAT 24, Münster 1912.
Heinrici, C.F.G., Der litterarische Charakter der neutestamentlichen Schriften, Leipzig 1908.
ders., Das erste Sendschreiben des Apostels Paulus an die Korinther, Berlin 1990.
Heinrici, G., Die valentinianische Gnosis und die heilige Schrift. Eine Studie, Berlin 1871.
Heinze, M., Die Lehre vom Logos in der griechischen Philosophie, Oldenburg 1872.
Heise, J., Bleiben. Menein in den Johanneischen Schriften, HUTh 8, Tübingen 1967.
Held, H.J., Matthäus als Interpret der Wundergeschichten, in: Bornkamm, G., u.a., Überlieferung und Auslegung im Matthäusevangelium, WMANT 1, Neukirchen-Vluyn 1965⁴, (1975⁷) 15-287.
Heller, B., Art. Lukman, EI(D), Bd III, 38-41.
Hendrickx, Herman, The Parables of Jesus, Studies in Synoptic Gospels, London 1986.
Hengel, M., War Jesus Revolutionär? Calwer Hefte 110, Stuttgart 1970.
ders., Messianische Hoffnung und politischer "Radikalismus" in der "jüdisch-hellenistischen Diaspora". Zur Frage der Voraussetzungen des jüdischen Aufstandes unter Trajan 115-117 n. Chr., in: Hellholm, D. (Hg.), Apocalypticism in the Mediterranean World and the Near East. Proceedings of the International Colloquium on Apocalypticism Uppsala, August 12-17, 1979, Tübingen 1983, 655-686.
ders., Judentum und Hellenismus, Studien zu ihrer Begegnung unter besonderer Berücksichtigung Palästinas bis zur Mitte des 2. Jahrhunderts vor Christus, WUNT 10, Tübingen 1969 (1973²).
Hennig, D., Untersuchungen zur Bodenpacht im ptolemäisch-römischen Ägypten, Diss., München 1967.
Hensel, R., Art.: 'Frucht - καρπός', TBLNT I, 399-401.
Hentschke, R., Art. גבך, ThWAT II, 56-66.

Héring, J., La seconde Epître de Saint Paul aux Corinthiens, CNT(N), Neuchâtel 1958.
Hermaniuk, M., La parabole évangélique. Enquête et critique, Bruges-Paris, Universitas Catholica Lovaniensis II/38, Louvain 1947.
Hermann, A., Opelt, I., Art. "Ernte", RAC 6, 275-306.
Hermission, H.-J., "Weisheit", in: Boecker, H.J., u.a., Altes Testament, Neukirchener Arbeitsbücher, Neukirchen-Vluyn 1983 (1986²), 165-188.
Herrmann, J., Studien zur Bodenpacht im Recht der graeco-aegyptischen Papyri, MBPF 41, München 1958.
Hermsen, E., Lebensbaumsymbolik im Alten Ägypten. Eine Untersuchung, Arbeitsmaterialien zur Religionsgeschichte 5, Köln 1981.
Hertzberg, H.W., Die Bücher Josua, Richter, Ruth, ATD 9, Göttingen 1959² (1953; 1985⁶).
ders., Die Samuelbücher, ATD 10, Göttingen 1960.
Hesse, F., Hiob, ZBK 14, Zürich 1978.
Hessler, E., Die Struktur der Bilder bei Deuterojesaja, EvTh 25 (1965) 349-369.
Heylen, V., Les métaphores et les métonymies dans les épîtres pauliniennes, EThL 12 (1935) 253-290.
Hezser, Catherine, Das Gleichnis von den Arbeitern im Weinberg (Mt 20,1-16) im Rahmen rabbinischer Lohngleichnisse, Diss. theol. masch., Heidelberg 1985. (Jetzt: Diess., Lohnmetaphorik und Arbeitswelt in Mt 20, 1-16. Das Gleichnis von den Arbeitern im Weinberg im Rahmen rabbinischer Lohngleichnisse, NTOA 15, Freiburg/Schweiz, Göttingen 1990).
Hilgert, E., The Ship and Related Symbols in the New Testament, Assen 1962.
Hill, D., False Prophets and Charismatics: Structure and Interpretation in Matthew 7,15-23, Bib. 57 (1976) 327-348.
Hirsch, E., Frühgeschichte des Evangeliums I. Das Werden des Markusevangeliums, Tübingen 1941.
Hörtnagel, H., Bausteine zu einer Grammatik der Bildsprache. Als wissenschaftliche Grundlage zur Wesensbestimmung, Deutung und Wertung der Bildreden: Der Vergleiche (Gleichnisse), Bildsprüche, Fabeln, Allegorien und insbesondere der evangelischen Parabeln, Innsbruck 1922.
Hoffmann, P., Art., "Auferstehung I/3. Neues Testament", TRE IV, 450-467.
ders., Studien zur Theologie der Logienquelle, NTA N.F. 8, Münster 1972.
ders., Die Toten in Christus. Eine religionsgeschichtliche und exegetische Untersuchung zur paulinischen Eschatologie, NTA N.F. 2, Münster 1978³ (1966).
Holmer, U., de Boor, W., Die Briefe des Petrus und der Brief des Judas, Wuppertaler Studienbibel, Neues Testament, Wuppertal 1979³ (1976; 1986⁵).
Holtz, G., Die Pastoralbriefe, ThHK 13, Berlin 1965 (1972² hg.v. E. Fascher).
Holtzmann, H.J., Die Synoptiker, HC I/1, Tübingen, Leipzig 1901³.
Holzmeister, U., "Aliud (fecit fructum) centesimum" Mt 13,8; cf. Mc 4,8; Lc 8,8, VD 20 (1920) 219-223.
ders., Das Kontrastbild in der Bibel, ZThK 48 (1924) 533-565.
Hommel, H., Das 7. Kapitel des Römerbriefs im Licht antiker Überlieferung, ThViat 8 (1961/62) 90-116.
Horn, F.W., Glaube und Handeln in der Theologie des Lukas, Göttinger theologische Arbeiten 26, Göttingen 1983.
Horst, F., Hiob 1 (1-19), BK XVI/1, Neukirchen-Vluyn, 1968 (1983⁴).
Horst, P.W., van der, Musonius Rufus and the New Testament. A Contribution to the Corpus Hellenisticum, NT 16 (1974) 306-315.

Horstmann, A., "Mythos, Mythologie", HWP 6, 283-318.
Horstmann, M., Studien zur markinischen Christologie. Mk 8,27-9,13 als Zugang zum Christusbild des zweiten Evangeliums, NTA N.F. 6, Münster 1969.
Hossenfelder, M., Stoa, Epikureismus und Skepsis. Die Philosophie der Antike 3, Geschichte der Philosophie Bd. 3, München 1985.
Howson, J.S., The Metaphors of St. Paul, London 1883.
Huffman, N.A., Atypical Features in the Parables of Jesus, JBL 97 (1978(207-220.
Hummel, R., Die Auseinandersetzung zwischen Kirche und Judentum im Matthäusevangelium, BEvTh 33, München 1963.
Hunter, A.M., The Gospel According to John, CBC, Cambridge 1965.
ders., The Interpretation of the Parables, ET 69 (1957) 100-104.
Hunzinger, C.-H., Art.: σίναπι, ThWNT VII, 286-290.
ders., Art.: συκάμινος, συκομορέα, ThWNT VII, 758.
ders., Art.: συκῆ, κτλ., ThWNT VII, 751-757.
ders., Fragmente einer älteren Fassung des Buches Milhama aus Höhle 4 von Qumran, ZAW 69 (1957) 131-151.
Hvidberg, F., Vom Weinen und Lachen im AT, ZAW 57 (1939) 150-152.
Ibuki, Y., Die Wahrheit im Johannesevangelium, BBB 39, Bonn 1972.
Ingendahl, W., Der metaphorische Prozeß. Methodologie zur Erforschung der Metaphorik, Sprache und Gegenwart, Schriften des Instituts für deutsche Sprache in Mannheim 14, Düsseldorf 1971.
The Interpreter's Bible. The Holy Scriptures in the King James and Revised Standard Versions with General Articles..., Vol. VII, General Articles on the New Testament; The Gospel According to St. Matthew, The Gospel According to St. Mark., New York, Nashville 1951.
Jacob, E., Osée, in: ders., Keller, C.-A., Amsler, S., Osée, Joel, Abdias, Jonas, Amos, CAT XIa, Genève 1982² (1965) 7-98.
Jakobson, R., Two Aspects of Language and Two Types of Aphasic Disturbances, in: Jacobson, R., Selected Writings II: Word and Language. The Hague 1952 (1971²) 239-259.
Jaubert, A., L'image de la Vigne (Jean 15), in: Christ, F., (Hg.), Oikonomia, Heilsgeschichte als Thema der Theologie, FS O. Cullmann, Hamberg-Bergstedt 1967, 93-99.
dies., La notion d'alliance dans le judaisme aux abords de l'ère chrétienne, PatSor 6, Paris 1963.
Jenni, E., Distel und Zeder. Hermeneutische Überlegungen zu 2 Kö 14:8-14, in: Studia Biblica et Semitica, FS Th.Chr. Vriezen, Wageningen 1966, 165-175.
Jensen, P., Die Joseph-Träume, in: Abhandlungen zur semitischen Religionskunde und Sprachwissenschaft, FS W.W. von Baudissin, BZAW 33, Gießen 1918, 233-245.
Jeremias, A., Babylonisches im Neuen Testament, Leipzig 1905.
Jeremias, G., Der Lehrer der Gerechtigkeit. StUNT 2, Göttingen 1963.
Jeremias, J., Die Abendmahlsworte Jesu, Göttingen 1960³ (1955; 1967⁴).
ders., Die Deutung des Gleichnisses vom Unkraut unter dem Weizen (Mt XIII 36-43), in: Neotestamentica et Patristica, FS O. Cullmann, NT.S 6, Leiden 1962, 59-63.
ders., "Flesh and Blood Cannot Inherit the Kingdom of God" (I Cor. XV.50), in: Jeremias, J., Abba. Studien zur neutestamentlichen Theologie und Zeitgeschichte, Göttingen 1966, 298-307 (=NTS 2 (1955/56) 151-159).

ders., Die Gleichnisse Jesu. Zürich 1977⁹ (1984¹⁰).
ders., Jesu Verheißung für die Völker. Franz Delitzsch-Vorlesungen 1953, Stuttgart 1956².
ders., Neutestamentliche Theologie. Erster Teil. Die Verkündigung Jesu, Gütersloh 1971 (1979³).
ders., Palästinakundliches zum Gleichnis vom Säemann (Mark IV 3-8par), NTS 13 (1966/67) 48-53.
ders., Die Pastoralbriefe. Die Briefe an Timotheus und Titus, Strathmann, H., Der Brief an die Hebräer, NTD 9, Göttingen 1937³.
ders., Art. θύρα, ThWNT III, 173-180.
Jetter, W., Symbol und Ritual. Anthropologische Elemente im Gottesdienst, Göttingen 1986² (1978).
Jörns, K.-P., Rez. zu Klauck, J.-H., Allegorie und Allegorese in synoptischen Gleichnistexten. Münster/W. 1978, in: ThLZ 108 (1983) 267-269.
Johnson, A.M., The Cultural Context of the Gospel of John - A Structural Approach, University of Pittsburgh, Ph.D., 1978 (Microfilm).
Jonas, H., The Gnostic Religion. The Message of the Alien God and the Beginnings of Christianity, Boston 1958.
ders., Gnosis und spätantiker Geist. Teil I: Die mythologische Gnosis, FRLANT 51, Göttingen 1964³.
Jones, E., Die Theorie der Symbolik, Psyche 26 (1972) 581-622.
Jones, P.R., The Seed Parables of Mark, RExp 75 (1978) 519-538.
Joosen, J.C., Waszink, J.H., Art.: "Allegorese", RAC I, 283-293.
Jost, W., ΠΟΙΜΗΝ, Das Bild vom Hirten in der biblischen Überlieferung und seine christologische Bedeutung, Giessen 1939.
Jülicher, A., Die Gleichnisreden Jesu (Zwei Teile in einem Band), Darmstadt 1963 (Tübingen 1910).
Jüngel, E., Paulus und Jesus. Eine Untersuchung zur Präzisierung der Frage nach dem Ursprung der Christologie, HUTh 2, Tübingen 1967³ (1986⁶).
Käsemann, E., Johannes 12,20-26, in: Exegetische Versuche und Besinnungen, Bd. 1, Göttingen 1960 (1986) 256-257.
ders., Ketzer und Zeuge. Zum johanneischen Verfasserproblem, ZThK 48 (1951) 292-311.
ders., An die Römer, HNT 8a, Tübingen 1974³ (1980⁴).
Kaestli, J.-D., L'Eschatologie dans l'œuvre de Luc. Ses charactéristiques et sa place dans le développement du Christianisme primitif, NSTh 22, Genève 1969.
Kafka, G., Eibl, H., Der Ausklang der antiken Philosophie und das Erwachen einer neuen Zeit. Geschichte der Philosophie in Einzeldarstellungen Abt. II. Die Philosophie des Abendlandes im Altertum Bd. 9, Mit einer antiken allegorischen Darstellung der Epikureischen und stoischen Philosophie, München 1928.
Kahn, J.G., La parabole du figuier stérile et les arbres récalcitrants de la Genèse, NT 13 (1971) 38-45.
Kahner, Y., The Metaphors of the Vine and the Olive Tree, Dor le Dor 2 (1973/74) 15-20.
Kaiser, O., Einleitung in das Alte Testament. Eine Einführung in ihre Ergebnisse und Probleme, Gütersloh 1978⁴ (1984⁵).
ders., Der Prophet Jesaja, Kapitel 13-39, ATD 18, Göttingen 1973 (1983³).
Kallmeyer, W., u.a., Lektürekolleg zur Textlinguistik, Bd. 1, Einführung, Athenäum Taschenbücher Linguistik, Königstein/Ts. 1986⁴ (1971).

Kamlah, E., Die Form der katalogischen Paränese im Neuen Testament, WUNT 7, Tübingen 1964.
Kaser, M., Das römische Privatrecht I: Das altrömische, das virklassische und klassische Recht, Rechtsgeschichte des Altertums III/1, HAW X, 3,3,1, München 1971².
Kayser, W., Das sprachliche Kunstwerk. Eine Einführung in die Literaturwissenschaft, Bern, München 1964¹⁰ (1948).
Keel, O., Die Welt der altorientalischen Bildsymbolik und das Alte Testament. Am Beispiel der Psalmen, Zürich, Einsiedeln, Köln 1977² (1972).
ders., Küchler, M., Uehlinger, Ch., Orte und Landschaften der Bibel. Ein Handbuch und Studien-Reiseführer zum Heiligen Land. Bd. 1: Geographisch-geschichtliche Landeskunde. Mit Beiträgen von U. Staub, Zürich, Einsiedeln, Köln, Göttingen 1984.
Kelber, W.H., The Kingdom in Marc. A New Place and a New Time, Philadelphia 1974.
ders., Mark's Story of Jesus, Philadelphia 1979.
Keller, C.-A., Nahoum, Habacuc, Sophonie, s. Vuilleumier, R.,
ders., Michée, Nahoum, Habacuc, Sophonie, CAT XIb, Neuchâtel 1971, 93-216.
Kellermann, D., Art. ירק. jaraq, ThWAT III, 948-953.
Kelly, J.D.N., A Commentary on the Epistles of Peter and of Jude, BNTC, London 1977³ (1969).
Kermode, F., St. John as Poet, Journal for the Study of the New Testament 28 (1986) 3-16.
Kiefer, O., Die Hirtenrede. Analyse und Deutung von Joh 10,1-18, SBS 23, Stuttgart 1967.
Killy, W., Wandlungen des lyrischen Bildes, KVR 22/23, Göttingen 1956.
Kingsbury, J.D., Matthew: Structure, Christology, Kingdom, Philadelphia 1975.
ders., The Parables of Jesus in Matthew 13. A Study in Redaction- Criticism, London 1969.
Kippenberg, H.G., Religion und Klassenbildung im antiken Judäa. Eine religionssoziologische Studie zum Verhältnis von Tradition und gesellschaftlicher Entwicklung, StUNT 14, Göttingen 1978.
Kirkland, J.R., The Earliest Understanding of Jesus' Use of Parables: Marc IV 10-12 in Context, NT 19 (1977) 1-21.
Kittel, G., Der Jakobusbrief und die Apostolischen Väter, ZNW 43 (1950/51) 54-112.
Kittel, R., Die Psalmen, KAT XIII, Leipzig, Erlangen 1922³⁺⁴.
Klameth, G., Die neutestamentlichen Lokaltraditionen Palästinas in der Zeit vor den Kreuzzügen I, NTA 5, Münster i. W. 1914.
Klappert, B., Art.: "Reich, βασιλεία, TBLNT III, 1023-1036.
Klauck, H.J., Allegorie und Allegorese in synoptischen Gleichnistexten, NTA N.F. 13, Münster 1978 (1986²).
ders., Das Gleichnis vom Mord im Weinberg (Mk 12 1-12; Mt 21 33-46; Lk 20 9-19), BiLe 11 (1970) 118-145.
Klausner, J., Jesus von Nazareth. Seine Zeit, sein Leben und seine Lehre, Jerusalem 1952³.
ders., The Messianic Idea in Israel. From Its Beginning to the Completion of the Mishnah (transl. from the third Hebrew Edition by W.F. Stinespring), New York 1955.

Klein, F.A., Mittheilungen über Leben, Sitten und Gebräuche der Fellachen in Palästina, ZDPV IV (1881) 57-84.
Klein, G., Der Abfassungszweck des Römerbriefs, in: Rekonstruktion und Interpretation, Gesammelte Aufsätze zum Neuen Testament, BEvTh 50, München 1969, 129-144.
ders., Erbarmen mit den Juden. Zu einer "historisch-materialistischen Paulusdeutung", EvTh 34 (1974) 201-218.
ders., Erntedankfest. Markus 4,26-29, GPM 17, Göttingen 1962/3, 320-326.
ders., Reich Gottes als biblischer Zentralbegriff, EvTh 30 (1970) 642-670.
Kleinschmidt, E., Denkform im geschichtlichen Prozeß. Zum Funktionswandel der Allegorie in der frühen Neuzeit, in: Haug, W., (Hg.), Formen und Funktionen der Allegorie, Symposion Wolfenbüttel 1978, Germanistische Symposien Berichtsbände III, Stuttgart 1979.
Klinzing, G., Die Umdeutung des Kultus in der Qumrangemeinde und im Neuen Testament, StUNT 7, Göttingen 1971.
Klostermann, E., Das Lukasevangelium, HNT 5, Tübingen 1929².
ders., Das Markusevangelium, HNT 3, Tübingen 1936³.
ders., Das Matthäusevangelium, HNT 4, Tübingen 1927².
Knoch, O., Eigenart und Bedeutung der Eschatologie im theologischen Aufriß des ersten Clemensbriefes. Eine auslegungsgeschichtliche Untersuchung, Theophaneia 17, Bonn 1964.
ders., Wer Ohren hat, der höre. Die Botschaft der Gleichnisse Jesu. Ein Werkbuch zur Bibel, Stuttgart 1983.
Knopf, R., Die Briefe Petri und Judä, KEK 12, Göttingen 1912⁷.
ders., Die Lehre der zwölf Apostel. Die zwei Clemensbriefe erkl., in: Die Apostolischen Väter I, HNT-ErgBd., Tübingen 1923, 1-184.
Knox, W.L., St. Paul and the Church of the Gentiles, Cambridge 1961² (1939).
Koch, D.-A., Die Bedeutung der Wundererzählungen für die Christologie des Markusevangeliums, BZNW 42, Berlin, New York 1975.
ders., Die Schrift als Zeuge des Evangeliums, Untersuchungen zur Verwendung und zum Verständnis der Schrift bei Paulus, BHTh 69, Tübingen 1986.
Koch, K., Art.: Apokalyptik/2. Altes Testament und Frühjudentum, EKL I, Göttingen 1986³, 192-199.
ders., Das Buch Daniel unter Mitarbeit von T. Niewisch und J. Tubach, EdF 144, Darmstadt 1980.
ders., Was ist Formgeschichte? Methoden der Bibelexegese. Dritte, verb. Aufl. mit einem Nachwort: Linguistik und Formgeschichte, Neukirchen-Vluyn 1974³ (1982⁴).
ders., Die Herkunft der Proto-Theodotion-Übersetzung des Danielbuches, VT 23 (1973) 362-365.
Koch, R., Die Wertung des Besitzes im Lukasevangelium, Bib. 38 (1957) 151-169.
Kodell, J., "The Word of God grew" The Ecclesial Tendence of λόγος in Acts 1,7; 12, 24; 19 20, Bib. 55 (1974) 505-519.
Köller, W., Semiotik und Metapher. Untersuchungen zur grammatischen Struktur und kommunikativen Funktion von Metaphern, Studien zur Allgemeinen und Vergleichenden Literaturwissenschaft 10, Stuttgart 1975.
König, E., Stilistik, Rhetorik, Poetik in Bezug auf die biblische Litteratur, Leipzig 1900.
Köster, H., Einführung in das Neue Testament im Rahmen der Religionsgeschichte und Kulturgeschichte der hellenistischen und römischen Zeit, Berlin, New York 1980.

ders., Synoptische Überlieferung bei den apostolischen Vätern TU 65 = 5. Reihe, Bd. 10, Berlin 1957.
Kogler, F., Das Doppelgleichnis vom Senfkorn und vom Sauerteig in seiner traditionsgeschichtlichen Entwicklung, Zur Reich-Gottes-Vorstellung Jesu und ihren Aktualisierungen in der Urkirche, fzb, Würzburg 1988.
Konrad, H., Etude sur la métaphore, Thèse pour le doctorat d'Université, Paris 1939.
Koppelmann, F., Jesus nicht Christus. Doch Wunder und Gegenwart der Gotteswelt, Berlin 1973.
Kopperschmidt, J., Allgemeine Rhetorik. Einführung in die Theorie der Persuasiven Kommunikation, Sprache und Literatur 79, Mainz 1973.
ders., Die Polemik der Gnostiker gegen das kirchliche Christentum. Unter besonderer Berücksichtigung der Nag-Hammadi-Traktate "Apokalypse des Petrus" (NHC VII,3) und "Testimonium Veritatis" (NHC IX,3), NHS XII, Leiden 1978.
Krämer, M., Hütet euch vir den falschen Propheten. Eine überlieferungsgeschichtliche Untersuchung zu Mt 7,25-23/ Lk 6,43-46/Mt 12,33-37, Bib. 57 (1976) 349-377.
Kraft, H., Die Offenbarung des Johannes, HNT 16a, Tübingen 1974.
Kranz, W., Welt und Menschenleben im Gleichnis, in: Eisermann, G., (Hg.), Wirtschaft und Kultursystem, FS A. Rüstow, Erlenbach-Zürich, Stuttgart 1955, 172-213.
Kraus, H.-J., Psalmen, BK XV/1 und BK XV/2, Neukirchen-Vluyn 1960 (1978^5).
Krauß, S., Talmudische Archäologie Bd. 1: Hildesheim 1966 (= Reprografischer Nachdr. der Ausg. Leipzig 1910); Bd. 2: Hildesheim 1966 (= Reprografischer Nachdr. der Ausg. Leipzig 1911).
Kreitler, S., Symbolschöpfung und Symbolerfassung. Eine experimentalpsychologische Untersuchung, München, Basel 1965.
Kreitler, S., Kreitler, H., Art.: "Symbol und Zeichen" in: Arnold, W., u.a., Lexikon der Psychologie, Bd III/2, Freiburg i. Br. 1976, 503-506.
Kretzer, A., Die Herrschaft des Himmel und die Söhne des Reiches. Eine redaktionsgeschichtliche Untersuchung zum Basileiabegriff und Basileiaverständnis im Matthäusevangelium, SBM 10, Stuttgart 1971.
Kröhling, W., Die Priamel (Beispielreihung) als Stilmittel in der griechisch-römischen Dichtung nebst einem Nachwort: die altorientalische Priamel von F. Dornseiff, GBLS 10, Greifswald 1935.
Kubczak, H., Die Metapher. Beiträge zur Interpretation und semantischen Struktur der Metapher auf der Basis einer referentialen Bedeutungsdefinition, Heidelberg, 1978.
Küchler, M., Die weisheitlichen Logien Jesu nach den Synoptikern (Umfang, Echtheit und Bedeutung) Lizentiatsarbeit masch., SS 1972.
ders., Frühjüdische Weisheitstraditionen. Zum Fortgang weisheitlichen Denkens im Bereich des frühjüdischen Jahweglaubens, OBO 26, Göttingen 1979.
Kühl, E., Zur paulinischen Theodicee (Röm. 9-11), in: Theologische Studien, FS B. Weiss, Göttingen 1987, 52-94.
Kümmel, W.G., Die Probleme von Römer 9-11 in der gegenwärtigen Forschungslage, in: ders. u.a., Die Israelfrage nach Römer 9-11 hg.v. L. De Lorenzi, Monographische Reihe von "Benedictina", Biblisch-ökumenische Abteilung Bd. 3, Rom 1977, 13-33.
ders., Verheißung und Erfüllung, Zürich 1956^3.
ders., Das Gleichnis von den bösen Weingärtnern (Mk 12,1-9) in: Aux sources de la tradition chrétienne, FS M. Goguel, Paris-Neuchâtel 1950, 120-131.
ders., Noch einmal: Das Gleichnis von der selbstwachsenden Saat. Bemerkungen

zur neuesten Diskussion um die Auslegung der Gleichnisse Jesu, in: Orientierung an Jesus, hg.v. P. Hoffmann, FS J. Schmid, Freiburg, Basel, Wien 1973, 220-237.
Künzel, G., Studien zum Gemeindeverständnis des Matthäus-Evangeliums, CThM A/10, Stuttgart 1978.
Küster, R., Mythische Struktur und Metapher, Zeitschrift für germanistische Linguistik 7, 1979, 304-322.
Kuhl, J., Die Sendung Jesu und der Kirche nach dem Johannes-Evangelium, Studia Instituti Missiologici Societatis Verbi Divini 11, Kaldenkirchen 1967.
Kuhn, H.-W., Ältere Sammlungen im Markusevangelium, StUNT 8, Göttingen 1971.
Kuhn, K.G., Art.: βασιλεύς C., in der rabbinischen Literatur, ThWNT I, 570-573.
ders., Enderwartung und gegenwärtiges Heil. Untersuchungen zu den Gemeindeliedern von Qumran, StUNT 4, Göttingen 1966.
ders., Die älteste Textgestalt der Psalmen Salomos insbesondere auf Grund der syrischen Übers. neu untersucht. Mit einer Bearb. und Übers.der Psalmen Salomos 13-17, BWANT 21, Stuttgart 1937.
Kuiper, K., Epictetus en de christelijke moraal: in: Verslagen en mededeelingen der koninklijke Akadademie v. Wetenschappen. Afdeeling Letterkunde 4 Reeks, 7. Deel, Amsterdam 1906, 370-405.
Kundsin, K., Topologische Überlieferungsstoffe im Johannes-Evangelium, FRLANT N.F. 22, Göttingen 1925.
Kurz, G., Zu einer Hermeneutik der literarischen Allegorie, in: Haug, W., (Hg.), Formen und Funktionen der Allgorie, Symposion Wolfenbüttel 1978, Germanistische Symposien, Berichtsbände III, Stuttgart 1979, 12-24.
ders., Pelster, Th., Metapher. Theorie und Unterricht, Fach: Deutsch, Schriften für Deutschlehrer, Düsseldorf 1976.
ders., Metapher, Allegorie, Symbol, KVR 1486, Göttingen 1982.
Kuss, O., Zum Sinngehalt des Doppelgleichnisses vom Senfkorn und Sauerteig, Bib. 40 (1959) 641-653.
ders., Michl, J., Der Brief an die Hebräer und die Katholischen Briefe, Das Neue Testament 8, Regensburg 1953.
Lack, R., La Symbolique du Livre d'Isaie, Essai sur l'image littéraire comme élément de structuration, AnBib 59, Rome 1973.
Ladd, G.E., Jesus and the Kingdom. The Eschatology of Biblical Realism, London 1966.
Lagrange, M.-J., Evangile selon Saint Jean, EtB, Paris 1927³ (1924).
ders., Evangile selon Saint Luc, EtB, Paris 1948⁸ (1921).
ders., Evangile selon Saint Marc, EtB, Paris 1929⁴.
ders., Evangile selon Saint Matthieu, EtB, Paris 1923.
ders., Le livre des Juges, EtB 2, Paris 1903.
ders., La parabole en dehors de l'Evangile, in: RB N.S. 6 (1909) 198-212, 342-362.
ders., Saint Paul. Epître aux Galates, EtB, Paris 1950.
Lambrecht, J., Ich aber sage euch. Die Bergpredigt als programmatische Rede Jesu (Mt 5-7; Lk 6,20-49), Übers. v. L. Hug, Stuttgart 1984 (Originalausg.: "Maar Ik zeg u. De programmatische rede van Jezus (Mt. 5-7; Lc 6,20-49)", Leuven 1983.
ders., Redaction and Theology in Mk. IV, in: Sabbe, M., (Hg.), L'Evangile selon Marc, tradition et rédaction, Louvain, Gembloux 1974, 269-307.
ders., Die Redaktion der Markus-Apokalypse. Literarische Analyse und Strukturuntersuchung, AnBib 28, Rom 1967.
Lampe, P, Die stadtrömischen Christen in den ersten beiden Jahrhunderten.

Untersuchungen zur Sozialgeschichte. WUNT II/18, Tübingen 1987.
ders., Die markinische Deutung des Gleichnisses vom Sämann, ZNW 65 (1974) 140-150.
Lang, B., Kein Aufstand in Jerusalem. Die Politik des Propheten Ezechiel, SBB, Stuttgart 1978.
ders., Ezechiel. Der Prophet und das Buch, EdF 153, Darmstadt 1981.
Lang, F., Die Briefe an die Korinther, NTD 7, Göttingen, Zürich 1986[16] (1. Aufl. dieser Bearb.).
ders., Erwägungen zur eschatologischen Verkündigung des Täufers, in: Jesus Christus in Historie und Theologie, FS H. Conzelmann, hg.v. G. Strecker, Tübingen 1975, 459-473.
ders., Die Gruppen in Korinth nach 1. Kor 1-4, Theologische Beiträge 14 (1983) 68-79.
ders., Art. "Mythos, Mythologie", in EKL[2] II, 1491-1494.
Langbrandtner, W., Weltferner Gott oder Gott der Liebe. Der Ketzerstreit in der johanneischen Kirche. Eine exegetisch-religionsgeschichtliche Untersuchung mit Berücksichtigung der koptisch-gnostischen Texte aus Nag-Hammadi, BET 6, Frankfurt a. Main, Bern, Las Vegas 1977.
Langenberg, H., Die prophetische Bildsprache der Apokalypse. Erklärung sämtlicher Bilder der Offenbarung, 5 Heftfolgen, Metzingen/Württemberg 1951/52.
Larcher, C., Etudes sur le livre de la Sagesse, EtB, Paris 1969.
Larsson, E., Christus als Vorbild. Eine Untersuchung zu den paulinischen Tauf- und Eikontexten. Uppsala 1962, 308-310.
Lattke, M., Zur Bildersprache der Oden Salomos, Symbolon N.F. 6 (1982) 95-110.
ders., Einheit im Wort. Die spezifische Bedeutung von ἀγάπη, ἀγαπᾶν und φιλεῖν im Johannesevangelium, StANT 41, München 1975.
ders., Die Oden Salomos in ihrer Bedeutung für Neues Testament und Gnosis, Bd. III. Forschungsgeschichtliche Bibliographie 1799-1984 mit krit. Anm.. Mit einem Beitrag von M. Franzmann. A Study of the Odes of Solomon with Reference to the French Scholarship 1909-1980, OBO 25/3, Freiburg, Schweiz, Göttingen 1986.
Laufen, R., ΒΑΣΙΛΕΙΑ und ΕΚΚΛΗΣΙΑ. Eine traditions- und redaktionsgeschichtliche Untersuchung des Gleichnisses vom Senfkorn, in: Zmijewski, J., Nellessen, E., Begegnung mit dem Wort, FS H. Zimmermann, BBB 53, Bonn 1979, 105-140.
ders., Die Doppelüberlieferungen der Logienquelle und des Markusevangeliums, BBB 54, Königstein/Ts., Bonn 1980.
Lausberg, H., Elemente der literarischen Rhetorik. Eine Einführung für Studierende der klassischen, romanischen, englischen und deutschen Philologie, München (1963) 1976[5].
Lausberg, M., Untersuchungen zu Senecas Fragmenten, UaLG 7, Berlin 1970.
LaVerdière, E.A., A Grammatical Ambiguity in 1 Pet 1:23, CBQ 36 (1974) 89-94.
Laws, S., A Commentary on the Epistel of James, BNTC, London 1980.
Leclant, J., Ägypten, Bd. 3, Spätzeit und Hellenismus. 1070 v. Chr. bis 4. Jahrhundert n. Chr., München 1981.
Leibfried, E., Fabel, Realienbücher für Germanisten Abt. E: Poetik, Sammlung Metzler, Stuttgart 1967.
Leisegang, H., Die Gnosis, KTA 32, Stuttgart 1955[4].
Lemcio, E.E., External Evidence for the Structure and Function of Mark IV.1-20, VII.14-23 and VIII.14-21, JThS 29 (1978) 323-338.

Lengsfeld, P., Symbol und Wirklichkeit; die Macht der Symbole nach Paul Tillich, in: Heinen, W., (Hg.), Bild - Wort - Symbol in der Theologie, Würzburg 1969.
Leroy, H., Rätsel und Mißverständis. Ein Beitrag zur Formgeschichte des Johannesevangeliums, BBB 30, Bonn 1968.
Lesêtre, H., Art. "Hache", DB(V) III, 388-390.
Leutzsch, M., Die Wahrnehmung sozialer Wirklichkeit im "Hirten des Hermas", FRLANT.150, Göttingen 1989.
ders., Zur Sozialgeschichte neutestamentlicher Gleichnisse, unveröffentlicht.
Lewis, N., Life in Egypt under Roman Rule, Oxford 1983.
Lewy, W., Art. "Feststrauss", JL II, 629-631.
Lichtheim, M., Late Egyptian Wisdom Literature in the International Context. A Study of Demotic Instructions, OBO 52, Göttingen 1983.
Lieb, H.-H., Der Umfang des historischen Metaphernbegriffs, Diss. Phil. masch. 1964.
Lietzmann, H., An die Galater, HNT 10, Tübingen 1923.
ders., (erg. v. Kümmel, G.), An die Korinther I+II, HNT 9, Tübingen 1969[5].
Lincoln, A.T., Paradise Now and Not Yet. Studies in the Role of the Heavenly Dimension in Paul's Thought with Special Reference to his Eschatology, Cambridge 1981.
Lindars, B., The Gospel of John, NCeB, London 1972.
ders., Jotham's Fable. A New Form-Critical Analysis, JThS N.S. 24 (1973) 355-366.
Lindemann, A., Die Erzählung vom Sämann und der Saat, WuD 21 (1991) 115-131.
ders., Zur Gleichnisinterpretation im Thomas-Evangelium, ZNW 71 (1980) 214-243.
Linnemann, E., Gleichnisse Jesu, Einführung und Auslegung, Göttingen (1961) 1978[7].
dies., Jesus und der Täufer, in: Ebeling, G., Jüngel, E., Schunack, G., (Hg.), FS E. Fuchs, Tübingen 1973, 219-236.
Lips, H.v., Weisheitliche Traditionen im Neuen Testament, WMANT 64, Neukirchen-Vlyn 1990.
Löw, I., Zum Feigengleichnis, ZNW 11 (1910) 167-68.
Lohfink, G., Das Gleichnis vom Sämann (Mk 4,3-9), BZ N.F. 39 (1986) 36-69.
ders., Die Metaphorik der Aussaat im Gleichnis vom Sämann (Mk 4,3-9) in: FS P.S. Dupont. A cause de l'évangile. Etudes sur les Synoptiques et les Actes, 1985, 211-228.
Lohmann, H., Drohung und Verheißung. Exegetische Untersuchungen zur Eschatologie bei den Apostolischen Vätern, BZNW 55, Berlin 1989.
Lohmeyer, E., Die Briefe an die Philipper, an die Kolosser und an Philemon, KEK 9, Göttingen 1930[8].
ders., Der Brief an die Philipper, KEK 9/1, Göttingen 1928[8].
ders., Das Evangelium des Markus, KEK 1/2, Göttingen 1937[10] (1967[17] = 8. Aufl. dieser Auslegung).
ders., Das Evangelium des Matthäus, hg. v. W.Schmauch, KEK Sonderband, Göttingen 1958[2] (1962[3]).
ders., Das Gleichnis von der Saat, DTh, Stuttgart 1943, 20-39.
ders., Die Offenbarung des Johannes, HNT 16, Tübingen 1953[2].
ders., Das Urchristentum. 1. Buch. Johannes der Täufer, Göttingen 1932.
Lohse, E., Die Gottesherrschaft in den Gleichnissen Jesu, EvTh 18 (1958) 145-157.
ders., Die Offenbarung des Johannes, ATD 11, Göttingen 1960[8].
Loisy, A., L'Apocalypse de Jean, Paris 1923 (Unv. Nachdr. 1972).

ders., Etudes évangéliques, Paris 1902.
ders., L'Evangile selon Luc, Paris 1924.
Loof, H., Der Symbolbegriff in der neueren Religionsphilosophie und Theologie, KantSt.E 69, Köln 1955.
Lorenzer, A., Symbol, Sprachverwirrung und Verstehen, Psyche 24 (1970) 895-920.
Lubac, H. de, Aspects du Bouddhisme, Paris 1951, 55-79.
Luck, U., Das Gleichnis vom Säemann und die Verkündigung Jesu, WuD N.F. 11 (1971) 73-92.
ders., Das Weltverständnis der jüdischen Apokalyptik dargestellt am äthiopischen Henoch und am 4. Esra, ZThK 73 (1976) 283-305.
Lüdemann, G., Paulus, der Heidenapostel, Bd.2, Antipaulinismus im frühen Christentum, FRLANT 130, Göttingen 1983.
Lüdi, G., Die Metapher als Funktion der Aktualisierung, Romanica Helvetica 85, Bern 1973.
Lührmann, D., Der Brief an die Galater, ZBK 7, Zürich 1978.
ders., Das Markusevangelium, HNT 3, Tübingen 1987.
ders., Die Redaktion der Logienquelle. Anhang: Zur weiteren Überlieferung der Logienquelle. WMANT 33, Neukirchen-Vluyn 1969.
Lüthi, K., Die interdisziplinäre Symboldebatte - kritische und konstruktive Überlegungen, in: Theologia Scientia eminens practica, FS F. Zerbst, hg.v. H.-C. Schmidt-Lauber, Wien, u.a. 1979.
Lundgreen, F., Die Bäume im Neuen Testament, NKZ 27 (1916) 827-842.
ders., Die Benutzung der Pflanzenwelt in der alttestamentlichen Religion. Eine Studie, BZAW 14, Gießen 1908.
Lurker, M., Art. "Chiffre" in: ders., (Hg.), Wörterbuch der Symbolik, KTA 464, Stuttgart 1979, 100.
ders., Art. "Symbol", in: ders., (Hg.), Wörterbuch der Symbolik, KTA 464, Stuttgart 1979, 649-650.
Luz, U., βασιλεία, ας, ἡ, EWNT I, 481-491.
ders., Das Evangelium nach Matthäus, EKK I/1, Neukirchen-Vluyn 1985, EKK I/2, Neukirchen-Vluyn 1990.
ders., Das Geschichtsverständis des Paulus, BEvTh 49, München 1968.
ders., Vom Taumellolch im Weizenfeld. Ein Beispiel wirkungsgeschichtlicher Hermeneutik, in: Vom Urchristentum zu Jesus, FS J. Gnilka, hg.v. H. Frankemölle und K. Kertelge, Freiburg, u.a. 1989, 154-171.
Macarthey, C. E., The Parables of the Old Testament, Michigan 1955.
MacCormac, E.R., Religiöse Metaphern: Linguistischer Ausdruck kognitiver Prozesse, in: Noppen, J.-P. van, (Hg.), Erinnern, um Neues zu sagen. Die Bedeutung der Metapher für die religiöse Sprache, Frankfurt a. M. 1988, 149-175.
ders., Die semantische und syntaktische Bedeutung von religiösen Metaphern, in: Noppen, J.-P. van, (Hg.), Erinnern, um Neues zu sagen. Die Bedeutung der Metapher für die religiöse Sprache, Frankfurt a. M. 1988, 84-107.
MacCormack, G., Celsus quaerit: D.9.2.27.14, RIDA 20 (1973) 341-348.
MacGregor, G.H.C., The Gospel of John, MNTC 4, London 1953[11] (1928).
Madsen, I.K., Die Parabeln der Evangelien und die heutige Psychologie, Kopenhagen, Leipzig 1936.
ders., Zur Erklärung der evangelischen Parabeln, ThStKr 104 (1932) 311-336.
Maiberger, P., עשׂב, 'eśoeb, ThWAT VI, 410-413.
Maier, J., Die Texte vom Toten Meer, Bd. 2, Anmerkungen, München 1960.

Maillot, A., L'Epître aux Romains. Epître de l'oecuménisme et théologie de l'histoire, Paris 1984.
Malatesta, E., Interiority and Covenant. A Study of εἶναι ἐν and μένειν ἐν in the First Letter of Saint John, AnBib 69, Rom 1978.
Maly, K., Mündige Gemeinde, Untersuchungen zur pastoralen Führung des Apostels Paulus im 1. Korintherbrief, SBM 2, Stuttgart 1967.
Mánek, J., ... und brachte Frucht. Die Gleichnisse Jesu, Stuttgart 1977.
Manson, Th. W., The Sayings of Jesus as Recorded in the Gospels According to St Matthew and St Luke Arranged with intr. and Comm., London 1957[5] (1937).
ders., The Teaching of Jesus, Cambridge 1959.
Marcheselli, C.C., Le parabole del Vangelo di Marco (4,1-34), RivBib 29 (1981) 405-415.
Marcus, J., The Mystery of the Kingdom of God, SBLDS 90, Atlanta, Georgia 1986.
Marguerat, D., L'Eglise et le monde en Matthieu 13,36-43, RThPh 110 (1978) 111-129.
ders., Le jugement dans l'Evangile de Matthieu, Le Monde de la Bible, Genève 1981.
Marin, L., Essai d'analyse structurale d'un récit-parabole: Matthieu 13,1-23, ETR 56 (1971) 35-74.
Marrou, H.J., Art.: "Diatribe B. Christlich", RAC III, 997-1009.
Marshall, S.S.C., The Character, Setting and Purpose of the Epistle of St. James, Ph.D.diss., Oxford 1968.
Martin, J., Antike Rhetorik, Technik und Methode, HAW II/3, München 1974.
Martin, R.P., The Life-Setting of the Epistle of James in the Light of Jewish History, in: Tuttle, G.A., (Hg.), Biblical and Near Eastern Studies, FS W.S. LaSor, Grand Rapids, Michigan 1978, 97-103.
Marty, J., L'Epître de Jacques, Etude critique, Paris 1935.
Marxsen, W., Redaktionsgeschichtliche Erklärung der sogenannten Parabeltheorie des Markus, ZThK 52 (1955) 255-271 (= ders., Der Exeget als Theologe, Vortr. zum Neuen Testament, Gütersloh 1968, 13-28).
ders., Der Evangelist Markus. Studien zur Redaktionsgeschichte des Evangeliums, FRLANT 67, Göttingen 1956 (1959[2]).
Masson, C., L'Epître de Saint Paul aux Colossiens, CNT(N), Neuchâtel 1950.
ders., L'Epître de Saint Paul aux Ephésiens, s. Bonnard, P., Epître... aux Galates.
ders., Les Paraboles de Marc IV avec une introduction à l'explication des Evangiles, CThAp 11, Neuchâtel, Paris 1945.
Massaux, E., Influence de l'Evangile de saint Matthieu sur la littérature chrétienne avant saint Irénée, Universitas Catholica Lovaniensis, Diss. Series II/42, Louvain-Gembloux 1950.
Maston, T.B., Ethical Dimensions of James, SWJT 12 (1969) 23-39.
Maurach, G., Der Bau von Senecas Epistulae Morales, BKAW NS II/30, Heidelberg 1970.
Maurer, Ch., Art. ῥίζα, ThWNT VI, 985-991.
Mayer, R., Zur Bildsprache der alttestamentlichen Prophetie, MThZ 1 (1950) 55-65.
ders., Sünde und Gericht in der Bildersprache der vorexilischen Prophetie, BZ N.F. 8 (1964) 22-44.
Mayer-Maly, Th., Locatio conductio. Eine Untersuchung zum klassischen römischen Recht, WRGA IV, Wien, München 1956.

Mayor, J.B., The Epistle of St. James. The Greek Text with Introduction, Notes and Comments and Further Studies in the Epistle of St. James, London 1913.
Mays, J.L., Hosea, A Commentary, London 1975² (1969).
McArthur, H.K., The Parable of the Mustard Seed, CBQ 33 (1971) 198-210.
McKenzie, J.L., Second Isaiah. Intr., Transl. and Notes, AncB 20, Garden City, New York 1978⁶ (1968).
McNicol, A., The Lesson of the Fig Tree in Mark 13:28-32: A Comparison Between Two Exegetical Methodologies, Rest Q 27 (1984) 193-207.
Meeks, W.A., Jesus as King and Prophet in the Fourth Gospel, Diss. masch. Phil. (Yale University), University Microfilms, Ann Arbor, Michigan 1966.
ders., Social Functions of Apocalyptic Language in Pauline Christiantiy, in: Hellholm, D., (Hg.), Apocalypticism in the Mediterranean World and the Near East. Proceedings of the International Colloquium on Apocalypticism Uppsala, August 12-17, 1979; Tübingen 1983, 687-705.
Meier, J.P., John the Baptist in Matthew's Gospel, JBL 99 (1980) 383-405.
Ménard, J.E., Les origines de la gnose, RevSR 42 (1968) 24-38.
Mengel, B., Studien zum Philipperbrief, Untersuchungen zum situativen Kontext unter besonderer Berücksichtigung der Frage nach der Ganzheitlichkeit oder Einheitlichkeit eines paulinischen Briefes, WUNT II/8, Tübingen 1982.
Meinertz, M. Die Gleichnisse Jesu, Münster/Westf. 1948⁴ (1916).
Mensching, G., Die Lichtsymbolik in der Religionsgeschichte, StGen 10 (1957) 422-432.
ders., Religiöse Ursymbole der Menschheit, StGen 8 (1955) 362-370.
Merk, O., Handeln aus Glauben. Die Motivierungen der paulinischen Ethik, MThSt 5, Marburg 1968.
Merklein, H., Die Gottesherrschaft als Handlungsprinzip. Untersuchungen zur Ethik Jesu, fzb 34, o.O. (Würzburg) 1978.
ders., Die Umkehrpredigt bei Johannes dem Täufer und Jesus von Nazareth, BZ N.F. 25 (1981) 29-46.
Meyer, E., Ursprung und Anfänge des Christentums, Bd. 1, Die Evangelien, Stuttgart, Berlin 1921³.
Meyer, H., Geschichte der Lehre von den Keimkräften von der Stoa bis zum Ausgang der Patristik nach den Quellen dargestellt, Bonn 1914.
Meyer, R.P., Kirche und Mission im Epheserbrief, SBS 86, Stuttgart 1977.
Michaelis, W., Der Brief des Paulus an die Philipper, ThHK 11, Leipzig 1935.
ders., Es ging ein Sämann aus, zu säen, Eine Einführung in die Gleichnisse Jesu über das Reich Gottes und die Kirche, Berlin 1938.
ders., Die Gleichnisse Jesu. Eine Einführung, UCB 32, Hamburg 1956³.
ders., Das Evangelium nach Matthäus, Teil I: Zürich 1948; Teil II: Zürich 1949.
ders., Zelt und Hütte im biblischen Denken, EvTh 14 (1954) 29-49.
Michel, A., Rhétorique et philosophie chez Cicéron. Essai sur les fondements philosophiques de l'art de persuader, Paris 1960.
Michel, O., Der Brief an die Hebräer, KEK 13, Göttingen 1936⁷ (1984¹⁴ = 8. Aufl. dieser Auslegung).
ders., Der Brief an die Römer, KEK 4, Göttingen 1966¹⁴ (5. Aufl. dieser Auslegung, 1. Aufl. dieser Auslegung: 1955¹⁰).
ders., Art. κόκκος, κόκκινος, ThWNT III, 810-815.
Michl, J., Die Katholischen Briefe, RNT 8/2, Regensburg 1968².
Micklem, Ph.A. St. Matthew, With Introduction an Notes, WC London 1917.

Middendorp, Th., Die Stellung Jesu Ben Siras zwischen Judentum und Hellenismus, Proefschrift, Leiden 1973.
ders., False Prophecy and Hypocrisy in the Gospel of Matthew, in: Gnilka, J., (Hg.) Neues Testament und Kirche, FS R. Schnackenburg, Freiburg i. Breisgau 1974, 76-93.
Moffatt, J., A Critical and Exegetical Commentary on the Epistle to the Hebrews, ICC 15, Edinburgh 1952^3 (1924).
Montefiore, C.G., A Tentative Catalogue of Biblical Metaphors, JQR 3 (1890) 623-681.
Montefiore, H., A Comparison of the Parables of the Gospel According to Thomas and of the Synoptic Gospels, NTS 7 (1960/61) 220-248 = abgedr. in: Turner, H.E.W., Montefiore, H., Thomas and the Evangelists, SBT, London 1962, 40-78.
Moog, W., Naturgleichnisse und Naturschilderungen bei Homer, Zeitschrift für angewandte Psychologie und psychologische Sammelforschung 6 (1912) 123-173.
Morisette, R., La condition de ressuscité. 1 Corinthiens 15,35-49: structure littéraire de la péricope, Bib. 53 (1972) 208-228.
Morlet, M., Le chapitre des paraboles dans l'Evangile de Marc, EeV 81 (1971) 513-520.
Morris, L., The Gospel According to John, The New International Commentary on the New Testament, London 1971.
Moule, C.F.D., Mark 4: 1-20 yet one more, in: Ellis, E., E., Wilcox, M., (Hg.), Neotestamentica et Semitica, FS M. Black, Edinburgh 1969.
ders., The Use of Parables and Sayings as Illustrative Material in Early Christian Catechesis, JThS N.S. 3 (1952) 75-79.
Müller, J., Beiträge zur Erklärung und Kritik des Buches Tobit, BZAW 13 (1908) 1-53.
Müller, H.-P., Art. כרם, kaeraem, ThWAT IV, 334-340.
Müller, Th., Das Heilsgeschehen im Johannesevanglium. Eine exegetische Studie, zugleich der Versuch einer Antwort an R. Bultmann, Zürich/Frankfurt a. M. 1961.
Müller, U.B., Prophetie und Predigt im Neuen Testament. Formgeschichtliche Untersuchungen zur urchristlichen Prophetie, StNT 10, Gütersloh 1975.
Münchow, Ch., Ethik und Eschatologie in der frühjüdischen Apokalyptik und bei Paulus. Ein Beitrag zum Verständnis der frühjüdischen Apokalyptik und deren Rezeption in den paulinischen Hauptbriefen, Diss. theol. masch., Berlin 1977.
ders., Ethik und Eschatologie. Ein Beitrag zum Verständnis der frühjüdischen Apokalyptik mit einem Ausblick auf das Neues Testament, München 1981.
Münderlein, G., גרן, goroen, ThWAT II, 66-70.
ders., Die Verfluchung des Feigenbaumes (Mk XI.12-14), NTS 10 (1963/64) 89-104.
Munck, J., Christus und Israel. Eine Auslegung von Röm 9-11. AJut.T 7, København 1956.
Murphy, R.E., Introduction to the Wisdom Literatur of the Old Testament, Old Testament Reading Guide 22, Minnesota 1964.
Mury, O., Amsler, S., Yahweh et la sagesse du paysan. Quelques remarques sur Esaie 28,23-29, RHPhR 53 (1973) 1-5.
Muscarella, O.W., Ancient Art, s. II.
Mußner, F., Die bösen Winzer nach Matthäus 21,33-46, in: Eckert, W.P., u.a., (Hg.), Antijudaismus im Neuen Testament? Exegetische und systematische Beiträge, Abhandlungen zum christlich-jüdischen Dialog 2, München 1967, 129-134.
ders., Der Brief an die Epheser, Gütersloh, ÖTK 10, Würzburg 1982.
ders., Der Galaterbrief, HThK IX, Freiburg i. Breisgau 1974 (1981^4).

ders., Gleichnisauslegung und Heilsgeschichte. Dargetan am Gleichnis von der selbstwachsenden Saat, TThZ 64 (1955) 257-266.

ders., Der Jakobusbrief. HThK XIII/1, Freiburg, Basel, Wien 1967² (1964; 1981⁴).

ders., 1 Q Hodajoth und das Gleichnis vom Senfkorn (Mk 4,30-32Par.), BZ 4 (1960) 128-130.

ders., ZΩH. Die Anschauung vom "Leben" im vierten Evangelium unter Berücksichtigung der Johannesbriefe, MThS I/5, München 1952.

Nagel, P., Die Auslegung der Paradieserzählung in der Gnosis, in: Tröger, K.-W., (Hg.), Altes Testament - Frühjudentum - Gnosis. Neue Studien zu "Gnosis und Bibel", Gütersloh 1980, 49-70.

Nauck, W., Eph 2 19-22 - ein Tauflied? EvTh 13 (1953) 362-371.

Neil,W., Expounding the Parables II. The Sower (Mk 4^{3-8}), ET 77 (1965/66) 74-77.

Neuenschwander, H.R., Marc Aurels Beziehungen zu Seneca und Poseidonios, Diss. Phil, Noctes Romanae 3, Bern 1951.

Neumann, G., Die "absolute" Metapher. Ein Abgrenzungsversuch am Beispiel Stéphane Mallarmés und Paul Celans, Poetica 3 (1970) 188-225.

Nickelsburg, G.W.E., Jewish Literature between the Bible and the Mishnah. A Historical and Literary Introduction, London 1981.

ders., Social Aspects of Palestinian Jewish Apocalypticism, in: Hellholm, D., (Hg.), Apocalypticism in the Mediterranean World and the Near East. Proceedings of the International Colloquium on Apocalypticism, Uppsala, August 12-17, 1979; Tübingen 1983, 641-654.

Nida, E.A., Taber, C.R., Theorie und Praxis des Übersetzens unter besonderer Berücksichtigung der Bibelübersetzung, o.O. 1969.

Nielsen, K., Das Bild des Gerichts (Rib-Pattern) in Jes. I-XII. Eine Analyse der Beziehungen zwischen Bildsprache und dem Anliegen der Verkündigung, VT 29 (1979) 309-324.

ders., For et træ er der håb. Om traeet som metafor i Jes 1-39, Bibel og historie 8, Kopenhagen 1985 = eng. There is Hope for a Tree, The Tree as Metaphor in Isaiah, JSOT 65, Sheffield 1989.

Nieraad, J., "Bildgesegnet und bildverflucht". Forschungen zur sprachlichen Metaphorik, EdF 63, Darmstadt 1977.

Nörenberg, K.-D., Analogia Imaginis. Der Symbolbegriff in der Theologie Paul Tillichs, Gütersloh 1966.

Nötscher, F., Das Buch Jeremias, Die Heilige Schrift des Alten Testaments VII/2, Bonn 1934.

Noppen, J.-P. van, Metapher und Religion, in: ders. (Hg.), Erinnern, um Neues zu sagen. Die Bedeutung der Metapher für die religiöse Sprache, Frankfurt a. M. 1988, 7-51.

Norden, E., Die antike Kunstprosa. Vom VI. Jahrhundert v.Chr. bis in die Zeit der Renaissance, Bd. 1, Leipzig 1898.

Normand, C., métaphore et concept, Dialectiques, Bruxelles 1976.

Noth, M., Das dritte Buch Mose. Leviticus, ATD 6, Göttingen 1962 (1985⁵).

ders., Könige, Tb 1, BK IX/1, Neukirchen-Vluyn 1968 (1983²).

Nützel, J.M., Art. δένδρον, ου, τό, EWNT I, 683f.

O'Brien, P.T., Introductory Thanksgivings in the Letters of Paul, NT.S XLIX, Leiden 1977.

Odeberg, H., The Fourth Gospel. Interpreted in Its Relation to Contemporaneous Religious Currents in Palestine and the Hellenistic-Oriental World, Uppsala, Stockholm 1929 (Reprint: Amsterdam 1968).

Oehler, W., Das Johannesevangelium eine Missionsschrift für die Welt, Gütersloh 1936.
Oepke, A., Der Brief des Paulus an die Galater, ThHK IX, Berlin 1957² (1937).
Oesterley, W.O.E., The Gospel Parables in the Light of their Jewish Background, London, New York 1936.
Ohly, F., Art.: "Haus", RAC 13, 905-1063.
Olck, F., Art. "Ernte", PRE VI/1, 11 Halbband, 472-482.
ders., Art. "Feige", PRE VI/2, 12. Halbband, 2100-2151.
Olerud, A., L'idée de Macrocosmos et de Microcosmos dans le Timée de Platon, Etude de Mythologie comparée, Uppsala 1951.
Olrik, A., Epische gesetze der volksdichtung, ZDA 51 (1909) 1-12.
Olsson, B., Structure and Meaning in the Fourth Gospel, A text-linguistic analysis of John 2: 1-11 and 4:1-42, CB.NT 6, Lund 1974.
Onuki, T., Gemeinde und Welt im Johannesevanglium. Ein Beitrag zur Frage nach der theologischen und pragmatischen Funktion des johanneischen "Dualismus", WMANT 56, Neukirchen-Vluyn 1984.
Osten-Sacken, P. von der, Streitgespräch und Parabel als Formen markinischer Christologie, in: Strecker, G., (Hg.), Jesus Christus in Historie und Theologie, FS H. Conzelmann, Tübingen 375-394.
Ott, W., Gebet und Heil. Die Bedeutung der Gebetsparänese in der lukanischen Theologie, StANT XII, München 1965.
Otto, R., Das Heilige. Über das Irrationale in der Idee des Göttlichen und sein Verhältnis zum Rationalen, München 1987 (1917).
ders., Reich Gottes und Menschensohn. Ein religionsgeschichtlicher Versuch. München 1934.
Ottosson, M., Art. יקב, joeqoeb, ThWAT III, 843-845.
Pace, G., La senapa del Vangelo, BeO 22 (1980) 119-123.
Pagels, E.H., The Johannine Gospel in Gnostic Exegesis: Heracleon's Commentary on John, SBLMS 17, Nashville, New York 1973.
Parry, M., The Traditional Metaphor in Homer, CP 28 (1933) 30-43.
Patzig, G., Art. "Stoa", RGG³ VI, 382-386.
Pauer, K., Die Bildersprache des Euridipes, Diss. Klassische Philologie, Breslau 1935.
Pausch, H.A., (Hg.), Kommunikative Metaphorik. Die Funktion des literarischen Bildes in der deutschen Literatur von ihren Anfängen bis zur Gegenwart, Studien zur Germanistik, Anglistik und Komparatistik 20, Bonn 1976.
ders., Die Metapher. Forschungsbericht, Wirkendes Wort 24 (1974) 56-69.
Pavur, C.N., The Grain is Ripe: Parabolic Meaning in Mark 4: 26-29, BTB 17 (1987) 21-23.
Payne, Ph. B., The Authenticity of the Parable of the Sower and its Interpretation, in: France, R.T., Wenham, D., (Hg.), Gospel, Perspectives, Studies of History and Tradition in the Four Gospels, Vol. I, Sheffield 1980, 163-207.
ders., The Order of Sowing and Ploughing in the Parable of the Sower, NTS 25 (1979) 123-129.
ders., the Seeming Inconsistency of the Interpretation of the Parable of the Sower, NTS 26 (1980) 564-568.
Pearson, B. A., The Tractate Marsanes (NHC X) and the Platonic Traditon, in: Aland, B., (Hg.), Gnosis, FS H. Jonas, Göttingen 1978, 373-384.
Pecz, W., Die Tropen der Ilias und der Odyssee, NJKA 29 (1912) 665-670.

Pedersen, S., Zum Problem der vaticinia ex eventu. (Eine Analyse von Mt 21,33-46par; 22,1-10par), StTh 19 (1965) 167-188.
Peirce, C.S., Collected Papers of Charles Sander Peirce, Vol. 2, Elements of Logic, hg.v. C. Hartshorne, P. Weiss, Cambridge, Mass. 1958.
Peisker, C.H., Konsekutives ἵνα in Markus 4,12, ZNW 59 (1968) 126f.
Penar, T., Northwest Semitic Philology and the Hebrew Fragments of Ben Sira, BibOr 28, Rom 1975.
Pépin, J., Mythe et Allégorie. Les origines grecques et les contestations judéochrétiennes, Aubier 1958.
Percy, E., Untersuchungen über den Ursprung der johanneischen Theologie, Zugleich ein Beitrag zur Frage nach der Entstehung des Gnostizismus, Lund 1939.
Perrin, N., Jesus and the Language of the Kingdom, Symbol and Metaphor in New Testament Interpretation, Philadelphia 1976.
ders., The Kingdom of God in the Teaching of Jesus, NTLi, London 1963.
Perrot, Ch., Bogaert, P.-M., Harrington, D.J., Les antiquités bibliques, t. 2, intr. littéraire, commentaire et index, SC 230, Paris 1976.
Pesch, R., Art. ἀγρός, οῦ, ὁ, EWNT I, 57.
ders., Das Markusevangelium, Teil II, HThK II, Freiburg i. Br. 1976 (1984[3]).
ders., Naherwartungen, Tradition und Redaktion in Mk 13, KBANT, Düsseldorf 1968.
ders., *Kratz, R.*, So liest man synoptisch. Anleitung und Kommentar zum Studium der synoptischen Evangelien, Bd. 1, Frankfurt a.M. 1975.
Peter, H., Johannes der Täufer in der urchristlichen Überlieferung, Diss., Marburg 1911.
Petöfi, J.S., On the Structural Analysis and Typology of Poetic Images, in: Kiefer, F, (Hg.), Studies in Syntax and Semantics, Foundations of Language. Suppl. Series 10, Dodrecht 1969, 187-230.
ders., Text-Grammars, Text-Theory and the Theory of Literature, Poetics 7 (1973) 36-76.
ders., Thematisierung der Rezeption metaphorischer Texte in einer Texttheorie (Problemskizze) Poetics 4 (1975) 289-310.
Pettinato, G., Das altorientalische Menschenbild und die sumerischen und akkadischen Schöpfungsmythen, AHAW.PH, Heidelberg 1971.
Pfammatter, J., Die Kirche als Bau. Eine exegetisch-theologische Studie zur Ekklesiologie der Paulusbriefe, AnGr 110, Series Facultatis Theologicae B/33, Rom 1960.
Piesik, H., Bildersprache der apostolischen Väter, Diss. Phil. Bonn, Bonn 1961.
Pire, G., Stoicisme et Pédagogie. De Zénon à Marc-Aurèle. De Sénèque à Montaigne et J.-J. Rousseau, Préf. H.-I. Marrou, Liège, Paris 1958.
Plett, H.F., Textwissenschaft und Textanalyse. Semiotik, Linguistik, Rhetorik, Heidelberg (1975) 1979[2].
Plöger, O., Das Buch Daniel, KAT 18, Gütersloh 1965.
ders., Sprüche Salomos (Proverbia), Teil I, Eine Sammlung von Mahnreden (Prov 1-9), BK 17, Neukirchen-Vluyn 1981 (1984).
Plummer, A., A Critical and Exegetical Commentary on the Second Epistle of St. Paul to the Corinthians, ICC 9, Edinburgh 1951[4] (1915).
ders., An Exegetical Commentary on the Gospel According to S. Matthew, London 1909.

Pohlenz, M., Die Stoa. Geschichte einer geistigen Bewegung, Göttingen 1964³ (1959; 1978⁵).
ders., dass., Bd. 2, Erläuterungen, Zitatkorrekturen, bibliographische Nachträge und ein Stellenregister von H.-Th. Johann, Göttingen 1972⁴ (1949).
Polag, A., Fragmenta Q. Textheft zur Logienquelle, Neukirchen- Vluyn 1979 (1982²).
Porsch, F., Art. ἄμπελος, ου, ἡ, κτλ., EWNT Bd. I, 172f.
Porteous, N.W., Das Buch Daniel, ATD 23, Göttingen 1978³ (1985⁴).
Powell, J.E., Those 'Lilies of the Field' Again, JThS N.S. 33 (1982) 490-492.
Praechter, K., Die Philosophie des Altertums, Friedrich Ueberwegs Grundriss der Geschichte der Philosophie, Erster Teil, Die Philosophie des Altertums, hg.v. K. Präechter, Darmstadt 1957¹⁴ (= unv. photomech. Nachdr. der 12. Aufl.).
Prenzel, G., Über die Pacht im antiken hebräischen Recht, StDel 13, Stuttgart, u.a. 1971.
Preuschen, E., Antilegomena. Die Reste der außerkanonischen Evangelien und urchristlichen Überlieferungen, Gieszen 1905.
Preuß, H.D., זרע, zaráʿ, ThWAT II, 663-686.
ders., Berger, K., Bibelkunde des Alten und Neuen Testaments. Teil I: Altes Testament, Heidelberg 1980 (1985³).
ders., Einführung in die alttestamentliche Weisheitsliteratur, Stuttgart, u.a. 1987.
Procksch, O., Jesaja I, Leipzig 1930, KAT IX, Leipzig 1930.
Purvis, J.D., The Fourth Gospel and the Samaritans, NT 17 (1975) 161-198.
Puech, H.-Ch., Le Manichéisme. Son fondateur - sa doctrine, Musée Guimet LVI, Paris 1949.
Quell, Schrenk, Art., δίκη, κτλ., ThWNT II, 176-229.
Quispel, G., Gnosis als Weltreligion. Die Bedeutung der Gnosis in der Antike, Zürich (1951) 1972².
ders., L'inscription de Flavia Sophē, in: Mélanges J. de Ghellinck, t.1, Antiquité, ML.H 13, Gembloux 1951, 201-214.
Rad, G. von, Art. βασιλεύς, κτλ. B. מלך und מלכות im AT, ThWNT I, 563-569.
ders., Das fünfte Buch Mose. Deuteronomium, ATD 8, Göttingen 1968² (1964; 1983⁴).
ders., Theologie des Alten Testaments, Bd. 1: München 1978⁷ (1987⁹); Bd. 2: München 1975⁶ (1987⁹).
ders., Weisheit in Israel, Neukirchen-Vluyn 1970.
Radermacher, L., σφραγίζεσθαι Rm 15,28, ZNW 32 (1933) 87-89.
Räisänen, H., Die Parabeltheorie im Markusevangelium, Schriften der Finnischen Exegetischen Gesellschaft 26, Helsinki 1973.
Rahner, H., Die seelenheilende Blume Moly und Mandragore in antiker und christlicher Symbolik, in: ErJb XII, Studien zum Problem des Archetypischen, FG C.G. Jung, hg.v. O. Fröbe-Kapteyn, Zürich 1945, 117-239.
Ramaroson, L., "Parole-semence" ou "peuple-semence" dans la parabole du semeur?, ScEs 40 (1988) 91-101.
Rantasalo, A.V., Der Ackerbau im Volksglauben der Finnen und Esten mit entsprechenden Gebräuchen der Germanen verglichen IV, FF Communications 55, Helsinki 1924.
Raschke, H., Die Werkstatt des Markusevangelisten. Eine neue Evangelientheorie, Jena 1924.
Rathke, H., Ignatius von Antiochien und die Paulusbriefe, TU 99, Berlin 1967.

Rau, E., Reden in Vollmacht. Hintergrund, Form und Anliegen der Gleichnisse Jesu, FRLANT 149, Göttingen 1990.
Reese, G., Die Geschichte Israels in der Auffassung des frühen Judentums. Eine Untersuchung der Tiervision und der Zehnwochenapokalypse des äthiopischen Henochbuches, der Geschichtsdarstellung der Assumptio Mosis und der des 4 Esrabuches, Diss. theol. masch, Heidelberg 1967.
Reese, J.M., Hellenistic Influence on the Book of Wisdom and its Consequences, AnBib 41, Rome 1970.
Reichmann, O., Deutsche Wortforschung, Realienbücher für Germanisten Abt. C: Deutsche Sprachwissenschaft, Stuttgart 1969.
Reichmann, V., Art. Feige I (Ficus carica), RAC VII, 640-682.
Reicke, B., The Epistles of James, Peter and Jude, Intr., Transl. and Notes, AncB, Garden City, New York 1964.
ders., Die Verkündigung des Täufers nach Lukas, in: Fuchs, A., Jesus in der Verkündigung der Kirche, SNTU A/I, Freistadt 1976, 50-61.
Reizenstein, R., Poimandres. Studien zur griechisch-ägyptischen und frühchristlichen Literatur, Leipzig 1904, Nachdr. Darmstadt 1966.
Rengstorf, K.H., Das Evangelium nach Lukas, NTD 3, 1937³.
ders., das Ölbaum-Gleichnis in Röm 11,16ff, in: Bammel, E., u.a., (Hg.), Donum Gentilicium, New Testament Studies, FS D. Daube, 127-164.
Reymond, Ph., L'Eau, sa vie, et sa signification dans l'Ancien Testament, VT.S VI, Leiden 1958.
Richardson, A., The Gospels in the Making. An Introduction to the Recent Criticism of the Synoptic Gospels, London 1938.
Richardson, P., Israel in the Apostolic Church, MSSNTS 10, Cambridge 1969.
Riches, J., Jesus and the Transformation of Judaism, London 1980.
Richter, G., Studien zum Johannesevangelium, hg.v. J. Hainz, BU 13, Regensburg 1977.
ders., Zum gemeindebildenden Element in den johanneischen Schriften, in: Hainz, J., (Hg.), Kirche im Werden. Studien zum Thema Amt und Gemeinde im Neuen Testament, München, Paderborn, Wien 1976, 253-292.
ders., Rezension zu: Borig, R., Der wahre Weinstock, in: MThZ 20 (1969) 72f.
ders., Die Fußwaschung im Johannesevanglium. Geschichte ihrer Deutung, Biblische Untersuchungen 1, Regensburg 1967.
Richter, W., Traditionsgeschichtliche Untersuchungen zum Richterbuch, BBB 18, Bonn 1963.
Rickenbacher, O., Weisheitsperikopen bei Ben Sira, OBO 1, Göttingen 1973.
Ricoeur, P., Erzählung, Metapher und Interpretationstheorie, ZThK 84 (1987) 232-253.
ders., La métaphore vive, L'ordre philosophique, Paris 1975.
ders., Parole et symbole, in: RevSR 49 (1975) 142-161.
ders., Symbolik des Bösen, Phänomenologie der Schuld II, München 1988².
Riesenfeld, H., Das Bildwort vim Weizenkorn bei Paulus (zu I Cor 15), in: Studien zum Neuen Testament und zur Patristik, FS E. Klostermann, TU 77, Berlin 1961, 43-55.
ders., Le langage parabolique chez Paul, in: Deschamps., A., u.a. Littérature et théologie pauliniennes, Recherches Bibliques 5, Bruges Lovanii 1960, 47-59 (Ü: Parabolic Language in the Pauline Epistles, in: ders., The Gospel Tradition, Essays, Foreword by W. D. Davies, Philadelphia 1970, 187-204).

ders., Les paraboles dans la prédication de Jésus selon les traditions synoptique et johannique, EeT 22 (1959) Nr. 64, 21-29.

ders., Reflections on the Style and the Theology of St. Ignatius of Antioch, in: Cross, F.L., (Hg.), Studia Patristica, TU 79, Berlin 1961, 312-322.

Rieth, O., Grundbegriffe der stoischen Ethik. Eine traditionsgeschichtliche Untersuchung, Problemata 9, Berlin 1933.

Riggenbach, E., Der Brief an die Hebräer, KNT XIV, Leipzig 1913.

Ringgren, H., Art. רשׁא doesoe', ThWAT II, 329-331.

ders., Art. ינק, janaq, ThWAT III, 665-668.

ders., Art. יצהר, jishar, ThWAT III, 825f.

ders., Art. לקט, laqat, ThWAT IV, 594-595.

ders., Art. מץ, mos, ThWAT IV, 1042f.

ders., Nielsen, K., Art. עץ 'es, ThWAT VI, 284-297.

ders., Der umgekehrte Baum und das Leben als Traum, in: Hommages Dumézil, Latomus 45, Bruxelles, 1960, 172-176.

ders., Der Weltbrand in den Hodajot, in: Bibel und Qumran. Beiträge zur Erforschung der Beziehungen zwischen Bibel- und Qumranwissenschaft, FS H. Bardtke, Berlin 1968, 177-182.

ders., Zimmerli, W., Sprüche, Prediger, ATD 16/1, Göttingen 1980³.

Rissi, M., Die Zukunft der Welt. Eine exegetische Studie über Johannesoffenbarung 19,11 bis 22,15. Basel o.J..

Robertson, A., Plummer, A., A Critical and Exegetical Commentary on the First Epistle of St. Paul to the Corinthians, ICC 8, Edinburgh 1955³ (1911).

Robertson, A.Th., Wort Pictures in the New Testament, Bd. I-VI, New York 1930. (N.B.: Nur Bd. I und III waren mir zugänglich).

Robin, A. de Q., The Cursing of the Fig Tree in Mark XI, A Hypothesis, NTS 8, 276-281.

Robinson, J.A.T., The Destination and Purpose of St. John's Gospel, NTS 6 (1959-60) 117-131.

ders., The 'Others' of John 4.38. A Test of Exegetical Method, in: Twelve New Testament Studies, SBT 34, London 1965² (1962), 61-66.

Robinson, Th. H., The Epistle to the Hebrews, MNTC 14, London 1953⁷ (1933).

Röhrich, L., Art.: "Fabel", I allgemein, RGG II³, 851-853.

Röhser, G., Metaphorik und Personifikation der Sünde. Antike Sündenvorstellungen und paulinische Hamartia, WUNT II/25, Tübingen 1987.

Rolke, K.-H., Die bildhaften Vergleiche in den Fragmenten der Stoiker von Zenon bis Panaitios, Spudasmata 32, Hildesheim, u.a. 1975.

Roloff, J., Die Apostelgeschichte, NTD 5, Göttingen 1981¹⁷ (1. Aufl. dieser neuen Fassung).

ders., Neues Testament, Neukirchener Arbeitsbücher, Neukirchen-Vluyn 1979² (1977).

ders., Die Offenbarung des Johannes, ZBK:NT 18, Zürich 1984.

Romaniuk, K., "Car ce n'était pas la saison des figues..." (Mk 11,12-14parr), ZNW 66 (1975) 275-278.

Ropes, J.H., Epistle of St. James, ICC, Edinburgh 1916.

Rose, A.M., Systematische Zusammenfassung der Theorie der symbolischen Interaktion, in: Hartmann, H., (Hg.), Moderne amerikanische Soziologie, Neuere Beiträge zur soziologischen Theorie, Stuttgart 1967, 219-231.

Roskoff, Art.: "Sicheln", BL 287.

Rost, L., Art.: "Jubiläenbuch", RGG³, III, 960f.

ders., Einleitung in die alttestamentlichen Apokryphen und Pseudepigraphen einschließlich der großen Qumran-Handschriften, Heidelberg 1971.

Roth, W., Fabry, H.-J., Art. עלל, 'll, ThWAT VI, 151-160.

Rousseau, F., La structure de Marc 13, Bib. 56 (1975) 157-172.

Ruckstuhl, E., Jakobusbrief, 1.-3. Johannesbrief, Neue Echter-Bibel Bd 17/19 Würzburg 1985.

Rudberg, G., Forschungen zu Poseidonios, SHVU 20:3, Uppsala 1918.

Rudolph, K., Die Gnosis. Wesen und Geschichte einer spätantiken Religion, Göttingen 1977 (1980²).

ders., Das Problem einer Soziologie und "sozialen Verortung" der Gnosis, Kairos 19 (1977) 35-44.

Rudolph, W., Hosea, KAT XIII/1, Gütersloh 1966.

ders., Jeremia, HAT 12, Tübingen 1968³ (1947).

ders., Micha - Nahum - Habakuk - Zephanja. Mit einer Zeittafel von A. Jepsen, KAT XIII/3, Gütersloh 1975.

Rühle, O., Art: Mythus und Mythologie, II. Religionsgeschichtlich, RGG² IV, 370-380.

Rüthy, A.E., Die Pflanze und ihre Teile im biblisch-hebräischen Sprachgebrauch, Diss. Phil.-hist., Bern 1942.

Ruiz, M.R., Der Missionsgedanke des Johannesevangeliums. Ein Beitrag zur johanneischen Soteriologie und Ekklesiologie, fzb 55, Würzburg 1987.

Sagnard, F.-M.-M., La gnose valentinienne et le témoignage de saint Irénée, EPhM 36, Paris 1947.

Sahlin, H., Die Früchte der Umkehr. Die ethische Verkündigung Johannes des Täufers nach Lk 3 10-14, StTh 1 (1948) 54-68.

ders., Studien zum 3. Kapitel des Lukasevangeliums, Uppsala 1949.

ders., Zwei Lukas-Stellen, Lk 6:43-45; 18:7, SyBU 4 (1945) 1-20.

ders., Zum Verständnis von drei Stellen des Markus-Evangeliums (Mk 4,26-29; 7,18f; 15,34), Bib. 33 (1952) 53-66.

Sand, A., Das Gesetz und die Propheten. Untersuchungen zur Theologie des Evangeliums nach Matthäus, BU 11, Regensburg 1974.

Sanday, W., Haedlam, A.C., A Critical and Exegetical Commentary on the Epistle to the Romans, Edinburgh 1955⁵ (1895).

Sandelin, K.-G., Die Auseinandersetzung mit der Weisheit in 1. Korinther 15, Meddelanden från Stiftelsens för Abo Akademi Forskningsinstitut 12, Abo 1976.

Sanders, J.N., Mastin, B.A., A Commentary on the Gospel According to St John, BNTC, London 1968.

Sanders, L., L'héllenisme de Saint Clément de Rome et le Paulinisme, StHell 2, Louvain 1943.

Sandvik, B., Joh. 15 als Abendmahlstext, TZ 23 (1967) 323-328.

Sanmartin-Ascaso, J., Art. דוד, dôd, ThWAT II, 152-167.

Saussure, F. de, Grundfragen der allgemeinen Sprachwissenschaft, hg.v. Ch. Bally u.a., übers. v. H. Lommel, Berlin 1967² (1931).

Schäfer, P., Studien zur Geschichte und Theologie des rabbinischen Judentums, AGJU 15, Leiden 1978.

Scharfenberg, J., Art: "Symbol" in: Schultz, H.J., (Hg.), Psychologie für Nichtpsychologen, Stuttgart-Berlin 1974, 330-340.

ders., Kämpfer, H., Mit Symbolen leben. Soziologische psychologische und religiöse Konfliktbearbeitung, Olten, Freiburg i. Br. 1980.
Schelkle, K.H., Die Petrusbriefe. Der Judasbrief, HThK 13/2, Freiburg i. Br. 1961 (1980[5]).
Schenk, W., Das Präsens historicum als markosyntaktisches Gliederungssignal im Matthäusevangelium, NTS 22 (1976) 464-475.
ders., Der Passionsbericht nach Markus. Untersuchungen zur Überlieferungsgeschichte der Passionstraditionen, Gütersloh 1974.
ders., Die Philipperbriefe des Paulus, Stuttgart, Berlin, Köln, Mainz 1984.
ders., Die Sprache des Matthäus. Die Textkonstituenten in ihren makro- und mikrostrukturellen Relationen, Göttingen 1987.
ders., Synopse zur Redequelle der Evangelien. Q-Synopse und Rekonstruktion in deutscher Übersetzung mit kurzen Erläuterungen, Düsseldorf 1981.
Schenke, H.-M., Der Gott "Mensch" in der Gnosis. Ein religionsgeschichtlicher Beitrag zur Diskussion über die paulinische Anschauung von der Kirche als Leib Christi, Göttingen 1962.
ders., Jakobsbrunnen - Josephsgrab - Sychar. Topographische Untersuchungen und Erwägungen in der Perspektive von Joh 4,5.6, ZDPV 84 (1968) 159-184.
ders., Die Tendenz der Weisheit zur Gnosis, in: Aland, B., (Hg.), Gnosis, FS H. Jonas, Göttingen 1978, 351-372.
ders., Zum sogenannten Tractatus Tripartitus des Codex Jung, ZÄS 105 (1978) 133-141.
Scherer, W., Das Gleichnis, ein Bildungsmittel bei Epiktet, Bayrische Blätter für das Gymnasial-Schulwesen 53 (1917) 204-209.
Schlatter, A., Das Alte Testament in der johanneischen Apokalypse, BFChTh 16, Gütersloh 1912.
ders., Der Evangelist Johannes. Wie er spricht, denkt und glaubt. Ein Kommentar zum vierten Evangelium, Stuttgart 1948[2].
ders., Das Evangelium des Lukas. Aus seinen Quellen erklärt. Stuttgart 1960[2].
ders., Das Evangelium nach Matthäus, Schlatters Erläuterungen zum Neuen Testament, Teil I, Stuttgart 1947.
Schlier, H., Art. ἀνατέλλω, ThWNT I, 354f.
ders., Art. θλίβω, θλῖψις, ThWNT III, 139-148.
ders., Religionsgeschichtliche Untersuchungen zu den Ignatiusbriefen, BZNW 8, Gießen 1929 (zit.: RU).
Schmid, J., Das Evangelium nach Lukas, Das Neue Testament 3, Regensburg 1951[2] (1950).
ders., Das Evangelium nach Markus, Das Neue Testament 2, Regensburg 1950.
ders., Das Evangelium nach Matthäus, Das Neue Testament 1, Regensburg 1952.
Schmidt, H.W., Der Brief des Paulus an die Römer, ThHK 6, Berlin 1962.
Schmidt, H., Kahle, P., Volkserzählungen, s. unter I/4.
Schmidt, J., Studien zur Stilistik der alttestamentlichen Spruchliteratur, ATA 13,1, Münster i.W. 1936.
Schmidt, J.M., Apokalyptik, in: Boecker, H.J., u.a., Altes Testament, Neukirchener Arbeitsbücher, Neukirchen-Vluyn 1983 (1986[2]) 189-205.
Schmidt, K.L., Die Bildersprache in der Johannes-Apokalypse, ThZ 3 (1947) 161-177.
ders., βασιλεύς, κτλ. (E), ThWNT I, 573-593.
ders., Der Rahmen der Geschichte Jesu. Literarkritische Untersuchungen zur äl-

testen Jesusüberlieferung, Darmstadt 1964 (= unv. reprographischer Nachdr. der Ausg. Berlin 1919).

Schmidt, L., (Hg.), Wortfeldforschung. Zur Geschichte und Theorie des sprachlichen Feldes, WdF 250, Darmstadt 1973.

Schmidt, P.L., Art.: Phaedrus, KP IV, 686-688.

Schmidt, S.J., Texttheorie. Probleme einer Linguistik der sprachlichen Kommunikation, München 1976².

Schmidt, W.H., Alttestamentlicher Glaube in seiner Geschichte, NStB 6, Neukirchen-Vluyn 1975² (1986⁵).

ders., Königtum Gottes in Ugarit und Israel. Zur Herkunft der Königsprädikation Jahwes, BZAW 80, Berlin 1966².

Schmidt-Leukel, P., Zur Funktion der Gleichnisrede bei Buddha und Jesus, MThZ 2 (1986) 116-133.

Schmidtke, F., Art. "Baum; IV Judentum", RAC II, 11-15.

Schmithals, W., Die Apokalyptik. Einführung und Deutung. Göttingen 1973.

ders., Das Evangelium nach Lukas, ZBK.NT 3.1, Zürich 1980.

ders., Das Evanglium nach Markus, ÖTK 2/1, Gütersloh 1986, ÖTK 2/2, Gütersloh 1986.

ders., Die Gnosis in Korinth. Eine Untersuchung zu den Korintherbriefen, FRLANT 66, Göttingen 1969³ (1956).

ders., Der Römerbrief. Ein Kommentar. Gütersloh 1988.

Schnackenburg, R., Gottes Herrschaft und Reich. Eine biblisch-theologische Studie, Freiburg 1959.

ders., Der Brief an die Epheser. EKK 10, Zürich, u.a.,1982.

ders., Das Johannesevangelium, I. Teil, HThK IV/1, Freiburg i.Br. 1965 (1986⁶), II. Teil, HThK IV/2, Freiburg, Basel, Wien 1971 (1985⁴), III. Teil, HThK IV/3, Freiburg i.Breisgau 1975 (1986⁵).

ders., Römer 7 im Zusammenhang des Römerbriefes, in: Ellis, E.E., Gräßer, E., (Hg.), Jesus und Paulus, FS W.G. Kümmel, Göttingen 1975, 283-300.

ders., Die Kirche im Neuen Testament. Ihre Wirklichkeit und theologische Deutung, Ihr Wesen und Geheimnis, QD 14, Freiburg i.Br. 1961.

Schnebel, M., Die Landwirtschaft im hellenistischen Ägypten. Bd. I: Der Betrieb der Landwirtschaft, MBPF 7, München 1925.

Schneckenburger, M., Annotatio ad Epistolam Jacobi perpetua cum brevi tractatione isagogica, Stuttgart 1832.

Schneider, G., Das Evangelium nach Lukas, Kapitel 1-10, ÖTK 3/1, Würzburg 1977, Kapitel 11-24, ÖTK 3/2, Gütersloh, Würzburg 1977 (1984²).

ders., Parusiegleichnisse im Lukas-Evangelium, SBS 74, Stuttgart 1975.

ders., Stephanus, die Hellenisten und Samaria, in: Kremer, J., (Hg.) Les actes des Apôtres, Traditions, rédaction, théologie. Leuven, Louvain 1979, 215-240.

Schneider, J., Die Abschiedsreden Jesu. Ein Beitrag zur Frage der Komposition von Jo 13,31 bis 17,26, in: Gott und die Götter, Festgabe E. Fascher, Berlin 1958, 103-112.

ders., (Fascher, E., Hg.), Das Evangelium nach Johannes, ThHK. Sonderband, Berlin 1976.

ders., Art.: κλάδος, ThWNT, 719-721.

ders., Art.: ξύλον, ThWNT V, 36-40.

Schneider, N., Die rhetorische Eigenart der paulinischen Antithese, Tübingen 1970.

Schneller, L., Kennst Du das Land? Bilder aus dem gelobten Lande zur Erklärung der heiligen Schrift. Jerusalem 1889.
Schniewind, J., Das Evangelium nach Markus. Mit einer Einleitung zum Gesamtwerk. Die Entstehung und der Wortlaut des Neuen Testaments von H. Strathmann, NTD 1, Göttingen 1949[4] (1933; 1977[12]).
ders., Das Evangelium nach Matthäus, NTD 2, Göttingen 1950.
Schnur, H.C., Fabeln der Antike, s. I/5 ad Fabeln der Antike.
Schoedel, W.R., Die Briefe des Ignatius von Antiochien, Aus dem Amerik. übers.v. G. Koester (Hermeneia), München 1990.
Schöllgen, G., Die Didache - ein frühes Zeugnis für Landgemeinden, ZNW 76 (1985) 140-143.
Schott, S., Altägyptische Liebeslieder, s. I/2 ad Schott, S., Altägyptische ... .
Schottroff, L., Animae naturaliter salvandae. Zum Problem der himmlischen Herkunft des Gnostikers, in: Eltester, W., (Hg.), Christentum und Gnosis, BZNW 37, 65-97.
dies., Das geschundene Volk und die Arbeit in der Ernte Gottes nach dem Matthäusevangelium, in: diess., Schottroff, W., (Hg.), Mitarbeiter der Schöpfung. Bibel und Arbeitswelt, München 1983, 149-206.
dies., Der Glaubende und die feindliche Welt. Beobachtungen zum gnostischen Dualismus und seiner Bedeutung für Paulus und das Johannesevangelium, WMANT 37, Neukirchen-Vluyn 1970.
Schottroff, W., Das Weinberglied, Jesajas (Jes 5l-7). Ein Beitrag zur Geschichte der Parabel, ZAW 82 (1970) 68-91.
Schrage, W., Der erste Petrusbrief. Der zweite Petrusbrief, in: Balz, H., Schrage, W., Die "katholischen" Briefe, NTD 10, Göttingen 1973[11] (1985[13]), 59-149.
ders., Ethik des Neuen Testaments, Grundrisse zum Neuen Testament, NTD Ergänzungsreihe Bd. 4, Göttingen 1982[4] (1. Aufl. dieser neuen Fassung).
ders., Der Jakobusbrief, in: Balz, H., Schrage, W., Die "katholischen"Briefe, Die Briefe des Jakobus, Petrus, Johannes und Judas, NTD 10, Göttingen 1973[11] (1985[13]) 5-58.
ders., Der Judasbrief, in: Balz, H., Schrage, W., Die "katholischen" Briefe, Die Briefe des Jakobus, Petrus, Johannes und Judas, NTD 10, Göttingen 1973[11] (1985[13]), 217-232.
ders., Die Stellung zur Welt bei Paulus, Epiktet und in der Apokalyptik, Ein Beitrag zu 1 Kor 7, 29-31. ZThK 61 (1964) 125-154.
ders., Das Verhältnis des Thomas-Evangeliums zur synoptischen Tradition und zu den koptischen Evangelienübersetzungen. Zugleich ein Beitrag zur gnostischen Synoptikerdeutung, Beihefte... 29, Berlin 1964. [zit.: EvThom].
Schreiber, A., Die Gemeinde in Korinth. Versuch einer gruppendynamischen Betrachtung der Entwicklung der Gemeinde von Korinth auf der Basis des ersten Korintherbriefes, NTA N.F. 12, Münster, Westfalen 1977.
Schreiner, J., Alttestamentlich-jüdische Apokalyptik. Eine Einführung, BiH 6, München 1969.
ders., Die Symbolsprache der jüdischen Apokalyptik, in: Heinen, W., (Hg.), Bild - Wort - Symbol in der Theologie, Würzburg 1969, 55-81.
Schubart, W., Das hellenistische Königsideal nach Inschriften und Papyri, in: Kloft, H., (Hg.), Ideologie und Herrschaft in der Antike, WdF 528, Darmstadt 1979, 90-121.
Schüpphaus, J., Die Psalmen Salomos. Ein Zeugnis Jerusalemer Theologie und

Frömmigkeit in der Mitte des vorchristlichen Jahrhunderts, ALGHL 7, Leiden 1977.
ders., Das Verhältnis von LXX- und Theodotion-Text in den apokryphen Zusätzen zum Danielbuch, ZAW 83 (1971) 49-72.
Schürer, E., Geschichte des jüdischen Volkes im Zeitalter Jesu Christi, Bd. III, Hildesheim 1964 (= Nachdr. Leipzig 1909).
Schürmann, H., Das Lukasevangelium, Erster Teil, Kommentar zu Kap 1,1-9,50, HThK 3, Freiburg i. Br. 1969 (Freiburg, Basel, Wien 1984³).
Schütz, R., Johannes der Täufer, AThANT, Zürich, Stuttgart 1967.
ders., Zum Feigenbaum, ZNW 12 (1911) 88.
Schulten, A., Art.: "Ölbaum", PRE XXVII/2, 1998-2022.
Schultze, B., Die ekklesiologische Bedeutung des Gleichnisses vom Senfkorn (Matth. 13,31-32; Mk. 4,30-32; Lk 13,18-19), OrChrP 27 (1961) 362-386.
Schulz, S., Q, Die Spruchquelle der Evangelisten, Zürich 1972.
ders., Die Stunde der Botschaft, eine Einführung in die Theologie der vier Evangelisten, Hamburg, Zürich 1970² (1967; 1982³).
ders., Das Evangelium nach Johannes, NTD 4, Göttingen 1972¹² (1983¹⁵).
ders., Komposition und Herkunft der johanneischen Reden, BWANT V/1, Stuttgart 1960.
ders., Quell, G., Art.: σπέρμα, κτλ., ThWNT VII, 537-547.
Schumacher, G., Der arabische Pflug, ZDPV XII (1889) 157-166.
ders., Der Dscholan. Zum ersten Male aufgenommen und beschrieben, ZDPV 9 (1886) 165-363.
Schwank, B., "Ich bin der wahre Weinstock": Jo 15,1-17, SuS 28 (1963) 244-258.
Schwantes, H., Schöpfung der Endzeit. Ein Beitrag zum Verständnis der Auferweckung bei Paulus, AzTh I/12, Berlin 1962.
Schwarz, E., Der verfluchte Feigenbaum, ZNW 5 (1904) 80-84.
Schwarz, G., τὸ δὲ ἄχυρον κατακαύσει, ZNW 72 (1981) 264-271.
ders., πιστιν ως κοκκον σιναπεως, Biblische Notizen 25 (1984) 27-35.
Schwarz, R., Bürgerliches Christentum im Neuen Testament? Eine Studie zu Ethik, Amt und Recht in den Pastoralbriefen, Österreichische biblische Studien 4, Klosterneuburg 1983.
Schweiker, J.E., Das Gleichnis in den Büchern des Alten Testaments. Eine literarästhetische Studie, München 1903.
Schweizer, E., Ego eimi. Die religionsgeschichtliche Herkunft und theologische Bedeutung der johanneischen Bildreden, zugleich ein Beitrag zur Quellenfrage, FRLANT 56, Göttingen 1965².
ders., Erniedrigung und Erhöhung bei Jesus und seinen Nachfolgern, Zürich 1955.
ders., Das Evangelium nach Lukas, NTD 3, Göttingen 1982 (1986¹⁹ = 2. Aufl. dieser Bearbeitung).
ders., Das Evangelium nach Markus, NTD 1, Göttingen 1968² (1967; 1983¹⁶).
ders., Das Evangelium nach Matthäus, NTD 2, Göttingen 1976 (1986¹⁶).
ders., Gesetz und Enthusiasmus bei Matthäus, in: Lange, J., (Hg.) Das Matthäus-Evangelium, WdF 525, Darmstadt 1980, 350-376.
ders., Der Kirchenbegriff im Evangelium und den Briefen des Johannes, Studia Evangelica, TU 5/18 = 73 (1959) 363-381.
ders., Art. πνεῦμα, πνευματικός III. Paulus, ThWNT VI, 413-436.
ders., Marc 4,1-20, ETR 43 (1968) 256-264.
ders., Matthäus und seine Gemeinde, SBS 71, Stuttgart 1974.

Scott, B.B., Hear Then the Parable, A Commentary on the Parables of Jesus, Minneapolis 1989.

ders., Jesus, Symbol-Maker for the Kingdom, Philadelphia 1981.

Seeberg, A., Der Brief an die Hebräer, Evangelisch-Theologische Bibliothek, Leipzig 1912.

Segovia, F.F., Ἀγάπη/ Ἀγαπᾶν in I John and in the Fourth Gospel, University of Notre Dame, Ph.D. Diss., Microfilm 1978.

ders., The Theology and Provenance of John 15:1-17, JBL 101/1 (1982) 115-128.

Seiffert, L., Wortfeldtheorie und Strukturalismus, Studien zum Sprachgebrauch Freidanks, Studien zur Poetik und Geschichte der Literatur 4, Stuttgart 1968.

Sellin, G., Allegorie und "Gleichnis". Zur Formenlehre der synoptischen Gleichnisse, ZThK 75 (1978) 281-335.

ders., Die Häretiker des Judasbriefes, ZNW 77 (1986) 206-225.

ders., Der Streit um die Auferstehung der Toten. Eine religionsgeschichtliche und exegetische Untersuchung von 1 Korinther 15, FRLANT 138, Göttingen 1986.

Selwyn, E.G., The First Epistle of St. Peter, London 1955 (1946; 1947² i. folgenden reprinted).

Senft, Chr., L'élection d'Israel et la justification, in: L'Evangile hier et aujourd'hui, FS F.-J. Leenhardt, Genf 1968, 131-142.

Sevenster, J.N., Education or Conversion: Epictetus and the Gospels, NT 8 (1966) 247-262.

ders., Paul and Seneca, NT.S 4, Leiden 1961.

Sevrin, J.-M., Paroles et paraboles de Jésus dans les écrits gnostiques coptes, in: Deloble, J., (Hg.), Logia. Les paroles de J.sus - the sayings of Jesus, Mémorial J. Coppens, Louvain 1982, BEThL 517-528.

Sheppard, J.B., A Study of the Parables Common to the Synoptic Gospels and the Coptic Gospel of Thomas, Diss. Microfilm, Michigan 1965.

Sider, R.J., The Pauline Conception of the Resurrection Body in I Corinthians XV.35-54, NTS 21 (1975) 428-439.

Siegert, F., Argumentation bei Paulus gezeigt an Röm 9-11, WUNT 34, Tübingen 1985.

Sigal, Ph., The Halakha of James, in: D.Y. Hadidian, (Hg.), FS M. Barth, PThMs 33, Pittsburgh 1981, 337-353.

Silberstein, Z., Die Pflanze im Alten Testament, Studium Generale 20 (1967) 326-342.

Sint, J.A., Die Eschatologie des Täufers, die Täufergruppen und die Polemik der Evangelien, in: Schubert, K., (Hg.), Vom Messias zum Christus. Die Fülle der Zeit in religionsgeschichtlicher und theologischer Sicht, Wien, u.a., 1964, 55-163.

Sjöberg, E., Der verborgene Menschsohn in den Evangelien, SHVL I/LIII, Lund 1955.

Smend, R., Alter und Herkunft des Achikar-Romans und sein Verhältnis zu Aesop, BZAW 13 (1908) 55-125.

Smith, Ch.S., Metaphor and Comparison in the Epistulae ad Licilium of L.A. Seneca, Diss. Baltimore 1910.

Sneen, D., The Root, the Remnant, and the Branches, Word World 6, 1986, 398-409.

Snodgrass, K., The Parable of the Wicked Tenants. An Inquiry into Parable Interpretation, WUNT 27, Tübingen 1983.

Söhngen, G., Analogie und Metapher. Kleine Philosophie und Theologie der Sprache, Studium universale, München 1962.

Soggin, J.A., Art. ץע. es, Baum, THAT II, 356-359.
Sonnen, J., Landwirtschaftliches vom See Genesareth, Bib. 8 (1927) 65-87.188-208.320-337.
Spanneut, M., Le stoicisme des pères de l'Eglise de Clément de Rome à Clément d'Alexandrie, PatSor 1, Paris 1957².
Spicq, C., Agape, Prolégomènes à une étude de Théologie néo-testamentaire, StHell 10, Leiden, Louvain 1955.
ders., L'Epître aux Hébreux II. Commentaire, EtB, Paris 1953².
ders., Théologie morale du Nouveau Testament, Bd. I und II, EtB, Paris 1970⁴.
Spitta, F., Der Brief des Jakobus, Göttingen 1896.
ders., Der zweite Brief des Petrus und der Brief des Judas. Eine geschichtliche Untersuchung, Halle a. S. 1885.
Spitz, H.-J., Art.: Allegorese in: Lurker, M., Wörterbuch der Symbolik, Stuttgart 1979, 14-16.
ders., Art. Allegorie, in: Lurker, M., Wörterbuch der Symbolik, Stuttgart 1979, 16f.
Spitzer, L., Er hat einen Sparren (Span). Antike und romanische Parallelen, in: ders., Essays in historical Semantics, New York 1948, 67-133.
Spörlein, B., Die Leugung der Auferstehung. Eine historisch-kritische Untersuchung zu I Kor 15, Münchner Universität-Schriften, Katholisch-Theologische Fakultät, Regensburg 1971.
Spoerri, Th., Der Aufstand der Fabel, in: Trivium I, Schweizerische Vierteljahresschrift für Literaturwissenschaft und Stilkritik (1942/43) 31-63 (abgedruckt in: La Fontaine, Hundert Fabeln, übertragen v. H. Hinderberger und N.O. Scarpi, Zürich 1965 (Nachwort)).
Spoerri, W., Art.: Arrianos, Falvius, LAW, 331f.
Sprenger, Jesu Säe- und Erntegleichnisse aus den palästinischen Ackerbauverhältnissen dargestellt, PJ 9 (1913) 79-97.
Sproule, J.A., The Problem of the Mustard Seed, Grace Theological Journal 1 (1980) 37-42.
Staats, R., Art. "Hermas", TRE 15, 100-108.
Stählin, G., Art. ἐκκόπτω, ThWNT III, 857-860.
ders., Art. προκοή, ThWNT VI, 703-719.
ders., Art. σκάνδαλον, σκανδαλίζω, ThWNT VII, 338-358.
ders., Fortschritt und Wachstum. Zur Herkunft und Wandlung neutestamentlicher Ausdrucksformen in Glaube und Geschichte, FS J. Lortz II, Baden-Baden 1958, 13-25.
ders., Die Gleichnishandlungen Jesu, in: Wendland, H.-D., (Hg.), Kosmos und Ekklesia, FS W. Stählin, Kassel 1953, 9-22.
Stäps, D., Das Täuferwort vom Reinigen der Tenne, EuA 59 (1983) 204-210.
Stanford, W.B., Greek Metaphor. Studies in Theory and Practice, Oxford 1939, Repr. New York 1972.
Stead, M., Egyptian Life, Published for the Trustees of the British Museum, London 1986.
Steck, O.H., Israel und das gewaltsame Geschick der Propheten. Untersuchungen zur Überlieferung des deuteronomistischen Geschichtsbildes im Alten Testament, Spätjudentum und Urchristentum, WMANT 23, Neukirchen-Vluyn 1967.
Stegemann, E., Der eine Gott und die eine Menschheit. Israels Erwählung und die Erlösung von Juden und Heiden nach dem Römerbrief, Hab. theol. masch., Heidelberg 1981.

ders., Das Markusevangelium als Ruf in die Nachfolge, Diss. theol. masch., Heidelberg 1974.
Stegemann, H., Der lehrende Jesus. Der sogenannte biblische Christus und die geschichtliche Botschaft Jesu von der Gottesherrschaft, ZSTh 24 (1982) 3-20.
Stegemann, W., Lasset die Kinder zu mir kommen, Sozialgeschichtliche Aspekte des Kinderevangeliums, in: Schottroff, W., Stegemann, W., (Hg.), Sozialgeschichtliche Bibelauslegungen, Bd. I, München Gelnhausen, Berlin, Stein 1980, 114-144.
Steinhauser, M.G., Doppelbildworte in den synoptischen Evangelien. Eine form- und traditionskritische Studie, fzb 44, o.O. (Würzburg) 1981.
Stemberger, G., Der Talmud. Einführung - Texte - Erläuterungen, München 1982.
Stenger, W., Beobachtungen zur Argumentationsstruktur von 1 Kor 15, LingBib 45 (1979) 71-128.
Steyns, D., Etude sur les métaphores et les Comparaisons dans les œuvres en prose de Sénèque le philosophe, Université de Gand. Recueil de travaux publiés par la Faculté de Philosophie et Lettres 33, Gand 1906.
Stoa und die Stoiker, hg.v. M. Pohlenz, s. I/5, unter: Stoa und die Stoiker.
Stoffer-Heibel, C., Metaphernstudien. Versuch einer Typologie der Text- und Themafunktionen der Metaphorik in der Lyrik Ingeborg Bachmanns, Peter Huchels und Hans Magnus Enzensbergers, Stuttgarter Arbeiten zur Gemanistik 96, Stuttgart 1981.
Stolz, F., Die Bäume des Gottesgartens auf dem Libanon, ZAW 84 (1972) 141-156.
Story, C.I.K., The Nature of Truth in "The Gospel of Truth" and the writings of Justin Martyr, A Study of the Pattern of Orthodoxy in the Middle of the Second Christian Century, NT.S 25, Leiden 1970.
Strack, H.L., Stemberger, G., Einleitung in Talmud und Midrasch, München 1982[7] (1887).
Strathmann, H., Der Brief an die Hebräer, in: Jeremias, J., Die Briefe an Timotheus und Titus, Strathmann, H., Der Brief an die Hebräer, NTD 9, Göttingen 1937[3], 62-150.
ders., Das Evangelium nach Johannes, NTD 4, Göttingen 1951[6].
Straub, J., De tropis et figuris quae inveniuntur in orationibus Demosthenis et Ciceronis, ad summos in philosophia honores, Diss. Würzburg 1883.
Straub, W., Die Bildersprache des Apostels Paulus, Tübingen 1937.
Strecker, G., Der Weg der Gerechtigkeit. Untersuchungen zur Theologie des Matthäus, FRLANT 82, Göttingen 1971[3].
Streich, F., De exemplis atque comparationibus quae exstant apud Senecam Lucanum Valerium Flaccum Statium Silium Italicum, Diss. Phil. Breslau 1913.
Strobel, A., Untersuchungen zum eschatologischen Verzögerungsproblem. Auf Grund der spätjüdisch-urchristlichen Geschichte von Habakuk 2,2ff, NT.S II, Leiden, Köln 1961.
Stroumsa, G.A.G., Another Seed: Studies in Gnostic Mytholgy, NHS 24, Leiden 1984.
Stückelberger, A., Art.: Ekpyrosis, HWP II, 433-434.
Stuhlmacher, P., Das Bekenntnis zur Auferweckung Jesu von den Toten und die Biblische Theologie, ZThK 70 (1973) 365-403 (= ders., Schriftauslegung auf dem Wege zur biblischen Theologie, Göttingen 1975, 128-166).
ders., Gerechtigkeit Gottes bei Paulus, FRLANT 87, Göttingen 1966 (1965).
Stuhlmann, R., Beobachtungen und Überlegungen zu Markus IV.26-29, NTS 19 (1972/73) 153-162.

ders., Bußtag. Lukas 13, (1-5)6-9, in: hören und fragen. Eine Predigthilfe, hg.v. A. Falkenroth und H. J. Held, Bd. I, Neukirchen-Vluyn 1978, 403-416.
ders., Das eschatologische Maß im Neuen Testament, FRLANT 132, Göttingen 1983.
ders., 2. Advent. Jakobus 5,7-8, in: hören und fragen. Eine Predigthilfe, hg.v. A. Falkenroth und H.J. Held, Bd. II, Neukirchen-Vluyn 1979, 7-13.
Stuiber, A., Art.: "Bildersprache", in: RAC II, 341-346.
Suhl, A., Die Funktion der alttestamentlichen Zitate und Anspielungen im Markusevangelium, Gütersloh 1965.
Suys, E., Le commentaire de la parabole du semeur dans les synoptiques (Mat. XIII, 18-23; Marc IV, 13-20; Luc VIII, 11-15), RSR 14 (1924) 247-254.
Sybel, L. von, Zu Ξύλον ζωῆς, ZNW 20 (1921) 93f.
ders., Ξύλον ζωῆς, ZNW 19 (1919/20) 85-91.
Szimonidesz, L., Die Gleichnisse vom Säemann und von der selbstwachsenden Saat, NThT 25 (1936) 348-361.
ders., Eine Rekonstruktion des Senfkorn-Gleichnisses, NThT 26 (1937) 128-155.
Tachau, P., "Einst" und "Jetzt" im Neuen Testament. Beobachtungen zu einem urchristlichen Predigtschema in der neutestamentlichen Briefliteratur und zu seiner Vorgeschichte, FRLANT 105, Göttingen 1972.
Taeger, J.-W., Der Mensch und sein Heil. Studien zum Bild des Menschen und zur Sicht der Bekehrung des Lukas, StUNT 14, Gütersloh 1982.
Tamm, H.Ch., Der Realismus Jesu in seinen Gleichnissen, Jena 1886.
Tannehill, R.C., The Sword of His Mouth. Forceful and Imaginative Language in Synoptic Sayings, SBL Semeia Suppl. 1, Philadelphia, Missoula 1975.
Taylor, A.E., A Commentary on Plato's Timaeus, Oxford 1962 (1928).
Taylor, V., The Gospel According to St. Mark, London 1959^5 (1952).
Telford, W.R., The Barren Temple and the Withered Tree. A Redaction-critical Analysis of the Cursing of the Fig-Tree Pericope in Mark's Gospel and its Relation to the Cleansing of the Temple Tradition, Journal of the Study of the New Testament. Supplement Series 1, Sheffield 1980.
Theisohn, J., Der auserwählte Richter. Untersuchungen zum traditionsgeschichtlichen Ort der Menschensohngestalt der Bilderreden des Äthiopischen Henoch, StUNT 12, Göttingen 1975.
Theißen, G., Biblischer Glaube in evolutionärer Sicht, München 1984.
ders., Ergänzungsheft, s. Bultmann, R., Die Geschichte der synoptischen Tradition. Ergänzungsheft.
ders., Legitimation und Lebensunterhalt. Ein Beitrag zur Soziologie urchristlicher Missionare, in: Studien zur Soziologie des Urchristentums, Tübingen 1983^2 (1979) 201-230 (= NTS 21 (1974/5) 192-221).
ders., Lokalkolorit und Zeitgeschichte in den Evangelien. Ein Beitrag zur Geschichte der synoptischen Tradition, NTOA 8, Göttingen 1989.
ders., Soziologie der Jesusbewegung. Ein Beitrag zur Entstehungsgeschichte des Urchristentums, Theologische Existenz heute 194, München 1981^3 (1977).
ders., Studien zur Soziologie des Urchristentums, WUNT 19, Tübingen 1983^2 (1979).
ders., Untersuchungen zum Hebräerbrief, StNT 2, Gütersloh 1969.
ders., Urchristliche Wundergeschichte. Ein Beitrag zur formgeschichtlichen Erforschung der synoptischen Evangelien, StNT 8, Gütersloh 1974.
ders., Wanderradikalismus. Literatursoziologische Aspekte der Überlieferung von Worten Jesu im Urchristentum, in: ders., Studien zur Soziologie des Urchristentums, Tübingen 1983^2 (1979) 79-105 (= ZThK 70 (1973) 245-271).

Thoma, C., Lauer, S., Die Gleichnisse der Rabbinen. Erster Teil: Pesiqtā deRav Kahana (PesK), Einleitung, Übersetzung, Parallelen, Kommentar, Texte, JeC 10, Bern, u.a. 1986.
Thorion-Vardi, T., Das Kontrastgleichnis in der rabbinischen Literatur, Judentum und Umwelt 16, Frankfurt a. Main, Bern, New York 1986.
Thüsing, W., Die Erhöhung und Verherrlichung Jesu im Johannesevangelium, NTA 21, Münster 1970².
Thyen, H., Niemand hat größere Liebe als die, daß er sein Leben für seine Freunde hingibt (Joh 15 13). Das johanneische Verständnis des Kreuzestodes Jesu, in: Andresen C., Klein, G., (Hg.), FS E. Dinkler, Tübingen 1979, 467-481.
ders., Der Stil der Jüdisch-Hellenistischen Homilie, FRLANT 65, Göttingen 1955.
Tillich, P., Art.: Mythus und Mythologie I, Mythus, begrifflich und religionsphilosophisch, RGG² IV, 363-370.
ders., Mythos und Mythologie, in: Die Frage nach dem Unbedingten. Schriften zur Religionsphilosophie, Gesammelte Werke Bd. V, Stuttgart 1964, 187-195.
ders., Symbol und Wirklichkeit, Göttingen 1962.
ders., Sinn und Recht religiöser Symbole in: Symbol und Wirklichkeit, Göttingen 1962, 3-12.
ders., Systematische Theologie, Bd. I, Stuttgart 1956² (1951).
ders., Wesen und Wandel des Glaubens, Weltperspektiven Bd. 8, Berlin 1961.
Tödt, H.E., Der Menschensohn in der synoptischen Überlieferung, Gütersloh 1959.
Tracy, D., Metapher und Religion am Beispiel christlicher Texte in: Noppen, J.-P. van, Erinnern, um Neues zu sagen. Die Bedeutung der Metapher für die religiöse Sprache, Frankfurt a. Main 1988, 218-240.
Trautmann, M., Zeichenhafte Handlungen Jesu. Ein Beitrag zur Frage nach dem geschichtlichen Jesus, fzb 37, Würzburg 1980.
Trench, R.C., Notes on the Parables of our Lord, London 1882.
Trever, J.C., Art.: "Mustard", IDB III, 476-477.
Trier, J., Altes und Neues vom sprachlichen Feld (1968), in: Schmidt, L., (Hg.), Wortfeldforschung. Zur Geschichte und Theorie des sprachlichen Feldes, WdF CCL, Darmstadt 1973, 453-464.
ders., Das sprachliche Feld. Eine Auseinandersetzung (1934), in: Schmidt, L., (Hg.), Wortfeldforschung. Zur Geschichte und Theorie des sprachlichen Feldes, WdF CCL, Darmstadt 1973, 129-161.
Trilling, W., Das wahre Israel. Studien zur Theologie des Matthäusevangeliums, StANT 10, München 1964³ (1. und 2. Aufl. EThS 7).
Trillitzsch, W., Senecas Beweisführung, Deutsche Akademie der Wissenschaften Berlin, Schriften der Sektion für Altertumswiss. 37, Berlin 1962.
ders., Seneca im literarischen Urteil der Antike. Darstellung und Sammlung der Zeugnisse, II Quellensammlung (Testimonien) Amsterdam 1971.
Tröger, K.-W., Altes Testament - Frühjudentum - Gnosis, Neue Studien zu "Gnosis und Bibel", Berlin 1980.
ders., Gnosis und Neues Testament. Studien aus Religionswissenschaft und Theologie, Gütersloh 1973.
Turkowski, L., Peasant Agriculture in the Judaean Hills, PEQ 101 (1969) 21-33. 101-112.
Turner, W., Montefiore, H., Thomas and the Evangelists, SBT 35, London 1962.
Ueding, G., Einführung in die Rhetorik. Geschichte. Technik. Methode, Stuttgart 1976.

Ullmann, St., Grundzüge der Semantik. Die Bedeutung in sprachwissenschaftlicher Sicht, Berlin 1967 (1972).
ders., The Image in the Modern French Novel, Cambridge 1960.
Umlauft, F., Gleichnisrede bei Epiktet. Diss. Phil. masch. Wien 1947. Unnik, van, W.C., Evangelien aus dem Nilsand, Frankfurt a.M. 1960.
Ungewitter, O., Die landwirtschaftlichen Bilder und Metaphern in den poetischen Büchern des Alten Testamentes, in: Programm des Königlichen Friedrichs-Kollegiums, Königsberg 1885, 1-43.
Untergaßmair, F.G., Im Namen Jesu. Der Namensbegriff im Johannesevangelium. Eine exegetisch-religionsgeschichtliche Studie zu den johanneischen Namensaussagen, FzB 13, Stuttgart 1974.
Usami, K., "How are the dead raised?" (1 Cor 15,35-58), Bib. 57 (1976) 468-493.
Verbeke, G., Art: Logoi spermatikoi, HWP 5, 484-489.
Verbrugge, V.D., Towards a New Interpretation of Hebrews 6: 4-6, CTJ 15 (1980), 61-73.
Vermeer, H.J., Einführung in die linguistische Terminologie, Darmstadt 1971.
Via, D.O., Die Gleichnisse Jesu, BEvTh 57, München 1970.
Vielhauer, Ph., Geschichte der urchristlichen Literatur, Einleitung in das Neue Testament, die Apokryphen und die Apostolischen Väter, Berlin, New York, 1978 (1975).
ders., Gottesreich und Menschensohn in der Verkündigung Jesu, in: Vielhauer, Ph., Aufsätze zum NT, hg.v. G. Klein, TB 31, München 1965, 55-91.
ders., Oikodome. Das Bild vom Bau in der christlichen Literatur vom Neuen Testament bis Clemens Alexandrinus, in: ders., Oikodome, Aufsätze zum Neuen Testament Bd. II, hg.v. G. Klein, TB 65, München 1979, 1-168.
Villiers, J.L. de, The Shepherd and his Flock, in: The Christ of John, Essays on the Christology of the Forth Gospel, Proceedings of the Fourth Meeting of "Die Nuwe-Testamentiese Werkgemeenskap van Suid-Afrika", Potchefstroom, South Afrika, 1971, 89-103.
Villwock, J., Metapher und Bewegung, Frankfurter Hochschulschriften zur Sprachtheorie und Literaturästhetik, Frankfurt a. Main, u.a. 1983.
Violet, B., Die "Verfluchung" des Feigenbaums, in: ΕΥΧΑΡΙΣΤΗΡΙΟΝ, Studien zur Religion und Literatur des Alten und Neuen Testaments, FS H. Gunkel, hg.v. H. Schmidt, 2. Teil, Zur Religion und Literatur des Neuen Testaments, Göttingen 1923, 135-140.
Vischer, W., Das Geheimnis Israels. Eine Erklärung der Kapitel 9-11 des Römerbriefs, Jud. 6 (1950) 81-132.
Vögtle, A., Das Buch mit den sieben Siegeln. Die Offenbarung des Johannes in Auswahl gedeutet. Freiburg i. Br. 1981.
Völter, D., Die apostolischen Väter neu untersucht. I. Teil, Clemens, Hermas, Barnabas, Leiden 1904.
Volkmann, R., Die Rhetorik der Griechen und Römer in systematischer Übersicht, Leipzig 1885².
Volz, P., Die Eschatologie der jüdischen Gemeinde im neutestamentlichen Zeitalter nach den Quellen der rabbinischen apokalyptischen und apokryphen Literatur, Tübingen 1934² (Nachdr. 1966).
ders., Der Prophet Jeremia, KAT X, Leipzig 1928².
Vonessen, F., Die ontologische Struktur der Metapher, ZPhF 13 (1959) 397-418.
Vouga, F., Jesus als Erzähler. Überlegungen zu den Gleichnissen, WuD 19 (1987), 63-85.

ders., L'Epître de Saint Jacques, CNT(N) II/XIIIa, Genève 1984.
Vuilleumier, R., Keller, C.-A., Michée, Nahoum, Habacuc, Sophonie, CAT XIb, Neuchâtel 1971.
Wächter, L., Der Tod im Alten Testament, AzTh II/8, Stuttgart 1967.
Wahlde, U.C.,, von, A Literary Analysis of the Ochlos Passages in the Fourth Gospel in their Relation to the Pharisees and Jews Material, Diss. Phil., Marquette University, Milwaukee, Wisconsin 1975 (Microfilm Ann Arbor).
Walker, R., Die Heilsgeschichte im ersten Evangelium, FRLANT 91, Göttingen 1967.
Walton, F.E., Development of the Logos-doctrine in Greek and Hebrew Thought, Bristol 1911.
Walzer, R., Galen on Jews and Christians, OCPM, Oxford 1949.
Wead, D.W., The Literary Devices in John's Gospel, ThDiss 4, Basel 1970.
Weber, M., Gleiche Metaphern im Deutsche und Lateinischen aus Ciceros Briefen gesammelt, Programm der Lateinschule Frankenthal 1886/87.
Weder, H., Die Gleichnisse Jesu als Metaphern. Traditions- und redaktionsgeschichtliche Analysen und Interpretationen, FRLANT 120, Göttingen 1978 (1984³).
Weeden, T.J., Recovering the Parabolic Intent in the Parable of the Sower, JAAR 47 (1979) 97-120.
Weinel, H., Die Bildersprache Jesu in ihrer Bedeutung für die Erforschung seines inneren Lebens, in: Festgruß B. Stade, Giessen 1900, 49-97.
ders., Die Gleichnisse Jesu. Zugleich eine Anleitung zu einem quellenmäßigen Verständnis der Evangelien, Aus Natur und Geisteswelt 46, Leipzig 1910³ (1903).
Weinrich, H., Linguistik der Lüge. Kann Sprache Gedanken verbergen? (Antwort auf die Preisfrage der Deutschen Akademie für Sprache und Dichtung vom Jahre 1964), Heidelberg 1966.
ders., Heckhausen H., Suerbaum U., Die Metapher (Bochumer Diskussion), Poetica 2 (1968) 100-130.
ders., Art. "Metapher" HWP 5, 1179-1186.
ders., Rezension zu Hans Blumenberg, Paradigmen zu einer Metaphorologie, (Sonderdruck aus Archiv für Begriffsgeschichte, Bd. 6, Bonn 1960), in: GGA 219 (1967) 170-174.
ders., Semantik der kühnen Metapher, DVJ 37 (1963) 325-344 (leicht verändert in: ders., Sprache in Texten, 295-316).
ders., Semantik der Metapher, Folia Linguistica, The Hague, 1 (1967) 3-17 = ders., Allgemeine Semantik der Metapher, in: ders., Sprache in Texten, 317-327.
ders., Sprache in Texten, Stuttgart 1976.
ders., Semantik der Metapher Folia Linguistica 1 (1967) 3-17 [zit: FoL].
Weippert, H., Art. "Dreschen und Worfeln", BRL², 63f.
Weise, M., Art.: "Messias" II Im AT und im älteren Judentum, RGG³ IV, 902-904.
Weiser, A., Einleitung in das Alte Testament, Göttingen 1966⁶.
ders., Das Buch der zwölf kleinen Propheten I: Die Propheten Hosea, Joel, Amos, Obadja, Jona, Micha, ATD 24, Göttingen 1967⁵.
ders., Das Buch des Propheten Jeremia, ATD 20/21, Göttingen 1959³.
ders., Das Buch Hiob, ATD 13, Göttingen 1968⁵ (1951).
ders., Die Psalmen, ATD 14/15, Göttingen 1966⁷.
Weiss, B., Der Brief an die Römer, KEK 4, Göttingen 1899⁹ (v. der 6. Aufl. an neu bearb.).

ders., Die Evangelien des Markus und Lukas, KEK I/2, Göttingen 1901⁹ (v. der 6. Aufl. neu bearb.).
ders., Das Leben Jesu, Bd. II, Berlin 1882 (1884²).
ders., Das Matthäus-Evangelium, KEK I/1, Göttingen 1898⁹ (v. der 7. Aufl. an bearb.).
ders., Das Matthäusevangelium und seine Lucas-Parallelen, Halle 1876.
ders., Das Johannesevangelium als einheitliches Werk, Berlin 1912.
ders., Die paulinischen Briefe und der Hebräerbrief im berichtigten Text mit kurzer Erl. zum Handgebrauch bei der Schriftlektüre, NTD 2, Leipzig 1902².
ders., Ueber das Bildliche im Neuen Testament, DZCW N.F. 4 (1861) 309-331.
Weiß, J., Beiträge zur paulinischen Rhetorik, Sonderdruck aus den Theologischen Studien, Göttingen 1897 (= auch: ders., das., in: Gregory, C.R. u.a. (Hg.), Theologische Studien, FS B. Weiss, Göttingen 1897, 165-247)
ders., Der erste Korintherbrief, KEK 5, Göttingen 1970 (= Neudr. der völlig neubearb. Aufl. 1910⁹).
ders., Das Urchristentum. I. Teil: 1.-3. Buch, Göttingen 1914.
Weiss, K., Art.: φέρω, ThWNT IX, 60f.
ders., Voll Zuversicht! Zur Parabel Jesu vom zuversichtlichen Sämann Mk 4,26-29, NTA X/1, Münster i.W. 1922.
Weiß, M., Wege der neuen Dichtungswissenschaft in ihrer Anwendung auf die Psalmenforschung (Methodologische Bemerkungen, dargelegt am Beispiel von Psalm XLVI), in: Neumann, P.H., Zur neueren Psalmenforschung, WdF 192, Darmstadt 1976, 400-451.
Wellek, R., Warren, A., Theorie der Literatur, Frankfurt a. Main 1971 (1963) (engl. Original: Theory of Literature, New York 1956).
Wellhausen J., Das Evangelium Marci, Berlin 1909².
ders., Das Evangleium Matthaei, Berlin 1914².
ders., Analyse der Offenbarung Johannis, AGWG.PH N.S. IX/4, Berlin 1907.
Wengst, K., Tradition und Theologie des Barnabasbriefes, AKG, Berlin, New York 1971.
Wendland, H.D., Die Briefe an die Korinther, ATD 7, Göttingen 1937³.
Wendling, E., Die Entstehung des Marcus-Evangeliums, Philologische Untersuchungen, Tübingen 1908.
Wenham, D., The Interpretation of the Parable of the Sower, NTS 20 (1974) 299-319.
Wenham, J.W., The Fig Tree in the Old Testament, JThS N.S. 5 (1954) 206-207.
Wenschkewitz, H., Die Spiritualisierung der Kultusbegriffe Tempel, Priester und Opfer im Neuen Testament, in: ΑΓΓΕΛΟΣ, Archiv für neutestamentliche Zeitgeschichte und Kulturkunde, hg.v. J. Leipoldt, Bd. 4, Leipzig 1932, 70-230.
Wensinck, A.J., Zu den Achikarsprüchen der Papyri aus Elephantine, OLZ 15 (1912) 49-54.
ders., Tree and Bird als Cosmological Symbols in Western Asia. Verhandelingen der Koninklijke Akademie van Wetenschappen te Amsterdam, Afdeeling Letterkunde N.R. 22¹, Amsterdam 1921, 1-56.
Wessel, F., Probleme der Metaphorik und die Minnemetaphorik in Gottfrieds von Strassburg 'Tristan und Isolde', Münstersche Mittelalter-Schriften 54, München 1984.
Westcott, B.F., The Gospel According to St. John, Michigan 1958.
Westermann, C., Ausgewählte Psalmen, Göttingen 1984.

ders., Genesis, BK I/1, Neukirchen-Vluyn 1974 (1979²).
ders., Das Buch Jesaja, Kapitel 40-66, ATD 19, Göttingen 1966.
ders., Vergleiche und Gleichnisse im Alten und Neuen Testament, CThM, Stuttgart 1984.
ders., Die Vorgeschichte der Gleichnisse Jesu im Alten Testament, in: ders., Erträge der Forschung am Alten Testament, Gesammelte Studien III, hg.v. R. Albertz, TB 73, München 1984, 185-197.
White, K.D., 'The Parable of the Sower ', JThS N.S. 15 (1964) 300- 307.
Wibbing, S., Art.: Stoa, stoische Philosophie, EKL III, 1149-1152.
Widengren, G., The King and the Tree of Life in Ancient Near Eastern Religion, (King and Saviour IV), UU 1951:4.
Wiegandt, M., De metaphorarum usu quodam ciceroniana, Diss., Rostock 1910.
Wienert, W., Die Typen der griechisch-römischen Fabel. Mit einer Einleitung über das Wesen der Fabel, FFC 172/56, Helsinki 1925.
Wikenhauser, A., Das Evangelium nach Johannes, NTD 4, Regensburg 1948.
Wilckens, U., Der Brief an die Römer, EKK VI/1: Zürich, u.a. 1978; EKK VI/2, Zürich, u.a. 1980; EKK VI/3, Zürich, u.a. 1982.
ders., Weisheit und Torheit. Eine exegetisch-religionsgeschichtliche Untersuchung zu 1. Kor 1 und 2, BHTh 26, Tübingen 1959.
Wildberger, H., Jesaja, 1. Teilband, Jes 1-12, BK X/1, Neukirchen-Vluyn 1972; 2. Teilband, Jes 13-27, BK X/2, Neukirchen-Vluyn 1978; 3. Teilband, Jes 28-39, BK X/3, Neukirchen-Vluyn 1982.
Wilke, Ch.G., Die neutestamentliche Rhetorik, ein Seitenstück zur Grammatik des neutestamentlichen Sprachidioms, Dresden und Leipzig 1843.
Wilken, K.-E., Biblisches Erleben im heiligen Land, Bd. I, Lahr- Dinglingen (Baden) 1953.
Wilken, R.L. The Christians as the Romans Saw Them, New Haven, London 1984.
Wilkens, W., Die Redaktion des Gleichniskapitels Mark. 4 durch Matth., ThZ 20 (1964) 305-327.
ders., Zeichen und Werke. ein Beitrag zur Theologie des 4. Evangeliums in Erzählungs- und Redestoff, AThANT 55, Zürich 1969.
Wilkins, E.G., A Classification of the Similes in the Argonautica of Apollonius Rhodius, ClW 14 (1921) 162-166.
ders., A Classification of the Similes in Vergils Aeneid and Georgics ClW 14 (1921) 170-174.
Williams, R.J., The Fable in the Ancient Near East, in: E.C. Hobbs, A Stubborn Faith, (Hg.) FS W.A. Irwin, Dallas 1957.
Wilson, R.McL., Studies in the Gospel of Thomas, London 1960
ders., The Gnostic Problem. A Study of the Relations between Hellenistic Judaism and the Gnostic Heresy, London 1958.
Wind, A., Destination and Purpose of the Gospel of John, NT 14 (1972) 26-69.
Windisch, H., Der Hebräerbrief, HNT 14, Tübingen 1931².
ders., Die Katholischen Briefe, HNT 15, Tübingen 1951³.
ders., hg. Strecker, G., Der zweite Korintherbrief, KEK 6, Göttingen 1970 (= Neudr. der Aufl. 1924).
Winter, U., Der stilisierte Baum. Zu einem auffälligen Aspekt der altorientalischen Baumsymbolik und seiner Rezeption im Alten Testament, BiKi 41 (1986) 171-176.
Wittgenstein, L., Philosophical Investigations, transl. by G.E.M. Anscombe: Philosophische Untersuchungen, Oxford 1963² (1953).

Wittich, E., Homer in seinen Bildern und Vergleichungen, Stuttgart 1908.
Wlosok, A., Laktanz und die philosophische Gnosis. Untersuchungen zu Geschichte und Terminologie der gnostischen Erlösungsvorstellung, AHAW.Ph 1960/2, Heidelberg 1960.
Wohlenberg, G., Der erste und zweite Petrusbrief und der Judasbrief, KNT 15, Leipzig 1915.
ders., Die Pastoralbriefe (der erste Timotheus-, der Titus- und der zweite Timotheusbrief). Mit einem Anhang: Unechte Paulusbriefe, KNT 13, Leipzig 1911².
Wolf, W., Die Kunst Ägyptens. Gestalt und Geschichte. Stuttgart 1957.
Wolff, Ch., Der erste Brief des Paulus an die Korinther, ThHK VII/2, Berlin 1982.
Wolff, G., (Hg.), Metaphorischer Sprachgebrauch, Für die Sekundarstufe, Arbeitstexte für den Unterricht, Stuttgart 1982.
Wolff, H.-W., Dodekapropheton 1, Hosea, BK XIV/1, Neukirchen-Vluyn 1976³ (1961).
ders., Dodekapropheton 2, Joel und Amos, BK XIV/2, Neukirchen-Vluyn 1969.
Wolff, W., Changing Concepts of the Bible. A Psychological Analysis of its Words, Symbols and Beliefs, New York 1951.
Wolters, P., Gestalt und Sinn der Ähre in antiker Kunst, Antike 6 (1930) 284-301.
Wrege, H.-Th., Jesusgeschichte und Jüngergeschick nach Joh 12,20-33 und Hebr 5,7-10, in: Lohse, E., (Hg.) u.a., Der Ruf Jesu und die Antwort der Gemeinde, Exegetische Untersuchungen, FS J. Jeremias, Göttingen 1970, 259-288.
Wünsche, A., Neue Beiträge zur Erläuterung der Evangelien aus Talmud und Midrasch, 1878.
ders., Die Bildersprache des Alten Testaments. Ein Beitrag zur aesthetischen Würdigung des poetischen Schrifttums im Alten Testament, Leipzig 1906.
ders., Die Sagen vom Lebensbaum und Lebenswasser. Altorientalische Mythen, Ex oriente lux Bd. I/2f, Leipzig 1905.
ders., Die Pflanzen-Fabel in der Weltliteratur, Wien 1905.
Yee, G.A., A Form-Critical Study of Isaiah 5:1-7 as a Song and Juridical Parable, CBQ 43 (1981), 30-40.
Young, F.W., Luke 13:1-9, Interp. 31 (1977) 59-63.
Zahn, Th., Der Brief des Paulus an die Galater, KNT IX, Leipzig 1907².
ders., Das Evangelium des Johannes, KNT IV, Leipzig 1908^{1f}.
ders., Das Evangelium des Lucas, KNT III, Leipzig 1913^{1f}.
ders., Das Evanglium des Matthäus, KNT I, Leipzig 1905² (1903).
Zapletal, V., Der Wein in der Bibel. Kulturgeschichtliche und exegetische Studie, Biblische Studien 20, Freiburg i. Br. 1920.
Zedda, S., Πορευόμενοι συμπνίγονται (Lc 8.14), in: Euntes docete 27 (1974) 92-108.
ders., Similitudines Evangelii et similitudines S. Pauli, VD 24 (1944) 88-95.112-119. 142-150.
Zeller, D., Juden und Heiden in der Mission des Paulus, Studien zum Römerbrief, FzB I, Stuttgart 1973.
ders., Die weisheitlichen Mahnsprüche bei den Synoptikern, fzb 17, Würzburg 1977.
Zenger, E., Ein Beispiel exegetischer Methoden aus dem Alten Testament, in: Schreiner, J., (Hg.), Einführung in die Methoden der biblischen Exegese, Würzbug 1971, 97-148.
Ziegler, A.W., Neue Studien zum ersten Klemensbrief, München 1958.

Ziegler, I., Die Königsgleichnisse des Midrasch, Beleuchtet durch die römische Kaiserzeit, Breslau 1903.

Ziener, G., Die Sicherung der rechten Lehre. Formen der Auseinandersetzung mit der Irrlehre in neutestamentlicher Zeit, in: [Kol, 2 Thess, Apk, 1 Tim, 2 Tim, Tit, Jud, 2 Petr], in: hg.v. J. Schreiner, unter Mitw. von G. Dautzenberg, Gestalt und Anspruch des Neuen Testaments, Würzburg 1969, 299-312.

ders., Die theologische Begriffssprache im Buche der Weisheit, BBB 11, Bonn 1956.

Ziesler, J.A., The Meaning of Righteousness in Paul, A Linguistic and Theological Enquiry, Cambridge 1972.

Zimmerli, W., Ezechiel, BK XIII/1, Neukirchen-Vluyn 1979^2 (1969); BK XIII/2, Neukirchen-Vluyn 1969.

ders., Das Gotteswort des Ezechiel, ZThK 48 (1951) 249-262.

ders., Grundriß der alttestamentlichen Theologie, ThW 3, Stuttgart, u.a. 1975^2 (1972).

Zimmermann, H., Das absolute Ἐγώ εἰμι als die neutestamentliche Offenbarungsformel, BZ 4 (1960) 54-69.266-276.

ders., Formen und Gattungen im Neuen Testament, in: Schreiner, J., (Hg.), Einführung in die Methoden der biblischen Exegese, Würzburg 1971, 232-260.

ders., Neutestamentliche Methodenlehre. Darstellung der historisch-kritischen Methode, Stuttgart 1978^6.

ders., Struktur und Aussageabsicht der johanneischen Abschiedsreden (Jo 13-17), BiLe 8 (1967) 279-290.

Zingg, P., Das Wachsen der Kirche. Beiträge zur Frage der lukanischen Redaktion und Theologie, OBO 3, Göttingen 1974.

Zmijewski, J., Der Glaube und seine Macht. Eine traditionsgeschichtliche Untersuchung zu Mt 17,20; 21,21; Mk 11,23; Lk 17,6, in: Begegnung mit dem Wort, FS H. Zimmermann, BBB 53, Bonn 1980, 81-103.

ders., Die Eschatologiereden Lk 21 und Lk 17. Überlegungen zum Verständnis und zur Einordnung der lukanischen Eschatologie, BiLe 14 (1973) 30-40.

Zohary, M., Pflanzen der Bibel. Vollständiges Handbuch, Stuttgart 1983.

Zumstein, J., La condition du croyant dans l'évangile selon Matthieu, OBO 16, Göttingen 1977.

REGISTER

1. Bibelstellen

Altes Testament:

Gen 1,5b 192
Gen 1,11 301, 303
Gen 1,11f 83
Gen 2f 73
Gen 2,9 99
Gen 3,18 222, 342
Gen 3,18 (LXX) 143
Gen 3,22 316
Gen 4,7 153
Gen 8,11 280
Gen 8,22 191
Gen 12,10 119
Gen 13,10 53
Gen 15,17.18 36
Gen 17,6.20 223
Gen 21,23 50
Gen 26,12 219, 223
Gen 26,22 223
Gen 28,3 223
Gen 30,2 88
Gen 31,40 306
Gen 32,31 306
Gen 35,11 223
Gen 37 53f
Gen 40f 54 85
Gen 40,9-11 50
Gen 40,12f 50
Gen 41 54
Gen 41,6 217
Gen 41,6.23f 54
Gen 41,16f 54
Gen 41,52 86
Gen 49,11 84
Gen 49,22 50

Ex 1,7 223
Ex 9,32 298
Ex 15,17 50, 66

Lev 13,12 87
Lev 13,20.25 87
Lev 13,22.27.39.57 87
Lev 19,19 240, 281
Lev 19,23-25 280
Lev 21,5.11 (LXX) 189
Lev 25,11 189
Lev 26,5 254
Lev 26,33 53

Num 13,23 152
Num 14,30 199
Num 14,30 (LXX) 199
Num 17,1-11 342
Num 24,5f 50
Num 24,7 87
Num 33,55 53

Dtn 6,11 280
Dtn 7,13 88
Dtn 8,8 152
Dtn 11,11 294
Dtn 11,14 297, 298
Dtn 16,9 192
Dtn 20,6 255, 269
Dtn 20,19 124
Dtn 20,19f 127
Dtn 22,9 281
Dtn 23,5 241
Dtn 23,26 192
Dtn 25,4 293
Dtn 28,13.44 120
Dtn 28,22 217
Dtn 28,30 255
Dtn 28,53 88
Dtn 29,18(17) 310
Dtn 29,22 53
Dtn 29,27.20 53
Dtn 30,1 271
Dtn 31,20 389
Dtn 32,2 53
Dtn 32,32 54

Dtn 32,32f 51, 90, 100
Dtn 33,28 199
Dtn 33,28 (LXX) 199

Jos 6,5 189
Jos 24,13 280

Jdc 5,11 87
Jdc 5,31 246
Jdc 8,2 51
Jdc 8,7 53
Jdc 8,7.16 78
Jdc 9 89, 419
Jdc 9,8-15 51f, 54, 72, 199
Jdc 9,8f 280
Jdc 9,9 282
Jdc 9,12 67
Jdc 9,14f 84
Jdc 9,15 73
Jdc 9,45 53
Jdc 9,48 124, 127
Jdc 14,18 53
Jdc 20,45 51

I Sam 13,20f 124
I Sam 23,9 82

II Sam 7,10par 50
II Sam 12,31 124
II Sam 23,4 53, 246
II Sam 23,6 53
II Sam 23,6f 222
II Sam 23,7 295

I Reg 5,5 69, 153
I Reg 5,12f 64
I Reg 6,7 124
I Reg 8,37 217
I Reg 14,15 53, 90
I Reg 19,30 70

II Reg 9,32 53
II Reg 14 53
II Reg 14,8-14 51
II Reg 14,9 54, 72, 104
II Reg 14,9f 51

II Reg 18,31 (par) 69, 153
II Reg 19,26 53, 83
II Reg 19,30 86

IV Reg 19,29 189, 274

I Chr 14,2 87
I Chr 17,9 50

II Chr 7,20 53
II Chr 25,18 51, 53, 54

Esr 9,2 81

Neh 8,36 106

Hi 1,21 303
Hi 4,8 60, 101, 216, 221, 292f
Hi 5,3 58, 61
Hi 5,6 60, 63, 64
Hi 5,25 59
Hi 5,25f 347
Hi 5,26 62, 91
Hi 8,11 64
Hi 8,11f 222
Hi 8,11ff 61
Hi 8,11-13 61, 63
Hi 8,16f 58
Hi 13,15 61
Hi 13,25 58, 61, 64
Hi 14,1f 61, 222
Hi 14,2 305
Hi 14,2f 61, 63
Hi 14,2.7-11 65
Hi 14,2f.7-11 64
Hi 14,3 61
Hi 14,7-9 63, 127
Hi 14,7-9.10 58, 90
Hi 15,28 (LXX) 255
Hi 15,30 58, 63, 306
Hi 15,30-33 305
Hi 15,32 58
Hi 15,32-35 63
Hi 15,33 58
Hi 18,16 58, 70, 87

Hi 18,16-19 63
Hi 18,19 59
Hi 19,10 58, 64
Hi 21,8 59
Hi 21,17f 63, 64
Hi 21,18 63, 183, 184
Hi 24,20 58
Hi 24,24 62
Hi 27,14 59
Hi 27,21 306
Hi 29,19 56, 57, 58
Hi 31,7f 60
Hi 31,8 255
Hi 31,12 87
Hi 36,30 87
Hi 40,17 58
Hi 41,10-22 63
Hi 41,19 58
Hi 41,19-22 62

Ps 1 56, 93, 99, 380, 412
Ps 1,1 57
Ps 1,1f.4 56
Ps 1,3 56, 63, 124, 143, 173
Ps 1,3 (LXX) 379
Ps 1,3ff 56, 340
Ps 1,4 57, 62, 183, 184
Ps 3,6 192
Ps 9,5f 305
Ps 18,3 88
Ps 19,10 63
Ps 21,10 246
Ps 29,5.9 70
Ps 31,11 62, 65
Ps 34,19f 227
Ps 35,5 62, 65, 183, 184
Ps 36 99
Ps 37 93
Ps 37,2 61, 222
Ps 37,35f 58
Ps 37,39 227
Ps 44,3 55, 65, 219
Ps 49 93, 57
Ps 49,18 303
Ps 51,10 280
Ps 52,7 57

Ps 52,10 56, 57, 63, 99
Ps 52,17 58
Ps 57,2 199
Ps 58,12 88
Ps 72,6f 87
Ps 72,17 60
Ps 73 93
Ps 73,6 124
Ps 74,5f 124
Ps 78,46f 84
Ps 80 55, 63, 65, 72, 104, 419
Ps 80(79), 15f 167
Ps 80,(8)9ff 166
Ps 80,8ff 199
Ps 80,9 55, 137
Ps 80,9ff 55
Ps 80,9ff.15f 167
Ps 80,9-12 65
Ps 80,9-12.15f 55
Ps 80,9-16 67
Ps 80,9.16 66
Ps 80,13f 55, 90
Ps 80,15f 56
Ps 80,15ff 55
Ps 80,17 90
Ps 83,11 62, 78
Ps 83,14 62, 63, 65
Ps 83,14-16 183
Ps 84,13 88
Ps 85,12 60, 87
Ps 90,5 59, 219
Ps 90,5f 61, 65, 83, 222, 305
Ps 90,5-7 65
Ps 92,8 57, 59, 61, 65, 222
Ps 92,8ff 57
Ps 92,13 119
Ps 92,13f 63
Ps 92,13ff 56, 57
Ps 92,13-15 63
Ps 92,16 56
Ps 94,8-23 65
Ps 94,9 58
Ps 95(96), 10 340
Ps 97,11 62

Ps 102,5.12 61, 65, 305
Ps 102,12 61, 222
Ps 103 61
Ps 103,12 199
Ps 103,12 (LXX) 199
Ps 103,15f 61, 83, 222, 305
Ps 103,15-17 61, 65
Ps 103,16f 63
Ps 104,13 88
Ps 105,32-35 84
Ps 105,33 69
Ps 107,37 219
Ps 111,9 290
Ps 121,6 222
Ps 123,11 88
Ps 126,5 192, 221
Ps 126,5f 60, 63, 299
Ps 126,6 192
Ps 127,3 88, 280
Ps 128 93
Ps 128,3 56, 63, 100
Ps 129,3 62
Ps 129,6 61, 305
Ps 129,6f 63
Ps 129,9 78
Ps 132,17 62, 87
Ps 138,7 227
Ps 141,7 62
Ps 144,12 63
Ps 155 112

Prv 1,1 64
Prv 1,31 60, 88, 223, 347
Prv 3,9 88
Prv 3,18 57, 63, 90, 99
Prv 3,29 82
Prv 6,6-8 204
Prv 6,7 274
Prv 6,14 60, 82
Prv 6,18 82
Prv 8,19 88
Prv 8,20 88
Prv 9,12 274
Prv 10,11 99
Prv 10,16 143
Prv 11,18 60, 221

Prv 11,21 254
Prv 11,24 289
Prv 11,28 56, 57, 99
Prv 11,30 56f, 63, 88, 99, 223
Prv 12,3 87
Prv 12,12 87
Prv 12,14 88, 223
Prv 12,20 82
Prv 13,2 88
Prv 13,12 57, 99
Prv 14,11 62
Prv 14,22 60, 82
Prv 14,27 99
Prv 15,4 57, 99
Prv 15,19 58, 62, 222
Prv 16,22 99
Prv 18,20 88
Prv 19,22 88
Prv 20,4 293
Prv 22,8 60, 101, 221, 292
Prv 22,17-23,11 97
Prv 24,5.45 274
Prv 24,30f 84, 217
Prv 26,9 62
Prv 27,18 58, 269
Prv 31,16 274
Prv 31,31 88

Koh 5,14 303
Koh 11,3 58, 90

Cant 96
Cant 1,6 59
Cant 2,1 63, 81
Cant 2,2 63
Cant 2,3 59
Cant 2,11 154
Cant 2,13 69, 154
Cant 2,15 59
Cant 2,16 81
Cant 4,5 81
Cant 4,12-16 63
Cant 5,11 59
Cant 5,13 63, 81
Cant 5,15 59, 120

Cant 6,2f 63, 81
Cant 6,7 59
Cant 7,3 63, 81
Cant 7,8 59, 63, 120
Cant 7,9 59, 63
Cant 8,12 59

Jes 1,10 122
Jes 1,30 85
Jes 2,2 264
Jes 2,21 89
Jes 3,10 82, 84, 88, 223
Jes 3,12 68
Jes 3,14 68, 69, 267
Jes 4,2 87
Jes 4,6 199
Jes 5,1-7 69, 84, 85, 172, 273, 343
Jes 5,1ff 84
Jes 5,2 67, 143
Jes 5,2ff 90
Jes 5,2b.6b 69
Jes 5,2.4 68
Jes 5,2.4bff 66
Jes 5,4 143
Jes 5,6 69, 78, 168, 222, 341
Jes 5,7 66, 67, 69, 381
Jes 5,24 58, 80, 82, 183
Jes 6,9f 259
Jes 6,13 74, 75, 81, 90, 127
Jes 7,2 76
Jes 7,23 222, 341
Jes 7,23-25 69, 78, 84
Jes 9,2 192
Jes 9,3 84
Jes 9,9f 261
Jes 9,17 222
Jes 10,12 82, 84, 88
Jes 10,14 200
Jes 10,15 51, 98, 138
Jes 10,17 78, 84
Jes 10,17f 183
Jes 10,18 104
Jes 10,18f 127
Jes 10,33f 70, 73, 84, 90

Jes 10,33-44 122
Jes 11,1 75, 87, 106, 119
Jes 11,1.10 90, 420
Jes 11,10 75
Jes 12,14 88
Jes 13 153
Jes 13,18 88
Jes 14,8 76
Jes 14,29f 87
Jes 15,1-9 78
Jes 16,8-10 67, 68, 84
Jes 17,5 79
Jes 17,5f 85, 192
Jes 17,6 70, 90, 280
Jes 17,10 84, 88
Jes 17,13 62, 81, 85, 90, 183f
Jes 18,4-6 68
Jes 18,4f 90
Jes 18,5 192
Jes 21,3 70
Jes 21,10 80, 85, 182
Jes 24,4 78, 85, 91
Jes 24,13 70, 85, 90, 192
Jes 25,4 222
Jes 25,10 80
Jes 27,1-6 90
Jes 27,2-4 343
Jes 27,2-5 55
Jes 27,2-6 69
Jes 27,3 416
Jes 27,4 78, 222
Jes 27,6 81, 87
Jes 27,12 83, 192
Jes 28,1 305
Jes 28,4 70, 85
Jes 28,12-19 84
Jes 28,13-19 85
Jes 28,14 78
Jes 28,23-29 82, 86, 91
Jes 28,23f 82
Jes 28,24-26 216
Jes 28,25 81
Jes 28,26.29 85
Jes 29,5 81, 85, 90, 183f
Jes 30,1 122
Jes 32,10 85

Jes 32,10.12f 84
Jes 32,13 78, 222
Jes 32,15 89
Jes 32,19 84, 88
Jes 33,9 84, 85
Jes 33,11 78
Jes 33,11f 82, 85
Jes 34,4 69f, 73, 85, 92, 153
Jes 34,4 (LXX) 154
Jes 34,5f 126
Jes 34,13 78, 84, 222
Jes 35,1f.7 89
Jes 36,16 69, 153
Jes 37,23 53, 83
Jes 37,27 85, 222, 305
Jes 37,30f 90
Jes 37,31 70, 86
Jes 40,4 80
Jes 40,6-8 83
Jes 40,6f 222, 381
Jes 40,6ff 61, 305-309
Jes 40,7 85, 391
Jes 40,7f 305
Jes 40,24 76, 80f, 83, 85, 90, 222
Jes 41,2 85
Jes 41,14-16 92
Jes 41,14f 80
Jes 41,15 183, 184
Jes 41,16 80, 184
Jes 41,18f 89
Jes 42,3 84
Jes 42,6 246
Jes 42,9 87
Jes 43,19 87
Jes 44,3 59
Jes 44,3f 81, 89
Jes 44,4 81
Jes 44,23 76
Jes 45,8 87
Jes 47,14 80, 183
Jes 48,19 59, 81
Jes 49,6 246
Jes 49,10 222
Jes 49,22-23 264
Jes 5 89, 124, 167, 295

Jes 51,2 85
Jes 51,12 83, 222, 305
Jes 51,16 199
Jes 51,23 78
Jes 53,1-2 347
Jes 53,2 75
Jes 55,10 53, 83, 85, 220, 290
Jes 55,11 85
Jes 55,12f 89
Jes 55,13 78, 222
Jes 56,3 76, 90, 100
Jes 57,19 84, 88
Jes 58,5 76
Jes 58,8 87
Jes 60 264
Jes 60,21 66, 67, 105, 385
Jes 61,2f 85
Jes 61,3 67, 273
Jes 61,9 59, 81
Jes 61,11 85, 87
Jes 63,1-6 92
Jes 63,2f 71
Jes 64,5 222
Jes 65,8 68, 85
Jes 65,23 59, 81
Jes 66,14 81
Jes 66,15f 183
Jes 66,24 183, 184

Jer 1,1 84
Jer 1,9 310
Jer 1,9f 66
Jer 1,10 66, 67, 85, 273
Jer 1,11f 76
Jer 2,3 86
Jer 2,21 66-68, 81, 85f, 166f
Jer 2,22 416
Jer 3,27ff 85
Jer 4,3 83, 85, 216, 222, 295
Jer 4,3f 222
Jer 4,11 80, 85
Jer 4,23-28 78
Jer 5,7 66
Jer 5,10 68, 84

Register 503

Jer 5,17 69
Jer 5,24 297
Jer 6,5ff 94
Jer 6,6 84, 124
Jer 6,9 68, 166
Jer 6,9f 94
Jer 6,19 88
Jer 8,2 62, 78
Jer 8,13 68f, 90, 124, 133, 153
Jer 9,21 62, 78, 85
Jer 10,3 124
Jer 11,16 70, 86, 90, 280
Jer 11,17 66, 90, 280
Jer 11,19 76
Jer 12,2 66, 76, 85, 87, 222
Jer 12,3 82
Jer 12,4 78
Jer 12,10 68, 69, 267
Jer 12,10f 90
Jer 12,13 85, 222, 295
Jer 13,24 80
Jer 14,2 78, 88
Jer 15,7 80, 80, 183
Jer 15,9 88
Jer 16,4 78
Jer 17,5f 57
Jer 17,6 57
Jer 17,6-8 85
Jer 17,7 57
Jer 17,7ff 56, 57, 90, 99
Jer 17,8 76, 124, 222
Jer 17,10 82, 88, 223
Jer 18,7.9 66
Jer 18,17 306
Jer 21,14 71, 88, 127
Jer 22,7 71, 124, 127
Jer 23,5 87, 106
Jer 23,6 199
Jer 24 70
Jer 24,1ff 70, 76
Jer 24,1-8 90
Jer 24,1-10 67, 70, 153
Jer 24,2 298
Jer 24,2f 84
Jer 24,6 66, 85, 273

Jer 25,3 78
Jer 26,18 78
Jer 27,16 (LXX) 192
Jer 29,17 70, 76, 85, 90
Jer 31,10.27f 80f
Jer 31,27ff 81
Jer 31,28 66
Jer 32,41 66, 95
Jer 33,15 87, 106
Jer 41,15ff 85
Jer 42,3 85
Jer 42,10 66, 85
Jer 44,3f 85
Jer 45,4 66, 85
Jer 45,5 66
Jer 46,10 126
Jer 46,22 124
Jer 47,6 126
Jer 48,2 78, 80
Jer 48,32f 67, 68
Jer 49,9 67, 68
Jer 49,32 80
Jer 50,16 192
Jer 51,2 80, 85
Jer 51,33 79, 182
Jer 52 89
Jer 53,2 85
Jer 60,21 66

Thr 4,8 76
Thr 4,20 73, 199

Ez 1,3ff 84
Ez 2,6 78
Ez 5,2.10.12 80
Ez 6,8 80
Ez 7,10 85
Ez 12,14f 80
Ez 15 68, 124, 167
Ez 15,1-6 166
Ez 15,2ff 84
Ez 15,2-6 90
Ez 15,6 85
Ez 15,6-8 68
Ez 16,6f 81, 91
Ez 17 66, 72, 85, 197
Ez 17,1-8(5.7) 274

Ez 17,2-24 199
Ez 17,3 104
Ez 17,3f 74
Ez 17,3ff 72, 200
Ez 17,3ff.22ff 137
Ez 17,3-8 34, 72
Ez 17,3-8.9f 84
Ez 17,4-6 72
Ez 17,5-10 166
Ez 17,6ff 72
Ez 17,6-8 167
Ez 17,8 74
Ez 17,12a 72
Ez 17,12b-15 72
Ez 17,16-24 72
Ez 17,22ff 74
Ez 17,22-24 199f
Ez 17,23 73, 74, 199
Ez 17,24 75, 199
Ez 19,1-9 72
Ez 19,10ff 72
Ez 19,10-14 67, 84, 166
Ez 19,11 73
Ez 19,12 73
Ez 19,13f 73
Ez 20,23 80
Ez 21,2f 127
Ez 21,24 71
Ez 22,15 80
Ez 23,47 71
Ez 28,24 78, 85, 222
Ez 29,12 80
Ez 29,21 87
Ez 30,26 80
Ez 31 72, 74, 199f
Ez 31,3ff 104
Ez 31,3-13 73
Ez 31,3 73
Ez 31,6 73f, 199
Ez 31,13 73, 199
Ez 31,10 73
Ez 31,14 73
Ez 31,16.18 112
Ez 36,8.30 89
Ez 36,9 216
Ez 36,19 80
Ez 36,36 85, 90

Ez 39,4 226
Ez 47 316
Ez 47,1-12 340
Ez 47,7-12 199
Ez 47,12 73, 89

Dan 2,35 81, 184
Dan 2,41 75
Dan 3,6.11.15.17.19-23 246
Dan 4 72-74, 85, 199f
Dan 4,2 85
Dan 4,3-6 85
Dan 4,7ff 73
Dan 4,7-14 84, 85
Dan 4,9 74
Dan 4,9.17f 73, 199
Dan 4,12 207
Dan 4,12 LXX 207
Dan 4,12.20.23 74
Dan 4,13 74
Dan 4,17.23 85
Dan 4,21 LXX 199
Dan 4,21b LXX (Sy) 74
Dan 4,24 85
Dan 4,9.18 74, 199, 207
Dan 7,13ff 247
Dan 11,7 75, 106
Dan 11,20 75
Dan 11,45 66
Dan 12,1 227
Dan 12,3 246
Dan 12,13 247
Dan 29,17 87

Hos 2,1-3.25 81, 219
Hos 2,2 219
Hos 2,14 69, 84, 153
Hos 4,3 78
Hos 5,12.14 84, 167
Hos 6,11 79, 90, 192
Hos 8,7 82, 84, 85, 221, 292
Hos 8,14 36
Hos 9,6 78, 84, 85
Hos 9,10 67, 69, 85f, 92, 153, 298

Hos 9,16 58, 84, 86
Hos 10,1 67, 166
Hos 10,4 85
Hos 10,7 76
Hos 10,8 78, 84, 222, 295
Hos 10,11-13 216
Hos 10,12 78, 82f, 86, 88, 192, 238, 290
Hos 10,12f 85, 292
Hos 10,13 82, 88, 293
Hos 12,2 84, 306
Hos 12,12 85
Hos 13,3 81, 85, 183, 184
Hos 13,7f 84, 167
Hos 14,6 70, 81, 84, 167
Hos 14,6f 85
Hos 14,6-8 89
Hos 14,7 70, 280
Hos 14,7(8) 166
Hos 14,9 75, 84, 167
Hos 34,26f 89

Joel 1,7 69, 166
Joel 1,7-10 84
Joel 1,12 153
Joel 1,15 153
Joel 2,1 153
Joel 2,21ff 84
Joel 2,22 69, 153, 154, 155
Joel 2,23 297
Joel 4,13 79, 85, 90, 91, 183, 192, 193, 246

Am 1,3 80, 183
Am 2,9 58, 70, 85
Am 2,13 79, 85
Am 4,1 122
Am 4,9 217
Am 6,2 85
Am 6,12 82, 84, 85, 88, 91
Am 8,1f 84
Am 9,9 240
Am 9,13 216, 254, 293
Am 9,15 66, 67, 90

Ob 5 67, 68
Ob 15 153
Ob 18 80, 85, 183

Jona 4,6f 217
Jona 4,7 218

Mi 1,6(LXX) 274
Mi 3,12 78, 85
Mi 4,1f 264
Mi 4,4 69, 153
Mi 4,12 79, 91, 192
Mi 4,13 80, 183
Mi 6 88
Mi 6,13-15 84, 89
Mi 6,15 255
Mi 7,1 68, 69, 153
Mi 7,1f 85
Mi 7,4 84
Mi 7,13 82, 84, 88
Mi 7,14 85

Nah 1,10 78, 183, 222
Nah 1,14 238
Nah 2,3 68, 166
Nah 3,12 70

Hab 3,12 80, 91, 183
Hab 3,14 184
Hab 3,16 227
Hab 3,17 84, 153

Zeph 1,3 247
Zeph 1,7.14 153
Zeph 2,2 81, 183, 184

Hag 2,19 153

Sach 3,8 87
Sach 3,10 69, 153
Sach 4,3 84
Sach 4,3.11 70, 73
Sach 5,1f (LXX) 192
Sach 6,12 87
Sach 8 199
Sach 8,8 199
Sach 9,17 84

Sach 10,9 81, 219
Sach 11,1f 84, 127
Sach 11,2 124
Sach 13,7-9 171

Mal 2,15 81
Mal 3,19 80, 183, 184
Mal 3,19 (4,9) 246

Neues Testament:

Mt 2,6 330, 332
Mt 3,2 122, 129
Mt 3,7 129, 149, 179
Mt 3,7b-10 123
Mt 3,7b-10.11f 325
Mt 3,7b-12 123
Mt 3,7-10 122, 135, 180, 352
Mt 3,7-10par 128, 139
Mt 3,8 47, 129f, 139, 143, 179f
Mt 3,8.10par 182
Mt 3,9 250
Mt 3,9par 124
Mt 3,10 122, 124f, 129, 135, 139, 146, 179, 182, 288, 316f, 325, 380f, 406f
Mt 3,10par 133, 146, 177-179, 267, 295, 317, 326, 359, 362
Mt 3,12 122, 124, 182-185, 256, 258, 260, 262, 295, 295, 325, 370, 394, 409
Mt 3,12par 122, 184, 192, 318, 326
Mt 3,15-17 129
Mt 4,6 249
Mt 4,11 249
Mt 4,16 332
Mt 4,17 129
Mt 5,5 248
Mt 5,12.46par 332f
Mt 5,13 330

Mt 5,14-16 246
Mt 5,15par 332
Mt 5,16 332
Mt 5,19 262
Mt 5,21-48 250
Mt 5,22 295
Mt 5,29f 249
Mt 5,43-48 248
Mt 5,45.48par 332
Mt 6,1f.5.16 333
Mt 6,1.4.6.8f.14f. 332
Mt 6,19-21par 332
Mt 6,19-24 204
Mt 6,22par 332
Mt 6,22f par 331
Mt 6,23par 332
Mt 6,24par 332
Mt 6,25ff 190, 354
Mt 6,25ff par 392
Mt 6,26 212, 409
Mt 6,26.28-30 202-204, 257
Mt 6,26.28-30par 258
Mt 6,28f 303
Mt 6,30 243
Mt 6,32 202, 203
Mt 6,32par 332
Mt 7 149, 177, 318, 326
Mt 7par 325, 353
Mt 7,1 248
Mt 7,6 332, 333
Mt 7,9par 331
Mt 7,10 288
Mt 7,10par 332
Mt 7,11par 332
Mt 7,14 332
Mt 7,15 147, 149, 180, 330, 332
Mt 7,15ff 148
Mt 7,15-19 249
Mt 7,15-20 150
Mt 7,(15)16-20 146
Mt 7,16 143, 146, 148, 179, 269, 327
Mt 7,16par 142, 268
Mt 7,16ff 150
Mt 7,16ff par 141ff

Mt 7,16par 142
Mt 7,16-20 179, 180, 191
Mt 7,16-20par 327
Mt 7,17 149, 179, 327, 385
Mt 7,17par 348
Mt 7,17f 141, 179, 267
Mt 7,17ff parr 419
Mt 7,17-20 150
Mt 7,18 146, 148, 179
Mt 7,19 133, 146, 179, 267, 295
Mt 7,20 146, 179, 327
Mt 7,21 177
Mt 7,23 247, 249
Mt 7,24-27 232
Mt 7,24-27par 332
Mt 7,25.27par 332
Mt 7,26f 330
Mt 8,11 331
Mt 8,12 247
Mt 8,20par 332
Mt 8,23-27 331
Mt 9,6 249
Mt 9,31 332
Mt 9,36 147, 332
Mt 9,36par 330, 332
Mt 9,37 393
Mt 9,37f 293, 393
Mt 9,37f par 253, 332
Mt 10,5 256
Mt 10,6 147, 202, 330, 332
Mt 10,16 147, 330, 332
Mt 10,20 332
Mt 10,25 332
Mt 10,27par 332
Mt 10,29.32.33 332
Mt 10,34par 333
Mt 10,40-42 333
Mt 11,6 249
Mt 11,7par 185
Mt 11,11 262
Mt 11,16par 332
Mt 11,17par 333
Mt 11,19par 332
Mt 12 149, 177, 318

Mt 12,8 249
Mt 12,11f 332
Mt 12,18 332
Mt 12,25ff 325
Mt 12,30 150
Mt 12,33 141ff, 149, 150, 179, 180, 191, 267, 288
Mt 12,33f 150, 151
Mt 12,33-35 177, 325
Mt 12,33-35par 141
Mt 12,33-37 149, 180
Mt 12,34 177, 179
Mt 12,34f 149
Mt 12,35 149
Mt 12,35par 332.
Mt 12,36f 179
Mt 12,39 331
Mt 12,41par 333
Mt 13 325, 342
Mt 13,1-53a 261f
Mt 13,3ffparr 387
Mt 13,4-8parr 395
Mt 13,5 100
Mt 13,7ff 83
Mt 13,7.22 342
Mt 13,8.23 259
Mt 13,11 261
Mt 13,12 174, 232
Mt 13,12.19f 260
Mt 13,13 231
Mt 13,16 261
Mt 13,18-21 325
Mt 13,19 260
Mt 13,19-23 394
Mt 13,19.23 259
Mt 13,21 249
Mt 13,22 310, 342
Mt 13,24 201, 202
Mt 13,24ff 260, 323, 328, 340, 345, 349, 385, 391, 419
Mt 13,24-30 202, 234-243, 326, 329, 341, 352, 371, 390
Mt 13,24-30(36-43) 257f
Mt 13,24-30.36-43 410, 419

Mt 13,24-30(37-43) 395
Mt 13,24.27.36 201
Mt 13,24.30.36-43/47 325
Mt 13,25.28.29 190
Mt 13,26 390
Mt 13,27f 332, 390
Mt 13,27-30 47, 327
Mt 13,27-43 324
Mt 13,27.52 332
Mt 13,30 192, 257, 390, 391
Mt 13,30.40 295
Mt 13,31 197
Mt 13,31f 352
Mt 13,31fparr 395
Mt 13,31f.33par 325
Mt 13,31-33 202
Mt 13,32 198
Mt 13,33 200
Mt 13,33par 200, 331
Mt 13,33-38 202
Mt 13,34 261
Mt 13,36-43 244ff, 265, 287, 377, 420
Mt 13,37(24) 231
Mt 13,37-43 323
Mt 13,38 202, 231, 247, 343
Mt 13,39 192, 247, 289, 343, 409
Mt 13,40 183, 247, 295
Mt 13,40-42 391
Mt 13,41 247
Mt 13,42 247, 295
Mt 13,43 332
Mt 13,44-46 212, 261, 331
Mt 13,44.52 332
Mt 13,45f 332, 333
Mt 13,47f 330
Mt 13,47-50 249, 332
Mt 13,48 330
Mt 13,49 247
Mt 13,50 247, 295
Mt 13,57 249
Mt 15,3.6.9 175

Mt 15,11.14.15 175
Mt 15,12 249
Mt 15,12-14 175, 176
Mt 15,13 174-176, 178-180, 267, 274, 327, 340f, 352, 362, 383f, 387, 391, 408, 416
Mt 15,14 176, 332
Mt 15,14-18 332
Mt 15,24 147, 202, 330, 332
Mt 16,1.6.11.12 129
Mt 16,4 331
Mt 16,6.11fparr 331
Mt 16,17ff 332
Mt 16,17-19 330
Mt 16,19 332
Mt 16,23 247, 249
Mt 16,24 234
Mt 16,27 247
Mt 16,27f 249
Mt 16,28 247
Mt 17,2 246, 332
Mt 17,20 141, 198
Mt 17,27 249
Mt 18,6parr 330
Mt 18,6-9 249
Mt 18,6.8f 249
Mt 18,7 247, 249
Mt 18,8fpar 295
Mt 18,12 330, 332
Mt 18,12-14 331
Mt 18,12-14par 212
Mt 18,14 332
Mt 18,23-32 332
Mt 18,23-35 332
Mt 19,29 227
Mt 20,1 332
Mt 20,1ff 254
Mt 20,1-16 166, 172, 243, 333
Mt 20,1.11 332
Mt 20,12 306
Mt 20,21 247
Mt 20,28 249
Mt 20,32 332
Mt 21,18f 141, 177, 179

Mt 21,19ff 179
Mt 21,21 137, 141
Mt 21,28 269
Mt 21,28-32 166, 174, 332
Mt 21,31 332
Mt 21,32 332
Mt 21,33 274, 332
Mt 21,33ff 173
Mt 21,33ffpar 343
Mt 21,33-40 172
Mt 21,33-46par 343
Mt 21,34 173, 174
Mt 21,41 174, 179, 180
Mt 21,43 172-174, 178f, 180
Mt 22,1ff 331
Mt 22,1-14 174
Mt 22,1-14par 330f
Mt 22,3-10par 332
Mt 22,7 333
Mt 23,8 332
Mt 23,9 332
Mt 22,11 331
Mt 22,11-13 330
Mt 22,12 331
Mt 22,13 247
Mt 23,24 332
Mt 23,26par 331
Mt 23,27par 332
Mt 23,28 147, 247, 249
Mt 23,33 332
Mt 23,37 330, 332
Mt 23,37par 332
Mt 24,3 155, 247
Mt 24,10 249
Mt 24,11f 249
Mt 24,12 247
Mt 24,14 202
Mt 24,24 149
Mt 24,27par 332
Mt 24,28par 332
Mt 24,30f 249
Mt 24,31 247
Mt 24,43 332, 333
Mt 24,45ffpar 332
Mt 24,51 247, 330

Mt 25,1-11 331
Mt 25,1-13 330
Mt 25,5 332
Mt 25,11f 330
Mt 25,14-30par 212, 330, 332
Mt 25,26 255
Mt 25,28f 174
Mt 25,30 247, 330
Mt 25,31 249
Mt 25,31ff 249
Mt 25,31-33 330
Mt 25,32 332
Mt 25,32f 147, 330, 332
Mt 25,41 295
Mt 26,6-10 249
Mt 26,29 169
Mt 26,31 147, 332
Mt 26,31par 330, 332
Mt 26,31.33 249
Mt 26,42 331
Mt 26,53 249
Mt 26,61 332
Mt 27,40 332
Mt 28,3 332
Mt 28,16-20 249
Mt 28,19 202
Mt 28,20 247

Mk 1,3parr 332
Mk 1,10parr 332
Mk 1,13 230
Mk 1,14f 230
Mk 1,15 193
Mk 1,17par 332
Mk 1,38 230
Mk 2,13 230
Mk 2,17 230
Mk 2,17parr 332
Mk 2,19parr 331
Mk 2,20par 331
Mk 2,21fparr 332
Mk 2,22parr 331
Mk 3,5 259
Mk 3,23-26 230
Mk 3,24parr 333
Mk 3,27par 333

Mk 3,31-35 195
Mk 3,31.34 258
Mk 3,34par 332
Mk 3,35par 332
Mk 4 325, 328, 348
Mk 4parr 308
Mk 4,1ff 169, 190, 258, 354, 367
Mk 4,1-9.13-20 194
Mk 4,1-9.14-20parr 293
Mk 4,3c 230
Mk 4,3ff 237, 248, 257, 349
Mk 4,3-8 194, 223, 326, 327
Mk 4,3-8parr 209ff
Mk 4,3-8(14-20)par 257f
Mk 4,3-8.26-29.30-32 327
Mk 4,3-9 259, 352
Mk 4,3-9parr 352
Mk 4,3-9.13-20 419
Mk 4,4parr 388
Mk 4,4.6f 366
Mk 4,5 100, 355, 369
Mk 4,5f 217
Mk 4,6 306, 310, 391
Mk 4,8 192, 258, 366f, 369
Mk 4,8parr 346, 409
Mk 4,10 230, 258, 262
Mk 4,11 259
Mk 4,11f 14, 230, 258, 377
Mk 4,12 231, 259, 262
Mk 4,13 261
Mk 4,13ff 211, 223
Mk 4,13-20 265
Mk 4,13-20par 408
Mk 4,13-20parr 377
Mk 4,14 366, 371
Mk 4,14-20 287, 323, 420
Mk 4,15f.18.20 246
Mk 4,19 228, 310
Mk 4,20 192, 258, 262
Mk 4,21 332
Mk 4,21-25 261

Mk 4,24 232
Mk 4,25 261
Mk 4,26 297
Mk 4,26ff 314
Mk 4,26-29 47, 186, 188, 212, 256-258, 260, 262, 296f, 309, 314, 326f, 329, 345f, 352, 367, 369, 371, 409
Mk 4,26-29par 299
Mk 4,26-29.30-32 323, 326, 327, 371
Mk 4,27 332
Mk 4,29 109, 192, 258, 316
Mk 4,30 197
Mk 4,30-32 195, 207, 367
Mk 4,30-32parr 256f
Mk 4,31f 366
Mk 4,32 192
Mk 4,32parr 419
Mk 4,33 230
Mk 4,33f 261, 262
Mk 6,34 330, 332
Mk 6,52 259
Mk 7,17 230, 258
Mk 7,17ffpar 359
Mk 7,17-23 259
Mk 7,27 332
Mk 7,27par 331
Mk 8,17f 259
Mk 8,24 34, 267
Mk 8,33 230
Mk 8,34 234
Mk 8,34f 231
Mk 8,38 231, 331
Mk 9,2 258
Mk 9,28 230, 258
Mk 9,33-35 259
Mk 9,41 333
Mk 9,42parr 333
Mk 9,43(45) 183, 184
Mk 9,45 295
Mk 9,49fparr 331
Mk 10,10 230, 258
Mk 10,10-12 259
Mk 10,15parr 332

Mk 10,17-31 231
Mk 10,21par 332
Mk 10,24 332
Mk 10,25parr 332
Mk 10,29f 227, 231
Mk 10,30 332
Mk 10,38fpar 331
Mk 10,45par 333
Mk 11,13 179
Mk 11,13f.20f 141, 177, 352, 359
Mk 11,13f.20fpar 181, 379
Mk 11,20 179
Mk 11,23 137
Mk 11,23par 141
Mk 11,25(f)par 332
Mk 12 173
Mk 12,1 274
Mk 12,1ffparr 332
Mk 12,1-11 166
Mk 12,1-9a 172
Mk 12,2parr 332
Mk 12,2 173
Mk 12,9parr 330
Mk 12,10parr 332
Mk 12,14parr 332
Mk 13 259
Mk 13,1fparr 332
Mk 13,3 230, 258
Mk 13,3-36 259
Mk 13,4a 152
Mk 13,8 330, 331
Mk 13,10 201
Mk 13,19 227, 230
Mk 13,22 149
Mk 13,24 227, 230
Mk 13,24ff 367
Mk 13,24-30 327
Mk 13,25 154
Mk 13,28par 346, 379
Mk 13,28f 152-154, 191, 325, 327, 349, 360, 362
Mk 13,28fpar 151, 178
Mk 13,28ffparr 416
Mk 13,29 154, 177
Mk 13,29par 178

Mk 13,32 156
Mk 13,32par 332
Mk 14,14-20 324
Mk 14,25 166, 169
Mk 14,25par 331
Mk 14,36par 331
Mk 14,58 332
Mk 15,29 332

Lk 1,2 333
Lk 1,54.69 332
Lk 1,68 333
Lk 1,79 332
Lk 2,32 332
Lk 2,37 192
Lk 2,38 333
Lk 3,1-14 123
Lk 3,7 149
Lk 3,7ff 181
Lk 3,7-9 122
Lk 3,7-9.15-17 181
Lk 3,8 180
Lk 3,9 122, 179
Lk 3,10-14 130, 181, 262
Lk 3,15.16a 122
Lk 3,17 262
Lk 3,17par 182
Lk 3,19b 122
Lk 5,1 232
Lk 5,10 332
Lk 5,45 180
Lk 6 177
Lk 6,24ff 233
Lk 6,25 233
Lk 6,27 144, 149
Lk 6,39 175, 176
Lk 6,41 176
Lk 6,41-44 181
Lk 6,43 144, 150, 382, 385
Lk 6,43f 147, 267, 318, 327
Lk 6,43-45 141, 148, 150, 177, 180, 181, 325
Lk 6,44 142-144, 149-151, 179

Lk 6,45 142, 144, 147, 149, 180
Lk 7,25 233
Lk 7,41 332
Lk 7,41-45 331
Lk 7,50 233
Lk 8,1-3 234
Lk 8,11 307, 308
Lk 8,13 195
Lk 8,15 195, 262
Lk 8,16 332
Lk 8,18 195, 232, 233, 262
Lk 8,21 195, 262
Lk 8,48.50 233
Lk 9,23 234
Lk 9,51-56 249
Lk 10,2 293
Lk 10,2par 192
Lk 10,3 330, 332
Lk 10,18 332
Lk 10,30-37 212
Lk 10,41 233
Lk 11,5-8 331
Lk 11,20 193
Lk 11,22 333
Lk 11,28 232
Lk 11,33 332
Lk 11,36 332
Lk 11,52 332
Lk 12,11 233
Lk 12,12-21 202
Lk 12,14 333
Lk 12,16-21 332
Lk 12,19 233
Lk 12,22 233
Lk 12,28 243
Lk 12,32 330, 332
Lk 12,36f 331
Lk 12,42 332
Lk 12,45 233, 332
Lk 12,47f 330
Lk 12,49 333
Lk 12,54 332
Lk 12,54ff 155
Lk 12,54-56 154
Lk 12,57 155

Lk 13 134
Lk 13,1-5 138
Lk 13,1-5.6-9 181, 324
Lk 13,1-9 155, 180, 202
Lk 13,2ff 325
Lk 13,3.5 138
Lk 13,5 139
Lk 13,6 139, 172, 274
Lk 13,6a 139
Lk 13,6f 127, 379
Lk 13,6-9 34, 98, 104, 130-139, 166, 175, 177, 179, 181, 212, 323, 326, 327, 352, 357, 362, 382, 406f, 416
Lk 13,7 124, 139, 243, 419
Lk 13,7-9 47, 327
Lk 13,9 47
Lk 13,10 202
Lk 13,17b 202
Lk 13,18 195, 197
Lk 13,18f 352
Lk 13,18-21 138
Lk 13,19 198, 201, 262
Lk 13,24-30 330
Lk 13,25 332
Lk 13,27 332
Lk 13,28 247
Lk 13,29 262, 331
Lk 13,32 332
Lk 14,18 233
Lk 14,21 332
Lk 14,28-30 332
Lk 14,31f 333
Lk 15 331
Lk 15,4.6 330, 332
Lk 15,8f 332
Lk 15,11ff 332
Lk 15,11-32 212, 332
Lk 15,16 233
Lk 15,22 331, 332
Lk 15,25-32 331
Lk 15,26 332
Lk 16,1-8 332
Lk 16,8 332
Lk 16,9 233

Lk 16,9-12.13 233
Lk 16,19 233
Lk 16,19-31 330
Lk 16,21 233
Lk 16,27 332
Lk 17,1 247
Lk 17,6 137, 141, 198
Lk 17,7-10 138
Lk 17,7.10 332
Lk 17,21 193
Lk 17,22 233
Lk 17,27 233
Lk 17,34-36 330
Lk 18,1-8 331
Lk 18,2-8 333
Lk 18,30 227
Lk 19,11-27 138
Lk 19,13 232
Lk 19,14 333
Lk 19,44 332
Lk 20,9 274
Lk 21,29 138, 151, 154f, 178, 181
Lk 21,30 155
Lk 21,31c 181
Lk 21,32 155
Lk 21,34 227, 233
Lk 22,5 228
Lk 22,30 331
Lk 22,31 240
Lk 22,31f 185, 256
Lk 24,21 333
Lk 24,49 331

Joh 1,12 333
Joh 1,23 333
Joh 1,29 171, 333
Joh 1,32 333
Joh 1,36 333
Joh 1,37ff 264
Joh 1,43f 264
Joh 1,45ff 264
Joh 2,19f 333
Joh 3,2ff 264
Joh 3,3-7 333
Joh 3,8 188, 333
Joh 3,14 206, 333

Joh 3,19 333
Joh 3,19-21 333
Joh 3,22 264
Joh 3,29 333
Joh 3,30 333
Joh 4 265
Joh 4,1-42 249
Joh 4,7 264
Joh 4,(10f).14f 333
Joh 4,14 333
Joh 4,15 264
Joh 4,21.23 333
Joh 4,29f 254, 264
Joh 4,30 325
Joh 4,31-34 249
Joh 4,32 249
Joh 4,34 249, 333
Joh 4,35 192, 263, 352, 371, 393
Joh 4,35ff 395
Joh 4,35-38 249-257, 263-265, 293, 326f, 329
Joh 4,36 227, 263, 334, 353
Joh 4,37 263, 371, 389
Joh 4,38 263
Joh 4,39-42 325
Joh 4,47 264
Joh 4,51 251
Joh 5,35 333
Joh 5,40 264
Joh 6,2.5 264
Joh 6,24bf 264
Joh 6,27 333
Joh 6,35 158
Joh 6,51-58 169
Joh 6,56 161
Joh 7,14 251
Joh 7,35 264
Joh 7,37 264
Joh 7,38 333
Joh 8,2 264
Joh 8,12 158, 333
Joh 8,34f 334
Joh 8,35 333
Joh 8,41f.44 333
Joh 9,4f 333

Joh 9,27 251
Joh 10 146, 171
Joh 10,1 334
Joh 10,1ff 264
Joh 10,1-27 330, 333
Joh 10,1-16 156
Joh 10,2-16 333
Joh 10,7.9 330, 333
Joh 10,8.10 334
Joh 10,12 333
Joh 10,16 172, 333
Joh 10,26 172
Joh 10,27ff 264
Joh 11,9f 333
Joh 11,45 264
Joh 11,52 333
Joh 12,13.19 264
Joh 12,16f 331
Joh 12,20ff 207, 254, 264
Joh 12,20-22 206
Joh 12,20-26 204
Joh 12,24 192, 204-209, 257, 265, 303, 310f, 324-327, 345f, 368f, 371, 394
Joh 12,24ff 263f, 318
Joh 12,24-26 206
Joh 12,25b 208
Joh 12,25f 263
Joh 12,26f 333
Joh 12,27f 204
Joh 12,35 333
Joh 12,35f 333
Joh 12,40 259
Joh 12,46 333
Joh 13,24 349
Joh 13,34f 264
Joh 13,35 163
Joh 14,4-6 333
Joh 14,20 161
Joh 14,25 158
Joh 14,31 158

Joh 15 102, 146, 171, 178, 265, 285-287, 289, 312, 315, 318, 323f, 326, 341, 349, 352f, 357-359, 363, 385, 406, 416
Joh 15,1f 84
Joh 15,1ff 156, 254, 263f, 318, 325, 341, 416, 419
Joh 15,1-17 158
Joh 15,1-3 263
Joh 15,1-8.9f.(16) 156
Joh 15,1.5 160, 265
Joh 15,3 265
Joh 15,6 295
Joh 15,8 265
Joh 15,9ff 263
Joh 15,11 158
Joh 15,12 172
Joh 15,15 334
Joh 15,16 287
Joh 15,17 172
Joh 16,1 158
Joh 16,20-22 330
Joh 16,21 333
Joh 16,25 158
Joh 16,27 333
Joh 16,33 158
Joh 17,23 264
Joh 18,11 333
Joh 20,4 263
Joh 21,2 263
Joh 21,5 333
Joh 21,15 172
Joh 21,16 172, 333
Joh 21,16f 330, 333

Act 1,1 263
Act 1,3 262
Act 1,4.7 332
Act 1,15f 332
Act 2,18 332
Act 2,21 233
Act 2,24 331
Act 2,28 332
Act 2,29.37 332
Act 2,40 233

Act 2,47 233
Act 3,12 332
Act 3,17 332
Act 3,26 332
Act 4,4 226
Act 4,11 332
Act 4,12 233
Act 4,25 332
Act 4,29 332
Act 6,3 332
Act 6,4 226
Act 6,7 194, 223, 262
Act 6,14 332
Act 7,2 332
Act 7,2ff 256
Act 7,6 332
Act 7,17 223
Act 7,29 332
Act 8,1 227
Act 8,4 226, 255
Act 8,5-8 255
Act 8,8 227
Act 8,14 256
Act 8,32 332
Act 9,15 331
Act 9,17.30 332
Act 9,31 330
Act 10,23 332
Act 10,42 333
Act 11,1 332
Act 11,14 233
Act 11,29 332
Act 12,10 189
Act 12,17 332
Act 12,24 194, 223, 262
Act 13,8 233
Act 13,10 332
Act 13,17 332
Act 13,47 332
Act 13,50 227
Act 14,9 233
Act 15,4 228
Act 15,11 233
Act 15,16f 330
Act 16,17 332
Act 16,18 233
Act 16,21 228

Act 16,30f 233
Act 16,31 233
Act 16,34 227
Act 18,25f 332
Act 19,20 194, 223, 262
Act 19,23 332
Act 20,28 332
Act 20,28f 330, 332
Act 20,29 332
Act 20,32 330
Act 22,4 227
Act 22,18 228
Act 23,7 129
Act 24,14.22 332
Act 26,19.20 130
Act 26,23 332
Act 28,26 263
Act 28,26f 259

Rö 1,1 335
Rö 1,7 248, 334
Rö 1,13 310, 311, 334
Rö 1,16 233
Rö 2,5 335
Rö 2,19 176, 246, 334
Rö 2,20 334
Rö 3,17 334
Rö 4,4 335
Rö 4,11 335
Rö 4,16 331
Rö 6,4 334
Rö 6,5 271
Rö 6,11 334
Rö 6,13 334, 335
Rö 6,16ff 335
Rö 6,20-23 312
Rö 6,21f 310, 311
Rö 6,23 335
Rö 7,1-6 334
Rö 7,1.4 334
Rö 7,2f 335
Rö 7,4f 227
Rö 7,4-6 310, 311
Rö 7,7f 228
Rö 7,8-11 334
Rö 7,14 335
Rö 7,23 335

Rö 8,11 334
Rö 8,12 334
Rö 8,15 334
Rö 8,16f.21 334
Rö 8,17 335
Rö 8,22 330
Rö 8,23 335
Rö 8,29 334
Rö 8,33 248
Rö 8,35 227, 335
Rö 8,36 335
Rö 9,3 334
Rö 9,8 334
Rö 9,16 335
Rö 9,21 335
Rö 9,21f 334
Rö 9,23 227
Rö 9,25-29 331
Rö 10,1 334
Rö 11 285-287, 289,
  311f, 315, 323f, 352,
  357-359, 362f, 386,
  406f, 416
Rö 11,4 248
Rö 11,7 334
Rö 11,13 283
Rö 11,15 313
Rö 11,16 47, 334, 335
Rö 11,16-24 275, 318,
  325-327
Rö 11,16.17ff 325
Rö 11,25 334
Rö 11,25ff 280
Rö 11,28-31 283
Rö 11,32 335
Rö 11,33 334
Rö 12,1 334, 335
Rö 12,4f 330, 334
Rö 12,20 335
Rö 13,11 334
Rö 13,11ff 334
Rö 13,12 331, 334, 335
Rö 13,14 331, 334
Rö 14f 284
Rö 14,4 335
Rö 15,20 335
Rö 15,28 310, 311

Rö 16,1 331, 334
Rö 16,4 335
Rö 16,5 335

I Kor 1 273
I Kor 1,3 334
I Kor 1,21 233
I Kor 2,6 334
I Kor 3 362, 416
I Kor 3,1 334
I Kor 3,2 274, 334
I Kor 3,3-9 312
I Kor 3,5 313
I Kor 3,5-9 272-275, 326
I Kor 3,6 189, 312
I Kor 3,6f 416
I Kor 3,6ff 274f, 325
I Kor 3,6-15.16f 325
I Kor 3,6-9 288, 293, 310-313, 318, 327, 329, 357, 384, 408
I Kor 3,7 313
I Kor 3,8f.14 335
I Kor 3,9f 330, 335
I Kor 3,9.10ff 274
I Kor 3,10 335
I Kor 3,10-12 335
I Kor 3,12-14 335
I Kor 3,13 36, 274
I Kor 3,16f 335
I Kor 4,1 335
I Kor 4,1f 335
I Kor 4,5 248
I Kor 4,5f 334
I Kor 4,9 335
I Kor 4,13 334
I Kor 4,14 334
I Kor 4,15 334
I Kor 4,17 334
I Kor 4,21 334
I Kor 5,6b 278
I Kor 5,6f 334
I Kor 5,6-8 334
I Kor 5,7f 335
I Kor 5,12 258
I Kor 6,11 331, 334
I Kor 6,15 330, 334

I Kor 6,19 334, 335
I Kor 6,20 335
I Kor 7,5 233
I Kor 7,15 331, 334
I Kor 7,22 335
I Kor 7,23 335
I Kor 7,35 335
I Kor 8,1.10 330, 335
I Kor 8,6 334
I Kor 9,1ff 269
I Kor 9,2 335
I Kor 9,4ff 269, 313
I Kor 9,5 331, 334
I Kor 9,6ff 270
I Kor 9,7 172, 266, 269, 270, 274, 293, 313, 324, 325, 334, 335
I Kor 9,7(9f)11 327
I Kor 9,7.11 311
I Kor 9,8-10 293
I Kor 9,9 313
I Kor 9,10f 216
I Kor 9,11 227, 293, 409
I Kor 9,24-27 335
326
I Kor 10,17 330, 334
I Kor 10,23 330, 335
I Kor 11,32 334
I Kor 12,12-27 330, 334
I Kor 12,31 334
I Kor 13,1 335
I Kor 13,11 334
I Kor 13,12 334
I Kor 14,4.17 330, 335
I Kor 14,7 335
I Kor 14,8 335
I Kor 14,10 334
I Kor 14,14 227f, 310, 311
I Kor 14,20 334
I Kor 15,1ff 327
I Kor 15,5 313
I Kor 15,8 334
I Kor 15,10 255
I Kor 15,20.23 335
I Kor 15,24 334
I Kor 15,35 313, 368

I Kor 15,35ff 47, 318, 327, 346
I Kor 15,35-38.42-44 312f
I Kor 15,35-38.42.44 299-305
I Kor 15,35-44 309, 326
I Kor 15,36 207, 345
I Kor 15,36ff 346, 371
I Kor 15,36-38 310, 311, 325, 394
I Kor 15,37 207, 394
I Kor 15,38ff 349
I Kor 15,42 313
I Kor 15,42-44 311, 325, 371
I Kor 15,53f 334
I Kor 15,55f 335
I Kor 16,9 335
I Kor 16,15 335

II Kor 1,2.3 334
II Kor 1,22 335
II Kor 2,12 335
II Kor 2,14 335
II Kor 2,14-16 335, 337
II Kor 3,2f 335
II Kor 3,3 335
II Kor 3,14 334
II Kor 3,18 334
II Kor 4,4 334
II Kor 4,6 334
II Kor 4,7 334, 335
II Kor 4,8f 227
II Kor 4,17f 227
II Kor 5,1 335
II Kor 5,1ff 335
II Kor 5,2-4 334
II Kor 5,3 303
II Kor 5,5 335
II Kor 5,6 334
II Kor 6,7 335
II Kor 6,9 334
II Kor 6,13 334
II Kor 6,14 334
II Kor 6,16 335
II Kor 6,18 334

II Kor 9,6 192, 292, 309, 312, 324f, 327, 370, 409
II Kor 9,6-10 289-290, 313, 318, 326
II Kor 9,7b.9 313
II Kor 10,3-6 335
II Kor 10,4.8 335
II Kor 10,5 335
II Kor 10,8 330, 335
II Kor 10,15 409
II Kor 11,2 334
II Kor 11,3 226, 335
II Kor 11,8 335
II Kor 11,13 335
II Kor 12,7 334
II Kor 12,14 334, 335
II Kor 12,19 330, 335
II Kor 13,10 330, 335

Gal 1,1.3f 334
Gal 1,10 335
Gal 2,2 335
Gal 2,9 332, 335
Gal 2,18 335
Gal 3,1 334
Gal 3,13 335
Gal 3,15-17 335
Gal 3,19f 335
Gal 3,22f 335
Gal 3,23 335
Gal 3,24f 334
Gal 3,27 331, 334
Gal 3,29 331, 334
Gal 4,1 335
Gal 4,1f 330
Gal 4,1-7 331, 335
Gal 4,1.3 334
Gal 4,1.7 335
Gal 4,2 334, 335
Gal 4,5 335
Gal 4,6 334
Gal 4,7 334
Gal 4,19 334
Gal 4,22f 335
Gal 4,25 334
Gal 4,25f 335
Gal 4,26 334
Gal 5,1 335
Gal 5,7 335
Gal 5,9 334
Gal 5,11 227
Gal 5,17 228
Gal 5,22 310, 311, 312, 377
Gal 5,24 228
Gal 6,6 226
Gal 6,7 191, 309, 313
Gal 6,7f 192, 311f, 325, 370, 409
Gal 6,7-10 291-293, 313, 314, 318, 325, 326
Gal 6,8 309, 409
Gal 6,15f 331
Gal 6,16 248

Eph 1,5 337
Eph 1,7 227
Eph 1,22f 330, 335
Eph 2,3 336
Eph 2,11f 331
Eph 2,12 337
Eph 2,19 336, 337
Eph 2,19-22 330, 336
Eph 2,20 337
Eph 3,17 227, 267, 310
Eph 4,4.12.15f. 330, 335
Eph 4,11 330, 336
Eph 4,12.16.29 330, 336
Eph 4,14 336
Eph 4,22 227
Eph 4,24 331, 336
Eph 4,25 330, 331, 335
Eph 5,1.8 336
Eph 5,2 337
Eph 5,8 336
Eph 5,8f 331
Eph 5,9 310, 377
Eph 5,11 227, 228, 310
Eph 5,14 336
Eph 5,16 336
Eph 5,22-31 336
Eph 5,23.30 330, 335
Eph 5,27 335
Eph 5,29 336
Eph 6,4 336
Eph 6,6 337
Eph 6,10.21.23 336
Eph 6,11-13 337
Eph 6,11-14 336
Eph 6,16 337
Eph 6,17 337

Phil 1,1 335
Phil 1,2 334
Phil 1,11 310-312
Phil 1,12.14 334
Phil 1,22 311, 312
Phil 1,27 331, 335
Phil 1,27-30 335
Phil 2,6 335
Phil 2,11.22 334
Phil 2,15 246, 334
Phil 2,15.22 334
Phil 2,17 335
Phil 2,25 335
Phil 3,2 335
Phil 3,8 335
Phil 3,12-14 335
Phil 3,15 334
Phil 3,19 334
Phil 3,20 331, 335
Phil 4,1 331, 334, 335
Phil 4,3 335
Phil 4,5 152, 153
Phil 4,7 335
Phil 4,15 335
Phil 4,17 310, 311, 312
Phil 4,18 335
Phil 4,20 334

Kol 1,1.2 336
Kol 1,2 331, 334
Kol 1,2f.12 336
Kol 1,6.10 227, 310
Kol 1,10 228
Kol 1,16 228
Kol 1,23 337
Kol 1,24 335
Kol 2,1 337
Kol 2,3 336

Kol 2,6f 336
Kol 2,7 227, 310
Kol 2,8 227
Kol 2,11 336
Kol 2,13 266
Kol 2,14 337
Kol 2,15 337
Kol 2,19 335
Kol 3,8f 331, 336
Kol 3,10 331, 336
Kol 3,12 336
Kol 3,15 335
Kol 3,17 336
Kol 3,24 337
Kol 4,3 226, 335
Kol 4,5 258, 336
Kol 4,6 336
Kol 4,7.9.15 336
Kol 4,12 337

I Thess 1,1f 334
I Thess 1,4 334
I Thess 1,6 226, 227
I Thess 2,2.19 335
I Thess 2,7 334
I Thess 2,11 334
I Thess 2,18 226
I Thess 3,5 226
I Thess 3,11.13 334
I Thess 4,4 334
I Thess 4,5 228
I Thess 4,12 258
I Thess 5,2.4 335
I Thess 5,3 334
I Thess 5,5 331, 334
I Thess 5,6-10 334
I Thess 5,8 334, 335
I Thess 5,11 330, 335
I Thess 5,19 334

II Thess 1,1f 336
II Thess 1,3 409
II Thess 1,4 227
II Thess 1,8 295
II Thess 2,10 227
II Thess 2,13 335
II Thess 2,16 336

II Thess 3,1 337

I Tim 1,2 336
I Tim 1,18 336f
I Tim 1,19 11, 336
I Tim 2,5 337
I Tim 2,9 336
I Tim 3,7 336
I Tim 3,15 336, 337
I Tim 5,1 336
I Tim 5,2 336
I Tim 5,19 228
I Tim 6,1 336
I Tim 6,5 336
I Tim 6,7 303
I Tim 6,9 336
I Tim 6,10 310, 383
I Tim 6,12 337
I Tim 6,19 337
I Tim 6,20 377

II Tim 1,2 336
II Tim 1,6 336
II Tim 2,1 336
II Tim 2,4f 337
II Tim 2,4-6 324
II Tim 2,5 337
II Tim 2,6 297
II Tim 2,9 337
II Tim 2,17 336
II Tim 2,19 337
II Tim 2,20f 336
II Tim 2,24 337
II Tim 2,26 336
II Tim 3,6 228, 337
II Tim 3,11 227
II Tim 4,2 226
II Tim 4,7f 337
II Tim 4,8 337
II Tim 4,17 336

Tit 1,4 336
Tit 1,7 337
Tit 2,12 336
Tit 2,14 337
Tit 3,7 337
Tit 3,14 227, 228, 310

Phlm 314
Phlm 2 335
Phlm 3 334
Phlm 10 334

I Petr 1,1 331, 337
I Petr 1,2f 336
I Petr 1,13 336
I Petr 1,14 336
I Petr 1,17 331, 336, 337
I Petr 1,18 337
I Petr 1,19 336
I Petr 1,22-25 307
I Petr 1,22-2,2 271
I Petr 1,23 314
I Petr 1,23f 308-310,
    315, 318, 325-327, 371
I Petr 1,23f 307-309
I Petr 1,24 217, 222, 373,
    381
I Petr 1,24f 305
I Petr 1,3 307, 336
I Petr 1,4 336
I Petr 1,7 336
I Petr 2,11 331, 336, 337
I Petr 2,2 336
I Petr 2,4-8 330, 336
I Petr 2,5 336, 337
I Petr 2,7 337
I Petr 2,8 226
I Petr 2,9 336
I Petr 2,9f 331
I Petr 2,21 336
I Petr 2,25 330, 336
I Petr 3,3 336
I Petr 3,5 336
I Petr 3,6 336
I Petr 3,7 336
I Petr 4,3 228
I Petr 4,10 337
I Petr 4,12 222
I Petr 5,2 336
I Petr 5,2f 330, 336
I Petr 5,4 337
I Petr 5,8 336
I Petr 5,10 337

II Petr 1,1 337
II Petr 1,8 227, 228, 310
II Petr 1,17 336
II Petr 1,19 336
II Petr 2,2.15.21 336
II Petr 2,12 336
II Petr 2,13 227, 337
II Petr 2,15 337
II Petr 2,17 336
II Petr 2,20-22 266
II Petr 2,22 336
II Petr 3,7 295
II Petr 3,10 337
II Petr 3,18 409

I Joh 1,2f 336
I Joh 1,5 333
I Joh 1,7 333
I Joh 2,1.15f.22-24 336
I Joh 2,8-10 333
I Joh 2,18 333
I Joh 3,1 336
I Joh 3,1.2.10 336
I Joh 3,9 310, 408
I Joh 4,14 336
I Joh 5,2 336
I Joh 5,7 336

II Joh 1.4.13 336
II Joh 2,8 334
II Joh 3f.9 336
II Joh 4 336

Hebr 1,5 336
Hebr 1,7 295
Hebr 1,11f 336
Hebr 1,14 337
Hebr 2,7.9 337
Hebr 2,13f 336
Hebr 2,15 337
Hebr 3,3f 337
Hebr 3,6 336
Hebr 3,10 336
Hebr 3,13 227
Hebr 4,12 337
Hebr 5,11-6,8 293

Hebr 5,12f 336
Hebr 6,1 337
Hebr 6,4-6 293-296
Hebr 6,4-8 266
Hebr 6,7 309
Hebr 6,7f 293-296, 309, 314, 315, 327, 353
Hebr 6,12 337
Hebr 6,16f 337
Hebr 6,17 337
Hebr 6,19 336
Hebr 8,6 337
Hebr 8,8-13 331
Hebr 9,8 336
Hebr 9,15 337
Hebr 9,16f 337
Hebr 9,26 247
Hebr 10,7 337
Hebr 10,20 336
Hebr 10,27 295
Hebr 10,32 337
Hebr 10,35 337
Hebr 11,6 337
Hebr 11,9 336
Hebr 11,10 337
Hebr 11,12 336
Hebr 11,13 331, 337
Hebr 11,25 227
Hebr 11,26 336f
Hebr 12,1 336, 337
Hebr 12,5-11 336
Hebr 12,6 228, 310
Hebr 12,7.9 336
Hebr 12,11 310
Hebr 12,18-24 337
Hebr 12,23 337
Hebr 12,24 337
Hebr 12,29 295
Hebr 13,15 310
Hebr 13,15f 337
Hebr 13,20 330, 336

Jak 1,1 337
Jak 1,2-4 306
Jak 1,2.9.16.19 336
Jak 1,6 336
Jak 1,8 336

Jak 1,10 327, 373
Jak 1,10f 305, 308-310, 314f, 318, 325-327, 371
Jak 1,11 217, 222, 327
Jak 1,12 337
Jak 1,14f 228
Jak 1,15 336
Jak 1,17.27 336
Jak 1,18-21 271
Jak 1,19ff 270
Jak 1,21 226, 270, 314, 315, 353, 354, 362, 371, 408
Jak 1,22 270
Jak 1,23f 336
Jak 2,4 337
Jak 3,1f 269
Jak 3,(1f)3-12 268
Jak 3,1ff 270, 325
Jak 3,2-12 269
Jak 3,3 269, 336
Jak 3,4 336
Jak 3,5 36
Jak 3,5ff 336
Jak 3,6 36
Jak 3,7 336
Jak 3,9 269, 336
Jak 3,11 327
Jak 3,11f 325, 336
Jak 3,12 142-144, 177, 268f, 288, 314f, 318, 324, 326, 354
Jak 3,17 143
Jak 3,17f 310, 314, 315
Jak 4,1 337
Jak 4,2f 337
Jak 4,11f 337
Jak 4,13 336
Jak 4,14 331, 336
Jak 5,1 296
Jak 5,1-6 296
Jak 5,3 336
Jak 5,4 243, 299
Jak 5,7 191, 296-299, 309, 314f, 326f, 329, 352, 367, 371, 409
Jak 5,7-11 296

Jak 5,7.9.10.12.19 336
Jak 5,8 299
Jak 5,9 152, 153, 337
Jak 5,12 296
Jak 5,20 336
Jak 11,1 391

Jud 1 336, 337
Jud 4 267, 268
Jud 7 295
Jud 11 336
Jud 12 34, 227f, 266-268, 288, 310, 314, 315, 318, 324-327, 330, 336, 353
Jud 12f 325, 336
Jud 14f 267
Jud 19 268
Jud 20f 330, 336
Jud 22f 268
Jud 23 267 295

Apk 315ff
Apk 1,3 152, 153
Apk 1,6 337
Apk 1,9 337
Apk 1,18 338
Apk 2,7 315, 353, 377
Apk 2,9.10.22 227
Apk 2,23 337
Apk 2,27 337
Apk 3,3 338
Apk 3,7 338
Apk 3,12 338
Apk 3,19 337
Apk 3,20 152, 153
Apk 4,5 337
Apk 4,7 337
Apk 5,1-5 338
Apk 5,5 337
Apk 5,6.12 171
Apk 5,8 338
Apk 6,1-12 338
Apk 6,11 337
Apk 6,13 316
Apk 6,14 338
Apk 7,2 338
Apk 7,14 171

Apk 7,16 222
Apk 7,17 330, 337
Apk 8,1 338
Apk 8,3 338
Apk 8,5 337
Apk 8,13 337
Apk 9,1 338
Apk 9,4 338
Apk 9,8.17 337
Apk 9,16 338
Apk 9,19 337
Apk 10,1 337, 338
Apk 10,3 337
Apk 11,4 315
Apk 11,18 338
Apk 11,19 337
Apk 12,1 337
Apk 12,2 337
Apk 12,3-17 337
Apk 12,5 330, 337
Apk 12,9 337
Apk 12,10 337
Apk 12,11 171
Apk 12,14 337
Apk 12,14f 337
Apk 13,2 337
Apk 13,4.11 337
Apk 13,8 171, 338
Apk 13,10.14 338
Apk 13,14ff 139
Apk 14 316
Apk 14,10 337
Apk 14,14ff 109, 317
Apk 14,14-16 183
Apk 14,14-16.17f 353
Apk 14,14-16.17-20 315
Apk 14,(14-16)17ff 316
Apk 14,14-19 317
Apk 14,14-20 125, 192
Apk 14,14.18f 316
Apk 14,15 192, 409
Apk 14,18 317
Apk 14,19f 316, 317
Apk 14,20 71
Apk 15,3 337
Apk 16,12 337
Apk 16,13 337

Apk 16,15 338
Apk 16,18 337
Apk 16,19 337
Apk 17,4 337
Apk 17,5 337
Apk 17,8 338
Apk 18,6 337
Apk 19 316
Apk 19,7 337, 338
Apk 19,8 337
Apk 19,9 337
Apk 19,10 337
Apk 19,14 338
Apk 19,15 315, 330, 337
Apk 19,18 106
Apk 19,19 338
Apk 19,20 36
Apk 20,1 338
Apk 20,2 337
Apk 20,10.14f 295
Apk 20,12 338
Apk 21,2.9.17 337
Apk 21,8 266, 295
Apk 21,11 337
Apk 21,14.19 338
Apk 21,22 338
Apk 21,24 337
Apk 21,27 338
Apk 22,2.14.18 377
Apk 22,2.14.19 315, 353
Apk 22,5 337
Apk 22,9 337
Apk 22,10 152, 153
Apk 22,12 338
Apk 22,15 337

2. Alttestamentliche Umwelt

Amenemope:
Amenemope c.4; 5,20-6,12 56, 97, 99
Amenemope c.4; 6,1-6 98

El-Amarna-Tafeln:
El-Amarna-Tafeln Nr.
 75:15-17 69
El-Amarna-Tafeln Nr.
 81:37f 69
El-Amarna-Tafeln Nr.
 90:42-44 69
El-Amarna-Tafeln Nr.
 74:1-19 69

Papyri:
Instr. of Papyrus
 Insinger 25,3 218
P. Anastasi I XXV:2-5
 69

Lehre des Anchscheschonki:
Anchschenschonki 367
Anchschenschonki 8,19
 101
Anchschenschonki 9,14f
 101
Anchschenschonki 17,23
 101, 367
Anchschenschonki 20,8
 101
Anchschenschonki
 26,17f 252
Anchschenschonki
 26,17ff 255

3. Jüdische Quellen

a) Pseudepigraphen und die jüdisch-hellenistische Literatur

Achikar:
Achikar 98, 100f, 114,
 135f
Achikar 22,2 114
Achikar 33,86 (108) 218

Achikar 33,135 98, 104,
 115
Achikar 108 101
Achikar 110 101, 218,
 221
Achikar 165f 52

syrAch 135 124, 127, 136
syrAch 135parr 133
syrAch 33,126 51
syrAch nestor. 251
 A1.122 136
syrAch nestor. 252A^{a}135
 136
syrAch p.1 98
syrAch p.1.21 218

Apokalypsen:
ApkAbr 13,3-7 226
ApkAbr 20,4 112
ApkAbr 29,12 107

ApkEl 218f.
ApkEl 19,18 117
ApkEl 19,18-20 109
ApkEl 19,19-20,1 110
ApkEl 23,16-24,3 110
ApkEl 39,12,11 106
ApkEl 40,23-29 109
ApkEl 40,29 110, 117

ApkMos 19,22.28 106
ApkMos 20f 106

ApkSedr 3,5 107, 108
ApkSedr 5,12 109, 116,
 110, 220
ApkSedr 5,12-16 191
ApkSedr 12,6 114

ApkZeph 12,8 106

grApkEsr 4,31 109, 117
grApkEsr 5,12 109, 110,
 116, 191
grApkEsr 5,18 220

kopt ApkEl 35,16 246

Apokryphon des Ezechiel:
Apokryphon Ezechiel
 Frgm. 3 105

Aristeasbrief:
Arist 230 102, 221
Arist 232 114
Arist 260 114

Assumptio Mosis:
AssMos 1,18 247
AssMos 3,3.9 112

grBar:
grBar 1,2 105
grBar 4,8ff.15ff 106
grBar 4,15 385
grBar 15,2 108, 192, 292

syrBar:
syrBar 1,2 107
syrBar 10,9ff 109
syrBar 10,10 106
syrBar 13,3 247
syrBar 22,3ff 107
syrBar 22,5 109, 192
syrBar 22,5f 107, 191
syrBar 22,7 191
syrBar 29,5 106, 109, 219
syrBar 31,1 108
syrBar 32,1 108, 220
syrBar 32,2f 113
syrBar 33,12 109
syrBar 36 115
syrBar 36f 104, 110, 115,
 119, 419
syrBar 36,10 115
syrBar 37,1 115
syrBar 39f 104, 110
syrBar 39,2 104
syrBar 39,5 104
syrBar 39,7 104, 167
syrBar 39,8 115
syrBar 40,1 104, 107

syrBar 42,4f 112
syrBar 51,3 113, 246
syrBar 51,10 246
syrBar 52,6ff 305
syrBar 57,2 105
syrBar 59,7 113
syrBar 70,2 107, 191f,
 219, 239, 413
syrBar 73,7 112
syrBar 74,1 109, 117,
 191, 367
syrBar 82,7 109, 110,
 117, 222, 305
syrBar 83,12 117, 222,
 305
syrBar 84,2 Hs c 105,
 107, 116

Brief Jeremias:
EpJer 69 96
EpJer 69f 97

Buch des Elias:
Buch des Elias 6,4 106

Dramatiker Gnomolgion:
Dramatiker
 Gnomologion
 [Philemon (3) a
 Menandros (1)b] 367

III Esr:
III Esr 8,67 112
III Esr 8,75 106
III Esr 8,84-86 106

IV Esr:
IV Esr 117
IV Esr 3,20 108, 114
IV Esr 3,22 108, 113
IV Esr 3,33 114
IV Esr 3,36f 110
IV Esr 4 115
IV Esr 4,13-19 104, 110
IV Esr 4,24 117
IV Esr 4,28 107, 108, 109

IV Esr 4,28 SyrAr[1] 117
IV Esr 4,28-32 110, 191,
 192, 221
IV Esr 4,28-37 192
IV Esr 4,28.30 182
IV Esr 4,28f 107, 211,
 221, 413
IV Esr 4,(28f)35-43 191
IV Esr 4,29 116, 246,
 413f
IV Esr 4,29f 108
IV Esr 4,30 116
IV Esr 4,30 LatSyrGeo
 117
IV Esr 4,30-32 110
IV Esr 4,30f 108, 218
IV Esr 4,32 109
IV Esr 4,33 340
IV Esr 4,35 107, 109,
 117, 182
IV Esr 4,35f 239
IV Esr 4,36 107
IV Esr 4,40-43 191
IV Esr 4,43 117
IV Esr 4,44 117
IV Esr 4,48 113
IV Esr 5,5 106, 340
IV Esr 5,23 107
IV Esr 5,23ff 110
IV Esr 5,23-27.28ff 105
IV Esr 5,26 110
IV Esr 5,28 106
IV Esr 5,46-49 191
IV Esr 5,46.48 191
IV Esr 5,48 109, 219
IV Esr 5,50-55 191
IV Esr 6,28 113, 114
IV Esr 7,13 108
IV Esr 7,28-35 239
IV Esr 7,29 108
IV Esr 7,36 246
IV Esr 7,64.71 113
IV Esr 7,97 246
IV Esr 7,123 106
IV Esr 7,125 246
IV Esr 8,6 108, 110, 220
IV Esr 8,41 110, 219

IV Esr 8,41-45 116
IV Esr 8,41.43f 110
IV Esr 8,41.44 221
IV Esr 8,41ff 109, 222
IV Esr 8,44 109, 111, 219
IV Esr 8,52 106
IV Esr 8,52ff 109
IV Esr 8,53 113
IV Esr 8,113 247
IV Esr 9,17 108, 110
IV Esr 9,21f 105
IV Esr 9,22a 105
IV Esr 9,30-33 220, 221
IV Esr 9,31 108, 414
IV Esr 9,31ff 116
IV Esr 9,32 108
IV Esr 9,34-37 111, 117,
 412
IV Esr 10,9 110, 114
IV Esr 10,12 110, 112
IV Esr 10,12-14 114
IV Esr 10,14 110
IV Esr 12,42 106, 110
VI Esr 16,78 295

Fragen des Esra:
Fragen des Esra A 37
 117, 217, 414

äthHen:
äthHen 1,9 267
äthHen 2-5 191
äthHen 2-5,4 267, 314
äthHen 5,4f 191
äthHen 10,16 95, 105,
 107
äthHen 10,18f 106
äthHen 16,1 247
äthHen 24,4-25 106
äthHen 24,4ff 110
äthHen 26,5ff 106, 110
äthHen 29,5 106
äthHen 32,2.6 115
äthHen 32,3-6 106, 115
äthHen 32,15 110
äthHen 38,4 246
äthHen 39,7 246

äthHen 48,9 109, 110, 117
äthHen 51,5 246
äthHen 52,5 105
äthHen 54,6 246
äthHen 56,6 107, 110, 182
äthHen 58,3 246
äthHen 58,6 246
äthHen 62,8 219
äthHen 65,12 112
äthHen 67,2 112
äthHen 80,1-8 191
äthHen 80,2 267
äthHen 80,2f 109
äthHen 81,5.8.11 113
äthHen 82,8 109
äthHen 82,16 153
äthHen 83,4 106
äthHen 84,6 105
äthHen 90,8-13 226
äthHen 90,30.33 200
äthHen 91,5.8.11 113
äthHen 92,4 246
äthHen 93 110
äthHen 93,2ff.8 280
äthHen 93,2.5.10 95, 105
äthHen 93,4 113
äthHen 93,8 106
äthHen 96,6 109, 117, 222
äthHen 98,3 246
äthHen 104,2 246
äthHen 106,2 109, 246
äthHen 106,10 246
äthHen 108,12-15 246

grHen:
grHen 10,16 105
grHen 24,4-25 106
grHen 32,2 106

hebrHen:
hebrHen 18,18 106
hebrHen 28,9 106, 127

slHen:
slHen 8,3 106
slHen 42,11 108, 192, 218
slHen 65,11 246
slHen 66,7 246

JosAs:
JosAs 95f.
JosAs 6,2 246
JosAs 8,5 96
JosAs 15,6.7 200
JosAs 16,16 115, 117
JosAs 16,16.18 96
JosAs 18,9 96

Jubiläen:
Jub 1,16 94-96, 105, 116, 120
Jub 5,2 113
Jub 6,5 114
Jub 7,34 95, 116
Jub 10,4 114
Jub 11,11 212-214, 226
Jub 11,11-24 96
Jub 11,23 216
Jub 11,23f 212
Jub 13,3.20 112
Jub 16,6 95
Jub 16,16 96
Jub 16,26 95, 96, 105, 280
Jub 21,24 95, 96, 105
Jub 28,16 112
Jub 35 96
Jub 36,3 105
Jub 36,6 95, 96
Jub 37,22 96

Antiquitates biblicae:
LibAnt 166
LibAnt 3,10 114
LibAnt 9,2.5 112
LibAnt 12,8 94, 114f, 166
LibAnt 12,8f 94, 96,
LibAnt 12,8ff 95
LibAnt 12,9b 94
LibAnt 15,5 113
LibAnt 17,1f 94
LibAnt 18,10 166
LibAnt 23,12 94, 95
LibAnt 28,4 94-96, 116, 166
LibAnt 30,4 94f, 116, 166
LibAnt 37,2-4 95
LibAnt 37,6-8 419
LibAnt 39,7 94, 95, 166
LibAnt 44,8 113
LibAnt 44,91 96
LibAnt 47,12 96
LibAnt 49,6 113
LibAnt 50,1 94
LibAnt 52,2 94

Makkabäerbücher:
I Makk 1,10 106

II Makk 7,22 188
II Makk 15,12 234

IV Makk 1,28f 98, 114
IV Makk 1,28-30 357, 382
IV Makk 2,21 99, 413
IV Makk 3,5 99
IV Makk 4,1 234
IV Makk 15,2.5.23 227
IV Makk 15,2.8.23 227

Martyrium Jesajas:
MartJes 4,3 105

Oden Salomos:
OdSal 4,4 402
OdSal 4,5 402
OdSal 7,1 402
OdSal 8,1f 402
OdSal 10,2 402
OdSal 11 384
OdSal 11,1 402
OdSal 11,1ff 385
OdSal 11,16ff 384

OdSal 11,18f 112, 273
OdSal 11,18.21 384
OdSal 11,19 384
OdSal 11,21a 384
OdSal 12,2b 402
OdSal 14,6 402
OdSal 14,6f 402
OdSal 16,1 324
OdSal 16,2 402
OdSal 17,13 402
OdSal 37,3 402
OdSal 38,16f 273
OdSal 38,16-21 385
OdSal 38,19f 385

Predigt de Jona:
Predigt de Jona (52) 216
  133

Pseudo-Johannes-Apokalypse:
Ps-Joh-Apk 23 246

Pseudo-Phokylides:
Ps-Phokylides 128 270
Ps-Phokylides 152 102,
  116, 217, 221
Ps-Phokylides 158 103
Ps-Phokylides 215 102

Psalmen Salomos:
PsSal 12,3 112
PsSal 14,3f 112
PsSal 14,4 274
PsSal 14,5 112
PsSal 15,3 112, 120

Sibyllinische Weissagungen:
Sib I,297f 190
Sib [II],30 109
Sib II,316 246
Sib [II],164f 107
Sib [II],172 106
Sib III,263 109, 219
Sib III,382 113
Sib III,396-403 106

Sib III,414 106
Sib III,619-623.659.744ff
  106
Sib III,647 109, 214
Sib III,744f 219
Sib IV,72-74 109
Sib IV,103 113
Sib V,50 199
Sib V,222 109, 183
Sib V,256-259 340
Sib V,257 106
Sib V,275f 109
Sib V,471 226
Sib V,505 109
Sib VII,75 106
Sib VII,407-410 102
Sib VII,483f 106
Sib VIII,409 221
Sib IX,246.252f 106
Sib XI,246 106
Sib XI,251-53 105

SibProem (Frgm. 3 bei
  Theophilus, Ad
  Autolycum II,36) 21
  113

Jesus Sirach:
Sir 1,6.20 113
Sir 1,16 88
Sir 1,20 99, 113
Sir 3,28 100
Sir 6,1f 98, 102
Sir 6,1ff 382
Sir 6,2.3 102
Sir 6,19 101, 102, 114,
  192, 293, 299
Sir 7,3 60, 101f, 116, 192,
  216, 218, 221, 292
Sir 7,12 82
Sir 7,15 367
Sir 8,2 82
Sir 10,15f 97
Sir 14,18 100, 102, 114,
  413
Sir 14,26 99

Sir 23,25 100
Sir 24 412
Sir 24,3-22 167
Sir 24,12ff 99, 106, 114
Sir 24,12-17 99
Sir 24,13 115
Sir 24,13ff 102, 115
Sir 24,16f 102
Sir 24,17 99
Sir 24,19f 102
Sir 27,5 240
Sir 27,6 98, 114, 143, 274
Sir 33,13 102
Sir 33,16f 99, 102
Sir 37,17 113
Sir 37,22f 114
Sir 38 103
Sir 38,24b-39 103
Sir 39,3 103
Sir 39,13f 101, 117
Sir 40,15 97, 115, 222
Sir 40,15f 100, 102
Sir 43,3f 217
Sir 47,22f 115
Sir 50 99
Sir 50,7 246
Sir 50,8ff 102
Sir 50,8.10.12 102
Sir 50,10 99
Sir 50,12 100, 115, 412
Sir 51,15 99

Testament Abrahams:
TestAbr A IV 109
TestAbr A IV 192
TestAbr A VIII 109,
  112, 192
TestAbr A XVI 109

Testament Hiobs:
TestHiob 27,1 226
TestHiob 31,5 246
TestHiob 32,6 100, 412

Testamente der zwölf Patriarchen:
TestRub 5,3 102, 221

Register 521

TestSim 2,2 101
TestSim 4,2 96, 117
TestLev 2,12 99
TestLev 4,3 246
TestLev 7,1 112
TestLev 7,8 99
TestLev 8 282
TestLev 10,2 247
TestLev 13,6 101f, 192, 221, 292
TestLev 14,3 246
TestLev 18,11 106
TestJud 24,4 106
TestJud 24,5 106f, 280
TestIss 5,5 367
TestNaph 3,2-5 191
TestGad 2,2 96
TestAss 1,7 98, 113
TestJos 19,12 107
Test XII Anh 2,87 221
Test XII Anh.2 192

Tobit:
Tob 5,14 234
Tob 5,15 100

VitAd:
VitAd § 10 96

Weisheit Salomos:
Sap 3,7 246
Sap 3,13 100
Sap 3,15 98, 100, 113
Sap 4,1-6 100
Sap 4,3 222
Sap 4,3-5 102
Sap 4,4 97
Sap 6,12.13 99
Sap 10,10 98, 101
Sap 12,10 99, 270
Sap 15,3 113
Sap 15,4 228

b) Philo und Josephus

Josephus:
Ant 1,46 190
Ant 1,49 190
Ant 2,64ff 121
Ant 2,80ff 121
Ant 4,67 234
Ant 6,36 121, 271
Ant 9,36.41 124
Ant 10,188 234
Ant 12,316f 189
Ant 12,317 188
Ant 15,395 166
Ant 16,232 270
Ant 20,48 121

Ap 2,169 121

Bell 1,88 270
Bell 2,137 258
Bell 4,471 217
Bell 5,210 166

Philo:
Abr 134 216

Aet 68f 219, 220

Agr 7 127
Agr 9 121, 221
Agr 10 120, 121, 168
Agr 11 124
Agr 14 124, 363
Agr 17 120, 127
Agr 18 120
Agr 19 121, 124
Agr 25 121, 221

All I,45.49 121, 221
All I,47f 274
All I,56 120
All I,79 221
All II,42 274
All III,38 359
All III,68 221

All III,180ff 121
All III,219.245.249 121
All III,227 255
All III,242 121
All III,248 222
All III,249 221
All III,253 222

Cher 44 190, 221
Cher 49 121
Cher 52 221
Cher 100ff. 274
Cher 106 121

Conf 21 192, 221
Conf 152 121, 192
Conf 196 221

Congr 7 121
Congr 16 121
Congr 56 120, 121

Det 84f 399
Det 105f 99
Det 111 121

Ebr 211.224 121, 221

Fug 52 121
Fug 170 189, 190, 233
Fug 170f 191
Fug 171 190
Fug 199 190

Gig 4 120, 121

Haer 116 274

Her 121 190
Her 279 280

Imm 35 359
Imm 87 190
Imm 137 121
Imm 166 121

LegGai 108 121

LegGai 293 192, 240

Migr 3 121
Migr 24 121
Migr 35 221
Migr 125 125, 166
Migr 140 120
Migr 142 121
Mut 173 121
Mut 255 121, 221
Mut 260 189
Mut 269 192

Op 40-42 191
Op 40-43 191
Op 40-43,80f;167 190
Op 41 191
Op 80 190
Op 81 191
Op 167f 190

Plant 77 121
Plant 84 121
Plant 96ff 121
Plant 104.106.107f 121

Post 171 121
Post 172 120

Praem 127-133 190
Praem 128 218
Praem 139 274
Praem 152 120, 280, 282

Prob 69 121

Prov 94 190

Quaest. in Gn. IV,189 219

Sobr 65 120

Som I,11 190
Som I,106 121
Som I,199 121
Som I,199f 221

Som II,16 121
Som II,64 168
Som II,170 121
Som II,171 121
Som II,173 120
Som II,272 221

SpecLeg 181, 166
SpecLeg 2,29 221
SpecLeg 2,39 217
SpecLeg 3,32 221
SpecLeg 3,33f.39 220
SpecLeg 3,34 217

VitMos I,189 120

Virt 18 274
Virt 134 121

VitCont 62 217, 220

c) Qumran

1 QapGen col I,1 95, 118
1 QapGen col II,15 95, 118
1 QapGen col XIX,14f 115
1 QapGen col XIX,14-17 114, 119
1 QapGen col XIX,19 119

CD 1,7 118f, 166, 175, 273
CD 2,12 120
CD 12,22 120
CD 20,10-13 175

1 QH 1,28 120
1 QH 4,14 120, 310
1 QH 6,15 118, 166, 199, 273
1 QH 7 119
1 QH 7,10 280
1 QH 7,18f 273

1 QH 7,23 120, 183
1 QH 8 118, 384
1 QH 8,5f 384
1 QH 8,5ff 118, 273, 383
1 QH 8,6ff 118
1 QH 8,6-9 199
1 QH 8,9ff 118
1 QH 8,11 118
1 QH 8,17ff 119
1 QH 8,18 118
1 QH 8,19f 112
1 QH 8,20 124
1 QH 8,21f 118
1 QH 8,24f 119
1 QH 10,31 118, 120
1 QH 10,32 120
1 QH 17,14 120

1 QM 1,1ff 175
1 QM 13,7 120
1 QM 14,11 119
1 QM 15,11 120
1 QM 15,12 120

4 QM^{a}8 119, 124

1 QS 1,8-9.14.16ff 175
1 QS 2,2 175
1 QS 3,3 175
1 QS 3,17ff 239
1 QS 3,19 175
1 QS 3,20f 175
1 QS 4,2-8 232
1 QS 4,8 246
1 QS 4,17-20a.24b-26 239
1 QS 5,24 232
1 QS 8,5 118, 166, 175, 273
1 QS 10,8.22 120
1 QS 11,8 175, 273

1 QSa 28 232

1 QSb 3,2.4 120
1 QSb 4,27 246

4 QFlor 1,11 119

4 QPB 3-4 119

4 Qpatr 4 120

d) Rabbinica

Mischna:
MAbot III,17 100, 102, 114, 124
MAbot IV,13.22 122
MGit V,1 217
MKil I,1 241
MKil I,1.9 240
MKil I,7 281
MKil II,3.7 240
MKil III,2 201
MNaz I,5 198
MNidda V,2 198
MOrla 280
MPea III,2 201
MSchab VII,2 214, 216
MSchebi I,1 214
MSchebi IV,10 127
MSchebi IV,19c 127
MTaan I,1-7 298
MTaan III,1-3 298
MTer IX,7a 242
MToh VIII,8 198

Tosefta:
TBer 7,2 212, 216
TKil 2,8 201
TNeg 6,2 214
TPea 1,2-4 223
TSchab 4,12 216
TSchab 4,12 (syr) 212, 214
TSchab 18,6 241
TSchebi 1,7 133
TSchebi 3,15 127
TSchebi 3,10 216
TSchebi 4,13 242

pT:
pMQ 3,1,81c 141
pBer 5,1,8d 198
pPea 7,4,20a 218
pPea 7,4,20b 198
pSheq 5,1,48c 216

bT:
bBer 31a 198
bBer 64a 220
bKil 6,4 133
bSchab 53b 189
bSchab 73a.b 214
bEr 54a.b 133
bPes 49a 143
bSuk 21b 340
bTaan 4a 198
bTaan 7a 133
bJeb 63a 280
bKet 111b 198, 206
bKet 112a 218, 219
bNidda 31a 183, 303
bQid 40a 223
bBQ 17a 220, 221
bBQ 92a 242
bBM 12a 218
bBM 83b 239
bBM 105a 190, 242
bBM 105a.b 218
bBM 105b 121, 217, 218
bBM 106b 218
bBB 80b 127
bBB 99a.b 241
bBB 145b 220
bSanh 90b 206
bSanh 95b 109, 192
bSanh 98a 87
bSanh 99a 220
bSanh 107a 226
bAZ 19b 340
bHor 14a 220
bMen 53b 280

Midraschim:

AgBer
AgBer 23 239

GenR
GenR 13 zu 2,5 141
GenR 16 zu 2,14 143
GenR 28 zu 6,7 242
GenR 38 zu 11,6 133
GenR 45 zu 16,4 198, 367
GenR 64 zu 26,1 218
GenR 64 zu 26,12 219

ExR
ExR 43 zu 32,11 94, 133

LevR
LevR 23 zu 18,3 133
LevR 28 zu 23,10 216
LevR 31 zu 24,2 198
LevR 35 zu 26,3 298

NumR
NumR 13 zu 7,13 200

KohR
KohR zu 1,3 216
KohR zu 1,15 246

HldR
HldR zu 7,3 183f, 218, 220
HldR zu 8,14 191
HldR zu 8,14.36 192

KlglR
KlglR zu 1,1 240

MidrPss
MidrPss zu 1 222
MidrPss zu 2,3 243
MidrPss zu 2,13 183, 218f, 222
MidrPss zu 2,16 219
MidrPss zu 8,1 192, 246
MidrPss zu 72,3 241
MidrPss zu 104,13 200
MidrPss zu 127,3 216

Mek
Mek 143f zu Ex 15,11 216

Sifre Num
Sifre Num 76 zu 10,9 222

Sifre Dtn
Sifre Dtn 1 zu 1,1 153
Sifre Dtn 10 zu 1,10 246
Sifre Dtn 266 zu 23,25 133
Sifre Dtn 317 zu 32,14 198

Targumim:
Targum Neofiti zu Gen 15,11 226
TJ zu Jes 28,28 184

Spätere Werke:
MidrSam I §3 238
MHG Dtn 11,14 212
PesR 18 216
PRK 69a 216
PRE 33 (17c) 206

Tanchuma:
Tanch Mikez §5 214

Tanchuma B:
Tanch B Bemidbar §22 238
Tanch B Ki tissa §2 183, 184
Tanch B Laek Lka §5 243
Tanch B Naso §5 214
Tanch B Naso §17 243

4. Christliche und gnostische Texte einschließlich Alte Kirche

Acta Apostolorum Apocrypha:
ActAndr 12 220, 388, 392
ActJoh 67 190, 324, 367
ActJoh 67(f) 392
ActJoh 68 218, 392
ActPetr 8p.55 377
ActPhil 135 324
ActThom 10 (p.114) 383, 403
ActThom 44 (p.161) 377, 403
ActThom 61 (p.178) 401, 403
ActThom 145 (p.253) 388, 390
ActThom 146 (p.253) 385, 413
ActThom 147 (p.255) 393, 404
ActThom 148 (p.258) 377

Constitutiones Apostolorum:
Apost. Const. VII,40,2 216

Apostolische Väter:
Barn 1,2 270, 347
Barn 8,1 340
Barn 9,9 270, 347
Barn 11,6ff 340
Barn 11,10f 340
Barn 12,1 106, 340

I Clem 349
I Clem 6,4 347
I Clem 8,3 105
I Clem 11,5 345
I Clem 16,11 347
I Clem 23,4 345f
I Clem 23,4f 191, 192, 348
I Clem 23,5 345
I Clem 24,4f 192, 207, 346, 348, 349
I Clem 24,5 303
I Clem 43 342
I Clem 44,5 347
I Clem 56,1 347
I Clem 56,14ff 347
I Clem 57,6 347
I Clem 63,2 347

II Clem 349
II Clem 1,3 347
II Clem 11,2-4 345
II Clem 11,3 191f, 345f
II Clem 19,3 347
II Clem 20,3 345, 348

Did 9,2 169
Did 9,3 347
Did 11-13 147

Diog VI,2 347
Diog VII,2 347
Diog XII,3 378
Diog XII,4 378
Diog XII,6 378
Diog XII,8 378

Herm, mand IX,9 347
Herm, mand X,1,4 227, 341
Herm, mand X,1,5 341, 348
Herm, sim II 344, 349
Herm, sim II,3 344
Herm, sim II,3f 344
Herm, sim II,8ff 344
Herm, sim IIf 349
Herm, sim IIIf 344, 345
Herm, sim IV,2f.5 154
Herm, sim IV,4 349
Herm, sim IV,5ff 345

Herm, sim V,1,3 343
Herm, sim V,2 343
Herm, sim V,3,6 228
Herm, sim V,5,2 343, 349
Herm, sim V,5,2-6,4a 343
Herm, sim VIII 342, 348, 419
Herm, sim VIII,1,18 343
Herm, sim VIII,1,2.3 192
Herm, sim VIII,1,6 343
Herm, sim VIII,2,(5)6ff 343
Herm, sim VIII,2,6 343
Herm, sim VIII,3,2 342
Herm, sim VIII,6,4 349
Herm, sim VIII,6,4ff 343
Herm, sim VIII,7,1f 342
Herm, sim IX,1,10 342
Herm, sim IX,1,5 341, 342
Herm, sim IX,1,6 342, 348
Herm, sim IX,1,7 217, 349
Herm, sim IX,1,8 344
Herm, sim IX,1,9 344
Herm, sim IX,16 419
Herm, sim IX,19,2ff 341
Herm, sim IX,20,1 217f
Herm, sim IX,20,1ff 342
Herm, sim IX,21,1 217
Herm, sim IX,21,1f 342
Herm, sim IX,21,3 342
Herm, sim IX,22,1 341
Herm, sim IX,23,2 341, 349
Herm, sim IX,24,1ff 344
Herm, sim IX,26,3f 341, 348
Herm, sim IX,26,4 218, 341, 349
Herm, sim IX,27,1ff 344
Herm, sim IX,28,1-4 342

Herm, sim IX,28,1ff 348
Herm, sim IX,28,8 347
Herm, sim IX,7 341

IgnEph 9,1 220, 346, 349
IgnEph 10,3 341, 348
IgnEph 14,2 143, 151
IgnEph 15,1 151
IgnPhil 3,1 340f, 349
IgnSm 1,2 340
IgnTrall 1,1 348
IgnTrall 6,1 341
IgnTrall 11,1 340f, 348, 349
IgnTrall 11,1f 340f, 349
IgnTrall 11,2 340, 348

Polyk, 2 Phil 1,1f 347
Polyk, 2 Phil 12,3 347

Augustin:
Augustin, quaest. evang. I,IX (PL 35,1325f) 231

Clemens von Alexandria:
Clem.Alex., exc. ex Theod. 1.1;1.3 396
Clem.Alex., exc. ex Theod. 34,2 396
Clem.Alex., exc. ex Theod. 35,2 396
Clem.Alex., exc. ex Theod. 38,3 396
Clem.Alex., exc. ex Theod. 40 396f
Clem.Alex., exc. ex Theod. 41,1-3 396
Clem.Alex., exc. ex Theod. 42,2 396
Clem.Alex., exc. ex Theod. 49,1 396
Clem.Alex., exc. ex Theod. 53,1 391, 395, 396, 414

Clem.Alex., exc. ex Theod. 56 396
Clem.Alex., exc. ex Theod. 65 386, 387, 407
Clem.Alex., q.d.s., 37,6 343
Clem.Alex., strom. III,3 270
Clem.Alex., strom. VII,12,74,1 343

Epistula Apostolorum:
Epist. Apostolorum 49 (60) 394

Evangelium der Eva:
Evang. d. Eva (Pan. 26,3,1; I S. 278, 8-13) 396

Expositio totius mundi:
Expositio totius mundi 36 218

Ginza:
Ginza R 15,2 383
Ginza R 214,20 388
Ginza R 216,6 377
Ginza R 216,11 379

Irenäus:
Iren., haer. I,1,1 396
Iren., haer. I,1,3 401
Iren., haer. I,2,1 398
Iren., haer. I,2,4 402
Iren., haer. I,2,6b 401
Iren., haer. I,3,5 394, 409
Iren., haer. I,4,4 401
Iren., haer. I,4,5 401
Iren., haer. I,6,4 310, 396f
Iren., haer. I,7,2 397
Iren., haer. I,8,5 397, 401

Iren., haer. I,11,1 401
Iren., haer. I,13,2 388, 390, 397
Iren., haer. I,13,3 397
Iren., haer. I,13,7 401
Iren., haer. I,21,5 397, 401
Iren., haer. IV,20,12 280
Iren., haer. V,2,3 207

Johannes Chrysostomus:
Johannes Chrysostomus, (PG 61,775) 231
Johannes Chrysostomus, hom 46,1 al 47,1 (PG 58,475f) 237
Johannes Chrysostomus, hom 34,2 (PG 59,196) 253

Justinus:
Iust. (Mart.), apol. App. 270
Iust. (Mart.), apol. App. 1,16,13 147
Iust. (Mart.), apol. App. 1,41 340
Iust. (Mart.), apol. App. 8,1 270, 365
Iust. (Mart.), apol. App. 13,3-6 365
Iust. (Mart.), dial. 73,1.4 340
Iust. (Mart.), dial. 86,1 340
Iust. (Mart.), dial. 110,4 343
Iust. (Mart.), Tryph. 28,3 378

Hegemonius:
Hegemonius, Acta Archelai IX (XXVII),4 399
Hegemonius, Acta Archelai XV (XIII) 385, 390

Hieronymus:
Hieronymus, In Matheum 13,37 237
Hieronymus, In Matheum 13,23 231

Kephalaia:
Keph. 16,33-23,13 385
Keph. 22,32 385
Keph. 53,18ff 384
Keph. 258,30ff 389
Keph. 259,6ff 389
Keph. 288,2 377
Keph. 288,2-6 384
Keph. 288,3 378

III Korinther:
III Kor 3,26ff 207

Mandäer:
Johannesbuch der Mandäer, 49 216, 384, 392
Johannesbuch der Mandäer, 64 383, 385
Manichäisches Psalmbuch 80,24 378
Manichäisches Psalmbuch 116,17ff 378
Manichäisches Psalmbuch 154,22 378

Minucius Felix:
Min. Fel. 34,11 207

NHC:
AJ 386
AJ (BG 2) 2,8ff 377
AJ (BG 2) 56,7-57,7 377
AJ (BG 2) 56,8 402
AJ (BG 2) 56,19 384
AJ (BG 2) 57,4 402
AJ (BG 2) 64,5 396
AJ (NHC II,1) 21,24ff 377
AJ (NHC II,1) 21,30; 384
AJ (NHC II,1) 21,30-36 377
AJ (NHC II,1) 22,4f 377
AJ (NHC II,1) 30,30 412
AJ (NHC II,1) 31,15f 399
AJ (NHC II,1) 31,16 397
AJ (NHC III,1) 27,12f 402
AJ (NHC III,1) 28,2f 402
AJ (NHC IV,1) 33,(9).25 402
AJ (NHC IV,1) 47,20 412

EpJac (NHC I,2) 1,8,10 220
EpJac (NHC I,2) 1,8,19f 218
EpJac (NHC I,2) 7,22-35 379f, 407
EpJac (NHC I,2) 8,7 389
EpJac (NHC I,2) 8,16-25 388
EpJac (NHC I,2) 8,16ff 391, 394, 408
EpJac (NHC I,2) 8,26f 388
EpJac (NHC I,2) 12,15-17 389
EpJac (NHC I,2) 12,22-26 392
EpJac (NHC I,2) 12,25-28 392
EpJac (NHC I,2) 12,28-31 392
EV (NHC I,3) 17,30 397
EV (NHC I,3) 18,24-26 401
EV (NHC I,3) 18,25 401
EV (NHC I,3) 23,35 401

EV (NHC I,3) 28,7-10 401
EV (NHC I,3) 28,7.16-18 401
EV (NHC I,3) 28,16ff 398
EV (NHC I,3) 28,16-18 407
EV (NHC I,3) 28,16-21; 41,14-19.24-28 410
EV (NHC I,3) 28,17 397
EV (NHC I,3) 28,24ff 400
EV (NHC I,3) 33,37-39 402
EV (NHC I,3) 36,35ff 383, 384, 388
EV (NHC I,3) 41,17 398
EV (NHC I,3) 41,17.24-28 398
EV (NHC I,3) 41,26-28 398
EV (NHC I,3) 42,33-35 398
EV (NHC I,3) 43,9-14 396

Rheg (NHC I,3) 44,30-35 397

TracTri (NHC I,5) 45,3 398
TracTri (NHC I,5) 51,3 398
TracTri (NHC I,5) 51,17-19 398
TracTri (NHC I,5) 51,19 401
TracTri (NHC I,5) 51,19-21 398
TracTri (NHC I,5) 57,23-25 401
TracTri (NHC I,5) 57,24 401
TracTri (NHC I,5) 60,29-37 396

TracTri (NHC I,5) 61,8-24 396
TracTri (NHC I,5) 65,13f 396
TracTri (NHC I,5) 66,18 383
TracTri (NHC I,5) 68,9 398
TracTri (NHC I,5) 69,37 401
TracTri (NHC I,5) 71,20 398
TracTri (NHC I,5) 72,18f 396
TracTri (NHC I,5) 75,33-35 401
TracTri (NHC I,5) 78,25 401
TracTri (NHC I,5) 83,18-27 396
TracTri (NHC I,5) 86,25 401
TracTri (NHC I,5) 86,32 401
TracTri (NHC I,5) 89,12-15 396
TracTri (NHC I,5) 91,18 401
TracTri (NHC I,5) 93,3 401
TracTri (NHC I,5) 106,28f 378, 387
TracTri (NHC I,5) 111 396
TracTri (NHC I,5) 112,3f 396
TracTri (NHC I,5) 117,14f 397
TracTri (NHC I,5) 118,21-25 401f, 406

EvThom (NHC II,2) 8 (9) 209, 211, 218, 229, 387-389, 395, 408f, 413
EvThom (NHC II,2) 9 218

EvThom (NHC II,2) 19 378
EvThom (NHC II,2) 20 195, 197, 216, 390, 391, 395, 413
EvThom (NHC II,2) 21 186, 392
EvThom (NHC II,2) 40 384, 386, 395
EvThom (NHC II,2) 43 382
EvThom (NHC II,2) 45 47, 142, 143, 150, 268, 390
EvThom (NHC II,2) 48 141
EvThom (NHC II,2) 50 390
EvThom (NHC II,2) 57 234, 237, 248, 390, 395, 414
EvThom (NHC II,2) 73 393
EvThom (NHC II,2) 73-75 393

EvPhil (NHC II,3) 52,25 396
EvPhil (NHC II,3) 55,19-22 389
EvPhil (NHC II,3) 60,19-28 392, 395
EvPhil (NHC II,3) 73,9-15 378
EvPhil (NHC II,3) 74 386
EvPhil (NHC II,3) 74,5 379, 386
EvPhil (NHC II,3) 79,18-30 392
EvPhil (NHC II,3) 79,18ff 395
EvPhil (NHC II,3) 79,25-30 392
EvPhil (NHC II,3) 79,25f 400

EvPhil (NHC II,3) 83,3ff
386, 387, 400, 407
EvPhil (NHC II,3) 83,8-
18 127
EvPhil (NHC II,3)
83,18ff 404
EvPhil (NHC II,3) 83,24
402
EvPhil (NHC II,3) 84,11-
13 401
EvPhil (NHC II,3) 85,29f
383
EvPhil (NHC II,3) 88,3ff
382f

Silv (NHC II,4) 106,21ff
378

HA (NHC II,4) 88,26-33
378
HA (NHC II,4) 93,12f
397
HA (NHC II,4) 97,15
397

UW (NHC II,5) 109,33-
110,1 396
UW (NHC II,5) 110,3f;
111,2 378
UW (NHC II,5) 122,29
379
UW (NHC II,5) 127,4f
397

LibThom (NHC II,7)
140,10 379
LibThom (NHC II,7)
140,16-18 379
LibThom (NHC II,7)
142,10-18 394
LibThom (NHC II,7)
142,11-15 396
LibThom (NHC II,7)
144,23-36 385-387,
391, 395, 410, 414
LibThom (NHC II,7)
144,33 392

LibThom (NHC II,7)
144,35f 391
LibThom (NHC II,7)
149,25ff 218

ÄgEv (NHC III,2) 56,9-
12 402
ÄgEv (NHC III,2) 60,4f
397
ÄgEv (NHC III,2) 60,15-
18 384

SJC (BG 3) 105,12 401
SJC (BG 3) 106,18 398
SJC (BG 3) 122,12-14
401

Dial (NHC III,5) 134
397
Dial (NHC III,5) 134,1-
4.16f 398
Dial (NHC III,5) 134,4
397
Dial (NHC III,5) 135,18
396
Dial (NHC III,5) 144,6
390

I ApcJac (NHC V,3)
40,18 397

ApcAd (NHC V,5) 397
ApcAd (NHC V,5) 7,52
246
ApcAd (NHC V,5) 66,4f
396
ApcAd (NHC V,5) 69,12
396
ApcAd (NHC V,5)
76,12-15 396
ApcAd (NHC V,5) 85,1
402

AuthLog (NHC VI,3)
22,28-33 397
AuthLog (NHC VI,3)
25,6-9 394

AuthLog (NHC VI,3)
31,18 402

Ogd Enn (NHC VI,6)
60,24 389

ParSem (NHC VII,1)
1,28 397
ParSem (NHC VII,1)
2,6f 397f
ParSem (NHC VII,1)
2,14 400
ParSem (NHC VII,1)
2,28 400
ParSem (NHC VII,1)
5,1f 396, 397
ParSem (NHC VII,1) 5,2
400
ParSem (NHC VII,1) 6,5
400
ParSem (NHC VII,1)
7,24-29 400
ParSem (NHC VII,1)
7,27f 397
ParSem (NHC VII,1)
10,4 398
ParSem (NHC VII,1)
11,4 397
ParSem (NHC VII,1)
13,15 397
ParSem (NHC VII,1)
14,24 397
ParSem (NHC VII,1)
17,34f 397
ParSem (NHC VII,1)
24,21-24 400
ParSem (NHC VII,1)
35,12f 397
ParSem (NHC VII,1)
39,10 397
ParSem (NHC VII,1)
40,27f 397

2 LogSeth (NHC VII,2)
56,16f 397

ApcPt (NHC VII,3) 75
  402
ApcPt (NHC VII,3)
  75,7-9 402
ApcPt (NHC VII,3)
  75,7-76,23 386
ApcPt (NHC VII,3) 76
  386, 387
ApcPt (NHC VII,3)
  76,4-8 387, 406
ApcPt (NHC VII,3) 79,4
  400
ApcPt (NHC VII,3)
  83,31-34 384

Zostr. (NHC VIII,1) 6,3-
  5 397
Zostr. (NHC VIII,1)
  27,15 400

EpPt (NHC VIII,2)
  136,18 396

TestVer (NHC IX,3)
  31,21 401f

Marsanes (NHC X,1)
  26,14f 396, 402
Marsanes (NHC X,1)
  39,21 402

Inter (NHC XI,1) 5,15-
  27 389
Inter (NHC XI,1) 5,18
  396
Inter (NHC XI,1) 19,28-
  37 400
Inter (NHC XI,1) 19,30
  401
Inter (NHC XI,1) 19,36ff
  404

Valentinian. Exposition
  (NHC XI,2) 22,32 398
Valentinian. Exposition
  (NHC XI,2) 23,[19].32
  398
Valentinian. Exposition
  (NHC XI,2) 24,35 398
Valentinian. Exposition
  (NHC XI,2) 33,18f
  397
Valentinian. Exposition
  (NHC XI,2) 34,31 401
Valentinian. Exposition
  (NHC XI,2) 35,12 396
Valentinian. Exposition
  (NHC XI,2) 36,34 401
Valentinian. Exposition
  (NHC XI,2) 37,[13]
  401
Valentinian. Exposition
  (NHC XI,2) 39,15f
  396
Valentinian. Exposition
  (NHC XI,2) 40,18f
  396

Protennoia (NHC
  XIII,1) 37,2f 340
Protennoia (NHC
  XIII,1) 41,30 401
Protennoia (NHC
  XIII,1) 41,30 401
Protennoia (NHC
  XIII,1) 46,16 401
Protennoia (NHC
  XIII,1) 46,24f 397
Protennoia (NHC
  XIII,1) 46,25 398
Protennoia (NHC
  XIII,1) 47,28 397
Protennoia (NHC
  XIII,1) 50,18 396

Origenes:
Orig., Joh.comm. XII
  392
Orig., Joh.comm. XII,50
  392
Orig., Joh.comm. XIII,41
  392
Orig., Joh.comm. XIII,44
  393
Orig., Joh.Comm.
  XIII,50 297, 389
Orig., Joh.comm.
  XIII,325f 253

Pistis Sophia:
Pistis Sophia c.
  1.10.86.93.96 378
Pistis Sophia c. 122 382,
  386

Tertullian:
Tert, adv. Marc. I,2 385,
  386
Tert, adv. Marc. III,19
  340

**Theophilus von
Antiochien:**
Theophilus v.
  Antiochien, Ad
  autolycum II,25 378

Türkische Manichaika:
Türk.Man. III,493 379
Turfan-Fragment M 172
  388

**5. Griechisch-
römische
Profanschriftsteller
und Sammelausgaben:**

**Briefe Aelians und
Alkiphrons:**
Aelian, ep. 13 241
Alkiphron, ep. II,10 217
Alkiphron, ep. III,13 217

Aesop:
Aesop, ed. Halm, Nr.102
  133, 127
Aesop, ed. Halm,
  Nr.123; 123b 51

Prov Aesopi 51(K19)
143, 151

Aischylos:
Aischyl., Ag. 501 370
Aischyl., Ag. 536 370
Aischyl., Pers. 820 188
Aischyl., sept. 753f 220
Aischyl., suppl. 643ff
370

Ammonius:
Amm., 22,15 218

Anthologia Latina:
Anth.Lat.711 344

Antipho. Soph.:
Antipho. Soph., Frg 60
221

Apollonios von Rhodos:
Apoll. Rhod 1,1172f 367
Apoll. Rhod 3,1386-1391
370

Apulei Apologia:
Apul, apol. 23 124

Aristophanes:
Aristoph., equ. 391f 370
Aristoph., equ. 392 255

Aristoteles:
Aristoteles, NE X,10
(1179b) 216, 220, 366
Aristoteles, part. an.
I,1,641b, 29ff 304
Aristoteles, poet.
(1475b) 5, 9
Aristoteles, pol. III,11,10
238
Aristoteles, rhet. II,20f
(1393a-1394b) 269

Aristoteles, rhet. III,3,4
(1406b 10) 220, 290,
366, 370
Aristoteles, rhet. III,4
(1406b-1407a) 5
Aristoteles, rhet. III,4,3
(1407a) 361, 372
Aristoteles, rhet.
III,11,6+7 (1412a,
1412b) 18

Babrius:
Babr Prol 12 190

Calpurnius Siculus:
Calpurnius, Piso frg. 33
241
Calpurnius, ecl. 4,115f
242

Cato:
Cato, agr. 6,1 217
Cato, agr. 50 133

Catull:
Catull. 61,34f 344
Catull. 61,106f 344
Catull. 62,49-54 344
Catull. 96,5 373

Cicero:
Cic., ad fam. 6,18,4 372
Cic., Att. 10,15,2 372
Cic., Brut. 16 297, 352,
367, 369, 372
Cic., Brut. 161 372
Cic., Brut. 318 372
Cic., Brut. 325 372
Cic., Cael. 4,9 372
Cic., Cael. 76 372
Cic., Catil. 4,3 373
Cic., Cluent. 4 362, 371f.
Cic., De orat. II,26 290
Cic., De orat. II,88 355-
358, 363
Cic., De orat. II,131 190,
352, 367

Cic., De orat. II,156 5
Cic., De orat. II,262 220,
290, 366, 370
Cic., De orat. III,48,186
302
Cic., fin 4,17 365
Cic., fin 4,18 362, 365,
371
Cic., fin 5,43 365
Cic., fin 13,18 372
Cic., fin 39 (38) 357, 363
Cic., leg. I,6,18 270
Cic., Mil. 2,5 287
Cic., nat. deor. II,22 364
Cic., nat. deor. II,58 365
Cic., off. I,151 369
Cic., Phil. 2,46 373
Cic., Phil. 2,119 373
Cic., Phil. 12,16 373
Cic., Senec. 71 364
Cic., Sest. 84 372
Cic., Sest. 101 359, 372
Cic., Tusc. 3,2 365
Cic., Tusc. 3,13 363
Cic., Tusc. 359 370
Cic., Verr. 2,4,80 372
Cic., Verr. 3,208 356,
363

Columella:
Colum. II,4,8 214, 216
Colum. II,9 217
Colum. II,9,11-13 240
Colum. III,3.4 218
Colum. V,9,16 281
Colum. VIII,4,1 243
Colum. VIII,8,6 243

Corpus paroemigraphorum Graecorum:
Corpus Paroem. Gr.
I,252 143
Corpus Paroem. Gr.
I,344,11 102, 221
Corpus Paroem. Gr.
II,27,59 102

Corpus Paroem. Gr.
II,98 255
Corpus Paroem. Gr.
II,370
Corpus Paroem. Gr.
II,744 370

Demosthenes:
Demosth., 159 220, 290, 366

Digesten Justinians:
Dig. IX,2,27,14 241

Diodorus Siculus:
Diodor 1,8 189f
Diodor 2,57,1f 190
Diodor 2,59,3 190

Diogenes Laertius:
Diog.Laert I,100 238
Diog.Laert VI,6 238, 240
Diog.Laert VII,136 364
Diog.Laert VII,148.157 365

Diogenian:
Diogenian 5,15 143

Dio Chrysostomus:
Dion Chrysostomos 6,28 190
Dion Chrysostomos 12,30 190

Ecphantus:
Ecphantus (Stob 4,7,65) 222

Empedokles:
Empedokles, Frgm. 6 398
Empedokles, Frgm. 57 398

Ennius:
Enn. b. Prisc. inst. gramm. X,42 242
Ennius, fr. var 31 241

Epiktet:
Epikt., Diatr. I,11,5.20.27 272
Epikt., Diatr. I,15,6-8 287, 355, 363, 412
Epikt., Diatr. I,16,6-8 188, 191
Epikt., Diatr. I,17,9f 364
Epikt., Diatr. II,1,21 364, 371
Epikt., Diatr. II,6,11-14 354, 369, 372, 413
Epikt., Diatr. II,20 365
Epikt., Diatr. II,20,18f 268f
Epikt., Diatr. II,20,18ff 362
Epikt., Diatr. II,20,34 365
Epikt., Diatr. II,24,16ff 363
Epikt., Diatr. II,24,17 357
Epikt., Diatr. II,24,90-92 360, 364
Epikt., Diatr. II,24,91 370
Epikt., Diatr. III,24,86f 364
Epikt., Diatr. IV,1,113 364, 371
Epikt., Diatr. IV,6,23 291
Epikt., Diatr. IV,8,36.1 233
Epikt., Diatr. IV,8,36-43 287
Epikt., Diatr. IV,8,36ff 188, 191f, 368, 372, 409, 412
Epikt., Diatr. IV,11,26 363f

Epigrammata Graeca:
Epigr.Gr. 1038,8f 102, 221

Eubulos:
Eubulos, fr. 104,3-5 344

Euripides:
Eur., Bakch. 1026 370
Eur., Bakch. 1026.1315 370
Eur., Bakch. 1206 219
Eur., Bakch. 1314 219
Eur., Chrys. Frgm. 836 399
Eur., Hek. 398 344
Eur., Hyps. Fragm. 757 370
Eur., Med. 1213 344
Eur., Or. 552f 220

Festus:
Festus, verb.sign. 100 344

Firmicus Maternus:
Firm., err. II,7 60

Gellius:
Gell. 19,12,7-9 238
Gell. 19,12,7f 242

Geoponica:
Geopon. II,43 241
Geopon. III,12f 254
Geopon. X,45,4 134
Geopon. X,83 134
Geopon. X,87,1 241
Geopon. XIV,1,5 241
Geopon. XIV,7,3 241

Heraklit:
Heracl., Frg. 32 392, 404, 409
Heracl., Frg. 32f 393, 414
Heracl., Frg. 32ff 395

Heracl., Frg. 33 393
Heracl., Frg. 34f 393
Heracl., Frg. 35 389, 393
Heracl., Frg. 36 190,
367, 389, 392, 395, 409
Heracl., Frg. 36 b 297

Ps- Heraklit, All Hom 5,16 370

Herodot:
Hdt. 1,108 71
Hdt. 5,92 238
Hdt. 7,19 71
Hdt. 7,64 126
Hdt. 9,94 270
Hdt. 1,193 218
Hdt. 3,100 189, 190
Hdt. 4,23 216
Hdt. 4,74 189, 190
Hdt. 4,198 218

Hesiod:
Hes. erg. (op.) 117f 190
Hes. theog. 599 255

Hippokrates:
Hipp., Com.Dan. 1,17 378
Hipp., haer. I,1,1 398
Hipp., haer. V,7,21.25 396
Hipp., haer. V,8,29f 388f
Hipp., haer. V,8,31 381
Hipp., haer. V,9 398
Hipp., haer. V,9,6f 390, 395
Hipp., haer. V,26,2 398
Hipp., haer. V,26,6 378
Hipp., haer. VI,9 387, 398, 407
Hipp., haer. VI,9(ff) 380f
Hipp., haer. VI,9-18 380
Hipp., haer. VI,9,10 381
Hipp., haer. VI,10 381
Hipp., haer. VI,12 398
Hipp., haer. VI,15,3 381
Hipp., haer. VI,16,5 387
Hipp., haer. VI,17,1 381
Hipp., haer. VI,18 398
Hipp., haer. VI,29,8 398
Hipp., haer. VI,30,3 398
Hipp., haer. VI,30,7 398
Hipp., haer. VI,32.34.36 401
Hipp., haer. VI,34,1 398
Hipp., haer. VI,37,6-8 399
Hipp., haer. VII,21 379
Hipp., haer. VII,21ff 387, 408
Hipp., haer. VII,21.25.27 396
Hipp., haer. VIII,8 379, 386, 387, 396
Hipp., haer. VIII,29f 395
Hipp., haer. X,14,1 379, 396
Hipp., Nomos III 2,16, 220, 367

Homer:
Hom., Il. 2,467 361
Hom., Il. 2,800 360, 361
Hom., Il. 4,482 126, 361
Hom., Il. 5,499-502 370
Hom., Il. 5,560 126, 361
Hom., Il. 6,146 101, 360
Hom., Il. 8,306f 370
Hom., Il. 11,67 370
Hom., Il. 12,132 361
Hom., Il. 12,178.389 126
Hom., Il. 13,132 356
Hom., Il. 13,178 361
Hom., Il. 13,389 361
Hom., Il. 13,437 361
Hom., Il. 13,588 370
Hom., Il. 13,612 126
Hom., Il. 13,703 367
Hom., Il. 14,413 126, 361
Hom., Il. 14,499 370
Hom., Il. 15,711 126
Hom., Il. 16,482 126, 361
Hom., Il. 16,765 361
Hom., Il. 17,53 361
Hom., Il. 18,56 361
Hom., Il. 19,222f 370
Hom., Il. 20,495-497 370
Hom., Il. 21,464 101, 360
Hom., Od. 9,51 360, 361
Hom., Od. 9,108f 189, 190
Hom., Od. 10,304-306 381
Hom., Od. 13,31-38 367
Hom., Od. 14,214 370

Horaz:
Hor., carm. 1,12,45 189
Hor., carm. 1,36,19f 344
Hor., carm. 16,43 190
Hor., carm. 2,10 356
Hor., epist. 1,16,3 344

Jamblichos:
Iambl., protrept. II,4 375

Libanii Opera:
Lib., or. 13,52 273f
Lib., or. 47,4f 241

Titus Livius:
Liv I,54,6.10 238

Lukrez:
Lucr. 2,1157-1174 190
Lucr. 2,1157ff 190
Lucr. 5,221 373
Lucr. 5,933ff 190
Lucr. 5,937f 190

Lukian:
Lukian Sat 7 190
Lukian Sat 20 190

Mark Aurel:
Marc Aurel I,34 374

Marc Aurel IV,6 153, 359, 410, 413
Marc Aurel IV,6,1 364
Marc Aurel IV,14,21 365
Marc Aurel IV,44 372
Marc Aurel IV,48 354, 360, 364
Marc Aurel V,1,2 352, 359
Marc Aurel V,6,3f 359
Marc Aurel VII,40 354, 370, 372, 413
Marc Aurel VIII,15 153, 359
Marc Aurel VIII,19,1 352, 359
Marc Aurel VIII,34 358, 407
Marc Aurel VIII,46 352, 359
Marc Aurel X,8 153, 359
Marc Aurel X,23 345
Marc Aurel X,34 101, 360, 364
Marc Aurel XI,6 354, 370
Marc Aurel XI,8 283, 358, 362, 363
Marc Aurel XI,8,6 280
Marc Aurel XI,33 359, 364, 413
Marc Aurel XI,34 370, 372
Marc Aurel XII,16,2 153, 359

Martial:
Martial, IV,13,5 344

Maximus Tyrius:
Max.Tyr. 21,5c 190
Max.Tyr. 23,5b 190
Max.Tyr. 36,1ef 190

Mimnermos:
Mimn., 2,1 101, 360
Mimn., fr. 2,1ff 287

Mimn., fr. 5,1 287

Musonius Rufus:
Musonius 8,1 221, 365, 372
Musonius 101,20 363
Musonius 102,1 363
Musonius 114,12 363
Musonius Frg. XI 369

Ovid:
Ov., am. 2,16,41f 344
Ov., fast. I,683f 217
Ov., fast. I,691f 241
Ov., fast. IV,395f 190
Ov., fast. V,357 253
Ov., met. 1,452ff 34
Ov., met. 1,492 295
Ov., met. 4,365 344
Ov., met. 5,483 217
Ov., met. 5,484f 217
Ov., met. 5,485 217
Ov., met. 5,485f 241
Ov., met. 14,661-668 344
Ov., trist. III,12,6 190

Palladius Rutilius:
Pallad. 11.8.3 281
Pallad. 14,53 281

Philostratos:
Philostratus, vit.Apoll. V,36 217, 222

Pindar:
Pind., Nem. 6,8-11 369
Pind., Nem. 8,37 220, 221, 366
Pind., Nem. 11,39 369

Platon:
Plat., Eryx. 398 C 270
Plat., leg. 777e 221
Plat., leg. 643 b 274
Plat., leg. 765e-766a 366
Plat., leg. 838a 220
Plat., leg. 838e 220

Plat., Mino 317b 217
Plat., Phaidr. 83 d,e 221
Plat., Phaidr. 260d 220, 290, 366
Plat., Phaidr.277a 366
Plat., Phaidr. 270d 370
Plat., Phaidr. 276b 367
Plat., Phaidr. 276b-277 220
Plat., Phaidr. 276e 217
Plat., Phaidr. 277a 220
Plat., polit. 272a 190
Plat., rep. 497B 221
Plat., rep. 6,492a 221, 366
Plat., symp. 8 266
Plat., symp. 209aff 220
Plat., Tim. 90ab 399
Plat., Tim. 91d 219, 220

Plautus:
Plaut., Trin. 32f 370
Plaut., Merc. I,71 216

Plinius:
Plin., nat. 16,227 135
Plin., nat. 17,247 134
Plin., nat. 18,94f 218
Plin., nat. 18,149 240
Plin., nat. 18,196f 217
Plin., nat. 176 216
Plin., nat. 179-181 216

Plutarch:
Plut., Fragm XI (Ex commentariis in Hesiodum) 84 206
Plut., mor. 2 B 217, 220, 366f
Plut., mor. 15 F 375
Plut., mor. 47 A 271
Plut., mor. 48 C 220, 366
Plut., mor. 51 A 238, 371
Plut., mor. 56 B 221
Plut., mor. 104 E 360
Plut., mor. 110 F 370
Plut., mor. 182 A 370

Plut., mor. 379 A,C 60
Plut., mor. 388 C 188
Plut., mor. 394 E 220,
 366, 290, 370
Plut., mor. 439 B 238,
 371
Plut., mor. 472 E 153
Plut., mor. 472 F 153,
 268, 362
Plut., mor. 497 C 238,
 371
Plut., mor. 529 AB 238
Plut., mor. 529 C 357
Plut., mor. 637 A 220,
 365f
Plut., mor. 731 E 221
Plut., mor. 829 B 221
Plut., mor. 945 C 221
Plut., mor. An virtus
 doceri potest, Anfang
 274
Plut., Sert, 8 190

Pollux:
Poll. 1,206 303

Prudentius:
Prud., ham. 216-218 242

Quintilian:
Quint., inst. 1,2,26 344,
 363
Quint., inst. 1,3,1ff 372
Quint., inst. 1,3,3ff 369
Quint., inst. 2,4,7 358
Quint., inst. 2,4,7-11
 356, 363
Quint., inst. 2,4,8 356,
 357
Quint., inst. 2,4,9 355
Quint., inst. 2,5,18 373
Quint., inst. 2,19,2 366,
 372
Quint., inst. 2,20,6 365
Quint., inst. 3,19 372
Quint., inst. 4,2,54 220,
 366

Quint., inst. 5,11,2 222
Quint., inst. 5,11,19 375
Quint., inst. 5,11,24 222,
 367, 369, 372, 295
Quint., inst. 6 pr. 10 369,
 373
Quint., inst. 8 pr. 23 220,
 366
Quint., inst. 8,3,8-10 364
Quint., inst. 8,3,74 373
Quint., inst. 8,3,75 369,
 372
Quint., inst. 8,3,80 287
Quint., inst. 8,6,6 5
Quint., inst. 8,6,8 42
Quint., inst. 8,6,9ff 4
Quint., inst. 8,6,24 5
Quint., inst. 8,6,44 31
Quint., inst. 8,6,75 372
Quint., inst. 9,2,46 31
Quint., inst. 10,1,89 373
Quint., inst. 10,1,90 372
Quint., inst. 10,3,2 216
Quint., inst. 10,3,2f 367,
 372
Quint., inst. 11,1,32 372
Quint., inst. 11,2,43 372
Quint., inst. 12,1,7 372
Quint., inst. 12,10,6 373
Quint., inst. 12,10,11
 372, 373
Quint., inst. 12,10,58 373

Sappho:
Sappho 96

Seneca:
Sen., Ag. 90-100 361,
 364
Sen., benef. I,1,2 217,
 352, 366, 367, 372
Sen., benef. II,11,4 190,
 297, 352, 367, 372, 409
Sen., benef. III,29,4f 373
Sen., benef. IV,6,6 362,
 365, 371, 372

Sen., benef. IV,9,2 214,
 217, 352, 367, 372
Sen., benef. IV,27,4 221
Sen., benef. VII,32 297,
 352, 372
Sen., clem. I,8,7 356
Sen., clem. II,7,4 413
Sen., clem. II,7,4f 356
Sen., Consol ad Helv.
 7,10 359
Sen., Consol ad Marc.
 16,7(8) 360, 361
Sen., Consol ad Marc.
 16,9 361
Sen., Consol ad Marc.
 20,6 373
Sen., de brev. vit. 20,5
 371
Sen., de ira II,10,6 314,
 362
Sen., de ira II,15,1 366,
 372
Sen., de remed. fort.
 XIII,1 364, 372
Sen., epist. 2,3 363
Sen., epist. 7,32 367
Sen., epist. 9,7 255, 371,
 372
Sen., epist. 12,4 364
Sen., epist. 14,1 362, 371
Sen., epist. 26,2 372
Sen., epist. 26,4 361, 372
Sen., epist. 29,8 357, 363
Sen., epist. 33,1f 364
Sen., epist. 34,1 269,
 357, 363, 373
Sen., epist. 38,2 217,
 220, 366, 370, 371, 372,
 408
Sen., epist. 39,4 356,
 358, 369, 372
Sen., epist. 41,7 357
Sen., epist. 47,1 357
Sen., epist. 50,6 357,
 363, 373, 413
Sen., epist. 66,42 373
Sen., epist. 71,5 372

Sen., epist. 72,2 365
Sen., epist. 73,15 220
Sen., epist. 73,15f 365
Sen., epist. 73,16 365, 367, 372
Sen., epist. 76,8f 363, 373
Sen., epist. 78,14 356, 363
Sen., epist. 78,27 373
Sen., epist. 81,1 367, 371
Sen., epist. 82,15 362, 371
Sen., epist. 82,24 366
Sen., epist. 87,25 153, 314, 362, 370, 409
Sen., epist. 88,38 369
Sen., epist. 88,39 372
Sen., epist. 89,13 364
Sen., epist. 90,40 190
Sen., epist. 93,2 364
Sen., epist. 94,29 221, 365, 366, 372
Sen., epist. 95,12 359, 363
Sen., epist. 95,59 359, 363
Sen., epist. 95,64 359, 363
Sen., epist. 104,11 101, 345, 360, 364
Sen., epist. 104,12 365
Sen., epist. 108,8 365f, 372
Sen., epist. 112,2 353, 358, 373, 407
Sen., epist. 117,6 362, 371
Sen., epist. 117,26 370
Sen., epist. 120,4 365, 372
Sen., epist. 120,18 361, 372
Sen., epist. 121,15 369
Sen., epist. 123,8 362, 365, 371, 372
Sen., epist. 124,6f 363
Sen., epist. 124,6ff 363
Sen., epist. 124,7 399
Sen., epist. 124,8 365, 372
Sen., epist. 124,10f 369f
Sen., epist. 124,11 354, 355
Sen., Frgm. 26 und 27 373
Sen., Herc. 380-386 361, 364
Sen., Herc. 1046-1048 126, 361
Sen., Oed. 600-607 361
Sen., Phaedr. 436 372f
Sen., Phaedr. 455 369
Sen., Phaedr. 620 372
Sen., Phaedr. 764-772 361, 371f
Sen., prov. 4,16 356f, 363
Sen., tranq. 17,5 369
Sen., vit.beat. 9,2 216

Silius Italicus:
Silius, IX,204f 218

Sophokles:
Soph., Ai. 235,4f 370

Statius:
Stat., Theb. 8,545f 344
Stat., silv. 5,1,48f 344

Stobaeus:
Stob., Ecl. I,11,5 365
Stob., Ecl. I,17,3 365
Stob., Ecl. I,20,1e 364

Strabo:
Strabo XIV, C671 274
Strabo XV, C731 218f

Tacitus:
Tac., hist V,5 166

Theagenes:
Theagenes, b. schol. z. Pind. Nem 3,21 274

Theognis:
Theogn. I,105-108 102, 221
Theogn. I,537 143

Theokrit:
Theokrit 20,22 344

Theophrast:
Theophr., caus.plant. I,4,1 217
Theophr., caus.plant. II,7,4 133
Theophr., caus.plant. II,12,1 197
Theophr., caus.plant. III,9,5 134
Theophr., caus.plant. III,10 133
Theophr., caus.plant. III,20,5 216
Theophr., caus.plant. VI,11,6 217
Theophr., hist.plant. I,3,4 198
Theophr., hist.plant. II,2,5 280
Theophr., hist.plant. V,6,3 135
Theophr., hist.plant. VII,1,1f 201
Theophr., hist.plant. VIII,2,9 218
Theophr., hist.plant. VIII,6,1 190, 217
Theophr., hist.plant. VIII,6,2 216f
Theophr., hist.plant. VIII,7,1 242
Theophr., hist.plant. VIII,7,4 218
Theophr., hist.plant. VIII,8,3 241f

Theophylaktus:
Theophylactus, PG
 123,532 231

Valerius Flaccus:
Val.Fl., VI,492-494 371
Val.Fl., VI,707-716 373
Val.Fl., VI,712f 357

Valerius Maximus:
Val. Max., I,7, 71

Varro:
Varro, rust. I,17,3 243
Varro, rust. I,29,2 214
Varro, rust. I,44,2 219

Vergil:
Verg., Aen. 2,626ff 361
Verg., Aen. 3,679 361
Verg., Aen. 4,441f 361
Verg., Aen. 4,441-449
 356
Verg., Aen. 5,448f 361
Verg., Aen. 6,309f 360, 361
Verg., Aen. 9,435ff 370
Verg., Aen. 9,674 361
Verg., Aen. 9,681f 361
Verg., ecl. 2,70 344
Verg., ecl. 4,18.29 190
Verg., ecl. 5,37 241
Verg., georg. 1,2 344
Verg., georg. 1,84f 295
Verg., georg. 1,104-110
 352
Verg., georg. 1,128 190
Verg., georg. 1,150.159
 217
Verg., georg. 1,154 241
Verg., georg. 1,155-158
 190
Verg., georg. 1,197-199
 240
Verg., georg. 2,360f 344
Verg., georg. 4,80f 361

Xenophon:
Xen., an. 12 126
Xen., oik. 16,3 217
Xen., oik. 17,9 217

6. Verschiedenes:

Bundehesh 31 206
Loqman 22 137
Schatzhöhle 3,16 112

Corpus Hermeticum:
C.H. I,29 220, 388, 394
C.H. IX,3 394, 395
C.H. IX,4 221, 394
C.H. IX,6 388, 394
C.H. IX,10 388
C.H. XIII,1.2 307
C.H. XIII,2 394
C.H. XIV,10 394, 395

Koran:
Koran, Sure 2,223 69
Koran, Sure 21,47 198
Koran, Sure 31,16 198

Papyri
P Alex. Giss. 25 216
P Amh. 91 216, 240
P.Colt 82 218
P.Oxy. 655, Frg. I a 392
P.Oxy. 1024 240
P. Oxy.Hels. 41 240

SACHREGISTER
(in Auswahl)

Achtergewicht: 122; 151; 211; 294.
Allegorese: 1 A5; 33; 110 A50; 231; 287; 377 A10; 404.
Allegorie(n)/allegorisch: 1 A5, 11 A59;19; 20 A7; 31-33ff; 44; 54; 72; 84ff; 92 A67; 97; 110; 121 A110; 156f m. A102; 157 A107; 173 A187; 211 A197; 223 A118; 229; 232; 243 A251; 244; 275 A55;276 m. A57; 286f m. A96; 293 A28; 297 A52; 312 m. A 37; 324; 340; 378 A13; 385 A51; 389 A79; 395; 404; 414; 419.
Allegorisierung/allegorisierend: 1 A5, 33; 157 A106; 223m. A118; 275 A55; 278 A60; 287 m. A97; 322ff; 376; 420 A10.
angelus interpres: 110; 191.
Anthropologie/anthropologisch: 137; 387; 395.
Antonomasie: 5 A23.
Apokalyptik/apokalyptisch: 50 m. A1; 66ff; 76; 89ff; 91f; 93f m. A. 2.4; 104-112; 113; 114-118; 123; 125; 128; 130 A34; 154; 177; 181; 187; 189 A46; 191; 193; 217 A222; 223; 227f; 230 A160f; 239; 246f m. A265; 248 A273; 253 m. A307; 256; 305; 314; 316; 317 A60.63; 411-414; 420.
argumentative Bildrede: s. Bildrede, argumentativ.
βασιλεία/ Reich Gottes, etc.: 3 A15; 152; 156 m. A96; 173; 174; 180f; 192f m. A73; 194; 197; 200f; 203; 228f; 247 A263; 249 A275; 259; 310; 318; 338 m. A35; 346; 353f; 392 m. A105; 393 m. A 109; 419.
Bildfeld(er/-theorie): 3; 9 m. A50; 10 m. A56, A58; 11 m. A59; 12; 15; 18f; 31 A87; 33; 39; 44 m. A124; 45 A130; 46; 48f; 50ff; 71 A25; 135(ff); 143f; 148 A 35; 152-154; 226-228; 229; 246f; 252; 255; 261; 274 A44.46; 287 A96; 307f; 308 A19; 323; 352 A12; 361; 397; 403; 415; 420.
- Bildfeldgemeinschaft: 12 m. A67; 18; 416.
Bildempfänger(komplex): 12f; 38; 42f; 117; 415.

Bildkomplexe: im einzelnen:
- Ankündigungsbild(er): 151-156; 176; 288; 319; 325 A10; 327f; 362; 415.
- Auferstehungsbild: 256f; 309ff; 312; 318; 320; 327 m. A24; 329; 346; 349; 409.
- Differenzierungsbild(er): 121; 209-256; 228 A152; 249-256; 321; 324; 327; 329; 415; 419.
- Entfaltungsbilder: 46; 55f; 66; 76; 90; 114f; 348; 406; 410.
- Entsprechungsbilder: 46 m. A134; 55f; 59f; 66; 78; 82; 90f; 94f; 98-101; 107ff; 114f; 116f; 119 A103; 120; 140 A75; 141-151; 176f; 288 m. A99; 309; 312; 314; 319f; 325 A10; 326ff; 353 A17; 354 A26; 405f; 408f; 415.
- Eschatologische Bilder: 115; 117; 119; 349; 409.
- Gemeinschaftsbild(er): 46; 50ff; 55-59; 66ff; 71; 78; 81; 89ff; 90 A66; 91; 94f; 101; 104ff; 115f; 117f; 120f; 166 m. A145; 167; 178; 416.
- Gerichtsbild(er): 46; 51; 53 A19ff; 59; 62; 66ff; 71 m. A27; 78ff; 86; 90 m. A65; 91; 94f; 97f; 101; 106; 109; 115; 117; 119ff; 122-141; 166; 176f; 178; 182-185; 256; 288f; 319f; 325 A10; 327f; 330; 349; 362; 406f; 409; 414f; 420.
- Integrationsbild(er) 156-172; 324; 327.
- Trennungsbilder: 182-185; 256 A329; 327.
- Vergänglichkeitsbild(er): 46; 53 m. A21; 55; 58; 61; 76; 78; 83; 90f; 96 A18; 100f; 117; 119; 305-310; 318; 321; 327; 331; (361 A49); 371; 406; 413; 416; 420.
- Wachstumsbilder: 46; 59f; 76; 91; 101; 116f; 140 A75; 256f m. A330; 296-299; 309f; 320; 327 m. A24; 328m. A28; 329; 330; 349; 408f; 415; 419.
- Zugehörigkeitsbild(er): 46; 156-172; 176; 178; 270-287; 288; 311f; 319; 328f; 330; 349; 407; 410; 415; 420.
Bildrede: 157; 162; 276 A57; 285 A90; 289.
- argumentative Bildrede: 46 A136; 158; 265; 287; 313; 315; 322ff; 373; 420 A10.

Bildspender(komplex): 3; 12ff; 26; 38; 43; 46; 86 A43.
- einzelne Bildspender(komplexe): s. bes. S. 330-339; 354f A27.
- An-, Ausziehen: 338.
- Axt: 123ff; 140.
- Balke: 148f.
- Bau: 113; 274 m. A44; 341 A8; 346 A 33.
- Baum: 33f; u.ö..
- Baum-Frucht: 46; 55-59; 89f; 94-96. 97-101; 104-107; 114-116; 118f; 120f; 122-181; 266-289; 315f; 318f; 323f; 325 A10; 328f; 340-346; 348f; 355-364; 377-387; 404 A 172; 405-408; 415ff.
  Lebensbaum/Baum des Lebens: 57 A40; 63; 71; 73 A39; 75; 84 A31; 90; 99; 106 A22; 112; 115; 164; 167 A153; 315; 318 A1; 340 A4; 353 A16; 377; 378 A17. 20; 407; 408 A188; 412.
  Weltenbaum: 52; 55; 73 m. A39f; 199; 380; 391 A95; 398 A134.
- Blindenführer, blinde: 174ff.
- Feuer: 36; 140 m. A75; 183; 184 A28; 274.
- Fischnetz: 260.
- Hirt/Herde/Schafe: 146 A22; 147 A27; 150 A46; 171f m. A177; 265 A377; 267; 268 A9; 270; 338; 339 m. A38; 344; 357; 396 A125.
- Kopf: 39.
- Leib: 39; 169; 340 A4; 358; 359 A41; 401.
- Licht: 246 A260; 338; 397.
- Milch: 274.
- οἰκοδομή: 42; 43 m. A 119.
- Perle: 261.
- Quelle: 104 m. A5; 119; 268.
- Saat-Wachstum-Ernte: 46; 59-63; 78-84; 91; 96 A18; 101f; 107-109; 116f; 120f; 182-265; 289-310; 315f; 318; 320f; 323f; 325 A10; 328f; 346-348; 349; 361 A48; 364-372; 408-410; 415f; 418ff.
- Sauerteig: 201 A126; 260.
- Schatz: 148ff; 261.
- Schwangerschaft: 191.
- Sohn: 338 m. A35.
- Sonne: 246 A260.
- Splitter: 148f.
- Tür: 171.
- Vater: 338 m. A34.
- Volk (Gottes): 147.
- Wettkampf: 338; 339 A36;
- Wolf: 147; 249.

Bildspruch: 277; 278 A60.
Bildwort(e)/Doppelbildwort(e): 122; 135; 139 m. A70; 141ff; 160 A119; 182 A1; 202; 204 A154; 276; 278f; 283; 316f m. A60; 322ff; 373; 386; 403; 420 A10.
Chiasmus/chiastisch: 123; 144; 235; 272; 291.
Chiffre: 1 A5; 19; 31.
Choiker: 389.
Christologie/christologisch: 162f; 164; 167ff; 171; 205 m. A157; 206 A164; 230 A167; 263f; 285; 302 A76; 312; 346 A 35.
Code/(De-)kodierung/(de-)codierbar: 12; 14 m. A79; 33ff; 72 A31; 324; 372; 388.
Determination(serwartung): 8; 12 A 63; 17f; 27; 35; 38; 44; 326.
- s. auch: Konterdetermination.
Deuteschema: 211 A197; 230 A160.
Deutung(en)/gedeutet: 104 A3; 110; 4 A 78; 157 A106; 223; 225 m. A122; 229 m. A 156.157; 230ff; 237 A202; 244 m. A253; 245ff; 248 A271; 262; 265 A377; 269; 287; 310 A27; 343 m. A17.19; 388; 395.
Deutungskatalog: 244 A252; 245.
Diatribe: 269; 278; 283 A80.82; 285 A90; 286; 287 A96; 300; 304; 313 m. A 47; 314; 374.
Dublettenvermeidung: 195.
Ekklesiologie/ekklesiologisch: 3; 162; 166 A145; 168; 171; 180 A224; 201 A129; 205; 223 A111; 233 A182; 263; 265 A 377; 275; 285; 311.
Eschatologie/(un-)eschatologisch: 3; 94 A5; 104; 111; 115; 118; 130 A34; 138 A69; 152; 153 A68.70; 156; 166f; 178 A220; 180 A224; 181; 185; 187; 191f; 200; 221 A99; 223; 227ff; 234; 239; 246 m. A 258; 252 m. A300; 253f; 255; 258; 261f; 262 A360; 271; 271 A26; 280; 284; 289 m. A3; 291f; 297 A51; 305 m. A3; 306; 311f; 328; 345; 362 m. A53; 369; 379; 394 A113; 409 A193; 411m. A200.
- s. auch: Bildkomplexe: eschatologische Bilder.
- Eschaton: 152; 155; 178f; 346; 407.
Esoterik/esoterisch: 155; 230; 258; 262; 377; 414.

Ethik/ethisch: 3; 102; 120; 124; 130; 138; 149; 163; 164 A142; 166; 168 m. A158; 172; 173 A187; 177; 180 m. A227; 181; 192; 203; 220f m. A97; 229; 237f; 266f; 269; 288; 292; 311f; 314; 315 A 54; 316; 339; 341 A5; 346f; 354 m. A26; 359 m. A43; 363; 371; 373f; 411.
Exmetapher(n): 13; 27; 30; 46; 86ff; 112-114; 117; 120f; 310; 313; 324; 326; 347f; 349; 354; 372f; 373; 376; 395-403; 410; 420 A10.
Fabel(n): 46 A136; 50ff; 54 f m. A26.28; 84; 97f; 110; 115; 119 A103; 121 m. A 116; 135ff; 199; 375; 420 A10.
Feld: 10f
- bildempfangend: 8 A45; 11 m. A59, A60; 38 m. A109; 39.
- bildspendend: 8 A45; 11 m. A59, A60; 38 m. A109; 39; 254 A313.
- Feldnachbarn: 11.
- s. auch Bildfeld, Wortfeld.
Funktion: s. Metaper(n),... Funktion.
Gegner: 129; 150 A42.
Gleichnis(se)/Doppelgleichnis(se): 1 m. A5; 2; 19; 30 m. A.77; 33ff; 38; 46 A136; 82; 83 A23; 84f; 97; 100; 102; 134 A48. 53; 139f; 151f; 154 m. A78; 155; 157 m. A107; 172ff m. A184ff; 178f; 186 A32; 187ff; 193ff m. A72f.76; 197 A98; 202; 204 m. A154; 208f m. A191; 212 m. A 201; 234; 237 A202; 244; 258f; 262; 278; 286; 312; 313 A 47; 315; 322ff; 341ff; 353f A21; 363 A61; 380; 389 A81f; 390; 403; 420 m. A10.
Gnosis/gnostisch/gnostizierend: 29 A71; 30 A74; 149 A 36; 150f; 164 m. A142; 195 A95; 217; 237 A203; 268; 339 m. A38; 350f; 356; 360 A46; 361; 364 A 70; 367 A86; 373; 376-388; 405-414; 420 m. A12; 421.
Gnostiker: 177 A219.
Hyliker/hylisch: 387; 391; 394f; 410; 414; hyperbolisch: 198 m. A107f; 218.
Ikonographie/ikonographisch: 45; 124ff.
Inklusion: 158 A116; 160; 162; 188 A39; 202; 231; 260.
Interaktion(-stheorie)/interaktionell: 4; 6; 18; 46; 48.
Jünger(-schaft,-kreis): 141 A4; 147; 149 m. A39; 155; 155 A83; 160 m. A123; 163; 181; 193; 194 A78; 202 A135; 230; 234; 252; 255f; 261f; 265.

Jüngerunverständnis: 259 A342.
Klischee: 23; 24 A37; 27.
Kosmogonie: 396 A123.
Kosmologie/kosmologisch: 387; 409.
Konterdetermination: 9 A47; 13; 15; 46 A 134; 48; 326.
- s. auch Kontext, konterdeterminierend
Kontext: 8; 9 A47; 15 m. A83; 18; 26; 38; 51f; 57; 230; 280 A64; 290.
- konterdeterminierend: 9; 43.
- literarisch: 54; 63ff; 84ff; 96f; 102f; 110-112; 150 A46; 154-156; 169 A167; 173 A186; 179; 185; 194f; 199; 200ff; 207; 258 A339; 260; 270; 287; 301; 305 A4; 307; 313; 316f; 323f m. A6; 327 m. A25; 420 A10.
- extralingual 6f; 11; 15ff; 39; (42).
- intralingual 6f; 11.
- textuel: 38f; 43; 48f; 144ff; 253 A304; 254; 255 A322.
- extratextuell: 38f.
- syntagmatisch: 6; 8.
- paradigmatisch: 9; 48.
- pragmatisch: 6f; 11ff; 15ff; 45; 48f.
- situational/situativ/Situationskontext: 11 A62; 16; 12 A63; 16; 45; 48f; 97; 111f; 128ff; 138; 169ff; 185; 193; 200ff; 204; 228f; 247ff; 253 A304; 255f; 268; 271; 304ff; 308; 311; 316f; 373ff; 344-405.
- funktional: 46; 49; 54; 63ff; 84ff; 96f; 102f; 128ff; 208f; 275; 283f; 292; 296; 299; 373f; 344f; 404f.
- kosmisch: 106.
Leiden: 263f.
Liebeslyrik: 59; 63; 69; 81 A17; 91; 96 A16; 114 A85.
Märchen(motiv): 99 A36; 106 A24; 344.
Mashal/Meshalim: 294 A30.
Metapher(n)/Metaphorik/Metaphernforschung/-theorie/Metaphorologie: 1ff, 18; 27 m. A57ff; 30 m. A76ff; 31ff; 45ff; 50ff; 58 A46; 59ff; 63ff; 66ff; 70; 96; 102; 110; 375; 377 A10; 420 A10.
- Metapher in absentia: 26 A54.
- kreative Metapher(n): 46.
- usuelle/konventionelle Metapher(n): 14; 46.
- s. auch: Exmetapher(n)
- Wurzelmetapher(n): 2 m. A13
- Zentralmetapher(n): 338 A35; 398.
- rhetorische Metapherntheorie/rhetorisches Metaphernverständnis: 5f; 18

- linguistische Metapherntheorie/Metaphorologie: 18f.
- Funktion der Metapher(n): 13f;17;19 A98; 39, 46f; 49; 61; 85ff; 97; 102f; 110f; 117; 180; 191; 193; 200f; 257; 260; 264f; 268; 288; 299; 309f; 313f m. A 47; 315ff; 326-329; 352ff; 360; 362 m. A53; 381f A34; 403; 403 A166; 404 A172; 411; 420 A10.

Metonymie: 5 A23.

Mission(are)/missionarisch:147; 148 A32; 163; 171; 193f;194 A78; 201f; 205 A159; 226 A127; 227; 229; 233 A183; 234 m. A195; 249 A275; 252f m. A307;254f m. A321f; 256; 260; 262f; 265; 269; 273; 283f;289; 293; 310ff; 318; 348 A44; 389 A83; 393;405.

Mythologie/mythologisch: 110; 266; 267 A6; 316f; 318 A1;323; 350 A1.

Mythologumenon: 199.

Mythos/mythisch: 1 A5, 19; 22 A22; 26 A49; 28-30; 33ff; 87 A48; 99 A36; 157; 158;315f; 333 A30; 353 A16; 377m. A 10; 377 A10;396 A122; 397; 398f A141; 402f; 410.

Parabel: 46 A136; 132; 135; 138; 174 A191; 195; 209 m. A191; 211 A197; 233 A180; 234; 345; 349.

Paradigma/paradigmatisch: 9 m. A49; 12; 18.
- paradigmatische Achse: 7.

Paränese/paränetisch: 129;138;146 A24; 148 A34;158m. A116; 163; 168ff; 180f; 195 A91; 205; 206 A164; 208; 226 m. A125; 229; 230 A161; 231;260f; 265; 269f; 271 m. A29.31; 283; 288f; 291; 293; 296f; 299; 305; 309; 314f m. A 54; 327; 345f; 349; 354; 360; 373f; 382; 402; 404; 411; 420 A10.

Paraklese: 122 A4.

Parusie(-erwartung; -verzögerung): 138; 152 m. A59; 154; 156 m. A97; 180;194; 248 A266; 299; 345 m. A29; 346 m. A32;349.

Pistiker: 404.

Pneumatiker/pneumatisch: 389; 393 A 106; 394; 395; 395 A121; 402 A159; 404; 414.

Pragmalinguistik: 3; 17.

Pragmatik: 3.

Prophet(-en, -innen)/Pseudoprophet(en): 147f m. A32; 150;173 A186; 180; 249; 357; 396f A126.

Prophetie/prophetisch: 66ff; 76; 89ff; 91f;111; 122 m. A2; 123; 136; 177; 185; 223; 317 A63; 345; 362; 371; 420.

Psychiker: 387; 389; 393 A106.

psychologisch: 120; 221; 238.

Rätsel(wort): 258 m. A339.

Realien: 123-128; 133-135; 143f; 152-154; 168; 183f; 188-193; 197-200; 203f; 206f; 212-219; 239-243; 253-255; 266-268; 273-275; 280-283; 294f; 297-299; 303f.

Referenz(potential): 6.

Rezipient(en): 2, 8 A45; 17; 207.

Semantik:
- linguistisch: 6.
- Textsemantik: 8.
- Wortsemantik: 8.

Soteriologie/soteriologisch: 205; 206 A 164; 207;387; 389 A79; 391; 395f;397 A127; 404 m. A 171; 407.

Stoa/stoisch: 38; 98f; 103; 121 A110; 207 A174; 220; 238; 268; 269 A12; 270; 271 A28.30; 290; 314;339 A36; 347; 350-375; 356; 376; 382; 387; 402; 404; 405-414; 420f.

story: 27 m. A56; 29.

Struktur(analyse): 146ff; 151f;182; 186f; 196; 202f; 204f; 209f; 224f; 234ff; 244f; 250f; 266; 272f; 276ff; 289f; 291; 299ff; 305.

Substituent: 5.

Substitut: 5.

Substitution(-stheorie)/substituieren: 4, 6,18;36f; 157; 286.

Symbol(ik)/symbolisch: 1 A5, 19ff; 29f; 31 A80.82; 33ff; 50 A3; 53 A22; 54; 63 m. A67; 84 m. A32; 88 A50; 92; 94 A5f; 110; 141; 153 A71;155; 166 A145;177 A 213; 207 A175; 252 A298; 264; 342 A 15;398 A140.

Symbolhandlung: 238 A206.

Syntagma/syntagmatisch: 12; 18.
- syntagmatische Achse: 7.
- syntagmatische Ebene: 8.
- syntagmatischer Kontext: s. Kontext.

Synekdoche: 5 A23.

tertium comparationis: 286; 287 A96; 304.

Textlinguistik: 18.

Textpartitur: 48.

Texttheorie: 3; 15 A83; 17 m. A86; 18f; 48.

Traum(-erzählung, -deutung): 54 m. A 22; 84 A35; 85; 110 m. A50; 121; 223 m. A118.
Typologie/typologisch: 150 A46; 340; 389 A79.
Vergleich(e): 42 A117; 46 A136; 54; 58 A46; 63 m. A67; 84; 96; 102; 110 m. A54; 141; 157; 305 m. A2; 373; 377 A10; 406 A184.
Verstockung(-stheorie) 259 m. A340.
Vision(en, -sbericht): 54; 70; 76 A55; 84 A32; 85; 104 m. A3.5; 110; 341.
Weisheit/weisheitlich: 50 m. A1; 51; 54ff; 76; 78; 81f; 83f; 89ff; 90f; 93f m. A4; 97-103; 99f; 106f; 113f; 114-118; 121; 137; 140 A75; 143; 176; 177 A216; 181; 203 A147; 204f; 221; 268; 309; 323; 347; 352; 353 A17; 354 A26; 362; 378f m. A20; 405; 408 A188; 411-414; 412; 420.
Wirklichkeit(sstruktur): 103; 111; 117f; 187; 191f; 243; 326 m. A15; 354; 374; 386; 404ff; 410.
Wirklichkeitsdeutung: 352f.
Wortfeld(er/-theorie): 9f; 211 A197; 226ff; 246f; 252; 303.
Wunder(-erzählung, -geschichte): 141; 189 A46; 202; 264 A370.
Zeichen: 19; 24 m. A37; 25 m. A46f.
- denotativ: 1 A5.
Zeichensystem: 1; 19; 25; 26 A49; 28.

Zum vorliegenden Buch

Diese Bildfeldanalyse von Vegetationsmetaphern versucht exemplarisch, textlinguistische und historische Methoden zu integrieren. Dabei werden Bildfelder – im Gefolge der Bildfeldtheorie von Harald Weinreich – als kollektive Besitzstände aufgefaßt, die sich auf einen pragmatischen Lebenskontext beziehen und sich mit diesem ändern.
Um die geschichtlich vorgegebenen virtuellen Möglichkeiten des neutestamentlichen Bildfeldes zu erheben, wurden alle im Alten Testament und der nachbiblischen jüdischen Literatur realisierten Vegetationsmetaphern gesammelt und in den zwei Teilbildfeldern Baum – Frucht und Saat – Wachstum – Ernte geordnet. Auf diesem Hintergrund gewinnt die Verwendung des neutestamentlichen Metapherngebrauchs, der in Einzelanalysen erhellt wird, Profil. Im Neuen Testament und den urchristlichen Schriften zeichnet sich eine Veränderung des Bildfeldes ab, die sich mit geschichtlichen Veränderungen korrelieren läßt.
An diese diachronische Betrachtung des Bildfeldes schließt sich in einem letzten Teil ein synchronischer Vergleich der Vegetationsmetaphern in zwei konträren Weltdeutungssystemen, der Stoa und der Gnosis, an, der die Einwirkung von Weltdeutungskonzepten auf die Verwendung der Metaphern deutlich macht und damit den neutestamentlichen Metapherngebrauch nicht nur aus seiner Situation heraus erklärt, sondern auch seine Intention erhellt.

ISBN 3-7278-0741-5 (Universitätsverlag)
ISBN 3-525-53919-3 (Vandenhoeck & Ruprecht)

NOVUM TESTAMENTUM ET ORBIS ANTIQUUS (NTOA)

Bd. 1 MAX KÜCHLER, *Schweigen, Schmuck und Schleier.* Drei neutestamentliche Vorschriften zur Verdrängung der Frauen auf dem Hintergrund einer frauenfeindlichen Exegese des Alten Testaments im antiken Judentum. XXII+542 Seiten, 1 Abb. 1986. [vergriffen]

Bd. 2 MOSHE WEINFELD, *The Organizational Pattern and the Penal Code of the Qumran Sect.* A Comparison with Guilds and Religious Associations of the Hellenistic-Roman Period. 104 Seiten. 1986.

Bd. 3 ROBERT WENNING, *Die Nabatäer – Denkmäler und Geschichte.* Eine Bestandesaufnahme des archäologischen Befundes. 360 Seiten, 50 Abb., 19 Karten. 1986. [vergriffen]

Bd. 4 RITA EGGER, *Josephus Flavius und die Samaritaner.* Eine terminologische Untersuchung zur Identitätsklärung der Samaritaner. 4+416 Seiten. 1986.

Bd. 5 EUGEN RUCKSTUHL, *Die literarische Einheit des Johannesevangeliums.* Der gegenwärtige Stand der einschlägigen Forschungen. Mit einem Vorwort von Martin Hengel. XXX+334 Seiten. 1987.

Bd. 6 MAX KÜCHLER/CHRISTOPH UEHLINGER (Hrsg.), *Jerusalem. Texte – Bilder – Steine.* Im Namen von Mitgliedern und Freunden des Biblischen Instituts der Universität Freiburg Schweiz herausgegeben ... zum 100. Geburtstag von Hildi + Othmar Keel-Leu. 238 S.; 62 Abb.; 4 Taf.; 2 Farbbilder. 1987.

Bd. 7 DIETER ZELLER (Hrsg.), *Menschwerdung Gottes – Vergöttlichung von Menschen.* 8+228 Seiten, 9 Abb., 1988.

Bd. 8 GERD THEISSEN, *Lokalkolorit und Zeitgeschichte in den Evangelien.* Ein Beitrag zur Geschichte der synoptischen Tradition. 10+338 Seiten. 1989.

Bd. 9 TAKASHI ONUKI, *Gnosis und Stoa.* Eine Untersuchung zum Apokryphon des Johannes. X+198 Seiten. 1989.

Bd. 10 DAVID TROBISCH, *Die Entstehung der Paulusbriefsammlung.* Studien zu den Anfängen christlicher Publizistik. 10+166 Seiten. 1989.

Bd. 11 HELMUT SCHWIER, *Tempel und Tempelzerstörung.* Untersuchungen zu den theologischen und ideologischen Faktoren im ersten jüdisch-römischen Krieg (66–74 n.Chr.). XII+432 Seiten. 1989.

Bd. 12 DANIEL KOSCH, *Die eschatologische Tora des Menschensohnes.* Untersuchungen zur Rezeption der Stellung Jesu zur Tora in Q. 514 Seiten. 1989.

Bd. 13 JEROME MURPHY-O'CONNOR, O.P., *The Ecole Biblique and the New Testament: A Century of Scholarship (1890-1990).* With a Contribution by Justin Taylor, S.M. VIII+210 Seiten. 1990.

Bd. 14 PIETER W. VAN DER HORST, *Essays on the Jewish World of Early Christianity.* 260 Seiten. 1990.

Bd. 15   CATHERINE HEZSER, *Lohnmetaphorik und Arbeitswelt in Mt 20, 1–16*. Das Gleichnis von den Arbeitern im Weinberg im Rahmen rabbinischer Lohngleichnisse. 346 Seiten. 1990.

Bd. 16   IRENE TAATZ, *Frühjüdische Briefe*. Die paulinischen Briefe im Rahmen der offiziellen religiösen Briefe des Frühjudentums. 132 Seiten. 1991.

Bd. 17   EUGEN RUCKSTUHL/PETER DSCHULNIGG, *Stilkritik und Verfasserfrage im Johannesevangelium*. Die johanneischen Sprachmerkmale auf dem Hintergrund des Neuen Testaments und des zeitgenössischen hellenistischen Schrifttums. 284 Seiten. 1991.

Bd. 18   PETRA VON GEMÜNDEN, *Vegetationsmetaphorik im Neuen Testament und seiner Umwelt*. Eine Bildfelduntersuchung. 548 Seiten. 1993.

Bd. 19   MICHAEL LATTKE, *Hymnus*. Materialien zu einer Geschichte der antiken Hymnologie. XIV + 510 Seiten. 1991.

Bd. 20   MAJELLA FRANZMANN, *The Odes of Solomon*. An Analysis of the Poetical Structure and Form. XXVIII + 460 Seiten. 1991.

Bd. 21   LARRY P. HOGAN, *Healing in the Second Temple Period*. 356 Seiten. 1992.

Bd. 22   KUN-CHUN WONG, *Interkulturelle Theologie und multikulturelle Gemeinde im Matthäusevangelium*. Zum Verhältnis von Juden- und Heidenchristen im ersten Evangelium. 236 Seiten. 1992.

Bd. 23   JOHANNES THOMAS, *Der jüdische Phokylides*. Formgeschichtliche Zugänge zu Pseudo-Phokylides und Vergleich mit der neutestamentlichen Paränese. XVIII + 538 Seiten. 1992.

Bd. 24   EBERHARD FAUST, *Pax Christi et Pax Caesaris*. Religionsgeschichtliche, traditionsgeschichtliche und sozialgeschichtliche Studien zum Epheserbrief. 536 Seiten. 1993.

Bd. 25   ANDREAS FELDTKELLER, *Identitätssuche des syrischen Urchristentums*. Mission, Inkulturation und Pluralität im ältesten Heidenchristentum. 284 Seiten. 1993.

Bd. 26   THEA VOGT, *Angst und Identität im Markusevangelium*. Ein textpsychologischer und sozialgeschichtlicher Beitrag. 288 Seiten. 1993.